# Die Römer in Bayern

# Die Römer

Von
Wolfgang Czysz
Karlheinz Dietz
Thomas Fischer
Hans-Jörg Kellner

THEISS

# in Bayern

mit topographischen Beiträgen von
Lothar Bakker, Silke Burmeister,
Wolfgang Czysz, Karlheinz Dietz,
Pia Eschbaumer, Thomas Fischer,
Claus-M. Hüssen, Erwin Keller,
Hans-Jörg Kellner, Martin Pietsch,
Johannes Prammer, Gabriele Sorge,
Günter Ulbert, Gerhard Weber
und Werner Zanier

Gedruckt mit Unterstützung der Freunde der Bayerischen
Vor- und Frühgeschichte e.V.

Leider konnten aus technischen Gründen nicht alle der von den Autoren festgestellten Druckfehler korrigiert werden.

Die Deutsche Bibliothek – CIP-Einheitsaufnahme
Ein Titeldatensatz für diese Publikation ist bei
Der Deutschen Bibliothek erhältlich.

Redaktion: Gabriele Süsskind, Stuttgart

Schutzumschlag: Jürgen Reichert, Stuttgart, unter Verwendung
eines Fotos von M. Eberlein, München.
Reich verzierter Paradehelm aus Bronze (Theilenhofen).


Gesamtherstellung: Grafische Betriebe Süddeutscher Zeitungsdienst, Aalen
Printed in Germany
ISBN 3-8062-1600-2

# Zum Geleit

Wenn hiermit „Die Römer in Bayern“ in völliger Neubearbeitung und anderer Aufmachung vorgelegt werden, so wird damit eine lange Tradition fortgeführt. 1924 erschien von Friedrich Wagner, dem späteren Direktor der Prähistorischen Staatssammlung in München, erstmals ein Band mit diesem Titel. Als erste wissenschaftliche Zusammenfassung begegnete das Buch großem Interesse und erlebte im Jahre 1928 bereits seine 4. Auflage. Als sich dann durch die Fortschritte der archäologischen Forschung und die Verfeinerung der Methoden das Wissen um die Römerzeit schnell erweitert hatte, faßte F. Wagner die Bearbeitung einer Neuauflage ins Auge. Diesen Plan nahm er nach der Unterbrechung durch den Krieg wieder auf und hoffte im Ruhestand daran gehen zu können. Andere Arbeiten erwiesen sich als vordringlich, so daß F. Wagner in seinen letzten Lebensjahren, als er nicht mehr hoffen konnte den Plan selbst auszuführen, dann mich bat, für die „Römer in Bayern“ Sorge zu tragen. Als ich fast ein Jahrzehnt später an die Arbeit gehen konnte, hatte die wiederbelebte Forschung so viel Neues ans Licht gebracht, daß eine ganz neue Konzeption erstellt und ein ganz neuer Überblick erarbeitet werden mußte. So präsentierten sich 1971 „Die Römer in Bayern“ in völlig anderer Form. Auch diesmal wurde das Buch gut aufgenommen, erlebte 1978 seine 4. Auflage und war bald vergriffen. Verschiedene Umstände, vor allem aber die geradezu stürmische Entwicklung unserer Wissenschaft, machten jedoch ein Fortschreiben der Zusammenfassung von 1971 unmöglich.
Inzwischen hatte der archäologisch sehr interessierte Konrad Theiss Verlag 1976 „Die Römer in Baden-Württemberg“ herausgebracht und danach weitere regionale Übersichten gleicher Art folgen lassen. Die Erfahrung des Theiss Verlags und sein großes Interesse seine Reihe abzurunden, führten schließlich zur Zusammenarbeit. In Bayern war jedoch in den letzten anderthalb Jahrzehnten so viel Neues ergraben, erarbeitet und publiziert worden, daß einer allein nicht mehr in der Lage ist, eine solche Zusammenfassung vorzulegen. Deshalb war ich sehr froh und dankbar, daß die von mir angesprochenen Kollegen gleich bereit waren, an diesem Gemeinschaftswerk mitzuwirken. Jeder Autor brachte neben seiner Erfahrung ein eigenes Spezialgebiet ein: W. Czysz hat sich viel mit siedlungsarchäologischen Fragen beschäftigt und widmet sich hier vor allem der römischen Erschließung des Landes, besonders, was die Bereiche Verkehr, Besiedlung und Wirtschaft angeht. K. Dietz behandelt als Althistoriker die antiken Quellen und epigraphische Probleme der Frühzeit und des 2. Jahrhunderts, hat aber auch die übrigen Teile des Werkes in dieser Hinsicht überarbeitet.

Th. Fischer, der sich eingehend mit der Spätzeit und der Kontinuität beschäftigt hat, verfaßte diesen Abschnitt, aber auch diejenigen über die Archäologie der Frühzeit sowie die Bewaffnung und Ausrüstung des römischen Heeres. Ich selbst bin dem 3. Jahrhundert treu geblieben, ferner habe ich die Abschnitte über die Keltenzeit sowie Münzen, Maße und Gewichte geschrieben. Darüber hinaus ergaben sich mannigfache Überlappungen, und jeder hat in wechselnder Weise mitgewirkt, so daß die vorliegende Publikation als Ergebnis einer echten Gemeinschaftsarbeit gelten darf. Die Verfasser repräsentieren darüber hinaus die verschiedenen Bereiche der in der bayerischen Archäologie wirkenden Institutionen, nämlich Universität, Denkmalpflege und Museum, die zusammen mit der Bayerischen Akademie der Wissenschaften die wissenschaftliche Forschung in Bayern seit den fünfziger Jahren gestaltet haben.

H.-J. Kellner

# Inhalt

# Die Autoren des Bandes


Dr. Lothar Bakker, Römisches Museum Augsburg (Ba)
Dr. Silke Burmeister, München (Bu)
Dr. Wolfgang Czysz, Oberkonservator, Bayer. Landesamt für Denkmalpflege, Außenstelle Schwaben, Augsburg (Cz)
Prof. Dr. Karlheinz Dietz, Universität Würzburg (Di)
Dr. Pia Eschbaumer M.A., Frankfurt a.M. (Es)
Prof. Dr. Thomas Fischer, Universität zu Köln (Fi)
Dr. Claus-M. Hüssen, Römisch-Germanische Kommission des Deutschen Archäologischen Instituts, Außenstelle Ingolstadt (Hü)
Dr. Erwin Keller, Landeskonservator, Bayer. Landesamt für Denkmalpflege, München (Kl)
Prof. Dr. Hans-Jörg Kellner, München (Ke)
Dr. Martin Pietsch, Bayer. Landesamt für Denkmalpflege, München (Pi)
Dr. Johannes Prammer, Gäubodenmuseum Straubing (Pr)
Gabriele Sorge M.A., Schwabmünchen (So)
Prof. Dr. Günter Ulbert, Berg-Allmannshausen (Ul)
Dipl. Ing. Dr. Gerhard Weber, Stadtarchäologie Kempten (We)
Dr. Werner Zanier, Kommission zur archäologischen Erforschung des spätrömischen Raetien, Bayer. Akademie der Wissenschaften, München (Za)

# Vorwort

Wie viele ähnliche plakative Überschriften enthält auch unser Buchtitel „Die Römer in Bayern“ eine mehrfache Ungenauigkeit. Genau genommen gab es *die* Römer natürlich nicht, und erst recht können die Römer nie in Bayern gewesen sein, weil dieses erst nach ihrem Abzug langsam entstand. Umgekehrt hat das Gebiet des heutigen Freistaats Bayern Anteil an dem ehemaligen Territorium von drei römischen Provinzen, ohne auch nur eine einzige davon gänzlich abzudecken: Das bei weitem größte Areal in Schwaben, Ober- und Niederbayern sowie in Mittelfranken zählte zur einstigen Provinz Raetien (*Raetia*), eine kleine Region in Nieder- und Oberbayern bildete den Westen von Norikum, und im unterfränkischen Maingebiet zählte ein kleines Stück des Limes mit den Kastellen Stockstadt, Miltenberg und Wörth zur obergermanischen Provinz (dieser letztgenannte Bereich wurde bereits in dem Buch „Die Römer in Hessen“ von D. Baatz und F.R. Herrmann behandelt und kann daher hier weitgehend unberücksichtigt bleiben). Schließlich lagen weite Teile Nordbayerns stets außerhalb des römischen Imperiums und waren von germanischen Stämmen bewohnt, die in einem recht wechselvollen Verhältnis zum römischen Reich lebten. Trotz all dieser Einwände halten wir es aber für richtig, den Titel zu verwenden, zumal er in Bayern seit dem wegweisenden Buch von F. Wagner nun schon in der dritten Forschergeneration zu einer guten Tradition geworden ist. Da ja bekanntlich jede Generation ihre eigene Geschichte des Vergangenen schreiben muß, hoffen wir auch, daß dies nicht das letzte Buch über „Die Römer in Bayern“ ist. Die Forschung geht weiter und findet ihre Legitimation nicht zuletzt darin, daß durch ihre neuen Erkenntnisse zusammenfassende Werke, wie das unsrige, möglichst bald überholt sind.

Dank wissen wir allen, die zum Gelingen beigetragen haben, in erster Linie dem Bayerischen Landesamt für Denkmalpflege (Landeskonservator Dr. Erwin Keller, Dr. D. Reimann, Dr. R. Koch, Dr. K.H. Rieder, Dr. Codreanu-Windauer) und der Prähistorischen Staatssammlung (Direktor Dr. Hermann Dannheimer, Dr. J. Garbsch, Dr. G. Zahlhaas, M. Eberlein). Wertvolle Hilfestellung verdanken wir den Herren PD. Dr. D. Boschung, Dr. H. Dietrich, W. Grabert, Prof. Dr. H. von Hesberg, Prof. Dr. M. Jehne, Dr. Chr. Röring, J. Rottloff M.A., Prof. Dr. D. Timpe, J. Weizenegger und U. Wittki. Unser Dank gilt ganz besonders den Kolleginnen und Kollegen, die unserer Bitte nach topographischen Beiträgen entsprochen haben: Dr. L. Bakker, Dr. S. Burmeister, Dr. P. Eschbaumer, Dr. C.-M. Hüssen, Dr. E. Keller, Dr. M. Pietsch, Dr. J.

Prammer, G. Sorge M.A., Prof. Dr. G. Ulbert, Dr. G. Weber und Dr. W. Zanier. Nicht zuletzt danken wir Frau G. Süsskind herzlich für die unermüdliche Koordinierung und Betreuung der Manuskripte und dem Konrad Theiss Verlag für die Ausstattung des Buches.

W. Czysz, K. Dietz, Th. Fischer, H.-J. Kellner

# Die Kelten im Alpenvorland

Schon lange vor der Angliederung an das römische Reich war das Alpenvorland in wichtige Kontakte zu den Hochkulturen des Mittelmeergebiets gekommen, in Kontakte, die die weitere Entwicklung entscheidend beeinflußt haben. Damit trat unser Land in der zweiten Hälfte des 1. Jahrtausends v. Chr. aus dem anonymen Dunkel der Vorgeschichte allmählich in das erste Dämmerlicht früher Geschichte. Allerdings sind die frühesten Hinweise bei griechischen Autoren noch recht spärlich und vage. Um 500 v. Chr. erwähnte Hekataios von Milet erstmals das Keltenland (Keltike) und zwar im Hinterland von Massilia/Marseille (Frag. 55), und ein halbes Jahrhundert später berichtete Herodot aus Halikarnassos, die Donau entspringe im Land der Kelten (2, 33, 3)[1]. Auch Platon und Aristoteles brachten im 4. Jahrhundert Nachrichten über Kelten. Gut überliefert sind die Eroberung Roms und die Belagerung des Kapitols 385 v. Chr. und die Plünderung Delphis 279 v. Chr. durch keltische Stämme. Wenn wir auch damit in diesen Jahrhunderten in den Kelten erstmals das bei uns siedelnde Volkstum kennen, enthalten die zeitgenössischen Quellen über die konkrete Situation im Alpenvorland fast nichts. So sind wir auf die archäologischen Befunde und Hinterlassenschaften angewiesen.

## Die Latènekultur

Mangels anderer Möglichkeiten werden die vorgeschichtlichen Epochen nach den Veränderungen in den Sachaltertümern gegliedert. Typisch keltische Funde ließen sich zum erstenmal um die Mitte des 19. Jahrhunderts durch einen größeren Fundkomplex an der Fundstelle La Tène am Neuenburger See erkennen, wovon in der archäologischen Fachsprache die ganze Epoche der keltischen Kultur dann auch ihren Namen Latènezeit bekommen hat. Wenn auch nach der Mitte des ersten Jahrtausends v. Chr. mit dem Beginn der keltischen Kulturperiode, der Latènezeit, neue materielle Erscheinungen auftreten, so läßt sich doch ein Bruch gegenüber der vorangehenden Älteren Eisenzeit (Hallstattzeit) nicht feststellen. Wie meist in der Vorgeschichte basiert das Neue auf der davor liegenden Entwicklung. So blieben auch in der Stufe Latène A die bestehenden Siedlungsräume weiter bewohnt, und veränderten sich die Sachtraditionen in Tracht und Gerät nur wenig. Was jedoch die Stufe charakterisiert,

sind ein ganz neuer Stil und veränderte Techniken, die auf mediterranen Import und den damit verbundenen griechischen und etruskischen Kultureinfluß zurückgehen. Es entwickelten sich eine neuartige phantasievolle, plastische Figürlichkeit und Zierweise, neue Waffen und Geräte und wohl auch manche Veränderungen in der geistigen Vorstellungswelt. Davon zeugt in Latène B der neue Brauch, nicht mehr in Grabhügeln sondern in Flachgräberfriedhöfen zu bestatten und weiterhin aus den Beigaben zu erschließende gesellschaftliche Veränderungen.
Ein grundsätzlicher Wandel im Siedlungsbild scheint den Beginn der großen keltischen Wanderungen anzudeuten, die Stammesverbände bis weit nach Westen und Osten, im Südosten bis Kleinasien (Galater) und nach Griechenland und im Süden bis Mittelitalien geführt haben. Wanderungsbewegungen innerhalb der keltischen Welt in verschiedener Richtung sind vorauszusetzen. Dadurch war zwar der Handelsverkehr gestört, aber rückkehrende Gruppen und Söldner brachten weitere Kenntnisse aus der Alten Welt.
Die folgende Stufe Latène C zeigt uns das Keltentum auf der Höhe seiner zivilisatorischen Entfaltung. Das Ausklingen der Wanderungsbewegungen in der zweiten Hälfte des 3. Jahrhunderts v. Chr. brachte eine Zeit relativer Ruhe, in der die Bevölkerung wachsen konnte und die wirtschaftlichen Tätigkeiten stark zugenommen haben. Die friedlichen Kontakte zur Mittelmeerwelt intensivierten sich wieder, was zu einem neuen Schub in der Übernahme technischer und zivilisatorischer Errungenschaften geführt hat. Fortschritte zeigen sich in der Schmiedetechnik, in der Bronzebearbeitung, in der Edelmetallgewinnung, in der Emailliertechnik und bei der Glasherstellung. Damit einher gingen entwickeltere Organisationsformen, durch die das Zusammenleben einer größeren Zahl von Menschen erst möglich wurde und die ersten Städte nördlich der Alpen noch vor 200 v. Chr. entstehen konnten. Vorbilder aus dem Süden waren für diese befestigten Anlagen vom Atlantik bis Mähren, Ungarn und Illyrien prägend gewesen. Caesar nennt diese zentralen Orte Oppida.

## Das Oppidum von Manching

Eine der bedeutendsten und größten dieser frühen Städte war das Oppidum von Manching[2] bei Ingolstadt, das seine Prosperität der Lage am Schnittpunkt der westlichen und der östlichen Machtgruppierungen der Kelten verdankte. Dazu kam noch die Lage an der Kreuzung der alten Ost-West-Straße entlang der Donau mit einer ebenfalls alten Süd-Nord-Verbindung, die hier die Donau überschritten hat. Geschützt war das Oppidum auf der Niederterrasse des Flusses durch umgebende Wasserläufe und Sümpfe. Die Situation entsprach damit völlig der des Biturigerhauptortes Avaricum im Südwesten Galliens, den uns Caesar (bell. Gall. 7, 15, 5) als überall von Fluß und Sumpf umgeben (*prope ex omnibus partibus flumine et palude circumdata*) beschreibt – ein weiterer Hinweis auf die Einheitlichkeit der keltischen Welt. Dazu gehört auch die Art der Befestigung: Das Oppidum war ursprünglich fast kreisrund mit einer 7 km langen Mauer in der Technik des Murus gallicus umgeben. Der Murus gallicus war eine spezifisch keltische Befestigungsweise, deren genaue Beschreibung wir ebenfalls Caesar verdanken (bell. Gall. 7, 23). Ein Rahmenwerk aus Holzbalken bildete das Skelett für eine breite Mauer aus Bruchsteinblöcken, der außen eine Quaderfront und rückwärts eine Erdrampe vorgelagert waren. Diese Konstruktion war in Gallien sehr verbreitet und findet sich nach Osten eben bis Manching. Nach neuesten Berechnungen aufgrund der letzten Ausgrabungen wurden in Manching für den ersten Mauerbau ca. 6900 $m^3$ Steine, ca. 2 t Eisennägel und 11 870 fm Holz gebraucht, wofür 370 ha Wald kahl geschlagen werden mußten. Erst durch die Ausgrabungen von Manching seit 1955 durch Werner Krämer konnte einwandfrei geklärt werden, daß das dortige Oppidum mit 380 ha Innenfläche tatsächlich eine ständig besiedelte Stadtanlage mit regelmäßigen Straßen, Quartieren und Vierteln war. Die bisher zutagegebrachten fast 2 Millionen Fundstücke (Tonscherben, Metall, Knochen, Glas etc.) erlauben u.a. die Feststellung, daß in der Blütezeit eine Bevölkerung von 5000 bis 10 000 Personen arbeitsteilig mit der Gewinnung und Verhüttung von Eisenerzen beschäftigt war, daß Grob- und Feinschmiede, Bronzegießer, Glashersteller dort arbeiteten und Töpfer hochwertige Keramik als Massenware herstellten. Eine große Menge von Gußformen für Münzschrötlinge zeigt an, daß im Oppidum Gold- und Silbermünzen geprägt wurden. Die Stadt bedurfte infolge der Arbeitsteilung für Produkte und Dienste sowohl auf dem örtlichen Markt als auch im Fernhandel eines stabilen Wertmessers und praktischen Tauschmittels. So kam es zur Übernahme der Münzprägung und Entwicklung eines geregelten Geldverkehrs. In der Stadt, deren antiker Name unbekannt ist, waren – wie die Verteilung der Funde andeutet – die einzelnen Handwerkszweige in verschiedenen Vierteln konzentriert. Durch Ackerbau und Viehzucht ernährte sich die städtische Bevölkerung Manchings, die aber nicht alle Nahrungsmittel selber herstellen konnte. Vielmehr war sie auf die Überschußproduktion der bisher kaum erforschten ländlichen Siedlungen in der näheren und ferneren Umgebung angewiesen. Getreidereste weisen auf die Vorliebe für Gerste und Dinkel hin. Nach den mehreren hunderttausend Tierknochen von Speiseabfällen stand an der Spitze der Fleischversorgung das Rind, gefolgt vom Schwein und weiter von Ziege und Schaf. Die damals regen Beziehungen auch über weite Entfernungen illustrieren Funde aus dem germanischen Norden, aus Gallien im Westen und aus Böhmen, wo man u. a. Sapropelit aus dem Kladnoer Kohlenrevier zu Schmuckzwecken bezogen hat. Die wichtigsten Verbindungen bestanden jedoch nach dem Süden über die raetischen Alpenstämme nach Italien und dem Mittelmeerbereich. Aus Italien kamen Amphoren mit Wein, Bronzegeschirr, feines Glas in Millefiori-Technik und schwarzglänzende kampanische Keramik, alles in allem zusammen mit republikanischen Münzen nur bescheidene materielle Zeugen eines viel weiter reichenden geistigen, zivilisatorischen und technischen Einflusses. Zu wirklicher Schriftlichkeit allerdings sind die Kelten nicht gekommen, wenn auch vereinzelt Schriftzeugnisse gefunden wurden.

Speziell die religiösen Lehren der Priester (Druiden) durften nur mündlich an ausgewählte Personen weitergegeben werden. So sind wir auf die Funde und Befunde angewiesen, die bei uns – selten und zufällig – noch kein rechtes Bild abgeben. Das erst jüngst gefundene „Kultbäumchen" von Manching mit seiner Goldblechzier in hellenistischer Konzeption aber mit keltischen Dekorationen weist auf einen auch sonst zu erkennenden keltischen Baumkult hin. Kleine bronzene Tierfiguren und größere eiserne Kultbilder lassen ebenfalls mediterrane Einflüsse ahnen und deuten mit Kraft und Fruchtbarkeit verkörpernden Tieren wohl auf nicht darstellbare Götter hin. Daß die bei uns im 2. und 1. Jahrhundert v. Chr. so zahlreichen Viereckschanzen ausschließlich kultische Funktionen hatten, ist durch neuere Forschungsergebnisse unsicher geworden. Nirgendwo jedoch ist im Alpenvorland, etwa wie in Gallien, ein Fortleben von Kultstätten in römische Zeit zu beobachten.

## Das Ende des süddeutschen Keltentums

Noch vor der Wende zum 1. Jahrhundert v. Chr. beginnt mit Latène D 1 die letzte Stufe der keltischen Freiheit. Der Übergang erfolgte fließend, Handwerk und Handel blühten innerhalb und außerhalb der Oppida, die Bevölkerung nahm anscheinend nach wie vor zu, und neue Dörfer und Weiler entstanden. Bei im wesentlichen weiterlaufendem Formenbestand wird die Stufe charakterisiert durch neue Fibeltypen, Veränderungen an Waffen, eine gewandelte Mode im Glasschmuck, Entwicklungen bei der Keramik u. a. mehr. Allerdings sind für die Stufe D 1 die archäologischen Erkenntnismöglichkeiten dadurch stark gemindert, daß der archäologisch erkennbare Totenkult damals weitgehend endete und kaum Bestattungen aus dieser Zeit im Alpenvorland bekannt sind. Die anscheinend inzwischen übliche Leichenverbrennung oder gar eine beigabenlose Beisetzung läßt die Gräber nicht erkennen. Mit dem Ende dieser Stufe D 1 etwa hören nicht nur die ländlichen Siedlungen, sondern auch die Oppida auf zu bestehen. Bei der Frage nach Gründen hierfür ist zunächst daran zu denken, daß von den letzten Jahrzehnten des 2. Jahrhunderts v. Chr. an aus dem germanischen Raum expansive Unruhe nach Süden gewirkt hat. Die Kimbern und Teutonen waren auf der Suche nach Beute und Land 113 v. Chr. in Norikum erschienen, hatten ein römisches Heer bei Noreia besiegt und waren dann über den Rhein nach Gallien gezogen. Vermutlich dabei, vielleicht auch schon früher, hatten sich ihnen die helvetischen Tiguriner angeschlossen. Nach langen Wanderungen im Westen wandten sich die Kimbern und die Tiguriner 102 v. Chr. wieder nach Osten und zogen durch Norikum nach Oberitalien, wo sie 101 v. Chr. bei Vercellae ihr Ende fanden. Um 71 v. Chr. überschritt ein suebischer Volkshaufen unter Führung von Ariovist den Rhein nach Westen und ließ sich im Gebiet der Sequaner nieder. Weitere große Zuwanderungen im folgenden Jahrzehnt veranlaßten Ariovist schließlich, zwei Drittel des Sequanerterritoriums in Anspruch zu nehmen. Nachdem Caesar 58 v. Chr. die von diesen Sueben nach Süden abgedrängten und dann gänzlich ausgewanderten Helvetier zur Rückkehr gezwungen hatte, gelang es ihm noch im selben Jahr auch die Germanen über den Rhein zurückzuwerfen. Die mit diesen Ereignissen verbundenen Wanderungsbewegungen und sicher noch manch andere haben das Alpenvorland mehr oder minder betroffen, so daß die Zeiten immer unruhiger geworden sein dürften. Irgendwann damals, wohl nach der Mitte des 1. Jahrhunderts, brach die Latène D 1 Zivilisation ab. Ob irgendwelche der zahlreichen keltischen Münzschätze in Gold und Silber aus Bayern in diese Zeit gehören, läßt sich nur vermuten, aber derzeit nicht beweisen, da sich diese Funde noch nicht exakt datieren lassen.

## Kelten oder Germanen?

Aus den nachfolgenden Jahrzehnten präsentiert sich der Fundstoff, den man vereinfachend als Latène D 2 zusammenfaßt, stark verändert, nicht einheitlich und viel spärlicher. Da Bezüge zum damals gerade germanisierten Mitteldeutschland bestehen, wurde schon versucht, daraus einen Wechsel von keltischer zu germanischer Bevölkerung auch für den südlichen Teil Bayerns abzuleiten. Anzeichen für einen kriegerischen Übergang haben sich weder in Manching noch in kleineren Siedlungen gefunden. Und immer noch weist auch der veränderte Fundstoff neben unbezweifelbaren germanischen Einflüssen durchaus keltische Elemente auf. Da die Ausgrabungen in Manching ergeben haben, daß die Stadt nicht in einer Katastrophe ihr Ende gefunden hat, sondern allmählich verödet ist, mag die Vorstellung berechtigt erscheinen, große Teile der keltischen Stämme im Alpenvorland seien bei einer oder mehreren Wanderwellen mitgerissen worden. Danach könnten Zuwanderungen zu dem veränderten Fundbild geführt haben, während verbliebene Bevölkerungsteile die alten Namen tradierten. Obschon die stark verminderten archäologischen Zeugnisse für einen drastischen Bevölkerungsrückgang sprechen, läßt sich aber nicht vorstellen, daß das Land eine Zeitlang völlig unbesiedelt geblieben sei. Das ist allen Erfahrungen nach ganz unwahrscheinlich, denn noch aus der Zeit der römischen Eroberung lassen sich keltische Stämme durch schriftliche Überlieferung eindeutig nachweisen (S. 33 f.), auch wenn sich im archäologischen Fundniederschlag Keltisches heute noch kaum dokumentiert. Mögen antike Quellentexte hinsichtlich ethnographischer Angaben nicht immer ganz zuverlässig gewesen sein, so ist doch die Fülle der Zeugnisse für die Vindeliker groß genug, das Weiterleben keltischer Bevölkerung, zumindest in Teilen des Alpenvorlandes, bis in römische Zeit hinein zu beweisen: Man kann den archäologischen Befund trotz aller Rätsel, die er uns aufgibt, nicht über diese eindeutigen Dokumente stellen. Allerdings dürfte das ganze Land zwischen Alpen und Donau in der spätesten Keltenzeit nicht gleichmäßig dicht besiedelt gewesen sein. Es scheint vielmehr hier vor der Ankunft der Römer ganz erhebliche lokale Unterschiede gegeben zu haben, deren Erforschung mit zu den wichtigsten Aufgaben der Archäologie in Bayern gehört.

# Okkupation und Frühzeit

## Raetien, Norikum und Bayern

Das Gebiet, das während des Alpenfeldzugs des Augustus im Jahre 15 v. Chr. von Rom besetzt und jedenfalls vor der Mitte des 1. Jahrhunderts n. Chr. als römische Provinz Raetia organisiert wurde, war viel größer als die moderne Verwaltungseinheit Bayern. Es umfaßte auf rund 80 000 $km^2$ mit der Südostschweiz, Vorarlberg und Tirol große Bereiche der Zentralalpen sowie das Alpenvorland zwischen Bodensee, Donau, bzw. dem raetischen Limes und dem Inn. Begrenzt wurde Raetien während der mittleren Kaiserzeit im Norden vom unbesetzten Teil Germaniens, der Germania Magna, im Westen von der Provinz Obergermanien und der Provinz *Alpes Graiae et Poeninae*, im Süden vom italischen Mutterland und im Osten von der Provinz Norikum. Diese Form der Organisation wurde erst mit den Reformen des Diokletian um 300 n. Chr. modifiziert.

Die Grenzen Raetiens sind nicht überall mit der wünschenswerten Genauigkeit anzugeben, nicht zuletzt, weil sie sich im Laufe der Zeit immer wieder mehr oder minder stark veränderten. Im Norden bestimmten ohnehin dynamische Vorstellungen den römischen Herrschaftsanspruch, den wir anhand sog. Okkupationslinien beschreiben können. Bis ins späte 1. nachchristliche Jahrhundert war der Verlauf der oberen Donau bestimmend geblieben, während die Durchsetzung eines „linearen" Grenzbildes erst um 150 in der als *limes Raetiae* bekannten Linienführung ihren monumentalen Niederschlag fand. Entsprechend der Entwicklung der Nordbegrenzung variierte die Trennlinie im Westen, die auf das Westende des Bodensees zu orientiert war und von dort über Ad Fines/Pfyn am Ostende des Zürichsees vorbei über den Glärnisch zur Furka zog. Hier bog sie nach Westen ab, ging über die Berner Alpen und schloß, wenigstens die erste Zeit, das Ostende des Genfer Sees mit dem dortigen Rhônetal und dem ganzen Wallis ein. Vom Großen St. Bernhard an verlief sie wieder nach Osten über Matterhorn, Lago Maggiore, Bellinzona, Splügen, Maloja-Paß, Ortler bis Meran. Von hier ab ist die Grenzführung nicht genau bekannt; sie wird in allgemein nordöstlicher Richtung auf den Innknick bei Wörgl hin anzunehmen sein. Spätestens von hier ab bildete der Inn bis zu seiner Mündung in die Donau mit gewissen lokalen Abweichungen[1] die Scheide zu Norikum. Anfangs benannten die Römer das eroberte Gebiet nach den ihnen vertrautesten und offenbar bedeutendsten Stämmen der Raeter und

Vindeliker, für die Provinz hat sich dann der Kurzname Raetien immer mehr durchgesetzt.
Östlich des Inn schloß sich an Raetien das Gebiet von Norikum an. Diesen Namen führte schon in vorrömischer Zeit ein selbständiges keltisches Königreich, das mit Rom verbündet war. Unter Augustus wurde auch dieses Regnum Norikum dem römischen Reich einverleibt, allerdings auf friedlichem Wege, wie immer man eine solche Überlieferung römischer Autoren auch werten mag. Das Inntal trennte nicht nur zwei römische Verwaltungsbezirke, sondern darüber hinaus auch zwei kulturell und zivilisatorisch verschiedene Bereiche. In ungleich höherem Maße als in Raetien lebten in Norikum vorrömisch-keltische Traditionen fort, erreichten aber auch die Bevölkerungsdichte, das wirtschaftliche Entwicklungsniveau und das Ausmaß der Romanisierung, d. h. vor allem die zivilisatorische Angleichung an das Mutterland Italien, einen wesentlich höheren Stand. Dementsprechend kann man in Norikum etwa feststellen, daß dort – ganz im Gegensatz zu Raetien – noch in römischer Zeit die alten keltischen Lokalgottheiten verehrt wurden, oder auf den römerzeitlichen Inschriften viel häufiger ältere, norisch-keltische Personennamen auftreten. Die Unterschiede kamen sogar bei Gegenständen des Alltagsgebrauchs zum Tragen: In Norikum benutzte man vielfach anderes Trachtzubehör, wie Fibeln, die auf ältere einheimische Formen zurückgehen; teilweise gilt dies auch für den Schmuck. Sogar beim Küchengeschirr hat man in Norikum andere, traditionelle Keramikformen bevorzugt und hergestellt.

## Roms Ausgreifen über die Alpen nach Norden

### *Rom und seine alpinen Nachbarn*

Mit den Alpenstämmen ganz allgemein, den Raetern speziell, kamen die Römer natürlich nicht erst anläßlich der Eroberung 15 v. Chr. in Berührung. Es bestanden ja im ersten vorchristlichen Jahrhundert Kontakte des Südens sogar zur Bevölkerung des Alpenvorlandes. Für den vindelikischen Raum, der, wie Manching zeigt, schon eine Art politischer Organisation gehabt haben muß, waren diese Beziehungen vorwiegend über einen friedlichen Fernhandel vor sich gegangen, der politische Berührungen ausschloß. Aus historischen Gründen interessierten sich die Römer lange Zeit für die nördlichen Anrainer kaum. Ihre Herrschaftsausweitung stieß zwangsläufig zuerst auf andere mittelmeerische Mächte und Regionen und war infolgedessen zuallerletzt nach Norden gerichtet. Dementsprechend gering war und blieb das Wissen davon. Was die lateinisch oder griechisch schreibenden Historiker, Geographen und Dichter über die Raeter und die Vindeliker berichten, ist teilweise schablonenhaft, stammt aus schwer auszumachenden Quellen und führt zu widersprüchlichen Ergebnissen. Bereits beim alten Cato (†149 v. Chr.) und dem etwas jüngeren griechischen Historiker Polybios († 120 v. Chr.) finden wir die prägende Vorstellung von den Alpen als natürliche Bastion Italiens (Cato bei Servius ad Aen. 10, 13; Polyb. 2, 14 f.)[2], weshalb es kaum Zufall sein wird, daß sie auch unsere frühesten Nachrichten zu den Raetern bieten: wobei Cato allerdings nur die raetische Weintraube preist (*ad Marcum filium* Frag. 8 Jordan), während Polybios von vier, allesamt steilen Alpenpässen wußte, deren östlichster eben das Gebiet der Raeter durchquerte (34, 10 bei Strabo 4, 6, 12). Gleichzeitig war Polybios aber auch der Meinung, das Alpenhochland sei unüberschreitbar und völlig unbewohnbar (2, 15, 10; 3, 54, 2).

In der Folgezeit erlebte die Erkenntnis des Nordens, nicht zuletzt aufgrund der Kimberneinfälle und der römischen Durchdringung Galliens, schubartige Erweiterungen. Dennoch waren die römischen Vorstellungen von den Raetern noch in der Kaiserzeit teilweise höchst nebulös. Aus ihren angestammten Wohnsitzen in Oberitalien seien sie durch die vordringenden Kelten vertrieben worden und hätten unter ihrem namengebenden Ahnherrn (*heros eponymos*) Raetus die Alpen erobert und den Stamm der *Raeti* gegründet (Plin. nat. 3, 133; Iust. 20, 5, 7–9): eine durchsichtige Erfindung, um für Unerklärliches eine billige Erklärung zu bekommen. Auch der in augusteischer Zeit schreibende und zudem aus Padua in Oberitalien stammende Livius meinte, die Raeter seien ohne Zweifel Etrusker gewesen, doch ihre neue Heimat habe sie verwildern lassen, so daß sie keinerlei Tradition gewahrt hätten außer ihrer Sprache – und auch die sei nicht unversehrt (Liv. 5, 33, 11). Von den Vindelikern wußte man, daß sie mit Amazonenbeilen kämpften, ohne darüber Näheres angeben zu können (Hor. carm. 4, 4, 17 ff.). Der modernen Forschung geht es da nicht besser: weder die sog. Hellebardenäxte lassen sich als typisch für die Alpenstämme bezeichnen, noch ist es bisher hinreichend gelungen, die Raeter historisch, archäologisch oder sprachgeschichtlich eindeutig zu identifizieren[3]. Einen Stamm oder Stammesverband, der ausdrücklich diesen Namen trug, hat es offenbar nicht gegeben. Vielleicht haben kultische Gemeinsamkeiten ein gewisses Gefühl der Zusammengehörigkeit begründet, aufgrund dessen die südlichen Nachbarn die Benennung „Raeter" erfanden. Genaueres zu beweisen, ist bislang nicht gelungen. Die Römer wußten, jedenfalls nach der erhaltenen Literatur, nicht einmal so recht, wo denn diese „Raeter" überhaupt ihre Wohnsitze hatten: Man lokalisierte sie vornehmlich um Verona und Trient sowie um Como, im Grund aber zwischen Piave und Lago Maggiore, Unterinntal und Bodensee[4]. Wirklich begeistert hat sie – nicht zuletzt den Kaiser Augustus – der unserem Südtiroler entsprechende raetische Wein[5]. Natürlich war das kein Grund, die Raeter und gar die Alpen einschließlich Bayerns zu unterwerfen. Von den Vindelikern schließlich war vor ihrer Eroberung überhaupt nie die Rede. Nun könnte man mit dem bisweilen etwas naiven antiken Historiker Appian erstaunt fragen, warum die Alpeneroberung so relativ spät erfolgte, und warum viele gewaltige Römerheere nach Gallien und Illyrien zogen, ohne die Übergänge zu erobern und die permanent lästigen Einfälle der Barbarenvölker in Norditalien zu verhindern – allen voran der große Caesar, der über zehn Jahre in Gallien als Eroberer tätig war und seine Fühler bis nach Britannien ausstreckte (App. Ill. 43–45). Wie kommt es, daß Rom seit Caesar Gallien bis zum Rhein besaß und sogar mit den Helvetiern freundschaftlich verkehrte[6], in den Jahren 46 – 44 die Kolonien Iulia Vienna/Vienne an der Rhône, Iulia Equestris/Nyon am Genfer See und Raurica/Augst gründete, den zwischen Italien und Gallien liegenden Gebirgskeil aber in fremder Hand beließ?

## *Roms Besetzung des Alpengebietes*

Um wirklich zu verstehen, warum die Römer nicht nur die Alpen, sondern auch Teile des heutigen Bayern besetzt haben und dies gerade unter Augustus geschah, sind weitergehende historisch-geographische Überlegungen unerläßlich. Hatte die Forschung ursprünglich die Eroberungen des Jahres 15 als bloße Schutzmaßnahmen an der römischen Nordgrenze verstanden, ohne die, wie Theodor Mommsen es ausdrückte, Rom nicht „Herr im eigenen Haus war", so meinten spätere Gelehrte vor rund 40 Jahren, hier die Anfänge eines großen strategisch-politischen Konzepts mit dem Ziel einer bis zur Elbe reichenden Herrschaft Roms erkennen zu können. Die *clades Lolliana*, eine schmachvolle Niederlage, welche der Legat Marcus Lollius 17 oder 16 v. Chr. gegen die Sugambrer, Usipeter und Tenkterer hatte hinnehmen müssen, habe einen grundlegenden Wandel in der Nordpolitik des sich von 16 bis 13 persönlich in Gallien aufhaltenden Augustus herbeigeführt; Rom habe sich nun nicht mehr mit der Verteidigung der Rheingrenze zum Schutze Galliens begnügt, sondern ein offensives Vorgehen gegen die Germanen beabsichtigt. Eine militärische Zangenbewegung vom Rhein nach Osten zur Unter- und Mittelelbe einerseits und von der Donau zu den Elbquellen andererseits habe dieses Ziel verwirklichen sollen. Der Alpenfeldzug und die Eroberung des Alpenvorlandes von 15 sei mithin als eine „organische Vorbereitung" bzw „sekundäre Begleiterscheinung der Vorbereitung einer viel weiteren Offensivplanung" zu verstehen[7], durch welche die Kontrolle eines Landstreifens zwischen Iller und Lech als Aufmarschbasis für die von langer Hand geplante Unterwerfung des großgermanischen Raumes erlangt werden konnte. Heute ist diese Ansicht weitgehend fallen gelassen; nicht nur die chronologische Einordnung und, davon teils abhängig, die Gewichtung sowie die Folgen der Lollius-Schmach bereiten Schwierigkeiten. Es steht auch fest, daß die römische Expansion rechts des Rheins gegen die Stammeswelt zwischen Main und Ozean gerichtet war und Süddeutschland dabei außer Betracht blieb. Außerdem war die seit 12 v. Chr. vorgetragene, in Einzelphasen durchaus von geo-strategischem Denken geleitete „Offensive" Roms in rechtsrheinische Gebiete nie vom Willen zum Generalangriff geprägt gewesen, sie richtete sich in räumlicher Begrenzung vielmehr immer gegen konkrete Gegner und verlagerte ihre militärischen Schwerpunkte gemäß dem Kriegsverlauf. In diesem Sinne schwankte die römische Germanienpolitik „bewußt oder unbewußt ... zwischen dem Ziel der Sicherung der Rheingrenze auf irgendmögliche Weise und dem Ziel der Sicherung auf eine einzige Weise, nämlich der Durchdringung und festen Kontrolle des germanischen Vorfeldes." (R.

Wiegels)[8]. Schon deshalb ist ein strategischer Zusammenhang zwischen Mainz und Augsburg weder von vornherein und nicht einmal späterhin (etwa über das neuentdeckte Truppenlager bei Marktbreit am Main) zu erweisen und/oder auch nur wahrscheinlich. Zudem hat es römische Vorstöße gegen die Germanen aus dem vindelikischen Raum unter Augustus nicht gegeben, und wenn davon gelegentlich in der gelehrten Literatur die Rede ist, so beruht dies auf haltloser Spekulation (S. 62). In der Frühzeit hat im Raum zwischen Main und Donau ein ernstzunehmender Gegner Roms nicht existiert; dementsprechend war der Donauoberlauf zunächst weder besetzte Grenze noch Verbindungsweg, und die rückwärtigen militärischen Stützpunkte (S. 47) beherbergten nicht, wie man früher einmal annahm, mehrere Legionen, sondern gemischte Detachements, die zur Überwachung des Landes ausreichten. Wie wenig übrigens römische Historiker die Eroberung Raetiens mit der Germaniens gedanklich und zeitlich verbanden, illustriert zumindest ansatzweise eine Passage in der Naturgeschichte (*naturalis historia*) des älteren Plinius, die besonderes Gewicht hat, weil dieser Autor in Germanien seinen Militärdienst geleistet und ein leider verlorenes zwanzigbändiges Werk über die Kriege der Römer in Germanien (*bella Germaniae*) verfaßt hat. Marcus Vipsanius Agrippa, Freund und Schwiegersohn des Augustus, hat nach Plinius (nat. 4, 98 f.) die Länge Germaniens einschließlich Raetien und Norikum mit 636, die Breite mit 388 römischen Meilen (d.i. 940 bzw. 575 km) angegeben[9]; dabei – so der Kommentar des Plinius – sei allein die Breite des etwa zur Zeit von Agrippas Tod unterworfenen Raetien fast größer; Germanien aber wurde erst „viele Jahre danach und nicht einmal vollständig bekannt". Wir dürfen trotz der in „viele" enthaltenen, kleinen Übertreibung ergänzen: eben die im Todesjahr Agrippas 12 v. Chr. einsetzende Germanenoffensive führte zur weiteren Entdeckung Germaniens, was die wohl zeitgenössische sog. Trostschrift an Livia (*Consolatio ad Liviam*) schön bestätigt, wenn sie sagt, die germanische Welt sei „den Römern eben erst bekannt geworden" (391).

## *Der Sommerfeldzug 15 v. Chr.*

Wenn Plinius meinte, Raetien seit etwa zu der Zeit besetzt worden, da Agrippa starb, so stimmt das nur ganz grob. Denn das Jahr 15 v. Chr. ergibt sich dafür ganz zweifelsfrei aus der Einordnung der Geschehnisse in das Geschichtswerk des Cassius Dio, in die Chronik des Kirchenvaters Hieronymus und nicht zuletzt durch eine noch zu erwähnende Angabe des Horaz. Wie der um 20 n. Chr. schreibende Geograph Strabo ausdrücklich betont, erfolgte die Eroberung der Zentralalpen und ihres nördlichen Vorlandes in einem einzigen Sommer. Das wird gewiß richtig sein, darf aber nicht darüber hinwegtäuschen, daß die Expedition von 15 v. Chr. kein isoliertes Ereignis war, da Rom sowohl im Jahr unmittelbar davor als auch danach Krieg in den Alpen geführt hat. Wenn die militärischen Unternehmungen der Feldzugssaison 15 in unserer Überlieferung überhaupt einen größeren Raum einnehmen als die anderen, die kaum der Rede wert schienen, so allein deshalb, weil an ihnen Mitglieder des Kaiserhauses persönlich teilnahmen. Und dennoch sind die Vorgänge angesichts der Quellenverluste kaum noch angemessen nachzuzeichnen, in vielen Einzelheiten umstritten oder gar nicht erst bekannt. Ein zusammenhängender antiker oder gar zeitgenössischer Bericht fehlt. Denn das 138. Buch der Römischen Geschichte des Livius, das nach einer späteren Inhaltsangabe hauptsächlich davon handelte, wie „die Raeter von Tiberius Nero und Drusus, den Stiefsöhnen des Kaisers, unterworfen wurden (*domiti*)", ist leider vollständig verloren. Dabei erweist bereits diese knappe Überschrift, wie sehr die zeitgenössische römische Geschichtsschreibung von der augusteischen Propaganda beeinflußt war, welche die vor allem für den militärischen Ruf des Monarchen und seiner Familienangehörigen, weniger für das momentane Schicksal des Reiches wichtigen Eroberungen von Anfang an vereinnahmt und erfolgreich „verkauft" hat. Kein Geringerer als Horaz, erst mit dem Festlied für die Jahrhundertfeier (*carmen saeculare*) beauftragt, mußte jetzt – so Sueton in seiner Biographie des Dichters – auch das Lobgedicht zum Vindelikersieg der kaiserlichen Stiefsöhne verfassen und deswegen nach langer Unterbrechung den drei Büchern seiner Gedichte ein weiteres hinzufügen.

Nicht weniger vom Willen des Machthabers geprägt war die große Staatsinschrift, welche der Senat und das römische Volk im Jahr 7/6 v. Chr. auf dem von ihnen gestifteten sog. Tropaeum Alpium anbringen ließen. Ein unmittelbares Vorbild für dieses, an republikanische Traditionen anknüpfende Siegesmonument für Augustus war gewiß das Tropaeum des Pompeius in den Pyrenäen mit einer Liste von 876 Städten, die dieser von den Alpen bis zu den Grenzen des jenseitigen Spaniens erobert hatte. Zierte dieses die Nahtstelle zwischen Gallien und Iberien, so überragte das augusteische Ruhmesmal die Stelle, da einst die nach Spanien führende Straße (*via Iulia*) Italien verließ und Gallien erreichte. Beim heutigen La Turbie, wo die südlichen Seealpen 480 m steil zur Meeresküste nach Monaco abfallen, künden noch immer beträchtliche Reste dieses einstmals 50 m hohen Denkmals über Wasser und Land weithin den Stolz des ersten römischen Kaisers auf seine Erfolge als Eroberer. Die Inschrift des Tropaeum Alpium bietet als unser wichtigstes archäologisch-epigraphisches Zeugnis des Alpenfeldzuges gleichsam ein amtliches Verzeichnis von nicht ganz 50 besiegten Stämmen (einige Namen sind unsicher), die in einem weitausholenden geographischen Bogen von Norditalien bis in die Basses-Alpes aufgezählt werden. Da das Monument vom Mittelalter bis ins 18. Jahrhundert als Festung gedient hat, sind heute vom Originaltext leider nur noch über 100 kleine und kleinste Bruchstücke erhalten, die eine genaue Rekonstruktion nicht mehr gestatten; glücklicherweise hat der uns schon bekannte ältere Plinius den Wortlaut überliefert, der sich nach den besten Handschriften und den Originalresten wie folgt wiedergeben läßt (Plin. nat. 3, 136 f. = CIL V 7817):

*Imperatori Caesari divi filio Augusto/pont(ifici) max(imo), imp(eratori) XIIII, trib(unicia) pot(estate) XVII,/senatus populusque Romanus,/quod eius ductu auspiciisque gentes Alpinae omnes, quae a mari supero usque ad inferum pertinebant sub imperium p(opuli) R(omani) sunt redactae./gentes Alpinae devictae: [1] Trumpilini, [2] Camunni, [3] Ven(n)ostes, [4] Vennonetes, [5] Isarci, [6] Breuni, [7] Caenaunes, [8] Focunates,/[9] Vindelicorum gentes quattuor,/[10] Cosuanates (Cosuanetes), [11] Runicates, [12] Licates, [13] Cattenates, [14] Ambisontes, [15] Rigusci, [16] Suanetes, [17] Calucones,/[18] Brixen(e)tes, [19] Leponti, [20] Uberi, [21] Nantuates, [22] Seduni, [23] Varagri, [24] Salassi, [25] Acitavones (Agitabones), [26] Medulli, [27] Ucenni, [28] Caturiges, [29] Brigiani,/[30] Sogionti, [31] Bodionti, [32] Nemaloni, [33] Edenates, [34] Vesubiani, [35] Veamini, [36] Gallit(r)aetri, [37] Ulatti, [39] Ecdini,/[40] Vergunni, [41] Eguituri, [42] Nematuri, [43] Oratelli, [44] Nerusi, [45] Velauni, [46] Suetri.*

In der Übersetzung heißt das:

„Dem Imperator Cäsar, dem Sohn des Göttlichen (Cäsar) Augustus, der höchster Priester sowie vierzehnmal siegreicher Feldherr war und siebzehnmal die Tribunengewalt besaß, (widmen) der Senat und das römische Volk (dieses Ehrenmal), weil unter seiner Führung und seinen Auspizien alle Alpenvölkerschaften, die sich vom Oberen (d.i. Adriatischen) bis an das Untere (d.i. Thyrrhenische) Meer erstreckten, unter die Herrschaft des römischen Volkes gebracht worden sind. Die besiegten Alpenstämme (sind): . . .“

Es folgen zunächst Stämme aus Tälern nördlich von Brescia [1, 2], aus dem Vinschgau [3], dem Alpenrheintal [4] und dem oberen Inntal [5 – 8], aus dem schwäbisch-bayerischen Alpenvorland [9 – 13], dem oberen Salzachtal [14], dem Alpenrheintal mit Engadin [15 – 18], dem Tessin und Misox [19], dem Wallis [20 – 23], dem Aostatal [24], dem Gebiet des Kleinen St. Bernhard [25]; schließlich finden sich noch Stämme der Westalpen [26 – 30] und Gruppierungen der Seealpen [31 – 46].

Nicht wenige dieser alpinen Völkerschaften sind allerdings schwer und mitunter sogar nur vermutungsweise zu lokalisieren. Über die Reihenfolge der Aufzählung wird viel gerätselt. Reine Willkür anzunehmen, widerspricht dem sonst auf Inschriften beobachtbaren Ordnungssinn der Römer. Die naheliegende Vermutung, die Stämme seien streng hierarchisch, d. h. nach Stärke und politischer Bedeutung angeführt[10], stößt rasch an Grenzen. Vielmehr scheint teils die geographische Situation bzw. ethnische Zusammengehörigkeit, teils – dem nicht widersprechend – die zeitliche Abfolge der Unterwerfung berücksichtigt zu sein. Demgemäß hat man geglaubt, die drei erstgenannten Völker der Trumpilini, Camunni und Vennonetes seien bereits 16 unterjocht worden, während sich danach der Zug des Drusus von den Venostes bis zu den Catenates und Ambisontes [14] erkennen ließe. In diesem Fall müßte Plinius irrtümlich die Venosten vor den ähnlich klingenden (vindelikischen) Vennoneten angeführt haben, was ein Originalfragment der Inschrift von La Turbie in der Tat zu bestätigen scheint[11]. Dennoch wird man solchen Interpretationsansätzen nur mit Vorbehalt folgen, solange eine wirklich überzeugende Erklärung für die Aufzählung der Stämme nicht gefunden ist. Möglicherweise kann es eine solche bei unserer lückenhaften Überlieferung gar nicht geben, weil die Römer weder unsere modernen Karten besaßen noch bei der Eroberung so linear vorgingen, wie wir das meist meinen, vor allem aber,

*Abb. 1 Mainz. Vindelicia mit der Doppelaxt auf der Scheide des sog. Tiberiusschwerts. Die Interpretation aller Darstellungen erinnert wohl an das Jahr 15 v. Chr. (British Museum London, Kopie Mainz, RGZM).*

weil das Tropaeum Alpium nicht einen einzigen Feldzug, sondern die augusteische Alpeneroberung insgesamt, also einen langwierigen Vorgang in mehreren Etappen zwischen 35 und 7 v. Chr., rühmt[12]: viele der genannten westalpinen Stämme wurden beispielsweise erst im Jahr 14 unterworfen (Cass. Dio 54, 24, 3). Listen unterworfener Völker könnten auf Feldherrntagebücher (*commentarii*) bzw. in Abhängigkeit davon auf Berichte des Kaisers an den Senat zurückgehen. Dabei war die Schwere des Gegners naturgemäß ein wichtiges Ordnungskriterium (App. Ill. 46 ff.). Im übrigen spielten solche Völkertafeln für die Ideologie des Augustusfriedens, die Pax Augusta, eine große Rolle; Bilder unterworfener Stämme wurden nicht nur im triumphal gestalteten Leichenzug des Augustus mitgetragen, der Herrscher selbst ließ in Rom und in den Kaisertempeln der Provinzen Personifizierungen der „Nationen" darstellen, wie wir einige seit kurzem aus dem Sebasteion der einstmals blühenden kleinasiatischen Stadt Aphrodisias kennen. Zwei Marmorblöcke nennen je das Volk der Raeter und das der Trumpil(in)er. Zwar waren auf den zugehörigen (in unseren Fällen leider verlorenen) Reliefs die Völker (*ethne*) nicht als besiegte, sondern – ähnlich einer angeblichen Vindelicia vom Hadrianstempel auf dem römischen Marsfeld – als Verkörperung eines nationalen Idealbildes dargestellt, dennoch ist auch in Aphrodisias der Bezug zu den Augustussiegen unverkennbar: die als völkische Einheit aufgefaßten Raeter waren ebenso wie die Trumpiliner (und vermutlich noch die Vindeliker) gewiß nur stellvertretend aus einer langen Liste ausgewählt worden[13]. Damit kommen wir zu einer wichtigen Unterscheidung auf dem Tropaeum Alpium, nämlich zwischen der Einbindung aller Alpenstämme (*gentes Alpinae omnes*) in die römische Herrschaft als Dedikationsgrund und der namentlichen Aufzählung nur der besiegten Alpenstämme (*gentes Alpinae devictae*)[14].

Denn die Zahl der in den genannten drei Dezennien gewaltlos unter römische Hoheit gelangten Völker war gewiß beträchtlich. Prominente Beispiele genügen. In den Ostalpen schloß sich, nach leichter Einhilfe, das seit langem mit Rom befreundete norische Königreich dem Imperium an[15], und in den Westalpen hat der kluge König Cottius weitblickend erkannt, wie aussichtslos sein anfänglicher Widerstand war und daher einen Bündnisvertrag mit den Römern vereinbart, „der seinem Volk ewigen Frieden sicherte“ (Ammian 15, 10, 2 u. 7). Infolgedessen empfing er das römische Bürgerrecht und Ritterrang, in welchem er als Präfekt mit dem Namen Marcus Iulius Cottius, Sohn des Königs Donnus, von Segusio/Susa aus weiterhin über 14 Bergstämme regierte, von denen freilich nur sechs feindselig gewesen waren und daher auf dem Tropaeum Alpium erscheinen [als Nr. 26, 28, 33, 34, 35 und 39]. Mit den übrigen acht finden sie sich in der Völkertafel des Ehrenbogens von Susa verzeichnet (CIL V 7231). Das Beispiel des Cottius ist nur ausführlicher erwähnt worden, weil es im Grundsätzlichen übertragbar ist, und uns zeigt, daß wir auch im Falle Raetiens und Vindelikiens mit einer größeren Zahl von freiwillig dem Imperium beigetretenen Stämmen rechnen müssen.

Vor diesem Hintergrund können wir uns jetzt dem Feldzugsgeschehen von 15 selbst zuwenden. Nur punktuell einschlägig sind dafür die wenigen Hinweise bei dem 33 Jahre danach schreibenden Geographen Strabo (4, 6, 9; 7, 1, 5) und in dem noch ein Jahrzehnt später enstandenen, den Tiberius herausstellenden Geschichtsabriß des Velleius Paterculus (2, 39, 3; 95, 2 und 104, 4); weitere Erwähnungen der Vorgänge in der Trostschrift an Livia (15 f.; 173 – 176; 384 – 386), beim Biographen Sueton (Augustus 21, 1 und Tiberius 9, 1 f.) und bei Florus (epitome 2, 22, 4 f.) haben schließlich fast nur bestätigende Bedeutung. Der einzig erhaltene zusammenhängende und etwas ausführlichere Bericht entstammt der griechisch gehaltenen „Römischen Geschichte“ des Senators Lucius Cassius Dio (54, 22). Zu Beginn des 3. Jahrhunderts entstanden, beruht er aber auf älteren, offenbar leidlich gut informierten Quellen. Daher hat er als Grundlage eines jeden Rekonstruktionsversuchs des Sommerfeldzuges zu gelten und sei deshalb vollständig vorgeführt: „. . . Drusus aber und Tiberius vollbrachten unterdessen [im Jahr 15 v. Chr.] folgende Taten: Die Raeter, die zwischen Norikum und Gallien in den an Italien grenzenden Tridentinischen Alpen ihre Wohnsitze haben, hatten häufig Streifzüge in das ihnen benachbarte Gallien unternommen und auch in Italien Beute gemacht; zudem mißhandelten sie von den Römern und deren Bundesgenossen sol-

*Abb. 2 Augustus. Denar von Lyon (Lugdunum). Die Vorderseite zeigt den nach rechts blickenden Kaiser (Legende:* AVGVSTVS DIVI F.*), die Rückseite vermutlich seine beiden, mit Lorbeerzweigen grüßenden Stiefsöhne Drusus und Tiberius in Feldherrntracht. Aufgrund der 10. imperatorischen Akklamation (IMP. X) ist die Darstellung mit dem Sieg der beiden Prinzen im Jahr 15 v. Chr. zu verbinden. Der Münztyp wurde auch in Gold und mit nur einem Feldherrn (Drusus?) geprägt.*

che, die durch ihr Gebiet reisten. (2) Dies glaubten sie wohl nicht in einem Vertragsverhältnis Stehenden antun zu dürfen, aber sie töteten unter den Gefangenen alles, was männlich war, und zwar nicht nur, soweit es das Licht der Welt erblickt hatte, sondern sogar im Mutterleib, was sie durch Wahrsagerei feststellten. (3) Deshalb also schickte Augustus zuerst (*proton*) den Drusus gegen sie, der diejenigen von ihnen, die ihm im Gebiet des Tridentinischen Gebirges entgegentraten (*proapantésantas*), rasch in die Flucht schlug und vernichtete, so daß er sich aufgrund dieser Erfolge die Ehrenrechte eines Prätors erwarb. Daraufhin (*épeita*), nachdem sie [die Raeter] zwar aus Italien zurückgeworfen waren, Gallien aber noch immer bedrängten, sandte er [Augustus] auch den Tiberius aus. (4) Als nun beide von vielen Seiten her zugleich (*pollachóthen háma*) in das Land eindrangen, sei es persönlich oder durch Unterführer (*hypostrátegoi*), und Tiberius zudem sogar mit Schiffen über den See [= Bodensee] heranrückte, da jagten sie ihnen Schrecken ein (*katéplexan*) und überwanden mühelos alle, die sich mit ihnen in einen Kampf einließen, da diese nie mit vereinten Kräften vorgingen; die übrigen, die infolgedessen schwächer und mutloser geworden waren, nahmen sie gefangen. (5) Da sie [die Raeter] aber an Männern sehr reich waren und die Gefahr einer Rebellion bestand, führten sie [die Römer] den tüchtigsten und größten Teil ihrer Jungmannschaft aus dem Lande und ließen nur so viele zurück, daß sie wohl das Land zu bebauen imstande, aber unfähig wären, erneut Unruhe zu stiften.“ Im wesentlichen bestätigt dies der den Ereignissen viel näher stehende Velleius Paterculus (2, 95, 1 f.), wobei er noch einige Details ergänzt: Ihm zufolge beschloß Augustus, den Tiberius „durch die Last eines nicht unbedeutenden Kriegs zu erproben, und gab ihm als Helfer (*adiutor*) bei dieser Unternehmung seinen Bruder Drusus Claudius mit, . . . (2). Jeder von beiden griff bei Teilung der Aufgaben (*uterque divisis partibus*) die Raeter und Vindeliker an. Nachdem sie zahlreiche Städte und Festungen erstürmt und auch Front gegen Front glücklich agiert hatten, unterwarfen sie Völker, die durch die Natur ihres Landes überaus geschützt, außerordentlich schwer angreifbar, zahlenmäßig stark und von trotziger Wildheit erfüllt waren, völlig. Hierbei war die Gefahr für das römische Heer größer als der Verlust, da das meiste Blut auf seiten der Feinde floß."

Ganz allgemein läßt sich also festhalten, daß der Feldzug von 15 v. Chr. in zwei Etappen erfolgte und vielerlei Szenarien wie das offene Gefecht Schlachtreihe gegen Schlachtreihe, die Belagerung und Erstürmungen von städtischen Siedlungen und Fluchtburgen kannte. In seiner zweiten Phase war er nicht – wie oft zu lesen – eine Zangenoperation zweier Heereskeile. Das würde den Hauptfeind in Vindelikien vermuten lassen; darauf wird zurückzukommen sein. Das Problem ist zudem mit einer alten „Verbesserung" (der Fachmann sagt dafür Konjektur) zum zitierten Text des Velleius Paterculus belastet: 1863 hatte ein Gelehrter statt *uterque divisis partibus . . . adgressi* unter Hinweis auf eine andere Stelle bei diesem antiken Historiker (2, 109, 5) *uterque e diversis partibus . . . adgressi* lesen wollen. Obgleich diese Veränderung ganz unnötig und daher abgelehnt worden ist, übersetzte man damals wie heute immer wieder im Sinne dieser Konjektur, Tiberius und Drusus hätten „von (zwei) verschiedenen Seiten angegriffen"; tatsächlich meint aber die technische Ausdrucksweise *divisis partibus* zunächst einmal nur, daß sich die Handelnden die Aufgaben teilten[16]. Dazu paßt sehr wohl die Ausdrucksweise des Cassius Dio, der die Adverbialkonstruktion „von vielen Seiten her zu gleicher Zeit" (*pollachóthen háma*) sicher bewußt verwandte, um damit die Vielseitigkeit des Vormarsches prägnant zum Ausdruck zu bringen[17]. Gleichartige Formulierungen in seinem Geschichtswerk bezeichnen etwa das Agieren der drei Heeresteile der Römer gegen Boudicca im Jahr 61 n. Chr. oder – im kleineren Rahmen – das Vorgehen der zahlreicheren Caesarmörder im Moment ihrer Tat!

Zweifellos müssen wir uns schon aus taktischen Erwägungen ein insgesamt sehr rasches, simultanes Vordringen vieler Kampfabteilungen (*cunei*) aus Legionsdetachements und Hilfstruppen vorstellen, die die Alpentäler systematisch durchkämmten. Möglicherweise konnten nicht alle Kolonnen von senatorischen Unterfeldherren befehligt werden, weshalb man Offiziere aus dem Ritterstand wie Legaten, *pro legato*, einsetzte (CIL V 3334; 7370)[18]. Die einzelnen Stoßkeile legten Zeugnis von der Wucht der römischen Kriegsmaschinerie ab und verbreiteten Furcht und Schrecken (*katéplexan*), indem sie durch ihr bloßes Erscheinen zum freiwilligen Anschluß bewegten, wo nötig Widerstandsnester aushoben, Flüchtige verfolgten und die wehrfähigen Männer aus den Tälern fortschleppten. Da eine konzertierte Gegenwehr nicht zustande kam, hatten die Römer, trotz aller Risiken, die ein Krieg im Bergland immer darstellt, keine nennenswerten militärischen Probleme. Diese zeigten sich zweifellos von einer ganz anderen Seite.

## *Erschließung der Alpen*

Denn Hand in Hand mit dem Vormarsch der römischen Kampftruppen erfolgte in großartiger Pionierleistung die geographisch-strategische Erschließung des Alpenraums durch die Anlage von Straßen. Von einer erfahren wir dies aus berufenem Munde: von der Via Augusta, die vermutlich in zwei Trassen von Oberitalien nach Norden führte. Der Sohn des Drusus, kein anderer als Kaiser Claudius (41 – 54 n. Chr.), rühmte sich auf wenigstens zwei Meilensteinen (oder besser Gedenksäulen aus Rabland bei Meran und Cesiomaggiore bei Feltre), diese nach seinem Großvater und jetzt auch nach ihm benannte Via Claudia Augusta, die sein Vater angelegt hatte, als er die Alpen im Krieg durchlässig machte, auf 350 römischen Meilen Länge vom Po bis zur Donau ausgebaut zu haben: *viam Claudiam Augustam, quam Drusus pater Alpibus bello patefactis derex(s)erat, munit a flumine Pado* [bzw. *ab Altino*] *ad flumen Danuvium per m(ilia) p(assuum) CCCL* (IBR 469 = CIL V 8002 u. 465 = CIL V 8003)[19]. Wegen mehrerer bedeutungsähnlicher Ausdrücke ist dieser Text nicht so ganz einfach zu verstehen. Die Formulierung *Alpibus bello patefactis*, von der man vermutet, sie stamme aus einem Elogium des Augustus auf Drusus[20], hebt unstrittig auf die verkehrsmäßige Öffnung des Gebirges durch Kampfhandlungen ab (vgl. Caes. B.G. 3, 1). Nun läßt sich *viam dirigere*, womit die Tätigkeit des Drusus zusätzlich beschrieben wird, zwar ebenso wie das die Verdienste des Claudius kennzeichnende *viam munire* einfach mit „eine Straße gangbar machen, anlegen" übersetzen, es deutet jedoch stärker auf die erstmalige, pioniermäßige Anlage von Straßenschneisen, auf ein Bahnbrechen hin (vgl. IRT 930; CIL XVII 2, 654). Claudius hat demnach von seinem Vater gewonnene Trassen allenfalls erneuert und ausgebaut, wobei aufgrund der Meilensteine nicht einmal auszuschließen ist, daß seine eigentliche Tat vor allem in einer Verlängerung der Straße(n) auf 350 römischen Meilen einerseits bis zum Po bzw. bis nach Altinum/Altino und andererseits bis zur Donau bestand. Die technische Leistung schon der augusteischen Zeit ist nicht zu unterschätzen, obgleich noch viel zu tun blieb, wie eine Äußerung des Strabo (4, 6, 6; vgl. Amm. 15, 10, 2 ff.) anschaulich illustriert. Danach waren um 20 n. Chr. die beiderseits von Como lebenden einstmals räuberischen und den Weg versperrenden Stämme – ausdrücklich genannt werden Raeter und Vennonen – „gänzlich vernichtet oder so gezähmt (*hemerotai*), daß die durch ihre Gebiete führenden Pässe über das Gebirge, die früher nur in kleiner Zahl existierten und kaum passierbar waren, jetzt von vielen Seiten her (*pollachóthen!*) vorhanden, vor den Menschen sicher und, soweit durch künstlichen Eingriff (*kataskeue*) zu ermöglichen, leicht gangbar sind. Kaiser Augustus fügte nämlich der Vernichtung der Räuber auch die Anlage (*kataskeue*) von Straßen hinzu, so weit er dazu imstande war."

Der Vormarsch des Drusus ging zweifellos von Oberitalien aus. Dabei fiel die Verleihung der prätorischen Ornamente nach seinen ersten Erfolgen in den Tridentinischen Bergen gewiß bereits ins Frühjahr. Denn wie Tiberius vier Jahre zuvor wird auch Drusus die Prätorialinsignien in der Zeit um seinen 23. Geburtstag erhalten haben, den er vermutlich zwischen dem 18. März und dem 13. April 15 v. Chr. feiern konnte[21]. Im weiteren Verlauf der Expedition hatte der rangältere Tiberius die Einsatzleitung (Consolatio ad Liviam 16: *dux duce fratre*; *adiutor* bei Velleius ist durchaus technisch gebraucht, vgl. Tac. ann. 3, 12, 1). Die Verbände des Drusus unterwarfen zunächst wohl die Isarci im Etschtal(?)[22] und vielleicht die Venostes im Vinschgau. Eine Straßenstation mit dem bezeichnenden Namen Pons Drusi, also Brücke des Drusus, lag sicher irgendwo im Bozener Becken. Über ihre Lokalisierung wird viel spekuliert. Neuerdings sucht man sie auf Sigmundskron, wobei man davon ausgeht, dieser Brückenkopf wäre mit einem Kreuzungspunkt identisch gewesen, an dem sich die spätere Via Claudia Augusta in eine über den Reschenpaß und eine andere, irgendwie über den Brenner führende Route gespalten habe[23]. Dementsprechend wurde auch eifrig darüber gestritten, welches Itinerar Drusus genommen habe. Trotz der komplizierten und mit allen möglichen Hypothesen befrachteten Diskussionen um die Trassenführung der Via (Claudia) Augusta und um Zeitstellung und Gewicht der Brennerstraße ist wohl davon ausgehen, daß die 13 km lange Kuntersschlucht oberhalb von Bozen schwerlich von Anfang an eröffnet worden ist[24]. So mag eine Kolonne über den Ritten oder – weniger wahrscheinlich – vom Piavetal aus über den Kreuzberg-Sattel durch das Sexten- und Pustertal zum Brenner gelangt sein. In jedem Fall unterwarfen Unterführer (*hypostrátegoi* bei Dio) auch die in den Seitentälern sitzenden Stämme wie etwa die norischen Ambisontes an der oberen Salzach und im Pinzgau. Andere Gruppen ergaben sich friedlich, so die möglicherweise im Brixner Becken und im Pustertal heimischen Saevates[25]. In der Gegend des späteren Innsbruck wurden die Breuni und nördlich davon die Genauni unterjocht, und auch die Focunates mußten sich der römischen Übermacht beugen. Der Abbruch späteisenzeitlicher Höhensiedlungen[26] und nachgewiesene Zerstörungshorizonte in Tirol, etwa in Siebeneich-Großkarnell[27] und speziell auf der Hohen Birga bei Birgitz, werden immer wieder mit dem Vordringen des Drusus-Heeres in Verbindung gebracht[28], doch fehlen dafür bislang zwingende Beweise. Nach Überschreiten des Fernpasses und des Seefelder Sattels gelangten die römischen Abteilungen in der Gegend von Füssen und Garmisch-Partenkirchen ins Alpenvorland, wo sie sich wohl mit den Cosuanates, Rucinates, Licates und Catenates auseinanderzusetzen hatten. Von solchen Kämpfen zeugen neuerdings die Grabungen auf dem Döttenbichl bei Oberammergau.

Die Marschrouten der offensichtlich später aufgebrochenen Heeresgruppe des Tiberius sind schon hinsichtlich ihres Ausgangspunkts umstritten. Wiewohl Oberitalien nicht völlig auszuschließen ist, spricht doch mehr für Gallien als Basis. Meist nimmt man an, Tiberius sei über die Burgundische Pforte und die Nordschweiz entlang des Hochrheins zum Bodensee gelangt. Dagegen wurde eingewandt, auf dieser Route habe es für die Römer keinen Feind, vielmehr vor allem die ihnen schon länger irgendwie verbündeten Helvetier gegeben[29]. Wer hat dann aber die vier Civitates des Wallis (Nantuates, Veragri, Seduni und Uberi) niedergeworfen und wer das Engadin erobert?

Solche Überlegungen führten neuerlich zu der Hypothese, eine dritte, mittlere Heeresgruppe sei vom Süden her unter dem Konsul des Jahres 15, Lucius Calpurnius Piso, über die Bündnerpässe in die Bodenseegegend gezogen[30]. Als Hauptstütze dafür muß freilich ein spätantiker Text herhalten, demzufolge von Augustus „unter anderem auch Piso gegen die Vindeliker entsandt wurde. Nach ihrer Unterwerfung kam er als Sieger zu Caesar (= Augustus) nach Lugdunum.“ (Oros. hist. 6, 21, 22) Natürlich ist diese Notiz viel zu vage und von den Ereignissen zu weit entfernt, um gar – wie geschehen – in diesem ominösen Piso den „Kopf des ganzen Unternehmens“ erkennen zu wollen. Vielmehr steht aus sachlichen Gründen fest, daß dieser Piso, sofern er der Konsul von 15 v. Chr. gewesen wäre, auf gar keinem Fall in diesem Jahr gegen die Vindeliker gezogen sein könnte. Will man überhaupt an der Nachricht festhalten, so wäre in ihm allenfalls vielleicht der erst 7 v. Chr. zum Konsulat gelangende Cnaeus Calpurnius Piso zu vermuten, der 15 v. Chr. als ein Unterführer (als *hypostrátegos* in der Sprache des Cassius Dio) beispielsweise im Range eines Legionslegaten hätte fungieren können. Da eine solche Annahme aber nicht zum Wortlaut der Orosius-Stelle paßt, nach der „Piso“ als Sieger (*victor*), nicht nur als Überbringer der Siegesbotschaft nach Lyon kam, wird man die Passage am besten als verderbt betrachten und anstelle von „Piso“ den anderen Kurznamen „Nero“ einsetzen. Damit bezeichneten die Zeitgenossen von Livius über die „Trostschrift für Livia“ bis hin zu Velleius Paterculus (völlig zu Recht) den Tiberius, der ja der wirkliche Leiter (*dux*) des Unternehmens und mithin der eigentliche Sieger war (letzteres bestätigt ausdrücklich Velleius 2, 122, 1, wenn er meint, daß Tiberius es eigentlich verdient hätte, „als Sieger über Vindeliker und Raeter, auf dem Triumphwagen in Rom einzuziehen“: *Vindelicorum Raetorumque victor curru urbem ingredi*).

## *Eine Entscheidungsschlacht (grave proelium)?*

Als Nerones kennt auch Horaz die beiden kaiserlichen Stiefsöhne (carm. 4, 14, 7 ff., 34 ff.): Von Augustus hätten unlängst die römischer Gesetze unkundigen Vindeliker gelernt, was der Princeps als Krieger zu leisten vermag: während Drusus die kämpferischen Genaunen, die flinken Breunen und trutzige Alpenfestungen niederwarf und dabei mehr als einfach Vergeltung übte, habe bald danach der ältere der Neronen (= Tiberius) ein *grave proelium* begonnen und die entsetzlichen Raeter glücklich geschlagen.

Auf den Tag genau drei Lustren (d. i. 15 Jahre) nach dem Fall von Alexandria (= 1. August 30 v. Chr.) sei der Krieg erfolgreich beendet worden. Aus dieser formvollendeter Lobrede hat die Forschung gefolgert, die vereinten Armeen des Drusus und Tiberius hätten am 1. August 15 v. Chr. in einer „schweren Schlacht“ irgendwo am Nordrand der Alpen einen abschließenden Sieg errungen. Das Spektrum angebotener Kampfstätten ist beachtlich: südlich des Bodensees, auf demselben, bei den Donauquellen, im westlichen Flachland Vindelikiens, bei Augsburg, bei Manching etc. Andere urteilen weitaus nüchterner: Eine Zahl kleinerer Gefechte sei zu einer einzigen großen Schlacht wirkungsvoll hochstilisiert worden. Genau genommen bezieht freilich Horaz *grave proelium* nur auf Tiberius, und von einer Zusammenführung der Armeen ist weder bei ihm noch sonst in einer antiken Quelle die Rede. Mehr noch: *proelium* bedeutet im eigentlichen Sinne zwar durchaus „Gefecht, Treffen, Schlacht", in übertragener Verwendung (metonymisch) indessen auch „Kampf" im Sinne von „Krieg", lateinisch *bellum*. Dieses Wort, das Horaz für das Ende der Kampfhandlungen einsetzt (Vers 38: *belli . . . exitus*), hätte in Zeile 14 allerdings ebensowenig ins Versmaß gepaßt wie in der Folgezeile *Vindelicos* statt *Raetos*. Daraus zu folgern, Horaz habe an eine Aufteilung des Krieges in der Weise gedacht, daß Drusus gegen die Vindeliker und Tiberius gegen die Raeter gezogen sei, wäre natürlich ganz verfehlt: Aus Sueton hat man paradoxerweise eben erst allen Ernstes das genaue Gegenteil ableiten wollen[31]! Im Grunde reden beide – Horaz und Sueton (aber auch Velleius) – auf je ihre Art von einem Krieg der Prinzen gegen Raeter und Vindeliker, von einem *Raeticum Vindelicumque bellum* (Sueton Tib. 9, 1 f.)[32]. Versteht man aber *grave proelium* bei Horaz im Sinne von *grave bellum*, so fehlt jeder Hinweis auf eine große Entscheidungsschlacht. Denn das schwülstige Kampfesgetümmel der Verse 17 ff. läßt sich ebenso auf den gesamten Kriegseinsatz beziehen wie die Verse 29–32, wonach Tiberius die waffenstrotzenden Heerscharen (*agmina ferrata*) der Barbaren durch sein ungestümes Vorwärtsdrängen (*vasto impetu*) durchbrach und die ersten wie die letzten zu Boden streckte. Ja, die abschließende Versicherung, er habe dies als Sieger ohne Niederlage erreicht (*sine clade victor*), vereinbart sich besser mit einem längeren Krieg als mit einer Einzelschlacht. Da für eine solche auch das vage, durchaus etwa auf die Anfangserfolge des Drusus beziehbare *directa acie* („in offener Feldschlacht") bei Velleius Paterculus nicht herhalten kann, ist von einem „gewisse(n) Widerspruch" in unserer Überlieferung keine Rede[33]. Vielmehr decken sich die Anspielungen des Horaz bestens mit den Berichten bei Velleius und Cassius Dio: Tiberius hatte – wie Drusus – kein großes Einzelgefecht, sondern einen insgesamt schweren Feldzug gegen die fürchterlichen Raeter und Vindeliker zu bestehen. Nichts hindert uns daher, auch im Westen ein breiter gefächertes Vorgehen von Kampfabteilungen anzunehmen. Lediglich die Hauptkolonne führte Tiberius.

## *Tiberius in Süddeutschland*

Konkret erfahren wir über ihn noch, daß er den Bodensee per Schiff überquerte (Dio); nach Strabo (7, 1, 5) hätte er dabei den Vindelikern ein Seegefecht geliefert und eine Insel – eventuell die Reichenau oder die Insel Weerd bei Eschenz[34] – als Stützpunkt (*hormeterion*) benützt. Einen Tagesmarsch vom See aus entfernt erblickte er später die Donauquellen[35], die nach der römischen Propaganda „in den entferntesten Gebieten des

*Tafel 1 Straubing, Schatzfund. Gesichtsmaske eines Paradehelms vom sog. orientalischen Typ. H. 27,5 cm (Mus. Straubing).*

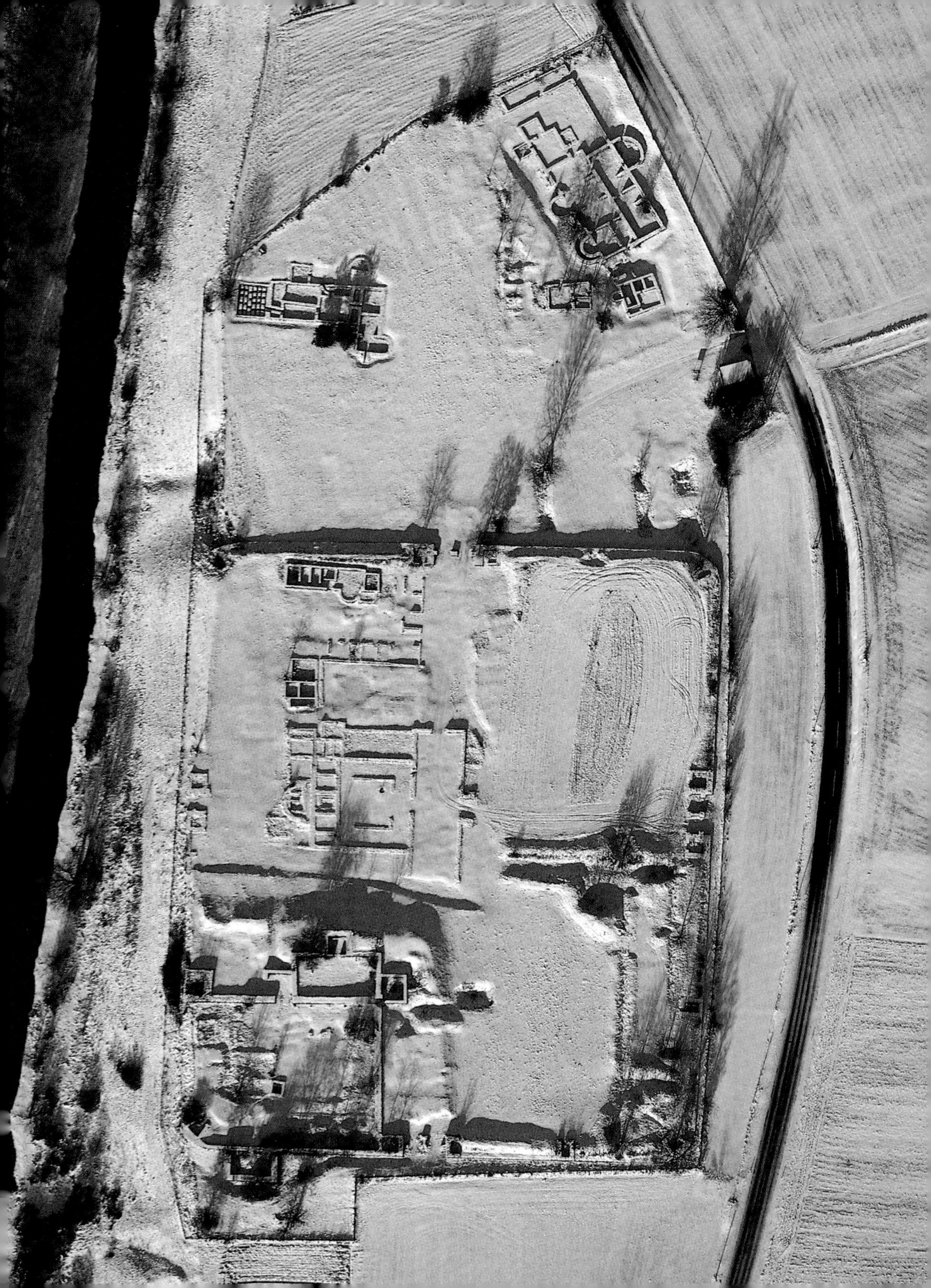

*Tafel 3   Straubing, Schatzfund. Gesichtsmaske eines Paradehelms. H. 24,4 cm (Mus. Straubing).*

◁ *Tafel 2   Kastell Eining aus der Luft. Norden ist oben.*

*Tafel 4 Spätrömischer Offiziershelm mit Überzug aus vergoldetem Silberblech. Aus der Wertach bei Augsburg-Pfersee (Röm. Mus. Augsburg).*

*Tafel 5 Vergoldeter Pferdekopf aus Bronze von einer lebensgroßen Reiterstatue. Aus der Wertach bei Augsburg-Pfersee (Röm. Mus. Augsburg).*

*Tafel 7* *Felsgeleise in der Brennerstraße bei Mittenwald-Klais.*

◁ *Tafel 6* *Limesstraße des sog. Alblimes zwischen Munningen und Nördlingen im Ries.*

*Tafel 8 Patrouillenboote vom Ufer der Brautlach vor dem Kastell Oberstimm während der Freilegung im Jahr 1994*

Nordens" lagen (Paneg. Lat. 11 [3] 16, 4). So brachte die Expedition auch eine wichtige geographische Entdeckung mit sich; diesen Aspekt der Nordunternehmungen des Augustus, die Erkundung einer neuen Welt (*orbis novus*), betont ausdrücklich, vor allem in Hinblick auf Germanien, die Trostschrift an Livia (v. 20; 314; 391; 457). Durch den Feldzug des Jahres 15 lernten die Römer, daß der Rhein für den Bodensee und weiteres Sumpfland verantwortlich war, und die Donauquellen sowie der Hercynische Wald nördlich davon lagen. Hatte man noch unlängst geglaubt, die Donau entspringe den Alpen (Dionys. Hal. 14, 1, 1), so kannte man jetzt, da man ihre Quellen in Germanien auf dem Abnoba mons/Schwarzwald geortet hatte (Pomp. Mela 2, 8; Sen. d. J. nat. quaest. 4 a, 1, 2; Plin. nat. 4, 79), den Fluß erstmals in der ganzen Länge. Die „Okkupation" der Donauquellen durch Tiberius bestimmte (im Gefolge Sallusts hist. 3, 79) den Strom ingesamt als ethnische und politisch-strategische Südgrenze Germaniens, was freilich auf die wirklichen militärischen Verhältnisse wenig Rücksicht nahm (Tac. Germ. 1, 1). Die weitere Eroberung des offenkundig machtschwachen, strategisch aber nicht unbedeutenden Südwestdeutschland hat Tiberius entweder nicht beabsichtigt oder für unnötig erachtet; ein absonderliches Verhalten, hätte das Unternehmen wirklich der Vorbereitung für ein Germanienunternehmen gegolten[36].
Auch von weiteren Gefechten im heutigen Bayern hören wir nicht. Das heißt natürlich nicht, daß man hier auf Niemandsland gestoßen wäre[37], oder alle Bewohner zu den Römern übergegangen seien. Im Gegenteil! Ein Blick auf das Alpentropaeum belehrt uns eines Besseren, da sich die dort genannten besiegten „vier Stämme der Vindeliker, die Cosuanaten (oder Cosuaneten), die Runicaten (oder Rucinaten), die Licaten, die Cattenaten" nach den Erdbschreibungen bei Strabo und Ptolemaeus grob dem süddeutschen Raum zuweisen lassen. Wirklich lokalisierbar sind allerdings wohl nur die Wohnsitze der Licaten entlang des oberen Lech (Licca)[38]. Zeitweilig hat man gemeint, hinter der Phrase „die vier Stämme der Vindeliker" (*Vindelicorum gentes quattuor*) sei auf dem Tropaeum Alpium gleichsam ein Doppelpunkt zu denken, und die folgenden vier Namen seien nur Erweiterungen des Oberbegriffs „Vindeliker". Das ist aber höchst unwahrscheinlich, schon weil eine solche Formulierung in dieser Inschrift ohne Parallele wäre und wohl kaum ein antiker Leser bemerkt haben könnte, daß er nach *quattuor* Parenthese anzunehmen habe. Außerdem würde man dann zumindest auch den ethnischen Sammelbegriff Raeti (+ Zahl) erwarten, dessen Fehlen natürlich nicht, wie man jüngst gemeint hat[39], auf das Konto des Plinius geht. Viel eher haben wir daher einen vindelikischen Stammesbund aus vier Unterverbänden anzunehmen[40], wobei letztere vermutlich, ähnlich wie bei den Helvetiern im 1. Jahrhundert v. Chr., als Phylen oder Gaue (*pagi*) aufzufassen sind. Wie sehr die Vindeliker in den Augen der Römer als eine beachtliche ethnische Größe galten, beweist auch die Tatsache, daß sich in literarischen Texten ebenso wie auf Inschriften der Volksname „Vindeliker" (*Vindelici*) relativ lange und hartnäckig neben der topographischen Bezeichnung „Raetien" (*Raetia*) behauptete[41]. Nach Plinius zerfielen die Raeter und die Vindeliker in viele Stämme (*in multas civitates divisi*: nat. hist. 3, 133). Dazu zählten eben auch die

Licaten, Cattenaten etc., während es zudem einen namengebenden Großverband gab, der bei den Raetern fehlte. Wir haben mithin von einem weiteren und engeren Gebrauch des Vindelikernamens auszugehen. So wird ohne weiteres erklärbar, daß Strabo noch andere Zuweisungen vorgenommen hat, wenn er schrieb (4, 6, 8): „Als die verwegensten (*itamotatoi*) unter den Vindelikern zeigten sich die Likatier, Klautenatier und Vennonen, unter den Raetern aber die Rukantier [= Runicaten] und Kotuantier [= Cosuanaten]. Auch die Estionen gehören zu den Vindelikern sowie die Brigantier, und ihre Städte sind Brigantium, Cambodunum und Damasia, gleichsam die Burg der Likatier." Niemand wird hier den Wunsch nach Vollständigkeit erkennen; Strabo nennt ja nur die als besonders kämpferisch aufgefallenen Stämme und zwei weitere mit ihren urbanen Zentren. Bequem kann man ihn des Irrtums zeihen, wenn er sodann die Runicaten und Cosuanaten als Raeter bezeichnet, und zwar um so leichter, als Ptolemaeus, freilich viele Jahrzehnte später, behauptete (2, 12, 4): „Von Vindelikien bewohnen die nördlichsten Teile die Runikaten, unterhalb von diesen die Leuner und die Konsuaneten, dann die Benleuner, dann die Breuner sowie am Lech die Likatier." Genau genommen steckt darin freilich kein Widerspruch zu Strabo, weil „raetische" Runicaten und Cosuanaten sehr wohl in „Vindelikien" wohnen konnten. Wie dem auch sei, ganz gewiß kein Zufall ist es, wenn sich die nach Strabo als besonders unerschrokken erwiesenen Vindeliker und Raeter allesamt auf dem Siegesmonument von La Turbie wiederfinden. Bei den Brigantiern am Bodensee bei Bregenz ist das schon nicht mehr so sicher, obgleich sie auf dem Alpentropaeum vielleicht als Brixeneten erscheinen. Unzweifelhaft fehlen aber unter den von Augustus besiegten Völkerschaften die vindelikischen Estionen in der Gegend von Kempten. Entweder bildeten sie einen Gau (*pagus*) der vier vindelikischen Stämme, oder aber sie haben sich freiwillig dem Imperium angeschlossen. Ähnliches darf für die bei Ptolemaeus genannten Klautenaten (= Cattenaten?), Leuner und Benleuner vermutet werden, sofern sich dahinter nicht – wie bei diesem Autor nicht unmöglich – Verstümmelungen anderer Namen verbergen[42].

Übrigens ist auch das Tagesdatum, an dem die Römer ihren Sieg als vollendet betrachten konnten, alles andere als Zufall. Der nach dem Monarchen von Sextilis zu Augustus umbenannte Monat begann mit einem wahren „Kaisertag", der schon traditionell mit dem Gedenken an zwei Victoriae und Spes verbunden war. Dazu wurde der Sieg bei Alexandria als Gründungstag der augusteischen Alleinherrschaft stets aufs Neue durch Freudenereignisse bereichert: am 1. August 12 v. Chr. errichtete man der Roma und dem Augustus in Condate bei Lugdunum/Lyon einen bedeutsamen Altar und feierte nunmehr alljährlich an diesem Tag einen Staatsakt zu Ehren des Monarchen, genau zehn Jahre danach wurde der Tempel des Mars Ultor eingeweiht, und man kann sogar darüber grübeln, ob nicht der Geburt des nachmaligen Kaisers Claudius (folgenreich) etwas nachgeholfen wurde, um so ein würdiges Geschenk für die Vicennalien (Zwanzigjahrfeier) des Augustus-Sieges am 1. August 10 v. Chr. präsentieren zu können. Eine Siegesgabe aus solchem Anlaß war zweifellos auch der erfolgreiche Abschluß des Alpenfeldzuges fünf Jahre zuvor. In Lyon ist er sicher festlich begangen worden. Dort geprägte Aurei und Denare aus der Zeit zwischen 15 und 13 v. Chr. zeigen die beiden Prinzen, wie sie im Feldherrnmantel (*paludamentum*) und mit dem Kurzschwert (*parazonium*) angetan stehend dem auf einem Podest thronenden Augustus Lorbeerzweige als Zeichen des Triumphes entgegenstrecken[43]. Obschon antike Nachrichten – anders als moderne Autoren – die Zusammenführung der verschiedenen Expeditionsheere mit keiner Silbe erwähnen, kann man sich gut vorstellen, daß an den Kalenden des Monats August eine Siegesfeier aller römischen Detachements in Vindelikien zelebriert wurde, und zwar – auch wenn man dies bezweifelt hat – am ehesten bei jener Straße, die man wohl damals *via Augusta* nannte, und wohl just an jenem Ort, der den Herrschernamen mit dem des unterworfenen Großverbandes vereinte: Augusta Vindelicum[44]!

*Abb 2*

## Archäologische Zeugnisse der Okkupation

Funde und Befunde, die sich mit einiger Sicherheit auf den Feldzug selber beziehen, gibt es östlich des Bodensees überhaupt erst seit kurzer Zeit: In Oberammergau, wo aus einem tief eingeschnittenen Tal die Ammer aus dem Alpenmassiv ins Alpenvorland tritt, sind am Döttenbichl bei Oberammergau zum erstenmal sichere archäologische Belege für den Alpenfeldzug 15 v. Chr. aufgetaucht.
Der archäologische Nachweis größerer und kleinerer Truppenlager der Drususarmee im Alpenvorland, wie sie im Rahmen des Alpenfeldzuges eigentlich zu erwarten wären, fehlt bisher in Bayern[45]. Nur im Westen, im Bereich der natürlichen Übergänge über die Schweizer Alpen, am Bodensee und am Oberrhein sind archäologische Spuren entdeckt worden, die man mit den Ereignissen des Jahres 15 v. Chr. und der Zeit unmittelbar danach in Verbindung bringen kann. Der größte militärische Stützpunkt ist das 1967 entdeckte Truppenlager bei Dangstetten nördlich des Hochrheins[46]. Im Innenraum des Lagers mit seinen mehr als 12 ha Fläche hätte mindestens eine halbe Legion Platz, die Funde belegen die Anwesenheit von Legionsinfanterie und von gallischer Auxiliarreiterei. Ein aus Bronzeblech gefertigtes Etikett zur Kennzeichnung von Waffen und zwei Bleimarken nennen als Truppe die 19. Legion (Amm. 117). Dieser, schon auf dem Döttenbichl belegten Einheit sollte wenige Jahre später, nachdem sie noch in Köln und in Haltern an der Lippe (Westfalen) stationiert gewesen war, ein schlimmes Ende beschieden sein: Sie gehört zu den drei Legionen des Quinctilius Varus, welche im Jahre 9 n. Chr. in der Schlacht im Teutoburger Wald völlig aufgerieben wurden. Die Sigillatafunde sowie andere aus dem Fundmaterial abgeleitete Indizien sprechen für die Möglichkeit, daß das Lager von Dangstetten seit dem Alpenfeldzug besetzt war, seine Räumung ist durch das völlige Fehlen von jüngeren Münzen, die in wenig später besetzten Truppenlagern in Massen gefunden wurden, in die Jahre 9 oder 8 v. Chr. zu bestimmen. Damit gehört Dangstetten neben dem Lager von Oberaden

an der Lippe zu den am genauesten datierten und gleichzeitig zu den ältesten Fundplätzen der römischen Zeit auf deutschem Boden. Ein weiteres frühkaiserzeitliches Truppenlager, die Station von Basel-Münsterhügel, ist zwar durch Funde schon länger bekannt, sie hat sich aber erst jüngst als relativ großer Militärposten der Okkupationszeit zu erkennen gegeben[47]. Das Fundmaterial schließt nicht aus, daß in dem Posten, dessen genau Größe noch unbekannt ist, eine gemischte Besatzung aus Teilen der 19. Legion und gallischen Hilfstruppen lag. In Windisch, dem Platz, wo sich seit 16/17 n. Chr. das Legionslager Vindonissa befand, hat sich der unter dem späteren Lager gelegene sog. Keltengraben als Teil einer kleinen Abschnittsbefestigung herausgestellt, in der okkupationszeitliches römisches Militär zur Sicherung der Nachschublinien lag. Dies gilt auch für die in ihrer genauen Größe noch nicht erfaßten Militärstation von Zürich-Lindenhof, die durch datierbares Fundmaterial und hölzerne Bauspuren gesichert ist. Eine bemerkenswerte Ausnahme in der reinen Holzbauweise, die sonst bei römischen Militäranlagen der frühen Kaiserzeit vorherrschten, machen die drei mächtigen Steintürme an der Walenseeroute[48]. Sie sind so massiv in Bruchsteinmauerwerk errichtet worden, daß sie bereits an die spätantiken Kleinfestungen (*burgi*) mit ihren mächtigen Steinmauern erinnern. Diese Walenseetürme sind aber einwandfrei mit augusteischem Fundmaterial kombiniert, so daß ihre frühe Zeitstellung feststeht. Diese Funde sind jedoch in ihrer geringen Anzahl nicht für die Feinchronologie

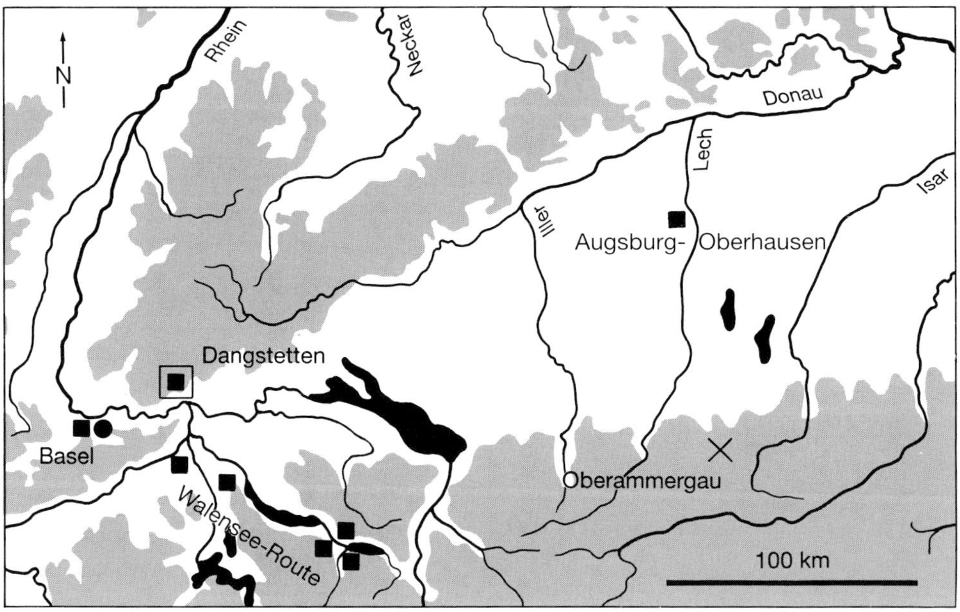


*Abb. 3 Die römische Besetzung des Alpenvorlandes zur Zeit des Kaisers Augustus (nach 15 v. Chr.).*

heranzuziehen, so daß man diese Türme als Straßensicherung aus der Zeit vor dem Alpenfeldzug betrachtete, aber auch im Zusammenhang mit den Ereignissen von 15 v. Chr. oder als Teil der späteren Sicherung des besetzten Gebietes interpretierte.

Eine neuere Durchsicht der frühkaiserzeitlichen Fundmaterialien hat auch in Bregenz okkupationszeitliche Terra sigillata ergeben, so daß dort mit hoher Wahrscheinlichkeit ein frühes römisches Truppenlager erschlossen werden kann[49]. Dagegen liegen für einen verschiedentlich vermuteten okkupationszeitlichen Truppenstandort in Chur auch nach neuen Grabungen und der Aufarbeitung des schon früher geborgenen Fundmaterials keine konkreten Belege vor.

Beim Blick auf die Karte der bisher nachgewiesenen okkupationszeitlichen Militäranlagen stellt man sich die Frage, warum so viele dieser Lager und Stützpunkte im Westen belegt sind, im Osten auf bayerischem Gebiet dagegen keiner? Auch bei quellenkritischen Überlegungen stützt dieser archäologische Befund die aus den historischen Quellen sichtbare Tatsache, daß die Römer im Westen, also in der Bodenseeregion und speziell am Hoch- und Oberrhein rascher und intensiver Fuß faßten, was nicht weiter verwunderlich ist, da ihnen diese Gebiete in der Nachbarschaft älterer Kolonien und der seit Jahrzehnten befreundeten Helvetier vertrauter waren und zudem als Durchgangswege rheinabwärts dienen konnten. Dazu paßt gut die schon erwähnte Tatsache, daß archäologische Hinweise auf eine einheimische Bevölkerung aus der Zeit der römischen Eroberung im bayerischen Alpenvorland westlich des Inn nach wie vor spärlich sind. Man kann aber auch in dieser Frage nicht genug betonen, wie wenig noch insgesamt zur frühesten römischen Geschichte Bayerns und des übrigen Alpen- und Voralpenraumes bekannt ist und wie sehr alles Wissen vom zufälligen Auftreten oder Fehlen entsprechender Schlüsselfunde abhängen kann.

## Gründe für Roms Alpenfeldzug

Augustus und seine beiden Stiefsöhne haben es geschafft, innerhalb einer Feldzugsperiode die Zentralalpen und das dazugehörige Glacis botmäßig zu machen. Wird man auch vorangegangene und folgende Expeditionen nicht unterschätzen und die militärische Schlagkraft der Gegner nicht überbewerten dürfen, so war dies dennoch eine ungeheuere Leistung, deren Umfang erst richtig klar wird, wenn man bedenkt, wie lange sich die Republik teilweise mit aufsässigen Stämmen dieser Region herumquälte. Den Salluviern etwa, auf deren Gebiet Massilia/Marseille lag, rang man in 80 Jahren kriegerischer Auseinandersetzung gerade einmal das Zugeständnis ab, im Staatsdienst Reisende auf einem rund 2 km breiten Streifen passieren zu lassen (Strabo 4, 6, 3). Der Republik hatte ein durchgehender außenpolitischer Gestaltungswille gefehlt, weil ihre Jahresbeamten als Magistrate und Promagistrate zwar die von Fall zu Fall durch den Senat vorgegebenen Entscheidungen umzusetzen hatten, dabei aber in ihrem Handlungsspielraum einerseits nur ganz allgemein gebunden, andererseits zeitlich und räumlich stark eingeengt waren. Von Grund auf änderte sich dies erst, als Oktavian – Augustus durch seinen Sieg bei Actium (31 v. Chr.) die Alleinherrschaft errungen hatte und infolgedessen Entscheidungsbefugnisse, Personalpolitik, Informationsmöglichkeiten, militärische Machtmittel und Finanzen in seiner Hand vereinigte. Jetzt war an die Verwirklichung längerfristiger, die Gesamtsituation des Reiches berücksichtigender und vorausschauender Vorhaben zu denken, denen der Kaiser nicht nur die Generallinie vorgab, die er auch hinsichtlich der sich mitunter rasch verändernden Nahziele und der zu ihnen führenden Wege gestaltete, bis hin zur Auswahl seiner Legaten, die seine Anweisungen empfingen und allein ihm rechenschaftspflichtig waren. Zweifellos wurde Augustus durch die Annexion der südlich der Donau liegenden Gebiete „zum größten Expansionisten der römischen Geschichte" (D. Timpe)[50]. Vor dieser Feststellung ist das beliebte Ratespiel, ob denn seine Außenpolitik offensiv (im Sinne von imperialistisch) oder defensiv gewesen sei, hinfällig[51], weil es am Selbstverständnis der Zeit völlig vorbei geht. Augustus hatte seine Sonderstellung im Staat, speziell seinen militärischen Oberbefehl, mit der Befriedungsnotwendigkeit verschiedener Randgebiete begründet und hatte dieser selbstverständlich nachzukommen, um so mehr, als die Ausweitung des römischen Herrschaftsanspruchs, die *propagatio imperii*, vor und nach Augustus die Spitzenstellung im Staat durch Feldherrentugend (*virtus imperatoria*) überhaupt erst begründete[52]. In diesem Sinne faßte Augustus seine außenpolitische Zielsetzung selbst in seinem posthum veröffentlichten sog. Tatenbericht mit den Worten zusammen, er habe „bei allen Provinzen des römischen Volkes, denen Völkerschaften benachbart waren, die nicht unserem Machtanspruch gehorchten, die Grenzen erweitert" – *omnium provinciarum populi Romani, quibus finitimae fuerunt gentes quae non parerent imperio nostro, fines auxi* (Res gestae divi Augusti 26). Mit dieser Aussage stellte er inhaltlich auch die Eingliederung der Alpenregion in Zusammenhang: „Die Alpen ließ ich von dem Gebiet, das der Adria benachbart ist bis zum Tyrrhenischen Meer befrieden, wobei keiner Völkerschaft der Krieg unrechtmäßig erklärt wurde." – *Alpes a regione ea, quae proxima est Hadriano mari, ad Tuscum pacari feci nulli genti bello per iniuriam inlato.*

Ist die große Nähe dieser Formulierung zu der auf dem Alpentropaeum bloß bemerkenswert, so überrascht auf Anhieb die Dreistigkeit, mit der hier ein Eroberer seine Kriege als gerecht hinstellen konnte, um so mehr als dies für die Römer eine nicht zu unterschätzende sakrale Bedeutung hatte. Die literarische Überlieferung zum Feldzug des Jahres 15 v. Chr. stimmt ihm voll zu, wenn sie „gerechte und unvermeidbare Gründe" (Suet. Aug. 21, 2) in den ungezügelten Angriffen und der Grausamkeit der Räuberstämme gegen die Römer und ihre Verbündeten sieht (Strabo 4, 6, 8 f., Cassius Dio 54, 22) und die Leistung des Kaiserhauses durch die Zeitwörter „zähmen" (*domire*, z. B. Livius) und „befrieden" (*pacare*, z. B. Sen. brev. vit. 4, 5) bezeichnet. Sollte das im Klartext nicht besser heißen, fremden Völkern durch Unterwerfung die politischen Normen des Siegers aufzuzwingen?

Natürlich haben Sieger immer nur eine gerechte Sache vertreten, und auch das praktische Verfahren, wie solche gerechten Kriege zustande kamen, mutet durchaus bekannt an. Ein Beispiel: Nachdem die Britannier dem Augustus zunächst Freundschaft signalisiert hatten, wollten sie plötzlich keine Verträge mehr abschließen (Dio 53, 22, 5 u. 25, 2). Das war ein gerechter Kriegsgrund. Erinnert uns das auch mehr an rücksichtslosen Imperialismus, so verkennt eine solche Beurteilung aber einmal das übersteigerte Sicherheitsbedürfnis, das in Rom seit dem Galliereinfall von 387 v. Chr. wachblieb und durch traumatische Ereignisse wie die Kriege mit Hannibal und die Einfälle von Kimbern und Teutonen noch verschärft wurde[53]. Hinzu kam zum anderen das verständliche Superioritätsbewußtsein der Römer der augusteischen Zeit, das aus dem beträchtlichen zivilisatorischen Gefälle zwischen ihnen und den „Barbaren" – lange vor dem Einsetzen einer jeden Kulturkritik – die Legitimität ihres Handelns herleiten konnte. Umgekehrt muß aber gerade das extreme Zivilisationsgefälle ein ständiger Anreiz für die als arm geschilderten Alpenbewohner gewesen sein, römische Händler zu überfallen, überzogene Durchgangsmauten zu verlangen oder aber gleich die eigene Armut durch Razzien in der Poebene, besonders in der Transpadana und in Venetien, auszugleichen. Periodisch wiederkehrende Plünderungszüge seitens einiger Alpenstämme – wie geschehen[54] – einfach zu leugnen und als bloßen römischen Propagandavorwand zu diffamieren, geht an den sogar in unserer lückenhaften Überlieferung kontinuierlich auftauchenden Berichten vorbei. Zunehmend politische Bedeutung hatten solche Plünderungen für die Römer erst bekommen, als im Verlauf des 1. vorchristlichen Jahrhunderts das einstmals keltische Oberitalien stärker urbanisiert und romanisiert wurde[55]. Besonders stark waren die Städte am Alpenrand betroffen, von denen etwa Como 95/94 v. Chr. durch einen raetischen Überfall so heimgesucht wurde, daß es nach der Niederlage der Raeter vom Vater des großen Pompeius wieder besiedelt werden mußte (Strabo 5, 1, 6; vgl. Cic. de invent. 2, 37, 111). Zur Zeit von Caesars Ermordung war der Unruhefaktor im Norden Italiens so allgemein anerkannt, daß es einem Feldherrn offenbar nicht schwer fiel, den Senat und die eigenen Soldaten davon zu überzeugen, hier herrsche Handlungsbedarf, obschon er in Wahrheit – wie etwa im Spätsommer 44 der Statthalter des diesseitigen Gallien, Iunius Brutus Albinus – nur Raub- und Plünderungszüge in die Alpen unternahm, um seinen Soldaten Beute und sich selbst den Titel Imperator zu sichern (Cic. fam. 11, 4, 1). Ungefähr zur selben Zeit erwarb sich sein Kollege im transalpinen Gallien, Lucius Munatius Plancus, denselben Titel und darüber hinaus einen Triumph *ex Gallis*, „über die Gallier"; Jahrzehnte später, als nicht der große Gallienbesieger Caesar, sondern sein Neffe Augustus den Maßstab vorgab, ließ er dies auf seiner Grabinschrift durch *ex Raetis* präzisieren (CIL X 6087). Diesen Triumph „über die Raeter", für den er, wie üblich, mindestens 5000 gefallene Feinde nachweisen mußte und aus dessen Beute er den alten Saturntempel in Rom wiederherstellen ließ, errang er nach allgemeiner Ansicht in der Nordschweiz, wo er beim Rheinknie auch die Kolonie (Augusta) Raurica/Augst gründete. Nach Caesars Ermordung war das Imperium durch den Bürgerkrieg einer harten Belastungsprobe ausgesetzt worden. Alle Kräfte konzentrierten sich auf den Kampf um die Alleinherrschaft, für die alsbald nur noch Marcus Antonius oder Oktavian in Frage kamen. Letzterer nutzte den Aufenthalt des Antonius im Osten, um sich selbst als Beschützer Italiens zu profilieren. Während er zwischen 35 und 33 v. Chr. persönlich im Nordosten der Apenninenhalbinsel gegen die Dalmater und andere Stämme zu Felde zog, beauftragte er Legaten mit der Bekämpfung der Salasser, welche die vom Aosta durch das Tal der Isère nach Vienne führenden Alpenpässe beherrschten und zudem beträchtliche Einnahmen aus einer Goldmine verbuchten. Da sie angeblich Lebensmittellieferungen bedrohten, kämpfte zunächst bis 34 v. Chr. Gaius Antistius Vetus und im Folgejahr Marcus Valerius Messalla Corvinus gegen sie (App. Ill. 49). Obwohl man es schon als schmachvoll empfand, daß Corvinus bei seiner Überwinterung Holz von ihnen kaufen mußte, kam man dann zu einer Übereinkunft, die man als Unterwerfung wertete (Cass. Dio 49, 38, 3). Um diese Zeit konnte Oktavian, der nach seinen eigenen Aufzeichnungen (*commentarii*) zahlreiche Völker Illyriens besiegt hatte, in einem Schreiben an den Senat – die Untätigkeit des Antonius vergleichend – behaupten, „er habe Italien von den schwer zu bekämpfenden Völkern gereinigt, welche dasselbe so oft beunruhigt hatten.“ (App. Ill. 46). Das war zwar reichlich vollmundig, enthielt aber bereits die von Augustus konsequent durchgehaltene Doktrin der sicherheitspolitischen Abschließung Italiens durch die Alpen als „Bollwerk Italiens“ (*claustra Italiae*)[56]. Wenn Horaz den Feldzug des Jahres 15 mit den Worten krönt, Augustus – der Sieger über Raeter und Vindeliker – sei der immer gegenwärtige Schutz Italiens und der Herrin Rom (*tutela praesens Italiae dominaeque Romae*: Hor. carm. 4, 14, 44)[57], so steht er ganz im Banne dieses ideologischen Konzepts.

Die endgültige Unterwerfung der Salasser im Jahr 25 v. Chr. durch den Legaten Aulus Terentius Varro Murena hatte einen weiteren Schritt auf diesem Weg bedeutet. Man hat ihn mit neuerlichem Unrecht (*iniuriae*) begründet. Zur Sicherung des neuen Gebietes wurden Tausende Salasser in die Sklaverei verkauft und die Kolonie Augusta Praetoria/Aosta zur Überwachung der wichtigen Alpenübergänge des Kleinen St. Bernhard (*Alpes Graiae*) und des Großen St. Bernhard (*Alpes Poeninae*) angelegt[58]. Daß es im römischen Interesse lag, auch kleinere Vorkommnisse hochzuspielen, kann nicht zweifelhaft sein, ebensowenig aber auch die Realität wirklicher Anlässe für die pragmatischen Gegenschläge, die natürlich eine gewisse Eigendynamik entwickeln konnten.

Nicht einmal Behauptungen wie die, sogar Vindeliker und Noriker seien an den Plünderungen in Oberitalien beteiligt gewesen (Strabo 4, 6, 8), scheinen zum bloßen Rechtfertigungsrepertoire gehört zu haben. Denn aus Cassius Dio (54, 20, 1 f.) erfahren wir, daß auch 16 v. Chr. wieder unruhige Alpenvölker besiegt und unterworfen wurden; diesmal durch den Konsular Publius Silius Nerva. Neben den raetischen Cammuni unterjochte er die Vénnioi, und diese waren vermutlich mit den Vénnones (= Vennonetes) identisch, welche Strabo zu den kühnsten der Vindeliker rechnet[59]! Auch die

Pannonier seien zusammen mit den Norikern in Istrien eingefallen, von Silius und seinen Unterfeldherren aber so hart hergenommen worden, daß sie Friedensbedingungen annahmen, wodurch auch die Noriker ihre Freiheit verloren. Ob diese Vorgänge bereits bewußt als Präludien zur Expedition des Folgejahres gedacht oder nur gezielte Gegenschläge auf Provokationen hin waren, ist ebenso umstritten wie die Frage, wie weit Silius Nerva gezogen ist, ob er gar schon den Alpenhauptkamm überschritten und eine Straße bis ins Alpenrheintal gelegt hat[60]. Wie dem auch war, nach der Gründung Aostas und dem „Beitritt" Norikums war die „Beseitigung des raetischen Keiles" (H.G. Simon) dringend geboten, öffnete und sicherte dies doch im Interesse der transalpinen Regionen auch Transitwege und Kommunikationslinien.

Schon mit der Eroberung Galliens durch Caesar waren Gewinnung und Kontrolle kürzester Wege zu einer Lebensfrage geworden. Und anders als Appian meinte (S. 20), hatte Caesar sehr wohl versucht, die Übergänge in den Westalpen zu beherrschen[61]. Aber die Bürgerkriege vor und nach seiner Ermordung hatten auch hier ein Weiterkommen verhindert. Die Monopolisierung der Macht durch Augustus ermöglichte Fortschritte und den endlichen Durchbruch. Nicht zuletzt waren Eroberung und Befriedung der Alpen aus römischer Sicht eine Errungenschaft der menschlichen Zivilisation. Nicht nur, daß Erschließung und Erhalt von alpinen Transitwegen einem Sieg des Menschen über die Natur gleichkamen: Sie beendeten zugleich die unwirtliche Unzugänglichkeit des Gebirges, die Isolation und gesellschaftliche Wertlosigkeit der in einer primitiven Lebensweise verharrenden Bevölkerung. Über die Raeter kursierende Horrormärchen, wie etwa die von der Tötung selbst der ungeborenen Knaben (Strabo 4, 6, 8; Dio 54, 22, 2) oder die – wohl in irgendeiner Form auf Livius zurückgehende – Behauptung, die Mütter hätten notfalls auch ihre Kleinkinder als im doppelten Sinne todbringende Geschosse verwendet (Florus epit. 2, 22, 5; Oros. hist. 6, 21, 17) illustrieren die diesbezügliche „öffentliche" Meinung[62]. Mit dem Warenaustausch auf den neuen Schnittstellen zu den Bergvölkern ging auch ein Kulturimport einher. Bezeichnend drückt dies Velleius (2, 90, 1) aus, wenn er bemerkt: „Die Alpen mit ihrer Menge wilder und unzivilisierter Völkerschaften wurden unterworfen." (*Alpes feris incultisque nationibus celebres perdomitae.*) Zähmung der Barbaren war die beste Vorbeugung! Schließlich konnte der Kaiser infolge seines Informationsmonopols die Alpen erstmals global, nicht mehr nur vom italischen Blickwinkel aus bewerten. In diesem Sinne gehört die Befriedung der Alpen in das große politische Lebenswerk des Augustus: der Verbesserung der Provinzverwaltung und der territorialen Organisation, die letztlich einer neuen Konzeption von römischer Herrschaft, von *imperium Romanum* selbst, entsprang; aus einem unorganischen Konglomerat von Untertanenland wurde ein wohlgeordnetes und weitgehend harmonisches System, in dem die unterschiedlichsten Glieder ein festen Platz einnahmen[63].

Die Eroberung der Alpen, die im Feldzug von 15 v. Chr. eine entscheidende Phase erlebte, bezog mithin ihre ideologische Rechtfertigung aus einem bereits vor Augustus einsetzenden Konzept der Ausweitung der Zivilisation; sie war dennoch kein Vorspiel zur Eroberung Germaniens und erst recht keine Präventivmaßnahme vor eventuellen germanischen Südwanderungen infolge dieser Bedrängung; sie war vielmehr die Krönung einer von Augustus schon lange und konsequent betriebenen Politik der Schaffung gut erschließbarer Schutzräume im Norden Italiens. Da stabile und dauerhafte Grenzen immer auch die Vorfeldbeherrschung verlangten[64] und eine direkte Verbindung zwischen Gallien und Norikum bzw. Illyrikum wünschenswert schien[65], waren die Regionen am nördlichen Alpenrand so weit zu „befrieden" bis kein Sicherheitsrisiko mehr bestand. Das war im Interesse der Zivilisation nur recht und billig, mithin eine gerechte, da im Grunde defensive Eroberung. „Sie hat wie nichts anderes vorher das Europa nördlich der Alpen dem römischen Blick geöffnet." (D. Timpe)

## Erste Maßnahmen: Aushebungen und Steuern

Von den neuen Entdeckungen bei Oberammergau abgesehen, ist derzeit in Raetien östlich von Bregenz und westlich des Inn kein archäologischer Befund unmittelbar mit dem Alpenfeldzug zu verknüpfen. Alle sicher datierbaren Fundstellen setzen erst einige Zeit danach ein, als sich die Verhältnisse zu konsolidieren begannen. Bei diesen frühesten römischen Fundplätzen Bayerns handelt es sich stets um Zeugnisse militäri-

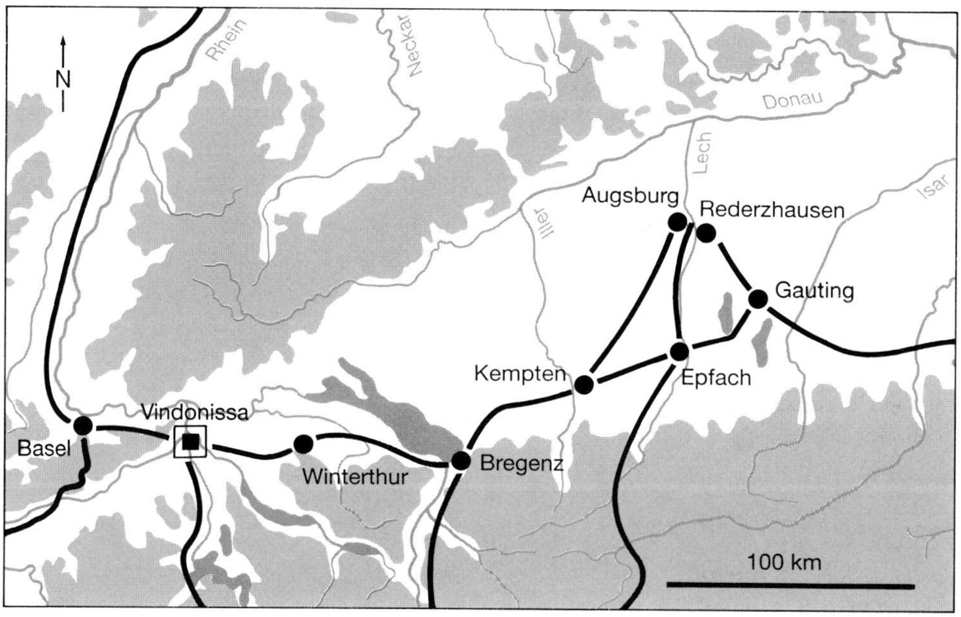


*Abb. 4 Die wichtigsten Römerorte und -kastelle in Süddeutschland in der tiberischen Zeit (um 20 n. Chr.).*

scher Besetzung, Spuren zivilen Lebens kennt man bestenfalls seit der spätaugusteischen Zeit.
In keinem Fall aber zeichnet sich bisher im raetischen Flachland das bruchlose Weiterleben einer vorrömisch-keltischen Siedlung in der frühkaiserzeitlichen Periode ab, ungeachtet der Tatsache, daß Orte wie Abodiacum/Epfach, Bratananium/Gauting, Brigantium/Bregenz oder Cambodunum/Kempten keltisch klingende Namen tragen. Östlich des Inn dagegen sprechen mancherlei Indizien für eine vielfache Weiterbenutzung spätkeltischer Siedlungsstellen auch in römischer Zeit bzw. dafür, daß zumindest eine weitgehende Bevölkerungskontinuität in einzelnen Siedlungsräumen vorliegt, etwa im Raum von Bedaium/Seebruck.
Diese archäologische Lücke darf uns freilich den Blick nicht trüben: Okkupation läßt sich mit dem Spaten, wenn überhaupt, überall nur ungemein schwer und allenfalls punktuell durch außergewöhnliches Glück belegen. Das Ausbleiben eines frühen archäologischen Befundes kennzeichnet in weiten Teilen auch die Befindlichkeiten in den östlichen Nachbargebieten Norikum und Pannonien[66]. Politisch bedeutete Eroberung für die Römer die Ausweitung ihres Herrschaftsgebiets, die Errichtung einer territorial nicht einmal notwendig geschlossenen Zone, in der sie die oberste Macht hatten. Blieb diese unwidersprochen oder ungefährdet, vermied man unnötige Anstrengungen; unbeschadet aller zivilisatorischen Bemühungen galt dies auch für die Verbreitung der römischen Lebensart, die den Eroberten keineswegs verordnet, sondern nur vorgelebt wurde. Im übrigen war der Gestaltungsspielraum groß, und die getroffenen Maßnahmen richteten sich nicht zuletzt nach den vorgefundenen Substrukturen und dem Verhalten der Eroberten zum Zeitpunkt ihrer Niederlage.

## *Die Raeter- und Vindelikerkohorten*

Im raetisch-vindelikischen Bereich haben die Römer mit den üblichen Methoden für eine Sicherung der Neuerwerbungen gesorgt. Aus der unterworfenen Bevölkerung wurde der tüchtigste und größte Teil der wehrtauglichen Männer in römische Hilfstruppen gesteckt und außer Landes gebracht. Allen möglichen Einwänden zum Trotz ist es gewiß am besten, das Entstehen der erst später faßbaren Serie von acht Raeter- und vier Vindelikerkohorten mit diesen ersten Zwangsaushebungen zu verbinden[67], als die Raeter, wie Cassius Dio und Velleius Paterculus ausdrücklich versichern, *polyandroi* bzw. *numero frequentes*, also reich an Männern waren. In Mainz und Worms fanden sich denn auch frühkaiserzeitliche Grabsteine von Angehörigen einer oder mehrerer *cohor(te)s Raetorum et Vindelicorum* und nach Art der Zeit noch unnume- *Abb 5, 6*
rierter *cohor(te)s Raetorum*. In ihnen dienten offenbar zahlreiche Angehörige der unterworfenen Regionen[68]; u. a. hören wir von einem Runicaten (AE 1940, 114) und mehreren Gebirgsbewohnern, sog. Montani. Wie sich ihre Einheiten zu den später auftretenden numerierten Raeter- und Vindelikerkohorten verhielten, ist unklar,

ebenso die Frage, welche Verbände sich hinter den bei Tacitus (ann. 2, 17, 4) erwähnten *Raetorum Vindelicorumque cohortes* verbergen, die 16 n. Chr. im Aufgebot des Germanicus offenbar als reguläre Auxilien bei Idistaviso kämpften. Ordinalzahlen bei Raeterkohorten tauchen nicht, wie jüngst wieder behauptet wurde, erstmals in frühflavischer Zeit auf[69]. Tatsächlich war ein Lucius Baebius Iuncinus mit Sicherheit vor dem 4. September 63 Präfekt der *cohors IIII Raetorum* (CIL X 6976), weil er an dem genannten Tag bereits als Militärtribun im Beirat des ägyptischen Präfekten diente[70]; und schon aus claudischer Zeit ist möglicherweise ein ritterlicher Präfekt der 7. Raeterkohorte bekannt (AE 1980, 224). Vor diesem Hintergrund weisen Militärdiplome auf Rekrutierungen in die *cohortes I, II, VII* und *VIII Raetorum* sowie in die *cohors IV Vindelicorum* wenigstens für die Zeit seit 50 hin (RMD 2; CIL XVI 20, 26, 28, 30). Konnte damals bereits ein Syrer aus Antiochien in eine Raeterkohorte aufgenommen werden, so blieb daneben die ethnische Ergänzung noch lange üblich. Eine jüngst veröffentlichte Schreibtafel aus dem Legionslager von Vindonissa/Windisch enthält eine auf den 22. Juli 38 datierte Soldquittung eines Clua, der als *eq(ues) Raetor(um) tur(ma) Albi Pudentis*, d. h. als „Reiter der Raeter, in der Schwadron des Albius Pudens“ diente[71]. Vermutlich gehörte Clua zur *cohors VII Raetorum*, die in Windisch frühe Ziegelstempel hinterlassen hat[72] und wohl unter Kaiser Claudius nach Mainz abzog, wobei sie ihre bisherigen Kasernen ihrer gleichfalls ziegelnden Schwestertruppe mit der Ordnungsziffer VI überließ. Seinem Namen nach kam Clua aus dem raetischen Hinterland von Brescia; noch Jahrzehnte nach der Okkupation waren die Römer offenbar bestrebt, die Jungmänner der neuen Gebiete ihrer Armee einzugliedern. Dabei dürfen wir natürlich davon ausgehen, daß im Laufe der Zeit der freiwillige Eintritt in das römische Heer zunahm, weil dieser Dienst gut bezahlt wurde und manchem unternehmungslustigen jungen Mann zudem soziale Aufstiegsmöglichkeiten eröffnete (S. 132). Wenn um die Jahrhundertmitte etwa in der *cohors I Vindelicorum* noch ein Cattenate (AE 1935, 103) diente, so wird man dahinter ebensowenig römische Härte vermuten wie im Fall des Quintus Vibius Agustus, der noch am Ende des 1. Jahrhunderts als Raeter in der Wiesbadener *cohors II Raetorum civium Romanorum* unter Sold stand (CIL XIII 7584). Allerdings wurden nach den Zwangsaushebungen seit 15 v. Chr. zu einem noch nicht erkennbaren Zeitpunkt den bestehenden acht Raeterkohorten mindestens drei weitere hinzugefügt, da wir inzwischen bereits zwei (oder drei?) verschiedene *cohortes Raetorum* mit der Ordnungszahl I und zwei mit der Ziffer II kennen. Am ehesten käme für solche Erweiterungsmaßnahmen die vespasianische Neuordnung des Heeres in Betracht (S. 101)[73], doch bleiben die Einzelheiten ebenso unklar wie die Frage, ob und wann eventuell die bislang noch gänzlich unbelegten *cohortes III Raetorum* und *II* und *III Vindelicorum* untergingen. Wie dem auch sei, für die Zeit vor 69 haben wir bislang fast nur Hinterlassenschaften von Raeter- und Vindelikerkohorten aus dem Rheinland, und raetische Reiterverbände sind überhaupt erst aus der Spätantike bekannt. Mindestens sechs der Raeterkohorten hatten aber berittene Abteilungen, waren also *cohortes equitatae*.

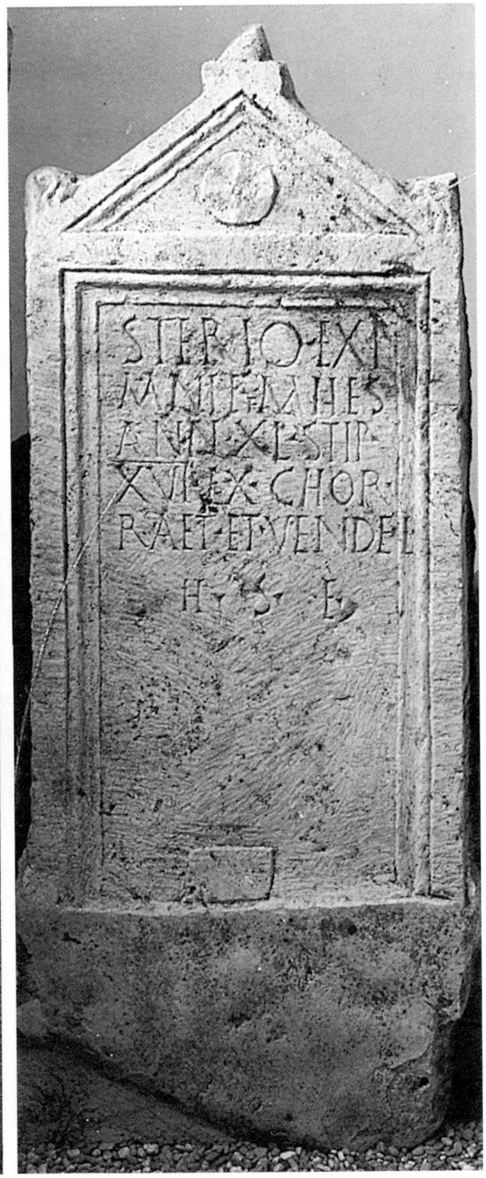

*Abb. 5 Mainz. Grabstele des Nunadus, Sohn des Sacrus, der als Soldat der Raeter- und Vindelikerkohorte nach 11 Dienstjahren im Alter von 33 Jahren starb und von seinen Erben, den Centurionen Rufus und Munnis bestattet wurde; H. 1,83 m (Mittelrhein. Landesmus. Mainz).*

*Abb. 6 Mainz. Grabstein des Sterio, Sohn des Eximnus, der gleichfalls als Soldat der Raeter- und Vindelikerkohorte nach 16 Dienstjahren im 40. Lebensjahr verstarb; H. 1,67 m (Mittelrhein. Landesmus. Mainz).*

## *Milizen*

Die bisher genannten Raeter- und Vindelikerkohorten waren allesamt aus Rekrutierung von Peregrinen hervorgegangene, nach Gliederung, Kommando, Ausbildung regulär zu nennende römische Berufsauxilien (dabei muß man sich bewußt bleiben, daß diese anfangs noch keineswegs die weitgehend standardisierten Züge der späteren Zeit aufwiesen).

Daneben gab es noch eine, im Jahr 69 n. Chr. ausdrücklich erwähnte raetische „Nationalmiliz“; sie bestand aus taktischen Einheiten, die einheimisch organisiert und nicht selten auch so geführt waren, und in der Regel aus der vertraglichen Gestellungspflicht der unterworfenen oder verbündeten Stämme hervorgingen. Tacitus bezeichnete sie als „Jugend der Raeter“ (*Raetorum iuventus*). Entsprechende Einrichtungen kennen wir, speziell für die frühe Kaiserzeit bei vielen anderen Völkerschaften, die unter ritterlicher Verwaltung standen, etwa in den beiden Mauretanien (Tac. hist. 2, 58, 1), in Norikum (ebd. 3, 5, 2), in den Alpes Maritimae (ebd. 2, 12, 3), in Corsica (ebd. 2, 16, 1) oder in Cappadocia (Tac. ann. 12, 49, 1)[74]. Mit der in frühtiberischer Zeit für Raetien erwähnten „leichten Miliz“ (*levis armatura*) waren sie kaum identisch (S. 57). Eher schon könnte die „Jugend der Raeter“ wenigstens teilweise die technische Bezeichnung *Gaesati Raeti* geführt haben. Diese verzeichnet bereits die in Saintes gefundene Grabschrift des von daher stammenden, nach 32jähriger Dienstzeit entlassenen und mit dem Bürgerrecht beschenkten Gaius Iulius Macer, der als ehemaliger „Doppeltbesoldeter“ (*duplicarius*) der *ala Atectorigiana* von Augustus wieder unter die Fahnen gerufen wurde und als sog. *evocatus* den aus *600 Gaesati Raeti* bestehenden Verband im (raetischen?) *castellum Ircavium* kommandiert hat (CIL XIII 1041)[75]. In die früheste Kaiserzeit wird neuerdings auch eine fragmentarische Inschrift aus Triest für einen Präfekten datiert, der offenbar die raetischen Gaesaten gleichzeitig mit der helvetischen Landesmiliz befehligt hat (CIL V 536 = IIt X 4, 41)[76]. Das ist schon deshalb bemerkenswert, weil sich wenige Jahrzehnte später, im sog. Vierkaiserjahr, die Bürgeraufgebote der beiden benachbarten Regionen in die Haare gerieten (S. 95), wobei das helvetische vielleicht überhaupt zugrunde ging[77]. Auch das Geschick der raetischen Jugend ist ungewiß, und es wäre gut denkbar, daß sie in reguläre Auxiliareinheiten umgewandelt wurde[78]. Die raetischen Gaesaten freilich überlebten zumindest bis ins 3. Jahrhundert, wo sie seit 213 mehrfach in Britannien auftreten. Möglicherweise hat sie Septimius Severus für seinen Krieg auf die Insel geschickt[79]. Doch auch das bedeutete nicht unbedingt das Verlöschen jeden raetischen „Landsturms“, weil wir diesen als *populares* auf der neuen Augsburger Inschrift von 260 wiederfinden (S. 342)[80]. Was sich hinter diesen Phänomenen im wesentlichen verbarg, ist unschwer zu erkennen: Wenn die Römer nach Cassius Dio den Raetern zum Zeitpunkt der Okkupation nur so viele Jungmänner zurückließen als zum Ackerbau erforderlich waren, so werden sie die Zurückgelassenen und die neu Heranwachsenden, sofern sie nicht in die Auxilien eintraten, sehr bald in paramilitärischen Verbänden organisiert haben, die wohl ähnlich wie unsere Ersatzreserve bis zu einem bestimmten Altersgrenze (der römische Soldat wurde mit 46 vom Junior zum Senior) in grundsätzlicher Einsatzbereitschaft gehalten wurden. Dazu war nicht nötig, daß sie permanent unter Waffen standen[81].

In jedem Fall sorgten schon die ersten Aushebungen dafür, daß die unterworfene Bevölkerung keinen nennenswerten Widerstand gegen die römischen Besatzer leisten konnte. Dementsprechend konnte schon Strabo nicht ohne Genugtuung feststellen, daß die Raeter jetzt bereits das 33. Jahr Ruhe hielten und ihre Tribute ordentlich ablieferten (Strabo 4, 6, 9). Daran hat sich in der Folgezeit nichts geändert, weil noch in der Krisenzeit um 70 die Raeter neben den Norikern als vorbildliche Steuerzahler herausgestellt werden (Tac. hist. 5, 25, 2). Demgemäß bedurfte es zur Kontrolle des besetzten Alpenvorlandes auch keiner flächig übers Land verteilter Zwingburgen.

## Der Waffenplatz Augsburg-Oberhausen

Der größte und wichtigste bisher bekannte frühkaiserzeitliche Truppenstandort konnte schon zu Beginn unseres Jahrhunderts in Augsburg-Oberhausen lokalisiert werden. Er war wohl von etwa 10/8 v. Chr. bis kurz nach 16 n. Chr. belegt. Die Keramik läßt sich deutlich von derjenigen aus okkupationszeitlichen Stationen wie Oberaden, Zürich-Lindenhof, Basel-Münsterhügel und Dangstetten absetzen, dagegen gut an Horizonte jüngerer augusteischer Militärplätze, speziell des von ca. 5 v. Chr. bis 9 n. Chr. datierten Haltern in Westfalen, anschließen. Die vorhandenen 378 Münzen bilden eine mit republikanischen Prägungen einsetzende und mit Geprägen der Jahre 10/14, 12/14 und 15 oder 16 n. Chr. endende Reihe. Für die Kontinuitätsfrage im Alpenvorland wichtig ist, daß keine im Lande geprägten keltischen Münzen gefunden wurden, wohl aber Kleinmünzen aus dem gallischen Bereich, wie sie auch sonst in augusteischen und späteren Fundzusammenhängen immer wieder auftauchen. Das Vorkommen eines Helmes vom Typ Weisenau sowie von Dolchen und *pila* als den typischen Legionarswaffen erhellt, daß zumindest Teile von Legionen in Augsburg-Oberhausen stationiert waren. In dieselbe Richtung deutet – in Kombination mit den Ritzinschriften auf der Keramik – auch die ungewöhnliche Anzahl an Griffeln hin: Schreibkundig waren in dieser Frühzeit wohl nur die Soldaten der Bürgertruppen. Allerdings ist nicht auszumachen, wie hoch ihr Anteil an der Besatzung insgesamt war, da sich im Oberhausener Fundmaterial eindeutig auch nachrangige Truppen abzeichnen. Lanzen- und Pfeilspitzen bezeugen Infanterie und ca. 100 Trensen und sonstige Bestandteile des Pferdegeschirrs Kavallerie der Auxilien. Eine dieser Trensen, mit offensichtlichen Bezügen zum dakisch-thrakischen Raum an der unteren Donau, verweist auf ein mögliches Rekrutierungsgebiet der Reiter im Lager von Oberhausen. Im Fibelspektrum lassen sich andererseits bisher ostalpin-pannonische, niederrheinische, gallische und italische Komponenten erkennen.

Mangels brauchbarer Zeugnisse ist es beim gegenwärtigen Quellenstand kaum sinnvoll, über die Identitäten all dieser Einheiten zu spekulieren. Hatte man anfänglich aus ganz allgemeinen Erwägungen zur römischen Truppengeschichte der augusteischen Zeit sogar zwei vollständige Legionen als Besatzung von Augsburg-Oberhausen gefordert, so rückten etwaige Zweifel im Zuge vielfacher, mit großer Autorität vorgetragener Wiederholungen so sehr in den Hintergrund, daß man – die Haltlosigkeit der Voraussetzungen vergessend – vielfach sorglos darüber fabulierte, welche Legionen konkret zwischen Wertach und Lech zu Hause waren. Doch all diese Truppenverschiebungs-Phantasien lassen sich mit dem vorhandenen Material nicht rechtfertigen. Das führt gleichsam von selbst zur historischen Gesamtbewertung von Augsburg-Oberhausen. Im Banne der These von der wesentlich gegen Germanien gerichteten Konzeption des Alpenfeldzuges meinte man aus der (angeblichen) Bestückung mit zwei Legionen, aus der günstigen strategischen Lage des Waffenplatzes am Schnittpunkt wichtiger Straßenverbindungen und aus dem Enddatum des Forts eine Bestätigung für dessen „offensive" Zielsetzung erkennen zu können. Als wirklich tragfähig erwies sich davon nichts, denn:

– Der Alpenfeldzug selbst diente, zumindest nicht primär, der Gewinnung einer Aufmarschbasis im Alpenvorland für eine „Großoffensive" gegen Germanien.

– Das Oberhausener Lager wurde erst Jahre nach dem Alpenfeldzug von gemischten Verbänden unbekannter Größe aus Legions- und Auxiliarsoldaten bezogen.

– Nach unserem derzeitigen Wissen wurden in augusteischer Zeit weder nennenswerte Feldzüge von Raetien aus gegen die Germanen geführt noch gab es im Gebiet nördlich der Donau – von den Hermunduren abgesehen – größere germanische Bevölkerungskonzentrationen, welche eine Bedrohung von Norden hätten darstellen können.

– Die Preisgabe des Oberhausener Lagers war wohl die Folge eines katastrophalen Hochwassers und hing nicht mit einem generellen Abzug von Truppen zusammen, als mit der Konsolidierung einer defensiven Politik gegen Germanien die Legionstruppen am Rhein konzentriert wurden.

Bei dieser Sachlage stellen sich die Fragen, welche Funktion das Lager von Augsburg-Oberhausen dann gehabt haben könnte, und was mit der Besatzung nach dem Verlust der Kasernen geschehen ist. Zunächst einmal mußten in einem befriedeten Gebiet selbstverständlich irgendwo größere Truppenmassierungen stehen. Sie waren der sichtbare Ausdruck von Roms allgegenwärtiger Überlegenheit, gleichsam das Imperium Romanum vor Ort. Insofern bedarf die Anwesenheit einer Besatzungsarmee in den ersten Generationen nach der Eroberung keiner weiteren Begründung. „Man war halt nun einmal da und waltete, wie übergeordnete Interessen es verlangten." (H. Wolff)[82]. Daneben hört man eine gewisse Sorge um die Ruhe in den neuerworbenen Gebieten aus der schriftlichen Überlieferung (speziell bei Cassius Dio und Strabo) sehr wohl anklingen, und man wird den diesbezüglich erfahrenen Römern ein berechtigtes Sicherheitsdenken zubilligen müssen. Auch sollte man sich einer auffallenden chronologischen Übereinstimmung nicht verschließen: Oberhausen setzt etwa zwi-

schen 10 und 8 v. Chr ein, gerade zu einer Zeit, als die Römer ihren Germanienfeldzug mit der Unterwerfung der Stämme zwischen Rhein und Elbe erfolgreich beendet hatten. Dadurch könnten Kampfverbände frei geworden und auch nach Vindelikien geschickt worden sein. Ein Platz wie Augsburg bot sich an, da er über sehr gute Verbindungen den Lech entlang über den Reschen nach Italien, über das Südufer des Bodensees nach Gallien, in Richtung Südosten zum Inn sowie von dort nach Süden zum Brenner oder nach Salzburg im Osten verfügte. Von hier aus ließen sich die übrigen Außenposten Roms nördlich der Alpen relativ rasch erreichen. So wäre denkbar, daß Aufgaben der Erschließung und der militärischen Logistik (Straßenbau, Sicherungsfunktionen, Erkundung, Vermessung und Rodung von Land, Organisation von Nachschub etc.) mit dem Lager von Augsburg-Oberhausen verbunden waren. Schließlich ist ein weiteres, ganz wichtiges Einsatzgebiet des Militärs nicht zu vergessen, das Strabo im Zusammenhang mit einer möglichen Eroberung Britanniens ausdrücklich hervorhebt: Im Moment, d. h. um 20 n. Chr., bedürfe die britische Insel keiner Besatzung, weil ihre Bewohner für ein- und ausgeführte Waren schwere Abgaben nicht entrichten müßten; im Fall der Eroberung aber wären wenigsten eine Legion und etwas Reiterei nötig, um die Steuern einzutreiben (4, 5, 3; vgl. 2, 5, 8). Wenngleich die Verhältnisse nicht einfach übertragbar sind, so zeigt die Stelle doch, worauf es den Römern bei der Eroberung grundsätzlich ankam, und welcher Art die vordringlichen Aufgaben einer römischen Besatzung waren.
Auf die zweite Frage nach dem Schicksal der Besatzung des fortgeschwemmten Lagers bietet sich eine mögliche Antwort an: Steht doch jetzt fest, daß zwischen dem Ende des Lagers von Augsburg-Oberhausen und dem Anfang eines Kastells in Augsburg keine zeitliche Lücke klaffte. Vielmehr überschneiden sich zumindest die Terra sigillata-Serien beider Plätze. Außerdem ist das früheste kaiserzeitliche Siedlungsareal Augsburgs nach Ausweis von zahlreichen Funden und Befunden offensichtlich noch keine zivile Ansiedlung, sondern ein größeres Truppenlager gewesen. Daher könnte man, so wie die Dinge momentan liegen, damit rechnen, daß die Hochwasserkatastrophe in Augsburg-Oberhausen zunächst einmal nur den Anlaß bot, auch diese Garnison auf das hochwasserfreie Gebiet zwischen Lech und Wertach zu verlegen, wo dann die spätere Provinzhauptstadt Augusta Vindelicum entstehen sollte.

## Erste Straßen und Militärstationen

Bald nach der Okkupation müssen die Römer auch im Alpenvorland begonnen haben, das eroberte Gebiet mit Straßen zu erschließen. Diese waren für schnelle Mannschaftsbewegungen (auch im Dienste einer effektiven Besteuerung) und nicht weniger für den militärischen Nachschub unerläßlich; selbst der zivile Verkehr von Menschen und Waren bediente sich in zunehmendem Maße dieser zivilisatorischen Glanzleistungen Roms. Im Grunde muß man daher annehmen, daß zunächst die Straßen gebaut wurden und erst danach befestigte Posten. Solche sind im raetisch-vindelikischen Raum für die Okkupationsphase bislang nur zu erschließen, seit der spätaugusteischen Zeit als Straßenstationen dann auch archäologisch nachweisbar.

Als erste wichtige Kunststraße im Alpenvorland nach der Via (Claudia) Augusta entstand die West-Ost-Achse von Bregenz[83] über Kempten, den Lechübergang bei Epfach, Gauting, Andechs, Seebruck nach Salzburg, welche lange Zeit die wichtigste Verbindung der Rhein- und Donauprovinzen darstellte.

Von den zahlreichen kleineren Militärstationen am besten erforscht ist diejenige auf
*Abb 133* dem markanten Höhenrücken des Lorenzbergs bei Epfach. Entdeckt wurde sie zufällig bei Grabungen, die 1953/57 eigentlich der spätantiken Befestigung des Berges galten. Der Platz war hervorragend gewählt. Ist der Lorenzberg leicht zu verteidigen, so kreuzen sich hier auch zwei der wichtigsten Römerstraßen des Alpenvorlandes: Zum einen die Nord-Süd-Verbindung, die Via (Claudia) Augusta, zum anderen überquert an einem günstigen Übergang über den Lech die eben beschrieben Ost-West-Route von Salzburg nach Bregenz den Fluß. Die Grabungen erbrachten wenig Einblicke in die Art der Bebauung. Dies hängt damit zusammen, daß jüngere Bauten und Bodeneingriffe viel von der älteren Substanz zerstört haben und zur Schonung des Baumbestandes in der Regel nur kleine, konkret auf die spätantiken Fragestellungen abgestimmte Grabungsschnitte möglich waren. Sicher ist daher nur, daß die Bauten des frühen Garnisonsortes, wie üblich, in reiner Holzbautechnik bzw. Fachwerktechnik ausgeführt waren und daß sich Spuren einer Befestigung des langovalen Gipfelplateaus nicht zeigten. Dies besagt aber wenig, da ja an den entsprechenden Stellen nicht gezielt danach gesucht wurde. Diese Militärstation auf dem Lorenzberg hatte den Nachschub und die Nachrichtenübermittlung auf den Straßen am Lech zu sichern und die dortige Lechbrücke und Straßenkreuzung zu schützen. Aufgrund ihrer frühen Zeitstellung könnte man allerdings auch vermuten, daß zunächst von hier aus in einem bestimmten Abschnitt der Bau jener Straßen organisiert und durchgeführt wurde, deren Überwachung dann der Posten später diente. Konkrete Zeugnisse über die Besatzung des Militärpostens auf dem Lorenzberg liegen nicht vor. Die einschlägigen Funde enthalten einerseits Elemente der Legionarsausrüstung (Dolch, Helm), andererseits Bestandteile der Ausrüstung von Auxiliarreiterei. Während man früher als Besatzung in Epfach eine teilberittene Truppe von 70 bis 80 Mann – also etwa in Centurienstärke – vermutete[84], kamen neuere, von einer erweiterten Basis ausgehende Überlegungen zur Belegung kleinerer Militärposten auf etwa die doppelte Stärke[85]. Wie dem auch sei, gesichert ist, daß auf dem Lorenzberg bei Epfach keine geschlossene Militäreinheit lag, sondern eine aus Legionsinfanterie und Auxiliarreiterei zusammengestellte gemischte Truppe, wie sie sich für die Stationen der frühen Kaiserzeit nördlich der Alpen zunehmend als Regelbefund ergeben hat. Die anderen Militärstationen der frühesten Zeit, von deren Existenz man zweifellos ausgehen muß, sind bisher nur durch Streufunde erschlossen bzw. wohl noch gar nicht alle entdeckt. Sie aufzufinden stellt eine wichtige Aufgabe der künftigen archäologischen Forschung in Bayern dar.

## Die römische Besatzungsmacht

Die Verwaltungsorganisation der raetischen und vindelikischen Landstriche in der Zeit unmittelbar nach der Eroberung darf man sich zweifellos nicht so reglementiert vorstellen, wie wir dies für spätere Zeiten gewohnt sind[86]. Auch hierin war die augusteische Zeit eher von einem ständigen Experimentieren geprägt. Bedauerlicherweise ist zudem das meiste aufgrund des (kaum) vorliegenden Quellenmaterials nur sehr schwer zu erkennen und demnach in der Forschung auch umstritten. Um nur ein wenig Einblick in den komplizierten Sachzusammenhang zu gewinnen, sind einige, zeitlich ausholende und nicht immer einfache Überlegungen notwendig. Daß es beim derzeitigen Stand des Wissens nur darum gehen kann, ein möglichst sinnvolles Bild zu erhalten, versteht sich von selbst.

Wie erinnerlich betonte Augustus in seinem Tatenbericht ausdrücklich, allen Provinzen, denen feindliche Stämme benachbart gewesen seien, die Grenzen erweitert zu haben (S. 38). Gemäß seinem 27 v. Chr. übernommenen Befriedungsauftrag und dem damit begründeten obersten Heeresbefehl schuf er bewußt keine neuen Provinzen, sondern erweiterte die bereits bestehenden bis zu einem befriedigenden Umfang. Die Behandlung der Alpenvölker stellte er in denselben politischen Gesamtrahmen seines (für die römische Geschichte generell bezeichnenden) defensiven Imperialismus, daher kam es auch hier während seiner Regierungszeit nicht zur Einrichtung neuer Provinzen. Vorrangiges politisches Ziel der Eroberungen war die Zivilisierung kriegerischer Nachbarschaftszonen, die Frage von deren Verwaltung blieb nachgeordnet[87].

Im Nordwesten des Reiches war Augustus seit 27 v. Chr. ständiger *proconsul*. Seine Vollmacht, sein *imperium proconsulare*, ließ er, soweit er nicht persönlich zugegen sein konnte, durch Gesandte (*legati*) wahrnehmen, die über ein, von seiner Herrschaftsbefugnis abgeleitetes, proprätorisches Imperium verfügten. Diese *legati (Augusti) pro praetore* nennen wir gewöhnlich verkürzend und damit leicht irreführend Statthalter. Ein solcher Legat war natürlich nicht nötig, wenn Augustus, wie von 16–13 v. Chr., selbst in Gallien weilte. Allerdings stand es dem Kaiser frei, auch jetzt entsprechende Legaten für bestimmte Amtsbereiche (*provinciae*) zu ernennen. Als der Kaiser im August 13 nach Rom zurückkehrte, blieb Drusus als Statthalter in Großgallien zurück (Cass. Dio 54, 25, 1). Ihm und seinen Nachfolgern bis hin zu seinem Sohne Germanicus kam damit auch der Oberbefehl am Rhein und in den jeweils eroberten Gebieten Germaniens zu. Denn das einheitliche Heereskommando im Rheinland blieb bis zum Abzug des Germanicus 17 n. Chr. mit einer übergeordneten Statthalterschaft über die Provinzsprengel der Gallia Comata (*Tres Galliae*) verbunden[88]. Etwa die Hälfte der Zeit hatte dies einer der kaiserlichen Prinzen mit Sondervollmachten gleichsam als Generalfeldmarschall inne: Drusus 10–9, Tiberius 8–7 v. Chr., 4–6 und 10–12[89] sowie Germanicus 13–17 n. Chr[90]. Dabei war das Imperium für die kaiserlichen Prinzen durch einen Zusatz etwa der Art erweitert, in ihrem Gebiet solle kein anderes Imperium dem ihren überlegen sein[90a]: ihre eigene Überordnung ergab sich nach – nicht immer akzeptierter – römischer Auffassung zum überwiegenden Teil aus ihrer höheren Autorität (*auctoritas*) als Mitglieder des Kaiserhauses. Jedenfalls hatten sie selber Legaten mit Imperium, also *legati pro praetore*, unter sich, die als Offiziere Heeresteile befehligten. Sobald jeweils das erweiterte Kommando aufgelöst wurde, fiel die Obhut Galliens und seiner germanischen Grenzbezirke an einen solchen *legatus pro praetore* zurück, der mit Hilfe anderer Legaten (ohne Imperium) die Zivilverwaltung und Militäraufgaben des Riesengebietes der drei Gallien zu erledigen hatte, also in unserem engeren Verständnis Statthalter war. Nach der Niederlage des Varus verstärkte Tiberius die Germanienfront militärisch auf acht Legionen und teilte daher den riesigen Armeesprengel am Rhein in einen unteren und oberen Heeresabschnitt (*exercitus inferior* bzw. *superior apud ripam Rheni*). Diese von je einem eigenen *legatus pro praetore* mit Sitz in Vetera/Xanten bzw. Mogontiacum/Mainz befehligten Distrikte waren noch über Jahrzehnte hin keine wirklichen Provinzen, wurden aber zu deren unmittelbaren Vorläufern[91]. Beim Tode des Augustus haben sie ganz sicher existiert (Tac. ann. 1, 31, 1). Nach dem Weggang des Germanicus und der Preisgabe weiterer Ambitionen im sog. freien Germanien erfolgte die Aufteilung der gallischen Großprovinz Gallia Comata in die drei von je einem eigenen *legatus Augusti pro praetore* verwalteten Provinzen Aquitania, Lugdunensis und Belgica. Im Zuge dieser Maßnahmen wurden die beiden nach Zivil- und Militärverwaltung ganz selbständigen, aber nicht zu regulären Provinzen erhobenen germanischen Militärbezirke der Provinz Belgica zugeordnet, deren Finanzprokurator (von Trier aus) sogar weiterhin für die beiden Armeesprengel zuständig blieb. Kurioserweise waren die Legaten des oberen und unteren Heeres in Germanien dem Legaten der ihnen übergeordneten Provinz rang- und machtmäßig weit überlegen.

## *Raetien und das Rheinkommando*

Wenden wir uns, so unterrichtet, den Verhältnissen im Alpenvorland zu, so können wir feststellen, daß das raetisch-vindelikische Gebiet wohl zumindest dem erweiterten Imperium der kaiserlichen Prinzen angegliedert war. Das ergibt sich nach allgemeiner, vermutlich richtiger Ansicht daraus, daß Germanicus im Herbst 14 n. Chr. ganz selbstverständlich die frisch entlassenen Veteranen (Tac. ann. 1, 39, 1) der bei Köln oder Neuss meuternden Legionen nach Raetien abordnete (Tac. ann. 1, 44, 4).
Die Entsendung von kriegspflichtigen Legionsveteranen nach Raetien durch Germanicus ist noch etwas genauer zu betrachten. Von diesen Veteranen wird nämlich ausdrücklich gesagt, sie seien – sozusagen infolge ihrer meuterischen Erpressung – nach 16 Dienstjahren *sub vexillo* zurückgehalten worden (Tac. ann. 1, 36, 3), d. h. sie waren für die nächsten vier Jahre zwar vom sonstigen Militärdienst befreit, mußten aber für Abwehraufgaben zur Verfügung stehen (*immunes nisi propulsandi hostis*). Normalerweise hatte ein solcher, von einem Kurator, Präfekten oder Centurio mit dem Titel

*triarius ordo* befehligter Veteranenverband (*vexillum veteranorum*)[92] nicht mehr als Kohortenstärke, er zählte also rund 500 Mann (Tac. ann. 3, 21, 2); im konkreten Fall dürfen wir nicht übersehen, daß hier Veteranen aus mindestens zwei, vermutlich sogar aus allen vier niederrheinischen Legionen betroffen waren. Denn Tacitus sagt in seinen Annalen (1, 39, 1), daß *apud aram Ubiorum*, also bei der Ubierstadt Köln, „zwei Legionen, die 1. und die 20., und die erst kürzlich in die Reserve entlassenen Veteranen überwinterten" (*duae ibi legiones, prima atque vicensima, veteranique nuper missi sub vexillo hiemabant*). Im Grunde wäre denkbar, daß die Veteranen der 5. und 21. Legion nach der Meuterei mit ihren ehemaligen Einheiten ins Winterlager Xanten abgezogen waren (vgl. Tac. ann. 1, 45, 1), allerdings sprechen mehrere Beobachtungen dagegen: Einmal hätte dann Tacitus in 1, 39, 1 sagen können „zwei Legionen . . . und ihre kürzlich entlassenen Veteranen" (*veteranique eorum*); außerdem unterstanden die Veteranen nicht mehr dem Legionskommandeur, sondern dem Statthalter, und drittens wird Germanicus von Anfang an darauf geachtet haben, die Reservisten beisammen zu halten, um sie bei sich bietender Gelegenheit samt und sonders los zu werden. Da ganz offensichtlich ein Hauptgrund der soldatischen Unzufriedenheit in der unregelmäßigen und zu späten Entlassung lag (Tac. ann. 1, 17, 2; 35, 2), und damals tatsächlich nur die Legionare mit mindestens 20 Dienstjahren ihren endgültigen Abschied erhalten hatten (ann. 1, 36, 3), dürften in den Reserveverbänden rund vier Jahrgänge (16 – 19 Dienstjahre) von vier Legionen, damit mit Sicherheit 2000, vermutlich noch weit mehr Ex-Soldaten, gestanden sein.

Wenn nun Germanicus ihren Marschbefehl damit begründete, sie sollten Raetien gegen die drohenden Sueben verteidigen (*specie defendendae provinciae ob imminentis Suebos*), so war das aus seiner Sicht ein Vorwand; denn er benötigte einen Verteidigungsfall, um diesen besonderen Unruhefaktor (Tac. ann. 1, 35, 2) aus dem überreizten Klima des Lagers bei Köln entfernen zu können. Aus dem Blickwinkel Raetiens kann man nicht alles für bloßen Schein halten; vielmehr muß man dort diese Reservisten in einem wirklich oder scheinbar notwendigen Feldzug eingesetzt haben. Es wäre der Wiederherstellung und Hebung der Disziplin geradezu zuwider gelaufen, hätte man ohnehin aufmüpfige Soldaten in fremden Gebieten zu Untätigkeit verurteilt; also müssen wir annehmen, daß im Alpenvorland im Herbst 14 – berechtigt oder erzeugt – eine gewisse Alarmstimmung herrschte[93]. Da man ferner ehemalige Aufwiegler einer Meuterei nicht geschlossen[94] in ein Gebiet schickt, das vom nächsten Vorgesetzten mit Disziplinargewalt (in Mainz) Hunderte von Kilometer entfernt ist, muß Germanicus davon ausgegangen sein, daß in Raetien-Vindelikien genügend militärische Autorität vorhanden war, um nötigenfalls mit zahlreichen unwilligen Legionsveteranen selbständig fertig zu werden. Das setzt einen Imperiumsträger dort voraus[95]. So verstanden weist die literarische Überlieferung auf ein Militärkommando eines *legatus pro praetore* in Vindelikien in spätaugusteischer-frühtiberischer Zeit hin. Sie deckt sich hierin mit dem archäologischen Befund (von Augsburg-Oberhausen), bestätigt aber, wie es scheint, auch die Aussage einer Grabinschrift aus der Val Trompia nördlich von

*Abb. 7 Bovegno in der Val Trompia bei Brescia, Oberitalien. Grabinschrift des Staius, Sohn des Esdragasis. Der Verstorbene führte als Fürst der Trumpiliner eine Kohorte seines Volkes, dabei diente er unter Gaius Vibius Pansa, der sein Imperium wohl in Vindelikien ausübte; H. 0,69 m (Mus. Brescia).*

*Abb 7* Brescia. Darauf wird von dem verstorbenen Trumplinerfürsten Staius, Sohn des Esdragasis, behauptet, er sei Präfekt einer Trumplinerkohorte unter einem Gaius Vibius Pansa gewesen, als dieser *legatus pro [praet(ore) i]n Vindol(icis)*, zu deutsch: Legat im Rang eines Prätors bei den Vindelikern, war (CIL V 4910 = IIt X 5, 1133 add. SI 8, 1991, 184). Dieser zweifellos sehr frühe, aber nicht genau datierte Text ist, gerade auch in jüngster Zeit, höchst unterschiedlich gedeutet worden. Sicher kann man im Moment nur sein, daß eine *ala (Gallorum) Pansiana* ihren Beinamen nicht diesem senatorischen Pansa, sondern wohl ihrem ersten ritterlichen Präfekten verdankt hat[96]. Ganz unwahrscheinlich ist ferner die Ansicht, der Legat Pansa habe am Eroberungsfeldzug als senatorischer Offizier und Unterlegat im Heer des Tiberius teilgenommen; in diesem Fall hätte der Trumplinerfürst gut daran getan, anstelle des „Unterlegaten" die Führer des Feldzugs, also den Tiberius oder den Drusus, zu nennen, alles andere wäre schon fast eine Majestätsbeleidigung gewesen. Nicht genügend begründet war schließlich ein radikaler Neuansatz, der unlängst die Verbindung des Legaten Pansa mit Vindelikien aus vielerlei Gründen sogar völlig leugnete: hinter *Vindol.* verberge sich keine Volks-, sondern ein Personenname, und Pansa sei vor 44 v. Chr. Legat Caesars in der Gallia Cisalpina gewesen[97]. Der heftige Widerspruch folgte auf den Fuß und erhob diejenige Deutungsvariante erneut zur herrschenden Meinung, wonach Pansa in der augusteischen Zeit im Vindelikergebiet als senatorischer Legat (*legatus pro praetore*) amtierte und „faktisch" als Statthalter zu betrachten sei[98]. Die Einschränkung „faktisch" ist notwendig, weil dieser Legat, wie immer man ihn deutet, ganz sicher nicht die zuständige Instanz für die unterworfene Bevölkerung war.

## Die frühe Militärverwaltung

Augustus hat die erkannten großen Verschiedenheiten der Alpenvölker zur Grundlage der ihnen auferlegten unterschiedlichen politisch-administrativen Bedingungen gemacht, das Gebirge in mehrere Regionen aufgeteilt und diese nicht durch Senatoren beaufsichtigen lassen[99]. Vielmehr wurden laut Strabo (4, 6, 4) zu den Gebirgsbewohnern, wie zu anderen völlig barbarischen Völkerschaften, Präfekten geschickt. Auch wenn dies bei der Behandlung der ligurischen Alpen gesagt ist, traf es grundsätzlich wohl auch für die Raeter und Vindeliker zu. Durch eine Bauinschrift aus San Valentino in den Abruzzen kennen wir nämlich einen Sextus Pedius Lusianus Hirrutus mit dem Titel *pra[ef(ectus)] Raetis Vindolicis valli[s P]oeninae et levis armatur(ae)*, d. i. Präfekt über die Raeter, Vindeliker, des Wallis und der leichten Waffengattung (CIL IX 3044)[100]. Mag dieses Zeugnis aus dem 2. Jahrzehnt n. Chr. auch nicht das älteste zur römischen Administration in Süddeutschland sein, so ist dennoch von ihm auszugehen, weil es offenbar kein Spezialkommando[101], sondern den alpinen „Normalzustand" aufzeigt. Denn die von Hirrutus wahrgenommenen hoheitlichen Aufgaben gingen zweifellos auf vertragliche Regelungen der Stämme mit den Eroberern, Tiberius und Drusus, zurück (vgl. Tac. ann. 4, 72, 1); daß das Wallis von Anfang an mit Raetien und Vindelikien administrativ vereint war, kann man gegenwärtig nur vermuten. Hirrutus war bei den angegebenen Völkern bzw. im Wallis Stammespräfekt (die Römer sagten dazu noch *praefectus civitatium* oder *gentium*). Er besorgte, salopp gesagt, die rudimentärste Spielart römischer Verwaltung in Form der Militäraufsicht, und wir finden diese anfangs tatsächlich auch in den anderen Alpenregionen: So kennen wir in den Seealpen frühzeitig einen Gaius Baebius Atticus als *praefectus civitatium in Alpibus Maritumis* (CIL V 1838)[102] und den schon erwähnten ehemaligen König Cottius als *praefectus civitatium* in den Cottischen Alpen. Aufgrund seines rechtzeitigen Wechsels zu Augustus durfte Cottius die Aufsicht über seine Stammesgemeinden selbst und wohl lebenslang ausüben, während die übrigen Distrikte im steten Wechsel erfahrene Ex-Offiziere der römischen Legionen, sog. Primipilare, vorgesetzt bekamen. Diese Primipilaren hatten sich in der Regel nach langem Militärdienst zum ranghöchsten Centurio (*primuspilus*) einer Legion hochgedient[103]. Seit Augustus wurden sie nach dieser befristeten Aufgabe in einem Eliteverband, im *numerus primipilarium*, in Rom zusammengefaßt und von der Heeresleitung (dem Kaiser) als Paradeoffiziere zur besonderen Verwendung vielseitig und nach Belieben eingesetzt, etwa in Notfällen, zur Erledigung begrenzter Sondermissionen oder eben für außergewöhnliche Belange der Militärverwaltung. Im Kriegsfall wurde dem Hauptquartier des örtlichen Heereskommandos eine Anzahl solcher Offiziere zugeteilt.
Die in der Forschung vorherrschende Ansicht, die Alpenpräfekten seien dem Kaiser unmittelbar unterstellt gewesen[104], d. h. es habe zwischen ihnen und dem Monarchen keine weitere Befehlsebene gegeben, ist in dieser Form schwerlich zutreffend.
Der Titel *praefectus* war in der frühen Kaiserzeit so vielschichtig[105], daß seine Träger

im Grunde nur noch die eine Gemeinsamkeit aufwiesen: ihnen war vom Kaiser irgendeine Vollmacht delegiert worden, sei es die Getreideversorgung der Stadt Rom, sei es eine ganze Provinz (sogar von der Bedeutung Ägyptens), sei es eine Region ohne Legionsmacht oder eine, die zwar einer Provinz zugeordnet war, aber aufgrund spezifischer Umstände eigens behandelt werden sollte. Den letztgenannten Fall finden wir etwa in Judaea oder im nordwestspanischen Asturien, in verkleinertem Maße aber auch im frühen Raetien. Nun lassen sich für die genannten Präfekturen noch lange Zeit „Zwischeninstanzen" feststellen: für den Präfekten von Asturien im Statthalter von Hispania Tarraconensis oder für den Präfekten von Judaea im Legaten von Syrien. Letzterer schickte den Pilatus wegen Verfehlungen nach zehnjähriger Amtsführung in die Hauptstadt zurück – und laut Flavius Josephus wagte es dieser nicht, der Anweisung zu widersprechen (Ios. ant. 18, 4, 2). Schon aus dieser Bemerkung, die ja den Widerspruch nicht grundsätzlich ausschließt, sehen wir, daß es hier nicht um eine hierarchische Unterordnung ging (so denkt die moderne Bürokratie), sondern um eine administrative Zuordnung eines im Rahmen seines Aufgabenfeldes selbständig schaltenden Quasi-Magistrats an einen Oberbefehl, an ein Imperium. Warum da die Stammespräfekten allgemein und die der Alpendistrikte im besonderen eine Ausnahme gemacht haben sollen, ist gar nicht einzusehen, um so weniger als Hirrutus seine Präfektur nur teilweise ethnisch, d. h. durch die Volksnamen der Raeter und Vindeliker, teilweise aber auch territorial durch die Bezeichnung *vallis Poenina* definiert. Im übrigen bringt kein einziger der bisher bekannten Alpenpräfekten seine angebliche Unmittelbarkeit zum Kaiser in irgendeiner Weise zum Ausdruck, und daß dies kein Zufall ist, lehrt das Beispiel des erwähnten Gaius Baebius Atticus: Zweimal nennt er sich als Stammespräfekt nur *praefectus civitatium*, erst als er nach zwei weiteren militärischen Posten als norischer Prokurator dem Kaiser wirklich direkt unterstand vermeldet er stolz, er sei Prokurator des Claudius (*procurator Ti. Claudi Caesaris Aug.*) gewesen. Daher halten wir fest: Die Alpenpräfekten waren vom Kaiser ernannte, in der Ausübung ihrer Aufgaben selbständige Militäradministratoren; sie waren aber eben letztlich Vertreter einer römischen Armee, hatten in dieser ihre(n) unmittelbaren, weisungsbefugten Vorgesetzten und unterstanden über diese(n) natürlich auch dem Kaiser.

Übrigens weist darauf die Laufbahn des Hirrutus selbst hin. Seine Präfektur in Raetien ist einigermaßen sicher zeitlich einzuordnen, weil er in seiner Heimatgemeinde in den Abruzzen wenigstens zwei Jahre vor dem Tode des Germanicus (19 n. Chr.) noch als Beamter tätig war. Da er nach dem normalen Bürgermeisteramt (Quatturovirat) noch den zum lokalen Censor gewählten Germanicus vertrat, muß er in einem persönlichen Nahverhältnis zu diesem Prinzen gestanden haben. Vor seiner Präfektur in Raetien hatte es Hirrutus zum Primuspilus der *legio XXI Rapax* gebracht, die beim Regierungsantritt des Tiberius im Jahr 14 n. Chr. bei Xanten stationiert war und zu den Rädelsführern der erwähnten schweren Meuterei gehörte. Schon längst hat man erkannt[106], daß Hirrutus vermutlich zu jenen beherzten Unteroffizieren zählte, die sich unter Einsatz ihres Lebens gegen die Meuterer gestellt hatten und infolgedessen rasch befördert wurde (vgl. Tac. ann. 1, 32, 1; 35, 1; 44, 5). Er war daher wohl zwischen 14 und spätestens 17 n. Chr. in Raetien tätig und hat seine Ernennung zum Präfekten zumindest einer Empfehlung des Germanicus an den Kaiser verdankt; wahrscheinlich wurde er sogar unmittelbar aus dem *numerus primipilarium* im Heeresstab des Prinzen in die Präfektur befördert. In jedem Fall aber dürfen wir im gallischen Heereskommando auch die (und vielleicht nicht einmal die einzige) Mittelinstanz zwischen dem raetisch-vindelikischen Stammespräfekten und dem Kaiser sehen[107].

## *Aufgaben des Präfekten*

Den Verwaltungssitz des Präfekten zu suchen ist müßig. Er reiste durch das Land, anders hätte er seine Aufgaben gar nicht erledigen können. Ob er überhaupt ein Hauptquartier hatte, ist eher fraglich. Wenn aber, so wird man es in einem Militärlager vermuten dürfen. Sein bescheidener Stab beschränkte sich gewiß auf eine Handvoll Soldaten. Und die reichte zur Erledigung der anfallenden Geschäfte normalerweise wohl ebenso aus wie die *levis armatura*, die Hirrutus neben den angegebenen Völkerschaften vermutlich noch befehligte. In der Regel geht man davon aus, daß er diese beiden Ämter gleichzeitig und nicht nacheinander bekleidet hat. Was sich hinter dieser „leichten Waffengattung“ verbirgt, ist umstritten. Nichts spricht für eine Art Dachkommando über „die unter den Waffen stehenden Milizen des Landes selbst“, also über die „raetische Jugend“ und ähnliches[108], aber ebensowenig für ein Kommando über die raetischen Auxiliartruppen mit oder ohne die Stammesaufgebote[109]. Wiewohl mit *levis armatura* in der klassischen Republik die leichtbewaffnete Infanterie innerhalb einer Legion bezeichnet wurde, ist diese Bedeutung in unserem Fall schon wegen der Präfektenbezeichnung ganz unmöglich; vielmehr müssen wir auf den technischen Sprachgebrauch etwa bei Cicero, Caesar und Tacitus achten, nach dem die *levis armatura* in einen strikten Gegensatz zu den schwerbewaffneten Legionaren und den Hilfstruppenreitern (*equites*) gestellt und damit zur Kennzeichnung der nicht-legionaren Infanterie verwendet wird. Hirrutus war also – wie andere Stammespräfekten auch – als Präfekt (mindestens) einer Auxiliarkohorte bei den raetisch-vindelikischen Stämmen tätig[110].

Die Obliegenheiten dieser Präfekten werden sich kaum wesentlich verändert haben[111]. Zu ihnen zählten neben der an seinen militärischen Rang gebundenen, lokalen Gerichtsbarkeit vor allem die Aushebung von Rekruten für die römischen Hilfstruppen und die lokalen Aufgebote. Zuallererst freilich hatte er bei den einzelnen Stämmen seines Distrikts die vereinbarten regelmäßigen Abgaben (*tributa*) einzuziehen, die nicht nur Barzahlungen, sondern auch (mitunter sogar überwiegend) Sachlieferungen umfaßten. Dabei hatten die kaiserlichen Stiefsöhne die Leistungsfähigkeit der jeweiligen Unterworfenen durchaus zu berücksichtigen versucht. Die Raeter hätten etwa Produkte aus Ackerbau und Viehzucht, Harz, Pech, Kienholz, Wachs, Honig und Käse (Strabo 4, 6, 9), aber auch Hölzer wie Ahorn oder die zu Bauzwecken gut verwendbaren Lärchen (Plin. nat. 16, 66; 190) liefern können. Natürlich kam es sehr auf den Präfekten an, wie er sein Amt verstand. Seine Habgier konnte die Gefolgschaft (*obsequium*) ganzer Stämme zerstören und blutige Katastrophen auslösen (vgl. Tac. ann. 4, 72 f.; Cass. Dio 56, 16, 3). Von ernsthaften Schwierigkeiten vernehmen wir aus Raetien und Vindelikien zwar nicht, und angesichts der gründlichen Rekrutierungsmaßnahmen und der geographischen Zersplitterung der Region wären solche wohl auch nicht im gleichen Umfang wie bei den Friesen, Treverern oder Häduern möglich gewesen; dennoch darf das Ergebnis nicht täuschen: anfangs konnte niemand wissen, daß sich die Alpen- und Voralpenbewohner als brave Steuerzahler entpuppen würden. Jahrhundertealte Erfahrungen, welche die Römer mit Abfallbewegungen (selbst von „Freunden") gemacht hatten, sind gewiß auch eine hinreichende Begründung für die länger währende Anwesenheit von Legionsabteilungen im Alpenvorland. Obwohl der Stammespräfekt nur zu den zweitrangigen Offizieren zählte und im Normalfall offenbar mit einer oder mehreren leichtbewaffneten Kohorten auskam, bildeten die schwerbewaffneten Legionskohorten in Vindelikien gleichsam das Droh- und Eingreifpotential im Hintergrund[112], das eine reibungslose Erledigung der zu allen Zeiten unerfreulichen Steuereintreibung „erleichterte".

## Verwaltung und Truppen in der Frühzeit

Alles zusammengenommen wird man unter Berücksichtigung der derzeitigen archäologischen und epigraphisch-historischen Erkenntnisse etwa von folgender Entwicklung ausgehen dürfen[113]: Während der Eroberung Raetiens und Vindelikiens führte Augustus die Auspizien (Suet. Aug. 21, 1; Trop. Alpium); Feldherrn (*duces*) waren Drusus und Tiberius, dem aufgrund seines Alters und Ranges ein Mehr an Würde (*dignitas*) zukam. Tiberius war vor dem Feldzug fast ein Jahr mit der Verwaltung der Gallia Comata betraut gewesen (Suet. Tib. 9, 1), in der Folgezeit erledigte Augustus die Geschäfte dort persönlich[114]. Daher war er natürlich zunächst auch in den neueroberten Gebieten, die als Grenzerweiterung Galliens aufzufassen waren, *proconsul*. Selbstverständlich wird man die am Feldzug beteiligten Legionsabteilungen und Hilfstruppen, soweit sie nicht anderweitig benötigt wurden, vorläufig im neu besetzten Lande belassen haben.

Das vermeintliche „Doppellager" Augsburg-Oberhausen für zwei Legionen ist ein wissenschaftliches Trugbild[115], ja der Platz läßt sich bis jetzt nicht einmal sicher mit der Okkupation verbinden. Dasselbe gilt für die in diesem Zusammenhang so oft und noch unlängst genannten *legiones XVI (Gallica)* und *XXI (Rapax)*. Obgleich sich die erstgenannte Legion (vermutlich in Teilen) zwar einmal im Alpenvorland aufgehalten hat, spricht nichts für die augusteische Zeit (S. 72); und die *legio XXI* spielte damals irgendwo nördlich der Alpen eine Rolle, doch in Wahrheit weiß für die Frühzeit niemand wo[116]. Gesichert ist jetzt wohl die Teilnahme der (später mit Varus untergegangenen) *legio XIX* am Eroberungsfeldzug durch einen Fabrikationsstempel am Döttenbichl; durch Ritzinschriften aus Dangstetten wird ferner klar, daß sie offenbar zwischen 15 und 9/8 v. Chr. zeitweilig am Oberrhein operierte, wobei mindestens ihre drei ersten Kohorten ganz oder in Teilen eben in Dangstetten kampierten[117]. Ob dieser Eliteverband (Vell. 2, 119, 2) auch an anderen Stellen, etwa zur Kontrolle des neueroberten Gebietes, eingesetzt war, ist eher fraglich, weil die Legionen in dieser Zeit in der Regel noch relativ fest zusammengehalten wurden. Mehr läßt sich im Augenblick über die Truppenbelegung nicht gesichert erkennen. Andererseits ist es nicht gerade wahrscheinlich, daß Rom damals in einer frisch okkupierten Region nicht irgendwie präsent blieb, wenn dies problemlos möglich war. Daher ist es grundsätzlich sehr wohl denkbar, daß Augustus – wie man gemeint hat – zur „Kompetenzaufteilung" für die in Vindelikien stationierten Verbände einschließlich der Legion(en) bzw. Legionsvexillationen einen eigenen Offizier, einen *legatus pro praetore*, ernannt hat[118]. Das bloße Vorhandensein von Legionaren in Vindelikien spricht aber nicht schon für die Existenz eines permanenten vindelikischen Militärdistrikts. Vielmehr ist davon auszugehen, daß seit Drusus der Statthalter (*legatus Augusti pro praetore*) der Gallia Comata auch oberster Chef der Zivil- und Militärverwaltung in Raetien und Vindelikien war, und ihm daher letztlich das gesamte in Vindelikien stehende Heer untergeordnet war. In möglicherweise wechselnder Stärke als Eingreifreserve oder anderen Gründen vorhandene Legion(en) oder Legionsabteilungen konnten von Legionslegaten oder Militärtribunen geführt werden, die anwesenden Reiter, sofern sie nicht zu den Legionen, sondern zur Auxiliarreiterei der Alen gehörten, wurden von *praefecti equitum* kommandiert, die damals je nach Bedeutung Senatoren, Ritter oder Primipilaren waren[119]. Aus den Reihen der letzteren nahm man die Militärverwaltung vor Ort, die Präfekten der raetischen, vindelikischen und wallensischen Stämme. Diesen, die in irgendeiner Weise dem gallischen Imperiumsträger zugeordnet waren, wurde (mindestens) eine Auxiliarkohorte beigegeben. Weitere Hilfstruppeninfanterie wurde, soweit vorhanden, wohl gleichfalls von Präfekten befehligt, die aber noch nicht Ritterrang haben mußten. Einheimische Milizen standen, wie die *Raeti Gesati*, unter reaktivierten Veteranen, ad hoc zusammengesetzte Stammesaufgebote, wie die *cohors Trumplinorum*, unter ihren Stammesfürsten. Darüber hinaus wird damit zu rechnen sein, daß in den von verschärften Situationen in Germanien gekennzeichneten Phasen die rheinischen Oberbefehlshaber von Fall zu Fall und nach freiem Ermessen Legaten mit Imperium (eigener Befehlsgewalt) im Alpenvorland einsetzten; ihre Berufung hing indessen, wie es scheint, vorwiegend mit rein militärischen Fragen, etwa des logistischen Flankenschutzes und anderen „kriegerischen" Belangen, weniger mit solchen der Administration in der Region, zusammen: hat sich doch daraus, anders als in Germanien, über das Jahr 17 n. Chr. hinaus eine bleibende Institution nicht entwickelt.

## *Die Gefolgschaft der Stämme*

Frühzeitig haben die Stämme den Kaiser als Patron angenommen und ihre Loyalität zu Rom und seiner Herrscherfamilie öffentlich bekunden „dürfen". Das darin ausgedrückte Treue- und Gefolgschaftsverhältnis (*obsequium*) war ein wichtiges Bindemittel zwischen Unterworfenen und Eroberern[120]. Dabei war der Südwesten aufgrund seiner günstigen verkehrsgeographischen Lage an der Verbindungslinie zwischen Italien und dem Rheinland dem übrigen Gebiet voraus, was möglicherweise auch eine Folge größeren Wohlstandes war. Sehr frühe Zeugnisse besitzen wir aus dem Wallis[121]; dort huldigte schon um 8/6 v. Chr. die Bürgerschaft der Seduni (*[civi]tas Sedunorum*) in Sitten ihrem Patron Augustus[122], und die Nantuaten taten dies ungefähr zur gleichen Zeit in St. Maurice[123]. Vom selben Ort stammt eine Ehrung für den Augustus-Enkel Lucius Caesar, der als möglicher Thronfolger bereits 2 n. Chr. verstarb[124] und anläßlich seines Ablebens oder kurz davor auch durch eine 1965 in Chur-Welschdörfli gefundenen Stein geehrt wurde[125]. Auch seinem Bruder Gaius Caesar wurden wahrscheinlich anläßlich seines frühen Todes im Jahr 4 n. Chr. zu Martigny[126] und St. Maurice Denkmäler gesetzt[127].

Da Inschriften sehr unterschiedlichen Erhaltungsbedingungen unterworfen waren und andernorts aufgrund ärmlicherer Verhältnisse vielleicht auf vergänglicheren Schriftträgern angebracht wurden, sehen wir gewiß nur einen kleinen, zufälligen Ausschnitt; daher müssen wir die dahinter stehenden Loyalitätsbekundungen eher für üblich halten. Wenigstens aus Bregenz kennen wir eine vergleichbare Ehreninschrift für Drusus den Jüngeren aus der Zeit zwischen 14 und 23 n. Chr.[128]. Auffallend ist hier die Nichtnennung der Weihenden. Ob Reste von marmornen Monumentalinschriften in

*Abb. 8 Kempten. Rekonstruktionsversuch eines Inschriftfragments; H. 0,28 m (nach K. Dietz).*

Kempten in diesen Rahmen gehören, ist unsicher. Verlockend wäre es allerdings schon, zwei 1933 gefundene, zusammengehörige Fragmente (Wagner 13 a) wie folgt zu ergänzen: *Abb 8*

*L(ucio) C[aesari Augusti f(ilio)]*
*[Divi nepoti]*
*pr[incipi iuventutis].*

In diesem Fall hätten wir das bislang älteste Zeugnis Kemptens aus den Jahren zwischen 3 v. Chr. und 2 n. Chr. vorliegen. Unlängst aus dem Bauschutt der dortigen Basilika geborgene Marmorbruchstücke weisen auf einen *Aug(ustus)* hin und bieten ansonsten die Buchstaben TIC oder TIO. Der Erstherausgeber ergänzte *Ti(berius) C[laudius]*; da aber nach dem I jeder Platz für einen Punkt fehlt, sollte man vielleicht besser an die Reste von *civitas Es[tio]num* denken[129]. So könnten auch diese Fragmente in den hier geschilderten Rahmen gehören.

## Nordbayern in der frühesten Kaiserzeit

Ob die Truppen im Alpenvorland an den Feldzügen der augusteisch-tiberischen Zeit Anteil hatten, läßt sich kaum erkennen[130]. Wie es scheint, spielte das Gebiet der späteren Provinz Raetien bei den verschiedenen Expeditionen gegen die Germanen eine eher untergeordnete Rolle, wiewohl es sich eigentlich von selbst versteht, daß es in irgendeiner Weise von dem Geschehen berührt wurde: sei es als Alarmzone gegen etwaige Südwanderungen germanischer Stämme infolge des römischen Drucks auf ihre Siedlungsgebiete, sei es als Versorgungsbasis mit besonderer Bedeutung für die rückwärtigen Kommunikationslinien über die Alpenpässe.
Der Feldzug des Drusus gegen die Markomannen 9 v. Chr. dürfte sich in Nordbayern und Teilen Mitteldeutschlands abgespielt haben, wo nach dem Zeugnis einschlägiger archäologischer Funde damals größere elbgermanische Siedlungsgebiete bestanden. Dieses Gebiet ist aber viel leichter von Mainz aus durch das nördliche Hessen und Thüringen bzw. entlang des Mains zu erreichen als durch die Mittelgebirgslandschaften nördlich der Donau, so daß Raetien für diese militärischen Unternehmungen schon von der Geographie her als Aufmarschbasis kaum in Frage kam. Davon abgesehen war Mainz mit seiner enormen Massierung römischer Truppen in der frühen Kaiserzeit (zwei Legionen und mehrere Auxiliareinheiten) einer der Hauptausgangspunkte für römische Feldzüge ins germanische Gebiet Mitteldeutschlands. Im Jahr nach dem tragischen Tod des Drusus (9 v. Chr.) erreichte Tiberius die Unterwerfung (Dedition) „aller Germanen zwischen Elbe und Rhein“[131]. Die folgende Friedensphase war durch enorme Bevölkerungsverschiebungen rechts des Rheins gekennzeichnet, die auch für das nördliche Vorfeld Vindelikiens nicht ohne Bedeutung geblieben sein dürften.

Drusus war es noch in seinem Todesjahr gelungen, die Markomannen zu besiegen, woraufhin ein Teil des Stammes auf römischem Gebiet angesiedelt wurde. Der Rest wanderte, gewiß nicht ohne römische Zustimmung, nach Böhmen ab; dort entstand in der Folgezeit unter dem König Maroboduus das später für Rom nicht ungefährliche Markomannenreich; dessen Macht beruhte nicht zuletzt darauf, daß Marbod sich in der Organisation seiner Herrschaft und seiner Truppen als gelehriger Schüler Roms erwies. Die römischen Eroberungszüge in Germanien haben die Wanderbewegung der Sueben noch verstärkt, entlang der Elbe nach Böhmen ebenso wie zur Donau in Richtung Süddeutschland[132].

Irgendwann zwischen 6 und 1 v. Chr. stellte der mit dem Kaiserhaus verwandte Feldherr Lucius Domitius Ahenobarbus[133] germanische Hermunduren, die ihre Heimat verlassen hatten und auf der Suche nach neuen Wohngebieten waren, unter seinen Schutz und siedelte sie in einem Teil des durch den Abzug Marbods freigewordenen, ehemaligen Markomannengebietes an. Leider ist die entsprechende Nachricht (Cass. Dio 55, 10a, 2) viel zu vage, um gesicherte Schlüsse zuzulassen[134]. Daß Ahenobarbus von Augsburg aus vorgegangen sei, läßt sich aus der Angabe, „als er [Ahenobarbus] noch über die Länder an der Donau befahl", keinesfalls ableiten, und auch die häufig vertretene Meinung, die Hermunduren seien in Mainfranken seßhaft geworden, ist aus dem historischen Material nicht abzuleiten. Archäologisch glaubt man sie dort freilich durch Funde der rheinwesergermanischen Kultur nachweisen zu können. In jedem Fall aber gelangten damals Teile der Hermunduren (infolge der unterschiedlichsten Lokalisierungen in den Quellen wird der Großstamm bereits in augusteischer Zeit seinen organisatorischen und politischen Zusammenhang eingebüßt haben) in Regionen Nordbayerns, wo sie als friedliche und geschätzte Nachbarn Roms bis ins 2. Jahrhundert n. Chr. nachzuweisen sind.

Nachdem römische Truppen bereits fest an Lippe und Weser standen und bis zur Elbe vorgedrungen waren, brach 1 n. Chr. ein gewaltiger Krieg (*immensum bellum*) in Germanien aus, mit dem sich zunächst Marcus Vinicius und dann Tiberius jahrelang herumzuschlagen hatten[135]. Das chattische Untermaingebiet könnte von dieser Rebellion betroffen gewesen sein, der Schwerpunkt aber lag vor allem bei den Elbsueben. Im Jahre 5 n. Chr. befand sich Rom auf dem Höhepunkt seiner Erfolge in Germanien. Nach Velleius hatte Tiberius es so bezwungen, daß es schon beinahe zu einer Tribut zahlenden Provinz wurde (2, 97, 4). Als Weiterführung dieses Krieges galt die Niederwerfung des Marbod, „da es in Germanien nichts mehr zu besiegen gab als den Markomannenstamm" (Vell. 2, 108, 1). Dafür war ein kombinierter Angriff vorgesehen. Eine Heeressäule bewegte sich 6 n. Chr. unter dem Legaten Gaius Sentius Saturninus vom Truppenplatz Mogontiacum/Mainz aus durch das Land der Chatten nach Böhmen (*per Cattos excisis continentibus Hercyniae silvis*, Vell. 2, 109, 5). Ein anderes Heer stieß von Carnuntum aus nach Norden vor.

Die Archäologie hat in diesem Zusammenhang zwei wichtige Neuentdeckungen zu vermelden. Die erste betrifft das genannte frühe Carnuntum. Dabei handelt es sich nach neueren Erkenntnissen nämlich noch nicht um das erst in claudischer Zeit gegründete Legionslager von Deutsch-Altenburg in Niederösterreich, sondern um einen Platz im Umfeld der an der Ungarischen Pforte gelegenen spätkeltischen Siedlung von Bratislava-Devin auf der nördlichen Seite der Donau.

## *Das Lager von Marktbreit*

Noch aufregender ist die Beobachtung aus Nordbayern, wo an der Mainschleife bei Marktbreit im Landkreis Kitzingen (Unterfranken) erst vor wenigen Jahren über einem älteren, kleineren Kastell ein großes frühkaiserzeitliches Holz-Erde-Lager von 37 ha gefunden wurde, das Platz für zwei Legionen und Hilfstruppen bot und im Inneren dicht bebaut war. Die wenigen Funde gehören dem Haltern-Horizont, also dem Jahrzehnt vor und nach Christi Geburt an. Der im Vergleich zu anderen augusteischen Militäranlagen extreme Mangel an Kleinfunden läßt vielleicht vermuten, daß diese Befestigung ihre Bestimmung nie erfüllt hat und nie mit Truppen belegt war. Vielmehr stand sie eine Zeitlang leer und wurde nach kurzer Zeit wohl von den Römern selber abgebrannt, um sie der Nutzung durch potentielle Gegner zu entziehen. Möglicherweise stellt das Lager von Marktbreit eine getreue Kopie des frühen Mainzer Legionslagers dar, und es ist wohl auch als kurzfristige Garnison für die Mainzer Truppen geplant gewesen. Mit der nötigen Vorsicht kann man nach den neuesten Hypothesen einen Zusammenhang mit den Angriffsplanungen des Sentius Saturninus ins Auge fassen[136].

*Abb 171–175*

## *Der pannonische Aufstand und die Varus-Niederlage*

Das Unternehmen des Tiberius gegen die Markomannen mußte in seinem planmäßigen Verlauf abrupt beendet werden, als 6 n. Chr. ganz unerwartet und plötzlich in der römischen Provinz Illyrien, von der Grenze Istriens bis hin nach Makedonien, ein verheerender Aufstand ausbrach, der Rom zu einer vertraglichen Übereinkunft mit Marbod nötigte (Vell. 2, 105; Cass. Dio 55, 28, 5 ff.).
Drei Jahre lang tobten heftige Kämpfe, bei denen die Römer zur Niederringung der aufsässigen Pannonier und Dalmater bis zu 15 Legionen einsetzen mußten. Doch auch nach der Niederschlagung dieser verheerenden Erhebung kamen die römischen Armeen an den Nordgrenzen des Reiches nicht zur Ruhe: Kaum war Illyrien befriedet, überfielen und vernichteten die Cherusker unter Führung des Arminius, der römisches Bürgerrecht und sogar Ritterrang besaß, im Jahre 9 n. Chr. das gewaltige Heer des kaiserlichen Legaten Publius Quinctilius Varus im Teutoburger Wald. Der Platz, an dem heftige Gefechte im Zusammenhang mit dieser Schlacht getobt hatten, ist durch aufregende Ergebnisse der archäologischen Forschung neuerdings lokalisier-

bar: Beim niedersächsischem Kalkriese im Osnabrücker Land zeigen sich immer deutlicher die Konturen einer tödlichen Falle, in der zumindest Teile des Varusaufgebots aus drei Legionen, drei Alen und sechs Kohorten ihr Ende gefunden haben. Nach zwei inschriftlichen Zeugnissen sieht es so aus, als wäre hier zumindest die erste Kohorte, also die Kerntruppe einer Legion, in einen von dem Großen Moor und künstlichen Wällen am Hang der Kalkrieser Berge gebildeten Trichter gelockt und aufgerieben worden[137]. Zu den mit Varus vernichteten Einheiten gehörte auch die 19. Legion, die am Alpenfeldzug teilgenommen und bis 8/9 v. Chr. vor allem am Hochrhein, z. B. in Dangstetten, gelegen hatte (S. 35).
Mit dieser Entwicklung hatte die römische Politik in Germanien eine schwere Niederlage hinnehmen müssen. Das bedeutete freilich keine Kehrtwendung hinsichtlich des Grundanliegens dieser Politik: die Sicherung Galliens durch die Kontrolle oder gegebenenfalls Einverleibung des germanischen Gebietes westlich der Elbe[138]. Rasch wurden die untergegangenen drei Legionen in doppelter Höhe ausgeglichen, so daß die rheinische Truppenmacht auf nunmehr acht Legionen anschwoll. Wie weit von den damaligen Rekrutierungsmaßnahmen und Truppenverschiebungen das Alpenvorland betroffen war, entzieht sich unserer Kenntnis. Daher ist auch die ältere Ansicht, ein vindelikischer Heeresbezirk sei jetzt aufgelassen worden, reine Vermutung. Auch die Einbeziehung unseres Raumes in die römischen Feldzüge der Jahre zwischen 9 und 13/14 n. Chr. läßt sich nicht wirklich erkennen, obschon man zumindest seit Herbst 14 von einer gewissen Verteidigungserwartung ausgehen darf (S. 53).

## Der römische „Verzicht" auf Germanien

Augustus, der am 19. August 14 n. Chr. starb, hinterließ seinen Nachfolgern den berühmten „Rat, das Imperium innerhalb seiner Grenzen zusammenzuhalten" (*consilium coercendi intra terminos imperii*: Tac. ann. 1, 11, 4), der freilich keine Neuorientierung zur Defensive bedeutete. Als unmittelbarer Thronfolger kam im Grunde nur Tiberius in Frage (14–37 n. Chr.). Obgleich ihm die Provinzen den Huldigungseid leisteten, meuterten die Legionen in Pannonien und am Niederrhein. Während der jüngere Drusus, der Sohn des Tiberius, an der mittleren Donau nicht zuletzt mit Hilfe einer Mondfinsternis (27. Sept.) rasch die Ruhe wiederherstellen konnte, hatte im Rheinland sein Vetter Germanicus beträchtliche Schwierigkeiten, die vier Legionen des untergermanischen Heeresbezirks zur Raison zu bringen. Daß er damals Veteranen nach Raetien abschob, haben wir bereits gehört. Als weitere Maßnahme zur Wiedergewinnung der Disziplin unternahm Germanicus noch im Herbst 14 einen ersten Vorstoß gegen die Marser zwischen Ruhr und Lippe. In ausgedehnten Feldzügen rückte er dann in den beiden Folgejahren wiederholt erfolgreich über den Rhein und überzog romfeindliche Stämme mit Krieg; dabei gewann er zwei von Varus verlorene Feldzeichen zurück und errang für das römische Selbstwertgefühl wichtige Siege, auch

gegen Arminius. Die römische Waffenehre war wiederhergestellt, als er am 26. Mai 17 n. Chr. zu Rom einem Triumph feierte „über Cherusker, Chatten, Angrivarier und die anderen Völker, die bis zur Elbe wohnten" (*de Cheruscis Chattis et Angrivariis quaeque aliae nationes usque ad Albin colunt*: Tac. ann. 2, 41, 2).
Trotzdem blieb die Germanienfrage nur unbefriedigend gelöst. Tiberius rief nicht nur den Germanicus ab, er hob das gallisch-germanische Großkommando auf und begnügte sich, in zweifellos richtiger Einschätzung der Belastbarkeit der römischen Wehr- und Wirtschaftskraft und nicht zuletzt des gallischen Hinterlandes mit dem Zumutbaren und Möglichen. Durch die jüngst gefundene sog. Tabula Siarensis mit der Niederschrift eines Senatsbeschlusses von Ende Dezember 19 n. Chr., welcher die zahlreichen Ehrungen für den wohl am vorangegangen 10. Oktober in Syrien verstorbenen Germanicus Caesar zusammenfaßte, wissen wir über Roms offiziellen „Verzicht" auf Germanien ein bißchen besser Bescheid. Wir betrachten diesen Text etwas ausführlicher, weil er neu ist und sich seine Kenntnis noch weitgehend auf die Fachwelt beschränkt, aber auch, weil er dokumentiert, wie sehr die Größe Roms in Germanien nunmehr durch Zeremoniell und äußere Zeichen repräsentiert wurde. Auch die „diesseits des Rheins siedelnden Germanen" (*Germani, qui citra Rhenum incolunt*: AE 1984, 508, Frag. I Z. 29 f.) waren jetzt bereits zum feststehenden Begriff der römischen Amtssprache geworden, was den Rhein offiziell zum Grenzstrom erhob[139]. Die eigentliche Leistung des Germanicus sollte u. a. durch einen Durchgangsbogen „am Rhein" nahe dem Grabmal seines Vaters Drusus (bei Mainz) gewürdigt werden. Darauf „solle eine Statue des Germanicus Caesar aufgestellt werden, und zwar wie er die Feldzeichen von den Germanen zurückerhält. Und es solle Anweisung erteilt werden den Galliern und den Germanen, die diesseits des Rheines siedeln, deren Stammesgemeinden vom göttlichen Augustus den Befehl erhalten hätten, eine gottesdienstliche Handlung am Grabmal des Drusus zu vollziehen, daß sie am selben Ort von Staats wegen ein weiteres ähnliches Opfer vollziehen sollten, indem sie ein Totenopfer darbrächten jährlich an dem Tage, an dem Germanicus Caesar dahingeschieden sei. Und sooft in dem Gebiet, wo sich das Grabmal des Drusus befindet, am Geburtstag des Germanicus Caesar Soldaten im Winterlager stationiert seien, sollten diese an diesem Tage einen Parademarsch durch den Durchgangsbogen veranstalten, der aufgrund des vorliegenden Senatsbeschlusses geschaffen worden sei." (Frag. I Z. 26–34). Hatte man zunächst geglaubt, daß der 1986 im rechtsrheinischen Mainz-Kastel entdeckte mächtige Durchgangsbogen, den die *legio XIV Gemina* kurz hinter der römischen Rheinbrücke vor dem Osttor des rechtsrheinischen Castellum Mattiacorum über der Heeresstraße nach Hofheim errichtet hat, mit dem Janus-Bogen des Germanicus Caesar nahe dem Drusus-Tumulus gleichzusetzen sei, so geht man heute eher davon aus, daß der Drusus-Kenotaph mit dem Mainzer Eichelstein südöstlich des großen Kästrich-Lagers identisch war[140]. Doch historisch wichtiger als die Frage, wo denn dieser Staatspomp aufgeführt wurde, ist die Tatsache, daß die monumentale Staatsinschrift auf einem weiteren Ehrenbogen für Germanicus in Rom die Taten des Verstor-

benen sehr gemäßigt und bescheiden ausdrückt: er habe den Tod erlitten „nachdem die Germanen im Kriege besiegt und ganz weit (erneut?) von Gallien abgedrängt worden sind, nachdem die Feldzeichen zurückerobert wurden und die durch Heimtücke herbeigeführte Niederlage des Heeres des römischen Volkes gerächt worden ist, und nachdem der Status der gallischen Gebiete eine feste Ordnung erhalten hat" (*cum iís Germanís bello superatis [et longissime?] a Gallia summotis, receptisque signis militaribus et vindicata frau[dulenta clade] exercitus p(opuli) R(omani), ordinato statu Galliarum*: Frag. I Z. 13–15). Gerade der letzte Gesichtspunkt wird uns später noch einmal beschäftigen.

## Die tiberische Zeit

Die Rücknahme der römischen Germanienpolitik auf ihren historischen Ausgangspunkt vor der Drusus-Ära ab 12 v. Chr. hatte für Vindelikien in militärischer Hinsicht schwerlich gravierende Folgen, da dieses Gebiet ja, wie mehrfach betont, im Rahmen der römischen Germanienpolitik von nachgeordneter Bedeutung war. Zum Schutz der wichtigen Oberrheinlinie und der Verbindungen nach Italien und Gallien entstand ein Legionslager an der am weitesten eingebuchteten Grenzlinie des Hochrheins in Vindonissa/Windisch bei Brugg an der Aare. Die erste Besatzung dieses neuen Kastells, die *legio XIII Gemina*, lag schon vorher im oberen germanischen Heeresabschnitt; die verbreitete Annahme, sie sei – eventuell auf Umwegen – aus Augsburg-Oberhausen ins Oberrheingebiet gekommen, hat in den Quellen keinerlei Rückhalt, denn für einen Aufenthalt auch dieser Legion in Süddeutschland gibt es bislang nicht den geringsten Beleg[141]. Damit entfallen aber auch alle Folgerungen, die aus dem angeblichen Weggang auch der letzten Legionstruppen aus Raetien und Vindelikien gezogen wurden.

In Wahrheit wissen wir bis heute nicht, ob nicht auch weiterhin – wenigstens in begrenzter Zahl – Legionare im Lande blieben. Freilich war die Lage offensichtlich recht entspannt.

Von drohenden Sueben hören wir nichts mehr, und zum Schutz der Region und der römischen Einrichtungen sowie zur Überwachung der Steuereintreibung mochten neben einer vermuteten Kavallerieeinheit in Augsburg und wenigen anderen, noch unbekannten Auxiliartruppen die kleinen Binnenlandstationen vollauf genügt haben, wie sie auf dem Lorenzberg bei Epfach bereits früher entstanden waren. Die eher mit Polizeiaufgaben als mit militärischen Zielen betrauten Garnisonen lagen entlang der großen Fernverbindungen und waren zum Teil in Zivilsiedlungen integriert. Zu den Zeugnissen dieser Stützpunkte zählen vor allem entsprechend datierte Waffenfunde und Ausrüstungsgegenstände. So weisen aus Bregenz, Kempten und vom Auerberg zum Teil beträchtliche Mengen von militärischen Kleinfunden auf die Anwesenheit von Soldaten hin. Allerdings war mangels eindeutiger Baubefunde bisher nicht zu klären, ob in diesen frühen Stadtanlagen baulich und organisatorisch abgesonderte militärische Anlagen bestanden, oder ob diese militärischen Funde nicht von Veteranen stammen[142]. In Frage kämen weniger die nach ihrer zwanzigjährigen Aktivenzeit noch fünf Jahre in Bereitschaft stehenden Legionare, solange sie in Verbänden (*vexilla*) zusammenblieben; um 18/19 n. Chr. wurden aber die zahlreichen Ersatzreservisten der Rheinarmee, die Germanicus vier Jahre zuvor nach Raetien versetzt hatte, endgültig entlassen, und seit etwa 10 n. Chr. schieden die ersten, in der Okkkupationszeit rekrutierten Raeter und Vindeliker regulär aus ihren Truppen aus. Wie die meisten Auxiliarveteranen in der frühen Kaiserzeit werden auch sie zum großen Teil in ihre Heimatgebiete zurückgekehrt sein[143]. Zurück kamen freilich Leute, die gelernt hatten, wie man als Römer zu leben pflegt, und die in der Regel stolz auf ihren neuen Status waren. In Kempten wie am Auerberg gibt es im übrigen Hinweise, daß vor Ort Waffen und Ausrüstungsteile für Legionstruppen gefertigt wurden. Während in Kempten ein Befund auf die Herstellung der langovalen gewölbten Legionarsschilde (*scuta*) hinzudeuten scheint, wurden am Auerberg Metallbestandteile von Torsionsgeschützen gegossen, die damals noch ausschließlich den Legionstruppen zugewiesen waren. Wo die Abnehmer dieser Waffen stationiert waren, ist noch völlig offen.

Die älteste bisher nachgewiesene frühkaiserzeitliche Militärstation auf dem Lorenzberg bei Epfach (S. 50) sicherte weiterhin den wichtigen Lechübergang. Schon seit längerem sind aus Gauting frühkaiserzeitliche Funde einschließlich Militaria der tiberischen Zeit bekannt. Sie machen deutlich, daß auch der spätere Straßenvicus Bratananium/Gauting auf eine frühkaiserzeitliche Station zurückgeht. Die erst in jüngster Zeit gehäuft auftretenden frühkaiserzeitlichen Kleinfunde auf dem Andechser Klosterhügel und auf der „Alten Burg" nördlich davon sprechen vielleicht ebenfalls für einen solchen Posten, dessen genaue Lage und Datierung allerdings noch zu eruieren wäre. Bei der frühkaiserzeitlichen Station am Forggensee könnte eine Anlage vorliegen, die in irgendeiner Weise der Sicherung und der Kontrolle des Warenverkehrs mit Italien diente. Auch hier ist noch die Vorlage des Fundmaterials zur genaueren Beurteilung abzuwarten. Dasselbe gilt für eine umfriedete Anlage mit hölzernen Pfostenbauten bei Eching nördlich von München: Unter den zugehörigen Funden befanden sich eine Münze des Tiberius und zwei Anhänger vom Pferdegeschirr sowie eine Aucissafibel. Doch bevor diese Anlage samt Fundmaterial nicht komplett vorgelegt ist, wird man kaum entscheiden können, ob hier eine militärische Straßenstation oder ein ländliches Anwesen der frühen Kaiserzeit vorliegt. *Abb 133*

Noch in der Regierungszeit des Kaisers Tiberius scheint man begonnen zu haben, Verwaltung und Truppenverteilung straffer zu organisieren. Zumindest wurde jetzt erstmals mit der Anlage von Kastellen an der Donau begonnen, und auch erste zivil besiedelte Zentralorte entstanden. Die ältesten regulären Kastelle, die im Alpenvorland wirklich nachweisbar sind, liegen beide bei Friedberg-Rederzhausen südlich von Augsburg auf der Niederterrasse des Lechtals, nahe bei der römischen Lechtalstraße[144]. Die Größe beider Anlagen wäre zur Stationierung jeweils einer Auxiliarko- *Abb 198*

horte ausreichend gewesen. Durch die kurze Belegungsdauer und die leichte Bauweise der Anlagen ist klar, daß es sich nicht um mehrjährig fest belegte Truppenstandorte handeln kann. Die Spuren der Innenbebauung und die recht ansehnliche Fundmenge schließen andererseits eine Interpretation nur als Marsch- oder Übungslager aus. In ihrem Nahbereich überquert eine Römerstraße den Lech, die von Augsburg weiter über Gauting nach Salzburg zieht. Der Bau dieser Straße sowie die Errichtung der Lechbrücke dürften der Grund dafür sein, daß sich militärische Baukommandos zeitweilig, wohl nur jeweils einen Sommer lang, in Friedberg-Rederzhausen aufgehalten haben. Ihre Aufgaben können vielfältig gewesen sein: von der Erkundung und Vermessung des besetzten Gebietes bis zur Festlegung von Straßentrassen und dem Bau von Straßen und Brücken bis hin zu Organisation und Transport von Baumaterial.
*Abb 113* Anders ist die Anlage des ständig belegten „spättiberischen" Kastells Aislingen zu beurteilen, mit dem erstmals Truppen unmittelbar an der Donau nachzuweisen sind. Mit
*Abb 183* Aislingen und möglicherweise auch schon mit den Kleinkastellen von Nersingen und
*Abb 184* Burlafingen, auf die wir noch zu sprechen kommen, deutete sich die neue Konzeption der Truppenverlegung aus dem Hinterland an die Grenze an, eine Konzeption, die dann unter Claudius (41 – 54 n. Chr.) vollends verwirklicht wurde.

## *Erste Zivilsiedlungen*

Der Geograph Strabo nennt um 20 n. Chr. als Hauptort der Licaten am Lech die Siedlung Damasia und vergleicht ihre Lage mit der einer Akropolis (S. 34). Diese glauben die Archäologen gefunden zu haben. Etwa 25 km vor dem Nordrand der Allgäuer Alpen überragt die markant und isoliert gelegene Bergkuppe des Auerbergs mit 1055 m Höhe das Alpenvorland etwa zwischen Füssen und Schongau. Der Berg gliedert sich in zwei Teile, das Plateau des Schloßberges und den kleineren, steil aufragenden Kirchberg. Diese auffallende Gliederung und die beherrschende Geländesituation insgesamt sollte dafür sprechen, daß hier die Quasi-Akropolis der Licaten lag. In der Tat
*Abb 115* läßt auch das Ergebnis der bisherigen Auerberg-Ausgrabungen durchaus an das Vorhandensein zentralörtlicher Funktionen denken.

Mit dem Ausgräber wird man in dieser nur kurzfristig bestehenden Siedlung die Anfänge des römischen Städtewesens nördlich der Alpen erkennen dürfen, da sich hier in geschützter Lage offenbar italische Kolonisten und Veteranen niederließen. Das Ende des Platzes hat man mit der etwa gleichzeitigen Aufgabe von Höhensiedlungen andernorts verglichen, etwa in Kärnten, wo – gleichfalls unter Kaiser Claudius – der Ort Virunum auf dem Magdalensberg zugunsten der gleichnamigen Stadt im Talgrund aufgegeben worden sein soll. Dabei hat man diese Umsiedlung in einen direkten Zusammenhang mit der Einrichtung der Provinz Norikum gestellt. Die Verlockung, daraus für Raetien weitreichende Schlüsse zu ziehen, ist groß. Aber Vorsicht ist geboten, nicht nur, weil die Provinzwerdung Norikums ihrerseits durchaus eine offene Frage ist. Überdies kann die Räumung des Auerberges rein praktische Gründe gehabt haben, handelte es sich doch um einen Ort in verkehrsgeographisch und klimatisch ausgesprochen ungünstiger Lage. Schließlich ist im Falle des Auerbergs ganz unbekannt, wohin seine Bewohner zogen. Eine Zeitlang hat man in der Forschung gemeint, sie hätten sich nach Augsburg begeben. Da andererseits Cambodunum/Kempten unter Kaiser Claudius einen wahren Bauboom erlebte und zu einer in Stein erbauten Stadt nach italischem Muster und möglicherweise zum ersten provinzialen Zentrum Raetiens umgestaltet wurde, wäre es verlockend, hier die neue Heimat der Bewohner des Auerberges zu suchen. Allerdings trügt der erste Schein: War doch Kempten gerade nach Strabo die Stadt der Estionen und nicht der Licaten, die nach zwei jüngeren Inschriftenfunden wenigstens bis in die Mitte des 2. Jahrhunderts einen selbständigen und so florierender Stamm gebildet haben, daß sie für die römischen Hilfstruppen Rekruten stellen konnten (RMD 119; 170). Soll man etwa glauben, daß der Vorort der Licaten in dem der Estionen aufgegangen ist und die administrativen Belange beider Stämme von einem Ort aus verwaltet wurden? Oder ist es nicht doch wahrscheinlicher, daß die Auerbergbewohner an einen noch unbekannten Ort umzogen? Und schließlich: War der Auerberg vielleicht doch nicht Damasia?

In der relativ gut erforschten Römerstadt Cambodunum/Kempten ist trotz des keltisch klingenden Namens bisher keine nennenswerte vorrömische Besiedlung erfaßt worden. Strabo bezeichnet, wie gesagt, den Ort als die „Stadt“ (*polis*) der Estionen. Da die entsprechende Passage zu den wenigen datierenden Schlüsselstellen in der Geographie Strabos zählt und es keinen Grund gibt, hier mit späteren Zusätzen zu rechnen, läßt sich die „Gründung“ Kemptens durch die historische Überlieferung sicher auf die Zeit vor 18/19 n. Chr. festlegen. Weiter oben wurde eine inschriftliche Ergänzung für *Abb 8* die Zeit vor 2 n. Chr. vorgeschlagen. Die Zeugnisse der Archäologie reichen in Cambodunum in die Zeit des Kaisers Tiberius (14 – 37 n. Chr.) zurück; wohl schon im zweiten Jahrzehnt n. Chr. entstand eine Siedlung planmäßig mit rechtwinklig sich kreuzenden Straßen in reiner Holzbauweise an einem wichtigen Illerübergang. Der Ausbau in Steinbauweise setzte unter Claudius (41 – 54 n. Chr.) ein.

## Wann wurde Raetien Provinz?

Der Weg, den die augusteischen Gebietserwerbungen im Norden Italiens zu durchlaufen hatten, ehe sie zu förmlichen Provinzen wurden, war ausnahmslos lang[145]. Die Errichtung der Provinzen Ober- und Niedergermanien erfolgte sogar erst am Ende des 1. Jahrhunderts unter Domitian. In keinem Fall kennen wir bislang das genaue Datum und die präzisen Umstände der offiziellen Einrichtung als Provinz, und man hat sogar gezweifelt, ob und gegebenenfalls wie Provinzen in der Kaiserzeit in rechtsverbindlicher Weise konstituiert wurden[146]. Nun legt freilich der Sprachgebrauch unserer Historiker (Suet. Nero 18; Tac. ann. 2, 42, 4; 14, 31, 2; vgl. CIL III 14149, 21) einen förmlichen Akt nahe, den die Römer *redactio in formam provinciae* nannten[147], welcher die Militärüberwachung auf der Grundlage zahlreicher Einzelverträge zwischen Rom und den besiegten Völkern in strenger geordnete Bahnen der direkten Herrschaft durch ungeteilte Zivil- und Militärverwaltung lenkte: Reglementiert wurden jetzt – natürlich unter weitgehender Beibehaltung des Tradierten – der Verwaltungstyp der Provinz, die bodenrechtlichen Grundlagen und die genauen territorialen Abgrenzungen, die unterschiedlichen Formen und Abstufungen der lokalen Selbstverwaltungen, der Umfang der regulären Steuern, die Organisation der Justizverwaltung nach Gerichtsbezirken (*conventus*). An die Stelle des *praefectus* trat in den sog. ritterlichen Provinzen nun ein *procurator*, der schon in seinem Titel die starke persönliche Bindung zu seinem Auftraggeber, dem Kaiser, zum Ausdruck brachte. Wann Raetien Provinz wurde, läßt sich nur annähernd bestimmen. Wenn Velleius Paterculus behauptet (2, 39, 3), Kaiser Tiberius habe u. a. Raetien und das Gebiet der Vindeliker dem Imperium als Provinz durch Waffengewalt (*armis*) hinzugefügt, so bezieht sich dies zweifellos auf den Feldzug von 15 v. Chr. Natürlich ist hier ebenso untechnisch von einer *provincia Raetia* die Rede[148] wie bei Tacitus anläßlich der oben ausführlich besprochenen Veteranenentsendung des Jahres 14 n. Chr. (ann. 1, 44, 4).

Ziemlich sicher vollzogen war die Provinzwerdung aber unter Kaiser Gaius, besser bekannt als Caligula (37 – 41). Als Beleg dafür dient uns eine Ehrenstatue aus San Floriano bei Verona für Quintus Caecilius Cisiacus Septicius Pica Caecilianus, die ihm ein Centurio der damals offenbar in Raetien stationierten *cohors I civium Romanorum ingenuorum* gesetzt hat. Caecilianus war danach *procur(ator) Augustor(um) et pro leg(ato) provinciai Raitiai et Vindelic(iai) et vallis Poenin(ai)*, also „Prokurator von Augusti und Prolegat der Provinz Raetien und Vindelikien und der Wallis Poenina" (CIL V 3936)[149]. Hier nun ist *provincia* wohl als Rechtsbegriff verwendet; darin nur „eine gewisse Verfestigung der Zustände" sehen zu wollen, greift wahrscheinlich zu kurz[150]. Nun diente Caecilianus als raetischer Prokurator von mindestens zwei Kaisern, wofür am ehesten Caligula und Claudius in Frage kommen[151]. Denn wegen des archaisierenden *ai* statt *ae* wurde die Inschrift vermutlich in der Regierungszeit des letztgenannten Herrschers gesetzt (41 – 54; die übliche Datierung der Inschrift vor 47 aufgrund des Fehlens des sog. *digamma inversum* ist extrem unsicher)[152]. Da aber Caecilianus von seinem Centurio ausdrücklich als Prokurator zweier Kaiser bezeichnet wird, ist es nicht glaubhaft, daß er von Caligula noch als Präfekt eingesetzt und erst von Claudius zum Prokurator ernannt wurde; folglich wird man auch für die Erhebung Raetiens zur Provinz nicht erst Claudius verantwortlich machen[153].

Vermutlich dürfen wir noch weiter zurückgehen und die Umwandlung Raetiens von der Präfektur zur prokuratorischen Provinz dem Kaiser Tiberius zuschreiben, der ja von seinem früheren Werdegang her das Gebiet genau kannte und ihm von daher näherstand als seine beiden Nachfolger Caligula und Claudius. Tiberius rechnete, wie wir gehört haben (S. 65 f.), zu den Hauptleistungen des Germanicus u. a. die Neuordnung des Status der gallischen Gebiete (*ordinato statu Galliarum*: Tabula Siarensis

Frag. I Z. 15). Wegen Raetiens vormaliger Zugehörigkeit zur Gallia Comata und zum Rheinkommando muß es – auch wenn dies nirgendwo ausdrücklich bezeugt ist – von den mit der Abberufung des Germanicus Ende des Jahres 16 verbundenen Umstrukturierungen irgendwie betroffen worden sein. Gallien wurde jetzt in drei selbständige Provinzen mit je einem kaiserlichen Legaten aufgeteilt, und aus den rheinischen Bezirken wurden zwei militärische Großkommandos mit gleichfalls senatorischen Befehlshabern an der Spitze. Mag man auch an eine militärische Unter- oder besser Zuordnung Raetiens unter den Befehlshaber des obergermanischen Heeresbezirks denken, so ist es gewiß plausibel, mit dem Weggang des Germanicus eine zunehmende Verselbständigung des raetischen Verwaltungssprengels zu verbinden[154].

In diese Richtung kann durchaus auch die Laufbahn des Gaius Octavius Sagitta weisen, der nach seiner seit 1902 bekannten (Grab?)-Inschrift aus Paelignerland irgendwann in der frühen Kaiserzeit über vier Jahre hinweg (*per annos IIII*) als *procurator Caesaris Augusti in Vindalicis et Raetis et in valle Poenina*, als Sachwalter des Caesar Augustus bei den Vindelikern, Raetern und im Wallis, fungierte (AE 1902, 18 = SI5, 1989, 111 f. Nr. 7)[155]. Da der Werdegang dieses Ritters sehr schwierig zu beurteilen ist, müssen wir es bei kurzen Andeutungen bewenden lassen.

Es ist gewiß richtig, daß Sagitta und der ausführlich behandelte Stammespräfekt Hirrutus in Raetien nicht auf völlig gleicher Ebene standen und beide andere Laufbahnen hinter sich hatten, da Sagitta aus der Munizipalaristokratie, Hirrutus aus dem Centurionat stammte[156]. Das besagt aber wenig, weil beide Rekrutierungswege auch für die künftigen Prokuratoren typisch blieben. Sagitta wird rangmäßig eher höher anzusetzen sein als Hirrutus. Im Grunde unterscheidet sich seine Titulatur wenig von der des Gaius Baebius Atticus, der es vom ehemaligen Stammespräfekten dann unter Claudius zum *procurator Tiberii Claudii Caesaris in Norico* brachte. Hier zweifelt kein Mensch daran, daß Atticus nicht nur für die Finanzen zuständig war.

Alles zusammengenommen haben wir in Raetien mit folgender Entwicklung der administrativen Vertretung Roms zu rechnen:

– seit 15 v. Chr. ein *praefectus Raetis Vindolicis vallis Poeninae et levis armaturae* neben Legionslegaten bzw. fallweise eingesetzten *legati pro praetore*,

– seit 16/17 n. Chr. ein *procurator Caesaris Augusti in Vindolicis et Raetis et in valle Poenina* mit wohl im militärischen Bereich erweiterten Kompetenzen in einem sich zunehmend verselbständigendem Verwaltungsdistrikt, der aber noch nicht *provincia* genannt wurde,

– unter Tiberius, spätestens wohl seit Caligula ein *procurator Augusti et pro legato provinciae Raetiae et Vindeliciae et vallis Poeninae*[157].

In keinem Fall können wir gesichert mit einer offiziellen Amtsbezeichnung rechnen, weil alle verfügbaren Zeugnisse bestenfalls „halbamtlichen" Charakter tragen. Im Hinblick auf die Titulatur etwa der sardischen Statthalter wäre es durchaus denkbar, daß die Prokuratoren zunächst weiterhin auch Präfekten waren, dies aber titular nicht zum Ausdruck brachten. Was sich hinter der „legatorischen" Kompetenz eines auch als *pro legato* fungierenden „Beamten" verbirgt, ist im allgemeinen nicht weniger umstritten als im speziellen Fall des Caecilianus, der uns hier allein interessieren kann. Schwerlich haben jene recht, die meinen, man habe vielleicht vorübergehend geplant, Raetien zur senatorischen Provinz zu machen[158]. Im übrigen stehen sich zwei Interpretationsansätze gegenüber. Der eine hebt auf militärische, der andere auf juristische Kompetenzerweiterungen ab. So glaubt ein Teil der Forschung, *pro legato* fungierende Prokuratoren hätten das Recht gehabt, zusätzlich zu ihren regulären Auxiliartruppen noch legionare Detachements zu befehligen, die, vielleicht in militärischen Ausnahmesituationen, in ihre Gebiete gesandt worden seien[159]. Konkret vermutete man, Caecilianus habe „im Zusammenhang mit den Feldzügen des Gaius und Claudius in Germanien und dann in Britannien die Aufgabe gehabt, mit größeren Kräften die rückwärtigen Verbindungen militärisch besser zu sichern"[160]. Denn um 40 aus dem Kommandobereich des obergermanischen Militärbezirks zu bestimmten Aufgaben nach Raetien abkommandierte Legionsabteilungen könnten etwa als Arbeitsvexillationen an der Einrichtung der Donaulinie beteiligt gewesen sein. Tatsächlich weist ein 1959 beim Kleinkastell Burlafingen gefundener Bronzehelm vom Typ Hagenau/Coolus G durch seine Punzinschriften (Schillinger-Häfele 231 = AE 1978, 580) auf die Anwesenheit der *leg(io) XVI* hin, die von 14 – 43 n. Chr. in Mainz stationiert war, ehe sie nach Neuss verlegt wurde. Mit Recht hat eine neuere Untersuchung einen ursprünglich ins Auge gefaßten Zusammenhang mit Augsburg-Oberhausen in Frage gestellt und darauf hingewiesen, daß ein – unabsichtlicher oder intentioneller – Verlust dieses Helmes bis 43 durchaus möglich sei[161]. Nun benötigten aber die Prokuratoren, wie es scheint, eine solche militärische Kompetenzerweiterung nicht. Da der ritterliche Präfekt in Ägypten aufgrund eines speziellen Gesetzes (Dig. 1, 17, 1) Legionstruppen befehligen durfte, geht man vielmehr trotz des Fehlens ausdrücklicher Belege davon aus, „daß Augustus entweder durch neue Beschlüsse des Volkes oder – weit wahrscheinlicher – in Analogie zur Machtübertragung an seine *legati pro praetore* auch den ritterlichen Statthaltern Kompetenzen zugewiesen hat, die inhaltlich im wesentlichen dem *imperium* des *praefectus Aegypti* entsprochen haben"[162]. Nicht nur, daß sogar Finanzprokuratoren in ihren Büros Legionare aus benachbarten Provinzen beschäftigen konnten, bezeichnend ist auch ein Vorfall aus dem Reichsosten. Um 44 wurde dort nämlich der Prokurator von Judaea (Gaius Cuspius Fadus) angewiesen, seine Auxiliareinheiten komplett an die Front zu schicken und sich selbst aus den in Syrien stehenden römischen Legionen entsprechenden Ersatz auszuwählen[163].

Die andere Forschungsrichtung sieht hinter *pro legato* entweder die Verleihung der noch zu besprechenden Halsgerichtsbarkeit (*ius gladii*) an die Prokuratoren[164] oder in Caecilianus sogar einen „Administrator mit spezieller Gerichtskompetenz in einem unruhigen Guerillagebiet"[165]. Letzteres könnte, von der pointierten Formulierung abgesehen, dann zutreffen, wenn Caecilianus im Amt war, ehe Claudius (jedenfalls vor dem Jahr 53) den Präsidialprokuratoren *omne ius tradidit*, also die gesamte Rechtssprechung übertrug (Tac. ann. 12, 60, 2). Denn vordem waren ihnen nur sehr viele von

denjenigen Fällen überlassen worden, über die früher die Prätoren befunden hatten (*pleraque concessa sunt, quae olim a praetoribus noscebantur*).
Bei aller Uneinigkeit dürfte so viel klar sein, daß ein *procurator et pro legato* keinem senatorischen Legaten untergeordnet war, weil er dessen Befugnisse zumindest teilweise selbst verliehen bekommen hatte. Caecilianus war daher dem Befehlshaber des oberen germanischen Heeres sicher nicht mehr kommandomäßig unterstellt, und so scheint es bei allen Prokuratoren bis auf Mark Aurel geblieben zu sein. Das heißt aber nicht, daß sie im Zweifelsfall, etwa in kriegerischen Notsituationen, dem Imperium und der höheren Amtsbefugnis (*potestas*) der im westlichen Nachbargebiet tätigen senatorischen Legaten nicht hätten nach Kräften Folge leisten müssen.

## Die Kaiser Gaius (Caligula) und Claudius

Kaiser Claudius (41 – 54) hat die Provinz Raetien in mehrfacher Weise gefördert, so wie es ihm als Sohn des Eroberers Drusus auch zukam. Daß er, wie man meist annimmt, für die förmliche Einrichtung des Gebiets als Provinz verantwortlich war, ist nach unseren obigen Ausführungen mehr als fraglich.
Umstritten ist auch, ob er für die Abtrennung des fortan mit dem Ceutronengebiet zusammen verwalteten Wallis verantwortlich war[166], weil man sich die Schaffung einer eigenen Provinz *Alpes Graiae et Poeninae*, in der beide von Aosta ausgehenden Pässe vereint waren, sehr gut auch als Reaktion auf die Erfahrungen der Bürgerkriege nach Neros Tod vorstellen könnte (sogar noch spätere Termine wurden diskutiert). Andererseits scheint das Wallis in zivilisatorischer Hinsicht, vermutlich nicht zuletzt aufgrund seiner ausgezeichneten verkehrsgeographischen Lage[167], einen viel rascheren Aufschwung erlebt zu haben als die weiter nördlich und östlich gelegenen Teile, so daß schon deshalb relativ früh eine Loslösung geraten sein mochte. Schließlich spricht für die Verselbständigung des Wallis unter Claudius auch der Ausbau des Großen St. Bernhard (*Alpes Poeninae*) und des Kleinen St. Bernhard (*Alpes Graiae*) in den Jahren 46/47, wobei bei Octodurum/Martigny die planmäßige Neusiedlung Forum Claudii Vallensium angelegt wurde. In der Erhebung des Ceutronen-Hauptorts Axima/Aime-en-Tarantaise zum Forum Claudii Ceutronum findet dieser Vorgang seine Entsprechung. Auch die Zusammenfassung der vier wallensischen Stämme zu einer Civitas Vallensium und die Verleihung des *ius Latii* an die Bewohner der neuen Fora könnte aus dieser Zeit herrühren[168].
Der weitere Ausbau der Via Claudia Augusta vom Po bis an die Donau (S. 29) sollte zumindest die Handelsaktivitäten zwischen dem Alpenvorland und dem italischen Mutterland fördern. Die Straße hat Claudius möglicherweise im Jahr 44 bei seiner Rückreise aus Britannien benützt, doch ist das vorerst nur eine Vermutung[169]. Claudius war es wohl auch, der die provinziale Oberschicht in Raetien weiter förderte, indem er ihr, wie wohl den Eltern des Claudius Paternus Clementianus, das römische

Bürgerrecht schenkte (S. 179). In militärischer Hinsicht hat Claudius den schon in den späten dreißiger Jahren begonnenen Ausbau der Donaulinie und die Neuverteilung der Truppen Raetiens offenbar systematisch weitergeführt. Allerdings dürfte weniger die (vielleicht schon früher erfolgte) Erhebung Raetiens zur Provinz oder die seit 43 betriebene, mit einem großen Verschieben der Legionen und Auxilien[170] einhergehende Eroberung Britanniens dieses Vorrücken an den Fluß in Gang gesetzt haben. Diesbezüglich ist die Rolle des Gaius (Caligula 37 – 41) nicht zu unterschätzen[171]. Von Anfang an war er getrieben von dem Wunsch, das rechtsrheinische Germanien in der Nachfolge seines Großvaters Drusus und seines Vaters Germanicus zu erobern[172]. Die Vorbereitungen liefen wohl schon seit seinem ersten Regierungsjahr, spätestens aber seit 38 auf vollen Touren. Auch wenn dieses erneute Vorgehen gegen Germanien – schon aus Traditionsgründen – wieder vom Mittelrhein ausging (Gaius stieß Ende 39 wohl von Mainz aus über den Rhein), so wird jetzt die Donau als die nominelle Südgrenze Germaniens stärker ins Bewußtsein der römischen Militärpraxis gerückt sein. Seit der Eroberung des Alpenvorlandes waren über 50 Jahre vergangen, in denen Erkundungszüge und Kontakte in die nördlich der oberen Donau liegenden Gebiete die geographischen Zusammenhänge wesentlich erhellt haben müssen. Ob Caligula militärische oder logistische Verbindungen zwischen Donau- und Rheinfront plante oder ganz andere Absichten hatte, läßt sich nicht mehr erkennen, gesichert ist nach den derzeitigen archäologischen Ergebnissen aber, daß es noch vor 40 zur Errichtung des Kastells Aislingen und der Kleinanlagen Burlafingen und Nersingen kam. Hatte die obere Donau ein halbes Jahrhundert lang weder als Verkehrsweg noch als reale Grenzscheide eine nennenswerte Rolle gespielt[173], so war sie von nun an von den Römern endgültig in Beschlag genommen, was nicht zuletzt durch den Ausbau der Via Claudia Augusta „bis zum Donaufluß" zum Tragen kam.

Die schrittweise Besetzung der Donaugrenze mit linear an den Flüssen aufgereihten Standlagern von Auxiliarverbänden ermöglichte eine bessere Kontrolle der Grenzlinie. Eine verstärkter Schutz gegen eventuelle Angreifer ist darin sicher nicht zu sehen, und ein solcher war offensichtlich nach wie vor unnötig. Größere Machtkonzentrationen nördlich der Donau, die eine unmittelbare Gefährdung Raetiens bedeutet hätten, sind auch um die Mitte des 1. nachchristlichen Jahrhunderts nicht zu erkennen.

## *Der Ausbau der Donaugrenze unter Claudius*

In Raetien bewirkte diese Neuverteilung der militärischen Besatzung, daß die kleinen Binnengarnisonen wie Bregenz, Kempten, Epfach, Auerberg und Gauting von ihren Besatzungen geräumt wurden; sie lebten mit Ausnahme des Auerbergs, der völlig aufgegeben worden ist, als zivile Ansiedlungen weiter. Neue Kastelle entstanden entlang der Donau. Diese Truppenlager waren ausschließlich in Holz-Erde-Technik errichtet und hatten zunächst zwei Wehrgräben, die nach dem Neubau in frühflavischer Zeit in der Regel durch einen Graben ersetzt wurden. Ihre Größe schwankte zwischen 1,4 ha (Oberstimm) und 3,6 ha (Hüfingen), und sie beherbergten nur Auxiliareinheiten verschiedener Stärke. Namentlich kennen wir davon kaum eine Truppe[174]. Wahrscheinlich stand die wohl nach der Varusniederlage ausgehobene, nominell 480 Mann starke *cohors I civium Romanorum ingenuorum* damals in der Provinz[175]. Vermutlich ist ferner damit zu rechnen, daß jetzt die *iuventus Raetorum* und möglicherweise auch die *Raeti Gaesati*, wenigstens teilweise, aus Binnenraetien vorverlegt wurden. Bei diesen frühen Donaukastellen konnten bisher in vier Fällen Zerstörungsspuren der Zeit um 68/70 nachgewiesen werden (Hüfingen, Rißtissen, Aislingen und Burghöfe), bei zwei Anlagen (Unterkirchberg und Oberstimm) scheinen diese zu fehlen. In jedem Fall aber wurden diese Lager in frühflavischer Zeit neu erbaut, bald aber wieder geräumt, wobei die Kastellvici in der Regel (bis auf Aislingen) als zivile Orte weiter existierten. Im Hinterland verblieb nach unserem jetzigen Kenntnisstand nur ein größerer Garnisonsort: In Augsburg haben die neueren Forschungen in überraschender Weise ältere Vermutungen erhärtet, daß bis in die flavische Zeit hinein die spätere Provinzhauptstadt noch kein ziviles, sondern mehr ein militärisches Zentrum bildete. Nach den spärlichen Indizien, die man bisher kennt, scheinen in einem größeren Holz-Erde-Kastell Reiter, mindestens einer *ala quingenaria*, gelegen zu haben. Eine solche größere berittene Einheit an einem der wichtigsten Verkehrsknoten im Hinterland des Donaulimes scheint sinnvoll und bildete eine wichtige Ergänzung zur Grenzsicherung der claudischen Donaulinie[176]. Diese beginnt in Baden-Württemberg mit dem Kastell Brigobanne/Hüfingen. Über unklaren früheren Kastellspuren entstand hier in spätclaudischer Zeit ein großes Kastell. Die letzte Garnison bildeten wahrscheinlich Reitertruppen. In Tuttlingen deuten nur Funde der claudisch-vespasianischen Zeit, aber kein Baubefund, ein frühes Kastell an. Auch in Mengen-Ennetach gibt es nur Funde der claudisch-vespasianischen Zeit, die auf einen claudischen Truppenstandort schließen lassen. In Emerkingen läßt sich ein Holz-Erde-Kastell der claudisch-vespasianischen Zeit im Luftbild nachweisen. Zu den am besten ergrabenen, aber noch nicht abschließend publizierten claudischen Donaukastellen in Baden-Württemberg gehört das Kastell von Rißtissen. Auch im Kastell Unterkirchberg wurde in den letzten Jahren gegraben. Im folgenden Abschnitt der Donaugrenze sind zwei Kleinkastelle nachgewiesen, die in dieser Form erst vor wenigen Jahren aufgrund von Luftbildern entdeckt worden sind. In Burlafingen kam ein Doppelgraben mit Unterbrechung im Torbereich zutage, der zu einem Kastell von ca. 41 x 42 m Ausdehnung gehörte. Es hatte eine Rasensodenmauer mit rückwärtiger Wallversteifung, eine einfache Toranlage, Ecktürme und Zwischentürme, jedoch keine Spuren fester Innenbauten. Aufgrund der wenigen Kleinfunde, darunter Schleudersteine und dreiflügelige Pfeilspitzen, ist eine Datierung nur in die claudische Epoche (ca. 40 – 50 n. Chr.) wahrscheinlich zu machen. Als Besatzung kommt eine Auxiliarvexillation einer östlichen Truppe in Frage, von der auch ein schon vor Jahren beim Kiesabbau gefundener Bronzehelm stammen könnte. Die Datierung des weiteren Kleinkastells Nersingen um 40 n. Chr.

*Abb 188*
*Abb 9*
*Abb 183, 184*

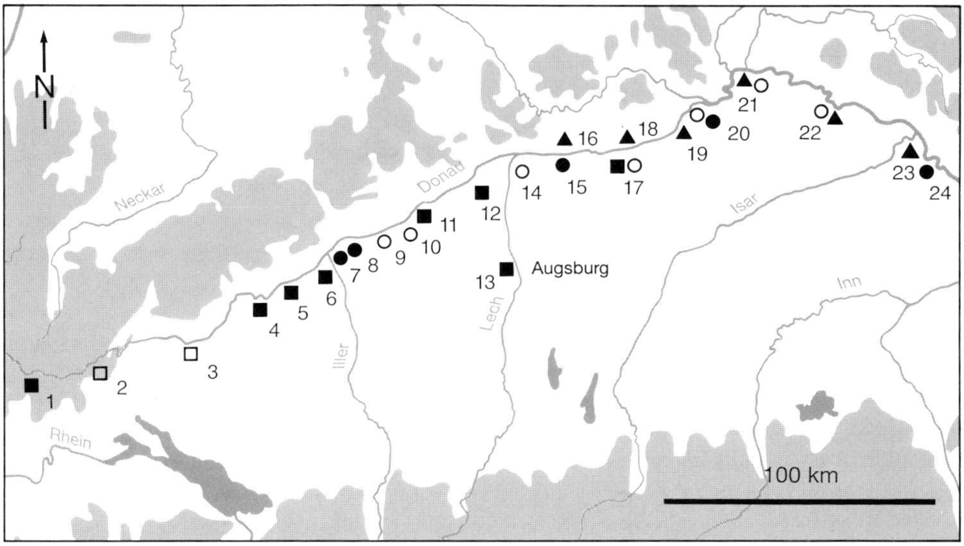


*Abb. 9 Die römischen Mililtäranlagen an der Donaugrenze von der claudischen bis in die frühflavische Zeit. [■] claudische Kastelle (□ vermutet), [●] frühe Kleinkastelle (○ vermutet), [▲] frühflavische Kastelle. – 1 Hüfingen, 2 Tuttlingen, 3 Mengen-Ennetach, 4 Emerkingen, 5 Rißtissen, 6 Unterkirchberg, 7 Burlafingen, 8 Nersingen, 9 Günzburg, 10 Bürgle bei Gundremmingen, 11 Aislingen, 12 Burghöfe, 13 Augsburg, 14 Oberpeiching, 15 Neuburg, 16 Nassenfels, 17 Oberstimm, 18 Kösching, 19 Eining, 20 Weltenburg-Frauenberg, Weltenburg-Galget, 21 Regensburg-Kumpfmühl, 22 Straubing, 23 Moos-Burgstall, 24 Haardorf-Mühlberg bei Osterhofen.*

bis in flavische Zeit deckt eine wesentlich längere Zeitspanne ab, als die der Anlage von Burlafingen. Als Besatzung vermutet man eine Auxiliarvexillation von ca. 12 Mann. Es liegt auf der Hand, daß eine solch kleine Besatzung kaum militärische Funktionen im Sinne der Verteidigung wahrnehmen konnte. Beide Kastelle liegen einerseits im Bereich der Donausüdstraße, andererseits an alten Donauübergängen; sie konnten so die Römerstraße und den grenzüberschreitenden Verkehr im Auge behalten. Man wird daher ihre Aufgabe im Bereich der Grenzkontrolle sehen müssen, wobei dann Kleinkastelle in der Art von Nersingen eher als Zollstationen denn als Kastelle anzusprechen sind. In Günzburg wird ein weiteres Kleinkastell vermutet, ebenso in der Nähe des spätantiken Kastells Bürgle bei Gundremmingen. Dann folgt das Kastell auf dem
*Abb 113* Sebastiansberg bei Aislingen, eine Holz-Erde-Anlage der spättiberisch-claudischen Zeit. Da es im Mittelalter wieder zu einer Wehranlage umgestaltet worden ist, sind seine genauen Ausmaße unbekannt. Das nächste claudische Donaukastell liegt auf dem westlichen Hochufer des Lechtales bei Burghöfe, sein antiker Name war wohl schon in der Frühzeit Summuntorium. In der jüngeren Phase war hier ein Kastell wohl bis in die frühhadrianische Zeit hinein belegt, dann existierte bis zum 3. Jahrhundert

nur noch der Vicus weiter, bis der Platz in spätrömischer Zeit wieder militärisch besetzt wurde. Bei Oberpeiching wird aufgrund einschlägiger früher Militaria wieder ein Kleinkastell vermutet. In Neuburg haben jüngste Forschungen endlich das schon seit längerem vermutete Holz-Erde-Kastell der claudischen Zeit nachweisen können. Die Lage des Kastells am Westende des markant aufragenden Neuburger Stadtberges erlaubte die Kontrolle der Land- und Wasserwege. Aus den Militaria und der Größe des Kastells läßt sich eine Besatzung von ca. 80 Infanteristen, also von einer Centurie, erschließen. Diese dürfte von einem benachbarten Kastell (Oberstimm oder Burghöfe) dorthin abkommandiert worden sein. Als das nächste Kastell an der claudischen Donaulinie konnte eine ca. 1 ha große, mit Doppelgraben geschützte Anlage bei Ingolstadt-Zuchering identifiziert werden, die vorflavisches Fundmaterial aus den Gräben lieferte. Über seine Innenbebauung und genauere Zeitstellung ist nichts bekannt. Während alle bisher aufgeführten claudischen Lager der Donaulinie in Bayern nur in kleinen Teilen ausgegraben werden konnten, ja teilweise lediglich durch Funde angedeutet sind, ermöglichte die großflächige und gezielte Aufdeckung des Kastells Oberstimm südöstlich von Ingolstadt einen guten Einblick in Aufbau und Einteilung eines claudischen Auxiliarkastells[177]. Eine erste Phase wurde etwas später als Aislingen in den vierziger Jahren des 1. Jahrhunderts erbaut. Die fast quadratische Anlage war im Westen von einem Graben, sonst mit Doppelgräben umgeben (Größe 132 x 108 m = 1,4 ha). Innen stand zunächst nur ein kurzfristiges Provisorium (Baulager?), dann erfolgte der Ausbau für eine *cohors quingenaria equitata*. Im Inneren gruppierten sich um ein zentrales Stabsgebäude und die Kommandantenunterkunft in regelmäßiger Anordnung die Mannschaftsbaracken und Pferdeställe; den Namen der Reitertruppe, die in Oberstimm untergebracht war, wissen wir noch nicht. Alle Gebäude waren aus Holzbalken in Blockbauweise oder aus Flechtwerkwänden mit Lehmbewurf erbaut. Eine sehr große *fabrica* mit Räucherkammer wird dahingehend gedeutet, daß Oberstimm als östlichstes Kastell am raetischen Donaulimes Versorgungsbasis für kleinere östlich anschließende Posten war. Das Kastell wurde 69/70 aufgelassen, aber nicht zerstört, die Wiederbesetzung erfolgte unter Vespasian, ein völliger Neubau unter Domitian. Prätorium und Principia erhielten nun Steinfundamente. Unter Hadrian zunächst erweitert, ließ man die Anlage bald auf. Ein Hafen in der Brautlach wurde nach den Dendrodaten 91/92 n. Chr. erbaut, dort gefundene Ruderschiffe für Militärpatrouillen oder Truppentransporte entstanden in den Jahren 90/102 ± 10 n. Chr.[178]. Auch ein noch nicht datiertes Kleinkastell ist in Oberstimm durch das Luftbild bekannt. Das nächste Kleinkastell vermutet man in Eining; einige Funde von dort, die allerdings beschränkte Aussagekraft besitzen, entstammen schon der vorflavischen Zeit. Mit größerer Sicherheit ist das Kleinkastell vom Weltenburger Frauenberg durch zahlreiche Funde nachgewiesen. Ein kürzlich erst entdecktes benachbartes Kleinkastell in Weltenburg-Galget hat einen dreifachen Graben, ca. 50 x 50 m Innenfläche, eine Rasensodenmauer mit hinterer Holzversteifung, einen Torturm und Ecktürme. Die wenigen Funde datieren in die claudisch-vespasianische Zeit, vielleicht stellt die Anlage

Abb 185
Abb 188, 189
Taf 8

von der Flur Galget den Nachfolger des Postens vom Frauenberg dar. Östlich von Weltenburg konnten bisher trotz intensiver Forschungen keinerlei schlüssige Hinweise auf größere Kastelle claudischer Zeit entdeckt werden. Die einzelnen Funde aus der ersten Hälfte des 1. Jahrhunderts n. Chr., in denen man bestenfalls vage Hinweise auf kleine Posten sehen kann, sind hier so spärlich, daß man nach wie vor annehmen muß, die Linie der größeren römischen Truppengarnisonen hätte sich damals noch nicht weiter nach Osten fortgesetzt. Dieses Bild scheint sich jetzt wieder zu ändern: Ein Kleinkastell in Regensburg ist bisher nur durch zwei frühe Fibeln, ein Kleinkastell *Abb 20* in Straubing durch einen frühen Helm aus der Donau und auch durch frühe Funde bei St. Peter anzunehmen. Das erst 1992 überraschenderweise neu gefundene Kleinkastell von Haardorf-Mühlberg bei Osterhofen gehört sicher der claudischen Zeit an. Seine vier Gräben lassen sich zwei Bauphasen mit jeweils Doppelgräben zuweisen[179]. In Passau deutet nur eine einzige Sigillata-Scherbe der Form Drag 29, die in die claudisch-neronische Zeit datiert werden kann, eventuell auf einen Posten hin. Der nächste sicher bekannte Stützpunkt an der Donau ist erst wieder das tiberische Kastell Lentia/ Linz. Die Gründe für diese Ausdünnung des militärischen Schutzes der Donaugrenze in der frühen Kaiserzeit sind vielfach diskutiert worden, ohne daß sich eine gänzlich befriedigende Lösung ergeben hätte. Einleuchtend erschien die Meinung, ein intensiverer Schutz durch größere, fest stationierte Einheiten an diesem Grenzabschnitt sei deshalb für entbehrlich gehalten worden, weil auf der anderen Seite des Flusses niemand siedelte und die Urwälder des Bayerischen Waldes und des Böhmerwaldes jede Annäherung größerer gegnerischer Verbände aus dem dichter besiedelten böhmischen Kessel erschwerten. Zudem gab es auch auf der römischen Seite keine größeren Siedlungen. Tatsächlich ist in diesen Gegenden archäologisch weder nördlich der Donau noch auf dem Reichsgebiet südlich des Stromes für die Frühzeit irgend eine Besiedlung nachzuweisen, so daß an diesem Abschnitt offensichtlich eine Überwachung der Donaugrenze bzw. der sie begleitenden Verkehrswege durch Patrouillen zu Wasser und zu Lande zusammen mit kleinen Posten ausreichte.

## Die Provinz Raetien

Für die noch im 2. Jahrhundert unter Mark Aurel gelegentlich als *Raetia (et) Vindelicia* benannte Provinz (CIL VI 31870; IX 4964) hatte sich seit etwa der Mitte des 1. Jahrhunderts die Kurzbezeichnung *Raetia* eingebürgert. Mit rund 80 000 km² war ihr Territorium erheblich größer als das Niedergermaniens (ca. 16 500 km² und reichte fast an das Obergermaniens heran (ca. 93 500 km²)[180]. Freilich bestand es etwa zur Hälfte aus reiner Gebirgslandschaft, und zudem haben wir auch in den Ebenen mit größeren Waldgebieten, die einer Besiedlung nur schwer zu eröffnen waren, zu rechnen.
Das Provinzialland war aufgeteilt in Selbstverwaltungseinheiten unterschiedlichen Rechts, in kaiserliche Domänendistrikte, in Militärterritorien (besonders neben den

Kastellen) und wohl auch in provinzunmittelbare, gemeindelose Regionen. Nichts davon kennen wir in Raetien genauer, so daß wir keine klaren Vorstellungen von der ungefähren Größe der angesprochenen Territorien gewinnen können. Aus der Nennung von einzelnen Gemeinden – Augsburg, Kempten, Regensburg und Faimingen – als Ausgangsorte zur Meilenzählung überregionaler Straßen (als *capita viarum*) lassen sich Rückschlüsse auf den Umfang der „städtischen" Gebiete nicht rechtfertigen. Andernfalls hätte das Gebiet Augsburgs größenmäßig mindestens ein Drittel des modernen Bayern umfaßt und bis nach Vipitenum/Sterzing gereicht[181]. Auch die Verbreitung der Inschriften von Augsburger Ratsherrn hilft nicht aus dem Dilemma[182]; die hohen Herren mußten zwar einen Wohnsitz in der Stadt oder im Umkreis einer Meile nachweisen, der im Falle etwaiger Pflichtvergessenheit als Pfand ergriffen werden konnte (vgl. Lex. Urson. 91), ansonsten gab es schwerlich Vorschriften, die ihnen entfernteren Grundbesitz verboten hätten.

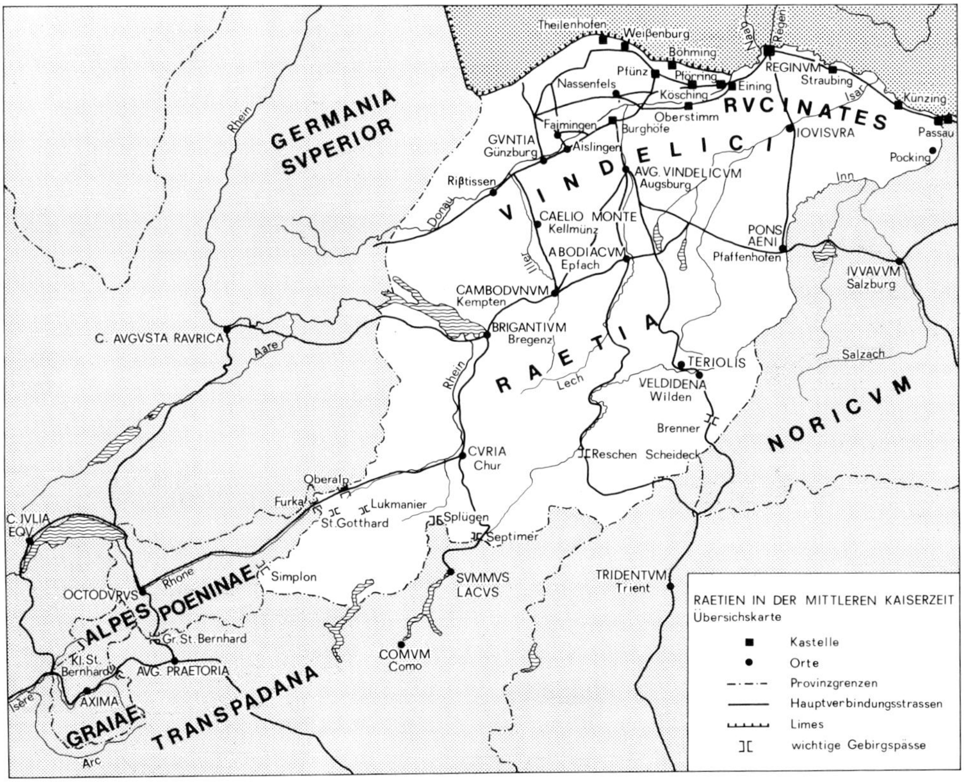


*Abb. 10 Die Provinz Raetien und das Alpenvorland in der römischen Kaiserzeit (nach H.-J. Kellner u. K. Dietz).*

Prinzipien römischer „Raumordnung" in den Provinzen, nach denen man jüngst allenthalben geforscht hat, lassen sich nicht erkennen. Das Ergebnis auf diese (im Grunde wenig sinnvolle) Suche konnte nur lauten, daß „die römische Raumordnung ein festes einheitliches System" nicht kannte: „Die Ordnungssysteme wurden entsprechend den lokalen Erfordernissen improvisierend entwickelt und beschränkten sich auf das Notwendigste." Mit dem Einsatz minimaler Mittel und unbeirrt pragmatisch achteten die Römer auf die Vermeidung von Raumunordnung. Dabei ließen sie vorgefundene und gewachsene Strukturen bestehen, solange dies ihren Interessen nicht zuwider lief und so gut dies immer möglich war. Aus diesem Grund sahen sie sich auch „nicht gezwungen, eine bestimmte Stadtform oder überhaupt das System der 'Stadt' als administrativ-politische Grundeinheit in die Provinzen zu tragen. Man konnte offensichtlich auch ohne Städte oder Lokalstaaten auskommen, da die wichtigsten Leistungen der Bürger teils in Steuern, teils in direkten Diensten, den sog. *munera* erbracht wurden." (H. Wolff)[183]

Provinzunmittelbare Bereiche fanden sich vermutlich großenteils westlich der Iller, in Ostbayern und im Inntal sowie zwischen Donau und Limes. In den ländlichen Bezir-
*Abb 38* ken entwickelte sich langsam ein Netz von mittleren und größeren Gutshöfen (*villae rusticae*), so in der Umgebung Augsburgs, im Umkreis der heutigen Stadt München, aber auch nördlich der Donau, besonders im Ries. Das eigentliche Limeshinterland scheint übrigens besonders durch eine Ansiedlungswelle mit Veteranen aus den Dakerkriegen Trajans erschlossen worden zu sein. Natürlich gab es außerdem, in vergleichsweise bescheidenem Rahmen Grundbesitz, wie wir ihn aus Inschriften östlich von Augsburg, etwa in den Landkreisen Starnberg (Leutstetten) und Fürstenfeldbruck (Aufkirchen, Hörbach), erschließen können. Mag hier Verwaltung durch Umlage der anfallenden Aufgaben an die Grundherrn (eben in Form von *munera*) erfolgt sein, so hatten Städte und stadtähnliche Gebietskörperschaften, freilich in der Regel unter Aufsicht und Weisung des Statthalters, ihre Probleme durch eigene Beamte zu lösen. Dazu gehörten die niedere zivile Gerichtsbarkeit, das örtliche Straßenwesen, die städtische Haushaltsführung und natürlich die Aufrechterhaltung der Ordnung. Die Vertretung der Zentralregierung achtete besonders darauf, daß von den Gemeindebeamten die durch „Volkszählung" (*census*) festgelegten Tribute pünktlich erhoben und an den kaiserlichen Fiskus abgeführt wurden.

Nach Plinius d. Ä. (nat. 3, 133) gab es viele raetische und vindelikische Stämme (*civitates*); er und Ptolemaeus zählen eine ganze Reihe von vorrömischen „Städten" auf (Plin. nat. 3, 19; Ptol. 2, 13 f.). Diese Stammesorganisation muß, da die Urbanisierung der Provinz kaum vorankam, auch weiterhin den vorherrschenden Rahmen für das Zusammenleben der Bevölkerung gebildet haben (S. 207 ff.).

Städte, wie wir sie kennen, gab es kaum. Kempten konnte im 1. Jahrhundert Kolonie und Vorort der Provinz Raetien gewesen sein. Die Indizien dafür sind weiter unten zusammengestellt (S. 198 ff.).

Ab dem 2. Jahrhundert spielte diese Rolle zweifellos Augsburg, obgleich der ausdrückliche Beleg sogar dafür fehlt. Schon der Umstand, daß auch nach der Ankunft der *legio III Italica* um 172 n. Chr. die Provinzverwaltung nicht samt und sonders an den Legionsstandort Regensburg verlegt wurde, und man vielmehr die sicher bisweilen recht lästige und umständliche räumliche Trennung der obersten zivilen und militärischen von den mittleren und unteren militärischen Kanzleien in Kauf nahm, ist am besten mit einem Festhalten an dem Bewährten zu erklären. Wir werden auf diese neuerdings diskutierte Frage später zurückkommen (S. 172 f.). Andere Beobachtungen runden das Bild ab: Augsburgs Erhebung zum Munizipium durch Hadrian gewinnt eine eigene Dimension, sofern der Ort die Kolonie Kempten als Provinzmetropole unlängst erst abgelöst hätte. Ein ins späte 1. Jahrhundert zu datierender Inschriftstein eines thrakischen Reiters (IBR 130) und weitere frühe Reitergrabmale (CSIR 6–8) *Abb 22* deuten am ehesten auf Auxiliarreiter; diese gehörten entweder zur frühen Garnison oder taten ihren Dienst in der Umgebung des Statthalters. Entscheidend aber ist der Grabaltar aus Augsburg, der die Anwesenheit der aus rund 100 Kavalleristen bestehenden „Garde“ des Statthalters, der *equites singulares*, und damit natürlich des Statthalters selbst belegt[184]. Victorinius Longinus war als Reiter der *ala II Flavia* zu den *Abb 83* aufgrund ihrer Kampftüchtigkeit einzeln ausgewählten Elitesoldaten (*singulares*) in die Umgebung des Statthalters abkommandiert worden. Das alleine würde für die Frage des Statthaltersitzes noch nichts wirklich beweisen, da die berittenen Gardisten ihrem mobilen Vorgesetzten zu folgen hatten und natürlich auch unterwegs sterben konnten. Entscheidend aber ist, daß Claudius Latinus, der Erbe des Victorinius Longinus, der ihm auch die letzte Ehre erwies, als *aedituus singularium* unterzeichnete (IBR 133 = CSIR 25)[185]. Er war also der Hüter des Tempels der *singulares*, und letzterer lag sicher beim Standlager der Truppe. Somit bezeugt diese Inschrift, sofern sie aus der Zeit der prokuratorischen Verwaltung Raetiens stammt, indirekt, aber eindeutig, den Statthaltersitz in Augsburg für eben diese Phase; ist sie aber jünger als 172, beweist sie dies erst recht, weil gar nicht einzusehen ist, warum die Gardereiter jetzt nach Augsburg gelegt worden sein sollten, wenn ihr Vorgesetzter, wie man neuerdings behauptet, ganz nach Regensburg übergewechselt wäre.

Ganz ins Bild paßt es daher, wenn ein Flavius Vettius Titus als „Anwalt der raetischen Kasse“, als *advocatus fisci Raetici*, in der Umgebung Augsburgs bestattet worden ist (IBR 176). Seit dem 2. Jahrhundert stand ein solcher Advokat dem Statthalter bei Rechtsstreitigkeiten und für die Prozeßvertretung der kaiserlichen Kasse zur Seite.

## *Der Provinzstatthalter: ein ritterlicher Prokurator*

Der Chef der Verwaltung war bis etwa 170 ein ritterlicher Prokurator, welcher gegenüber der Provinzialbevölkerung der beinahe allmächtige Vertreter Roms und seines Kaisers war und als solcher der höchste Zivilbeamte, die oberste Gerichtsbehörde, der Truppenkommandeur und der Leiter des Finanzwesens in seinem Sprengel war.

Zum richtigen Verständnis des Provinzialstatuts von Raetien bis Mark Aurel, muß man sich klar machen, daß die Provinzen des römischen Reiches in der Kaiserzeit bis etwa 280/290 geschieden wurden in solche, in denen traditionell der Senat die Prokonsuln alljährlich entsandte, und solche, in denen der Kaiser selber Prokonsul war. Die Statthalter der letzteren ernannte der Herrscher persönlich, und er bestimmte deren Amtszeit nach Belieben. Sie hießen entweder „kaiserliche Legaten mit prätorischer Gewalt" (*legati Augusti pro praetore*) oder schlicht „kaiserliche Sachwalter" (*procuratores Augusti*). Waren jene durchweg Senatoren, so diese ebenso konsequent Ritter. Die kaiserlichen Statthalter in Raetien gehörten bis etwa 170 zu den ritterlichen Prokuratoren, danach schalteten bis um 260 senatorische Legaten. Es folgte eine mehrere Jahrzehnte währende Übergangsphase, in der Ritter als Stellvertreter der senatorischen Legaten, als *agentes vice praesidis*, fungierten, bis seit ca. 290 wieder Ritter als *praesides* die Statthalterfunktionen übernahmen. Freilich verfiel damals die Unterscheidung zwischen Senatoren und Rittern zusehends, und alsbald wurden dem *praeses* die militärischen Funktionen vor Ort entzogen und auf einen *dux* übertragen. In einer letzten Phase dürfte der *dux Raetiarum* aus verständlichen Gründen allmählich die *praesides* verdrängt und deren Befugnisse übernommen haben[186].

Doch wenden wir uns nach diesem Überblick wieder der Frühzeit zu[187]:

Allgemein gültige Kriterien, nach welchen bestimmte Gebiete Rittern anvertraut wurden (diskutiert hat man periphere Lage, Machtminderung für den Senat, Kleinheit, fehlende Legionssoldaten, kultureller Entwicklungsstand usw.), gibt es nicht, vermutlich waren jeweils Motivbündel für die entsprechende Zuweisung verantwortlich. Obschon dieser von Augustus erstmals in Ägypten, Judaea und Sardinien geschaffene ritterliche Provinztypus zahlenmäßig nie besonders stark wurde (Claudius 13, Trajan 9, Mark Aurel 7, Mitte des 3. Jahrhunderts 11), so war seine Bedeutung innerhalb der römischen Provinzverwaltung dennoch recht beträchtlich.

Anders als die senatorische Laufbahn hat sich die ritterliche nicht im Rahmen festgesetzter Grundprinzipien entwickelt, sondern recht unsystematisch und aufgrund pragmatischer Augenblicksentscheidungen des ersten Prinzeps und seiner Nachfolger. Deshalb ist sie weder als rigoroses Beförderungssystem noch durch das Fehlen aller Regeln zu beschreiben; vielmehr existierte eine breite Palette verschiedenster Einsatzmöglichkeiten, deren Rang sich am Gewicht der Aufgaben orientierte. Zudem waren die ritterlichen Prokuratoren im Normalfall militärisch geschult und geprägt worden; dadurch wurden für sie unabdingbarer Gehorsam gegenüber dem Kaiserhaus, Disziplin und militärische Verwaltungsgrundsätze im Rahmen einer hierarchischen Befehlsstruktur bedeutsam. Wie die Senatoren waren die ritterlichen Beamten aber für unterschiedlichste Aufgaben verfügbar und mußten zu großer geographischer Mobilität bereit sein.

Die später beobachtbare Organisationsform der ritterlichen Verwaltung hat sich allerdings nur langsam herausgebildet. Erst gegen Ende des 1. Jahrhunderts zeichnete sich eine nach Jahresgehältern gestaffelte Ämterhierarchie ab[188]. In ihr nahm der raetische

Prokurator einen relativ hohen Rang ein. Er gehörte zur höchsten Gehaltsklasse, zu den *ducenarii*, die 200 000 Sesterzen pro Jahr verdienten (der gemeine Legionssoldat erhielt dagegen seit 84 n. Chr. nur 1200 Sesterzen).
Den Aufstieg zur raetischen Prokuratur schaffte man entweder über die seit Mitte des 1. Jahrhunderts üblichen und grob reglementierten drei ritterlichen Offiziersposten, die *tres militiae equestres* oder über das Avancement in den Legionen zum ranghöchsten Centurionat, zum Primipilat, und in den stadtrömischen Truppen. Dabei waren die Vertreter der letzten Gruppe im Durchschnitt wohl mindestens ein Jahrzehnt älter als die der ersten; sie dürften bei ihrem Amtsantritt in Raetien bereits der Vollendung der sechsten Lebensdekade entgegengegangen sein. Raetien war unter den prokuratorischen Provinzen relativ hochrangig. Nicht selten scheinen die raetischen Prokuratoren vorher eine der beiden mauretanischen Provinzen verwaltet zu haben und nach ihrem normalerweise wohl auf drei bis vier Jahre begrenzten Einsatz im Alpenvorland als Finanzprokuratoren in die Belgica weitergegangen zu sein. Doch war das keine fixierte Regel.
Gelegentlich sind raetische Präsidialprokuratoren später noch zu höchsten Ritterämtern aufgestiegen, etwa zur angesehenen Präfektur in Ägypten oder zum *procurator ab epistulis* in Rom, in welchem Amt die Beurteilungen sämtlicher Reichsbeamten zusammenliefen.
Der Kompetenzbereich eines Präsidialprokurators unterschied sich seit der Mitte des 1. Jahrhunderts n. Chr. von dem eines senatorischen Statthalters nur in einer überraschenden Kleinigkeit: Er war nämlich hinsichtlich der Finanzverwaltung sogar umfangreicher.
Als oberste zivile und militärische Instanz hatte der raetische Prokurator, allgemein gesprochen, die Verwaltung zu leiten. Das klingt recht hochtrabend, darf aber nicht darüber hinwegtäuschen, daß der personelle und administrative Aufwand Roms auch in der Kaiserzeit an modernen Maßstäben gemessen recht gering blieb[189]. Man hat geschätzt, daß um die Mitte des 2. Jahrhunderts auf rund 300 000 Provinziale ein einziger Elitebeamter kam[190]. Zu den allgemeinen Verwaltungsaufgaben des Prokurators zählten unter anderem die Zuständigkeit für die öffentlichen und die militärischen Bauten wie Stadtmauern, Tempel, Fernwasserleitungen, öffentliche Straßen, Kastellanlagen oder den Limes, die Aufsicht über die Gemeinden, insbesondere die Schlichtung von Konflikten zwischen den Gebietskörperschaften oder innerhalb der einzelnen Gemeinderäte, die Unterstützung lokaler Magistrate bei der Durchsetzung unliebsamer Entscheidungen vor Ort usw.
Daneben hatte der Prokurator in seinem Amtsbereich auch die oberste richterliche Gewalt inne[191]. Wie wir schon hörten (S. 72), haben die ritterlichen Statthalter spätestens seit 53 die volle Gerichtsbarkeit ausgeübt (Tac. ann. 12, 60, 2). Zivilrechtliche Zwistigkeiten fielen ihnen ab einem gewissen Streitwert zu (ein Beispiel aus Spanien nennt 1000 Sesterzen: AE 1986, 333 § 84). Den Peregrinen gegenüber hatte der Präsidialprokurator von Anfang an die volle Rechtsprechung in Kriminalsachen. Umstrit-

ten ist, wie weit sich seine strafrechtlichen Befugnisse gegenüber römischen Bürgern und insbesondere gegenüber Soldaten erstreckte. Da das Schwertrecht, das *ius gladii*, bei Präsidialprokuratoren nur selten ausdrücklich erwähnt wird (u. a. gegen Ende des 1. Jahrhunderts auch beim raetischen Gouverneur Gaius Velius Rufus), wollte man folgern, die Halsgerichtsbarkeit inklusive des Rechts der Hinrichtung von Soldaten habe diesen ritterlichen Statthaltern je eigens übertragen werden müssen. Das ist neuerdings unter Hinweis auf Cassius Dio (53, 3, 6 f.) sicher zu Recht bestritten worden. Römischen Bürgern blieb aber vor der Vollstreckung der Todesstrafe die Möglichkeit der Appellation an den Kaiser, und wohl im 2. Jahrhundert wurde das ansonsten umfassende „Schwertrecht" der Statthalter insofern eingeschränkt, als jetzt auch die kapitale Aburteilung von angesehenen Mitgliedern der provinzialen Oberschichten oder von Offizieren (vom Centurio aufwärts) an die kaiserliche Zustimmung gebunden wurde[192].

Natürlich war auch der raetische Statthalter wie alle seine Kollegen ein Gerichtsmagistrat auf Reisen. Möglicherweise enthielten die kaiserlichen Anweisungen (*mandata*) sogar Vorschriften darüber, wie umfangreich die Reisetätigkeit zu sein hatte. Der Präfekt von Ägypten soll etwa ein Viertel seiner Amtszeit unterwegs gewesen sein[193]. Obschon die Ansichten darüber auseinandergehen, ob jede Provinz in Gerichtsbezirke (*conventus*) aufgeteilt war, wird man an der Annahme nicht vorbeikommen, daß auch der raetische Präsidialprokurator alljährlich zu vorher festgelegten Zeiten an vorbenannte Zusammenkunftsorte reiste, damit die Provinzbewohner die Möglichkeit bekamen, sich um ihr Recht zu bemühen. Dies hatte nämlich durch die Antragsteller persönlich zu geschehen, war also nicht aus der Entfernung, quasi auf dem Dienstweg, zu erreichen. Den Statthalter konnte man also turnusmäßig (in der Regel nicht im Winter oder während der Ernte) an verschiedenen Orten antreffen, und wir müssen uns nicht wundern oder gar voreilige Schlüsse daraus ziehen, wenn wir ihn als Stifter oder Empfänger von Inschriften gleichfalls an verschiedenen Orten wiederfinden. Übrigens scheinen die Konventsorte auch dort, wo sie belegt sind, keine weitergehende Rolle gespielt zu haben[194].

Im Finanzbereich war der Prokurator Leiter der kaiserlichen Provinzialkasse, des *fiscus Raeticus*; in dieser Hinsicht war er dem zentralen Beauftragten für die Reichsfinanzen (*a rationibus*) in Rom zugeordnet. Zu seinen Obliegenheiten gehörte die Umlage der von den Munizipalbehörden einzutreibenden direkten Abgaben (*tributa*), die als Kopfsteuer (*tributum capitis*) und Grundsteuer (*tributum soli*) erhoben wurden. Erstere war eine von den Nichtbürgern als Ausfluß ihrer Unterwürfigkeit verlangte Personalsteuer, während letztere nicht bloß eine Grundsteuer, sondern eine die Sklaven und alles Hab und Gut miteinschließende Vermögensabgabe für Grundbesitzer war. Die fristgemäße Ablieferung dieser Tribute hatte der Präsidialprokurator zu überwachen und gegebenenfalls einzumahnen. Während in den senatorisch verwalteten Provinzen des Kaisers die Finanzkompetenzen der Statthalter beschnitten waren, hatte der Präsidialprokurator umfassendere Vollmachten. In sein Ressort fiel zumindest teilweise auch die Erhebung indirekter Steuern, die entweder verpachtet waren oder vom Kaiser unmittelbar verwaltet wurden[195]. Dazu zählten die 1 % betragende allgemeine Verkaufssteuer (*centesima rerum venalium*), die sich beim Sklavenverkauf auf 4 % erhöhte (*vicesima quinta venalium mancipiorum*), außerdem die von römischen Bürgern verlangte Sklavenfreilassungssteuer (5 %; *vicesima libertatis*). Hingegen wurde die besonders zur Versorgung ausgedienter Soldaten verwendete Erbschaftssteuer (5 %; *vicesima heredidatium*), die unter bestimmten, im Laufe der Zeit sich verändernden Umständen auf größere Erbschaften und Legate römischer Bürger zu entrichten war, von Steuerpächtern erhoben, die durch eigene Prokuratoren überwacht wurden. Ein für die Erbschaftssteuer in Raetien zuständiger Prokurator ist bislang unbekannt, und es wäre sehr wohl denkbar, daß der diesbezügliche Aufwand nie sehr groß wurde, und die Überwachung der Steuerpacht daher vom Präsidialprokurator unter Mitarbeit einiger kaiserlicher Sklaven oder Freigelassener miterledigt wurde. Dagegen waren ihm die Zölle (*portoria*) weitgehend entzogen (S. 267 ff.)[196].

Andererseits hatte er auch die gesamten Staatsausgaben zu überwachen und die Auszahlung des Truppensoldes sowie die reibungslose Abwicklung der übrigen Heeres- und Beamtenversorgung sicherzustellen. Ferner war ihm die Fürsorge über die Staatsdomänen anvertraut. Eventuell vorhandene Domaniallädereien, Bergwerke, Steinbrüche und Fabriken unterstanden teils dem Fiskus, teils waren sie kaiserlicher Privatbesitz (*patrimonium*). Zu letzterem dürften die Ziegeleien zu rechnen sein, die ihre Produkte in der Gegend von Augsburg, bei Bad Gögging und in Regensburg mit Stempeln wie *f(iglinae) C(aesaris) n(ostri)*, also „aus der Ziegelei unseres Kaisers" oder *Abb 37*
*Caesar(is)* bzw. *Augusti* („Besitz des Kaisers") markierten. Das Krongut und der kaiserliche Privatbesitz wurden von eigenen, der Zentrale verantwortlichen Prokuratoren verwaltet. Hingegen unterstanden die Staatsdomänen wohl dem Fiskus. Auf solche weisen Ziegelstempel mit der Aufschrift *fiscal(is)* „dem Fiskus gehörig" hin. Alle angeführten Zeugnisse können freilich erst in die Zeit der Verwaltung Raetiens durch Senatoren gehören, wie sicherlich jener Generalpächter der Eisengruben der Provinz Raetien (*manceps ferrariarum provinciae Raetiae*) namens Publius Frontinius Decoratus[197]. So weit Domanialgut zu verpachten war, hatte der Prokurator die gegen periodisches Entgelt erfolgende Vergabe an Großpächter (*conductores* oder *mancipes*) zu leiten und für ein möglichst harmonisches Verhältnis zwischen diesen Haupt- und ihren Unterpächtern zu sorgen.

In zivilgerichtlichen Fiskalprozessen hatten eigens bestellte Anwälte die Interessen des Fiskus oder des Kronvermögens (*patrimonium*) vor dem Tribunal des Präsidialprokurators zu vertreten. Zufällig kennen wir einen solchen Anwalt beim raetischen Statthalter aus einer Grabinschrift aus Derching bei Augsburg (IBR 176), wo dieser 49jährig verstorbene Flavius Vettius Titus aus der *colonia Claudia Savaria*/Szombathely in Ungarn von seinen Freigelassenen und Erben bestattet wurde.

Ein letzter nicht weniger bedeutsamer Aufgabenbereich des Prokurators war der militärische Oberbefehl über die zunächst ausschließlich, im 2. Jahrhundert vorwiegend aus Nichtbürgern bestehenden Auxiliartruppen seiner Provinz. Kriegführung, Rekrutierung und Entlassung, Rechtsprechung über Soldaten unterhalb des Centurionenrangs, militärische Baumaßnahmen, all das hatte der ritterliche Statthalter ebenso zu versehen wie sein senatorischer Kollege. Aus sog. Militärdiplomen wissen wir, daß während des 2. Jahrhunderts in Raetien rund 8000 Auxiliarsoldaten in vier Reiterverbänden (*alae*) und 11 – 14 Infanterieabteilungen (*cohortes*) gleichzeitig gedient haben. Da einige der letzteren teilberitten waren, war die Reiterei in Raetien mit rund 3750 Mann recht hoch. Das militärische Schwergewicht lag bis zur Ankunft der *legio III Italica* um 172 zweifellos im Westen der Provinz, wo zunächst in Heidenheim und später in Aalen mit der *ala II Flavia pia fidelis milliaria* der einzige, rund 1000 Mann starke Kavallerieverband nördlich der Alpen garnisonierte. Der Präfekt dieser Truppe war seiner Laufbahn nach ein außergewöhnlicher Soldat und stand in der militärischen Hierarchie Raetiens unmittelbar unter dem Prokurator. Ein weiterer Schwerpunkt militärischer Präsenz dürfte im 2. Jahrhundert in Straubing zu suchen sein, wo nebeneinander eine normale und eine Doppelkohorte ihre Standlager hatten.

### *Mitarbeiter des Statthalters*

Natürlich bedurfte der Statthalter bei der Ausübung all dieser Funktionen der Hilfe von Mitarbeitern[198]. Wie in der Republik brachte der Statthalter eine kleine Schar ihm genehmer Begleiter (*comites*), häufig Freunde oder Verwandte, in die Provinz mit, die ihn etwa juristisch beraten, bei der Korrespondenz unterstützen oder auch – wie seine Frau und seine Kinder samt Sklaven und Freigelassenen – ihm den Aufenthalt versüßen sollten (vgl. Fronto ad Ant. Pium 8). Daneben stand ihm zur Wahrnehmung seiner Funktionen noch Personal zur Verfügung, das sich aus Soldaten rekrutierte, die für ein paar Jahre und kaum öfter als zweimal aus der eigenen, nötigenfalls auch einer benachbarten Provinz, zum Statthalter als *officiales* abgestellt wurden. Obschon wir im einzelnen darüber gerade für das prokuratorische Raetien extrem wenig wissen (die späteren Verhältnisse: S. 171 ff.), sind Übertragungen aus anderen Provinzen in diesem Fall statthaft, weil die Römer die „Ausstattung“ des statthalterlichen Prätoriums ohne Rücksicht auf Größe und Bedeutung einer Provinz weitgehend einheitlich gestaltet haben.
Selbstverständlich benötigte der Repräsentant Roms auch zur Aufrechterhaltung der Ordnung und zum Vollzug seiner richterlichen Gewalt Helfer; sie hatte er in den (alle Zahlen sind nur Annäherungswerte) 20 als Scharfrichter und Spitzel eingesetzten *speculatores*, den fünf Folterknechten (*quaestionarii*) und ebenso vielen *frumentarii*, die mit offiziellen und geheimen Botengängen auch die Rollen von Kriminalisten und Geheimpolizisten spielten. Mehrere Dutzend Soldaten, die durch einen Gunstbeweis (*beneficium*) des Statthalters von ihren üblichen Dienstpflichten entbunden wurden und daher *beneficiarii consularis* hießen, wurden zur besonderen Verwendung vielfäl-

tigst eingesetzt, zu Wachaufgaben, als Quartiermeister oder bei Verhaftungen etc. In sog. Benefiziarierstationen, wie sie jüngst aus Osterburken und Sirmium/Mitrovica besser bekannt wurden, hielten sie die Stellung, wobei ihre genaue Aufgabe bis heute nicht wirklich erkannt ist. Daß sie im Rahmen der Finanz- und Wirtschaftskontrolle entlang der Verkehrswege eingesetzt wurden, liegt auf der Hand; natürlich fungierten sie dabei auch gleichsam als die Augen und Ohren des Statthalters, als die omnipräsenten Vertreter Roms vor Ort. Freilich scheinen die Benefiziarierstationen erst seit etwa Mitte des 2. Jahrhunderts größere Bedeutung gewonnen zu haben[199].

Schließlich hatte jeder Statthalter ein militärisch bestücktes Büro (*officium*): Dieses setzte sich normalerweise zusammen aus drei Vorstehern (*cornicularii*), ebensovielen Sekretären zur Führung der Amtstagebücher (*commentarienses*) und sechs *exceptores*, welche vor allem die Gerichtsverhandlungen im Stenogramm zu protokollieren hatten; hinzu kamen 20 – 30 *exacti*, die amtliche Dokumente kopierten und gleich viele *librarii* für allgemeine Schreibstubentätigkeiten. Einige kaiserliche Freigelassene und Sklaven werden den Prokurator in der Finanzverwaltung unterstützt haben, ein *victimarius* in sakralen Angelegenheiten. Auch ohne Beleg dürfen wir von der Existenz eines umfangreichen Statthalterarchivs (*tabularium*) ausgehen, in dem die Amtstagebücher (*commentarii*) und in bis zu 20 m langen Rollen Kopien der Korrespondenz aufbewahrt wurden[200]. Geführt wurden die genannten Mitarbeiter des Statthalters durch einen *princeps praetorii*, normalerweise im Rang eines Legionscenturios.

Die *equites singulares* zählten rund 100 Mann; sie fungierten als eigentliche Leibwache des Statthalters, während sich die etwa doppelt so starken *pedites singulares* vielleicht nur im Kriegsfalle beim Statthalter befanden „und dann vor allem als besonders fähige Eingriffsreserve eingesetzt wurden“[201].

Zwei Institutionen seien noch erwähnt, die zwar nicht unmittelbar dem Statthalter unterstanden, die seine Aufmerksamkeit aber immer wieder auf sich gezogen haben. Normalerweise trat jedes Jahr einmal im Sommer oder Herbst am provinzialen Kaisertempel das *concilium* zusammen. Da in dieses die Vertreter aus Stadt- oder Stammesräten entsandt wurden, hat man diese etwas verunklarend auch als Provinziallandtage bezeichnet. Das *concilium* opferte, geführt von dem jährlich neu bestimmten Provinzialpriester und von einem festlichen Rahmenprogramm begleitet, für den Kaiser und sein Haus und vermutlich der Göttin Roma. Daneben bestimmte es über die das Konzil selbst betreffenden Belange wie Neuwahlen, Bauten, Ehrungen etc.; es konnte Gesandtschaften an den Kaiser richten, und die Amtsführung eines Statthalters vor der Majestät belobigen oder beklagen. Unzweifelhafte Belege für den raetischen „Landtag“ besitzen wir nicht; da aber sogar die Alpes Cottiae und Alpes Maritimae über solch eine Einrichtung verfügten (CIL V 7259; 7907), wird man sie auch für Raetien annehmen dürfen. Drei ehemalige Priester (*sacerdotales*) in Augsburg und Umgebung – auch eine Frau befindet sich darunter – könnten mit dieser Institution zusammenhängen freilich ebensogut auf munizipale Priesterämter hinweisen[202].

Spielten in den „Landtagen“ die örtlichen Oberschichten (auch der Stämme) eine

Rolle, so gab es daneben elitäre Zusammenschlüsse der römischen Bürger, die ja die eigentlichen Schützlinge Roms waren. Die *cives Romani ex Italia et aliis provinciis in Raetia consistentes* treten um 155 als Stifter einer Ehrung für den scheidenden Prokurator Titus Varius Clemens in dessen Heimatgemeinde Virunum auf (CIL III 5212)[203]. Daß sich hinter solchen Zusammenschlüssen neben kultischen auch ganz handfeste materielle Interessen verbargen, steht außer Frage. Ob dieser „Dachverband" der römischen Bürger „in Raetien" noch Unterverbände kannte, wissen wir nicht; es steht aber aufgrund der genannten Inschrift fest, daß das Bürgerrecht Mitte des 2. Jahrhunderts noch als außerordentliches Privileg betrachtet worden ist.
Abschließend noch eine kurze Bemerkung, die kennzeichnend für das Funktionieren römischer Verwaltung war: das gleichzeitige Vorhandensein unterschiedlicher Amtsträger im selben Gebiet. Vom Prokurator des gallischen Zollbezirks ist unten (S. 267) die Rede; ein anderer relativ rangniederer (*sexagenarer*) Prokurator suchte Raetien gelegentlich in ganz eigenwilliger Mission heim: Er hatte Gladiatoren für die kaiserlichen Gladiatorenschulen in Rom anzuwerben. Im Rahmen dieser Aufgabe schaltete er in einem riesigen von Spanien über Germanien bis zum Inn reichenden Amtsbereich ganz selbständig (CIL III 6753), ja, der jeweilige Statthalter hatte ihn nach Möglichkeit zu unterstützen.

## Zivile Besiedlung in claudischer Zeit

Wo der raetische Statthalter in der Frühzeit der Provinz residierte, ist in den letzten Jahren wieder in die Diskussion geraten. Bis dahin galt als unbestrittene Tatsache, daß seit spättiberischer Zeit der Verwaltungsmittelpunkt zusammen mit einer kleineren Garnison auf der Landzunge zwischen Wertach und Lech lag, wo sich dann die Provinzhauptstadt Augusta Vindelicum, das heutige Augsburg, entwickelte. Nun stellt sich aber im Verlaufe neuerer Grabungen immer mehr heraus, daß in Augsburg bis zum Ende des 1. Jahrhunderts weniger ein ziviler, als ein militärischer Schwerpunkt der Provinz Raetien lag.
Dagegen entstanden in Bregenz und vor allem in Kempten schon in claudischer Zeit beachtliche geplante Stadtanlagen nach italischem Muster. Durch die spätere römische, die mittelalterliche und die neuere Überbauung ist in Bregenz[204] sehr viel zerstört, so daß kaum mehr Grundrisse einzelner Häuser, geschweige denn ein Stadtgrundriß rekonstruiert werden können. Dagegen bietet Kempten den besonderen Glücksfall, daß die römische Stadt Cambodunum[205], die im 3. Jahrhundert n. Chr. auf das andere Illerufer verlegt worden ist, weitgehend im freien Feld erhalten blieb. Erst nach dem Zweiten Weltkrieg wurde sie teilweise von der Überbauung erfaßt, konnte aber vorher weitgehend erforscht werden. Die Holzhäuser der ersten Stadtanlage haben nach dem Ergebnis der seit 1885 vorgenommenen Ausgrabungen nur wenige Jahrzehnte bestanden; spätestens um die Mitte des 1. Jahrhunderts n. Chr. wurde das

Stadtzentrum mit den Gebäuden der städtischen Selbstverwaltung in Stein ausgebaut. Aus dieser Zeit datieren die ersten Steinbauten des Forum und das sog. Thermenhaus. *Abb 30–32* Ein bisher als Unterkunftshaus gedeutetes repräsentatives Steingebäude wird jetzt auch als möglicher Statthalterpalast angesprochen (S. 200 ff.). Neuere Untersuchungen der Basilika auf dem Forum haben gezeigt, daß auch dieser flavische Bau einen claudischen Vorläufer hatte. Auch Teile eines großen Gräberfeldes der Stadt sind erforscht. 411 Gräber, beginnend mit der spätaugusteisch-frühtiberischen Zeit, hat M. Mackensen bearbeitet[206], die Fortsetzung des 2. und 3. Jahrhunderts wurde erst vor wenigen Jahren in Ausschnitten ergraben[207]. Als Gründungsgeneration der Stadt erschlossen die Grabfunde eine aus Ober- und Mittelitalien sowie aus Gallien stammende Bevölkerung, vermischt mit germanischen und inneralpinen Elementen, aber keine Spuren einer vorrömisch-einheimischen Gruppe[208]. Auch in Bregenz entstanden in claudischer Zeit zum Teil beachtliche Steinbauten. Doch zeigt der – allerdings wesentlich bruchstückhafter bekannte – Ort im Gegensatz zum städtischen Aussehen Kemptens eher das Bild eines größeren Straßenvicus.

Der erste Kastellvicus der claudischen Zeit, von dem größere Ausschnitte mit modernen Grabungsmethoden erforscht wurden, ist der Vicus von Aislingen[209]. Er zeigt als *Abb 114* typische Bauform hölzerne Streifenhäuser, mit einer Schmalseite entlang einer Straße aufgereiht. In Gauting legen spätaugusteische und claudische Funde eine vorflavische Siedlung nahe, ohne daß man über deren Aussehen und Struktur Näheres sagen könnte[210]. Auch die Töpfersiedlung Rapis/Schwabmünchen hat einige wenige vorflavische Funde geliefert[211]. Es ist aber derzeit kaum zu entscheiden, ob hierin schon die Anfänge des zivilen Vicus oder die Spuren einer frühen Militärstation zu sehen sind. Streufunde von Stadtbergen bei Augsburg und vom Thürlesberg bei Unterthürheim bei Dillingen lassen über den Charakter der dort zu vermutenden claudischen Siedlungen nicht einmal Mutmaßungen zu. Eine neuentdeckte, große früh- bis spätrömische Fundstelle bei Eching nördlich von München, die im Bereich einer wichtigen Straßenkreuzung liegt, könnte von der Menge der frühen Funde her bereits in claudischer Zeit einen Straßenvicus dargestellt haben. Allerdings fanden sich hier auch einige Militaria vorflavischer Zeitstellung. Da bisher von dieser Fundstelle nur Lesefunde, zumeist aus Metall, vorliegen, die zudem unpubliziert sind, wird man bei der Interpretation der Fundkonzentration von Eching noch Zurückhaltung üben müssen.

Ländliche Anwesen der vorflavischen Zeit sind im Fundbild des römischen Bayern mit Sicherheit noch unterrepräsentiert, weil sie größtenteils in Holz erbaut waren und sich so – im Gegensatz zu den späteren Steinbauten der mittleren Kaiserzeit – bei Zufallsfunden kaum zu erkennen geben. Zumeist faßt man sie nur in frühen Kleinfunden, kaum aber in Baubefunden. Solche Hinweise auf frühe Gehöfte, die noch nicht den „klassischen“ Typus der Villa rustica vertreten, liegen vielleicht aus der Augsburger Gegend (Friedberg, Stadtbergen) und aus dem Bereich der Münchner Schotterebene (Eching) vor. Claudische Einzelhöfe von bescheidenen Ausmaßen zeichnen sich seit einiger Zeit auch im Donauraum zwischen Neuburg und Oberstimm ab[212], wo die Außenstelle Ingolstadt des Landesamts für Denkmalpflege intensiv großflächige Grabungen durchführte. Dort, auf einem Schotterrücken zwischen dem ehemaligen Donaumoos und der Donau, kamen neben Siedlungen und Gräberfeldern aller vor- und frühgeschichtlichen Perioden auch kleine ländliche Anwesen der vorflavischen Epoche mit hölzernen Pfostenbauten zutage. So konnte zum Beispiel in Weichering, Lkr. Neuburg-Schrobenhausen, ein solches Anwesen ganz aufgedeckt werden; dieses Gehöft wurde noch im 1. Jahrhundert n. Chr. aufgelassen. Ältere vorflavische Kleinfunde bei mittelkaiserzeitlichen Gutshöfen, etwa bei den Villen von Feldkirchen oder Burgheim in der Gegend von Neuburg deuten an, daß sich manche dieser kleinen claudischen Höfe bis hin zu der klassischen Ausbauform der Villa rustica in Steinarchitektur weiterentwickelt haben. Auch in der Frage der frühen Siedlungsgeschichte im bayerischen Teil der Provinz Norikum und im grenznahen Salzburger Raum tappt die Forschung noch weitgehend im dunkeln. In Salzburg, wo man eigentlich sogar mit einem bruchlosen Übergang von der vorrömisch-keltischen zur frührömischen Epoche rechnen möchte, ist der archäologische Nachweis dafür noch nicht geglückt. Okkupationszeitliches Fundmaterial aus Salzburg liegt noch nicht vor, erst in der spätaugusteisch-tiberischen Zeit setzen die ersten Funde ein. Auch in der ländlichen Besiedlung der Römerzeit um Salzburg[213] sind die Anfänge noch kaum präzise zu fassen. Immerhin gibt es im westlichen Norikum einen merklich höheren Anteil von spätkeltischen Streufunden im Bereich römischer ländlicher Siedlungsplätze, als dies in Raetien der Fall ist. So kann man hier eher mit Siedlungskontinuität rechnen, auch wenn der präzise Beleg noch aussteht. Ein halbwegs lückenloser Übergang von der spätkeltischen Siedlung bei Stöffling zum claudischen Vicus von Seebruck dagegen scheint sich nun abzuzeichnen[214].

## Zur Bevölkerung in der frühen Kaiserzeit

Herkunft und Zusammensetzung der Bevölkerung des römerzeitlichen Bayern bereiten der Forschung nach wie vor große Probleme. Für Norikum, also das Gebiet östlich des Inn, kann man davon ausgehen, daß einheimische Kelten siedelten, die der kulturellen Überprägung durch die römische Kultur (Romanisierung) aufgeschlossen gegenüberstanden. Sie bildeten die Basis für die römische Provinzbevölkerung, ergänzt durch Zuwanderer aus Italien und anderen Gegenden des römischen Reiches. In Raetien beobachten wir wesentlich kompliziertere Verhältnisse, und das, obwohl hier der archäologische Forschungsstand zumindest teilweise ungleich besser ist als in Norikum. Für die Alpenregion selbst und das dem Gebirge unmittelbar vorgelagerte Gebiet kann man – allerdings auf der Basis eines sehr lückenhaften Fundbildes – das kontinuierliche Weiterleben vorrömischer Bevölkerungsgruppen in die Römerzeit hinein nicht ausschließen, ja man muß es, wie schon im Eingangskapitel erwähnt, angesichts der eindeutigen literarischen Überlieferung auch annehmen. Wenn Augustus behauptete, er habe (15 v. Chr.) die Licaten besiegt, dieselben, die Strabo 33 Jahre später samt ihrer „Akropolis“ Damasia nennt und von denen seit kurzem feststeht, daß sie noch Mitte des 2. Jahrhunderts mehrfach peregrine Rekruten für die römischen Auxilien abstellten, so sollte das eigentlich als hinreichender Beweis für das gigantische Ausmaß unseres Nichtwissens genügen. Selbst der beste archäologische Forschungsstand vermag dieses bei noch so gelungener Auswertung wohl nie mehr zu schließen.

Ungeachtet dieses Sachstandes ist es dennoch sehr bemerkenswert, wenn sich für das Alpenvorland bis zur Donau, trotz zunehmender Kenntnis der archäologischen Zeugnisse, zur späten Kelten- und frühen Römerzeit schon in augusteischer Zeit keine größere einheitliche (homogene) einheimisch-keltische Gruppe mehr unterscheiden läßt. Vielmehr stellt sich das Bild der Bevölkerung Flachlandraetiens in der frühen Kaiserzeit als ein verwirrend buntes Kaleidoskop aus den verschiedensten von außen kommenden Bevölkerungssplittern dar, dem nur eine Komponente zu fehlen scheint – die einheimische!

Die Analyse der frühen Funde – militärisch oder zivil – hat beispielsweise ergeben, daß sich zahlenmäßig bedeutende Bevölkerungsanteile offenbar aus Italikern und romanisierten Kelten oberitalischer und gallischer Herkunft zusammensetzten, welche im Gefolge des Alpenfeldzuges 15 v. Chr. und der sich daran anschließenden Entwicklungen als Zuwanderer in das Alpenvorland gekommen waren. Nur schemenhaft zeichnet sich dagegen bisher vielleicht germanisches Substrat in der Nachfolge des Horizonts Latène D 2 ab[215], wie möglicherweise am Auerberg und in Kempten.

Im Gebiet zwischen Iller und Isar existierte eine archäologisch nachweisbare Bevölkerung der frühen Kaiserzeit, die sich durch besondere Bestattungs- und Trachtsitte deutlich von den übrigen Bewohnern des Alpenvorlandes abhebt und die in letzter Zeit von der archäologischen Forschung sehr unterschiedlich beurteilt worden ist. Es handelt sich um kleine Gräbergruppen, zumeist Körperbestattungen, die damit von dem zu dieser Zeit üblichen Brauch der Brandbestattung abweichen. Einzelne Beigaben aus diesen Gräbern unterscheiden sich auch wesentlich von dem provinzialrömischen Fundgut ihrer Zeit und setzen vorrömisch-alpine Merkmalstraditionen fort. An diese Körpergräber lassen sich auch einige Brandbestattungen mit ähnlichen Trachtbestandteilen, Siedlungs-, Einzel- und Moorfunde sowie Fundgut aus Brandopferplätzen anschließen. *Abb 70*

Die Vertreter der älteren Forschergeneration, etwa P. Reinecke[216], haben diese Erscheinungen als „Raetische Skelettgräbergruppe“ zusammengefaßt und in den Bestatteten einheimische Kelten bzw. deren direkte Nachfahren gesehen, wobei aber schon damals alternativ darüber nachgedacht wurde, ob hier nicht die Relikte einer aus dem Zentralalpengebiet zugewanderten Bevölkerung vorlägen. Zudem betonte man den rein ländlichen Charakter der Fundstellen, die im Gegensatz zur römischen Stadtkultur zu verstehen sei. Diese Annahme haben Neufunde aus Kempten allerdings widerlegt. Eine Etikettierung dieser, bald als Stufe Latène D 3 bezeichneten Gruppe als einheimisch konnte man seinerzeit um so leichter akzeptieren, als man diese Stufe zeitlich

sehr weit ansetzte und einen Zusammenhang mit der einheimischen latènezeitlichen Oppidakultur der Stufe Latène D 1 über die Stufe D 2 für erwägenswert gehalten hatte[217]. Allerdings blieb schon damals unerklärbar, daß eine streng typologische Herleitung der Sachaltertümer der Stufe Latène D 3 von den Formen der Stufe D 1 unmöglich war (und ist), zumal ja schon die Funde der als augusteisch erachteten Stufe Latène D 2 mit ihren teils germanisch beeinflußten Sachaltertümern kaum mehr etwas mit dem Fundgut der keltischen Oppida der Stufe Latène D 1 zu tun hatten. Auch weisen alle chronologisch besser beurteilbaren Funde erst in die claudische Zeit. Neue Aspekte in dieser Frage zeigten M. Menke und M. Mackensen auf, bis dann 1984 E. Keller[218] das inzwischen stark vermehrte Material neu zusammenfaßte, wobei er an-
*Abb 153* hand einer von ihm selber 1972 modern gegrabenen kleinen Nekropole von Kirchheim-Heimstetten nördlich von München den Namen „Heimstettener Gruppe" für den Materialkomplex der „Raetischen Skelettgräbergruppe" bzw. der „Stufe Latène D 3" vorschlug. Keller kam zu folgenden Ergebnissen: Die Verbreitung dieser Gruppe deckt sich in claudischer Zeit auffällig mit der Ausdehnung der frühen römischen Militärstationen und Zivilsiedlungen. Somit ist also sicher, daß es sich bei der Gruppe Heimstetten nicht um Leute handeln konnte, die außerhalb des von den Römern kontrollierten Gebietes siedelten. Ferner ist festzustellen, daß die Verbreitung des einschlägigen Materials in der Regel Siedlungen anzeigt, die sich sehr eng am frühen römischen Straßennetz orientieren. Daraus läßt sich erkennen, daß die Siedler der Heimstettener Gruppe erst ins Land kamen, als das römische Straßennetz schon weitgehend ausgebaut war. Diese enge Bindung an das römische Straßennetz ist zum Beispiel auch bei den späteren Villae rusticae stets der Fall, bei welchen es ja darauf ankam, daß sie ihre landwirtschaftlichen Erzeugnisse möglichst schnell zu den nächsten Märkten bringen konnten. Dies weist darauf hin, daß wohl auch die Träger der Gruppe Heimstetten landwirtschaftliche Anwesen betrieben und auf den Straßen die nächstgelegenen Abnehmer in Militärstationen und größeren Zivilsiedlungen erreichen konnten. Solche frühen Siedlungen sind – vielleicht mit einer Ausnahme in Eching bei München – noch nicht entdeckt. Der Grund liegt sicherlich darin, daß es sich um kleinere, nur in Holz erbaute Anwesen handelt, die sich einer zufälligen Entdeckung viel eher entziehen als die ausgedehnten steinernen Bauten der Gutshöfe in der mittleren Kaiserzeit. Bei der Gruppe Heimstetten scheint es sich um Bewohner der raetisch-westnorischen Teile der Zentralalpen zu handeln, die nach ihrer Ansiedlung in claudischer Zeit im bereits romanisierten Milieu des Alpenvorlandes zwar einzelne römische Schmuckformen wie Fibeln übernommen haben, dennoch aber auch einheimische Trachtbestandteile weiterverwendeten und sich nach der althergebrachten Sitte der Körperbestattung beisetzen ließen. Mit zunehmender Romanisierung änderten sie Tracht- und Bestattungssitte im Sinne einer Anpassung an die römische Provinzialkultur, so daß diese Menschen dann im archäologischen Fundgut gleichsam verschwinden, da sie sich nunmehr nicht von der übrigen römischen Provinzbevölkerung Raetiens unterscheiden lassen.

Der Grund, warum diese Besiedlung des Alpenvorlandes erst ca. zwei Generationen nach dem Alpenfeldzug einsetzt, ist schwer zu ermitteln. An eine gewaltsame Deportation alpiner Bevölkerungsgruppen durch römische Truppen, um eventuelle aufsässige Alpenvölker besser unter Kontrolle zu bekommen, ist so lange nach dem Alpenfeldzug ohnehin kaum mehr zu denken. Zudem betonen die schriftlichen Quellen die Friedfertigkeit der unterworfenen Alpenvölker für die Zeit um 20 ebenso wie für die um 70 n. Chr.

Ein freiwilliges Siedeln in den landwirtschaftlich attraktiveren Gebieten des Alpenvorlandes, vielleicht mit Förderung der römischen Behörden, denen an der Aufsiedlung des rasch befriedeten Gebietes etwas liegen mußte, ist schon eher möglich. In diese Richtung geht auch der Vorschlag Mackensens[219], in den Siedlern zum Teil die Veteranen jener Raeter- und Vindelikerkohorten der ersten Aushebungswelle zu sehen, die nach ihrem Dienst in der römischen Armee in Ehren entlassen und im Alpenvorland angesiedelt wurden. Darauf könnte zum Beispiel der Metallbeschlag eines römischen Militärgürtels aus einem Männergrab der Heimstettener Gruppe aus München-Feldmoching hinweisen. Die Frauen und Töchter dieser Veteranen wären dann noch zum Teil in heimischer Tracht gekleidet gewesen, auch sonst scheinen die ehemaligen Alpenbewohner noch allerlei traditionelle Sitten der alten Heimat beibehalten zu haben wie die Errichtung von Grabhügeln und die Körperbestattung.

Außer durch abweichende Tracht- und Grabsitten ist es auch im kultischen Bereich möglich, zentralalpine Elemente innerhalb der Bevölkerung des Alpenvorlandes auszumachen. R. A. Maier[220] wies darauf hin, daß die zentralalpine Herkunft eines Teils der frühkaiserzeitlichen Bevölkerung Südbayerns nicht nur durch ihre Sachkultur, wie Schmuckformen oder Grabsitten sondern auch ihre religiösen Praktiken ermittelt werden kann, welche als eine Art Volksreligion alpenländischen Ursprungs neben den offiziellen römischen Kulten weiterlebten. In den gleichen Zusammenhang gehören auch einige nur in Raetien verbreitete Keramikformen[221], wie Henkeldellenbecher und Krüge mit bestimmten Verzierungselementen, für die Maier ebenfalls vorrömisch-zentralalpine Vorläuferformen aus dem Bereich der spätlatènezeitlichen Fritzens-Sanzeno Kultur wahrscheinlich machen konnte.

Obwohl ein bodenständiges ethnisches Substrat im Alpenvorland bisher in den Bodenfunden nicht zu erkennen ist, hat eine zusammenfassende Darstellung durch S. von Schnurbein [222] doch gezeigt, daß sich im 2. und 3. Jahrhundert im Gebiet der Provinz Raetien eine ganz typische raetische Provinzialkultur entwickelt hat, die sich deutlich von den benachbarten Provinzen Obergermanien im Westen und Norikum im Osten absetzen läßt. Sie geht auf eine charakteristische Mischung aus ausgesiedelten Bewohnern der Zentralalpen, auf wohl im Alpenvorland zur Zeit der Okkupation schon ansässige keltische und germanische Gruppen und auf zugewanderte Italiker zurück. Dazu kommt ein in seiner Bedeutung kaum zu überschätzendes Kontingent romanisierter Kelten aus den westlich benachbarten Gebieten Raetiens, auf das wohl viele der „keltischen" Erscheinungen in der Sachkultur, etwa in der bemalten Keramik, zurückzuführen sind. Früher hätte man diese Fundgruppen gerne dem Einfluß der einheimischen vorrömisch-keltischen Bevölkerung zugeschrieben. Die Herausarbeitung und präzisere Darstellung sowie die genauere ethnische Herleitung der einzelnen Elemente dieser raetischen Provinzialkultur wird auch weiterhin eine wichtige und spannende Aufgabe der zukünftigen Forschung im römischen Bayern darstellen.

## Raetien und die Bürgerkriege von 68 bis 70

Kaiser Nero, der letzte Sproß der julisch-claudischen Dynastie, verlor gegen Ende seiner Regentschaft (54–68) jeden Bezug zur Wirklichkeit. So lange die „Launen" des Herrschers nur einen inneren Zirkel in Rom betrafen, war die Treue der Grenztruppen nie ernsthaft in Gefahr. Dies änderte sich zusehends, als auch die Militärs vom Kaiser belangt wurden. Beispielsweise wurden die Kommandeure der beiden mächtigen Rheinarmeen, die Scribonius-Brüder, zu Nero nach Griechenland zitiert und mußten dort auf kaiserlichen Befehl Selbstmord begehen. Jetzt wurden auch die Legionen und ihre Befehlshaber aufs höchste alarmiert, und nach dem römischen Historiker Tacitus wurde das *arcanum imperii*, das Geheimnis der Thronergreifung, unter die Leute gebracht, daß man nämlich „auch anderswo als in Rom Kaiser werden" könne. In rascher Folge rief man in Spanien, am Rhein, in Rom und in Syrien jeweils eigene Prätendenten aus, die einander den Rang in blutigen Auseinandersetzungen bestritten. Auf diese Weise bestimmten zwei Jahre lang Bürgerkriege mit gewaltigen Truppenbewegungen und Drangsalierungen ganzer Landstriche das Bild. Im zweimaligen Kampf um die Reichshauptstadt Rom fanden sie ihre Höhepunkte.
Obschon die Provinz Raetien nicht zu den militärischen Schwerpunkten gehörte, stand sie mitten in den kriegerischen Auseinandersetzungen um die Macht, Auseinandersetzungen, die den friedlichen Aufbau empfindlich störten. Wenn wir über diese Ereignisse und ihre Auswirkungen auf Raetien ausnahmsweise etwas mehr wissen, verdanken wir dies den „Historien" eben des Tacitus und der glücklichen Ergänzung seiner Nachrichten durch die Bodenforschung. Infolge einer militärisch unbedeutenden Revolte in Gallien kündigte zunächst der vornehme und durch seine militärische Tüchtigkeit geachtete Servius Sulpicius Galba, der bislang in Hispania Tarraconensis als Beauftragter des Kaisers (*legatus Augusti*) gewirkt hatte, seinem Mandatar die Loyalität auf und nannte sich seit April 68 demonstrativ Bevollmächtigter des Senats und des römischen Volkes (*legatus senatus et populi Romani*). Damit war Neros Schicksal besiegelt: Vom Senat offiziell zum Staatsfeind als vogelfrei erklärt, blieb ihm nur noch der Selbstmord[223].
Der neue Herrscher brachte aber speziell die Empfindlichkeiten der mächtigen germanischen Heeressprengel durch unglückliche Personalentscheidungen auf höchster Ebene gegen sich auf. Am ersten Tag des Jahres 69 rissen Angehörige der beiden im Doppellager Mainz stationierten Legionen Galbas Bilder von ihren Feldzeichen und

leisteten ihren Treueid statt auf den Kaiser nur auf den Senat und das römische Volk[224]. Die Bonner Legion proklamierte am Folgetag den erst kürzlich ernannten Oberbefehlshaber Niedergermaniens, Aulus Vitellius, zum Gegenkaiser. Alle anderen Rheinlegionen schlossen sich an. Verzweifelt versuchte Galba, seinen Thronanspruch zu retten. Die durch Geldversprechen geköderten Prätorianer töteten ihn schon Mitte Januar und kürten an seiner Stelle den „Zivilisten" Marcus Salvius Otho.
Da allein die Beherrschung Roms die Kaiserwürde garantierte[225], zögerte Vitellius nicht lange und schickte ein rund 60 000 – 70 000 Mann starkes Einsatzheer in zwei Gruppen auf parallelen Wegen nach Italien voraus. Während der größere Teil durch das östliche Gallien über die Cottischen Alpen vordrang, nahm der Legionslegat Aulus Caecina Alienus den direkten Weg nach Süden rheinaufwärts und über den Großen St. Bernhard[226]. Bei seinem an dem Legionslager Vindonissa/Windisch vorüberführenden Zug wurde er durch einen Aufstand der Helvetier aufgehalten. Dieser war ausgebrochen, weil Angehörige der *legio XXI Rapax* einen Soldtransport für die helvetische Miliz in einem unbekannten Kastell geraubt hatten[227]. Tatsächlich hatten die Helvetier, angeblich im irrigen Glauben, Galba sei noch am Leben[228], der Usurpation des Vitellius die Gefolgschaft verweigert und daher (wohl zur Loyalität auffordernde Schreiben) des germanischen Heers an die pannonischen Legionen abgefangen. Mit dieser zweifachen Unbotmäßigkeit kamen sie bei dem „Heißsporn" Caecina genau an den Richtigen. „Kriegslustig, wie er war . . . rückte er" – laut Tacitus – „in aller Eile aus, ließ die Felder verwüsten" und den in langer Friedenszeit in der Art eines Munizipiums (*in modum municipii*) herangewachsenen Badeort Aquae Helveticae/Baden so sehr plündern, daß noch heute die Verwüstungsspuren archäologisch nachweisbar sind[229]. „An die Hilfstruppen Raetiens erging die Weisung, sie sollten die sich gegen die Legion wendenden Helvetier im Rücken angreifen" (*missi ad Raetica auxilia nuntii, ut versos in legionem Helvetios a tergo adgrederentur*) (Tac. hist. 1, 67, 2). Die raetischen Auxilien, die sich dem Vitellius unverzüglich verpflichtet hatten, leisteten ohne Aufschub Folge, und so drohte den Helvetiern alsbald auf allen Seiten Verwüstung und Mord: einerseits durch Caecinas schlagkräftiges Heer, andererseits durch „Raetiens Alen und Kohorten zuzüglich der waffengewohnten, militärisch geschulten Jungmannschaft der Raeter selbst" (*Raeticae alae cohortesque et ipsorum Raetorum iuventus, sueta armis et more militiae exercita*) (Tac. h. 1, 68,1). Tapfer fochten diese Verbände unter Caecina und halfen bei der Niederringung der Helvetier am Berg Vocetius (Bözberg oder Eppenberg-Wöschnau?) und gewiß auch beim folgenden Strafgericht über das „aufrührerische" Volk, das in Wahrheit einer Usurpation die Gefolgschaft verweigert hatte. Nur knapp entging Aventicum/Avenches, das wohl wegen seiner Lage an der Verbindungsstraße zwischen Italien und dem Rheingebiet durch das Aaretal von logistischer Bedeutung war, der Zerstörung. So schnell gerieten Nachbarn gegeneinander. Dabei besitzen wir trotz magerster Quellenlage ein indirektes Zeugnis dafür, daß es mit den Beziehungen der Helvetier zu den Bewohnern des Alpenvorlandes durchaus zum besten stand. Im Jahr 64 wurde einem Soldaten der zeit-

weise wohl bei oder in Augst stationierten *ala Gemelliana* ein Militärdiplom ausgestellt. Der Empfänger und seine Frau waren beide Helvetier, und sie hatten sich nach der aktiven Militärzeit des Mannes, wie es scheint, bei Geiselprechting auf norischem Boden niedergelassen und, mehr noch, ihren Erstgeborenen – vermutlich nach dem Einsatzort des Vaters – Vindelicus genannt (CIL XVI 55)[230].

Caecina harrte, Order von Vitellius abwartend, noch einige Tage im Helvetierland aus. Ob die rätischen Verbände (*Raeticae copiae*) jetzt in ihre Standlager zurückkehrten oder – wie immer wieder angenommen wird – mit Caecina nach Süden zogen, wissen wir nicht. In der Tat mochte die *cohors III Britannorum* zu der leichtbeweglichen Vorhut gehört haben, die Caecina unverzüglich in Richtung Italien losgeschickt hatte (Tac. hist. 1, 70, 2). Jedenfalls erschließt man dies seit langem aus der Grabinschrift eines Angehörigen dieser Truppe in der ligurischen Gemeinde Augusta Bagiennorum/ Cuneo (CIL V 7717 = IIt IX 1, 93).

Wie auch immer: Caecina wird Raetien zu Jahresbeginn 69 nicht allzusehr der Truppen entblößt haben. Die große Bedeutung des Voralpengebiets als Nachrichtenweg und potentielles militärisches Durchmarschgebiet in Ost-West-Richtung, aber auch nach Süden zu erkennen, bedurfte es nur geringer Erfahrung und noch weniger Phantasie. Dementsprechend sah Caecina klar, daß der Inn, der Grenzfluß zwischen den prokuratorischen Provinzen Raetien und Norikum, zur Nahtstelle der Machtblöcke werden mußte. Dies lag schon in der Logik des generellen Verhaltens der militärisch schwachen prokuratorischen Provinzen, die laut Tacitus in den Sog des jeweils benachbarten Heeresbezirks gelangten (Tac. hist. 1, 11, 2). Ebenso wie der pannonische Statthalter Tampius Flavianus galt daher auch der norische Prokurator Petronius Urbicus als Getreuer Othos. Als Caecina vernahm, daß letzterer seine Auxilien sammelte und die Brücken über den Inn einreißen ließ, überlegte er, ob es nicht besser wäre, gleich vom Helvetierland aus gegen Urbicus zu ziehen; doch seine Sorge, den Anschluß an seine Vorhut zu verlieren, sein nach Italien gerichteter Ehrgeiz und positive Nachrichten aus Oberitalien ließen ihn anders entscheiden, zudem er überzeugt war, Norikum werde dem Sieger ohnehin als sichere Beute zufallen (Tac. hist. 1, 70, 2 f.)[231]. Infolgedessen überquerte Caecina im März oder Anfang April mit seinem rund 22 000 Mann starken Kampfverband unter noch winterlichen Verhältnissen am Großen St. Bernhard den Alpenkamm, erreichte die Poebene und leistete am 14. April 69 bei Bedriacum in der Nähe Cremonas einen entscheidenden Beitrag zum Schlachtenglück der Vitellianer.

Der neue Alleinherrscher war erst wenige Tage von Köln aus nach Italien unterwegs, als er von seinem Sieg und Othos Freitod erfuhr, und bis er Mitte Juli die Reichshauptstadt über die Milvische Brücke betrat, war ihm in dem in Alexandria zum Kaiser proklamierten Titus Flavius Vespasianus bereits ein neuer Gegner erwachsen. Alles kam jetzt darauf an, wie sich die Donauarmeen verhalten würden. Sie für Vespasian zu gewinnen, der als Oberkommandierender des jüdischen Krieges bewährt war, gelang in erstaunlich kurzer Zeit dem zwielichtigen, noch von Galba nach Pannonien geschick-

*Tafel 9 Wandmalerei in der Apsis des Frigidariums im Badegebäude von Schwangau (Prähist. Staatsslg. München).*

*Tafel 10 Weißenburg. Luftbild der großen Thermen während der Ausgrabung.*

*Tafel 11 Töpferofen in der Sigillata-Manufaktur Schwabmünchen-Schwabegg (links oben). Rechts Brennofen für Irdenware im Töpferdorf Rapis-Schwabmünchen.* ▷

*Tafel 12 (oben) Keramikmodel in Gestalt eines Frauengesichts aus der kaiserlichen Ziegelei von Neusäß-Westheim im Lkr. Augsburg (Röm. Mus. Augsburg). Unten: Terrakottafiguren (Venus, unbekannte sitzende Gottheit, Hühner) aus dem Gräberfeld (Grab 100) von Oberpeiching, Stadt Rain (Mus. Donauwörth).*

*Tafel 13 (oben) Kempten. Bleiglasierter Skyphos mit Reliefdekor als Model. Frühes 1. Jahrhundert (Mus. Kempten). Unten: Straubing. Weißbemalte Tonflasche. Spätes 2. Jahrhundert (Mus. Straubing).*

*Tafel 14 Günzburg, Friedhof an der Ulmer Straße. Glasgefäß (oben) und Brandgrab mit Glasurne und Verschluß in Form eines eisernen Schildbuckels.*

*Tafel 15 Günzburg, Friedhof an der Ulmer Straße. Balsamarium aus grünem, opakem Glas (etwas über natürl. Größe).*

*Tafel 16 Günzburg. Ziegelkistengrab 1140 im großen Friedhof an der Neuen Straße während der Freilegung (oben) und Glasurne (unten) nach der Reinigung.*

ten Legionslegaten Marcus Antonius Primus. Während er mit großem Gefolge in Richtung Italien zog, verschärfte sich die Frontsituation am Inn. Die Stärke und die Bedrohlichkeit der raetischen Auxilien für den Vormarsch der pannonischen Truppen nach Süden wird von Tacitus ausdrücklich hervorgehoben. Da ihr Kommandant, der raetische Prokurator Porcius Septimius, an Vitellius festhielt, beugten die Flavier seinem Flankenangriff vor, indem sie den Sextilius Felix mit der *ala Auriana*, acht Kohorten und der norischen Jungmannschaft absandten, um das (östliche) Innufer zu besetzen. Da von keiner Seite der Kampf gesucht wurde, kam es im Spätsommer und Herbst 69 zum „Stellungskrieg", weil sich das Schicksal der Bürgerkriegsparteien andernorts entscheiden mußte (Tac. hist. 3, 5, 2). Als die Vespasianer in Oberitalien eintrafen, fürchteten sie durchaus noch den Angriff einer Streitmacht aus Germanien, weshalb sie Verona zur Kontrolle der ostraetischen Paßstraßen als Operationsbasis wählten (Tac. h. 3, 8, 1; 15, 1). Das Kontingent blieb aus, und die Flavier siegten zunächst am 24./25. Oktober abermals bei Cremona und vollends mit der Ermordung des Vitellius in der Hauptstadt (20. Dezember 69).

Im Norden war der Konflikt noch keineswegs ausgestanden. Denn im Rhein-Mosel-Gebiet hatten sich im Verlaufe des Jahres 69 unterschiedlich und komplex motivierte Revolten ereignet, die, zunehmend ineinandergreifend und in merkwürdigen Koalitionen endend, einen Flächenbrand entfachten, in den sogar reichsfremde germanische Völkerschaften verwickelt waren. Zunächst hatten die aus Italien zurückbeorderten acht Bataverkohorten den Ausbruch des Bürgerkrieges zwischen Vitellius und Vespasian genutzt, um sich von den vitellius-treuen Rheinlegionen loszusagen und sich für eine zumindest von ihnen so empfundene Zurücksetzung zu rächen. Nach dem Tod des Vitellius schwenkte ihr Anführer Iulius Civilis um und verband sich mit der antiflavischen Bewegung um die Treverer Iulius Classicus und Iulius Tutor. Diese „Verschwörer" entstammten nicht nur allesamt dem Adel ihrer Völkerschaften – die Bataver wohnten am Niederrhein, die Treverer im Trierer Land –, sie waren auch zu Offizieren im römischen Heer avanciert. Sogar in der Retrospektive konnte diese reichsinterne, über den Tod des Vitellius hinausreichende Gefolgschaftsverweigerung den siegreichen Flaviern nicht ins Konzept passen. Deshalb ließen sie wohl den Ungehorsam ranghoher Offiziere der Rheinarmeen historiographisch zu einer separatistischen Los-von-Rom-Bewegung umstilisieren. Nach dem Ende des Vitellius sei – so Tacitus – der damit einhergehende Brand des Kapitols einer druidischen Weissagung gemäß im Norden als Zeichen des himmlischen Zorns aufgefaßt worden: den jenseits der Alpen wohnenden Völkern (*Transalpini gentes*) sei die *possessio* der *res humanae*, die Lenkung des Menschengeschlechts, vorausgesagt worden. Die neuere Forschung bezweifelt teilweise, nicht ohne gute Argumente, die den Aufständischen von unserem einzigen Gewährsmann Tacitus unterstellte Absicht, ein *imperium Galliarum*, ein von Rom unabhängiges gallisches Reich, gründen zu wollen. Vielmehr hätten die vitellius-treuen Teile der Rheinarmeen immer noch gehofft, einen eigenen Kaiserkandidaten durchbringen zu können[232].

Hier genügt es festzuhalten, daß die *partes Vespasiani* nicht nur den Kampf gegen die aufständischen Bataver, sondern auch noch gegen die letzten Vitellianer weiterzuführen hatten. Erst im Frühjahr 70 konnten sie ein nennenswertes Heer aus zehn Legionen gegen die Aufständischen in Marsch setzen. Nach harten Kämpfen, in deren Verlauf Trier und Köln nur knapp der Zerstörung entgingen und sich das Schwergewicht der Auseinandersetzungen zunehmend nach Norden verlagerte, gelang es unter Führung des Quintus Petilius Cerialis, die Revolte im Herbst 70 zu zerschlagen.
Der entscheidende Sieg wurde über Civilis und die Bataver bei Vetera/Xanten ausgefochten. Im Juli 70 dauerte dieser Kampf zwei Tage, ein Siegesdenkmal der 6. Legion Victrix ist davon zum Teil erhalten. Man muß noch überprüfen, ob nicht auch die zahlreichen Funde von frühflavischen Waffen und Ausrüstungsteilen aus dem Rhein bei Xanten, die seit einigen Jahren in einer Kiesgrube gefunden werden, mit dieser Schlacht direkt zusammenhängen. Civilis und seine Bataver wurden nicht bis zu ihrer völligen Vernichtung geschlagen, Rom schloß mit ihnen anscheinend einen Frieden, dessen Bedingungen nicht allzu hart waren. Man weiß darüber allerdings nichts Genaueres mehr, da gerade hier die Überlieferung des Tacitus Lücken aufweist.
Über die Entwicklung an der Innfront erfahren wir nichts. Die Formulierung des Tacitus läßt aber keinen Zweifel an einem länger währenden Schwebezustand (*his aut illis*). Vielleicht ist es eines Tages möglich, römische Lagergräben, die vor wenigen Jahren bei Pons Aeni/Pfaffenhofen im Luftbild entdeckt worden sind, mit diesen Truppenmassierungen in Verbindung zu bringen. Wenig wahrscheinlich ist, daß Porcius Septimius beim Eintreffen der Nachricht von Vitellius' Tod den Weg sofort und kampflos freigemacht hat. Tacitus kennzeichnet ihn als einen Mann, der dem Vitellius in unerschütterlicher Treue zugetan war (*incorruptae erga Vitellium fidei*: Tac. hist. 3, 5, 2). Auch in den Rheinlanden, mit denen Porcius von Anfang an kooperiert hatte, erlosch der Widerstand der Vitellianer, selbst nach dem Tod ihres Herrn, nur langsam. Anfang 70 konnte ja noch niemand gewiß sein, wie der Machtkampf letztlich ausgehen würde. Irgendwann im Winter muß dann aber der Durchbruch der Noriker gelungen sein, denn im Frühjahr 70 traf Sextilius Felix im Rheinland ein, wo er bei Bingen den Iulius Tutor niederringen konnte. Seinen Vormarsch beschreibt Tacitus lakonisch: „Inzwischen konnte die 21. Legion von Vindonissa aus, Sextilius Felix mit seinen Hilfstruppen auf dem Weg durch Raetien vordringen". Das auch auf die Windischer Legion bezogene Verb *inrupere* hat natürlich in erster Linie den Zielpunkt, nämlich die Provinz Gallia Belgica, im Auge, läßt aber durchaus auf einen schwierigen Vormarsch durch und in Feindesland schließen, zumal man in Raetien den Weg wohl nur widerwillig frei gemacht haben wird. Unterwegs, allem Anschein nach aber noch in Raetien, stieß der aus dem Süden kommende, von Vitellius zu Vespasian übergelaufene Bataver Iulius Briganticus mit der *ala singularium* zu Felix (Tac. hist. 4, 70, 2). Tacitus hat hier das Geschehen auf den Nebenkriegsschauplätzen stark komprimiert, weshalb die Ansicht, Raetien habe beim Vormarsch des Sextilius Felix den angestauten Zorn der siegreichen Partei zu spüren bekommen, viel für sich hat.

### *Zerstörungen 69/70 in Raetien*

Die Auswirkungen des Bürgerkrieges sind archäologisch teilweise deutlich zu fassen: Vom Niederrhein bis nach Baden in der Schweiz, dem Kurort der Garnison von Vindonissa, reihen sich Lager und Zivilsiedlungen mit Brandschichten, welche von Zerstörung durch Feuer in den Jahren 69/70 berichten[233]. Nur die Legionslager von Vindonissa und Mainz wurden im Laufe des Bürgerkrieges und des Civilis-Aufstandes nicht zerstört, was Tacitus auch ausdrücklich erwähnt. Im Bereich der Kastellkette an der Donau sind ganz unterschiedliche, ja widersprüchliche Beobachtungen zu vermerken: Das Kastell von Brigobanne/Hüfingen, in dem zuletzt wahrscheinlich Reitertruppen lagen, ging 69/70 in Flammen auf. Sein Wiederaufbau erfolgte in frühflavischer Zeit, bald danach wurde es aufgelassen. Auch das Kastell Rißtissen teilte dieses Schicksal. In Unterkirchberg dagegen sind bei großflächigen Grabungen keine Zerstörungsspuren der Zeit um 70 gefunden worden, wohl aber erfolgte in der frühflavischen Zeit ein Umbau, kurz danach die Auflassung. Das Kastell von Aislingen wiederum lieferte deutliche Brandspuren, welche durch einschlägige Funde auf 69/70 datiert werden können; hier ergab sich bisher kein Hinweis auf einen Wiederaufbau. Sein Lagerdorf hingegen wies bei in jüngster Zeit durchgeführten Untersuchungen keine Spuren von Brand und Zerstörung auf[234]. In Summuntorium/Burghöfe waren die Zerstörungsspuren der Jahre 69/70 besonders deutlich zu fassen. Kurz danach setzte auch hier der Wiederaufbau ein. Besonders das zahlreiche Vorkommen von Metallfunden aus den Brandschichten in Aislingen und Burghöfe, aber auch in den obergermanischen Kastellen und Vici von Wiesbaden, Hofheim und Rheingönheim erlaubt einen sehr guten Überblick, welche Fibeln, Waffen und sonstige Gegenstände des täglichen Gebrauchs um 69/70 üblich waren. Eine ähnlich gute Kenntnis hat man auch von der Keramik dieser Zeit. Daher sind diese Brandschichten der Jahre 69/70 ein wichtiger Markstein zur Fixierung der Chronologie im 1. Jahrhundert n. Chr. Im gut untersuchten claudischen Kastell von Oberstimm fehlen wiederum Spuren von Zerstörung durch Feuer[235]. Das Kastell wurde 69/70 zwar aufgelassen und von Truppen einige Zeit geräumt, aber nicht zerstört. Auch hier erfolgte eine Wiederbesetzung unter Vespasian. In Zivilsiedlungen Raetiens finden sich ebenfalls immer wieder Belege von einer umfassenden Feuersbrunst. In Bregenz und in Augsburg zum Beispiel geriet so das Inventar zweier Fibelhändler in den Brandschutt der Jahre 69/70[236]. Die Grabungen 1953 in Cambodunum zeigten, daß auch diese Stadt in der fraglichen Zeit gründlich zerstört worden war[237]. Die Zerstörung erfolgte so tiefgreifend, daß nicht nur die Wohnviertel, sondern auch alle offiziellen Gebäude davon betroffen waren. Münzdatierte Schuttschichten lieferten einen klaren Hinweis, daß die Stadt vor 70 zerstört wurde. Eine mächtige Planierungsschicht aus dem Zerstörungsschutt enthielt zahlreiche Reste von Wandmalereien des ersten Forumbaues, Bruchstücke großer, repräsentativer Bronzestandbilder, marmorner Wandverkleidungen und fein gearbeiteter Architekturteile. Auch in Bregenz haben sich ähnliche Befunde eingestellt.

# Die Blütezeit des römischen Bayern

## Raetien unter den Flaviern

Obgleich der Plan zur Errichtung einer gegen Rom gerichteten Weltherrschaft in Form eines „Gallischen Reiches“ eher der flavischen Ideologie denn der historischen Wirklichkeit entsprach, verrät er dennoch einen Hinweis auf die Einstellung der neuen Dynastie gegenüber den Nordwestprovinzen. Die langen Schatten des Galliersturms und der Kimbern- und Teutoneneinfälle waren wieder erschienen und nährten in den Kerngebieten des Reiches alte Phobien. In das Trauma des Verrats von Arminius reihte sich die Unbotmäßigkeit der Batayer, Canninefaten, Treverer und Konsorten in die Kette schauriger Ereignisse des Nordens ein. Natürlich mußte etwas geschehen! Rache wäre unklug und dem Selbstverständnis des Kaisertums zuwider gewesen. Aussöhnung, Wiederaufbau und Festigung römischer Wertvorstellungen standen zu Gebote. Freilich hatten die Erschütterungen der Bürgerkriege die Reichsfinanzen ruiniert; zur Sanierung des Staatshaushalts und für die Behebung der Kriegsfolgeschäden waren nach Kaiser Vespasians (69 – 79) eigenen Berechnungen viele Milliarden Sesterzen nötig, die u. a. durch straffe Sparsamkeit sowie die drastische Anhebung der indirekten und die Ausweitung der direkten Steuern beschafft wurden (Suet. Vesp. 16, 3). Den Wiederaufbau der Städte ließ sich der neue Herrscher besonders angelegen sein. In Rom selbst wurden jetzt die Verheerungen durch den großen Stadtbrand unter Nero überwunden und prächtige öffentliche Bauten, das Kapitol, das berühmte Amphitheater und verschiedene Tempel auf seine Anordnung hin errichtet. Seine Fürsorge war besonders auch im schwer geschädigten Helvetierland zu spüren. Der Hauptort Aventicum/Avenches wurde „neu erbaut“ und 73/74 zur *Colonia Pia Flavia Constans Emerita Helvetiorum Foederata* mit Stadtrecht erhoben. Sicher hat Vespasian dieser Stadt, in der sein Vater als Zollbeamter tätig gewesen war und er selbst einen Teil seiner Jugend verbracht hatte, stets eine gewisse Verbundenheit bewahrt. Die in der Gegend verhaßte 21. Legion wurde aus dem Helvetierland weg nach Bonn verlegt und durch die *Legio XI Claudia Pia Fidelis* in Vindonissa ersetzt.

Die zerstörten Plätze Brigantium, Cambodunum und Augusta Vindelicum wurden sogleich größer und schöner wieder errichtet. Dies können wir für Bregenz und Augsburg nur einzelnen Hinweisen entnehmen. In dem später nicht überbauten Kempten zeigten die Ausgrabungen, mit welcher Großzügigkeit man hierbei zu Werke ging. Ohne Rücksicht auf die älteren Anlagen entstand an der gleichen Stelle ein neues, prachtvolles Forum.

Zur Vermeidung weiterer Kämpfe waren aber vor allem die Grenzräume neu zu ordnen und die Heeresdisziplin zu erneuern. Aus diesem Grunde wurden in Germanien sämtliche Legionen ausgetauscht. Von den Truppenverschiebungen der siebziger Jahre blieben natürlich auch die Auxilien nicht verschont. Für Raetien fehlen ausführliche Quellenzeugnisse. Zunächst genügt die Feststellung, daß die in den Bürgerkriegen unter Caecina hervorgetretene Jugend (*iuventus*) der Raeter nicht strafweise in acht reguläre Raeterkohorten umgewandelt wurde, da die Existenz dieser acht Infanterieverbände schon aus den Anfängen der römischen Besatzung herrührt (S. 43 ff.). Dagegen wäre denkbar, daß nach 70 eine zweite, kleinere Gruppe von Raeterkohorten geschaffen wurde, weil derzeit zwei (oder drei?) *cohortes Raetorum* mit der Ordnungszahl I und zwei mit der Ziffer II belegt sind. Andererseits führt keine der Raeterkohorten bislang den Beinamen *Flavia*, den man für flavische Neugründungen erwarten möchte.

## *Das Vordringen in die „Bucht des Imperiums" (sinus imperii)*

Eine der Hauptneuerungen der flavischen Dynastie war die Veränderung der Grenzziehung im Norden. Sie erfolgte im Rahmen der Inbesitznahme Südwestdeutschlands, das vom ersten Vordringen ins raetische Limesgebiet nördlich der Donau begleitet wurde[1]. Die Truppenbewegungen und Operationen der Jahre 68/70 hatten mehrfach erwiesen, wie mißlich und zeitraubend es war, vom Rhein zur Donau nur auf dem Umweg über Basel und das südliche Bodenseeufer zu kommen. Da sogar eine ausgebaute Straße zwischen Hüfingen und Riegel fehlte[2], mußte für die Schaffung kürzerer Verbindungen das Gebiet zwischen Rhein und Donau (das man nach der noch immer strittigen Stelle bei Tacitus Germ. 29, 3 als *decumates agri* bezeichnet)[3] in einem größeren Umfang als dies bisher schon der Fall war, unter römische Aufsicht gestellt werden. Die Gewinnung einer besseren militärischen Vorfeldsicherung, schnellerer und kürzerer Marschwege brachte obendrein die Nutzungsmöglichkeit fruchtbarer Gebiete mit sich; daher konnte man in Kauf nehmen, daß die klare und leicht zu überwachende Flußgrenze (Tac. Germ. 29, 2) nun in weiten Bereichen durch eine wesentlich schwerer zu kontrollierende Grenze auf dem Land ersetzt wurde. Wichtige Voraussetzungen dazu bestanden: Eine zahlreiche und politisch mächtige Bevölkerung existierte damals offenbar weder in dem zu besetzenden Gebiet noch in dem dieser Region benachbarten Raum. Somit war weder mit großem Widerstand noch mit einer starken Macht jenseits der Grenze zu rechnen. Mußte doch der militärische Aufwand für die Eroberung und den Erhalt der neuen Landesgrenze in einem vertretbaren Verhältnis zum Vorteil aus kürzeren Verbindungswegen und den gewonnenen Gebieten bestanden haben (vgl. Strabo 4, 5, 3).

Im Zuge dieser Politik wurde im Vorfeld von Mainz nördlich des Untermains die Wetterau als wichtige Kornkammer durch die flächendeckende Anlage von Lagern erschlossen: Zu nennen sind Mainz-Kastel, Wiesbaden, Hofheim/Holzkastell, Frankfurt-Höchst, Frankfurt, Frankfurt-Heddernheim, Okarben und Friedberg. Weiter im Süden entstanden rechts des Oberrheins wohl die Forts Groß-Gerau, Gernsheim, Ladenburg, Heidelberg-Neuenheim, Hockenheim, Karlsruhe-Knielingen, Baden-Baden, Offenburg und Riegel.

Als ersten Schritt zur Herstellung besserer Verbindungen ins Innere des südwestdeutschen Landes drang um das Jahr 74 Gnaeus Pinarius Cornelius Clemens, der Legat des obergermanischen Heeresbezirks, von Westen her bis in die obere Neckargegend vor. Zu diesem Zwecke erschloß er das Schwarzwaldgebiet vom Legionslager Argentorate/Straßburg über Offenburg das Kinzigtal entlang durch die Anlage einer Straße, die über Sulz und Rottweil nach Raetien führte (CIL XIII 9082 = XVII 2, 654: *iter de[rectum ab Arge]ntorate in R[aetiam?]*). Von Kämpfen während dieser Aktion ist nichts bekannt, und entgegen der älteren Meinung möchte man solche auch gar nicht annehmen[4], weil in diesem Raum damals keinerlei archäologische Zeugnisse einer zu nennenswertem Widerstand fähigen einheimischen Bevölkerung vorliegen – ein Befund, der bei immer besserem Forschungsstand noch deutlicher wird[5]. Dennoch muß die Aktion des Clemens für die neue Dynastie, der Nachrichten von militärischen Erfolgen und Gebietserweiterungen in „Germanien“ nur förderlich sein konnten, einiges Gewicht gehabt haben, denn immerhin erhielt er für seinen Erfolg die Triumphalornamente. Gelegentlich zwar ihrer ursprünglichen Bedeutung entkleidet, wurden diese in der Regel nicht nur für „technische Meisterleistungen“ vergeben[6]. Die Benennung des neuen Vororts an dieser Route als Arae Flaviae = Flavische Altäre, heute Rottweil, ist in diesem Zusammenhang nicht zu übersehen. Wo eine von Süden über Vindonissa und Hüfingen kommende Straße auf die neue Ost-West-Route stieß, entstand der Ort zunächst durchaus als ein militärischer Schwerpunkt, von dem aus wohl die ganze Besetzung des rechtsrheinischen Gebietes samt Straßenbau organisiert wurde. Sein Name, der ja ursprünglich sein muß, beweist, daß Clemens das teilweise bereits unter Augustus eroberte und dann wieder vernachlässigte Gebiet zwischen Rhein und Donau für Rom und die neue Dynastie auch durch religiöse Weihung in Besitz genommen hat[7]. Leider ist das dort höchstwahrscheinlich von ihm begründete Heiligtum für das flavische Kaiserhaus noch nicht lokalisiert. Nach dem Abzug des Militärs entstand hier eine große städtische Zivilsiedlung, die später zum Rang eines Munizipiums erhoben wurde.

Im Abstand je eines Tagesmarsches wurden im weiteren Verlauf der siebziger Jahre um Rottweil herum Auxiliarlager in Waldmössingen, Sulz und Geislingen am Riedbach-Häsenbühl angelegt. Um 80 folgte wohl das nur kurzfristig belegte Kastell in Albstadt-Lautlingen. Hier hat man die Grenze zwischen Obergermanien und Raetien vermutet[8], freilich mag im Bereich der Albhochfläche die Situation zwischen den Provinzen vorläufig offen geblieben sein. So ist auch die militärisch-administrative Zuordnung des ebenfalls um 80 entstandenen Lagers in Burladingen-Hausen ungewiß.

## *Das Überschreiten der Donau*

Die Maßnahmen in dem Neuland westlich Raetiens bedingten ein entsprechendes Vorgehen weiter östlich. Anscheinend hat schon Vespasian ein Übergreifen über die Donau nördlich Augsburg und eine weitere Verkürzung der Grenze zum Rhein angestrebt. Zerstörte Donaukastelle wie Rißtissen und Burghöfe ließ er wieder aufbauen, andere fortbestehen wie Emerkingen und erneuern wie Unterkirchberg. Darüber hinaus wurde das Alenkastell Gontia/Günzburg gegründet oder zumindest kräftig vergrößert. Dem Fragment einer Bauinschrift zufolge dürfte der Lagerbau, für den der damalige Präsidialprokuator Gaius Saturius und ein unbekannter Präfekt verantwortlich zeichneten, um 77/78 abgeschlossen worden sein (IBR 196). Besatzung war vermutlich die *ala II Flavia milliaria*, von der ein Ziegelstempel in Günzburg gefunden wurde. *Abb 149*

Bald erfolgten auch die ersten Neugründungen von Kastellen nördlich der Donau. Als Verlängerung der provinzübergreifenden Verbindungsstraße zweigte wohl bei Urspring eine Route in Richtung Osten ab. Zunächst führte man die Trasse südlich der Donau; Zerstörungen durch den Strom im Donaumoos könnten aber dazu genötigt haben, auf das andere Ufer überzuwechseln. Zudem mögen die fruchtbaren Böden nördlich der Donau einen Anreiz gebildet haben[9]. Jedenfalls überbrückte man bei Stepperg in den späten siebziger Jahren den Fluß und führte die Straße nach Nordosten über die neu angelegten Kastelle Nassenfels und Germanicum/Kösching wieder an die Donau, die sie unterhalb des Kohortenkastells bei Abusina/Eining abermals überquerte und vermutlich über Sandharlanden zur Isartalstraße und weiter in Richtung Norikum zog.

Kösching, in dem man die *ala I Thracum* als erste Besatzung vermutet, wurde nach den Resten einer zweiseitg beschrifteten dünnen Steinplatte spätestens im Jahr 80 unter dem schon aus Günzburg bekannten Prokurator Gaius Saturius bezogen (IBR 275 a–b). Derselbe Statthalter wurde vermutlich auch noch auf einer nur in zwei kleinen, aber qualitätvollen Fragmenten erhaltenen dritten Bauinschrift genannt, die aus Eining und den Jahren 79/81 stammt. Diese weist dort die *cohors IIII Gallorum* als erste Besatzung aus (IBR 331/332). Natürlich kennen wir nur einen Teil der seinerzeit gesetzten Inschriften, weshalb die damals an Raetiens Nordgrenze erfolgten militärischen Baumaßnahmen weder nach räumlichem Umfang noch nach zeitlicher Ausdehnung exakt anzugeben sind.

Sicher ging man unter den Flaviern auch daran, die Lücke in der Kastellkette der oberen Donau zwischen Oberstimm und Linz zu schließen, obwohl auch in dieser Zeit keine konkreten Belege dafür existieren, daß in diesem Bereich nördlich des Stromes eine feindliche Bevölkerung ansässig gewesen wäre. Man wird also diese Maßnahmen eher im Rahmen der Sicherung der Verkehrswege zu Wasser und zu Lande und der Aufrechterhaltung der Kommunikationslinien sehen dürfen. An erster Stelle ist hier noch einmal das vom späteren Steinkastell überdeckte und nur durch Kleinfunde, nicht aber durch Baubefunde konkret nachgewiesene Holz-Erde-Kastell von Eining zu nennen. Das nächste in der Reihe war ein nach Ausweis der Terra sigillata frühflavisches Holz-Erde-Kastell in Regensburg-Kumpfmühl, für das die *cohors III Britannorum* als Truppe in Frage kommen könnte. Ein spätflavisches zweites Lager hat man neben der Zivilsiedlung bei Regensburg-Bismarckplatz erschlossen. Zwei Garnisonen *Abb 220* beherbergte auch Straubing: einmal das flavische Westkastell (Kastell IV), in dem man die *cohors II Raetorum* vermutet, zum anderen das Ostkastell (Kastell I; unter der Nordseite des Steinkastells) aus spätvespasianisch-frühdomitianischer Zeit. Da das *Abb 165* neue Militärdiplom aus Künzing vom Jahr 116 überraschenderweise bereits die später in Straubing belegte *cohors I Canathenorum milliaria sagittariorum* nennt, darf man diese vielleicht schon von Anfang an in Straubing vermuten[10]. Ein Holzkastell mit Rasensodenmauer bei Moos-Burgstall ist spätvespasianisch und wurde – obwohl noch *Abb 13, 164* bis 120 besetzt – um 90 durch die Anlage Quintana/Künzing verstärkt. Die Besatzung beider Kastelle stellte die *cohors III Thracum civium Romanorum*. Für Passau belegt Terra sigillata einen militärischen Posten unbekannter Größe.

Natürlich hat die Durchführung solch grundsätzlicher Grenzveränderungen einen längeren Zeitraum in Anspruch genommen, und, wie gezeigt, wurden die Arbeiten nach dem Tode Vespasians unter seinen Söhnen Titus (79 – 81) und Domitian (81 – 96) weitergeführt.

Wohl schon in den ersten Jahren Domitians, sicher aber in domitianisch-trajanischer Zeit, wurde im Bereich der oberen Donau Roms vorderste Linie über den Fluß nach Norden auf die Höhe der Schwäbischen Alb vorgeschoben und eine Reihe neuer Kastelle, der von der modernen Forschung sog. Alblimes, errichtet. Neben dem schon erwähnten Kastell von Burladingen-Hausen entstanden wohl zwischen 85 und 90 östlich davon Gomadingen, Clarenna/Donnstetten und Ad Lunam/Urspring. Zeitlich mit der Besetzung des mittleren Neckartales und des Nördlinger Rieses zusammenfallend, gehört auch dieses Vorgehen in den Rahmen der Einbeziehung des südwestdeutschen Großraumes. Als Tacitus im Jahr 98, zwei Jahre nach dem unrühmlichen Ende Domitians, seine Schrift über Germanien veröffentlichte, konnte er behaupten, das Gebiet jenseits von Rhein und Donau gelte nach der Ziehung des Limes und der Vorverlegung von Garnisonen als Bucht des Herrschaftsbereiches (*sinus imperii*) und als Provinzialgebiet (Germ. 29, 3). Da nun unter Domitian die für die Realisierung dieses Konzepts Verantwortlichen in Obergermanien und Raetien offenbar gut zusammenwirkten[11], könnte man den Alblimes für eine infolge der Besetzung des oberen Neckargebietes und der Südwestalb notwendige, lineare Grenzkorrektur auf raetischer Seite halten.

Um ihrer selbst willen wurde die Albhochfläche gewiß nicht okkupiert: Boten doch die neuen Kastelle keinerlei strategische Vorteile, und erst recht waren die Albsteigen nicht leichter zu überwachen als die Donauebene; eine mächtige Bevölkerung auf der Hochfläche gab es gewiß ebensowenig wie wirtschaftliche Anreize (etwa Bodenschätze). Damit rückt die gleichfalls von Domitian geschlossene Straßenverbindung zwischen Mogontiacum/Mainz und Augusta Vindelicum/Augsburg in den Blickpunkt. Sie verkürzte die ältere, vespasianische Südroute über Straßburg noch einmal um etwa 120 km. Von der östlichen Oberrheintalstrecke abzweigend führte sie über Ladenburg, Stuttgart-Bad Cannstatt, Grinario/Köngen und Urspring bei dem schon in frühflavischer Zeit ausgebauten Kastell Günzburg über die Donau. Wie man nun unlängst zeigen konnte, waren die neuen Albkastelle Donnstetten und Urspring vorrangig auf diesen Fernweg, speziell auf die Teilstrecke Köngen–Günzburg ausgerichtet, wobei sie natürlich zugleich auch die Albaufgänge beaufsichtigten.
Keineswegs also eine lineare Grenzsicherung, brachte der Alblimes den Römern weder besondere militärische noch wirtschaftliche Vorteile: Durch die Besetzung topographisch wichtiger Punkte und den Bau von Straßen als den verbindenden Lebensnerven der Besatzungsarmee, beherrschten sie die Albhochfläche und ihre natürlichen Zugänge und kontrollierten so die besten Passagemöglichkeiten[12]. Dies gilt auch für das wichtigste Albkastell in Aquileia/Heidenheim. Ein älteres Holz-Erde-Kastell, das vielleicht nur als Baulager gedient hat, wurde um 90 zum Steinkastell ausgebaut und bot mit 4,9 ha Innenfläche der *Ala II Flavia milliaria* Unterkunft. Für mehrere Jahrzehnte lag fürderhin an der Stelle, wo Brenz- und Kochertal einen ausgezeichneten Albübergang bieten, das militärische Zentrum Raetiens. Unbeantwortet bleiben muß beim derzeitigen Forschungsstand, ob und, wenn ja, wie lange die alten Kastelle an der Donau auch nach der Vorverlegung der vordersten Linie auf die Alb Besatzungen beherbergten[13].

## *Der Chattenkrieg Domitians (83 – 84) und der Putsch des Saturninus (89)*

Die Auseinandersetzung Domitians mit dem ostwärts des Mittelrheins zwischen Rhein und Lahn siedelnden germanischen Volk der Chatten, die wesentlich in das Jahr 83 fiel, ist vermutlich nur im Zusammenhang mit einer weitergehenden, bereits von Vespasian begonnenen Neuordnung in Germanien zu bewerten[14]. Eventuell weiterreichende Absichten des Kaisers, wie man sie zur Mehrung seiner Feldherrntugend (*virtus imperatoria*) vermuten könnte, sind jedenfalls nicht zur Entfaltung gelangt. Tatsächlich könnte die Benützung der alten Einfallspforte der Wetterau begrenzte Eroberungspläne gegenüber Teilen des freien Germanien andeuten. Die Vormarschstraße in der Ebene wurde durch zum Teil schon bestehende Kastelle in Frankfurt und Heddernheim, in Okarben und Friedberg, in Bad Nauheim und möglicherweise noch an bisher unbekannten Orten befestigt und an den gebirgigen Flanken durch kleine

Schanzen auf der Saalburg, in der Kapersburg und in Butzbach im Westen und durch Anlagen in Kesselstadt und Altenstadt im Osten gesichert. Noch im Herbst 83 nahm Domitian den Ehrentitel Germanicus (d. h. Germanensieger) an[15], mußte sich sodann aber rasch Kämpfen an der unteren und mittleren Donau widmen, die mit den Dakern, den Quaden und Markomannen ausgebrochen waren und dort für lange Zeit starke römische Kräfte banden[16]. Als Konsequenz des Sieges und der Landgewinne erfolgte um 85 die Umwandlung der bis dato bestehenden beiden germanischen Heeresbezirke in reguläre kaiserliche Provinzen[17]: Die neu besetzten Lande rechts des Oberrheins bildeten fürderhin zusammen mit der heutigen Schweiz und Teilen Ostfrankreichs die Provinz *Germania superior* (Obergermanien) mit Mogontiacum/Mainz als Hauptstadt, während die nördlich anschließenden linksrheinischen Gebiete zur Provinz *Germania inferior* (Niedergermanien) mit der Hauptstadt Claudia Ara Agrippinensium/Köln wurden. Durch den – wenn auch kleinen – Gebietsgewinn in Germanien konnte Rom Münzen mit der stolzen Rückseitenaufschrift *GERMANIA CAPTA* prägen. Aus Analogien unter Vespasian und Trajan geht hervor, daß mit solchen Formulierungen die in Kämpfen errungene Einrichtung neuer Provinzen gefeiert wurde. Aus uns nicht mehr nachvollziehbaren Gründen, angeblich, weil der Kaiser ihn homosexueller Neigungen bezichtigt hatte, empörte sich im Winter 88/89 der obergermanische Statthalter Lucius Antonius Saturninus in Mainz gegen den Monarchen[18]. Die beiden Mainzer Legionen verweigerten wohl am ersten Tag des Jahres 89 dem Domitian die Gefolgschaft und erhoben ihren örtlichen Kommandanten auf den Schild. Die Ereignisse überschlugen sich. Mitte Januar war Domitian mit den Prätorianern unterwegs in Richtung Norden, und am 24. traf bereits die Nachricht von der Niederschlagung des Putsches in Rom ein. Saturninus war gleichfalls Mitte Januar durch die Legionen der benachbarten Provinz Niedergermanien unter ihrem Legaten Aulus Buccius Lappius Maximus, irgendwo zwischen Mainz und Bonn, in einer offenen Feldschlacht vernichtet worden (Epitome de Caes. 11, 10). Dabei siegten die kaisertreuen Verbände trotz ihrer zahlenmäßigen Unterlegenheit, weil der zugefrorene Rhein plötzlich auftaute und die barbarischen Verbündeten (vermutlich die Chatten) dem Saturninus nicht mehr, wie vereinbart, zu Hilfe eilen konnten.

Wie bei einem Putsch in Mainz nicht anders zu erwarten, war der raetische Prokurator auch in diesen Staatsstreich hineingezogen worden. Erst seit einiger Zeit wissen wir, daß diesen Posten damals ein gewisser Norbanus innehatte, von dem sein Freund, der Dichter Martial, schreiben konnte (9, 84)[19]:

„Während du, Norban, gegen frevle Empörung für Caesar,
für deinen Herrn, im Feld standest in schuldiger Treu,
hab ich, sicher im Schatten der Musen, scherzend gedichtet,
der ich die Freundschaft zu dir immer, du weißt ja, gepflegt.
Nannte der Raeter mich dir dort im Vindelikerlande.“ (R. Helm)

Es ist nicht glaubhaft, daß Norbanus mit den raetischen Auxilien erst nach dem Abschluß der Kämpfe Ende Januar oder Anfang Februar in Vindonissa/Windisch eingetroffen sei, dort den nahenden Kaiser und die Garde erwartete und dann gemeinsam mit diesen nach Mainz marschierte[20]. Auch die Vermutung, Norbanus habe die Alpenübergänge gesperrt und einen Teil des obergermanischen Heeres, vermutlich die Windischer Legion zu binden versucht, hat wenig für sich[21]. Nach dem Wortlaut unserer Überlieferung, demzufolge Saturninus „von Norbanus (und) Lappius in einem Treffen geschlagen wurde" (*per Norbanum <et> Lappium acie stratus*), scheint der raetische Prokurator bei der Schlacht eine wesentliche Rolle gespielt zu haben: Vermutlich hat sich der Straßenbau zwischen Raetien und Mainz rasch als zweckmäßig erwiesen, denn auf diesem Weg dürfte Norbanus dem obergermanischen Kampfverband mit der *ala II Flavia milliaria* in den Rücken gefallen sein[22]. Als Anerkennung ihrer Verdienste erhielten die treu gebliebenen und an den Kämpfen beteiligten Truppenteile die Ehrentitel *pia fidelis* („ergeben und treu"), mit deren Hilfe wir nicht nur das Heer des niedergermanischen Statthalters rekonstruieren, sondern auch die Beteiligung eben der raetischen Elitetruppe erschließen können (CIL XIV 2287). Nicht unwahrscheinlich ist übrigens, daß Maximus und Norbanus dem Saturninus zunächst ihre Unterstützung zugesagt hatten, um sich dann auf dessen Kosten als besonders kaisertreu zu profilieren[23]. Nach Cassius Dio (67, 11, 1 f.) hatte Maximus nämlich nichts Eiligeres zu tun als (noch vor Eintreffen des Kaisers in Mainz) die Papiere des Saturninus zu verbrennen. Er und Norbanus machten in den berüchtigten letzten Jahren Domitians glänzend Karriere, und zumindest Norbanus, der zum Zeitpunkt von Domitians Ermordung (96) Prätorianerpräfekt war, hatte von seiner Loyalität inzwischen gewaltige Abstriche gemacht und war in das Komplott gegen seinen Förderer eingeweiht gewesen (Cass. Dio 67, 15, 2).

Im Zusammenhang mit dem Putsch des Saturninus, vermutlich nach dessen Niederschlagung, kam es zu Kämpfen mit den Chatten, die die Zeitgenossen als Germanenkrieg (*bellum Germanicum*), die moderne Forschung gelegentlich als zweiten Chattenkrieg Domitians bezeichnet haben; dabei wurde anscheinend eine Reihe von Kastellen zerstört, doch bald war das rechtsrheinische Gebiet, nicht zuletzt wohl dank der Tatkraft des späteren Kaisers Trajan (Plin. Paneg. 14, 5), wieder gesäubert[24].

Nach Abschluß dieser Konflikte setzte ein intensiver Ausbau der Reichsgrenze ein. Es entstand in Fortsetzung der Mainlinie zwischen Hainstadt und Obernburg von Wörth am Main über Seckmauern, Lützelbach, Vielbrunn, Eulbach, Würzberg, Hesselbach, Schlossau und Oberscheidental nach Neckarburken und Bad Wimpfen der sog. Odenwaldlimes in seiner ersten Phase; er war vor allem durch kleine Numeruskastelle gesichert und in Schneisen durch den Odenwald mit Patrouillenweg und Holztürmen überwacht.

Am Neckar entlang zog nun die Grenzmarkierung nach Süden, hinter der Flußgrenze des Neckars durch die größeren Auxiliarkastelle Bad Wimpfen, Heilbronn-Böckingen, Walheim, Benningen, Bad Cannstatt und Grinario/Köngen gesichert. Die zwischen Köngen und dem Alblimes noch bestehende Lücke wurde zunächst durch den sog. Lautertallimes mit dem Kleinkastell Dettingen geschlossen, wobei das bei Luftaufnahmen entdeckte Kastell Eislingen das Bindeglied zwischen Köngen und Heidenheim bildete.

## *Roms Grenzen und der „Limes“*

Mit den Konflikten Kaiser Domitians gegen die Chatten hat man bis in die jüngste Zeit hinein eine neue Konzeption in der römischen Grenzverteidigung verbunden. Seither habe sich die Vorstellung einer linearen Grenzverteidigung herausgebildet und durchgesetzt. Tatsächlich war diese Folgerung aus einer Notiz des zeitgenössischen Generalstabsoffiziers und Feldmessers (*agrimensor*) Iulius Frontinus (strat. 1, 3, 10) so nicht gerechtfertigt, weil es Frontin „um eine strategische Maßnahme zur Veränderung der Bedingungen der Kriegführung“ ging[25], wenn er von der Anlage von Limites (*limites agere*) sprach. Gemeint war der Bau von Militärstraßen quer durch Feindesland[26], weshalb das Vorgehen gegen die Chatten in den Rahmen der damals üblichen römischen Angriffs- und nicht etwa Verteidigungsmaßnahmen gehörte. Dasselbe gilt auch für die oben bereits erwähnte Formulierung des Tacitus, wonach das Gebiet zwischen Rhein und Donau seit der Ziehung des Limes und der Vorverlegung von Garnisonen als Bucht des Imperiums und als Teil der Provinz gelte: *limite acto promotisque praesidiis sinus imperii et pars provinciae habentur* (Germ. 29, 3). In diesem Halbsatz ist eine römische Okkupationsleistung gerafft und verfahrensmäßig exakt wiedergegeben, keineswegs aber die römische Grenze beschrieben. Die Wendung „einen Limes anlegen“ (*limitem agere*) hat ganz dieselbe Bedeutung wie bei Frontin, und nur weil die Einzahl verwendet wird, ist noch lange nicht der Limes als „Reichsgrenze“ gemeint[27]. Niemand käme auf die Idee, aus dem weiteren Singular „Teil der Provinz“ (*pars provinciae*) zu folgern, Tacitus hätte nicht gewußt, daß das neu eroberte Gebiet nicht nur einer Provinz, sondern Obergermanien und Raetien eingegliedert wurde. Die lateinischen Begriffe *limes*, *praesidia* und *pars provinciae* haben hier keinen konkreten Bezug und sind daher typologisch gemeint. Mit den Anfängen des gesamten späteren „obergermanisch-raetischen Limes“ hat all das unmittelbar nichts zu tun. Wir begegnen einem verbreiteten Problem wissenschaftlicher Terminologie: Bestimmte Ausdrucksweisen bürgern sich in unpassender Weise ein und leben auch dann hartnäckig weiter, wenn sie längst als unzutreffend erkannt sind. Für den Begriff *limes* gilt das ganz besonders. Umfangreiche Wortanalysen zeigten nämlich schon zu Beginn unseres Jahrhunderts, daß mit *limes* ursprünglich eine quer durch das Gelände geführte „freie Bahn zu ebener Erde, ohne künstliche Aufschüttung hergerichtet, mit schnurgeraden Strecken oft von ansehnlicher Breite“[28] bezeichnet war. Nie ist dabei „der Limes selbst ein gefestigter Weg, geschweige denn eine Befestigung mit Palisaden oder mit Wall und Graben; einen solchen Mißbrauch mit dem Wort limes zu treiben, war erst möglich, seitdem die Grenzlimites in Germanien, Rätien und England im 2. und 3. Jhdt. n. Chr. mit Wall und Graben versehen wurden, . . .“[29]. Andererseits ist unstrittig, daß schon Tacitus im Jahr 98 *limes* für die römische Landgrenze im Unterschied zur Flußgrenze *ripa* gebraucht hat (Agr. 41, 9); die Probleme aber bleiben, weil *limes* in dieser Verwendung zwar die momentane Demarkationslinie zwischen den Römern und der barbarischen Außenwelt (HA v. Hadr. 11, 2; 12, 6), aber weder die mit dieser Linie verbundenen militärischen Strukturen (Gräben, Türme etc.) noch die organisatorischen Gegebenheiten einer eventuellen Grenzwehr an dieser Linie (etwa die Truppen) bezeichnet[30].

Die Existenz von Grenzlinien, die sich an markanten Geländemerkmalen orientieren konnten, war den Römern nichts Neues[31], nicht einmal in Raetien; bereits in der Okkupationszeit legten sie hier den Grund, als sie sich entlang der Straße am Alpenkamm und später entlang der Donau festsetzten. Dabei haben sie eben mit *limes* und *ripa* (Flußufer) keineswegs automatisch die Fortifikationen assoziiert, sondern entweder die wie immer gestaltete Demarkationslinie selbst oder aber das gesamte durchaus dynamische Grenzsystem angesprochen, zu dem natürlich das so wichtige Hinterland und selbst das Gebiet vor den äußersten Straßenlinien gehörte[32]. Schon von daher muß die Vorstellung, die Einrichtung des Limes habe etwas mit defensiven, sich nach außen abschließenden Absichten der Römer zu tun gehabt, irreführend sein.

Eine Abgrenzung ihres Reichsgebiets im Sinne genau festgelegter Staatsgrenzen, wie sie modernen Territorialstaaten wesentlich sind, lag den Römern, zumindest aus militärischen Belangen, damals fern. Das verdeutlicht unsere im Grunde mißverständliche Rede vom römischen Reich: Imperium Romanum war und blieb erstrangig immer die römische Herrschaft, und sie war und blieb naturgemäß an die Macht der Römer gebunden, in bestimmten Regionen der Welt den Ton anzugeben[33]. Die territoriale Erstreckung dieses Machtgebildes ergab sich gleichsam von selbst, und sie ist selbstverständlich niemals anders als dynamisch verstanden worden. Dabei brachten die Römer das gedankliche Kunststück fertig, den von ihnen beherrschten Teil der Welt stets mit dieser selbst zu identifizieren und dennoch einen guten Kaiser daran zu messen, daß er seine Feldherrntugend (*virtus*) durch die Ausweitung eben des Imperium Romanum unter Beweis stellte. Diese prinzipielle Grenzenlosigkeit der Römerherrschaft war Ausfluß des überlegenen Selbstverständnisses der mittelmeerischen Großmacht gegenüber den umwohnenden Barbaren. Mögen einzelne Niederlagen die Römer noch so empfindlich verletzt (und insbesondere ihre Rekrutierungsprobleme verschärft) haben, das berechtigte Bewußtsein um die im Grunde ungefährdete Superiorität ihrer Militärmacht brachte es mit sich, daß sie beispielsweise noch um die Mitte des 2. Jahrhunderts die obergermanische Grenzlinie einfach 30 km nach Osten vorschieben konnten (S. 123). Wenn die Römer überhaupt so etwas wie die (speziell in den USA) in jüngerer Zeit leidenschaftlich diskutierte „grand strategy“ kannten, so bestand sie in der frühen und mittleren Kaiserzeit nicht in einem sich nach außen abschließenden Sicherungssystem, sondern in einer „Verteidigung in die Tiefe“, nämlich in die Tiefe nach außen. Mit anderen Worten: Rhein, Limes und Donau galten zwar als Demarkationslinien, aber man verteidigte sie nur im Ausnahmefall selbst; fühlte man sich ernsthaft bedroht, drang man in großen Bewegungskriegen ins Feindesland ein und verließ sich auf die Schlagkraft der eigenen Legionen und Auxilien, die in der Lage waren, die Hauptmacht des Feindes zu zerschlagen noch ehe sie die Grenzen des Reiches erreichte[34]. Wichtiger als die Grenzanlagen waren mithin die Truppen, speziell die militärisch bestens geschulten Legionen, denen keine Armee der damals bekannten Welt auf Dauer stand hielt. So galt noch immer (und daran änderte sich bis in die Spätantike nichts), daß sich die Grenzen der Provinz letztlich bei den Spitzen der römischen Schwerter und Lanzen befanden (Cicero in Pisonem 38: *fines provinciae fuerint qui gladiorum atque pilorum*). In diesem Sinne gehörten allgemein zum römischen Limes vor allem Truppen und Straßen, alles andere war beinahe beliebig variierbar und fast zufällig[35].

So selbstverständlich wie jeder dynamische Expansionsprozeß früher oder später und aus den verschiedensten Gründen mehr oder minder zum Erlahmen kommt, so selbstverständlich ist die Verfestigung eines länger währenden Status quo an der Grenze. Die äußere Form, in der diese bei den Römern stattfand, war im Grunde nichts als eine Möglichkeit von vielen; im Einzelfall gaukelt sie eventuell den Eindruck einer Verteidigungslinie vor. Tatsächlich ist der obergermanisch-raetische Limes nur eine Spielart im Umgang der Römer mit ihren Grenzen. In weiten Teilen verliefen diese entlang großer Flüsse oder in Wüsten; im Osten fehlt weitgehend ein fortifikatorischer Ausbau, in Britannien und Nordafrika trägt dieser ganz oder teilweise andere Züge als in unseren Breiten. Dabei dienten die Sperranlagen in diesen Zonen zumindest nicht erstrangig der Feindabwehr, sondern der Überwachung einheimischer Wanderbewegungen. Auch der obergermanisch-raetische Limes – ursprünglich ja nur ein bewachter Weg – war zweifellos in jeder seiner Ausbauphasen immer bis zu einem gewissen Grad durchlässig, vor allem für friedliche Leute, denen Rom – wie in Raetien den Hermunduren – den Durchzug gestattete (S. 203 f.).

Viel stärker als Verteidigungsabsichten verleiteten zunächst „wirtschaftliche“ Überlegungen die Römer zu Absperrmaßnahmen. Ein bezeichnendes Beispiel: Gesandte der Tenkterer haben sich einmal gemäß ihrer von Tacitus nachempfundenen Rede in Köln beschwert, die Römer hätten Flüsse und Länder, sozusagen sogar den Himmel versperrt (hist. 4, 64, 1), woraufhin die Agrippinenses Zölle und Handelserschwernisse (*vectigal et onera commerciorum*) abzuschaffen versprachen. Ähnlich den Hermunduren sollten die Tenkterer ohne Aufsicht, freilich nur tagsüber und unbewaffnet, den Rhein überschreiten dürfen (hist. 4, 65, 3). Das Recht, Handel mit den Römern bzw. mit den Bewohnern des Imperium Romanum treiben zu dürfen, dieses *commercium*, hatte an den Grenzen große Bedeutung, wie beispielsweise eine Inschrift des Commodus zeigt, durch die er in Porolissum an der Nordostgrenze Dakiens nach den sog. Markomannenkriegen als *restitutor commerciorum* geehrt wurde (AE 1988, 977). Da es stets ein Privileg war, mit den Römern Handelsbeziehungen zu unterhalten, konnten bewachte Grenzpfade die Übergangswege kanalisieren und umgekehrt den Bewohnern innerhalb der Grenzzonen das Gefühl einer von Rom garantierten Sicherheit und Friedenszeit vermitteln. Nur den zuverlässigsten Freunden, wie den Hermunduren, öffneten die Grenzprovinzen auch Häuser und Gutshöfe (*domus* und *villae*), während sie den übrigen Waffen und Kastelle zeigten (*arma* und *castra*; Tac. Germ. 41, 1). Dabei scheint man im keltisch-germanischen Bereich für den fortifikatorischen Ausbau von Grenzlinien durchaus empfänglich gewesen zu sein (Tac. ann. 2, 19, 2; hist. 4, 37, 3; Frontin. strat. 2, 11, 7)[36], weshalb ihn die Römer stufenweise für ihren Limes in dieser Region auch praktizierten.

Vor diesem Hintergrund geht die militärische Überbewertung der Limesanlage zumindest für unsere Breiten schon deshalb am wesentlichen vorbei, weil diese Aktivitäten gerade in die „Ebbezeit barbarischer Kampfeslust“ (A. Mócsy) fielen. Das hat sich erst Mitte des 2. Jahrhunderts teilweise geändert, jedoch hat auch das vollentwickelte Grenzsystem nie mehr als kleinere Überfälle abzuwenden vermocht.

In der flavischen Zeit war zweifellos die weitere Entflechtung der militärischen Ballungsräume in Germanien ein gewichtiger Nebenaspekt. Die Erfahrungen der von Mainz ausgehenden Usurpationen von 69 und 89 müssen für den jeweils ganz persönlich betroffenen Domitian traumatisch gewirkt haben. Kurioserweise drohte – wie es scheint – bald nach der Ermordung Domitians eine Neuauflage der Bürgerkriege, als unter dem alten Kaiser Nerva (96 – 98) abermals gleichzeitig in Obergermanien und Syrien Hoffnungen auf den Thron aufkeimten; allerdings konnte Nerva dem Reich durch die Adoption des Mainzer Statthalters Marcus Ulpius Traianus einen neuerlichen Bürgerkrieg ersparen[37].

## Der raetische Limes

Unter Kaiser Trajan (98 – 117) verlagerte sich das militärische Schwergewicht des Reiches mehr und mehr vom Rhein an die mittlere und untere Donau. Außer den drei Pannonischen Kriegen unter Domitian und Nerva war vor allem der ebenfalls schon unter Domitian verstärkt in Erscheinung getretene Konflikt Roms mit dem Volksstamm der Daker für die Veränderung der strategischen Gesamtlage verantwortlich. Trajans Dakerkriege (101 – 102 und 105 – 106) endeten mit einem vollständigen römischen Sieg und mit der Einrichtung der neuen Provinz Dacia (Siebenbürgen, Banat, Oltenien)[38]. Möglicherweise hat Raetien in die trajanischen Dakerkriege geringfügige Detachements entsandt (RMD 10 + S. 127)[39], im großen und ganzen wurde es von den Ereignissen unmittelbar nicht berührt. Ein mittelbarer Zusammenhang läßt sich allenfalls vermuten: Unter den rund 45 Militärdiplomen aus Raetien betrafen nur drei nachweislich nicht Soldaten des raetischen Heeres; sie stammen aus Oberstimm, Dambach und Regensburg (RMD 10, 85 und 86) und gehören alle in trajanische Zeit. Es wäre durchaus denkbar, daß im Zuge von Landzuweisungen an Veteranen der Dakerkriege die Besiedelung Raetiens und des eben erst erschlossenen Limesgebietes vorangetrieben werden sollte[40].

*Abb 12* In den späten Jahren Domitians und in der Frühzeit Trajans veränderte sich die Grenzsituation im raetischen Teil des Limesgebietes nördlich der Donau beträchtlich. Faimingen und Nassenfels wurden offenbar rasch wieder aufgegeben. Das kontrollierte Gebiet wurde nach Norden erweitert und schlug nunmehr, von Eining ausgehend, einen großen Bogen mit den nördlichsten Punkten bei Theilenhofen und Unterschwaningen hin zum Alenkastell Heidenheim a. d. Brenz. Dort wurde die Verbindung zum Alblimes und zur stärksten Garnison der Provinz hergestellt. In die Zeit um 90 datiert man derzeit die Holz-Erde-Lager von Pfünz, Weißenburg, Gnotzheim und Unterschwaningen, als domitianisch bzw. spätdomitianisch anzusprechen sind Munningen, Nördlingen und Oberdorf am Ipf, als trajanisch Pförring und Theilenhofen. Seit trajanischer Zeit standen alle raetischen Auxiliarreiter nördlich der Donau; im westlichen Abschnitt 1000 in Heidenheim und später in Aalen, im östlichen Abschnitt je 500 in Weißenburg, Kösching und Pförring. Aufgrund ihrer Mobilität eigneten sie sich bestens für die Kontrolle der stark zerklüfteten Albhochflächen[41]. Weiter nach Osten zu wurde in der Spätzeit Domitians die Befestigungsreihe entlang der „nassen" Grenze *Abb 13, 164* der Donaulinie durch das Kastell Künzing ausgebaut: ein um 90 gegründetes Holz-Erde-Kastell löste Moos-Burgstall ab. Die in der Regel von Terra Sigillata-Chronologien abhängigen Datierungen der Anfänge der einzelnen Anlagen sind in Diskussion[42]. Nur vermuten können wir bislang, daß schon um 100 zwischen Weißenburg und Ruffenhofen die in späteren Ausbauphasen im wesentlichen beibehaltene Limeslinie mit ihren Patrouillenwegen und dem Signalsystem der davor liegenden Holztürme entstand. Ähnliche Grenzmarkierungen zwischen Ruffenhofen und dem Anschluß an die Alblinie bis nach Köngen sind trotz intensiven Suchens nicht gefunden worden und daher wenig wahrscheinlich. Dabei ist aber zu betonen, daß beim derzeitigen Forschungsstand die genaue zeitliche Einordnung der vier verschiedenen Bauphasen des raetischen Limes nicht möglich ist. Dieses nach 100 Jahren Limesforschung nicht gerade ermutigende Ergebnis hat seinen Grund vor allem im Mangel an datierenden Kleinfunden im Bereich der Limeslinie selbst. Im übrigen verdanken wir sehr vieles, was wir über den raetischen Limes wissen, immer noch der Pionierarbeit um die Jahrhundertwende. Die im Jahr 1892 auf Anregung von Th. Mommsen gegründete Reichslimeskommission hatte den Limes und seine Probleme mit nicht geringem Aufwand und zum Teil erheblicher Fachkenntnis vorübergehend zum bevorzugten Ziel der provinzialrömischen Forschung in Deutschland gemacht. Die vollständig erschienenen Bände des Sammelwerkes „Der obergermanisch-raetische Limes des Römerreichs" legen hiervon ein beredtes Zeugnis ab[43]. Trotz alledem bleiben noch viele Fragen offen, und es wäre an der Zeit, die Limesstrecke selbst durch gezielte Grabungen mit den modernsten Mitteln der Archäologie zu untersuchen. Leider sind wir weit davon entfernt, die Erforschung des Limes – mit der sich jede Anliegergemeinde natürlich stolz schmückt – als staatlich geförderte Gemeinschaftsaufgabe zu betrachten.

*Abb. 11 Weißenburg. Römisches Militärdiplom aus dem Jahr 107. Das am besten erhaltene ist auch eines der frühesten der rund 45 Diplome aus Raetien; H. 16,5 cm (Prähist. Staatsslg. München).*

*Abb 12* Die langwierige, mehrere Jahrzehnte in Anspruch nehmende Entwicklung der Limestrassierung, der keineswegs ein einheitlicher, uns logisch anmutender Plan zugrunde liegen muß, ist nur ansatzweise verstanden. Zweifellos haben zunächst der Schutz der Verbindungsstraße zwischen Mainz und Augsburg sowie die Einbeziehung des Rieses eine große Rolle gespielt. Im übrigen sind wir auf Vermutungen angewiesen.

Besonders die eigenwillige Führung der Grenzlinie in einem weit nach Norden vorspringenden Bogen hat die Forschung immer wieder beschäftigt. Dabei müssen wir uns hüten, Zufälligkeiten überzubewerten. Beispielsweise folgt die auf den Meeresspiegel reduzierte 20°C-Juli-Isotherme einer ähnlichen Route wie der obergermanisch-raetische Limes! Die Vorstellung, der Limesverlauf entspreche der erstarrten Frontlinie einer steckengebliebenen Offensive ist ebenso abzulehnen wie die Ansicht, die Römer hätten den beherrschenden Hesselberg in die Überwachung der Kastellreihe einbeziehen wollen. Der Hesselberg hat nämlich bis heute nur älteres prähistorisches Fundmaterial in großer Menge, aber keine Siedlungszeugnisse von Kelten oder Germanen geliefert, welche Rom hätte unterwerfen können; außerdem hatte der Berg keine besondere strategische Bedeutung für die Römer. Wirtschaftliche Gründe – die Erzlagerstätten des Jura hätten eingeschlossen werden sollen – wurden ebenso genannt wie rein politische.

Bleibt man auf dem Boden der Tatsachen, so ist eine auffällige Übereinstimmung der Ausbuchtung nach Norden mit den geologischen Verhältnissen unübersehbar. Anscheinend wurde die Grenzlinie nach und nach bis an den Südrand der breiten Stufe des Sandsteinkeupers herangeschoben, die wegen ihres urwaldähnlichen Bewuchses mit dichten Laub- und Nadelhölzern siedlungsabweisend und nur schwer durchlässig war und so die denkbar beste natürliche Außenzone darstellte[44]. Zum einen schloß so der Limes in seiner letzten Phase die leichter zugängliche, fruchtbare Juraformation des Albvorlandes mit ein, zum anderen sicherte er die militärische Kontrolle über die wichtigen Lößböden des Nördlinger Rieses, dessen Name auch schon von *Raetia* abgeleitet wurde. Für die Versorgung der Grenztruppen und der Provinzhauptstadt Augsburg war diese Linie mit der Wetterau zu vergleichen, deren Erschließung in vieler Hinsicht als typisch betrachtet werden kann.

Allerdings müßten wir mehr über die Feinchronologie wissen, um entscheiden zu können, wie die Römer im einzelnen vorgingen. Man darf ruhig voraussetzen, daß das römische Oberkommando das Gelände sehr gut kannte, die Frage ist aber, ab wann es sich für die Keuperstufe interessierte? Daß diese Linie von Anfang an durchgehend angestrebt wurde, ist nicht glaubhaft. Der Alblimes mit Zentrum Heidenheim wurde noch Jahrzehnte im Zustand der „Grenzzone" gehalten, als weiter östlich bereits die „Grenzlinie" existierte. Freilich hätten die Römer dieser modernen Unterscheidung vermutlich nicht die Bedeutung zugemessen, die ihr heute beigelegt wird, und auch die angebotene Erklärung, der Alblimes sei nur wenig gefährdet gewesen, überzeugt nicht. Denn das war zwischen Ruffenhofen und Weißenburg angesichts der unwirt-

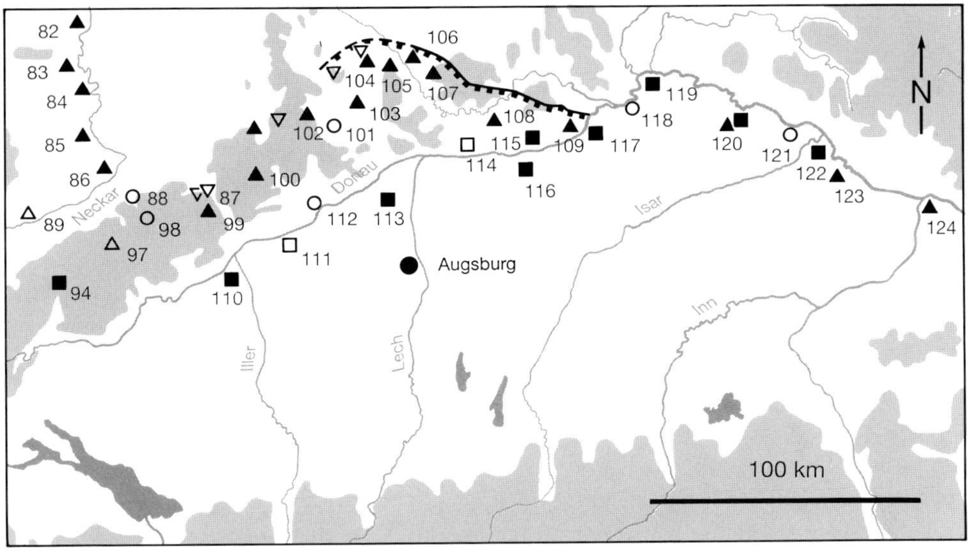


*Abb. 12 Die Entwicklung der römischen Reichsgrenze im obergermanisch-raetischen Gebiet von Vespasian bis Trajan. [■] weiterbenutzte claudische oder frühflavische Militäranlagen (□ erschlossen), [▲] unter Domitian und Trajan gegründet (△ erschlossen), [▽] vielleicht nach Trajan gegründet, [○] mögliche Militäranlagen. – 82 Heilbronn-Böckingen, 83 Walheim, 84 Benningen, 85 Stuttgart-Bad Cannstatt, 86 Köngen, 87 Eislingen, 87a Deggingen, 88 Dettingen u. T., 89 Rottenburg, 94 Burladingen-Hausen, 97 Gomadingen, 98 Donnstetten, 99 Urspring, 100 Heidenheim, 101 Nördlingen, 102 Oberdorf am Ipf, 102a Lauchheim, 102b Essingen, 103 Munningen, 103a Ruffenhofen, 103b Dambach, 104 Unterschwaningen, 105 Gnotzheim, 106 Theilenhofen, 107 Weißenburg, 108 Pfünz, 109 Pförring, 110 Unterkirchberg, 111 Günzburg, 112 Faimingen, 113 Burghöfe, 114 Nassenfels, 115 Kösching, 116 Oberstimm, 117 Eining, 118 Alkofen, 119 Regensburg-Kumpfmühl, 120 Straubing, 121 Steinkirchen, 122 Moos-Burgstall, 123 Künzing, 124 Passau-Innstadt (nach H. Schönberger Karte D mit Ergänzungen).*

lichen und siedlungsfeindlichen Keuperstufe schwerlich anders. Umgekehrt spricht gerade die erst jüngst erkannte Lautertal-Sperre für „gewisse lokale Sicherheitsprobleme" an der raetischen Westgrenze (D. Baatz).

Denn die vom Kastell Köngen über Dettingen unter Teck, Donnstetten und Urspring nach Heidenheim ziehende Römerstraße wurde im Lautertal zwischen Dettingen und Owen beim Austritt aus der Alb durch eine 600 m lange Anlage (die sog. Sibyllenspur) kontrolliert. Ursprünglich wohl nur ein Graben mit einem südlichen Wall aus Rasensoden, scheint die zweite Phase der Lautertal-Sperre aus Graben und Palisade bestanden zu haben. Von einem Kleinkastell an ihrem südöstlichen Ende überwacht, diente sie vom Ende des 1. bis in die erste Hälfte des 2. Jahrhunderts wohl zur Beobachtung der Limesstraße, möglicherweise an der damaligen Grenze zwischen Obergermanien und Raetien[45]. Die jüngere Ansicht, die Lautertal-Sperre sei nicht als Limes zu bezeichnen, ist zutreffend, freilich nicht, weil diese Sperre innerhalb der militärischen

Grenzzone den Verkehr auf der römischen Straße überwachte[46], sondern weil die Straße selbst der Limes und die Sperre nur sein Beiwerk war. Ein unvoreingenommener Blick auf die Karte läßt die Verbindung Köngen–Donnstetten–Urspring unschwer als den (natürlich weiter gezogenen) Vorläufer des späteren Limeswinkels von Welzheim–Lorch–Schirenhof erkennen.

Das römische Militär war Kampfverband, Grenzschutz, Polizei, Produktionsbetrieb und Bautrupp in einem: Es trat je nach Bedarf als das eine oder das andere auf. Dementsprechend facettenreich konnte auch der von diesem Militär gebaute und betreute Limes ausfallen, und zwar um so mehr, als dieser Limes im Zusammenwirken vielfältiger Komponenten entstand: Sein Erscheinungsbild bestimmten neben geologischen Gegebenheiten vor allem der kaiserliche Wille, sodann die Möglichkeiten, diesen vor Ort zu verwirklichen, ferner die Notwendigkeiten des militärischen und zivilen Grenzschutzes (der sich wie heute weit ins Hinterland erstreckte) und – nicht zuletzt – der militärischen Disziplin (*disciplina militaris*). So banal es ist: Aber das Jahr hatte auch damals viele Werktage, an denen Truppen durch strenge Zucht auf Vordermann zu halten waren, zumal im Frieden und zumal im Norden, wo sie durch die Beschaffenheit von Landschaft und Klima einen wenig einträglichen und rauhen Dienst leisteten (was schon Tacitus trefflich bemerkt hat: hist. 1, 51, 2). Schließlich kommt noch ein weiteres hinzu: Bei dem etappenweisen Vorschieben der Auxiliartruppen mußte eine ausreichende Versorgung der Soldaten und der bald nachziehenden Zivilsiedlungen gewährleistet sein. Der Versuchung, in die Anfänge und Entwicklungen das eindrucksvolle, die Zeitläufte überdauernde und unser Denken vor- und (unwillkürlich stets) mitprägende Endprodukt „Limesmauer" mit hineinzunehmen, ist zu widerstehen. Obschon gelegentlich auch breit gefächertes, koordiniertes Vorgehen sichtbar wird, kann sich so mancher Zustand über Jahre hinweg entwickelt haben, und infolgedessen kann so manches Ergebnis viel zufälliger sein, als sich dies in der Rückschau erkennen läßt[47]. Die Luftbildarchäologie sorgt hier für immer neue Überraschungen. So könnte auch die Vorstellung des Alblimes durch die Entdeckung der Lager von Deggingen und besonders von Essingen, südwestlich von Aalen, und neuerdings östlich von Lauchheim, punktuell verändert werden. Während Essingen mitten im Eisengebiet liegt, dürfte das verkehrsgeographisch besonders auffällig postierte Lager von Lauchheim aller Wahrscheinlichkeit nach schon in der ersten Hälfte des 2. Jahrhunderts eine unbekannte Zeit lang den natürlichen Übergang vom Jagsttal in das Egertal und die Verbindungsstraße von Heidenheim nach Oberdorf überwacht haben[48].

Die zur Überwachung der Grenze nötigen Truppen waren in Kastellen[49] verschiedener Größe im unmittelbaren Limeshinterland stationiert. Je nach der geographischen Situation lagen sie in Sichtweite der Grenze oder (vor allem im östlichen Teil des raetischen Limes) etwas zurückgesetzt. Auch diese Kastelle tragen bei genauerer Betrachtung wenig dazu bei, im Limes eine befestigte Verteidigungslinie zu sehen.

Denn die Lager und Kastelle der frühen und mittleren Kaiserzeit waren keine Anlagen im Sinne mittelalterlicher Burgen oder neuzeitlicher Festungen, sondern durch Gräben, Mauern und Türme relativ schwach gesicherte Kasernen, von denen aus die Truppen beweglich operieren sollten. Eine längere Belagerung durch überlegene Gegner war nicht eingeplant.

Die römischen Kastelle für Auxiliareinheiten in der mittleren Kaiserzeit hatte man nach einem einheitlichen Schema angelegt, das allerdings bei genauerer Kenntnis der Anlagen sehr oft individuellen Gegebenheiten und Bedürfnissen angepaßt war. Dies zeigten auch deutlich die großflächigen modernen Untersuchungen an Kastellen in Bayern, z. B. in Künzing, Oberstimm und Ellingen. Die Aufgabe der in den Truppenlagern am Limes untergebrachten Einheiten bestand darin, kleinere feindliche Gruppen, welche die Grenze überschritten hatten, zu stellen und zurückzuschlagen. Bei größeren Angriffen waren die Grenztruppen überfordert, hier halfen dann nur noch ad hoc zusammengestellte größere Heere, die von anderen, momentan weniger gefährdeten Grenzabschnitten herbeigeführt wurden. *Abb 13, 130, 164, 188*

Die Kastelle waren streng genormte Kasernenanlagen mit einer meist rechteckigen Umwehrung mit abgerundeten Ecken und zinnenbewehrter Mauer, Eck-, Tor- und Zwischentürmen und zumeist vier Toren, dem Ausfalltor (*porta praetoria*), dem hin-

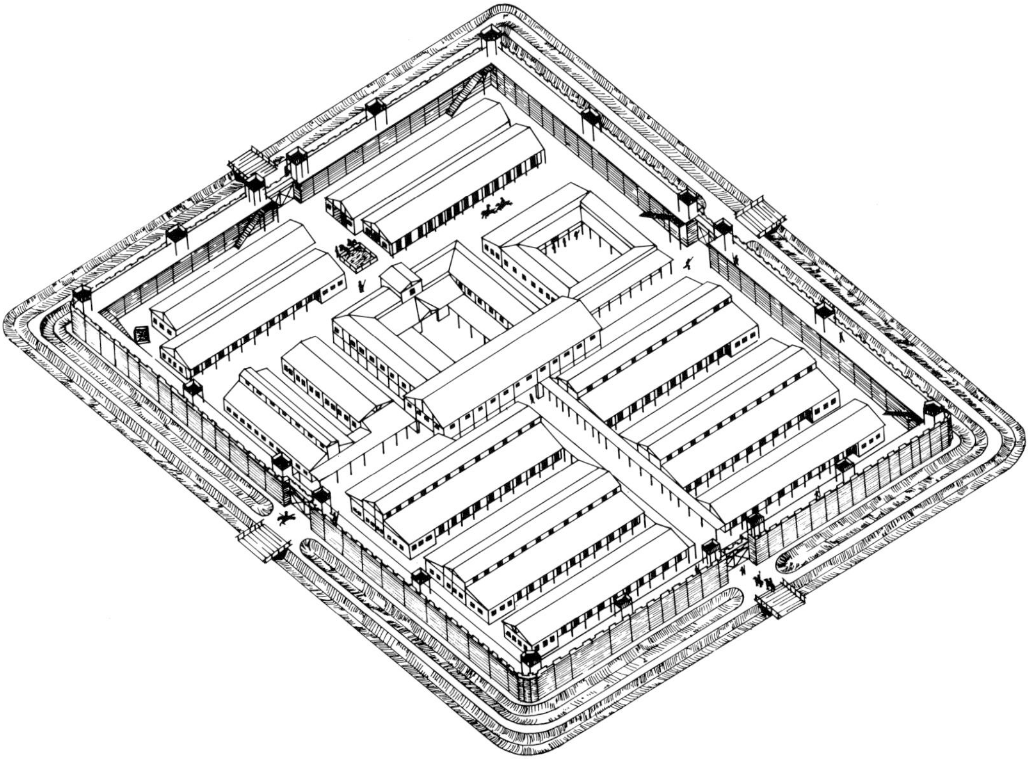

*Abb. 13 Künzing (Lkr. Deggendorf). Rekonstruktion des Kastells in der 2. Holzbauperiode des frühen 2. Jh. (nach H. Schönberger).*

teren Lagertor (*porta decumana*), dem rechten und linken Lagertor (*porta principalis dextra* und *porta principalis sinistra*). Darum zogen sich Spitzgräben als Annäherungshindernisse. Innen an der Umwehrung verlief eine durchgehende Straße, die *via sagularis*. Im Zentrum an der Kreuzung der Hauptstraßen befand sich stets das Mittelgebäude (*principia*) mit dem Fahnenheiligtum, der Lagerkasse, einer Versammlungshalle, Büroräumen und Waffenkammern, die um einen Innenhof gruppiert waren. Vor den Principia verband als Haupt- und Appellstraße die *via principalis* das linke mit dem rechten Principaltor. In der kleineren zwischen *porta praetoria* und *via principalis* gelegenen Lagerhälfte, der *praetentura*, befanden sich die Kasernen für die Mannschaften. Diese waren meist als schlichte Baracken für je eine Hundertschaft, eine *centuria*, gebaut, die in zehn oder mehr kleinen Doppelräumen zu je acht Mann, dem *contubernium*, untergebracht war. Im rückwärtigen Teil des Lagers zum hinteren Lagertor hin, der *retentura*, waren neben dem Kommandantenhaus verschiedene Versorgungseinrichtungen wie Schuppen, gegebenenfalls auch Ställe und ein *horreum* untergebracht. Dieses Vorratshaus enthielt die Verpflegungsvorräte für die Soldaten, die ja mit Naturalverpflegung in Form ungemahlenen Getreides versorgt wurden. Die Soldaten hatten in ihren Unterkünften das Getreide zu mahlen und entsprechend zu kochen, weshalb sich dort auch stets Herde befanden. Zisternen, Brunnen und Wasserleitungen sowie Latrinen und Kanalisationssysteme sorgten für Trink- und Brauchwasser und Hygiene.

Je nach der Stärke der untergebrachten Einheit schwankte die Größe der Kastelle: Von der 500 Mann starken Infanterieeinheit (*cohors quingenaria*) bis zur 1000 Mann starken Reitertruppe (*ala milliaria*) betrug der Flächenbedarf zwischen 1,5 bis zu 6 ha. Für die nur etwa zwischen 100 und 200 Mann starken Wacheinheiten der Numeri gab es auch entsprechend kleinere Anlagen. Um die Kastelle entstanden bald kleinstadtähnliche Siedlungen, die Lagerdörfer (*vici*)[50]. Hier standen Wohnhäuser, Werkstätten, Verkaufsläden und Wirtshäuser, aber auch öffentliche Gebäude wie Thermen und Tempel. Diese Thermen, die sog. Kastellbäder, waren nicht nur für die Freizeitgestaltung, sondern vor allem für die Hygiene der eng kasernierten Soldaten von größter Bedeutung. In den Lagerdörfern deckten Händler und Handwerker den Bedarf der Soldaten, auch die Angehörigen des Militärs wohnten hier.

## Hadrian und Raetien

Mit Hadrian (117 – 138) gelangte ein Kaiser an die Macht, der sich bemühte, die Provinzen zu vollwertigen und gleichberechtigten Gliedern des Römerreiches zu machen und durch eine Reform in der Verwaltung seine Gedanken zu realisieren. Seine Wertschätzung der griechischen Kultur mag manches dazu beigetragen haben. Der Kaiser strebte an, alle Teile des Reiches kennenzulernen und überall selbst nach dem Rechten zu sehen. Im Laufe von 13 Jahren bereiste er fast das ganze Imperium, studierte die fi-

*Abb. 14 Röm. Sesterz des Kaisers Hadrian, der auf der Vorderseite nach rechts blickt (Aufschrift:* HADRIANVS AVG COS III PP*); auf der Rückseite sitzt der Kaiser zu Pferd und hält mit der erhobenen Rechten eine Ansprache an drei (bzw. vier) Soldaten, die Feldzeichen (auch einen Legionsadler) tragen. Die Aufschrift lautet* EXERCITVS RAETICVS.

nanzielle Leistungsfähigkeit der Provinzen, ordnete Bauten und Anlagen an und traf Entscheidungen, die sich noch Jahrhunderte danach segensreich auswirkten. Hadrians Ziel war die wirtschaftliche Entwicklung der Grenzprovinzen, aus denen der Ersatz für die dort stationierten Truppenteile rekrutiert werden und deren Wirtschaft die Versorgung der Grenzgarnisonen selbst übernehmen sollte, um dadurch den Nachschub zu vereinfachen. Dem lagen nicht in erster Linie militärische Überlegungen zugrunde. Immer noch war das römische Reich so stark, daß die Grenzlinie nie als schützende Befestigung, sondern als Instrument der Waren- und Personenkontrolle angesehen wurde.

Zwischen April und August 121 reiste Hadrian von Rom ab[51] und begab sich laut Historia Augusta (v. Hadr. 10, 1 f.) zunächst nach Gallien und von da nach Germanien. Vermutlich fuhr er mit dem Schiff über Massilia und dann Rhône und Saône aufwärts in die Germania Superior, wo wir ebenso wie in Gallien Meilensteine des Jahres 121 kennen[52]. Er sei zwar mehr auf Frieden als auf Krieg aus gewesen, habe aber dennoch die Soldaten wie im Krieg gedrillt und gleich diesen gelebt. Ausführlich wird erzählt, wie er Maßnahmen zur Festigung der Truppendisziplin traf und die Verwaltung ordnete. Sein erstes Winterquartier lag schwerlich in Obergermanien, eher wohl im traditionsreichen kaiserlichen Aufenthaltsort Lugdunum/Lyon. Im Frühjahr 122 scheint Hadrian die Grenzen Norikums, Raetiens und Germaniens inspiziert zu haben, ehe er im Juni oder Juli 122 nach Britannien übersetzte[53].

Für diesen Besuch Hadrians in Raetien besitzen wir kein ausdrückliches Zeugnis, wohl aber ein wichtiges Indiz. Nach Abschluß seiner Reisen, d. h. nach 132, prägte der Kaiser zu Ehren der von ihm aufgesuchten Provinzen und Völker Erinnerungsmünzen, meist Sesterzen (Großbronzen). In vier verschiedenen Gruppen von Darstellungen wurde entweder der Ankunft des Herrschers (*adventus*), seiner Reformtätigkeit, seiner Fürsorge für das örtliche Heer oder allgemein der Provinz gedacht[54]. Für Norikum kennen wir zwei Arten von Prägungen, von denen die eine mit der Aufschrift ADVENTVI AVGusti NORICI das Eintreffen des Monarchen in diesem Gebiet sichert (RIC 904), die andere das norische Heer preist: EXERCITVS NORICVS (RIC 927). Für Raetien ist bislang nur der Bezug zur Provinzarmee durch die Legende *Abb 14* EXERCITVS RAETICVS belegt (RIC 928–930). Das raetische Heer, der *exercitus Raeticus*, taucht hier als eine eigenständige Einheit, die für den Bestand des Reiches als bedeutsam erachtet wurde, auf. Erstaunen muß hervorrufen, daß bei der Exercitus-Raeticus-Prägung, von der es drei verschiedene Rückseitentypen gibt, verschiedentlich Soldaten den Legionsadler (*aquila*) tragen, obwohl damals in Raetien keine Legion gestanden hat. Ob hierfür besondere Gründe vorlagen, oder der Stempelschneider lediglich stereotyp vorging, ist nicht entschieden.

Zweifellos hat Hadrian, und nicht erst, wie man gelegentlich meinte, sein Nachfolger, Augsburg zum Municipium erhoben (IBR 90; 97; 136 f.; 139; 175; Wagner 25). Das verlangte natürlich nicht notwendigerweise seine persönliche Anwesenheit; auf der anderen Seite kann man sich so manche Szenerie schön ausmalen. Im Grunde aber beruht die Datierung der Stadtwerdung Augsburgs auf das Jahr 122 nur auf einer Vermutung. Bis heute gibt es auch keinerlei Hinweise dafür, daß die Gemeinde in hadrianischer Zeit nicht das römische Bürgerrecht (*civitas Romana*) erlangt hat, sondern die Vorstufe des latinischen Rechts (*ius Latii*), das nur der örtlichen Oberschicht über die Bekleidung städtischer Ämter zum Bürgerrecht verholfen hätte[55].

Das neue Munizipium durfte fortan den Geschlechtsnamen des Herrschers aus der Familie der Aelier als Beinamen führen. Außerhalb der Stadt und der Provinz Raetien ist *Aelia Augusta* – meist irgendwie abgekürzt – in Heimatangaben von Legionaren, Prätorianern und kaiserlichen Gardereitern bezeugt. Bei Legionaren taucht daneben auch die wohl ursprüngliche Form *Augusta Vindelicum* auf, und in Prätorianerlisten des 3. Jahrhunderts wird *Aelia* neben dem Stadtnamen *Augusta* als sogenannte Pseutotribus geführt. In der Stadt selbst und ihrer Umgebung kommt *Aelia Augusta* bislang nur einmal vor, und zwar in der Form *r(es) p(ublica) civit(atis) Aeli[ae Aug(ustae)]* (IBR 173). Ansonsten findet sich mehrfach *municipium Ael. Aug.* (IBR 111; AE 1980, 661; Schillinger-Häfele 226; Wagner 56–58), was früher *municpium Aelium Augustum*, neuerdings aber zu *municipium Aelium Augusta* aufgelöst wird[56].

Seit jeher hat die Forschung gewisse Maßnahmen am Limes in Obergermanien und Raetien in diese Jahre datiert und mit Hadrians Besuch in Zusammenhang gebracht. Haben wir uns bis dahin die Grenzlinie zum freien Germanien (wenigstens teilweise) als eine Art Schneise vorzustellen, die in Abständen von Holztürmen bzw. hölzernen Aussichtsplattformen zu observieren war, so wurde vermutlich nun zur Regelung des Grenzverkehrs die Limeslinie mit einer hohen Palisade aus Eichenstämmen abgeschlossen. Sie ist allem Anschein nach in Hadrians spätantiker Biographie beschrieben: „Um diese Zeit, wie auch sonst noch, sonderte er die Barbaren in sehr vielen Gegenden, in denen die Barbaren nicht durch Flüsse, sondern durch Grenzwege (von uns) getrennt sind, durch große Pfähle, die in der Art einer Mauer tief in die Erde eingerammt und dicht miteinander verbunden waren.“ (*per ea tempora et alias frequenter in plurimis locis, in quibus barbari non fluminibus sed limitibus dividuntur, stipitibus magnis in modum muralis saepis funditus iactis atque conexis barabaros separavit.* v. Hadr. 12, 6). Es liegt nahe, die Stelle, die mit einer vagen Zeitangabe (*per ea tempora*) nach dem Spanienaufenthalt des Kaisers (Winter 122/123) erzählt wird, mit den undatierten archäologischen Befunden zu verbinden. Dies wäre denkbar bei Strecken wie bei Weißenburg und Theilenhofen, wo die Limeslinie später nicht verändert worden ist, und auch für das Ostende des raetischen Limes nördlich Pfünz bis Eining an der Donau läßt sich diese Version aufrechterhalten, wenn wir von der älteren Annahme einer späteren Vorverlegung der Strecke um einige Kilometer abrücken und in der bekannten Linie zugleich die erste Anlage sehen. Auf Schwierigkeiten stößt diese Interpretation für den Winkel, in dem später der obergermanische und der raetische Limes zusammenstießen. Hier wurde die letzte Linie, von der die Palisade aus der Zeit um 160 dendrochronologisch nachgewiesen ist, sicherlich erst unter Hadrians Nachfolgern ausgebaut.

Waren die Maßnahmen Hadrians am Limes von der älteren Forschung erheblich überschätzt worden, so wurden sie in jüngerer Zeit offenbar zu gering bewertet. Während man zunächst der hadrianischen „Heeresreform“ alle nicht näher datierbaren Anlagen, Kastellgründungen und Neuformierungen von Truppen zugesprochen hatte, wies man später auf die Unmöglichkeit einer durchgehenden Limespalisade hin und betonte, daß sich bei keinem der Kohorten- und Alenkastelle am Limes die Erbauung unter Hadrian sicher nachweisen ließ, während in vielen Fällen die Funde sogar eindeutig dagegen sprechen. Auf der anderen Seite ist das Fehlen hadrianischer Bauinschriften am obergermanisch-raetischen Limes (vom Zufall abgesehen) kein eindeutiges Argument, da der Steinausbau von Kastellen gewöhnlich erst in nachhadrianischer Zeit erfolgte und zu den älteren Holz-Erde-Anlagen möglicherweise schnell vergangene hölzerne Bauinschriften gehörten[57]. Tatsächlich hat man jüngst die Anfänge des zwischen 1980 und 1982 ausgegrabenen Kleinkastells Sablonetum/Ellingen aufgrund *Abb 130, 131* der Terra Sigillata in spättrajanisch-frühhadrianische Zeit (115/125) datieren können und einen Zusammenhang mit dem Besuch Hadrians nicht ausgeschlossen.

Die Besatzung des Ellinger Kastells gehörte vermutlich in die Kategorie der sogenannten „nationalen Numeri“, die gelegentlich auch als „ethnische Einheiten“ oder „Sonderhilfstruppen“ bezeichnet werden. Diese waren keineswegs, wie man lange glaubte, eine Neuschöpfung Hadrians; er hat sie bestenfalls neu organisiert. Ihre Entstehung, Eigenart, Geschichte und Bedeutung zu erforschen, gehört aber zu den noch ausstehenden Forschungsaufgaben der römischen Militärgeschichte. Nebenbei gesagt, hat man ihre Entwicklung vermutungsweise mit Volksaufgeboten wie den erwähnten *Raeti Gaesati* (S. 46) in Verbindung gebracht. In Raetien können wir im 2. Jahrhundert solche leicht bewaffneten und sozial niedrig eingestuften Kleinverbände, die ihre

Standlager direkt an der Grenze hatten und zur Unterstützung der regulären Hilfstruppen für Wach-, Aufklärungs- und Sicherungsaufgaben eingesetzt wurden, außer in Ellingen noch in Halheim, Gunzenhausen, Oberhochstatt und Böhming vermuten. Unklar ist, ob und gegebenenfalls wie, die Kundschafter (Exploratoren) der 9. Batavekohorte in diesem Zusammenhang eine Rolle gespielt haben[58]. Wie immer, beweist u. a. das Kleinkastell Unterschwaningen, daß auch in Raetien schon Jahrzehnte vor Hadrian Hilfskontingente mit ähnlicher Aufgabenstellung vorhanden waren.
Im Limeshinterland blieben in Raetien bis in hadrianische Zeit die Kastelle Unterkirchberg, Burghöfe und Oberstimm zumindest teilweise besetzt.

## Der weitere Ausbau der Limesanlagen

Kaiser Antoninus Pius (138 – 161) verschrieb sich außenpolitisch ganz der Friedenssicherung. Nicht nur in Britannien verstärkte er den von Hadrian angelegten Grenzwall durch den Bau eines weiter nach Norden vorgeschobenen Erdwalls an der schmalsten Stelle der britischen Insel. Auch in Obergermanien und Raetien galt seine Sorge der Grenze. Unter ihm wurden mehrfach biegungsreiche Strecken des Limes durch neue, gerade und kürzere Trassierungen ausgeglichen und mit der bekannten Holzpalisade markiert. Die in Holz-Erde-Bauweise errichteten Wehranlagen der Kastelle wurden durch Steinmauern mit festen Türmen und Toren ersetzt, und an die Stelle der hölzer-
*Abb 170* nen Limestürme traten mehrstöckige Steinbauten. Eine stattliche Reihe von Kleinkastellen und einzelne größere Kastelle wurden zusätzlich in die bestehende Linie eingeschoben. Vielleicht in dieser Zeit oder etwas später hat man schadhaft gewordene Palisadenstrecken durch ein zaunartiges Flechtwerkhindernis repariert, doch ist die genauere chronologische Einordnung dieses Flechtwerkzaunes am raetischen Limes nicht völlig klar.
Diese Vorgänge lassen sich im einzelnen am Limes in der Wetterau erkennen, wo von verschiedenen Kastellen durch Inschriften oder Grabungsbefunde der Steinausbau für die Zeit des Antoninus Pius feststeht. Auch am Mainlimes, der bereits in den ersten Jahren Trajans durch die Errichtung von Kohortenlagern in Stockstadt, Obernburg, Großkrotzenburg und dann später noch durch den Neubau der Kohortenkastelle in Seligenstadt und Niedernberg ausgebaut wurde, läßt sich trotz schlechten Forschungsstandes die Antoninische Verstärkung aus dem Umbau in Stein von Stockstadt und der Neuanlage des Kleinkastells Wörth und des Kohortenkastells Miltenberg-Altstadt ersehen. Mehrere Zeugnisse dieser Bautätigkeit erbrachte der Odenwald-Neckar-Abschnitt; der steinerne Ausbau der Befestigung ist bezeugt für das Kastell Neckarburken-Ost durch den *numerus Brittonum Elantiensium* (CIL XIII 6490–92 = RSO 64, 66, 68) und ebenfalls im Odenwald allein für fünf Wachtposten mit Türmen durch Inschriften aus den Jahren 145/146 (CIL XIII 6511, 6514, 6517, 6518 = RSO 61, 62, 60, 63; Schillinger-Häfele 52)[59].

Trotz all dieser Arbeiten wurde kurz nach der Jahrhundertmitte die gesamte Grenzlinie südlich des Mains um 20 – 30 km nach Osten verlegt, wodurch die Odenwald- und Neckarlinie aufgelassen, von den Römern seit langem mitgenutztes translimitanes Land umschlossen und der tief einspringende Winkel zwischen Raetien und Obergermanien erheblich verkürzt wurde. Daß dies in römischen Augen keine untergeordnete Maßnahme war, sondern auf ein Mandat des Kaisers hin geschah, ist jedem Kundigen klar. In einer fast schnurgeraden Linie zog nun der Limes vom Main bei Miltenberg nach Südosten über die Kastelle Walldürn, Osterburken, Jagsthausen, Öhringen, Mainhardt, Murrhardt, Welzheim bis Lorch, wo er auf den raetischen Abschnitt traf. Wegen der ungewöhnlich ausführlichen Benennung des obergermanischen Statthalters Gaius Popilius Carus Pedo als *legatus . . . pro praetore Germaniae superioris et exercitus in ea tendentis*, als proprätorischer Legat von Obergermanien und des darin liegenden Heeres (CIL XIV 3610 = IIt IV 1, 127; vgl. AE 1924, 74), wollte man in diesem Senator den für die wohl zwei bis drei Jahre dauernde Vorverlegung Verantwortlichen erblicken[60]. Daran ist zumindest so viel richtig, daß Pedo in einer militärischen Aktion mit einem verstärkten Heer zur Beseitigung jener Mißstände beitrug, die schließlich auch die Grenzverschiebung veranlaßt haben werden. Eine Bauinschrift aus dem Kohortenkastell Jagsthausen (CIL XIII 6561 = RSO 67) zeigt, daß spätestens um 161, vielleicht auch früher, mit Besatzungen an der vorderen Linie zu rechnen ist. Auf den Sommer 159 läßt sich vielleicht der Umzugsbeginn nach Osten für die Truppe der Elzbrittonen (*numerus Brittonum Elantiensium*) festlegen, weil diese 158 auf Befehl des Statthalters und unter Führung des Centurios Veranius Saturninus in Neckarburken noch aufwendig das Kastellbad umbauten (AE 1986, 523), während bald darauf der genannte Centurio bereits in Osterburken Kommando führte (AE 1986, 524). Dies paßt zur dendrochronologischen Bestimmung des Bauholzes für den Osterburkener Benefiziarier-Weihebezirk auf den Winter 159/160[61].

Für den raetischen Limes ist der Zeitpunkt der Vorverlegung vom Neckar an die vordere Linie von großer Bedeutung, stieß doch sein westlicher Teil unmittelbar an die äußere Linie des obergermanischen Limes; er muß also etwa gleichzeitig mit ihr entstanden sein. Dies wird in glücklicher Weise archäologisch bestätigt, da die Limespalisade im Rotenbachtal, wo der raetische Limes beginnt, durch Baumringchronologie (mit den nötigen Unsicherheitsmargen) auf 164 datiert werden konnte; im Folgejahr waren die Eichenstämme der Palisade am Jagstübergang südlich von Rainau-Schwabsberg gefällt worden[62]. Aus dem Befund bei der „Feldwache“ bzw. dem „Limestor“ bei Dalkingen wissen wir aber, daß die Römer als erstes einen Zaun errichteten, an dessen Stelle später die übliche Palisade trat. Daher muß dieser Zaun in den Jahren vor 165 entstanden sein. Man darf also auch hier mit Arbeiten in den fünfziger Jahren rechnen. In diesen Jahren entstanden auch die Kastelle an der vorderen Linie des westraetischen Limes, nämlich Schirenhof, Böbingen, Aalen und Rainau-Buch. Gleichzeitig wurden die rückwärtigen Lager aufgegeben. Die Münzreihe in Urspring endet 153/154; Oberdorf am Ipf war wohl bereits etwas früher geräumt worden, Heidenheims Ala zog

*Abb 167–169*

*Abb. 15 Mönchsroth (Lkr. Ansbach). Die Limespalisade während der Ausgrabung im Jahr 1894 (Foto: W. Kohl).*

nach der Jahrhundertmitte nach Aalen um. Dort wurde einer Bauinschrift zufolge der Ausbau des Kastells zumindest teilweise Ende 163 oder Anfang 164 abgeschlossen (AE 1986, 528 = 1989, 597)[63]. Die dendrochronologischen Daten der Hölzer aus der Vorhalle der Principia in Aalen ergaben dazu passend ein einheitliches Fälldatum von 160 (± 10). Über das Steinkastell von Halheim, dessen Beginn man in diese Zeit verlegt, war die Lücke zu den bereits existierenden Kastellen im Osten des raetischen Li-
*Abb 16* mes endgültig geschlossen: Ruffenhofen, Dambach, Gnotzheim, Theilenhofen, Weißenburg, Ellingen, Pfünz, Kösching, Pförring, Eining. Wann in diese Linie die kleineren (Numerus?)-Kastelle von Gunzenhausen, Oberhochstatt und Böhming eingeschoben wurden, läßt sich noch nicht sagen. Das viel ältere Ellingen gehört in diese Reihe, doch folgt daraus nicht zwangsläufig etwas für die anderen Anlagen. So wird man sich am besten mit der Datierung „um die Jahrhundertmitte" begnügen.

Für den Ausbau des Limes an der Ostseite des raetischen Bogens dagegen ist die Quellenlage wesentlich günstiger. Von fünf der bis zur Donau folgenden sieben Kastelle existieren Bauinschriften: Von ihren Truppen in Stein ausgebaut wurden danach Mediana/Gnotzheim im Jahre 144 (Wagner 81), Vetoniana/Pfünz zur Zeit des Antoninus

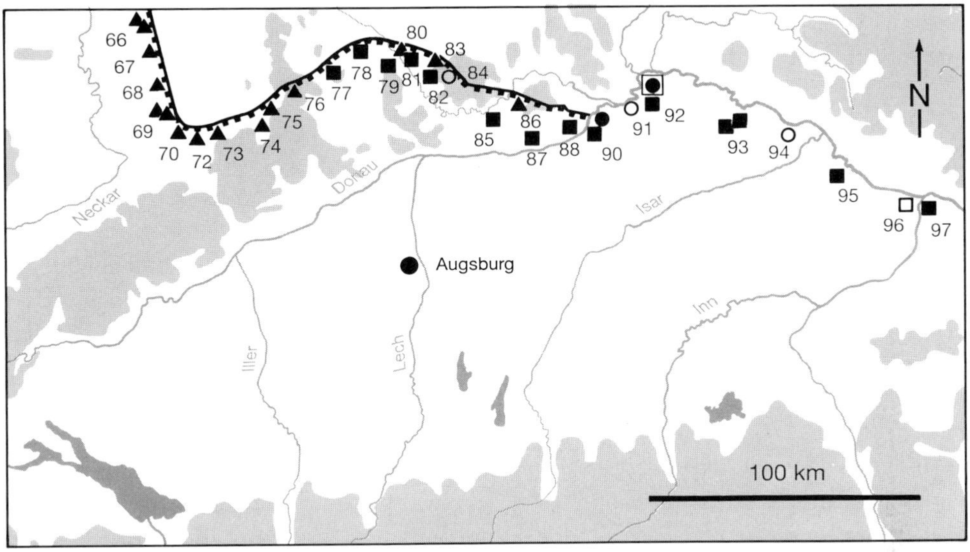


*Abb. 16 Die römischen Grenzkastelle im obergermanisch-raetischen Raum in der letzten Ausbauphase seit der Mitte des 2. Jh. [■] weiterbenutzte ältere Militäranlagen (□ erschlossen), [▲] unter Antoninus Pius erbaut, [○] mögliche Militäranlagen. – 66 Öhringen, 67 Mainhardt, 68 Murrhardt, 69 Welzheim, 70 Lorch, 72 Schirenhof, 73 Böbingen, 74 Aalen, 75 Rainau-Buch, 76 Halheim, 77 Ruffenhofen, 78 Dambach, 79 Gnotzheim, 80 Gunzenhausen, 81 Theilenhofen, 82 Weißenburg, 83 Ellingen, 84 Oberhochstatt und Burgsalach, 85 Pfünz, 86 Böhming, 87 Kösching, 88 Pförring, 90 Eining, 91 Alkofen, 92 Regensburg (-Kumpfmühl, -Altstadt, seit 179 Legionslager), 93 Straubing, 94 Steinkirchen, 95 Künzing, 96 Passau, 97 Passau-Innstadt (nach H. Schönberger Karte E).*

Pius (IBR 276 und 278), Germanicum/Kösching 141 (IBR 258), Celeusum/Pförring 141 (IBR 263), Abusina/Eining zwischen 139 und 161 (IBR 333)[64]. Nach dem archäologischen Befund wurden auch die Kastelle Iciniacum/Theilenhofen und Biriciana/Weißenburg um die Jahrhundertmitte in Stein erneuert.

Der „nasse" Limes entlang der Donau war gleichfalls in diese Bautätigkeit miteinbezogen; Sorviodurum/Straubing präsentierte sich seit dieser Zeit nach dem Ergebnis der Ausgrabungen sogar als Standort zweier Steinkastelle. Das gleiche kann man mit einiger Berechtigung auch für Regensburg annehmen, wo neben dem Kohortenlager von Kumpfmühl an der Donau zumindest der Vicus samt Gräberfeld eines zweiten Kastells festgestellt worden ist. In Steinanlagen wurden Quintana/Künzing und wahrscheinlich die beiden kleinen Zwischenlager von Alkofen und Steinkirchen umgewandelt. Ein an der Provinzgrenze nach Norikum im Bereich der heutigen Altstadt von Passau für die Zeit nach der Mitte des 2. Jahrhunderts vermutetes Kastell vielleicht der 9. Bataverkohorte scheint sich bisher erst in Spuren anzudeuten. Der Name *Batavis*, der dann auf die heutige Stadt überging, ist nur für die Spätantike belegt (Not. dign. occ. 35, 24).

Zeugnisse vermehrter Bautätigkeit in Norikum und weiter donauabwärts legen ein einheitliches Konzept der Verstärkung der Grenzlinie nahe[65]. Solche erheblichen Aufwendungen, die gewiß nur zum Teil bekannt sind, wurden nicht grundlos gemacht. Allerdings ist der Befund nicht eindeutig. Denn einmal ist zu bedenken, daß überhaupt nur die Steinbauphasen von Kastellen mit steinernen Bauinschriften epigraphisch faßbar sind: Unser Bild kann daher verzerrt sein. Zum anderen regierte Antoninus Pius 23 Jahre, in denen friedliche (Bau-)Tätigkeiten der römischen Provinzarmeen ganz normal waren. Die Beschaffenheit unserer archäologischen und epigraphischen Quellen läßt die Absichten hinter den Verstärkungen der Grenzanlagen nicht erkennen; es wäre daher gut vorstellbar, daß die Bauten der frühen Regentschaft des Antoninus Pius als Ausdruck einer ungetrübten Friedenszeit, die späteren aber bereits als Vorsichtsmaßnahmen gegen sich abzeichnende Völkerbewegungen und Unruhen in der Welt des Nordens aufzufassen sind. Letzteres dürfte speziell für die vermehrten Aktivitäten seit etwa 155 nicht ganz unmöglich sein. Die Auseinandersetzungen mit den germanischen Stämmen könnten sich bereits abgezeichnet haben. Die erst in jüngster Zeit festgestellte Verstärkung der Garnisonen in Regensburg und Straubing, wo mit dem Regental bzw. der Stallwanger Senke die wichtigsten Paßstraßen von Böhmen her in das Donautal münden, würden dazu gut passen. In diesem Fall wäre es kein Zufall, daß die Markomannenkriege Raetien gerade im Abschnitt zwischen Gnotzheim und Straubing, von dem die meisten Anzeichen intensiver Bautätigkeit der Zeit kurz vor dem Kriege bekannt sind, besonders trafen[66].

## Das raetische Heer

Als eigener, fest umrissener Begriff tritt uns der *exercitus Raeticus*, das raetische Heer, *Abb 14* durch die Münzprägung unter Hadrian entgegen. Darüberhinaus finden wir den Begriff auf Inschriften, auf denen Soldaten als Angehörige dieser Regionalarmee bezeichnet wurden (z. B. CIL V 7717; 8660 VI 3255). Die militärische Besatzung einer römischen Provinz konnte ausschließlich aus Hilfstruppen oder aus Legion(en) plus Hilfstruppen bestehen. Vor den Markomannenkriegen galt für Raetien der erste Zustand, danach der zweite.

Nach heutigen Maßstäben handelte es sich um erstaunlich geringe Truppenstärken. So genügte vor 170 die verhältnismäßig kleine Anzahl von ca. 11 000 Mann, um der Provinz Raetien für lange Zeit Frieden und Wohlstand zu garantieren. Danach kamen rund 6000 Mann hinzu. Neben den Legionen, die auch in der Kaiserzeit reine Bürgerverbände blieben, hatte Augustus seinem stehenden Heer zur Nutzung wertvollen Rekrutierungspotentials und zur Eingliederung unterworfener Völkerschaften reguläre Hilfstruppen (*auxilia*) angegliedert. Zu den anfänglich existierenden Reitereinheiten (*alae*) gesellten sich alsbald Infanterietruppen (*cohortes*), die auch als *levis armatura* bezeichnet wurden. Wie die Legionen, wurden auch die Hilfstruppen nach einem nicht immer konsequent befolgten Prinzip durchnumeriert und ganz unterschiedlich durch Zufügung von Stammesnamen, geographischen Namen, Eigennamen oder von militärtaktischen Besonderheiten gekennzeichnet. Ursprünglich wurden diese Einheiten in neu eroberten Gebieten aus den jungen Männern der unterworfenen Bevölkerung aufgestellt und an entfernten Punkten außerhalb des Rekrutierungsgebietes eingesetzt. Die Anziehungskraft der Garnisonsorte war bei Soldaten, denen die reguläre Eheschließung untersagt war, naturgemäß sehr groß (Tac. ann. 14, 27, 2). Im Laufe des 2. Jahrhunderts setzte sich die Ergänzung der Mannschaften aus der Bevölkerung der Standortprovinz immer mehr durch. In den Hilfstruppen dienten unter römischer Befehlshabern zahlreiche Peregrine, also frei geborene Bewohner des Reiches, die nicht das Bürgerrecht Roms besaßen. Dieses erwarb der Auxiliarsoldat nach der Regeldienstzeit von 25 Jahren für sich und (bis 140) auch für seine Kinder. Organisatorisch wurden die Auxilien seit Augustus weitgehend vereinheitlicht. Eine normale Ala (*ala quingenaria*) bestand aus 16 Turmen zu je 32 Mann; jede Turma wurde von einem Decurio befehligt. Die gewöhnliche Auxiliarkohorte (*cohors quingenaria peditata*) setzte sich aus sechs je 80 Mann starke Centurien unter dem Kommando eines Centurios zusammen. Daneben gab es Kohorten mit einem Reiteranteil; diese *cohortes quingenariae equitatae* vereinten sechs Centurien à 80 (oder 60?) Fußsoldaten mit vier Turmen Reitern. Unter Kaiser Vespasian begegnet erstmals der vergrößerte Typus der sogenannten Milliarierverbände. Als Neuschöpfungen oder durch Aufstockung alter quingenarer Einheiten entstanden, galten diese Großverbände als Verdoppelung der bisherigen Truppen, auch wenn sich ihre Sollstärke nicht genau auf 1000 Mann belief. Die etwas älteren *cohortes milliariae peditatae* bestanden aus zehn Kohorten zu je 80 (oder 100?) Mann, die jüngeren *alae milliariae* aus 24 Turmen à 32 Reitern und die gemischten *cohortes milliariae equitatae* aus zehn Kohorten plus acht (bzw. zehn?) Turmen[67].

Um die Mitte des 2. Jahrhunderts bestand das raetische Heer durchschnittlich aus einer *ala milliaria*, drei *alae quingenariae*, wohl je einer *cohors milliaria equitata* und *cohors milliaria peditata*[68] und aus wenigstens fünf *cohortes quingenariae equitatae* sowie sechs normalen *cohortes quingenariae*. Daraus errechnet sich die Gesamtstärke der raetischen Auxilien auf maximal 10 520 Mann bei wenigstens 3540 Reitern (der Anteil der Reiter kann größer gewesen sein, wenn wir die eine oder andere Kohorte noch nicht als beritten erkannt haben). Hinzu kamen noch die Gardesoldaten, also rund 100 *equites singulares* und doppelt so viele *pedites singulares* sowie schätzungsweise 800 Mann nationale Numeri und Spezialverbände[69]. Im Vergleich dazu standen etwa in Obergermanien rund 14 500 (ca. 2500 Reiter), Niedergermanien 9000 (ca. 3000 Reiter) oder Norikum 5300 (ca. 1750 Reiter) Hilfstruppen. Offenbar waren die gemischten Land-Fluß-Grenzen Raetiens und Obergermaniens wesentlich stärker zu besetzen als die hauptsächlich oder ausschließlich den großen Strömen Rhein und Donau folgenden Limesabschnitte Niedergermaniens und Norikums.

Nach Ansehen und Besoldung stand die Auxiliarreiterei weit über den auxiliaren Ko-

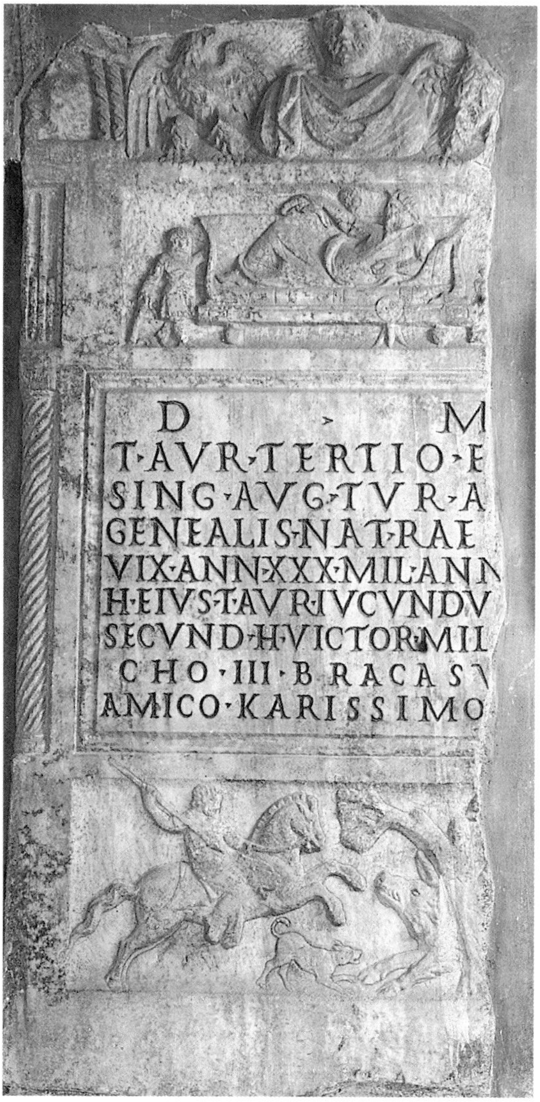


*Abb. 17 Rom. Grabstein des Raeters Titus Aurelius Tertius, der 30jährig als kaiserlicher Gardereiter in der Reichshauptstadt verstarb und von einem Kameraden aus der in Raetien stationierten Cohors III Bracaraugustanorum bestattet wurde (Vatikan. Mus.).*

horten, die angesichts ihrer teilweise schlechteren Bewaffnung (S. 166 f.) und Ausbildung Einheiten zweiter Klasse waren. Dennoch übernahmen sie im Grunde die Aufgaben der Legionsinfanterie.

Der große Reiteranteil im raetischen Heer brachte es übrigens mit sich, daß Mitte des *Abb 17* 2. Jahrhunderts fast ein Drittel aller bekannten Gardereiter des Kaisers in Rom (*equites singulares Augusti*) Raeter waren[70]. Wer diese Berufung in die Hauptstadt schaffte, bekam zwar nicht automatisch das römische Bürgerrecht[71], hatte aber einen enormen finanziellen und gesellschaftlichen Schritt nach vorne getan.

## *Die Offiziere*

Oberbefehlshaber des raetischen Heeres war der ritterliche Präsidialprokurator (S. 81 ff.). Namentlich kennen wir bisher in Raetien nicht einmal 20[72].

Ihnen zur Seite standen die Befehlshaber der Alen und Kohorten. Anfangs hatten die kaiserzeitlichen Auxiliareinheiten recht unterschiedliche Kommandanten, doch kam es im Laufe der Zeit, nicht zuletzt durch Entwicklung der Laufbahnstrukturen der ranghöchsten Legionscenturionen, der Primipilaren, auch zur Reglementierung der Offizierslaufbahn in den Hilfstruppen, die etwa seit Mitte des 1. Jahrhunderts ausschließlich an Ritter vergeben wurde. Seither wurden nur noch in Notfällen, beispielsweise beim Tode eines ritterlichen Offiziers, Centurionen der nächstgelegenen Legion kommissarisch als Befehlshaber, als *praepositi* oder *curam agentes*, eingesetzt. Die mehrphasige Entwicklung der ritterlichen Offiziersstellen wurde gerade in der jüngeren Zeit gründlich untersucht. Die vorclaudische Zeit war auch hier von wechselnden Verhältnissen bestimmt, denen eine strenge Hierarchie fremd war. Unter Claudius wurden die Offiziersposten in den Auxilien ritterliches Privileg, wurden aber noch in der Reihenfolge Kohortenpäfektur–Alenpräfektur–Legionstribunat abgeleistet. Die rund 50 bislang in Raetien bekannten ritterlichen Offiziere bekleideten ihre Ämter mehrheitlich im Rahmen der seit den Flaviern dann geradezu klassischen Form der „drei ritterlichen Militärposten“ (*tres militiae equestres*) mit der Reihenfolge: Kohortenpräfektur–Legionstribunat–Alenpräfektur. Das Kommando über die gleichfalls unter den Flaviern geschaffenen Doppelkohorten wurde nach Titel und Rangstufe dem ritterlichen Legionstribunat gleichgeachtet. Die Qualifikation für diese zweite Stufe schätzte man offenbar geringer ein als das Kommando über eine quingenare Ala. Die seltene Krönung einer ritterlichen Offizierslaufbahn wurde in einer vierten Stufe erreicht, die als *militia quarta* die Präfektur über eine *ala milliaria* beinhaltete.

Den ersten Militäreinsatz verdankte ein Ritter normalerweise der Unterstützung eines Senators oder höherrangigen Ritters. Die Beförderung erfolgte nicht automatisch, vielmehr gab es zahlreiche Varianten, sich zu den großen Reiterkommandos hochzudienen. Nach jedem Einsatz kehrte man ins Zivilleben zurück und wurde bei entsprechender Befähigung, Beurteilung und Beziehung im Rahmen verfügbarer „Planstellen“ wieder berufen, wobei die Chancen dafür von Stufe zu Stufe rapid sanken[73]. Nicht einmal jeder dritte Bewerber hat die dritte Stufe erreicht, und kaum 4 Prozent der Offiziere der *militia prima* konnten damit rechnen, je zur vierten befördert zu werden. Bei einer wohl durchschnittlichen Dauer von drei Jahren je Stellenstufe war der Einsatz im kaiserlichen Dienst nicht selten bereits nach sechs Jahren beendet, sofern nicht – was vorkam – eine Weiterverwendung in der Administration erfolgte. Auf der höchsten Stufe, die unter Domitian zum ersten Mal für Syrien belegt ist (81), verdiente man im Jahr immerhin bereits 80 000 Sesterzen, d. h. 20 Prozent des ritterlichen Mindestvermögens. Diese Männer stellten eine Auslese dar; ihre weiteren Aufstiegschancen waren sehr gut. Während man nach den drei *militiae* im allgemeinen zu kaiserlichen Prokuratelen (sexagenaren, selten centenaren Ranges) befördert wurde, avancierte die *quarta militia* immer sogleich zu Ritterämtern mit einem Jahresgehalt von 100 000 Sesterzen. Und während die Präfekten von quingenaren Alen nur selten zu Präsidialprokuratelen und Ritterposten in Rom gelangten, stand den ehemaligen Kommandanten der *alae milliariae* die Welt offen: sie waren dazu bestimmt, große ritterliche oder gar senatorische Laufbahnen zu machen.

Im 2. Jahrhundert hatten die Provinzen an der oberen und mittleren Donau alle eine „Doppelala" (*ala milliaria*)[74]. In Dakien standen vielleicht zwei (aber das ist unsicher). Die beiden Germanien und Moesien hatten keine, und dasselbe galt für zwei der drei konsularen Armeen des Ostens. Die Standlager der *alae milliariae* befanden sich – soweit bekannt – durchweg an strategisch wichtigen Punkten. Man hat ferner zeigen können, daß sich vergleichsweise viele Provinziale unter den Kommandanten dieser „Doppelalen" fanden: offenbar hat man militärische Eignung schon im 2. Jahrhundert über das Vorrecht der Italiker gestellt.

Diese Beobachtung wurde jüngst erneut bestätigt. Denn erst 1994 haben wir erfahren, daß 157 ein Marcus Ulpius Dignus aus Cibalae/Vinkovci in dem zwischen Drau und Save gelegenen Gebiet Niederpannoniens Präfekt der raetischen *ala II Flavia milliaria* war. Seine nur wenige Jahrzehnte zuvor mit dem Bürgerrecht ausgezeichnete Familie hat offenbar einen raschen Aufstieg erlebt. Leider sind nur ganz wenige seiner Kollegen überliefert. Die Laufbahn eines namentlich und seiner Herkunft nach Unbekannten findet sich auf einer Ehreninschrift aus Nordafrika (CIL VIII 23068; PME Inc. 140); danach war er vermutlich in Obergermanien als Tribun der *cohors XXXII voluntariorum*, sodann Tribun der *legio XIII Gemina* in Dakien und Präfekt der *ala I (Hispanorum) Vettonum* in Britannien, ehe ihn die vierte Stufe vielleicht zwischen 161/169 zur *ala II Flavia milliaria* nach Raetien brachte. Anschließend war er Aufseher über die Via Pedana (eine kleine Straße in der Umgebung Roms), Finanzprokurator zweier Kaiser in Oberpannonien und schließlich Prokurator des für den Öltransport wichtigen Gebiets um die nordafrikanische Hafenstadt Hadrumetum, 150 km südöstlich von Tunis.

## *Die Truppenstationierung*

Für die Verteilung der Auxiliartruppen in Raetien, speziell am raetischen Limes, sind wir während der hohen und mittleren Kaiserzeit fast ausschließlich auf die Informationen der Inschriften angewiesen. Im eigentlichen Limeshinterland erwähnen derzeit je 18 Bau- und Weihinschriften neben nur vier Ehreninschriften und sieben Grabsteinen Soldaten oder Truppenverbände. Natürlich ist die Aussagekraft dieser Zeugnisse hinsichtlich des Aufenthalts der jeweiligen Militäreinheiten sehr unterschiedlich. Während Veteranengrabsteine eventuell mehr die landschaftliche und familiäre Verbundenheit des Verstorbenen und seiner Angehörigen erkennen lassen, sind Weihungen ganzer Verbände unter ihrem Kommandeur deutliche Anwesenheitszeugen. Ziegelstempel und in seltenen Glücksfällen auch sog. Besitzerinschriften (Ritzungen oder Punzierungen meist der Centurien- oder Dekurienangabe nebst Besitzer- oder Benutzernamen auf Keramik oder militärischen Ausrüstunggegenständen) können weitere Hinweise auf die Stationierung bestimmter Truppen an bestimmten Orten sein[75]. Freilich ist bei den Ziegelstempeln Vorsicht geboten, wie die aktuelle Zusammenstellung gestempelter Militärziegel bei raetischen Kastellen illustriert: Nicht nur die 3. italische Legion, auch Auxiliarkohorten wie die *cohors I Canathenorum milliaria* oder die *cohors II Aquitanorum c. R.* und *cohors III Thracum c. R.* verfügten über Bau- oder Ziegeleitrupps, die an verschiedenen Orten zum Einsatz kamen[76].

*Gestempelte Militärziegel bei raetischen Kastellen*

| Einheit | Günzburg | Heidenheim | Schirenhof | Aalen | Gnotzheim | Theilenhofen | Weißenburg | Oberstimm | Kösching | Pförring | Eining-Unterfeld | Eining | Alkofen | Regensburg-Kumpfmühl | Regensburg | Straubing | Moos-Burgstall | Künzung | Passau-Altstadt |
|---|---|---|---|---|---|---|---|---|---|---|---|---|---|---|---|---|---|---|---|
| legio III Italica | | | | | | | | | × | × | × | × | × | × | × | × | | × | × |
| legio VIII Augusta | | | | × | | | | | | | | | | | | | | | |
| ala II Flavia milliaria | × | × | | × | | | | | | | | | | | | | | | |
| ala I Singularium | | | | | | | | | | | | | | × | | | | | |
| ala I Flavia Gemelliana | | | | | | | | | | | | ×? | | | | | | | |
| ala I Hispanorum Auriana | | | | | | | × | | | | | | | | | | | | |
| cohors I Canathenorum mill. | | | | | | | | | × | × | × | | | × | | × | | × | |
| cohors II Aquitanorum | | | | | | | | | | | | | | × | | × | | × | |
| cohors I Raetorum | | | × | | | | | | | | | | | | | | | | |
| cohors II Raetorum | | | | | | | | | | | | | | | | × | | | |
| cohors III Bracaraugustanorum | | | | | × | × | | | | | | | | | | | | | |
| cohors III Britannorum | | | | | | | | | | | | × | | | | | | | |
| cohors III Thracum c. R. | | | | | | | | × | | | | | | × | | | × | × | |
| Numerus Batavorum | | | | | | | | | | | | | | | | | | × | |

Unser bescheidenes Wissen zur militärischen Besatzung Raetiens in der Zeit vor 69 wurde schon oben angesprochen (S. 103 ff.). Leider setzen die sog. „Militärdiplome" in unserem Gebiet erst mit Beginn des 2. Jahrhunderts ein, weshalb wir erst seither *Abb 11, 165* besser Bescheid wissen. Als „Militärdiplom" bezeichnet die Forschung eine aus zwei handlichen, 12/20 cm langen und 10/16 cm breiten Bronzetafeln bestehende, durch Siegel beglaubigte Urkundenkopie, die (in der hier interessierenden Variante) ehrenvoll entlassenen Auxiliarsoldaten auf Anforderung und gegen Bezahlung ausgegeben wurde und ihnen für ihren Militärdienst vom Kaiser verliehene Privilegien bestätigte. Die Namen der Antragsteller wurden in den Büros der einzelnen Truppen gesammelt und an den Provinzstatthalter gemeldet; dieser gab die Liste der Berechtigten aus seinem gesamten Heer geschlossen nach Rom weiter, wo das Gesuch um Privilegierung dem Kaiser vorgelegt wurde. Sobald dieser seinen Gnadenakt in einer Konstitution verkündet und auf einer großen Bronzetafel samt den Namen der Betroffenen veröffentlicht hatte, wurden für jeden einzelnen Veteranen Miniaturabschriften von der großen Tafel angefertigt und wieder dem zuständigen Statthalter in der Provinz zugeleitet und an die Empfänger ausgeteilt. Diplomfähig war, wer in den Auxilia 25 oder mehr Jahre gedient hatte. Ihm wurden mit der ehrenvollen Entlassung (*honesta missio*) seine bei der Einheit aufbewahrten Ersparnisse, d. h. die in die Begräbniskasse eingezahlten Gelder und die von allen Geldgeschenken der Kaiser zwangsweise einbehaltene Hälfte, ausbezahlt. Außerdem wurden ihm einige finanzielle und rechtliche Vergünstigungen (*immunitates*) gewährt. Daß er darüber hinaus eine einmalige, ein Mehrfaches eines Jahressoldes ausmachende Abfindung (*praemia militiae*) in bar oder in Form einer Landzuweisung als Starthilfe empfing, wurde neuerdings bestritten[77]. Wie dem auch sei: Er erhielt für sich und (sofern es sich um einen einfachen Soldaten handelte, freilich nur bis 140 n. Chr.) für seine Nachkommen das Bürgerrecht und außerdem selbst noch das „Eherecht" (*conubium*). Durch dieses wurde eine bereits bestehende oder, sofern ein Hilfstruppensoldat bei seinem Abschied unverheiratet war, eine künftige eheliche Verbindung mit einer „Fremden" vor römischem Recht anerkannt. Erst dies stellte sicher, daß auch die Kinder einer solchen „Mischehe" römische Bürger waren, d. h. der Veteran mußte keine römische Bürgerin ehelichen, um sein mühsam erworbenes Personalrecht weiterzugeben. Von dieser langwierigen Aufstiegsmöglichkeit über den Dienst in Hilfstruppen machten nach einer modernen Rechnung bis zur Mitte des 2. Jahrhunderts über zwei Millionen „Fremde" Gebrauch. Somit erwies sich dieser Weg nicht nur für den einzelnen als gangbar: Für die Regierung wurde er ein wichtiges Instrument zur Loyalitätsbindung einfacherer Bevölkerungsschichten an römische Lebensweise und Kultur.

Bis heute wurden rund 400 Militärdiplome bekannt, wovon die Mehrheit, etwa 260, einst Auxiliarsoldaten gehörten. Allein aus Raetien kennen wir derzeit, ganz oder in Fragmenten, rund 45 solcher Dokumente[78]. Dabei ist der Fundzuwachs nicht zuletzt infolge des höchst fragwürdigen Einsatzes von Metallsuchgeräten enorm: 1968 kannten wir aus Raetien gerade einmal 15 solcher Militärdiplome! Diesen Quellen ersten

Ranges entnehmen wir eine Fülle wichtiger historischer Informationen, so zum Beispiel Datierungshilfen wie die Namen der zur Ausstellungszeit der Urkunde in Rom amtierenden Konsuln, Namen von römischen Bürgern und ihrer Familienmitglieder, Namen von Provinzstatthaltern und von ihnen unterstellten Offizieren, Namen der in einer Provinz zum Zeitpunkt der Diplomvergabe stationierten Hilfstruppen sowie deren ethnische Zusammensetzung.

Ein kleines Beispiel. Von 1983 bis 1994 wurden allein drei Abschriften der Kaiserkonstitution vom 28. September 157 gefunden, zwei in Eining und eine in Faimingen (RMD 51/104; 170). Den erwähnten Prokurator Varius Clemens aus Norikum kannte man bereits aus anderen Inschriften, auch die unter ihm in Raetien stationierten Hilfstruppen sind vielfach abgesichert; wir wissen jetzt aber zusätzlich, daß der nach dem Statthalter ranghöchste Offizier, der Kommandant der um diese Zeit gerade von Heidenheim nach Aalen vorrückenden *ala II Flavia (milliaria) p(iae) f(idelis)*, der erwähnte Marcus Ulpius Dignus aus Cibalae war. Ein weiterer ritterlicher Offizier dieser Zeit stammte aus den Provinzen: [--]us Severus aus Narbo in Südfrankreich befehligte eine der beiden Raeterkohorten in Raetien. Ein Gaius Asc[--] war schließlich Kommandant wohl der Egininger *cohors III Britannorum*. Unsere Wissenslücken schließen sich zunehmend.

Eine fast vollständige und zugleich die älteste Truppenliste der prokuratorischen Provinz Raetien bietet das Weißenburger Militärdiplom vom 30. Juni 107. Mit vier Alen und elf Kohorten nennt es fast die gesamte damalige Streitmacht der Provinz (CIL XVI 55). Es wurde dem Boier Mogetissa, dem Sohn des Comatullus, bei der ehrenvollen Entlassung aus der *ala I Hispanorum Auriana* nach 25jähriger Dienstzeit ausgestellt. Mehr oder weniger ähnliche Listen bieten die zahlreichen weiteren Urkunden des 2. Jahrhunderts; sie zeigen eine relativ geringe Mobilität der Truppen in diesem Gebiet, ein Bild, das durch unsere übrigen epigraphischen Zeugnisse bestätigt wird. Das archäologische Finderglück hat uns 1992 in Künzing beachtliche Bruchstücke eines weiteren trajanischen Diploms, genauer aus der Zeit zwischen dem 21. Februar und 8. September 116 beschert (RMD 155). Durch die Heranziehung weiterer Diplome aus der Zeit um 140 (RMD 94; 164; 166) sowie aus den Jahren 157 (RMD 51/104; 170) und 166 (CIL XVI 121) sind wir in der Lage, für das 2. Jahrhundert eine, in manchen Lokalisierungen freilich noch nicht gesicherte Übersicht zu gewinnen:

*Abb 11*

*Abb. 165*

| Einheit | Vor 107 | 107 | 116 | 138/40 | 157 | 166 | Garnisonsort(e) |
|---|---|---|---|---|---|---|---|
| *ala II Flavia milliaria pia fidelis* | Raetia | x | x | x | x | x | Günzburg, ab ca. 70<br>Heidenheim, ab ca. 90<br>Aalen, ab ca. 160 |
| *ala I Hispanorum Auriana* | bis 69 Noricum<br>bis 82? Pannonia | x | x | x | x | | Weißenburg, bis ca. 162<br>und nach 180 |
| *ala I singularium civium Romanorum pia fidelis* | 90 Germania Superior | x | x | x | x | x | Pförring |
| *ala I Augusta Thracum* | 54/68 Syria<br>Raetia | x | ? | | | | Augsburg?<br>Kösching, ab ca. 80 |
| *ala I Flavia Gemelliana* | | | ? | x | x | x | Kösching, ab ca. 122/4 |
| *cohors I civium Romanorum ingenuorum* | 37/54 Raetia | | | | | | |
| *cohors I Flavia Canathenorum mill. sagittaria* | | | x | [x] | x | x | Straubing-Kastell IIIa/b |
| *cohors I Breucorum civium Romanorum Valeria victrix bis torquata ob virtutem appellata equitata* | Orient? | x | x | [x] | x | x | Nassenfels?<br>Pfünz, ab ca. 90 |
| *cohors I Raetorum* | | x | x | x | x | x | Eislingen-Salach?<br>Schirenhof, ab 140 |
| *cohors II Raetorum* | | x | x | x | x | x | Straubing-Kastell IV |
| *cohors II Aquitanorum civium Romanorum equitata* | 90 Germania Superior | | x | x | x | x | Regensburg-Kumpfmühl?<br>Regensburg-Donaulager?<br>Dambach?, ab 170/80 |
| *cohors III Bracaraugustanorum equitata bis torquata* | | x | x | x | x | x | Nassenfels?, ab ca. 90?<br>Theilenhofen, ab ca. 110? |
| *cohors III Britannorum equitata* | Raetia | x | x | x | x | x | Regensburg-Kumpfmühl?<br>Eining, ab ca. 153? |
| *cohors III Batavorum equitata milliaria* | 100 Britannien | x | x | | | | Straubing-Kastell II |
| *cohors III Thracum veterana* | 84 Pannonia<br>(CIL XVI 30) | x | x | [x] | x | x | Oberdorf a. Ipf?, ab ca. 90<br>Buch?, ab ca. 150 |
| *cohors III Thracum civium Romanorum equitata* | 70/80 Oberstimm | x | [x] | x | x | x | Moos/Künzing, ab ca. 90?<br>Gnotzheim, ab ca. 144 |
| *cohortis IIII Tungrorum milliariae vexillatio* | | | | [x] | | | Künzing?[79] |
| *cohors IIII Gallorum* | 79/81 Raetia | x | x | x | x | x | Eining, bis ca. 153, dann? |
| *cohors V Bracaraugustanorum* | 54/68 Germania | x | x | x | x | x | Gnotzheim?, ab ca. 90 |
| *cohors VI Lusitanorum (pia fidelis)* | 89 Raetia?<br>110 Pannonia Inferior | | [?] | x | x | x | Urspring/Unterböbingen? |
| *cohors VII Lusitanorum* | Numidia | x? | | | | | Urspring? |
| *cohors VIIII Batavorum milliaria equitata exploratorum* | 100 Britannien<br>105/112 Moesia Inferior | | x | x (vex.) | x | x | Weißenburg-Breitung?<br>Ruffenhofen? |

Ursprünglich stammten die aufgeführten Truppen aus allen Reichsteilen. Nur zwei waren einmal in Raetien selbst aufgestellt worden, die meisten in Spanien, mehrere auf dem Balkan in Thrakien und je eine Kohorte in Syrien, Gallien, Pannonien, England und Niedergermanien, während zwei Alen sich aus verschiedenem Volkstum rekrutierten. Schon sehr früh begannen sich aus ihrem Ursprungsland entfernte Einheiten der Einfachheit halber regional oder lokal zu ergänzen, weshalb schon wenige Jahrzehnte nach seiner Aufstellung beispielsweise in einem Spanierverband kein Spanier mehr zu finden war. Freilich gab es noch in der Mitte des 2. Jahrhunderts in einer Raeterkohorte Vindeliker. Einige Beispiele veranschaulichen das Phänomen:

| Einheit | Empfängerherkunft | Zeit | Zeugnis |
|---|---|---|---|
| *ala I Hispanorum Auriana* | *Boius*/Obergermanien | 107 | CIL XVI 55 |
| *ala I Hispanorum Auriana* | *Frisius*/Niedergermanien | 122/134 | CIL XVI 105 |
| *ala II Flavia milliaria p.f.* | *Afer*/Africa | 157 | |
| *cohors I* oder *II Raetorum* | *Licas*/Raetien | 157 | RMD 170 |
| *cohors III Britannorum* | *Condrusus*/Niedergermanien | 164/166? | CIL XVI 125 |
| ? | *Licas*/Raetien | 156/167 | RMD 119 |

Natürlich kam es im Laufe der Jahrzehnte als Folge der regionalen Rekrutierung zu einer Identifizierung der Truppe mit ihrem Standort, dem sie gelegentlich sogar ihren Namen gab, wie in Künzing, das *Quintana* = „zur Fünften gehörig" hieß. Eine zunehmende Standardisierung und der Verlust regionaler Eigenheiten ging damit einher; nur einige Spezialeinheiten waren von diesem Nivellierungsprozeß ausgenommen, so etwa die Amphibienspezialisten wie die Bataver und Tungrer oder die syrischen Bogenschützen, die ihre traditionelle Bewaffnung und Kampfesweise beibehielten und sich nach Möglichkeit auch in den Ursprungsgebieten Rekruten holten. Die Batavereinheiten standen zudem noch im 3. Jahrhundert häufig unter heimischen Kommandanten.

## *Truppengeschichte*

Die raetische Besatzung des späten 1. Jahrhunderts können wir nur auf kombinatorischem Wege erschließen. Wenig glaubhaft ist die Vermutung, daß die 70 nach Italien gezogenen raetischen Kohorten nicht mehr in ihre Standorte zurückgekehrt seien[80]. Zumindest für die *cohors III Britannorum*, die bis in die Spätantike in Raetien weilte, dürfte dies nicht zugetroffen haben. Die *cohors VI Lusitanorum*, die mit ihr zur Vorhut des Caecina gehört haben kann, trug 110 den Beinamen *pia fidelis*, den sie, wie die *ala II Flavia milliaria*, bei der Niederschlagung des Saturninusaufstandes unter dem

Prokurator Norbanus verdient haben könnte[81]. Die *cohors V Bracaraugustanorum*, die in claudischer Zeit in Germanien stand (CIL VI 3539; PME S 81), fehlt auf den späteren Diplomen, mag also nach 70 in Raetien eingetroffen sein. Dasselbe vermutet man für die *ala I Augusta Thracum*, von der ein früher Grabstein in Augsburg gefunden wurde[82]. Sie erscheint nämlich auf den domitianischen Diplomen in Syrien nicht mehr, wo sie vordem ihre Garnison hatte. Die *cohors III Thracum* wird wohl um 90 ins Kastell Künzing eingezogen sein, und die *cohors I Breucorum* mag in der domitianischen Zeit in Nassenfels gestanden haben, wo ihr Präfekt Publius Crepereius Verecundus seine Gattin bestattete (IBR 250; PME C 256). Jedenfalls vor 105/106 „steht sie in Raetien" (*quae tendit in Raetia*), wie uns eine Inschrift aus Korinth für ihren Präfekten Gaius Caelius Martialis, der anschließend im zweiten Dakerkrieg Trajans logistisch tätig war, ausdrücklich bestätigt (AE 1934, 2; PME C 31).

Eine *ala Gemelliana* erscheint in claudischer oder neronischer Zeit im Umfeld des raetisch-vindelikischen Heeres, dem sie möglicherweise angehört hat (S. 95 f.). Diese alte Truppe stand spätestens seit 88 in der Mauretania Tingitana (CIL XVI 159); wo sich die von den Flaviern neu aufgestellte *ala I Flavia Gemelliana* zunächst aufhielt, wissen wir nicht[83]. Als die *ala I Augusta Thracum* zwischen 107 und 122/4 von Raetien nach Norikum wechselte, zog in Kösching diese *ala I Flavia Gemelliana* ein (RMD 32). Die *ala I Hispanorum Auriana* stand bis 70 in Norikum und danach in Pannonien. Einen Wechsel nach Raetien hat man in die Zeit nach 82 angesetzt. Um dieses Jahr wurde *Abb 11* nämlich der Empfänger des Weißenburger Diploms von 107 in die Armee aufgenommen. Er nennt sich Boius; deshalb hielt man ihn für einen Angehörigen des pannonischen Stammes der Boier. Das ist aber ganz unsicher, weil die Reitertruppe weder 80 noch 85 unter den pannonischen Alen erscheint und es auch in Obergermanien Boier gab[84]. Die *ala II Flavia milliaria pia fidelis* war gewiß eine Neuschöpfung der Flavier[85]. Ihre Identifizierung mit der in den Jahren 74 und 82 in den obergermanischen Militärdiplomen erscheinenden *ala II Flavia Gemina* ist nicht zu halten. Denn der Titel *Gemina* weist keineswegs, wie man gemeint hat, auf eine Verdoppelung der Truppenstärke hin, sondern im Gegenteil auf die Entstehung eines normalen Verband aus der Verschmelzung zweier älterer. Ferner hat die raetische Einheit den Beinamen *Gemina* niemals geführt. Schließlich war auch die obergermanische Schwester, die *ala I Flavia Gemina*, nur eine quingenare Einheit, und nicht einmal das für die *ala II Flavia Gemina* vermutete Standlager Okarben bot mehr als einem solchen gewöhnlichen Reiterverband Platz. Was bleibt ist also die auffallende Tatsache, daß die *ala II Flavia Gemina* vor 90 aus Obergermanien verschwand, zu einer Zeit, in der die *ala II Flavia milliaria* zum ersten Mal Konturen gewinnt. Eine Gleichsetzung der raetischen Einheit mit jener *ala Flavia milliaria*, die einer Inschrift zufolge bald nach 81 in Syrien stand (CIL VI 31032; PME C 170), wäre denkbar. Da aber der syrischen Ala – übrigens der ältesten, bislang bezeugten Doppelala überhaupt – die Ordinalzahl fehlt, könnte sie etwas vor der raetischen eingerichtet worden sein. Zwingend ist dies freilich nicht, weil auch eine in Castel Gandolfo gefundene Grabinschrift eines *eq(ues) sing(ularis) Au-*

*g(usti), lectus ex exercitu Raetico ex ala Flavia pia fidelis* (sic!) *milliaria*, die man früher wegen des Gentilnamens des Verstorbenen in die domitianische Zeit datieren wollte, die Kennziffer der Einheit unterdrückt. Tatsächlich ist dieser Text unlängst aufgrund stilistischer Kriterien ins 2. Jahrhundert versetzt worden (CIL VI 3255 = XIV 2287). Ansprechend ist die Vermutung, der raetische Prokurator Norbanus könne im Jahr 89 vor allem mit der *ala II Flavia milliaria* (und der gleichfalls im Provinzwesten stehenden *cohors VI Lusitanorum*) den obergermanischen Usurpator Saturninus niedergerungen haben. Jedenfalls wäre der Beiname *pia fidelis* besser erklärt als durch die ältere Annahme, die Truppe habe sich damals im untergermanischen Heer befunden oder sei der einzige Verband der obergermanischen Armee gewesen, der sich Saturninus nicht anschloß.

Die *ala I Flavia singularium*, die im Bürgerkriegsgeschehen des Jahres 70 Raetien durchzog, kampierte dann in Niedergermanien, später aber im oberen Germanien, wo sie noch im Jahr 90 erscheint (CIL XVI 36). Bald darauf war sie nach Raetien verlegt worden. Im Jahr 90 stand auch die *cohors II Aquitanorum C. R.* in Obergermanien, das sie zwischen 107 und 116 verließ, um weiter östllich in Raetien zu kampieren. Die *cohortes III* und *IX Batavorum* lagen um 100/105 noch in Britannien, wo sie auf den berühmten Holztäfelchen aus Vindolanda/Chesterholm erscheinen, kamen dann aber – die neunte wohl über einen Einsatz im zweiten Dakerkrieg Trajans – nach Raetien[86], wo die erstgenannte Truppe 107, die zweite 116 sicher nachgewiesen werden kann[87]. Ein Militärdiplom für das niedermoesische Heer aus Dambach vom Jahr 112 (RMD 85) mag mit dem Transfer der 9. Kohorte in das raetische Limesgebiet zusammenhängen. Die *cohors III Batavorum* war vielleicht nur kurze Zeit in Straubing; bald nach 116 begab sie sich offenbar nach Pannonia Inferior, da sie auf einem Diplom der frühhadrianischen Zeit aus Manching nicht mehr erscheint (RMD 32)[88]. Die *cohors I Flavia Canathenorum* traf zwischen 107 und 116 in Raetien ein, während irgendwann zwischen 117/128 – ca. 140 eine Abteilung (*vexillatio*) der *cohors IV Tungrorum* in dieser Provinz anwesend war (RMD 32; 94; 166); sofern diese Abteilung auf dem Eininger Diplom von 147 (CIL XVI 94) vielleicht nur falsch eingeordnet wäre, hätte ihr Aufenthalt bis etwa zur Mitte des Jahrhundert gedauert. Freilich wird der nur teilweise erhaltene Name auf dem Eininger Diplom von der Forschung als Vexillation der in Britannien stationierten 2. Tungrerkohorte gedeutet. Für die Richtigkeit dieses Vorschlags könnte sprechen, daß wir aus England eine Inschrift kennen (RIB 2100), „die in der 2. Tungrerkohorte kämpfende raetische Bürger“ (*cives Raeti militantes in cohorte II Tungrorum*) nennt.

Die Ränge und Laufbahnen im römischen Heer waren genau festgelegt und streng geschieden und zwar sowohl nach Dienstgrad und -stellung als auch nach der Bezahlung. In Inschriften werden die verschiedene Chargen genannt: natürlich aufgrund der Kostspieligkeit des Materials in erster Linie die höheren.

## Die Markomannenkriege

Kaiser Mark Aurel (161 – 180) hatte an zwei Fronten und fast während seiner gesamten Regierungszeit Krieg zu führen. Da Rom damals noch kein mobiles Feldheer kannte, das ohne Schwächung der Grenzbesatzungen jederzeit von einem Punkt des Reiches zu einem anderen versetzt werden konnte, war man genötigt, beim Löschen des einen Brandherdes die offene Konfrontation am anderen auf diplomatischem Wege hinauszuzögern. Dies ging so lange einigermaßen gut, als man sich darauf verlassen konnte, daß die „freien“ Völker im Norden teils untereinander zerstritten, teils mit Rom verbündet waren. Jetzt aber traten Änderungen ein, die Rom einige Jahre schwer zu schaffen machten.

Neben den aufreibenden Auseinandersetzungen im Osten des Imperiums mit den römischen Erbfeinden, den Parthern, mit denen der Streit, wie schon so oft, hauptsächlich um den Einfluß auf das Vasallenkönigtum Armenien entfacht war, bekamen die Donauprovinzen und Italien damals die schlagkräftige Nähe von Mächten zu spüren, deren Gefährlichkeit man zwar seit langem kannte, denen man aber solche Vehemenz schwerlich zugetraut hätte. Und doch wurde diese Bedrohung aus dem Norden plötzlich zur Gefahr ersten Ranges: Während die Zwistigkeiten im Orient im Laufe der Jahrhunderte zu einem wenig eifrig geführten bis fast ganz erlahmten, nur selten sich zum heftigen Waffengang erweiternden Grabenkampf weitab von der Lebensmitte des Reiches eingependelt hatte, war ein Völkeransturm aus dem Norden von jeher das Schreckgespenst der Mittelmeerbewohner. Die Ursachen des von den Römern gewiß bereits seit einiger Zeit beobachteten Gärungsprozesses im freien Germanien waren nach allgemeiner Ansicht Wanderbewegungen ostgermanischer Stämme, die von ihren Wohnsitzen an der Nord- und Ostsee in Richtung Süden aufgebrochen waren. Die Goten zogen anscheinend von der unteren Weichsel nach Südrußland und drängten die in den Gebieten Schlesiens, Böhmens, Mährens und Nordungarns ansässigen Germanenstämme nach Süden. Möglicherweise war die Wanderung auch dadurch verursacht worden, daß sich Stämme aus Dänemark und Skandinavien südwärts wandten. Die wahren Gründe für die neuerliche Landsuche werden wohl nie mehr sicher feststellbar sein. Diskutiert wurden – wie bei allen Völkerstürmen – Überbevölkerung, auch daraus resultierender Nahrungsmangel oder etwa bloße Unternehmungslust. Vermutlich werden auch hier vielerlei Komponenten eine Rolle gespielt haben. Dabei darf man nicht übersehen, daß die Situation eskalierte, und aus scheinbar harmlosen Anfängen ein Flächenbrand entstand. Der Mitte des 2. Jahrhunderts schreibende Historiker Appianus berichtet, er habe persönlich Gesandtschaften der Barbaren in Rom gesehen, die ihre armen und ertraglosen Stämme als Untertanen anboten, doch der Kaiser [Antoninus Pius] habe die *deditio* abgelehnt, weil sie für den römischen Staat von keinerlei Nutzen gewesen wären (proem. 26). Da die römische Regierung Forderungen nach Aufnahme offenbar hartnäckig ablehnte, versuchten sich die Betroffenen den auf friedlichem Wege nicht gewährten Schutz und Platz gewaltsam zu erzwingen.

Unter Mark Aurel und Lucius Verus brachten zunächst die Viktualen gemeinsam mit den Markomannen alles durcheinander (*cuncta turbantibus*), als sie „und auch andere Völker, die dem Druck der nördlichen Barbaren hatten weichen müssen, mit einem Angriff drohten, falls man ihnen nicht Einlaß gewähre" (*nisi reciperentur, bellum inferentibus*) (HA v. Marc. 14, 1). Wie es scheint waren die Viktualen – vermutlich ein besonders kriegerischer Teil aus dem vandalischen Verband der Lugier – die hauptsächlichen Unruhestifter, dazu kamen Langobarden und Obier; erst nach und nach schlossen sich Markomannen, Quaden und Jazygen der romfeindlichen Bewegung an. Durch unglückliche Umstände kam es in der Folge dazu, daß schließlich im siebten Jahrzehnt des 2. Jahrhunderts eine Vielzahl von keltischen, germanischen, pontisch-skythischen und dakischen Völkern an den Pforten des römischen Reiches energisch Einlaß begehrte oder zumindest über römische Gebiete herfiel. In der sogenannten „Völkertafel" verdeutlicht der Verfasser der Historia Augusta (er schrieb seine Biographien freilich erst Ende des 4. Jahrhunderts und zählt nicht gerade zu den Zuverlässigsten) die Unruhe dieser Jahre: „Alle Völker von der Grenze Illyriens (= der untere Donauraum) bis nach Gallien hatten sich verschworen: Markomannen, Varisten, Hermunduren und Quaden, Sueben, Sarmaten, Lakringen und Buren, Vandalen, Viktualen, Sosiben, Sikoboten, Roxolanen, Bastarner, Halanen, Peukiner und Costoboken. Es drohte auch ein parthischer und ein britannischer Krieg." (HA v. Marci 22, 1). Während des gesamten Konfliktes hatte es Rom mit unterschiedlichen Interessenlagen der Gegenseite zu tun, die schon in der simplen, aber bedeutenden Tatsache zum Ausdruck kam, daß mobile und fest ansässige Stämme zu den Feinden zählten. Mithin war nicht nur die römische Kampfesmaschinerie gefordert, sondern auch die Verhandlungskunst: Man hat in unserer trümmerhaften Überlieferung 26 diplomatische Vorgänge und immerhin 16 Vertragsabschlüsse gezählt[89].

In welchem Umfang Raetien von diesen turbulenten Ereignissen, die wir gewöhnlich als Markomannenkriege (165 – 175 und 177 – 182) bezeichnen, betroffen wurde, ist aus den antiken Schriftstellern allenfalls zu erahnen. Glücklicherweise kennen wir aus Inschriften die Laufbahnen einiger römischer Feldherrn, die damals mit unserem Gebiet in Berührung kamen; noch wichtiger aber sind die archäologischen Funde und Befunde in den Grenzregionen. Doch beginnen wir mit einem kurzen Überblick der Geschehnisse.

Sogleich nach dem Todes des Antoninus Pius überschwemmte der Partherkönig Vologaeses III. mit seinen Reiterscharen Armenien und brachte zunächst dem kappadokischen Statthalter, einem „einfältigen Kelten", und alsbald auch dem syrischen vernichtende Niederlagen bei. Fast gleichzeitig drohte Krieg in Britannien und brachen die Chatten (162) nach Obergermanien und (West-)Raetien ein (HA v. Marci 8, 7 f.); doch an beiden Fronten wurde man ohne größere Mühen Herr der Lage. Raetien scheint damals ohnehin kaum in Mitleidenschaft gezogen worden zu sein; es gibt jedenfalls keine Hinweise auf wesentliche Zerstörungen. Im ganzen wurde zunächst die Lage an der Donau noch nicht als bedrohlich empfunden, da beispielsweise um 162 die *ala I Hispanorum Auriana* aus Raetien (CIL XVI 118)[90], die *legio II Adiutrix* aus Aquincum und andere Truppen zur Verstärkung des Orientheeres abgezogen wurden.

Dort allerdings waren größere militärische Anstrengungen nötig, bis es dem Mitkaiser Lucius Verus mit den fähigsten Generälen des Reiches und dem verstärkten Feldheer in mehrjährigem Ringen gelang, die Parther zurückzuwerfen. Erst im Sommer 166 war der entscheidende Durchbruch durch eine Expedition in Medien gelungen, der zum Triumph des Verus führte[91].

Der rasche Abschluß eines Friedens und der unverzügliche Rücktransport der Expeditionsaufgebote sollte alle Möglichkeiten schaffen, den bedrohlichen Entwicklungen jenseits der Donaugrenze schleunigst zu begegnen. In der Biographie des Mark Aurel in der Historia Augusta ist zu lesen: „Während noch der Krieg mit den Parthern geführt wurde, entstand der mit den Markomannen, der eine geraume Zeit durch die Geschicklichkeit der anwesenden [Vertreter Roms] in der Schwebe gehalten wurde (*bellum suspensum*), so daß unmittelbar nach Beendigung des orientalischen der markomannische Krieg geführt werden konnte." (v. Marci 12, 13).

So rettend für den Augenblick diese Hinhaltetaktik war, sie enthob die Kaiser nicht der Notwendigkeit, eine Gegenoffensive zu planen. Statthalterposten und sonstige Kommandostellen im Donauraum wurden, zum Teil mit im Partherkrieg bewährten Offizieren, um- oder gar neu besetzt. Außerdem stellte man, was seit längerer Zeit nicht mehr geschehen war, zwei neue Legionen auf (Cass. Dio 55, 24, 4). Diese Maßnahme sollte Raetien für die folgenden 250 Jahre eine Legionsbesatzung bescheren. Nach dem Gebiet, welches die ersten Rekruten lieferte, trug jede dieser Legionen den Beinamen *Italica*, „die italische". Da es bereits eine „italische" Legion gab, zählte man weiter und nannte die eine *legio secunda* (= „die zweite") *Italica* und die andere *legio tertia* (= „die dritte") *Italica*. Außerdem führten diese beiden neuen Legionen anfangs in Anspielung auf das kollegiale Verhältnis der beiden Kaiser zueinander noch Ehrenbezeichnungen: Die zweite hieß *pia*, „die Zuverlässige", die dritte *concors*, „die Einträchtige". Neue Legionen wurden bis ins 3. Jahrhundert offenbar immer in Italien ausgehoben[92]. Dabei war in der gesamten Kaiserzeit das bevorzugte Rekrutierungsgebiet seiner Bevölkerungsdichte wegen Oberitalien, besonders das Gebiet nördlich des Flusses Po, die Transpadana genannte Region. Von dort stammte tatsächlich der einzige Italiker, der uns bisher in der später in Regensburg stationierten 3. italischen Legion bekannt wurde. Obwohl dies nicht über jeden Zweifel erhaben ist, spricht einiges dafür, daß dieser „Feldwebel" Marcus Aurelius Manto aus Comum/Como am gleichnamigen See Rekrut der ersten Stunde war (IBR 420). Das gleiche gilt vermutlich auch für den Centurio Quintus Eniboudius Montanus, der in seiner mutmaßlichen Heimatstadt Cemenelum/Cimella bei Nizza noch unter Mark Aurel zwei keltischen Gottheiten je einen Weihestein setzte (CIL V 7865 f.). Ebenfalls in die Frühzeit gehören die meisten der immerhin elf bisher bekannten Italiker der 2. Legion, welche in Oberitalien (Aquileia, Brescia und Tarvisium in Venetien, Cittanova und Pula in

Istrien, Luni und Tortona in Ligurien) und in Mittelitalien (Fermo im Picenum, Amelia und Otricoli in Umbrien und Trivento in Samnium) beheimatet waren. Obgleich, wie gesagt, nicht alle Inschriften, welche uns diese Herkunftsorte verraten, sicher datierbar sind, verdeutlicht uns die Verteilung der Heimatgemeinden in etwa das Gebiet, das von der Aushebung betroffen war[93]. Der römischen Eigenart, auf Ehren- und Grabinschriften hochgestellter Persönlichkeiten in der Regel auch deren vollständigen beruflichen Werdegang (*cursus honorum*) zu verzeichnen, verdanken wir die Kenntnis jener hohen Militärs, die mit der Aushebung (*dilectus*) der beiden neuen Legionen befaßt waren. Aus der Laufbahn des Marcus Claudius Fronto können wir zudem auch den Zeitpunkt dieser Rekrutierungsmaßnahmen ziemlich genau erschließen. Dieser hochdekorierte Offizier des Partherfeldzuges war einer Inschrift vom Trajansforum in Rom zufolge vermutlich noch im Jahr 165 und offenbar bereits im Rang eines ehemaligen Konsuls „beauftragt" worden, „die Jugend in Italien auszuheben" (. . . *missus ad iuventutem per Italiam legendam*: CIL VI 1377 add. 31640). Die Leitung des Gesamtunternehmens aber lag wohl bei Gnaeus Iulius Verus, der schon 151 Konsul war und sich bereits in mehreren Provinzen wie Niedergermanien, Britannien und Syrien als Statthalter bewährt hatte. Eine afrikanische Inschrift des Ritters Tiberius Claudius Proculus Cornelianus besagt, daß dieser Cornelianus als Prokurator mit Iulius Verus in Italien die Aushebung der Rekruten beider italischer Legionen durchgeführt hat: *proc(urator) . . . item ad dilectum cum Iulio Vero per Italiam tironum II* (= *utriusque*) *leg(ionis) Italicae* (AE 1956, 123)[94]. Nach begründeten Vermutungen der Forschung waren damals schließlich mit Aulus Iunius Pastor Caesennius Sospes (CIL V 7775)[95] und Gaius Aufidius Victorinus (AE 1934, 155 = AE 1957, 121)[96] noch zwei weitere ehemalige Konsuln als Aushebungsoffiziere tätig. Die vergleichsweise große Zahl und der hohe Rang dieser Offiziere legt die Vermutung nahe, daß die Kaiser eine großangelegte Blitzrekrutierung angeordnet haben.

Die Eile hatte ihren Grund wohl in der drohenden Kriegsgefahr im Norden, eben im *bellum suspensum*. Vermutlich sah man in der römischen Kommandozentrale ein, daß man schon 162, anstatt die Donaugrenze zu entkräften, neue Einheiten hätte schaffen sollen. Ob man die Neuaufstellung der beiden italischen Legionen mit der dem Mark Aurel von der Historia Augusta (HA v. Marc. 24, 5; 27, 10) für die Jahre um 175 und 180 zugeschriebenen Absicht verbinden darf, zwei neue Provinzen, Marcomannia und Sarmatia, zu errichten, ist in der jüngeren Forschung heftig umstritten. Dies ist nicht verwunderlich, weil der Plan für solche Provinzgründungen selbst nicht selten für unecht gehalten wird[97]. Sollte man bei allem Für und Wider die Möglichkeit von Annexionen (schon wegen Cass. Dio 72, 33, 4, 2) nicht grundsätzlich verwerfen, solange eindeutige Gegenbeweise fehlen, so ist die moderne Diskussion schon deshalb bedenklich, weil die Römer natürlich niemals den zweiten vor dem ersten Schritt getan haben. Neue Gebiete wären zunächst einmal zu erobern gewesen, über ihr Geschick zu entscheiden, war stets ein sekundäre Frage.

Mit Offensivplänen aber lassen sich neue Legionen allemal zwanglos verbinden, weshalb man auch Gedanken an eine Ausweitung des Imperium Romanum in der Anfangsphase der Markomannenkriege nicht für unmöglich halten darf[98]. In eine ganz andere Richtung geht schließlich die These, die Rekrutierungen der Jahre 165/166 seien von Anfang an in Hinblick auf eine legionare Verstärkung des oberen Donaulimes geplant gewesen, wodurch die militärisch schwachen prokuratorischen Provinzen Raetien und Norikum den übrigen Donauprovinzen administrativ und militärisch einigermaßen gleichgestellt werden sollten[99]. Gegen diese ansprechende Ansicht ist aber darauf hinzuweisen, daß die prokuratorische Verwaltung in Raetien noch zumindest bis 167/168 funktionierte (RMD 68) und dann durch eine Interimslösung ersetzt worden sein dürfte (S. 171 f.). Auch scheinen die neuen Legionen ihren ersten nachweisbaren Aufgaben zufolge als eine Art „mobile Reserve" (ihren auffallenden Beinamen zufolge vielleicht sogar in der Nähe der Kaiser) verwendet worden zu sein. Keineswegs wurden, wie immer wieder zu lesen ist[100], die Legionen sogleich an ihre späteren Standorte geschickt, deshalb ist nicht einmal sicher, ob die Herrscher um 165 selbst schon genau wußten, wo die neuen Verbände endgültig stehen würden. Der erste Befehlshaber (*legatus legionis*) der 3. italischen Legion war um 166 – 168 jedenfalls Gaius Vettius Sabinianus Iulius Hospes, ein Mann, der vom einfachen ritterlichen Militärdienst bis zum höchstbezahlten senatorischen Statthalterposten in Afrika (um 190) aufsteigen konnte. Unter seinem Kommando hielt sich die Legion wohl noch in Oberitalien auf, gehörte aber, da Sabinianus erst den Rang eines gewesenen Prätors besaß, zu einem von einem ehemaligen Konsul geführten größeren Heeresverband (AE 1920, 45 = ILAfr 281).

## *Der erste Germanenkrieg*

Alle Verhandlungskünste der römischen Diplomatie gelangten 166/167 mit einem Mal an ihr Ende, als 6000 Langobarden und Obier bei Oberpannonien in kriegerischer Absicht die Donaufront durchbrachen (Cass. Dio 72, 3, 1a)[101]. Die betroffenen Abschnittskommandanten – als Feldherrn nicht minder tüchtig denn als Diplomaten – trieben die Angreifer rasch wieder zurück. Als in der zweiten Hälfte 167 im dakischen Großraum heftige Gefechte mit vandalischen und sarmatischen Völkern entbrannten und sich im Folgejahr fortsetzten, verlegten die Kaiser 168 ihr Hauptquartier nach Aquileia vor, um dem Krisenherd näher zu sein. Um diese Zeit griff zu allem Unglück auch noch eine von Soldaten aus dem Orient eingeschleppte, *lues* genannte Seuche so rasch um sich, daß nicht nur die Schlagkraft des durch den harten Partherfeldzug ohnehin erholungsbedürftigen Heeres wesentlich geschwächt wurde, sondern auch die Entvölkerung ganzer Landstriche die Versorgung mit Lebensmitteln ins Stocken brachte und akute Hungersnot entstand[102].

Zur Sicherung der leicht überquerbaren julisch-karnischen Alpen (Ostalpen), der empfindlichsten Stelle an der Nordgrenze Italiens, richteten die Kaiser jetzt ein Spe-

zialkommando „zum Grenzschutz Italiens und der Alpen“ ein, die *praetentura Italiae et Alpium*. Zu dieser „vorgeschobenen Kriegszone“ – nach jüngeren Forschungsergebnissen umfaßte sie das Gebiet von Emona/Ljubljana und südliche Teile der Provinzen Norikum und Pannonien – gehörten unter Quintus Antistius Adventus (ILS 8977 = ILAlg II 4681)[103] vielleicht auch die beiden neuen Legionen. Welche Rolle sie zunächst spielten und wo sie garnisonierten, wissen wir nicht. Schwerlich hat die 3. Legion vorübergehend in Tridentum/Trient kampiert[104], viel wahrscheinlicher stand sie in der Nähe ihrer Schwestereinheit. Diese hat man unlängst in der Anfangsphase des Krieges aufgrund von Ziegelstempeln in Pannonia Inferior vermutet[105], später – nach den einen bereits 168/169, nach anderen erst um 171 – bezog sie im Hinterland in Lotschitz (Ločica) bei Celeia/Celje-Cilli ein etwa 23,3 ha großes Steinkastell. Ähnliches darf man auch für die *legio III Italica* vermuten. Im Jahr 170 operierten zumindest Teile beider Legionen zusammen, als je ungefähr 200 oder 300 Mann starke *vexillationes* beim Bau der Umfassungsmauer der bedeutenden dalmatinischen Hafenstadt Salonae/Solin ein 200 römische Fuß (ca. 60 m) langes Teilstück errichteten (CIL III 1980; 8570).
In Raetien ist die Lage offenbar noch lange friedlich geblieben, da noch 167/168 die normalen Entlassungen der Auxiliarsoldaten nach beendeter Dienstzeit erfolgten (RMD 68). Wie sehr sich dies änderte, und wie notwendig bald selbst der Schutz weit hinter der Grenze liegender Städte wurde, zeigte sich nur allzu schnell und deutlich. Zunächst mußte die nach einer Inspektionsreise der Kaiser durch die Donauprovinzen endgültig für 169 geplante römische Frühjahrsoffensive abermals verschoben werden, weil die Seuche erneut heftig ausgebrochen war. Darüber hinaus erzwang der überraschende Tod des Mitkaisers Lucius Verus (161 – 169) nach einem Schlaganfall den weiteren Aufschub. Unterdessen kam es an vielen Stellen entlang der Grenze bereits zu kleineren Feindseligkeiten, doch der Hauptschauplatz des Krieges verlagerte sich zunehmend in den unteren Donauraum, in den Bereich der dakischen und moesischen Provinzen. Nach der Erledigung diverser Verpflichtungen in Rom begab sich Mark Aurel im Herbst 169 endlich an die Front nach Oberitalien oder Pannonien. Von hier aus plante er erneut für den kommenden Frühling einen Großangriff.
Diesem zuvorkommend durchbrachen jedoch die vereinigten Stämme der Markomannen und Quaden die Donaugrenze in Oberpannonien, schlugen die römischen Truppen vernichtend – angeblich fielen 20 000 römische Soldaten (Lukian Alex. 48) – und zogen sengend und plündernd quer durch die heimgesuchte Provinz. Nicht einmal die Truppen des Grenzschutzes konnten ihren Vormarsch stoppen. Der Raubzug führte auf der alten Völkerstraße vorbei an Emona/Ljubljana nach Aquileia, das nicht nur bis kurz vorher Hauptquartier der obersten Heeresleitung des Imperiums gewesen war, sondern seiner günstigen Lage wegen eine der wichtigsten Handelsmetropolen des Reiches überhaupt, mit Sicherheit aber Hauptumschlagplatz des römischen Nordhandels. Doch die Mauern dieses Stadt hielten dem germanischen Belagerungssturm mehrere Monate stand. Erbittert zogen die Angreifer weiter und legten etwas

nördlich von Venedig das weniger trutzige Opitergium/Oderzo in Schutt und Asche (Cass. Dio 72, 3, 2; Amm. 29, 6, 1). Überall im Reich brannte es jetzt lichterloh. Auch die Chatten scheinen wieder aktiv gewesen zu sein[106]. In einem der Kämpfe gegen Germanen und Jazygen fand der Statthalter der dakischen Provinzen den Schlachtentod. Alsbald, vermutlich allerdings erst 171, überschritten die dakischen Costoboken die Donau in ihrem untersten Lauf und stürmten brandschatzend nach Griechenland. Sogar Eleusis, ein uralter Kultort, 20 km westlich von Athen, wurde von ihnen heimgesucht[107]. Zu allem Unglück fielen die Mauren aus Afrika über Südspanien her[108]. In solcher Not blieb die vordringlichste Aufgabe die Vertreibung der bereits Verona bedrohenden markomannisch-quadischen Völkerschaften. Mit Unterstützung des Ritters Publius Helvius Pertinax gelang es Tiberius Claudius Pompeianus, seit kurzem Schwiegersohn des Kaisers, die Hauptmacht dieser Angreifer vom Reichsboden zu vertreiben (Cass. Dio 72, 3, 2). Pertinax, der rund 20 Jahre später zu einem ebenso kurzen wie rühmlichen Kaisertum gelangen sollte, wurde für diese Leistung in den Senatorenstand erhoben und mit dem Rang eines gewesenen Prätors ausgezeichnet.

## *Feinde in Raetien*

Einer Notiz der Biographie des Pertinax in der Historia Augusta zufolge stellte ihn „Kaiser Marcus . . . an die Spitze der 1. Legion [Adiutrix in Brigetio/Szöny], worauf er unverzüglich die beiden Raetien und Norikum von den Feinden befreite (. . . *statimque Raetias et Noricum ab hostibus vindicavit*). Infolgedessen wurde er angesichts seines herausragenden Einsatzes auf Betreiben des Kaisers Marcus zum Konsul designiert“ (v. Pert. 2, 6 f.). Die lapidare Formulierung, die unsere einzige literarische Nachricht über die Geschicke Raetiens in den Markomannenkriegen enthält, hat zu einer Vielzahl von Hypothesen Anlaß gegeben[109]. Tatsächlich ergibt sich aus der literarischen Überlieferung nicht einmal, wer die Feinde (*hostes*) waren, und ob sie direkt aus Norden nach Raetien und Norikum einfielen oder – wie man vermutet hat[110] – abgespaltene Teile der bei Pannonien über den Strom gesetzten Völker waren, die donauaufwärts nach Norikum und Raetien zogen als sich der Hauptstoß gegen Italien wandte. Die unten (S. 151 ff.) gesondert behandelten archäologischen Befunde bieten allerdings beachtliche Unterstützung für die erstgenannte Ansicht.
Pertinax hatte bei seinem Sondereinsatz neben Abteilungen seiner *legio I Adiutrix* und den noch einsatzfähigen raetischen und norischen Hilfstruppen gewiß weitere Soldaten unter seinem Kommando. Ob die 3. und vielleicht auch Detachements der 2. italischen Legion an diesem Befreiungsfeldzug beteiligt waren, wissen wir nicht, da es nur eine (ansprechende) Vermutung ist, daß spätestens mit der Vorverlegung der Front und des kaiserlichen Kriegsstabes nach Carnuntum/Deutsch-Altenburg, von wo aus die römischen Offensiven zwischen 170 und 173 geleitet wurden[111], auch die beiden italischen Legionen weiter nach Norden über die Alpen vorrückten. Daß das Vexilla-

tionslager von Eining-Unterfeld, das nach Ziegelstempeln der Legion mit dem später fehlenden Beinamen *CON(cors)* in die frühe Zeit der Anwesenheit dieser Truppe in Raetien gehört und eher als reines Truppen- denn als Versorgungslager anzusprechen ist, irgendwie mit dem Kriegsgeschehen um Pertinax in Zusammenhang stand, ist recht plausibel.

Die Ehreninschrift aus Diana Veteranorum in Nordafrika für Marcus Valerius Maximianus (AE 1956, 124), eine der interessantesten Offizierspersönlichkeiten der Markomannenkriege, ist für die Beurteilung der gesamten militärischen Lage an der raetisch-norischen Flußgrenze und in dem dazugehörigen Hinterland in den Jahren nach 170 von Bedeutung.

Vieles spricht nämlich dafür, daß Maximianus in kaiserlichem Auftrag irgendwann zwischen 170 und 173 Getreide wohl vornehmlich aus Gallien, der oberrheinischen Tiefebene, dem Ries und dem Dungau auf Transportkähnen donauabwärts zu verschiffen hatte (*deducere per Danuvium*). Während Marinesoldaten aus Italien die Besatzung der Getreidekähne und der Patrouillenboote stellten und allenfalls Pionierdienste wie die Beseitigung von Hindernissen im Fluß leisteten, begleiteten afrikanische und maurische Aufklärungsreiter den Transportverband auf dem linken Donauufer, um ihn vor feindlichen Angriffen und Sabotageakten zu schützen. Besonders auch nachts, wenn die Schiffe vor Anker gingen, war diese Eskorte unentbehrlich. Erstaunlicherweise erwähnt nun die Inschrift, daß der Transport donauabwärts nach Pannonien führte (*deducere – denavigare – in annonam Pannoniae . . .*), während die Eskorte nur im Bereich Pannoniens selbst eingesetzt wurde (*ad curam explorationis Pannoniae*). Ganz offensichtlich lag hier der zentrale Kriegsschauplatz, hier befand sich das militärische Hauptquartier der Römer. Am Oberlauf des Flusses bei Raetien und Norikum, wo die Transportkähne ihre kriegswichtige Ladung gewiß so weit donauaufwärts aufnahmen, wie dies möglich war[112], wurde der vorbeugende Einsatz von Exploratoren und Reitereskorten nicht für nötig erachtet. Die nächstliegende Erklärung ist nun die, daß die obere Donau bereits wieder weitgehend risikolos zu befahren war, weil Pertinax offensichtlich ganze Arbeit geleistet und die Feinde verjagt hatte. Unter den Gegnern Roms erscheint damals auch das Volk der Naristen, dessen Heimat die ältere Forschung in der Oberpfalz sehen wollte. Dort hat jedoch auch die intensive Nachkriegsbodenforschung für das 2. Jahrhundert keine nennenswerte Population ergeben, während Inschriftfunde (z. B. Maximianus) die Lokalisierung der Naristen nördlich Pannoniens in Nachbarschaft zu den Markomannen und Quaden sicher gemacht haben[113].

Als gängige Datierung wird das Jahr 171 für den Erfolg des Pertinax ins Auge gefaßt[114], wozu die Siegesmeldungen der sog. 23. Ausgabe (Emission) der Reichsprägung passen. Da diese von Mark Aurel nicht vorauseilend behauptet wurden, läßt sich folgern, daß „im Sommer 171 die Donaugrenze vollständig wiederhergestellt war“[115]. Die 24. Emission des Folgejahres verkündet dann die Wiederaufnahme der römischen Offensive, mit der man bequem die Nachschubtätigkeit des Maximianus verbinden könnte.

Dieser Rekonstruktion scheint aber der archäologische Befund entgegen zu stehen. Denn nach der jüngsten Münze aus dem Horizont von Regensburg-Kumpfmühl wäre dieses frühestens 172 zerstört worden. Sofern diese Schlußfolgerung richtig ist, müßte man wohl annehmen, daß der Schutz der Schiffe des Maximianus für Raetien und Norikum deshalb nicht erwähnt wurde, weil diesen der dortige Feldherr Pertinax garantierte. Zumindest zwischen Eining und Künzing wäre die Bedrohung der mitten durch Kriegsgebiet fahrenden Kähne besonders groß und von berittenen Kundschaftern allein nicht zu bewerkstelligen gewesen[116].
Spätestens 174 befand sich die *legio III Italica* nördlich der Alpen. Erstaunlicherweise finden wir sie noch nicht in Raetien, sondern in Obergermanien, nämlich in Osterburken belegt, wo in diesem Jahr ein Titius Tacitus *miles legionis III Italicae* und *beneficiarius consularis* einen Weihestein aufstellte (CBFIR 152; vgl. 159). Daraus wurde in Verbindung mit einer komplizierten Laufbahninschrift aus Mainz (CIL XIII 6806) gefolgert, ein Senator, vermutlich Caerellius Priscus, habe nach der Tätigkeit des Pertinax als obergermanischer Legat die Nachbarprovinz Raetien mitverwaltet[117]. Diese Hypothese hat außerdem für sich, daß Raetien gerade einen schweren Germaneneinfall überstanden hatte und sich Mark Aurel für die bevorstehende Großoffensive auch der entfernteren Flanken sicher sein und eine reibungslose Zusammenarbeit mit den dortigen Kommandanten gewährleistet wissen mußte. Gleichzeitig konnte so ohne große Kompetenzprobleme die 3. italische Legion unter einem Legionslegaten in die prokuratorische Provinz verlegt werden. Solange wir nicht klar sehen, ob die Legion bereits zum Zeitpunkt ihrer Verlagerung nach Norden als künftige Dauerbesatzung Raetiens vorgesehen war, ob sie nur im Rahmen einer militärischen Notmaßnahme ins Alpenvorland einrückte oder ob ihr Erscheinen zunächst nur konsolidierende Ziele verfolgte, läßt sich nicht entscheiden, ob der Kaiser damals bereits zur Preisgabe der prokuratorischen Verwaltung entschlossen war. Als Übergangslösung im Konzept eines großen Angriffskrieges hätte sich die Unterordnung des Kommandanten der 3. italischen Legion und der gesamten raetischen Provinz unter das proprätorische Imperium des obergermanischen Statthalters angeboten.
Seit den Säuberungsaktionen des Pompeianus und des Pertinax bestimmte nach jahrelanger Defensive der römische Angriff das Geschehen. Den Siegen über die Markomannen und die Quaden (174) – zweimal wurde das römische Heer nur durch „Wunder" gerettet: einmal zermalmte der Blitz eine feindliche Belagerungsmaschine, das andere Mal war des Pertinax Heer, unter Hitze und Wassernot leidend, eingeschlossen, da verhalf ein plötzlicher Regen den Römern zum Erfolg[118] – folgten Kämpfe mit den sarmatischen Jazygen, die Mark Aurel auszurotten gedachte. Dennoch kam es im Jahr 175 auch mit ihnen zum Friedensschluß. Obgleich dies in der Forschung umstritten ist, dürfte der Kaiser durch den Aufstand eines seiner fähigsten Generäle im Osten zum raschen Friedensschluß und zur Aufgabe weitergehender Pläne an der Donaufront genötigt worden sein, da er die Tragweite der Ereignisse im Orient nicht überschauen konnte (Cass. Dio 72, 17, 1)[119]: Dort nämlich ließ sich Anfang April 175 der

syrische Statthalter Avidius Cassius in der irrigen Meinung, Kaiser Mark Aurel sei tot, zum Herrscher ausrufen. Schon vor dem 28. Juni 175 löste sich die Angelegenheit beinahe von selbst, da Cassius von seinen eigenen Soldaten umgebracht wurde.

## *Der zweite Germanenkrieg*

Der Friede von 175 war nicht von Dauer. Bald nach dem glanzvollen Triumph der Kaiser 176 – inzwischen war Mark Aurels unmündiger Sohn Commodus zum Mitherrscher ernannt worden – kam es erneut zu Feindseligkeiten, die unausweichlich zu einem weiteren Waffengang führten. Raetien war von diesen, in den Quellen „zweiter Germanenkrieg" (*expeditio Germanica secunda*) benannten Auseinandersetzungen anscheinend so gut wie nicht betroffen. Nach einem Sieg des Prätorianerpräfekten Marcus Bassaeus Rufus (177) brachen die Kaiser im Jahr 178 selbst zum Kriegsschauplatz auf. Um diese Zeit waren zahlreiche Auxiliarlager im quadischen Abschnitt des Donaulimes einschließlich Brigetio und des Holz-Erde-Lagers in Iža zugrunde gegangen. Durch ein Feldzugsunternehmen des Tarrutienus Paternus im Frühjahr 179 und weitere Offensiven stießen die Römer im Laufe des Jahres 179/180 weit in das Feindesland vor und trafen dort offenbar Anstalten zu längerem Verweilen. Archäologisch konnten neuerdings mindestens fünf temporäre römische Feldlager in der Slowakei und im sonstigen pannonischen Limesvorland entdeckt werden[120].

Mitten in seinem Vorhaben, den Widerstand der Markomannen und Quaden niederzukämpfen, starb Mark Aurel entweder in Vindobona/Wien oder wahrscheinlicher in Bononia bei Sirmium am 17. März 180 vermutlich an der wiederauflebenden Seuche. Sein knapp 19jähriger Sohn Commodus (180 – 192), als erster „Purpurgeborener" auf dem Thron nunmehr alleiniger Herr über das Weltreich, wurde vor große Probleme gestellt. Ein rechtes Maß zwischen hochgesteckten Offensivplänen, imperialem Wunschdenken und verantwortungsbewußter Abschätzung der eigenen Möglichkeiten war schwer zu finden. Wie immer die Entscheidung ausfiele, Enttäuschungen würde sie nach sich ziehen. So haben die Befürworter der erbarmungslosen Unterwerfung der Feinde dem jungen Marcussohn schon in der Antike vorgeworfen, er habe das Vermächtnis des Vaters verraten und verkauft, die blutig bezahlten Errungenschaften der Kriegsjahre zu schnell aufgegeben und den Krieg „den Bedingungen der Feinde" überlassen. Die neuere Forschung rückte von dieser zu negativen Beurteilung des neuen Kurses der römischen Außenpolitik ab, obgleich die Tatsache bestehen bleibt, daß seit dem März 180 die in ihrer jüngsten Entwicklung bis dahin höchstwahrscheinlich expansive Politik aufgegeben wurde: Darauf weisen die vielen römischen Truppen im Feindesland nördlich der Grenze und Quellennotizen, die keineswegs mit dem Begriff „Straffeldzug" genügend erklärt worden sind.

Natürlich gab es vernünftige Gründe für eine Wende: Das Reich war finanziell, wirtschaftlich und auch personell ausgezehrt; allzulange tobte bereits der Krieg, der durch die erbarmungsloseste Epidemie des Altertums noch unerträglicher wurde; der überlebende Rest der Reichsbewohner hatte das Sterben satt; schon unter Marcus waren Rufe nach einem Ende der kostspieligen und aufwendigen Feindseligkeiten laut geworden. Es kann sehr wohl sein, daß der Friede des Commodus augenblicklich von einer realistischeren Beurteilung des Erreichbaren ausging als die Operationsvorstellungen seines Vaters; zu sehr waren diese beeinflußt von den Militärbefehlshabern, die, bei all ihren Verdiensten, in erster Linie auf die Demonstration der von ihnen repräsentierten römischen Streitmacht erpicht waren.

Zunächst einmal führte Commodus die Kampfhandlungen weiter. Die Behauptung der Historia Augusta, er habe den vom Vater beinahe beendeten Krieg unter Annahme der gegnerischen Friedensbedingungen aufgegeben und sei nach Rom zurückgekehrt (v. Comm. 3, 5), ist in dieser Form sicher verkürzt und teilweise unrichtig. Dieselbe Quelle weiß an anderer Stelle glaubwürdig, der neue Herrscher sei erst am 22. Oktober in der Hauptstadt eingetroffen (v. Comm. 12, 7). Dazu passend erfahren wir, daß das Unternehmen gegen die Quaden im September erfolgreich beendet wurde (Aur. Victor Caes. 17, 2). Der den Ereignissen etwas näher stehende, aber sehr wohl auch unter dem Einfluß zeitgenössischer oder späterer Propaganda schreibende Herodian, demzufolge Commodus den Krieg bald nach des Vaters Tod unwürdig beendet habe, widerspricht sich selbst, wenn er nur wenig später sagt, der neue Herrscher sei einige Jahre dem Rat der Freunde seines Vaters gefolgt (1, 8, 1). Tatsächlich erkennen wir aus den wenigen erhaltenen Fragmenten des Cassius Dio (73, 2, 1–4), daß Commodus sich noch ungefähr ein halbes Jahr an der Donaufront aufhielt und offiziell den Kampf die gesamte Feldzugssaison 180 fortsetzte, ehe er ihn in Übereinstimmung mit dem Rat und sogar mit teilweise verschärften Friedensbedingungen beendigte[121].

Seine vierte imperatorische Akklamation bezieht sich auf den Hauptsieg gegen die Germanen zwischen März und September 180. Freilich ist nicht zu übersehen, daß diese Akklamation bereits auf der ersten der beiden eigenständigen Münzserien des Commodus aus dem Jahr 180 erscheint, die mit den Legenden ADVENTVS AVG(VSTI) und FORT(VNA) RED(VX) die Heimkehr ankündigt. Da gleichzeitig die CONSECRATIO des Vaters gefeiert wurde, datieren diese Prägungen in die Zeit bald nach April 180[122].

Die Rückkehr in die Hauptstadt stand für Commodus also bereits fest, noch ehe die Angelegenheiten an der Front definitiv geregelt waren. Mag die Lage vor Ort diesen frühzeitigen Entschluß vielleicht gerechtfertigt haben, er kann auf die Entfernung ganz anders gewirkt haben. Allerdings deutet die Überlieferung noch ein weiteres Motiv für das Handeln des jungen Kaisers an: die Sorge um die eigene Gesundheit (HA v. Marc. 28, 2; Epit. de Caes. 17, 2), wofür wohl die Angst vor der immer wieder aufflakkernden Pest zu verstehen ist. Wie dem auch sei, Commodus hielt es trotz seines jugendlichen Alters länger auf dem Kriegsschauplatz aus als so mancher seiner Vorgänger, und spätantike Quellen betrachteten seine militärischen Befähigungen als einziges Berührungsmerkmal zum Vater (Eutrop. 8, 15).

## *Die Schlußphase des Krieges*

In Raetien bezog um diese Zeit die 3. italische Legion gerade ihr endgültiges Standlager in Regensburg, wo sie fast bis ans Ende der Römerzeit blieb. Den vorherigen Aufenthaltsort der Legion kennen wir noch immer nicht mit Sicherheit, doch spricht der archäologische Befund des Vexillationslagers von Eining-Unterfeld im Zusammenhang mit der schon erwähnten inneren Chronologie der Ziegelstempel dafür, daß bald nach 170 wenigstens ein Teil dieser Truppe dort Quartier bezogen hat. Da sie 174 dem obergermanischen Statthalter zu Diensten stand und spätestens wohl ab dem Folgejahr ihr Standlager bei Regensburg baute, wird sie kaum mehr als Abteilungen an den entfernten Kriegsschauplatz entsandt haben. Solange an der mittleren Donau gekämpft wurde, könnte es auch nach der simultanen obergermanisch-raetischen Statthalterschaft des „Caerellius Priscus" zunächst einmal bei der Zusammenlegung der beiden Provinzen geblieben sein (S. 146). Der Kaiser mag die Neuordnung der prokuratorischen Sprengel am Donauoberlauf auf die Nachkriegsphase verschoben haben.

Die Usurpation des Avidius Cassius 175 veränderte auch die Lage im Westen und zwang zu Friedensregelungen. Vielleicht mag jetzt erst der Befehl zur dauernden Garnisonierung der *legio III Italica* am Donauknie bei Regensburg ergangen sein, nicht zuletzt deshalb, weil hier eine besonders bedrohte und fruchtbare Gegend zu kontrollieren war. Am südlichen Donauufer, gegenüber der Mündung des Regen, entstand in mehreren Jahren Bauzeit[123] ein imposantes Castrum, das mit seinen Ausmaßen von 542 x 453 m die für eine solche Truppe notwendige Fläche von ca. 25 ha umfaßte, etwa die elffache Fläche eines Auxiliarkastells. Zwei mächtige, zusammengehörige Kalksteinquader aus gelblichem Kalkstein enthalten Bruchstücke der monumentalen Bauinschrift, wie eine solche früher wahrscheinlich über jedem der vier Tore angebracht war. Vor rund 120 Jahren bei der Aufdeckung der Fundamente der *porta principalis dextra*, des Osttores, ausgegraben, sind von der ursprünglich viel breiteren Inschrift nur noch 3,25 m erhalten. Mit Hilfe anderer, offizieller Inschriften der damaligen Zeit ist der ursprüngliche Text zu rekonstruieren. Trotz einiger Schreibfehler und problematischer Besonderheiten steht fest, daß die Fertigstellung von „Umfassungsmauer mit Toren und Türmen" (*vallum cum portis et turribus*) in die erste Hälfte des Jahres 179 datiert (IBR 362 = AE 1971, 292)[124]. Vermutlich mit dem Einzug in die eben erst fertiggestellten Unterkunftsräume hängt eine Weihung eines Feldwebels (*optio*) an den Schutzgott der Centurie (*genio centuriai*) für seine Kameraden (*commaniplares*) zusammen, die am ehesten in die Zeit zwischen Frühjahr und Herbst des Jahr 180 gesetzt wurde (AE 1986, 532)[125].

*Abb 19* *Abb 200*

In der Endphase der Markomannenkriege waren Abteilungen der *legio III Italica* ins Kampfgeschehen verwickelt. Commodus hatte nämlich nach seinem Triumph von 180 sehr rasch einen dritten Germanenkrieg (*expeditio Germanica tertia*) gegen eine von den Buren geführte Allianz zu führen, der sich bis 182/183 hinzog und dessen Beendigung durch die Annahme des Siegestitels *Germanicus maximus* und die 5. Ausru-

*Abb. 18 Untersaal (Lkr. Kelheim). Weihaltar für Iupiter Stator des Centurios Flavius Vetulenus anläßlich seiner Rückkehr vom Burenfeldzug, der dem Commodus den Titel Germanicus maximus einbrachte; H, 1,05 m (Prähist. Staatsslg. München): I.O.M.STA-TOR/FL VETVLENVS C./LEG III ITAL REVER/SVS AB EXPED/IT BVRICA/ EX VOTO/ POSVIT.*

fung zum Imperator propagandistisch ausgewertet wurde. Die den Kaiser treffenden Vorwürfe, durch die *pax Germanica* von 180 Chancen Roms im Verhältnis zu den Germanen vertan zu haben, waren, wie es scheint, teilweise berechtigt, da die Kehrtwendung der bis dahin befreundeten Buren beweist, daß Commodus sich mit seinem Friedensschluß selbst außerhalb des Reiches neue Feinde geschaffen hatte[126]. Auf diese letzte Episode des Kriegsgeschehens, die sich zwischen oberer Theiß und Tatra abgespielt hat, bezieht sich ein Weihestein, der schon zu Anfang des 16. Jahrhunderts von Aventin im spätrömischen Burgus von Untersaal im Landkreis Kelheim als Spolie entdeckt wurde und bis heute erhalten blieb (IBR 353). Der Centurio Flavius Vetulenus weihte aufgrund eines Gelübdes „zurückgekehrt aus dem burischen Feldzug“ (*reversus ab expeditione Burica ex voto posuit*) dem allerhöchsten Jupiter mit Beinamen Stator einen Dankaltar. Auch ein ritterlicher Militärtribun der 3. italischen Legion namens Caius Annius Flavianus aus der numidischen Stadt Thamugadi/Timgad (CIL VIII 17900)[127], der von Commodus in einem „Germanischen Krieg“ mit Orden (*dona militaria*) ausgezeichnet wurde, wird sich diese im gleichen Feldzug, der die Buren „erschöpfte“ (Cass. Dio 73, 3, 1 f.), verdient haben. In der Regel weist man seine Tapferkeit dem zweiten Germanenkrieg von 178 bis 180 zu, doch ist auf der Inschrift nur *bello Ger[ma]nico II[. . .]* zu lesen, was sehr wohl zu *II[I]* ergänzt werden könnte. Das römische Heer war also intakt genug, mit kräftigen Gegnern fertig zu werden. Der schon bei Cassius Dio zu lesende Vorwurf, Commodus habe den Feldzug des Vaters nicht zu Ende geführt, obwohl es ihm leicht möglich gewesen wäre, wiegt vor diesem Hintergrund nicht eben leicht, zumal wir uns vom Verlust unserer schriftlichen Quellen für die Folgezeit nicht täuschen lassen dürfen: Wie wenig der Commodus-Friede alte Probleme beseitigt hat, erfahren wir nur zufällig durch eine Anekdote im Zusammenhang mit seiner Ermordung (Cass. Dio-Xiph./Exc. 74, 6, 1; vgl. Herod. 2, 2, 8). Auf dem Heimweg befindliche, mit viel Gold beladene Barbaren wurden von den Boten seines Nachfolgers zurückgeholt und zur Herausgabe der Subsidien aufgefordert: „Sagt zu Hause, Pertinax regiert!“ Den Namen des neuen Kaisers hatten die Barbaren noch gut von ihren Niederlagen aus der Zeit Mark Aurels in Erinnerung. Immerhin aber brachten die Markomannenkriege für Norikum und Pannonien erheblich größere Veränderungen mit sich als für die Landstriche weiter westlich, denn dort waren die materiellen Schäden und Bevölkerungsverluste so groß, daß das frühere Lebensniveau nie wieder ganz erreicht wurde. Schon Mark Aurel war bestrebt gewesen, diese Provinzen von neuem zu beleben, indem er germanische Bevölkerungsgruppen aufnahm und ansiedelte; damit sollte auch gleichzeitig versucht werden, den Druck auf die Grenzen zu mildern. So wurden von ihm in der Endphase der Kriege 3000 Naristen in Pannonien seßhaft gemacht. In Verbindung damit kamen immer mehr germanische Soldaten zum römischen Militärdienst, sei es, daß sie als Söldner angeworben oder aus den neuen Ansiedlern rekrutiert wurden. Diese Bevölkerungsbewegungen verstärkten sich unter den Nachfolgern Mark Aurels weiter und nahmen an Umfang immer mehr zu. Demgegenüber schwand das ursprüngliche Selbstvertrauen und Sicherheitsgefühl der römischen Bevölkerung langsam dahin, so daß diese Kriege eine echte Wende eingeleitet haben.

## Archäologische Zeugnisse der Markomannenkriege

In Bayern gibt es eine ganze Reihe von archäologischen Funden und Befunden, die von der Forschung immer wieder in Zusammenhang mit den Markomannenkriegen gebracht worden sind[128]. Sieht man von direkten epigraphischen Zeugnissen ab, so handelt es sich dabei hauptsächlich um drei Quellengattungen: Die wichtigste Informationsquelle sind Zerstörungsschichten in römischen Militärlagern oder Zivilsiedlungen der zweiten Hälfte des 2. Jahrhunderts, welche sich feinchronologisch präzise auf die Zeit der Markomannenkriege beziehen lassen. Im Idealfall handelt es sich dabei um großflächige Befunde, welche die Möglichkeit eines begrenzten, nur lokalen Schadfeuers ausschließen. Informationen können auch Hortfundhorizonte der zweiten Hälfte des 2. Jahrhunderts, vor allem Münzhorte liefern. Schließlich sind es neu angelegte, kurzfristig oder auf längere Dauer belegte Truppenlager, welche sich in die

Zeit der Markomannenkriege datieren lassen. Dabei ist zu beachten, daß für die zweite Hälfte des 2. Jahrhunderts außer den Markomannenkriegen noch andere turbulente Ereignisse gesichert oder wahrscheinlich zu machen sind, die in Raetien und den angrenzenden Gebieten Obergermaniens zu ganz ähnlichen archäologischen Befunden geführt haben könnten. Dabei handelt es sich um die Chatteneinfälle in Obergermanien und Raetien (161/162; 170), um Unruhen unter Commodus (Maternusaufstand/ *bellum desertorum* von 185/186) oder um den Bürgerkrieg des Septimius Severus gegen Clodius Albinus (197). Um Verwechslungen und Fehldeutungen vorzubeugen, bedarf es daher bei der Bearbeitung der fraglichen Zerstörungsspuren eines besonders sorgfältigen Vorgehens. Bei der Datierung spielen die Kleinfunde, in der Regel Münzen und Keramik, besonders die Sigillata, die wichtigste Rolle. Bisher konnte man an einigen Orten in Raetien Zerstörungen der Markomannenkriege nachweisen: In Regensburg gelang dieser Nachweis besonders gut im Kohortenkastell und dem dazugehörigen Kastellvicus von Regensburg-Kumpfmühl sowie im Vicus an der Donau unter dem heutigen Bismarckplatz, die deutliche Spuren gewaltsamer Zerstörungen durch Brandschichten lieferten. Dazu kommt, daß dieser Zerstörungshorizont auch im Kumpfmühler Vicus in einem so hohen Maße mit kleinteiligen Waffenresten aller Art wie Geschoßspitzen, Resten von Panzern und Helmen „angereichert" ist, daß er nur im Rahmen einer kriegerischen Auseinandersetzung entstanden sein kann. Die Münzreihe der Belegungsphase von Kumpfmühl endet mit einem „möglicherweise durch Feuer" geschädigten Dupondius des Mark Aurel von 172 aus dem Kastellbad (RIC 1035)[129]. Die Analyse eines neueren Schatzfundes aus dem westlichen Vicus, der Münzen und Schmuck enthielt, bleibt noch abzuwarten. Kastell und Vicus wurden nach der gewaltsamen Zerstörung nicht wieder aufgebaut, an ihre Stelle trat das in der Folge der Markomannenkriege angelegte Legionslager samt dem Lagerdorf (*canabae*). Man wird sicher annehmen dürfen, daß die Legion erst nach Regensburg kam, als Kumpfmühl bereits zerstört war.

In Sorviodurum/Straubing hat sich der überraschende Befund ergeben, daß nach der
*Abb 220* Mitte des 2. Jahrhunderts hier zwei in Stein ausgebaute Auxiliarkastelle parallel existierten, das seit längerem bekannte Kastell für eine *cohors milliaria equitata* und westlich davon das erst 1984 entdeckte Kastell einer *cohors quingenaria*. Beide Anlagen fielen in der zweiten Hälfte des 2. Jahrhunderts einem Schadfeuer zum Opfer, das vom Ausgräber unter ausdrücklichem Bezug auf den vergleichbaren Inhalt der Kumpfmühler Brandschicht mit den Markomannenkriegen in Verbindung gebracht wird. Im Militärposten mit Vicus und Gräberfeldern von Mangolding/Mintraching-Herzogmühle zwischen Regensburg und Straubing liegt umfangreiches Fundmaterial mit Brandspuren, z. T. aus geschlossenen Grubeninventaren, vor, das mit Zerstörungen der Markomannenkriege erklärt werden kann.

Für das Kohortenkastell Eining wird in älteren Grabungsberichten von einer Brandschicht aus der Zeit der Markomannenkriege gesprochen, doch fehlt bisher der konkrete Nachweis anhand einer Analyse des Fundmaterials. Die früher für Böhming zitierten Indizien für Zerstörungen während der Markomannenkriege sind inzwischen teilweise in Frage gestellt worden. Die Bauinschrift des Steinkastells (IBR 291) hat eine Parallele in Ellingen gefunden (AE 1983, 730), wo Hinweise auf vorherige Zerstörungen ganz fehlen. Unter den, vermeintlich der älteren (von zwei) Brandschichten entstammenden, verbrannten Reliefsigillaten konnten inzwischen anhand des Sigillataspektrums von Regensburg-Kumpfmühl auch jüngere Stücke nachgewiesen werden, die mit einer Zerstörung der Zeit der Markomannenkriege nichts zu tun haben. Der Befund bleibt daher bis zu einer schon lange dringend geforderten erneuten Überprüfung mit dem Spaten fragwürdig. Im Grabungsbericht des Reichslimeskommission zum benachbarten Kastell Pfünz wird eine ältere Brandschicht erwähnt, die derjenigen aus der endgültigen Zerstörung im 3. Jahrhundert vorausgeht. Man hat sie vorsichtig mit eventuellen Folgen der Markomannenkriege in Zusammenhang gebracht.

*Abb 132*

In älteren und jüngeren Grabungsberichten aus dem Augsburger Stadtgebiet werden immer wieder Brand- und Schuttschichten erwähnt, die von den Ausgräbern mit den Markomannenkriegen in Zusammenhang gebracht worden sind. Auch neuerdings datiert man Brandschichten und in deren Zusammenhang geborgene tumultuarisch vergrabene menschliche Skelettreste in diese Zeit. Auch der unmittelbar später erfolgte Bau der Augsburger Stadtmauer wird als direkte Reaktion auf diese Ereignisse betrachtet. Ein Depotfund mit glatter, verbrannter Sigillata aus einer Insula im Zentrum der Stadt Cambodunum/Kempten, der in einen Keller eingefüllt worden war, wurde gleichfalls mit den Markomannenkriegen in Zusammenhang gebracht. Da jedoch – im Gegensatz zum Kumpfmühler Markomannenhorizont – hier die späteren Sigillata-Teller der Form Drag. 32 vertreten sind, wird das Depot später als 172 in den Boden gekommen sein. Weil aber sonst ausgedehnte Brandhorizonte der fraglichen Zeit in Kempten nicht sicher beobachtet worden sind, läßt sich dieser Befund vorerst eher mit einem lokalen Schadfeuer erklären. Im Vicus von Gauting wurde im Rahmen von Brand- und Zerstörungsspuren auch ein Depotfund mit verbrannter Sigillata beobachtet, der in seiner Zusammensetzung dem Reliefsigillataspektrum von Regensburg-Kumpfmühl exakt entsprach. Damit zählt der Gautinger Straßenvicus zu den wenigen Orten in Raetien, wo durch die Ergebnisse der Sigillataanalyse eine Zerstörung in den Markomannenkriegen hinlänglich gesichert zu sein scheint.

Aus dem Vicus von Munningen stammt eine ausgedehnte Brandschicht, die auch zahlreiche verbrannte Sigillaten enthielt. Vergleicht man diese mit dem Sigillataspektrum von Regensburg-Kumpfmühl, so ist dieser Brandhorizont etwas später zu datieren, etwa in die achtziger Jahre des 2. Jahrhunderts. Daher tendiert die jüngere Forschung dazu, die Munninger Brandschicht und ihr verwandte Befunde, z. B. in Heidenheim und Urspring, nicht mehr der Zeit der Markomannenkriege zuzuweisen, sondern sie eher in einem späteren Zusammenhang, etwa mit den historisch bezeugten inneren Unruhen unter Commodus, dem sog. *bellum desertorum*, oder dem Bürgerkrieg unter Septimius Severus, zu sehen. Für eine genauere historische Fixierung wäre allerdings eine überregional vergleichende Bearbeitung nötig.

Zu diesen Zerstörungsschichten treten noch einige Hortfunde, die mit ihren Schlußmünzen in das Vorfeld oder die Zeit der Markomannenkriege reichen und daher als Zeugnisse für diese interpretiert worden sind. Aus Regensburg Alumneum stammen 8 Aurei von Nero bis Antoninus Pius (Schlußmünze 144). Mit Sicherheit als Zeugnis der Markomannenkriege werten läßt sich der neue Hortfund von Regensburg-Kumpfmühl. Er enthielt 25 Aurei von Nero bis Antoninus Pius (152/153), dazu ca. 600 Denare der Republik bis Mark Aurel, darunter 8 Prägungen von 166. Zusammen mit Schmuck und einem Miniaturgefäß aus Silber wurde er in einem Bronzekessel im Vicus des Kastells gefunden. Weniger aussagefähig ist ein Hort aus der „Gegend von Kelheim" (Eining?) mit 110 Denaren von Hadrian bis Mark Aurel (175/178). Aus dem Lager von Eining-Unterfeld gibt es einen zerstreuten Schatzfund aus 27 Münzen (1 Aureus, 26 Denare), Schlußmünze ist hier eine Prägung des Mark Aurel von 164/169. Der Fund von der Gelben Bürg, ein Denarfund unbekannter Größe mit Schlußmünze von Antoninus Pius für Mark Aurel (145/147), ist wieder weniger aussa-
*Taf 22* gekräftig. In Augsburg fanden sich im Kontext einer Brandschicht 52 Aurei von Nero bis Mark Aurel (Schlußmünze 163/164), deren Niederlegung wiederum im Zusammenhang mit den Markomannenkriegen gesehen werden kann.

Durch zahlreiche Neufunde hat sich die Datierung des nur kurzfristig genutzten Lagers Eining-Unterfeld in die Markomannenkriege bestätigen lassen[130]. Neuere Kleinfunde, deren Zahl seit einigen Jahren stark zugenommen hat, sind ausschließlich Lesefunde, die allerdings in der Regel hinsichtlich ihrer Fundlage genauer dokumentiert worden sind. Die Münzreihe umfaßt 54 Münzen aus dem Lager, fünf aus angrenzenden Feldern. Es handelt sich dabei um 16 Denare und um 38 Aes-Prägungen. Die geschlossene Reihe beginnt mit der Republik (4), es folgen Prägungen von Nero (3), Galba (1), Vespasian (4), Titus (3), Domitian (1), Trajan (3), Hadrian (6), Antoninus Pius (13) und Mark Aurel (4). Die Serie wird von zwei Denaren des Mark Aurel für Lucilla von 161/169 (RIC 788) und für Lucius Verus von 166/167 (RIC 576) abgeschlossen. Auf diese Münzreihe folgen noch wenige spätere Münzen des 3. und 4. Jahrhunderts. Zu diesen als Einzelfunde zu wertenden Münzen kommt noch ein verstreuter, aber im Lauf der Jahre an der gleichen Fundstelle immer wieder aufgelesener Münzschatz von 27 Münzen (s. o.). Zahlreiche Kleinfunde wie Terra Sigillata, Fibeln, Waffenteile, Cingulum-Beschläge etc. sichern den Datierungsansatz in die Zeit der Markomannenkriege bzw. belegen den eindeutig militärischen Charakter der Fundstelle. Nach der Fundmenge und -verteilung stellt sich die Anlage im Unterfeld von Eining in erster Linie als ein Truppenlager (Vexillationslager) dar, weniger als Versorgungsstation. Als Besatzung gibt sich durch zahlreiche Ziegelstempel die 3. italische Legion zu erkennen, deren Beiname *Concors* ihrer frühesten Phase in Raetien zuzuschreiben ist. Alles in allem ergibt sich aus archäologischen und allgemeinhistorischen Überlegungen für das Lager ein sehr wahrscheinlicher Datierungsspielraum zwischen 172 (nach der Zerstörung von Regensburg-Kumpfmühl) und vor 179/180, der Fertigstellung bzw. dem Bezug des Regensburger Legionslagers.

*Abb. 19 Regensburg, Dachauplatz. 1873 gefundene, monumentale Reste einer Torinschrift vom Lager der 3. italischen Legion; die auf einer deutlich sichtbaren Rasur stehende Titulatur in Z. 3 f. erlaubt die Datierung ins Jahr 179; H. 0,82 m (Mus. Regensburg).*

## Die 3. italische Legion in Reginum/Regensburg

Durch die Bauinschrift (IBR 362) ist die Fertigstellung der Umwehrung des Regensburger Legionslagers in das Jahr 179 gesichert. *Abb 19* Als Besatzung (und gewiß auch bauende Einheit) steht die 3. italische Legion fest. Ihre Stationierung gegenüber der Regenmündung wurde von der Forschung immer wieder als Reaktion auf die Ereignisse während der Markomannenkriege gedeutet. Da die Zerstörung Kumpfmühls und der Donausiedlung bei Regensburg inzwischen außer Zweifel steht, darf diese Ansicht als bestätigt angesehen werden.

Aufgrund der archäologischen Quellen ergibt sich z. Z. folgendes Bild von den Auswirkungen der Markomannenkriege in Raetien: Im Bereich des ostraetischen Donaulimes sind an eng beieinanderliegenden Kastellen und Vici Zerstörungen der Zeit um 172 festzustellen, nämlich in Straubing, Mangolding/Mintraching-Herzogmühle, Regensburg-Kumpfmühl, Regensburg-Donausiedlung (Bismarckplatz) und vielleicht in Eining (kaum in Böhming). Diese Orte liegen fast alle im Bereich eines alten Paßweges, der durch die Cham-Further Senke aus Böhmen herausführt: Das Donautal wird über das Regental bei Regensburg und über die Stallwanger Senke bei Straubing erreicht. Dieser Paßweg war schon vor den Markomannenkriegen durch die Anlage von je zwei nebeneinander existierenden Auxiliarkastellen bei Straubing und wohl auch bei Regensburg gesichert worden, eine in diesem Limesabschnitt ganz außergewöhnliche Maßnahme. Wie die späteren Ereignisse zeigten, geschah dies nicht ohne Grund. Weiter im Osten, in Künzing und in Passau, wurden keine Zerstörungen festgestellt, die mit den Markomannenkriegen verbunden werden können, und auch die westwärts liegenden Kastellorte am Limes ergaben bisher keine sicheren Indizien für Zerstörungen um 172. Mit der regionalen Konzentration archäologischer Indizien für die Markomannenkriege am raetischen Limes entfällt aber die These, es habe sich bei den Norikum und Raetien zerstörenden Germanen um Heerscharen gehandelt, die von Pannonien aus donauaufwärts gezogen wären.

Sichere Zerstörungshinweise dieser Zeit gibt es in Gauting, auf Krieg hindeutende Indizien in Augsburg. Zwischen ca. 172 und 179/180 war das nur kurzfristig genutzte Lager von Eining-Unterfeld belegt, das nach Ausweis der Luftbildbefunde und der Kleinfunde eher ein Lager einer aus Infanterie der 3. italischen Legion und Auxiliarreiterei bestehenden Kampftruppe war. So wird man in diesem Lager kaum eine Nachschubstation für weiter östlich gelegene Kriegsgebiete, sondern eine Operationsbasis sehen dürfen, von der aus römische Truppen in die Provinz Raetien aus dem böhmischen Raum eingefallene Gegner wieder vertreiben sollten. Auf jeden Fall scheint die militärische Situation in Raetien vor der Mitte der siebziger Jahre des 2. Jahrhunderts noch so offen gewesen zu sein, daß die 3. italische Legion kein festes Standlager bezog, sondern noch in Vexillationen aufgeteilt operierte. Im Jahre 179 wurde gegenüber der Regenmündung, dort, wo eines der Haupteinfalltore aus Böhmen in das Donautal mündet, das Legionslager bei Reginum fertiggestellt. Die Stationierung der Legion an dieser Stelle kann heute nurmehr als direkte Reaktion auf die Ereignisse der Markomannenkriege verstanden werden. Die inschriftlich bezeugten Reparaturen in Böhming und Ellingen (S. 157) sind dagegen nicht oder nur mit Vorbehalt mit diesen Kriegen zu verbinden. Dagegen scheint in Augsburg die Errichtung der Stadtmauer eine Folge der Markomannenkriege gewesen zu sein. Auch der Ausbau der letzten Phase des raetischen Limes, die Steinmauer, könnte ja bald nach den Markomannenkriegen und irgendwie in deren Konsequenz erfolgt sein.

Generell kann man sagen, daß in Raetien bisher nur punktuelle Zerstörungen aus der Zeit der Markomannenkriege nachweisbar sind, im Limesgebiet westlich von Straubing bis etwa Eining, im Hinterland in Gauting und wahrscheinlich auch in Augsburg, wobei der Feind offensichtlich über die Cham-Further-Senke direkt aus dem böhmischen Raum in das Donautal vorgestoßen war. Die Folgen waren aber anscheinend rasch behoben; mit den großflächigen Verheerungen der Alamanneneinfälle im 3. Jahrhundert sind diese Zerstörungen nicht im entferntesten zu vergleichen. In Obergermanien und im westlichen Raetien dagegen sind Auswirkungen der Markomannenkriege im archäologischen Befund bisher nicht greifbar. Hier zeichnen sich eher Verwüstungsspuren des Horizontes Munningen–Heidenheim–Urspring–Murrhardt–Sulz ab, welche bereits in die achtziger Jahre des 2. Jahrhunderts datieren und eher mit den Unruhen des *bellum desertorum* unter Commodus in Verbindung zu bringen sind – wenn sie überhaupt einen kriegerischen Ursprung haben. Auch die Kämpfe zwischen Septimius Severus und Clodius Albinus sollten in diesem Gebiet als Ursache von Hortfunden und Brandschichten vorerst nicht ausgeschlossen werden.

## Zerstörungen und Aufbau

In den kriegsgeschädigten Gebieten des Reiches, vor allem in Norikum und in Pannonien, waren die Jahre nach 180 durch den Wiederaufbau des Zerstörten und Maßnahmen zur zusätzlichen Festigung und Sicherung der nördlichen Reichsgrenze bestimmt[131]. Auch in Raetien entwickelte man vielfache Aktivitäten. Dies war nicht zuletzt auf die Verstärkung des Heeres zurückzuführen, das man – zumal nach Kriegszeiten – beschäftigen mußte[132]. Offenbar war der von der 3. italischen Legion überwachte Grenzabschnitt friedlich. Deshalb konnte schon 181 ein Centurio der Regensburger Legion namens Iulius Iulinus auf Befehl des Statthalters Aulus Spicius Cerialis mit Mannschaften der Legion die Mauer (*vallum*) des Numeruskastells Böhming aufziehen; die beiden Tore mit je zwei Türmen erstellte daraufhin Aelius Fortis, ein Kollege des Iulinus, mit Teilen der von ihm befehligten Breukerkohorte (IBR 291). Im Jahr danach ließ ein anderer Legionscenturio namens Aurelius Argivus Mauer und Tore des Kleinkastells Ellingen (*kastellum Sablonetum*) durch die vielleicht anschließend als Besatzung fungierenden, ausgewählten Fußtruppen des Statthalters (*pedites singulares*) in Stein ausbauen[133]. Dies wissen wir erst dank einer unlängst gefundenen Bautafel (AE 1983, 730), die schneller als erwartet die These bestätigte, daß nämlich die Regensburger Einheit um 180 und in der Zukunft immer wieder an vielen Orten der Provinz zu Bau- und Ausbesserungsarbeiten an militärischen, aber auch an zivilen Objekten, eingesetzt wurde[134]. Obschon direkte Zeugnisse wie in Böhming (gefunden 1898) und Ellingen (gefunden 1980) seltene Glücksfälle bleiben, ist hierfür die große Streuung der gestempelten Ziegel ein deutlicher Beweis. Im wesentlichen aus der Legionsziegelei Bad Abbach stammend, wurden diese zum Beispiel in Künzing, Straubing und Passau häufiger gefunden, vereinzelt aber auch im Limesgebiet und sogar westlich von Augsburg[135]. Natürlich hat die Hauptziegelei der Regensburger Legion, wie dies etwa auch bei den obergermanischen Truppen gleicher Gattung beobachtet wurde, den Bedarf umliegender militärischer Anlagen mit abgedeckt. Angesichts der baulichen Aktivitäten der *legio III Italica* ist die Annahme alles andere als abwegig, daß bald nach den Markomannenkriegen, und nicht erst unter Caracalla nach 212, auch die rund 106 km lange Holzpalisade am raetischen Limes durch eine rund 2 – 3 m hohe Steinmauer ersetzt wurde. Den genauen Zeitpunkt kennen wir noch nicht (der kaum anders zu deutende Ausgrabungsbefund am Limestor bei Dalkingen ergibt einen Terminus post quem 161/169). Ob allerdings, wie man meinte, Wall und Graben in Obergermanien als Folge von Chatteneinfällen unter Commodus und die Erbauung der raetischen Mauer als Antwort auf einen seit den Markomannenkriegen verstärkten Druck der Germanen aufzufassen sind, sei doch bezweifelt. Unversehens tritt darin die militärische Deutung des Limes wieder in den Vordergrund. Dabei hätten Wall und Graben die nicht das erste Mal eingefallenen Chatten ebensowenig an ihrem Treiben gehindert wie dies die raetische Mauer hinsichtlich der Alamannen tat; denn sie waren es, die erstmals (und zwar nicht eher als um 210) stärkeren Druck auf die raeti-

*Abb 132*

*Abb 120*

sche Grenze ausübten. Die „Annäherungshindernisse" der vierten Limes-Phase, die teilweise nach innen zeigten, haben den fortifikatorischen Wert der Anlage allenfalls unwesentlich erhöht; als Maßnahmen zur Truppendisziplinierung durch Arbeit passen sie zu einer Politik, die es nötig hatte, durchschlagende militärische Erfolge an den Grenzen durch repräsentativ zur Schau gestellte Stärke (nach innen) zu kompensieren. Sie ist an vielen Stellen zu beobachten. In Niederpannonien wurde um 185 „das ganze (Donau)-Ufer durch von Grund auf erbaute Türme (*burgi*) und durch an günstigen Orten den heimlichen Übergängen (*transitus*) des Räuberpacks (*latrunculi*) entgegengesetzten Wachtposten (*praesidia*) befestigt" (CIL III 10312 f. usw.), und derselbe Kaiser Commodus hat in Nordafrika, „besorgt um die Sicherheit seiner Provinzialen, neue Türme (*turres*) gebaut und alte instandgesetzt" (CIL VIII 20816). Schon vor Jahrzehnten meinte man daher, Commodus habe gleichsam versucht, „den gebrochenen römischen Offensivgeist mit möglichst vielen Festungen zu ersetzen" (A. Alföldi)[136]. Westraetien könnte Mitte der achtziger Jahre von Ausläufern des sog. *bellum desertorum* eines gewissen Maternus berührt worden sein, der 185 in Obergermanien Massen fahnenflüchtiger Soldaten und unzufriedener Bauern in Bewegung gebracht hatte[137]. Ganz gewiß viel schlimmer aber beeinträchtigte die erst 189 erloschene Seuche das tägliche Leben. Diese Epidemie war nach heutiger Ansicht eine durch Humanparasiten (Flöhe) oder Nager (Ratten) übertragene Pocken- oder Flecktyphusinfektion (Murines Fleckfieber)[138]. Nach Meinung zeitgenössischer Ärzte soll sie 166 aus Libyen, Ägypten oder Syrien durch Truppenverlegungen in den Westen eingeschleppt worden sein. Sie zählte zu den schlimmsten Seuchen des Altertums, die im Imperium grassierte und weite Landstriche entvölkert hat. Die Behauptung des im 5. Jahrhundert schreibenden Priesters Orosius, „daß allenthalben ohne Bebauer und Bewohner verlassen daliegende Landgüter, Äcker und Städte sich in Ruinen und Waldungen verwandelten" (hist. 7, 15, 5), ist zweifellos stark übertrieben, weil die *lues* in dieser christlich geprägten Vorstellung von Gottes Eingreifen in die Weltgeschichte die Strafe Roms für vorausgehende örtliche Christenverfolgung in Asien und Gallien war. Dennoch haben wir sichere Indizien, daß auch das Gebiet nördlich der Alpen um diese Zeit stark betroffen war. Auf einer Grabinschrift, die bis Anfang des 19. Jahrhunderts in der Kirche von Eggstätt, wenig nördlich des Chiemsees, vermauert war, betrauerte ein Victorinus im Jahre 182 seine Eltern, seine Frau und seine Tochter, „die durch die Seuche dahingerafft wurden" (*qui per luem vita functi sunt*: IBR 7). Vielleicht sind noch weitere Grabinschriften, auf denen ganze Familien mit ihren Kindern genannt sind (IBR 277; 414; Schillinger-Häfele 240), in diesem Zusammenhang zu sehen. Da sich dies nicht ausdrücklich nachweisen läßt[139], können dafür auch andere Massenerkrankungen verantwortlich gewesen sein. Eine solche war durch die Analyse eines Abortgrubeninhalts aus der Zeit um 150 im Kastell Künzing nachzuweisen; dort hatten die Soldaten unter erheblicher Wurmverseuchung durch einen Darmparasiten, den Peitschenwurm (*Trichuris trichiura*) zu leiden, der Leibschmerzen, Übelkeit und Erbrechen verursacht und zu Anämien und ruhrartigen Darmentzündungen führt[140].

*Die Legion in Raetien*

Die dauernde Stationierung der 3. italischen Legion in Regensburg erhöhte nicht nur die Schlagkraft der raetischen Provinzialarmee, deren Sollbestand sich um etwa 50 Prozent vergrößerte, sie veranlaßte auch einen regional begrenzten „Romanisierungsschub“, da plötzlich mindestens rund 6000 römische Bürger zusätzlich in die Provinz kamen und nicht selten dort auch nach ihrem Ausscheiden als Veteranen blieben[141]. Seit Mark Aurel bildete die Legion den bedeutendsten Faktor der römischen Präsenz in Bayern. Unser Wissen um die Geschichte und Gliederung dieser Legion verdanken wir fast ausschließlich der vergleichenden Auswertung von Inschriften, meist von Grabsteinen, die überwiegend am einstigen Standort Regensburg gefunden wurden. Diese Überlieferung repräsentiert freilich nur wenige Prozent oder sogar Prozentbruchteile der einstigen Wirklichkeit, wobei die Faustregel gilt: Je höher der Rang einer Person war, um so mehr Wohlstand und Bildung hatte sie, um so eher setzte sie eine Inschrift und um so größer wurde die Überlieferungschance[142].
Die Legion war taktisch und verwaltungstechnisch ein geschlossener militärischer Verband, der in sich vielfach gegliedert war. Strenge Dienstpläne und Verwaltungsmechanismen kennzeichneten ihn ebenso wie – besonders in den unteren Chargen – komplizierte Beförderungsprinzipien innerhalb einer mitunter schwer durchschaubaren „Rangordnung“. Seit den Heeresreformen, die mit dem Feldherrn Marius (um 100 v. Chr.) verbunden werden, dienten in der Legion Berufssoldaten, die römische Bürger sein mußten. Grundlage der Taktik war seither die Kohorte. Jeder Legion gehörten zwischen 5500 und 6400 Mann an. Dabei stimmte die Iststärke gewiß nur selten mit der Sollstärke überein. Die innere Gliederung der Legion und unser Wissen speziell zur 3. italischen Legion ist ausführlich in „Regensburg zur Römerzeit“ (1979) 275–288 dargestellt. Die bisher bekannten Chargen enthält die Liste unten S. 173.

## Tracht und Bewaffnung des Heeres in der frühen und mittleren Kaiserzeit

Über die Tracht, Bewaffnung und Ausrüstung der römischen Soldaten in der frühen und mittleren Kaiserzeit sind wir verhältnismäßig gut unterrichtet. Dies liegt nicht nur an der reichen Überlieferung durch bildliche Darstellungen, etwa auf Soldatengrabsteinen, auch literarische Hinweise helfen hier vielfach weiter. Die wichtigsten Quellen sind aber die originalen Bodenfunde, die gerade auch in Bayern zutage gekommen sind. Sie stammen vor allen aus dem Brandschutt zerstörter Kastelle und Siedlungen oder aus Hortfunden. Auch Gewässerfunde liegen vor, aber kaum Waffen aus Gräbern. Damit unterscheidet sich die Römerzeit deutlich von der keltischen Epoche oder den Verhältnissen im freien Germanien, wo Waffen meist nur als Beigaben aus den Gräbern bekannt sind. Dies hat aber nichts damit zu tun, daß, wie man vielfach lesen kann, die Waffen der römischen Soldaten Staatsbesitz gewesen seien. Sie gehörten den

Soldaten, aber die Grabsitten waren anders. Die römischen Soldaten pflegten, wie wir etwa durch Papyri aus Ägypten wissen, ihre Waffen beim Ausscheiden aus dem aktiven Dienst normalerweise an nachrückende Kameraden zu verkaufen.
Erstaunlich ist die Einheitlichkeit der römischen Militärausrüstung, die aber nicht etwa dadurch zustandekam, daß sie in großen Werkstätten einheitlich unter staatlicher Aufsicht gefertigt wurde. Vielmehr gab es anscheinend in fast jedem Kastellvicus oder den *canabae legionis* kleinere Privatbetriebe, die Waffen und Ausrüstung herstellten und an die Soldaten verkauften. Die Normierung erfolgte über einheitliche Richtlinien und die vielfache lokale Nachahmung der vorschriftsmäßigen Armierung. Auch aus Bayern kennt man solche Werkstätten, etwa aus den Lagerdörfern von Pfünz, Regensburg-Kumpfmühl, Straubing oder Regensburg-Großprüfening. Daß es aber, vor allem für den Ernstfall bei militärischen Operationen außerhalb des Garnisonsortes, auch entsprechende Handwerker bei der Truppe gab, zeigt eine halbfertige Wangenklappe für einen Reiterhelm aus dem während der Markomannenkriege nur kurzfristig genutzten Lager von Eining-Unterfeld[143].
Natürlich behielten die Ausrüstung und Bewaffnung des römischen Militärs von der Zeit der Okkupation unter Augustus bis zum Limesfall unter Gallienus nicht die gleiche Form, sondern sie machten eine Entwicklung durch, die man auch am reichen Fundmaterial in Bayern gut nachvollziehen kann.

### *Ausrüstung der Legionssoldaten*

Die Kleidung des Legionars kennt man fast ausschließlich aus Bild- und Schriftquellen. Am Körper trug er ein weites wadenlanges Hemd aus Wolle oder Leinen (*tunica*), dessen Saum er im Dienst mit dem Gürtel knapp über dem Knie getragen hat. Es gab verschiedene Arten von Militärmänteln, die man z. T. auf der rechten Schulter durch Fibeln mit entsprechend weitem Bügel befestigte. Diese sog. Mantelfibeln waren oft typisch für das Militär: Das gehäufte Vorkommen von solchen Fibeln, z. B. der frühkaiserzeitlichen Aucissafibel, sind schon allein ein Argument für den militärischen Charakter einer archäologischen Fundstelle. Das rauhe Klima im Norden brachte die Soldaten bald dazu, die wärmende Tracht der Kelten und Germanen in Teilen zu übernehmen: Die Hose, als halblange Kniehose aus Stoff oder Leder, gehörte bald zur Standardkleidung am Limes. Aus einem Privatbrief am Hadrianswall in England sind sogar wärmende Unterhosen und Socken als Ausrüstung der Soldaten bezeugt. Für Hitze und Kälte gleichermaßen gut war das Halstuch (*focale*), das gegen Sonneneinstrahlung und Schweiß seine Dienste tat, aber auch als Schal gegen Wind und Kälte schützte. Die genagelten Schuhe (*caligae* bzw. *calcei*), die bekannten Riemensandalen, fanden sich auch in bayerischen Feuchtbodenschichten (Dambach). Bei modernen Experimenten (Gepäckmärschen in nachgebauter römischer Rüstung) hat sich herausgestellt, daß es sich dabei um recht bequemes Schuhwerk handelte.

*Abb. 20 Straubing. Eiserner Infanteriehelm des Typs Weisenau mit Bronzebeschlägen (Wangenklappen fehlen). 1. Jh. bis Anfang 2. Jh. (Mus. Straubing).*

Die römischen Soldaten trugen im Einsatz immer Metallhelme, die im Laufe der Zeit ihre Form sehr veränderten. Da es sich um haltbare Waffenstücke handelte, überdauerten sie oft mehrere Generationen von Besitzern, was man dann auf den sich überlagernden Besitzerinschriften ablesen kann, die sich auf dem Nackenschutz eingeritzt finden. Bronzehelme der spätrepublikanischen Typen Mannheim und Hagenau fan-
*Abb 20* den sich in Straubing und Burlafingen als Gewässerfunde[144]. Sie haben eine einfache, halbkugelige Kalotte und einen kurzen bzw. beim Typ Hagenau dann breiteren Nakkenschirm. Diese Helmtypen gingen auf italische Vorbilder zurück. Dagegen wurden die Eisenhelme des Typs Weisenau, der zum Beispiel im augusteischen Fundkomplex von Augsburg-Oberhausen vorkommt, wie so viele andere Waffentypen, vom Gegner übernommen, in diesem Falle im Gallischen Krieg von den Kelten.

So entstand einer der langlebigsten Standardhelme für Legions- und Auxiliarinfanterie. Eine spätere Weiterentwicklung mit Kreuzbügelverstärkung der Helmkalotte vom Ende des 2. Jahrhunderts kennt man etwa aus Theilenhofen[145], und selbst die späteste Variante vom Typ Niederbieber (in Fragmenten aus dem Kastell Pfünz belegt) mit ihren fast visierartig erweiterten Wangenklappen können ihre Herkunft vom Typ Weisenau nicht verleugnen.

Variantenreicher gestalteten sich die Ausführungen der Körperpanzer. Hohe Offiziere, auch der Kaiser, trugen als Uniform den sog. Muskelpanzer, einen reich dekorierten zweischaligen aus Bronze getriebenen Körperschutz, der die menschliche Anatomie nachahmt. Darunter zog man ein Lederwams an, das an den Ärmeln in Streifen auslief, an der Bauchseite wies es unter dem Panzer hervorschauende große, verzierte Schuppen auf (*pteryges*). Um den Panzer trug man als Rangabzeichen eine auf besondere Weise verknotete Schärpe aus Stoff, die Feldherrnbinde (*cinctorium*). Originale von Muskelpanzern der römischen Kaiserzeit fehlen bisher, man kennt nur ihre griechischen und etruskischen Vorläufer durch Bodenfunde. Häufig sind aber bildliche Darstellungen bei Panzerstatuen von Kaisern und Feldherrn und bei Götterstatuetten in Uniform, wie Mars, Jupiter Dolichenus oder Geniusdarstellungen.

Der Körperpanzer der Legionare veränderte sich im Verlauf der Kaiserzeit. Der Soldat der augusteischen Zeit trug das wohl von den Kelten übernommene eiserne Kettenhemd, das in der Frühzeit zwei S-förmige Schließhaken (gefunden z. B. in Augsburg-Oberhausen) hatte. Wie man von bildlichen Darstellungen weiß, waren über den Schultern als zusätzlicher Schutz breite Schulterklappen angebracht. Diesen speziellen Kettenpanzer hat man bei schlecht erhaltenen Darstellungen auf Grabsteinen als Lederpanzer fehlinterpretiert. In den ersten beiden Jahrzehnten des 1. Jahrhunderts kam eine neu erfundene Form des Körperpanzers auf, der Schienenpanzer. Er bestand aus Eisenblechstreifen, aus denen mit Lederriemen sowie Schnallen, Scharnieren und Schließhaken aus Bronze ein Panzer für den Oberkörper und die Schulterpartien hergestellt wurde. Man kennt aus Bayern viele Fragmente und Einzelteile, eine sichere Rekonstruktion erlaubten erst Funde aus dem englischen Kastell Corbridge. Diese Panzer waren, mit leichten Weiterentwicklungen der Beschläge, bis um 200 in Gebrauch, das späteste Stück überhaupt, das um die Mitte des 3. Jahrhunderts in den Boden kam, stammt aus dem kleinen Tempelchen vom Weinberg bei Eining, wo es als oft repariertes, kampferprobtes Stück wohl zuletzt als Weihegabe aufgehängt worden war[146]. Im späten 2. Jahrhundert scheint der überwiegende Teil der Legionssoldaten wieder auf das Kettenhemd als Körperpanzer zurückgegriffen zu haben. Dieses war nun länger und von der Konstruktion her einfacher gefertigt, es war wie ein modernes T-Shirt geschnitten, so daß man es einfach über den Kopf streifen konnte, Verschlußhaken und Schulterklappen fehlten. Beim Kettenhemd von Bertoldsheim bei Neuburg a. D. fand sich im Brustbereich ein Verschlußblech, das sich öffnen ließ und so das Überstreifen erleichterte[147]. Bei diesem Kettenhemd, das aus rechteckigen, serienmäßig vorgefertigten eisernen Teilen bestand, die in „patchwork"-Technik mit Bronzeringen zusammengefügt waren, weiß man allerdings nicht, wer das Stück getragen hat. Es kommen Legionare und Auxiliarsoldaten, Infanteristen und Reiter in Betracht. Von den Beinschienen der Legionare, die aus Eisen oder Bronze gefertigt waren, hat sich in Bayern nichts erhalten, wohl aber solche von Auxiliartruppen (s. u.). Von der Form her dürften aber hier keine Unterschiede bestanden haben.

Dagegen war der Schild ein Waffenstück, an dem man mit Sicherheit den Legionar erkennen konnte. Der Legionssoldat trug seit der späten Republik das mächtige, fast mannshohe *scutum*, das aus einem stark gewölbten Holz-Leder-Filz/Stoff-Körper bestand, der im Kern aus spanartigen Brettchen zu einer Art Sperrholz zusammengeleimt war. An Metallteilen (Bronze oder Eisen) trug der Schild Randeinfassung, Schildbuckel, Schildfessel (Handgriff) und Zierbeschläge. Bis in die frühe Kaiserzeit hinein hatten die Schilde der Legionare eine langrechteckige Grundform, oft noch mit länglich-spindelförmigen Schildbuckeln, sie werden vom Rechteckscutum abgelöst, das sich bis zum Ende des 3. Jahrhunderts verfolgen läßt. Da die mit wasserlöslichem Knochenleim zusammengehaltenen Schildbretter, Leder und Filz bzw. Stoffteile sehr regenempfindlich waren, schützte man den Schild auf dem Marsch mit einem eingefetteten Lederüberzug.

Die wichtigste Blankwaffe der stets in dichter Formation kämpfenden römischen Legionssoldaten der Frühzeit war das klassische römische Kurzschwert, der *gladius*. Auch er wurde, wahrscheinlich in Spanien, vom Gegner übernommen. Eine frühere Form mit geschweifter Klinge und langausgezogener Spitze, der sog. Typ Mainz, wurde nach der Mitte des 1. Jahrhunderts vom Typ Pompeji abgelöst, welcher gerade, parallele Schneiden und eine kurze Spitze hatte[148]. Die Griffe beider Gladiustypen konnten aus Holz oder Bein, ja sogar Elfenbein bestehen, die in Einzelfällen mit Metallnägeln beschlagen oder sogar mit Silberblech überzogen sein konnten. Sie liefen mit einem großen kugel- oder scheibenförmigen Knauf aus. Die Bronzebeschläge der lederüberzogenen Holzscheiden waren bei den Typen Mainz und Pompeji unterschiedlich und charakteristisch gestaltet, so daß man sie oft auch an winzigen Fragmenten identifizieren kann. Während man bis zum Ende des 1. Jahrhunderts den Gladius in der Regel am *cingulum*, dem metallbeschlagenen Waffengurt, trug und mit den *Abb 21*

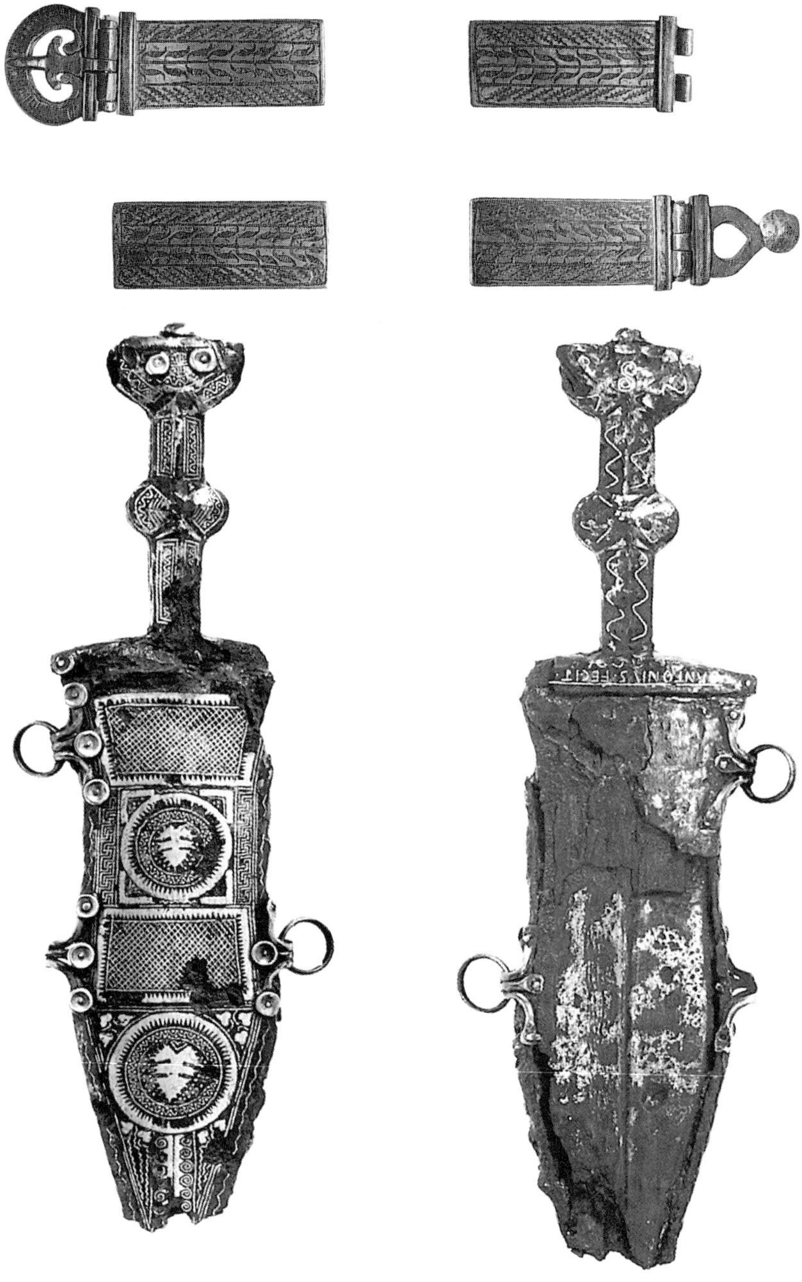

*Abb. 21 Waffen der Frühzeit: Offiziersdolch von Oberammergau (Lkr. Garmisch-Partenkirchen). Eisen mit Silbertauschierung, Arbeit des italischen Meisters Antonius. Beschläge eines Waffengurtes* (cingulum) *aus Kupferlegierung mit Nielloverzierung, Auerberg (Lkr. Weilheim-Schongau) (1. H. 1. Jh.) (Prähist. Staatsslg. München).*

vier Trageringen aus Bronze befestigte, setzt sich dann immer mehr die Trageweise am schmalen Schulterriemen (*balteus*) durch, die wohl zunächst nur von Offizieren mit Muskelpanzer praktiziert wurde, über den man kein Cingulum anlegen konnte. Der Gladius wurde an der rechten Seite getragen. Über die Entwicklung des Gladius im 2. Jahrhundert ist man mangels entsprechend datierter Funde nicht mehr so gut unterrichtet. Er wird auch um die Mitte des 2. Jahrhunderts vom Langschwert (*spatha*) abgelöst, das vorher nur von der Reiterei geführt wurde[149]. Der genaue Zeitpunkt dieses Übergangs ist unbekannt, sicher ist nur, daß der Gladius im Legionslagerhorizont von Regensburg, also nach 179, nicht mehr vorhanden ist. Die Spatha mit ihrer breiten parallelen Klinge hatte einen ähnlichen Griff wie der Gladius. Ihre lederüberzogene Holzscheide hatte zunächst einen pelta- oder trapezförmigen unteren Abschluß (Ortband) aus Metall oder Bein, im 3. Jahrhundert kamen dann scheibenförmige sog. Dosenortbänder auf, die gelegentlich aus Silber und reich mit Niello verziert waren. Am oberen Ende der Scheide war ein länglicher Tragebügel aus Metall oder Bein fixiert, an dem die Waffe am Balteus befestigt war. Dieser Schulterriemen war nun wesentlich breiter und hatte oft kunstvoll verzierte Metallbeschläge. Da man die längere Spatha jetzt auf der rechten Seite nicht mehr ungehindert ziehen konnte, trug man sie nun auf der linken Seite.

Mit dem Aufkommen der Spatha hatte das Cingulum, also der metallbeschlagene Militärgürtel, endgültig seine Funktion als Waffengurt zur Befestigung der Schwerter verloren und wurde zum reinen Gürtel, der die Tunika raffen oder zur Aufhängung von Dolch, Geldbeutel, Messer oder anderen Dingen diente. In der severischen Zeit, wohl erst im Rahmen einer Ausrüstungsreform unter Caracalla, kam das Ring- und Rahmenschnallencingulum auf, das bis zum Ende des 3. Jahrhunderts das gebräuchliche Militärkoppel blieb und das charakteristische Trachtmerkmal des Soldaten darstellte, da Zivilisten keine Gürtel trugen (oder tragen durften)[150].

Als zweite Blankwaffe trug der Legionar den Dolch (*pugio*); auch diese Waffe war in der späten Republik vom Gegner in Spanien übernommen worden. Charakteristisch für diese Waffe waren ihre stark geschwungenen Schneiden und der aus Eisenblech bestehende zweischalige Griff mit Mittelknoten. Griffe und die aus Eisenblech bestehenden Scheiden der frühkaiserzeitlichen Stücke, wie derjenigen von Oberammergau und vom Auerberg, sind reich mit Tauschierung und Niellierung, später auch mit Emaileinlagen verziert[151]. Auch die Dolchscheiden weisen, wie diejenigen der frühen *gladii* vier Metallringe als Aufhängevorrichtung auf. Im späten 2. Jahrhundert und bis etwa zur Mitte des 3. Jahrhunderts kommt eine wesentlich größere Form des Dolches auf, in der man fast einen Ersatz für den verschwundenen Gladius zum Gebrauch im Nahkampf sehen könnte. Während man in der frühen Kaiserzeit den Dolch, oft an einem eigenen Cingulum, auf der linken Seite trug, wechselte er mit dem Aufkommen der links getragenen Spatha auf die rechte Körperseite über. Irgendwann im fortgeschrittenen 3. Jahrhundert gehörte der Dolch plötzlich nicht mehr zur römischen Standardbewaffnung und verschwand völlig. Den Grund hierfür wissen wir nicht.

*Abb 21*

Zu den sonstigen Waffen der Legionare gehören verschiedene Formen von Lanzen. Eine klassische Waffe der Legionen, die bei der Auxiliarinfanterie nicht in Gebrauch war, bildete das Pilum. Diese Wurflanze von tödlicher Durchschlagskraft war besonders raffiniert konstruiert: Ein Holzschaft mit eisernem Lanzenschuh ging in verschiedenen Varianten der Befestigung in eine ungefähr genausolange eiserne Klinge über, die - vierkantig oder rund - in einer pyramidenförmigen Spitze endete. Während die Spitze gehärtet war, bestand die anschließende Partie der Klinge aus Weicheisen. Mit dieser Merkmalskombination ließ sich zu Beginn des Angriffs bei einer aus kurzer Distanz geworfenen Salve von *pila* eine furchtbare Wirkung erzielen: Entweder durchschlug die Waffe mit hoher Wucht auch einen gepanzerten Gegner, zumindest aber dessen Schild. Die Spitze stanzte ein vierkantiges Loch in den Schild und verbog sich unterhalb der Spitze sofort durch das Eigengewicht der Waffe. Dadurch entstand ein doppelter Effekt, zum einen ließ sich die Waffe nicht herausziehen, da sich die Spitze in dem Loch verkantete, zum anderen konnte man, selbst wenn dies doch gelang, die verbogene und damit unbrauchbare Waffe nicht mehr zurückwerfen. Pilumfragmente kennt man aus Augsburg-Oberhausen, ein ganzes Stück fand sich in Eining[152]. Im Regensburger Legionslager ist das Pilum nicht mehr vorhanden. Dies deckt sich mit der allgemeinen Beobachtung, daß diese klassische Waffe in der zweiten Hälfte des 2. Jahrhunderts außer Gebrauch kam. Der Grund hierfür ist wahrscheinlich darin zu sehen, daß das Pilum vor allem gegen geschlossen angreifende Infanterie von Nutzen war, gegen leichte Reiterei, die nun zum wichtigsten Gegner wurde, aber kaum mehr besondere Wirkung zeigte. So wurde es durch Stoß- und Wurflanzen ersetzt, die sich nicht von denen der Hilfstruppen unterschieden.
Charakteristisch für die Legionen der frühen und mittleren Kaiserzeit war die Bewaffnung mit Pfeil- und Steingeschützen[153]. Gußformen für Spannringe von Torsionsgeschützen (Pfeilgeschütze) fanden sich am Auerberg.

### *Ausrüstung der Auxiliareinheiten*

Die Soldaten der Hilfstruppen sind in der frühen und mittleren Kaiserzeit vielfach durch ihre Kleidung und Ausrüstung kaum von den Legionaren zu unterscheiden. Sollten sie sich bei der Kleidung, etwa durch verschiedene Farbgebung oder sonstige Kennzeichnung abgesetzt haben, so ist dies heute archäologisch nicht mehr faßbar. Bei den in den Auxiliarkastellen gefundenen Schutzwaffen hat es weitgehend den Anschein, daß Helme, Schienenpanzer und Kettenhemden der Auxiliarinfanterie mit denen der Legionstruppen identisch sind. Dies gilt auch für Beinschienen, wie die von Künzing. Nur beim Schild kann man deutliche Unterschiede aufzeigen: Während bei den Legionen ausschließlich das lange, gewölbte *scutum* in Benutzung war, trug die Auxiliarinfanterie den flachen Ovalschild, dessen Buckel, Randbeschläge und Fesseln aus Bronze oder Eisen bestanden.

*Abb. 22 Augsburg. Reitergrabstein aus Kalktuff, stuckiert und bemalt. Der siegreiche Reiter setzt über einen gefallenen Feind hinweg (Röm. Mus. Augsburg).*

Auch bei den Angriffswaffen entsprechen in der Regel diejenigen der Auxiliare denen der Legionstruppen. Bei den Auxiliartruppen war allerdings das *pilum* nicht üblich, hier trug man von Anfang an Wurf- oder Stoßlanzen mit blattförmigen Spitzen. Spezialtruppen waren mit Pfeil und Bogen bewaffnet. Spezialbewaffnung, wie z, B. Schleudern, war zumindest in der Frühzeit, bei Legionaren und Auxiliaren verbreitet[154].

Die Angehörigen der römischen Reiterei waren die am besten bezahlten römischen Auxiliarsoldaten. Dementsprechend war ihre Ausrüstung oft wesentlich prächtiger verziert und aufwendiger gearbeitet als die der Fußtruppen. In der Kleidung unterschieden sie sich aber kaum von diesen, sieht man von der Tatsache ab, daß sie von Anfang an halblange lederne Reithosen unter der Tunika trugen und an den Stiefeln Sporen aus Metall[155].

Ihre Schutzwaffen dagegen zeigten sofort den Unterschied: In der frühen Kaiserzeit trugen die Reiter prächtig verzierte, oft technisch sehr aufwendig gearbeitete Helme, wohl nach thrakischem Vorbild. Diese Helme vom Typ Weiler-Koblenz-Bubenheim hatten nachgebildete Haarlocken auf Kalotte und Wangenklappen. Diese Frisur war entweder aus der Eisenkalotte herausgetrieben, es gab auch „Frisuren“ aus getriebenem Bronzeblech, die man über die glatten Helmkalotten nietete. Neufunde aus Nijmegen (Niederlande) und aus dem Rhein bei Xanten deuten sogar an, daß es glatte eiserne Reiterhelme gab, auf die man Echthaarperücken befestigt hatte. In späteren Zeiten des 2. und 3. Jahrhunderts hatten nur Paradehelme diese Imitationen der Haarfrisur. Die Entwicklung der beim Einsatz getragenen Reiterhelme ist in dieser Zeit noch sehr schwer zu verfolgen. Dies liegt neben der relativ geringen Menge von bekannten Stücken aus dieser Zeit auch daran, daß man sie zum Teil fälschlicherweise den Paradehelmen (s. u.) zugeschlagen hat. Ein Beispiel dieser späten Stücke ist der prächtige Reiterhelm von Theilenhofen, von dessen Typ auch Fragmente in Hortfunden aus Künzing zutage gekommen sind, die um die Mitte des 3. Jahrhunderts datieren.

Die Panzer, die die Reiter trugen, mußten beweglicher sein als die der Infanterie. So bevorzugte man seit der Frühzeit das Kettenhemd und vor allem die Schuppenpanzer. Ein Stück aus besonders feinen Bronzeschuppen stammt aus Augsburg, Fragmente späterer Stücke gibt es aus Künzing, Straubing und von vielen anderen Limeskastellen. Von manchen dieser späteren Schuppenpanzer sind auch reich verzierte Verschlußbleche auf uns gekommen, z. B. in Hortfunden des 3. Jahrhunderts aus Pfünz, Manching und Künzing. Auch diese Panzer hat man zu Unrecht der Paraderüstung zugeschrieben[156].

Die Schilde der Reiter ähnelten bei den Ovalschilden denen der Infanterie, sechseckige Schilde, durch Reliefdarstellungen und durch entsprechende Randbeschläge aus Bronzeblech belegt, schützten nur die Kavallerie.

Für turnierartige Reiterspiele, die sowohl der Waffenübung als auch als Attraktion für Zuschauer dienten, besaß die römische Kavallerie eigene Prunkrüstungen, die als Paraderüstungen in die Fachliteratur eingegangen sind. Durch die vielen Germanenüberfälle des 2. und 3. Jahrhunderts gerieten in Raetien so viele Paraderüstungen als Bestandteile von Hortfunden in den Boden, daß es heute als die bei weitem fundreichste Provinz für diese Fundgattung gelten kann. Da für die Reiterspiele und für die Ausrüstung genauere Angaben im sog. Reitertraktat des Arrian vorliegen, kann man auch die entsprechenden Fundstücke gut einordnen. Die aus Metall bestehenden Teile der Paraderüstung sind durch besonders reiche Verzierung, aber auch durch wesentlich dünneres Blech von der Kampfausrüstung abzusetzen. In Treibarbeit finden sich hier vor allem im Krieg wichtige Gottheiten und Heroen sowie militärisch bestimmtes Symbolgut. Man kennt etwa Minerva, Mars, Herkules und die Dioskuren, den Adler des Jupiter oder Löwen. Der Schmuckeffekt wird zusätzlich zur reichen Treibarbeit durch Auflagen in Zinn, Silber oder Gold gesteigert.

*Abb 23, Taf 3* Zur Paradeausrüstung gehören zweiteilige Maskenhelme aus Eisen oder Bronze, die

*Abb. 23 Weißenburg. Maske von einem Paradehelm der römischen Auxiliarkavallerie, Bronze verzinnt. Aus dem Schatzfund (1. H. 3. Jh.) (Prähist. Staatsslg. München, Zweigmuseum Weißenburg).*

aus einer Maske und einem Hinterhauptteil bestehen. Sie kommen in zwei Typen vor: einem sog. hellenistischen Typ mit Lockenfrisur, die z. T. Darstellungen Alexanders des Großen nachahmen, und einem orientalischen Typ mit einer spitz zulaufenden Frisur aus kleinen Löckchen, die auch gelegentlich als Pelzmütze gedeutet wird. In einem Exemplar aus Eining hat sich auf der Stirn noch ein blauer Schmuckstein aus Glas gefunden. *Taf 1*

Besonders prächtig sind Beinschienen mit abnehmbaren Knieschützern geschmückt worden, wie sie sich etwa in Straubing fanden. Einfachere, glatte Ausführungen kennt man aus Eining, von denen sich Bestandteile der Kampfausrüstung durch dickeres Blech absetzen lassen.

In der literarischen Überlieferung ist ausdrücklich erwähnt, daß die römischen Reiter bei ihren Reiterspielen keine Metallpanzer trugen, sondern nur „kimmerische Gewänder“. Daher ist es kaum richtig, Schuppen- und Kettenpanzer des späten 2. und des 3. Jahrhunderts, die verzierte Verschlußbleche in der Art der Paraderüstungen haben (s. o.), den Paradewaffen zuzuordnen. Es handelt sich vielmehr bei diesen Schutzwaffen um solche für den Kampfeinsatz.

Auch die Pferde waren für die Reiterspiele prächtig herausgeputzt Zum Schmuck, aber auch zum Schutz gab es Kopfschützer („Roßstirnen“) aus Leder oder Metall mit durchbrochenen Schutzkörben aus Bronze über den Augen, am Zaumzeug trugen sie prächtig verzierte Metallscheiben (*phalerae*). Letztere werden auch gelegentlich als Paradeschildbuckel gedeutet. *Abb 222* *Taf 20*

An Schwertern führten die Reiter von Anfang an die lange Spatha, die wahrscheinlich von den Kelten übernommen worden war. Im 2. und 3. Jahrhundert trat noch das kurze Ringknaufschwert dazu, welches nach Grabfunden in Syrien, wo es zusammen mit Reiterhelmen und Zaumzeug vorkommt, wohl doch als Reiterwaffe für den Nahkampf ausgewiesen ist; es wurde zusätzlich zur Spatha getragen[157]. Ansonsten führten die Reiter Lanzen und verschiedene Typen von Wurfspeeren. Eine besonderere Variante mit bronzenen Spitzen kommt in Raetien (Straubing) und in den östlich angrenzenden Donauprovinzen im 3. Jahrhundert vor, die römischen Einheiten der Rheinarmee oder in Britannien haben diese Waffen nie benutzt[158]. Östliche Bogenschützen besaßen aus Holz, Sehnen und Bein zusammengesetzte Reflex- oder Kompositbögen und Pfeile mit dreiflügeligen Spitzen. Wie Funde von Bogenendversteifungen und dreiflügeligen Pfeilspitzen, etwa aus Straubing, lehren, gab es berittene Bogenschützen, östlicher Herkunft auch in Raetien[159].

### *Werkzeug und Ehrenzeichen*

Typisch für den Fundbestand römischer Lager und Kastelle von Augsburg-Oberhausen bis hin zu den Limeskastellen sind Werkzeuge aller Art zur Metall-, Holz-, Leder- und Textilbearbeitung. Neben diesen Utensilien der Militärhandwerker gibt es noch Pionierwerkzeug, das der Soldat auf Feldzügen mit sich führte. Es handelt sich dabei um Universalgeräte zum Straßen-, Brücken- und Lagerbau, zum Holzfällen wie zum Schanzen. Besonders der Hortfund aus den Waffenkammern des Kastells Künzing hat solche Pionieräxte und -hacken, Ziehhacken und Haumesser in großer Menge erbracht. Zur Ausrüstung der Truppen bei Feldzügen gehörten noch Lederzelte mit eisernen Zeltheringen, Schanzpfähle, Balken- und sonstige Nägel sowie verschließbare Eisenfesseln für Gefangene. Ein Meßgerät zum Abstecken rechtwinkliger Fluchten (*groma*), das beim Lagerbau von großer Bedeutung war, fand sich im Kastell Pfünz. Vielfach ist die Form der Feldzeichen, von denen zwar literarische Beschreibungen und Abbildungen, kaum aber Originalfunde überliefert sind. Dies gilt besonders für die berühmten Adler der Legionen., aber auch für die Feldzeichen der Legions- und Auxiliarkohorten und für die Fahnen (*vexilla*) der Kavallerieeinheiten. In Bayern kennt man nur, z. B. aus Künzing und Regensburg-Kumpfmühl geschlitzte bzw. mit Bronze eingefaßte Lanzenspitzen, die zur Bekrönung eines Feldzeichens gedient hatten. In Gauting wurde eine Standarte vom Typ Flobeg gefunden; es ist nicht sicher, ob sie in militärischer oder kultischer Verwendung gestanden hat.
Auch in der römischen Armee gab es vielfältige Orden und Ehrenzeichen für besondere Tapferkeit und sonstige Verdienste[160]. Aus diesen seien hier nur zwei Typen ausgewählt, die sich durch raetische Funde belegen lassen. Aus der Villa rustica von Treuchtlingen-Weinberghof und aus dem Vicus des Kastells Dambach kennt man aus
*Abb 126, 228* Bronzeblech getriebene Fragmente von *torques* („Halsringen“), das sind Ehrengaben,

die man auf der Brust über dem Panzer trug. Dies gilt auch für *armillae* („Armringe") aus dem Keller der Principia von Aalen und für reliefverzierte Scheiben (*phalerae*), wie sie von Dambach und Regensburg-Großprüfening bekannt geworden sind.

## Die Verwaltung Raetiens nach 170

Mit der Stationierung der Legion in Raetien ging dort auch eine Veränderung der administrativen Spitze einher. Spätestens seit Commodus war der senatorische Kommandant der Legion, der *legatus legionis III Italicae*, gleichzeitig der Statthalter der Provinz Raetien. Als solcher führte er – wie die in den über 15 sogenannten „kaiserlichen" Provinzen üblich – die Amtsbezeichnung *legatus Augusti pro praetore provinciae Raetiae,* also wörtlich „Gesandter des Kaisers mit prätorischer Befehlsgewalt der Provinz Raetien". Anders als ein Statthalter (*proconsul*) der zehn sogenannten „senatorischen" Provinzen, den der Senat durch Losung alljährlich neu bestimmte, wurde der Legat in einer „kaiserlichen" Provinz, also auch in Raetien, als persönlicher Beauftragter des Kaisers von diesem ausgewählt, ernannt und mit Anweisungen (*mandata*) versehen. Auch die Dauer seiner Amtszeit war allein vom Willen des Monarchen abhängig; meistens betrug sie zwei bis drei Jahre. Der raetische Statthalter hatte in der Regel das Konsulat noch nicht, wohl aber die Prätur bekleidet; daher war er durchschnittlich 32–40 Jahre alt. Als Zeichen seiner Amtsgewalt trugen ihm bei öffentlichen Auftritten fünf Liktoren ebensoviele Faszes (Rutenbündel, aus denen ein Beil hervorragte) voran, weshalb er sich salopp auch als *quinquefascalis*, als „ein mit fünf Faszes Ausgestatteter" bezeichnen konnte. Nicht nur oberster Befehlshaber der Legion, sondern des gesamten Militärs seiner Provinz, war er gleichzeitig noch Herr der Zivilverwaltung. Dabei haben sich die Kompetenzen praktisch kaum von denen des Präsidialprokurators unterschieden, die oben schon skizziert worden sind (S. 81 ff.). Die Verwaltungsstruktur Raetiens während der siebziger Jahre des 2. Jahrhunderts ist umstritten. Einigkeit besteht in der Annahme, daß um 172 zunächst ein „Caerellius Priscus" als obergermanischer Legat die Nachbarprovinz Raetien mitverwaltet hat. Für die Folgezeit konkurrieren zwei Anschauungen miteinander. Nach der einen soll Publius Cornelius Anullinus danach bis 173/174 erster selbständiger Legat der Provinz Raetien gewesen sein – eine auf eine keineswegs besonders zuverlässige Abschrift einer fragmentarisch erhaltenen Inschrift aus Granada (CIL II 5506 vgl. AE 1987, 502) gestützte Hypothese. Die andere meint, die „simultane" Statthalterschaft von Obergermanien und Raetien habe bis um oder kurz nach 180 bestanden. Sie stützt sich auf zwei Beobachtungen an der Lagertorinschrift aus Regensburg (IBR 362, oben S. 155). *Abb 19*
Zu Beginn von Zeile 5 muß dort vor Marcus Helvius Clemens Dextrianus ein weiterer Name gestanden haben, der ausgemeißelt wurde; wenn es sich dabei um den obergermanischen Statthalter handelte, war Dextrianus selbst nicht – wie man seit 120 Jahren glaubt – Legat Raetiens, sondern ein Mainz noch untergeordneter Legionslegat[161].

Spätestens seit Commodus wurde Raetien wieder selbständig verwaltet. Der Statthaltersitz blieb offenbar in Augsburg, das daher in der Regel auch für die Zeit nach ca. 172 als Hauptstadt Raetiens bezeichnet wird. Jüngst ist allerdings auch dies bezweifelt worden. Seit ca. 172 sei vielmehr Regensburg der offizielle Amtssitz des raetischen Statthalters gewesen, denn wir hätten auch in Raetien das übliche Modell „legatorischer Verwaltungsbehörden" anzunehmen: Außer den Principia des Legionslagers als militärischem Hauptquartier mit dem Lagerpräfekten und dem senatorischen Militärtribunen und einem als Praetorium bezeichneten Wohnhaus des stellvertretenden Legionskommandanten habe außerhalb des Legionslagers ein weiteres Praetorium als das zivile Hauptquartier existiert. Dieses sei mit dem statthalterlichen Büro (*officium consularis* unter einem *princeps praetorii*) offizieller Amtssitz und Wohnhaus des Legaten zugleich gewesen. Man könne sogar die Lage dieses prunkvoll ausgestatteten Gebäudes in Regensburg bestimmen, da es in einem strategischen Sonderbereich *intra leugam* gelegen habe, der um das Legionslager in einem Radius von einer gallischen Leuga (= 1,5 römische Meilen = 2,222 km) zu veranschlagen sei. Hinzu kamen mehrere externe Verwaltungskanzleien und Sicherheitsposten (*stationes beneficiariorum*) mit verkehrs- und sicherheitspolitischen Aufgaben. Die kaiserlichen Verwaltungsbüros blieben in Augsburg, etwa das Amtsgebäude des kaiserlichen Finanzprokurators[162]. Tatsächlich kann man an diesem Modell alles als gültig betrachten mit Ausnahme des zweiten „zivilen" Praetoriums in der „Leugenzone". Eine solche Ansicht mißachtet die fundamentale Tatsache, daß in dieser Zeit ein römischer Statthalter stets ziviler und militärischer Befehlshaber zugleich war. Außerdem ist die Existenz des bislang nur in Carnuntum belegten Sonderbereichs „intra leugam" bloß eine derzeit unbeweisbare Annahme[163] und erst recht die vorgeschlagene Identifizierung des angeblichen Regensburger Statthalterpalastes mit dem archäologischen Befund in der Wollwirkergasse in erster Linie von Wunschdenken getragen[164]. Dasselbe gilt für die Folgerungen aus dem Sachverhalt, daß sich Weihinschriften an den obersten römischen Reichsgott (*Iovi Optimo Maximo*) bzw. die kapitolinische Trias um die Statthalterhalterresidenz konzentrieren. Diese Beobachtung ist nicht zum Argument umkehrbar, weil sich solche Weihungen überall vermehrt finden müssen, wo Römer präsent waren, also auch bei Legionslagern ohne Statthaltersitz. Im übrigen zeigen gerade die wenigen Weihungen der raetischen Statthalter, daß Jupiter auf dieser Ebene keine übergeordnete Rolle mehr spielte, selbst dann nicht, wenn sie – wie nach dem Juthungensieg von 260 – hochoffiziell agierten (S. 342).

Weiter oben wurde schon auf den Tempel der *equites singulares* hingewiesen, der den Statthalter in Augsburg bezeugt; diese Gardereiter sind als *stablesiani* auch in der Spätantike zumindest teilweise am Lech geblieben. Dort ist auch der spätantike Statthalter (*praeses*) durch vier Inschriften belegt, während nur ein Zeugnis aus Regensburg stammt. Die Vorstellung, Augsburg sei zu Beginn des 2. und dann erst wieder seit Diokletian Hauptort der Provinz gewesen, ist absurd. Es bleibt dabei: In Raetien nahm man aus Traditionsgründen auch nach ca. 172 die sicher bisweilen recht lästige und umständliche Trennung der obersten zivilen und militärischen von den mittleren und unteren militärischen Behörden in Kauf. Diese Aussage beruht keineswegs – wie unterstellt wird – auf der Annahme, daß der proprätorische Amtssitz an eine Zivilsiedlung im Range eines Municipiums oder einer Kolonie gebunden gewesen sei, oder gar auf Überinterpretation und Fehleinschätzung der epigraphischen Quellen. Eine Übersicht der nach ca. 172 in Augsburg und Regensburg nachgewiesenen militärischen Chargen zeigt ein deutliches numerisches Übergewicht zugunsten des Legionslagers und seiner Umgebung:

| Rang<br>(fett = Statthalter und höhere Stäbe, kursiv = niedere Stäbe) | Augsburg<br>(Anzahl) | Regensburg<br>(Anzahl) |
|---|---|---|
| 1. **legatus Augusti pro praetore prov. Raetiae** | 3 | |
| 2. **praeses provinciae Raetiae** | 3 | 1 |
| 3. **agens vice praesidis prov. Raetiae** | 3 | |
| 4. **legatus legionis III Italicae** | 1 | |
| 5. **tribunus militum angusticlavius** | 1 | |
| 6. *praefectus legionis* | | 2 |
| 7. centurio | 3 | 4 (3) |
| 8. aquilifer | 1 | |
| 9. signifer | 2 | 3 |
| 10. optio | | 6 |
| 11. **beneficiarius consularis** | 1 | |
| 12. **librarius consularis** | 1 | |
| 13. **exactus consularis** | 1 | |
| 14. **optio [p]raetorii** | 1 | |
| 15. **strator** | 1 (+ Liste) | |
| 16. *cornicularius legionis (schola?)* | | 1 (+ Liste) |
| 17. *librarius legionis* | | 1 |
| 18. *exactus legionis* | | 1 |
| 19. *cornicularius tribuni* | | 2 |
| 20. *beneficiarius prae[fecti ca]str(orum)* | | 1 |
| 21. *beneficiarius tribuni* | | 1 |
| 22. duplarius | 1 | 1 |
| 23. immunis | | 1 |
| 24. tubicen | | 1 |
| 25. custos armorum | | 2 |
| 26. pollio | | 1 |
| 27. eques legionis | | 4 |
| 28. miles | 1 (?) | 7 (+ 2 Listen) |
| 29. pictor | 1 | |
| 30. unsicher | 1 | 1 |
| Gesamtzahl | 25 (+?) | 42 (+?) |

Es fällt sogleich auf, daß in Augsburg trotz der viel geringeren Zahl an Zeugnissen durchweg die höheren Chargen bezeugt sind. Das kann kein Zufall sein. Nicht nur die meisten Belege für die Provinzgouverneure selbst stammen aus Augsburg (Nr. 1 – 3), sondern auch die durch den Zusatz *consularis* eindeutig auf sie Bezug nehmenden Grade waren bislang ausschließlich dort zu finden (Nr. 11 – 13). Vor diesem Hintergrund wirkt die terminologische Scheidung zwischen *librarius consularis* und *exactus consularis* einerseits (Nr. 12 u. 13) und *librarius legionis* und *exactus legionis* andererseits (Nr. 17 u. 18) nicht mehr willkürlich. Unterschieden wird zwischen den Schreibern und den Rechnungsführern des Statthalters (obwohl der raetische Legat rangmäßig nur ein *praetorius* = „ehemaliger Prätor" war, nennt er sich besonders im 3. Jahrhundert *consularis* d. h. wörtlich: „ehemaliger Konsul", aber allgemein: „Statthalter") und denen der Legionsstäbe (z. B. Papyrus Michigan 466). Da der *librarius consularis* im Alter von 30 Jahren (IBR 125), der *exactus consularis* mit 23 Jahren (IBR 123) gestorben und in Augsburg bestattet ist, dürfte dort ihr Dienst- und Wohnort gewesen sein[165]. Hingegen gehörten die beiden *cornicularii tribuni* (Nr. 19) und der *beneficiarius tribuni* (Nr. 21) den in Regensburg ansässigen Stäben der fünf *tribuni militum angusticlavii*, also der Tribune aus dem Ritterrang, an.
Besonders wichtig ist die Weihinschrift des *optio praetorii* (Nr. 14: IBR 114). Es hat also in Augsburg ein Praetorium existiert, es sei denn, der Optio wäre eigens zu Weihezwecken an den Lech gereist. Dies ist an sich schon unwahrscheinlich, angesichts des relativ niederen Rangs dieses Mannes noch mehr. Wir wissen heute, daß er keineswegs – wie lange angenommen – der stellvertretende Chef der Statthalterkanzlei, sondern eine Art gehobener Hausmeister des Praetoriumsgebäudes war. Dementsprechend stammen – von einer Laufbahninschrift abgesehen – alle übrigen Belege für *optiones praetorii* aus Provinzhauptstädten (nämlich aus Apulum, Caralis und Lambaesis). Den bisher gewonnenen Befund bestätigen weitere Inschriften. Auf einer unlängst in Augsburg gefundenen Marmortafel findet sich eine fragmentierte Liste von dreigliedrigen Namen, die sich durch die erhaltene Zwischenüberschrift *strat[ores]* als Verzeichnis von Legionssoldaten im Umfeld des Statthalters zu erkennen gibt[166]. Die legionaren *stratores* hatten nämlich wie die aus den Auxiliarkohorten einzeln berufenen *pedites singulares*, die wir 182 als bauende Einheit am Limes finden, Gardefunktionen beim Statthalter zu verrichten.
Schließlich kennen wir aus der Zeit um 200 durch eine stadtrömische Sarkophaginschrift die Laufbahn des Senators Marcus Annaeus Saturninus Clodianus Aelianus. Dieser verstarb als Legionslegat relativ jung, noch vor Erreichen des Konsulats. Als rund 20jähriger hatte er bei der 3. italischen Legion als senatorischer Militärtribun gedient. Wie seine Erben dieses Amt zum Ausdruck brachten, hat sogar die Fachleute verwirrt: Auf der Inschrift, die wir erst seit wenigen Jahren vollständig kennen[167], steht nämlich *trib(unus) leg(ionis) III Ital(icae) Augustae*. Natürlich ist hier *Augustae* nicht ein ansonsten unbekannter Beiname der Legion, sondern Hinweis auf den Dienstort des Verstorbenen in Augusta, wie spätestens um 200 die offiziöse Kurzform

des Augsburger Stadtnamens lautete. Diese seltene Verbindung eines Stadtnamens mit einer Legion findet ihre bei weitem zwangloseste Erklärung in der Aufsplitterung der dritten italischen Legion zwischen Augsburg und Regensburg. Als Stellvertreter des Statthalters bezog der senatorische Militärtribun in der Provinzhauptstadt Quartier und vertrat dort den Legaten im Falle der gewiß nicht seltenen Abwesenheit. Wie alle Statthalter war auch der raetische Legat ein Reisemagistrat. Abgespalten wurden aber jetzt die fiskalischen Befugnisse, die ein (wohl centenarer) Finanzprokurator übernahm. Dieser Beamte aus dem Ritterstand ist in Raetien direkt noch nicht belegt. Ihm unterstanden die Verwaltung der kaiserlichen Kasse, die Verpachtung des kaiserlichen Domänenbesitzes sowie die Überwachung der Auszahlung des Truppensolds bzw. der Naturallieferungen an die Truppe. Auch sein Amtssitz wird in Augsburg geblieben sein.

## *Zu den Canabae legionis*

Neben der Legion entwickelte sich ein neues quasi-städtisches Zentrum in den *canabae legionis*, was frei etwa mit „zur Legion gehöriger Händlerbezirk" wiederzugeben wäre. Diese erst in der zweiten Hälfte des 3. Jahrhunderts an Bedeutung verlierenden Lagervorstädte, die in Britannien, am Rhein und an der Donau sich den Kastellen, manchmal auch auf mehreren Seiten, anschmiegten, verdankten „ihre Existenz und ihr

*Abb. 24 Regensburg, Arnulfsplatz. Vulkanaltar des Aedils Aurelius Artissius, 1899 gefunden; H. 1,28 m (Mus. Regensburg). Dem Vulkan geweiht! Aurelius Artissius, Aedil des Territoriums CONTR ET KR, ließ diesen Altar auf seine Kosten erstellen. Sein Gelübde erfüllte er gern und freudig für erwiesene Wohltat. Gesetzt an den 10. Kalenden des September (= 23. August) unter dem Konsul Orfitus.*

Aufblühen ausschließlich der militärischen Garnison" (F. Vittinghoff); die dort angesiedelten Handwerker, Kaufleute, Wirte usw. hatten an der Legion einen guten Abnehmerkreis[168]. Ob die Canabae bei Regensburg je Stadtrecht erreicht haben, ist – wie schon einmal erwähnt – zweifelhaft. Sie waren nicht identisch mit den „Nutzungsgebieten" der Legion wie Wäldern, Feldern, Weiden, Lehmgruben, Ziegeleien, Töpfereien, Kalkbrennereien, Steinbrüchen, Jagdrevieren und anderen Legionsanlagen, die vom Fachpersonal der *immunes* versorgt wurden. Letztere sind nach Zahl und Ausdehnung nicht zu unterschätzen[169]. Auf die Canabae der *legio III Italica* wird regelmä-
*Abb 24* ßig eine Vulkan-Weihung aus der Regensburger Zivilsiedlung bezogen, die von einem Aurelius Artissius AEDIL TERRITOR CONTR ETKR gesetzt wurde (IBR 361 = CSIR 431). In der Regel löst man das Amt zu *aedil(is) territor(ii) contr(ibuti) et k(anabarum) R(eginensium)*, also „Aedil des zugewiesenen Gebiets und der Canabae der Reginenser", auf. Der jüngste Vorschlag, *aedil(is) territor(ii) contr(ibuti) ektr(anei)* oder *ek(trarii)*, mithin „Aedil des zugewiesenen ausländischen Territoriums", zu lesen[170], wurde als „völlig unhaltbar" zurückgewiesen[171]. Die Datierung der Weihung in das Jahr 178 ist ansprechend[172], aber nicht gesichert; man hat auch das Jahr 270 oder das späte 2. Jahrhundert ins Auge gefaßt. Kaum genügend begründbar ist die Ansicht, das genannte Territorium habe Eisenminen eingeschlossen[173], und auch die jüngste Ansicht, das *territorium contributum* sei dasjenige (Unter)-Territorium, das den „sich (bei den Canabae) aufhaltenden Veteranen und (übrigen) römischen Bürgern", den *veterani et cives Romani consistentes (ad canabas)*, zugewiesen war, bedarf der kritischen Überprüfung[174].

# Das zivile Leben in der Provinz

## Die römische Gesellschaft

Zur Zeit seiner größten Ausdehnung im Jahr 117 n. Chr. erstreckte sich das römische Weltreich von England bis nach Armenien und zum Iran, von Friesland bis Südägypten, von Nordrumänien bis Marokko. Die beherrschte Fläche war mit 3,5 Millionen $km^2$ fast fünfzigmal größer als das heutige Bayern und rund vierzehnmal größer als die jetzige Bundesrepublik. Dieses Riesenreich war, vom Stadtstaat Rom ausgehend, so (relativ) rasch entstanden, daß es völlig unmöglich gewesen wäre, die äußerst bunte, verschiedene Rassen, Völker, Sprachen, Religionen, Wirtschaftsweisen und Gesellschaftsstrukturen einschließende, nach neueren Schätzungen im 1. und 2. Jahrhundert 50 – 80 Millionen zählende Reichsbevölkerung in kurzer Zeit rechtlich und kulturell zu vereinheitlichen[1].
Ein Reichsbürgerrecht widersprach der historisch bedingten, stadtstaatlich orientierten Grundauffassung der Römer, die jeden Neubürger zum Bürger der Stadt Rom und nicht des Imperiums machte. So stand lange einer schmalen Oberschicht aus römischen Bürgern (*cives Romani*) die Mehrheit jener Reichsbewohner gegenüber, die ohne römisches Bürgerrecht, ohne die *civitas Romana*, rechtlich als „Fremde", *peregrini*, behandelt wurden. Mitunter sind sogar exakte Zahlenverhältnisse überliefert: Beim Tode des Kaisers Augustus im Jahr 14 registrierte man 4 937 000 römische Bürger (das sind nur 6-10 % der Reichsbevölkerung), wovon lediglich 836 100 also 1 – 1,5 Prozent der Reichsbevölkerung nicht in Italien lebten; und selbst diese wenigen „Römer" in den Provinzen waren in der Regel Aussiedler aus Italien, oder sie gehörten zu den besonders vornehmen einheimischen Familien, die ihrer adeligen Herkunft, ihrer wirtschaftlichen Möglichkeiten und ihrer bildungsmäßigen Überlegenheit wegen die Oberschicht ihrer Völker und Stämme schon vor deren Unterwerfung durch die neuen Herren gestellt hatten. Auf diesen letztgenannten Personenkreis konzentrierte sich die sogenannte Bürgerrechtspolitik der Monarchen.
Durch die ehrenvolle Verleihung der *civitas Romana* an einzelne Personen und ihre Familien oder auch an ganze Distrikte – natürlich erfolgte die Vergabe in vielerlei Formen, so gab es zum Beispiel Vorstufen des Bürgerrechts und regionale Varianten, welche allein schon durch die historischen Verschiedenheiten des griechischen Ostens vom lateinischen Westen erzwungen waren – wurde letztlich stets versucht, Wohlwol-

len, Mitarbeit, Autorität und Einfluß der einheimischen Führungsschichten für die Siegermacht zu gewinnen und nutzbar zu machen. Dies allein war entscheidend, „da die römische Regierung in einer unbestritten gültigen aristokratisch-plutokratischen Gesellschaftsordnung mit einer selbstbewußten breiten Masse der Völker als einer politischen Größe, wie sie erst sehr spät in der abendländischen Geschichte eine völlig andersartige wirtschaftliche und soziologische Entwicklung geschaffen hat, nicht zu rechnen brauchte" (F. Vittinghoff). Infolgedessen wuchs die Zahl der römischen Bürger in der frühen Kaiserzeit zunächst äußerst langsam: 34 Jahre nach dem Tode des Augustus wurden 5 984 072 Römer gezählt. Das sind 1 047 072 mehr, woraus sich ein bescheidener Zuwachs von 30 796 Bürgern pro Jahr errechnet. Rein statistisch gesehen hieße dies, höchstens ein Neubürger auf 100 $km^2$ jährlich. Erst Kaiser Caracalla erließ 212 die *Constitutio Antoniniana* und erhob durch sie alle persönlich freien Reichsbewohner auch zu römischen Bürgern.

## *Römische Bürger in der Provinz*

Bis zu diesem Zeitpunkt existierte für den einfachen Mann unter den „Fremden" nur eine Möglichkeit, sich aus eigener Kraft den Status eines „Bürgers von Rom" zu verdienen: der Eintritt in die Armee. Freilich blieben ihm die Legionen verschlossen, weil in ihnen nur dienen durfte, wer schon Bürger war. Die „Fremden" hatten ihre eigenen Militärverbände, die insgesamt den Legionen zahlenmäßig ungefähr gleichkommenden Hilfstruppen (*auxilia*).

Wer in den Auxilia 25 oder mehr Jahre gedient hatte, dem wurden mit der ehrenvollen Entlassung (*honesta missio*) u.a. für sich und teilweise für seine Nachkommen das Bürgerrecht geschenkt (S. 132). Über die praktischen Vorteile, römischer Bürger zu sein, wurde treffend bemerkt, daß sie in einem Staat, dem demokratische Formen fehlten, weniger politischer als in vielfacher Hinsicht materieller und sozialer Natur waren. Von jeher beinhaltete die *civitas Romana* Rechte (*iura*), Privilegien (*honores*) und Pflichten (*munera*). Um mit den unangenehmeren, den zuletztgenannten Konsequenzen zu beginnen: Für den Neubürger war es nicht etwa damit getan, die Kommandosprache im Reich, Latein zu beherrschen; er war vielmehr zum Beispiel zensuspflichtig, d. h. er wurde nach seinem Vermögen geschätzt; außerdem unterlag er dem Abgabezwang von Steuern, von indirekten (Umsatz-, Sklavenverkaufssteuer) ebenso wie von direkten (Erbschaftssteuer, wenn man andere als nahe Verwandte beerbte, Binnenzölle). Da Steuerfreiheit also keineswegs mit dem Bürgerrecht verbunden war, sondern eigens vom Kaiser gewährt werden mußte, vergrößerte sich in der Regel die Belastung des Neubürgers, der ja rein rechtlich auch noch die Pflichten seiner alten Heimatgemeinde, deren Bürgerrecht er neben dem römischen behielt, zu tragen hatte. Dafür genoß er einige Standesprivilegien, so die Vorrechte auf drei Namen (*praenomen* Vorname, *nomen gentile* Familienname, *cognomen* Beiname) und auf die Klei-

dung des Römers, die Toga, die man freilich in der Kaiserzeit, zumal etwa in unseren Breiten, nur mehr zu festlichen Anlässen anlegte.
Die entscheidenden Vorteile lagen auf dem Gebiet des Rechts. Für alle juristischen Geschäfte des römischen Bürgers, z.B. für Prozesse, waren die Formen des „bürgerlichen Rechts" (*ius civile*) verbindlich. Besonders im privatrechtlichen Bereich wurde etwa die Gründung einer vor römischem Recht überhaupt bestehenden Familie, die Übernahme von Adoptionen und Vormundschaften, die Erstellung eines Testaments oder das Antreten von Erbschaften durch die Bürgerschaft überhaupt erst möglich. Darüber hinaus schützte, wie jeder in der Apostelgeschichte (22, 25–29) nachlesen kann, die Beteuerung *civis Romanus sum*, „Ich bin römischer Bürger", strafrechtlich davor, von niederen Verwaltungsbeamten oder Militärs gefesselt, geschlagen oder gar getötet zu werden: Ein Militärtribun in Jerusalem „kam in Furcht, da er feststellte, daß Paulus ein römischer Bürger sei und er ihn hatte fesseln lassen". Schließlich blieb, obwohl sich die Unterschiede zwischen Bürgern und Fremden im Laufe der Zeit mehr und mehr verwischten, die *civitas Romana* stets Bedingung für den sozialen Aufstieg, etwa gar in einen der obersten Reichsstände, in den Ritter- und Senatorenstand, aber auch schon, um auf lokaler Ebene in einer römischen Gemeinde (*municipium*) zum Beispiel Bürgermeister werden zu wollen. Kurz, der Einheimische, der vor 212 die rechtliche und soziale Angleichung an die in die Provinzen zugezogenen römischen Veteranen, Handwerker, Händler, Geldverleiher, Gutsbesitzer und Verwaltungsbeamten erstrebte, mußte das Bürgerrecht erwerben.
Wer ein Vermögen von 400 000 Sesterzen nachweisen konnte, stieg in den zweiten Stand der Ritter (*equites*) auf und war damit berechtigt, den Ritterring und die Tunika mit einem schmalen Purpurstreifen (*angustus clavus*) zu tragen. Dieser Oberschicht gehörten in Raetien Fremde wie der Prokurator und die Befehlshaber der Auxiliarien, aber auch Leute wie Gaius Antonius Aelianus an, der als römischer Ritter und Ratsherr von Augsburg (*eques Romanus et decurio municipii Aelii Augusti*) und Repräsentant des Kollegiums der Kleider- und Leinwandhändler Ende des 2. Jahrhunderts die Erbauung eines öffentlichen Gebäudes veranlaßte (IBR 111). Der politisch bedeutendste und einflußreichste Ritter raetischer Abstammung war Claudius Paternus *Abb 136*
Clementianus aus Epfach. Seine der Herkunft nach keltische Familie hatte unter Claudius oder Nero das Bürgerrecht erhalten. Seine „Bilderbuchkarriere" führte vom Militärdienst (Kohortenpräfektur, Legionstribun, Alenkommandantur) in eine zivile Verwaltungslaufbahn vom Finanzprokurator in Judaea über die Prokuratur der reichen Provinz Nordafrika zum Statthalter in Sardinien und schließlich in Norikum[2] (S. 73).

## *Sklaven und Freigelassene*

„Sklaverei", schreibt der Jurist Florentinus (Dig. 1, 5, 4,), „ist die Einrichtung des Völkerrechts (*ius gentium*), durch die ein Mensch gegen die Gesetze der Natur der Herrschaft eines anderen unterworfen wird. Das Wort Sklave (*servus*) kommt daher, daß die Feldherren die Gefangenen zu verkaufen und dadurch zu erhalten (*servare*) und nicht zu töten pflegen. *Man(u)cipia* wurden sie genannt, weil sie an der feindlichen Front mit der Hand gefangen wurden. (Sklaven) kommen entweder nach dem *ius civile* (Zivilrecht) oder nach dem *ius gentium* in unser Eigentum: Nach dem *ius civile*, wenn jemand, der älter als 20 Jahre ist, sich selbst hat verkaufen lassen, um Anteil am Kaufpreis zu haben; nach dem *ius gentium* sind diejenigen unsere Sklaven, die vom Feind gefangengenommen werden oder von unseren Sklavinnen geboren werden" (Marcianus Dig. 1, 5, 5).

Selbstverständlich war Sklavenbesitz nicht nur eine Angelegenheit hoher Stände. Auch Legionssoldaten besaßen Sklaven: Zwei *liberti* eines Centurio der 20. Legion (IBR 22) oder der eines Centurio der 3. Legion (IBR 128) sind in diesem Zusammenhang erwähnenswert. Einen interessanten Fall sozialer Mobilität dokumentiert die Heirat des selbst ehemals aus einer Sklavenfamilie stammenden Bürgers Lucius Septimius Severus mit seiner griechischen Sklavin und Freigelassenen Septimia Tyche (IBR 1).

Auf den Sklavenmärkten des Imperiums waren Sklaven – je nach Berufszugehörigkeit und Können – für einen Preis um 1500 – 2000 Denare zu bekommen. Gerade von den östlichen Kriegschauplätzen der Übergangszeit stammten viele ehemals freie, durch Krieg und Gefangenschaft nach Rom verschlagene Leute, wo sie schätzungsweise ein Drittel der Gesamtbevölkerung ausmachten. Der Sklave besaß weder politische Rechte, noch Zutritt zu Kollegien oder öffentlichen Ämtern, sondern war der *patria potestas*, der uneingeschränkten Verfügungsgewalt seines Patrons unterworfen: „Alles was durch Sklaven erworben wird, wird für den Herrn erworben" (Gaius). Sklaven waren in allen, vorwiegend handwerklichen Berufen tätig, nicht selten auch in Staatsdiensten und Geldgeschäften wie der Kassenverwalter *ser(vus) ark(arius)* Festinus des Zollpächters T. Iulius Saturninus *c(onductor) p(ublicus)* von der Zollstation im Eisacktal (IBR 57) oder Fortunatus, dessen *c(ontra)s(criptor)* (IBR 58).

Aus dem Treueverhältnis zwischen Patron und Sklaven erwuchsen oft tüchtige Leute, die ihren Herrn ergeben dienten, nicht zuletzt wegen der Chance, sich eines Tages mit Ersparnissen freizukaufen oder freigelassen zu werden: „Wenn . . . ein Sklave keine entehrende Strafe erlitten hat, so wird er bei seiner Freilassung entweder römischer Bürger oder Latiner. Denn wenn in seiner Person die folgenden drei Bedingungen zusammentreffen, daß er älter als 30 Jahre ist, daß er quiritisches Eigentum seines Herrn ist und daß er durch rechtmäßige und gesetzliche Form der Freilassung (*manumissio*) die Freiheit erhält, d.h. durch Berühren mit der *vindicta* [mit einem Stab in Anwesenheit eines Richters oder eines Provinzbeamten], durch Eintragung in die Bürgerliste oder durch Testament, so wird er römischer Bürger, wenn aber eine der Bedingungen nicht zutrifft, so wird er Latiner. Nur an bestimmten Tagen, in der Provinz am Ende der periodischen Gerichtssitzungen, ja sogar im „Vorübergehen" finden Freilassungen statt, zum Beispiel wenn der Prätor oder der Prokonsul auf dem Weg ins Bad oder ins Theater ist" (Gaius Inst. 16 – 17. 20).

Mit der Freilassung trug der Freigelassene (*libertus*) den Gentilnamen seines Herrn. Die Kinder des Freigelassenen waren dann zwar keine *servi* mehr, sondern *libertini*, allerdings mit begrenztem Anteil am Bürgerrecht: *liberti* oder *libertini* waren vor allen Dingen in der Lage, Eigentum zu erwerben und ihren Kindern zu vererben; falls keine Erben vorhanden waren, fiel das Vermögen an den Freilasser zurück. Sie blieben freilich von allen Ämterlaufbahnen ausgeschlossen und hatten keine Möglichkeit in höhere *ordines* aufzusteigen, sind also rechtlich immer im Nachteil gegenüber ihrem Herren geblieben, der zeitlebens das Züchtigungsrecht behielt, und in jeder Hinsicht Treue, Gehorsam und bestimmte Arbeitsleistungen von seinem Freigelassenen verlangen konnte.
Außer der Oberschicht ratsfähiger Familien in der Provinz gab es Familien, die zwar zu Wohlstand gekommen waren, aber nicht in den *ordo decurionum* aufgenommen werden konnten. Um sie für öffentliche Aufgaben heranziehen zu können – ohne ihnen jedoch echte Machtbefugnisse einzuräumen –, wurde das Sechsmännerkollegium der *seviri Augustales* geschaffen. Diesem Gremium oblag zunächst die Sorge für die Organisation des Kaiserkultes; es kümmerte sich dann aber auch um ähnliche Gemeinschaftsaufgaben, wobei es die notwendigen Geldmittel aus der eigenen Tasche aufzubringen hatte. Als *sevir Augustalis* hat Sextus Attonius Privatus, ein Bürger aus Trier, in Augsburg den verfallenen Silvanus-Tempel auf eigene Kosten wiederherstellen lassen: *templ(um) cum signo vetustate conlabsum . . . pecunia sua restituit* (IBR 108). Aus einer freigelassenen Familie des Ostens kam auch der Augsburger *sevir Augustalis* Tiberius Claudius Euphras, ein Stoffhändler und Purpurfärber (*negotiator artis purpurariae*) (IBR 135).

## *Zur Romanisierung und kulturgeschichtlichen Stellung Raetiens*

Gegenüber der begrenzten Anzahl römischer Bürger und der wachsenden Zahl freier Ausländer ohne Bürgerrecht – *peregrini* – spielte das Militär eine wesentliche Rolle in der Provinz, nicht nur als Machtfaktor, sondern vor allem als Kern und Träger der Romanisierung. Das Militär hatte erheblichen Einfluß auf die sozialen Strukturen des Landes und bildete zusammen mit den Fremden und dem einheimischen Substrat ein Gemisch besonderer Art. Zur Romanisierung, so schwer dieser abstrakte Prozeß mit wenigen Worten zu fassen ist, trugen einige eigentümliche pragmatische wie auch psychologische Faktoren bei.
Während die keltischen Stämme des raetischen Alpenvorlandes im Gegensatz zu ihren Verwandten weiter südlich und südöstlich von der Kunst des Schreiben wenig hielten – die Kenntnis gelangte in vorrömischer Zeit nur bis ins Inntal[3] –, läßt sich seit der Angliederung an das römische Reich Lesen und Schreiben und damit ein stetiges Ansteigen der allgemeinen Bildung beobachten. Daß die einheimische Bevölkerung bestrebt war, sich der römischen Reichskultur anzupassen, um an ihren zivilisatorischen Er-

rungenschaften teilzuhaben, dokumentieren auch die Grabsteine, auf denen die Eltern noch keltische Namen tragen, der Sohn jedoch von seinem lateinischen Namen her nicht mehr in seiner keltischen Abstammung erkennbar ist (S. 73).

Es gibt kaum Anhaltspunkte dafür, wie sich die Kenntnis der lateinischen Sprache und Schrift verbreitet hat[4]. Sicher ist, daß die Soldaten der Legionen und die Offiziere der Hilfstruppen lateinisch sprachen. Wollte man also in der Militärhierarchie weiterkommen, blieb auch dem Auxiliarsoldaten nichts übrig, als über die Parolen der Kommandosprache hinaus Latein zu lernen und schreiben zu üben. Über diesen Personenkreis verbreitete sich dann diese Kunst in den Familien und Lagerdörfern. Relikte einheimischer Sprachen und Dialekte[5] sind jedenfalls nirgendwo dokumentiert und anscheinend schon nach wenigen Generationen verschwunden.

Im 2. Jahrhundert war der Gebrauch der Schrift weit verbreitet. So erklären sich die zahllosen Funde von Ritzinschriften (Graffiti) auf Keramik aus fast allen Siedlungen, gleich ob Stadt, Kastell, Lagerdorf oder Villa[6]. Selbst die sozial auf der untersten Ebene angesiedelten Ziegler von Westheim, Weißenburg oder Regensburg haben ordentliche Proben ihrer Schreibkunst auf Ziegeln hinterlassen[7].

Mit dem Schreiben und Lesen eng verbunden ist auch die Fähigkeit, zu rechnen. Hierzu benützte man – wenn nicht die Finger[8] – das Rechenbrett (*abacus*) mit runden Rechenmarken (*tesserae*), wie sie ähnlich auch für Brettspiele verwendet wurden.

Die Integrationsfähigkeit der römischen Gesellschaft war beachtlich und durch Sprache und Schrift, Recht und Religion pragmatisch gelöst. Das hochentwickelte Rechtssystem schuf eine Rechtssicherheit, auf die jeder vertrauen konnte. Die Jurisdiktion in der Provinz lag beim Statthalter (Marcianus Dig. 1, 18, 11: *Omnia enim provincialia desideris, quae Romae varios iudices habent, ad officium praesidium pertinent*), der sie an hohe Beamte seines Verwaltungsapparates delegieren konnte. Dazu gehört wohl auch die niedere Gerichtsbarkeit in den Kastellen und Lagerdörfern, die den Präfekten von Auxiliarkohorten übertragen werden konnte, sofern sie dem Ritterstand angehörten.

War die lateinische Sprache als Kommandosprache im Heer selbstverständlich, so erforderte der hohe Organisationsgrad dieser Armee genau so selbstverständlich die Schriftform[9]. Das beweisen nicht nur die zahllosen Kleininschriften auf allerlei Gegenständen des alltäglichen Gebrauchs.

War in den östlichen Provinzen die Verwendung von Papyrus (*carta*) und Rohrfeder (*calamus*) als Schreibmaterial naheliegend, hat der kühle Norden neben dem teuren Pergament eher Holzspantäfelchen[10] und Wachstafeln bevorzugt. Die erstgenannten waren dünne Holzblättchen, die in der Regel nach einer Grundierung (teilweise mit Gips) und Imprägnierung mit Rohrfeder und Tinte (*atramentum*)[11] beschrieben werden konnten. Die gängigen Wachstafeln (*tabulae ceratae*) in der Größe eines Oktavhefts waren etwas dicker und hatten einen erhabenen Rand wie die in Kempten gefundene Tannenholztafel[12]. In die vertiefte Schreibfläche wurde dunkles Bienenwachs gegossen und mit einem breiten, heiß gemachten Eisenspatel verstrichen und geglättet[13].

Geschrieben wurde mit dem meist reichverzierten Eisenstilus[14] (seltener Bronze und Silber), mit dessen abgeplattetem Ende man *stilum vertens*, Verschriebenes, auslöschte. Nicht selten hat der Schreiber seine Handschrift durch die dünne Wachshaut gedrückt, so daß sie auf dem Holz erhalten blieb. Die Tabulae wurden – nicht wie wir das heute gewohnt sind – im Hoch-, sondern im Querformat beschrieben. Schreiber mit Schrifttäfelchen[15] sind auf Augsburger Grabdenkmälern (CSIR I, 1, 30), dem Ballenschnürerrelief (CSIR I, 1, 61) oder einem Grabstein aus Regensburg (CSIR I, 1, 379) schön zu sehen. *Abb 58*

Wachstafeln wurden überall im öffentlichen und privaten Leben gebraucht: für Alltagsnotizen ebenso wie für Schulübungen, für Briefe oder die kaufmännische Buchführung und selbstverständlich auch für urkundliche Texte im Wirtschaftsverkehr, für Kaufverträge, Testamente, Heiratsverträge, Protokolle, Archivaufzeichnungen und vieles andere mehr. Als Urkunde gebündelt und verschließbar konnte das Wachstafelpaar (Diptychon) zur Beweissicherung von Zeugen mit Hilfe von Siegelringeindrükken gezeichnet, mit Siegelschnur verschlossen und mit Wachs-(seltener Ton-)Siegeln versehen werden. Im privatrechtlichen und öffentlich-rechtlichen Bereich wurde das Dokument zweimal niedergeschrieben (sog. Doppelurkunde) und zwar raffinierterweise so, daß die Innenschrift (*scriptura interior*) verschnürt und versiegelt vor unbefugten Änderungen geschützt war, während die Außenschrift (*scriptura exterior*) jederzeit eingesehen werden konnte. Erst im Zweifelsfall wurden die Siegel geprüft (*recognoscere sigilla*), gebrochen und die Urkunde geöffnet, um das Dokument zu begutachten. Die Doppelurkunde von Arae Flaviae/Rottweil ist ein eindrucksvolles Beispiel für einen alltäglichen privaten Rechtsstreit um ein Geschäftsvolumen von etwa 1449 Denaren, der vor einem privaten Prokurator am 4. 8. 186 ausgetragen und dokumentiert wurde.

Die Romanisierung war weniger ein oberflächlicher „zivilisatorischer" Vorgang; das Ergebnis war sehr viel wirksamer und dauerhafter, weil sie Hand in Hand mit einer Bewußtseinsveränderung der Bevölkerung ging. Das für einheimische Gottheiten offene religiöse Weltbild der Römer trug dazu ebenso bei wie der „Technologievorsprung" auf allen Sektoren des Wirtschaftslebens: Neue Wohn- und Arbeitsformen, und die Überlegenheit der Landwirtschaft brachte ungeahnten Wohlstand mit sich, dem sich niemand verschließen wollte.

Die Einwohner des Landes kamen ständig mit Repräsentanten dieser neuen Welt, mit Vertretern des römischen Militärs und mit Beamten der Zentralverwaltung, in Berührung. Truppenteile aus vielen Gegenden des Imperiums brachten Anhang und Verwandtschaft aus ihren alten Garnisonen mit; umgekehrt taten in Raetien ausgehobene Kohorten ihren Dienst in anderen Provinzen und kehrten mit einem breiten Erfahrungsschatz in ihre Heimat zurück. Schließlich wurde der Kontakt zu den neuen Herrn durch einen engmaschigen Handel verstärkt; Kaufleute aus fernen Gebieten des Imperiums boten nicht nur beste Qualität, sondern brachten auch unbekannte, fremde Waren auf den heimischen Markt.

Aus allen diesen Elementen entwickelt sich spätestens am Ende des 1. Jahrhunderts eine „homogene Mischzivilisation" in der raetischen Grenzprovinz, bei der sich kaum noch lokale Eigenheiten in Sprache, Tracht oder Religion – um nur wichtige Bereiche traditionellen Brauchtums anzusprechen – im Alltagsleben halten konnten. Auch deshalb ist es außerordentlich schwierig, die kulturgeschichtliche Stellung Raetiens zu bestimmen, zumal mit Hilfe von Sachgut, das im archäologischen Fundbestand gefiltert und dezimiert ist.

Einheimische und zugewanderte Personen haben sich in Raetien allem Anschein nach rasch akkulturiert[16]. Alles weist auf ein keltisches Substrat und damit auf eine traditionelle Westorientierung der kulturhistorischen Ströme, die das Land durchzogen. Das germanische Element fehlte oder war so spärlich, daß von ihm keine besondere Wirkung ausging: Überdies ist die ethnische Deutung germanischer Sachgüter[17] durchaus umstritten; auch die oft in diesem Zusammenhang zitierte handgemachte Keramik überzeugt nicht immer. *Abb 61*

Der keltisch geprägte Westtrend kommt in vielen Sachhinterlassenschaften deutlich zum Ausdruck, ob das die Herkunft einer keramischen Spezialität, der sog. Raetischen Ware, ist oder die Verwendung des keltischen Mehrspurpinsels – eine ibero-keltische Handwerkstradition, die erst viel später auch den unteren Donauprovinzen vermittelt wurde. Aus dem obergermanischen Raum ragt die gallische Sitte der Umgangstempel oder der Jupitergigantensäulen in das nordraetische Gebiet, ähnlich dem Epona-Kult, der in Gallien und Germanien weit verbreitet war. Auch einheimisch-keltische Götterdeutungen wie Bedaius, Arubianus, Latobius oder Cissonius sind in diese Reihe zu stellen. Selbst Kunsttendenzen weisen unverkennbar nach Westen, in die germanischen Provinzen[18]. Auf dem Sektor des Grabkults deuten die raetischen Pfeilergrabmäler auf Vorbilder im Moselgebiet. Das Haupteinzugsgebiet der frühen Siedler wird in Oberitalien und Südgallien vermutet[19]; damals kamen auch zahlenmäßig nicht schätzbare keltische Bevölkerungsanteile aus den zentralraetischen Alpen (Trentino, Inntal)[20] ins Alpenvorland. *Taf 16* *Abb 62* *Abb 118* *Abb 153*

Selbst die Schriftquellen[21] des fortgeschrittenen 2. und 3. Jahrhunderts bestätigen immer noch das Gefälle nach dem Südosten, vor allem was den Strom von Kaufleuten und Handelsware betrifft: Auf diesem Sektor waren es vor allem Angehörige der gallo-belgischen Stämme, Treverer (IBR 108, 236), Bituriger (IBR 142) oder ein Bürger aus Lugdunum/Lyon (IBR 143), die in Augsburg Kontore besaßen. Dem widerspricht keineswegs die Tatsache, daß manche Händler aus dem germanischen Reichsgebiet germanische Stammensangehörige waren: Nemeter (IBR 247) oder eine Bataverfamilie in Regensburg[22].

*Abb 211* Keltische Namen waren hierzulande lange üblich: Mogetissa, Seccio, Tetto oder Matto, Artissius, Belatumara oder Ioincorix sind nur einige Beispiele aus dem umfangreichen Namenrepertoire. Griechische Namen sind in diesem Zusammenhang allerdings nicht ohne weiteres als Hinweis auf die geographische Herkunft ihrer Träger zu werten; sie sind häufig Angehörigen der sozialen Unterschicht bzw. Sklaven zuzuord-

nen[23], aus denen beispielsweise die Gladiatoren Leonides, Astir und Aiax auf dem Augburger Mosaik (IBR 147) rekrutiert waren, der Ziegler Philomenus aus der kaiserlichen Ziegelei von Westheim oder der Sklave Basileus[24] in Aufkirchen. *Abb 48*
Erstaunlicherweise sind die archäologischen und epigraphischen Zeugnisse für die Anwesenheit von Norikern aus der östlichen Nachbarprovinz verschwindend gering; sie fehlen im Inschriftenbestand[25], und nur wenige „mobile" Bestandteile der norisch-pannonischen Frauentracht sind über die Grenze nach Raetien gekommen; in Grab 508 des Günzburger Friedhofs lag eine Frau mit einem reich mit Bronzezierat beschlagenen norischen Gürtel; es liegt nahe, hinter solchen Funden xenogame Heiratsbeziehungen zu vermuten. Ein intensiver norischer Einfluß fällt nur in den Grenzzonen entlang des Inn deutlicher ins Auge, wo vor allem Stil und Ornamentik von Grabdenkmälern typisch norische Formelemente zeigen[26]. Erst am Ende des 2. Jahrhunderts verraten manche Formen der Haushaltskeramik im Osten Raetiens norische Anklänge.
Auch die Anthropologie[27] hilft in dem Fragenkomplex einheimischer, romanischer oder romanisierter Bevölkerung wenig weiter, weil physisch-konstitutionelle Merkmalsbilder nicht nachweisbar sind[28]. Weder die „vermuteten Kelten, Romanen und Germanen im Regensburger Skelettmaterial konnten metrisch und morphologisch" differenziert werden.
Über den medizinischen Status (Gesundheitszustand, Sterblichkeit) ist wenig Verläßliches bekannt. Sofern überhaupt aufgrund der schmalen statistischen Gesamtheit aussagekräftig, schwankt die Körpergröße nach den mittelkaiserzeitlichen Grabfunden Bayerns zwischen 165 und 173 cm. Die rund 100 einschlägigen Inschriften aus Raetien wurden ebenfalls unter solchen Aspekten untersucht; das Ergebnis ist durchaus umstritten[29]. Danach jedenfalls ergäbe sich hierzulande eine durchschnittliche Lebenserwartung der Männer von 38, bei Frauen von 30 Jahren, wobei die Kenntnis des wahren Lebensalters dem antiken Menschen keineswegs immer mit der notwendigen Genauigkeit und Zuverlässigkeit erinnerlich war – die Häufigkeit „glatter Jahreszahlen" gibt Anlaß zu Zweifeln. Immerhin erreichten Titus Flavius Vitalis (IBR 207) und Lucius Valerius Rusticus mit 70 Jahren (IBR 143), Tiberius Claudius Euphras mit 76 Jahren (IBR 135) oder der Weinhändler Publius Tenatius Essimnus mit 77 Jahren (Passau) ein hohes Alter, das nur von Sextus Nantius Secundus überboten wurde, der im Alter von 90 Jahren (IBR 236) verstarb.

## Das Land und seine Erschließung

Trotz seiner im Vergleich zu anderen Provinzen beträchtlichen Größe von rund 80 000 km$^2$ blieb Raetien eine wirtschaftsschwache Provinz ohne Bodenschätze und andere Rohstoffe. Selbst aus landwirtschaftlicher Sicht zählte dieses Land kaum zu den ertragreichen Provinzen, sondern war in der Frühzeit wie auch in der Spätantike auf Importe aus den Nachbarländern angewiesen. Es gelang auch wohl nur wenigen Bürgern, überdurchschnittlichen Wohlstand zu erwirtschaften; die meisten allerdings fanden ein erträgliches Auskommen: Dazu trug vor allem die günstige verkehrsgeographische Lage bei.

*Abb 10, 34* Mehr als die Hälfte des Territoriums erstreckte sich über unwirtliches Gebirge, das nur in den Talzügen und im Alpenvorland siedlungsfähig war. Raetien hatte Anteil an allen geographischen Zonen Bayerns: der alpinen Hochgebirgsregion, deren Täler den lebenswichtigen Verkehr kanalisiert und nach Norden geleitet haben, dem Gebirgsfuß mit seinen charakteristischen eiszeitlichen Landschaftsformen (Moränen), das Tertiäre Hügelland mit den Schotterflächen (Münchner Schotterebene) und Sandböden, die von den Flüssen Iller, Lech (*Licca*), Amper (*Ambra*), Isar (*Isara*) und Inn (*Aenus*) durchzogen werden und das Land in nördlich und nordöstlich orientierte Talschaften gliedern und die natürlichen verkehrsgeographischen Verbindungslinien des Landes vorzeichnen.

Das stellenweise mehrere Kilometer weite Stromtal der Donau (*Danuvius, [H]ister*) mit seinen parkähnlichen, zum Teil vermoorten Auenwäldern grenzt das Alpenvorland natürlich nach Norden ab. An seinen Rändern verbessern ausgedehnte Lößablagerungen (Gäuböden) die fruchtbare Siedellandschaft. Die Donau war zeitweilig nicht nur die Nordgrenze des Imperiums zwischen Rhein, Donau und Schwarzem Meer, sondern als provinzenverbindender Wasserweg der entscheidende Wirtschaftsfaktor Raetiens.

Jenseits des Flusses steigt die Tafellandschaft des Schwäbischen und Fränkischen Jura nach Norden an. Diese Zone zwischen Donau, „Alblimes“ bzw. Raetischer Mauer wird als „Limeshinterland“ bezeichnet, jene *agri decumates*, die dem Villa rustica-System besonders gute Entwicklungsmöglichkeiten boten.

Die großräumige Betrachtung der Siedlungsgeographie Raetiens[30] in der frühen Kaiserzeit läßt weder nennenswerte einheimische Bevölkerungszonen (Heimstetten) *Abb 39* noch andere Siedlungskonzentrationen[31] erkennen; die alpinen Regionen mit Plätzen im Alpenrheintal oder im Inntal am Brennerabstieg sind heute noch schwer zu beurteilen. Da es keine von der „Urbevölkerung“ vorgegebenen Landesstrukturen und Zentren gab, wurden sie von den Römern an verkehrsgeographischen und strategischen Schwerpunkten gesetzt[32]: Im Alpenvorland entstanden nach einer kurzen Urbanisierungsphase Bregenz und Kempten, und im Vorfeld – allerdings auf anderer, militärischer Grundlage – Augsburg.

Die Besiedlung der offenen Naturlandschaft war von dem für die römische Besiedlung typischen Einzelhofsystem geprägt, der *villa rustica*, die sich überall dort entfalten konnte, wo die natürlichen Grundlagen eine erfolgreiche Bewirtschaftung versprachen[33]. Einige Kleinlandschaften boten besonders günstige Voraussetzungen: die Münchner Schotterebene[34] und das Ries[35],aber auch das Hinterland des Legionslagers *Abb 103* Regensburg[36], das Limesgebiet um Weißenburg[37] und das Untere Isartal[38]. Kartographische Aufnahmen liegen ferner für das Umland des Vicus von Straubing[39], das Um-

feld der Provinzhauptstadt[40] und das Chiemseegebiet[41] im Einzugsgebiet des norischen Municipiums Iuvavum/Salzburg vor. *Abb 38*
Die Obergrenze der Besiedlung lag im Alpenvorland bei Höhen um 800 m ü. NN. mit dem deutlichen Trend, daß mit steigender Geländehöhe die Anzahl der Höfe rasch abnahm. Siedlungsgeographisch bemerkenswert ist der frühkaiserzeitliche Vicus auf der 1055 m hohen Kuppe des Auerberges. *Abb 115*

## *Der antike Straßenbau in Raetien*

Der Straßenbau gehört zu den herausragenden organisatorischen Leistungen der Römer. Das Straßennetz der mittleren Kaiserzeit wird auf rund 80 000 km geschätzt. Die kilometerlangen, oft schnurgeraden Straßendämme, Brücken und Tunnel zeichnen nicht selten die heutigen Verkehrswege vor, und beweisen jene überlegenen technischen Fähigkeiten, die den Römern rasch eine Vormachtstellung auf dem europäischen Kontinent verschafft haben. Doch nicht allein die Ingenieurleistung verdient Respekt; es ist das organisatorische Geschick, mit Hilfe dieser in der Regel neugeschaffenen Kommunikationswege einen Vielvölkerstaat zu regieren, der eine Größenordnung erreicht hatte, die in der Frühgeschichte Europas ohne Beispiel war.
Das römische Fernstraßensystem war das Ergebnis einer von Rom zentral organisierten Planung, die zunächst den militärgeographischen Erfordernissen der Zeit Rechnung trug. Deswegen war das Straßennetz in den Provinzen anfangs auf strategische Zwecke zugeschnitten, um das rasche Eingreifen von Truppen und den Nachschub kriegswichtiger Güter sicherzustellen. Festgelegte Befehlswege und infrastrukturelle Einrichtungen im öffentlichen Kurierverkehr (*cursus publicus*) sorgten für einen schnellen, zuverlässigen Informationsfluß. Auf der Grundlage dieses staatlichen Straßennetzes entfalteten sich aber bald auch Handel und Wirtschaft. Die Mobilität des Menschen erreichte beachtliche Ausmaße; Straßen waren ein wesentlicher Bestandteil des Wohlstandes für jedermann im Land[42].
Das wohldurchdachte Verkehrsnetz mit seinen befestigten Straßen und Brücken, mit Wechselstationen für Pferd und Reiter, mit Rasthäusern und Straßenmeistereien war eine der organisatorischen Voraussetzungen für das perfekte Funktionieren des römischen Machtapparats. Der tägliche Kleinverkehr von den Gutshöfen in die Dörfer und die Städte spielte sich allerdings zu Fuß ab, *per pedes*. Wer es sich wie die meisten Bauern auf dem Land leisten konnte, besaß ein Reitpferd oder Ochsen. Esel und Maultiere *Abb 25, 26* sind erst an wenigen Fundplätzen nachgewiesen. Kaufleute und die Armee brachten außerdem exotische Lasttiere wie Kamele und Dromedare[43] ins Land.
Pferde waren vielseitig als Reit-, Last- und Zugtiere verwendbar und neben dem Muli vor allem in den Gebirgsregionen als Saumtier unersetzlich, wo es Lasten bis zu drei Zentnern bewältigen konnte. Der friedfertige Ochse dagegen eignete sich für schwere Wagen, weil er schwierige Situationen, scharfe Steigungen und Furten im allgemeinen

*Abb. 25 Seebruck (Lkr. Traunstein). Terrakotta-Pferd mit reich verzierter Satteldecke (Reiter abgebrochen) aus dem Gräberfeld (Grab 8), H. 17 cm (Prähist. Staatsslg. München).*

*Abb. 26 Augsburg, Hl.-Kreuz-Straße 24–26. Der Reliefquader eines Grabmals zeigt einen von Ochsen mit dem Stirnjoch gezogenen Leiterwagen mit zwei aufgebockten Weinfässern (Röm. Mus. Augsburg).*

sicherer bewältigte. Ochseneisen[44], Beschläge vom Joch[45] und Ochsenstachel sind im archäologischen Fundkomplex vielfach belegt. Zur Grundausstattung des Pferdegeschirrs gehören Trensen, Zaumzeug[46] und ein aufwendiges, mit Bronzebeschlägen und Verteilern bestücktes Riemenwerk, das in verschiedenen Qualitätskategorien vorliegt. Hölzerne Sattelgestelle (*ephippia*) waren selten und auf das militärische Milieu beschränkt. Für die Verwendung von Hufeisen fehlen nach wie vor eindeutige, überzeugende Belege[47]. Nicht einmal so selten sind dagegen die schweren eisernen Hufschuhe (Hipposandalen, *soleae ferreae*)[48], die das Hufhorn kranker oder verletzter Tiere vor Nässe und Abnutzung schützten, und darüber hinaus festen Halt auf eisiger Straße gaben. Was die Zugvorrichtungen des Wagens betrifft, waren die Ochsen- und Pferdegeschirre unterschiedlich konstruiert. Für Ochsen benutzte man das Stirnjoch, dem Pferd wurden Hals- und Brustriemen angelegt, die jedoch Halsschlagader und Luftröhre zusammenpreßten, und die Leistungsfähigkeit des Tieres erheblich minderten[49]. Zahlreiche Führungsringe aus Bronze beweisen, daß das Pferd an langen Zügeln[50] geführt wurde.

*Abb 123*

*Abb 26*

Die römischen Fahrzeuge hatten massive Scheibenräder (*tympana*) oder Speichenräder mit heiß aufgezogenen Eisenreifen[51]. Die Spurweite betrug zwischen um 1,1 und

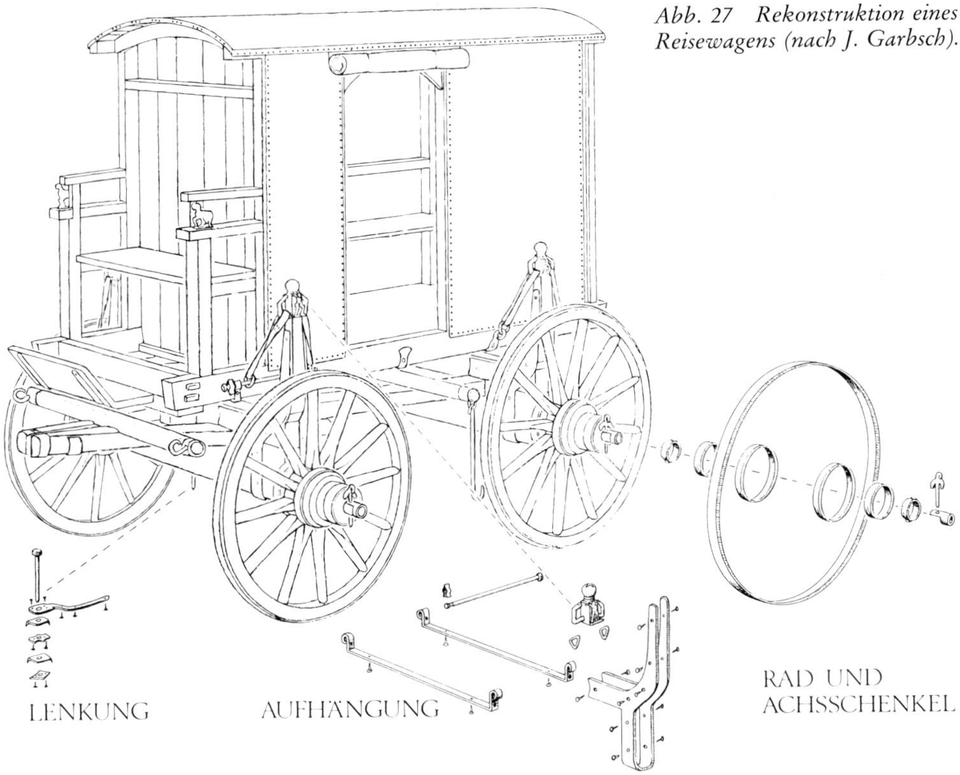


*Abb. 27 Rekonstruktion eines Reisewagens (nach J. Garbsch).*

1,5 m, zweiachsige Wagen unterschieden sich aufgrund ihrer Lenkbarkeit. Einen unlenkbaren zweiachsigen Wagen (*plaustrum, reda*) besaß jeder Gutshof als Vielzweck-Nutzfahrzeug. Der Einachser (*birota, currus, cisium, carpentum*) war dagegen vielseitig als wendiger Kleintransporter und Reisefahrzeug einsetzbar. Für komfortable Reisen wie schwere Transporte wurde der vierrädrige *carrus* (*serracum, essedum*) gebaut. Er hatte einen dreh-, d. h. lenkbaren Achsschemel und als Reisefahrzeug oft einen geschlossenen, wetterfesten Aufbau.

Auch der Güterschwerverkehr profitierte von der technischen Entwicklung des Wagenbaus: Neben dem Vielzweck-Leiterwagen[52] gab es regelrechte Tankfahrzeuge, die Flüssigkeiten, vor allem Wein und Wasser, in mächtigen zusammengenähten Tier-
*Abb 26* schläuchen oder festmontierten Holzfässern transportierten, wie sie im Augsburger Händlermilieu mehrfach dargestellt worden sind[53].

Die Erfindung der federnden, vom Achsgestell unabhängigen Fahrgastkabine konnte die Tortur langer Wagenreisen auf holprigen Schotterstraßen im wahrsten Sinn des Wortes dämpfen. Neben dem zweirädrigen, leichten Reisewagen gab es die vornehme zweiachsige Karosse mit Verdeck zum Schutz gegen jede Witterung. Bemerkenswerte Fundstücke antiker Konstruktionstechnik und römischen Reisekomforts stellen die
*Abb 27* Hängestöcke von zweiachsigen Reisewagen dar[54]. Die Rekonstruktion[55] veranschaulicht den Einbau der Hängestöcke im hölzernen Fahrgestell und erklärt die stoßdämpfende Wirkung der Vierpunktaufhängung; gegen das Schaukeln in Längsachse der Kutsche mußte die Kabine an den Schmalseiten zusätzlich mit dem Fahrgestell verzurrt werden.

## *Das Straßennetz*

*Abb 34* Das römische Kunststraßennetz überzog die Landschaft mit einem engmaschigen Geflecht von Verbindungslinien, die unterschiedliche Wertigkeit hatten. Sie reichten von vorzüglich ausgebauten Staatsstraßen (*viae publicae*), die vom Kaiser oder Fiskus angelegt und unterhalten wurden, über Fernverkehrsrouten und Landstraßen bis zu ausgefahrenen Ortsverbindungsstraßen *in vicis* oder *ad vicos* (*viae vicinales*) und Wegen untergeordneten Rangs (*viae privatae*), die von den Siedlern und Dorfbewohnern im Rahmen allgemeiner Dienstpflichten gebaut und unterhalten werden mußten. Einfache Feldwege (*viae agrariae*)[56] verbanden zuletzt auch die benachbarten Gutshöfe untereinander und mit dem verästelten Landstraßennetz.

Die ideale Ausrichtung – das liegt in der Natur der Sache – wurde in kurzen, geraden
*Taf 6* Verbindungslinien zwischen den Ortschaften gesucht. Die schnurgerade Straßenführung war nicht ohne eine leistungsfähige Landesvermessung möglich; die Armee bildete Vermessungsingenieure aus, die bei Bedarf von der Provinzverwaltung angefordert werden konnten. Überall waren Spezialeinheiten und Auxiliartruppen am Werk: Vermessungsingenieure der Legionen um Routen einzumessen und zu trassieren, die

dann von militärischen Bautrupps befestigt und ausgebaut wurden. Pioniere legten Sümpfe trocken, schlugen Schneisen in die Wälder und konstruierten Holzbrücken. Noch im 1. Jahrhundert entwickelte sich ein Fernverkehrsnetz, das Raetien mit dem Mutterland und seinen Nachbarprovinzen verband. Bald kam diese Investition und die erprobte Infrastruktur dem wirtschaftlichen Aufschwung des Landes zugute.

Besondere Aufmerksamkeit im Straßenverkehr richtete sich auf Engstellen und kritische Passagen; nicht umsonst standen schwierige Paßstrecken[57] in den Alpen als heilige Orte den Göttern näher.

Steilstrecken mußten nicht selten durch Geleise im Fels befahrbar gemacht werden. Solche Geleise haben sich nicht nur durch den dauernden Gesteinsabrieb auf natürliche Weise gebildet; auf steilen Felsstrecken sind Spurrillen künstlich eingehauen und zusätzlich mit eingeschlagenen Trittstufen versehen worden, damit die Fuhrknechte den Wagen mit Hebelstangen bremsen, stemmen oder hinaufwuchten konnten, um die geplagten Zugtiere zu entlasten. Eindrucksvolle Beispiele solcher Geleisestrecken, die bis in spätere Zeiten reichen, sind in Bayern im Verlauf der Brennerroute bei Mittenwald-Klais oder bei Buchenberg im Allgäu erhalten.

Die klassische Römerstraße im Flachland weist prägnante Eigentümlichkeiten auf. Da der antike Bauingenieur bei Anlage einer neuen Trasse die Ideallinie als kürzeste Verbindung suchte, finden wir überall dort, wo es Landschaft und Reliefgestalt erlauben, exakt ausgerichtete, schnurgerade Teilstücke. Wo Rücksicht auf bewegtes Gelände genommen werden mußte, umging man Hindernisse und wich vernünftigerweise von der geraden Linienführung ab. Überschwemmungsgefährdete Talniederungen oder von periodischen Hochwassern bedrohte Fluß-Niederterrassen wurden in der Regel gemieden oder durch massiv unterbaute Dämme befestigt, damit die Straße dauerhaft und zu allen Jahreszeiten befahrbar blieb.

Die Straßendämme waren im Schnitt 6 – 10 m breit (Nennbreite 20 Fuß – nach römi- *Abb 28*
scher Vorstellung sollte die Mindestbreite einer *via* 8 Fuß betragen) und aus örtlich anstehendem Gesteinsmaterial aufgeschüttet. Das war im Alpenvorland der anstehende Kies, den man an Ort und Stelle beiderseits der Straße aushob. Daher findet man heute noch entlang der Straßendämme in unregelmäßigen Abständen metertiefe Materialgruben, die als weiteres Charakteristikum des römischen Baudatums gelten. Solche Materialgruben und -trichter sind im Gelände häufig noch erhalten, z. B. noch im fast ursprünglichen Zustand entlang der *via Claudia* oder der Donau-Südstraße im Mertinger Forst. Auf freiem Feld hat sie der Pflug bis zur Unkenntlichkeit verschleift; um so deutlicher aber treten sie im Luftbild hervor und rufen durch ihre humose Verfüllung spezielle Bewuchsmerkmale mit dunkel verfärbten Flecken hervor. Genau so deutlich zeichnen sich auch die Straßengräben ab, die man zur Drainage und Ableitung des Oberflächenwassers zog. Die meisten häufig frequentierten Straßen wurden von wenigstens einem, meist aber zwei parallel laufenden, sauber ausgehobenen Straßengräben begleitet.

Der Verschleiß der Fahrbahndecke war infolge der schweren eisenbeschlagenen Räder

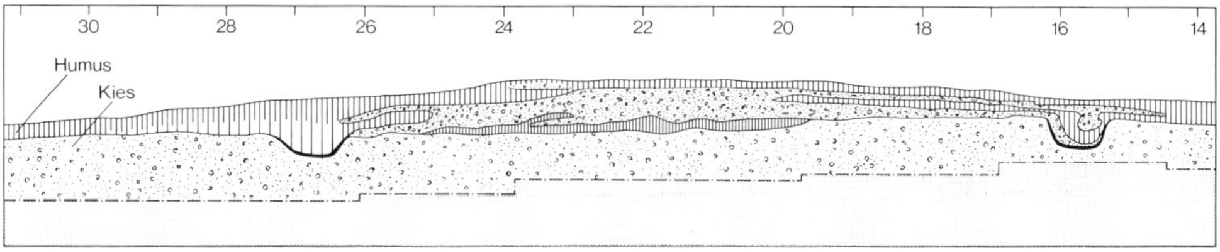


*Abb. 28 Profil durch den Straßendamm der Via Claudia Augusta beim Neuwirtshaus südlich von Königsbrunn (Lkr. Augsburg) (1984).*

beträchtlich, die Lebensdauer der Tragschicht begrenzt. Deshalb mußte sie von Zeit zu Zeit ausgebessert und wiederaufgeschüttet werden, wenn Schlaglöcher oder Spurrillen zügiges Fahren erschwerten. Im Jura nördlich der Donau wurde der anstehende Kalkstein verwendet, aus dem die römischen Straßenbauer solide Steinpackungen herstellten. Für Steinplattenbeläge wie in Italien oder Südfrankreich war das Steinmaterial hierzulande allerdings nicht geeignet.

Wo sumpfige Talböden oder Moore durchquert werden mußten – dies war streckenweise bei der Römerstraße Augsburg–Salzburg der Fall – legte man als Fundament des Schotterdammes einen Rost aus Balken und gespaltenen Stämmen[58]. Neue Untersuchungen einer Sumpfbrücke im Schuttertal bei Nassenfels lassen interessante Erkenntnisse zu solchen Bautechniken erwarten[59].

## *Brückenbauten*

Wenn Bäche durchquert und Flüsse überwunden werden mußten, wurden Brücken gebaut. Trotz der stets guten Erhaltungsbedingungen im Wasser sind archäologische Hinweise auf feste Brücken mit hölzernem Sprengwerk und eisernen Pfahlschuhen selten. Kürzlich wurden in Kempten[60] Reste einer Holzbrücke aus den Jahren 24 – 30 n. Chr. entdeckt. Auch der altbekannte Neuburg-Stepperger Donauübergang[61] konnte wieder lokalisiert werden, ebenso eine Lechbrücke in Höhe des Augsburger Gänsbühls, deren Holzpfähle aus dem 1. Jahrhundert stammen. Ob die Brücke der von Bregenz über Gauting nach dem Osten führenden Strecke bei Epfach über den Lech tatsächlich römisch ist, wissen wir nicht. Dort sind vor Jahrzehnten bei Niedrigwasser Holzpfeiler im Fluß beobachtet worden, kurz bevor die Situation durch die Lech-Regulierung vollständig verändert wurde.

Nur wenige winterfeste Brücken sind in die Ortsnamen einzelner Siedlungen eingegangen wie die Innbrücke bei Pfaffenhofen, die dem Vicus den Namen *pons Aeni* gab. Wo die *pontes ad Tesseni(n)os* des Antoninischen Itinerars (It. Ant. 257) 20 Meilen nördlich von Parthanum/Partenkirchen lagen, ist unbekannt. Vielleicht gibt auch das Ponione der Tabula westlich von Augsburg ein verderbtes *Pontone* (Zusmarshausen?) wieder.

## *Schiffahrt auf Flüssen und Seen*

Im Güterverkehr spielte die Flußschiffahrt[62] und Flößerei wegen der geringen Transportkosten seit alters her eine herausragende Rolle. Im Alpenvorland waren Iller, Lech und Isar mit ihren Nebenflüssen Amper und Würm wohl vom Austritt aus den Bergen zumindest in bestimmten Jahreszeiten mit Flößen schiffbar, während der Inn vom Brennerabstieg an talwärts befahren werden konnte. Selbst auf schmalen Bächen des Hinterlandes ist mit einem regen Treidelverkehr zu rechnen[63]. Auch der Bodensee wurde zur Erleichterung des Transports befahren, wie der Bregenzer Seehafen[64] lehrt. Die Donau[65] war seit jeher die Hauptverkehrsader im Alpenvorland, wenigstens talwärts über 2800 km schiffbar bis zur Mündung ins Schwarze Meer. Flußhäfen, hölzerne Kaianlagen und Uferbefestigungen sind auch in Raetien immer wieder beobachtet, bedauerlicherweise nur selten gründlich untersucht worden. Seit kurzem kennt man die verschiedenen, dendrochronologisch datierten Uferbefestigungen von Oberstimm aus den Jahren 61 ±10, vom Winter 91/92 und 151 und an der Paar unterhalb der Brückenkopfsiedlung Dasing aus den Jahren 103 – 112. Bei Straubing kamen 1986 in einem Altwasser nahe der Mündung des Allachbaches in die Donau Pfahlgründungen einer Mole und Kaibefestigungen eines seichten, 2 m tiefen Hafenbeckens zum Vorschein. 1900 wurden vor dem Regensburger Legionslager Spuren einer ausgebauten Schiffslände beobachtet[66]. Solche Anlegeplätze sind auch in Günzburg, Faimingen, Künzing und Passau, aber auch an den Nebenflüssen der Donau in Augsburg oder Kempten zu erwarten.

Wasserfahrzeuge sind leider nur selten erhalten geblieben und entdeckt worden[67]. Unweit der erwähnten Uferbefestigung von Oberstimm[68] sind 1986 rund 45 m vor der Westseite des Kastells am östlichen Ufer der Brautlach zwei große, in die Jahre um 90 und 102 datierte Schiffe in 2,45 m Tiefe angeschnitten, 1994 freigelegt und gehoben worden. Sie wurden vermutlich gleichzeitig gebaut und unter Trajan, spätestens Hadrian, außer Dienst gestellt und am Ufer abgewrackt. *Taf 8*

Es handelt sich um 2,8 und 3 m breite, 15 m lange Ruderschiffe, die nach mediterraner Bauart mit breit-flachem Rumpf in Kraweelbauweise aus vorfabrizierten Nadelholzplanken gezimmert waren. Es waren offensichtlich keine Frachtschiffe der Armee, sondern Personenboote, die für Truppenverschiebungen oder Patrouilleneinsätze mit 12 – 15 Mann Besatzung von 10 Ruderern gefahren wurden.

## *Die Organisation des Straßenverkehrs*

Die schnelle Nachrichtenübermittlung, der zuverlässige Gütertransport und die Reisemobilität hingen nicht allein vom guten Zustand der Straßen und der Verkehrstechnik ab, sondern auch von der Infrastruktur, d. h. den Einrichtungen und Dienstleistungen, die dem Reisenden zur Verfügung standen.

Raststationen und Herbergen (*stationes, mutationes, hospitia, mansiones*)[69] gehörten mithin zu den wichtigsten Anlagen am Rand der Straße: Kurierpferde mußten gewechselt, Wagen repariert werden, den Fremden bot sich im Bad Erholung von den Strapazen der Reise. Wenigstens an den Fernverkehrsrouten, aber auch an Pässen und Fährstationen, darf man deshalb mit Rasthäusern rechnen, an den häufig frequentierten Strecken wohl in Abständen einer Tagesreise von 25 Meilen. Auf dem Lande werden Wirtshäuser in den Vici ihre Funktion übernommen haben.

Das reibungslose Funktionieren der staatlichen Kurierpost, des *cursus publicus*, war auf die Straßenstationen, den Pferdewechsel und zuverlässiges Hilfspersonal angewiesen. Von der Zentrale in Rom ausgehend, waren stets mehrere Provinzen unter einem *praefectus vehiculorum* zu einem Postsprengel zusammengefaßt[70]. Da in den erhaltenen Inschriften als Postbezirke nur Belgien und die beiden Germanien, ein andermal alle gallischen Provinzen und dann Norikum, die beiden Pannonien und Obermoesien genannt sind (CIL VIII 12020; VI 1624; III 6075), wissen wir nicht, zu welchem Postsprengel Raetien gehörte. Die Depeschenträger waren oft kaiserliche Sklaven, gelegentlich Freigelassene; später übernahm das Militär diese Funktion. Titus Claudius Severus, ein kaiserlicher Kurier (*frumentarius*) der 3. italischen Legion, hat uns durch ein Votivtäfelchen im Heiligtum des Iupiter Poeninus auf dem Großen St. Bernhard seine Sorgen über den schwierigen Weg und seinen Dank an Jupiter für die glückliche Überwindung des Gebirges verraten (CIL V 6869)[71].

Wegweiser dokumentieren den hohen Organisationsgrad des römischen Verkehrswesens. Oft an markanten Punkten neben der Trasse standen mannshohe Meilensäulen (*milliaria*)[72], die zur Huldigung des Kaisers die offizielle Titulatur und den neuesten Stand seiner politischen Ehrentitel enthielten; sie waren deshalb auch ein wichtiges Instrument der kaiserlichen Propaganda. Hier fand man aber außerdem die Entfernungsangabe vom nächstgelegenen Zählpunkt (*caput viae*) der Straße, in der Regel einem städtischen Zentrum. Zählpunkte in Westraetien waren nur die Städte Augusta Vindelicum und Legio (Regensburg), Phoebiana, Cambodunum und Brigantium(?).

*Abb 163*

Das hierzulande übliche Längenmaß zählt in römischen Meilen, *milia passuum* (M.P.), 1000 Doppelschritte, was einer Entfernung von etwa 1,4 km entspricht. Die durch Meilensteine gekennzeichneten Routen scheinen jedoch nicht immer die wichtigsten oder kürzesten gewesen zu sein. An vielen bedeutenden Strecken fehlen sie ganz, wie beispielsweise an der transalpinen Fernstraße Como–Chur–Bregenz. So erklärt sich auch, daß außer den beiden Meilensteinen an der Via Claudia des sonst als straßenbaufreudig bekannten Kaisers Claudius in Raetien bis an das Ende des 2. Jahrhunderts überhaupt keine Meilensteine mehr gefunden wurden, obwohl sich gerade unter den Flaviern sowie den Kaisern Trajan und Hadrian am Beginn des 2. Jahrhunderts das Netz ausgebauter Straßen immer mehr verdichtete.

*Abb 29* Erst die Dynastie der Severer hat um die Wende zum 3. Jahrhundert damit begonnen, das raetische Straßennetz zu überholen, und dafür gesorgt, daß die Reparaturmaßnahmen auf zahlreichen Meilensteinen dokumentiert wurden (S. 311).

Das Wegweisernetz war für den Ortskundigen wie für den Fremden nützlich. Dem Fernreisenden, dem Kurier oder Kaufmann empfahl sich allerdings als zusätzliche Orientierungshilfe die Mitnahme eines Streckenverzeichnisses (*itinerarium*), das man sich in den Städten besorgen oder abschreiben (lassen) konnte. Es muß in der Antike eine beachtliche Zahl offizieller Ausgaben für bestimmte Reiserouten und -zwecke gegeben haben. In regelrechten Reisehandbüchern (*itineraria adnotata*)[73] waren die Orte mit ihren Entfernungen untereinander aufgelistet. Das berühmteste und in mehreren

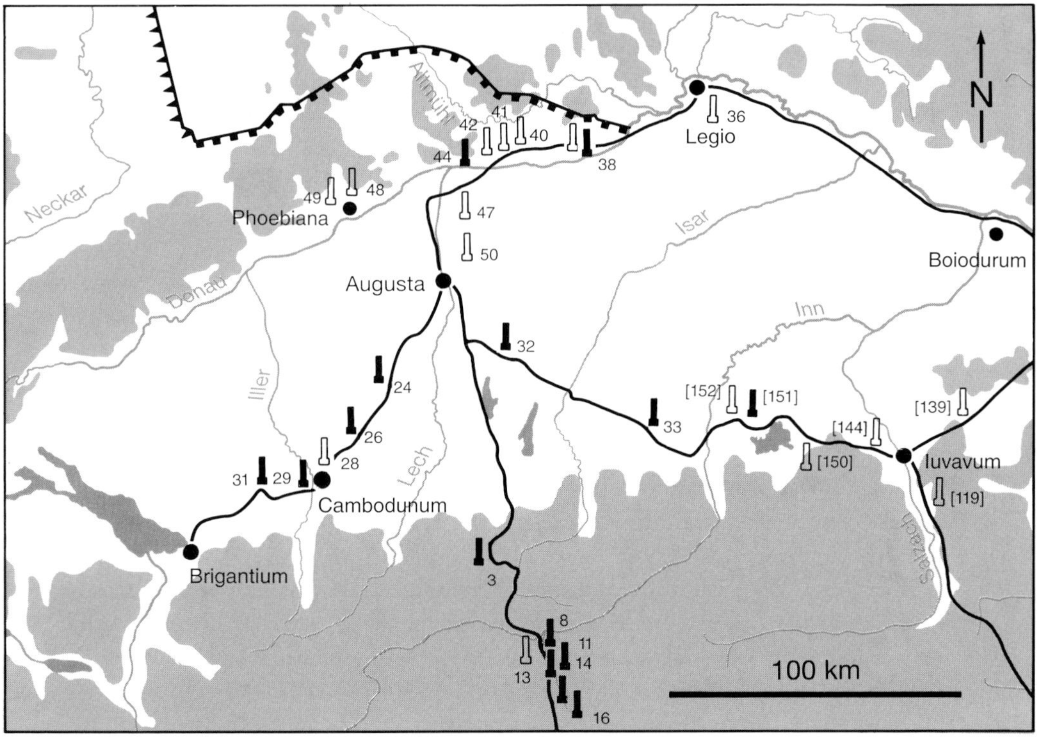


*Abb. 29 Straßen und Meilensteine der severischen Erneuerungsmaßnahmen in Raetien und Westnorikum. Legende: [gefüllte Säule] Meilensäulen des Jahres 201, [leere Säule] Meilensäule von 195/215, in Norikum 195/213, 48–49 Meilensteine von 212. Die Zahlen beziehen sich auf die Meilensteinnummern bei G. Walser, Die römischen Straßen und Meilensteine in Raetien (Stuttgart 1983) und in eckigen Klammern auf G. Winkler, Die römischen Straßen und Meilensteine in Norcium-Österreich (Stuttgart 1985). – 3 Partenkirchen, 8 Wilten (?), 11 Ambras (?), 13 Schönberg bei Innsbruck, 14 St. Kathrein bei Matrei, 16 Sterzing (Neufund) und Freienfeld bei Sterzing, 24 Goldberg bei Türkheim, 26 Kaufbeuren, 29 Kempten, 31 Isny, 32 Günzelhofen, Gde. Oberschwenbach, 33 Valley bei Holzkirchen, 36 Regensburg-Burgweinting, 38 Kösching (ein Alt- und ein Neufund), 40–41 Wolkertshofen, 42 Nassenfels, 43 Igstetterhof, Gde. Bergheim, 44 Burgmannshofen, Gde. Marxheim, 47 Nähermittenhausen, Gde. Ehekirchen, 48–49 Gundelfingen, 50 Aindling, [119] Oberalm, [139] Altenthann bei Henndorf, [144] Thundorf bei Straß, [150] Schalchen, Gde. Gstadt, [151–152] Söchtenau.*

mittelalterlichen Abschriften überlieferte Wegeverzeichnis waren die *Imperatoris Antonini Augusti Itineraria Provinciarum et Maritimum* des Kaisers Caracalla[74], in denen sich auch einige Strecken und Stationen des raetischen Alpenvorlandes wiederfinden. Der Reisende konnte sich aber auch mit Hilfe von Landkarten, den *itineraria picta*[75], orientieren und sich Abschriften bestimmter Kartenausschnitte besorgen. Die Kartographie entsprach in Genauigkeit und Darstellungsform freilich nicht den Ansprüchen einer heutigen Karte, sondern mehr einem vereinfachten Netzplan, auf dem die Streckenzusammenhänge ohne Rücksicht auf die Lagegenauigkeit oder Himmelsrichtung eingetragen waren.

In Augsburg lag geraume Zeit das berühmteste aller antiken Kartenwerke, die Tabula Peutingeriana, so benannt nach jenem Augsburger Diplomaten und Kunstliebhaber, in dessen Bibliothek sie sich lange befand. Die Tabula Peutingeriana umspannt die gesamte damals bekannte Welt. Ihre Genauigkeit nahm freilich mit zunehmender Entfernung vom Mittelpunkt des Reiches rapide ab. Nach moderner Forschungsmeinung beruht sie auf einer „Urkarte", die der Schwiegersohn des Augustus, M. Vipsanius Agrippa, für eine Säulenhalle auf dem Marsfeld in Rom angeregt und begonnen hatte. Die in Form einer einzigen mittelalterlichen Kopie erhaltene Rolle (*rotulus*) besteht aus elf 34 cm breiten Pergamentblättern, die zu einem 6,7 m langen Band zusammengeklebt sind.

## *Die Benefiziarier und ihre Stationen*

Über die Arbeitskommandos, die Straßen und Wege angelegt haben, wissen wir praktisch nichts. Wahrscheinlich haben sich zunächst einzelne Truppenteile mit dieser Sträflingsarbeit geplagt, später waren zivile Arbeitstrupps aus den benachbarten Ortschaften am Werk, denen im Rahmen allgemeiner Dienstpflichten auch Pflege und Unterhalt von Straßen und Brücken auferlegt waren. Das strategisch bedeutende Fernverkehrsnetz unterstand der Betreuung und Aufsicht quasimilitärischer Einsatzgruppen, einer Art Militärpolizei, die unter dem Begriff der *beneficiarii* zusammengefaßt waren[76].

Diese Benefiziarier rekrutierten sich in der Regel aus gedienten Legionssoldaten, die von den *munera* befreit waren und zur besonderen Verwendung des Statthalters (*beneficiarii consularis*) abkommandiert und in Wachtposten an wichtigen Nachschubrouten und Fernstraßen postiert waren. In Bayern wissen wir von der Existenz solcher Benefiziarierstationen durch Weihesteine[77] aus Stockstadt und Obernburg; in Norikum werden solche Posten bei Seebruck am Chiemsee, bei Passau-Innstadt und an der Innbrücke bei Pfaffenhofen vermutet. Abgesehen von ihren Sicherheitsaufgaben hatten sie wohl auch administrative Funktionen in Zusammenhang mit der Abfertigung und Kontrolle des Warenzolls auf der Landstraße.

## *Fernverkehrslinien*

Raetien war seiner geographischen Lage nach stets ein Durchgangsland. Überwog um die Zeitenwende noch der nord-südlich gerichtete Verkehr, so verlagerten sich die Gewichte bald zugunsten west-östlicher Querverbindungen. Die den Flußlauf der Donau begleitende Grenzstraße, die *via iuxta amnem Danuvium*, brachte einen neuen verkehrsgeographischen Akzent in die großräumige Strategie und wirkte sich in steigendem Maße auch auf die Siedlungspolitik und den Handel aus.

Die älteste Römerstraße, die das italische Mutterland mit dem nördlichen Alpenrand verband, war zugleich der prominenteste raetische Alpenübergang, die Via Claudia Augusta[78]. Sie war zwar nur zeitweise die wichtigste Alpenstrecke für Raetien, spielte dafür aber eine um so größere politische Rolle, weil sie jener Route folgte, die Tiberius Claudius Nero Drusus im Alpenfeldzug 16/15 v. Chr. passierbar gemacht hatte. Sein Sohn Claudius ließ sie als Staatsstraße (*via publica*) ausbauen (S. 29). *Abb 233*

Außer der Via Claudia gab es an der Westflanke noch eine zweite Fernstraße, die Raetien mit dem Mutterland verband. Diese Route nahm ihren Ausgang in Mediolanum/Mailand und führte an Comun/Como und dem Comer See vorbei über die Pässe des Splügen (1460 m ü.NN), Lukmanier (1916 m ü.NN) vom Tessin ins Vorderrheintal, und den winteroffenen Julier (2287 m ü.NN) zwischen dem Engadin und Chur, bzw. den Septimer (2310 m ü.NN) und Maloja (1809 m ü.NN) direkt nach Chur ins Alpenrheintal und von dort weiter nach Bregenz und Kempten. *Abb 34*

In der militärischen Okkupationsphase des frühen 1. Jahrhunderts führte die Grenz- bzw. Verbindungsstraße von den Legionslagern Germaniens an die untere Donau noch über das Baseler Rheinknie und den Bodensee, ein zeitraubender Umweg, wenn Eingreiftruppen rasch von einer Grenzprovinz in die andere verlegt werden sollten. Deshalb hatte man vielleicht schon in claudischer Zeit eine Abkürzung von Sasbach/Riegel nach Hüfingen an die obere Donau geschlagen. Im Jahre 74 ließ der Straßburger Legat Gnaeus Pinarius Clemens eine neue Route von der Legionsbasis Argentorate durch das Kinzigtal nach Rottweil, dem späteren Arae Flaviae, anlegen: Dieses *iter de[rectum ab Arge]ntorate in R[aetiam?]* (CIL XIII 9082) war bereits gut 160 km kürzer. Mit der Eroberung des Dekumatlandes kam eine abermals verkürzte Verbindung zwischen der germanischen Provinzhauptstadt Mogontiacum/Mainz und Augsburg zustande, die das Rhein-Donau-Knie abschnitt, so daß die Strecke um mehr als zehn Tagesmärsche schneller zu bewältigen war, ein beträchtlicher Gewinn, wenn man die Marschgeschwindigkeit der Infanterie bedenkt[79].

Der neue Grenzverlauf brachte erhebliche Vorteile für die Vici am Oberlauf der Donau. Die Kastellorte an der raetischen Donaugrenze waren damals schon durch eine Straße am südlichen Flußufer verbunden[80], *via iuxta amnem Danuvium*, (*via iuxta Danuvii*, CIL III 5755) wie diese Strecke auf den norischen Meilensteinen bezeichnet wird. Jetzt lenkte die Donau den allgemeinen Verkehrsstrom nach Südosten um, was wesentlich zur Ausweitung des gallisch-germanischen Handels mit den Donauprovinzen beigetragen hat. Kempten geriet damals in den Schatten und verkümmerte zu einem Landstädtchen, weil sich der Straßenverkehr umorientiert und auf die nördlichen Gebiete verlagert hatte. Raetien war Durchgangsprovinz geworden, jetzt in ostwestlicher Richtung.

Als eine weitere wichtige Fernverkehrslinie kam seit den siebziger Jahren des 2. Jahrhunderts die Querverbindung Augsburgs mit dem Legionslager in Regensburg hinzu. Sie war 96 Meilen, 142 km, lang und führte von der Hauptstadt zunächst auf der alten Via Claudia links des Flusses nach Norden an Summuntorium/Burghöfe vorbei über den Lech beim Brückenkopf Oberpeiching. Bei Steppberg überquerte sie die Donau, wo kürzlich Reste der Holzbrücke im Strom wiederentdeckt wurden. Vorbei am Vicus Scutarrensium/Nassenfels und den Kastellen Kösching und Pförring überschritt sie die Donau wieder bei Eining, um dann über Abbach von Süden Regensburg zu erreichen. Eine Variante, die sich durch die neugefundenen Meilensteine von Nähermittenhausen und Aindling (Walser 47. 50) konkretisiert hat, überquerte bereits im Augsburger Osten den Lech, zog auf dem rechten Flußufer Richtung Pöttmes ins Donau-Moos. Ein dritter Weg führte durchs Paartal direkt in den Ingolstadter Raum.

Gegen Ende des 2. Jahrhunderts waren die Strecken des raetischen Straßennetzes reparaturbedürftig[81]. Septimius Severus befaßte sich zunächst in der Vorbereitung des *Abb 29* Feldzugs gegen Cl. Albinus mit der Reorganisation der Verkehrswege; mehr als 20 datierte Meilensäulen stammen aus den Jahren seiner Herrschaft, die ersten aus dem Jahr 195. Zwischen 195 und 215 wurden alle militärisch wichtigen Fernwege erneuert und verbessert.

Ob damals schon die Straßen durch Wachttürme und Straßenmeistereien mit kleinen Besatzungen in geländemäßig bedingten Abständen gesichert wurden, ist ungewiß. *Abb 122, 206* Solche Wachttürme sind bei Schlingen oder Baisweil ausgegraben worden; sie dienten dem Nachrichtenwesen ebenso wie dem Schutz des Kurier- und Warenverkehrs, und dürften darüber hinaus Sammelstellen für die Naturalabgaben (*annona*) gewesen sein, die damals die Besteuerung der Landbevölkerung ablöste.

## Städte und Dörfer in der Provinz

### *Die ersten Städte*

Die einheimische Bevölkerung war nach traditionellem Muster in viele Stammesverbände, *civitates*, gegliedert (IBR 78); ob sie die ursprüngliche Verbreitung der Volksstämme widerspiegeln oder bereits die Folge römischer Siedlungskonzentration waren, wissen wir allerdings nicht. Nach Strabo bewohnten die Brigantier das Gebiet um Brigantium, Cambodunum war der Hauptort der Estiones; Damasia war das Zentrum der Licates, die am Lech (*Licca*) gesiedelt haben. Fraglich ist, ob diese *civitates* wirklich mit den administrativen Ordnungen gallischer Prägung (*capita civitatum*) vergleichbar sind, die eine eigene politische Verwaltung[82] und eigene Beamten (*ordo decurionum*) hatten: *magistri, curatores, aediles* oder *quaestores*. Zweifellos aber hatten diese Stämme als politische Grundeinheiten von den Römern unterschiedliche Rechte zur Selbstverwaltung gewährt bekommen, die für die meisten über Jahrhunderte bestimmend wurden. Kümmerliche Reste der Stammesorganisation Raetiens lassen sich in der Frühzeit bei den Runicaten (AE 1940, 114) und Cattenaten (AE 1935, 103) erkennen, im 2. Jahrhundert bei den Licaten (RMD 119; 170). Ins 3. Jahrhundert datiert ein Zeugnis für einen Suans, der möglicherweise im Gebiet der Rheinquellen zu Hause war (CIL VI 32909). Noch Anfang des 8. Jahrhunderts wurde übrigens der Name der südraetischen Venosten wie eine geographische Bezeichnung gebraucht (IBR 71A), ein Hinweis darauf, daß diese Strukturen innerhalb des Berglandes besonders zählebig gewesen sind.

Städtische Heimatangaben finden sich durchwegs erst im 2. und 3. Jahrhundert, insbesondere natürlich im Fall Augsburgs, wofür wir rund 20 Belege von Legionaren, kaiserlichen Gardereitern und Prätorianern haben (z.B. CIL XIII 6741; VI 32840; 37184 c I 30 u. 32). Daneben kommt je einmal Cambodunum (CIL III 15162) und Reginus *Abb 161* vor (CIL VI 3 909) vor; unsicher ist die Zuweisung von Curia (RStIKöln 118). In mindestens drei Dutzend Fällen taucht als Heimatangabe Raetus(-a), *civis* oder *natione* *Abb 17* *Raetus* auf. Wir sehen sie bei Zivilisten ebenso wie bei Soldaten, sogar in der Flotte von Misenum (AE 1929, 148; 1974, 26). Dahinter verbirgt sich ein allgemeiner Hinweis auf die Provinz, nicht auf den Stamm (den es vermutlich gar nicht gegeben hat); er kann durch die Nennung des Herkunftsorts Augsburg konkretisiert sein (z. B. CIL VI 32840). Erstaunlicherweise haben wir bis heute keinen Beleg mit der Heimatangabe Vindelicus, was angesichts der Zählebigkeit anderer Stammesnamen nicht mit der frühzeitigen Dominanz des Raeternamens begründet werden kann; da andererseits Vindelicus als Personenname keineswegs ungern verwendet wurde, liegt die Erklärung wohl darin, daß die Stämme der Vindeliker eben, wie schon angedeutet, in Augusta Vindelicum aufgegangen sind, mit anderen Worten: ein Vindelicus gab als Heimatangabe Augusta Vindelicum an (CIL VI 3353; RIB 72).

## *Frühe Urbanisierung im Alpenvorland*

In Raetien gab es anscheinend keinen Prozeß zunehmender Bevölkerungsverdichtung durch massive Zuwanderung aus den ländlichen Siedlungsgebieten. Zu dieser zögernden Siedlungsbildung hat sicher beigetragen, daß der notwendige Bevölkerungsdruck in der Frühzeit fehlte. Offenbar fehlten ursprünglich auch geeignete Fördermaßnahmen im Sinn gezielter An- und Umsiedlungspolitik, durch die besondere Anreize geschaffen wurden, wie sie ein Jahrhundert später in den Gebieten nördlich der Donau festzustellen sind.

Auch eine echte Urbanisierung hat es in Raetien nicht oder nur in Ansätzen gegeben.

Sie ist vor allen Dingen faßbar in Kempten, vielleicht auch in Bregenz[83]. Weder Augsburg, noch später Regensburg haben jene Strukturen, die man mit Landstädten italischen Musters vergleichen kann.
Die römische Vorstellung vom Aussehen eines städtischen Gemeinwesens, das mehr als nur ein Konglomerat von Wohnstätten sein sollte, wurde durch die hellenistischen Poleis bestimmt. Die wichtigsten Kennzeichen waren neben der Größe die geschlossene architektonische Erscheinung des Stadtbilds und der organisierte Grundplan mit sich rechtwinklig kreuzenden Straßen nach dem hippodamischen System. Die hohe Bevölkerungsdichte erzwang oft mehrstöckige Häuser im Stadtkern. Wesentliches
*Abb 38* Element gemeinschaftlicher Vorsorge war die kommunale Wasserversorgung für private Nutzer, Gewerbebetriebe, öffentliche Bedürfnisanstalten und die Thermen sowie deren Entsorgung durch Abwasserkanäle[84]. Als weiteres Merkmal gilt die stärkere berufliche Arbeitsteiligkeit der Bevölkerung, die in der Regel Lebensmittel, Rohstoffe und Energie nicht selbst beschaffen konnte, sondern vom Umland versorgt werden mußte. Wesentlich für die Stadtbildung war die Ansiedlung zentraler Funktionen durch die Konzentration der politischen Führung, Verwaltung und religiöser Aktivitäten. Dazu gehörte auch die vom Magistrat geordnete Verteilung der Bestattungsplätze und eine geregelte Belegung der Friedhöfe vor der Stadt.

## *Cambodunum*

Früher wurde allgemein angenommen, daß Augusta Vindelicum von Anfang an der Hauptort (*caput provinciae*) der Provinz Raetien war. Dennoch fehlte bislang der Beweis für die frühe Vorrangstellung Augsburgs, zumal es dort in den Anfängen vor allem an der zivilen Komponente mangelt. Nichts jedenfalls spricht dafür, daß Chur um 5 n. Chr. „das Verwaltungszentrum des Landes“ gewesen ist; die oben erwähnte In-
*Abb 8* schrift für Lucius Caesar (S. 60) läßt einen derartigen Schluß nicht zu.
In den letzten Jahren jedoch haben sich die Hinweise auf den Sitz des Statthalters in Kempten verdichtet. In der Tat könnten die Estionen freiwillig zu den Römern übergegangen sein, weil sie auf dem Tropaeum Alpium nicht ausdrücklich genannt sind. Sie mögen deshalb als Freunde des römischen Volks bessere Vertragsbedingungen erhalten haben, wodurch die früh einsetzende Urbanisierung der Siedlung eine besondere Erklärung fände. Schließlich enthält der keltische Name Cambodunum selbst einen Schlüssel für die Entwicklung des Ortes. Als „befestigter Ort an der Flußbiegung“ gehört er zu jener stattlichen Zahl gallischer Städte, die aus keltischen Elementen gebildete Namen trugen, in denen der Bestandteil *-dunum/-durum* auf die Existenz von Verteidigungswällen deutet, die aber während der Kaiserzeit dort mit Sicherheit nicht existierten. Zur Erklärung dieser Anomalie wurde vorgeschlagen, solche Namen könnten jeweils auf ein römisches Lager zurückgehen, das früh zur Kontrolle des Umlandes angelegt, von den römischen Stammespräfekten als Unterkunft

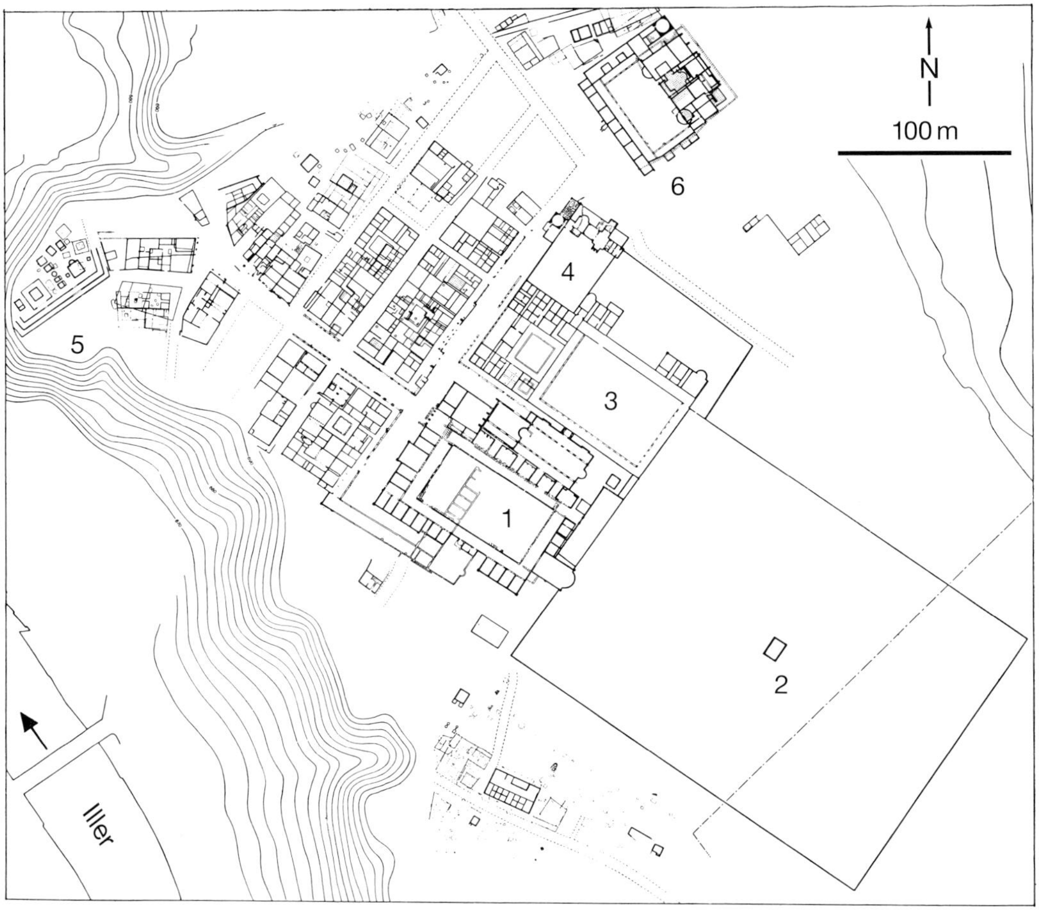


*Abb. 30 Kempten. Das römische Cambodunum im späten 1. und 2. Jh. (Steinbauphase).*

benutzt und mit einer einheimisch-keltischen Benennung belegt wurde. Aus den Märkten solcher „Basislager“ konnten sich umfangreiche Siedlungen entwickeln, wenn der Militärplatz aufgegeben und von den Einheimischen zur weiteren zivilen Nutzung beibehalten wurde.

In jedem Fall wäre es denkbar, daß die Römer bei den Estionen ihr erstes Hauptquartier aufgeschlagen und es durch die Anlage einer Kolonie und die Ansiedlung demobilisierter Truppen gesichert haben[85]. Diese Hypothese würde auch den Haupteinwand gegen die Deutung des großen Kultbezirks in Kempten als Stätte des Kaiserkults in der Provinz Raetia beseitigen, den man gerade in der Trennung von Hauptstadt und offiziellem Kultbezirk gesehen hat.

Augsburg dagegen wurde durch die Grabungen der beiden letzten Jahrzehnte immer deutlicher als die zentrale Militärbasis im Alpenvorland sichtbar – ohne die Anzeichen des zivilisatorischen Aufschwungs im öffentlichen und privaten Bereich, der in einer Provinzhauptstadt zu erwarten gewesen wäre. Ein Lösungsversuch liegt in der Hypothese, daß Kempten die frühe und erste „Hauptstadt" des Landes und der Provinz Raetien war.

*Abb 30* Seit den Ausgrabungen am Ende des vergangenen Jahrhunderts wurde der Gebäudekomplex im Zentrum der Stadt am Kreuzungspunkt der Hauptstraßen als öffentliche *Abb 31,1* Bauten erkannt und aufgrund ähnlicher Anlagen als Forum identifiziert[86]. Dieses von Grundriß und Architektur zweifellos öffentliche Bauwerk ist für die Frühzeit nur bruchstückhaft überliefert. Seine Ähnlichkeit allerdings mit der *principia*, der Kommandantur im Legionslager[87] und dem Dienstsitz (*praesidium, officium*) des Befehlshabers ist nicht zu übersehen. Principia und Forum haben sich in der frühen Kaiserzeit gegenseitig tatsächlich stark beeinflußt und erst im Lauf des 1. Jahrhunderts als eigentümliche Funktionsarchitektur herausgebildet.

Die anscheinend offene *area* umschloß eine Reihe von Büroräumen, in denen die Administration und der Fiskus, Schreibsäle (*scriptoria*), *scholae* und andere Amtsstuben untergebracht gewesen sein könnten. Das nachfolgende jüngere Steinforum hat einen ähnlichen Charakter; es wurde in flavischer Zeit jedoch mit einer neuen Konzeption wiedererrichtet und ersetzte den alten Bau, indem man die Bauachse um 90 Grad drehte. Ob damals auch ein Wechsel in der Nutzung stattgefunden hat, ist ohne neue Ausgrabungen schwer zu sagen.

Hinter dem Forum lag der große heilige Bezirk. Bauform und außergewöhnliche *Abb 31,3* Größe zeigen, daß es sich um ein Heiligtum überörtlicher Bedeutung handelte; da auch die *decumanus*-Achse des Straßensystems vom Altar ausging, muß es auch im Rahmen der Stadtgründung eine besondere Rolle gespielt haben. Es könnte den feierlichen Rahmen für Provinziallandtage abgegeben haben, die *concilia*, die alljährlich in der Hauptstadt abgehalten wurden. Hier kamen die Vertreter der Städte und Civitates zusammen, um Opfer und Feste zu feiern und ihr Petitions- und Beschwerderecht auszuüben[88].

Zunächst ist auch heute noch offen, ob, seit wann und welches Stadtrecht der Vorort der Estionen gehabt haben könnte, das überhaupt die Existenz eines so reich mit (kaiserlichen) Bronzestatuen, Marmor und Wandmalerei ausgestatteten Bauwerks der Selbstverwaltung begründet. Daß Kempten schon in den ersten Jahrzehnten nach Christi Geburt zum Munizipium aufgestiegen sein könnte, hielten einige Forscher für möglich; bis heute hat sich dieser Verdacht nicht bestätigt.

Bezüglich des Stadtrechts ist an die oft diskutierte, kurz vor 100 entstandene Notiz bei Tacitus (Germ. 41, 1) zu erinnern, die für Kempten interessante Konsequenzen hat: Sie bezeichnete den Stamm der Hermunduren als treu (*fida*), weshalb er nicht wie die anderen Germanen nur am Ufer der Donau, *ripa Danuvii*, unter den Augen römischer Soldaten seine Geschäfte (*commercium*) tätigen durfte; als einzigen war es den Her-

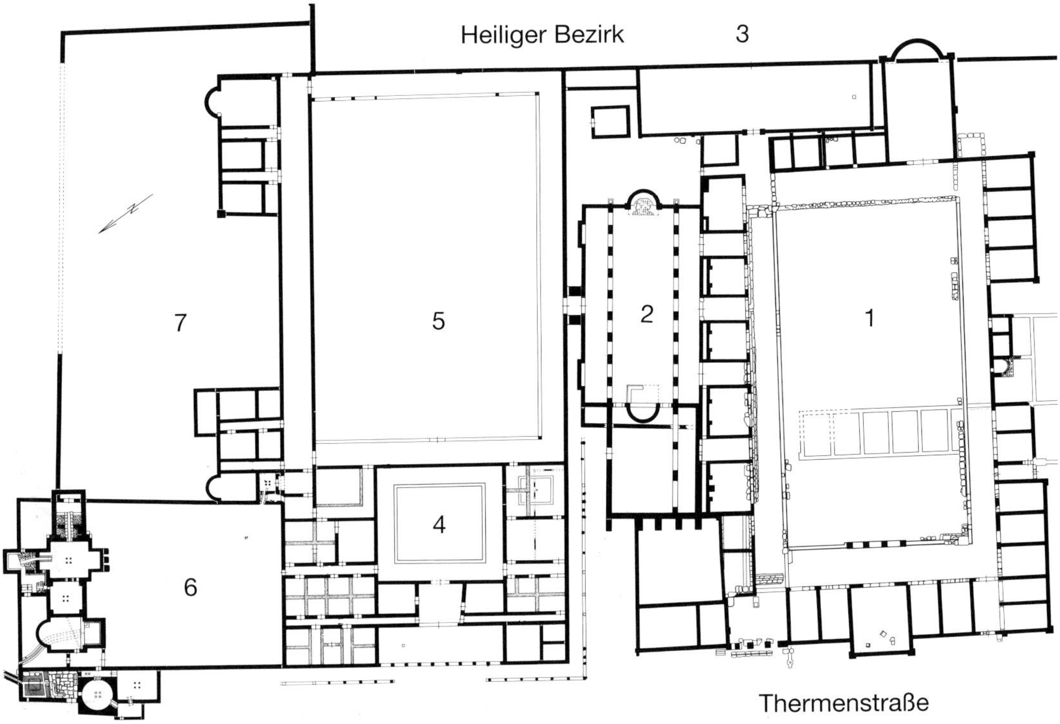


*Abb. 31 Kempten. Die öffentlichen Bauten im Stadtkern von Cambodunum mit dem Forum (1) und der Basilika (2), dem Statthalterpalast (4, 5) mit den Kleinen Thermen (6, 7) (nach W. Kleiss).*

munduren frei, ohne Auflagen und ohne Aufsicht (*passim et sine custode*) tief im Landesinneren und in der „glanzvollsten Kolonie der Provinz Raetien" (*penitus atque in splendidissima Raetiae provinciae colonia*) ihren Handel zu treiben. *Passim* heißt in diesem Zusammenhang nicht, daß die Hermunduren „überall, allerorten" unkontrollierte Passiererlaubnis hatten (*transitus incustoditi*), sondern daß sie auch nachts und – für die germanische Mannesehre besonders bedeutsam – sogar bewaffnet die Grenze überschreiten konnten (Tac. hist. 4,64,1 und 65,3).

Man wird also die ohnehin problematische Identifizierung der frühen Kolonie Raetiens mit dem erst nach 120 zum Munizipium erhobenen Augsburg nicht mehr vorbehaltlos hinnehmen. Dies um so weniger, als die von Tacitus verwendete superlativische Benennung *splendidissima* auch nach dem sonstigen Sprachgebrauch, vor allem der Inschriften, eng mit der Selbstdarstellung einer *colonia* verbunden war, daß man kaum annehmen kann, er habe hier eine so gängige Formulierung rechtlich ganz unverbindlich gebraucht.

Mit der Annahme einer frühen Kolonie Cambodunum geht bestens überein, daß wir aus einer mittelkaiserzeitlichen Grabinschrift einen in Kempten rekrutierten Soldaten

*Abb. 32 Kempten. Die Basilika zwischen Statthalterpalast und Forum in Cambodunum (Ausgrabung 1991, Luftbild).*

*Abb 161* der *legio X Gemina* kennen, der als Veteran in Budapest von seiner Gattin Ulpia Ursula bestattet wurde. Als Heimatangabe nannte Tib(erius) Tiberi f(ilius) Cla(udius) Satto, dessen ererbtes Bürgerrecht auf die Kaiser Claudius oder Nero zurückgehen könnte, die städtische Form Camboduno (CIL III 15162).

Von der These der frühen Koloniegründung ausgehend, müssen die Gebäude neben dem ersten, claudisch-neronischen Steinbau in die Argumentation einbezogen werden: Dieser Komplex gliedert sich in drei Bereiche: das Forum der Kolonie mit der Dienststelle (*officium*) des Prokurators, seine Residenz (*praetorium, palatium*) im sog. Unterkunftshaus und die Kleinen Thermen, die dem Gouverneurspalast zuzuordnen sind.

Ein architektonisches Bindeglied zwischen Forum und Prokuratorenpalast – außerdem ein wesentliches Argument für die Lokalisierung des Statthaltersitzes in Kempten – ist die 47 m lange Basilika. Sie lag parallel an der nordöstlichen Forumseite und hatte die typische dreischiffige Hallenform. Im Nordwesten der sich gegenüberliegenden Apsiden befand sich das Podium des Tribunals mit dem erhöhten Sitz des Statthal-
*Abb 31,2; 32* ters[89]. Die Basilika war zweifellos der repräsentative Kern des Regierungspalasts und diente neben Empfängen und offiziellen Versammlungen vor allem bestimmten Amtshandlungen, von denen die Rechtsprechung wohl die größte Rolle im täglichen Leben der Provinz spielte. Im Westen schloß sich der mit schweren Stützmauern versehene Anbau eines Archivs (*tabularium*) an.

Die ursprünglich freistehende Halle stammte aus claudischer Zeit und wurde in der

*Abb. 33 Kempten. Öffentliche Latrine an der Straße (Thermenstraße) vor den Kleinen Thermen des Statthalterpalasts in Cambodunum (1925).*

zweiten Steinbauphase architektonisch in das Forum eingebunden. Ihr Hauptportal jedoch lag an der Nordostseite und führte direkt in die Säulenhalle des benachbarten Gebäudekomplexes, des „Unterkunftshauses", das schon deshalb einen besonderen Status gehabt haben muß. Dieser architektonische Zusammenhang und die hochstehende Wohnarchitektur erklären sich am besten mit der Funktion dieses nahezu axialsymmetrischen Bauwerks als *praetorium* oder *praesidium*, die Residenz des Statthalters. Dahinter schloß sich ein fast 80 m langer Hof mit Umgangshalle an, von dem aus der Prokurator auf kürzestem Weg durch den Seitenausgang direkt in die Basilika gelangte. *Abb 31,4*

An der nordöstlichen Langseite des Gouverneurspalasts lag eine eigene, in spätclaudisch-neronischer Zeit errichtete Badeanlage, die sog. Kleinen Thermen, mit Palaestra und einem Hof mit nahezu axialsymmetrischen Annexen. Lage, Größe und Ausstattungsluxus entsprechen der erwarteten Hofhaltung. *Abb 31,6–7*

Mediterrane Wohnformen dokumentieren hier die typischen Züge der Urbanisierung, die der Konzentration von Herrschaft und Verwaltung folgte; offensichtlich war man seit der Frühzeit auf künftiges Wachstum eingestellt. Im Vergleich mit anderen Beispielen antiker Stadtkultur, hat man immer wieder auf die großzügige Planung und Ausführung der Kemptener Bauwerke hingewiesen. Die archäologischen Ausgrabungen haben außerdem gelehrt, daß Kempten nach den Zerstörungen der Bürgerkriege 69/70 schöner und großzügiger wiederaufgebaut wurde: eine vielversprechende Entwicklung, die um 100 n. Chr. plötzlich abbrach. Man wird dies wohl im Zusammenhang damit sehen müssen, daß der raetische Prokurator seinen Amtssitz nach Augsburg verlegte. Möglicherweise führte auch die Besetzung des Limesgebiets und damit verbunden die Verlagerung der Verkehrsachsen dazu, daß Kempten abseits der wichtigen Straßenverbindungen zu liegen kam, während Augsburg ins Zentrum des Verkehrsnetzes rückte.

### *Augusta Vindelicum*

Die historische Entwicklung Augsburgs ging andere Wege; sie war durch den militärischen Schwerpunktcharakter des Platzes gekennzeichnet. Für Augsburg war seit den Jahren der Okkupation die vorgeschobene strategische Position und die militärgeographische Qualität im Alpenvorland ausschlaggebend. Zunächst befand sich in Oberhausen am Fuß des Hochterrassensporns vermutlich jenseits der Wertach an der Via (Claudia) Augusta ein Versorgungslager, das um 10/5 v. Chr. angelegt und vermutlich bis 16 n. Chr. besetzt war. Durch die Ausgrabungen der vergangenen Jahrzehnte konnte man Spuren eines Erdlagers im mittelalterlichen Stadtkernbereich nordöstlich des Doms zwischen dem Mittleren Pfaffengäßchen und dem Pfärrle fassen, das im Anschluß an Oberhausen um 15/20 n. Chr. eingerichtet worden war.
Dieses Lager war Ausgangspunkt für die zivile Siedlungsentwicklung: An den westlichen Ausfallstraßen entwickelte sich eine ausgedehnte Vorstadt vom Typus des straßenorientierten Vicus mit seinen charakteristischen Holzhäusern. Die jüngsten Grabungsergebnisse deuten darauf hin, daß das Kastell um 70/80 geräumt wurde.
Das Bild, das sich von der dritten Zeitschicht für Augsburg abzeichnet, ist immer noch deutlich vom *corpus militare* bestimmt, das jetzt in Begleitung des *procurator Augusti* auftritt, wie eine ganze Reihe von Inschriften lehren. Hinweise deuten auf die Lage seines Amtssitzes im Zentrum des ehemaligen Kastells. Wo sein Stab bzw. die Begleittruppe kaserniert waren, entzieht sich noch unserer Kenntnis.
*Abb 117* Der römische Stadtplan zeigt ein entsprechend „unruhiges" Straßenbild, dessen schiefwinklige Straßenführung mit der organisch gewachsenen Siedlungsstruktur zusammenhängt. Erst unter Hadrian veränderte sich die Situation: Das alte Lagervorstadtkonglomerat wurde zum *municipium Aelium Augusta Vindelicum*, kurz *Aelia Augusta*, aufgewertet. Alle Einwohner erhielten per Verwaltungsakt das römische Bürgerrecht. Die Selbstverwaltung war nach dem Vorbild von Rom organisiert: An der Spitze standen – den beiden Konsuln entsprechend – zwei Bürgermeister (*duoviri iure dicundo*). Sie bildeten mit den beiden untergeordneten Räten für Polizei-Aufgaben (*duoviri aedilicia potestate*) ein Viererkollegium, als dessen Angehörige sie *quattuorviri* (IBR 136), später *quinquennales* (IBR 137) genannt wurden.
Die städtische Selbstverwaltung wurde von *decuriones* (Ratsherren) ausgeübt, die als Besitzer der großen Landgüter und als Handelsunternehmer gleichzeitig auch die soziale Oberschicht des Landes bildeten. Die meisten zivilen Verwaltungsaufgaben wur-

den durch unbezahlte Ehrenämter erledigt: die Aufsicht über das Territorium, Straßen und Märkte, die Wasserversorgung und öffentlichen Bäder. Die Liste der bekannten Augsburger Ratsherren ist beachtlich[90].
In der Blütezeit des 2. und 3. Jahrhunderts umfaßte Augsburg eine Siedlungsfläche von etwa 65 ha; sie war damit die mit Abstand größte Stadt in Raetien. Gegen Ende des 2. Jahrhunderts wurde sie vermutlich als Reaktion auf Zerstörungen während der Markomanneneinfälle mit einer mächtigen Stadtmauer[91] und Toren befestigt.

## *Dörfer und nichtstädtische Siedlungen (Vici)*

Standen die Städte im Mittelpunkt des administrativen, wirtschaftlichen, sozialen und religiösen Lebens der Provinz, konnten auch die Dörfer, die mit dem lateinischen Terminus *vicus*[92] = „Straßenzeile, Quartier" belegt sind, mitunter erheblichen Umfang erreichen. Sie fungierten als Unterzentren für Handel, Gewerbe und Handwerk in der ländlichen Region. Ihre zentralörtliche Funktion ist an der Lage in Knotenpunkten des Straßennetzes, an Brücken und Flußübergängen abzulesen.
Für die Entstehungsgeschichte dieser Ortschaften ist wichtig, daß sie – so weit man heute weiß – nirgendwo in Bayern aus einheimischen Vorgängersiedlungen hervorgegangen, sondern stets im militärischen Milieu des Grenzlandes nach dem klassischen Entwicklungsmuster Kastell–Vicus–Zivilsiedlung entstanden sind.
Die Besiedlung des Alpenvorlandes in spätaugusteisch-tiberischer Zeit beschränkt sich auf das Gebiet zwischen Iller und Lech, über das nach Osten nur der Stützpunkt in Gauting hinausführt. Ausgehend von der Aufmarschroute und ältesten Kunststraße in diesem Raum, der Via Claudia Augusta, hat sich in der Zone bis zur Donau ein Straßennetz entwickelt, das zunächst zwar militärischen Zwecken diente, aber auch die Ausbreitung der Besiedlung im 2. Jahrhundert noch nachhaltig geprägt hat.
Aussehen und Größe der frühen alpin-raetischen Zivilsiedlungen sind nicht überschaubar, das betrifft Curia/Chur im Alpenrheintal oder Veldidena/Wilten am Brennerfuß ebenso wie Teriolis/Zirl am Fuß des Seefelder Sattels oder Foetibus/Füssen im Lechtal, um nur wichtige Zwischenstationen auf dem Weg nach Norden zu nennen.
Eine Sonderstellung nahm (damals) der Auerberg ein. Seine Topographie fällt wegen der Höhenlage von 1055 m ü.NN ebenso aus dem Rahmen wie durch die Lage 6 km abseits der Via Claudia sowie durch die ungewöhnliche Wallbefestigung, die den Berg umzog. *Abb 115*
Viele Siedlungsplätze sind nach ein und demselben Muster entstanden: An den Ausfallstraßen vor den Lagertoren ließen sich die mitgezogenen Kaufleute, Handwerker und Soldatenfamilien nieder und bildeten mit ihren einfach ausgestatteten Holzhäusern die Versorgungssiedlung des Kastells und Keimzelle der späteren Zivilsiedlung.
Dieser für die Genese der meisten Ortschaften Raetiens typische Prozeß lief überall dort ab, wo Militäreinheiten mit einem andauernden Versorgungsbedarf stationiert

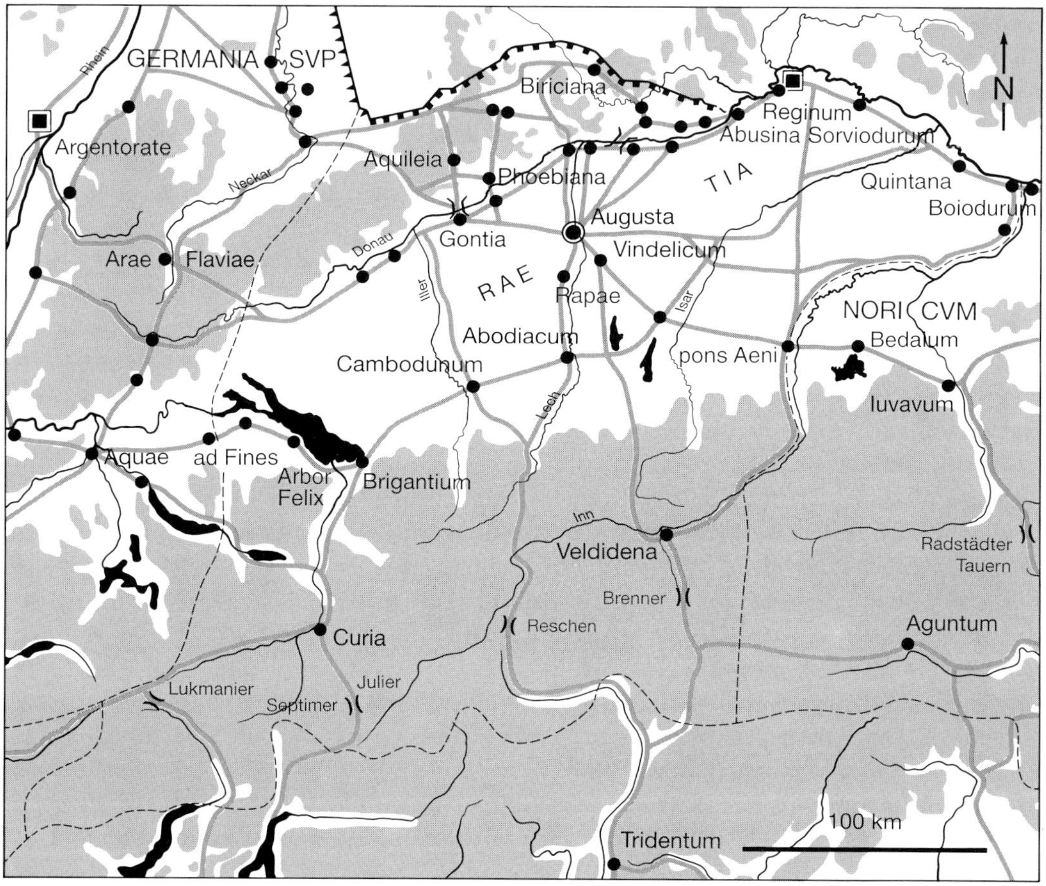


*Abb. 34 Verkehrswege, Städte und Dörfer in Raetien im 2. Jh.*

waren. Denn zahlreiche Dienstleistungen für die Armee waren an zivile Arbeitskräfte delegiert, um die Mannschaften zu entlasten: Dabei stand im Vordergrund der Handel mit Gütern des täglichen Bedarfs – zumal durch die regelmäßigen Soldzahlungen in den Lagerdörfern stets beträchtliche Geldmengen in Umlauf waren. Selbst die Proviantbeschaffung überließ man teilweise Zivilisten und Händlern, die ihrerseits nicht selten Veteranen waren, die die Armee und die Lebensgewohnheiten ihrer Soldaten nur zu gut kannten. Zivile Hilfskräfte wurden beispielsweise auch bei der Versorgung der Packtiere und Pferde oder zur Beschaffung von Winterfutter eingesetzt. Schließlich war ein wichtiger Faktor im Lagerdorf die „Familie" des Soldaten samt ihrer Verwandtschaft, die der Einheit gefolgt war und in der Umgebung des Lagers eine neue Heimat fand.

Die hohe Standortqualität der Militärplätze, ihre Verkehrslage und später das besiedelte Hinterland waren die Gründe dafür, daß sich die meisten Kastellvici auch nach der Verlegung ihrer Garnison nicht nur als Siedlung halten konnten, sondern zu stattlichen Ortschaften aufblühten. Sehr klar ist dieser Trend an den Kastellen der Donaulinie zu beobachten, besonders der erst jüngst teilweise ausgegrabene Vicus von Aislingen zeigt, wie schnell eine solche Siedlung gewachsen ist. *Abb 114*

Seit der Mitte des 1. Jahrhunderts entstanden nach diesem Schema nicht weniger als 18 oder 19 Lagerdörfer bei den raetischen Auxiliarkastellen am südlichen Ufer der Donau (Mengen-Ennetach, Emerkingen, Rißtissen, Unterkirchberg, Straß(?), Günzburg, Aislingen, Unterthürheim(?), Burghöfe, Oberpeiching, Neuburg, Oberstimm, Eining, Regensburg-Großprüfening, Regensburg-Kumpfmühl, Straubing, Künzing, Moos-Burgstall, Passau). *Abb 148* *Abb 220*

Fragt man nach der Größe dieser Vici, sprechen einige Anhaltspunkte dafür, daß das Lagerdorf mindestens die gleiche Kopfzahl beherbergte wie die Einheit des Kastells selbst. Wenn wir von diesem Zahlenverhältnis ausgehen, bedeutet das: Der Siedlungsschub um die Mitte des 1. Jahrhunderts dürfte kaum weniger als 10 000 Siedler ins Land und an die Grenzen gezogen haben. Bei dieser Schätzung fehlen die unausgegrabenen oder durch Überbauung weitgehend zerstörten recht umfangreichen Straßen- und Brückensiedlungen südlich der Donau, deren Entstehungsgeschichte nur teilweise oder nicht mehr eindeutig bestimmbar ist, wie die Vici von Epfach, Gauting oder Schwabmünchen, die Niederlassungen bei Zusmarshausen, Memmingen, Steindorf-Putzmühle oder Seebruck, die sich z. T. schon vor der Mitte des 1. Jahrhunderts zu ansehnlichen Dörfern entwickelt hatten.

Spätestens seit domitianischer Zeit wurde Raetien von einer dritten starken Siedlungswelle in Zusammenhang mit der Vorverlegung der Donaugrenze und dem Ausbau des Alblimes erfaßt. Die alten Lagerdörfer an der Donau konnten sich mit einer einzigen Ausnahme halten; nur Aislingen wurde wegen seiner schwierigen Lage abseits des neuen Verkehrsstroms aufgegeben, zumal an der Donau-Süd-Straße im Tal unterhalb des Kastells und wenig später am jenseitigen Ufer in Faimingen zwei neue Vici entstanden, die die Bewohner des Aislinger Lagerdorfs aufnehmen konnten. *Abb 35*

Mit den Kastellen der Alblinie auf der württembergischen[93] (Ebingen-Lautlingen, Burladingen-Hausen, Gomadingen, Donnstetten, Urspring, Heidenheim und Oberdorf a. Ipf) und auf der bayerischen Seite (Nördlingen, Munningen(?), Ruffenhofen, Dambach, Gnotzheim, Theilenhofen, Weißenburg, Nassenfels, Pfünz, Kösching, Pförring) entstanden noch einmal 17–18 neue Versorgungssiedlungen. *Abb 182, 239*

Es besteht kein Zweifel, daß sich die Lagerdörfer gerade in dieser Zeit durch weiträumige Truppenverschiebungen und das damit verbundene Kommen und Gehen von Siedlerfamilien, Veteranen und Händlern rasch, aber außerordentlich „unruhig" entwickelt haben; die archäologischen Quellen sind leider kaum geeignet, eine Vorstellung zu vermitteln, was unter diesen Verhältnissen Garnisonswechsel, Umzug, Hausbau, Geburt und Tod für die Familien im Grenzland und ihre sozialen Verhältnisse bedeutet haben.

In diese „Aufbruchstimmung" im Norden Raetiens kam die Öffnung der kürzeren

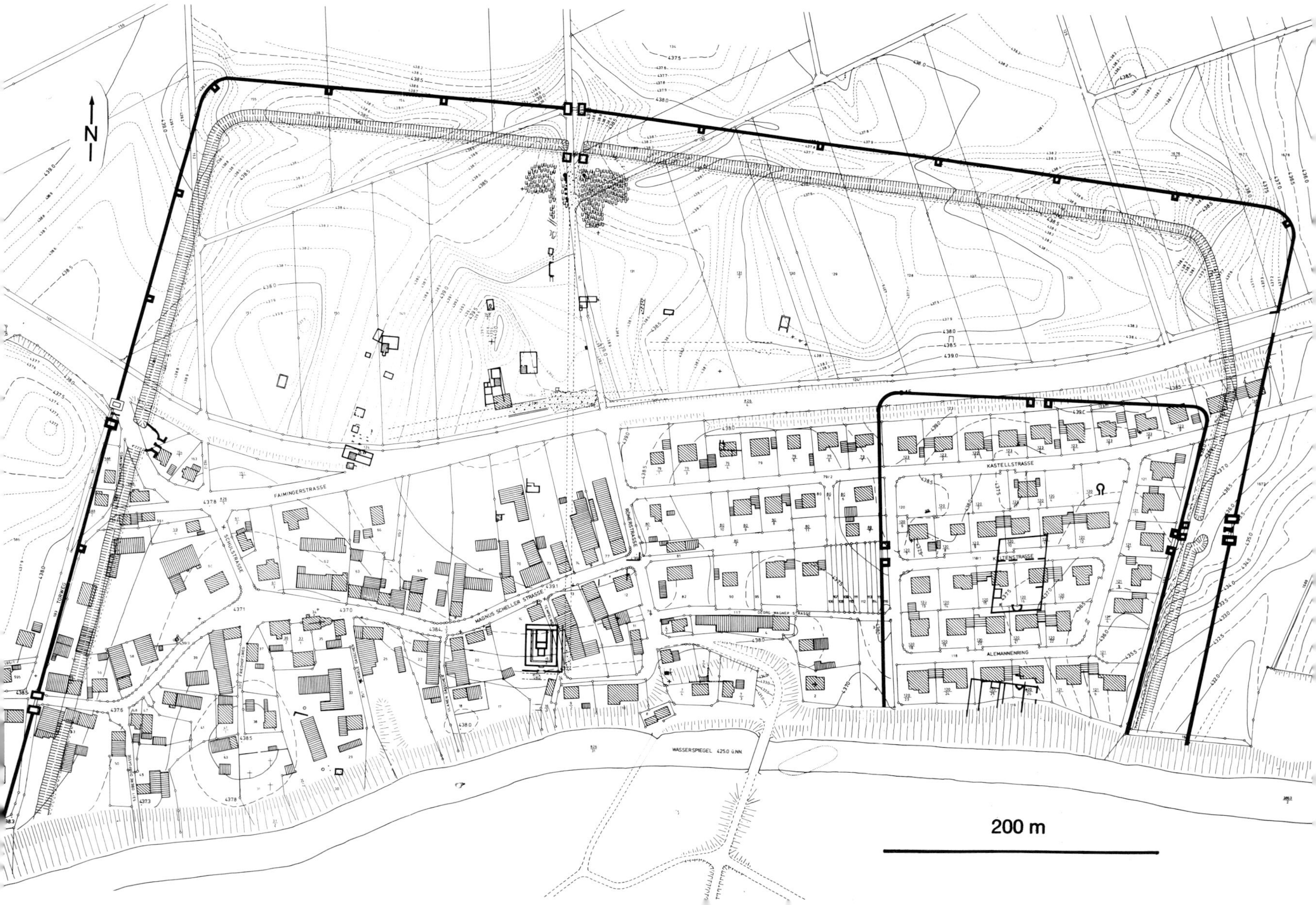
N
200 m
KASTELLSTRASSE
ALEMANNENRING
RÖMERSTRASSE
FAIMINGERSTRASSE
SCHULSTRASSE
MAGNUS SCHELLER STRASSE
TORWEG
WASSERSPIEGEL 425.0 ü.NN

Westverbindung und die Anlage neuer Straßen vom mittleren Neckargebiet ins Alpenvorland; mehrere Verbindungslinien zur Donauwasserstraße eröffneten neue Entwicklungschancen, die eine rasche Änderung der Siedlungsverhältnisse nach sich zogen. Außerdem setzte gerade damals (um 100) eine Expansion der ländlich-bäuerlichen Besiedlung ein, was sicher nicht allein durch die Konsolidierung (z. B. Geburtenanstieg oder Rückgang der Säuglingssterblichkeit) erklärbar ist. Man muß auch in diesem Zusammenhang mit massivem Zuzug neuer Siedler und der Ansiedlung von zahlreichen Veteranen rechnen (S. 111).

Vergleicht man die Dorfentwicklung im Dekumatland mit den Landstrichen südlich der Donau, fällt die Stagnation überall dort auf, wo das Militär mit seiner Dynamik und Kaufkraft fehlte. Viele Stationen im „Altsiedelland" waren nur mehr Transitorte, wenn sie nicht, wie das Töpferdorf Schwabmünchen, durch spezielle handwerkliche Aufgaben einen festen Platz im Wirtschaftsaufkommen besaßen.

Als die Grenze um die Mitte des 2. Jahrhunderts erneut verlegt und auf die endgültige Linie der Raetischen Mauer vorgezogen wurde, entstand eine letzte Serie neuer Lagerdörfer am Endpunkt der Straßen bei den Grenzkastellen am Rand der zivilisierten Welt: Lorch, Schwäbisch Gmünd-Schirenhof, Böbingen, Aalen(?), Rainau-Buch, Halheim auf der württembergischen Seite Raetiens und Gunzenhausen, Ellingen und Böhming auf der bayerischen. Daß auch diese Gründungswelle wenig an Kraft eingebüßt hatte, beweist der Vicus von Weißenburg, der mit 30 ha besiedelter Fläche bald zu den größten im Grenzland zählte.

Seit der Mitte des 2. Jahrhunderts gab es im Limesgebiet drei Orte, die nach dem Abzug der dort stationierten Truppe auffallend rasch zu überörtlichen Zentren gewachsen waren: Heidenheim[94] im Westen und Nassenfels im ostraetischen Limeshinterland. *Abb 182*
Zwischen beiden räumlich zurück lag Faimingen, das wegen seiner verkehrsgeographischen Verbindungen (*caput viarum*) und dem Anschluß an die Donauwasserstraße sowie – in seiner siedlungsbildenden Wirkung nicht zu unterschätzen – als religiöses Zentrum eine besondere Qualität besaß, die sich selbst im Ortsnamen Phoebiana (Apollo Phoebus) niedergeschlagen hat, und keinen geringeren als Kaiser Caracalla in das Donaustädtchen gezogen hatte (S. 316). *Abb 35* Das architektonische Erscheinungsbild des Ortes war nicht nur durch die qualitätvolle Sakralarchitektur herausgehoben, sondern auch durch eine eindrucksvolle Stadtmauer, die nach den archäologischen Befunden am Beginn des 3. Jahrhunderts entstanden war. *Abb 36* Vielleicht war sie tatsächlich eine jener Stiftungen Caracallas, die Cassius Dio (78, 13) mit der Bemerkung abtat, daß die „Stadtgründungen" während seines Alemannenfeldzugs von den Einheimischen als „Kinderei" verlacht worden wären. Die imponierende Faiminger Befestigung umschloß mit einer Länge von 1,75 km, vier oder fünf Toren, zwei Eck- und mindestens 14 Zwischentürmen ein Areal von über 40 ha. Ob sie je ganz fertiggestellt

◁ *Abb. 35 Lauingen-Faimingen. Vicus, Tempel und Kastell (nach G. Weber und W. Schmidt).*

*Abb. 36 Lauingen-Faimingen. Aus Architekturquadern rekonstruiertes Tor (nach G. Weber).*

wurde, muß bezweifelt werden, zumal ein Verteidigungsgraben, der üblicherweise vor dem Mauerbau angelegt wurde, fehlt. Alle anderen raetischen Vici blieben unbefestigt, d. h. ohne Wehrmauer oder andere Verteidigungsanlagen.

## Bauformen, Aussehen und Wirtschaftsschwerpunkte

Abgesehen von vergleichbaren Gründungszusammenhängen und ähnlicher topographischer Situation an Flußübergängen und Straßenknoten hat die Anlageform der Vici gemeinsame architektonische Merkmale: Leitlinie der Bebauung war stets der Verkehrsstrom, Grundform das an der Straße orientierte ein- oder zweizeilige „Straßendorf", das beträchtliche Längen bis zu 1000 m und eine Ausdehnung zwischen 10 und 20 ha, in Einzelfällen bis zu 40 ha (Straubing, Weißenburg, Faimingen) erreicht hat. Auch die Wohnarchitektur der Vici folgte einem erprobten Muster: Die meisten Häuser waren einfache Holzgebäude (Pfosten-, Schwellriegel- und Ständer-Bohlenbauten) oder Lehmfachwerkkonstruktionen mit Schwellbalken, z. T. auch auf Steinsokkeln. Der Baugrund war in schmalrechteckige Streifenparzellen *per strigas* aufgeteilt und mit einem charakteristischen Haustyp, dem bis zu 40 m langen „Streifenhaus" bebaut, das sich mit seiner Schmalseite zur Straße hin orientierte. Die einzelnen Gebäude standen Wand an Wand, nicht selten mit gemeinsamen tragenden Längswänden, was eigentümliche Probleme der Feuersicherung und des Lichteinfalls ebenso nach sich zog wie zahlreiche andere Nachbarschaftsfragen. Soweit man sich mit der Gebäuderekonstruktion befaßt hat, geht man von einer ein- bis zweigeschossigen Bauweise aus, wobei vielleicht auch ein Dach-Halbgeschoß sinnvolle Lösungsmöglichkeiten für viele Licht- und Traufprobleme bot. Wenige Hausbesitzer erreichten größeren Wohlstand, so daß sie sich einen Dachausbau bzw. die Umrüstung von Stroh- oder Schin-

*Abb 114*

deldächern auf die schweren Dachziegel oder einen Neubau in Stein leisten konnten. Die Innenausstattung war im allgemeinen spartanisch: einfache Stampflehm-, Bretter- oder Estrichböden, offenes oder kalkgetünchtes Lehmfachwerk, mitunter durch Kalkputz mit Anstrich verschönert. Hypokaustheizungen waren selten, Glasfenster kommen hin und wieder vor.

Die Häuser bildeten nach heutiger Vorstellung den gemeinsamen Wohn- und Arbeitsplatz eines Familienverbandes unter einem Dach. Im vorderen Hausteil befand sich die zur Straße hin offene Werkstatt oder ein Verkaufslokal (*taberna*), das mit einem Holz-(Klapp- oder Schiebe-)Laden verschlossen werden konnte. Der Vorplatz war überdacht und individuell gestaltet. Im mittleren und hinteren Gebäudeteil lagen der Wohnbereich, die Küche, Herde, Stein- und Erdkeller, Vorratsgruben, im rückwärtigen Gelände außerhalb Brunnen, Latrinen und technisch-gewerbliche Anlagen wie Öfen und Darren.

Kommunale Gemeinschaftsanlagen der Vici sind wenig erforscht; sie beschränken sich auf Bäder, zumal selbst bei den Lagerdörfern der Limeskastelle eine gemeinsame *Abb 121* militärische und zivile Badbenutzung sicher nicht die Regel war; darauf deutet die Existenz mehrerer Bäder an großen Truppenplätzen (Weißenburg). Qualitativ hochwer- *Abb 240* tige Steinarchitektur war selten und weist auf Gebäude öffentlicher Funktion wie sie in Faimingen, Munningen, Gauting, Seebruck, Nassenfels, Regensburg oder Gundremmingen[95] beobachtet wurde.

Wirtschaftlich betrachtet war der Vicus Standort des Handwerks und Verteilerplattform für den Regionalhandel. Daß in den Dörfern aber auch Landwirtschaft betrieben wurde, ist zwar wahrscheinlich, jedoch anhand archäologischer Quellen schwer zu belegen. Auffällig sind die vielen Darren und Röstanlagen, die in diesem Siedlungszusammenhang vermutlich der Flachsbearbeitung, d. h. der Leinenherstellung dienten (S. 231). Darüber hinaus boten die Vici periodische Märkte, auf denen die Güter der heimischen Landwirtschaft umgeschlagen wurden.

Als Bestandteil jeder Dauersiedlung hatten Kastell und Lagerdorf gemeinsame Friedhöfe (S. 308), die nach römischer Sitte außerhalb des bewohnten Bereichs am Ortsausgang angelegt wurden, und, wie in Günzburg oder Faimingen, bei anhaltender Expansion des Vicus mitunter von den letzten Häusern erfaßt und überlagert worden sind. Obwohl der Umfang einiger Gräberfelder beachtlich ist, bleibt die Bewohnerzahl der Vici schwer zu schätzen. Auch die Häuserzahl oder die flächige Siedlungsgröße sind schwer kalkulierbare Größen. Günzburg hatte weit mehr als 4000 Gräber, Regensburg etwa 3000, die sich auf 150 bzw. 80 Jahre verteilen. Die Einwohnerzahl der Canabae von Regensburg wird auf 7000 – 9000, die Kemptens (35 ha) auf 8000 und die der späteren Provinzhauptstadt Augsburg (60 ha) auf 10 000 – 15 000 geschätzt.

Die Wirtschaftskraft der Vici hat während der Jahrhunderte ihres Bestehens sicherlich örtlichen Schwankungen unterlegen, die mit archäologischen Mitteln nicht nachzuweisen sind. Alle Siedlungen waren jedoch aus siedlungskundlicher Sicht im Prinzip erfolgreich. Die Ausnahmen sind bemerkenswert: Neben dem Vicus auf dem Auer- *Abb 115* berg und einigen nur kurzzeitig besetzten „Lagerdörfern" (Rederzhausen, Emerkingen, Urspring und Gomadingen) ging nur der Vicus von Aislingen ab, obwohl er schon während der ersten Generation seines Bestehens eine beachtliche Größe erreicht hatte.

*Abb 114*

*Verwaltung der Vici.* Die Verwaltung kleinerer Bezirke und Lagerdörfer unterstand der Aufsicht des Militärkommandanten im nahegelegenen Kastell; über Details wissen wir so gut wie nichts. Die Leitung eines zivilen Vicus im Hinterland oblag zwei jährlich gewählten Bürgermeistern (*magistri vici* oder *curatores vicanorum*), die mit Polizeigewalt und der Verfügung über Kultus und Bauwesen ausgestattet waren und die niedere Gerichtsbarkeit ausübten.

Ob die angesprochenen Zentralorte Faimingen, Heidenheim und Nassenfels als Oberzentren im Limeshinterland tatsächlich auch quasi-städtische Verwaltungen hatten, wissen wir nicht ausdrücklich. Im *vicus Scut(tarensium)* von Nassenfels kennen wir die beiden Magistrate Gaius Iulius Impetratus und Titus Flavius Gemellianus, unter deren Leitung (*curam agentes*) die Einwohner (*vikani Scut[tarenses]*) einen Tempel für Mars und Victoria bauten (IBR 243)[96].

Eine Sonderstellung nahmen die *canabae* des Regensburger Legionslagers ein, die von ihrer Qualität und Größe seit dem Ende des 2. Jahrhunderts ein neues Oberzentrum im Osten der Provinz (S. 175) bildeten.

## Die Gutshöfe auf dem Land

Viele hundert Gutshöfe bildeten das wirtschaftliche Rückgrat der Provinz und prägten über drei Jahrhunderte das Gesicht der Landschaft. Der Begriff *Villa* (*rustica*) bezeichnet in diesem Zusammenhang keinen feudalen Herrschaftssitz, sondern meint einen wirtschaftlichen Gutsbetrieb, in den Augen der Zeitgenossen allenfalls so etwas wie die *villegiatura,* eine Sommerfrische. Großgrundbesitz war eher selten. Zu solchen Ländereien zählten unter anderem die Staatsdomänen, die Domanialland bewirtschaften. Als *ratio privata* oder *patrimonium Caesaris* gehörten diese Domänenbetriebe (*saltus, saltuenses, praedia*[97]) zum Krongut des Kaisers oder dem Fiskus; sie hatten eine eigene Verwaltung. Das Kaiserhaus konnte mit seinen Krongütern in Raetien zwar sicher keine Reichtümer erwerben, doch trugen die baustoffliefernden Betriebe wie die Ziegeleien dazu bei, kaiserliche Stiftungen und vor allem Großbauten in der Provinzhauptstadt kostengünstiger auszuführen.

Solche Domänenbetriebe lassen sich nur in günstigen Einzelfällen durch Inschriften nachweisen. Für Raetien kennen wir wenigstens zwei solcher Unternehmen. In beiden Fällen handelt es sich um Ziegeleien. Der im Hinterland von Regensburg gelegene Betrieb ist noch nicht lokalisiert; er stempelte seine Ziegel mit den Marken FISCAL und CAESAR[98]. Der andere Domänenbetrieb lag in der Nähe der Provinzhauptstadt bei Westheim.

*Abb 37*

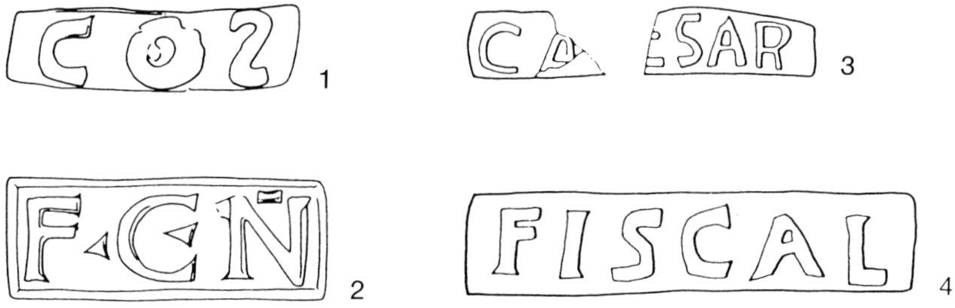


*Abb. 37 Ziegelstempel aus staatlichen Ziegeleien* CO*(n)*S *(ularis),* F*(iglinae)* C*(aesaris)* N*(ostsri),* CAESAR*(is) und* FISCAL*(is) aus raetischen Staatsdomänen; 1–2 Westheim, 3–4 Bad Abbach (M. 1:2).*

*Frühe Landsiedlungen südlich der Donau.* Die Besiedlung des raetischen Flachlandes setzte verspätet ein, erst um die Jahrhundertmitte, mehr als zwei Generationen nach der militärischen Okkupation. Die Ursachen dieser Verzögerung liegen wahrscheinlich im geringen Bevölkerungsdruck, der vom Mutterland oder Gallien ausging, zumal eine nennenswerte einheimische Bevölkerung fehlte, die eine Aufsiedlung des Landes hätte tragen können.

Überblicken wir die Siedlungsentwicklung der nachaugusteischen Periode, fehlt bis zur Mitte des 1. Jahrhunderts noch jeder Hinweis auf eine römisch geprägte Siedeltätigkeit außerhalb der Verkehrszentren und Städte.

Die Landsiedlungen des fortgeschrittenen 1. Jahrhunderts spiegeln zunächst bescheidene Verhältnisse wider. In der Umgebung von Kempten haben sich einstweilen Spuren aufwendiger Architektur und Innenausstattung eines gehobenen Villentypus noch nicht gefunden. Nur im nahen Umfeld von Augsburg wurden Ansätze von Grundbe- *Abb 38*
sitz in Form vornehmer Landhäuser sichtbar.

Das einzige ausgegrabene Beispiel einer *villa surburbana* dieser Klasse lag exponiert auf dem Terrassenfirst rund 15 m über dem Lechtal „Am Fladerlach“, am südlichen *Abb 141*
Stadtrand von Friedberg.

Die Ausstattung des Haupthauses entsprach dem Repräsentationsbedürfnis und Wohlstand seines Besitzers[99]. Auch in der spätantiken Villenresidenz von Stadtbergen *Abb 219*
am gegenüberliegenden Rand des Wertachtales fanden sich vergleichbare Formen dieser hochwertigen Innenarchitektur. Die bewegliche Inneneinrichtung der Friedberger Villa deutet ebenfalls auf Lebensformen, wie wir sie aus dem italischen Mutterland kennen: Der Bronzebeschlag eines Stuhles mit Fußhocker (*subsellium*) entspricht ei- *Abb 142*
nem Exemplar, das im Haus des Fabius Rufus in Pompeji gefunden wurde[100].

Wegen ihrer vorzüglichen Lage gehörte die östliche Lechleite zum wertvollsten Bauland, das sich nur die führenden Familien der Munizipalaristokratie leisten konnten. Welcher gesellschaftlichen Stellung ihre Besitzer tatsächlich waren, deutet der Grabstein des Flavius Vettius Titus in der Pfarrkirche von Derching an (IBR 176). Von Beruf *advocatus fisci Raetici*, zählte er zu den hohen Staatsjuristen in der Steuerverwaltung der Provinz, der in der Nähe seiner Dienstvilla oder der Villa eines Freundes sein Grabdenkmal hatte errichten lassen. Auch im Gebiet des Starnberger und Ammersees, des Donautals, und vereinzelt auch auf der Schwäbischen und Fränkischen Alb zeugen Grabsteine hochgestellter Persönlichkeiten des öffentlichen Lebens und der Kaufherrenschaft von Stadtflucht und Landhaustradition der raetischen Prominenz.

Doch weder Größe noch Luxusausstattung dürfen darüber hinwegtäuschen, daß auch diese Villen Mittelpunkt landwirtschaftlicher Güterproduktion waren und so geführt werden mußten, daß sie Profit abwarfen, um ihren Besitzern den Einkauf in kostspielige Ehrenämter zu ermöglichen, durch die sie sich wiederum jenen Lebensstil leisten
*Abb 38* konnten, der zur Dokumentation ihrer Würde unverzichtbar war.

Die Villen von Friedberg, Stadtbergen, Wulfertshausen, Unterbaar und anderen Plätzen der Lechleite gehören darüber hinaus zu den ältestbesiedelten Plätzen Raetiens, die sich anscheinend zuerst im Umfeld der Militärzentrale und späteren Provinzhauptstadt gebildet haben; einige entstanden schon in den ersten Tagen der Provinz – in welcher Form freilich ist noch unbekannt. Als offene Landsiedlungen beweisen sie das Investitionsrisiko reicher Familien, die der politisch-militärischen Sicherheit ebenso vertrauten wie der wirtschaftlichen Entwicklung der aufstrebenden Metropole.

Mit einer kleinen Zahl überdurchschnittlich großer Betriebseinheiten war der Nahrungsmittelbedarf der Provinz und der an den Grenzen stationierten Truppen freilich nicht zu decken. Brachte die frühe Kaiserzeit auf dem gewerblichen Sektor und dem des Handel einen ersten wirtschaftlichen Aufschwung, von dem vor allen Dingen die Vici profitierten, so hat die siedlungspolitische Förderung in der Zeit um 90/100 eine Wende in der zögernden Erschließung des offenen Landes gebracht; es bedurfte allem Anschein nach staatlicher Steuermaßnahmen durch gezielte Ansiedlung und Landzuteilung an Veteranen, um in erster Linie der Landwirtschaft zu einer soliden Grundlage zu verhelfen.

Vermutlich hat schon die Konsolidierung der allgemeinpolitischen und militärischen Situation unter Vespasian und seinen Söhnen diese Veränderung bewirkt: Siedlungsgebiete wurden ausgeweitet, neue Dörfer gegründet. Seit dem Beginn des 2. Jahrhun-
*Abb 39* derts prägten viele hundert Einzelhöfe das Gesicht der Siedlungslandschaft.

Für diesen Typus bäuerlicher Wirtschaftsbetriebe hat sich im modernen Sprachgebrauch der Begriff *villa rustica* eingebürgert, obwohl der zeitgenössische Terminus wahrscheinlich *fundus* und *praedium* war, während das zugehörige Land als *ager* bezeichnet wurde. Im achten Buch der Institutionen des Florentinus umfaßt die Bezeichnung „*fundus* jedes Gebäude und jedes Landstück. Aber üblicherweise heißen städtische Gebäude *aedes*, ländliche *villae*. Ein Platz ohne Gebäude heißt in der Stadt jedoch *area*, auf dem Land *ager*. Auch ein Feld mit einem Gebäude heißt *fundus*“: *fundi appelatione omne aedificium et omnis ager continetur. Sed in usu urbana aedificia aedes, rustica villae dicuntur. Locus vero sine aedificio in urbe area, rure autem ager apellatur. Idemque ager cum aedificio fundus dicitur:* (Dig. 50, 16, 211)[101].

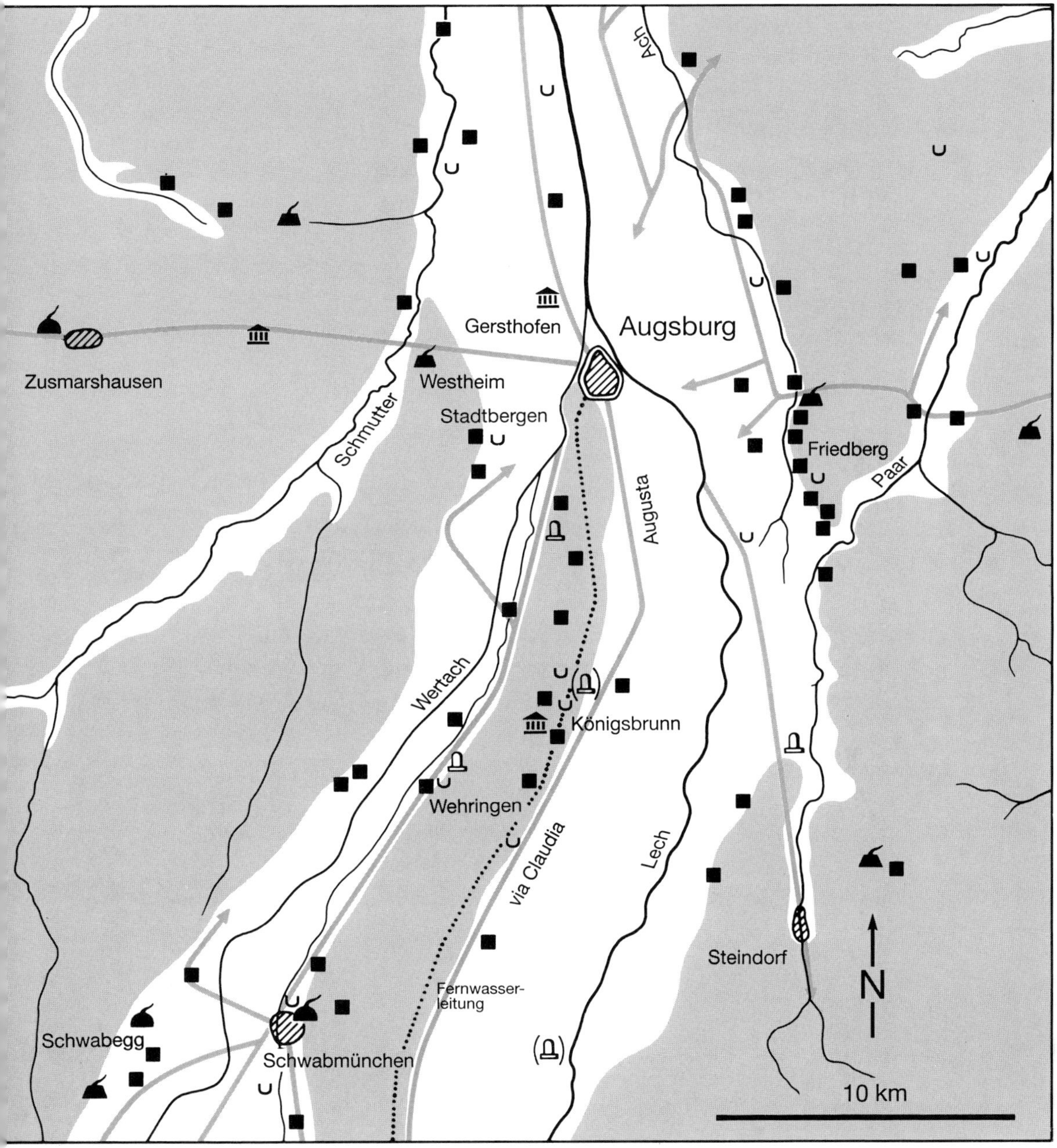


*Abb. 38 Die ländliche Besiedlung im Umfeld der Provinzhauptstadt Augsburg im 2./3. Jh. mit dem zeitgenössischen Straßennetz und Meilensteinen, der römischen Fernwasserleitung, Dörfern (schraffiert), Gutshöfen (■), Gräberfeldern (∪), Heiligtümern und Töpfereien/Ziegeleien.*

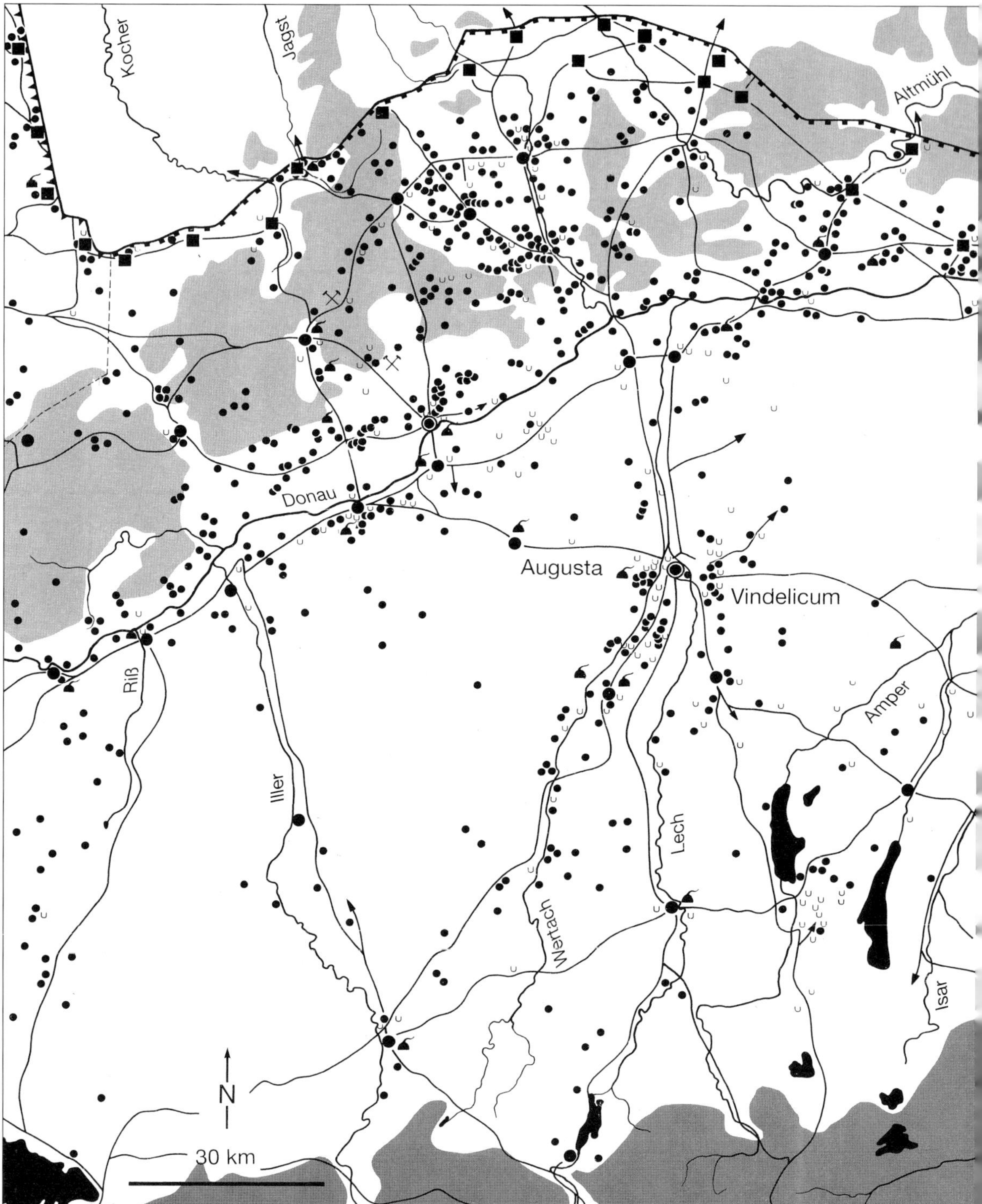
Kocher
Jagst
Altmühl
Donau
Augusta
Vindelicum
Riß
Iller
Amper
Lech
Wertach
Isar
N
30 km

Die meisten Villae rusticae wurden im Familienbetrieb bewirtschaftet. Zur *familia rustica* zählte auch das „Gesinde“, das der väterlichen Gewalt des Villeneigentümers unterworfen war. Das Gehöft lag inmitten seiner Feldflur und seiner Weiden. Diese Standorteigenschaft macht die Villa rustica vergleichbar mit dem modernen Aussiedlerhof. Die Großzügigkeit der Hofanlagen entsprach dem angedeuteten Gesellschaftsideal des antiken Landlebens. Auch die Wahl des Standorts war von solchen Gesichtspunkten mitbestimmt; häufig suchte man sanft geneigte Talhänge, wo man eine Quelle in den Hofbereich einschließen oder ein oft innerhalb der Mauern zu einem künstlichen Weiher aufgestautes Rinnsal hindurchleiten konnte. Solche „Oasen“ waren den *Abb 227* Römern heilig und als sakraler Ort ein Bestandteil der späthellenistisch-römischen Landschaftsidylle, ganz abgesehen davon, daß man sich das mühsame Graben von Brunnen ersparen und jederzeit klares Trinkwasser für Mensch und Tier, Wasser zum Einlegen von Flechtwerk, Ruten und Lein, aber auch Löschwasser in greifbarer Nähe hatte.

Das äußere Erscheinungsbild des römischen Gutshofes war von Zweckmäßigkeit und deshalb von einer gewissen Uniformität geprägt; das provinziale Baumuster der *villa rustica* hat sich über fast zwei Jahrhunderte bis zum Fall des Limes erstaunlich stabil gehalten. Erst in jüngster Zeit ist es gelungen, die Spuren von frühen Gutshöfen dieses Typs auszugraben, wie er in diesem speziellen architektonisch-wirtschaftlichen Konzept voll entwickelt erst im 2. Jahrhundert in Erscheinung tritt. Bemerkenswert war die Tatsache, daß die frühen Beispiele noch nicht in Stein, sondern in der urtümlichen Holzbautechnik errichtet wurden. Solche Holzbaustrukturen mit dem klassischen Ensemble von Wohnhaus, Bad und Wirtschaftsgebäude sind unlängst in einer „Holzvilla“ bei Oberndorf am Lech untersucht worden. Sie war frühestens um die Mitte des *Abb 41, 187* 1. Jahrhunderts auf der dem Kastell Burghöfe gegenüberliegenden Lechseite entstanden, wie übrigens alle bekannten Siedlungsplätze dieser Zeit gegründet auf jungfräulichem Boden.

## *Die Villae rusticae im 2. Jahrhundert*

Im Gegensatz zu den frühen Gutshöfen südlich der Donau hat sich der Wirtschaftsaufschwung zu Beginn des 2. Jahrhunderts unmittelbar auf die Landarchitektur in den Grenzgebieten nördlich der Donau ausgewirkt: Allerorten setzte sich der Steinbau durch, zumal das Bruchsteinmaterial im Limeshinterland einwandfrei, leicht erreichbar und erschwinglich war. Das klassische Ensemble der Villa rustica von Wohnhaus *Abb 40* (*praetorium*), einem Badegebäude (*balneum, balnearium*) und Wirtschaftsbauten und einer Hofmauer (*maceria*) wird in einigen hundert Beispielen faßbar.

*Abb. 39 Gutshöfe und Dörfer in Westraetien. [■] Kastell, [●] Vicus, [•] Gutshof, [∪] Gräber, [▲] Töpferei, [×] Steinbruch?*

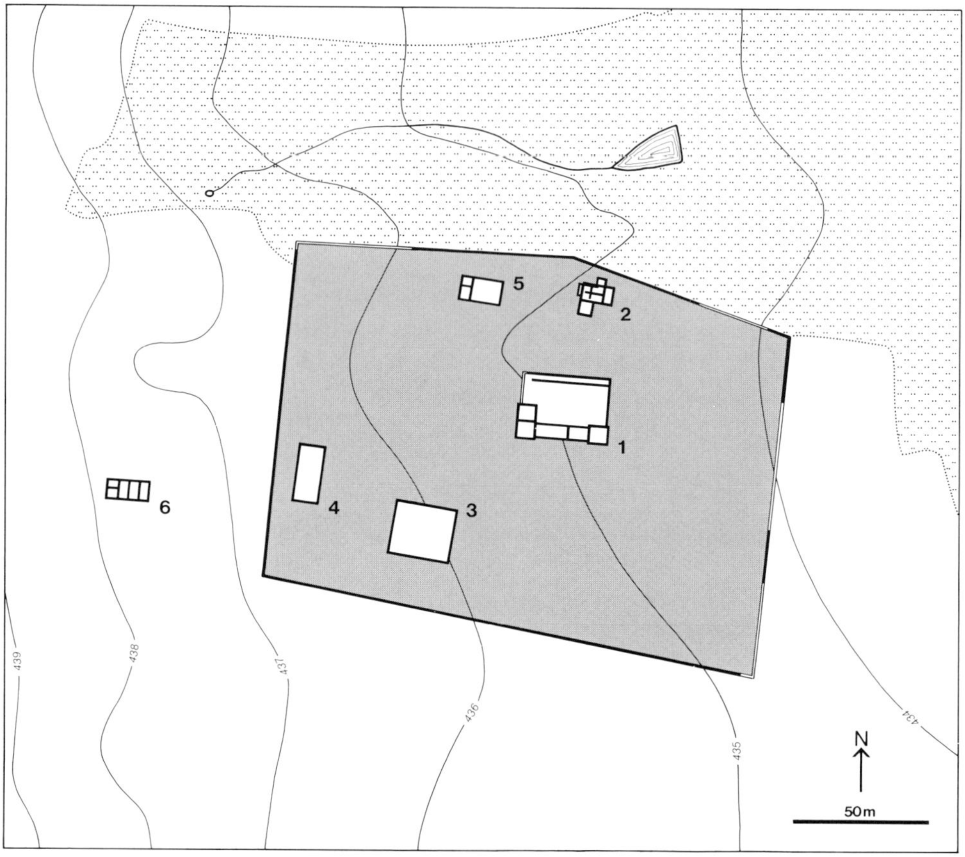


*Abb. 40 Marktoffingen (Lkr. Donau-Ries). Villa rustica mit Wohnhaus (1), Bad (2), Wirtschaftsgebäuden (3–5)und einem Außengebäude (6); im Norden außerhalb der Umfassungsmauer eine Quelle mit Weiher.*

*Das Wohnhaus.* Der römische Bauer lebte nicht wie sein germanischer Kollege mit dem Vieh unter einem Dach. Nach mediterraner Bautradition war der Wohnbereich (Columellas *pars urbana*) stets vom Wirtschaftsteil (*pars rustica*) getrennt. Das Wohnhaus des Eigentümers oder Pächters nahm als Mittelpunkt üblicherweise den zentralen Platz im meist höher gelegenen hinteren Teil des Hofes ein. Das Hauptgebäude orientierte sich gewöhnlich so, daß man den Hofraum und die angrenzende Feldflur gut überblickte. Wie bei den Villen der Luxuskategorie hing die Ausstattung des Wohnhauses vom Wohlstand und Geschmack seines Besitzers ab. Die Wahl des Grundrißtyps dagegen richtete sich unter anderem auch nach dem Können des Baumeisters, der die mehr oder weniger aufwendigen Dachkonstruktionen bewältigen mußte.

*Abb 154*

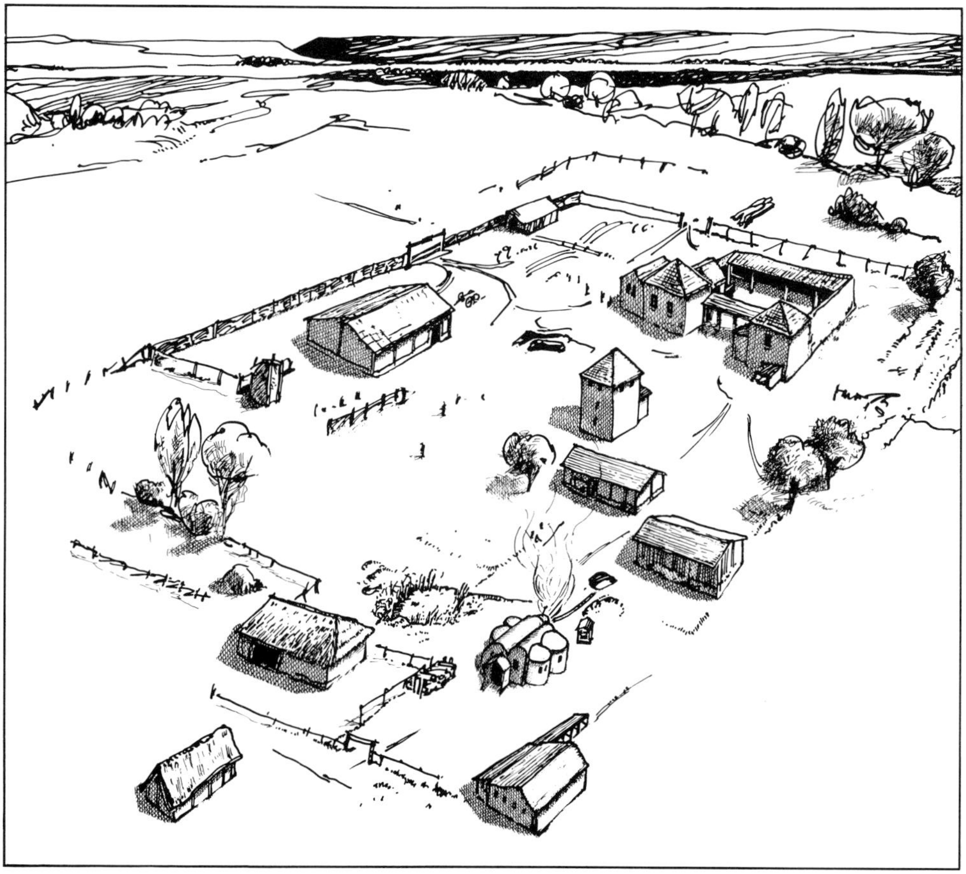

*Abb. 41 Oberndorf a. L. (Lkr. Donau-Ries). Rekonstruktion des 1988–1989 ausgegrabenen Gutshofs; Blick nach Norden.*

Außer einer Handvoll überdurchschnittlich reicher, kompliziert gebauter Großvillen wie in Westerhofen oder Peiting[102] waren in Raetien hauptsächlich zwei von der Baugrundkonzeption miteinander verwandte Grundrißtypen verbreitet. Sie halten sich annähernd die Waage: Der Risalitbau mit Frontportikus und Innenhof imitierte eine monumentale Fassade, während der quadratische Typ mit durchgehender Baufront, L-förmigen Raumfluchten und Innenhof (Typ Holheim) eher an Gebäude erinnert, die im städtischen Wohnbau zu Hause waren. Beide zählen zu den beliebtesten und am weitesten verbreiteten Architekturformen auf dem Land. *Abb 146, 176, 177* *Abb 229, 230*

Umstritten ist, ob der Innenhof überdacht war. Das Fehlen tragfähiger Stützen in seinem Inneren und die enormen Spannweiten sprechen gegen ein raumüberspannendes Dach; auch die Tatsache, daß der Innenhof von Holheim, Schambach und Treuchtlin-

*Abb 229* gen-Weinbergshof wegen der starken Hangneigung terrassenförmig abgestuft werden mußte, ist nicht mit einer Überdachung vereinbar. Außerdem fanden sich an der höhergelegenen Rückwand des Innenhofs immer wieder Spuren einer Portikus, die den rückwärtigen Zugang zu den Wohnräumen schützte.

Das charakteristische Architekturelement des Risalittyps sind die vorspringenden Eckräume, die in der Regel durch eine Säulenhalle verbunden waren und die Monumentalität späthellenistischer Villengebäude im kleinen nachahmten. Die Risalite waren repäsentative Empfangs- und Wohnräume. Als Sonderform fällt der Risalit mit Apsis auf, der an Audienzhallen erinnert, die dem Bauherrn aus dem militärischen *Abb 177* oder städtischen Milieu bekannt waren (Typ Weißenburg-Augenschaftsfeld, Mökkenlohe)[103].

*Abb 176* Die Portikus überdeckte ein abgehängtes Pult- oder ein Satteldach. Bei beiden Grundrißtypen kommen Steinsäulen vor, in der Regel aus dichtem Kalk, seltener anderen Gesteinen oder Kalktuff, der mit Stuck überzogen wurde. Hinweise auf Holzpfeiler fehlen. Im Nordwesten Raetiens herrschte die dreigliedrige Schaftringsäule der tusk(an)ischen Ordnung vor, im Osten des Verbreitungsgebiets finden sich monolithische Säulen mit eigenwilligen Kapitellformen, die an ägyptische Blattkapitelle erinnern.

Fenster waren durchweg mit Scheiben (*specularia*) verglast und zusätzlich mit Eisengittern gesichert[104], was ein bezeichnendes Licht auf das Sicherheitsgefühl der Landbe-*Abb 42, 226* wohner wirft. Mosaike als Zeichen des gehobeneren Wohnluxus waren selten, ebenso einzelne Ausstattungsteile aus Marmor[105] oder Bronze[106]. Die Hypokaustheizung fehlte hin und wieder, so daß man im Winter auf transportable Kohlebecken angewiesen war.

Ob das Haupthaus ein zweites Stockwerk hatte, muß aufgrund gleichbreiter Fundament- und Mauerwerksbreiten bezweifelt werden, zumal auf dem Land keine Raumnot herrschte[107]. In diesem Zusammenhang sei auf schmale Winkel und Räume hingewiesen, die weniger als Stiegen- oder Treppenhäuser, sondern eher als Gebäudedurchgänge zu deuten sind.

Die Dachhaut ist archäologisch meist schwer nachzuweisen. In der Regel dürfte ein massives Ziegeldach mit entsprechend flach geneigtem Dachstuhl in Frage kommen. Hunderte von Eisennägeln im abgebrannten Wohnhaus von Holheim sprechen dage-*Abb 40* gen eher für ein mit (Holz-)Schindeln gedecktes Dach.

*Abb 154, 147* *Das Badegebäude*. Als typisch mediterrane Einrichtung gehörte das Badegebäude (*balneum, balineum, balnearium*) nicht nur zum anspruchsvollen Lebensstandard der Stadt, sondern auch zur gewohnten Gesundheitspflege auf dem Land; diesen Luxus hat sich ausnahmslos jede Villa geleistet[108].

In der süddeutschen Villenlandschaft waren die Bäder nicht in das Wohnhaus integriert, sondern als freistehende Gebäude konzipiert und auf dem Hofgelände dort plaziert, wo frisches Wasser ohne Schwierigkeiten erreichbar war.

Auch das kleine Gutshofbad hatte, sieht man vom Schwitzraum (*sudatorium, laconi-*

*Abb. 42 Westerhofen (Lkr. Eichstätt). 1856 ausgegrabenes Jagdmosaik aus einer römischen Villa; Breite 7 m (Prähist. Staatsslg. München).*

*cum*) ab, alle Räume und Funktionen der großen Thermen. Die Baderäume sind stets
*Taf 9* kompakt kreis- oder ringförmig angeordnet (Ring- oder Blocktypus). Der Eingangs-
*Abb 214* raum war zugleich An- und Auskleidekabine (*apodyterium*). Unmittelbar hinter dem Heizraum (*praefurnium*) lag das Heißbad (*caldarium*), dahinter das lauwarme Bad (*tepidarium*). In den erkerartig vorspringenden halbrunden oder rechteckigen Anbauten (Apsiden) hat man Wasserwannen oder ein Standbecken (*labrum*) installiert. Das Kaltbad (*frigidarium*) hatte in der Regel ein Bassin (*piscina*), das mit Ziegeln ausgeklei-
*Abb 147* det, wasserfest verputzt oder wie in Großsorheim-Stettfeld und Oberndorf mit feinen Solnhofer Kalkplatten ausgekleidet war. Zwei oder drei Stufen führten in das knapp brusttiefe Sitzbecken hinab. Auf der Sohle befand sich der Abfluß aus eingemauerten Bleirohren (*fistulae plumbeae*); er entwässerte über schmale Gräbchen in die Traufe oder leitete das Abwasser in Sickergruben ab. Kleine, verglaste Fenster brachten nur wenig Licht in die dunklen Baderäume.

*Wirtschaftsgebäude und technische Anlagen auf dem Hof.* Die meisten Gutshöfe sind nicht am Reißbrett entworfen und in einem Zug gebaut worden. Sie entstanden nach und nach, dem wirtschaftlichen Bedarf entsprechend. Lage, Größe und Ausrichtung der *pars rustica* und der *pars fructuaria* waren zwar individuell disponierbar, mußten sich aber den Gegebenheiten des Geländes anpassen.

Ungegliederte, in der traditionell einheimischen Holzbauweise errichtete Bohlenständer- und Pfostenbauten[109] gehören zu den Seltenheiten des ländlichen Bauwesens nördlich der Donau. Gewöhnlich waren die Wirtschaftsgebäude in Stein oder Steinsockel-, d. h. Fachwerkbauweise mit unterschiedlichen Dachformen und -neigungen
*Abb 41* errichtet worden. Die Nebengebäude lagen gern an der Innenseite der Umfassungsmauer oder in ihren Ecken, wo sie platz- und baumaterialsparend angebaut werden konnten.

Die Funktionsbestimmung der Nebengebäude ist mangels sorgfältiger Grabung, geeigneter Funde und dem Einsatz naturwissenschaftlicher Methoden selten überzeugend. Das Spektrum möglicher Zweckbestimmung reicht von Stallungen (*stabula*) für das Vieh, Taubenschlägen (*columbaria*) usw. über Speicherbauten (*granaria, horrea*) für die Ernte, Winterfutter und Stroh bis zu Remisen für Wagen und Gerät, Werkstätten, Mühlen und vieles andere mehr. Die Wasserversorgung spielte eine lebenswichtige Rolle, sei es, daß Hofbrunnen (*specus*, gemauert *puteus*) gegraben, oberirdische
*Abb 187, 146* Zisternen (*cisterna*) oder ein Teich als Landschaftsidyll, Viehtränke und Löschwasserreservoir[110] angelegt werden mußte.

Der höchstens vor dem Wohnhaus gepflasterte Hofraum ist in vielfältiger Weise genutzt worden; wie die paläobotanischen Untersuchungen von Großsorheim und Oberndorf gezeigt haben, waren weite Teile des Hofs zwischen den Gebäuden infolge der Tierhaltung überdüngt und deshalb von wucherndem Unkraut bewachsen. Schließlich hat man im Hofbereich – in Holheim unmittelbar vor dem Bad – eine Miste angelegt, auf der nicht nur organische Abfälle, sondern auch der Hausmüll deponiert wurde[111].

*Tafel 18 Tanzender Lar aus dem Schatzfund von Straubing. H. 22 cm (Mus. Straubing).*

◁ *Tafel 17 Bronzevergoldeter Genius vom Pfannenstiel in Augsburg. H. 45 cm (Röm. Mus. Augsburg).*

*Tafel 19 Weißenburg, Schatzfund. Venus mit Priapus. H. 30,9 cm (Prähist. Staatsslg., München).*

*Tafel 20 Weißenburg, Schatzfund. Silbervotiv mit Merkur, Minerva und Apoll. H. noch 27,5 cm (Prähist. Staatsslg. München). – Künzing, Mittelteil einer Roßstirn mit Mars. H. 40 cm (Prähist. Staatsslg. München).*

*Tafel 21 Schatzfund von Wiggensbach mit Münzen und Schmuck (Mus. Kempten).* ▷

*Tafel 22 Goldmünzenschatz von Augsburg, St. Stephan (Prähist. Staatsslg. München und Röm. Mus. Augsburg).*

*Tafel 23 Münzschatz mit Silberschmuck von Niederaschau, Lkr. Rosenheim (Prähist. Staatsslg. München).*

*Tafel 24 Silberschatz von Manching (Prähist. Staatsslg. München).*

*Abb. 43 Treuchtlingen-Schambach (Lkr. Weißenburg-Gunzenhausen). Mit Silbereinlagen verzierte, bronzene Brunnenmaske des Neptun aus einer Villa; Dm. 17,3 cm (Prähist. Staatsslg. München).*

*Die Umfassungsmauer.* Nicht alle Gutshöfe waren umfriedet. Während im älteren Siedlungsland südlich der Donau einfache Zaunanlagen[112] (*saepimenta*)[113] dominieren, findet sich nördlich der Donau häufig eine massive, bis zu 1,4 m stark fundamentierte Steinmauer (*maceria*), die nach Cato fünf Fuß (De agri cultura XVIII, 18) hoch und verputzt sein sollte. Sie grenzte das Anwesen nach außen ab und umklammerte die Gebäude zu einer räumlich geschlossenen Siedlungseinheit. Sie hatte allerdings keinen fortifikatorischen Charakter, sondern sollte Schafe und Rinder am Entlaufen hindern und hielt Wildtiere und andere unliebsame Besucher von Ställen und Gebäuden fern[114]. *Abb 154, 187*

Die im Idealfall rechtwinklig angelegte Mauer ist oft zu einem vieleckigen Grundriß verzerrt, weil man den Mauerverlauf dem Geländerelief anpassen mußte. Genauso variiert die Größe des ummauerten Areals zwischen 2 und 4 ha; die Länge der schnurgeraden Mauerzüge schwankt zwischen 100 und 200 m. Ein oder mehrere Zufahrtstore und Schlupfpforten stellten die Verbindung zu Flur, Hofnachbar und dem nächstgelegenen Dorf her. Die Passage war unterschiedlch gestaltet[115], entweder als überdachte Torgasse mit Flügelmauern oder versetzte Mauerköpfe mit einer Einfahrt parallel zur Mauer.

Einen weiteren Aspekt der Lagebeurteilung betrifft die örtliche Topographie und die Ausrichtung des Anwesens zu den Himmelsrichtungen. Sie war variabel und für die Lagequalität nicht in dem Maße ausschlaggebend, wie oft vermutet wurde. Entgegen der verbreiteten Vorstellung, daß römische Villen aus Gründen des günstigeren Mikroklimas, längerer Sonnenscheindauer und höherer Strahlungsintensität Südhänge bevorzugten, halten sich süd- und nordexponierte Lagen fast die Waage.

*Außenanlagen und Außengebäude*. Einige Gutshöfe hatten Außenanlagen[116]. Seit der systematischen Luftbildbefliegung kennt man Steingebäude, die als Feldscheunen interpretiert wurden. Zu den Außenanlagen im weiteren Sinne zählen auch Höhlen und Felslöcher im unmittelbaren Einzugsbereich der Höfe; sie finden sich auf dem verkarsteten Riesrand und auf der Alb. Funde lehren, daß viele dieser Höhlen in römischer Zeit begangen und genutzt worden sind, wie die beiden Ofnet-Höhlen oberhalb der Holheimer Villa. Dort hat man die Felsräume sicher nicht zu Wohnzwecken genutzt; sie eigneten sich vielmehr wegen des günstigen Höhlenklimas (gleichbleibende Luftfeuchtigkeit, gering schwankende Temperatur) für Kühl- und Vorratszwecke.

*Der Friedhof*. Zu jedem römischen Gutshof gehörte ein eigener Friedhof (*sepulchrum*) mit Verbrennungsplatz (*ustrina*). Dort bestattete die Familie des Hofbesitzers ihre Angehörigen, aber auch Bedienstete und andere Mitglieder der *familia rustica*. Das Gräberfeld lag außerhalb der Umfassungsmauer, oft unmittelbar dahinter, durchschnittlich nicht mehr als 200, höchstens 300 m entfernt. Topographisch markante Stellen in der Umgebung oder entlang der Zufahrtsstraße sind bevorzugt worden, ohne daß man regelhafte Lagebeziehungen erkennen könnte. Nicht selten sind vorgeschichtliche Grabhügel in der Nähe als Begräbnisplatz gewählt worden (S. 298). Bis heute ist es in Bayern nirgendwo gelungen, eine Villa mit ihrem Friedhof vollständig auszugraben, wo eine demographische Auswertung von Zahl und Familienstruktur der Hofbewohner mit modernen anthropologischen Methoden möglich gewesen
*Abb 236* wäre. Ob sich in der Belegung der Friedhöfe von Wehringen (67 Gräber) oder Ergolding (69 Bestattungen) die gesamte Bewohnerzahl widerspiegelt, ist ungewiß; sie kann deshalb nur mit größter Vorsicht für die Beurteilung der Siedlungsgröße herangezogen werden[117]. Man wird mit kaum mehr als 15 Bewohnern (einer Zeitschicht) rechnen dürfen.

## *Zur Bewirtschaftung der Gutshöfe*

*Abb 38, 39* In Raetien kennzeichnet das Gemenge von großen, mittleren und kleinen Gutsbetrieben die Siedlungsstruktur auf dem Land; „Mittelpunktsvillen“ sind nicht oder nur in Ansätzen erkennbar. Der Abstand der Gutshöfe untereinander schwankt in den dicht besiedelten Landschaften um die Provinzhauptstadt, im Ries oder auf der Alb zwischen 500 m und 3 km, wobei sich kleine Gruppen in engen Talschaften mitunter bis auf 100 m nähern können. In den Alpenrandgebieten sind dagegen abseitige, einsame Lagen mit Abständen von 10 und mehr Kilometern keine Seltenheit. Spuren einer Landvermessung[118], die sich auf die Verbreitung ausgewirkt haben könnten, sind nicht erhalten.

Wesentlich hat sich dagegen die günstige Verkehrslage ausgewirkt; zwar liegt nur selten eine Villa unmittelbar am Rand der Fernstraße, die meisten jedoch bevorzugen kurze Entfernungen von bis zu 5 km zur nächsten Landstraße[119].

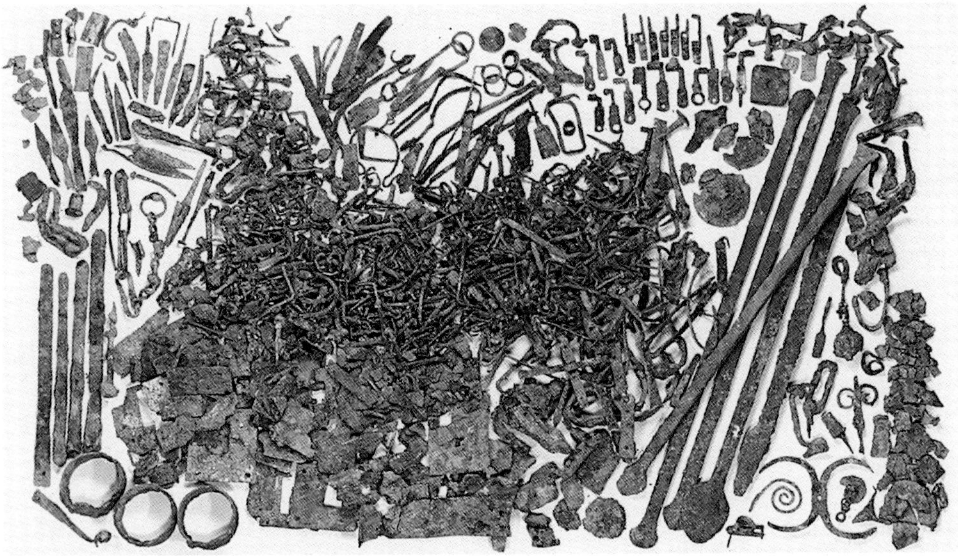

*Abb. 44 Michaelsbuch-Uttenkofen (Lkr. Deggendorf). Eisendepot aus dem holzverschalten Keller (1970) einer Villa (Mus. Deggendorf).*

Der Limes hat die Villenbesiedlung selbstverständlich nach Norden begrenzt, es gab jedoch erstaunlicherweise keine Art „Sicherheitszone“, die von zivilen Plätzen hätte freigehalten werden müssen; im Raum Kipfenberg, Oberhochstadt und Weißenburg rücken einige Villen auf 2–5 km an die Grenze heran. Ähnliches gilt für das Umfeld von Kastellen, denen sich einzelne Gutshöfe auf Kilometerabstand nähern[120].

Technisch-gewerbliche Anlagen und die Ausrüstung des Hofes geben einen Eindruck von der Vielfalt handwerklicher und landwirtschaftlicher Aktivitäten. Zu jedem Hof gehörte ein umfangreicher Satz an Werkzeug und Gerät: *fundus cum instrumento*[121]. Dazu zählen Großgefäße, Holzbehälter und Säcke zur Aufbewahrung des Ernteguts und der eigenen Vorratshaltung[122] ebenso wie der Fuhrpark, ein schwerer, von Ochsen gezogener Wagen und ein leichterer Einachser. Das zugehörige Zuggeschirr für Pferde und Ochsen ist durch Funde als Standardausrüstung des Hofes belegt.

Depotfunde[123] vermitteln einen Eindruck von der Menge und dem Spezialisierungsgrad des eisernen Werkzeugbestands. Neben Gerätschaften des Maurers (Kelle, Lot) finden sich hauptsächlich hochwertige Holzbearbeitungsgeräte[124]. Äxte, Sägen, Hobel, Beitel und Stemmeisen unterstreichen die herausragende Bedeutung der Holztechnik in der bäuerlichen Tagesarbeit. Die Schmiedeausrüstung, Hammer, Durchschläge und Nageleisen, deutet darauf hin, daß die meisten Schmiede- und Reparaturarbeiten auf dem Hof ausgeführt wurden. In geringem Umfang hat man sich, nach Eisenschlacken und Raseneisenerzbrocken zu urteilen, auch an der Verhüttung von Eisenerz in Rennfeueröfen versucht.

*Abb 155*
*Abb 44*

Kalksteinbrüche auf der Alb sind zum Teil von staatlichen Unternehmen ausgebeutet, zum Teil vielleicht aber auch von privaten Höfen betrieben worden; daran läßt ein Altarrohling aus der Villa von Sontheim denken. In Kalköfen hat man Speis für Mörtel und Kalkfarben gebrannt[125]. Viele Villenbesitzer bauten darüber hinaus die Tonlager in der Nähe ihrer Höfe ab und brannten Dachziegel und Platten für die eigenen Hypokaustheizungen und Bäder; es liegt auf der Hand, daß dieser bäuerliche Nebenerwerb auch den benachbarten Höfen und nahen Vicis zugute kam[126]. Einige „Privatziegler" dürften den Villen zuzuordnen sein, wie der Allgäuer M. Celer, der unweit (s)einer Villa bei Dirlewang ein Ziegelfeld betrieb. Zeugnisse für eine gewerbliche Drehscheiben-Töpferei auf den Höfen fehlen. Anders die Herstellung der handaufgebauten Ware: Sie wurde in Meilern auf den Höfen gebrannt, und als Zubrot von den Frauen im engen Umkreis und an den Markttagen im Dorf verkauft.
Das bäuerliche Milieu charakterisiert auch die Tatsache, daß viele Abfallprodukte im Rahmen des üblichen Hausfleißes weiterverarbeitet wurden: Es handelt sich vor allen Dingen um die Verwertung von Schlachtabfällen (Horn, Knochen, Häute, Sehnen), aus denen Amulette, Messer- und Gerätegriffe, Scharniere, Haarnadeln, Spielmarken und vieles andere gesägt, geschnitzt und gedrechselt wurde – eine Arbeitsergänzung, die die langen Wintermonate verkürzen half. Das gleiche gilt auch für die Spinnerei und Weberei am Webstuhl mit Rahmen oder Brettchen; die antike Literatur bestätigt vielfach, daß sie einen traditionellen Platz in der Frauenarbeit[127] der Höfe hatte.
Sicher mehr als Feierabendbeschäftigung war die Herstellung von bäuerlichem Holzgerät, Mobiliar und Flechtwerk, eine Tätigkeit, die man unterschätzt, weil sie im archäologischen Fundbild unsichtbar bleibt. Die Beschaffung von Bau- und Brennholz sowie Holzkohle für private Haushalte und die öffentlichen Bäder in den Städten oder die traditionelle Brandbestattung war eine wichtige Aufgabe der Fuhrleute und Holzhändler (*lignarii*). Zahlreiche Höfe am Rande ausgedehnter Waldzonen und auf den Höhen der Alb deuten auf einen Typus „Waldvilla"[128], für die der Holzeinschlag ein wichtiger Erwerbsbereich gewesen sein könnte. Dafür, daß es neben der klassisch-bäuerlichen Villa rustica in Raetien Höfe mit vorwiegend handwerklich-gewerblichem Charakter zur Aufarbeitung von Bodenschätzen (Gold, Eisenerz, Stein) gegeben hat, gibt es allerdings keine Belege.

## *Agrargüterproduktion und Viehzucht*

Die Siedlungs- und Bauform der Villa rustica war in erster Linie eine ökonomische Produktionseinheit, die nach betriebswirtschaftlichen Gesichtspunkten geführt wurde. Das Unternehmensziel bestand nicht nur darin, der Hofgemeinschaft eine gesicherte Existenzgrundlage zu schaffen und zu erhalten; die Produktivität gründete darauf, Überschüsse zu erwirtschaften. Das über den Eigenbedarf hinausgehende Produktionsvolumen an Lebensmittelgütern war jedoch – und darin unterscheidet sich die römische Wirtschaftsweise von allen anderen Epochen der Vorgeschichte – nur durch eine intensive Bodennutzung und den hohen Stand der Landbautechnik möglich. Dieses Wissen lehrten Fachbücher[129], bezeichnenderweise – mit wenigen Ausnahmen – die einzigen Berufshandbücher, die aus der Antike erhalten sind. Varros „Res rusticae", Catos „De agricultura" und Columellas „De re rustica", um nur die bekanntesten Schriften zu nennen, sorgten für eine weite Verbreitung des bäuerlichen Erfahrungsschatzes.

Der wirtschaftliche Produktionsschwerpunkt der Villa rustica richtete sich nach der Landesnatur, den Böden und klimatischen Voraussetzungen. Naturwissenschaftliche Methoden machen es heute möglich, die paläoklimatischen Verhältnisse der Kaiserzeit aus dendrologischen und glaziologisch-geophysikalischen Daten skizzenhaft zu erschließen: Nach dem Klimaoptimum des 1. Jahrhunderts wird um 150 ein Einbruch faßbar. Nach einem langsamen Anstieg und einer günstigen Phase um 230 fiel das Klima innerhalb weniger Generationen gegen 300 ab. Um 380 deuten Donauüberschwemmungen auf unfreundliche Verhältnisse, die bis ins karolingische Mittelalter anhielten (285 – 785)[130]. Vielleicht macht sich in dieser Zeit auch die schonungslose Ausbeutung der Wälder bemerkbar, und als Folge die ausgreifende Erosion der Flußtäler[131] im Alpenvorland[132].

Im Vordergrund der Villenbewirtschaftung standen Feldbau (*agricultura*) und Viehwirtschaft (*pecuaria*). In unseren Breiten muß man mit Mischbetrieben rechnen. Das Land war üblicherweise in rechtwinklige Parzellen *per strigas et scamna* (*scamnum* Ackerrain, Terrasse) oder unregelmäßige Flächen (*subseciva*) aufgeteilt. Relikte der antiken Landvermessung (*limitatio, centuriatio*) fehlen hierzulande; es mehren sich jedoch an den Riesrändern und auf der Alb Anzeichen eines Terrassenpflugbaus.

Paläobotanische Untersuchungen von Pflanzenresten, Kernen oder Sämereien vermitteln eine erstaunliche Artenfülle zum Teil heimischer, zum Teil aus dem Mittelmeerraum eingeführter Nutzpflanzen, die auf den Höfen angebaut wurden.

Der Anbau von Getreide (*frumentum*) gilt als wichtigster Produktionsfaktor in der Landwirtschaft der Nordprovinzen – Getreide war das wichtigste Grundnahrungsmittel für Brei und Brot. Die Abhängigkeit des Siedlungssystems von der Beschaffenheit und Bonität der Böden wird tatsächlich in der Lagebeziehung der Gutshöfe zu leichten Böden und Lößzonen sichtbar. Der intensive Ackerbau setzte außerdem hochwertiges landwirtschaftliches Gerät[133] voraus. Zu den technisch verbesserten Errungenschaften zählte der Pflug[134] (*aratrum, vomer*) mit Messersech, spatenförmiger *Abb 45*
Schar und Streichbrett[135]. Das messerförmige Eisensech erleichterte die Spurführung als Voraussetzung für wirksames Parallel-, Längs-, Quer und Diagonalpflügen. Plinius berichtet von einem Pflug, der in Raetia Galliae erfunden wurde (n.h. 18, 172). *Latior haec (cuspis in rostro) quarto generi (vomerum) et acutior in mucronem fastigata eodemque gladio scindens solum et acie laterum radices herbarum secans. Non pridem inventum in Raetia Galliae, ut duas adderent tali rotulas, quod genus vocant plaumorati. Cuspis effigiem palae habet.* „D(ies)er Spieß am Schnabel der vier unterscheidba-

*Abb. 45 Stelzradpflug nach einer mittelalterlichen Handschriftenillustration (nach K. D. White).*

ren Pflugarten ist breiter und schärfer und läuft in eine Art Dolch (*mucro*) aus, so daß mit derselben Schar (*gladius*) gleichzeitig der Boden aufgerissen und mit der Schneide die Wurzeln des Unkrauts abgeschnitten werden. Unlängst im gallischen Teil Raetiens erfunden, fügte man ihm zwei kleine Räder hinzu, was man dort *plaumoratum* nennt. Die Scharspitze hat die Gestalt einer Schaufel". Dieser Pflug (Stelzradpflug) unterschied sich vor allem dadurch von anderen Modellen, daß zwei Räder am Pflugbaum die Führung des Grindels stabilisierten und eine gleichbleibende Pflugtiefe sicherstellten, ein wesentlicher Vorteil gegenüber den nur mit Muskelkraft kontrollierbaren Hakenpflügen. Seine Bezeichnung *plaumoratum*[136] geht – wenn nicht auf Verschreibung – wortgeschichtlich wahrscheinlich auf einen *ploum Raet(ic)um*, den „raetischen Pflug" zurück.

Zahlreiche Fundorte in Raetien konnten paläobotanisch ausgewertet werden[137], so daß wird heute ein klares Bild von der Art und Verteilung landwirtschaftlicher Nutzpflanzen gewinnen[138]. Die Römer bevorzugten den mannshoch wachsenden Dinkel (*Triticum spelta*), eine winterharte, sehr ertragreiche und besonders fett- und eiweißhaltige (und deshalb sättigende) Spelzweizenart (*spelta*), die ein hochwertiges Backmehl lieferte. Sein Anteil macht in der Regel mehr als die Hälfte der nachweisbaren botanischen Reste aus[139]. Der Dinkel widerstand Vogelfraß und Pilzbefall besser und gedieh auf den weniger ertragreichen Böden des Alpenvorlandes gut. Dafür benötigte er
*Abb 216* einen zusätzlichen Arbeitsgang vor dem Dreschen und Mahlen, das Darren (Rösten), um die Spelzen zu entfernen und das Getreide haltbar zu machen.

Angebaut wurden außerdem Einkorn (*Triticum monococcum*) und Emmer (*Triticum dicoccum*), später vor allem an ungünstigen Orten, wo der Getreideanbau an seine klimatischen Grenzen stieß, Hafer (*Avena sativa*). Rispenhirse (*Panicum miliaceum*), Hafer und Saatweizen galten ursprünglich als Unkraut und wurden als Futterpflanze angebaut, die Stroh für Stall und Fachwerk lieferte. Auch Gerste (*Hordeum vulgare*) war üblicherweise Pferdefutter und wurde zur Strafe bei schwerer Verfehlung anstatt Weizen an die Soldaten verteilt[140].

Neu im römerzeitlichen Artenbestand war der Roggen (*Secale cereale*), den Plinius ebenfalls noch zu den Futterpflanzen zählte, sowie der ertragreiche Weizen (Saatweizen *Triticum aestivum*, Zwergweizen *Triticum aestivocompactum*), der nicht entspelzt oder gedörrt werden mußte. Winterweizen wuchs im kühlen Klima, *hiemalibus provinciis*, ausgezeichnet; die Herbstaussaat entsprach dem natürlichen Reproduktionszyklus kultivierter Gräser, die im Herbst ihren Samen streuen, der über Winter im Boden ruht und im Frühjahr keimt.

Getreide wurde normalerweise mit der Handsichel (*falx*) am Korn unter Ähre, am Mittelhalm oder bodennah über der Wurzel geschnitten, je nachdem ob Stroh benötigt wurde oder nicht[141]. Einen wesentlichen Fortschritt auf dem Landgerätesektor bedeutete die Entwicklung meterlanger Sensenblätter[142] (*falces messoriae*) für die Heumahd; sie beschleunigten durch ihren weiten Schnittradius die Feldarbeit und ermöglichten eine Grasfütterung anstatt der üblichen Laubfütterung, was für die Überwinterung großer Viehbestände unbedingt notwendig war.

Die metergroßen Mühlräder[143] aus einigen Villen belegen eine bescheidene Form der Mechanisierung mit einer Mühlenkonstruktion, die nach Art einer Göpelmühle von Arbeitstieren (Pferd[144]) oder von Hand angetrieben wurde. Jedenfalls wurde die Ernte wohl weitgehend auf dem Hof vermahlen und das Getreide in Form von Mehl in den Handel gebracht. Die professionellen Wassermüller von Günzburg werden unter den *Abb 50*
Handwerkern erwähnt (IBR 198).

Nach den paläobotanischen Funden hat neben dem Getreide der Anbau heimischer Ölpflanzen eine große Rolle gespielt: Lein, Mohn, Leindotter und Hanf sind als Öllieferanten auf vielen Höfen kultiviert worden, Lein auch zur Gewinnung von Flachsfasern für Textilien und die Seilerei. Daß gerade diese Arbeiten auf den Höfen nicht nebenher betrieben wurden, beweisen viele Darren (S. 213), allerdings mit einem Vorbehalt: Es kann nicht sicher gesagt werden, ob diese Darren ausschließlich oder vorwiegend für die Flachsaufbereitung oder das Trocknen des Dinkels vor dem Drusch und das Haltbarmachen gebraucht wurden – vermutlich war beides der Fall[145].

Zum Grundbestand der Ernährung gehörten auch Gemüse und besonders die Hülsenfrüchte (Ackerbohne oder Feldbohne, Erbse, Linse). Aus dem Mittelmeerraum mitgebracht und bei uns seither heimisch geworden sind die Gartenmelde, der grüne Fuchsschwanz, Mangold, der römische Sauerampfer und Portulak. Aus wilden Vorkommen oder Anbau stammen Möhren, Porree, Feldkohl, der Feld- bzw. Ackersalat und Pastinake. Vom Sellerie wurden Stiel und Blatt gegessen (erst später, seit der Renaissance, die Knolle). Ebenso beliebt waren Koreander und Dill. Durch Pflanzenfunde noch nicht belegt, aber in der antiken Literatur als vielgegessenes Küchengemüse erwähnt werden die Kohlrübe/Raps, Rettich/Radieschen, Kerbel, Senf, Spargel und die Küchenzwiebel. In den Gemüsegärten der Gutshöfe sind auch Gewürzpflanzen gezogen worden, Thymian, Minze und Bohnenkraut. Das Gilbkraut ist als gelbe Färbepflanze nachgewiesen. Kultiviert oder gesammelt wurden verschiedene Heilpflanzen: Die wilde Malve, die von den Römern eingeführte Weinraute, das Bilsenkraut, die Heilbetonie und der Arznei-Haarstrang.

Der Obstbau hat sich zwangsläufig auf die Arten beschränkt, die unser Klima vertrugen: die Pflaume/Zwetschge, Apfel, Süßkirschen und Schlehen. Eingeführt und angebaut wurde der kleine primitive Pfirsich.

Unter den Sonderkulturen bemerkenswert ist der Wein (*Vitis vinifera*)[146], dessen wilder Vorfahre (*Vitis silvestris*) in unseren Breiten heimisch war, gesammelt und gegessen wurde. Der Anbau der wärmebedürftigen kultivierten Rebe war in römischer Zeit vermutlich weiter verbreitet. Handfeste Beweise sind allerdings rar: Neben auffallend schmalen Feldfluren und Stufenrainen im Ries liegt eine Eisenhippe aus der Holheimer Villa vor, die als Rebmesser (*falx vinetoria*) gedeutet werden kann. Neben dem Gott mit dem Weinfaß (Sucellus ?, CSIR I, 1, 223) aus Ostendorf im Lechtal und dem
*Abb 49* römischen Liber Pater (= Bacchus) im Donautal bei Regensburg (CSIR I, 1, 430 = Wagner 101) und auf der Alb (CSIR I, 1, 246), sind es allenthalben die Tannenholzfässer selbst, die noch im Zusammenhang mit dem Weinhandel erwähnt werden (S. 261).

Sammelfrüchte aus Feld und Wald haben nicht nur den täglichen Speisezettel ergänzt, sondern auch den Geldbeutel der Hausfrau entlastet: Mehlbeeren, Himbeeren, Brombeeren, Walderdbeeren, Schwarzer Holunder, die Blaubeere, Hagebutten und Pilze. Auch Walnüsse, Haselnüsse, Bucheckern und Eßkastanien sind nach den botanischen Funden viel gesammelt worden.

Viehzucht (*pecuaria*) und Weidewirtschaft[147] bildeten den zweiten Produktions- und Erwerbsschwerpunkt der römischen Hofwirtschaft. Die Rinderzucht stand wohl an erster Stelle, um die Bevölkerung mit qualitätvollen Fleischerzeugnissen zu versorgen. Dank optimaler Haltungsbedingungen und hochwertigem Futter erreichten die römischen Züchter einen Höchststand in der zweitausendjährigen Domestikation, der selbst die Zuchtbemühungen des Mittelalters in den Schatten stellte[148]. Die kleinwüchsige Rasse im Alpenvorland hatte zwar nur ein Stockmaß von rund 1,00 m, die professionelle Rinderzucht jedoch kam an Widerristhöhen um 1,48 m[149] heran, wobei vor-
*Abb 26* wiegend die zahmen Ochsen[150] als Arbeitstiere mit Stirn- oder Widerristjoch vor Wagen und Pflug gespannt wurden. Die Milchproduktion hat nur eine untergeordnete Rolle gespielt.

Rinder- und Pferdeherden konnten sich während des Sommers durch Weidegang selbst ernähren; im Winter wurden zumindest die kostbaren Zug- und Reittiere eingestallt. Das allerdings setzte eine ausreichende Futterproduktion voraus. Nach den pa-

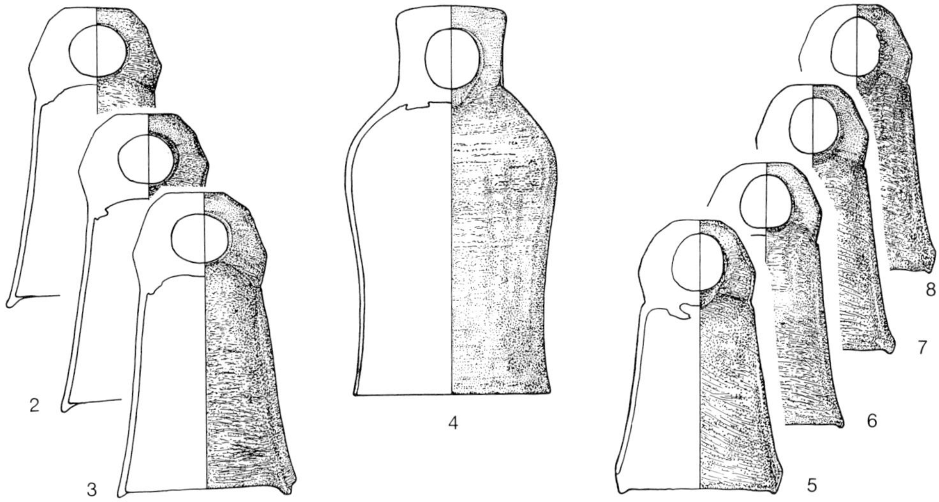


*Abb. 46 Rieder bei Marktoberdorf (Lkr. Ostallgäu). Depotfund bronzegegossener Viehglocken aus (Röm. Mus. Augsburg); M. 1:2.*

läobotanischen Analysen des Brunnenfundes von Welzheim[151] ist das Grünland dort Anfang September nur einmal gemäht und als Stallfutter eingelagert worden. Über die Almwirtschaft in den Gebirgszonen lassen sich noch wenig konkrete Angaben machen; Spuren sind bis in Höhen von 1600 m in den Allgäuer Alpen faßbar[152]. *Abb 46*

Die Pferdezucht[153] hatte einen kaum zu unterschätzenden Anteil am Einkommen der Gutshöfe: Pferde wurden als Reit-, Last- und Zugtiere gebraucht; ein sicherer Abnehmer war die Armee, die stets ein beträchtliches Kontingent für verschiedene Truppengattungen beschaffen mußte. Obwohl die römischen Züchtungen stattliche Stockmaße zwischen 1,28 und 1,55 m erreichten, war das Pferd als Zugtier aus anatomischen Gründen weniger leistungsfähig als der Ochse, zumal die zeitgenössische Schirrung mit Halte- und Zugriemen auf Halsschlagader und Luftröhre drückte, was die Kraft des Pferdes erheblich gemindert haben soll. *Abb 25*

Zweitwichtigster Fleischlieferant der Römerzeit war das Schwein. Wuchsform und Aussehen der alten hochbeinig-schlanken und behaarten Schweine[154], die zur Eichelmast hauptsächlich in die Wälder getrieben wurden, haben sich gegenüber heutigen Rassen erheblich verändert.

Schafe und Ziegen sind wegen ihres Fleisches, Schafe auch der Wolle wegen gehalten worden; sie gaben Milch, die zu Käse (*Alpium caseum*, HA Pii 12, 4) verarbeitet wurde. Die Schafzucht lieferte auch die begehrte Wolle[155].

Die Geflügelzucht ist auf den süddeutschen Villen durch Knochenfunde gut belegt: Gehalten wurde das Huhn[156], die Hausgans, die Hausente, die in Kolumbarien gezüchtete Haustaube und der Pfau; vereinzelte Nachweise gibt es für den Singschwan, die Graugans und die Stockente[157].

*Abb. 47 Oberstimm (Lkr. Pfaffenhofen a. d. Ilm). Massiv gegossene bronzene Haselmaus aus dem Kastell; L. 5,3 cm (Prähist. Staatsslg. München).*

An Haustieren fehlte selbstverständlich weder die von den Römern bei uns eingeführte Hauskatze[158] (zunächst gab es übrigens noch keine Hausmäuse oder Ratten, sie wurden erst im fortgeschrittenen 2. Jahrhundert eingeschleppt), noch der Hund[159]. Kleinwüchsige Schoßhündchen waren ebenso auf dem Bauernhof zu finden wie der *canis vilaticus*; sein furchterregendes Aussehen soll manchen unerwünschten Besucher abschreckt haben.

*Jagd*. Das Bild von der die römischen Höfe umgebenden Naturlandschaft wäre nicht vollständig ohne die Wildtiere, die aus zahlreichen Ausgrabungen in den verschiedenen Regionen zwischen Alpen, Donautal und Limes vorliegen; sie zeigen eine der heutigen nicht unähnliche Fauna, wenn man von den ausgerotteten Tieren[160] absieht. Ur, Wisent und Elch sind heute ebenso verschwunden, wie der Bär und der Wolf. Bejagt wurden Rothirsch, Reh, Wildschwein, Biber und Fischotter, in den alpinen Gebirgsregionen der Steinbock und die Gemse. Durch die Römer bei uns eingeführt ist der aus Kleinasien stammende Damhirsch, den man mitunter in Gehegen hielt. Inwieweit
*Abb 47* Fuchs, Wildkatze, Dachs, Hase, Igel, Baummarder, Eichhörnchen, Spitz- und Rötelmaus (der Sperling ist als Kulturfolger erst später eingeschleppt) oder der Grauspecht, Eichelhäher, Elster, Rabenkrähe, Kolkrabe und Amsel durch Fallenjagd oder als natürliche Sterbefolge (Thanatozönose) in den archäologischen Fund geraten sind, ist im Einzelfall meist nicht mehr zu entscheiden. Das gleiche gilt auch für viele Greifvögel, den Seeadler, Gänsegeier, Mönchsgeier, Habicht, Steinkauz und Uhu.

Das Wild hatte keinen Namen und galt deshalb als herrenlos (*res nullius*), so daß jeder freie Bürger ein Recht auf Jagd und Tierfang hatte (Gaius Inst. 66 – 67). Die Jagd[161] auf Elch, Hirsch, Reh, Bär und Wolf, Wildschwein, Biber und Fischotter spielte für den täglichen Speisezettel nur eine untergeordnete Rolle. Netz, Falle, Bogen oder die Beize hatten mehr den Charakter sportlicher Vergnügung. Der Vogelfang war seit jeher eine beliebte Sache[162]; Wachteln, Rebhühner, Singdrosseln, Wacholderdrossel und Nachtigallen sind als Leckerbissen auch in Vogelhäusern gehalten worden. Bejagt wurde wohl die Löffelente, das Haselhuhn, Teichhuhn, Hohltaube und die Ringeltaube.

Beliebt und verbreitet war auch die Bienenzucht[163], nicht nur wegen des Honigs, der als Süßstoff für viele Rezepte gebraucht wurde und deshalb höchst begehrt war, sondern auch für die Wachsgewinnung; selbstverständlich darf der Honigwein (*mulsum*) mit Myrrhe, Anis, Minze und Fenchel nicht vergessen werden.

Schließlich sind auch die Mollusken am Feldrand (Weinbergschnecke, Hainschnecke) und in Fließgewässern (Flußmuscheln, Austern) zur Abwechslung des Speisezettels gesammelt worden, wie auch das Fischen[164] mit Netz und Angel und der Froschfang[165] tatsächlich seine Spuren im archäologischen Fundbild hinterlassen hat.

*Der Handel mit landwirtschaftlichen Erzeugnissen.* Bei der Frage des Handels mit landwirtschaftlichen Produkten spielte die Versorgung der Grenztruppen eine zentrale Rolle. Das rund 11 000 Mann starke raetische Grenzheer war der sichere Abnehmer für Agrarprodukte[166] aller Art, nicht nur was das Getreide betraf, von dem die Monatsration eines Soldaten etwa 24 kg betrug[167], ein Bedarf von über 3000 t Getreide *per annum,* Rind- und Schweinefleisch, vor allem aber auch Reit- und Zugtiere, Leder und textile Erzeugnisse der militärischen Ausrüstung (Seile, Leinen) mußten beschafft werden, sei es als Naturalabgabe (*annona*) anstelle von Pacht und Steuern oder im Kontrakt mit der Armee. Daß Lebensmittel auch auf den Höfen direkt verkauft wurden, beweisen Hand-Waagen[168] und Schreibgeräte (*stili*) der Buchhaltung.

## *Landausbau und Landbesitz*

Es ist mit Hilfe archäologischer Quellen schwer abzuschätzen, wie hoch der Anteil der Provinzbevölkerung war, der auf den Höfen lebte. Sicher aber stellte die Landbevölkerung einen beachtlichen Ausschnitt der Bevölkerungspyramide dar: Bei etwa 1000 Gutshöfen in Raetien und 15 – 20 Bewohnern pro Villa[169] muß man mit einer Zahl von mindestens 15 000 Personen rechnen.

Die schleppende Besiedlung des Alpenvorlandes südlich der Donau stand in krassem Gegensatz zur geradezu explosiven Entwicklung der nördlichen Landesteile im 2. Jahrhundert. Für die rasche Aufsiedlung des Limeshinterlandes und die Agrarkonjunktur konnte nur eine gezielte Regierungspolitik verantwortlich gewesen sein (S. 111). Dieser Verdacht verstärkt sich, wenn wir uns die Möglichkeiten des Landerwerbs vergegenwärtigen – eine wilde Inbesitznahme ist jedenfalls nicht, oder erst sehr viel später geduldet worden.

Grundsätzlich fiel das Land einer eroberten Provinz als *ager publicus* dem Kaiser bzw. dem Fiskus zu. Die Finanzverwaltung teilte das Land nach Bedarf auf, verpachtete (*praedia tributaria*) oder veräußerte Grundstücke und steuerte auf diese Weise Erschließung und Landausbau. Doch wen, fragt man sich, zog es kurz nach der militärischen Besetzung der Alb am Ende des 1. Jahrhunderts ins Grenzland? Was mochte Siedler in Landstriche gelockt haben, die „eben erst" okkupiert, noch nicht vom Militär geräumt und in Sichtweite einer Grenze lagen, deren endgültiger Verlauf zu diesem Zeitpunkt noch gar nicht abgesteckt war?

Der Gedanke an Veteranen[170] liegt nahe. Nach der Beendigung ihrer Militärdienstzeit von 20/25 Jahren durften sie als *praemia militiae* mit Geldzuwendungen oder der *Abb 80* Schenkung von Land (*donatio*)[171] rechnen. Die Veteranengrabsteine[172] auf dem Land sind ein wichtiges Indiz in der Argumentationskette. Vor einer übereilten Beurteilung der Militaria (Militärdiplome, Gesichtshelme, Waffen, Ausrüstungsteile) als Beweis für die Herkunft des Villenbesitzers kann jedoch nur gewarnt werden, solange ihre chronologische Stellung innerhalb der Siedlungsspanne nicht feststeht, stammen sie doch auch aus dem Besitz jener Villensöhne, von denen ein Teil in der Armee des Landes diente, oder aus dem Zerstörungsschutt des 3. Jahrhunderts.

Die Frage nach den besitzrechtlichen Verhältnissen der Villa führt zu einer weiteren Personengruppe, dem Kreis wohlhabender Stadtbürger, die in der Villa nur eine Kapitalanlage sahen, und ihren Besitz lediglich zu temporären Aufenthalten nutzten[173]. Den Boden (*ager vectigalis*) konnte man im Rahmen einer Erbpacht (*locatio perpetua*) per Vertrag (*pactio*) vom Kaiser/Staat oder aus dem kommunalem Besitz des Municipiums erwerben[174]. Der Nießbrauch (*ususfructus: uti, frui, habere*) war gegen Pachtzins[175] als Geld (*tributum*) oder Naturalabgabe (*annona*) zu leisten. Solange der Erbzins (*vectigal*) regelmäßig bezahlt wurde, war die Pacht unkündbar. Die Stadtbürger *Abb 48* überließen die Führung einem Verwalter (*vilicus*)[176] wie [.]aternius Lepidus als Grundherr jenem *[.]atullinus actor*, dessen *conservus* Basileus den Grabstein in Aufkirchen[177] setzen ließ. Andere Betriebe wurden an *coloni* verpachtet (Großgrundbesitz an *conductores*), die ihre Abgaben an den Eigentümer je nach Vereinbarung – wie gesagt – in Form von Geld oder Naturalien leisteten. Waren die Arbeitskräfte während der Erntezeit knapp, stellte man Tagelöhner aus den Vicis und Städten als Saison- oder Lohnarbeiter (*operarii, mercenarii*) ein; für Sklaven gibt es im archäologischen Fundbild keine einschlägigen Belege[178].

Ein kleiner Teil dieser Grundbesitzerklasse[179] kam aus der Provinzaristokratie. Das bestätigt auch die Inschriftenlage: Immerhin vier der zwölf (13) bekannten Augsburger Dekurionen ließen sich mit ihren Familien auf dem Land, d. h. bei ihren Villen, bestatten: [1] Ceionius Laelianus (IBR 90) bei Epfach, [2] M. Ti(t)ius P(at)ruelis bei Faimingen, [3] P. Iul(ius) C.f. Quir. Pintam(us) bei Leutstetten (Schillinger-Häfele 226), und [4] C. Iulianius Iulius (IBR 136) bei Biberbach. Hinzu kommen [5] der *advocatus*

*Abb. 48 Egenhofen-Aufkirchen (Lkr. Fürstenfeldbruck). Grabstein des Catullinus, Gutshofaufseher (*actor*) des Paternus Lepidus, der von seinem Mitsklaven Basileus gesetzt wurde.*
*D(is) M(anibus)*
*[et] memoria[e]*
*[C]atullini acto[r(is)]*
*[.]aterni Lepid[i]*
*[q]ui vixit ann(os) [..]*
*Basileus conser(v)us*
*fecit.*
*Gefunden 1974; H. 1,05 m (Prähist. Staatsslg. München).*

*fisci Raetici* Vettius Titus (IBR 176) in Derching, ein [6] *sacerdotalis* in Hörbach bei Althegnenberg[180], [7] [.]atern(i)us Lepidus bei Aufkirchen, sowie hohe Magistratsbeamte, z. B. *duoviri iure dicundo*, die durch ihre eisernen Klappstühle (*bisellia*) in den Gräbern von Wehringen und Großsorheim dokumentiert sind[181]. Im übrigen traten außer den privaten Eigentümern auch Kaiser und Fiskus als Betreiber von Landgütern auf, meist allerdings von Großgrundbesitz, der zum Beispiel durch Erbschaft oder Konfiskation in öffentliche Hände gelangt war.

*Abb 48*
*Abb 76*

## *Das Ende der Gutshöfe im 3. Jahrhundert*

Die Überlegenheit des systematischen Pflugbaus, die Sachkunde und technische Versiertheit des römischen Bauern führten zu einem Wohlstand, der über ein Jahrhundert anhielt. Friedliche Verhältnisse waren denn auch die wichtigsten Voraussetzungen für das offene Einzelhofsystem, dessen Siedlungen schutzlos in der Landschaft verstreut lagen und empfindlich auf äußere Eingriffe reagieren mußten. Außerdem hing ein Teil der Villae rusticae unmittelbar vom Kapital des besitzenden Bürgertums ab, einer dünnen Oberschicht, die nicht an die Scholle gebunden war und in Krisenzeiten das Land floh.
Solche Entwicklungen deuteten sich auch in Raetien an: Der expansive Landausbau stagnierte seit der Mitte des 2. Jahrhunderts; danach entstanden – soweit man weiß – keine neuen Siedlungen mehr im Grenzland.

In den ersten Jahrzehnten des 3. Jahrhunderts brachten einfallende Germanen in wachsendem Maße Unruhe in die Landstriche entlang der Nordgrenze. Die feindseligen Aktionen in den dreißiger Jahren könnten viele begüterte Familien schon damals bewogen haben, ihre Landsitze zu verlassen, um sich nicht der dauernden Gefahr für Leib und Leben auszusetzen. Sie zogen sich in die befestigten Städte des Hinterlands zurück und überließen die Hofbewirtschaftung allenfalls ihren Verwaltern, oder gaben die Landwirtschaft kurzerhand auf: Offensichtlich war damals schon das Vertrauen auf den Grenzschutz und die Schlagkraft der römischen Armee gesunken.
Ob, wann und wie der in manchen Landstrichen zögernde, in anderen beschleunigte Wüstungsprozeß um die Jahrhundertmitte einsetzte und das fruchtbare Land in *agri deserti*[182] verwandelte, ist mit Hilfe der archäologischen Quellen heute nur ungenau zu bestimmen, zumal die wenigen, meist vereinzelten Fundmünzen kaum eine Aussage darüber machen, ob sie noch während der regulären Besiedlung in den Boden gekommen sind oder erst beim „Ausräumen" der Gebäude, oder wie immer man sich das Ende jedes einzelnen Hofes vorstellen muß. Noch eine Beobachtung ist zu erwähnen: Vor allem der Zustrom rheinischer Sigillata und Firnisware, deren Spätformen noch einige Kastellplätze und Vici am raetischen Limes erreicht hat, deutet darauf hin, daß viele Villen sich damals dieses Geschirr entweder als Folge des gesunkenen Lebensstandards nicht mehr leisten konnten oder bereits nicht mehr existierten.
Es besteht kein Zweifel, daß das Land nördlich der Donau am schwersten gelitten hat – seine Bewohner waren vertrieben, zehntausend auf der Flucht. Nach 260 war das Dekumatland nördlich der Donau geräumt.
Die plündernden Alamannen schlugen jedoch auch tiefe Schneisen in die römische Siedlungslandschaft südlich der Donau und hinterließen Wunden, von denen sich die Agrarwirtschaft der Provinz nie mehr erholt hat. Villen und Vici traf das gleiche Schicksal, sie bluteten aus, fielen mehr oder weniger rasch wüst. Mehr als 80 Prozent des Landes wurde nicht mehr kultiviert und lag brach. Es ist heute noch schwer auszumachen, wo die Bewohner des raetischen Flachlands tatsächlich geblieben sind. Die wenigen neu entstehenden Höhensiedlungen reichten kaum aus, die gesamte Landbevölkerung aufzufangen. Während im Umland der Provinzhauptstadt ein verhältnismäßig hoher Prozentsatz der Villen im 4. Jahrhundert wieder bewohnt und bewirtschaftet wurde, sind die Höfe auf dem Land mit vereinzelten Ausnahmen aufgegeben worden und wüst gefallen.

## Handwerk und Gewerbe

Als Teil des gemeinen Volkes war der antike Handwerkerstand an besondere Siedlungsformen und Gesellschaftsstrukturen gebunden: Stadt und Dorf bildeten den Rahmen der gewerblichen Güterproduktion. Epigraphische Zeugnisse fehlen fast vollständig, so daß die Organisationsstruktur des Handwerks im dunkeln bleibt.

Wenn wir die besser bekannte Keramikproduktion als Beispiel nehmen, dürfen wir im allgemeinen mit einer nur geringen Betriebsgröße rechnen; der Grad der Technisierung und Mechanisierung war gering, die Arbeitsteilung vermutlich eher unbedeutend: Das Erzeugnis wurde in all seinen Herstellungsphasen am Ort gefertigt; Einzelanfertigung aufgrund individueller Bestellung ist ebenso anzunehmen wie die Serienfertigung von Großaufträgen.

Inschriftlich überlieferte Berufsbezeichnungen und Werkzeugfunde in den Kastellen bestätigen die Existenz von Militärhandwerkern in der raetischen Armee[183]. Das ist nicht neu; fraglich bleibt allerdings, in welchem Umfang das private Handwerk für den militärischen Bedarf der Grenztruppen gearbeitet hat. Die Funde von Metallhalbfabrikaten in den Vici erhärten den Verdacht, daß die Handwerker ebenso für die Armee gearbeitet haben wie für den privaten Kunden[184].

Die archäologische Quellenlage ist für viele, wenn nicht sogar die meisten handwerklichen Erwerbszweige außerordentlich schlecht, weil sie keine oder noch keine identifizierbaren Spuren im Befund und im Fundbild hinterlassen haben. An erster Stelle steht sicher die Lebensmittelerzeugung, die sich ebenso unserer Kenntnis entzieht wie weite Bereiche der Textilproduktion und -veredelung, die in der antiken Arbeitswelt eine wichtige Rolle gespielt hat. Im Vicus von Regensburg-Großprüfening wurde 1978 und 1990 ein bemerkenswertes Steingebäude mit Einbauten von Brunnen und Ofen, einem Becken und einer Darre ausgegraben, Spuren eines offensichtlich lebensmittelverarbeitenden Betriebs, den man als Teil einer Bierbrauerei gedeutet hat[185].

Untergeordnete bäuerliche Erwerbszweige waren wahrscheinlich auch in den Vicis angesiedelt. Sicher sind manche Agrarerzeugnisse in den Dörfern bearbeitet und veredelt worden: Die Leinverarbeitung zu Flachsfasern (und Geweben) ist durch zahlreiche Darren, die wenigstens zu einem Teil der Textilproduktion zuzuordnen sind, im dörflichen Siedlungsmilieu belegt. Die Funde von Warenetiketten aus Blei (Auerberg, Bregenz, Kempten, Rieden) bestätigen die außerordentliche Bedeutung der Textilbranche schon in der frühen Kaiserzeit (S. 263). Bis auf wenige Flachskämme, Webbrettchen und Webgewichte sind jedoch keine Spuren im Fundstoff identifizierbar[186], nicht zuletzt deshalb, weil fortschrittliche Spinn- und Webtechniken (horizontaler Webstuhl mit Endloskette und drehbarem Kettbaum zur Herstellung langer Stoffbahnen) die Verwendung urtümlicher Webgeräte mit den üblichen keramischen Webgewichten überflüssig machten.

*Abb 216*

*Abb 59*

Geräte der Lederverarbeitung deuten auf Schuhmacher, Sattler und Riemenschneider, um nur einige weniger spezialisierte Lederhandwerker zu nennen[187]. Durch einzelne, allerdings nicht ganz sicher zuweisbare Werkzeuge sind die Seiler[188] bezeugt. Die Knochenverarbeitung zu Leim und Schnitzwerk[189] für Gerätegriffe, Nadeln und vieles andere mehr gehört überall zum charakteristischen Kleingewerbe des ländlichen Produktionsmilieus.

Die dörfliche Sub- oder Sekundärproduktion spielte vor allem auf dem Lebensmittelsektor eine große Rolle. Einen wichtigen Hinweis auf die Wassermüller (*molinarii*)

*Abb. 49 Holzbütte aus dem Vicus von Seebruck (Lkr. Traunstein) und taschenartig zusammengedrückter, rundbodiger Flechtkorb vom Auerberg (Lkr. Weilheim-Schongau); H. 0,26 m (Mus. Seebruck der Prähist. Staatsslg. München bzw. verloren).*

*Abb. 50 Günzburg. Von den Wassermüllern* (molinarii) *dem Neptun geweihter Altar; gefunden 1784 am Bubesheimer Bach südlich von Gontia; H. 0,82 m (Mus. Günzburg).*

gibt eine Weihung an den Wassergott Neptun, die in der Nähe des Bubesheimer Baches südlich von Günzburg gefunden wurde (IBR 198); sie gehört nicht nur zu den ganz seltenen Hinweisen auf eine mit mechanischer Übersetzung betriebene Wassermühle, wie sie Vitruv (de archit. 10, VI, 2) beschrieben hat, sondern läßt auch daran denken, daß dieser landwirtschaftliche Berufszweig in einem örtlichen Kollegium organisiert war. *Abb 50*

Der technische Fortschritt der Römerzeit beruht zu einem guten Teil auf der Entwicklung des Metallhandwerks und der Herstellung hochwertiger Eisengeräte. Das betrifft nicht nur den militärischen und landwirtschaftlichen Sektor. Viele Arbeitsgänge im handwerklichen Bereich sind durch wirksames Gerät verbessert, zum Teil vielleicht auch mechanisiert worden. Die Wasserkraft wurde allerdings, wenn man vom Einsatz der Wassermühlen absieht, im gewerblichen Bereich nicht oder nur in Einzelfällen umgesetzt.

### *Das Holzhandwerk*

Als Baumaterial und Werkstoff war Holz lebenswichtig. Noch im 1. Jahrhundert herrschte der traditionelle Holzbau vor. Abgesehen von geeignetem Bauholz (in der Regel Eiche) in den Wäldern des Landes, mußte der hohe Bedarf an Brennholz für den Hausbrand, vor allem aber auch für die Hypokaustheizungen, für technische Gewerbe und selbstverständlich auch die Feuerbestattung durch professionelle Holzhändler, vielleicht auch von Villenbauern in oder am Rande ausgedehnter Waldgebiete beschafft werden. Das Holz der Töpfereien, Ziegeleien und Kalköfen wurde wahrscheinlich (im Winter) in eigener Regie geschlagen. Der Bedarf an Holzkohle für technische und gewerbliche Zwecke ist vermutlich durch den Betrieb von Meilern in den Wäldern gedeckt worden; Spuren davon gibt es noch nicht.

In allen Siedlungen finden sich zahlreiche Eisenwerkzeuge, Äxte, vor allen Dingen Sägen, Löffelbohrer, Stemmeisen, Beitel und andere Geräte, die vom Gewerbe der Zimmerleute, Schreiner und Tischler, Wagner, Drechsler, Böttcher und Küfer[190] in den Städten und Dörfern zeugen.

### *Steinbrecher, Kalkbrenner und Maurer*

Erst in Folge der wirtschaftlichen Konsolidierung des 2. Jahrhunderts hat der Steinbau den traditionellen Holzbau selbst auf dem Land verdrängt. Gewerblich zu unterscheiden sind Steinbrecher, Transporteure, Kalkbrenner und Maurer. Der private Hausbau auf dem Lande war zum guten Teil von Eigenleistung und Nachbarschaftshilfe bestimmt; Baumaterial wie Schwellsteine, einfache Säulen und Türbogen wurden von Steinmetzen schon bei den Steinbrüchen geschlagen. Einen anderen Umfang nahm das

Steinmetzhandwerk in der Stadt an, wo kommunale Auftraggeber und private Kunden für anspruchsvolle und lukrative Arbeit sorgten. Steinmetz-Hütten hat es in der Provinzhauptstadt, in Regensburg, Faimingen und Nassenfels gegeben; ein weiterer Schwerpunkt lag auf Salzburger Territorium östlich des Inn[191].

Im Alpenvorland mit seinen Schottern und tertiären Deckschichten war qualitätvoller Baustein rar[192]. Erste Einblicke in den Bausteinhandel ergaben Untersuchungen im Bereich der Kemptener Römerstadt[193]: Als Mauerstein wurde vorwiegend Molassesandstein (Bryozoensandstein) in nahegelegenen Steinbrüchen gebrochen. Süßwasserkalktuffe kamen in der frühen Kaiserzeit aus dem Süden Augsburgs, aus der Gegend von Polling oder später aus Vorkommen jenseits der Donau um Zöschlingsweiler und Wittislingen, wo die Schwammbruchschillkalke abgebaut wurden. Der Süßwasserkalktuff war als Baumaterial so beliebt und verbreitet, daß wir mit zahlreichen lokalen Tuffbrüchen rechnen müssen.

Die Zusammensetzung des Bausteins am Apollo-Grannus-Heiligtum von Faimingen[194] zeigt, daß Steine unterschiedlicher Eigenschaften für verschiedene Zwecke am Bau verwendet wurden. In der Hauptsache ist Gestein aus den nahegelegenen Steinbrüchen der Schwäbisch-Fränkischen Alb[195] nachgewiesen worden: Massenkalk aus Haunsheim für das einfache Bruchsteinmauerwerk, Massenkalk des Weißjura zwischen Heidenheim und Aalen (Ziertheim, Reistingen, Wittislingen, Haunsheim, Brenz, Hermaringer Revier) für hochwertige Sockelquader, Säulen und zahlreiche Steindenkmäler; Dolomit aus Oberkochen wurde für Säulen und Rinnenquader verwendet. Die großen Steinbrüche des Heidenheim-Aalener Bezirks, die seit der Besetzung des Dekumatlandes erschlossen und abgebaut worden sind, wurden z. T. vermutlich in staatlicher Regie geführt. Ab Königsbronn war die Brenz schiffbar, so daß die Rohlinge donauabwärts auf Flößen bis in die Lechmündung gezogen und gefahrlos flußaufwärts bis Augsburg geschafft werden konnten.

*Abb 81, 82* Auch die fränkischen Jurakalke im Gebiet von Wolferstadt und Nassenfels[196] lieferten brauchbaren Werkstein für Grabarchitektur, Grabplastik und andere Zwecke (Inschriften, Meilensteine); in diesem Revier hat sich im fortgeschrittenen 2. Jahrhundert ebenfalls eine Steinmetztradition herausgebildet. Auch die feinen Solnhofener Platten[197] der Eichstätter Umgebung sind für Inschriften und die Verkleidung von Bädern gebrochen und weit verhandelt worden.

Ein anschauliches Beispiel für den Flußtransport von Schwergut ist der Bau des Legionslagers Regensburg in den siebziger Jahren des 2. Jahrhunderts. *Abb 201* Man schätzt den Umfang des aufgehenden Quadermauerwerks auf 30 000 m$^3$, die aus dem Kreidesandstein der sog. Reinhausener Schichten und seltenem Grünsandstein geschlagen wurden. Der Werkstein für die Tore kam aus Steinbrüchen des fränkischen Jura und einer Kette von Brüchen zwischen Bad Abbach und Eining, wo man die anstehenden Diceraskalke ("Kelheimer Marmor") brach. Tuffsteine für Türstürze kamen aus dem 100 km flußaufwärts gelegenen Neuburg a. d. D.[198]. Die Verwendung von Untersberger Marmor aus dem Salzburger Raum blieb augenscheinlich auf Norikum begrenzt.

Eng mit dem Beruf der Steinbrecher und Maurer verbunden war das Handwerk der Kalkbrenner[199] (und Ziegler), die Kalk zu Speis (Mörtel), als Grundlage für Farben, Anstriche und andere technische Zwecke gebrannt haben. Bis auf vereinzelte Hinweise im ländlichen Milieu (S. 228) fehlen Kalköfen erstaunlicherweise im Umfeld der Städte und größeren Vici.

## *Ziegler und Ziegeleien*

Ziegeleien konzentrierten sich dagegen im Umfeld der Städte Bregenz, Kempten und Augsburg[200]; sie fanden durch die Baufreude ihrer Bewohner ein gutes Auskommen. Der Bedarf war groß, wurden doch zum Dachdecken, für Hypokaustheizungen und Bäder beachtliche Mengen benötigt, die wegen ihres hohen Transportgewichts resp. aus Kostengründen selten über weitere Strecken verhandelt wurden. Ziegelmauerwerk war im allgemeinen nicht üblich und selbst dann noch zu teuer, wenn geeigneter Baustoff fehlte, wie das in weiten Gebieten südlich der Donau tatsächlich der Fall war. Die Betriebsstruktur großer Militärziegeleien ist durch Ziegelstempel im allgemeinen zwar besser bekannt, allerdings nur schwer auf die durch Überbauung zerstörte Legionsziegelei in Bad Abbach zu übertragen, wo die *legio III Italica* ihren Ziegelbedarf *Abb 120* unter der Aufsicht wohl eines Centurio brannte, der dem *praefectus fabrum* (*praefectus castrorum* oder *legionis*) unterstand. So jedenfalls ist der Regensburger bzw. Abbacher Ziegelstempel LVCIANI LEGI(ionis) III ITAL(icae) als Marke des aufsichtführenden Kontrolleurs zu verstehen[201]. Andere Staatsbetriebe, die im Rahmen kaiserlicher Domänen Ziegel schlugen, hat es schon im 1. Jahrhundert gegeben. Die *F(iglinae) C(aesaris) N(ostri)* im Westen der Provinzhauptstadt bei Westheim wurde schon *Abb 37* erwähnt; ein anderer, mit FISCAL(is) bzw. CAESAR(is) stempelnder Staatsbetrieb *Taf 12* lag im Osten Raetiens; er konnte jedoch noch nicht lokalisiert werden.
Diesen staatlich organisierten Großbetrieben steht eine ganze Reihe kleinerer Privatunternehmen gegenüber, die Baukeramik im Rahmen ihrer Villa oder in Ziegeleien der Umgebung der Vici für den Eigenbedarf und den lokalen Markt produziert haben. Einer dieser „Privatziegler“ war ein gewisser Marcus Vindelicius Surinus, der irgendwo an der Donau zwischen Eining und Abbach tätig war; die Verbreitung seiner Erzeugnisse zeigt anschaulich den begrenzten, flußorientierten Baustoffhandel.

## *Kunsthandwerk: Malerei, Stukkatur und Mosaik*

Maler, Stukkateure und Mosaizisten fanden ein reiches Tätigkeitsfeld in der Munizipalaristokratie der Provinzhauptstadt und ihrem Umland, wo die führenden Familien große Landsitze besaßen (S. 236). Die gleiche Konzentration ausgefallener oder kostspieliger Innenarchitektur kann in der Umgebung des Salzburger Munizipiums im

Chiemgau beobachtet werden. Doch selbst auf dem Land fand sich noch der eine oder andere Auftraggeber, der seine *urbs in rure*, seine Stadt(villa) auf dem Land, mit teuerem Zimmerschmuck ausstatten ließ.

Die Würdigung der Malerei muß sich auf den Aspekt der Wanddekoration beschränken; andere Gattungen, wie die antike Tafelmalerei, sind nicht einmal andeutungsweise erhalten. Die Reste von meist in der al-secco-Technik ausgeführten Wandmalereien, sind in großer Zahl in allen Zentren städtischen Lebens gefunden worden, wenn auch stets in kleinen Fragmenten, die nur selten einmal Inhalt und Stil zu erkennen geben. Funde von Farbpigmentkugeln[202] deuten auf die weite Verbreitung dieser Maltechnik auch auf dem Land. Selbst in den Kastellen haben truppeneigene Maler für ein besseres Wohnmilieu gesorgt. Ein Maler, *pictor*[203], der 3. Legion war im 3. Jahrhundert in Augsburg gestorben. Nicht selten haben sich aus Funden in Kempten, Augsburg,
*Taf 9* Unterbaar u. a. einzelne Ausschnitte, aus solchen in Schwangau sogar ganze Räume rekonstruieren lassen.

*Abb 140* Nur vereinzelte Reste der späthellenistischen Stucktechnik (*opus albarium*) in Form von Stuckleisten beweisen diese kostbaren Fertigkeiten, die sich nur wohlhabende Bauherrn wie die der Villen von Friedberg oder Tittmoning leisten konnten.

Zu den in der Antike reichsweit gepflegten Kunstgattungen gehört das Mosaik, das die Fußböden wohlhabender Häuser mit zahlreichen Darstellungen und Stilarten schmückte. In Raetien[204] sind allerdings nur verhältnismäßig wenige erhalten geblieben. Die meisten Mosaike auf dem Land hat der Pflug zerstört. Einzelne Reste und Spuren in Form von Mosaikwürfeln haben sich jedoch in den Villen um Bregenz und Augsburg gefunden (Baisweil, Friedberg, Stadtbergen, Unterbaar, Wulfertshausen).
*Abb 42* Das prächtigste Denkmal – in dieser Umgebung kaum zufällig ein Jagdmosaik – ist am Anfang des 3. Jahrhunderts in einer vornehmen Villa bei Westerhofen nördlich von Ingolstadt entstanden. Stilistisch-kunsthistorisch betrachtet trafen in unserem Raum gallisch-obergermanische Ausstrahlungen[205] der musivischen Kunst auf den norischen
*Abb 226* Werkstattkreis um Salzburg, für dessen Arbeiten die Mosaiken aus Marzoll und Tittmoning als typisch gelten.

### *Metallhandwerker*

Durch Werkzeug und Gerät, Halbfertigteile und Produktionsabfall werden verschiedene Metallhandwerker greifbar, unter ihnen vor allem Eisenschmiede und Bronzegießer.

Ob die für die Latènezeit nachweisbare Erzgewinnung aus dem anstehenden Raseneisenerz der Schwäbischen Alb in römischer Zeit fortgesetzt wurde, ist noch nicht zu beurteilen[206]. Im Umfeld insbesondere der frühkaiserzeitlichen Militärlager konnte mehrfach beobachtet werden, daß lokale Erzvorkommen tatsächlich an Ort und Stelle aufgearbeitet worden sind[207]: Im Vicus des Kastells Aislingen wurden vor kurzem über 5 kg schwere Ofensäue und Reste von Rennfeueröfen ausgegraben, in denen man das mit Holzkohle vermischte Erz mit Hilfe von Blasebälgen aufschmolz und zu schmiedefähigen Eisen raffinierte. Nach solchen Beobachtungen zu urteilen, müssen die römischen Eisenschmiede[208] beachtliche technologische Kenntnisse und Erfahrungen gehabt haben, selbst kleinere örtliche Vorkommen von Sumpf- und Raseneisenerz aufzuarbeiten und für den lokalen Baubedarf wenigstens Nägel, Klammern und Beschläge zu schmieden oder Reparaturen am Eisen von Haus, Landwirtschaft und Wagen durchzuführen. Typische Schmiedewerkzeuge im Fundbestand sind Zangen und Hämmer, auch Feingerät wie Feilen und Nageleisen. Bemerkenswert sind einige Schmiedegräber mit der Beigabe von Werkzeug[209] (S. 292). *Abb 44*

Ein leider nur teilweise gelesenes Schriftzeugnis deutet darauf hin, daß in Raetien der Erzbergbau anscheinend in größerem Stil betrieben wurde, obwohl er im archäologischen Befund des Flachlandes bisher keine Spuren hinterlassen hat; vielleicht sind die Reviere eher in den alpinen Regionen (Tirol, Allgäu) zu suchen[210]. Publius Frontinius Decoratus, der um 200 in Augsburg starb und in einem Sarkophag (bei St. Ulrich und Afra) beigesetzt wurde, war der nicht mehr ganz erhaltenen Grabinschrift zufolge ein *manceps ferrariar(um) [. . .] et provinciae Raetiae itemque Daciarum trium*, Pächter der Abgaben von Eisenbergwerken im Bereich Raetiens und der drei dakischen Donauprovinzen[211]. Diese eigentümliche Organisationsform der Gewinnabschöpfung ist ähnlich auch in anderen kaiserlichen Provinzen überliefert. Die Aufgabe des Großpächters (*manceps*, anderenorts des *conductor*) bestand darin, die Abgaben (*vectigalia*) der vom Staat vergebenen Konzessionen, die einzelne Bergwerkspächter dem Fiskus schuldeten, einzutreiben.

Die römische Zivilisation war ausgesprochen reich an handwerklich erzeugtem Zierat und Gebrauchsgegenständen, deren zweckbestimmte Form dekorativ ausgestaltet und in heimischen Werkstätten hergestellt wurde.

Neben Silber wurde vor allem Bronze und Messing in beträchtlichem Umfang verarbeitet. Raetien hatte zwar keinen unmittelbaren Zugang zu den Kupferbergwerken in den Ostalpen, auch Barrenfunde fehlen hierzulande. Der einfachste Weg, an den begehrten Rohstoff zu kommen, war das Sammeln von Bronzeschrott und das Anlegen von Depots[212] aus gebrochenem Altmaterial, Abfällen der Kaltverarbeitung und Schmelzresten (Hackmetall), die anschließend in keramischen Tiegeln eingeschmolzen und im feineren Wachsausschmelzverfahren oder in gröberen Sandformen gegossen wurden. Obwohl an vielen Orten Werkstattspuren in Form von Hackmetall, Gußtiegeln und halbfertigen Fabrikaten entdeckt wurden, ist es erst kürzlich in Faimingen gelungen, eine Werkstatt selbst im archäologischen Befund zu erfassen und freizulegen.

Weit verbreitet waren figürliche Kleinplastiken aus Bronze, die Götter, Heroen oder Laren vorstellen. Solche Statuetten aus Bronzeguß schmückten das Lararium jedes Haushalts. Die hochprofessionellen Fabriken Italiens[213], Galliens oder Germaniens lieferten hierfür Vorbilder und Anregungen. Die Zuordnung der raetischen Funde *Taf 18*

*Abb. 51 Weißenburg, Tempelschatz. Bronze-Attasche mit Vulcanus, dem göttlichen Schmied, von einer Bronzekanne (Prähist. Staatsslg. München, Zweigmus. Weißenburg).*

war stets außerordentlich schwierig und auf stilistischer Basis allein unbefriedigend. Jedenfalls ist auch mit einheimischen Werkstätten zu rechnen; Bronzen urtümlich-alpiner Stilisierung am Oberlauf des Inn[214] oder in den südraetischen Gebieten[215] sind deutliche Anzeichen dafür.

Ein Musterbeispiel für Erzeugnisse der „angewandten Kunst", das Kunstgewerbe, sind die zahllosen Bronzen von Trachtzubehör und Reitzeug, die als Modeerscheinungen des 1. Jahrhunderts in der *opus interasile*-Technik[216] gesägt oder im 2./3. Jahrhundert in Dekors keltisierender Stilart[217] durchbrochen gegossen wurden. Letztere stammen, wie viele Fehlgüsse belegen, aus heimischen Werkstätten.

Im metallverarbeitenden Gewerbe der Antike spielte seit jeher die Blechnerei für zahlreiche Zwecke im technischen und kunstgewerblichen Bereich eine hervorragende Rolle. Die Toreutik war eine traditionsreiche Kunst, die viele versierte Handwerker hervorgebracht hat. Alle Arten von Bronze- und Silberblechen konnten hohl getrieben, verziert und verzinnt/versilbert werden. In einer besonderen Gattung von reich verzierten, für Paradezwecke hergestellten Blechrüstungen (S. 168) wird nicht nur das professionelle technische Können der Toreuten sichtbar; sie beherrschten auch das gesamte klassische Repertoire mythologischer oder religiöser Darstellungen. Wir wissen zwar nicht, wo ihre Werkstätten lagen, doch spricht nur wenig dagegen, sie hier im

*Abb. 52 Pförring (Lkr. Eichstätt). Vergoldete Bronzeblech-Rückseite eines Spiegels mit Darstellung der Drei Grazien; Dm. 9,5 cm (Prähist. Staatsslg. München).*

Lande, in Raetien selbst zu suchen. Die gleichen Werkstätten jedenfalls haben offensichtlich auch für den zivilen Markt und Metallwarenhändler[218] gearbeitet; hochwertige Spiegelfutterale oder Silbervotive zeigen sicher nur einen bescheidenen Ausschnitt ihres Könnens. Wahrscheinlich müssen wir in diesem Spezialbereich auch mit Wanderhandwerkern rechnen. *Abb 52*

Neben den Bronzegießern und Toreuten haben die „Juweliere" Fibeln oder anderen Trachtzierat gegossen[219] oder feine Durchbrucharbeiten gesägt. In diesem Zusammenhang sind Bleimodelle[220] als Patrizen für feinere Bronze- und Silberarbeiten aus Augsburg, Tittmoning und Seebruck zu erwähnen. *Abb 217*

Seit alters her haben sich die Archäologen gerne mit einem anderen Produkt der Juweliere beschäftigt, mit den Gemmen, die in Schmuck- und Siegelringen gefaßt waren, und als Inbegriff antiker Kleinkunst hochgeschätzt wurden[221]. Sie zeigen in minuziöser Zartheit das weite Feld antiker Bildwelt im Kleinstformat: Götter, Heroen und mythologische Gestalten. Doch die Steinschneider haben nicht nur die exquisiten Edelsteine des Orients und Indiens (beispielsweise den gelbbraunen Karneol) verarbeitet. Handwerklich nicht weniger bemerkenswert ist das mehrfarbschichtige Glaspastenimitat (Nicolo), das aus Glashütten kam und ebenfalls mit Hilfe feinster Rotationsschleifkörper „graviert" wurde. Besonders hochwertige Zeugnisse der Sphragistik sind vom Auerberg, aus Augsburg und Regensburg[222] bekannt. Gefaßt in goldenen und silbernen Fingerringen kommen sie als regelmäßiger Bestandteil der Schmuckschatulle in den verschiedenen Schatzfundhorizonten des späteren 2. und 3. Jahrhunderts vor; aber auch im einfachen Militärmilieu der Grenzkastelle und Vici waren die bronzenen und eisernen Gemmenfingerringe außerordentlich beliebt und weit verbreitet[223]. *Taf 21*

## *Glashütten*

Selbst komplizierte technische Spezialverfahren sind in Städten und einzelnen Vici der Provinz nachweisbar. Die frühkaiserzeitliche Siedlung auf dem Auerberg hat beispielsweise farbige Glasmassen (für Perlen oder Armreifen?) geliefert. Auch in Pocking und Pons Aeni/Pfaffenhofen konnten Glasfluß und verschieden gefärbte Rohglasstücke geborgen werden.

Die einzige Glashütte jedoch, die echtes Hohlglas geblasen hat, war – soweit wir heute *Abb 53* wissen – in Augsburg angesiedelt. Hier hatte Gaius Salvius Gratus, den wir als Glasfabrikanten aus Aquileia kennen, in hadrianischer Zeit eine Filiale gegründet, deren Werkstätten im Gebiet der Hl.-Kreuz-Straße 24 – 26[224] entdeckt wurden: Werkstattabfälle (Tiegelfragmente, Ofenschlacken und Ofenbausteine) signalisieren die Nähe abgebrochener Schmelzöfen. Seine in der Frühphase hellgrünen bis hellblauen, später tief- bis smaragdgrünen Erzeugnisse beschränken sich auf ein Formenspektrum von einfach gerippten Krügen, Balsamarien, Faltenbechern und vor allem formgeblasenen Vierkantkrügen, deren Böden die charakteristische Stempelmarke mit Palmette und seinen Namen bzw. seine Initialen tragen. Salvius Gratus hat über zwei Generationen lang das Limesgebiet bis hinüber ins obergermanische Rottweil beliefert und seine zerbrechliche Fracht – ähnlich der Keramik – flußbwärts auf der Donau bis nach Pannonien verhandelt.

Ob später eine Glashütte in Regensburg bestand, wissen wir nicht; auch die Herkunft des trüben (zylinder-)geblasenen oder gegossenen Fensterglases, ist noch unbekannt.

## *Das Keramikgewerbe*

Innerhalb der traditionellen Handwerkssparten gab es eine Vielzahl spezialisierter Berufe. Doch kein Gewerbe hat in den archäologischen Quellen so viele Spuren hinterlassen wie das Keramikhandwerk, das nicht nur im Fundstoff dominiert und die Archäologen seit eh und je besonders beschäftigt hat. Die Produktionsstätten selbst führen uns mit Tongruben, Öfen und Fehlbränden direkt in die Arbeitswelt des werkenden Menschen. Manufakturen versorgten die Bevölkerung mit Gütern des täglichen Haushaltsbedarfs, mit Transport- und Vorratsbehältern, Geschirr für Keller und Küche und Speiseservice für den Tisch. Die Töpfereien machten sich die Tonvorkommen des Alpenvorlandes ebenso zunutze wie die reichen Holzvorräte seitab der Flußtäler.

Solange die militärischen Verhältnisse an den Grenzen unsicher, die Siedlungen im Aufbau und die Lebensmittelproduktion im eigenen Land noch am Beginn stand, waren weite Bereiche des Wirtschaftslebens auf Einfuhren aus den Nachbarländern angewiesen. Auch die Keramikbranche brauchte stabile Verhältnisse und einen überschaubaren Absatzmarkt, ohne die kein Unternehmer oder Handwerker langfristige Inve-

1

2

*Abb. 53 Glasgefäß-Bodenstempel aus der Glashütte des Salvius Gratus in Augsburg. 1 Augsburg, 2 Günzburg (M. 1:2).*

stitionen, die auch der Töpfer tätigen muß, wagte. Deshalb blieb das feine Tafelgeschirr des gehobenen Anspruchs noch einige Zeit Handelsware, die von spezialisierten Geschirrhändlern, *negotiatores artis cretariae*, aus einiger Entfernung ins Land gebracht wurde (S. 265).

Schon die ältesten römischen Siedlungen wie der Handwerkervicus auf dem Auerberg, in Kempten[225] und Schwabmünchen haben Kochgeschirr und feinere Waren produziert. Das raetische Töpfergewerbe erlebte jedoch erst gegen Ende des 1. Jahrhunderts einen beachtlichen Aufschwung, der wohl unmittelbar mit der Ausweitung des Markts im Norden zusammenhing. Überall, wo größere Militärplätze oder Zivilsiedlungen entstanden, folgten bald mehr oder weniger große Töpfereien, die ein unterschiedliches Sortiment meist gröberen, d. h. rauhwandigen Haushalts- und Kochgeschirrs anboten. Bei fast allen Donaukastellen (Emerkingen, Rißtissen, Günzburg, Faimingen, Straubing) lagen Versorgungstöpfereien am Rand der Vici, die schon erste Tendenzen einer Spezialisierung auf feinere Waren aufweisen (Terra Nigra, Raetische Ware), und es dürfte nur eine Frage der Zeit sein, daß auch bei den anderen Standlagern Keramikwerkstätten entdeckt werden. Militärtöpfer (im Umfeld der Legion oder der Auxiliareinheiten) gab es hierzulande, soweit wir wissen, nicht. Man darf davon ausgehen, daß private Unternehmen überall in der Lage waren, den Geschirrgrundbedarf von Kastellen und Lagerdörfern zu decken.

Aus diesen ersten Ansätzen haben sich bald kleinere Landhafnereien in den Dörfern entwickelt; ihre Hinterlassenschaften sind bei vielen Ausgrabungen beispielsweise in Nassenfels, Taimering oder Mangolding bei Regensburg zutage gekommen. Dazu zählt auch die umfangreiche Reibschüsselproduktion des Iulius Carantus in Günzburg und die des Cappo im Vicus des Straubinger Westkastells[226]. Viele westraetische Reibschüsseltöpfer sind zwar namentlich bekannt, ihre Produktionsstätten aber noch nicht lokalisierbar: Acisius, Apri(. . .), Boudillus, Catullus, Germanus, Iallo, Iedasius, Ienalis, Ioin(corix), Iracatus, Man(. . .), Marc(. . .), Martialis, Pacatus, Primus, Provincialis, Silvanus oder Vetuso.

Die antike Töpferei war bezüglich der Produktionsstrukturen zwar reine Manufaktur, jedoch nach Art der klassischen Serienfertigung, die nur bei größeren Aufträgen und Stückzahlen wirklich rationell und einträglich arbeitete. Schon bald nach der Mitte des 1. Jahrhunderts entstand im Vicus Rapis bei Schwabmünchen[227] an der Römerstraße nach Augsburg eine ausgedehnte Handwerkersiedlung, das größte und bedeutendste Keramik-Manufakturzentrum in Raetien. Reste keltischer Vorläufer sind zwar faßbar, doch fehlt der zeitlichen Kontinuität ein Jahrhundert.

Die ausgedehnten Untersuchungen des letzten Jahrzehnts vermitteln ein lebendiges Bild von der Größe des Töpferdorfs, seiner Entwicklung und seinen Erzeugnissen. Gut ein Dutzend Töpferfamilien lebte hier über fünf Generationen ausschließlich von der Geschirrproduktion. Aus den tertiären Molassetonen (Obermiozän), die am gegenüberliegenden westlichen Talrand der Wertach anstehen, konnte man vorzügliche Tone und feine Engoben gewinnen. Charakteristische Schwabmünchner Erzeugnisse sind außer dem reduziert gebrannten einfachen Kochgeschirr und oxidierten Schüsseln und Wasserkrügen die rotgestrichene und geschwämmelte Ware sowie feine Terra Nigra. Neben rotgestrichenen „Soldatentellern" war die typische Einzelform die tausendfach bewährte Reibschüssel mit dem rotgestrichenen oder mit radialen Strichgruppen bemalten Kragenrand. Charakteristisches Spezialwerkzeug der Schwabmünchner Töpfer war der keltische Mehrspurpinsel[228]. Nur die schweren, unbemalten
*Abb 210* Haushaltsreibschüsseln wurden mit Stempeln gemarkt: Hanuedus, Darro, Quarti(o), Raeticus, Sarga, Severus, Trever, Vacco, Vitalis, (. . .)uado – der Anteil keltischer Namen ist nicht zu übersehen. Damals belieferte Schwabmünchen den gesamten raetischen Markt mit seinen Qualitätsprodukten. Hauptabnehmer waren die Ausgburger Geschirrhändler[229] für den lokalen Bedarf der damals sicher schon bevölkerungsreichsten Stadt; ihre Handelskontakte weisen hinüber ins südliche Obergermanien, vor allem aber in den Osten, wohin die zerbrechliche Fracht rasch und billig auf der Donau bis nach Pannonien verschifft werden konnte.

Für den Aufschwung der Keramikbranche in Raetien war nicht nur die Ausweitung des Markts jenseits der Donau verantwortlich. An der Hochkonjunktur in Schwabmünchen und anderen Töpfereien (Günzburg, Gundremmingen und Faimingen) waren fremde Töpfer beteiligt, die vermutlich auf Betreiben Augsburger Unternehmer und Kaufleute aus dem gallischen und obergermanischen Westen angeworben und in Raetien überall dort angesiedelt wurden, wo ein guter Absatz profitable Geschäfte versprach. Diese Töpfer brachten nicht nur ihr virtuoses Können, für das die gallische Handwerkerschaft seit jeher bekannt war, mit, sondern auch moderne Gefäßformen und originelle Dekors sowie neue Brenntechnologien (Redox-Brände). Nur so jedenfalls erklärt sich das schlagartige Auftreten einer schwarzengobierten Feinkeramik, für deren eigentümlich geometrische Stempelverzierung es hierzulande weder Wurzeln
*Abb 54* noch Vorbilder gab. Diese deshalb nicht ganz zu Recht als „Raetische Ware" bezeichnete Gruppe dünnwandiger Speise- und Trinkgefäße hat innerhalb kürzester Zeit von Schwabmünchen, Günzburg, Gundremmingen und Faimingen ausgehend den Fein-

*Abb. 54 Engobierte Becher der sog. Raetischen Ware aus Günzburg und Traubenurnen aus Lauingen-Faimingen (Mus. Günzburg und Dillingen).*

geschirrmarkt des Alpenvorlandes erobert, und die bis dahin konkurrenzlosen gallischen und obergermanischen Erzeugnisse völlig verdrängt.

Die Beliebtheit dieser Raetischen Ware jedenfalls zeigt sich nicht nur darin, daß sie von einigen (ost)raetischen Töpfereien nachgeahmt wurde, ohne daß der hohe Qualitätsstandard der schwäbischen Manufakturen je erreicht worden wäre. Den schöpferischen Einfluß der Raetischen Ware dokumentiert auch die erstaunliche Tatsache, daß die auf dem Flußweg donauabwärts verschickten Becher und Schüsseln selbst im fernen Pannonien nicht nur interessierte Käufer, sondern auch geschickte Imitatoren fanden; einige Töpfer am ungarischen Donauknie haben sich noch lange an der Nachahmung von Form und Dekor der Raetischen Ware versucht.

Ähnliches gilt auch für die modelgeformten Keramiklampen, die bis auf wenige stadtrömische Exemplare zunächst hauptsächlich aus den großen Lampentöpfereien Oberitaliens importiert werden mußten. Es gibt nur vereinzelte Hinweise auf lokale Lam- *Abb 243* pentöpfer wie in der kaiserlichen Ziegelei von Westheim, im Vicus von Straubing, oder später in Pocking und Regensburg; ihr Marktanteil war nicht der Rede wert. Bis heute ist nicht klar, woher die Masse der sog. Raetischen Bildlampen mit Volutenschnauze kommt, die in spätflavischer Zeit die Konkurrenz zu den italischen, gallischen und germanischen Bild- und Firmalampen aufnahm. Ihre feine rotbraun-schwarze Engobe läßt vermuten, daß sie aus den gleichen westraetischen Töpfereien stammen, in denen auch die Raetischen Becher hergestellt wurden, aus Faimingen und Günzburg; es ist sicher kein Zufall, daß gerade dort zahlreiche Spätausformungen aus stark verschlissenen Altmodeln auftauchten[230]. In den anderen Manufakturen Raetischer Ware (Schwabmünchen und Gundremmingen) fehlen Hinweise auf Lampen im Produktionsspektrum. Die späten rauhwandigen Produkte des Maternus, Mar(. . .), Severus und Similis aus Regenburg waren nur lokal verbreitet[231].

Seit der Mitte des 2. Jahrhunderts wagte man sich in Schwabmünchen aufgrund der Erfahrung zweier Generationen mit den rohstoffabhängigen örtlichen Engobequalitäten erstmals an die Herstellung von Terra Sigillata und imitierte zunächst einfache glatte Formen, bevor man schließlich mit Formschüsselware zu experimentieren begann. *Taf 11* Diese renommierte Feinkeramik wurde bei 1000/1050 Grad Celsius oxidiert gebrannt, wobei die hochroten Glanztonüberzüge fast an die Wasserfestigkeit (modernen Standards) heranreichen.

Diesen Versuchen der Sigillata-Herstellung im Töpferdorf von Schwabmünchen war jedoch nur mäßiger Erfolg beschieden. Dagegen hatten wiederum zugewanderte Handwerker Erfolg, die nicht aus den ortsansässigen Töpferfamilien stammten, sondern ihre Lehrzeit vermutlich im obergermanischen Sigillatazentrum Tabernae/Rheinzabern verbracht hatten. Sie gründeten kurz vor oder um 200 eine Filialmanu- *Abb 212* faktur in Schwabegg am gegenüberliegenden Talrand von Schwabmünchen. Diese mit gerade zehn Töpfern (Haupttöpfer Lucanus, Elenius und Severus, ferner Bellus, Ioincorix, (V)ota, Victo(. . .), Marcellus, Onnio, Secundinus) betriebene Manufaktur hatte sich ausschließlich auf Terra Sigillata spezialisiert und in größerem Umfang ordent- *Abb 213* liche Ware produziert. Es gab glatte Gefäßformen (Näpfe, Teller, Becher, Schüsseln) und reliefverziertes Geschirr (zylindrische Becher, halbkugelige Schüsseln), deren Relief aus Formschüsseln ausgeformt wurde. Schwabegg hat in der Zeit vor dem Limesfall weniger den regionalen Markt als überraschender Weise die fernen Absatzgebiete in Pannonien auf dem Wasserweg bis hinunter nach Mursa, Burgenae und Tibiscum in Dakien beliefert.

Auch die an der norischen Grenze gelegenen zeitgleichen Großtöpfereien von Westerndorf-St. Peter und Pfaffenhofen am Inn haben Terra Sigillata produziert und ihre Erzeugnisse aus ähnlichen marktpolitischen Gründen vorwiegend inn- und donauabwärts in die Provinzen Norikum, Pannonien, Moesien und ins Barbarikum verhan-

*Abb. 55 Seebruck (Lkr. Traunstein). Norische Keramik aus Gräbern (Grab 128, 120, 132 und 139) (Prähist. Staatsslg. München).*

delt. Die wichtigsten Töpfermeister in Westerndorf waren Comitialis, Helenius und Onniorix, in Pfaffenhofen Dicanus (oder Dignus). *Abb 194*
Auch im Vicus von Pocking und an anderen Plätzen im Dekumatland (Nassenfels) und an der norischen Grenze wurde die Terra Sigillata-Herstellung versucht. Daß diese Betriebe je noch in wirtschaftlich nennenswertem Umfang produziert haben, ist kaum anzunehmen.
Bleibt zu erwähnen, daß sich in Raetien neben dem starken, teilweise nach Obergermanien tendierenden westraetischen Keramik-Formenkreis ein südraetisch-alpin ge- *Abb 55* prägter abzeichnet, der jedoch noch wenig erforscht ist. Im Laufe des fortgeschrittenen 2. Jahrhunderts setzt sich im Bereich der einfachen Irdenware ein ostraetischer Keramikkreis ab. Spezialitäten dort waren beispielsweise jene großen weißbemalten Flaschen, die typische Elemente keltischer Form- und Maltradition bewahrt haben. *Taf 15*
Im professionellen Produktionsmilieu der mittleren Kaiserzeit darf schließlich die handaufgebaute Ware mit ihren urtümlichen Formen und Zierweisen nicht vergessen werden; sie war vor allem in den ländlichen Gebieten weit verbreitet. Diese Gefäße (Teller, Becher, Schüsseln, Töpfe) sind im wahrsten Sinn „hausgemacht" und wurden in einfachen Meilern bei 700–800 Grad Celsius gebrannt. Allerdings sind in Raetien durchaus verschiedene Wurzeln erkennbar, aus denen sich einzelne Gruppen mit un-

terschiedlichen Traditionen und örtlich verschiedenen Formen und Dekorweisen entwickelt haben. Sie spiegeln jedenfalls nicht ohne weiteres einheimische oder germanische Traditionen[232] wider.

In der Reichskrise des 3. Jahrhunderts, spätestens mit dem Limesfall, haben alle raetischen Töpfereien ihre Arbeit eingestellt. Von der kleinsten Landhafnerei bis zum Töpferdorf Schwabmünchen, das über 200 Jahre Stadt und Land mit bester Qualitätsware beliefert hatte, überlebte nicht eine Werkstatt. Privates Unternehmertum und Handwerk müssen unter den widrigen Verhältnissen, Steuerlast, Inflation, Absatzschwierigkeiten wie auch den unaufhörlichen Zerstörungen ihrer Produktionsanlagen durch die Germanen so schwer gelitten haben, daß es kaum ein Menschenalter später schon nicht mehr möglich war, die alten, traditionsreichen Handwerkerorte zu reaktivieren. Der allgemein niedrige Lebensstandard der Provinzbevölkerung, soweit er sich gerade auch am zivilisatorischen Gradmesser Keramik beurteilen läßt, verlangte nicht mehr nach einem reichen Warenangebot, wie es in der mittleren Kaiserzeit auf den Markt kam, sondern war mit dürftigen Produkten zufrieden, die ihm das heimische Zieglerhandwerk offerierte: Die noch „besten“ keramischen Erzeugnisse kamen damals aus der Ziegelei von Rohrbach im waldreichen Hinterland des Augsburger Ostens[233].

## Güter, Wege und Standorte des Handels

Der Handel gehört zu den Bereichen des antiken Wirtschaftslebens, in denen das Organisationstalent und kaufmännische Geschick der Römer besonders klar zum Ausdruck kommt. Grundpfeiler des leistungsfähigen Warenaustauschs war die vom Staat bzw. dem Kaiser garantierte Währung; sie bildete die Voraussetzung für einen weiträumigen, grenzüberschreitenden Güterverkehr. Trotz zahlreicher Nationalsprachen wurde die lateinische Amtssprache überall verstanden, die Schrift sorgte für Klarheit, Gesetz und Rechtsbrauch für die notwendige Rechtssicherheit im täglichen Geschäftsverkehr. Schließlich wurden Maße, Waagen und Gewichte als gültige Bezugseinheiten von den zuständigen Aedilen überwacht und von jedermann anerkannt.

### *Münze, Gewicht und Maße*

Im Alpenvorland gab es im 2. und 1. Jahrhundert v. Chr. eine funktionierende Geldwirtschaft, die auf den Metallen Gold und Silber basierte. Mit dem Ende der keltischen Entwicklung verschwanden ohne Übergang die keltischen Münzen. So kam mit den römischen Legionaren die römische Geldwirtschaft und die römische Währung in ein quasi münzloses Land. Einen charakteristischen Ausschnitt aus dem zur Zeit des Augustus umlaufenden Münzbestand zeigen die 370 Münzen unter den Funden von Augsburg-Oberhausen[234].

Durch die Neuordnung unter Augustus hatte das römische Münzwesen einen Stand und eine Differenzierung erreicht, die es dann lange Zeit beibehielt. Die Goldmünze (*aureus*) galt 25 Denare aus Silber. Den Wert beider Münzsorten bestimmte das enthaltene Edelmetall. Beide Metalle waren also Währungsmetalle; wir haben demnach eine bimetallische Währung vor uns. Als Scheide- oder Kreditmünzen, d. h. als Kleingeld für den täglichen Bedarf, fungierten der Sesterz und der Dupondius aus Messingbronze und der As und sein Viertel, der Quadrans, beide aus Kupfer. Die Relationen blieben im 1. und 2. Jahrhundert n. Chr. gleich und waren: 1 Aureus = 25 Denare = 100 Sesterzen = 200 Dupondien = 400 Asse. Abgesehen vom Metall unterschieden sich die Münzen aus unedlem Metall dadurch, daß der Kaiser auf der Vorderseite beim Sesterz und beim As einen Lorbeerkranz und beim Dupondius eine Strahlenkrone getragen hat.

Der Geldverkehr des Tages wurde, wie wir aus den vielen Tausenden von Fundmünzen ersehen können, im wesentlichen von den Scheidemünzen bestritten. Silbermünzen aus dem 1. und 2. Jahrhundert sind im Fundbestand der Siedlungen und Kastelle in Raetien nicht häufig; sie wurden vorwiegend bei Zahlung größerer Beträge verwendet und kommen deshalb überwiegend in Schatzfunden, dann aber meist zu Hunderten vor[235]. Goldmünzen werden bei uns wegen ihres großen Wertes wohl immer Seltenheiten dargestellt haben. Nicht von ungefähr kennen wir Schatzfunde mit Aurei nur aus den größten Orten, Augsburg[236] und Regensburg[237]. Da die Münzen fast alle gut datiert sind, bilden sie in Verbindung mit dem anderen Fundmaterial eine wertvolle Datierungsquelle und führen durch ihre statistische Auswertung nach Siedlungs-, Schatz- und Grabfunden in größeren Bereichen zu historischen Erkenntnissen[238].

Über die Entwicklung der Löhne und Preise in den ersten beiden Jahrhunderten wissen wir aus unserem westlichen Reichsteil so wenig, daß sich bis heute noch kein deutliches Bild ergibt. Die Verhältnisse dürften in dieser Zeit ziemlich stabil geblieben sein, wenn wir von einer leichten Minderung des Denarwertes und damit seiner Kaufkraft absehen. Der Jahressold eines Legionars mag dies illustrieren; er betrug unter Augustus 225 Denare (Tageslöhnung ca. 10 Asse), ab Domitian 300 Denare und unter Commodus 375 Denare. Als interessante Preisangabe aus Norikum sei angeführt, daß eine Sigillata-Bilderschüssel des CINNAMUS aus der zweiten Hälfte des 2. Jahrhunderts 20 Asse gekostet hat[239].

Seine Barschaft trug man damals in einem Beutel aus Leder oder Stoff bei sich. Hauptsächlich von weiblichen Personen wurde ein Börsenarmreif aus Bronze allein oder aus Bronze und Eisen verwendet, bei dem durch das Aufschieben auf den Arm der Verschluß verriegelt und damit jeder Verlust unmöglich gemacht war. Daß die Leute jener Zeit schon auf dieselbe Art wie heutigentags sich zu sparen bemühten, zeigen Funde von Spardosen in Pons Aeni, wo sie in den Töpfereien hergestellt wurden.

Die römische Doppelwährung bedingte ein differenziertes und für die damalige Zeit unerhört modernes Münzwesen, wie es mehr als ein Jahrtausend lang nirgendwo mehr entwickelt werden sollte. Allerdings konnte auch dieses Münzwesen in den ökonomisch und politisch schwierigen Zeiten des Niedergangs im 3. und 4. Jahrhundert nicht mehr bestehen. Hatte schon Caracalla den unterwertigen Doppeldenar (Antoninian) eingeführt, so verminderte sich der Edelmetallgehalt der Münzen in den folgenden Jahrzehnten stetig, und 250/270 brach das Münzwesen inflatorisch zusammen. Zu den Reformbemühungen Diokletians gehört etwa 294 die Einführung einer neuen schweren Kupfermünze mit Silbersud (*follis*) und einer guthaltigen Silbermünze (*argenteus*). Konstantin I. brachte dann eine neue Goldmünze, den Solidus, und neue Silbernominale (*miliarense* und *siliqua*) heraus. Ein noch nicht völlig geklärtes Phänomen ist es, daß der viel geprägte Solidus weit über das 5. Jahrhundert hinaus wertbeständig geblieben ist, während die alltägliche Kupfermünze bis zum Ende des 4. Jahrhunderts auf 1 g und weniger abgesunken ist.

Das römische Gewichtssystem wurde von dem in 12 Unzen eingeteilten Pfund (*libra*) zu 327,45 g bestimmt, das am Anfang des römischen Münzwesens im vollen Gewicht als gegossenes As ausgegeben wurde. Diese unhandliche Vollwertmünze wurde jedoch bald zum Kredit- und schließlich zum Kleingeld. Beim römischen Pfund gestatteten vielfache Unterteilungen, von denen am häufigsten das *scripulum* = 1/24 der Unze begegnet, große Genauigkeit beim Wiegen. Vom Pfundgewicht bekam die gleicharmige Waage für Waren ihren Namen *libra*. Weit verbreitet waren im ganzen Reich die Schnellwaagen mit Laufgewicht (*statera*), ein Typ, der sich in den Mittelmeerländern bis in die Gegenwart gehalten hat. Die bis zu drei Skalen auf den verschiedenen Seiten des Waagbalkens ermöglichten bei ebenfalls verschiedener Aufhängung eine große Verwendungsbreite. Die Laufgewichte waren mitunter als Büsten künstle-
*Abb 162* risch hervorragend gestaltet, wie die Beispiele von Kempten und Arxtham zeigen. Waagen gehörten jedenfalls zum häufigen Gebrauchsgerät[240].

Als Grundmaß für Längenmessungen diente der römische Fuß (*pes*) zu 29,57 cm. Er wurde eingeteilt in 4 *palmi* oder 12 *unciae* oder 16 *digiti*. Bei großen Strecken, z. B. bei den Straßen, ging man von Schritten (*passus*) zu fünf Fuß aus und faßte 1000 Schritte zu einer Meile (*mille passuum*) von rund 1480 m zusammen. Abgekürzt mit M P finden sich die Meilenangaben auf den Meilensteinen entlang der Straßen auch in Raetien. Lediglich westlich des Rheins wurde noch die alte gallische Meile (*leuga*) zu eineinhalb römischen Meilen verwendet. Das *iugerum*, das an einem Tag mit einem Gespann (*iugum*) Ochsen umzupflügende Feld, bildete die Einheit des römischen Flächenmaßes und war ein Rechteck von 2523 $m^2$.

## *Kaufherren und Handelsagenturen*

Die genannten Faktoren – Sprache und Schrift, Gesetz und Rechtsbrauch, Währung, Maße und Gewichte – führten dazu, daß sich das Netz römischer Kaufleute so rasch und mühelos über den damals bekannten Teil der Welt spannen konnte. Rom nahm den ersten Rang im internationalen Warenverkehr ein; vor allem italische und gallische

Handelshäuser, aber auch syrische und afrikanische Kaufleute genossen besonderen Ruf.

Stadt und Dorf waren der traditionelle Standort von Handwerk und Gewerbe. Unbestritten ist ihre Marktfunktion mit dem *ius nundinarum*[241], das einer Gemeinde gestattete, in bestimmten Abständen Märkte abzuhalten. Die Märkte spielten dabei *die* zentrale Rolle als Verteiler des Fernhandelsguts bzw. als Sammel- und Umschlagplatz für die ländlichen Produkte.

*Lixae, negotiantes* und *mercatores* waren in den Lagerdörfern der Kastelle zu Hause. Diesem bunten Gemisch von Krämern und Händlern unterschiedlichster Herkunft, Sprache und Milieu stand die Kaufherrenschaft gegenüber, die ihre Kontore in der Stadt besaß und den Fernhandel (Großhandel)[242] steuerte. Dieser Großhandel war spezialisiert, d. h. in verschiedenen Sparten organisiert[243]. Er trug das finanzielle Risiko des Geschäfts durch die hohen Auslagen für Ware und Transport; entsprechend stattlich waren die Gewinne. Denn einige Kaufherren konnten beträchtliche Vermögen anhäufen und sich in unbezahlte Ehrenämter, einschließlich des Dekurionenstands, „einkaufen" und so in die politische Führungsschicht aufsteigen.

Händlerorganisationen erleichterten weitreichende Kontakte und die Abwicklung des Warentransports. Wie die *negotiatores cisalpini et transalpini*, um nur ein Beispiel zu nennen, unterhielten sie Niederlassungen in allen größeren Städten diesseits und jenseits der Alpen[244].

Der Kaufmann begleitete seine Ware in der Regel nicht selbst; die Mitarbeiter, zumeist Freigelassene und Sklaven, wickelten den Geschäftsverkehr und die Handelsaufträge ab. In vielen Fällen gründeten die Kaufherren eigene Produktionsstätten, Manufakturen und Fabriken und vertrieben die hergestellte Ware in einer Art „Produzentenhandel". Sie führten deshalb in der Regel auch kein breites Warensortiment, sondern spezialisierten sich auf einzelne, nicht unbedingt verwandte Branchen oder bestimmte Regionen, in denen es möglich war, beispielsweise per Rückfracht noch ein profitables Zusatzgeschäft zu tätigen.

Im Alpenvorland war Augsburg das Zentrum des raetischen Handels. Vornehme Grabdenkmäler mit der Darstellung von Packern, Lastenträgern und Faßwagen liefern zusammen mit den Inschriften ein lebendiges Bild von den Handelsaktivitäten dieser Stadt am Ende des 2. Jahrhunderts: Aus der Lebensmittelbranche kennen wir einen Schweinefleischhändler *(negotiator) porcarius* (IBR 175) und einen Kleiderhändler, *negotiator vestiarius* (IBR 127), der mit einem *negot(iator) artis purpurariae* (IBR 135), welcher mit gefärbten Stoffen handelte, zum gleichen Kollegium der Textilhändler gehört haben dürfte (IBR 111). Der Geschirrhändler *[ne]gotiator a[rtis] cretaria[e et fla]turariae si[. . .]* (IBR 144) hat möglicherweise wie sein Regensburger Kollege (IBR 360) auch mit Weihrauch (*thus*) aus dem Orient gehandelt, der ja in beträchtlichen Mengen in Haus, Tempel und am Grab verbraucht wurde[245]. *Abb 56*

Die Kaufleute in den größeren Städten schlossen sich zu *corpora* und *collegia*[246] zusammen, um gemeinsam Einfluß auf Politik, Kult und Festgestaltung zu nehmen. Das

*Abb. 56 Augsburg. Weihestein zu Ehren des göttlichen Kaiserhauses an [. .] Matutinus, gestiftet von einem Decurio und Schweinehändler* [negotiator] porcarius; *H. 0,57 m (Röm. Mus. Augsburg).*

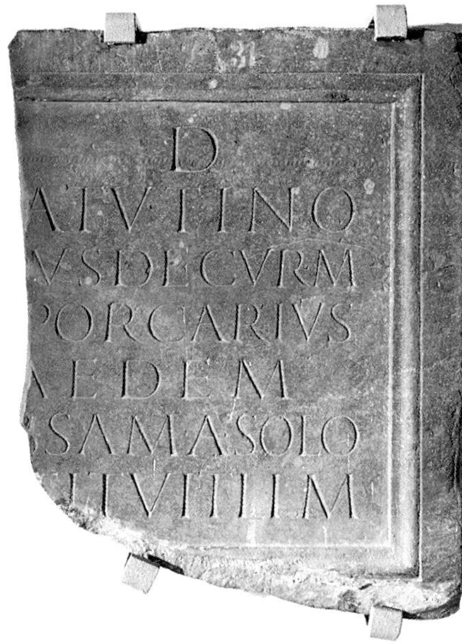


Collegium traf sich zu Geschäftssitzungen in einem eigenen Haus (*schola*) oder einer Kapelle (*templum*), in der auch die Kultdienste und Feste gefeiert wurden. Man führte eine Gemeinschaftskasse (*arca*), die aus Aufnahmebeiträgen (*summae honorariae*) neuer Mitglieder und Stiftungen gespeist und von einem Schatzmeister (*quaestor*) verwaltet wurde. Neben der Finanzierung von Festen und der Verteilung von Gaben (*sportulae*) mußten aus den Einnahmen der Unterhalt von Häusern, der Dienerschaft – viele Vereinigungen besaßen Sklaven – und Feste einschließlich der Leichenbegräbnisse ihrer Mitglieder bestritten werden.

In Augsburg hatten sich die *negot(iatores) mun(icipi)* (Wagner 25) in einer Art Dachverband organisiert; die Kaufleute der Augsburger Textilbranche, die *negotiator(es) (artis) vestiariae et lintiariae* (IBR 111) hatten sich ebenfalls zu einer Gesellschaft zusammengeschlossen. Auswärtige Kaufleute vereinigten sich gern in der Fremde, vielleicht auch die beiden *cives Tr(everes) [ne]gotiator(es)* (Wagner 106), wenn es sich nicht um zwei Brüder aus Trier handelt.

Aber nicht nur in der Hauptstadt treffen wir auf Kaufherren Raetiens und ihre Organisationen: Am Limes nahe der germanischen Grenze in Lorch saß ein Geschirrhändler *[n]eg(otiator) art(is) cr[etariae]* (IBR 293). Die Donaulinie wurde in Regensburg von einer Vereinigung der Weihrauchhändler, *n(egotiatores) t(urarii?)*[247] (IBR 360), in Passau von einen Weinhändler, *negotians vinarius* (AE 1984, 707) und einem *collegium bubu[l(ariorum)]*, einer Gesellschaft der Rinderhändler (AE 1987, 794)[248] besetzt. Die örtlichen römischen Kaufleute bildeten in Bregenz eine Händlergesellschaft, die *cives Lat(ini?) negotiatores Brigantienses* (IBR 74)[249].

## *Handelswege und Handelsgüter*

Besonders der Fernhandel war auf ein gut funktionierendes Transportgewerbe (*muliones*) angewiesen. Die Augsburger Weinhändler besaßen eigene Faßwagen, die oben schon erwähnt wurden; im innerörtlichen Verkehr und zum Umpacken der Ware waren Lastenträger zur Stelle (CSIR I, 1, 65.80). *Abb 26*

Der Fernverkehr wurde über die gut ausgebauten Fernstraßen abgewickelt; wo immer möglich, nutzte man jedoch die Flüsse, weil der Landweg bis zu sechzigmal teurer war. Der Donauhandel[250] hat bis heute allerdings nur wenige unmittelbare Spuren hinterlassen; von den Schiffen war oben schon die Rede, Hinweise auf *nautae* fehlen. Auch der Umfang der antiken Flößerei[251] ist unbekannt. Die Fundmassen westlicher, d. h. gallischer, germanischer oder raetischer Provenienz in Norikum, Pannonien und den flußabwärts gelegenen Donauprovinzen dokumentieren jedoch die herausragende Bedeutung der Wasserstraße im nordalpinen Verkehrsgeschehen: Als Beispiel sei nur an den Geschirrfernhandel und die Terra Sigillata erinnert, die buchstäblich „tonnenweise" aus den gallischen Manufakturzentren oder aus Rheinzabern und seinen späteren Ablegern talwärts verschifft wurde. Diese Güter müssen spätestens in Günzburg oder Faimingen vom Landweg auf die Wasserstraße umgesetzt worden sein.

Ob in Zusammenhang mit der Donauschiffahrt je Rückfracht einkalkuliert werden konnte, ist höchst zweifelhaft. Wie im Mittelalter sind die Schiffe nach der Naufahrt am Endpunkt der Reise anderweitig verwendet, oft abgewrackt und als Brennholz verkauft worden. Das Rückschleppen gegen Strom bei einer Tonnage von 1,5 – 1,75 t pro Person, oder 15 t pro Pferd/7 – 8 Mannstärken lohnte nicht[252]. *Taf 8*

Raetien partizipierte dank seiner günstigen verkehrsgeographischen Lage am gesamten Wirtschaftsraum der Antike zwischen den spanischen und asiatischen Provinzen. Die weitverzweigten Handelsbeziehungen brachten seinen Bewohnern in der hohen Kaiserzeit einen beachtlichen Wohlstand.

### Lebensmittel

Eine wichtige, das lebensmittelerzeugende Gewerbe ergänzende Branche bildete der Lebensmittelhandel. Der Schweinehändler (*negotiator porcarius*) von Augsburg und das *collegium bubu[l(ariorum)]* aus Passau wurden eben erwähnt.

Aufschlußreich sind die Amphoren, die häufig den Fabrikantenstempel auf den Henkeln, selten auf der Lippe oder dem Boden tragen. Vereinzelt sind Pinselaufschriften mit Tinte (*notae*) auf der Schulter erhalten, die Inhalt und Produzenten ausweisen. Ein gut entzifferbares Beispiel stammt aus Augsburg (IBR 175 B): *Liq(uamen) scomb(ri) excel(lens) Marci Valeri Maxumi*, hervorragende Makrelensauce (aus der Fabrik) von M. Valerius Maxumus.

Der Handel mit Austern[253] aus dem Atlantik, dem Mittelmeer oder dem Schwarzen

Meer ist durch Funde von Muschelschalen nicht nur im städtischen Milieu von Chur, Kempten, Augsburg oder Regensburg und auf den Villen (Berg bei Türkheim, Tittmoning, Friedberg) gut bezeugt, sondern sogar an Kastellplätzen bzw. deren Lagerdörfern (Lorenzberg, Rißtissen, Günzburg, Oberstimm, Eining oder Heidenheim), wo man diese geschätzte Delikatesse kaufen konnte.

Wie wichtig es ist, auf den Ausgrabungen umfangreiche Bodenproben zu nehmen, beweist heute die Paläobotanik, die Pflanzenteile, vor allem Samen, Nüsse und Fruchtreste aus den Erdproben ausschlämmen und nach Art, Sorte und Herkunft bestimmen kann. Damit öffnet sich der Siedlungsarchäologie eine neue Dimension. So konnten neben den heimischen kultivierten Arten der Importstrom von Südfrüchten aller Art[254] anschaulich belegt werden: Feigen und Datteln sind aus Kempten bekannt, aus Straubing außerdem der hinterindische Schwarze Pfeffer und der Pfirsich. Aus dem Fundkomplex am Straubinger Hafen stammen auch zahlreiche Gewürze wie der Kreuzkümmel, Dill, Koriander, Fenchel, Sellerie und Bohnenkraut.

Ein anderes exotisches Erzeugnis aus dem Orient war der Weihrauch (*thus*), der über die Weihrauchstraße oder das Rote Meer von den *negotiatores turarii* importiert wurde[255]. Der Orient lieferte außerdem Zimt, Muskat, Kardamom, Ingwer, Sandelholz, Süßholz, Rosinen, die Nelke und den Aloe. Die Farbstoffe Indigo und Purpur wurden teuer eingekauft. Auch indisches oder afrikanisches Elfenbein kam über das Mittelmeer, ebenso Myrrhe, Reis, Baumwolle und chinesische Seide, wie sie in dem reichen Grab 3 von Wehringen[256] gefunden wurde. Schildpatt und indischer Karneol waren für Gemmen und anderen Schmuck begehrt; die Perlen und roten Korallen einer Günzburger Halskette kamen aus dem Roten Meer. Viele Edel- oder Halbedelsteine (Türkis, Amethyst, Achat, Chalzedon) sind aus und über den Iran, aus Afghanistan (Lapislazuli), aus Indien (Jaspis, Sardonyx, Rubin, Smaragd, Chalzedon) oder China (Jade) in den Westen verhandelt worden.

## Der Ölhandel

Olivenöl, das wichtigste Koch-, Brat- und Konservierungsmittel der Antike, kam hauptsächlich aus den Olivenhainen am Guadalquivir zwischen Sevilla und Cordoba in der südspanischen Provinz Baetica[257].

Das kalt gepreßte Öl wurde in zentnerschweren Amphoren von bis zu 50 l Inhalt transportiert und verhandelt – das macht die Amphoren zu einem außerordentlich wichtigen wirtschaftsgeschichtlichen Fundobjekt. Allerdings sind die in Raetien gefundenen Amphoren und Dolien noch nicht zusammenfassend untersucht und ausgewertet, so daß der Anteil italischer, spanischer, südfranzösischer, istrischer und ostmediterraner Amphoren am Markt vorläufig nicht einmal schätzungsweise anzugeben ist[258].

Seit der Mitte des 2. Jahrhunderts beobachtet man allerdings einen deutlichen Rückgang vor allem der kugelförmigen südspanischen Dolien, sei es, daß damals die Ölein-

fuhr zurückging, sei es, daß man sich aus handelstechnischen Gründen auf andere Transportbehälter wie beispielsweise auf Holzfässer umstellte, oder daß dank der heimischen Ölproduktion (Leinöl) die teure Importware nicht mehr gefragt war.
Mit dem Import von Olivenöl unmittelbar verknüpft ist die Einfuhr bzw. die Verwendung von Öllampen. Was den Handel mit keramischen Lampen betrifft (S. 252), so haben fast ein Jahrhundert lang die Lampentöpfer in und um Mutina/Modena auch den raetischen Markt beherrscht, als Marktführer allen voran Fortis, der neben Atimetus, Comuni(s) und Iegid(i)us vor vielen Einzellieferanten (Aprio, Apolaustus, Lucius, Campilus, Cerialis, Cresces, Crestus, Coelus, Cupitus, Eucarpus, Festus, Fidelis, Fronto, LLC, Lupatus, LVA, Nerus, Pastor, Priscus, Probus, PVIII, Saturninus, Strobilis, Thallus, Vibianus, Vett(i)us und (.)narus, um nur eine Liste der Fabrikanten zu nennen, die Günzburg beliefert haben). Mit dem Rückgang der Öleinfuhr hängt vermutlich auch das langsame Verschwinden der Öllampe zusammen[259].

## Weinhändler

Eine besondere Rolle im raetischen Alpenvorland spielte der Weinhandel[260]. Das beweisen zahlreiche Darstellungen vom Weinhandel, von Fässern[261] und Faßwagen sowie von Weinausschank[262] auf Augsburger Grabdenkmälern. Der ostraetische und *Abb 26* norische Raum ist – wenn man das Grab des Weinhändlers Publius Tenatius Essimnus aus Trient (AE 1984, 707) in Passau als Beleg des Handelsstandorts akzeptiert – über Inn und Donau mit dem *vinum Raeticum*, dem Wein aus Südtirol, bedient worden[263]. Selbst wenn man einen eigenen Weinbau in Raetien annimmt (S. 232), so ist doch der größte Anteil des Bedarfs qualitätvoller Weine aus dem Süden, Westen und Nordwesten importiert worden. Die Verpackungseinheit war wie beim Öl zunächst die Keramikamphore[264], die zu Hunderten im archäologischen Material der Zivilsiedlungen und Kastelle zu finden ist. Daneben hat aber auch das Holzfaß eine erhebliche Rolle gespielt: Im Hintergrund des Augsburger Weinhandelskontors des Publius Pompei- *Abb 57* anius Silvinus stehen Faß und Amphore nebeneinander; die Amphore (*amphora spartea*) ist noch vom Transport zur Stoßsicherung mit Strohseilen eingeflochten. Über 70 Prozent der geborgenen Holzfässer sind aus Tannenholz, das nach Meinung der Botaniker überwiegend im süddeutsch-österreichischen Raum geschlagen wurde. Daß in diesen Fässern Wein transportiert wurde, ist vereinzelt durch Weinstein (Tartrat) nachgewiesen. Trierer und Sequaner Händler im Nationalitätengemisch der raetischen Metropole lassen auch an Weine aus dem Rhein-Mosel-Gebiet denken, mit denen im 3. Jahrhundert vermutlich auch die „gefirnißten", zum Teil weißbemalten Spruchbecher aus Trier hierher gekommen sind. *Abb 106*
Die Weinamphoren in Raetien sind noch nicht typographisch untersucht worden, so daß die Herkunft der Weine anhand der Amphorenformen und Tone schwer zu beurteilen ist: Eine südfranzösische Amphore aus der Friedberger Villa bezeichnet einen dreijährigen *vinum Massicum vet(eris) III* aus der Gegend von Marseille.

*Abb. 57 Augsburg. Am Vorderen Lech 1. 1973 gefundener Reliefblock vom Grabmal des Weinhändlers Pompeianius Silvinus und seines Bruders Victor. Auf den Seiten Szenen in der* taberna *(Weinausschank und Bezahlung); H. 0,96 cm (Röm. Mus. Augsburg).*

Eine lebensnahe Vorstellung von solchen Fernhandelsstrukturen vermittelt die zurückverfolgbare Handelsroute des Popillus, *natione Sequanus civis Lugdunensis* (CIL XIII 2023), „der von Hause aus Textilkaufmann war, sich aber auch als *utriclarius* im Transportwesen betätigte, indem er Wein von Lyon über Chalon-sur-Saône, Besançon an den Oberrhein und vermutlich bis Augsburg schaffte und auf dem Rückweg wohl vindelikische und sequanische Textilerzeugnisse mit in den Süden nahm“[265].

## Textilhändler

Die Textilhändler (*negotiatores artis purpurariae* und *negotiatores vestiariae et lintiariae*) wurden als Angehörige der Augsburger Munizipalaristokratie bereits erwähnt. Augsburg muß denn auch ein bedeutendes Zentrum der Textilindustrie gewesen sein,

wo nicht nur Wolle und Leinen, sondern auch feine Luxustextilien gehandelt wurden, mit denen der *negotiator artis purpurariae*, der Grieche Tiberius Claudius Euphras Geschäfte machte (IBR 135).

An dieser Stelle sind außer der Ballenschnürerszene auf einem Augsburger Grabrelief *Abb 58*
jene zentimeterbreiten Bleitäfelchen[266] der frühen Kaiserzeit zu erwähnen, die als An- *Abb 59*
hänge-Etiketten ähnlich den gestapelten Tuchrollen des Neumagener Grabreliefs verwendet wurden. Sieben Stück stammen aus Bregenz, einzelne aus Kempten und vom Auerberg, über 30 aus einer Straßenstation an der Via Claudia bei Rieden.

Die Analyse der kurzen Texte ergab eindeutig, daß es sich um eine wiederkehrende Kombination von Namen, Artikeln und Preisangaben handelt, wobei Artikel- und Tätigkeitsbezeichnungen auf die Textilbranche (Schneiderarbeiten, Walken, Färben) wiesen[267]. Das Etikett trug in der Regel den Namen des Handwerkers – in Rieden überwiegend Einheimische mit keltischen Namen Bricc(i)o, Cirata, Curmissius, Munnus oder Sisan(n)a, dabei übrigens auch fünf Frauen. Von den Trägern der sieben mit hinlänglicher Sicherheit gelesenen Namen aus Bregenz waren fünf vermutlich

*Abb. 58 Augsburg, Müllerstraße. Reliefblock von einem 1913 geborgenen Grabmal: Arbeiter verschnüren unter der Aufsicht eines Schreibers mit Hilfe von Hebelstangen einen Warenballen, vermutlich Stoffe; L. 1,35 m (Röm. Mus. Augsburg).*

Sklaven und zwei selbst arbeitende Meister; diese und drei der Unfreien gehörten den Namen nach ebenfalls zu den einheimischen Kelten.
Auf der Rückseite der Riedener Anhänger stehen die Bezeichnung der Ware und ihr Stücklohn bzw. Preis. Da allen am Arbeitsprozeß Beteiligten die Warenbezeichnung selbstverständlich und geläufig war, fällt uns heute die Auflösung der abgekürzten Artikel nicht leicht: *m* wäre als *m(antus)* oder *m(antellum)* aufzulösen, *c* als *c(asula)*; eindeutig sind das *sag(um)*, der wollene Soldatenmantel, und die *sin(gilio)*, ein teurerer Mantel. In einem Fall liegt vermutlich in Fuß *p(es)* gemessene „Meterware" vor, wenn sich dahinter nicht die Gewichtsangabe *p(ondo)* verbirgt. Die Preis- bzw. Stücklohnangaben schwankt zwischen einem Sesterz und fünf Denaren.

*Abb. 59 Bleierne Warenetiketten aus einer frühkaiserzeitlichen Straßenstation an der Via Claudia bei Rieden im Forggensee; M. 1:2 (Bayer. Landesamt für Denkmalpflege).*

## Geschirrhändler

Aufgrund der günstigen Quellenlage ist der Handel mit Geschirr, Silbergefäßen, Bronzegeschirr, Glas und Keramik gut überschaubar. Die Hinweise auf Silbergeschirr sind verständlicherweise spärlich; es war den oberen Gesellschaftsschichten vorbehalten und geriet ausnahmslos wegen seines Materialwerts – wenn überhaupt – als Versteck- oder Opferfund in den Boden. Immerhin sind außer dem Depotfund von Manching einige Westheimer Keramikabformungen bekannt, die wohl aus dem Umfeld des Statthalters stammen. Sie zeigen deutliche stilistische Anklänge an das beliebte, ursprünglich aus Alexandria kommende Silbergeschirr. *Taf 12*

Das gegossene und abgedrehte Bronzegeschirr aus Italien (Capua) war im 1. Jahrhundert noch eine durchaus teuere Angelegenheit. Im 2. Jahrhundert muß das Bronzegeschirr jedoch durch die Verlagerung der Produktionsstätten und die Ausweitung des Markts rasch im Wert gefallen sein, so daß sich fast jeder Haushalt einen mehr oder weniger umfangreichen Satz an Koch- und Tafelgeschirr leisten konnte. Diese Stücke kamen nicht mehr aus Italien, sondern aus der gallischen und rheinisch-germanischen Messingproduktion, wie Meisterstempel des Saturninus (Dambach, Aalen) und des Thal. et Triccus (Pfaffenhofen, Weißenburg) andeuten[268].

Selbst das empfindliche Tischgeschirr aus Glas ist trotz seiner Zerbrechlichkeit von spezialisierten Kaufleuten über weite Entfernungen herbeigeschafft worden, zunächst (in spätaugusteisch-claudischer Zeit) aus Oberitalien, vor allem aus den Glashütten von Aquileia. Der 1989 in der Augsburger Jesuitengasse geborgene „Händlerfund" bestand aus einer planierten Glasschicht mit Bruchstücken von über 500 Gefäßen, hauptsächlich Rippenschalen und Bogenrippenbechern des späten 1. Jahrhunderts, die überwiegend aus Aquileia stammten[269]. Kölner Produkte wie die attraktiven Schlangenfadengläser sind im 3. Jahrhundert nur noch vereinzelt in den Süden gelangt.

Im Rahmen des Geschirrhandels ist auch der Import der seit der frühen Kaiserzeit beliebten Specksteingefäße aus den Alpen zu sehen. Der Lavez[270] (*lapis Comensis*) wurde im Wallis und in Graubünden gebrochen, und an Ort und Stelle verarbeitet. In bergfrischem Zustand ließ sich der weiche Speckstein mit Hilfe von Vertikal-Drehbänken zu Tellern, Bechern und Schüsseln drehen, und härtete nach und nach durch „Verdunsten" des Kristallwassers aus. Die Lavezgefäße wurden wegen ihrer hohen Feuerfestigkeit hauptsächlich zu Kochgefäßen verwendet. *Abb 105*

Bei einer Massenherstellung wie der Keramikproduktion, die in Gallien und Obergermanien zu großen Produktionzentren geführt hat, war eine entsprechende Absatzorganisation notwendig, um das Geschirr auf den Märkten des Landes zu verteilen und den gewinnbringenden Export zu bedienen. Das keramische Hausgeschirr war nur zu einem geringen Teil Fernhandelsware. Die Irdenware für Küche und Vorratskeller kam aus örtlichen Töpfereien und wurde auf den heimischen Märkten angeboten. Teuer war dagegen das Feingeschirr, namentlich glasierte oder fein engobierte Ware, vor allem die weltweit verhandelte Terra Sigillata, die anfangs aus den Manufakturzen- *Taf 13* *Abb 68, 133* tren Mittelitaliens (Arretium/Arezzo) und der Padana kam, dann aus dem Süden Galliens, aus Lugdunum/Lyon, Condatomagus/La Graufesenque und Ledosus/Lezoux, um nur die bedeutendsten Fabrikationsorte des 1. und frühen 2. Jahrhunderts zu nennen. Selbst Importe aus afrikanischen Sigillata-Töpfereien haben hin und wieder den hiesigen Geschirrmarkt erreicht[271].

Der Fernhandel wurde von Kaufleuten organisiert, die als *negotiatores artis cretariae* (*creta* = Ton) auf Keramikgeschirr spezialisiert waren. Ihr Warenangebot ist durch eine Reihe umfangreicher Lagerbestände, die infolge von Bränden oder kriegerischen Ereignissen zerschlagen und verglüht in den Boden gekommen sind, bekannt. Der große Geschirrsammelfund aus dem Lagerdorf des Kastells Burghöfe besteht aus mehreren hundert Sigillata-Gefäßen der Manufakturen Südgalliens sowie tongrundigem Haushaltsgeschirr lokaler Provenienz. Das gesamte Warenlager war in frühflavischer Zeit durch Feuer zerstört und der Schutt „randvoll" in einen ausgebrannten Erdkeller vor dem Südtor des Kastells gefüllt worden. Solche Händlerfunde sind nicht einmal selten; außer in Burghöfe kennen wir sie in Bayern aus Kempten, Gauting, Regensburg-Kumpfmühl und Munningen[272]. Andere raetische Fundorte (Bregenz, Eschenz) kommen hinzu.

Das 1930 in Gauting ausgegrabene Geschirrdepot ist ebenfalls in einem Feuer am Beginn des 2. Jahrhunderts zugrunde gegangen; in diesem Lager sind bei der Entdeckung noch 250 Krüge lokaler Irdenwareproduktion und mehr als ein Dutzend gallische Venusstatuetten[273] aus weißem Pfeifenton geborgen worden.

Der Kemptener Geschirrfund umfaßt eine beachtliche Sigillataserie von über 1000 Gefäßen, die bei einem Brand in den achtziger Jahren des 2. Jahrhunderts in den Boden gekommen ist; das Feuer hatte nicht nur den Laden und das Warenlager, sondern auch das Wohnhaus des Händlers im Stadtzentrum an der vornehmen Ladenstraße unmittelbar gegenüber dem ehemaligen Statthalterpalast erfaßt.

Die sog. Raetische Ware[274] und Schwabmünchner Keramikerzeugnisse und vor allem die raetische Terra Sigillata[275] von Schwabmünchen-Schwabegg, Pfaffenhofen und Westerndorf hat damals erstaunliche Verbreitung gefunden, weil sie um einiges billiger zu liefern war, als die Ware aus dem fernen Sigillata-Zentrum Tabernae/Rheinzabern: Der Standortvorteil der bayerischen Sigillata-Manufakturen lag in der günstigen Anbindung über Lech und Inn an die Donau, so daß der norische und pannonische Markt bis hinunter nach Dakien und Moesien schneller beliefert werden konnte.

Nur sporadisch ist der Handel mit anderen Gegenständen des täglichen Gebrauchs im archäologischen Fundbild greifbar; erwähnt sei der Kleinhandel mit Fibeln in Augsburg[276] oder das Geschäft mit Wetzschiefer aus den Alpen[277] oder Mühlsteinen aus dem fränkischen Sandsteinrevier jenseits der raetischen Mauer.

## *Zoll und Zollstationen an den Grenzen*

Das römische Imperium war zur Überwachung des Fernverkehrs in Zollgebiete aufgeteilt[278]. Der Westen des Reiches gehörte mit den gallischen Provinzen, den beiden Germanien und Raetien zum Zollbezirk der *quadragesima Galliarum*, an deren Grenzen Ein- und Ausfuhrzoll (*portorium*) in Höhe des 40. Teils des Warenwerts, rund 2 1/2 Prozent, erhoben wurde. Eine frühere Zugehörigkeit der Provinz Raetien zum illyrischen Zollsprengel in der älteren Kaiserzeit ist umstritten; sie rechnete wohl von Anfang an mit allen gallischen Provinzen, der Narbonensis, der Westalpen und den germanischen Provinzen zum gallischen Zollbezirk, der möglicherweise bis zum Inn reichte, wo der illyrische Sprengel begann[279].

Der Zoll (*vectigal*) wurde vom Staat geschätzt, an Gesellschaften verpachtet (*societates publicanorum*), von Steuerpächtern (*publicani*) eingetrieben bzw. später an einzelne Pächter (*conductores*) vergeben und nicht ohne Mitwirkung der *procuratores quadragesimae Galliarum* von der kaiserlichen Provinzverwaltung selbst abgeschöpft. Die Zölle wurden seit dem fortgeschrittenen 2. Jahrhundert weitgehend auch vor Ort durch kaiserliches Personal, d. h. in der Regel durch Sklaven und Freigelassene der *familia Caesaris* eingezogen (vgl. IBR 67); zu deren Schutz kommandierte der Präsidialprokurator Benefiziarier ab (CBFIR 211).

Der Verwaltungssitz des illyrischen Zollgebietes (*publicum portorium Illyrici*) lag im slowenischen Poetovio/Ptuj am linken Ufer der Drau; von hier aus wurden Norikum und die Donauprovinzen betreut. An der Donau in Passau begann die Kette der illyrischen Zollstationen, die sich innaufwärts nach Süden entlang der Provinzgrenze durch die Alpen bis zur italischen *regio X* (Venetia et Histria) erstreckte.

Wir kennen derzeit vier Zollstationen nach Raetien: Auf dem norischen Innufer gegenüber Passau in Boiodurum/Passau-Innstadt befand sich die *statio Boiodurensis publici portorii Illyrici* (CIL III 5121; IBR 441; AE 1977, 594), von deren Existenz wir durch die Inschriften einiger Zollbediensteter, eines *vilicus*, eines *contrascriptor*, des Stationsleiters (*ex vikario*) (IBR 441) und eines *scrutarius* wissen[280]. Im bayerischen Pons Aeni/Pfaffenhofen am Inn lag die *statio Enensis*; ein Stein aus Poetovio nennt den kaiserlichen *vilicus* der Station (CIL III 15184, 7=AIJug 302)[281]. Die noch nicht lokalisierte Binnenzollstation, die *statio Esc[. . .]* wird im Chiemgau gesucht (CIL III 5620; IBR 20 A)[282].

Die nächsten Zollstellen des illyrischen Zollsprengels lagen in Ad Tricesimum/Tricesimo an der Straße von Aquileia über den Plöckenpaß-Gailbergsattel nach Aguntum und im Eisacktal bei Säben, Sublavio/Klausen-Chiusa am Brenneraufstieg, wo der Sklave Festinus *ark(arius)*, Kassenaufseher des Conductors Titus Iulius Saturninus war (IBR 57. 58). Auf einer Inschrift wird der *servus contrascriptor*, der Gegenzeichner (IBR 58) erwähnt, eine andere nennt einen kaiserlichen Sklaven als Verwalter (*vilicus*: IBR 59).

Die südöstlichste Zollstation in Raetien war die *statio Miensis* in Obermais/Partschins *Abb 233* bei Meran, die für den gallischen Zollbezirk arbeitete; ihr stand ein kaiserlicher Freigelassener *Augustorum nostrum libertus, praepositus stationi Miensi quadragesimae Galliarum* vor (IBR 68).

## *Handel mit den Germanen jenseits des Limes*

Obwohl der Handel mit dem „freien Germanien“ in der provinzialrömischen Forschung einen breiten Raum einnimmt, konnte die bayerische Archäologie zu diesem Bereich nur wenig einbringen, und das nicht ohne Grund. Archäologische Spuren im Fundstoff sind außerordentlich dünn gesät und deshalb schwer zu beurteilen. Die Verbreitung der wenigen frühen Siedlungen jenseits des auffallend siedlungsleeren
*Abb 60* Vorfeldes hinter dem Limes in Nordbayern und den Waldgebieten nördlich Regensburgs, der nordostbayerischen Mittelgebirgszone, des Bayerischen Waldes und der Cham-Further Senke[283] konnte stammesgeschichtlich bisher ebensowenig gedeutet werden wie vereinzelte Hinterlassenschaften südlich der Donau[284]. Das gilt auch für das 2. und bis ins 3. Jahrhundert[285]. Darüber hinaus erschweren Bevölkerungsverschiebungen den Überblick: Man rechnet in den Jahren um Christi Geburt mit der Zuwanderung germanischer Siedler in ursprünglich keltische Gebiete am oberen Main

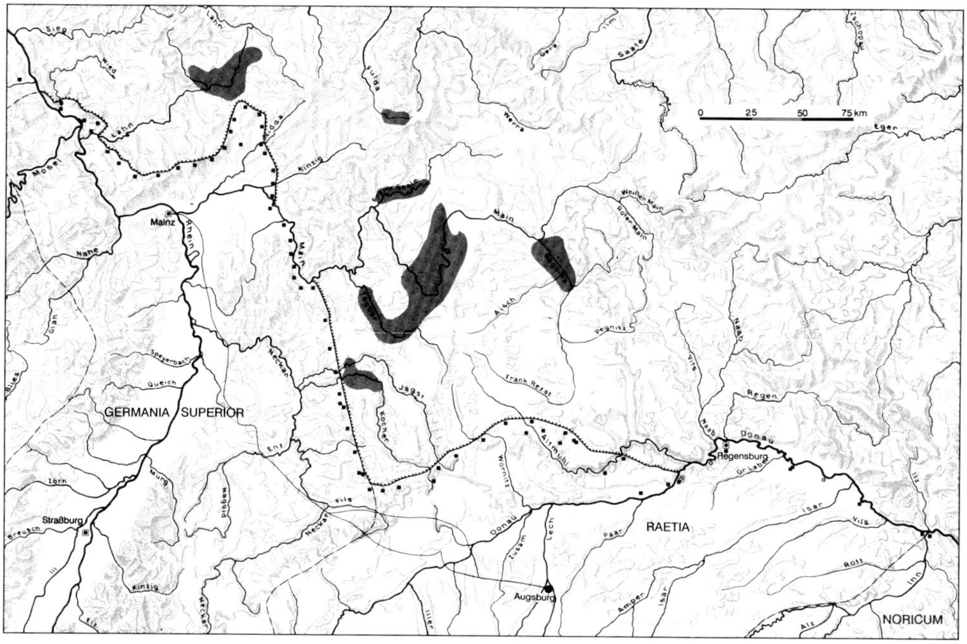


*Abb. 60 Germanische Siedlungsgebiete vor dem Limes in Nordbayern (nach S. von Schnurbein).*

und an der unteren Regnitz, wobei die Abwanderung der Markomannen unter ihrem König Marbod siedlungsgeschichtlich ungeklärt ist (S. 62).

Als Handelspartner der Römer treten die Germanen archäologisch erst spät in Erscheinung. Der Umfang des Exports wird nur in Ausschnitten sichtbar, weil viele, vor allem kostbare Gegenstände entweder nicht in den Boden oder durch die Bestattungssitten gefiltert in die Gräber gelangt sind, zumal der weitaus bedeutendere Teil des römischen Imports organischer Natur (z. B. Textilien) gewesen sein dürfte.

Durchmustert man die anscheinend begehrten (oder von Archäologen häufig überschätzten) Exportstücke, dann fallen die zahlreichen Gemmen[286], Fibeln[287] und figürliche Kleinbronzen[288] neben der Keramik[289] auf, die nur eine untergeordnete Rolle spielte; bezeichnenderweise fehlen typisch raetische Waren. Es fehlen außerdem weitestgehend echte Luxuswaren wie kostbare Gläser oder Metallgeschirr[290], das den Fernhandel ins Innere Germaniens und besonders die reichen Germanengräber der Lübsow- oder Haßleben-Leuna-Gruppe charakterisiert.

Die Fundanalyse führt zu einem klaren Ergebnis: Der geringe Warenwert des „Exports" schließt Kriegsbeute ebenso aus wie Geschenke römischer Vertragspartner. Auch kein umherreisender römischer Händler[291] wird sich mit Billigwaren wie Geschirr oder zentnerschweren Mühlsteinen[292] geplagt haben. Die römischen Waren sind vielmehr das Ergebnis eines bescheidenen Grenzhandels, der in den Lagerdörfern der Limeskastelle stattfand. Dieser Handel lief jedenfalls allem Anschein nach nicht über die beschwerlichen Landwege von der raetischen Grenze im Süden aus, sondern von der Mainlinie nach dem Osten. Diese Kontakte hatten anscheinend sogar Rückwirkungen auf die vieh- und pflanzenzüchterischen Bemühungen der Germanen[293].

Ein von den Archäologen immer wieder diskutiertes Thema ist die Herkunft der sog. „germanischen" Trinkhornbeschläge[294], die in einiger Stückzahl in der Provinz auf- *Abb 61*

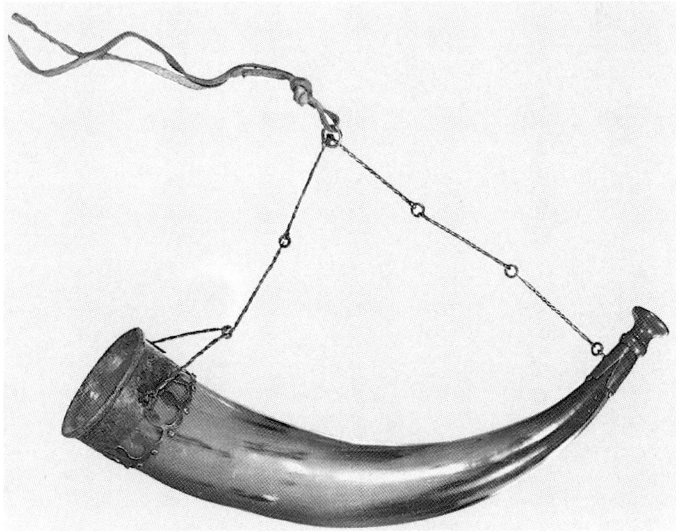

*Abb. 61 Künzing (Lkr. Deggendorf). Trinkhornbeschläge, montiert auf ein rezentes Rinderhorn.*

tauchen. Deuten sie die Übernahme germanischer Trinksitten bei den Veteranen an, waren sie Beutegut, Prestigegüter oder stammten sie aus dem Handel? Der Vergleich der zum größten Teil in den Lagerdörfern, aber auch in Villen gefundenen Trinkhörner mit den Originalen aus germanischen Gräbern deutet an, daß es sich nicht unbedingt um Hinterlassenschaften von Germanen in Raetien handelt, nicht einmal zwingend um original germanische Trinkhörner[295], sondern vielleicht um Erzeugnisse geschäftstüchtiger römischer Bronzegießer, die diese Hörner für die Veteranen der römischen Armee hergestellt und vertrieben haben.

*Abb 61*

## Religion und Kult

Die Religiosität war im Leben des antiken Menschen tief verwurzelt[296]. Ihren Ausdruck fand die Frömmigkeit in der Verehrung eines vielgestaltigen Götterhimmels, des römischen Pantheon; aber auch einheimische Gottheiten, die zunächst fremd waren, wurden akzeptiert und im Hinblick auf eigene Göttervorstellungen umgedeutet. In Raetien sind mehr als 50 verschiedene Gottheiten verehrt worden.

*Abb. 62 Eponarelief aus Nassenfels (Lkr. Eichstätt); H. 0,6 m. – Bruchstück eines von Florus gestifteten Epona-Altars aus dem gallorömischen Tempelbezirk aus Kempten; H. erh. 0,6 m (Mus. Eichstätt und Kempten).*

Das Verhältnis zur Gottheit war respektvoll distanziert, stets bemüht, die Vorschriften bis in formale Kleinigkeiten hinein genau zu beachten, fast nach Art einer vertraglich geregelten Geschäftsbeziehung: *do ut des*. Man erfüllte seine Gelübde, opferte und erhoffte dafür Wohlwollen und Schutz. Für erwiesene Wohltaten, heißt es auf zahllosen Votivgaben, wurde das Versprechen (*ex voto*) *libens laetus merito*, gerne und freudig erfüllt, wie es gebührt. Typisch für das Bemühen, keine der vielen Gottheiten zu übersehen und dadurch zu verärgern, sind Weihungen an „alle Götter und Göttinnen" (*diis deabusque*) oder solche, die „allen übrigen Göttern und Göttinnen" (*ceteris diis deabusque omnibus*) gewidmet waren.

Unter den wenigen vorrömisch-keltischen Gottheiten, die nach der Zeitenwende noch verehrt wurden, steht die Pferdegöttin Epona[297] (*epos*, kelt. Pferd) an erster *Abb 62* Stelle. Sie galt als Beschützerin der Pferde, und war deshalb auf dem Land und bei den Soldaten berittener Einheiten besonders beliebt. Ein Marmoraltar in der Kavalleriegarnison Pförring war ihr gemeinsam mit den Campestres von der dortigen Truppe, der *ala I singularium pia fidelis civium Romanorum* unter ihrem Präfekten Aelius Bassianus, gewidmet (IBR 261 = CSIR I, 1, 238). Typische Epona-Reliefs zeigen die Göttin meist quer sitzend auf einem scheinbar im Paßgang nach rechts gehenden Pferd. Ein Zeugnis ihrer Verehrung ist auch die ziselierte Darstellung in einem Bronzebecken *Abb 91* aus dem Tempelfund von Weißenburg, in dem außerdem noch zwei Schalen mit der Weihung EPONAE enthalten sind.

## *Der römische Götterhimmel*

Seit Beginn der Römerherrschaft bildete der römische Götterkult die offizielle Religion im Land. Weil Götter stets in anthropomorpher Gestalt vorgestellt und abgebildet und häufig mit eigentümlichen Attributen ausgerüstet oder von Kultgenossen oder Tieren begleitet werden, lassen sie sich in der Regel eindeutig auf Steindenkmälern, Votiven oder in der Kleinplastik identifizieren.

*Jupiter, Juno, Minerva*. Im hierarchisch gegliederten Pantheon war Jupiter die zentrale Figur: Optimus Maximus (der beste und größte [aller Götter]), gelegentlich Stator, der *Abb 18* Standhafte (IBR 363), durch dessen Wink und Willen Himmel, Erde und Meer regiert werden. Im Mittelpunkt der offiziellen staatlichen Verehrung stand – nach dem Vorbild auf dem Kapitol in Rom – die kapitolinische Trias: Jupiter[298], seine Frau, die Götterkönigin Juno[299], und Minerva[300], die Göttin der Klugheit und Geschicklichkeit. *Abb 63* Eine Gruppe von Jupiterdenkmälern hat gerade noch das raetische Limeshinterland *Abb 203* erreicht: die Jupitergigantensäulen[301]. Auf dem Kapitell dieser bis zu 9 m hohen Steinsäulen reitet Jupiter über einen schlangenfüßigen Giganten. Das Rad als Attribut für Jupiter zeigt, daß hier einheimisches Gedankengut eingeflossen ist, das ihn mit dem keltischen Gott mit dem Rad, Taranis, verbindet. Die Gigantensäulen wurden erst ge- *Abb 204* gen Ende des 2. Jahrhunderts im bäuerlichen Siedlungsmilieu beliebt.

*Abb. 63 Schweitenkirchen-Frickendorf (Lkr. Pfaffenhofen a. d. Ilm). Dem I(upiter) O(ptimus) M(aximus) und der Iuno Regina geweihter Altar; H. 1,1 m (Kirche Frickendorf).*

*Abb. 64 Augsburg, Domkreuzgang. Tuskische Schaftringsäule, die zusammen mit einer Statue* (signum cum base) *von Sept(imius) Faustus zu Ehren des göttlichen Kaiserhauses dem Merkur gestiftet wurde; H. 0,51 m (Röm. Mus. Augsburg).*

Die wenigen Beispiele einer Identifikation Jupiters mit einheimischen Gottheiten sind die Verschmelzung mit dem lokalen Berggott auf dem Großen St. Bernhard (*summus Poeninus*) zum Iupiter Poeninus[302], der in seinem Paßheiligtum von vielen Reisenden verehrt wurde und die Gleichsetzung mit dem keltischen, in der Chiemseegegend beheimateten Gott Arubianus, der auf zwei Weihesteinen aus Pittenhart und Chieming vorkommt (IBR 20. 25).

*Mercurius.* Mit mehr als 60 Standbildern und Inschriften in Raetien muß Merkur den Göttervater an Beliebtheit übertroffen zu haben. Als Gott des glücklichen Handels (*merces* = Lohn) und der Kaufleute spielte er im Alltag eine wichtige Rolle; kein Wunder, daß Zeugnisse seiner Verehrung häufig in der Hauptstadt und Handelsmetropole Augsburg gefunden wurden.

*Abb 64* Die meisten Merkurplastiken zeigen den Gott in klassischer Nacktheit mit leichtem Mantel, Flügelhut, Geldbeutel und Heroldsstab (*caduceus*). Der Torso einer fast lebensgroßen Figur aus Burghöfe (CSIR I, 1, 167) und die Sitzstatue von Wettelsheim (CSIR I, 1, 331) zeigen ihn dagegen bekleidet, was zusammen mit der volkstümlichen Stilistik einheimische Einflüsse und vermutlich die Identifikation mit einem keltischen

Gott verrät. Die Gleichsetzung mit anderen, einheimischen oder lokalen Gottheiten brachten ihm weitere Zuständigkeiten ein. Im 2. und 3. Jahrhundert kannte man einen Mercurius (H)arcecius in Bregenz (IBR 74 A. B), den Mercurius Matutinus in Augsburg (IBR 175), den Mercurius Cimbrianus in Miltenberg (CIL XIII 6604=RSO 40), den Mercurius Cissonius[303] und den Mercurius Censualis, dem 204 die Weihrauchhändler in Regensburg einen altersschwachen Tempel wiederherstellen ließen (IBR 360). Nicht geklärt ist der Beiname des Mercurius Cimiacinus, dem man 211 in Ludenhausen bei Epfach ein Heiligtum mit Statue und Altar errichtet hat (IBR 83). Vor den Toren Augsburgs muß sich bei Gersthofen nahe der Via Claudia ein Merkurheiligtum befunden haben, aus dem vier Statuen erhalten geblieben sind (CSIR I, 1, 145–148). Einer der Tempel wurde von Publius Aelius Senno (IBR 103) errichtet. *Abb 56*

Am besten kennen wir das Merkurheiligtum auf dem Ziegetsdorfer Berg, 2 km südlich von Regensburg. Es lag neben der von Augsburg durch das Limesgebiet ziehenden Fernstraße genau an der Stelle, wo der ankommende Reisende den ersten Blick auf Reginum tun konnte – oder der Scheidende seinen letzten. *Abb 65*

*Apollo, Aesculapius und andere Heilgötter.* Apollo[304] wurde in seiner ursprünglichen Bedeutung bei uns wenig verehrt, wie aus dem Fehlen solcher Inschriften zu sehen ist. Nur ein Relief aus der Nähe von Obernburg, ein anderes aus Nassenfels zeigen ihn zusammen mit Minerva und Merkur (CSIR I, 1, 233). Diese Götterdreiheit wurde nur in Raetien zusammen verehrt und begegnet auch auf silbernen Votivblechen. *Abb 66* *Taf 20*

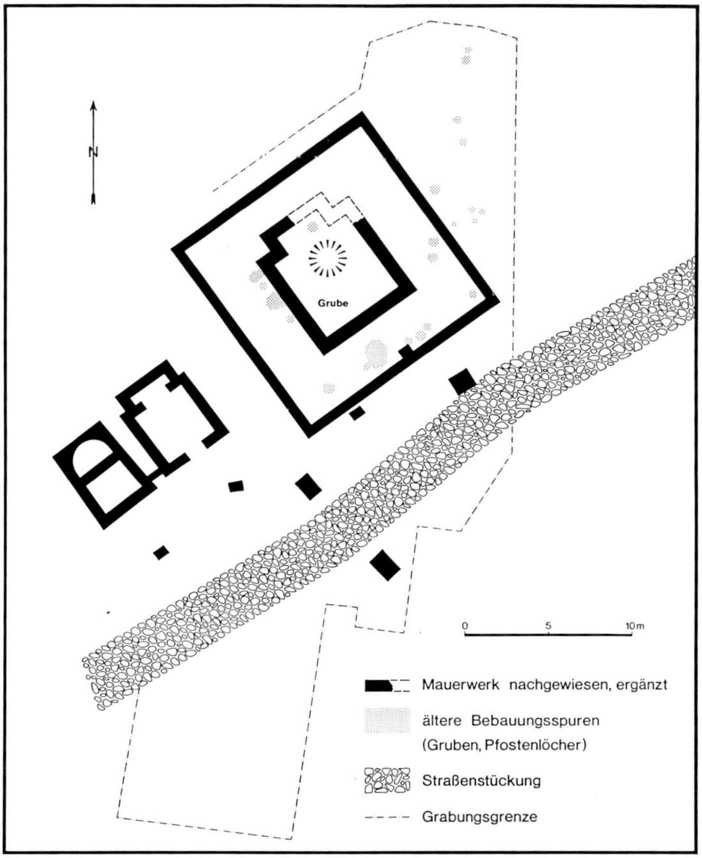


*Abb. 65 Regensburg-Ziegetsdorf Grundriß des 1934 ausgegrabenen Merkurheiligtums mit einem gallorömischen Umgangstempel und zwei kleineren Schreinen; entlang der Straße Basisfundamente für Altäre und Weihestatuen (nach K. Dietz u. a.).*

Allerdings wußte man ihn als Heilgott zu schätzen, wobei er hierzulande in der keltischen Interpretation als Apollo Grannus[305] auftrat. Von der Wallfahrtsstätte im Vicus *Abb 137, 138* von Faimingen, dessen Name Phoebiana ebenfalls mit dem des Apollo Phoebus verbunden war, hat man schon vor 80 Jahren die Fundamente eines Podiumstempels entdeckt. Der mediterrane Bautyp und die aufwendige Architektur ließen an ein überregionales, wenn nicht überhaupt das Zentralheiligtum dieses Gottes denken. Auf einer Friesinschrift tritt er zusammen mit Hygia, der Tochter Äskulaps, und Sirona als einheimischer *sancta* auf (IBR 215). Auf zwei Weihesteinen wird Apollo Grannus zusammen mit der keltischen Quellgöttin Sirona angerufen, die ihrerseits in den germanischen Provinzen häufig mit Diana, der römischen Patronin der Jagd und der Waldtiere, identifiziert wird.

*Abb. 66 Nassenfels (Lkr. Eichstätt). 1883 gefundenes Weiherelief mit Apollo, Minerva und Merkur aus; L. 0,92 m (verloren).*

Der Kult des Apollo Grannus war in Raetien auch über Faimingen hinaus verbreitet, wie die Weihesteine von Baumburg bei Trostberg (IBR 33) und Ennetach bei Mengen (IBR 184) demonstrieren. Auf ersterem wird Apollo mit Sirona, auf letzterem zusammen mit den Nymphen als Verkörperung heilender Quellen angerufen. Die Nymphen, die auf einem Votivstein aus Tittmoning[306] (IBR 47) allein verehrt wurden, und *Abb 227* Sirona verbinden diesen Kultkreis mit dem des Waldgotts Silvanus[307] und seinen Begleiterinnen, den Silvanae. Diesen letzteren zusammen weihte ein Veteran anläßlich seiner ehrenvollen Entlassung in Pfünz ein Denkmal (IBR 274). In Augsburg hatte Silvanus einen eigenen Tempel, den Sextus Attonius Privatus, ein Bürger aus Trier und Angehöriger des Sechsmännerkollegiums (*cives Trever, sevir Augustalis*), aus eigenen Mitteln wiederherstellen ließ (IBR 108)[308].

Aesculapius, der Gott der Heilkunde, galt als Sohn des Apollo. Von ihm kennen wir in Bayern nur den eben erwähnten Weihestein des Arztes Zosimus (CIL XIII 6621 = RSO 31), der in Obernburg gefunden wurde.

*Hercules.* Zu den hierzulande bevorzugt verehrten Göttern gehörte im 2. Jahrhundert noch Hercules, der vom griechischen Heros allmählich zum römischen Gott der Straßen, des Handelsverkehrs, der Soldaten und Schwerarbeiter geworden war[309]. Wir kennen Weiheinschriften aus Stockstadt (CIL XIII 11775=RSOR 4) und Obernburg (CIL XIII 6619 = RSO 167) und eine Kultgemeinde der Herculesverehrer in Kempten (*Herculem colentes*: Wagner 12). Noch am Ende des 3. Jahrhunderts weihte der raetische Statthalter Aurelius Mucianus dem Hercules in Augsburg ein Standbild (IBR 95). *Taf 19, 20* Der Tempelschatz von Weißenburg erbrachte eine besonders qualitätvolle Statuette und ein Silbervotiv mit DEO HERCVLI, der Schatzfund von Straubing und der von Eining prachtvolle Darstellungen des Gottes in Treibtechnik. Auch auf Münzen erscheint Hercules seit dem 2. Jahrhundert.

*Abb 102, 128, 129, 190, 192* *Mars und Victoria.* Mars und Victoria[310], der Kriegsgott und die Siegesgöttin, wurden häufig gemeinsam verehrt und nahmen im religiösen Leben eine besondere Stellung ein. Als *Mars militaris* ist er zwar hauptsächlich von Soldaten und Veteranen verehrt worden, er war jedoch auch für den Schutz des Friedens zuständig.

Mit Ausnahme von Jupiter und dem Kaiserhaus steht die Verehrung dieses Götterpaares an der Spitze der öffentlichen und militärischen Weihungen. In Augsburg wurde ein Tempel für Mars und Victoria von der Stadtgemeinde wiederhergestellt (IBR 173: *templum . . . res publica civitatis Aeliae Augustae restituit*). In der Hauptstadt gab es auch eine eigene Gesellschaft der Marsverehrer (*contubernium Marticultorum*) (IBR 101). Nicht weit von Eining lag auf der beherrschenden Höhe des Weinberges ein klei- *Abb 62* ner Tempel, bei dessen Ausgrabung man noch die Kultbilder der beiden Götter fand (CSIR I, 1, 479–489). Der Tempel war in der ersten Hälfte des 3. Jahrhunderts zerstört worden; dabei wurde beiden Statuen der Kopf abgeschlagen. Auch das anläßlich *Abb 94* des Sieges über die Juthungen und Semnonen am 24./25. April 260 bei Augsburg geweihte Siegesdenkmal wandte sich an das Kaiserhaus *IN H D D* und die *Dea Sancta* *Taf 20* *Victoria.* Naturgemäß sind die Darstellungen von Mars und Victoria besonders zahl- *Abb 128* reich auf Teilen von Paraderüstungen und Panzern sowie auf Helmen.

Selbstverständlich wurde die Virtus, die personifizierte Gottheit der Tapferkeit, in den Kastellen verehrt; ein Altar in Stockstadt zeugt davon (AE 1953, 117 = RSOR 73).

*Fortuna.* Gelegentlich erscheint Fortuna, die Glücksgöttin, in Verbindung mit dem ebengenannten Götterkreis; sie war zugleich die Schutzgöttin der Bäder und der Gesundheit. Als Glücksbringerin verehrte sie jedermann, wie Altäre und Bronzestatuetten und ein in Nassenfels vermutetes Heiligtum zeigen. Glück und Gesundheit hatte aber ganz besonders der Soldat nötig, wie Altäre und Weihesteine in Kastellorten *Abb 204* (Stockstadt, Aalen, Weißenburg, Böhming, Eining und Regensburg) zeigen. Eine besondere Eigenschaft der Göttin tritt uns in Gestalt der Fortuna redux entgegen, die für die glückliche Rückkehr sorgte. Ihr hat der Decurio Marcus Virius Marcellus der *ala I Flavia* am 23. Mai 231 an der Donau bei Untersaal gefundene Weihung gesetzt (IBR *Abb 18* 354). Dort hatte auch Flavius Vetulenus von der 3. Legion dem IOM Stator, dem standhaften Jupiter, eine Weihegabe für die glückliche Rückkehr von einem Feldzug gegen die „Buri" gestiftet, *reversus ab expedit(ione) Burica* (IBR 353).

*Neptunus.* Vergegenwärtigen wir uns die große Rolle der Flüsse und Seen für den Verkehr und die Wirtschaft im Reich wird klar, daß der Herr des Wassers und der Meere, Neptunus, auch die Funktion und Gestalt eines Gottes der Landgewässer, Flüsse und sogar Quellen (CSIR I, 1, 329) angenommen hat. Durch Münzbilder ist dies für die *Abb 43* Donau (*Neptunus Danuvius*) bezeugt. Der Faiminger Neptun trägt einen Fisch im

*Abb. 67 Mars und Victoria aus dem Heiligtum auf dem Weinberg bei Eining (Lkr. Kelheim) (Prähist. Staatsslg. München).*

Arm (CSIR I, 1, 158). Von der römischen Brücke bei Stepperg im Landkreis Neuburg stammt ein Altar für Jupiter und den Danubischen Neptun (Wagner 65). Wenn die Mühlenarbeiter (*molinarii*) von Günzburg dem Neptun einen Kalksteinaltar setzen *Abb 50* ließen (CSIR I, 1, 180 = IBR 198), so werden sie dabei an die Wassergottheit der Günz gedacht haben, die ihre Mühlräder trieb. Gaius Iulius Faventianus, ein Centurio der 1. *Abb 150* italischen Legion aus Novae/Swistow an der bulgarischen Donau weihte in Günzburg der Gontia einen Altar (Wagner 51); die Flußgöttin der Günz und die Stadtgöttin trugen den gleichen Namen.

Bedaius muß ein anderer Gewässergott gewesen sein, von dem in der Gegend des *Abb 215* Chiemsees zehn Altäre gefunden wurden. Auf den Weihungen erscheint er zusammen mit dem anderenorts unbekannten Iupiter Arubianus (CSIR I, 1, 20. 25) oder mit den Alounae (IBR 12. 15. 26), in denen man die Stammesgöttinnen des dort siedelnden keltischen Stammes der Alaunen vermutet.

*Verschiedene Gottheiten.* Im privaten Kultleben nahm Venus, die Göttin der weiblichen Tugenden, der Schönheit und der Fruchtbarkeit eine wichtige Stellung ein. Öffentlich wurde sie wenig verehrt, wir kennen bis heute tatsächlich weder einen Tempel, noch Altäre, Inschriften oder andere Weihungen aus Bayern. Demgegenüber sind *Taf 12* die kleinen Venusstatuetten aus Bronze, Stein (CSIR I, 1, 429) und Keramik im Fundmaterial zahlreicher vertreten, hatte man im häuslichen Bereich doch vielfachen Grund, Venus anzurufen.

*Abb 51* Vulcanus war als Gott der Schmiede und Herr des Feuers in der Antike von großer Bedeutung, denn es lag auch in seiner Macht, Feuersbrünste zu verhindern. Deshalb hat *Abb 24* der Aedil Aurelius Artissius das von ihm überwachte Territorium in der Regensburger Lagervorstadt unter seinen besonderen Schutz gestellt (IBR 361)[311]. Bacchus (Dionysos) und Liber Pater[312] (IBR 101) geben einen wichtigen Hinweis auf den frühen Weinbau in Raetien und besonders der Regensburger Gegend (S. 232). Der in Gallien verehrte Gott mit dem Weinfaß Sucellus ist einzig durch ein Weiherelief aus Ostendorf bei Meitingen belegt (CSIR I, 1, 223).

*Taf 17* *Nullus locus sine genio*, „kein Ort ohne einen Schutzgeist!" Auch aus der Personifikation geographischer Einheiten entstanden Gottheiten mit einer ortsgebundenen Verehrung. Ein typisches Beispiel ist die Noreia, zuerst die Göttin des norischen Stammes, dann der Provinz Norikum. Als solcher hat ihr, der Noreia Augusta, 244/249 Septimius Claudianus, Tribun der 5. Breukerkohorte, einen Weihestein gesetzt, der in Weihmörting bei Passau gefunden wurde (IBR 434). Auch für Raetien (und Vindeli- *Abb 1* kien) hat es eine personifizierte Provinzgottheit gegeben, obschon hier vielleicht keine so alte und in sich geschlossene Tradition vorlag wie bei den Norikern.

Wie im Lager Mauern[313] und Tore als *res sanctae* ihre eigenen Gottheiten hatten, besaß *Abb 68* auch jeder Truppenteil seinen eigenen Schutzgeist[314]. So hat der Kohortenpräfekt Titus Flavius Felix im Jahr 211 einen Altar nicht nur dem Kaiserhaus und der kapitolini-

*Abb. 68 Passau. Genius-Weihung auf einer Terra Sigillata-Schüssel (Prähist. Staatsslg. München).*

schen Trias, sondern auch dem Genius der 3. britannischen Kohorte in Eining geweiht (IBR 334, Wagner 91 = CSIR I 1, 477). Dem Genius seiner Centurie und dem Sieg unseres Herrn und Kaisers (Commodus), *genius centuriae et victoria domini nostri imperatoris* hat Gaius Crepereius Fortunatus um 180 in Regensburg einen Weihaltar gestiftet (AE 1986, 532)[315]. *Abb 86*

Lokal gebunden waren auch die Wegegöttinnen, die man je nach der örtlichen Situation als Quadruviae (Cadriviae) bei Kreuzwegen, Triviae bei Wegegabelungen verehrt hat (IBR 420 B) und ihnen kleine Kapellen errichtete, wo man an ihren Festtagen, den Compitalia, Weihegaben nach Art unseres Erntedankfestes dargebracht hat. *Abb 204*

Selten sind Weihedenkmäler an die Parzen (Parces), die Geburts- und Todesgöttinnen, durch deren Anrufung man Unheil abwenden wollte. Wir wissen nur von Inschriften in Augsburg (IBR 106) und Pförring (Wagner 74). Die Stiftung eines Tempels für die Unterweltgötter Pluto und Proserpina in Augsburg durch Flavia Veneria Bessa (IBR 107) ist ein Einzelfall geblieben. Sonst erscheint Pluto im allgemeinen unter seinem lateinischen Namen Dis Pater. In Heidenheim war es wieder eine Frau, Iulia Flora, die dem Dis Pater und der Proserpina einen Altar stiftete (IBR 209).

## *Der Kaiserkult in Städten und Militärlagern*

Das römische Verhältnis zu den Göttern führte zu einem gewissen Formalismus in der Kultausübung. Auf diesem Nährboden hat sich wohl die Vergöttlichung des Kaisers und ein Kaiserkult entwickelt, der die offizielle Verehrung zum Wohl des Staates neben Jupiter, Juno und Minerva überall und bedingungslos von jedermann verlangte. Die kultische Verehrung des Kaisergenius als Sinnbild staatlicher Autorität und später der kaiserlichen Familie war ein wichtiges Bindeglied für die verschiedenen Teile des großen Reiches. Der Kaiserkult wurde auf lokaler Ebene durch ein Priesterkollegium, die *seviri Augustales* organisiert, das auch für die ordnungsgemäßen Opfer verantwortlich war[316].

Das Kaiserbildnis, die wichtigste Form staatlicher Kunstrepräsentation, mußte nach jedem Machtwechsel im Reich neu verbreitet werden[317]. Denn nicht nur Münzen trugen das offizielle Abbild des Imperators und sorgten für rasche Bekanntmachung seines Porträts. Es waren vor allem jene lebensgroßen, vergoldeten Bronzestandbilder[318] des Herrschers, gepanzerte Statuen sowie Standbilder des Kaisers als Friedenstifter hoch zu Roß[319], die auf den öffentlichen Plätzen von Brigantium, Cambodunum oder Augusta Vindelicum aufgestellt waren und dem Bürgerstolz Eindruck machten. Auch im Kommandanturgebäude bzw. im Fahnenheiligtum (*sacellum*) der Grenzkastelle waren sie gegenwärtig: In Rainau-Buch, Aalen, Eining, Künzing, Pförring, Pfünz, Theilenhofen und Weißenburg sind entsprechende Statuenfragmente gefunden worden. Das Kaiserbildnis wurde zum Eid auf den neuen Dienstherren am *dies imperii* und zu Loyalitätsbekundungen durch die Truppe mit dem obersten Kriegsherren *Taf 5* ebenso verehrt wie anläßlich von Regentschaftsjubiläen, bei Auszeichnungen oder ehrenvollen Entlassungen. Selbst in dem kleinen Grenzübergangsposten Dalkingen wurde ein Herrscherbild aufgestellt, vermutlich weil an diesem symbolträchtigen Ort ein Kaiser die Grenzen des Imperiums überschritt und das Reich verließ.

Wie die Verbreitung dieser Bronzedenkmäler organisiert war, ist ein interessantes logistisches und noch nicht in allen Bereichen befriedigend gelöstes kunsthistorisches Problem: Das „Kaiserbild unterlag besonderem Schutz hinsichtlich der Detailtreue und Mißbrauch“[320]. Die Hofkunst Roms gab Formen und Stiltendenzen vor, die in der Provinzhauptstadt umgesetzt werden mußten. Indizien weisen darauf hin, daß die offiziellen Vorlagen zentral verarbeitet und die Kaiserporträts vom Statthalterbüro an die einzelnen Aufstellungsorte geliefert wurden, zumal die Bronzehandwerker in den Kastellvici für Neuanfertigungen dieser Größenordnung wohl kaum gerüstet gewesen sein dürften[321]. Häufig jedoch wurde beim Kaiserwechsel nur der Kopf einer Statue ausgetauscht.

Im Zusammenhang mit der Kaiserverehrung steht auch eine bedeutende Anzahl von
*Abb 64* Weihesteinen, die mit der Formel *In Honorem Domus Divinae* (*I. H. D. D.*), zu Ehren des göttlichen Kaiserhauses, beginnen und nicht selten von Staatsbeamten gestiftet wurden, wenn der Herrscher von einer Krankheit genesen oder einem Mordanschlag entgangen war. Diese Loyalitätsformel begegnet uns in Raetien seit severischer Zeit.

## *Götter aus dem Orient*

Die vielgestaltige, aber doch in einer gewissen Ordnung gefügte römische Götterwelt wurde in der fortgeschrittenen Kaiserzeit von orientalischen Mysterienkulten durchdrungen, überlagert und mit neuen Sinngehalten erfüllt. Durch die verstärkte Mobilität der Soldaten und deren intensiven Kontakt mit Völkern des Ostens wurden orientalische Götter auch bei uns bekannt[322]. Diese durchweg alten Kulte waren zwar in Rom durchaus schon länger bekannt, haben aber erst im 2. Jahrhundert die traditionellen religiösen Formen langsam überlagert, wobei die orientalischen Kulte durch ihre geheimnisvollen Riten eine große Anziehungskraft ausübten. Im Mithraskult mußte der Gläubige sieben genau abgestufte Dienstgrade durchlaufen, bis er zur vollen Einsicht kam. Trotz weiter Verbreitung, hing es wohl mit der Geheimhaltung zusammen, daß Zeugnisse in der Kleinkunst nur selten auftraten und heute oft nicht eindeutig identifizierbar sind.

Der Kult der ägyptischen Göttin Isis Regina[323] mit ihrem Partner Osiris-Serapis[324] war
*Abb 69* ein Vegetationsmythos von Tod und Auferstehung. In Augsburg ist Isis durch die originelle Votivplatte mit „Fußeindrücken“ aus Laaser Marmor bekannt, die Flavius Eudiapractus (Wagner 21 = RiS Abb. 74) gestiftet hatte. Eine bronzene Serapisbüste, verschiedene Keramikplaketten, die in Zusammenhang mit den Neujahrsfeierlichkeiten verschenkt wurden[325], Harpokrates[326] und der seit der ältesten ägyptischen Zeit be-

*Abb. 69 Augsburg, Fronhof. Votivplatte des Fl(avius) Eudiapractus für Isis Regina; B. 0,25 m (Röm. Mus. Augsburg).*

kannte Apis-Stier[327] bezeugen, daß ihre Kulte in Stadt und Land (Augsburg, Westheim, Neutraubling, Wilten) doch einige Verehrer hatten. Die Regensburger „Rinderbestattung" (S. 293) ist vielleicht in diesem Zusammenhang zu erwähnen.

Der Mysterienkult des schon erwähnten ländlich-italischen Fruchtbarkeitsgottes Liber Pater nahm Züge des griechischen Dionysuskultes an, der wiederum mit dem Auferstehungskult der kleinasiatischen Göttermutter Kybele und ihrem Partner Attis in *Abb 143* Beziehung stand. Wir finden sie als Mater Deum (Mutter der Götter) auch auf der schon erwähnten Weiheinschrift aus Faimingen (IBR 215) und auf Altären aus Stockstadt als Magna Mater (AE 1953, 117 = RSOR 65 f.).

In starkem Maß aber bestimmten um die Wende zum 3. Jahrhundert syrisch-persische Licht- und Sonnenkulte das religiöse Leben; daran hatte das Heer starken Anteil. Dem Sonnengott von Heliopolis/Baalbek wurde in Nassenfels ein Altar von dem Soldaten Titus Flavius Castus der *legio XIV Gemina* geweiht (IBR 69). In seinem Heimatort, in Carnuntum, befand sich ein berühmtes Heiligtum des Iupiter Optimus Maximus Aeliopolitanus.

*Jupiter Dolichenus und Sol invictus.* Weit mehr wurde der Iupiter Optimus Maximus Dolichenus[328], der ursprünglich als Baal zum Stadtgott von Doliche/Dülük in der Commagene geworden war, als unbesiegter Herr des Himmels und Schutzgott der

Soldaten verehrt. Mit seinen Attributen, der Doppelaxt und dem Blitzbündel, wird er stehend auf dem Stier dargestellt.

Vor den Toren des Kastells Pfünz lag ein 18 x 22 m großes Heiligtum (Dolichenum), von dem wir durch gefundene Weihetäfelchen den Priester (*sacerdos*) Demittius kennen (IBR 270). Bei dem Kastell Straubing (IBR 427) z. B. wurde u. a. Jupiter Dolichenus verehrt und in Obernburg (RSOR 9–14) der Kult des Unbesiegten (Sonnengottes) gepflegt. Funde aus Faimingen dokumentieren die enge Kultbeziehung zwischen dem Jupiter und der Mater Deum/Juno Regina; sie erscheinen wahrscheinlich auf der schon erwähnten Friesinschrift zusammen (IBR 215). Auf einem stark beschädigten Doppelrelief findet sich Jupiter, auf einem Stier stehend mit Blitzbündel und Doppelaxt (CSIR I, 1, 156) und auf der anderen Seite Juno Dolichena auf einem Pferd. Von den charakteristischen Votivdreiecken aus Bronze kennen wir bisher je ein Fragment von Pförring und von Oberdorf im Allgäu. Der seit alters verehrte Sonnengott wurde *Abb 87* unter Kaiser Aurelian als „Sol invictus" zum obersten Staatsgott. Dem *Sol invictus* geweihte Inschriften sind bisher in Epfach (IBR 84), Zwiefalten (IBR 191) und Kirchheim/Ries[329] aufgetaucht.

*Mithras.* Von allen orientalischen Kulten kam der des altpersischen Lichtgottes Mithras zu weitester Verbreitung; er gelangte im 3. Jahrhundert zu einer bedeutenden Stellung und nahm Züge einer offiziellen Religion an[330].

Das Werden und Vergehen in der Natur wurde hier zum Abbild der Auseinandersetzung von Licht und Dunkel, Gut und Böse. Da der Kampf des Mithras zu erfolgreicher Überwindung der Dunkelmächte geführt hatte, wurde er zum kosmischen Erneuerer und bürgte für Erlösung. Er wurde verehrt in einer Höhle (*spelaea, spelunca*), wo er den Urstier getötet und daraus die Welt erschaffen hatte. Dieser Höhle nachempfunden waren die meist eingetieften schmalrechteckigen Kulträume, deren sternenbemaltes Tonnengewölbe die Himmelsdecke nachahmte. An der Schmalseite stand das Kultbild des stiertötenden Gottes, das von Bildfeldern eingerahmt wird, die in einer geheimnisvollen Bildsprache die Mysterien und Dienstgrade (*corax, Nymphus, miles, leo, Perses, heliodromus, pater*) des Kultes symbolisieren.

Zwei zeitlich aufeinanderfolgende Mithräen sind beim Kastell Stockstadt[331] aufgedeckt worden. Vom Kultbild selbst waren nur noch geringe Reste vorhanden. Dagegen haben sich die beiden Begleiter des Mithras, Cautes und Cautopates, Personifikationen des Tages und der Nacht, erhalten. Beide tragen eine Fackel, der eine, Cautes, als Symbol der Morgendämmerung nach oben, der andere, Cautopates, als das des Sonnenuntergangs nach unten gesenkt. Neu sind die Aufdeckung des Mithrasheilig- *Abb 181* tums von Mühlthal gegenüber Pons Aeni sowie die Deutung eines Gebäudes bei der Straßenstation von Königsbrunn.

Wie sich der Kult des Dolichenus und des „Sol invictus" mit dem des Mithras berührte und gegenseitig durchdrang, zeigt der Fund eines Altars an *Iupiter Optimus Maximus Dolichenus conservator* im jüngeren Mithräum von Stockstadt und der Weihestein einer Gesellschaft (*collegium*) der Mithras- und Solverehrer aus dem Eisacktal mit der

Inschrift *Deo Invicto Mithrae et Soli socio* (IBR 60 = RSOR 14). Ein Altar aus Wachstein bei Gunzenhausen beginnt seine Weiheformel mit Bezug auf die Geburt des Mithras aus einem Felsen: *Petre Genetrici*, dem Felsgeborenen (Wagner 86), die anderen aus Günzburg (IBR 195) und Teisendorf mit der üblichen Formel D.I.M. (*Deo Invicto Mithrae*: IBR 37).

Zum Kult des Mithras gehörten neben den mystischen Weihen Taurobolien (Stieropfer) und Kultmahle, bei denen wohl auch Keramikgefäße mit aufgelegten Schlangen *Abb 180* verwendet wurden[332]; im älteren Mithräum von Stockstadt hat man jedenfalls ein solches Gefäß gefunden.

## *Heiligtümer und Tempel*

*Das Lararium*. Nach altrömischer Tradition fand die Religionsausübung in der privaten Atmosphäre des Hauses statt: Der Lar (*lar familiaris, lar domesticus*), der Schutz- *Taf 18* gott des Hauses und der Familie wurde gern tanzend dargestellt: *Ego sum custos et cultor domus*. . . „Ich bin der Hüter und Betreuer des Hauses, dem ich zugewiesen wurde. . . Schicksalsbeschlüsse reguliere ich; ist's was Gutes, helfe ich von mir aus nach, ist's was Böses, lindere ich's“[333], heißt es in einer Plautus zugeschriebenen Komödie.

Die Laren und Penaten hatten ihren Sitz im Lararium an zentraler Stelle neben dem häuslichen Herd[334]. Der Schrein war meist wie eine Aedikula gebaut oder in einer entsprechend bemalten Wandnische eingerichtet, wo der *Paterfamilias* das Opfer zelebrierte. Die Auswahl der Gottheiten entsprach persönlichen Gesichtspunkten. Welche Bronzestatuetten ein Hausschrein enthalten konnte, zeigt der Schatzfund von Straubing mit einem Laren, einem Genius und einem Togatus[335]. Jupiter, Juno, Minerva, Apollo, Venus und Herkules bezogen sich auf allgemeine Glaubensvorstellungen und die individuelle Kultpraxis der Familie. Auch der Tempelfund von Weißenburg ent- *Taf 19* hielt neben der kapitolinischen Trias, Apollo, Merkur, Venus, Victoria und Herkules die höchst qualitätvollen Bronzefiguren eines Laren und zweier Genien.

*Tempelanlagen*. Der Tempel[336] (*templum*) war nach antiken Brauchtum ein begrenzter heiliger Bezirk (*temenos, area sacra*), in dem die Gottheit angerufen, verehrt und ihr Kult zelebriert wurde; er unterlag als *res sacra* einem besonderen Rechtsschutz. Die römischen Sakralbauten waren, wenn man von den Mithrasheiligtümern absieht, nicht der Versammlungsort der Gemeinde, wie das in der Synagoge oder Kirche der Fall ist. Im Innenraum des hölzernen oder steingebauten Tempels, in der *cella*, stand das Kultbild der Gottheit. Die Kulthandlungen selbst jedoch fanden außerhalb auf dem Vorplatz statt, wo die geweihten Altäre (*arae*) standen.

Es gehört zu den Eigenheiten römischer Kultvorstellung, zentrale Staatsheiligtümer für bestimmte Gebiete einzurichten wie das Heiligtum der Roma und des Augustus in Lyon für den gallischen Raum oder die Ara Ubiorum in Köln für Niedergermanien;

die Arae Flaviae, die Altäre der flavischen Kaiserfamilie in Rottweil waren das zentrale Heiligtum für das rechtsrheinische, obergermanische Limeshinterland. Für Raetien könnte der große Tempelbezirk in Kempten das zentrale Heiligtum gewesen sein.
*Abb 137, 138* Der mediterrane Podiumstempel des Apollo Grannus in Faimingen wurde auf einem möglicherweise nicht ausgeführten quadratischen Umgangstempel errichtet und repräsentiert von Typus, Größe und Ausstattung eines der größten und besonders reich *Abb 35* ausgestatteten Heiligtümer in Raetien. Der Baukomplex lag im Zentrum des Ortes, nach Süden ausgerichtet hoch über dem Donautal und von weither sichtbar. Die Architektur der tuskischen Säulenordnung war von höchster Qualität. Der Podiumstempel stand inmitten eines Hofs, umgeben von einer mit Wandmalerei geschmückten Doppelportikus. Zum Tempelzubehör oder als Weihgabe eines Besuchers gehörte der Satz von 21 Astragalen[337], den Rollbeinknöcheln (*tali*) von Schaf/Ziege, die vom Priester oder Haruspex gewürfelt wurden, um entscheidende Vorhersagen zu treffen.
Neben Einzeltempeln vom Typus des sog. Antentempels war in Raetien vor allem der *Abb 65* quadratische Umgangstempel gallisch-westlicher Prägung verbreitet. Ein Beispiel *Abb 159* steht im Tempelbezirk von Kempten, das auch die architektonische Gestalt eindrucksvoll darstellt: Der Kernbau überragt den umlaufenden Säulengang wie bei dem besterhaltenen sog. Janus-Tempel in Augustodunum/Autun in Burgund[338].

*Die Priester und ihre Organisation.* Bei der Vielfalt der offiziellen Religionen, Kulte und Gebräuche versteht man leicht, daß ihre Repräsentanten organisiert gewesen sein dürften. Welche Organisationsformen es gegeben hat, darüber läßt sich aus den vereinzelten Nachrichten noch kein allgemein gültiger Eindruck gewinnen. Ob sich die außerhalb der Provinz in der Nähe von Verona gefundene Nennung eines *pontifex sacrorum Raeticorum* (CIL V 3927) auf einen Generalpriester für die raetischen Heiligtümer bezieht, ist mehr als fraglich[339].

Typisch für das römische Religionsverständnis ist die Verbindung öffentlicher Ämter mit priesterlichen Funktionen: Marcus Albinius Felix, Ratsherr und Verweser priesterlicher Aufgaben (*decurio municipii et sacerdotalis*) aus Augsburg ist ein Beispiel dafür (IBR 137). Das Kollegium der *seviri Augustales* wurde bereits erwähnt. Dieser in jedem Munizipium bestehende, jährlich gewählte Sechsmänner-Rat hatte später seine priesterliche Tätigkeit auf die Verehrung des Kaiserhauses konzentriert und mit der Zeit durch die Wahrnehmung anderer munizipaler Aufgaben eine bevorzugte Stellung zwischen den Ratsherren und den Bürgern. Die *seviri* berieten auch die städtische Politik, und waren deshalb einflußreiche Leute mit der Aussicht auf den Aufstieg in den Dekurionenstand. Der raetische Statthalter Appius Claudius Lateranus gehörte dem aus 15 Männern bestehenden Priesterkollegium der *quindecemviri sacris faciendis* in Rom an (IBR 104).

*Das Opferbrauchtum.* Die Kultzeremonien waren zwar stets an den Altar als Ort des Opfers gebunden, jedoch nicht an eine spezielle Person wie einen offiziellen Priester; auch der Privatmann konnte seine Funktion übernehmen. Der Ablauf der Opferhandlung war in jedem Fall sehr genau vorgeschrieben. Die Darstellung einer in das Jahr

211 datierten Opferszene aus Eining (CSIR I, 1, 477) zeigt einen bärtigen Mann, der, wie vorgeschrieben, bei der Opferhandlung die Toga über den Kopf gezogen hat. Rechts neben ihm steht ein Knabe mit verhülltem Kopf und einer Schale in beiden Händen. Links vom Altar führt der nur mit einem Hüftschurz bekleidete Opferdiener (*camillus*) das Opfertier heran, einen Stier, das teuerste aller blutigen Opfer. Er trägt in der Rechten erhoben eine Axt, mit der er das Opfertier tötet. Hinter ihm steht ein Musikant, der die Opferhandlung mit der Doppelflöte begleitet. Im Hintergrund ist eine Frau mit erhobener Rechter dargestellt. *Abb 86*

Nach der kultische Reinigung[340] aller Beteiligten, dem Sprechen von Gebets- und Opferformeln wird eine Spende von Weihrauch (aus dem Weihrauchkasten *acerra*) und Wein in die Glut des Feuers auf dem Altar gegeben; das Opfertier wird mit *mola salsa*, einem gesalzenen Opferschrot, bestreut und mit Wein übergossen.

*„Favete linguis“* – schweigend wird das Opfer vollzogen, indem der Stier durch einen Axtschlag[341] vor die Stirn betäubt und mit einem Stich in die Halsschlagader getötet wird. Nachdem er mit dem Opfermesser (*culter*) aufgeschnitten und die Eingeweide (*exta*), vor allem Leber, Herz und Därme vom *haruspex* begutachtet wurden, stand fest, ob das Opfer in Ordnung und von den Göttern freundlich angenommen war (*sacrum litatum*). Anschließend verbrannte man die Eingeweide vor allem auf dem Altar. Damit war den Göttern das Opfer übergeben; der andere Teil der wesentlichen Fleischteile (*viscera*) wurde gekocht und als gemeinsames Mahl verzehrt.

Auf diese Weise konnten nicht nur Einzelpersonen oder Gemeinden Opfer darbringen und Weihungen vornehmen; sogar ganze Truppenteile wie die 1000 Mann starke *cohors IX Batavorum equitata milliaria exploratorum* haben in Weißenburg dem Jupiter OM gemeinsam ein *sacrum* dargebracht (IBR 314).

Es gab verschiedene Formen des Opfers. Das Staatsopfer für das Wohlergehen des Staates, verkörpert in der Person des Kaisers und seiner Familie, etwa zu Beginn einer Regentschaft, an Geburtstagen des Kaisers, Thronjubiläen oder auch nach mißglückten Anschlägen.

Es wurde aber auch bei vielen Gelegenheiten geopfert, um sich des Beistands der Götter zu versichern. Anlaß und Zweck konnten sehr unterschiedlich sein: Bei der Abfahrt und Rückkehr einer Reise (*pro itu et reditu*), zur kultischen Reinigung (*lustrum*), aus Reue (*piaculum*), zur Überwindung einer Krankheit, für eine Geburt und zuletzt am Grab. Blutige Opfer[342] waren die Lieblingsspeise der Götter, ein Huhn, ein Schaf, Schwein oder Rind[343]. Unblutige Opfer[344] waren billiger, allerdings auch weniger wirksam: Wein, Weihrauch, Brote, Früchte, Terrakottatiere. *Abb 18*

*Weihegeschenke*. Eine Vielzahl persönlicher Weihegaben wurden wie z. B. Bronzegefäße oder Statuetten, aber auch kleine oder größere Votivbleche aus Bronze, Silber und Gold als *dona*, Geschenke, mit stereotypen Formeln geweiht (*dedicavit, consacravit*) oder dargebracht (*dedit*)[346]. Diesen Gaben hat man mitunter *ex voto*-Täfelchen in Form kleiner Bronzeblechetiketten angehängt. Man spendete *ex iussu*, auf Befehl der Gottheit oder *ex visu*, aus einer gewissen Ahnung, einem Gesicht heraus; man gab das *Taf 12, 20*

Gelübde sozusagen zurück (*votum reddidit* bzw. *libens laetus merito votum solvit*). Hoch im Ansehen der Mitbürger stand die Stiftung von Altären oder die Renovierung ganzer Tempel, wenn sie altersschwach, verfallen oder abgebrannt waren (*templum vetustate conlapsum, igne consumptum*). Man konnte nicht nur das Bauwerk sanieren, sondern auch mit samt der Einrichtung (*aedem cum suis ornamentis*) stiften. Man tat dies selbstverständlich nicht uneigennützig, sondern für sein Wohlergehen (*pro salute*) oder auch das der Angehörigen (*pro se et suis, pro salute sua suorumque omnium*). *Heilige Plätze.* Außer den Heiligtümern und Tempeln gab es eine Reihe bestimmter Orte und Plätze, die eine besondere Heiligkeit besaßen: „Wälder waren die Tempel der göttlichen Mächte, und auch jetzt noch weiht man auf dem einfachen Land nach alter Sitte dem Gott einen besonders schönen Baum. Den von Gold und Elfenbein glänzenden Götterbildern erweisen wir nicht größere Verehrung wie den Hainen und

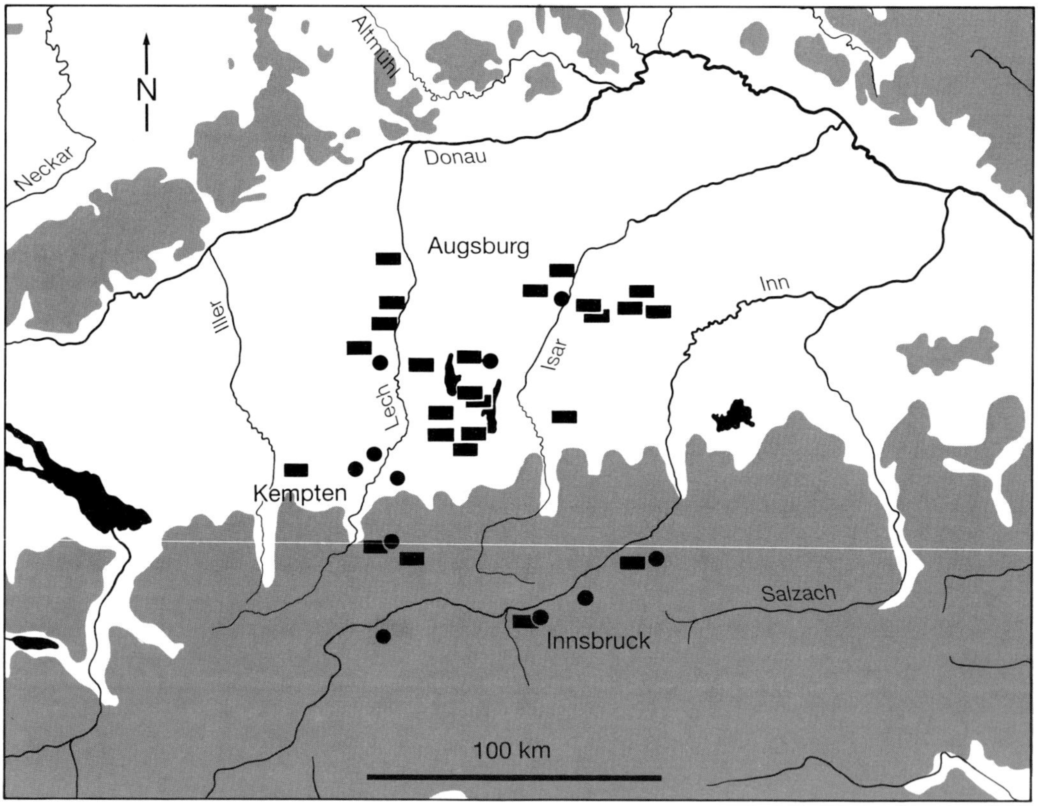


*Abb. 70 Brandopferplätze und Gräber der Heimstettener Gruppe der frühen Kaiserzeit im raetisch-vindelikischen Raum. – [●] Brandopferplatz, [▬] Grab (nach R. A. Maier, E. Keller, P. Gleirscher).*

*Abb. 71 Münz-, Phallus-, Hirschgeweihrosen- und Eberzahnamulette aus Günzburg, vom Auerberg (Lkr. Weilheim-Schongau), aus Aislingen (Lkr. Dillingen a. d. D.), Lenting (Lkr. Eichstätt) und Schongau (Prähist. Staatsslg. München, Mus. Dillingen, Günzburg).*

selbst der in ihnen herrschenden Stille. . ." (*Haec fuere numinum templa, priscoque ritu simplicia rura etiam deo praecellentem arborem dicant. Nec magis auro fulgentia atque ebore simulacra quam lucos et in iis silentia ipsa adoramus. . .* (Plinius, nat. hist. 12, 2, 3).

Heilige Orte waren auch Paßübergänge[347], Flüsse[348] und Brücken[349], an denen man *pro itu et reditu* eine Münze, einen Gürtel, selbst teure Teile der Militärausrüstung wie Dolche, Schwerter und Helme geopfert hat. Auch Moore[350] und Quellen[351] waren seit urdenklichen Zeiten heilig; ein Teil der Depotfunde[352] sind in bezug auf solche Plätze zu interpretieren. Ungewöhnlich in der römischen Kultpraxis sind dagegen ausgesprochene Bauopfer[353].

Anderer Art waren die raetischen Brandopferplätze[354], die auf Traditionen des Mittelmeerraumes zurückgehen und hierzulande auf den zentralalpinen Raum und sein nördliches Vorfeld begrenzt sind. Sie wurden nicht selten schon in vorrömischer Zeit angelegt und bis an den Beginn des 2. Jahrhunderts oder auch länger besucht. Überwiegend wurden blutige Opfer dargebracht: Rinderköpfe und -füße, seltener Schaf und Ziege oder Schwein wurden auf Altären verbrannt, so daß sich im Laufe der Zeit Hügel von 10 m Durchmesser mit bis zu halbmeterstarken Schichten aus Holz- und Knochenasche ansammeln konnten[355]. *Abb 70*

*Amulettbrauchtum und Magie.* Auf einer niedrigen Ebene der Volksfrömmigkeit ist die Magie und das Amulettbrauchtum anzusiedeln. Weit verbreitet gegen Neid (*invidia*) und den bösen Blick waren Amulette, die oft in Form magischer Symbole gestaltet waren, und als Heilsträger direkt auf dem Körper getragen wurden. Kindern band *Abb 71* man Kapseln (*bullae*) mit heilbringenden, unheilabwehrenden Objekten, selbst auf Goldfolie geschriebene Wunschformeln (gnostische Amulette) um den Hals[356]. Auch Haus und Hof, Hausgerät und Haustiere sind mit Zeichen versehen und magisch geschützt worden.

Große Wirksamkeit erhoffte man sich von phallischen Amuletten. Ihnen wurde apotropäische Wirkung für Mensch und Tier ebenso zugeschrieben, wie dem Hand-
*Abb 199* gestus der *fica*, weshalb man gelegentlich mehrere dieser Symbole zu einem Amulett vereinigte.

Nicht zu vergessen sind außerdem die Apotropaia aus verlorenen organischem Material: kleine, mit magischen Formeln beschriftete Zettel, Knoten in Schnüren, Muscheln[357], Samenkapseln u. a. Vergleichbar sind sie mit jenen magischen Fluchschriften auf Bleitäfelchen[358], auf denen Litaneien wilder Flüche oder delikate Liebeszauber niedergeschrieben sind. Sie waren entweder an bestimmten Stellen des Hauses eingemauert (Schillinger-Häfele 224–225) oder in Gräbern verborgen.

## Totenbrauchtum, Gräber und Friedhöfe

Grabfunde zählen zu den fundreichen und deshalb besonders aussagekräftigen Quellengattungen der Archäologie, war es doch üblich, den Verstorbenen wie zu Lebzeiten auszustatten und Gegenstände mit ins Grab zu geben, die er für die Fahrt ins Jenseits und seine schattenhafte Existenz in der Unterwelt benötigen würde: Kleidung und Tracht, Trank und Speise, Symbolgut, Amulette und all das, was zur Dokumentation des sozialen Rangs unentbehrlich war oder ihm aufgrund bestimmter Rechtsvorstellungen zustand. Individuellen Sachbeigaben, die das Weiterleben erleichtern sollten, waren in Art, Qualität und Umfang kaum Grenzen gesetzt[359].

Als *res religiosa* stand das Grab unter besonderem Schutz[360]. Das älteste niedergeschriebene Recht der Römer, das Zwölftafelgesetz, kannte zwei Bestattungsformen, die Feuerbestattung (Brandbestattung) und das Körpergrab, bei dem der Verstorbene unverbrannt in einer Grabgrube beigesetzt wurde. Schon dieses alte Gesetz schrieb vor, daß der Tote nur außerhalb der Siedlungen verbrannt und bestattet werden durfte: *Hominem mortuum in urbe ne spelito neve urito* (Tab. X, 1), einen gestorbenen Menschen darf man weder innerhalb der Stadt begraben, noch einäschern.

Gegen Ende der römischen Republik hatte sich der Brauch der Leichenverbrennung allgemein durchgesetzt, in den meisten Provinzen verbreitet und bis in das 3. Jahrhundert zäh gehalten. Soweit man Ausgrabungen in den großen Friedhöfen durchgeführt hat, lagen die Bestattungen tatsächlich stets *extra muros*, das heißt außerhalb der Stadt-
*Abb 35, 151,* mauern oder in einiger Entfernung der Ortsrandbebauung. Leitlinie der Friedhöfe
*158, 220* waren stets die Straßen, an denen die Gräber der Armen und die Monumente der Reichen lagen, damit sie im Gedächtnis der Lebenden blieben und sich der Reisende ein Bild von den Familien im Ort machen konnte.

## *Das Bestattungsbrauchtum der frühen und mittleren Kaiserzeit*

War ein Todesfall zu beklagen, wurde der Verstorbene gewaschen, gesalbt und in Totentracht drei Tage lang im Haus aufgebahrt. Die Beerdigung begann mit dem Leichenzug, der *pompa*, bei dem die Angehörigen, Verwandten und Freunde den Toten durch die Siedlung zur Begräbnisstätte geleiteten. Die Einäscherung fand an einem eigens hergerichteten Verbrennungsplatz (*ustrina*) auf dem Friedhof statt.

Wie die Verbrennungsplätze hierzulande gebaut waren, wissen wir nicht[361]. Zahlreiche Nägel im Brandschutt der Gräber deuten darauf hin, daß der Scheiterhaufen (*rogus*) häufig genagelt, d. h. durch ein gezimmertes Balkengerüst zusammengehalten war. Der bekleidete Tote wurde auf den Scheiterhaufen gelegt, das Holz mit abgewandtem Gesicht angezündet. Der Leichnam verbrannte innerhalb weniger Stunden[362] zusammen mit allen Beigaben, die er im Testament verfügt hatte, um einen würdevollen Abgang aus dieser Welt sicherzustellen; hinzu kamen persönliche Geschenke der Angehörigen und die Ausrüstung für die Überfahrt ins Totenreich. Die Einäscherungszeremonie begleiteten Weihrauchopfer; Gefäße mit Speise und Trank fürs Jenseits, Reste des Opferfleischs und Opfergeschirrs wurden ins Feuer geworfen, wohlriechende Öle aus Balsamarien in die Glut gegossen. War der Holzstoß niedergebrannt, erkaltet und gelöscht, wurde die Knochenasche (Leichenbrand) unter Wahrung religiöser und kultischer Vorschriften aus dem Rückstand des Scheiterhaufens ausgelesen, gewaschen, mitunter zerkleinert und in einem Behältnis gesammelt. Dabei kam es nicht so sehr auf die Vollständigkeit der Skelettreste an, wohl aber darauf, daß *Abb 72*

*Abb. 72 Kempten. Bleiglasierte mittelgallische Keramik-Balsamarien in Gestalt eines weiblichen Kopfs, eines Löwen und einer Äffin aus Brandgrab 287 im frühkaiserlichen Friedhof (Prähist. Staatsslg. München).*

die Teile des Schädels sorgfältig aufgehoben wurden. Durch diesen Auslesevorgang erklärt sich auch die Tatsache, daß bei der Leichenbrandbestimmung nicht selten mehrere Individuen in einem Grab festgestellt werden konnten, außer dem zuletzt verbrannten nämlich oft auch die Reste derer, die noch in der nicht weggeräumten Asche der Ustrina lagen. Die Fortschritte der modernen Anthropologie erlauben im übrigen in den meisten Fällen auch Aussagen über den Bestatteten, zumindest über sein Geschlecht und sein Alter. An die Einäscherung schloß das Leichenmahl mit Opfern und der kultischen Reinigung aller Beteiligten an. Um die Seele des Verstorbenen zu beruhigen und die Reinheit der Angehörigen wiederherzustellen, mußte man die Opfer nach neun Tagen wiederholen. Auch zu persönlichen Totengedenktagen und den alljährlichen Totenfeierlichkeiten Ende Februar wurde die Grabstätte geschmückt und der Tote mit Opferspenden geehrt, damit die *manes*, die guten Geister, und die Seelen derer versöhnt würden, die noch keine Ruhe finden konnten.

*Abb 80, 83*
*Taf 14, 16*

*Brandgräber.* Die Ausstattung des Toten mit Beigaben sowie ihre Auswahl und Deponierung spiegeln religiöse Vorstellungen der Totenverehrung wider; sie sind ein wichtiger Schlüssel zum Verständnis des provinzialrömischen Totenbrauchtums.

Die Grabgrube, in der die sterblichen Reste beigesetzt wurden, war rund oder rechteckig, selten größer als ein Meter im Durchmesser und stets tief in den Boden eingegraben, so daß sie heute deutlich unter der Pflugsohle liegt und bei normalen Bodenbedingungen nur selten durch Pflug und Erosion angerissen wird. Man unterscheidet Urnen- und Brandschüttungsgräber, je nachdem, wie die Asche des Verbrannten der Erde übergeben wurde.

Bei der einfachsten Form des Brandschüttungsgrabs hat man den Scheiterhaufenrückstand zusammen mit der Holzasche und dem Leichenbrand in die Grube geschaufelt, ohne daß die Asche vorher ausgelesen worden war; das Trachtzubehör sowie andere verbrannte oder unverbrannte Beigaben sind dabei nicht selten oben auf die Asche gelegt worden.

Es ist noch schwer zu sagen, wie sich diese Bestattungsform zahlenmäßig gegenüber der zweiten großen Gruppe, den Urnengräbern verhält. Auch die Gründe für die unterschiedliche Behandlung des Leichenbrandes und der Grablegung bleiben verborgen.

Eine spezielle Form des mediterranen Bestattungsbrauchtums war das *bustum*. Der antike Lexikograph Festus schrieb: *Bustum proprie dicitur locus, in quo mortuus combustus et sepultus [est]; ubi vero combustus quis tantummodo, alibi vero est sepultus, is locus ab urendo ustrina vocatur.* „Bustum wird eigentlich der Platz genannt, wo der Verstorbene verbrannt und beerdigt ist; wo er aber nur verbrannt, dann aber anderswo bestattet ist, diesen Ort nennt man nach dem Verbrennen Ustrina."

Beim Bustum wurde der Tote also direkt über der metertiefen, in der Regel den Körpermaßen entsprechenden, langrechteckigen Grabgrube verbrannt. Dabei brach der lodernde Scheiterhaufen nach und nach in sich zusammen, wobei die Grubenwände durch Feuer und Glut rot verziegelten. Gut untersuchte Beispiele aus dem Friedhof an

der Ulmer Straße in Günzburg zeigten allerdings, daß wir mit komplizierten Praktiken rechnen müssen, bei denen die Prozedur vom Idealfall durchaus abwich: Nach der Verbrennung ist vielfach das Bustum sorgfältig ausgeräumt worden; dabei hat man den Leichenbrand wie üblich aussortiert und erneut in einem Häufchen auf der Grubensohle niedergelegt und in einigen Fällen sogar in einer Urne abgestellt.
Unterschiede werden weniger in der Wahl der Deponierungsart als in der Qualität des Behältnisses faßbar. Häufig wurde der Leichenbrand in einem einfachen Beutel aus Stoff, Leder oder einem anderen vergänglichen Material in der Grabgrube deponiert; das zeigt sich bei der Ausgrabung durch die eng begrenzte Lage der kalzinierten Knochenteile im Boden.
Der Brauch des Urnengrabes war in Raetien weit verbreitet. In der Mehrzahl dienten einfache Keramiktöpfe als Leichenbrandbehälter. Ihre Formen sind dem Repertoire des Haushaltsgeschirrs (Koch- und Vorratstöpfe) entnommen. Zerbrechliche Glasgefäße dagegen waren kostspielig: Häufig, und nicht nur auf Raetien beschränkt, kennen wir die Beisetzung des Leichenbrandes in kugelförmigen Glasurnen mit waagerecht nach außen umgelegtem Rand. Sie sind hin und wieder mit einem Bleideckel oder sogar mit eisernen Schildbuckeln verschlossen worden. Steinurnen (*ossuaria*) kommen im urbanen Milieu des Mutterlandes zwar häufiger vor; hierzulande sind sie jedoch nur aus dem norischen Anteil Bayerns (Karlstein) bekannt geworden. *Taf 14*
Nach altem Brauch wurde die Urne mit dem Namen (*titulus*) des Verstorbenen beschriftet; Ausläufer dieser Sitte sind noch in Raetien nachweisbar[363]. Auch die sog. Gesichtsurnen erinnern an die Gedankenwelt des Mittelmeerraums. Diese urtümliche mediterrane Tradition beruhte einerseits auf der Vorstellung des Körpers als einer Art Gefäß, in dem das Innenleben geborgen ist. Verwandt mit diesem Gedanken war die vermutlich über die Etrusker vermittelte Sitte, einem Verstorbenen die Totenmaske abzunehmen und der Urne als Abbild umzuhängen. Hierzulande war dieser Brauch im stärker romanisierten Westen und vor allem in den städtischen Zentren bekannt, wie zahlreiche Gesichtsurnen mit den eigentümlich geschlossenen Augen in den Friedhöfen von Schwabmünchen, Günzburg oder Faimingen zeigen. Dabei sind viele „Gesichter" volkstümlich stilisiert, manchmal sogar miniaturisiert worden, wobei der ursprüngliche Gedanke anscheinend oft nicht mehr verstanden wurde: Die Totenmaske verkümmerte zu einer apotropäischen Fratze, die, wie das freundlich grinsende Gorgogesicht raetischer Traubenurnen[364] zeigt, Unheil vom Grab abwehren sollte. *Abb 54*
Da die Urne frei in der Erdgrube stand, wurde sie gerne abgedeckt, seltener zum besseren Schutz auch mit Steinsetzungen umgeben. Auf der Sohle der Grabgrube findet sich bei genauer Befundbeobachtung nicht selten ein zusätzlich eingegrabenes Loch, in das man die Urne eingesetzt hat, damit sie beim Zuschütten nicht umstürzte.
Die Vorstellung von der neuen Behausung, in die der Tote umzieht und ein seinem bisherigen Leben vergleichbares Dasein führt, kommt sinnfällig in der Form metergroßer steinerner Aschenkisten[365] zum Ausdruck, denen der Steinmetz die Gestalt eines Hauses mit steilem Giebeldach gab. Ein Fund von der blauen Kappe in Augsburg erbrachte

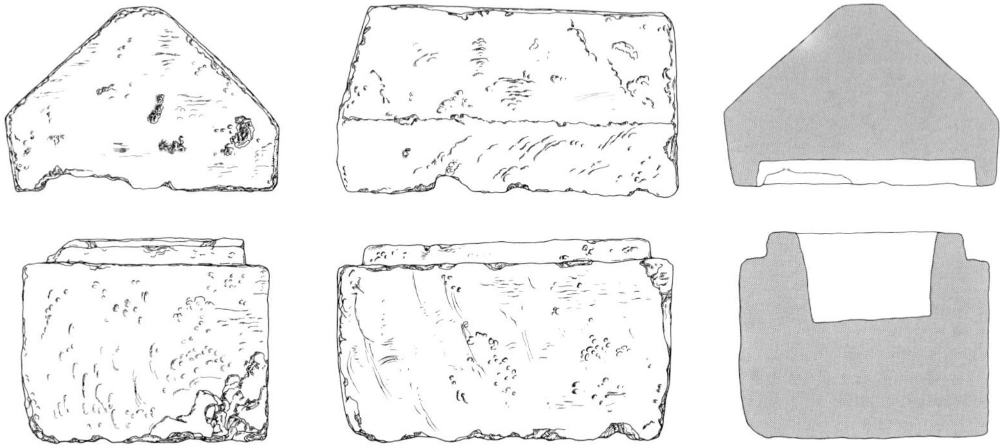

*Abb. 73 Günzburg. Sarkophag einer Kinderbestattung; Süßwasserkalktuff, L. 0,88 m (Mus. Günzburg).*

einen hausförmigen Aschenbehälter, der die Bleiurne mit den Überresten eines um 250 verstorbenen, wohlhabenden Mädchens aufnahm; die 1895 abseits des Gräberfeldes
*Abb 73* am Dreirosenberg gefundene Steinkiste aus Günzburg barg die anscheinend unverbrannten Überreste eines Kindes, dem man nur einen Obolus mitgegeben hatte. Im-
*Taf 16* mer wieder wurden auch Ziegelkisten[366] beobachtet, die aus Dachplatten (*tegulae*) zu-
*Abb 75* sammengesetzt sind; Form und Bauart lassen – wie manche Körpergräber und Sarkophage des späten 3. und 4. Jahrhunderts – noch das „Haus unter der Erde" anklingen.
*Individuelle Grabausstattungen.* Unter den Beigaben römischer Brandgräber gibt es solche, die man zum typischen, häufig geschlechtsspezifischen Regelinventar rechnen darf, und andere, die als individuelle, persönliche Grabausstattung anzusehen sind. In den Frauengräbern zählen Tracht und Schmuck[367] zur persönlichen Ausstattung, die in Qualität und Quantität stark variierte: Haarnadeln, Halsketten, Finger- und Armringe, mitunter paarweise getragene Fibeln und Gürtelbeschläge, wobei meist nur wenige Metallteile die Verbrennung und die Prozedur der Scheiterhaufenauslese unbeschadet überstanden haben: Sie waren oft bis zur Unkenntlichkeit verschmolzen. Selbst bescheidener Goldschmuck ist nur vereinzelt beigegeben worden. Tatsächlich verbot das Zwölftafelgesetz (Tab. X, 8) – *... neve aurum addito. At cui auro dentes iuncti escunt, ast im cum illo sepeliet uretve, se fraude esto* – daß „Gold nicht ins Grab gegeben werden soll, es sei denn die Zähne sind mit Gold befestigt. Wenn man ihn [den Verstorbenen] mit diesem Gold begräbt oder verbrennt ... so soll es ohne Schaden sein".

Obwohl der Handwerkerstand in der römischen Gesellschaft eine wichtige Rolle spielte, sind berufsspezifische Beigaben in den Männergräbern zwar belegt, doch außerordentlich selten und auf Berufsgruppen beschränkt, die im Glauben der alten Völ-
*Abb 237* ker mit besonderen Gaben und Fähigkeiten gesegnet waren: Die Schmiede, Ärzte und

Maler[368]. Waffen und Teile der Rüstung aus dem persönlichen Eigentum des Soldaten sind – obwohl dies rechtlich durchaus möglich gewesen war – praktisch nie ins Grab mitgegeben worden. Der Angelhaken in Grab 130 des Seebrucker Friedhofs bezeichnet wohl eher die Passion des Verstorbenen denn seinen Beruf als Fischer. Einmalig ist der Hängestock einer Reisekutsche in einem Grab von Niedererlbach, welche vielleicht als Totenwagen mitverbrannt wurde[369]. Der (Reise-)Wagen spielte vor allem im Totenkult der nordöstlichen Provinzen eine wichtige Rolle.

*Typische Beigaben.* Das Spektrum der Regel- oder Standardbeigaben ist begrenzt und führt zu einer gewissen Uniformität vieler Grabensembles. Nach alter Sitte erhielt der Verstorbene einen Obolus[370], um den Fährmann zu entlohnen, der ihn über den Grenzfluß Styx in die Unterwelt übersetzte. Dieser Brauch war auch hierzulande verbreitet. Viele Gräber enthalten eine einzelne Kupfermünze (höherwertige Nominale fehlen bezeichnenderweise), wobei abgegriffene Altstücke anscheinend besonders beliebt waren. Aus dem Rahmen fallen zwei „Gräber" des Regensburger Friedhofs, wo in einem Fall 313 oder 316 (Grab 189), im anderen sogar 769 Münzen (Grab 265) in einer Grube deponiert wurden. Darüber fand sich eine Schicht mit Hühnereiern (rund 200 Eier) und darauf jeweils das Skelett eines Rinds, so daß man diesen Befund eher im Zusammenhang mit orientalischen Opferzeremonien und nicht mit einer benachbarten Bestattung sehen möchte[371] (S. 281). Eier fanden sich vereinzelt auch in Gräbern von Wehringen und Günzburg.

Die Lampe[372] spielte im antiken Totenkult als Symbol von Licht und Wärme eine außerordentliche Rolle. Gemessen an ihrer Fundhäufigkeit zählte sie zu den Standardbeigaben, jedenfalls dort, wo man ihre Bedeutung verstand: Öllampen leuchteten bei Beerdigungen und Totenfeierlichkeiten, Lampen wurden dem Toten ins Grab gelegt, um Licht ins Dunkel der Unterwelt zu bringen. *Abb 151*

Viele Öllampen verraten durch Rußspuren an der Schnauze, daß sie tatsächlich am Grab angezündet worden waren. Während die meisten aus dem gängigen Geschirrhandel bzw. dem Haushalt stammten, wurden die Grablampen im Laufe der Brauchtumsentwicklung verkleinert, oft bis zur Funktionsuntüchtigkeit miniaturisiert und als Symbolbeigabe ausschließlich für die Verwendung im Grabbrauch hergestellt. Wenn man die Verbreitung der Grablampen betrachtet, waren sie auf dem Lande seltener als in den römisch durchdrungenen stadtartigen Siedlungen. In einigen Gegenden geriet die Lampenbeigabe nach der Mitte des 2. Jahrhunderts in Vergessenheit, vielleicht infolge der Knappheit oder Teuerung von Olivenöl, so daß die Öllampe auch aus dem täglichen Leben verschwand. Der traditionelle Bedarf im Totenbrauchtum hat jedoch manchen Töpfer noch zu alten, verschlissenen Modeln greifen lassen, aus denen er nur noch höchst unansehnliche Lampen ausformen konnte[373].

Das Symbolgut in Frauengräbern war vielfältig: Die eisen- oder bronzebeschlagenen Holzkästchen enthielten Räucherwerk oder Toilettengerät, Haarnadeln und Schmuck. Rechteckige Reibplatten aus Stein dienten der Zubereitung von Salben bzw. Schminke. Kleine, irrtümlich als Tränenfläschchen bezeichnete Glasphiolen (*balsa-* *Abb 112*

Abb 72 *maria*), enthielten wohlriechende Öle, die man in die Glut des Scheiterhaufens goß; sie finden sich auch in Männergräbern.

Keineswegs selten begegnet man den aus einer speziellen Silberlegierung (*stagnum*) gegossenen Spiegeln (*specula*), die wegen ihrer Kostbarkeit in hölzernen Futteralen aufbewahrt wurden, wie eines zum erstenmal 1991 im Günzburger Brandgrab 1227 beobachtet werden konnte. Diese Spiegel sind nicht als Objekt weiblicher Eitelkeit ins Grab gelegt worden, sondern (oft unverbrannt) als magischer Träger des menschlichen Gesichts und als Sinnbild der Zerbrechlichkeit irdischer Schönheit – der Spiegel
Taf 19 war das Attribut der Venus.

Im Bereich der Männergrabausstattung überwiegen weniger Tracht und Trachtbestandteile als wiederum Symbolobjekte und Amulette[374], denen man glückbringende und unheilabwehrende Kraft zuschrieb: Miniaturgeräte wie Schlüssel, Glöckchen und Ringe, vielleicht auch Feuerzeuge.

Schreibzeug[375] – Stilus, Futteral oder Tintenfaß – dokumentierte den schreibkundigen, d. h. gebildeten bzw. rechtsfähigen Mann. Schwer zu deuten ist die Beobachtung, daß Schreibgriffel und eiserne (Taschen-)Messer[376] mitunter verbogen, offensichtlich rituell unbrauchbar gemacht beigegeben worden sind.

Wichtiger Bestandteil der männlichen Grabausstattung war vor allem Spielgerät[377] in Form von Würfeln und Brettsteinen aus Glas oder Bein, von denen einzelne Steine, selten regelrechte Sätze mit bis zu 22 Steinen beigegeben wurden. Brett- und Würfelspiele mahnten sinnbildhaft an Glück, Zufall und Schicksal, die das Leben des Menschen auch im Tod begleiten und bestimmen.

Taf 12 Eine durchaus problemreiche Beigabengruppe stellen die Terrakottafiguren[378] dar, die in den westraetischen Gräberfeldern eher selten, in manchen des raetischen Ostens oder Norikums anscheinend zahl- und variantenreicher auftreten. Lassen sich Götterfiguren wie Venus, Fortuna, Minerva oder Matrones, ebenso der ägyptische Totengott Anubis mit religiösen Vorstellungen erklären, bleibt doch umstritten, inwieweit andere Terrakotten als (Kinder-)Spielzeug zu deuten sind wie die Keramik-Nachbildung des berühmten „Dornausziehers“, Knabenbüsten, Reiter, Pferde und Gespanne. Tauben und Hühner sind im allgemeinen symbolisch interpretiert worden: die Taube als fliegender Bote zu den Göttern, das Huhn als Sinnbild der Fruchtbarkeit und der Hahn als Begleiter des Merkur.

In der Beigabe von Speise und Trank für den Toten[379] wird eine weitere Pflicht der Hinterbliebenen sichtbar, nämlich für das Wohl des Verstorbenen zu sorgen. Damit er auf seinem Weg keinen Mangel leide, gab man ihm Speise und Trank als Wegzehrung in oft unverbrannten Keramikgefäßen mit. Neben Fleisch – vorwiegend Schweinefleisch und Geflügel, aber auch Hase, Rebhuhn und Hecht – haben sich Früchte in Form von Obstkernen, Nüssen und anderen Resten erhalten: Eßkastanie, Haselnuß, Feige und Dattel; die Weintrauben sind vermutlich in Form von Rosinen ins Grab gekommen. Schalen in fünf Seebrucker Gräbern zeigen, daß zur Totenspeisung der Chiemsee-Anrainer auch Muscheln[380] gehörten.

Obligatorisch am Grab waren Weihrauchopfer; sie sind durch zahlreiche Räucherkelche[381] gut belegt; man hat sie oft umgestülpt in der Grabgrube abgestellt und mitbegraben[382]. *Taf 16*

Die Grubenverfüllung römischer Brandgräber ist normalerweise durchsetzt von zerschlagenem Keramikgeschirr. Dieser Gefäßschutt erlaubt meist keine eindeutige Unterscheidung der mitunter umfangreichen Tafelservice[383] des Toten, die häufig über dem Scheiterhaufen zerschlagen und rituell unbrauchbar gemacht wurden, von den im Feuer zersprungenen und verglühten Überresten des Totenmahls, das die Angehörigen am Grab des Verstorbenen eingenommen hatten.

*Körpergräber und Sarkophagbestattungen.* Von der allgemein üblichen Feuerbestattung gibt es nur wenige Ausnahmen, wenngleich der Brauch, den Verstorbenen unverbrannt in gestreckter Rückenlage beizusetzen, seit den Zeiten der Republik nie ganz verschwunden war. Sieht man von der kleinen „Skelettgräbergruppe“ des Typs Heimstetten als einer tiberisch-claudischen Sondererscheinung einheimisch-raetischer Prägung ab, finden sich auch in den ausgedehnten mittelkaiserzeitlichen Friedhöfen immer wieder Körpergräber, die nur zum Teil als Sonderbestattungen anzusprechen sind. *Abb 238* *Abb 153*

Beim größten Teil dieser Körpergräber handelt es sich um beigabenlose Kinderbestattungen, die bis zu einem Alter von einem Jahr von der Einäscherung ausgeschlossen

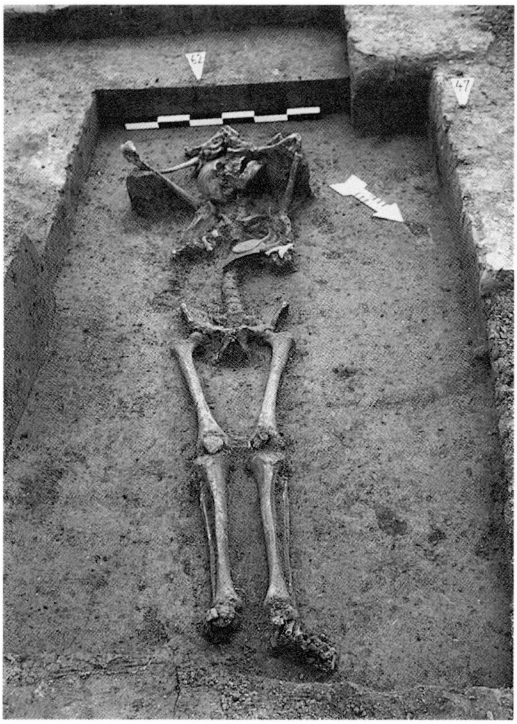

*Abb. 74 Körpergrab (Grab 62) eines vermutlich lebendig begrabenen jungen Mannes aus dem Friedhof des Töpferdorfs Schwabmünchen. – Schädeldepot im Gebäude C des Kastells Ellingen (Lkr. Weißenburg-Gunzenhausen) mit 3 an den Halswirbeln abgeschnittenen Köpfen erwachsener Männer, die offensichtlich hingerichtet wurden (Anthropol. Staatsslg. München).*

waren[384], weil sie nicht als eigenes Wesen geachtet und wie die Erwachsenen verbrannt wurden: *terra clauditur infans et minor igne rogi* (Juvenal 15, 139-140), „in der Erde geborgen wird das Kleinkind, das noch zu klein ist für das Feuer des Scheiterhaufens“[385]. Plinius (hist. nat. 7, 72) gab dafür eine präzise Erklärung: „Es ist nicht die Sitte der Völker, einen Menschen zu verbrennen, bevor nicht Zähne durchgebrochen sind“, *hominem prius quam genito dente cremari mos gentium non est.* Oft sind die Kleinkinder nicht auf dem Friedhof, sondern in der Nähe des Hauses, bei der Türschwelle oder im Traufbereich des Daches begraben worden.

Angehörige sozialer Randgruppen[386] wurden zwar auf dem allgemeinen Friedhof beigesetzt, jedoch unverbrannt, wobei häufig abweichende Körperstellungen beobachtet worden sind: Bauchliegende mit dem Gesicht nach unten und/oder auf dem Rücken gefesselten Händen oder, wie im Fall eines jungen Mannes auf dem Gräberfeld von
*Abb 74* Schwabmünchen (Grab 62), mit schützend über dem Gesicht verschränkten Armen; er wurde wahrscheinlich lebendig begraben.

*Abb. 75 Augsburg, St. Ulrich und Afra. 1983 im Pfarrgarten gefundener Sarkophag, der eine spätrömische Frauenbestattung barg; die Inschrift nennt einen der beiden Stifter Candidius Virilis. An der Schmalseite und über der Inschrift eingemeißelte, wiederverschlossene Öffnungen, aus denen im Mittelalter möglicherweise Reliquien entnommen wurden; L. 2,1 m (Röm. Mus. Augsburg).*

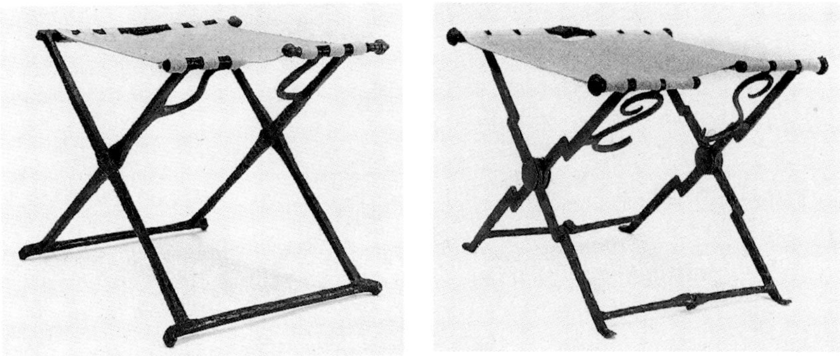

*Abb. 76 Eiserne Klappstühle aus Grab 13 von Wehringen (Lkr. Augsburg) links und aus dem Schatzfund von Weißenburg; H. 0,4–0,5 m (Prähist. Staatsslg. München).*

Erst gegen Ende des 2. Jahrhunderts treten mit echten Beigaben ausgestattete Körpergräber auf: Der Mann in Grab 282 von Günzburg in einem genagelten hölzernen Sarg erhielt sein persönliches Trink- und Speiseservice, das auf dem Sargdeckel abgestellt worden war. Bis jetzt ließ sich nicht genau ermitteln, wann im 3. Jahrhundert die Körpergräbersitte die Brandbestattung in den Provinzen verdrängt hatte. Das jüngste münzdatierte Brandgrab ist das bereits erwähnte Aschenkistengrab von der Blauen Kappe in Augsburg mit Münzen des Kaisers Philippus Arabs von 244/246.
Selbst in Rom war die Sitte der Körperbestattung nie ganz erloschen. Einzelne vornehme Geschlechter hielten über Generationen daran fest, und setzten ihre Toten in prachtvoll verzierten Sarkophagen bei[387]. Steinsarkophage gab es auch im Milieu der städtischen Oberschicht Raetiens, in Augsburg und Regensburg, vereinzelt auch bei *Abb 75*
reichen Villen auf dem Land (Wehringen). Die raetischen Beispiele gehören zur Gruppe der einfachen Truhensarkophage, deren Deckel dach-, walmdach- oder tonnenförmig gestaltet waren und durch Schuppen bzw. angedeutete Tegulae und Eckakrotere noch unverkennbar jene Hausform anklingen ließen, die auch die schon genannten Aschenkisten der Brandgräber auszeichnete.
Der Wehringer Sarkophag war in einer mächtigen Grabgrube von 4 x 2,9 m versenkt. *Abb 238*
Die mit Reliefs und Inschriften versehenen Exemplare deuten allerdings darauf hin, daß sie meist nicht eingegraben, sondern in ummauerten Grabbezirken standen oder an hervorragenden Plätzen an der Gräberstraße sichtbar aufgestellt waren[388].

## *Grabdenkmäler und Monumente*

Auf den dicht belegten Friedhöfen Kemptens, Günzburgs oder Faimingens konnte man immer wieder die Beobachtung machen, daß sich einzelne Gräber trotz räumlicher Enge in der Regel nicht überschneiden, beschädigen oder gar zerstören. Die Un-

*Abb. 77 Regensburg. Familiengrabstein des Claudius Donatus, Reiter der 3. italischen Legion und seiner Frau Pedania Profutura für die mit zwei Jahren und zehn Monaten gestorbene Tochter Claudia Ursa und die vierjährige Tochter Gesatia Lucia vom großen Gräberfeld an der Kumpfmühler Straße 9–11; H. 0,7 m (Prähist. Staatsslg. München).*

versehrtheit des Grabes war heilig, die Vorschriften der Grabesruhe sind offensichtlich strikt befolgt worden – Grabraub stand selbstverständlich unter Strafe.
Viele Bestattungen waren oberirdisch durch eine einfache Markierung gekennzeichnet; ein Holzpfahl oder ein beschriftetes Brett; Steinsetzungen oder kleine Anschüttungen haben im Einzelfall genügt, die Grabruhe zu garantieren.
Die römische Friedhofskultur wird geprägt von der Repräsentation des Familienverbandes, die sich in mehr oder weniger pompösen Grabbauten ausdrückte; solche Grabbauten haben seit der späten Republik unterschiedlichste Lösungen gefunden. Eine davon war die prähistorisch anmutende Sitte, über der ebenerdigen Bestattung einen Hügel (*tumulus*) aufzuschütten. Sie war den Römern im eigenen Land wohlbekannt, die imposanten Grabhügelnekropolen der Etrusker sind jedermann geläufig. Nicht ohne Grund hatte Augustus die traditionelle Form des etruskischen Königsgrabs aufgegriffen und als Vorbild für sein Grabmonument auf dem Marsfeld gewählt. Auch die reiche Provinzaristokratie im Umfeld der raetischen Hauptstadt hat ihren
*Abb 236* Verstorbenen solche Tumuli errichtet. Die in Wehringen ausgegrabenen Fundamente umfaßten Hügel von 10 m Durchmesser. Wie wuchtig solche Erhebungen in der

*Abb. 78 Regensburg, Kumpfmühlstr. 15, Familiengrabstein, den die Julia Victorina für den noch lebenden Schwiegersohn Flavius Fortio und die verstorbenen Töchter Flavia Ispana (18) und Todia Inpetrata (9) gesetzt hat. H. 62 cm (Mus. Regensburg).*

Landschaft gewesen sein müssen, deutet ein ursprünglich 1,5 m hoher steinerner Pinienzapfen aus dem benachbarten Oberottmarshausen an, der vermutlich die Spitze eines dieser Grabtumuli bekrönte (CSIR I, 1, 221).

Es deuten sich allerdings auch einheimische, vielleicht sogar autochthone Züge einer Hügelgräbersitte an: Die großen Zwischenräume zwischen den Gräbern der Heimstetter Gruppe sind als Anzeichen von Grabhügeln gedeutet worden[389]. Obwohl Grabhügel in Raetien nicht üblich waren, sind doch die prähistorischen Grabhügel gerne als Bestattungsplatz für Einzelgräber oder kleine Grabgruppen gewählt worden. Wir kennen eine ganze Reihe von Beispielen solcher Nachbestattungen in den ländlichen Siedlungsgebieten des raetischen Westens, im Limeshinterland und in der Münchner Schotterebene.

Anders zu beurteilen ist die Herkunft der Grabhügelsitte im Osten Bayerns, wo sich verschiedene geistesgeschichtlich-religiöse Strömungen aus Süd, Ost und West trafen. Diese Tumuli rechnet man zum Kreis der norisch(-pannonischen) Hügelbestattungen[390], die sich seit claudischer Zeit bis zum Ende des 2. Jahrhunderts verfolgen lassen, aber auf den bayerischen Anteil der Provinz Norikum[391] und benachbarte Bereiche beschränkt blieben.

Im Mittelmeerraum weitverbreitet war der Brauch, einen Stein (*titulus*: IBR 132; 145)[392] auf das Grab zu setzen, um Namen oder Bild des Verstorbenen der Nachwelt zu erhalten. Wer es sich leisten konnte, besorgte schon zu Lebzeiten (*vivus*) einen Grabstein oder verfügte im Testament (*ex testamento*) Lage, Größe, Aussehen oder sogar den Preis, den dieses Denkmal kosten durfte oder mußte. Inschriften auf Grabsteinen bezeichnen in fest gefügten Formeln Name, Familie, Herkunft und Alter des oder der Verstorbenen, die in seiner Umgebung beigesetzt waren: *h(ic) s(itus) e(st)* „hier ist er begraben". Der Grabplatz auf städtischen Friedhöfen wurde auf Beschluß der Ratsherren vergeben: *l(oco) d(ato) d(ecreto) d(ecurionum)* (IBR 127).

Die Grabinschriften waren nach den bewährten Vorbildern in Rom und Italien for-
*Abb 83* muliert: Häufig begann der Text mit einer Anrufung der Schattengötter *D(is) M(anibus)* oder später erweitert zu *Dis Manibus et perpetuae securitati*, „den göttlichen Manen und der ewigen Ruhe (geweiht)"[393]. Nach diesem Gebetsanruf folgten die Namen der Verstorbenen. Die Inschriften nennen höchstens zwei und nur in Ausnahmefällen drei Generationen. Außer den Verwandtschaftsgraden findet man nur selten nähere Angaben zur Person und ihrem Beruf. Lediglich öffentliche Ämter und militärische Laufbahnen sowie priesterliche Funktionen wurden aufgeführt. Den Schluß der Grabinschrift bildete ein frommer Wunsch: *o(pto) t(erra) s(it) l(evis) t(ibi)* = ich wünsche, daß dir die Erde leicht sei, oder technische Angaben über die Errichtung des Grabes *ex testamento faciendum curaverunt* „aufgrund des Testaments haben sich (die Erben um die Errichtung des Grabsteins) gekümmert". Obgleich das geschilderte Grundschema immer beibehalten wurde, waren doch viele Varianten möglich. Zahlreiche Inschriften berichten von den familiären und menschlichen Bindungen in der zeittypischen superlativ-moralischen Form. Auf einem bei Biberbach gefundenen Grabstein trauert der Augsburger Ratsherr und ehemalige Bürgermeister Gaius Iulianius Iulius um „seine innig geliebte, liebevoll für ihn sorgende Gattin, eine wahrhaft vortreffliche Frau und ein einzigartiges Vorbild an Sittsamkeit, die 45 Jahre, 7 Monate und 21 Tage gelebt hat" *[Dis Manibus et] perpetuae securitati C(aius) Iulianius Iulius dec(urio) mun(icipi), IIII viralis, sibi et Secundinae Pervincae coniugi carissimae, erga se diligentissimae, feminae rarissimae, singularis exempli pudicitiae, quae vixit annos XXXXV menses VII dies XXI, et Iulianiis Iulio iuniori et Iucundo et Iusto filis vivis vivos fecit* (IBR 136).

Der Grabaltar aus Frauenchiemsee, den eine Witwe mit ihrer Tochter Censorina und den Söhnen Iulius Sabinus und C[...] dem mit 50 Jahren verstorbenen Vater setzen ließ (Schillinger-Häfele 222=CSIR I, 1, 525), war einem *decurio ornatus apud municip(ium) Altinatum*, d. h. ehrenhalber Ratsherr der Stadt Altinum (gegenüber Venedig) gesetzt. Eine solche Auszeichnung setzte beachtliche Verdienste um die Stadt voraus. In der Tat waren die Kontakte des norischen Chiemgaus nach dem Süden eng, wurde doch auf derselben Insel auch der Grabstein des Lucius Attonius Adnamatus gefunden (IBR 9), der Aedil in Teurnia/St. Peter im Holz war, und in Bernau der des Bürgermeisters und Richters von Teurnia, Lucius Terentius Verus (IBR 8), und schließlich bei Wasserburg der des Gnaeus Trebonius Firmus, der in Aguntum bei Lienz (IBR 28) die gleichen Ämter innehatte.

Abb. 79 Augsburg. Grabstein eines Ehepaars, gefunden 1845 an der Gögginger Straße. Die Haartracht der Frau deutet auf eine Datierung um 170; H. erh. 1,82 m (Röm. Mus. Augsburg).

Viele Grabsteine sind mit dem Reliefbild des oder der Verstorbenen geschmückt. Der örtliche Steinmetz entwarf die Grabplatte nach altbewährten Vorlagen aus seinem *Abb 81* „Musterbuch“; oft kann der Weg einzelner Gestaltungselemente bis nach Oberitalien zurückverfolgt werden. Die raetische Grabplastik zeigt wenig einheitliche, kaum originelle Züge, zu viele verschiedene Einflüsse haben sich hier gekreuzt. Die stadtrömische Kunst bildete auch hier die maßgebliche Grundlage, von der ausgehend die örtlichen Steinmetzwerkstätten in mehr oder minder provinzieller Abwandlung ihre handwerklichen Fertigkeiten umsetzen konnten.

*Abb 77, 78* Je nach Wunsch und Vermögen des Bestatteten gab es Grabstelen mit meist giebelförmigem Aufbau und Inschrift, oder solche, die über der Inschrift das Reliefbild des Verstorbenen und seiner Angehörigen in einer Nische tragen. Solche Brustbilder wurden im norischen Osten gerne in Medaillons gerahmt[394]. In der Provinzhauptstadt war *Abb 79* die fast rundplastische Darstellung des Ehepaars im Hochrelief[395] beliebt. Dagegen waren die im ganzen Reich üblichen, und besonders in den germanischen Provinzen

*Abb. 80 Dürrlauingen (Lkr. Günzburg). Grabaltar des Gemelius Dignianus, Soldat der 3. italischen Legion, mit Reliefdarstellung eines Mannes, der einen Hahn opfert (?). Gefunden 1960 in der Pfarrkirche, wo sich der Stein noch heute befindet; H. 1,15 m.*

weit verbreiteten Totenmahlreliefs[396] bis auf einzelne Nebenszenen von Grabaltären oder einem Sarkophag in Augsburg und Regensburg unbekannt. Sie zeigen den Verstorbenen als Heros beim Mahl auf der Kline, begleitet von einem Diener, der ihm die Speisen reicht.

Symbolische Bilder aus dem Grabrechtsbrauch (Setzwaage/*gruma*, Dechsel/*ascia* und Hobel/*runcina*[397]) und der mythischen Welt[398] begleiteten den Verstorbenen ins Totenreich: Delphine als Boten der Unterwelt[399], Bäume[400] als Symbol des ewigen Kreislaufs von Werden und Vergehen, Tod und Auferstehung. In den gleichen Kreis gehört der Pinienzapfen, ein Fruchtbarkeitssymbol[401]. Auch das Bild des ängstlichen Hasen (CSIR I, 1, 520), der aus einem Korb mit Früchten nascht, wurde in Raetien als Zeichen der Fruchtbarkeit verstanden. Eroten mit Weintrauben[402] oder bei der Weinlese stammen, wie die Kantharoi[403], aus denen Vögel oder Pfaue trinken, aus dem klassischen dionysischen Repertoire und spielen auf ein freundliches, auch mit irdischen Genüssen gesegnetes Jenseits an. *Abb 58*

*Abb. 81 Kalksteinfiguren aus großen Grabbauten: Sitzende Frau mit Schoßhund aus Kellmünz (Lkr. Neu-Ulm); H. erh. 1,14 m (Marmor). Togatus aus dem Schutt eines alten Steinbruchs am Nordwestende von Nassenfels (Lkr. Eichstätt); H. 1,33 m (Prähist. Staatsslg. München).*

*Abb 81* An erster Stelle der Grabkunst stehen die Skulpturen aus Kellmünz (CSIR I, 1, 181–185), die als Spolien in der Befestigungsmauer des Kastells vermauert waren. Abgesehen von ihrem exotischen Material (südalpiner Marmor) ragen sie durch feines Stilempfinden, professionelle Körperbehandlung und Gewanddarstellung aus allen Bildhauerarbeiten der Provinz heraus und stehen selbst stadtrömischen Skulpturen in nichts nach. Die fünf fast lebensgroßen, vollplastischen Figuren (ein Togatus und vier weibliche Gewandstatuen sowie zwei Büsten) stammen von monumentalen Grabdenkmälern; ihre Rückseiten sind weniger sorgfältig behauen, so daß man sich ihren Standort vor einem Wandhintergrund oder in der Nische eines Mausoleums vorstellen darf. Ihr ursprünglicher Standort könnte illeraufwärts, vielleicht im Raum Kempten zu suchen sein. Vermutlich war der (stadtrömische) Steinmetz dem Rohling gefolgt und hat die Feinarbeit an Ort und Stelle ausgeführt, wie das in den großen Bildhauerschulen stets üblich war.

*Abb 79* Die Grabreliefs von Ehepaaren oder Familien in Augsburg[404] und Regensburg bilden eine eigene Gruppe der Sepulkralkunst, die keine direkten Vorbilder in den Provinzen

*Abb. 82 Eichhof bei Treuchtlingen (Lkr. Weißenburg-Gunzenhausen). Grabstein eines sitzend dargestellten Ehepaars. Es dürfte sich um ein unfertiges Werkstück handeln, da das Inschriftfeld unter der Reliefnische nur grob scharriert ist; H. 1,2 m (Eichhof).*

*Abb. 83 Augsburg. Grabaltar des Victorinius Longinus, der als Reiter der* ala II Flavia *beim raetischen Statthalter Gardedienste versah und von Claudius Latinus, dem Kustos des Heiligtums der Gardesoldaten (*edituus singularium*) bestattet wurde; H. 1,09 m (Röm. Mus. Augsburg). – Bad Aibling-Ellmosen (Lkr. Rosenheim). Grabaltar, den Prima, Tochter des Nivus, dem Marcellus, dem Mattius Seccius und sich zu Lebzeiten gesetzt hat; H. 1,08 m.*

des Westens hat. Einige von ihnen machen eine wichtige, oft unerwartete Facette antiker Bildniskunst erkennbar, die farbige Bemalung[405]. Übrigens waren auch Inschriften auf gröberem Gestein wie die des Patruelis aus Epfach (IBR 94) mit Gips/Stuck überzogen, die Buchstaben mit roter Farbe ausgemalt.

Obwohl sich die Funde der Grabskulptur um die antiken Zentren häufen, sind doch gerade die großen Grabdenkmäler, wie beispielsweise die Pfeilergrabmäler mit ihren aus dem täglichen Leben des Verstorbenen erzählenden Reliefs über das ganze Land verstreut. Steinmetzhütten entstanden nicht nur in den Städten, sondern auch in der Nähe der wichtigen Steinvorkommen: Stilistische Verwandtschaft und unfertige Rohlinge deuten auf eine Hütte inmitten des Weißjurakalk-Reviers auf der Fränkischen Alb in Nassenfels (CSIR I, 1, 231–301)[406]. Dort traf die Kunst der Oberschicht auf die Ausprägungen einer einfachen Landkunst, wie wir sie aus dem Steinbruchgebiet um *Abb 82*
Wolferstadt kennen; sie verkörpert die volkstümliche Komponente der provinziellen Kunstauffassung[407].

Erinnert der Grabstein in Wort und Bild unmittelbar an die Verstorbenen, so war der Grabaltar, die Ara, vor dem Grab der Ort kultischer Handlungen und Opfer für die *Abb 83*
Totengeister: Hier opferte man Speise und Trank, um verirrte Tote zu beruhigen, oder wenn man sich zu den Totenfesten am alten Jahresende, den Parentalia (13. – 21. Februar) oder den Rosalia traf, um gemeinsam mit den Verstorbenen das Totenmahl zu zelebrieren.

*Abb. 84 Claudisch-neronischer Rundbau über Grab 32 in einem quadratisch umfriedeten Grabbezirk (Seitenl. 12,4 m) im Friedhof von Kempten. – Rundbau über dem Frauengrab 1 aus dem späten 2. Jh. vor dem nördlichen Osttor in Lauingen-Faimingen; Dm. 2,9 m.*

Das gesteigerte Repräsentationsbedürfnis ließ auch jene pfeilerartig aufragenden Grabmale entstehen, deren Vorbilder aus dem Moselgebiet nach Raetien gekommen *Abb 118* sind. Das einzige vollständig erhaltene Pfeilergrabmal von Augsburg-Oberhausen (CSIR I, 1, 29)[408] kommt mit Stufenunterbau, Sockel mit Inschrift, Zwischengesims, Hauptteil mit plastischem Schmuck auf drei Seiten, Giebelfeld und Schuppendach auf die bescheidene Höhe von 4,5 m. Mit diesem Typus formal verwandt ist der monolithische Grabstein mit Giebeldach, dessen Wurzeln ebenfalls ins Moselland weisen (CSIR I, 1, 27).

Eine geradezu preiswerte Form der Totenmemoria war das kleine Vier-Pfosten-Haus, das als Schutzbau über dem Grab errichtet wurde. Ein solcher, an den Seiten offener, 2 m großer Gerüstbau ist erst vor kurzem in der Nekropole an der Ulmer Straße in Günzburg aufgedeckt worden. Grabgärten[409] in Form von meist quadratischen, selten rund eingefaßten Grabplätzen sind auf verschiedenen Friedhöfen (Kempten, Günzburg und Oberpeiching[410]) beobachtet worden. Sie markieren die Schutzzone des Grabes und den vom örtlichen Magistrat oder der Kommunalbehörde angewiesenen bzw. erworbenen Bestattungsplatz. Man nimmt an, daß sie mit Hecken bepflanzt oder umzäunt waren, um den Totenfeierlichkeiten einen abgeschiedenen, freundlichen Rahmen gaben. Der ummauerte Grabbezirk (*forum sepulchri*) war das Gegenstück zum Grabgarten.

Zu den hervorragenden Grabmonumenten (*monumenta*: IBR 221, *monere* ermahnen)[411] zählen die Grabtempel (*aedificia*) und Grabkapellen (*aediculae, memoriae*), die nicht nur im städtischen Milieu geschätzt und verbreitet waren, sondern auch auf dem Land, wo die begüterten Städter ohnehin zu Hause waren: auf ihrer Villa[412]. Es handelt sich in erster Linie um Gebäude in Gestalt kleiner Tempel mit einer architektonisch gestalteten Fassade. Neben den quadratischen Aedikulen gab es auch architektonisch anspruchsvolle Rundbauten (Wehringen, Faimingen oder Pförring)[413]. *Abb 84*

Im Grundriß sind diese Grabtempel oft nur schwer von den turmartigen Bauten vom Typ des Mausoleums zu unterscheiden, das als kleinasiatisch-orientalische Form des Grabdenkmals im Hellenismus aufkam. Dieser Typus des Grabmonuments hat auch in den Provinzen nördlich der Alpen Fuß gefaßt. In ihnen kam der persönliche Wunsch nach familiärer Repräsentation zum Ausdruck, hier glaubte man, dem Traum vom ewigen Leben am ehesten durch ein unzerstörbares Grabmonument Gestalt geben zu können. Der mächtige Baukörper war oft in zwei Geschosse gegliedert, wobei das Dach in der Regel von Säulen getragen wurde, vor denen das Bild des Verstorbenen mit seiner Familie stand oder thronte. Die Plastiken von Kellmünz, der Togatus von Nassenfels oder Skulpturenfunde aus dem Gräberfeld der Großsorheimer Villa am Stettbach deuten auf Mausoleen ähnlicher Art. Die Grabbauten von Wehringen müssen in diesem Zusammenhang noch einmal erwähnt werden, weil dort wie auch in einem der Großsorheimer Gräber Reste von Klappstühlen (*bisellia*) gefunden wurden, *Abb 76* die auf eine besondere soziale Stellung der Verstorbenen hindeuten.

Zur architektonischen Ausstattung von Mausoleen, Grabtempeln und -bezirken gehören außerdem häufig steinerne Grabwächter: Sphingen, Löwen oder Greife und Gorgoneien.

Einen in den Provinzen seltenen Typ stellt das Kolumbarium dar, das sich nur wohlhabende Familien leisten konnten. Das einzige Sammelgrab dieser Art wurde – wenn wir den Befund richtig deuten – in der Günzburger Nekropole ausgegraben[414]. In den Wänden waren nach Art eines Taubenschlages ursprünglich reihenweise nebeneinander und in mehreren Etagen Nischen (*loculi*) gemauert, in die die Urnen platzsparend, übersichtlich und beigabenlos eingesetzt wurden.

*Bestattungskosten*. Ganz abgesehen von den Grundstückspreisen und Baukosten steinerner Grabbauten, war die Beerdigung eines Verstorbenen eine kostspielige Angelegenheit. Wegen der mitunter unerschwinglichen Bestattungskosten haben sich viele Familien der einfachen Bevölkerungsschichten in Sterbe- oder Begräbnisvereinen (*collegia funeraticia*)[415] organisiert und sich durch Mitgliedsbeiträge zu Lebzeiten eine würdige Beisetzung gesichert. In diesem Zusammenhang muß die Kultlanze aus Günzburg erwähnt werden, die neben einem Grab gefunden und als Standartenspitze[416] eines Bestattungsvereins gedeutet wurde. Nicht untypisch für das neureiche römische Provinzmilieu sind die ausdrücklichen Hinweise auf die Herstellungskosten[417] des einen oder anderen Grabmals. Die Kosten der verschiedenen Grabanlagen differierten beträchtlich zwischen 2000 und 16 000 Sesterzen.

## *Die großen Friedhöfe in Bayern*

Die oben beschriebenen Bestattungs- und Grabformen waren keine Einzelerscheinung, sondern in die Gemeinschaft mehr oder weniger großer Nekropolen eingebunden. Allerdings gab es als Ausnahmeerscheinung auch Einzelbestattungen fernab von Siedlungen (Steinheim bei Dillingen a.d. Donau) oder Einzelgräber ohne Bezug zu Friedhöfen (Friedberg).

Auf die Anlageform der Friedhöfe entlang der Straßen ist schon hingewiesen worden. Da meist nur ein schmaler Streifen an einer Seite bzw. beiderseits der Straße belegt wurde, zogen sich die Gräber und Grabgruppen oft über einige hundert Meter hin. Sie waren keineswegs wohlgeordnet, etwa in Reihen angelegt, sondern verteilen sich ohne erkennbare Struktur und Ordnung über das Friedhofsareal. Allenfalls sind einzelne, ineinander übergehende Verdichtungen bemerkbar, die auf Familiengrabstätten oder die Bezirke von Bestattungsvereinen hindeuten. Die „teuersten Plätze" lagen vorne, direkt an der Straße, wo die wohlhabenden Familien ihre Grabgärten und Memorien besaßen. Friedhofsmauern, die das Gräberfeld umfassen oder abgrenzen, gab es nicht. Die Größe der Friedhöfe schwankt nach Art und Umfang der zugehörigen Siedlung zwischen 60/70 Bestattungen bei Villen und mehreren tausend bei Dörfern und stadtartigen Siedlungen. Die größten ausgegrabenen Friedhöfe in Bayern umfassen über 1430 Gräber (von mindestens 4000) in Günzburg, über 1100 in Regensburg, 454 in Faimingen, 411 in Kempten, 258 in Seebruck und über 250 im Töpfervicus von Schwabmünchen.

# Die große Krise im 3. Jahrhundert

## Die Dynastie der Severer

Das Ende der Antoninen stürzte das Reich wieder in einen Bürgerkrieg. Commodus kümmerte sich kaum noch um die Politik, trat stattdessen, sich mehr und mehr als römischer Herkules (Romanus Hercules)[1] und wie Jupiter als der „in allen Tugenden Hervorragendste" (*omnium virtutum exsuperantissimus*; CIL XIV 3449) fühlend, in der Arena als Gladiator oder Tierjäger auf. Zunehmend band er alle Lebensbereiche an sich. Vergleichsweise harmlos war es noch, wenn er nach dem Krieg der Fahnenflüchtigen unter Maternus speziell die treuen Verbände in Obergermanien mit dem Beinamen *Commod(ian)a* auszeichnete[2]. Da Commodus beim Heer durchaus geachtet war, nahmen diesen in der Folge auch andere Einheiten an[3]. Immerhin war das seit Domitian nicht mehr geschehen. Schließlich ging der Kaiser so weit, die römischen Monatsnamen umzubenennen und Rom als Colonia Commodiana neu zu gründen[4]. In der Silvesternacht des Jahres 192 wurde er bei einem Komplott seiner engsten Vertrauten erwürgt[5]. In Übereinstimmung mit den Prätorianern übertrug der Senat dem uns bereits bekannten, inzwischen 66jährigen Pertinax, der mittlerweile alle staatlichen Ehrenämter bekleidet hatte, den Purpur.

Tatkräftig zu Werke gehend packte er längst überfällige Reformen an. Für die Besitzverhältnisse in den Provinzen bedeutsam wurde die Neuregelung hinsichtlich des Ödlandes. Denn Pertinax „gestattete jedermann so viel von dem in Italien und in den übrigen Provinzen unbebauten und völlig unbearbeiteten Ackerland in Besitz zu nehmen, wie er davon wollte und konnte, selbst wenn es sich um kaiserliche Güter handelte; sobald einer das Land urbar gemacht und bebaut habe, sollte er der Eigner sein. Ferner hat der Kaiser den (Neu-)Bauern allgemeine Abgabenfreiheit auf zehn Jahre und den für immer gesicherten Besitz gewährt" (Herodian 2, 4, 6). Wie es scheint, begannen die Maßnahmen bereits zu greifen[6], als die Prätorianer nach knapp drei Monaten auch des neuen Herrn überdrüssig wurden, ihn erschlugen und den Thron kurzerhand an den meistbietenden Senator, an Marcus Didius Iulianus, verkauften. Dieser verlor freilich Würde und Leben noch schneller als sein Vorgänger, denn schon am 1. Juni wurde er vom Senat abgesetzt und am Folgetag ermordet. Inzwischen hatte sich nämlich erneut gezeigt, wer in Krisen der Reichsspitze die Herren im Imperium waren: die Statthalter der mit drei Legionen ausgestatteten Provinzen Pannonien, Syrien und Britannien. Sie hatten nacheinander im April die Herrschaft jeweils für sich beansprucht. Der aus Leptis Magna in Nordafrika stammende Lucius Septimius Severus (193–211) setzte sich in diesem Thronstreit durch, gewiß auch deshalb, weil er als pannonischer Legat der Hauptstadt am nächsten war. Eilig von Carnuntum auf Rom marschierend, präsentierte er sich dem Senat als Sieger. Er entließ die Prätorianer „in Schande" und stellte aus den ihm treu ergebenen Legionaren der Donauarmeen eine neue kaiserliche Garde auf, der in der Folgezeit auch „Raeter" angehörten, die ihre Heimat meist mit „Augsburg" angaben[7]. Zur Überwachung der Hauptstadt wurde zusätzlich eine neu ausgehobene Legion (die *legio II Parthica*) auf den Albanerberg südlich von Rom verlegt. Die Zentrale in seiner Hand gelang es Severus mit viel taktischem und diplomatischem Geschick, zuletzt aber doch mit der Waffe, in über dreijährigen Bürgerkriegen seine beiden Kontrahenten – Gaius Pescennius Niger im Osten und Decimus Clodius Albinus im Westen – zu neutralisieren und vollkommen auszuschalten[8].

Eine entscheidende Rolle in diesem Kampf um die Alleinherrschaft zwischen 193 und 197 spielte die enorme Truppenmacht, auf die sich Severus stützen konnte. Geschickt nutzte er seine Möglichkeiten und feierte in seiner ersten Münzemission die Treue der Legionen, die sich für ihn erklärt hatten. Dadurch kennen wir die 15 Legionen seines Heeres und wissen, daß es Albinus von Britannien aus zwar gelungen war, Gallien und Hispanien für sich zu gewinnen, nicht aber die Truppen der Rheinfront von Vetera/Xanten flußaufwärts. Von nur drei Legionen gibt es in dieser Emission Goldmünzen (Aurei): von der *legio XIIII Gemina*, die Septimius Severus in Carnuntum als erste ausgerufen hatte, und den beiden rheinischen Legionen *I Minervia* in Bonna/Bonn und *VIII Augusta* in Argentorate/Straßburg. Während man diese Verteilung noch vor einigen Jahrzehnten für Zufall hielt, wissen wir heute, daß es sich gerade bei den genannten Geprägen für die rheinischen Verbände um kluge Propaganda an der so wichtigen Grenze des Machtbereichs gegen Albinus gehandelt hat. Nachdem auch die 3. italische Legion zu den Truppen des Septimius Severus gehörte, haben wir mit einem
*Abb 85* Denar 193/194 das erste numismatische Denkmal für die Regensburger Legion (RIC 7). Die Rückseiten dieser Münzen zeigen die Umschrift LEG(io) III ITAL(ica) und TR(ibunicia) POT(estate) CO(n)S(ul); im Feld ist der Legionsadler abgebildet, flankiert wird er von je einer Manipelstandarte (*signum*).

Des weiteren ist die Rolle Raetiens und seiner Legion während der Bürgerkriege unbekannt. Nach verbreiteter Ansicht verdiente sich die 2. italische Legion, die um diese Zeit dabei war, ihr neues Lager in Lauriacum zu beziehen, damals den Beinamen *fidelis*, „die Getreue" (CIL XI 1322): offenbar blieb sie dem Severus verbunden, obwohl gewisse Kreise Norikums mit dem Gegenkaiser Clodius Albinus sympathisierten (CIL II 4114 = RITarraco 130)[9]. Für die raetische Schwester ist dieser Ehrenname bisher nicht sicher belegt. Man hat vermutet, daß unter einem gewissen Tiberius Claudius Candidus mit dem illyrischen Heeresaufgebot auch Teile der raetischen Legion zum Kampf gegen Pescennius Niger in den Osten zogen[10]. Tatsächlich wurde zwischen 193 und 195 (oder 196) in einer unbekannten Münzstätte des Ostens, vielleicht in Alexan-

*Abb. 85 Rom. Denar des Kaiser Septimius Severus, der 193/194 zur Belohnung für ihre Loyalität der* legio III Italica *geschlagen wurde. Er zeigt auf der Vorderseite den nach rechts blickenden lorbeerbekränzten Kaiser und die Aufschrift* IMP*(erator)* CAE*(sar)* L*(ucius)* SEP*(timius)* SEV*(erus)* PERT*(inax)* AVG*(ustus). Auf der Rückseite wird der Legionsadler von zwei Manipelstandarten flankiert, Umschrift:* LEG*(io)* III ITAL*(ica)* TR*(ibunicia)* POT*(estate)* CO*(n)*S*(ul).*

dria, ein nur in Budapest erhaltener Denar der Reichsmünze geprägt, der auf der Vorderseite die Kaiserin mit der Aufschrift IVLIA DOMNA AVG(usta) zeigt und rückwärts die schon bekannte Darstellung des Adlers zwischen zwei Standarten sowie die Legende LEG(io) III ITALI(ca) TR(ibunicia) POT(estate) CO(n)S(ul) aufweist (RIC 608A). Dies wird auf einen Aufenthalt der Regensburger Legion im angegebenen Zeitraum im Osten hinweisen; über alles weitere ließe sich nur spekulieren.

Nach dem entscheidenden Sieg über Pescennius Niger bei Issos im Frühjahr 194 hatte Severus erst einmal die Verhältnisse im Osten zu regeln, ehe er sich dem Westen zuwenden konnte[11]. Jetzt wurde auch Raetien in das Bürgerkriegsgeschehen verwickelt. Wie schon vordem und im 3. und 4. Jahrhundert noch oft wurde es, sobald der Krisenherd in Gallien oder Germanien lag, zur Aufmarschbasis und zum Durchzugsgebiet der römischen Streitkräfte. Der britannische Statthalter Clodius Albinus hatte seit 193 mit Septimius Severus offiziell paktiert, ohne seine eigenen Ansprüche je ganz aufzugeben. Immerhin war er, damit Severus während der Niederringung des Niger im Osten den Rücken frei hatte, zum Caesar, zum zweiten Mann im Staate, ernannt worden. Ende 195 wurde er aber vom Senat zum Staatsfeind erklärt, weshalb er sich Anfang 196 selbst zum Augustus ausrufen ließ, aufs Festland übersetzte und Gallien und Spanien für sich gewann. Seine Kommandozentrale schlug er in Lugdunum/Lyon, der Hauptstadt der drei gallischen Provinzen, auf. Bereits 195, also noch bevor die scheinbare Eintracht zwischen Albinus und Severus in die Brüche ging, hatte letzterer in weiser Voraussicht die Straßen in Raetien ausbauen lassen. Meilensäulen mit dem kaiser- *Abb 29*
lichen Formular dieses Jahres fanden sich besonders an den wichtigen Fernwegen von

Nordosten und Südosten nach Iuvavum/Salzburg, an der Straße Salzburg–Augsburg
*Abb 163* und an der Eining, Pförring, Kösching, Nassenfels berührenden Verbindung zwischen Regensburg und Augsburg (S. 195). Kaiser Caracalla, Sohn und Nachfolger von Septimius Severus, ließ diese Meilensteine im Jahr 215, vermutlich zur Zwanzigjahrfeier (Vicennalien) seines Caesariats, erneuern und mit seinem Namen versehen. Im Laufe des Jahres 196 sammelten sich die Heeresverbände des Severus im Donauraum zum Aufbruch, „um", wie es auf einer pannonischen Inschrift heißt, „die gallische Erhebung niederzudrücken"[12]. Im darauffolgenden Winter marschierten die severischen Truppen in Gallien ein. Durch eine Schlacht bei Lyon wurde der Herrschaft des Clodius Albinus am 19. Februar 197 ein Ende bereitet. Möglicherweise während oder kurz nach diesen Operationen war in Raetien als Statthalter ein syrischer Verwandter des Kaisers tätig (S. 320). Auffallend ist, daß in seiner monumentalen Weihinschrift für den Sonnengott Elagabalus in Augsburg die Siege des Kaisers mit keinem Wort erwähnt werden (Schillinger-Häfele 227).

Nach dem „allerglücklichsten gallischen Feldzug" (ILAfr 455) verfolgte und bestrafte Severus mit ganzer Härte die Anhänger seiner Gegner[13]. Außenpolitisch konnte er sich in der Folgezeit einem erfolgreichen Krieg gegen die Parther (197–202) und seit 208 einem Feldzug in Britannien widmen. Zu letzterem wurden wohl auch die kontinentalen Gebiete herangezogen. Die Mainzer Legionare fällten im Maingebiet Holz zum Schiffsbau, während Raetien und Norikum vermutlich gemischte Vexillationen in den Kampf entsandten (RIB 576)[14]. Als Septimius Severus am 4. Februar 211 in Eburacum/York starb, waren seine letzten Worte an seine Söhne angeblich: „Bleibt einig, bereichert die Soldaten, um alles andere kümmert euch nicht!" (Cass. Dio-Xiph. 77, 15, 2).

Septimius Severus gehörte zu den wenigen Kaisern, deren Maßnahmen das Leben weiter Kreise der Bevölkerung wirklich nachhaltig veränderten. Die Schlagworte Militarisierung, Bürokratisierung, beschleunigte soziale Durchmischung umreißen grob die Auswirkungen seiner und seiner Dynastie Politik. Kosmopolitische Zielsetzungen wurden allenthalben sichtbar, speziell im religiösen Bereich. Alte Privilegien gerieten ins Wanken, wie der Unterschied zwischen Bürgern und Peregrinen (S. 320) oder zwischen Italien und den Provinzen. Es war durchaus symptomatisch, daß der Dienst in den Prätorianerkohorten nun nicht mehr ein Vorrecht der Jugend Italiens war. Eine rege Bau- und Restaurierungstätigkeit in Rom und den Provinzen galt der Selbstdarstellung der Dynastie. Der Kaiser entfernte sich zunehmend von den Bürgern, wurde schließlich als losgelöst von den Gesetzen (als *princeps legibus solutus*) betrachtet[15]. Die Senatoren waren längst nicht mehr nur Römer, sondern aus fast allen Teilen des Reiches stammende „Geschöpfe" von Kaisers Gnaden. Sie wurden in ihren Rechten zwar nicht geschmälert (so wurden nach wie vor die meisten Provinzen, auch Raetien, von senatorischen Statthaltern geführt), doch stellte man ihnen in wachsender Zahl einflußreiche Beamte aus dem zweiten Stand gegenüber, ja im Laufe des folgenden Jahrhunderts mehr und mehr voran. Allein schon das Zahlenbild der ritterlichen Verwaltungsbeamten, der Prokuratoren des Kaisers, verdeutlicht die veränderte Situation: Von 22 derartigen Posten unter dem ersten Kaiser, Augustus, wuchs die Stellenzahl auf über 100 unter Hadrian und ca. 170 unter Septimius Severus. Ihrer sozialen Herkunft nach war diese festbesoldete und je nach Rang mit schmeichelhaften Ehrenprädikaten ausgezeichnete Ritterschicht sehr uneinheitlich: Neben Offizieren schafften vorwiegend ehemalige Gemeindebeamte, aber auch einstige Freigelassene den Sprung nach oben. Die soziale Pyramide der römischen Gesellschaft wurde jetzt durchlässiger, soziale Mobilität, auch für die Provinzialen, in bisher ungeahntem Maße möglich[16].

Bei weitem die größten Aufstiegschancen hatte man in der Armee. Zahlenmäßig wurde das Gesamtheer, nicht zuletzt durch die Schaffung einiger neuer Legionen, auf etwa 200 000 Mann verstärkt. Die enge Bindung der Soldaten an das Herrscherhaus, wie sie auch in den letzten Worten des Septimius Severus zum Ausdruck kommt, hat diesen eine Reihe von Vorteilen eingebracht. An erster Stelle sind Solderhöhungen zu erwähnen. Ein weiteres Zugeständnis bestand in der Gewährung des Rechts für die aktiven Soldaten, eine rechtsgültige Ehe schließen zu dürfen (Herodian 3, 8, 4). Damit wurde freilich nicht so sehr etwas Neues geschaffen, vielmehr eine gesetzliche Ausnahmesituation beseitigt. Bei einem Rekrutenalter von rund 20 Jahren und etwa einem Vierteljahrhundert Dienstzeit mußte das Eheverbot für Aktive zwangsweise zur wilden Ehe (Konkubinat) führen. Diese war daher bei älteren Offizieren und Soldaten der Hilfstruppen schon lange nicht nur verbreitet, sondern auch von oben geduldet worden. Andererseits förderte natürlich die Ehelosigkeit insgesamt gesehen Disziplin und Beweglichkeit, kurz die Einsatzfähigkeit der Truppe, die umgekehrt durch die enge Bindung an Standort und Familie stark leiden mußte. Die Offiziere konnten seit Septimius Severus außerhalb des Lagers bei ihren Angehörigen wohnen, was stellenweise nicht nur bei den Mannschaften eine Senkung der Moral, sondern auch vermehrt sozialen Spannungen zwischen den Mannschaften und Offizieren sowie den jeweiligen Familien heraufbeschwören mußte. Natürlich wuchs gleichzeitig der Anreiz, Karriere zu machen, noch stärker. Andererseits veränderte sich, selbstverständlich in verschiedenem Ausmaß, auch das äußere Erscheinungsbild der zu den Garnisonen gehörigen Zivilsiedlungen (Vici und Canabae); diese vergrößerten sich, während sich die Armeeangehörigen durch legale Heiraten immer mehr mit der ansässigen und einheimischen Bevölkerung vermischten.

Fortschreitend wurde in der Folgezeit aus dem Soldatenstand eine relativ einheitliche soziale Schicht, die, sich ihrer Bedeutung für das Reich sehr bewußt, im Leben an der Grenze durchweg die Hauptrolle spielte. Ihr wachsender wirtschaftliche Wohlstand[17], nicht zuletzt infolge häufiger Solderhöhungen und Geldgeschenken bei Thronwechsel – ein gefährlicher Anreiz zur Förderung der Instabilität – und sonstigen Staatsjubiläen, ermöglichte vereinsmäßige Zusammenschlüsse mit eigenen Vereinslokalen (selbstredend hielten sich die verschiedenen Dienstränge in der Regel auseinander)[18]. Während auf dem Land die Verhältnisse bereits rückläufig waren (S. 237), nahm die Zahl der

Weihungen und Verschönerungsbauten durch Militärs in den „Städten" enorm zu, was beweist, daß gerade die Severerzeit auch sich spätentwickelnden Gebieten wie Raetien zu einer Blüte verhalf. Ganz unklar ist, ob die Zivilsiedlung beim Lager der Regensburger *legio III Italica* wie die Vorstadt ihrer Schwestereinheit in Lauriacum/Lorch[19] unter den Severern Munizipalstatus erhalten hat. Tatsächlich ist nicht unwahrscheinlich, daß die Umwohner der 3. italischen Legion wie die bei den germanischen Legionen in Bonn, Mainz und Straßburg aus unerklärlichen Gründen von den Privilegierungen der Severerzeit übergangen wurden.

Am obergermanisch-raetischen Limesabschnitt blieb es unter Septimius Severus offenbar ruhig. Baumaßnahmen an der Grenzbefestigung selbst waren – sieht man von der Erneuerung des Kastells Aalen im Jahr 208 ab – unbedeutend im Vergleich zu den Bemühungen zur Förderung des Hinterlandes. Diesem Ziel dienten vor allem weitere Verbesserungsarbeiten am raetischen Straßennetz im Jahre 201. Besonders die Verbindungen Augsburg–Bregenz und Augsburg–Salzburg, aber auch Abschnitte der Straße Augsburg–Regensburg wurden ausgebaut (S. 195).

Diese Fernstraßen dienten in erster Linie als Marsch-, Transport- und Versorgungswege des Heeres und zur Beförderung der Staatspost (*cursus publicus*). Je mehr das Grenzland des Reiches ins militärische Geschehen geriet und folglich die Eigenversorgung des Militärs aus zweierlei Gründen – überwiegender militärischer Einsatz und Gefahr der Erntevernichtung durch feindliche Überfälle – unsicher wurde, um so mehr mußte das Hinterland durch die Verbesserung der Nachschubmöglichkeiten zur Versorgung erschlossen werden. Der von Caesar oder Augustus zum Muncipium Iulium erhobene oberitalische Ort Tridentum/Trient südlich des Alpenhauptkamms stellte nicht nur zahlreiche Soldaten für die Nordprovinzen, er war auch eine wichtige Nachschubbasis für den Norden und die 3. italische Legion[20]. Neuerdings lehrte dies wieder die Grabinschrift des Tridentiner Weinhändlers Publius Tenatius Essimnus aus Passau (AE 1984, 707). Schon länger bekannt ist die Tridentiner Ehrung eines Gaius Valerius Marianus, der vermutlich um 200 oder kurz danach in seinem Heimatort bereits alle Ehrenämter bekleidet hatte und unter anderem als *adlectus annonae legionis III Italicae*, also „Einnehmer des Proviants der 3. italischen Legion", tätig gewesen war (CIL V 5036)[21]. Als solcher war er Mitarbeiter des *praefectus annonae* in Rom und sammelte die Produkte ein, um sie geschlossen nach Norden zu senden. Auf einer anderen Inschrift aus demselben Ort pries wohl nur wenig später der Ritter Tiberius Claudius Victor den Senatorenjüngling (*clarissimus iuvenis*) Gaius Iulius Ingenuus, weil dieser sich sehr um ihn verdient gemacht habe (CIL V 5032)[22]. Da Ingenuus trotz seiner jungen Jahre bereits Militärtribun der Regensburger Legion (also höchster Offizier nach dem raetischen Statthalter) war, wird man kaum fehlgehen, auch seinen Freundesdienst für Victor irgendwie im Zusammenhang mit dem Verpflegungsnachschub für die Regensburger Truppe, mit der sog. *annona militaris* zu sehen. Dies war nicht, wie man früher glaubte, eine neue und besondere Steuer der Severer, damit bezeichnete man schlicht den für das Heer bestimmten Teil der Naturalabgaben. Er charakterisierte den „Abschluß einer Entwicklung in der kaiserlichen Verwaltung, die alle Mittel an sich gerissen und monopolisiert hat, welche sie benötigte, um die Versorgung Roms und der Armeen, dieser beiden unersättlichen Verbraucher, sicherzustellen" (J. Remesal Rodriguez)[23]. Noch in der Spätantike blieb diese alimentäre Anbindung Raetiens an Oberitalien bestehen, wie neben der Notitia dignitatum (Occ. 35, 21 f.)[24] auch andere Quellen beweisen[25]. Nur in Ausnahmefällen hat Raetien Überschüsse produziert, weshalb „es gewöhnlich wegen seiner Armut recht sicher war" (*solebat tutior esse ieiunio*: Ambrosius epist. 18, 21 zum Jahr 383)[26]. Die Vorfeldsicherung Italiens war den Römern, wie der Unterhalt ihrer gesamten Armeen, ein permanentes Zuschußunternehmen; charakteristisch ist der Traum des hl. Augustinus, „er sei zum Pferd geworden und habe zusammen mit anderen Lasttieren den Soldaten Getreide zugetragen, welches Raetisches Getreide genannt wurde, weil es ja für Raetien bestimmt war" (*caballum se scilicet factum annonam inter alia iumenta baiulasse militibus, quae dicitur Raetica, quoniam ad Raetias deportatur*: de civitate dei 18, 18, 10 f.). Neben Getreide wurden teilweise Güter von weit her nach Norden verhandelt; nicht selten sind in Oberitalien die spätantiken Belege für Syrer, Juden und andere Orientalen, die man auch mit dem Nordhandel verbunden hat, wie zum Beispiel für jenen syrischen Antiochener Dias, Sohn des Bassianos, dessen Grabinschrift unlängst unter dem Dom zu Trient gefunden wurde. Noch zu Beginn des 5. Jahrhunderts hat er wohl als Mitarbeiter eines Großhändlers am Fuße der Alpen gewirkt (AE 1982, 401)[27].

## Caracalla und die Alamannen

Ohne daß es die Zeitgenossen zunächst gewahr wurden, ja überhaupt gewahr werden konnten, begann bald nach 200 nicht nur für das Alpenvorland ein neuer Geschichtsabschnitt. Aus dem Nordosten kommend hatten sich germanische Stämme und Gruppen an die Reichsgrenzen herangeschoben; im Zuge dieser Bewegungen waren neue Stammesverbände entstanden, deren kriegerischer, beutegieriger Sinn auf die blühenden römischen Provinzen gerichtet war. Das Entstehen dieser neuen Gruppierungen können wir nicht im einzelnen verfolgen; für uns treten sie erst ins Licht der Geschichte in dem Moment, als sie das erstemal ihre Waffen mit den römischen Truppen kreuzten.

Ein Verband war aus einem Teil der großen suebischen Völkergruppe entstanden, mit dem benachbarte und verwandte Stämme verschmolzen; zum erstenmal wurde für sie der Name Alamannen genannt, als sie gegen 213 den obergermanisch-raetischen Limes angriffen, und der Kaiser Caracalla (211–217) einen Feldzug gegen sie unternahm. Stammesverwandt mit ihnen waren die Juthungen, deren Abstammung von den Semnonen aus der Mitte des 3. Jahrhunderts überliefert ist. Weiter im Norden bildete sich etwa zur selben Zeit der noch mächtigere Stammesverband der Franken heraus, deren Name erst nach 250 auftaucht, als sie etwa 254/257 den Rhein bei Köln überschritten und gleich durch Gallien bis Spanien vorstießen. Durch diese Völkerbewegungen wurden die nördlichen Provinzen des Reiches für fast ein Jahrhundert zum Schauplatz heftiger Kämpfe und großer Verheerungen, die bereits als Anzeichen der beginnenden Völkerwanderung zu verstehen sind.

Den knappen antiken Nachrichten zufolge waren alamannische Scharen 213 nach Raetien und wohl auch Obergermanien eingedrungen. Der Einbruch scheint nicht tief gewesen zu sein; bis heute haben sich noch keine sicheren archäologischen Spuren davon entdecken lassen. Ein fragmentarisch bekannter Schatzfund aus dem Kastell Gnotzheim und ein kleiner Beutelfund aus Dambach[28] könnten vielleicht dazu zu zählen sein, recht unsicher überlieferte Funde von Dambach, Kösching und vom Ringberg bei Untersaal wohl kaum. Die alamannischen Unruhen scheinen schon früher ausgebrochen zu sein, da der Feldzug Caracallas allem Anschein nach durch beachtliche Truppenverschiebungen vorbereitet worden war. Es fällt auf, daß aus dem Jahr 211 bereits drei sicher datierte Bauinschriften bekannt sind (IBR 83; 117; 359: aus Epfach, Augsburg, Regensburg), und gegen Ende des Jahres im Kastell Eining ein wichtiger Staatsakt stattfand (IBR 334, 335; Wagner 91). Faimingen, wo sich ein bedeutendes, wahrscheinlich das wichtigste Heiligtum für den Heilgott Apollo Grannus befunden hat, wird das kaiserliche Hauptquartier für den Feldzug gewesen sein. Zwei unlängst gefundene Meilensteine aus dem Herbst 212 nennen nicht nur den antiken Ortsnamen Phoebianis, sondern weisen durch ihre ungewöhnliche Bauformel (*vias et pontes dedit*) auf einen Aufenthalt Caracallas in Faimingen 212 hin, wo sich der kranke Kaiser um Heilung durch Apollo Grannus bemüht hat (AE 1985, 698 f.; vgl. Cass. Dio 78, 15, 6). Das nicht längere Zeit belegte Kastell in Faimingen mit seinen 5,2 ha könnte vielleicht für seine Begleittruppen bestimmt gewesen sein, dagegen sprächen allerdings Spolien des vom Kaiser besuchten Apollo-Grannus-Tempels aus den Fundamenten der Kastellmauer. Nachdem Caracalla den Winter in Rom verbracht hatte, scheint er im Frühjahr 213 wieder nach Norden gereist zu sein[29] und auch Faimingen erneut als Hauptquartier gewählt zu haben. Falsch wäre es, ihn wegen Gesetzesunterschriften (Cod. Iust. 5, 60, 1 etc.) noch Ende Juli in Rom zu vermuten. Er weilte vielmehr längere Zeit bei Apollo Grannus, wo er auch Recht sprach (AE 1971, 455). Das etwa in dieser Zeit prächtig ausgestaltete Limestor unweit bei Dalkingen könnte den Ausgangspunkt seines Feldzuges anzeigen.

*Abb 87* *Abb 137, 138* *Abb 139*

Über den Feldzug von 213 gegen die Alamannen, den Caracalla persönlich leitete, gibt es eine Reihe von Nachrichten und Hinweisen[30]. Am 11. August traten in Rom „auf dem Kapitol vor dem Heiligtum der Götterkönigin Juno die *fratres Arvales* zusammen, damit, da unser Herr der heiligste und fromme Kaiser Marcus Aurelius Antoninus Augustus, der Oberpriester, im Begriffe ist, über die raetische Grenze zur Vertreibung der Feinde das Land der Barbaren zu betreten (*per limitem Raetiae ad hostes exstirpandos barbarorum terram introiturus est*), diese Angelegenheit ihm günstig und glücklich gelinge, und brachten Opfer dar ...“, wie wir aus den heute noch erhaltenen Acta dieser Bruderschaft entnehmen können (CIL VI 2086). Die *fratres Arvales* waren

*Abb. 86 Eining (Lkr. Kelheim). Altar des Präfekten Titus Flavius Felix vom 1. 12. 211. Unter der Inschrift eine charakteristische Opferszene, auf den Seitenfeldern Fortuna mit Steuerruder und Füllhorn links und Genius der Cohors III Britannorum rechts; H. 1,27 m (Prähist. Staatsslg. München).*

ein altes Priesterkollegium von zwölf Männern, das ursprünglich um den Segen für das Ackerland (*arvum*) und die Saaten, später, seit Augustus, um den Schutz der Götter für das Kaiserhaus zu bitten hatte. Im Sommer 213 hat dieser Feldzug begonnen; wie gut er vorbereitet wurde, zeigt die weit zusammengeholte, sicherlich recht stattliche Truppenansammlung, von der wir nur einen kleinen Teil kennen. Den Kern bildeten die Einheiten des obergermanischen und des raetischen Heeres, von dem wir nur die Teilnahme der *cohors I Breucorum* aus Pfünz und Böhming sicher bezeugt haben. In Böhming gefundene Inschriftfragmente ließen sich nämlich zu einem Weihealtar ergänzen, den 215 die genannte Kohorte der *Fortuna redux*, der glücklich zurückführenden Göttin, gewidmet hatte. Zu den hiesigen Truppen waren weit entfernt stationierte Formationen gestoßen wie die *legio II Traiana* aus Nicopolis bei Alexandria in Ägypten und Abteilungen der *legio II Adiutrix* aus Aquincum/Budapest in Unterpannonien sowie Abordnungen von wohl fast allen Legionen Europas. Einen Teil des Heeres, möglicherweise mit Detachements aus Niedermoesien, befehligte Gaius Octavius

Appius Suetrius Sabinus als *comes Augusti nostri* (Begleiter unseres Kaisers) und *praepositus vexillationum Germanicae expeditionis* (Kommandant der Detachements für den Feldzug gegen die Germanen), wie wir aus seiner inschriftlich überlieferten Laufbahn wissen (AE 1985, 37). Über den Verlauf des Kriegszuges berichten die Quellen nicht einheitlich. Cassius Dio, ein leider nur fragmentarisch überlieferter zeitgenössischer Schriftsteller und scharfer Kritiker Caracallas, erzählt von unsinnigen Kastell- und Stadtgründungen im Feindesland, von großen Grausamkeiten und militärischen Schwierigkeiten, die Caracalla nur dadurch überwinden konnte, daß ihm die Barbaren den Sieg gegen teures Gold verkauften (Cass. Dio 78, 13, 3 – 15, 7; vgl. Herod. 4, 7, 1 – 4). Diese Darstellung ist jedoch zweifellos einseitig und stark übertrieben. In dem rund 150 Jahre jüngeren Geschichtswerk des Aurelius Victor, das schon den wünschenswerten Abstand hat, ist von einem Sieg Caracallas über die volkreichen und im Reiterkampf geschickten Alamannen in der Nähe des Mains zu lesen (Caes. 21, 2), in einem anderen (SHA v. Carac. 5, 4) von einem Sieg unweit der raetischen Grenze. Die Wirkung der römischen Militärmacht muß jedenfalls stark gewesen sein, denn selbst Cassius Dio gibt zu, daß germanische Stämme bis zur Elbemündung beim Kaiser um Freundschaft baten (Cass. Dio 78, 14, 3). Für die raetische Grenze konnte der Zug des Kaisers sicherlich die unmittelbare Gefahr beseitigen, denn schon in den Folgejahren fanden sich Abteilungen der 3. italischen Legion bei Feldzügen in Dakien und gegen die Parther (CIL III 1178; 7785; 14207, 6); man hätte ja bei akuter Gefährdung keine Truppen von diesem Grenzabschnitt abgezogen. Vor dem 6. Oktober 213 war Caracallas Germanenfeldzug bereits zu Ende, an diesem Tag nämlich kamen in Rom die *fratres Arvales* wieder zusammen, um für das Wohl des Kaisers und für den Sieg über die Germanen Dankopfer darzubringen. Zu diesem Zeitpunkt schon hatte Caracalla den Ehrentitel *Germanicus Maximus* (überragender Sieger über die Germanen) angenommen, der vom folgenden Jahr an auf Münzen und Inschriften erscheint. Die Rückreise nach Rom führte über Obergermanien und dabei über Baden-Baden, wo der Kaiser die Wiederherstellung der erneuerungsbedürftigen Thermen anordnete und den Ort zur *civitas Aurelia* erhob. Der Sieg über die Germanen wurde im militärischen und zivilen Bereich gefeiert; Inschriftfragmente aus den Kastellen Gnotzheim, Weißenburg und Eining dürften zu kleineren Siegesdenkmälern gehört haben.

Nach Abschluß der Kämpfe wurde Gaius Octavius Appius Suetrius Sabinus als Statthalter in Raetien eingesetzt. Da er vorher Legat der 22. Legion in Mainz und kaum gleichzeitig *praepositus* einer Heeresabteilung war, aber schon am 1. Januar 214 als *consul ordinarius* erscheint, wird seine Statthalterschaft nur wenige Monate gedauert haben (CIL X 5178; 5309; AE 1985, 37).

## Militärische und administrative Maßnahmen

Die Errichtung der raetischen Mauer allerdings, die man früher der Zeit des Caracalla zuschrieb, war schon eher, wohl unter Commodus, erfolgt. In der ersten Hälfte des 3. Jahrhunderts kam am Limes eine neue Befestigungsart auf, die ihre Vorbilder in anderen Teilen des Imperiums hatte[31]. Es sind kleinere quadratische Befestigungen mit 13 – 32 m Seitenlänge, die nun scharfkantige Ecken und nur noch ein Tor hatten. Diese Befestigungen wurden bisher verschieden bezeichnet, als Burgi, Feldwachen, Kasernen, bis ihr Typ als Vorläufer der spätantiken Centenaria erkannt werden konnte. Ein sehr gut erhaltenes Beispiel für diese Centenaria ist der "Burgus" in der Waldabteilung Harlach bei Weißenburg[32]; diese Anlage gehört mit 32 m Seitenlänge zu den größten ihres Typs. Zu dem einzigen Tor, über dem sich wohl ein Turm erhob, sprang die Südfront halbkreisförmig ein. Die Räume der zweigeschossigen Anlage gruppierten sich um einen rechteckigen Innenhof, der durch einen überdeckten Umgang auf 9,70 x 6,50 m verringert wurde. Genau dem Eingang gegenüber befand sich ein kleines Heiligtum in einer apsidalen Nische. Auch heute noch stehen die Mauern dieser kleinen Befestigung bis zu 2 m hoch, so daß ein Besuch lohnt. Den ganzen Limes entlang entstanden wohl solche Centenaria, wie verschiedentlich angenommen wird. Leider ist sonst keine dieser Anlagen wissenschaftlich zufriedenstellend untersucht. *Abb 124*

Von größeren Befestigungsbauten Caracallas wissen wir wenig. Cassius Dio berichtet zwar, daß der Kaiser bei seinem Feldzug Befehl gegeben habe, Kastelle und Städte anzulegen (78, 13, 4), doch kennen wir zugehörige archäologische Befunde nicht. Lediglich Faimingen erhielt anstelle des Erdwalls eine Steinmauer als Wehr um den Vicus und eventuell auch schon um das Kastell. Weiter im Osten dürfte damals anläßlich ihrer Erhebung in den Rang einer Koloniestadt (*Colonia Aurelia Antoniniana*) die Befestigung der norischen Stadt Ovilava/Wels angelegt worden sein.

Verständlich ist bei der geschilderten militärischen Situation, daß man den strategisch wichtigen Straßen besondere Fürsorge angedeihen lassen mußte. Wenn gelegentlich die Aufstellung von neuen Meilensteinen aus Gründen kaiserlicher Propaganda erfolgte, so können wir die Meilensteine aus der Zeit des Caracalla doch vielleicht mit den Erfahrungen aus dem Alamannenkrieg in Zusammenhang bringen, stammen doch die erhaltenen Säulen gerade von den Straßen, denen durch die Alamannengefahr besondere Bedeutung zukam. Das war einmal die Querverbindung Regensburg–Nassenfels–Augsburg, dann die Nachschubstraße von Italien über den Brenner nach Augsburg und die Verbindung von Augsburg über Salzburg nach dem Osten und Süden. Die Achse entlang der Donau zwischen den beiden Legionen in Regensburg und Lorch wurde damals ebenfalls ausgebaut und verbessert. *Abb 139*

In der inneren Entwicklung des großen Reiches ließ Caracalla durch eine wichtige Anordnung die in der Zwischenzeit eingetretenen Veränderungen sichtbar werden. Dank der weitgehenden Romanisierung des einheimischen Elements in den Provinzen, die starke Bevölkerungsvermischung und durch das längst üblich gewordene Aufsteigen von Familien in den Provinzen in die höchsten Würden hatte sich in Verbindung mit dem Absinken Italiens das ursprünglich große Gefälle zwischen Mutterland und Provinzen mehr oder minder ausgeglichen. Damit war den Provinzen im ganzen Reichsgefüge mehr Bedeutung und mehr Gewicht zugewachsen. Diese Veränderungen zeigen sich u. a. auch darin, daß schon Septimius Severus die Legionskommandanten nicht mehr ausschließlich aus dem senatorischen Adel, sondern vermehrt aus dem Ritterstand ernannte; es steht jetzt nicht mehr immer ein *legatus*, sondern mitunter ein *praefectus legionis* an der Spitze. Der Erlaß der *Constitutio Antoniniana*[33], durch die allen freien Reichsangehörigen das römische Bürgerrecht verliehen wurde, 212 durch Caracalla, stellte somit keinen revolutionären Akt, sondern lediglich die staatliche Anerkennung einer vollzogenen Entwicklung dar.

Durch die Heirat des Septimius Severus mit Julia Domna aus der syrischen Priester-Fürsten-Familie von Emesa war diese Familie zu großem Einfluß gelangt. Ein naher Verwandter der Julia Domna, vielleicht sogar ein Bruder oder Vetter, Gaius Iulius Avitus Alexianus[34], bekleidete irgendwann zwischen 196 und 199 das Statthalteramt in Raetien. Hier hatte er in Augsburg, wahrscheinlich vor dem lokalen Kapitol, dem
*Abb 87* *Deus patrius Sol Elagabalus*, dem örtlichen Sonnengott seiner Heimat, an repräsentativer Stelle einen Altar errichtet, ein Zeichen, wie durch den wachsenden Einfluß der orientalischen Familien die Verbreitung der östlichen Kulte im Westen gefördert wurde (Schillinger-Häfele 227). Sonst wissen wir von der Tätigkeit des Alexianus in

*Abb. 87 Augsburg (Weihaltar für Sol Elagabalus von Statthalter Gaius Iulius Avitus Alexianus; H. 1,59 m (Augsburg, Römermauer).*

Raetien nichts. Er war um 199 *consul suffectus* und begleitete dann 208/211 als *comes* den Septimius Severus in den britannischen Feldzug. Um 213 war er in gleicher Funktion im Stab Caracallas beim Alamannenfeldzug dabei. Später brachte es Alexianus noch zum Statthalter von Dalmatien und zum Prokonsul in Asien (ILJug III 2076) unter der Regierung seines Großneffen Elagabal (218–222), der den Versuch unternahm, die Verehrung des Sol Elagabalus zur beherrschenden Staatsreligion zu machen. Der einzige aus der Zeit Elagabals bekannte kaiserliche Legat in Raetien, Dionysius, stammte wiederum aus dem Orient; dies bestätigt den damaligen bestimmenden Einfluß des Ostens. Dionysius widmete dem Apollo Grannus in Faimingen für das Wohl des Kaisers Marcus Aurelius Antoninus, wie Elagabal wirklich hieß, einen Weihestein, wohl im Zusammenhang mit einer Erkrankung des Kaisers (IBR 217).

## Das Schicksalsjahr 233

Unter der Herrschaft des Severus Alexander (222–235), des letzten Kaisers aus jener syrischen Familie, sind es zunächst die Ereignisse im Orient, die die Reichspolitik bestimmen. Die Lage vor der raetisch-obergermanischen Grenze blieb noch ruhig. Im Osten war die Macht der Parther, des alten Gegners Roms, allmählich zurückgegangen; verschiedene Unterkönige konnten ihre Bedeutung bis zu praktischer Selbständigkeit vergrößern. Einer dieser Unterkönige in der Landschaft Persis, Ardeschir I. Babekan aus der Dynastie der Sassaniden[35], hatte die meisten seiner Kollegen beseitigt, sich 224 zum Großkönig erklärt und 226 durch den Sieg über den letzten Arsakidenkönig Artaban V. wieder ein zentral gelenktes Reich geschaffen. Gleichzeitig erneuerte er die alten persischen Traditionen und erhob in diesem Sinne Anspruch auf römisches Gebiet. Dadurch kam Ardeschir sofort in Konflikt mit Rom, was ernste kriegerische Auseinandersetzungen zur Folge hatte. Für Rom schien ein energisches Eingreifen geboten. Severus Alexander zog ein Heer zusammen und brach 231 in den Orient auf. Dabei hatten die Truppen an Rhein und Donau erhebliche Kontingente zu stellen; so war zum Beispiel die 30. Legion aus Xanten an diesem Orientfeldzug beteiligt. Der Kaiser konnte mit seinem Heer in Persien und Armenien erfolgreich sein und die Reichsgrenzen behaupten.

Während sich der Kaiser und sein Heer noch in Antiochia von den Strapazen des Feldzuges erholten, brachen die Alamannen mit großer Wucht erstmals über die geschwächte Limesgrenze herein. Die weiteren Vorgänge können wir nicht besser schildern als es der zeitgenössische Geschichtsschreiber Herodian getan hat: "Da ängstigten ihn (den Kaiser) plötzlich Botschaften und Briefe und versetzten ihn in noch größere Sorge. Denn es schrieben ihm die Männer, denen die Regierung von Illyricum anvertraut war: 'Die Germanen überschreiten Rhein und Donau, verheeren das römische Gebiet und greifen die an den Stromufern stationierten Truppen wie auch Städte und Dörfer mit großer Streitmacht an. Die Völker Illyricums, deren Gebiet an Italien grenzt, sind daher in nicht geringer Gefahr. Darum ist deine persönliche Anwesenheit erforderlich mitsamt dem Heer.' Diese Nachrichten beunruhigten Alexander, drückten aber auch die aus Illyricum stammenden Soldaten des Heeres nieder, da sie glaubten, ein doppeltes Unglück erlitten zu haben: sie dachten an ihre Leiden im Perserkriege, und nun kamen die Nachrichten vom Tode ihrer Angehörigen durch die Hand der Germanen. Sie murrten daher und schimpften auf Alexander, der. . . angesichts der Gefahr im Norden zauderte und zögerte. Es hatten aber auch Alexander selbst und seine Freunde jetzt wirklich Angst um Italien selbst. Denn sie achteten die persische Gefahr für nicht halb so groß wie die von seiten der Germanen." So weit Herodian (6, 7, 2–4).

Die archäologischen Befunde scheinen diesen Bericht in außerordentlich treffender Weise zu bestätigen und zu ergänzen; ja sie geben geradezu ideale Gelegenheit, diese Nachrichten durch die Befunde aus dem Boden zu verdeutlichen und zu versuchen, Umfang und Gefahrenzonen dieses Alamanneneinfalls zu erkennen. Wir können in diesem Fall, da wir historische und archäologische Nachweise besitzen, einmal sehen, wie sich echte Katastrophen archäologisch niedergeschlagen haben, und werden dadurch gewarnt, bei der Interpretation vereinzelter Brandschuttschichten oder isolierter Schatzfunde sofort an größere kriegerische Ereignisse zu denken. Allerdings ist es nur selten möglich, Befunde und Funde so genau zu datieren, daß sie mit Sicherheit mit einem bestimmten historischen Ereignis in Verbindung gebracht werden können. Nur eine genaue Analyse der Fundsituation und des Fundbestandes sowie der Vergleich mit ähnlichen und verschiedenen Beispielen kann hier hilfreich sein und weiterführen. Da bei früheren Funden vielfach eine solche Analyse nicht mehr möglich ist, wird man in manchen Fällen über mehr oder minder wahrscheinliche Vermutungen nicht hinauskommen. Ja, selbst heute kommt es bei „Schatzfunden" immer wieder vor, daß Ort und Umstände der Entdeckung oder die genaue Zusammensetzung aus Gewinnsucht und schlechtem Gewissen verunklart oder verheimlicht werden, und trotz genauester Recherchen der Schleier nicht gelüftet werden kann. Hier sind es besonders die Sondengänger, die illegal suchen und Metallgegenstände aus ihrem archäologischen Zusammenhang reißen. Trotz all dieser Vorbehalte gilt es festzustellen, daß die gerade in Raetien so außerordentlich zahlreichen Schatzfunde sowie die Grabungsbefunde aus dem 3. Jahrhundert im Zusammenhang mit den historischen Überlieferungen es durchaus erlauben, ein recht gutes Bild dieser katastrophenreichen Zeit zu zeichnen.

Daß es gleich beim ersten großen Alamannensturm 233 (und dann auch bei späteren, ähnlichen Einfällen) zu einer solchen Katastrophe kommen konnte, lag im System der römischen Grenzverteidigung begründet, das der veränderten weltpolitischen Situation nicht mehr entsprach. Hatte das sich seit Domitian zunehmend erstarrte System einer linearen Grenzverteidigung im Zenit der römischen Macht und gegenüber in sich zerstrittener und viel schwächerer Gegner genügt, dem Reich die *Pax Romana* (den römischen Frieden) zu sichern, so konnte es bei einer Verschiebung der Kräfteverhältnisse nicht mehr standhalten. Im 3. Jahrhundert ging nun das Imperium politisch, wirtschaftlich, ethnisch und in vieler anderer Hinsicht einer gewaltigen Krise entgegen, während zum Beispiel im Norden, jenseits der Grenzen, durch die Zuwanderung und Neuformierung germanischer Völkerschaften starke Kräftekonzentrationen entstanden. Rom hat wohl zur Zeit des Caracalla diese Lage erkannt, so daß diese Überlegungen beim Feldzug des Jahres 213 eine Rolle spielten. Noch lange versuchte man mit der Strategie, im Gefahrenfall durch eigens zusammengezogene Feldheere das Vorfeld bedrohter Grenzen zu säubern, der veränderten Lage gerecht zu werden, ohne daß man sich zu einer grundlegend neuen Konzeption entschließen konnte. Für solche Unternehmungen stand aber keine mobile Heeresreserve zur Verfügung; aus den ohnedies zu schwachen Grenzbesatzungen mußten für die Aufstellung von Eingreiftruppen Teile (Vexillationen) abgezogen werden, was viel Zeit brauchte und die Grenzverteidigung noch mehr schwächte. Diese Verminderung der Verteidigungskraft blieb natürlich den Gegnern nicht verborgen, und so standen im 3. Jahrhundert im weiten römischen Reich die großen Kämpfe und Kriege in einem ursächlichen inneren Zusammenhang. Auch der große Alamannensturm von 233 ist als mittelbare Folge des vorhergehenden Perserkrieges des Severus Alexander zu verstehen, für den man aus den hiesigen Grenzabschnitten Teile der Formationen abgezogen hatte.

Alamannische Überfälle, wie der von 233, haben die Grenzverteidigung des raetischen Limes nördlich der Donau offensichtlich immer wieder völlig überraschend getroffen. Wie plötzlich und unerwartet der Angriff erfolgte, dafür lieferten die Ausgrabungen am Kastell Pfünz einen immer wieder zitierten, besonders bezeichnenden Hinweis[36]. Die Wachen des Tores an der Südseite, die am leichtesten zugänglich und infolgedessen das Ziel des ersten Angriffs war, hatten keine Gelegenheit mehr, die abgestellten Schilde zu ergreifen; noch bei der Ausgrabung lagen die Überreste der Schilde dort. Die Skelette der Wachen im Südostturm fanden sich noch da, wo sie der Feind überrascht und erschlagen hatte. Verschiedentlich kamen Skelette von Erschlagenen und überall massenhafter Brandschutt zutage und zeugten von Tod und Untergang. Eine eigene Episode aus dieser Katastrophennacht in Pfünz erzählt der Schatz aus dem Dolichenus-Tempel vor dem Kastell. Diesen Schatz von rund 100 Denaren hatte einer, vielleicht der Priester, während des Überfalls aus seinem versteckten Aufbewahrungsort geholt, um damit zu flüchten. Nur wenige Meter weit war er gekommen und dann samt seinem Schatz im brennenden Inferno geblieben. Die jüngste, durch den Umlauf überhaupt noch nicht abgegriffene Münze dieses Schatzfundes war in Rom 232 geprägt worden. Da der Brandschutt dieser Katastrophe, der die römischen Schichten nach oben abschloß, mit diesem Schatzfund datiert worden ist, nahm man an, daß damals das römische Pfünz sein Ende fand.

Dieser Befund galt bisher als sicherer historischer und archäologischer Fixpunkt; bei dem enorm anwachsenden kritischen Bewußtsein ist auch er skeptisch hinterfragt worden[37]. Ausgehend von der Beobachtung, daß die Schlußmünze eines Münzschatzes durchaus nicht immer aus der Zeit unmittelbar vor der Verbergung stammen muß, mit anderen Worten, daß die aktuellsten Prägungen eventuell nicht mehr in den Fund gelangt sind, wurde in einem Vergleich mit den Münzschätzen von Kösching und Gunzenhausen (Schlußmünzen Gordian III. 238–244n. Chr.) auch eine spätere Datierung für den Pfünzer Fund für erwägenswert gehalten. Nicht berücksichtigt aber wurde bei diesen Überlegungen die sich für das 3. Jahrhundert, u. a. aus der raschen Münzverschlechterung, ergebende Steigerung der Umlaufgeschwindigkeit der Prägungen. Diese zeigt sich schon bei einer Gegenüberstellung der genannten Funde und natürlich auch aus dem sonstigen Material. Der Prozentsatz der Gepräge bis zum Tod des Septimius Severus beträgt in den älteren Hortfunden von Pfünz 25 % und von Marnbach 34 %, während er in den später mit Münzen des Gordian III. schließenden Funden nur noch 16 % (Gunzenhausen) und 18 % (Kösching) ausmacht. Das Verschwinden der älteren Münzen macht zeitliche Verschiedenheiten für die Münzschätze deutlich, wenn sich auch aus allen solchen isolierten Betrachtungen bei der Unkenntnis der örtlichen historischen Vorgänge immer nur Wahrscheinlichkeitswerte gewinnen lassen. Es wäre dringend wünschenswert, nun, da genügend Fundübersichten von großen Gebieten und von bearbeiteten Münzschätzen vorliegen, diese im Computer statistisch auszuwerten und so zu Durchschnittswerten für den Münzverkehr, für Umlaufshöhepunkte und -ende der Typen, zu regionalen Verschiedenheiten und zur Klärung von Unterschieden in den einzelnen Fundarten (Siedlung, Schatz, Grab etc.) zu kommen.

Häufig sind in den letzten Jahrzehnten bei Ausgrabungen in Siedlungen und Kastellen Brandschichten bzw. Zerstörungen beobachtet worden, wo die jüngsten Münzen aus der Zeit des Severus Alexander stammen. Ein schönes Beispiel kam im Legionslager von Regensburg zutage: Beim Neubau des bombengeschädigten Hauses Frauen-
*Abb 202* bergl 4 stieß man Anfang der fünfziger Jahre auf Säulenstümpfe der großen Portikus an der ehemaligen *via praetoria*[38]. Die Fundamentquader dieser Säulen standen unmittelbar über den Säulenstümpfen der älteren, ersten Portikus. Eine durchgehende, mächtige Schicht von Brandschutt zeigte an, daß die ältere Portikus bei einer Feuersbrunst zugrunde gegangen war. Gleich zwei in der Brandschicht geborgene Denare des Severus Alexander schienen trefflich die Zerstörung zu datieren. Doch konnte seither bei verschiedenen Erdaufschlüssen diese Brandschicht noch mehrmals beobachtet werden und lieferte Münzen bis Gordian III.; die Zerstörung hat also das Legionslager nicht schon 233, sondern erst in den vierziger Jahren betroffen. Daß die neue Portikus wieder über der zerstörten errichtet wurde, zeigt die erhalten gebliebenen Strukturen an.

Den Alamannen war es in ihrem ersten großen Überraschungsangriff gelungen, den Limes zu durchbrechen und ins Hinterland einzudringen. Ein Einbruch wird am vorgeschobenen Limesbogen erfolgt sein. Welche Kastelle damals alle betroffen waren,
*Abb 229* läßt sich derzeit noch nicht mit Sicherheit sagen. Die Villa rustica bei Treuchtlingen wurde zerstört; die späteste Münze ist ein verbrannter Denar der Julia Mamaea, der
*Abb 154* Mutter des Severus Alexander. Das Anwesen bei Holheim traf dasselbe Schicksal.

Auch die große Therme beim Kastell Weißenburg fand ein gewaltsames Ende; die jüngsten Münzen sind wieder von Severus Alexander. Auch an der Nahtstelle zum obergermanischen Limes ist der Feind erschienen, wie aus einem großen Münzschatz bei den Kastellen von Welzheim zu ersehen ist. Die Münzfunde aus den raetischen Kastellen Pförring und Eining sind zu unsicher überliefert, als daß man daraus Schlüsse ziehen könnte. *Abb 239, 240*

Wenn wir also auch die Einbruchstelle(n) noch nicht kennen, so geben doch vor den Feinden verborgene Schätze kund, in welche Richtung der Hauptstoß erfolgte, und wie weit sich Angst und Schrecken verbreiteten. Von den über zwei Dutzend Münzschätzen aus Bayern, die mit mehr oder weniger Wahrscheinlichkeit 233 verborgen wurden und die noch durch solche aus Baden-Württemberg ergänzt werden, stammen allein zwölf aus der näheren und weiteren Umgebung von Kempten[39]. Die hauptsächliche Richtung der feindlichen Plünderungen zielte also in diese Gegend und von dort auf die Verbindungen nach dem Süden; die Alamannen scheinen allerdings damals noch nicht tief in die Alpen eingedrungen zu sein. Eine Kartierung der Fundpunkte macht die auffallende Häufung im Allgäu besonders deutlich. Allein in der unmittelbaren Umgebung von Kempten fand man vier zum Teil beachtliche Schätze, von denen der von Wiggensbach[40] der interessanteste ist. Er setzte sich zusammen aus 407 Silbermünzen, zwei goldenen Ohrgehängen, zwei filigranverzierten silbernen Scheibenfibeln, Emailfibeln, Fingerringen, Halsketten u. a. Was sich hinter diesem Fund verbirgt, könnte man so in einem dramatischen Szenario vermuten: Als die Katastrophe über Kempten hereinbrach, raffte ein Kemptener Ehepaar seine Barschaft und seinen wertvollen Schmuck zusammen und floh nach Westen in die Wälder. Aber schon nach 8 km, beim heutigen Wiggensbach, zweifelten die beiden so stark am Gelingen ihrer Flucht, daß sie ihre Habe dem Boden anvertrauten im Glauben, so eher das Leben retten zu können. Das gelang ihnen nicht, so daß sie ihren Schatz nicht wieder heben konnten. Die Stadt Cambodunum selbst erlitt sehr starke Zerstörungen; alle öffentlichen Gebäude sanken in Schutt und Asche. Erst 1958 stieß man bei Bauarbeiten mitten im römischen Stadtgebiet auf einen Münzschatz von 670 Denaren und Antoninianen, das Kapital eines Kempteners, das beim Brand seines Hauses verschüttet wurde. *Taf 21*

Für viele ungeschützte Siedlungen im Limesgebiet und im Westen Raetiens waren die Auswirkungen des Alamanneneinfalls verheerend. Die meisten Gutshöfe und dörflichen Ansiedlungen fanden schon damals ihr Ende. Unter den Funden aus vielen Siedlungsstellen sind Münzen von Severus Alexander die jüngsten. Ein erst unlängst ergrabenes Beispiel ist die Villa rustica bei Holheim im Ries, wo man noch 222/225 einen Altar für Jupiter errichtete und die dann ein oder zwei Jahrzehnte später von den Alamannen gebrandschatzt wurde. Auch in Nassenfels, dem Vicus Scuttarensium, stammen die letzten sicher verbürgten Fundmünzen von diesem Kaiser; für Altfunde, je ein As von Philippus I. (248) und von Volusian (251/153) und einen Antoninian von Valerian (257), gibt es keinen ausreichenden Fundnachweis. *Abb 154* *Abb 182*

Die Münzschätze, die man im weitesten Sinn mit dem Alamanneneinfall von 233 in

Verbindung bringen könnte, streuen im wesentlichen über den Westen Südbayerns. Damit enthalten sie eine bestimmte Aussage und erlauben es, manche nur unsicher überlieferte Schätze dieser Region in den Kreis der Überlegungen einzubeziehen. Von 28 einschlägigen Funden sind ja nur acht ziemlich vollständig erfaßt; bei 17 sind Schlußmünzen von Severus Alexander erhalten oder erwähnt, der Rest endet früher. Und schließlich sprechen sechs Funde mit Schmuck deutlich von der Angst und der Furcht, die ihre Verbergung veranlaßt haben, denn welche Frau würde wohl in normalen Zeiten ihren persönlichen Schmuck mit dem Sparstrumpf zusammen vergraben haben?

Zeugen von Not und Bedrängnis sind auch eine ganze Anzahl von Sammelfunden mit Gegenständen aus Metall, von denen gerade in letzter Zeit viele bei Ausgrabungen und Erdarbeiten, aber auch leider unbeobachtet durch Sondengänger zutage gekommen sind. Da sie jedoch keine Münzen enthalten, kann ihre Verbergung zeitlich nur ungefähr angesprochen werden. Von diesen, auf die später noch zurückzukommen sein wird, mag wohl der eine oder andere schon auf das Jahr 233 zurückgehen. So schien das Bild einer riesigen Katastrophe vorgezeichnet.

Die enorm vermehrte Grabungstätigkeit der letzten Jahrzehnte erbrachte jedoch verschiedene detaillierte Beobachtungen und Befunde, die dazu zwingen den „Untergang" Raetiens differenzierter zu sehen. Die Grabungen in Regensburg selbst, die Aufdeckung von Kastell und Vicus Großprüfening (Schlußmünze von Gordian III. 242/244) und die Befunde im weiteren Umland des Legionslagers ließen erkennen[41], daß die feindlichen Überfälle hier erst gut ein Jahrzehnt später erfolgt sind. Wiederholt sind also germanische Scharen mit unterschiedlicher Wucht über das nur mangelhaft und dann kaum mehr geschützte Land brennend und plündernd hergefallen und haben so den Niedergang herbeigeführt.

Nicht berührt hat der Alamanneneinfall von 233 den Osten des Alpenvorlandes und die Provinzhauptstadt Augsburg. Erst 1961 wurde bei Bauarbeiten am Realgymnasium "an der blauen Kappe" das gut ausgestattete Brandgrab eines Mädchens aufgedeckt[42]. Die Bestattung ist durch Münzen in die Jahre nach 244/246 datiert. Solange eine so reiche Grablegung vor der Stadtmauer Augsburgs möglich war, muß das wirtschaftliche und gesellschaftliche Leben der Stadt noch in Ordnung gewesen sein. Dasselbe gilt auch für die weitere Umgebung von Augsburg, denn das reiche Arztgrab aus
*Abb 237, 238* dem Friedhof der Villa rustica von Wehringen ist durch Münzbeigaben in die Zeit Gordian III. datiert.

Noch in den Jahren unter Severus Alexander liegen mit großer Wahrscheinlichkeit die Anfänge zweier Maßnahmen, die dann am Ende des Jahrhunderts allgemein durchgeführt wurden. Nach der Historia Augusta soll man damals mit der Schaffung der sog. *milites limitanei* bzw. *ripenses* begonnen haben, d. h. man habe Soldaten bei den Grenzkastellen fest angesiedelt, ihnen Ländereien zugewiesen und sie verpflichtet, diese zu bebauen und zu schützen. Ja selbst auf die Nachkommen konnten diese Felder vererbt werden, wenn diese dieselbe Verpflichtung übernahmen, wie uns die Historia Augusta vermeldet (HA, vita Alex. 58, 4 f.). Damit, so wird vermutet, entfiel dann die Soldzahlung in der bisherigen Höhe, wodurch sich der Zustrom neuer Münzen zumindest verringerte. Diese mögliche Veränderung des Geldumlaufs, deren Umfang und Ausmaß wir heute noch nicht annähernd abschätzen können, erschwert zusätzlich die Beurteilung des Münzumlaufs unter und nach Severus Alexander.

## Die Soldatenkaiser und neue Einfälle

Auf die Schreckensnachrichten aus den Nordprovinzen hin war Severus Alexander mit dem Heer aus dem Orient aufgebrochen und dem Feind zum Rhein entgegengezogen. Als er sein Heer zum Feldzug in der Nähe von Mainz bereitgestellt hatte, wurde er von unzufriedenen Soldaten Anfang März 235 ermordet. Der danach zum Kaiser ausgerufene Maximinus Thrax drang noch im späten Frühjahr in Feindesland vor, errang einen großen Sieg "im Moor" und scheint Nordbayern durchzogen zu haben. Die kaiserlichen Erfolge führten noch 235 zur erneuten imperatorischen Akklamation. Es wird vermutet, daß Maximinus Winterquartier im obergermanisch-raetischen Grenzgebiet bezogen und dann im Frühjahr 236 seine Aktionen gegen die Alamannen fortgesetzt hat. Seit diesem Jahr führt er den Ehrentitel Germanicus Maximus, und die *VICTORIA GERMANICA* wird bald darauf in der Münzprägung gefeiert. Ab Herbst 236 leitete er von Sirmium aus Abwehrkämpfe an der mittleren Donau. Wiederherstellungsarbeiten an beschädigten Kastellen haben unverzüglich eingesetzt. Es existiert eine Bauinschrift von 237 aus dem Kastell Öhringen-Ost; der Grabungsbefund macht Bauarbeiten an Kastellen am obergermanischen Limes wahrscheinlich. Trotzdem reichte die militärische Kraft nicht mehr aus, den Schutz der Grenzen für einen längeren Zeitraum zu sichern. Die für Truppenbewegungen und Nachschub so wichtigen Straßen und Brücken wurden zum Teil wieder instandgesetzt, wie uns erhaltene Meilensteine berichten. Im zivilen Bereich ging all dies natürlich viel langsamer vor sich. Die Anzeichen eines Wiederaufbaus von Wohnhäusern in Kempten sind sehr bescheiden und behelfsmäßig.

Von der Basis Sirmium aus führte Maximinus Thrax erfolgreich Unternehmungen gegen Sarmaten und Jazygen, die ihm die Ehrentitel Sarmaticus und Dacicus einbrachten. Da erhoben sich 238 zuerst in Afrika, dann in Rom selbst Gegenkaiser, die die Unterstützung des Senats hatten. Maximinus marschierte mit dem Heer nach Italien und wurde bei der Belagerung von Aquileia von seinen Soldaten erschlagen. Nachdem auch die beiden Augusti Balbinus und Pupienus in Rom den Tod fanden, konnte sich Gordian III. im ganzen Reich als Kaiser durchsetzen. Diese Kämpfe banden die römische Heereskraft; die Barbaren jenseits der Grenze nutzten die Situation diesmal wieder aus. An der unteren Donau überschritten die Goten den Grenzfluß, weiter im Westen drohten die unruhigen Karpen. So wäre es gut denkbar, daß die Alamannen ebenfalls die Schwäche der Verteidigung genutzt hätten, doch reicht das Zeugnis der noch dazu zum Teil nur unvollständig bekannten Münzschätze von Salzburg – Mitterbacherbogen, Niederaschau, Langengeisling, Eining II, Fridingen bei Tuttlingen und Osterfingen bei Schaffhausen allein nicht aus, für diese Jahre einen neuen Einfall anzunehmen.

*Taf 23*

Dagegen erlauben uns die Verhältnisse des Sechskaiserjahres 238 einen Blick auf die allgemeinen Ursachen der krisenhaften Situation des Reichs zu werfen. Die vielfältigen Kriege gegen übermächtige äußere Feinde und gegen Thronaspiranten hatten allgemeine Unsicherheit, zunehmende Entvölkerung, Ertragsminderung der Ernten und Hunger im Gefolge und waren so eine der Hauptursachen. Die großen Verluste an Menschen, eine hohe Sterblichkeitsrate, Mangel an Arbeitskräften und Landflucht im Verein mit ständig steigendem Finanzbedarf führten zu immer größerem Steuerdruck. Durch all dies traten Gruppeninteressen immer stärker hervor: der Senatorenstand strebte die Wiederherstellung seiner früheren Vorrechte an, die Oberschicht in den Städten stöhnte unter der überstarken finanziellen Belastung, die Plebs wollte eine bessere Lebensmittelversorgung, und die Landbevölkerung war ausgebeutet und unterdrückt, alles Umstände, die sich auch auf die kriegerischen Auseinandersetzungen im Innern auswirkten. Die Macht aber kam rasch in die Hände des Militärs, deren regionale Befehlshaber nun ihre Chancen gekommen sahen.

Im Orient trieben in diesen Jahren die Auseinandersetzungen mit dem Sassanidenreich einem neuen Höhepunkt zu. Dort war im September 241 Schapur I. zur Herrschaft gelangt und hatte sogleich die römischen Grenzen angegriffen[43]. Gordian III. sah sich 242 genötigt, mit einem Heer nach Osten zu ziehen; bei seinem Durchmarsch wurde er in Moesien und Thrakien in Kämpfe mit den seit 238 immer wieder eindringenden Goten und Karpen verwickelt. Der Krieg gegen die Perser war heftig und endete mit einer Niederlage 244 bei Misikhi am Euphrat, nach der Gordian III. ums Leben kam. Philippus Arabs, der Prätorianerpräfekt, wurde von den Truppen zum Kaiser ausgerufen und schloß mit Schapur einen demütigenden Frieden, der auf iranischen Felsreliefs als Unterwerfung dargestellt ist. Nachdem Philippus sich in Rom die Herrschaft gesichert hatte, mußte er noch 244 wieder an die untere Donau eilen, wo die Karpen und germanische Stämme den Strom überschritten hatten. Es gelang Philippus 247 diese Völker entscheidend zu besiegen und in Rom seinen Triumph zu feiern, als bald darauf die Legionen an der Donau mit Pacatianus einen neuen Kaiser kürten. Noch konnte Philippus diese Usurpation und die eines Iotapianus in Mesopotamien unterdrücken und die nach Untermoesien eingedrungenen Goten zurückschlagen, aber im September 249 verlor er gegen Traianus Decius in einer Schlacht bei Verona den Kampf und das Leben. So waren die römischen Streitkräfte weitab vom raetischen Limes gebunden und in steten Kämpfen geschwächt.

Solche Notlagen des Reichs nutzten germanische Völker oft aus, und auch die Alamannen werden es in diesen bewegten Jahren wohl getan haben. Münzschätze und Befunde aus den vierziger Jahren sind nicht selten und spiegeln die unruhigen Verhältnisse wider. Allerdings geben sie noch kein klares und eindeutiges Bild. Alles aber deutet daraufhin, daß damals der Osten des Alpenvorlandes besonders betroffen war. Im Donaubogen bei Regensburg wurde das Kleinkastell Großprüfening mit Lagerdorf in einem Brand zerstört; die späteste Münze aus sicherem Fundzusammenhang ist von Gordian III. 242/243. Befunde im Legionslager und außerhalb (Augustenstr. 3) in einem als Tempel gedeuteten Bau verweisen auf dieselbe Zeit. Skelette Erschlagener in einem Brunnen des letztgenannten Baus machen den brutalen Verlauf solcher germanischer Überfälle deutlich[44]. Noch besser ließen sich diese Vorgänge bei der Ausgrabung der Villa rustica von Regensburg-Harting erkennen. Hier wurden in zwei verfüllten Brunnen Schädel, zerteilte Körperteile und Gliedmaßen von 14 Menschen gefunden. Die Bewohner des Gutshofs waren bei einem germanischen Überfall skalpiert, gemartert und erschlagen und ihre Reste in die Brunnen geworfen worden, was auch schon als "kultische Hinrichtung" interpretiert wurde, zumal manches Indiz die Annahme von Kannibalismus nahelegt. Das grauenhafte, innerhalb des 3. Jahrhundert nicht näher datierte Gemetzel mag um die Mitte des Jahrhunderts stattgefunden haben[45]. *Abb 88*

Einen weiteren Hinweis auf einen (Alamannen-?) Einfall nach 243/244 lieferten die Metallhorte von Künzing. Hier waren 1962 bei den Ausgrabungen im Kastell ostwärts und westlich an den Armamentaria, die Teil des Mittelgebäudes waren, je ein Sammelfund mit verbrannten Eisensachen und einer mit fragmentierten und verbrannten Bronzen herausgekommen. Der Eisenfund[46] mit einem Gesamtgewicht von 82 kg enthielt Waffen und militärische Ausrüstungsgegenstände in einer noch nie beobachteten Zahl und gibt dadurch einen einmaligen Einblick in die Waffenkammer einer Kohorte in der ersten Hälfte des 3. Jahrhunderts (S. 170). Ganz nahe beim Waffenfund war ein *Abb 89*

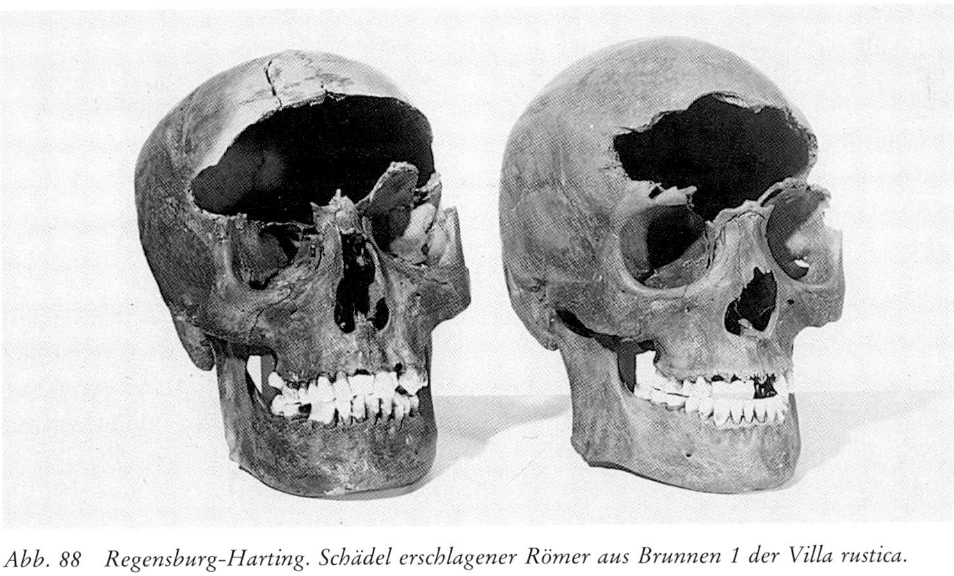

*Abb. 88 Regensburg-Harting. Schädel erschlagener Römer aus Brunnen 1 der Villa rustica.*

*Abb. 89 Künzing (Lkr. Deggendorf). Großer Waffenfund; Militärdolche mit Scheiden im Zustand der Auffindung (Prähist. Staatsslg. München).*

fast stempelfrischer As des Gordian III. ans Licht gekommen, das 243/244 geprägt worden war.[47] Zwar ist ein unmittelbarer Zusammenhang nicht erwiesen, doch ist das Stück die späteste Münze aus dem Kastellbereich. Der Bronzefund von der anderen Seite des Mittelgebäudes setzt sich aus zerbrochenen und verschmolzenen kleinen und kleinsten Teilen von Paraderüstungen im Gewicht von 5,5 kg zusammen, wie wir sie unbeschädigt aus mehreren anderen Depots kennen.

Ein erschlossener Sammelfund aus dem Mittelgebäude selbst mit Fragmenten von Bronzestatuen und zwei weitere Metalldepots[48] ostwärts des Kastells bestätigen, daß alle diese Künzinger Horte nach der Zerstörung des Kastells aufgesammelt und dann flüchtig und seicht vergraben worden waren. Wer aber nun hatte diese in der damaligen Zeit so wertvollen Metallmengen als Rohstoff zur Wiederverwendung versteckt? Immer wieder wird die Vermutung geäußert, daß die plündernden Germanen das Material vergraben hätten, um es später, wenn sie von Raubzügen aus dem Inneren des römischen Gebietes zurückgekehrt waren, zu heben und wegzuführen.

Andererseits wird man sich nur schwer vorstellen können, daß die eben über den Limes eingedrungenen Germanenhorden am Beginn eines vielversprechenden Beutezugs sich die Mühe gemacht hätten, die soeben niedergebrannten Ruinen nach größeren und kleinsten Metallresten so sorgfältig abzusuchen. Eher könnten überlebende Bewohner von Lagerdorf oder Kastell sich dieser Mühe unterzogen haben, denn auch bei einer so großen Katastrophe sind sicher irgendwelche Überlebende geblieben. Diese hätten dann die Ruinen abgesucht, waren aber in der Bedrängnis der Situation nicht gleich in der Lage, das Metall zu verwerten und haben es so für später vergraben.

## Die großen Schatzfunde des 3. Jahrhunderts

Ähnliche Möglichkeiten stehen auch als Erklärung für die Vergrabung des großen Schatzfundes von Straubing zur Diskussion. Dort wurde etwa 3 km westlich des Kastells bei der Villa rustica von Alburg 1950 der bis dahin größte Sammelfund von römischen Paraderüstungen entdeckt[49]. Hier hatte man in und beim Kastell wertvolle Metallgegenstände aufgesammelt und dann bei einer Villa, die wohl auch schon in Trümmern lag, vergraben. Der Fund enthielt nämlich unter den beigegebenen Eisengeräten auch einen Türbeschlag (Scharnier) mit deutlichen Brandspuren, in dem noch die umgebogenen Nägel steckten. Er muß von einer verbrannten Tür stammen. Wie so häufig, spielte auch bei der Entdeckung des Straubinger Hortfundes der Zufall eine Rolle: Bei Bauarbeiten stieß man im Oktober 1950 auf einen umgestülpten 42 cm hohen und 72 cm weiten Kupferkessel, unter dem eine Menge Bronzegegenstände geborgen und um den eine Anzahl eiserner Geräte niedergelegt waren. Dieser im ganzen römischen Reich damals einmalige Fund enthielt 7 Masken von bronzenen Gesichtshelmen, davon 4 vom hellenistischen und 3 vom orientalischen Typ, eine eiserne Hinterkopfhälfte zu diesen Helmen, 5 reichverzierte Beinschienen mit Knieschutz, 8 kunstvoll gearbeitete Kopfschutzplatten für Pferde, 7 Götterfiguren aus Bronze und noch kleinere Bronzebeschläge, -sockel u. a. Die eisernen Gegenstände stellen ein buntes Gemisch von Waffen, Werkzeugen, Geräten und Beschlägen dar; erwähnt seien ein Langschwert, ein Dolch, 3 Lanzenspitzen, eine Baumsäge von 69,2 cm Länge, weitere Sägeblätter, ein Hobeleisen, eine Kelle, eine Sense, eine Trense, 7 Hufschuhe für Pferde, ein Pferdekamm, eine Fessel mit Schloß, Schlüssel und Haken, Brechstangen und allerlei Kleingerät bis zum Nagel herunter. Gerade diese vielfältige Zusammensetzung hat den Gedanken nahegelegt, daß unter Ausnutzung der allgemeinen Verwirrung ein Plünderer sich aus der Waffenkammer des Kastells, aus einem kleinen Heiligtum und von anderen Orten das Ganze zusammengetragen hatte.

*Abb 222*
*Taf 1, 3*
*Taf 18*

Der Fund war nur hastig verscharrt worden, ob vielleicht von plündernden Germanen, die es eilig hatten, an weitere Beute zu kommen, oder eher von überlebenden Römern, wird wohl immer offen bleiben. Der Schatzfund von Straubing enthält keine genauer zu datierenden Fundstücke; seine Verbergung kann jedoch mit Sicherheit in den Katastrophenzeiten der ersten Hälfte des 3. Jahrhunderts angenommen werden. Damals sind viele solcher Sammelfunde in den Boden gekommen, von denen gerade in jüngster Zeit weitere neu entdeckt worden sind.

*Abb. 90 Weißenburg, Tempelschatz. Oberteil einer bronzenen Statuette der Juno mit Diadem und silbern eingelegten Augen. H. mit Sockel 21,6 cm (Prähist. Staatsslg. München).*

Ebenfalls hauptsächlich Paraderüstungsteile enthielt ein 1975 beim Kastell Eining ausgepflügter Hortfund[50]. Von ihm kennen wir ganz oder in Teilen u. a. einen Gesichtshelm vom sog. orientalischen Typ, 3 Hinterhaupthelme aus Bronze, 4 Beinschienen mit Knieschutz und 5 Kopfschutzplatten für Pferde. Auch bei anderen raetischen Limeskastellen sind in den zurückliegenden Jahren Teile von den früher höchst seltenen Paraderüstungen zutage gekommen[51], wie zum Beispiel bei Theilenhofen, Weißenburg i. B., Pfünz, Regensburg-Kumpfmühl u. a.

In diesen unruhigen Jahrzehnten wurde auch der größte und bedeutendste Sammelfund, den wir bisher aus Bayern kennen, verborgen. Nahe bei der Großen Therme von Weißenburg stieß man im Oktober 1979 bei Gartenarbeiten auf über 100 Metallgegenstände, die ehemals wohl in einer Holzkiste, sorgfältig geschichtet, nicht sehr tief vergraben worden waren. Damit war ein Fund ans Licht gekommen, der in seiner Größe und durch die Qualität seiner Objekte zu den bedeutendsten nördlich der Alpen gehört[52] und der die historische Rolle der Provinz Raetien in einem neuen Licht erscheinen läßt. Niemals vorher hätte man eine solche Fülle hervorragender Gegenstände am Platz eines raetischen Limeskastells erwartet. Zum Bestand gehören 18 Bronzestatuetten von einer beachtlichen Größe bis über 30 cm, darunter Jupiter, Juno, Minerva und Herkules und mehrfach Venus, Apollo, Merkur und verschiedene Genien. Unter 10

*Abb 90*
*Taf 18–20*

kleineren und ornamentalen Bronzen ist eine Stecklampe mit Eisenschaft von 102 cm Länge bemerkenswert. 11 Silberblechvotive fallen ebenfalls durch ihre Größe bis über 30 cm und ihr reiches Dekor aus dem Rahmen. Zwei Gesichtsmasken vom sog. hellenistischen Typ und ein Hinterhaupthelm aus Eisen weisen mit deutlichen Entsprechungen zu Stücken aus dem Schatzfund von Straubing auf die gleiche Werkstatt hin. Eine dritte Gesichtsmaske ist völlig verzinnt und macht mit ungewöhnlich hohen Haarlocken über der Stirn mit einem ganz neuen Typ bekannt. Unter den 18 Bronzebeschlägen und den 33 eisernen Geräten, darunter ein Klappstuhl und eine Schnellwaage, sind manche in Raetien seltene Objekte. Ein großes Becken mit der Darstellung des Triumphzugs des Dionysos/Bacchus kombiniert mit der zwischen Pferden *Abb 23* *Abb 76* *Abb 91*

*Abb. 91 Weißenburg, Tempelschatz. Dekor mit Epona und dem Triumphzug des Dionysos/ Bacchus am Innenboden eines Bronzebeckens; M. 1:2 (Prähist. Staatsslg. München).*

sitzenden Epona sowie zwei Schalen mit eingepunzter Dedikation an Epona unterstreichen auch bei den 20 sehr gut erhaltenen Bronzegefäßen die sakrale Komponente und lassen den Gesamtfund als Tempelgut erkennen. Über seine Vergrabungszeit sagt der Fund nur aus, daß sie im zweiten Drittel des 3. Jahrhunderts gelegen haben muß und mit großer Wahrscheinlichkeit das 253/254 vermutete Ende des Kastells anzeigt.

Ähnliches mag zum Teil auch für die vier Sammelfunde aus dem Ringwall von Manching[53] gelten. *Taf 24* Einer von diesen ist der größte Schatz von Silbergeschirr aus Bayern und enthält einen großen Teller, ein Ovaltablett, eine Kasserolle, zwei Trinkbecher und drei Löffel. Eine noch nicht gedeutete Inschrift T.R.K. auf der Kasserolle dieses Fundes führte schon zu der gewagten Vermutung, daß es sich hier um das silberne Tempelgeschirr eines Heiligtums beim Kastell Keleusum/Pförring gehandelt habe, mit dem der Priester in seiner Not hinter den Wällen des im unwegsamen Moor liegenden früheren keltischen Oppidums vergeblich Schutz gesucht hätte. Militärischen Ursprungs war auch der zweite, ein Bronzefund mit Geschirr, Rüstungs- und Waffenteilen und Eisengerät.

Die mit Prägungen von Gordian III. schließenden Münzschätze von Gunzenhausen und Pförring und vielleicht auch die mit Maximinus Thrax endenden Funde gehören in das 5. Jahrzehnt des 3. Jahrhunderts. Von den vielen Sammelfunden, vorwiegend mit Eisengerät, werden wohl auch die meisten in dieser Zeit in den Boden gekommen sein. In keinem Fall wird ihre Vergrabung durch die planmäßige Räumung eines Kastells oder einer Siedlung veranlaßt gewesen sein, wie auch schon erwogen wurde. Sie sind und bleiben sprechende Zeugen von Bedrohung und Not.

## Der Niedergang und seine Zeichen

Die Zeiten blieben lange unsicher, und wir müssen uns fragen, ob und wie der Grenzschutz am raetischen und am nassen Limes funktioniert hat. Die Kämpfe an der unteren Donau und die gegen die Perser ebenso wie die Bürgerkriege um den Thron konnten ja nur geführt werden, indem die Kaiser jeweils ihre Gardetruppen um Abordnungen (Vexillationen) aus den traditionell entlang den Grenzen stationierten Einheiten erheblich verstärkten. Wenn diese Detachements je zurückkamen, waren sie sicher stark dezimiert und geschwächt. Der wohl im Juni 249 in Viminacium zum Kaiser ausgerufene Traianus Decius wurde nach seinem Sieg allgemein anerkannt. In den ständigen und heftigen Kämpfen gegen die Goten mußte Traianus Decius 250 bei Beroia/Verria eine Niederlage und Anfang Juni 251 bei Abrittus/Razgrad eine weitere hinnehmen, bei der er und sein Sohn Herennius gefallen sind. Trebonianus Gallus, der als Kaiser nachfolgte, versuchte ohne großen Erfolg die Goten durch Tributzahlungen zu beruhigen, was ihm Autoritätsverlust und dann im Juli 253 den in Abwehrkämpfen erfolgreichen Statthalter von Moesien Aemilianus als Gegenkaiser einbrachte.

In diesen Jahren hören die Münzreihen in den Kastellen an der raetischen Grenze auf, am Limes ganz, an der Donau für längere Zeit. Die bisher letzten Münzen – soweit veröffentlicht – sind von Severus Alexander in den Kastellen Dambach, Theilenhofen und Pförring, von Maximinus Thrax in Pfünz, von Gordian III. in Halheim, Gunzenhausen, Kösching und Künzing, von Philippus Arabs in Schwäbisch Gmünd-Schirenhof und Ruffenhofen, von Traianus Decius in Eining, von Trebonianus Gallus bzw. Hostilian in Weißenburg und Straubing, von Aemilianus 253 in Aalen und von Gallienus 257/258 in Gnotzheim. In Passau zwischen Inn und Donau wird das östlichste Kastell der Provinz Raetien gelegen haben; von dort sind als Altfund ein Sesterz und aus neueren Grabungen ein Antoninian von Gordian III. bekannt[54]. Ohne jede Fundstellenangabe, also möglicherweise auch schon aus Norikum vom Ostufer des Inn, liegen als ältere Funde je ein Antoninian von Traianus Decius und Trebonianus Gallus vor. Rund 23 km südostwärts Passau lag der Vicus bei Pocking[55]. Bei größeren Grabungen 1958 fanden sich hier in einer abschließenden Brandschicht fast prägefrische Münzen von Maximinus Thrax und Gordian III., so daß die Zerstörung zweifelsfrei datiert schien. Bei neueren Grabungen verschob sich die Schlußmünze auf Trebonianus Gallus (251–253). Und schließlich brachte in die Problematik einer Enddatierung durch „Schlußmünzen“ noch mehr Unsicherheit der Befund in Rainau-Buch, wo bei einer spätesten Münze von Gordian III. die dendrochronologische Bestimmung von Brunnenhölzern die Jahre um 260 für den Kastellvicus erbrachte. Die Zweifel am Aussagewert von „Schlußmünzen“ wurden bei einer Betrachtung sogar so groß, daß nicht einmal die Aufgabe des Limes in den Katastrophen von 259/260 sicher schien, eine römische Anwesenheit nördlich der Donau und ostwärts des Rheins auch nach 260 für noch möglich angesehen und mit einem „Auslaufen der Einheiten“, was immer das auch sein mag, gerechnet wurde[56]. Aber auch hier waren es wieder Einzelfunde von Münzen, die die Grundlage dieser Hypothese darstellen sollten. Nun liegen inzwischen so viele gut veröffentlichte Fundmünzenübersichten vor, daß man mit Hilfe der elektronischen Datenverarbeitung Umlaufhöhepunkt und Umlaufende für jeden einzelnen Münztyp unbeeinflußt von einzelnen „Ausreißern“ errechnen könnte. Warum nimmt niemand, auch keine Akademie und kein Institut, diese Aufgabe in Angriff? Nachdem gerade in letzter Zeit so viele Spekulationen verschiedenster Art mit Münzdatierungen angestellt worden sind, und man sich immer noch auf graphische Darstellungen wie vor 40 Jahren stützt, wäre dies jetzt wirklich ein längst fälliges Forschungsziel.

Es muß zugegeben werden, daß das uneinheitliche Bild der Schlußmünzen zum Limesfall und das Auftreten vereinzelter späterer Münzen nördlich der Donau und ostwärts des Rheins irritierend wirkt. Zu Veränderungen im Münzzustrom nach Severus Alexander haben beigetragen eine mögliche Änderung in der Soldatenbesoldung, die Verschlechterung der Münzen, die durch die feindlichen Einfälle so groß gewordene Unsicherheit der Transportwege, die möglicherweise unterschiedliche Prägefrequenz unter den einzelnen Kaisern und der rasch enorm gestiegene Soldbedarf des Heeres.

Letzteres führte 246 / 258 zur Einrichtung einer Münzstätte für Reichsprägungen in Viminacium für die Versorgung der Truppen an der Donau. Nach der Mitte des Jahrhunderts ging diese Entwicklung weiter, und neue Münzstätten sollten den ständig steigenden Bedarf befriedigen: Mediolanum für die Truppen an der Nordfront, Siscia für die pannonischen Truppen und Antiochia für die Verteidiger gegen die Sassaniden. Rom prägte fast nur noch für Italien und den Kaiser. Dabei beschleunigten sich Münzentwertung und Geldumlauf immer mehr, und nach dem Greshamschen Gesetz verdrängte das schlechte Geld das gute immer schneller. Da dennoch auch die Münzen nach Severus Alexander die Provinz Raetien in einiger Zahl erreicht haben, lassen sich also aus den Schlußmünzen durchaus gute Datierungsanhalte gewinnen. Wichtig ist bei diesen Betrachtungen dann auch, daß Antoniniane aus der Alleinherrschaft des Gallienus im Alpenvorland wieder in großer Menge auftreten, wie besonders jüngste Grabungen in Regensburg, Passau[57], Pons Aeni[58] und Mühlthal[59] eindringlich vor Augen führen.

Der allgemeine Niedergang ist auch daraus zu ersehen, daß die Weihe- und Grabsteine bei uns gegen die Mitte des 3. Jahrhunderts ganz aufhören, abgesehen von einzelnen späteren Inschriften in Augsburg und Regensburg. Im Chiemgau gibt es ab der Mitte des 2. Jahrhunderts eine ganze Anzahl gut datierter Weihesteine. Diese Weihungen gingen im 3. Jahrhundert[60] weiter; wir kennen Inschriften von 219, 225, 226, 229, 237 und 241 n. Chr. und eine zerschlagene Weihung aus dem Mithräum von Mühlthal vom Jahr 258. Damit endet nicht nur diese datierte Reihe, sondern es gibt auch aus diesem Teil Bayerns keine späteren Weihesteine mehr, von Prutting abgesehen. Tiefgreifende Störungen und Verheerungen haben es den Leuten unmöglich gemacht, ihre bisherigen Bräuche weiter zu pflegen. In jener schweren Zeit verordnete Furius Sabinius Aquila Timesitheus, *praefectus praetorio* 241 – 243, daß alle Städte in der Nähe der Grenze je nach ihrer Größe mit Lebensmitteln für 14 Tage bis zwei Monate versehen sein müssen, um notfalls Truppen und den Kaiser selbst entsprechend aufnehmen zu können, aber sicherlich auch, um für Belagerungen gerüstet zu sein.

Die Lage des Reiches wurde immer schwieriger; an allen Grenzen hatte man sich gegen mächtige Feinde zu wehren, an Rhein und Donau gegen germanische Völkergruppen, im Orient gegen die Perser, und sogar in Afrika machten kriegerische Wüstenstämme zu schaffen[61]. Gleichzeitig erschöpften sich die Kräfte in Bürgerkriegen, in denen die von verschiedenen Heeren ausgerufenen Kaiser alle paar Jahre wechselten. Die inneren und äußeren Kriege kosteten Geld, und die feindlichen Verheerungen und Plünderungen vernichteten den Wohlstand der Provinzen. Wirtschaftlicher Niedergang und Geldentwertung waren die Folge. Der gute Denar verschwand in der Prägung und aus dem Geldumlauf, während der Doppeldenar, der Antoninian, immer schlechter ausgebracht und in wenigen Jahrzehnten zur Kupfermünze wurde. Zu allem Unglück breitete sich um die Mitte des 3. Jahrhunderts im Reich eine pestartige Seuche aus und raffte Tausende dahin.

In diesen wirren Zeiten, da jeder in seinem Kampf ums Überleben auf sich gestellt und auf seinen engsten Lebensbereich angewiesen war, konnten sich, ausgehend von der Findigkeit einzelner, mehr oder weniger redliche Behelfe entwickeln, die aus der Not heraus sogar zu einer gewissen Duldung gelangten. Hierzu gehört die „Falschmünzerei", die in der ersten Hälfte des 3. Jahrhunderts und nach 270 allerorten kräftig blühte. Hergestellt wurden in der ersten Zeitspanne sowohl Silber- als auch Bronzemünzen. Häufig sind Gußformen aus Keramik, die man zu Rollen aneinanderfügte und in denen man Denare aus Zinnlegierungen goß[62]. In Augst und in Mainz zum Beispiel kamen so viele Zeugnisse solcher Münzertätigkeit heraus, daß dort sicherlich größere Werkstätten die Herstellung betrieben haben. So nimmt es nicht wunder, daß auch in Augsburg eine solche Werkstatt tätig war, wie sie in der Hl.-Kreuz-Gasse durch vier einseitige und vier doppelseitige Tonformen nach Denaren des 2. (Trajan) bzw. 3. Jahrhunderts (Elagabal, Maximinus) belegt wird[63]. Auch in Eining war in einem damals schon aufgelassenen alten Badegebäude ein solcher Fälscher am Werk. Eine tönerne Gußform von dort zeigt das Vorderseiten-Negativ eines Denars von Geta, das Rückseiten-Negativ eines der Julia Domna. Die Münzen von Septimius Severus bis Elagabal dienten bevorzugt als Vorbild. Die Fälschertätigkeit war so verbreitet, daß wir in Anbetracht des durch die Ereignisse vielfach gestörten Münzzustroms hierfür fast behördliche Tolerierung und in den Falsifikaten eine Art Notgeld annehmen möchten.

Dies gilt genauso für die Kupfer- und Bronzemünzen. Hier schmolz man die alten schweren Stücke ein und stellte im Gußverfahren neue, zwar mit dem gleichen Durchmesser, aber wesentlich geringerem Gewicht her, so daß das neue Stück meist weniger als das halbe Nominalgewicht hatte. Eine bestimmte Gruppe dieser Gußmünzen, die wir wegen ihrer Verbreitung in den Kastellen des Limes als Limesfalsa bezeichnen, wurden hauptsächlich in und um Regensburg und bei Eining gefunden, weshalb man die Tätigkeit einer solchen Falschmünzerei in Regensburg annehmen kann. Als dann später, gegen Ende der Regierung des Gallienus, der Antoninian zu einer reinen Kupfermünze herabgesunken war, hatten sich diese Arten von „Falschmünzerei" schon lange von selbst erledigt. Aus eigenen, flüchtig und ungekonnt geschnittenen Stempeln prägte man bei immer kleiner werdenden Schrötlingen jetzt „barbarisierte" Antoniniane nach, für die die Numismatik den bezeichnenden Ausdruck „Radiati-Minimi" gewählt hat.

Zu solch allgemeinen Zeiterscheinungen können wir weiter die Entwicklung der Sigillata-Industrie rechnen. Es sieht so aus, als ob die Sigillatatöpfereien von Westerndorf und Pfaffenhofen zunächst wegen Störungen in der Verbindung von Rheinzabern her einen Aufschwung genommen und ihre Lieferungen nach dem Osten vergrößert hätten. Für den Transport dieser Ware wird vorwiegend der Wasserweg benützt worden sein, denn sie findet sich in beachtlicher Menge in den Kastellen Norikums und Pannoniens entlang der Donau und kommt noch in Moesien vor. Eine geringere Rolle hat der Landweg gespielt, wie das bescheidenere Auftreten in Iuvavum/Salzburg und Ovilava/Wels beweist. Die Sigillatatöpfereien von Westerndorf und Pfaffenhofen[64] haben wohl auch im 3. Jahrzehnt des 3. Jahrhunderts Störungen erfahren; jedenfalls enthielt eine Brandschicht in Pfaffenhofen Denare von Severus Alexander, und die Münzen der nächsten Jahrzehnte fehlen. Westerndorf scheint danach nicht mehr gearbeitet zu haben, während Pfaffenhofen dann zum Teil mit Motiven aus Trierer Manufakturen noch bis in die siebziger Jahre tätig gewesen ist.

Um 200 n. Chr. hat in Schwabegg bei Schwabmünchen[65] eine erst vor kurzem ent-
*Abb 211* deckte Sigillatatöpferei bei Beeinflussung von Rheinzabern in drei separaten Werkstätten ihren Betrieb für die Dauer etwa einer Generation aufgenommen. Sie lieferte
*Abb 213* ihre Erzeugnisse innerhalb und außerhalb Raetiens, mit Ausnahme des engeren Umfeldes (Augsburg), fast nur in Gebiete entlang der Donau: Während man aus Limeskastellen kein einziges Produkt kennt, fanden sich um Regensburg, in Norikum und Pannonien, ja bis Dakien (Tibiscum) vereinzelt Schwabegger Sigillaten. Darüber hinaus jedoch begann man in verschiedenen Töpfereien, wie zum Beispiel in Nassenfels und Pocking, in einfacher Weise selbst Reliefsigillata herzustellen, was aber rasch wieder beendet war. Interessant ist es, in einem Fall eine ganze Abfolge von solchen Töpfereigründungen beobachten zu können[66]. Irgendwann nach dem Beginn des 3. Jahrhunderts fing in Kempten eine Sigillatatöpferei mit Westerndorfer Musterschatz zu arbeiten an. Der Betrieb dort bestand nicht lange, doch tauchten nun in der Schweiz, wohin normalerweise Westerndorfer Ware nicht gelangte, lokale Sigillata-Erzeugnisse mit ähnlichem Dekor, nur in einer stark degenerierten Abformung, Nachahmung und Ausführung, auf. Diese Produktion zog sich demnach in ihren letzten Ausläufern um die Mitte des 3. Jahrhunderts aus dem unmittelbaren Vorland immer mehr in die Berge zurück, bevor sie ganz unterging.

Ein beredtes Zeugnis der unsicheren Lage gibt auch die sog. Via Decia, die nach dem Fund zweier Meilensteine Kaiser Traianus Decius 250 quer durch die Nordalpen von Bregenz zur Brennerstraße bei Wilten anlegen ließ. Sie stellt das Bemühen dar, für die bedrohten Voralpenstraßen einen sicheren Ersatz zu schaffen[67].

## Das Ende des raetischen Limes

Das Jahr 253 brachte dem Reich wieder einmal mehrere Kaiser. Um sich gegen Aemilius Aemilianus behaupten zu können, beauftragte Trebonianus Gallus seinen Feldherrn Publius Licinius Valerianus, aus den nördlichen Provinzen ein Heer zusammenzuziehen.

Als dieses Heer, das vor allem aus Marschabteilungen der Formationen in den beiden Germanien, Raetien und Norikum bestand, in Raetien zusammengekommen war, riefen die Soldaten Valerian zu ihrem Kaiser aus (Aur. Vict. Caes. 32, 1; Eutr. 9, 7; Zos. 1, 28, 3). Zu großen Kämpfen kam es nicht, da die beiden Gegner schon ermordet wurden, als Valerian mit dem Heer auf dem Marsch nach Rom war. Nachdem die Germanen vor der Nordgrenze unruhig blieben und die Perser im Osten wieder aktiv wurden, bestimmte der Kaiser seinen Sohn Gallienus zum Mitregenten, dem er den Norden des Reiches anvertraute.

Im Frühjahr 254, während sich Gallienus in Pannonien aufhielt, zog Valerian mit einem Heer nach dem Osten. Bald nach seinem Abzug, vermutlich noch im Frühjahr, fielen germanische Stämme über die geschwächte Grenzwehr her, durchbrachen sie und drangen tief nach Germanien und Gallien ein. Nachdem schon in den Kämpfen der vorhergehenden Jahrzehnte verschiedene Kastelle schwer gelitten hatten, gingen auch diesmal Verteidigungsanlagen verloren. Vom Kastell Weißenburg möchte man es aufgrund des an der Via principalis bei Ausgrabungen gefundenen, bis Volusian (251 – 253) reichenden Münzschatzes annehmen. Es müssen aber wohl noch mehr Kastelle betroffen gewesen sein, denn mit diesen Jahren hören die Inschriften im rechtsrheinischen Limesgebiet auf; die letzten epigraphischen Zeugnisse stammen aus Jagsthausen 247/249, Kapersburg 249/251, Stockstadt 249. Auch Meilensteine gibt es in der Provinz Germania superior noch aus diesen Jahren bis 253, wobei die spätesten dem Rhein am nächsten liegen. Die Münzschätze von Burgau, Scheppach und vielleicht auch Osterzell in Bayerisch-Schwaben, die beiden von Lopodunum/Ladenburg, von Zeiskam in der Pfalz, von Rosheim und Kingersheim im Elsaß und schließlich von Mangelhausen im Saarland zeigen in etwa die Richtung des Vorstoßes an und lassen erkennen, daß von Raetien wohl der Nordwesten berührt wurde. Die Siedlung bei Wittislingen wird damals untergegangen sein; die späteste Münze aus der Zerstörungsschicht ist ein Antoninian des Philippus von 244/247.

Gallienus gelang es, die Germanen zurückzudrängen, worauf er den Siegestitel Germanicus Maximus angenommen hat. Möglicherweise bezieht sich die Münzprägung mit Victoria Germanica dann auf einen Erfolg gegen die Markomannen in Pannonien, denn wir wissen vom Aufenthalt des Kaisers 255 bei Viminacium. Eine zweite Akklamation als Germanensieger gegen das Jahresende feiert einen Sieg am Rhein. Im folgenden Jahr mußte Gallienus die Goten an der unteren Donau bekämpfen, was ihm die dritte Akklamation als Germanensieger einbrachte.

Sein Vater hatte im Osten weniger Erfolg. Zunächst hatte 253 der Hohepriester von Emesa als Uranius Antoninus die Herrschaft im Osten an sich gerissen; wie es scheint, gelang es Valerian, sich durchzusetzen. Er mußte aber bei Barbalissos von dem Sassaniden Schapur eine Niederlage hinnehmen, der darauf Syrien verwüstete und Antiochia und Dura Europos eroberte.

Von 256/257 stammt auch die letzte Inschrift nördlich der Donau von Hausen ob Lontal, die für ein öffentliches Bauwerk an nicht bekanntem Ort bestimmt war und dorthin vielleicht von Faimingen verschleppt wurde (IBR 202). Von Anfang 257 an hatte Gallienus die Grenzen in Moesien, Dakien und Pannonien zu verteidigen; der Titel Dacicus Maximus zeugt davon. In diesem Jahr überschritten die Franken den Rhein. Gallienus eilte nach Köln und konnte die Flußgrenze behaupten. Man erwartete jedoch weitere Kämpfe, denn die Münzstätte Viminacium wurde zur besseren Versorgung der kämpfenden Truppen nach Köln verlegt. Die Münzen feiern ihn als

Germanicus Maximus V und Restitutor Galliarum. Der Kaiser setzte 258/259 seinen Sohn Saloninus in Köln als Cäsar ein, um im Südosten freie Hand zu haben. Alle diese Kämpfe waren nicht zu bestehen, ohne daß ein ständiges Heer zur Verfügung war. Dieses bildete sich aus kampfkräftigen Abordnungen der Grenztruppen, vor allem der Legionen, heraus, was natürlich die Abwehr an den Grenzen entscheidend geschwächt hat.

Die Lage an Rhein und Donau wurde immer bedrohlicher und die Ereignisse überstürzten sich, so daß es heute schwer fällt, den Ablauf der selten exakt überlieferten Geschehnisse klar zu erkennen. Das hat zu verschiedenen Interpretationen geführt, die aber alle nicht schlüssig zu beweisen sind. Jedenfalls erreichte in den schweren Jahren 259/260 die Krise einen die ganze Existenz des Reiches bedrohenden Höhepunkt[68].

Die Ereignisse sind im einzelnen zwar einigermaßen bekannt, doch ist es noch nicht möglich, ihre Abfolge zweifelsfrei festzulegen. Das alles überschattende Ereignis, das die Grundfesten des Reiches erschütterte, war die Gefangennahme des Kaisers Valerian durch den Sassaniden Schapur. Im Frühjahr 260 oder auch schon im Jahr zuvor, *Abb 92* war im dritten großen Kriegszug Schapurs nach einer Niederlage bei Edessa der Kaiser Valerian in die Hände der Perser gefallen, ein militärisch wie psychologisch unerhörter Schlag. Zwar sammelten Macrianus, der Verwalter der Kriegskasse und Beauftragte für die Versorgung des Heeres, und Ballista, ein höherer Offizier, ebenso wie Septimius Odenathus, Fürst von Palmyra, wieder Truppen und traten den Sassaniden nicht ohne Erfolg entgegen, doch entwickelte sich daraus die Usurpation der Brüder Macrianus iun. und Quietus mit dem Anspruch auf die Herrschaft im ganzen Reich. In Pannonien erhob sich auf die Schreckensnachricht aus dem Osten Ingenuus, vermutlich der dortige Statthalter, zum Augustus. Gallienus eilte vom Rhein an die Donau und konnte Ingenuus bei Mursa ausschalten. Auch die darauf folgende Ausrufung des Regalianus in Carnuntum fand bald ein Ende.

Nachdem Gallienus vom Rhein abgezogen war, fielen die Franken weit über Gallien her[69]. Der örtliche Kommandeur Postumus bereitete ihnen beim Rückzug eine Niederlage, wurde beim Streit um die Beute zum Augustus erhoben und ließ den Kaisersohn Saloninus nach Belagerung und Einnahme Kölns ermorden. Es muß ebenfalls nach dem Abzug des Gallienus gewesen sein, daß die Alamannen über das Alpenvorland und die Westschweiz hereingebrochen und bis Italien vorgestoßen sind. Gallienus zog eilig von Pannonien nach Oberitalien und schlug, vermutlich im Jahr 260, die Alamannen bei Mailand vernichtend. Bei diesem Alamannenzug wurde, einer allerdings weit späteren Nachricht zufolge (Fredegar 2, 40), Aventicum in der Schweiz zerstört und sicher auch das Alpenvorland stark in Mitleidenschaft gezogen.

Wahrscheinlich als Folge dieser feindlichen Übergriffe war wohl 260, jedenfalls sicher nach der Gefangennahme Valerians und vor der Erhebung des Postumus, Vindonissa wieder befestigt und mit einer Garnison belegt worden. Wie aus einem Papyrus hervorgeht, waren Macrianus iun. und Quietus am 29. September 260 im Osten als Augu-

*Abb. 92 Bischapur (»Schöne Stadt Schapurs«), bei Kazerun, Provinz Fars, Iran. Der Perserkönig Schapur I. dokumentierte seine Siege über Rom in mehreren Felsreliefs und Inschriften. Auf dem Relief Bischapur II kniet der römische Kaiser Valerian vor dem König und fleht um Gnade. Unter dem Pferd liegend Gordian III. (Foto B. Grunewald).*

sti anerkannt, und ihr Zug nach dem Westen wurde vorbereitet. Nachdem Macrianus Vater und Sohn im Frühherbst 261 bis Serdica gekommen waren, konnten sie dort von dem Reitergeneral Aureolus ausgeschaltet werden. Wenig später hat auch Quietus in Emesa durch das Vorgehen des Odenathus den Tod gefunden. Auch die darauf folgende Erhebung des *praefectus Aegypti* Lucius Mussius Aemilianus konnte der Beauftragte des Gallienus, Theodotus, rasch niederschlagen. Damit war Gallienus wieder Alleinherrscher im Reich mit Ausnahme des von Postumus beherrschten Westens, dem sog. gallischen Sonderreich. Seine Erfolge gegen die östlichen Gegenkaiser hatten ihm 261 den achten Siegestitel eingebracht; Prägungen mit VICTORIA AVG(usti) VIII und FIDES EXERC(itus) VIII zeugen davon. Die vorangegangenen Siege über die Alamannen und die Erhebungen an der Donau spiegeln sich Prägung der sog. Legionsantoniniane. In einer Serie aus der Münzstätte Mailand wurden die Abteilungen *Abb 93* der beteiligten und dem Kaiser ergebenen Legionen mit ihren Symbolen und dem Namen mit dem jeweiligen Zusatz *VI* bzw. *VII Pia* und *Fidelis* geehrt und belohnt. Auch die 3. italische Legion erscheint mit ihrem Wappentier, dem Storch, und der Aufschrift

*Abb. 93 Münzen des Gallienus: 1–3 Antoniniane von Mailand auf die 3. italische Legion mit dem Storch als Wappentier; 4 Aureus von Rom aus der Germanensiedlung von Baldersheim; M. 1:1.*

*LEG(io) III ITAL(ica) VI P(ia) VI F(idelis)* bzw. *VII P(ia) VII F(idelis)* in dieser Reihe, ein weiteres Dokument für die bedeutendste Truppe aus unserer Provinz.

Dieser trotz vieler Unsicherheiten als wahrscheinlich angenommene Zeitablauf der Ereignisse wurde nun durch einen sensationellen Neufund in Frage gestellt. Am 18. August 1992 kam in Augsburg, Jakober-Vorstadt, auf der Lechterrasse etwa 350 m ostwärts der römischen Stadt ein Inschriftstein zutage, der trotz einer raschen Wieder-
*Abb 94* vergrabung gerettet werden konnte.[70] Der Altar zeigt auf den Schmalseiten Mars und Viktoria und feiert in einer zweiten Verwendung einen Germanensieg vom 24/25. April 260. Gesetzt war er in Erfüllung eines Gelübdes am 11. September desselben Jahres. Die in mehrfacher Hinsicht überaus bedeutsame Inschrift lautet:

*In h(onorem) d(omus) d(ivinae)/deae sanctae Victoriae/ob barbaros gentis Semnonum/sive Iouthungorum die/VIII et VII kal(endarum) Maiar(um) caesos/fugatosque a militibus prov(inciae)/Raetiae sed et Germanicianis/itemque popularibus excussis/ multis milibus Italorum captivor(um)/compos votorum suorum/M(arcus) Simplicinius Genialis v(ir) p(erfectissimus) a(gens)/v(ices) p(raesidis)/cum eodem exercitu/libens merito posuit/dedicata III idus Septemb(res) imp(eratore) d(omino) n(ostro)/Postumo Aug(usto) et Honoratiano co(n)s(ulibus).*

Danach hat der raetische Statthalter Marcus Simplicinius Genialis, der nicht mehr aus dem senatorischen Adel kam, sondern dem Ritterstand angehörte, am 24./25. April mit einem Heer aus Soldaten der Provinz Raetien, solchen aus (Ober)Germanien und einer Art Bürgerwehr den barbarischen Volksstamm der Juthungen geschlagen und verjagt und bei dieser Gelegenheit viele Tausende gefangener Italiker befreit. Die damit zum erstenmal in der Geschichte auftauchenden und auch – mit ihrem älteren Namen – als Semnonen bezeichneten Juthungen wurden also auf dem Rückmarsch von

*Abb. 94 Augsburg. Weihestein an Victoria vom 11. 9. 260 für einen Sieg über die Juthungen. Rechts Victoria über gefesseltem Barbaren; H. 1,56 m (Röm Mus. Augsburg).*

einem Plünderungszug nach Italien gestellt und in einer zweitägigen Schlacht besiegt. Das Schlachtfeld muß wohl, nachdem der Fundplatz mit dem Aufstellungsort etwa 350 m ostwärts Augusta Vindelicum identisch ist, nahe der Provinzhauptstadt gelegen haben.

Das Denkmal war erst Monate später, am 11. September, in Erfüllung eines Gelübdes gesetzt worden und ist hinsichtlich des Jahres durch die Angabe der Konsuln Postumus Augustus und Honoratianus datiert. Wenn wir nun der bisherigen Chronologie folgen, dann hätte die Schlacht noch vor der Gefangennahme des Valerian und der vorausgehende Juthungeneinfall nach Italien wegen der winterlichen Paßverhältnisse noch im Herbst 259 stattgefunden. Einen blitzartigen Plünderungszug nur im Frühjahr möchte man schon wegen der vielen tausend Gefangenen nicht für möglich halten. So bereitet also die Einordnung der mit dem Neufund gewonnenen historischen Fakten in den bisher für wahrscheinlich erachteten Ablauf der Ereignisse gewisse Schwierigkeiten.

In dieser Situation erscheint es notwendig, die sicheren und auch die nur wahrscheinlichen Daten herauszustellen und den Ablauf neu zu überdenken. Der oben geschilderte Verlauf der Ereignisse muß wohl als schlüssig gelten, und man hat doch davon auszugehen, daß die genannten Usurpationen und Einbrüche eine Folge der Niederlage und Gefangennahme des Valerian gewesen sind. Usurpationen erfolgten ja zumeist in militärisch prekären Situationen, und so wird es auch hier bei Ingenuus gewesen sein, zumal dies ausdrücklich bezeugt ist (Aur. Vict. 33, 2). Ebenso nützten auch germanische Völkerschaften eine regionale Schwächung der Grenzverteidigung und der Abwehrkräfte vielfach zu großen Raubzügen aus. Gallienus befand sich am Rhein, als die Nachrichten von der Katastrophe im Osten und von der als deren Folge bezeugten Erhebung des Ingenuus bei ihm eingetroffen sind. Nachdem Valerian mindestens siebenmal die *tribunicia potestas* bekleidet hat, kann sein Untergang nicht vor dem 10. Dezember 258 und, da für Frühsommer bezeugt, wahrscheinlich 259 erfolgt sein. Darauf revoltierte Ingenuus, und Gallienus zog mit seinem Heer eilig zur Niederschlagung an die Donau (Aur. Vict. 33, 1). Nach seinem Abmarsch und der damit verbundenen Schwächung der Grenzen fielen die Franken über Gallien und die Alamannen über Obergermanien nach Italien ein. Alle Historiographen des 4. und 5. Jahrhunderts, die von den Ereignissen aus diesen Jahren berichten, schreiben nun übereinstimmend von zwei getrennten germanischen Kriegszügen nach Italien. Es sei hier nur Orosius (7. 22, 7) zitiert: „Die Germanen gelangen, nachdem sie die Alpen, Raetien und ganz Italien durchstoßen haben, bis Ravenna; die Alamannen durchstreifen die gallischen Länder und ziehen ebenfalls nach Italien hinüber. . ." Der an zweiter Stelle aufgeführte Kriegszug nennt als Gegner die Alamannen, also diejenigen, die um 260 bei Mailand geschlagen wurden. Bei den davor genannten Germanen, die über Raetien bis Ravenna gelangt sind, könnte es sich gut um die damals noch wenig bekannten Juthungen handeln, die dann auf dem Rückweg bei Augsburg besiegt wurden. Die etwa gleichzeitige Bedrohung durch die gefürchteten und wohl auch stärkeren Alamannen könnte erklären, warum den Juthungen in Italien keine ernste Streitmacht gegenübergetreten ist. Im Nahen Osten mußten erst die Reste des geschlagenen Heeres gesammelt und reorganisiert werden, bevor die Abwehrerfolge gegen die Sassaniden erzielt werden konnten, die dann Macrianus ermutigten, für seine Söhne den Purpur und die Herrschaft über das Reich zu beanspruchen. Daß Macrianus iun. und Quietus am 29. September 260 in Ägypten als Augusti anerkannt waren, könnte diesen Vorstellungen ganz gut entsprechen.

Nachdem also Gallienus die Rebellion des Ingenuus und danach die des Regalianus in Pannonien niedergeschlagen hatte, zwang ihn die Bedrohung des Mutterlandes gleich nach Italien zu ziehen, wo er den Sieg bei Mailand erringen konnte. Etwa parallel mit den Alamannen war ein Haufen der Juthungen in Italien eingedrungen und dann auf dem zeitlich vor den Alamannen erfolgten Rückmarsch am 24./25. April 260 bei Augsburg geschlagen worden. Man kann sich kaum vorstellen, daß den Juthungen dieser ausgedehnte Beutezug in Italien vor der Katastrophe im Osten und vor der Erhebung

des Ingenuus, also solange Gallienus mit einem einsatzfähigen Heer am Rhein gestanden hat, möglich gewesen wäre. Die bis Spanien vorgestoßenen Franken sind dann ebenfalls auf dem Rückweg, vermutlich etwa zur selben Zeit, vom Kommandeur der verbliebenen Rheinarmee Postumus besiegt und um ihre Beute gebracht worden. Beim Streit über die Beute kam es zur Usurpation des Postumus, der den Kaisersohn Saloninus in Köln belagerte und nach der Einnahme der Stadt im August 260 ausschaltete. Postumus nahm zur Bekräftigung seines Anspruchs unmittelbar das Konsulat und die *tribunicia potestas* an; da er letztere zehnmal bekleidet hat, sprach sich P. Bastien aufgrund der Münzprägung für eine Erhebung schon im Jahr 259 aus. Wenn dieser Zeitansatz auch zu früh erscheint, so werden wir – vorausgesetzt die vorstehenden Überlegungen sind richtig – doch kaum umhin können das auslösende Moment, die Gefangennahme des Valerian, für 259 anzusetzen.
Der Stein in Augsburg wurde am 11. September 260 gesetzt, als die Kämpfe abgeflaut waren. Datiert wird der Stein nach dem ersten Konsulat des Postumus, das sicherlich 260 begonnen hat, während zum Tag der Schlacht keines Kaisers gedacht wird. Raetien gehörte damals noch nicht zum Herrschaftsbereich des Postumus, sondern erst im September. Für die Zeit vorher müssen wir mit wirren Verhältnissen rechnen: Die einfallenden und durchziehenden Germanen hatten Kastelle zerstört und Truppen zersprengt. Das, was an Soldaten übrig geblieben war, sammelte sich unter dem Schutz der Mauer in der Provinzhauptstadt Augsburg und bildete so mit der Stabswache den Kern des Heeres des Simplicinius Genialis. Dieser, auch nach dem Sieg in bedrohter Situation, sah sich nach Schutz und Hilfe um und erhoffte sich diese eher von Postumus als von Gallienus, weshalb er sich jenem angeschlossen hat. Unterstützung wird er jedoch von Postumus kaum erhalten haben, denn der hatte selbst große Mühe, die Rheingrenze zu verteidigen. Auch werden Münzen des Postumus im Alpenvorland nicht in nennenswertem Umfang gefunden. Niemals hatte man bis zur Auffindung des neuen Steins angenommen, daß Raetien jemals zum gallischen Sonderreich gehört hatte; so war jetzt die Überraschung um so größer.
Am meisten haben die Zeitgenossen die Erfolge der Alamannen erschüttert, waren doch mit ihnen seit fast 100 Jahren erstmals wieder Barbaren auf italischem Boden erschienen. Die letzten wenigen römischen Stützpunkte am obergermanisch-raetischen Limes konnten keinen nennenswerten Widerstand mehr leisten. Wie sehr der Limes schon entblößt war, zeigt die Verteilung der Schatzfunde. Unter den zahlreichen Fundorten von Münzschätzen aus dem 7. und 8. Jahrzehnt, die von Gallien bis Pannonien und Oberitalien streuen, sind nur zwei Kastellplätze am obergermanisch-raetischen Limes. Und gerade diese beiden Fundorte bestätigen, daß die Grenzverteidigung zusammengebrochen war; drei Schatzfunde stammen vom Kastell Niederbieber, wo wenig weiter der obergermanische Limes den Rhein erreichte, und zwei aus der Umgebung des Legionslagers Regensburg, vor dem wenig oberhalb der raetische Limes an die Donau anschloß. An der ganzen übrigen Limeslinie gibt es von dieser oder späterer Zeitstellung keinen Münzschatz mehr; sie hatte aufgehört zu bestehen. Lok-

ker nur verteilen sich die Schatzfunde über das ganze Hinterland; die Bevölkerung und ihr Wohlstand waren bereits durch die vorhergegangenen Einfälle stark vermindert worden. Das Ziel der Germanen war der Süden. Auf dem Weg dorthin zerstörten sie die Stadt auf dem Lindenberg bei Kempten endgültig, aus deren unmittelbarer Umgebung eine Reihe von Münzschätzen dokumentiert, daß sie bis 259/60 bewohnt war und sich sogar in den letzten Jahrzehnten von der ersten Zerstörung wieder etwas erholt hatte. Der weitere Weg der germanischen Scharen ist einerseits durch den Fund von Füssen-Bad Faulenbach, andererseits durch Schätze in der Bodenseegegend und in der Westschweiz, die Zerstörung von Aventicum/Avenches und durch Münzfunde auf der italischen Seite der Routen über den Mont Genèvre, den Großen St. Bernhard und den Simplon gezeichnet. Eingedrungene Alamannen machten ganz Oberitalien unsicher und gelangten bis in die Gegend von Rom. Auch in Norikum ist während der Regierungszeit des Gallienus die Zivilstadt von Lauriacum in Flammen aufgegangen und mehr als ein halbes Dutzend Münzschätze in den Boden gekommen[71].

## Raetien in Not

In Raetien herrschten sicherlich äußerst traurige Verhältnisse. Weite Teile der Provinz waren stark verunsichert oder ganz in den Händen der Feinde, die Siedlungen lagen, wohl mit Ausnahme von Augsburg und Regensburg und ihrem unmittelbaren Umland, in Schutt und Asche, die Bevölkerung war auf einen Bruchteil geschmolzen, und ein durchgehender Grenzschutz existierte nicht mehr. Dennoch stand auch damals noch Militär in Raetien. Von den Truppenteilen, die der raetische Statthalter in Augsburg um sich geschart hatte, haben wir durch das Siegesdenkmal von 260 schon gehört. Auch in Regensburg dürften sich noch Teile der 3. Italischen Legion gehalten haben. Der Kaiser selbst blieb zur Sicherung des Kernlandes meist in Italien und beging dort im Sommer 262 sein zehnjähriges Regierungsjubiläum (Decennalien). Den Osten vertraute er dem loyalen Odenathus an, der von ihm zum *dux Romanorum* und Befehlshaber im Osten ernannt worden war und der bis Ktesiphon, der persischen Hauptstadt, vorstoßen konnte. 264 begannen in Mediolanum/Mailand Vorbereitungen für einen Feldzug gegen Postumus, der dann 265 auch mit einem Sieg in Gallien recht erfolgreich begann. Bei der Belagerung einer Stadt wurde Gallienus jedoch verwundet und brach daraufhin das Unternehmen ab.

Spätestens damals ist Raetien wieder in den Einflußbereich des Gallienus zurückgekehrt. Auf dem Denkmal von Augsburg wurde in zwei Etappen sowohl der Name des Postumus als auch der des abtrünnigen Statthalters getilgt. Über die Ostausdehnung des Herrschaftsbereichs von Postumus wissen wir nur wenig. Die Aussage des Steins von Augsburg und die vermutete Zugehörigkeit Raetiens bis etwa 265 wird illustriert durch den Schatzfund von Neftenbach bei Winterthur[72], der mit 65 Antoninianen des Postumus bis 263/265 schließt, also gut im Zusammenhang mit dem Vorstoß des Gallienus verborgen worden sein könnte. Mit der Bewertung eines etwas unklaren Münzfundes von Donauwörth ist Zurückhaltung geboten; er endet mit zwei Antoninianen des Postumus von 260 und 268. Siedlungsfunde lassen sich noch schwerer beurteilen, denn auch nach dem Ende des gallischen Sonderreiches sind Münzen davon hierher gekommen und umgelaufen. Doch hat Th. Pekáry bei der Bearbeitung der Münzen von Vindonissa, wo nur minimal Prägungen des Postumus, dagegen mehr des Victorinus und des Tetricus gefunden wurden, angenommen, daß Victorinus, der in Gallien 268 die Herrschaft übernommen hatte, die Bedrängnis des Claudius II. ausgenützt und seinen Herrschaftsbereich nach Osten und Südosten erweitert hat. Die überlieferte Eroberung von Autun und eben die Fundmünzen von Vindonissa dienten ihm als Grundlage.

Nachdem die Abwehrkämpfe auf dem Balkan 266/267 erfolgreich verlaufen waren, wurde im Herbst 267 Odenathus ermordet und Gallienus konnte mit dem Sieg am Nessos die Heruler niederzwingen. Da revoltierte 268 sein alter Mitstreiter Aureolus, als er mit seinen Truppen in Raetien stand (*cum per Raetias legionibus praeesset*; Aur. Vict. Caes. 33, 17). Gallienus eilte über Siscia zurück, siegte an der Adda und schloß den Empörer in Mailand ein. Nachdem Aureolus zum Kampf um die Macht nach Italien marschiert war, brach von neuem ein Alamanneneinfall über das Alpenvorland herein. Nach archäologischen Spuren dieses nur aus der Literatur bekannten Überfalls, wie etwa Zerstörungen oder Schatzfunden, suchen wir vergebens; das Land war verwüstet und entvölkert, Handel und Wirtschaft lagen völlig darnieder. Aureolus wurde in Mailand getötet, aber kurz darauf fiel der siegreiche Gallienus selber einem Offizierskomplott zum Opfer.

Damals überschritten die Alamannen wiederum die Alpen. Sobald der neue Kaiser Claudius II. die Legionen unter seinen Befehl gebracht hatte, trat er den Alamannen entgegen und vertrieb sie durch seinen Sieg am Gardasee wieder aus Italien. Die Lage vom Ende der Regierungszeit des Gallienus faßt ein späterer Panegyriker (Lobredner) für Constantius I. zusammen: *sub principe Gallieno . . . amissa Raetia. Noricum Pannoniaeque vastatae* (unter der Herrschaft des Gallienus ging Raetien verloren, wurden Norikum und Pannonien verwüstet; Paneg. lat. 8, 10, 1 f.).

Ganz war Raetien allerdings nie verloren gewesen: In besonders geschützten Gegenden, etwa abgelegenen Alpentälern, entdeckte man auf schwer zugänglichen Höhen vereinzelt kleine, in Eile errichtete Befestigungen mit Funden aus jener Zeit. Diese Fluchtburgen, von denen wir ja nur einen ganz kleinen Teil kennen, beweisen, daß doch eine Menge Leute überlebt hatte und nun unter völlig veränderten Verhältnissen daranging, ein neues Leben aufzubauen. Die römische Macht und die römischen Waffen waren allein nicht mehr stark genug, ein gesichertes Leben zu garantieren; man brauchte den Schutz der Natur und den Schutz von Mauern. Ein gutes Beispiel für dieses Schutzbedürfnis ist die kleine Befestigung auf dem Moosberg bei Murnau[73], wo kilometerweite, nasse und unwegsame Moorflächen den Zugang erschwerten. Aus dem Rheintal südlich des Bodensees[74] gibt es eine ganze Anzahl solcher Höhensiedlungen: *Abb 179* die Heidenburg bei Göfis, Stellfeder bei Nenzing, der Montikel bei Bludenz in Vorarlberg, der Krüppel ob Schaan, das Lutzengüetle bei Gamprin und der Guttenberg bei Balzers in Liechtenstein sowie der Castels bei Mels in der Schweiz. Hiervon ist die Höhenbefestigung auf dem Krüppel ob Schaan am besten erforscht[75]. Funde aus ihr zeigen ganz klar, daß sie in oder kurz nach der Zeit des Gallienus erstmals von der schutzsuchenden Bevölkerung aufgesucht wurde. Aber auch Städte wurden verlagert und entstanden an geschützten Plätzen in kleinerem Umfange neu. Cambodunum lebte auf dem anderen Illerufer als kleine Befestigung auf der Burghalde, Brigantium auf dem Hügel der Oberstadt hinter starken Mauern weiter. Bei allen diesen Befestigungen wie auch bei späteren, nahm man keinerlei Rücksichten auf Pietät, sondern vermauerte in der Not der Zeit Werkstücke aus älteren Bauten, Altäre, Inschriften und Grabdenkmäler.

## Die Lage bleibt bedrohlich

Bei den feindlichen Angriffen und Überfällen im 3. Jahrhundert hatte sich gezeigt, daß die bisherige Heeresorganisation und Grenzverteidigung nicht mehr ausreichten. Führung und Truppe erwiesen sich als zu schwerfällig; eine mobile Einsatzreserve stand nicht zur Verfügung. Nachdem einige Zeit mit Notbehelfen improvisiert worden war, mußte Gallienus erste ernsthafte Reformversuche einleiten, von denen sich manche als zukunftsweisende Maßnahmen erwiesen haben. Das bisher immer nur im Notfall aus Vexillationen der verschiedenen Legionen zusammengezogene Feldheer wurde zusammengehalten, vergrößert und durch eine starke, neu organisierte Reiterei ergänzt[76]. Militärische Führungsstellen, die bisher traditionell dem Senatorenadel vorbehalten waren, wurden mit Angehörigen des Ritterstandes besetzt, die sich als besser qualifiziert erwiesen hatten. Neue Kommandopositionen wurden geschaffen; vielleicht hat es schon damals einen *dux Raetici limitis* gegeben, als welchen für 258 die Historia Augusta einen allerdings höchst zweifelhaften Fulvius Bonius nennt (HA V. Aurel, 13, 1).

Änderungen betrafen auch die Zivilverwaltung. Die Statthalter entstammten nunmehr fast ausschließlich dem Ritterstand und galten, wie ihre Amtsbezeichnung *agentes vices praesidis* dartut, ursprünglich und lange Zeit noch als Vertreter der senatorischen Legaten (= praesides); sie führten ab Mitte des 3. Jahrhunderts den Titel *vir perfectissimus*, den wir wohl am treffendsten mit Exzellenz übertragen können.

Als Feinde vor dem obergermanisch-raetischen Limes sind vor allem zwei germanische Völkerschaften genannt: die Alamannen und die Juthungen. Nun gibt es im weiteren Vorfeld zwei Gegenden mit besonders reicher Fundkonzentration, die dadurch germanische Machtzentren anzeigen. Eines davon in der Gegend von Hassleben und Leuna in Mitteldeutschland[77] ist durch die „Fürstengräber" schon lange bekannt und wurde vermutungsweise mit verschiedenen Völkern in Zusammenhang gebracht.

Durch die Informationen auf dem Siegesdenkmal von Augsburg könnte man jetzt vielleicht an einen Zusammenhang mit den Juthungen denken, deren Angriffsrichtung von dort gut gegen den Osten des raetischen Limes gezielt haben mag. In den besonders reichen Körpergräbern dieser Gruppe wurden bis heute 26 Aurei und viel anderer römischer Import, zum Teil sicher aus dem Rheinland, gefunden, so daß J. Werner vermutet hatte, hier handelt es sich um Anführer germanischer Hilfsscharen im Dienst und Auftrag der gallischen Gegenkaiser, deren Einsätze auch gegen das Zentralreich gerichtet waren. Erst in letzter Zeit hat sich die Gegend um Würzburg und das Maingebiet[78] als weiterer germanischer Siedlungsschwerpunkt erkennen lassen. Auch von hier gibt es viele Fundstellen mit gutem römischem Import: Aurei, Bronzegeschirr und Sigillata. Hier wird es sich wohl um die Alamannen gehandelt haben, deren Hauptstoßrichtung ja auch eindeutig nach Südwesten gezielt hatte.

Claudius II. hatte kaum die Alamannen aus Oberitalien zurückgeworfen, da mußte er schon die Goten und Heruler an der unteren Donau abwehren. Sein Sieg bei Naissus 269 brachte ihm den Ehrentitel Gothicus Maximus ein und ließ ihn in die Geschichte als Claudius Gothicus eingehen. Sein Tod an der Pest beendete im Jahr 270 die kurze Regierungszeit. Aurelian, den Teile der Donauarmee dann 270 in Sirmium zum Kaiser ausgerufen hatten, mußte erst einmal gegen Quintillus, den Bruder des Claudius, nach Italien ziehen, um sich die Herrschaft zu sichern.

Unmittelbar danach rief den Kaiser im Herbst ein Vandaleneinfall wieder nach Pannonien. Während er dort kämpfte, machten sich Alamannen und Juthungen von neuem nach dem Süden auf. Teils über die Westschweiz und den Großen St. Bernhard, teils über Graubünden und den Bernhardin erreichten sie Oberitalien. Ihr Weg im Alpenvorland ist unklar; in der Schweiz und in Oberitalien ist er gekennzeichnet durch zahlreiche Münzschätze, wie Oberrieth und Vättis im Kanton St. Gallen und Appiano bei Como, und durch Zerstörungen, wie zum Beispiel jene der Höhensiedlung auf Krüppel ob Schaan. Die Germanen verwüsteten dann die Gegenden um Mailand, eroberten kleinere Städte und bedrohten schließlich durch ihren Sieg über Aurelian bei Placentia 271 sogar die Hauptstadt.

Diese Bedrohung veranlaßte den Kaiser, um die Stadt Rom die berühmt gewordene Aurelianische Mauer mit 16 m Höhe und 4 m Breite beginnen zu lassen. Durch ein ergänztes Heer konnten die immer weiter nach Süden vordringenden Germanen bei Fano und bei Pavia am Ticinus geschlagen werde. Ob ein überlieferter Sieg Aurelians von 270 über rückkehrende Juthungen auf dem rechten Ufer der Donau Haufen aus diesem Vorstoß betraf, oder sich auf eine andere Kriegshandlung bezieht, ist schwer zu entscheiden (Dexippus frg. 6).

Die unmittelbare Gefahr war abgewandt. Inzwischen hatte sich das östliche Sonderreich mit der Hauptstadt Palmyra und seiner Königin Zenobia von Rom losgesagt, und Aurelian zog mit dem Heer in den Orient. Es ist überliefert, daß eine Abteilung der 3. Italischen Legion an diesem Feldzug teilnahm, in dem 272 Zenobia besiegt und 273 Palmyra zerstört wurde (Zos. 1, 52, 3).

Bei dieser allgemeinen Situation des Reiches können wir uns ganz gut vorstellen, wie die Lage in Raetien war. Das Land lag den ständigen Durchzügen größerer und kleinerer germanischer Scharen offen; die überlebenden Romanen hausten verängstigt in Wäldern und an schwer zugänglichen Plätzen und hofften auf bessere Zeiten und das Wiedererscheinen des römischen Heeres. Auch die beiden befestigten Plätze Augsburg und Regensburg wurden nun voll von der Wucht der Ereignisse getroffen. Deutlich zeigt dies in Augsburg ein Graben vor der westlichen Stadtmauer, der voller Zerstörungsschutt aus der Zeit etwa um 270 angetroffen wurde und auch menschliche Skelettreste enthielt.[79] Für Regensburg erlauben es nun neue Erkenntnisse zur Münzprägung des Gallienus die beiden Münzschätze von der Burgweintinger Straße und von der Zornschen Maschinenfabrik genauer zu datieren; sie enthalten nicht nur Münzen bis 259/260, sondern reichen bis zum Ende der Münzung des Gallienus, so daß sie erst danach in den Boden gekommen sind. Solches steht in Übereinstimmung mit den Erkenntnissen bei der Aufarbeitung der Befunde aus dem Umland und mit den Ausgrabungen im Lager selbst. An der schon erwähnten Fundstelle Frauenbergl 4, wo be-
*Abb 202* reits ein Säulenstumpf der Portikus in der Via praetoria in einer Zerstörungsschicht mit Münzen des Severus Alexander gefunden worden war, hatte man darüber eine neue Säulenreihe errichtet. Diese war wiederum zerstört worden, wie ein Säulenstumpf darüber in einer Brandschicht mit einer 272/274 geprägten Münze des Aurelian gezeigt hat. Ausgrabungen an der Ecke Dreikronengasse lieferten einen ähnlichen Befund. An anderen Stellen beobachtete Brandspuren sollen sogar Münzen bis Probus enthalten haben; doch sind sie noch nicht zusammenfassend ausgewertet und veröffentlicht worden. So läßt sich heute nur sagen, daß das Regensburger Legionslager nach 272 zum zweitenmal von einer Zerstörung betroffen war. Dieser Zeitansatz wird auch noch durch die bemerkenswerte Grablege 189 des großen Friedhofs an der Kumpfmühler Straße[80] bestätigt; hier waren neben einem Rind und ca. 200 Eiern über 300 Münzen beigegeben, darunter mindestens 6 Antoniniane des Aurelian, alle aus der Emission des Jahres 272. Daraus läßt sich folgern, daß die Zerstörung Regensburgs nicht vor 272, also vor dieser Beisetzung, erfolgt sein konnte.

Als sich Aurelian 273 der Niederringung des westlichen Sonderreiches in Gallien zuwandte, kam er auf seinem Weg von Alexandria über Thrakien durch Raetien. Wie müssen die Bewohner aufgeatmet haben! In der Historia Augusta heißt es, daß der Kaiser nach Gallien aufbrach und die Vindeliker (Augusta Vindelicum) von der Belagerung durch die Barbaren befreite (v. Aurel. 35, 4). Nach Aurelians Ermordung soll sein Nachfolger Tacitus im Senat eine Würdigung seiner Verdienste gegeben haben, in der es hieß: „Er hat den Vindelikern das Joch der Barbarenherrschaft vom Nacken genommen“ (ebd., 41, 8).

Im Inneren versuchte Aurelian ebenso der Schwierigkeiten Herr zu werden. Er reformierte das Münzwesen, stellte den völlig entwerteten Antoninian auf eine neue Basis und sorgte für sorgfältigere Ausprägung. Weiter erklärte er den Kult des Sonnengottes, der mit dem Mithraskult weitgehend verschmolzen war (*Sol invictus*), zur Staats-

religion. Das großartigste Zeugnis hierfür war der Tempel des Sol in Rom selbst. Auch in Augsburg gab es einen Tempel für *Sol invictus*, wie wir aus einer später verschleppten Wiederherstellungsinschrift für diesen Tempel aus dem Ende des 3. Jahrhunderts wissen[81] (IBR 191). Die Münzprägung wurde ebenfalls in den Dienst der neuen religiösen Auffassung gestellt; wir lesen auf Münzen *Sol Dominus Imperii Romani* (Sonnengott Herr des Römischen Reiches ) und sehen, daß die häufigsten Gepräge die Umschrift *Soli Invicto* (Dem unbesiegbaren Sonnengott) tragen.
Obschon es Aurelian gelungen war, den unmittelbaren Druck der Germanen auf Raetien zu lindern, konnte dennoch eine dauerhafte Sicherung der Grenzen nicht erreicht werden. Wir kennen keine sicheren Anzeichen einer Neubefestigung entlang unserer Grenzen aus diesen Jahren; so brachen die Germanen gleich wieder ein, als das Entsetzen über die Ermordung Aurelians 275 das Reich lähmte. Im Westen überschritten die gefürchteten Feinde den Rhein, dabei sollen sie 70 gallische Städte geplündert haben (HA v. Probi 15, 3). Im Osten drangen alamannische Scharen bis tief nach Norikum vor und erschienen vor Aguntum beim heutigen Lienz[82].

## Kaiser Probus – Der Wiederaufbau beginnt

Dem neuen Kaiser Probus gelang es 277, die Franken und Alamannen aus Gallien zu vertreiben und den Rhein durch einen Vorstoß an den Neckar und auf die Schwäbische Alb endgültig zu sichern. Im selben oder im folgenden Jahr glückte es ihm, die Burgunder, Vandalen und Goten aus Raetien zurückzuschlagen und die alte Donaugrenze aus dem 1. Jahrhundert wieder zu erreichen. Nach dem Schriftsteller Zosimos (1, 67 f.) soll hierbei eine Schlacht am Lech die entscheidende Rolle gespielt haben. 278 feierte in der Münzstätte Ticinum eine große Festprägung mit *VICTORIA GERMANICA* diese Erfolge. Die Situation schien Probus so günstig, daß er nach seiner freilich nicht ganz zweifelsfreien Biographie in der Historia Augusta sogar beabsichtigt haben soll, für Germanien (rechts des Rheins?) einen neuen Statthalter einzusetzen. Glaubhaft ist, daß sich der Kaiser um die Sicherung des Erreichten bemühte. In Gallien wurden die 70 zerstörten Städte in nicht ganz sieben Jahren wiederhergestellt, und auch in Raetien begann Probus mit dem Wiederaufbau. Als er sich nach den beiden genannten Feldzügen nach Illyrien aufmachte, „ließ er Raetien so befriedet zurück, daß dort keine Spur eines Verdachtes irgendeines künftigen Schreckens zurückblieb" (HA. v. Probi 16, 1).
Dies setzt Maßnahmen zur Grenzsicherung doch eigentlich voraus. Nachdem nun die Biographie des Probus darüber hinaus noch berichtet, daß der Kaiser viele Befestigungswerke durch das Militär vollendet hat (HA v. Probi, 18, 8; 21, 2), können wir für Raetien in dieser Zeit Bautätigkeit durchaus annehmen. Eine Ehreninschrift für Probus als *restitutor provinciarum et operum publicorum* aus Augsburg von 281, dem Jahr seiner Triumphalien, bestätigt dies[83]. Die Inschrift stand ursprünglich in der Apsis ei- *Abb 95*

*Abb. 95 Augsburg, Fronhof. Ehreninschrift für Probus von 281 n. Chr. in ergänzter Zeichnung; H. 0,89 m (Röm. Mus. Augsburg).*

nes öffentlichen Gebäudes und war von (Reg)inus, Exzellenz und kommissarischer Statthalter der Provinz Raetien, „dem Erneuerer der Provinzen und der öffentlichen Bauten an übergroßer Tapferkeit alle früheren Fürsten überragenden Kaiser Marcus Aurelius Probus . . .in Verehrung seines göttlichen Wesens und seiner Hoheit" gewidmet worden.

Nach jenen wirren Jahrzehnten war Probus jedoch erst einmal die Aufgabe zugefallen, eine Grenzlinie anzustreben. Der alte obergermanisch-raetische Limes war nicht mehr zurückzugewinnen. Der starke Druck auf alle Grenzen des Reiches und vor allem der rechtsrheinische Feldzug gegen die Alamannen dürfte den Kaiser davon überzeugt haben. So mußte man zufrieden sein, das Land hinter den Barrieren des Rheins, des Bodensees, der Argen, der Iller und der Donau halten und schützen zu können, das Land jenseits davon blieb verloren. Es ist natürlich sehr schwierig, für die Kastelle der neuen Linie jeweils die Gründungszeit festzulegen, zumal eine so große Baumaßnahme wohl einheitlich konzipiert sein mußte, aber sicher nur im Verlauf langer Jahre durchzuführen war. Bei der Erforschung dieser Fragen haben die Grabungen der letzten Zeit und die Tätigkeit einer speziellen spätrömischen Kommission bei der Bayerischen Akademie der Wissenschaften erhebliche Fortschritte gebracht und lassen weitere erhoffen.

Wie die Städte und Vici, so haben auch die Grenzkastelle nichts mehr mit den mittelkaiserzeitlichen Anlagen gemeinsam. Die früheren Kastelle folgten alle einem einheitlichen Schema; jetzt, da man sich auf besonders geschützte Plätze zurückziehen mußte, diktierten die Gegebenheiten des Geländes und die fortifikatorischen Notwendigkeiten den Bauplan. Mit mächtigen Mauern, teilweise mehr als 3 m dick, suchte man den Schutz der Natur noch zu verstärken.

Das besterforschte Kastell dieser neuen Linie bei Isny (Vemania) ist mit großer Sicherheit als eine Gründung aus der Zeit des Probus zu betrachten[84]. Kempten ebenso wie Bregenz haben damals bereits als befestigte Siedlungen bestanden. An beiden Punkten, die durch die neue Situation zu Grenzorten geworden waren, hatte sich die überlebende Bevölkerung nach der Katastrophe auf Höhen zurückgezogen und mit einer kleinen Garnison zusammen die Befestigung gebaut. Auch in Caelius Mons/Kell- *Abb 157* münz nahm der Mauerring Truppe und Bevölkerung auf[85]. Nachweisen läßt sich dieses Kastell allerdings erst in der Zeit 294/296. In den Kastellen an der Donau von der Illermündung über Günzburg, das Bürgle bei Gundremmingen, Burghöfe, Parrodunum/Burgheim, Neuburg bis Vallatum (Manching oder Weltenburg) mag die Entstehung ähnlich gewesen sein, doch sind die Anlagen zu wenig erforscht, ja zum Teil noch gar nicht im Gelände sicher lokalisiert.

Die veränderte Lage führt uns besonders sinnfällig das spätrömische Kastell von Eining vor Augen. Es wurde in die höchstgelegene Ecke des früheren Kastells eingebaut und war mit einem Zehntel der ehemaligen Fläche für die militärischen Bedürfnisse der Spätzeit ausreichend; in der restlichen Fläche des alten Kohortenkastells lebte nun die Zivilbevölkerung. In Regensburg hat man nach den Zerstörungen aus der Zeit nach 272 die Mauern und Tore wieder instandgesetzt und verstärkt. Straubing, Künzing und Passau bekamen ähnliche kleinere Befestigungen, die in den letzten Jahren ungefähr lokalisiert werden konnten. Auch die wichtigen Straßenknotenpunkte im Binnenland sind in jenen Jahren befestigt worden. In Abodiacum/Epfach[86] hatte sich die *Abb 134* mittelkaiserzeitliche Bevölkerung des offenen Vicus auf den in einer Lechschleife isoliert gelegenen Lorenzberg zurückgezogen. Den kleinen Bergrücken umgab man mit einer starken Mauer, die nach dem Hinweis einer auf der Berme (Böschungsabsatz) vor der Mauer gefundenen Münze des Probus vom Jahre 279 damals oder kurz danach aufgeführt worden sein muß. Die Wiedergewinnung sicherer Grenzen gestaltete sich durch den Mangel an Menschen besonders schwierig. Die häufigen weitreichenden Einfälle erbarmungsloser Feinde und Epidemien hatten die Bevölkerung stark dezimiert.

In den heftigen Kämpfen beim Zusammenbruch des Limes waren auch sämtliche Truppenteile der Besatzung untergegangen. Keiner der früheren Formationen begegnet man in spätrömischer Zeit wieder. Lediglich an der Donaustrecke haben die *cohors III Brittannorum* in Eining, und die *Legio III Italica* in Regensburg diese Kriegszeiten überlebt. Einen Sonderfall bildet die in der Spätantike für Passau überlieferte *cohors IX Batavorum*, als deren früherer Garnisonsort wohl erst Ruffenhofen und dann Passau vermutet wird. Neue Einheiten wurden in der Zeit des Diokletian für den Grenzdienst gegründet. Allerdings war nun die Mannschaftsstärke einer Kohorte oder Ala wesentlich geringer als 100 Jahre früher. Obwohl wir annehmen, daß ein erheblicher Teil der Formationen Wachdienst an der Grenze außerhalb des Kastells besorgte, so zeigt allein der Kastellvergleich in Eining, daß wir mit viel kleineren Truppenteilen rechnen müssen.

Über diese militärischen Maßnahmen hinaus bemühte sich Probus um die Wiederbelebung von Wirtschaft und Landeskultur. Seine Fürsorge für das Münzwesen ist heute noch in seinen stets sorgfältig und korrekt herausgebrachten Münzen zu spüren. Er förderte den Weinbau durch die allgemeine Freigabe, weshalb Probus noch heute für manche Gegenden, zum Beispiel in Norikum, als der eigentliche Begründer des dortigen Weinanbaus gilt. Als er Soldaten zur Trockenlegung von Sümpfen einsetzte, erschien dies zu viel verlangt, und eine Gruppe von Soldaten ermordete den Kaiser kurzerhand im August 282. An seiner Stelle wurde der in Raetien und Norikum an der Spitze eines Heeres stehende Prätorianerpräfekt Marcus Aurelius Carus zum Kaiser ausgerufen (Zos. 1, 71, 4). Da dieses Heer nur an einem zentralen Ort mit entsprechenden Einrichtungen versammelt sein konnte, kommt als Platz für diese Kaiserproklamation nur Augsburg oder auch Regensburg in Frage. Carus war damit der letzte Kaiser, der in Raetien ausgerufen wurde.

## Beginn einer neuen Epoche

Nachdem schon ab den siebziger Jahren des 3. Jahrhunderts in der durch den Wegfall des Limesgebietes reduzierten Provinz Raetien allmählich wieder bessere Verhältnisse eingetreten waren, konsolidierte sich die Lage, wie auch sonst im ganzen Reich, nach der Übernahme der Herrschaft durch den energischen Diokletian (284–305) zusehends weiter. Zwar gelang es den Alamannen zunächst noch, in das verbliebene Reichsgebiet einzudringen, doch konnten sie rasch wieder abgewehrt werden.

Von den Überfällen der Barbaren, die gleich nach dem Tode des Probus von neuem einsetzten, hat einer, wie drei Münzschätze zeigen, nach dem Abzug des Carus nach Osten auch Raetien betroffen: Ein großer Schatzfund stempelfrischer Antoniniane, bei denen meist sogar noch der dünne Silberüberzug erhalten war, wurde 282/283 im Kastell Vemania/Isny vergraben. Ein weiterer Hortfund, der mit Alamanneneinfällen
*Abb 145* bald nach dem Tode des Probus in Verbindung zu bringen ist, fand sich auf dem Goldberg bei Türkheim (Rostrum Nemaviae) an der Straße von Kempten nach Augsburg. Im Spitzgraben der ältesten Befestigung lagen nahe beieinander 18 Münzen, deren jüngste Prägungen aus den Jahren 282/283 stammten. Die Befestigung, die irgendwann nach 260, vielleicht auch erst in der Zeit des Probus entstanden war, wurde damals zum erstenmal Opfer einer Zerstörung. Auch hier fiel die Aktivität der Germanen wieder mit einem schweren Krieg im Orient gegen die Perser zusammen, der den

Kaiser Carus (282–283 n. Chr.) und das römische Heer bis vor die Tore von Ktesiphon brachte. Nach einem großen Bauernaufstand 284/285 in Gallien, auf den möglicherweise Schatzfunde in der Westschweiz zurückgehen, trugen Franken, Burgunder und Alamannen 286/288 verschiedentlich Angriffe über den Rhein vor.

288 sah sich Diokletian veranlaßt, ein Grenzabkommen mit den Sassaniden zu schließen und in den Westen des Reichs zu ziehen, um gegen die Alamannen zu kämpfen. Maximianus Herculius, dem als Mitregent eigentlich der Schutz des Okzidents oblag, war durch Kämpfe gegen Franken und sächsische Seeräuber gebunden. Obwohl wir keine Nachrichten über Germaneneinfälle nach Raetien zu dieser Zeit haben, muß doch eine erhebliche Bedrohung spürbar gewesen sein, weil sonst Diokletian wohl kaum aus seinem Reichsteil nach dem Westen marschiert wäre. Eine Reihe recht charakteristischer Münzschätze bestätigt dies. Die Schatzfunde, die alle mit Prägungen von Diokletian und Maximianus Herculius 287/288 aus der Münzstätte Ticinum schließen, fallen dadurch auf, daß sie aus den jüngsten Prägephasen vor der Vergrabung Reihen von unzirkulierten Antoninianen derselben Typen enthalten. So viele gleiche Serien aus derselben Münzstätte zeigen aber eindeutig, daß Entstehung, Ursache und Vergrabungsgrund für diese Münzschätze die gleichen waren. Dies kann wohl auch für die nur unvollständig erfaßten Funde gelten. So dürfen wir sie alle als Soldzahlungen betrachten, die aufgrund der nämlichen unvorhersehbaren Ereignisse ihr Ziel nicht mehr erreicht haben. Zudem liegen sie alle an römischen Straßenverbindungen: Großberg bei Regensburg; Lochhausen, Stadt München; Navis bei Matrei[87] und La Venèra nahe bei Verona am Ende der Brennerstraße. Letzterer Fund ist mit über 50 500 Stück der größte in dieser Reihe, und es möchte fast nicht als Zufall scheinen, daß die Fundgröße mit wachsendem Abstand von der Münzstätte abnimmt. Eine zweite Einfallsroute könnten die Funde von Balgach, Kanton St. Gallen, Lutzengüetle bei Gamprin, Malvaglia (Lukmanierpaß), ebenfalls mit mehreren tausend Stück, anzeigen[88].

Ein Vorstoß Diokletians vom Bodensee aus stellte 288 oder Anfang 289 die Ruhe in der Provinz wieder her. Über diese Operationen sind wir nur unzureichend informiert. Schon am folgenden „Geburtstag" Roms, am 21. April 289, behauptete ein Lobredner, der Kaiser sei „neulich in jenem Germanien einmarschiert, das Raetien vorgelagert ist, und erweiterte mit ähnlicher Tapferkeit den römischen Limes durch einen Sieg" (Paneg. Lat.10 [2] 9,1). Wenn acht Jahre danach ein anderer Schmeichler feststellen konnte, „die Oberkaiser hätten den Limes Germaniens und Raetiens bis zu der Donauquelle ausgedehnt" (Paneg. Lat. 8 [5] 3,3), so ist natürlich auch darin die stereotype Forderung enthalten, nach der ein guter Kaiser das Reich ausdehnen mußte; dennoch ist davon auszugehen, daß in diesen Jahren Rom noch einmal die Oberaufsicht über Landstriche nördlich des Bodensees und westlich der Iller zurückgewinnen konnte. In Augsburg, wohin sich Diokletian nach Abschluß der Kampfhandlungen begab, wurde er vom raetischen Statthalter Septimius Valentio, der nun offiziell als *vir perfectissimus* den Titel *praeses provinciae Raetiae* führte und der später noch eine

*Abb. 96 Augsburg. Ehreninschrift für Diokletian von 290; H. 1,05 m (Röm. Mus. Augsburg).*

*Abb 96* glänzende Laufbahn machte, als „weitvorausschauender Kaiser, Lenker und Herr des Erdkreises, Begründer des ewigen Friedens" (*providentissimus princeps, rector orbis et dominus, fundator pacis*) (IBR 121) gefeiert. Diokletian zog nach Pannonien über Lauriacum/Lorch weiter, wo er als „Wiederhersteller der allgemeinen Freiheit" (*restitutor publicae libertatis*) gefeiert wurde, was sich wohl auch auf seinen raetischen Sieg und die Sicherung der Grenzen beziehen dürfte.

Wahrscheinlich ist es auch 291 und 292 nochmals zu Vorstößen ins Alamannenland gekommen. In diesen Jahren, wir kennen den Zeitpunkt nicht genau, fand ein Treffen Diokletians mit dem von ihm 285 zum Mitregenten erhobenen Maximianus Herculius in Mailand statt. Dabei wurde unter anderem beschlossen, die Reichsgrenzen neu zu befestigen.

296, vielleicht schon einige Jahre früher, unternahm Maximianus Herculius von Mainz aus einen großen Befriedungsfeldzug, wobei „der König des wildesten Stammes, während er gerade feindliche Hinterhalte gegen uns im Sinn hatte, gefangen wurde und Alamannien von der Rheinbrücke (bei Mainz?) bis zum Donauübergang bei Günzburg niedergebrannt und bis ins Mark vernichtet worden ist . . ." (. . . *captus scilicet rex ferocissimae nationis inter ipsas quas moliebatur insidias et a ponte Rheni usque ad Danuvii transitum Guntiensem deusta atque exhausta penitus Alamannia*; Paneg. Lat. 8 [5] 2, 1). Trotzdem gelang es den Alamannen 298 wieder, den Rhein zu überschreiten, und zwar in der Gegend von Basel. Ein Teil von ihnen, der die Westschweiz heimsuchte, wurde noch im gleichen Jahr von Constantius Chlorus bei Vindonissa so geschlagen, daß noch ein Jahrzehnt später das Schlachtfeld mit den Gebeinen der Erschlagenen bedeckt gewesen sein soll. Ein Feldzug des nächsten Jahres gegen die Markomannen läßt sich nicht näher lokalisieren.

Zwei Schatzfunde aus dem Kastell Isny, die mit Münzen aus dem Jahr 304 schließen, könnte man mit einem feindlichen Überfall in Beziehung bringen, obwohl sonst nichts überliefert ist, was für einen solchen Einfall sprechen könnte. Im allgemeinen aber waren die Zeitläufte für die Provinzen Raetien und Norikum ruhiger geworden, und die Bevölkerung konnte sich wieder einigermaßen sicher fühlen.

Nachdem das Fundmaterial aus den schwierigen Jahrzehnten nach dem Limesfall recht spärlich ist, belebt sich das archäologische Bild gegen das Jahrhundertende wieder. Dafür sprechen zum Beispiel die Siedlungsfunde an Münzen, bei denen der deutlich mit Prägungen des Gallienus (259/260) und Claudius II. angestiegene Zustrom die Anwesenheit von Militär und die Zahlungen von Sold anzeigt. Allerdings ist es der Forschung bisher noch nicht gelungen, andere zur Datierung der Siedlungsplätze wichtige Fundgattungen, wie zum Beispiel die Keramik des späten 3. und des frühen 4. Jahrhunderts so aufzuarbeiten, daß sie für die feinere zeitliche Einordnung von Fundplätzen und Siedlungsschichten nutzbar wären. Auch aus der Belegung der späten Friedhöfe ab dem letzten Viertel des 3. Jahrhunderts kann man schließen, daß die schwer von den Germanen heimgesuchten Gebiete zwischen Alpen und Donau seit der Zeit um 300 n. Chr. auch auf dem flachen Lande außerhalb der Städte und Kastelle eine gewisse, wenn auch im Vergleich zur mittleren Kaiserzeit wesentlich spärlichere Neubesiedlung erfahren haben.

# Spätzeit und Ende

Diokletian, 284 zum Purpur gelangt, nahm die Existenzprobleme des römischen Reiches entschlossener als seine Vorgänger in Angriff und wurde dadurch zum großen Reformer. Den Wandlungsprozeß, den er, stets nur bereits vorhandene Ansätze konsequent weiterführend, einleitete und den Konstantin der Große (306 – 337) entschieden fortsetzte (nicht selten ist es unmöglich, genau zu sagen, was das Werk des einen oder des anderen Kaisers war), sicherte dem bedrohten Imperium Romanum im Westen den Bestand immerhin für fast noch 200 Jahre, im Osten sogar für das Mittelalter. Dem Ostreich gegenüber verfiel der Westen des römischen Imperiums erstaunlich schnell. Wichtige Etappen dieses Auflösungsprozesses waren schon den Zeitgenossen einschneidende Erlebnisse wie die Niederlage der Römer gegen die Goten bei Adrianopel 378, die Eroberung Roms durch die Germanen 410, die Absetzung des letzten weströmischen Kaisers 476. Nicht wieder rückgängig zu machen waren auch die germanischen Reichsbildungen auf römischem Boden während des 5. Jahrhunderts, ein Vorgang, der nach geringen und vorübergehenden Erfolgen der Rückeroberungspläne des oströmischen Kaisers Justinian I. (527 – 565) mit dem Einmarsch der Langobarden in Italien 568 einen vorläufigen Abschluß fand. Beschleunigt wurde die Verdünnung des weströmischen Erbes – in den germanischen Reichen herrschte ja meist eine relativ schmale germanische Oberschicht über die große Masse von Romanen – dann im 7. Jahrhundert durch das Vordringen des Islams nach Westen, das vor allem auch die wirtschaftliche Einheitlichkeit des Mittelmeerraumes endgültig sprengte.

## Reformen unter Diokletian (284 – 305 n. Chr.)

Die Reformen Diokletians und Konstantins zielten im letzten auf Normierung, Vereinfachung und Zentralisierung aller Bereiche. Ein weiterer wichtiger Gesichtspunkt war die Trennung der zivilen von der militärischen Verwaltung, die in Rom davor, wenigstens in den höchsten Befehlsstellen, immer in Personalunion vollzogen worden war. Die Verkleinerung der Verwaltungseinheiten bedingte ein rapides Anschwellen des streng hierarchischen, nach Kompetenzbereichen strikt abgegrenzten Beamtenapparates; so wurde aus dem Staat immer mehr ein Beamtenregiment mit einem System von Überwachungen und Zwängen.

Aus dem Bürger im römischen Reich wurde ein Untertan, dem Gehorsam und Steuerpflicht oberste Tugenden sein mußten, dem ansonsten wenig Handlungsspielraum verblieb. Drückend lastete auf der Bevölkerung die erbliche Berufsbindung, welche beispielsweise die Ratsherrn der Gemeinden, die ohnehin schwer litten, weil sie für das gesamte Steueraufkommen ihrer Orte mit dem eigenen Vermögen zu haften hatten, zwangsweise zu Amt und Würden verpflichtete; welche Handwerker und Kaufleute an ihre Berufsverbände (*collegia*) und freie Pachtbauern (*coloni*) an ihre Scholle band. Zu alledem kam ein ausgeklügeltes, auch von unten nach oben bestens funktionierendes Spitzelsystem mit einer regelrechten Geheimpolizei (*agentes in rebus*) und rücksichtslose Formen der Eintreibung von Steuern und Naturalabgaben. Die Folge dieser rigorosen Maßnahmen waren die Flucht aus den zermürbenden Verhältnissen in allen Bereichen der Gesellschaft, das Veröden verlassener Äcker, ein blühendes Räuberunwesen in den Provinzen und nicht zuletzt häufige Aufstände. Dabei waren die außenpolitischen Schwierigkeiten keineswegs geringer geworden: nach wie vor blieben Sassaniden und Germanen über die Grenzen drängende Feinde.

Während zur Abwendung dieser Gefahren das Heer auf über 400 000 Mann erhöht, somit das alltägliche Leben noch mehr militarisiert wurde, entzogen sich die Kaiser noch stärker ihren Untertanen, indem sie sich quasi vergöttlichen ließen. Ausdruck dieser neuen Herrschaftsauffassung, von der Geschichtsschreibung Dominat genannt, war ein strenges, an orientalischen Vorbildern orientiertes Hofzeremoniell, für das

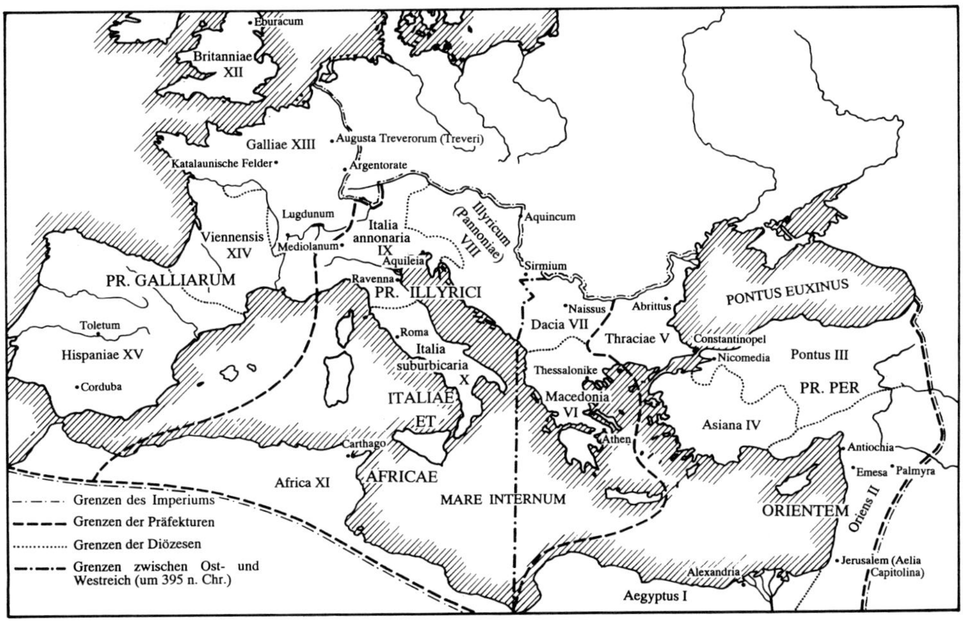


*Abb. 97 Das römische Reich in der Spätantike (nach I. Weiler).*

zum Beispiel der Fußfall vor dem Monarchen, die Proskynese, typisch war. Um den häufigen Thronstreitigkeiten und Usurpationen ein Ende zu bereiten, ernannte Diokletian im Jahr 286 seinen Landsmann und Freund Maximianus zum Mitkaiser (Augustus) und übergab ihm das Westreich. Vollends von seinen Vorgängern wich er aber dann durch die Schaffung der sog. Tetrarchie im Jahre 293 ab: Die beiden Kaiser (*Augusti*) erhoben durch Adoption zwei weitere nicht blutsverwandte Männer zu Thronfolgern und Mitregenten mit eigenem Herrschaftsbereich und eigener Residenz: im Osten Galerius und im Westen Constantius I. Chlorus (den Vater des späteren Kaisers Konstantin). Somit gab es im Osten wie im Westen je einen „Oberkaiser" mit dem üblichen Titel Augustus und je einen nachfolgeberechtigten „Unterkaiser", Cäsar genannt. Bereits bei seiner ersten Bewährungsprobe versagte das System der Viererherrschaft, als die lange geplante freiwillige Abdankung der „Oberkaiser" Diokletian und Maximian im Jahr 305 sehr schnell heftige Thronrivalitäten verursachte.

Das Römerreich war im 4. Jahrhundert, entsprechend der Diokletianischen Ordnung, *Abb 97* in vier große Präfekturen aufgeteilt; so benannt nach dem obersten Beamten, dem Prätorianerpräfekten (*praefectus praetorio*), der mit großen Machtbefugnissen ausgestattet, in Stellvertretung des jeweiligen Kaisers waltete. Jedes Verwaltungsviertel hatte eine eigene Hauptstadt: die Präfektur Oriens (Türkei, Syrien und Ägypten) in Nikomedien in Nordwestanatolien, Illyricum (Balkan und untere Donauprovinzen) in Sirmium, Italia (Alpenvorland, Italien, Nordafrika und Nordwestbalkan) in Mediolanum/Mailand und schließlich Galliae (Rheinland, Frankreich, Spanien und England) in Augusta Treverorum/Trier. Die Stadt Rom, die bezeichnenderweise je mehr sie niedersank, sich selbst um so mehr als *urbs aeterna*, als „ewige Stadt", feierte, war zwar lange Zeit immer noch die offizielle Reichshauptstadt, verlor aber zunehmend ihre einst zentrale Bedeutung, zumal nachdem sich Kaiser Konstantin 330 eine neue Hauptstadt, ein zweites Rom, Konstantinopolis (heute Istanbul) genannt, hatte errichten lassen. Die Zahl der Provinzen, die flächenmäßig wesentlich verkleinert und damit überschaubarer wurden, erhöhte man im Jahr 297 von bislang 57 auf 101 (nach 400 rund 120). Unterschiedlich viele davon wurden in sehr verschieden große Diözesen (= Distrikte; mit unseren Bistümern hatten sie nur den Namen gemein) zusammengefaßt. Diese ursprünglich zwölf (später 17) Mittelinstanzen leitete je ein *vicarius*, also ein Vize des Prätorianerpräfekten. Die Provinzstatthalter bekamen nach Ranghöhe verschiedene Titel, die (in absteigender Reihung) *proconsules, consulares, correctores* und *praesides* lauteten. Raetien lag in spätrömischer Zeit nicht nur weiterhin an der Nordgrenze des Reiches, hier stießen außerdem drei der vier großen Verwaltungsbezirke des Imperiums zusammen:

Während unsere Provinz zur italischen Präfektur gehörte, war das Gebiet östlich des Inns Teil der illyrischen, die Provinz Sequania (später Maxima Sequanorum) westlich von Raetien Teil der gallischen Präfektur. Im Laufe des 4. Jahrhunderts wurde Raetien in zwei Provinzen geteilt. Diese Verkleinerung des Verwaltungsgebiets erfolgte offenbar nach 297, weil das „Veroneser Provinzenverzeichnis", das den Zustand des Reiches nach der Reichsreform in diesem Jahr spiegelt, immer noch nur ein Raetien nennt. Sicher vollzogen war sie andererseits um 370. Das „erste Raetien" (*Raetia prima*) trennte vom „zweiten Raetien" (*Raetia secunda*) eine der Linie Isny, Arlberg, Münstertal, Stilfserjoch folgende Nordsüdgrenze. Beide Verwaltungseinheiten gehörten, wie gesagt, zur Präfektur Italien und innerhalb derer, gemeinsam mit den Provinzen Venetien-Istrien, Aemilien, Ligurien sowie den Cottischen Alpen, zur Diözese *Italia annonaria*, welcher ein *vicarius* mit Sitz in Mediolanum/Mailand vorstand. Jede der beiden raetischen Provinzen wurde von einem eigenen Zivilbeamten mit dem Titel *praeses* verwaltet, wovon der eine vermutlich in Chur, der andere wohl in Augsburg saß. Letzteres war auch der Sitz eines wichtigen Vorstehers der kaiserlichen Schatzkammer (*praepositus thesaurorum*).

Diokletian versuchte auch in der Wirtschaft das Chaos des 3. Jahrhunderts zu überwinden. 295 führte er eine Münzreform durch, die den völlig entwerteten Antoninian beseitigte und an seine Stelle eine große neue Kupfermünze mit Silberüberzug und über 10 g Gewicht, den Follis, setzte. Gleichzeitig wurde wieder eine Silbermünze, der Argenteus, in Umlauf gebracht und Gold ausgeprägt. Der ständigen Teuerung versuchte Diokletian 301 durch die Verordnung eines Preisediktes mit der Festlegung des Maximaltarifs für alle Waren, Löhne und Dienstleistungen Herr zu werden. Ein Erfolg konnte allerdings dieser Reform nicht beschieden sein; vielmehr verschwanden die Waren vom Markt und die Verteuerung ging weiter.

Seit der Zeit des Augustus war das römische Heer, und zwar Legions- und Auxiliartruppen, von wenigen Ausnahmen abgesehen, entlang der Grenzen in festen Standlagern untergebracht gewesen. Außer den Prätorianern und Leibwächtern des Kaisers war Italien ohne militärische Besatzung, erst seit der Zeit des Septimius Severus stand eine Legion südlich von Rom in Albano. Dies bedeutete, daß im Inneren des Reiches keine beweglichen Reserven vorhanden waren, die dem militärischen Oberkommando neben dem Grenzheer zur Verfügung standen.

Bei diesem System waren militärische Schwerpunktbildungen nur dadurch zu bewerkstelligen, daß man Abteilungen (*vexillationes*) aus den Provinzheeren herauslöste und zusammenzog[1]. War die Aufgabe beendet, kehrten die einzelnen Bestandteile der Vexillationen zu ihren Stammeinheiten zurück. Dieses System hat sich bis zum 3. Jahrhundert grundsätzlich bewährt, doch zeigten sich nun immer deutlicher seine Schwächen. Denn automatisch bedeutete nun oft genug der Abzug von Truppen im momentan weniger gefährdeten Westen für Feldzüge im Osten, daß germanische Gegner ihrerseits über die geschwächten Grenzprovinzen herfielen. Erste umfänglichere Maßnahmen zu einer Reform des römischen Grenzverteidigungssystems sind für die Zeit des Gallienus zu beobachten. Unter Diokletian und Konstantin nutzte man nun die Atempause, welche das Nachlassen der feindlichen Angriffe von außen mit sich brachte, zu grundlegenden Veränderungen im römischen Heer, die aber nur schwer rekonstruierbar sind. Überhaupt ist das spätrömische Heerwesen schwieriger überschaubar als das der Republik und der frühen bis mittleren Kaiserzeit.

## Die Notitia dignitatum

Für die Geschichte des 4. Jahrhunderts sind unsere Quellen allgemein noch dürftiger als für die vorangehende Zeit. So wird die Zahl der Inschriften gering. Die politisch-militärische Ordnung des Reiches und auch Raetiens läßt sich fast nur nach einer höchst problematischen Schrift schlecht und recht rekonstruieren, nach dem „Verzeichnis aller Ämter, sowohl der zivilen wie der militärischen in den westlichen Reichsteilen“ (*Notitia dignitatum omnium, tam civilium quam militarium, in partibus Occidentis*), kurz Notitia dignitatum genannt[2]. Ursprünglich für den täglichen Dienstgebrauch bestimmt, führten Verzeichnisse dieser Art die Gliederung des Reiches im einzelnen auf, ihrem Range nach sodann auch die zivilen und militärischen Dienststellen und -stellungen, bis hinab zum Personalstand der einzelnen Behörden; ergänzend wird beschrieben, welche Truppen und Standorte zu den einzelnen Kommandobereichen gehörten. Leider enthält dieses in der letzten Fassung um 430 ergänzte „Staatshandbuch“ auch sehr viele nachweisbar veraltete Angaben. Offenbar wurden nicht alle Abschnitte gleichermaßen auf dem laufenden gehalten. Deshalb ist es sehr schwierig, die einzelnen Zeitschichten, die sich in der Notitia überlagern, wieder zu trennen. Für Raetien, so wurde immer wieder vermutet, spiegele diese Quelle einen im Vergleich zu ihrer letzten Redaktion geradezu „altertümlichen“ Stand, vielleicht den um 375, wider. Neuerdings hat man aber Indizien gefunden, wonach die Eintragungen für die raetischen und norischen Limitanformationen mindestens für die Zeit um 400 Gültigkeit haben.

Diokletian hatte bei seinen Reformen möglicherweise das Bewegungsheer des Gallienus zum Teil wieder aufgelöst und in einzelnen Abteilungen an die Grenzen verlegt und so zum letztenmal das Grenzheer vergrößert. Doch ist es sehr schwierig, die Truppenstärken dieser Zeit abzuschätzen. Wiewohl noch die alten Bezeichnungen wie *legio, ala* und *cohors* im Gebrauch waren, ist doch sicher, daß die Truppen nicht mehr ihre alten Sollstärken hatten. Spätestens seit der Regierungszeit von Konstantin I. war das römische Heer zweigeteilt:

Die Grenzeinheiten (*limitanei* oder *riparienses*) waren wie bisher an feste Standorte an der Grenze gebunden. Sie wurden auch nach Formation und taktischer Benennung (Legionen, Alen und Kohorten) weitgehend gemäß früherer Weise beibehalten, wobei ihre Sollstärke aber wesentlich geringer ausfiel als die der gleichnamigen Einheiten der frühen und mittleren Kaiserzeit. Ihre genaue Größe ist unbekannt, sie war aber im Vergleich zu früher stark geschrumpft. In der Hauptsache aus angesiedelten Veteranen bestehend, die nebenher auch Landwirtschaft betrieben, hatten die Einheiten strategisch gesehen freilich nur mehr die Bedeutung lokaler Milizen.

Das militärische Oberkommando über die Grenztruppen des Westreichs (also auch Raetiens) und die mobile Armee lag laut Notitia dignitatum beim ranghöchsten Soldaten dieses Reichsteils, der im Laufe der Zeit verschiedene Titel und Kompetenzbereiche innehatte und je nachdem „Meister beider Waffengattungen“ (*magister militum utriusque militiae*) oder „(am Hof) gegenwärtiger Oberbefehlshaber der Infanterie" (*magister peditum praesentalis*) hieß und nach ca. 370 mit „Durchlaucht" (*vir illustris*) angesprochen wurde; ihm unterstand der „Grenzabschnittsgeneral" (*dux limitis*) mit dem Titel „General der ersten und zweiten raetischen Provinz" (*dux provinciae Raetiae primae et secundae*) mit dem Rangprädikat einer „Exzellenz" (*vir spectabilis*). Im Grenzheer überlebten nur wenige Einheiten, die meisten wurden ihrer nach den Kaisern gewählten Beinamen Valeria oder Herculea wegen erst von Valerius Diocletianus oder Maximianus Herculius neu geschaffen. Neben diesen Grenztruppen gab es noch eine stattliche bewegliche Einsatzreserve[3]. Diese nicht standortgebundenen, weitaus angeseheneren Verbände konnten von ihren meist an Schnittpunkten der großen Militärfernwege im Inneren des Reiches gelegenen Garnisonen aus je nach augenblicklichem Bedarf im jeweiligen Kommandobereich eingesetzt werden. Rangmäßig war dieses mobile, im 4. Jahrhundert stetig vergrößerte Feldheer gegliedert in Hof- oder Gardetruppen (*palatini*, von *palatium* = Palast) und Linienregimenter (*comitatenses*) und nach ihrer taktischen Bedeutung in 500 Mann starke Reitereinheiten (*vexillationes*), 1000 Mann zählende Legionen (*legiones*) sowie Hilfstruppen (*auxilia*) zu ebenso je 500 Mann. Schließlich kennt man noch als „unechte Linientruppen" (*pseudocomitatenses*) bezeichnete Einheiten, die ihrem Wesen nach umstritten sind. Nach den einen sollen sie unter Valentinian I. (zunächst nicht endgültig) zum Feldheer abkommandierte Grenztruppen gewesen sein, nach anderen wären sie zwar wie die Grenzarmee am Limes stationiert, aber nominell dem Feldheer zugerechnet worden. Konstantin I. machte schon in seiner frühen Regierungszeit aus dem Feldheer eine stehende Einrichtung, deren Schlagkraft zusätzlich durch die verstärkte Aufnahme von Germanen in den römischen Dienst vergrößert wurde. Daß tatsächlich, auch in Raetien, nicht schon Diokletian die zivile von der militärischen Gewalt durch die Einführung eines Generals Raetiens (*dux Raetiae*) getrennt haben wird, legt eine Inschrift aus Tasgaetium/Eschenz (IBR 179) und vielleicht eine weitere aus Vitudurum/Winterthur (CIL XIII 5249) nahe, wonach noch im Jahr 294 der ritterliche Statthalter (*praeses*) unserer Provinz, und ganz im Gegensatz zur Praxis der späteren Zeit nicht etwa der General (*dux*), für die Durchführung militärischer Bauten verantwortlich zeichnete. Entsprechend ist in einem Gesetz vom Jahr 290 (Cod. Iust. 8, 50, 5) allgemein im Zusammenhang mit militärischen Angelegenheiten ebenfalls nicht vom General (*dux*), sondern vom Legionspräfekt (*praefectus legionis*) und vom Statthalter (*praeses*) die Rede. Dieselben Beamten finden sich übrigens auf einer Inschrift aus Regensburg vereint (IBR 364), die, obwohl undatiert, dem Zusammenhang nach in die Zeit kurz vor 300 gehören muß.

Auch unter den spätrömischen Grenztruppen gab es feine Rangunterschiede, die man bei der Aufzählung in der Notitia dignitatum genauestens einhielt. In der raetischen Truppenliste kommen als erste die Formationen der stablesianischen Reiterei. Stablesianische Reiter kommen unter den Truppen der Notitia dignitatum mehrere Male vor, davon dreimal in Raetien. Da sich der Name wohl von *stabulum* (Pferdestall,

Marstall) abgeleitet hat, scheinen alle *stablesiani*-Einheiten auf ein einziges größeres Kavalleriekorps zurückzugehen, das man in der Not des 3. Jahrhunderts und bei dem Mangel an Reiterei aus den *stratores* (wörtlich „Stallburschen") aufstellte. Als dann unter Diokletian die großen Reitereinheiten des 3. Jahrhunderts aufgeteilt und als Bewachungskommandos an die Grenze verlegt wurden, war eine Abteilung nach Raetien gekommen. Von dieser Stammtruppe (*seniores*) zweigte man wieder neue Abteilungen ab, die *iuniores*. Aufgrund ihrer Entstehung gehörten die jüngeren stablesianischen Reiter zu den angeseheneren Truppen, obschon sie in Raetien gewöhnlichen Wachdienst besorgten.
In der Rangfolge kamen dann die fünf Abteilungen der 3. italischen Grenzlegion, nur unterbrochen von den ungeklärten *milites Ursariensium*, und dann ganz am Schluß die Grenzauxilien. Bei letzteren wurden in der Rangfolge anscheinend keine Unterschiede mehr zwischen Alen, Kohorten und Numeri gemacht, die noch bei der früh- und mittelkaiserzeitlichen römischen Armee eine so große Rolle gespielt hatten. Zur Zeit Valentinians I., oder auch erst später um 400, erfolgte wiederum eine Umgruppierung der Armeen zum Ausgleich der Kräfte im Ost- und Westteil des Reiches. Die raetischen Formationen der *Fo(e)tenses* aus Füssen und der *Pontaenenses* aus Pons Aeni kamen nun zum Feldheer, womit für die Truppenteile eine wesentliche Rangverbesserung verbunden war.
Unter den Grenzauxilien stand zwar die 3. italische Legion im Rang noch über den anderen Truppen, doch war praktisch kaum mehr ein Unterschied. Die Legion selbst hatte keineswegs mehr die frühere Kopfstärke. Wir können annehmen, daß die Legionen jener Zeit auf ungefähr ein Fünftel ihres früheren Bestandes geschrumpft waren. Bei den Alen und Kohorten kann man eine ähnliche Reduzierung vermuten und mit einem Mannschaftsbestand von 100 bis 200 Soldaten rechnen; der geringe Umfang der späten Kastelle am Donau-Iller-Rhein-Limes bestätigt ja diese Annahmen. Manche älteren militärischen Rangbezeichnungen, darunter zum Beispiel der Centurio, waren in der Spätantike verschwunden; bei den Frontoffizieren wurde ein unterer Rang mit *praepositus*, ein höherer mit *tribunus* bezeichnet. Vielfach benannte man den Kommandeur einfach mit *praefectus*, dem allgemeinen Wort für Vorgesetzter, Befehlshaber, Anführer. Ein so klares Rangschema wie in der früheren Kaiserzeit ist jetzt nicht mehr zu erkennen.

## Der spätrömische Donau-Iller-Rhein-Limes

Wenden wir uns nun der spätantiken Grenzverteidigung in Raetien[4] zu: Außer wenigen Inschriften besitzt man für die spätantike Heeresgeschichte des Alpenvorlandes die schon erwähnte Notitia dignitatum. Zu den literarisch-epigraphischen Quellen kamen in letzter Zeit zunehmend auch Informationen durch archäologische Ausgrabungen hinzu.

Nach dem Zusammenbruch des alten raetischen Limes und dem Verlust der Gebiete nördlich der Donau und östlich des Rheins hatte die Wiederherstellung eines Grenzverteidigungssystems erste Priorität. Denn die wichtigste Voraussetzung für den wirksamen Schutz Italiens, ja Roms selber, sowie für eine Wiederbelebung der verwüsteten Grenzprovinzen war ein funktionierender Grenzschutz. Dieser mußte nun zum größten Teil völlig neu angelegt werden, da westlich von Eining die alten Kastelle des raetischen Limes im preisgegebenen Gebiet lagen, und man wie in der frühen Kaiserzeit sich auf die Flußgrenzen von Rhein und Donau zurückgezogen hatte.
Wann dieser neue spätrömische Donau-Iller-Rhein-Limes genau entstanden ist, kann man momentan noch sehr schwer sagen. Schon unter Probus gibt es Anzeichen für die Anlage einiger Kastelle (Isny, Goldberg), massivere Hinweise auf dessen Ausbau liegen für die Regierungszeit des Diokletian vor. Spätestens in dieser Zeit darf man die neue Limeslinie als das Ergebnis einer einheitlichen, überregionalen Planung mit dem Ziel einer durchgehenden Grenzverteidigung vom Oberrhein bis zur oberen Donau betrachten. Von dem Kastell Vitudurum/Oberwinterthur in der westlich angrenzenden Provinz Maxima Sequanorum ist die Bauinschrift von 294 vollständig auf uns gekommen; sie nennt auch den Praeses der Provinz, Aurelius Proculus. Nicht so gut ist die aus demselben Jahr stammende Bauinschrift des nahegelegenen Kastells Tasgaetium/Stein am Rhein erhalten. Der Sicherung des hier durch den Verlust des Dekumatlandes am weitesten nach Süden einziehenden Grenzverlaufs diente auch das Kastell Arbor Felix/Arbon am Bodensee. Als diokletianische Gründung weisen es der Fundbestand und die Garnison aus; die dortige *cohors Herculea Pannoniorum* wurde, wie der Bezug auf den Beinamen des Maximianus Herculius beweist, um 300 neu aufgestellt. Fast alle anderen Grenzschutzeinheiten an Iller und Donau vom Bodensee bis in die Gegend von Ingolstadt sind gleichfalls in der Zeit der Tetrarchie entstanden: Die *ala II Valeria Sequanorum* (nach Gaius Valerius Diocletianus) in Vemania/Isny, die *cohors III Herculea Pannoniorum* in Caelius Mons/Kellmünz, die *cohors V Valeria Frigum* in *Pinianis* (unbekanntes Kastell im Bereich der Illermündung), die *cohors I Herculea Raetorum* in Parrodunum/Burgheim, die *cohors VI Valeria Raetorum* in Venaxamodurum/Neuburg a. d. Donau? und die *ala II Valeria singularis* in Vallatum (wohl in Weltenburg, nicht, wie früher vermutet, beim Ringwall von Manching). Dann folgen in Eining und Regensburg die einzigen sicher aus der mittleren Kaiserzeit überlebenden Einheiten (*cohors III Brittannorum, legio III Italica*). Selbst wenn man es im Einzelfall archäologisch noch nicht nachweisen kann, müssen wohl die genannten Kastelle bereits unter Diokletian bestanden haben.

*Abb 145*

Ein letzter massiver Ausbau dieses Limes ist für die Zeit des Valentinian I. (364 – 375) durch Schriftquellen, Inschriften und archäologische Untersuchungen gut zu belegen. Allerdings ist es derzeit noch nicht möglich, die einzelnen Entwicklungsphasen des spätrömischen Donau-Iller-Rhein-Limes in ihrer zeitlichen Folge zu erkennen und darzustellen. Die aktuellen Kenntnisse zum spätrömischen Limes in Raetien und dem anschließenden Grenzgebiet Norikums aufgrund der literarischen und der archäologischen Informationen seien hier, mit dem Schwerpunkt auf Bayern, kurz dargestellt. Dabei ist vorwegzunehmen, daß zwar die Kastelle fast alle bekannt sind, der Forschungsstand der Burgi (Kleinfestungen) zwischen den Kastellen aber höchst lückenhaft ist. Hier sind noch zahlreiche Neuentdeckungen möglich, wenn nicht die Verlagerung von Flüssen, zum Beispiel der Donau, die Reste solcher Burgi endgültig beseitigt hat.

Vom Rhein zum Bodensee: Der raetische Abschnitt des spätrömischen Limes beginnt auf dem Boden der heutigen Schweiz mit dem Kastell Ad Fines/Pfyn im Kanton Thurgau. Es hat eine Fläche von 1,5 ha, seine Besatzung ist unbekannt. Das Flottenkastell von Constantia (Confluentes?)/Konstanz wird bisher nur vermutet, über Größe und Besatzung wissen wir nichts. Besser steht es mit dem Kastell von Arbor Felix/Arbon im Kanton Thurgau mit insgesamt 0,65 ha Grundfläche und der *cohors Herculea Pannoniorum* als Besatzung. Aus dem spätantiken Brigantium/Bregenz in Vorarlberg

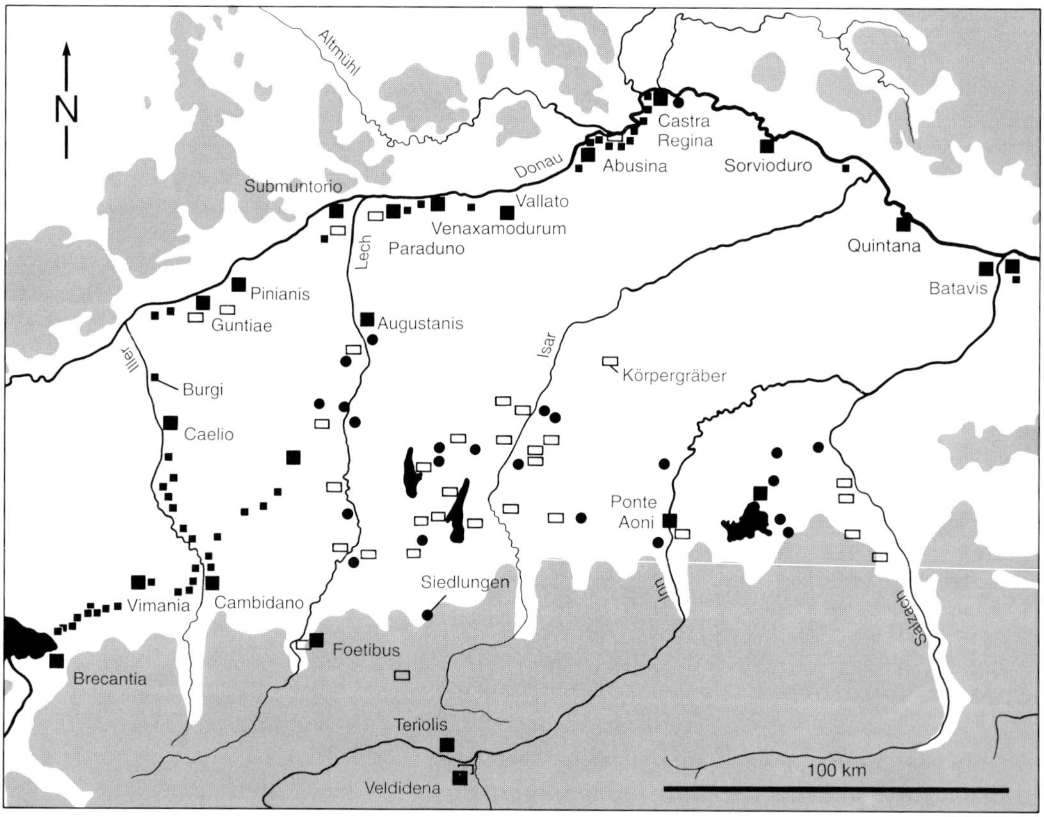


*Abb. 98 Spätantike Zivilsiedlungen und Grenzbefestigungen in Raetien. [großes schwarzes Rechteck] Kastell, [kleines schwarzes Rechteck] Burgus, [schwarzer Kreis] Zivilsiedlung, [offenes Rechteck] Körpergräber(felder) (nach W. Menghin).*

kennen wir das Kastell in der Oberstadt (Größe max. 1,5 ha) und den Hafen am Bodensee. In diesem ist ein *numerus barcariorum*, also eine Flotteneinheit, als Besatzung bezeugt.
Vom Bodensee zur Iller: Von Bregenz bis Kempten verläuft nun der Limes quer durchs Land, gesichert durch eine dichte Kette von Kleinfestungen. Zwölf dieser Burgi bewachten die Strecke von Bregenz zum nächsten Kastell Vemania bei Isny: In Vorarlberg liegen davon die Befestigungen von Hörbranz, Gwiggen und Hohenweiler, auf bayerischem Gebiet folgen die Anlagen von Burgstall, Waldburg, Umgangs, Opfenbach, Mellatz, Meckatz, Heimenkirch, Dreiheiligen und Oberhäuser. Das Kastell Vemania wies 0,27 ha. Fläche auf; als Truppe ist die *ala II Valeria Sequanorum* bezeugt. In Vemania konnte eine sechsperiodige Innenbebauung vom 3. bis zum 4. Jahrhundert beobachtet werden. Aus den Mannschaftsunterkünften läßt sich jeweils eine Besatzung von ca. 150 bis 200 Mann erschließen. Von besonderer Bedeutung sind drei Schatzfunde, zwei enthielten nur Münzen (Schlußmünzen: Zeit des Probus, bzw. 304), einer auch Frauenschmuck (Schlußmünzen 304). Es folgen nun bis zur Iller vier weitere Burgi: Nellenbruck, Wenk, Buchenberg und Ahegg. In Cambodunum/Kempten lag das spätrömische Kastell auf der Burghalde, seine Größe betrug max. 2,5 ha. Als Truppe ist eine Teileinheit der *legio III Italica* belegt. Sie stand unter dem Kommando eines Präfekten, der gleichzeitig Kommandant des Streckenabschnittes von Vemania bis Cassiliacum, einem bisher unbekannten Garnisonsort etwa in der Gegend vom Memmingen, war.
Die Illerlinie: Von dieser Strecke weiß man, daß sie als *pars media* (Mittelabschnitt) bezeichnet wurde. Auf dem östlichen Hochufer der Iller lassen sich 10 Burgi ausmachen, nämlich Stielings, Heising, Oberried, Hörensberg, Waldegg, Raupolz, Woringen, Dickenreis, Memmingen und Sennhof. Das nächste Kastell Caelius Mons/Kell- *Abb 157* münz wurde in den letzten Jahren neu erforscht. Der als asymmetrisches Halbrund bisher bekannte Grundriß, der 0,98 ha Fläche einschloß, muß jetzt korrigiert werden. Als Truppe ist die *cohors III Herculea Pannoniorum* überliefert. An der Illerlinie ist danach nur noch der Burgus von Bellenberg bekannt. Das Kastell Piniana ist im Bereich der Illermündung zu vermuten, nachdem sich seine Gleichsetzung mit dem Bürgle bei Gundremmingen als unsicher herausgestellt hat. Denn für das Bürgle ist nach der Auffindung der Gundelfinger Meilensteine nun eher der Name Febianis anzunehmen. Als Besatzung von Piniana ist die *cohors V Valeria Phrygum* überliefert.
Der Donauabschnitt bis Passau: Am südlichen Donauufer lagen die Burgi von Finningen und Straß und schließlich das Kastell Guntia/Günzburg. Dieses konnte in der Unterstadt lokalisiert werden, seine Größe ist aber noch unbekannt. Besatzung waren die *milites Ursarienses*. Das nächste Kastell Bürgle bei Gundremmingen ist wieder weitgehend bekannt. Es hat eine Fläche von 0,16 ha. Die langrechteckige Anlage weist mehrstöckige Kasernen entlang eines Mittelweges auf, die für vielleicht 150 – 200 Soldaten Raum bot. Diese gehörten zu den *equites stablesiani iuniores*. In Faimingen befand sich als Brückenkopf nördlich der Donau im Bereich des aufgelassenen Vicus mögli-

cherweise eine spätantike Festung, die allerdings noch nicht erforscht ist. Die Burgi von Unterthürheim und Lauterbach liegen wieder am südlichen Donauufer. Etwas zurückgesetzt von der Donau auf einem Sporn des westlichen Hochufers über dem Lechtal fand sich das Kastell von Summuntorium/Burghöfe. Seine Größe betrug etwa 1,5 ha. Die Besatzung bestand aus Teilen der *equites stablesiani iuniores*, später aus einer Teileinheit der *legio III Italica*. Die nach der *legio III Italica* vornehmste Truppe des raetischen Grenzheeres, die *equites stablesiani seniores* lagen in der Hauptstadt Augusta Vindelicum/Augsburg im Hinterland des Limes. Von dieser Stammtruppe hatte man wieder neue Abteilungen abgezweigt, die *iuniores*, die in Pons Aeni/Pfaffenhofen, in Summuntorium/Burghöfe und in Febiana/Bürgle? stationiert waren. Wieder folgen ein Burgus auf dem nördlichen Donauufer als Brückenkopf (Donauwörth) und dann Oberpeiching südlich des Flusses. Als nächstes Kastell ist Parrodunum/Burgheim zu nennen, wo auf dem Kirchberg eine Festung von max. 0,4 ha Größe lag. Als Truppe kennt man die *cohors I Herculea Raetorum*. Die Burgi von Mühlhart und Kreut stellen die Verbindung zum Kastell Venaxamodurum/Neuburg a. d. Donau. Die Anlage ist jetzt sicher in der Oberstadt mit 0,6 ha Größe lokalisiert worden. Darin lag die *cohors VI Valeria Raetorum*, die sich nach Funden zum größten Teil aus germanischen Söldnern und Föderaten zusammensetzte. Zwischen den Burgi von Weichering und Zuchering bzw. Bad Gögging würde man das Kastell von Vallatum annehmen, wenn man es mit Manching gleichsetzen könnte. Sicher lokalisiert ist wieder das Kastell von Abusina/Eining, das als quadratischer Einbau von 0,16 ha in der Südwestecke des älteren Lagers liegt. Besatzung ist hier nach wie vor die *cohors III Brittonum*. Ein Burgus in Eining stellt die Verbindung zur Befestigung auf dem Frauenberg bei Weltenburg her. Diese Anlage wurde in jüngerer Zeit mit dem in der Notitia dignitatum überlieferten Vallatum in Verbindung gebracht (ND Occ. 35, 17, 2a). Dieser Name bezieht sich deutlich auf die Überreste einer älteren, verfallenen Befestigung (*vallum*), wofür entweder das ehemalige spätkeltische Oppidum bei Manching oder die keltische Befestigung auf dem Frauenberg bei Weltenburg in Frage kämen. An letzterem Ort würden Namenstradition und entsprechende spätrömische Funde eher für die Lokalisierung von Vallatum sprechen. Folgt man der Theorie, daß in Weltenburg der prähistorische Wall in spätrömischer Zeit wieder als Befestigung ausgebaut worden ist[5], so wäre der so eingeschlossene Innenraum groß genug für die beträchtliche Besatzung, welche für Vallatum laut der Notitia dignitatum zu postulieren ist: ein Präfekt der 3. italischen Legion als Kommandant des oberen Abschnittes (*pars superior*) mit einer Abteilung der Legion und dazu noch der Präfekt der *ala II Valeria singularis* mit seiner Truppe. Das Kleinkastell von 41 x 15 m wäre dann nur Bestandteil der Innenbebauung dieser größeren Befestigung. Entlang der Donau reihten sich
*Abb 231* nun 7 Burgi bzw. Kleinkastelle, nämlich die Anlagen von Thaldorf, Untersaal, Alkofen (2x), Oberndorf und Regensburg-Großprüfening.

Die Legionsfestung Castra Regina/Regensburg mit ihren 24,6 ha wurde nun nicht mehr voll militärisch genutzt. Vielmehr hat sich anscheinend das Militär in der Nordwestecke eingerichtet, der Rest wurde von Zivilpersonen bewohnt. Als Truppe ist eine Abteilung der *legio III Italica* bis kurz vor der Abfassung der Notitia dignitatum überliefert. Zum Zeitpunkt der Niederschrift aber war sie schon nach Vallatum abgezogen (. . . *nunc Vallato*). Da nicht anzunehmen ist, daß eine so starke Festung an einem strategisch wichtigen Punkt mit Zivilbevölkerung gänzlich ohne Schutz blieb, und Regensburg nach dem Ergebnis der Ausgrabungen im Niedermünster, in der Grasgasse und an anderen Stellen bestimmt bis in das 5. Jahrhundert hinein zum römischen Reich gehörte, wird die Verteidigung Regensburgs einer Truppe niedereren Ranges oblegen haben. Archäologische Funde sprechen für germanische Föderaten böhmischer Herkunft.

Von der langen Strecke zwischen Regensburg und Passau ist jetzt nur noch ein Burgus bei Straubing bekannt. Dies kann keinesfalls dem antiken Zustand entsprochen haben, hier hat die Donau wohl manches zerstört. Zurückgesetzt von der Donau liegt, bisher nur durch Funde belegt, an einem Übergang über die Pfatter eine vermutete Militärstation in Mangolding-Mintraching/Herzogmühle, Lkr. Regensburg. Es folgt das Kastell Sorviodurum/Straubing-St. Peter mit einer Größe von max. 0,5 ha., dicht am antiken Donauhafen gelegen. Seine Truppe ist unbekannt, der Ort erscheint nicht in der Notitia dignitatum. Auch hier kommen nach dem Fundmaterial germanische Föderaten böhmischer Herkunft als Besatzung in Frage, die in einer Auflistung offizieller Grenztruppen dann natürlich nicht erwähnt werden. In Steinkirchen, Lkr. Deggendorf, gibt es Hinweise, daß das alte Kleinkastell auch noch in der Spätantike genutzt wurde. In Quintana/Künzing weiß man jetzt, daß das an der Ohemündung am antiken Hafen gelegene Kastell im Mittelalter durch Donauhochwasser zerstört wurde. Als Truppe ist die *ala I Flavia Raetorum* bezeugt. In Passau gibt es beiderseits des Inn zwei spätrömische Kastelle: Batavis/Passau-Altstadt unter dem Kloster Niedernburg von vielleicht 3 ha mit der Besatzung der *cohors IX* (oder *nova*) *Batavorum* und Boiotro/Passau-Innstadt, Größe etwa 0,18 ha, mit einer nicht näher bekannten Kohorte belegt. In Haibach, Stadt Passau, konnte vor wenigen Jahren ein Burgus freigelegt werden.

Binnengarnisonen: In der Spätantike war – ganz im Gegensatz zur älteren Kaiserzeit – auch das Hinterland an wichtigen Straßen, Straßenkreuzungen, Pässen und Flußübergängen militärisch gesichert. In Bayern kennt man 4 Burgi an der Straße Kempten–Augsburg, nämlich Waizenried, Blöcktach, Baisweil und Schlingen. Es folgt das Straßenkastell von Rostrum Nemaviae/Goldberg bei Türkheim mit ca. 0,16 ha Fläche, seine Besatzung ist unbekannt. Auch Augsburg beherbergte nun eine Garnison (s. o.). In Teriolis/Zirl in Tirol sicherte eine Abteilung der *legio III Italica* den Nachschub. Die Besatzung des 0,44 ha großen Kastells Veldidena/Innsbruck-Wilten mit seinen großen Speicherbauten ist unbekannt. Für Pons Aeni/Pfaffenhofen ist es gelungen, das spätrömische Kastell zu lokalisieren. Seine Größe ist noch unbekannt. In Pons Aeni lagen um 310 vorübergehend die *equites Dalmati Aquesiani comitatenses*, d. h. eine dalmatische Reitertruppe des Feldheeres. Später kampierte hier längere Zeit eine

*Abb 122, 206*

*Abb. 99 Rom. Grabstein des Heraclius, Bürger der Raetia Secunda, der irgendwann im 4. Jh. im Alter von 35 Jahren an den 12. Kalenden des August (= 21. Juli) in Rom gestorben ist. Er war Sohn des ehemaligen Zivilstatthalters Lupicinius und* praepositus Fo<e>tensium, *Kommandant der Füssener Truppe (Vatikan. Mus.).*

Fußtruppe, die dann vor oder um 400 zum Feldheer nach Italien abkommandiert wurde und dort nach ihrem früheren Garnisonsort als *pseudocomitatenses Pontaenenses* geführt erscheint. Von den *equites stablesiani iuniores* in Febiana wird erwähnt, daß sie vorher ebenfalls in Pons Aeni lagen.

In Foetes/Füssen lag ein mit dem Nachschub befaßter Präfekt der 3. italischen Legion (*praefectus legionis tertiae Italicae transvectioni specierum deputatae*). Eine früher hier stationierte Wachtruppe war mittlerweile zum Feldheer abkommandiert worden und hatte dort nach ihrem ehemaligen Garnisonsort den Namen Foetenses-Fotenses erhal-
*Abb 99* ten. Die Kenntnis hiervon verdanken wir dem Grabstein des Heraclius, eines *praepositus militum Fotensium*, der in der Gegend von Rom schon vor langer Zeit gefunden wurde. Heraclius wird hierauf als *civis secundus Raetus* bezeichnet, was einen Hinweis auf den Verlauf der Provinzgrenze zwischen Raetia prima und secunda, von der man so wenig weiß, enthält. Dagegen weiß man nicht, wer das Kleinkastell von Bedaium/Seebruck am Ausfluß der Alz aus dem Chiemsee besetzt hielt. Auch in Pocking am Inn haben jüngste Ausgrabungen deutliche Hinweise auf die Anwesenheit spätrömischen Militärs erbracht.

Ein Problem stellt die genaue Abgrenzung der zivilen Höhensiedlungen der Spätzeit von Kastellen dar. Hier scheint der Übergang gelegentlich fließend gewesen zu sein,
*Abb 134* wie am Lorenzberg bei Abodiacum/Epfach, wo erst nach der Mitte des 4. Jahrhunderts eine Garnison in eine seit längerem bestehende Höhenbefestigung einzog. Bei manchen nur wenig erforschten Plätzen, wie bei der Römerschanze südlich Grünwald bei München, gibt es Argumente für zivile und militärische Interpretation der Anlagen.

## Ausrüstung der spätrömischen Truppen

Über Ausrüstung und Bewaffnung der Soldaten im 4. und 5. Jahrhundert unterrichten in Bayern und auch anderswo verhältnismäßig wenige Originalfunde. Dies ist eine Folge davon, daß ausgesprochene Katastrophenhorizonte, wie zum Beispiel im Bürgerkrieg nach dem Tode Neros oder durch den Limesfall, die zur Deponierung von Waffen in Hortfunden oder der Einlagerung von zahlreichen Waffen in Brand- und Zerstörungsschichten führten, für die Spätantike weitgehend fehlen. So ist man vielfach auf kleinere Fragmente von Schutz- und Angriffswaffen aus den Kastellen, auf Grabfunde sowie auf literarische und bildliche Zeugnisse angewiesen. Dabei ist es noch kaum möglich, bei Originalfunden von Teilen der Bewaffnung und Ausrüstung im einzelnen Unterschiede zwischen Reitern und Fußsoldaten oder gar zwischen *limitanei* und *comitatenses* oder Föderaten herauszuarbeiten. Die bedeutende Rolle, die germanische Soldaten im spätrömischen Heer spielten, führte schnell dazu, daß man vielfach die Bewaffnung des römischen Heeres und seiner germanischen Gegner jenseits des Limes gar nicht mehr grundsätzlich unterscheiden kann. Bewaffnung und Ausrüstung des spätrömischen Soldaten hatten sich im Vergleich zur mittleren Kaiserzeit teilweise stark verändert.

Beginnen wir mit den Schutzwaffen: Die Helme waren nun von einer ganz anderen Konstruktion, die stets aus Eisen bestehende Kalotte war zweiteilig, der Nackenschutz wurde gesondert angesetzt, vorn trat als neues Element ein Nasenschutz auf, zum Teil waren sie mit Silberblech überzogen[6]. Dieses konnte bei den Ausrüstungsstücken von höheren Offizieren oder von Eliteeinheiten vergoldet oder gar mit Glaseinlagen und Edelsteinen besetzt sein. Zwei in Augsburg-Pfersee gefundene Prunkhelme stammen sicher von Offizieren der Gardereiterei beim Stab des Oberbefehlshabers. *Taf 4* Beim Körperpanzer bevorzugte man nun Kettenhemden, seltener Schuppenpanzer. Aus Boiotro/Passau-Innstadt liegen Reste eines spätantiken Kettenhemdes vor. Bei den nach orientalischem Vorbild eingeführten Panzerreitern waren Mann und Roß mit Schuppenpanzern geschützt. Es wird auch diskutiert, ob in der Spätantike überhaupt noch alle römischen Soldaten Helm und Panzer trugen. Der Rechteckschild der Legionen und der Oval- bzw. Sechseckschild der Auxiliare waren im spätantiken Heer nicht mehr im Gebrauch, sie wurden durch den Rundschild abgelöst, der von den Germanen übernommen war. Das Fragment eines eisernen Schildbuckels, dessen Form auf germanische Vorbilder hinweist, fand sich zum Beispiel im Kastell Bürgle. Beinschienen fielen in der Spätantike ganz weg. Die Hauptangriffswaffe blieb nach wie vor das Schwert. Das Kurzschwert (*gladius*) war bereits im 2. Jahrhundert durch das Langschwert, die Spatha, abgelöst worden. Sie war auch noch im 4. und 5. Jahrhundert die Hauptwaffe von Reitern und Infanteristen. Aus Bayern kennen wir nur eine komplette Spathaklinge der Spätantike aus dem Grabfund von Kemnathen[7], Fragmente der Klinge, Scheidenbeschläge und Griffteile sind aus mehreren Kastellplätzen bekannt[8]. Da die Truppen schnellbeweglich und zudem zur Abwehr beritte-

*Abb. 100 Weßling (Lkr. Starnberg). Kerbschnittschnalle einer spätrömischen Gürtelgarnitur aus Grab 23. M. 3:4 (Prähist. Staatsslg. München).*

ner Gegners geeignet sein mußten, war die Reiterei zu immer größerer Bedeutung gekommen. Sporen aus Bronze und Eisen, die zum Beispiel in Kastellen wie Isny, Eining und Seebruck sowie in der Nähe von Karlstein bei Bad Reichenhall gefunden wurden,
*Abb 123* legen ebenso wie bronzene Schmuckbeschläge vom Pferdegeschirr aus dem Bürgle ein archäologisches Zeugnis von der Anwesenheit von Reiterei im raetisch-norischen Alpenvorland ab[9]. Wichtige Waffen blieben auch in der Spätzeit Lanze und Pfeil, deren eiserne Spitzen zusammen mit den Bolzen für Geschütze an allen Plätzen dieser Zeit zahlreich vorkommen. Im Grab eines Bogenschützen bei Westerndorf, Lkr. Augsburg, fand sich ein ganzer Satz eiserner Pfeilspitzen[10], die je nach dem möglichen Ziel (Jagdtiere, gepanzerte Krieger), ganz verschieden gestaltet waren. Eine Besonderheit der Spätantike waren die von den Germanen übernommenen Hakenlanzen mit langen Widerhaken, die man zum Beispiel aus dem Kastell Eining kennt[11]. Eine spezielle kurze Wurfwaffe, die oft mit Widerhaken versehen war, ist die *plumbata* oder der Mattiobarbulus[12]. Sie verdankte ihre Durchschlagskraft einem Bleigewicht um den Schaft der eisernen Spitze. Das bisher einzige Exemplar in Bayern ist aus Grünwald bekannt geworden. Für die Uniform der Spätantike charakteristisch sind die prächtigen Bronzebeschläge für Ledergürtel[13], wie sie vor allem von Germanen im römischen Heer getragen und mit ins Grab genommen wurden. Als typisch für das ausgehende 4.
*Abb 100* und das frühe 5. Jahrhundert kennt man kerbschnittverzierte Koppelgarnituren, wie sie etwa aus Gräbern von Weßling oder Kemnathen vorliegen. Die sog. Zwiebel-
*Abb 101* knopffibeln, die ihren Namen von den drei zwiebelförmigen Knöpfen an ihrer Kopfseite haben, wurden ab dem späten 3. Jahrhundert vom Militär als Mantelfibeln getra-

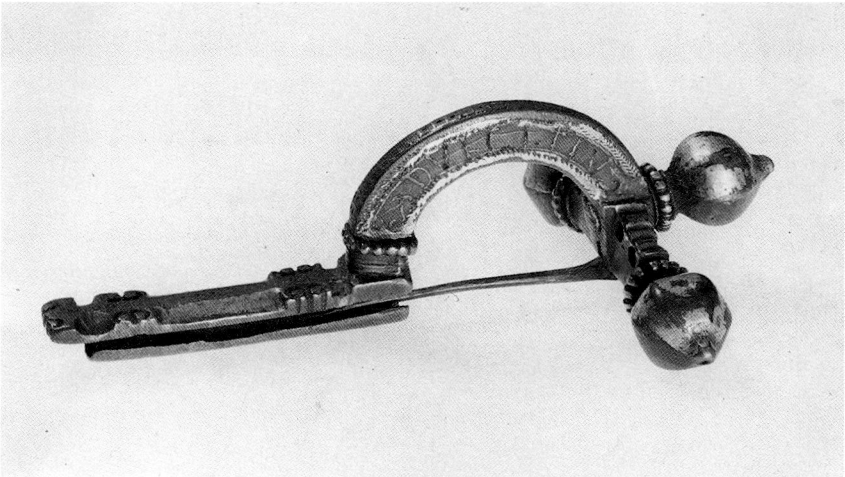

*Abb. 101 Kerschlach (Lkr. Starnberg). Zwiebelknopffibel (Mantelfibeln des spätrömischen Militärs) mit Nielloaufschrift (Prähist. Staatsslg. München).*

gen. Wir kennen aus Raetien einfache Exemplare dieser Gattung ebenso wie prachtvolle große Stücke mit Aufschrift und Vergoldung. Auch massiv silberne oder gar goldene Stücke aus dem Besitz hoher Offiziere kommen vor. E. Keller hat diese Fibeln in sechs Typen eingeteilt, deren jüngste schon dem 5. Jahrhundert angehören[14]. Die jüngsten Zwiebelknopffibeln des Typs Keller 6, alles vergoldete Exemplare aus dem Besitz von Offizieren, fanden sich in Raetien in Isny, Eining und Regensburg.

## Nachblüte in der konstantinischen Zeit

Als am 1. Mai 305 Diokletian und sein Kollege Maximianus Herculius abdankten, die beiden Thronfolger Constantius Chlorus und Galerius Maximianus die oberste Gewalt übernahmen und zwei neue *caesares* an deren Stelle traten, glaubte der alte Kaiser, durch seine Nachfolgeregelung dem Reich Bürgerkriege rivalisierender Thronanwärter für alle Zukunft erspart zu haben. Aber schon gut ein Jahr später, als Constantius Chlorus am 25. Juli 306 starb, brachen heftige Auseinandersetzungen um die Macht aus. Die Truppen in Britannien erhoben seinen Sohn Konstantin zum Cäsar, die Prätorianer und das Volk in Rom Maxentius, den Sohn des Herculius. Maxentius erklärte sich bald zum Augustus, konnte 307 den bisherigen Augustus des Westens, Severus, ausschalten und bemächtigte sich auch Norditaliens. Daraufhin ließ er die alten Straßen ausbauen und versuchte anscheinend das zur Diözese Italien gehörige Raetien unter seine Herrschaft zu bringen (Zos. 2, 14, 1 spricht davon, daß Maxentius „plante,

nach Raetien zu gehen"). Ein großer Münzfund, wohl eine Soldzahlung an die Truppe, mit deutlichem Anteil von prägefrischen Maxentius-Prägungen, der im Sommer 308 am Kastell Kellmünz in den Boden kam[15], hat zu der Meinung veranlaßt, daß Maxentius bei der Besetzung Raetiens auf Widerstand stieß und aus dem Alpenvorland wieder vertrieben wurde. Ein Zerstörungshorizont etwa dieser Zeit im Kastell Kellmünz wird damit in Zusammenhang gebracht.

*Abb. 102 Prutting (Lkr. Rosenheim). Victoriaaltar mit der Nennung der Kaiser Konstantin I., Licinius und Maximianus anläßlich eines Sieges über einen unbekannten Gegner vom 25. Juni 310; H. 1,52 m (Pfarrkirche von Prutting, Kopie Prähist. Staatsslg. München).*

Im Herbst 308 war jedenfalls der Weg nördlich der Alpen wieder frei, als Maximianus Herculius von Gallien nach Carnuntum zu einer Besprechung mit Galerius und Diokletian reiste. Als Ergebnis davon erhielt das Reich in der Person des Licinius einen neuen, weiteren Augustus. Die Folgezeit brachte nun immer wieder Kämpfe zwischen den einzelnen Herrschern, in deren Verlauf 324 Konstantin die Alleinherrschaft erringen konnte.

Vom raetisch-norischen Gebiet ging anscheinend ein Feldzug aus, der mit einem glänzenden Sieg am 27. Juni 310 geendet hat. In der Kirche von Prutting bei Rosenheim steht heute noch der Weihealtar an Viktoria Augusta, den Aurelius Senecio, Exzellenz und Oberbefehlshaber, durch Valerius Sambarra, den Hauptmann der dalmatischen Aquesianischen Reiter aus dem Feldheer (*per instantiam Valeri Sambarrae praepositi equitibus Dalmatis Aquesianis comitatensibus*), der Göttin zum Heil der Kaiser Maximinus, Constantinus und Licinius als Dank für den Sieg widmete und durch den er in Erfüllung eines Gelübdes die Neuerrichtung des Viktoriatempels anzeigte (IBR 5). Nachdem der Stein erst 311/314 gesetzt wurde, muß die Truppe damals in der Nähe gelegen haben. Als nächster Ort von einiger Bedeutung, in dem im 4. Jahrhundert zeitweilig Militär stationiert war, kommt eigentlich nur Pons Aeni in Frage. In diesen Jahren wurden immer wieder örtliche Feindeinbrüche kleinerer Haufen an Rhein und Donau abgewehrt und durch Vorstöße ins Barbaricum künftigen Angriffen vorzubeugen versucht. Raetien war jedoch hiervon nicht betroffen; seine Grenze blieb ruhig. Das Wiedererstarken der römischen Militärmacht, die erfolgreichen Kämpfe hatten die akuten Gefahren für das Reich beseitigt.

*Abb 102*

## *Zivile Siedlungen*

Augsburg war auch im 4. Jahrhundert als Hauptstadt der Provinz mit dem zivilen *praeses* der *Raetia secunda* und als Sitz des militärischen Oberbefehlshabers beider Raetien (*dux*) sicherlich ein Zentrum städtischen Lebens mit zahlreicher Bevölkerung. Dies läßt sich allein schon dadurch nachweisen, daß der Bering der Stadtmauer des späten 2. Jahrhunderts in der Spätantike zwar repariert und durch Türme verstärkt, nicht aber verkleinert wurde[16]. Augsburg war aber im 4. und 5. Jahrhundert nicht nur ein ziviles Zentrum, es wurde nun auch wieder Garnisonsort und beherbergte mit den *equites stablesiani seniores* die vornehmste Truppe des raetischen Heeres. Es gibt dazu zwar noch keinen archäologischen Befund, wohl aber die beiden Helme von Augsburg-Pfersee und einen goldenen Fingerring mit der Inschrift *Fidem Constantino*, dessen Träger, wohl ein Offizier, das kostbare Stück wahrscheinlich als Ehrengeschenk erhalten hatte (IBR 175c).

*Taf 4*
*Abb 119*

Generell ist bisher der archäologische Nachweis spätantiker Siedlungstätigkeit in Augsburg sehr schwierig. Bei Bauarbeiten in Spätmittelalter und in der frühen Neuzeit sind die spätrömischen Schichten vielerorts weitgehend abplaniert worden. Dennoch sind Funde bis in das frühe 5. Jahrhundert hinein bekannt. Allerdings handelt es sich dabei um Dinge rein römischen Gepräges, ganz im Gegensatz etwa zu Regensburg, wo im 5. Jahrhundert germanisches Material, vor allem bei der Keramik, überwiegt. Weithin unklar bleiben in Augsburg die Verhältnisse im fortgeschrittenen 5. Jahrhundert und im frühen Mittelalter. Von den beiden bisher bekannten spätantiken Friedhöfen in der Frölichstraße und bei St. Ulrich und Afra sind inzwischen durch die Augsburger Stadtarchäologie größere Ausschnitte freigelegt worden[17]. Sie unterscheiden sich in Graborientierung und Beigabensitte teilweise ganz erheblich. Möglicherweise haben wir hier einen christlichen Friedhof bei St. Ulrich und Afra und eine heidnische Nekropole in der Frölichstraße.

In der frühen und mittleren Kaiserzeit bildeten nach den Städten die Vici die nächstkleinere und ungleich häufigere Siedlungsform. Diese *vici* waren dörfliche Siedlungen mit begrenzter Selbstverwaltung; sie waren im 3. Jahrhundert ausnahmslos dem Wüten der germanischen Mordbrenner zum Opfer gefallen und wurden nicht wieder aufgebaut. An die Stelle der zivilen Vici traten ab dem späten 3. Jahrhundert befestigte Höhensiedlungen. Zunächst scheint es sich dabei oft nur um rasch gebaute Fliehburgen gehandelt zu haben, welche man in der Stunde der Gefahr aufsuchte. Aber schon bald wurden diese Höhensiedlungen zu fest installierten und auf Dauer bewohnten Anlagen, die mit steinernen Wehrmauern, Türmen und Toren gesichert waren[18]. Das Baumaterial für die Befestigungsmauern nahm man sich, soweit vorhanden, aus den Steinen, Inschriften und Grabdenkmälern der zerstörten und verlassenen mittelkaiserzeitlichen Siedlungen der Umgebung. Von den Wohnhäusern war kaum mehr eines in Stein gebaut; als Material diente durchweg Holzfachwerk, ein weiteres Zeichen der gründlichen Änderung der Verhältnisse. In diesen Höhensiedlungen finden sich Belege für gewerbliche Tätigkeit wie Eisen- und Buntmetallverarbeitung. Waagen, Wagenteile, Schmiedewerkzeug und die Lage an Fernstraßen bei mancher Höhensiedlung (Lorenzberg, Moosberg, Grünwald) sprechen auch für eine Funktion als Handelsplatz und Straßenstation. Es kommt aber auch landwirtschaftliches Gerät in solchen Mengen vor, daß man auf Ackerbau und Viehzucht schließen kann, die von diesen Anlagen aus betrieben wurden. Oft ist auch die – zumindest zeitweise – Anwesenheit von Militär nachzuweisen, so daß der Übergang vom Kastell mit einbezogener Zivilbevölkerung zur befestigten Höhensiedlung mit militärischer Garnison vielfach fließend erscheint.

*Abb 134, 179*

Die im 3. Jahrhundert stark dezimierte Zivilbevölkerung lebte in der konstantinischen Zeit wieder in größerer Sicherheit als früher, mußte sich aber in den stets bedrohten Grenzprovinzen der Raetia I und II weitgehend auf die Bedürfnisse des Militärs und der Grenzverteidigung ausrichten. Die Versorgung der Truppe, die Sicherung des Nachschubs und alles, was damit zusammenhing, waren die bestimmenden Faktoren. Diese Umstände und die vorhergegangenen Verheerungen bewirkten, daß das Leben nie mehr das frühere Niveau erreichte und trotz einer bescheidenen Prosperität stets ärmlich blieb. In den benachbarten Provinzen Norikum sowie in Teilen der gallischen und der germanischen Provinzen kann man eine Reduzierung in diesem Maße nicht beobachten.

Die Höhensiedlungen in Bayern und den benachbarten Gebieten setzen sich in ihrer Verbreitung deutlich von der stets gefährdeten Limeszone ab, wo sich nur noch Kastelle bzw. Festungsstädte mit Garnisonen halten konnten. Am häufigsten kommen sie am Alpenrand und den vorgelagerten Gebieten Oberbayerns vor. In der Raetia

Prima sind im Bereich des Alpenrheintals 18 spätantike Höhensiedlungen bekannt, in
*Abb 134* der Raetia Secunda 13[19]: Der Stoffersberg bei Igling; Abodiacum/Lorenzberg bei Epf-
*Abb 179* ach; Altenstadt, Gde. Schongau; Coveliacae/Moosberg bei Murnau; Widdersberg, Gde. Herrsching; Weßling, Lkr. Starnberg, Frauenwiese; die Römerschanze bei Grünwald, Lkr. München, und Valley, Lkr. Miesbach. In Tirol sind es Imst, Kalvarienbergl; Natters und Vill, Stadt Innsbruck; Meran, Zenoberg und Sabiona/Säben, Gde. Klausen, Prov. Bozen. Im angrenzenden Norikum hat besonders im Salzburger Raum die Erforschung neuer spätantiker Höhensiedlungen Fortschritte gemacht. Von den Anlagen in Bayern sind bisher nur Abodiacum/Lorenzberg bei Epfach, und Coveliacae/ Moosberg bei Murnau durch Grabungen besser bekannt.

Die alten, mehr oder weniger reichen Gutshöfe wurden nicht wieder aufgebaut und nur selten in verringertem Umfang nochmals benützt. Für Einzelhofsiedlungen war
*Abb 103* die Lage ziemlich unsicher geworden. Untersuchungen im Regensburger Umland haben ergeben, daß in der konstantinischen Zeit nur noch wenige Gutshöfe entlang der wichtigen Donausüdstraße existierten[20]. Dabei handelte es sich wohl nicht um neuerbaute Anlagen, sondern nur um mehr oder weniger notdürftig instandgesetzte ältere Höfe. Diese Besiedlung brach um die Mitte des 4. Jahrhunderts schlagartig ab, wohl bedingt durch die Juthungeneinfälle vom Sommer 358 n. Chr. Dieser Befund scheint typisch für die übrige Grenzzone zu sein; das kann aber nur bedeuten, daß die Landwirtschaft, die ja zum Überleben notwendig war, ab der Mitte des 4. Jahrhundert von den Kastellen und Festungsstädten aus betrieben wurde. Eine solche Vorstellung mag zunächst befremden; sie ist aber für Ufernorikum und den äußersten Osten des raetischen Donaulimes in der Vita Severini (S. 401 f.) für das späte 5. Jahrhundert überliefert. Zwischen der Grenzzone und dem Alpenvorland erstreckte sich nun im Bereich des tertiären Hügellandes eine breite Zone anscheinend ohne Besiedlung; eine Ausnahme bildet allein der Großraum von Augsburg. Nur in den Tälern von Lech, Isar und Inn liefen die Hauptkommunikationslinien zwischen Grenze und Hinterland. Dies geht
*Abb 98* jedenfalls aus dem Kartenbild Abb. 98 hervor. Man muß allerdings hier bei der Interpretation etwas vorsichtig sein, ist doch der Forschungsstand der einzelnen Regionen Bayerns für die Spätantike recht unterschiedlich. So zeichnet sich eine gewisse Konzentration von Gutshöfen für die erste Hälfte des 4. Jahrhunderts im Großraum von München vor allem auch durch den traditionell guten Forschungsstand in dieser Gegend ab. Dieses dichtere Bild wird freilich weniger durch Siedlungsfunde bezeugt. Hier weisen vielmehr zahlreiche kleine Friedhöfe doch eine umfangreiche ländliche Besiedlung nach, aber nur bis zur Mitte des 4. Jahrhunderts. Dann setzt auch hier ein Siedlungsrückgang ein, den fast nur die Höhensiedlungen überleben. Auch die Anlage von Weßling[21] scheint nach den Grabungen der letzten Jahre eher den befestigten Höhensiedlungen zuzurechnen zu sein. Weitgehend unklar und noch genauer zu erforschen sind die Verhältnisse im Augsburger Raum und im Chiemgau; zumindest eine Reduktion der ländlichen Siedlung in der Spätantike zeichnet sich aber auch hier ab. Betrachtet man nun vor diesem Hintergrund die Verhältnisse im Rheinland, im Um-

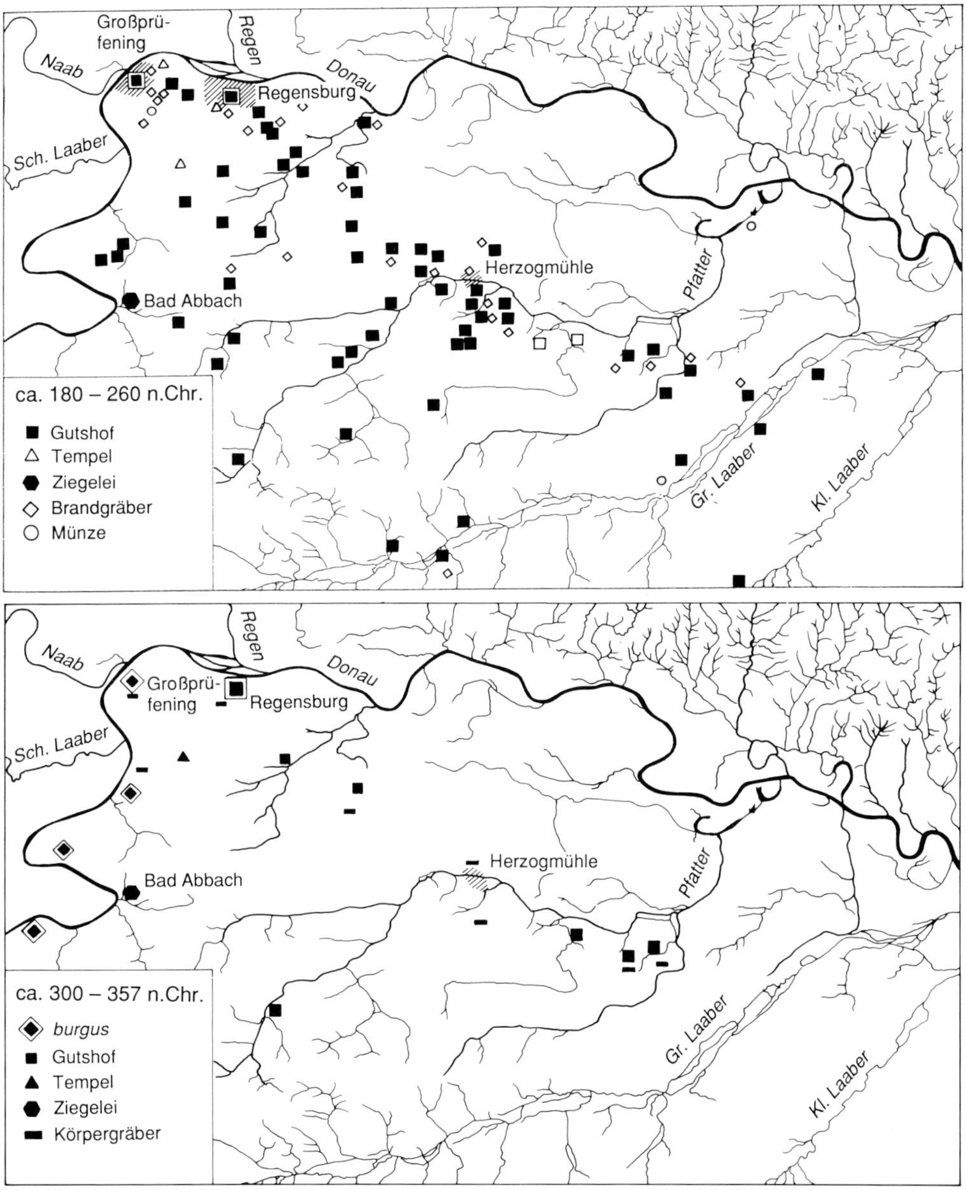


*Abb. 103 Die Entwicklung der ländlichen Besiedlung um Regensburg im späten 2. und frühen 3. Jahrhundert (oben) und im 4. Jahrhundert (unten) (nach Th. Fischer).*

feld von Trier oder in Norikum, so wird der große Unterschied in der Entwicklung der einzelnen Nordprovinzen gerade in spätrömischer Zeit klar: Während in Raetien das Villensystem rasch abstarb, erreichte es in den genannten anderen Gegenden des Römerreiches geradezu eine Blüte. In der gleichen Zeit, in der in Raetien die letzten Gutshöfe zugunsten der Festungstädte und Höhensiedlungen aufgegeben wurden, gab es anderswo, etwa im Moseltal, noch prächtige Palastvillen mit Mosaikböden, Wandmalereien und Marmorausstattungen[22].

## *Wirtschaft*

Auch für die Wirtschaft brachte die konstantinische Zeit zunächst einen bescheidenen Aufschwung, danach aber dann einen stetigen Niedergang. Dennoch war Raetien in der Spätantike noch an die große römische Wirtschaftseinheit rund um das Mittelmeer angebunden. So wurde Terra sigillata Chiara aus Nordafrika bezogen und zwar vereinzelt bis das 5. Jahrhundert hinein[23]. Als die Menschen nach der großen Katastrophe von 259/60 die Fliehburgen aufsuchten, hatten sie unter ihren Gefäßen noch die späteste Reliefsigillata einheimischer Produktion mit ihrem zwar schon nicht mehr so sorgfältigen, aber doch noch abwechslungsreichen Dekor. Für die Benutzungsdauer der Sigillata von Pfaffenhofen ist recht bezeichnend, daß Reliefsigillata nach Art des Helenius im Gräberfeld von Weßling und solche des Dicanus in den spätrömischen Befestigungen von Valley und Seebruck als frühestes datierbares Material gefunden wurde. Die meisten Sigillatagefäße der Spätantike, jetzt allerdings nicht mehr mit Re-
*Abb 104* liefdekor, sondern nur noch mit Rädchenverzierung, kamen aus dem Argonner Wald

*Abb. 104 Klettham-Altenerding (Lkr. Erding). Terra Sigillata-Schüssel mit Rädchendekor. Import aus den Argonnen; Grabfund (Prähist. Staatsslg. München).*

*Abb. 105 Gedrechselte Kochgefäße aus Speckstein (Lavez). Importe aus Graubünden von verschiedenen Fundorten Bayerns (Prähist. Staatsslg. München).*

*Abb. 106 Becher mit weiß aufgemalten Trinksprüchen, Importe aus Trier. Potzham (Lkr. München) links und Neuburg a. d. D.-Berg rechts (Prähist. Staatsslg. München).*

bei Verdun, wo die Töpfereien auch nach Raetien bis weit in die erste Hälfte des 5. Jahrhunderts hinein lieferten. Zumindest in Augsburg ist auch der Import einer grauen, sigillataähnlichen Glanztonware des späten 4. und des frühen 5. Jahrhundert aus dem unteren Rhonetal und dem Gebiet um Narbonne, der sog. Terre sigillée paléochrétienne, nachgewiesen.

Weniger auf dem Handelsweg als im Gepäck aus dem Rheinland kommender Truppen *Abb 106* dürfte Eifelkeramik hierher gelangt sein. Feuerfeste Becher, Töpfe und Schalen aus *Abb 105* Lavez (Speckstein) brachte man in großer Zahl aus Graubünden über die Alpen[24]. Auch Glas aus rheinischen, pannonischen und oberitalischen, aber auch aus syrischen Werkstätten konnte man damals noch in Raetien haben. Natürlich konzentrieren sich dabei die kostbaren Stücke, etwa mit Schliffverzierung, auf Augsburg. Das Fragment eines Diatretbechers, der wohl wertvollsten Glasgattung im römischen Reich überhaupt, stammt aber vom Lorenzberg bei Epfach.

Größere Manufakturbetriebe waren damals in unserer Provinz spärlich; die Legionsziegelei in Bad Abbach arbeitete weiter, und in Bregenz-Lochau entstand eine Ziegelei unter den Meistern Carinus und Carinianus, die außer Bregenz die Kastelle Kellmünz und Bürgle sowie Augsburg (und Westheim) belieferte. Die Ziegelei von Rohrbach scheint unter staatlicher Regie betrieben worden zu sein[25]. Dort wurden auch Gefäße, zum Beispiel bleiglasierte Reibschüsseln, produziert. Die Herstellung dieser für die Spätantike typischen glasierten Keramik konnte jetzt durch mineralogische Untersuchungen außerdem für Passau nachgewiesen werden, ebenso die Produktion anderer Keramikgattungen bis hin zu Dachziegeln. Für Regensburg lassen sich Keramikwerkstätten mit Sicherheit vermuten, lokalisieren kann man sie aber noch nicht. Bei der Keramik verarmten Formenreichtum und Ornamentik, man beschränkte sich auf wenige standardisierte Typen.

Voraussetzung für jeden Handel war ein geordnetes Währungssystem. Konstantin der Große hatte die Reformierung des Münzwesens weiter gefördert und eine neue Goldmünze, den Solidus, zu 1/72 des römischen Pfundes geschaffen. Dieser Solidus (und später auch seine Teilstücke) wurde in großen Mengen ausgeprägt, verbreitete sich weit über das römische Reich hinaus und blieb für viele Jahrhunderte die wichtigste Goldmünze der damaligen Welt. Er entsprach 24 Siliquen in Silber und einer größeren Anzahl von Kupferstücken, Folles genannt. Über die Entwicklung der Preise wissen wir wenig, doch scheint eine stetig fortschreitende Verteuerung mit einer Reduzierung der Kupfermünzen eingetreten zu sein.

## *Gräberfelder*

Die Friedhöfe[26] wurden wie bisher außerhalb der Siedlungen an den Straßen angelegt. Nachdem aber schon im 3. Jahrhundert die Brandbestattung immer mehr gegenüber dem Körpergrab zurückgetreten ist, findet man im 4. Jahrhundert fast nur noch Körpergräber in Rückenlage. Die Toten sind in der Regel in einfachen Holzsärgen beigesetzt; in den Zentren Augsburg und Regensburg kommen auch steinerne Sarkophage vor. Der Einfluß aus dem Orient kommender religiöser Strömungen, vor allem des Christentums, wirkte an diesen entscheidenden Veränderungen mit. Geblieben war die Sitte, dem Toten Beigaben mit ins Grab zu legen, zum Beispiel Trachtzubehör, Schmuck und eine Schale oder einen Krug für die Wegzehrung. Allerdings sind die Beigaben immer bescheiden; nur selten gibt es in raetischen Gräbern des 4. Jahrhunderts Edelmetall. In der Orientierung der Gräber gibt es zwei Gruppen: Nord–Süd ausgerichtete Bestattungen und Ost–West orientierte Gräber. Letztere dürften in der Regel etwas mit dem christlichen Bekenntnis des Bestatteten zu tun haben. Augsburg, Regensburg, Straubing, Burgheim, Günzburg und Bregenz sind bisher die einzigen Orte in Raetien, wo mittelkaiserzeitliche Brandgräberfelder kontinuierlich mit spätantiken Körperbestattungen weiterbelegt wurden. Die meisten der bekannten späten Friedhöfe gehörten zu Höhensiedlungen oder ländlichen Ansiedlungen. Bei letzteren sind sie klein und enthalten höchstens einige Dutzend Gräber. *Abb 75*

In Kirchheim[27], Lkr. München, gelang es vor kurzem, ein solches Gräberfeld komplett auszugraben. Es gehörte zu einer noch nicht bekannten ländlichen Siedlung und wurde um 300 begründet und bereits um die Mitte des 4. Jahrhunderts, wohl bedingt durch die Juthungeneinfälle von 358, aufgegeben. Den 17, meist in Südost-Nordwest-Richtung bestatteten Personen, sechs Männern, acht Frauen und drei Kindern, hatte man in zehn Fällen Grabbeigaben mitgegeben. Diese waren nicht allzu reich, ein kleiner Goldohrring, Armreifen aus Lignit und Bronze sowie Glasperlenketten und zwei Schüsseln aus Argonnensigillata fanden sich in Frauengräbern. Der Mann aus Grab 7 mit Zwiebelknopffibel, der Bronzeschnalle eines Militärgürtels sowie einer Glasflasche dürfte das Familienoberhaupt gewesen sein, die den zugehörigen Gutshof bewirtschaftete. Es läßt sich errechnen, daß jeweils zehn Personen gemeinsam auf diesem Hof lebten, daß also der Friedhof nur für die Besitzer- oder Pächterfamilie angelegt und das Gesinde anderswo bestattet war. Auch in Günzburg gibt es sowohl in der Unter- wie in der Oberstadt zahlreiche spätrömische Gräber.

Der einzige größere spätrömische Friedhof in Bayern, der bisher annähernd komplett erfaßt wurde, ist ein Kastellfriedhof von Neuburg a. d. Donau (S. 396), der allerdings nicht der einzige am Ort war[28].

In der Spätantike war in Raetien die Sitte, Weihesteine zu stiften und Grabsteine zu setzen, fast völlig verschwunden. Da dies in anderen römischen Provinzen nicht in diesem Ausmaß der Fall ist, darf man wohl die Verarmung der Provinz und nicht nur einen Wandel der Sitten, als Grund dafür annehmen. Damit ist für uns eine der Hauptquellen, Informationen über die Bevölkerung zu gewinnen, nämlich die Grabinschriften, für die Spätzeit fast völlig versiegt.

*Abb. 107 Regensburg, Gräberfeld an der Kumpfmühlstraße. Grabstein der in Christus wohlverdienten,* in Chr(isto) b(ene)m(erenti) Sarmananna, *die in Frieden ruht, den Märtyrern beigesellt* (martiribus sociata); *H. 0,38 m (Mus. Regensburg).*

## *Christentum*

Das Christentum war vor dem 3. Jahrhundert kaum in nennenswertem Maße in die Provinzen nördlich der Alpen gelangt. Durch die verschiedenen Heilslehren der orientalischen Mysterienkulte war im 3. Jahrhundert der christlichen Religion der Weg nach Westen und Norden vorbereitet worden. Seit dem Ende des Jahrhunderts muß es in Augsburg eine christliche Gemeinde gegeben haben, denn bei den diokletianischen Christenverfolgungen erlitt hier im Jahre 304 die hl. Afra[29] den Märtyrertod und wurde vor den Mauern der Stadt begraben, wo sie heute noch verehrt wird. Aus
*Abb 107* Regensburg stammt ein christlicher Grabstein einer Sarmannina, die wohl germanischer Herkunft war (IBR 419). Dieser Stein galt lange als Zeugnis christlicher Märtyrer auch in Regensburg, eine Interpretation, die heute nicht mehr aufrechterhalten wird. Ein weiterer Grabstein mit christlicher Inschrift aus der Zeit um 400 aus Augsburg ist stark beschädigt und läßt sich leider nicht sinnvoll lesen (Wagner 46).
Nachdem das Christentum durch Konstantin I. seit 312/313 als Religionsgemeinschaft anerkannt war, breitete es sich rasch über das Land aus[29a]. Fingerringe aus Eining mit der Aufschrift: *Vivas in Deo* (mögest du in Gott leben) und aus Weßling und Passau mit dem Christogramm seien nur als Beispiele der archäologischen Zeugnisse
*Abb 135* für Christen im spätantiken Bayern genannt. Dinge wie eine Tonlampe mit Christogramm vom Lorenzberg oder Münzen mit christlichen Symbolen taugen natürlich nur bedingt, den christlichen Glauben ihrer Besitzer zu belegen. Die früheste christliche Kirche, ein einfacher rechteckiger Bau ohne Chor und Apsis, kam auf dem Lorenzberg bei Epfach zutage. In der zweiten Hälfte des 4. Jahrhunderts bekannten sich die Bewohner Raetiens, vor allem aber die der Städte wie Augsburg, Regensburg und

Chur, wohl überwiegend zum Christentum. Augsburg und Chur sind möglicherweise damals schon Sitz eines Bischofs gewesen. Aber nur für Chur ist die Kontinuität als Bischofssitz über das 5. Jahrhundert hinaus erwiesen. Ansonsten hat es den Anschein, daß die Traditionen und Strukturen des spätantiken Christentums in Bayern nicht in das frühe Mittelalter hinein überlebt haben, sieht man von der Verehrung der hl. Afra in Augsburg ab.

## Spätzeit und Niedergang

Als nach dem Tode Konstantins I. 337 im Reich seine drei Söhne Konstantin II., Constans und Constantius II. gemeinsam die Herrschaft übernahmen, blieb die Lage noch einige Zeit ruhig. Raetien gehörte zum Herrschaftsgebiet des Konstantin II. (Zos. 2, 39, 2), der aber schon 340 beim Kampf gegen seinen Bruder Constans gefallen ist. Seither beherrschte Constans den Westen des Reiches alleine. Gegen ihn maßte sich im Januar 350 in Augustodunum/Autun Magnus Magnentius, ein *comes* und Heerführer barbarischer Abstammung, die Kaiserwürde an und ließ Constans auf der Flucht töten. Rasch fiel dem Usurpator die ganze Westhälfte des Reiches zu, worauf dieser mit seinem Heer zum Entscheidungskampf gegen Constantius II. nach dem Südosten marschierte. Dies bedeutete die Entblößung der Rheingrenze von den wesentlichen mobilen Truppen. Eine verstärkte Bedrohung der Rheinlinie scheint die unmittelbare Folge gewesen zu sein, weshalb sich Magnentius im Sommer 350 genötigt sah, seinen Bruder Decentius zum Cäsar zu ernennen und ihm den Schutz dieser Grenze anzuvertrauen. Constantius II. hatte auf seinem Zug gegen Magnentius Illyrien erreicht und sein Heer mit dem des dort seit März 350 regierenden Gegenkaisers Vetranio vereinigt. Nach verschiedenen wechselnden Kämpfen kam es am 28. September 351 zu einer großen Schlacht bei Mursa, in der zwar Constantius II. den Sieg errang, aber die römische Abwehrkraft durch den Tod von über 50 000 Soldaten entscheidend geschwächt wurde.

Die germanischen Angriffe verstärkten sich bei dieser Lage immer mehr und gipfelten schließlich in einem massiven Überfall alamannischer und fränkischer Stämme längs der ganzen Rheinlinie im Jahre 352, wobei diese angeblich von Constantius II. zu Einfällen ermutigt worden waren, um Magnentius zu schwächen. Nordostgallien, das Elsaß und der nördliche Teil der Schweiz gingen so zeitweise verloren. Im Umfeld dieser Ereignisse wurde auch der berühmte Silberschatz von Kaiseraugst[30] von seinem Besitzer sorgfältig vergraben und nicht mehr gehoben. Die Alamannen und Franken empfanden ihre Eroberung als endgültig, weil sie im Gegensatz zu den bisherigen Plünderungszügen das Land in Besitz nahmen und die Äcker bebauten. Von einem dieser Einfälle wurde auch die Raetia Prima stark betroffen. Die Zerstörung der Höhensiedlung auf Krüppel ob Schaan und der Provinzhauptstadt Curia/Chur sowie Münzschätze von Pizokel bei Chur, von St. Luzisteig, Graubünden, und vom Theodulpaß

im Wallis zeigen an, welchen Weg die alamannischen Haufen im Alpenrheintal zu nehmen versuchten.
Nachdem 353 Magnentius vernichtet war, ging der Kaiser gegen die Alamannen vor. Im Winter 354 erreichte er die Festung bei Castrum Rauracense/Kaiseraugt und schloß mit Alamannenkönigen Frieden. Später, wohl 355, soll Constantius II. nach Raetien (sicherlich Raetia I) gekommen sein, wie uns Ammianus Marcellinus berichtet, der als Offizier die Ereignisse selbst miterlebt und ausführlich aufgezeichnet hat. Auf den caninischen Gefilden in der Nähe von Bellinzona fand ein Kriegsrat in Gegenwart des Kaisers statt, aufgrund dessen der *magister equitum* Arbetio wahrscheinlich über den Bernhardin und Chur zum Bodensee vorstieß und den alamannischen Teilstamm der Lentienser besiegte.
Spätestens jetzt war auch in diesem Teil Raetiens die Lage wiederhergestellt. Der 353 schließende Münzschatz von Fussach[31] kann mit diesen Kämpfen in Verbindung stehen.

## *Juthungeneinfall von 358 in Raetien*

Da es jedoch noch nicht gelungen war, ganz Gallien zu befreien, nahm Constantius II. seinen Vetter Julian im November 355 zum Cäsar und Mitregenten an. Um den Druck auf die Hoch- und Oberrheingrenze zu beseitigen, erschien Constantius II. 356 nochmals in Raetien, wo er den Rhein westlich des Bodensees überschritt und gegen die Alamannen vorrückte, während Julian weiter im Norden gleichzeitig gegen denselben Gegner operierte. Als diese Kämpfe noch im Gange waren, fielen 356/357[32] „Sueben in Raetien“ ein (Amm. 16, 12, 15 f.), und von 358 berichtet Ammianus Marcellinus (17. 6, 1): „Um diese Zeit verletzten die Juthungen, eine alamannische Völkerschaft an der Nordgrenze Italiens, den Frieden und die Verträge, die sie selbst einst durch Bitten erlangt hatten, und verwüsteten Raetien und stifteten solche Verwirrung, daß sie sogar versuchten Städte zu belagern, was sonst nicht in ihrer Gewohnheit lag.“ (*Raetias turbulente vastabant adeo, ut etiam oppidorum temptarent obsidia praeter solitum*).
Die ruhigen Jahrzehnte vorher hatten im Alpenvorland nicht zur Niederlegung von Münzschätzen geführt; wenigstens kennen wir bis heute keine. Mit dem Juthungeneinfall beginnen wieder Schatzfunde von der Not der Bevölkerung zu zeugen und erläutern uns gleichzeitig, welche Plätze und Gegenden besonders zu leiden hatten. In erster Linie scheint dies Regensburg gewesen zu sein; dort kam 1900/01 auf dem Domplatz, also innerhalb der Befestigungsmauer, ein Münzschatz von ca. 140 Kupfermünzen in einer Schicht von Brandschutt heraus, der nach 355 in den Boden gelangt war, zwei weitere Münzschätze dieser Zeitstellung fanden sich in den frühen siebziger Jahren im Bereich der Via principalis. Ein Fund ähnlicher Zeitstellung wurde 1887 bei den Grabungen im spätrömischen Kastell Eining ebenfalls im Brandschutt entdeckt[33]. Bei den Ausgrabungen auf dem Lorenzberg bei Epfach stellte sich heraus, daß die

Siedlung mit ihren Holzhäusern bald nach 350 abgebrannt ist. Ein außerhalb der Befestigung auf dem Goldberg bei Türkheim gelegenes Gebäude wurde zur selben Zeit zerstört. In beiden Fällen ließ sich jedoch nicht sicher feststellen, ob nun die Alamanneneinfälle 352/353 oder die Juthungeninvasion 358 die Ursache waren.
Eine belegbare Konsequenz der Juthungeneinfälle wurde schon erwähnt: Die ländliche Besiedlung Bayerns wurde durch diesen Einfall stark reduziert, im Regensburger Raum hörte sie völlig auf.
Über den folgenden Feldzug gegen die Juthungen berichtet Ammianus weiter (17. 6, 2): „Zu ihrer Bekämpfung wurde mit einer starken Truppenabteilung Barbatio ausgeschickt, der anstelle des Silvanus zum *magister peditum* aufgerückt war, ein Mann ohne Tatkraft, aber recht wortreich. Nachdem er die Kampfeslust der Soldaten gestärkt hatte, bezwang er die zahlreichen Gegner so total, daß lediglich ein verschwindend geringer Anteil, der aus Furcht vor der Gefahr sein Heil in der Flucht gesucht hatte, mit Mühe entkommen konnte und seine heimischen Götter nur mit Tränen und Wehklagen wiedersah. In dieser Schlacht hatte Nevitta, der spätere Konsul, als Führer einer Reiterabteilung teilgenommen und seine Tapferkeit aufs neue unter Beweis gestellt.“ Mit diesem Sieg war die unmittelbare Gefahr für Flachlandraetien noch einmal abgewehrt.
Schon im Herbst 357 hatte Julian durch einen Sieg über die Alamannen bei Straßburg die Rheingrenze sichern können, infolge dessen hielten die Alamannen und Juthungen mehrere Jahre weitgehend Ruhe, und innerhalb der römischen Grenzen wurden die Folgen der Zerstörungen langsam wieder überwunden. Da brachen unvermutet gegen Ende des Winters 361 Alamannen zu einem Raubzug über den Rhein in „die Raetien benachbarten Gebiete“ ein, worauf Julian durch einen Vergeltungsangriff über den Fluß seinerseits Vorsorge gegen weitere Angriffe traf (Amm. 21, 3 f.).
Eine solche Entlastung hatte er dringend nötig, da er zur Auseinandersetzung mit Constantius II. nach dem Osten ziehen wollte. Julian brach mit seinem Heer von Kaiseraugst bei Basel in drei Marschsäulen auf. Ein Teil zog durch Oberitalien, ein weiterer unter Nevitta, inzwischen *magister equitum*, durch den Südteil der beiden Raetien über Cambodunum, Abodiacum, Pons Aeni und Iuvavum, während Julian selbst die Hauptmasse an die Donau führte. Hier fuhr er mit 3000 Mann den Fluß hinab; der Rest marschierte auf der Donausüdstraße zu Fuß nach.
Bevor die Heere der beiden Kaiser aufeinandertrafen, erkrankte und starb Constantius II. So sehr wirkte der Schrecken der Erfolge Julians, daß sogar während seines folgenden Kriegszuges gegen Persien der Frieden an Rhein und Donau gewahrt blieb.

## *Kaiser Valentinian – ein Festungsbauer*

Als durch den Tod Jovians der Thron wieder verwaist war, wählte man Flavius Valentinianus (364–375) zum Kaiser. Er teilte die Herrschaft bald mit seinem Bruder Valens (364–378) und übernahm hierbei selbst die westliche Reichshälfte. Für die folgende Zeit steht uns ausführlich wieder das Werk des Ammianus Marcellinus zur Verfügung, wo im 26.–31. Buch bis zum Tod des Valens 378 berichtet wird. Valentinian I. war aus dem Osten nach Mailand gekommen; dort erschien im Herbst 364 eine Gesandtschaft der Alamannen vor ihm. Der sparsame Kaiser ließ ihnen so geringe Geschenke überreichen und sie so wenig höflich behandeln, daß sie verärgert abreisten. Daraufhin fielen die Alamannen bereits im Januar 365 über den gefrorenen Rhein in Gallien und Raetien ein und plünderten die Grenzgebiete, bis eine ausgesandte Truppenabteilung sie zum Abzug bringen konnte (Amm. 26, 4, 5). Aus Versprengten dieser und der früheren Kämpfe und aus durch die Ereignisse entwurzelten Bewohnern hatten sich in den Provinzen kleinere Räuberbanden gebildet, die allgemeine Unsicherheit verbreiteten. Von außen bedrohten viele Gefahren das Reich; die Picten und Scotten durchzogen Britannien bis London, die Goten drangen in Thrakien ein, die Franken in das nordöstliche Gallien und wilde Wüstenstämme in die afrikanischen Provinzen, während die Sachsen die atlantischen Küsten unsicher machten. Das Jahr 367 sah dann wieder alamannische Haufen in Gallien, und 368 wurde gar Mainz während eines Festes plötzlich überfallen und geplündert. Valentinian I. unternahm daraufhin einen Vergeltungsangriff über den Main bis weit den Neckar aufwärts.

Bei dieser Lage glaubte der Kaiser, den bedrohten Provinzen nur durch eine gründliche und planmäßige Verstärkung der Grenzbefestigungen größere Sicherheit schaffen zu können. Längs des Rheins, in seinem ganzen Lauf vom Bodensee bis zum Meer, ließ er die bestehenden Kastelle und Türme verstärken und neue errichten (Amm. 28, 2, 1). An besonders wichtigen Punkten wie der Neckarmündung (Ladenburg) und dem Berg Picus, dessen Lage nicht bekannt ist, sollten sogar jenseits des Flusses Befestigungen angelegt werden, was die Germanen erboste und zu neuen, für die Römer verlustreichen Scharmützeln führte. Wie sehr sich Valentinian I. die Verstärkung des Grenzschutzes angelegen sein ließ, zeigen uns einige zufällig erhaltene Verordnungen, wie jene vom 29. Januar 367 an die Offiziere, „denen die Wacht am Rhein anvertraut ist“ (*quibus Rheni est mandata custodia*; Cod. Theod. 7, 1, 9) oder jene vom 3. Mai 369 über die Verproviantierung der Grenzkastelle (ebd. 7, 4, 15). Ja, der Kaiser überwachte und leitete teilweise sogar persönlich diese Befestigungsarbeiten und weilte zu diesem Zweck häufig am Rhein; ein von ihm am 30. August 369 im Grenzkastell auf dem Münsterhügel von Breisach gegebener Erlaß beweist seine Anwesenheit und die weitgehende Fertigstellung der Befestigung (ebd., 6, 35, 8). Den Druck der Alamannen auf die Grenzen versuchte der Kaiser dadurch zu vermindern, daß er um 370 die im Maingebiet hinter ihnen ansässigen Burgunder mit der Vorspiegelung gemeinsamer Aktionen zu einem Überfall auf die Alamannen veranlaßte, der die Burgunder erstmals bis an den Rhein brachte. Aus Furcht vor dem burgundischen Angriff waren alamannische Scharen nach Raetien ausgewichen. Dort überwand sie jedoch Theodosius, ein Befehlshaber der Reiterei und der Vater des späteren gleichnamigen Kaisers, und siedelte die Gefangenen als tributpflichtige Bauern in der Poebene an (Amm. 28, 5, 15). Valentinian sorgte weiter intensiv für die Verstärkung der Grenzbefestigungen nicht nur am Rhein, sondern auch an der Donau und war eben dabei, gegenüber von Basilia/Basel ein Kastell Robur zu erbauen, als an der unteren Donau die Quaden über die Provinz Valeria herfielen.

Die Quaden waren ebenfalls durch den Bau von befestigten Brückenköpfen in ihrem Land aufgebracht worden. Um nun bei diesem Krieg gegen die Quaden keinen so gefährlichen Feind im Rücken zu lassen, schloß Valentinian mit dem Alamannenkönig Makrian Frieden und Freundschaft. Im Frühjahr 374 brach der Kaiser dann von Trier auf und marschierte über das Rheinknie bei Basel auf der bekannten Straße durch die beiden Raetien über Arbor Felix, Abodiacum, Pons Aeni, Lauriacum nach Carnuntum. Die Stadt diente zunächst als Hauptquartier gegen die Quaden, denen sich auch noch die Sarmaten angeschlossen hatten. Nach Ammianus Marcellinus lag damals Carnuntum bereits öde in Ruinen da (Amm. 30, 5, 1–3). Dies hat man bisher so interpretiert, daß es bereits gegen Ende des 4. Jahrhunderts weitgehend aufgelassen war. Nach neuen Erkenntnissen muß man korrigieren: Die Zerstörungen, die Ammianus schildert, gehören zu den Folgen eines schweren Erdbebens, der Ort wurde wieder aufgebaut und bis in das 5. Jahrhundert hinein bewohnt. Valentinian führte den Feldzug erfolgreich und verhandelte eben mit einer quadischen Gesandtschaft, als ihn am 17. November 375 in Brigetio (bei Komorn) ein Schlaganfall dahinraffte.

Vom Festungsbau des Valentinian I. gibt es auch im Alpenvorland eine ganze Anzahl von Zeugnissen, obschon sicherlich nur ein kleiner Teil auf uns gekommen ist.

Nach dem Tod Valentinians I. fiel die oberste Gewalt im Westen des Reiches an seinen jugendlichen Sohn Gratian, den er vorsorglich schon 367 im Alter von acht Jahren zum Augustus ernannt hatte. Den zweiten Sohn, den damals vierjährigen Valentinian II., rief am 22. November 375 das Heer ebenfalls zum Kaiser aus. So standen an der Spitze Roms gerade zu dem Zeitpunkt, als das Reich in eine seiner schwersten Krisen geriet und es dringend fähiger Männer bedurft hätte, zwei Kinder.

## Die Völkerwanderung beginnt

Mit den vor der unteren Donau ansässig gewordenen Goten hatte sich zuletzt ein ganz annehmbares Verhältnis ergeben. Nun waren im Osten die Hunnen erschienen und bedrängten die Goten mit großer Übermacht. Eine starke Gruppe der Westgoten bat daraufhin um Aufnahme in das Reich, die ihr von Valens im Hinblick auf die zu erwartende Verstärkung seines Heeres gar nicht ungern gewährt wurde. Der Frieden blieb aber nicht lange gewahrt; in den folgenden Kämpfen brach die Grenzverteidigung völ-

lig zusammen, und ungezählte Scharen von Ost- und Westgoten, Alanen, Hunnen und anderen Völkern überschritten die Donau und überschwemmten 377 die Donauprovinzen. Der aus dem Westen zu Hilfe gerufene Gratian bereitete seinen Abmarsch vor und hatte im Februar 378 den größten Teil seines Heeres schon in Marsch gesetzt. Daraufhin überschritten die lentiensischen Alamannen, von denen übrigens der Linzgau nördlich des Bodensees seinen Namen hat, mit einem ungeheuren Haufen von angeblich 40 000 Mann, nach anderen Quellen sogar 70 000 Mann, den Rhein (Amm. 31, 10, 1–17; Oros. Hist. 7, 33, 8). Gratian mußte seine Truppen zurückrufen und konnte die Lentienser bei Colmar stellen und schlagen. Der jugendliche Kaiser, der hoffte, den Stamm ganz vernichten zu können, überschritt rasch den Rhein, war aber nicht in der Lage, den heftigen Widerstand entscheidend zu brechen. Er mußte sich mit einem günstigen Friedensschluß begnügen, der ihm Rückendeckung und durch die Eingliederung alamannischer Krieger eine Verstärkung seines Heeres brachte (Amm. 31, 10, 11 ff.). Gratian zog nun in Eilmärschen auf der so wichtig gewordenen Heerstraße durch beide Raetien über Arbor Felix, Cambodunum, Abodiacum, Pons Aeni, Lauriacum an den östlichen Kriegsschauplatz (ebd. 31, 10, 20). Zum Eingreifen in die entscheidende Schlacht vor Adrianopel kam er jedoch zu spät. Im August 378 verlor hier Valens Schlacht, Heer und Leben. Diese Katastrophe, bei der das römische Ostheer praktisch vernichtet wurde, bedeutete einen weiteren Schritt zum Ende des römischen Reiches.
Die Barbaren setzten sich nun für dauernd in den südlichen Donauprovinzen fest und konnten nicht mehr vertrieben werden. An der Spitze des Reiches standen nach dem Tode des Valens nunmehr die beiden Jugendlichen ganz allein. Man suchte einen Retter und fand ihn in dem gerade 32 Jahre alt gewordenen Theodosius, der am 19. Januar 379 den Osten übernahm. Kurz darauf mußte Gratian – wahrscheinlich durch Raetien – wieder an den Rhein zurückmarschieren, da neue Einfälle der Franken und Alamannen das Land bedrohten. Die Franken waren nicht nur vor der römischen Grenze immer mächtiger geworden, sondern hatten auch die Alamannen zurückgedrängt.

## *Neue Angriffe auf Raetien*

Dieser fränkische Druck war es wohl, der alamannische und juthungische Stämme veranlaßte, 383 mit großen Haufen nach der Provinz Raetia II einzudringen. Die antiken Nachrichten erlauben es nicht, zu erkennen, ob einer der beiden Stämme oder beide in der Provinz erschienen sind, vermutlich werden es Gruppen von beiden gewesen sein, wie überhaupt in jener Zeit die Zusammensetzung der germanischen Kampfverbände rasch und häufig wechselte. Zur Abwehr des germanischen Einfalls begab sich Gratian nach Verona. Den geplanten Feldzug konnte er allerdings nicht mehr durchführen, weil sich in Britannien Magnus Maximus die Kaiserwürde angemaßt hatte und mit seinen Truppen bereits auf dem Festland erschien.

Als Gratian zur Niederwerfung des Aufstands bis Paris gekommen war, verließ ihn sein Heer, worauf er floh und am 25. August 383 bei Lyon ermordet wurde. Daß der militärisch eigentlich immer erfolgreiche Sproß der valentinianischen Dynastie nicht mit der Loyalität seines Heeres rechnen konnte, lag nicht zuletzt an der unglücklichen Rolle, die gerade die jugendlichen Kaiser in der zweiten Hälfte des 4. Jahrhunderts in den religiösen Auseinandersetzungen innerhalb eines mächtig gewordenen christlichen Klerus spielten.

Ungehindert plünderten nun die Juthungen vor allem den raetischen Norden der italischen Diözese (Ambros. epist. 18, 21). Italien selbst konnte durch eine Sperrung der Alpenpässe noch bewahrt werden. Dem mittlerweile zwölf Jahre alt gewordenen Valentinian II., der bevorzugt in Mailand residierte, blieb nichts übrig, als sich im Winter 383/384 mit Maximus zu arrangieren. Nun wurden die Alamannen bzw. Juthungen durch angeworbene Scharen von Hunnen und Alanen wieder aus Raetien zurückgeschlagen und das Land notdürftig befriedet (ebd. 24, 4 ff.).

Die folgenden Jahre, während derer Theodosius den Osten, Valentinian II. Italien und Westillyrien und Maximus den Westen als Augusti repräsentierten, sind charakterisiert durch wechselnde Übereinkünfte der Herrscher und verzweifelte Versuche, die Barbarenflut an Rhein und Donau aufzuhalten. Das Gleichgewicht der Herrschaftsbereiche wurde erst gestört, als Maximus im Sommer 387 die Cottischen Alpen überschritt und ihm durch die Flucht Valentinians II. zu Theodosius die italische Diözese zufiel.

Spätestens damals, wenn nicht schon etwas früher, muß Raetien in den Herrschaftsbereich des Maximus einbezogen worden sein. Dieser Vorgang zeichnet sich durch Funde von Münzen des Maximus aus westlichen Münzstätten in ganz Raetien ab. Den Hinweis darauf, daß der Usurpator Raetien für seinen Herrschaftsbereich militärisch sicherte, erbrachte weiter der Befund auf dem Lorenzberg, der erstmals in der Spätzeit, etwa 383/388, eine Garnison erhielt. In Ausdehnung seiner Macht gelangte Maximus 388 bis Siscia, mußte aber entscheidende Niederlagen hinnehmen und fand im August den Tod.

Oft, sicher häufiger als bekannt ist, wurde Raetien in diesen wechselvollen Auseinandersetzungen von fremden Kampfverbänden durchzogen, und nur ganz selten finden sich einmal archäologische Spuren dieser Truppenbewegungen. Knochen dreier Kamele, die bei den Ausgrabungen auf dem Lorenzberg herausgekommen sind, verraten vielleicht, daß einmal eine orientalische Kamelreiterformation hier durchgekommen ist. Nur wenige Jahre später wiederholte sich im Westreich durch die Ausrufung des Gegenkaisers Eugenius ein ganz ähnlicher Vorgang wie bei der Erhebung des Maximus; nur ging die Initiative nicht von dem neuen Kaiser, sondern von dem germanischen Heermeister und *comes* Arbogast aus, der allmächtig die Geschicke des Westens regierte. Zur Entscheidungsschlacht Anfang September 394 hatten Ost wie West, selbst unter Entblößung der Grenzen, alle verfügbaren Truppen aufgeboten; mit großen Verlusten blieb Theodosius Sieger. Als er am 17. Januar 395 in Mailand starb, trugen seine beiden Söhne bereits den Augustustitel. Honorius (10 Jahre) übernahm die Repräsentation im Westen, Arcadius (18 Jahre) im Ostteil des Reiches. Wenn damit auch der Bestand der Dynastie gesichert schien, so beschleunigte sich doch durch die Jugend der beiden Kaiser die allgemeine Tendenz zur Auflösung des Reiches.

Nach dem Willen des Theodosius sollte der Heermeister Flavius Stilicho, der Sohn eines Vandalen, als fähiger Soldat die Geschicke des Gesamtreiches lenken; er stieß im Osten auf Ablehnung, obwohl gerade dort die schwache Donaugrenze immer wieder von zahlreichen Barbarenhorden überschritten wurde. Nachdem sich die in Moesien und Thrakien angesiedelten Westgoten unter Alarich erhoben hatten, glich der Balkan einem Hexenkessel. Die Ratgeber des Arcadius versuchten den Osten dadurch zu retten, daß sie Alarich ganz Illyrien auslieferten und ihn formell zum *magister militum per Illyricum* ernannten. Für den westlichen Reichsteil glaubte Stilicho drohende Gefahren dadurch abzuwenden, daß er 396 und 398 die Rheingrenze und die raetische Donaugrenze gegen die Germanen, wohl durch den Abschluß von Verträgen mit Föderaten, sicherte, wie der Dichter Claudius Claudianus überliefert (IV cons. Hon. 439 ff; laud. Stilich. I 20, 189 ff.; 216 ff; II 186 ff.; in Eutrop. I 379 ff.)

Im Jahre 401 drangen vandalische Raubscharen zusammen mit Alanen entlang der Donau von Osten in Raetien ein, und man schickte Truppen aus Oberitalien gegen sie. Während diese Verbände noch in Raetien standen, nutzte Alarich die Gelegenheit, setzte sich mit seinen Goten in Bewegung und machte nach der Eroberung von Aquileia ganz Oberitalien unsicher. Da bereits Mailand von den Goten belagert wurde, zog Stilicho wieder nach Italien, auch erteilte er Befehl an alle Truppen, sogar an die im fernen Britannien, sich nach Italien in Marsch zu setzen. Er selbst eilte mitten im Winter über den Splügen nach Raetien, konnte erfolgreich Frieden schaffen und stellte aus den eben noch feindlichen Germanen neue Hilfstruppen auf. Mit diesen, den italischen Einsatztruppen und raetischen und norischen Verbänden zog Stilicho dann im Frühjahr 402 über den Brenner wieder nach Italien. In Stilichos Heer wird von Claudian besonders eine Legion aus Raetien genannt, die hier eben erst die Vandalen besiegt hatte. Auf dem oberitalischen Kriegsschauplatz waren die römischen Kräfte nun so stark, daß die Westgoten zum Rückzug nach Illyrien gezwungen werden konnten. Danach kehrten die abgezogenen Grenztruppen wohl wieder in ihre Provinzen, also auch nach Raetien zurück. Daß die Truppen in Italien blieben und daß das Alpenvorland, wie man in der älteren Literatur oft lesen kann, nach 402 von regulären Truppen entblößt geblieben sei, findet keinerlei Bestätigung in den Quellen. Im Gegenteil: Auch die archäologischen Funde zeigen inzwischen deutlich an, daß viele römische Befestigungen des Donau-Iller-Rhein-Limes noch weit bis in das 5. Jahrhundert hinein mit Militär belegt waren. Unter diesen Funden befinden sich zahlreiche Tracht- und Ausrüstungsbestandteile, die von der Form her germanisch sind[34]. Da aber in der Spätantike das römische Militär auch am raetisch-norischen Limes sich überwiegend aus Germanen rekrutierte, fällt die Entscheidung schwer, ob diese letzten römischen Truppen noch reguläre Grenzeinheiten waren oder germanische Föderaten.

## *Die germanischen Nachbarn*

Bei den Überfällen des 3. und 4. Jahrhunderts waren verschiedene germanische Völker im römischen Gebiet erschienen. Immer wieder drangen die Alamannen mit so starken Kräften über die Grenze vor, daß sie als die wichtigsten und gefährlichsten Gegner vor den raetischen Provinzen angesehen werden müssen. Daneben tauchten die ihnen verwandten Juthungen auf, die ebenso wie die Alamannen zur großen Volksgruppe der Sueben gehörten. Gelegentlich wurden unter den Gegnern auch Ostgermanen wie Burgunder, Vandalen, Goten u. a. erwähnt. Bei den Fortschritten der Archäologie in der letzten Zeit drängt sich die Frage auf, was von diesen Völkern vor der raetischen Grenze an Hinterlassenschaften bisher gefunden wurde bzw. welche Fundgruppen eventuell mit welchen Germanen identifiziert werden können. Eine befriedigende Antwort ist noch nicht möglich. Zwar gibt es viele Neufunde, doch sind diese weder in ausreichendem Maße vorgelegt noch durch deutliche Unterscheidungskriterien erkennbar. Daher ist man zur Festlegung der Wohnsitze der germanischen Völkergruppen vor dem Limes noch immer in erster Linie auf die spätantiken und mitunter wenig eindeutigen Schriftstellernachrichten angewiesen.

*Alamannen.* Alamannisch war um 350/360 alles Land rechts des Rheins, von der Lahn bis zum Bodensee, zur Iller und zur Donau. Geführt und beherrscht wurden diese Siedlungsverbände von örtlichen Häuptlingen, die ihre Sitze bevorzugt auf beherrschenden Höhen, meist in ehemaligen vorgeschichtlichen Ringwällen, hatten[35]. Reichere Funde und viele importierte Gegenstände auf verschiedenen befestigten Höhen machen dies jedenfalls wahrscheinlich. Ein derartiger alamannischer befestigter Adelssitz auf dem Runden Berg bei Urach[36] wurde von der Heidelberger Akademie wissenschaftlich erforscht; die Ausgrabungen erbrachten in umfangreichem Maße neue, weiterführende Erkenntnisse. Insbesondere der Import von hochwertigen Gütern aus dem römischen Reich, aber auch der Nachweis von hochqualifizierten Handwerkern, die an den Wohnsitz einer Adelssippe gebunden waren, ist durch die Bearbeitung des Fundmaterials gelungen.

Vielfach, wie bei der Produktion von Keramik in römischer Art, scheint es sich bei den Handwerkern um verschleppte Spezialisten aus den römischen Gebieten jenseits des Rheins gehandelt zu haben, ein Vorgang, der ja in der antiken Überlieferung öfters aufscheint. In Bayern wird die Gelbe Bürg bei Dittenheim eine Vorrangstellung über das Ries gehabt haben, wo zahlreiche Funde eine dichtere alamannische Besiedlung belegen. Aus dem Ries und seinem weiteren Umkreis stammen an bemerkenswerten alamannischen Grabfunden vom Anfang des 4. Jahrhunderts die Gräber vom Spielberg bei Erlbach nahe Öttingen, Laisacker gegenüber Neuburg a. d. Donau und Bergheim im Lkr. Dillingen[37]. Diese drei Körpergräber waren Einzelbestattungen von Angehörigen der Führungsschicht des Stammes. Noch ist das Besiedlungsbild aufgrund der Funde nicht so klar und vor allem nicht so dicht, doch deutet sich eine Besiedlung in kleineren Verbänden und Gruppen an.

*Juthungen*. Ostwärts der Wörnitzmündung und des Rieses saßen dann bis in die Oberpfalz die verwandten Juthungen, deren Gebiet sich nach Norden bis zur Mittelgebirgsschwelle erstreckt haben könnte. Eine in letzter Zeit erfolgreich vermehrte Fundgruppe nördlich der Donau bei Ingolstadt bis zur Altmühl wird bereits zu den Juthungen zu rechnen sein. Ein Anführer saß hier auf dem Michelsberg bei Kipfenberg. Zu demselben Volk gehört vermutlich eine weitere Fundgruppe, die sich an den Main bei Bamberg anlehnt und bis Forchheim, Kasendorf und Staffelstein erstreckt. Wichtige Fundstellen sind hier der umfangreiche Friedhof von Altendorf, ein Einzelgrab bei Scheßlitz und die Höhensitze auf der Ehrenbürg bei Forchheim, auf dem Staffelberg und auf dem Turmberg bei Kasendorf[38]. Vom Fundgut her sind allerdings die

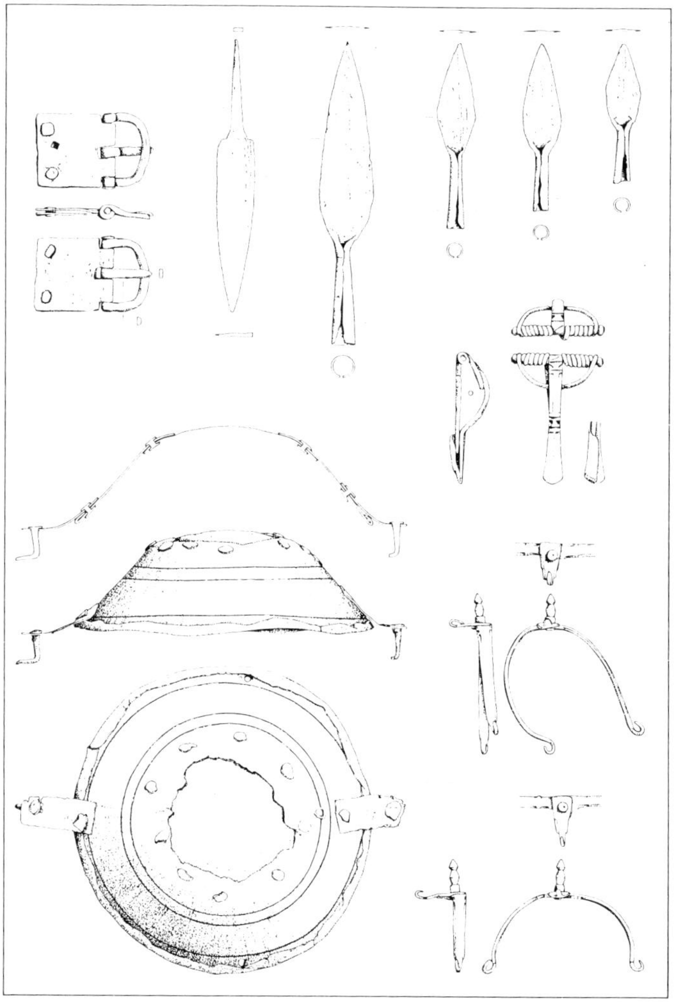

*Abb. 108 Berching-Pollanten (Lkr. Neumarkt). Beigaben eines germanischen (juthungischen?) Männergrabes vom Ende des 3. Jh. (Nach Th. Fischer; Mus. Regensburg).*

Siedlungen der Alamannen und der Juthungen kaum zu unterscheiden, zumal ja beide Völker aus derselben elbgermanischen Wurzel kommen. Ebenfalls wohl den Juthungen zuzuweisen ist der Friedhof von Berching-Pollanten[39], Lkr. Neumarkt i. d. Oberpfalz. *Abb 108* Er setzt mit zwei reich ausgestatteten Körpergräbern vom Ende des 3. Jahrhunderts ein, die wohl als Grablegen eines Häuptlings und seiner Frau zu interpretieren sind. Beiden ist jeweils das beigabenlose Körpergrab eines Dieners bzw. einer Magd zugeordnet. Die restlichen Gräber sind Brandbestattungen bis in das frühe 5. Jahrhundert hinein. Sicherlich gehörte die zugehörige Siedlung einst zum Einflußbereich des befestigten Herrschaftsmittelpunktes auf der nahegelegenen Sulzbürg.

*Burgunder*. Zwischen Alamannen und Juthungen schob sich von Norden in Unterfranken das Gebiet der Burgunder herein, das im Westen bis über den ehemaligen Limes, im Süden bis in die Gegend nördlich Schwäbisch Hall und im Osten etwa bis an die Abhänge des Steigerwaldes gereicht haben dürfte. Als burgundisch könnte sich vielleicht eine Fundkonzentration im Maindreieck bei Würzburg ergeben; es gibt seit jüngster Zeit auch konkretere archäologische Belege aus dem späten 4. und dem 5. Jahrhundert wie von der Höhensiedlung in der Mainschleife bei Urphar oder durch die offene Siedlung mit Gräberfeld bei Kahl am Main[40].

*Gruppe Friedenhain-Přešt'óvice*. Keinem namentlich bekannten Volksstamm ist bisher eine rein archäologisch definierte Gruppe mit Sicherheit zuzuweisen, die dem 5. Jahrhundert angehört: Unterschieden durch den Bestattungsritus und die Keramik von den westlich und nördlich angrenzenden germanischen Gruppen ist das große Brandgräberfeld von Friedenhain nördlich der Donau bei Straubing, das nach den Formen und dem Grabbrauch formell und sicherlich auch ethnisch eng mit einer Bevölkerungsgruppe in Südwestböhmen (wichtigstes Gräberfeld Přešt'óvice) zusammenhängt. Inzwischen ist mit Forchheim, Lkr. Neumarkt i. d. Oberpfalz, ein weiteres Brandgräberfeld mit bisher beinahe 100 Gräbern dieser Art ergraben. Es folgte anscheinend dem oben erwähnten, benachbart gelegenen Gräberfeld von Berching-Pollanten zeitlich[41]. Kennzeichnend für das Gräberfeld von Friedenhain und die verwandten Fundstellen sind handgemachte flache Schalen („Schalenurnen") mit sorgfältiger Glättung der Oberfläche (manchmal auch mit Graphittierung), die Schrägkanneluren oder linsenförmige Dellen auf dem Umbruch aufweisen. Gelegentlich finden sich noch zusätzliche Verzierungen in Kornstich- oder Geißfußdekor. Daneben gibt es auch allgemein im elbgermanischen Gebiet verbreitete, weder chronologisch noch von der Verbreitung her besonders spezifische Gefäßformen wie Töpfe mit einziehendem Rand (sog. „spätrömische" oder „suebische" Töpfe) oder Fußschalen. Keramik der Art Friedenhain kennt man inzwischen nördlich der Donau in zunehmender Anzahl in einer West-Ost-Ausdehnung von der Gelben Bürg bei Dittenheim bis Passau. Im Norden zeichnet sich eine Grenze im Bereich des ehemaligen raetischen Limes ab, im Osten reicht die Verbreitung bis zur Cham-Further-Senke bzw. zum Schwarzachtal, wo sie sich an natürliche Verbindungswege nach Böhmen anlehnt. In Böhmen finden sich bisher auch die meisten Parallelen für derartige Keramik. Während aber in

Bayern der Materialhorizont voll ausgebildet und ohne Vorgänger plötzlich auftaucht, lassen sich in Böhmen ältere Vorformen finden. Dies belegt, daß hier eine in Böhmen beheimatete germanische Bevölkerung im frühen 5. Jahrhundert über den Böhmerwald und den Bayerischen Wald nach Nordostbayern gezogen ist und sich dort im Vorfeld des Reichs niedergelassen hat. Wie im nächsten Abschnitt dargestellt, finden sich Spuren dieser Germanen bald auch in den römischen Grenzkastellen zwischen Neuburg a. d. Donau und Passau, wo sie als Söldner oder aber als Föderaten in römischen Diensten die Wacht an der Donau versahen. Einen gut ausgestatteten Krieger dieser aus Böhmen kommenden Germanengruppe kennen wir inzwischen aus dem Grabfund von Kemathen, Gde. Kipfenberg, Lkr. Eichstätt[42]. Er ist wohl nach einer Dienstzeit in der römischen Armee in sein Heimatdorf im Altmühltal zurückgekehrt und dann dort verstorben.

## *Romanisierte Germanen im Imperium*

Das germanische Element war in der Spätantike keineswegs auf das Gebiet jenseits der römischen Grenzen beschränkt geblieben. Bei der Vertreibung der Juthungen 358 hatte sich der Gote Nevitta hervorgetan und war dann bis zum Konsulat aufgestiegen. Dies ist nur ein Beispiel aus vielen für das Eindringen von Germanen bis in die höchsten Ämter im Reich. Die im 3. Jahrhundert bereits praktizierte Eingliederung germanischer Scharen und Gruppen in den nördlichen Provinzen wurde im 4. Jahrhundert in großem Umfang weitergeführt. Im Rheinland und in Gallien wissen wir von der Ansiedlung von Germanen als Laeten, d. h. als halbfreie Bauern mit der erblichen Verpflichtung zum Heeresdienst. Auch als mit Gold besoldete Föderaten, d. h. als geschlossene Stammesgruppen mit einer Art Selbstverwaltung und eigenen Formationen, ließen sich Germanen auf römischem Reichsgebiet nieder. Barbaren dienten zudem bei den Grenztruppen (den *limitanei*) und später dann beim Feldheer (den *comitatenses*). Über die Ansiedlung germanischer Gruppen in Raetien liegen Nachrichten zeitgenössischer Autoren nicht vor; entsprechende archäologische Funde sind dagegen inzwischen zahlreich bekannt geworden. Besonders im Fundmaterial der Grenzkastelle, etwa in Kempten, Kellmünz, Goldberg, Bürgle, Neuburg, Eining, Weltenburg, Regensburg, Straubing und Passau kommen Gebrauchsgegenstände, Fibeln, Schmuck und Keramik germanischer Herkunft in einiger Menge vor, in den Siedlungen des Hinterlandes dagegen, etwa auf dem Moosberg und vom Lorenzberg, in geringerem Umfang. Dabei gelingt es gelegentlich sogar, im Fundmaterial verschiedene germanische Gruppen zu erkennen[43].

*Der Friedhof von Neuburg*. Im Friedhof der spätrömischen Befestigung von Neuburg
*Abb 109* a. d. Donau[44] konnte man feststellen, daß unter den Beigaben eine so starke Komponente von Funden germanischer Herkunft war, daß Germanen sicherlich einen größeren Teil der Besatzung bildeten. Man konnte drei Gruppen ausmachen, die zu unter-

*Abb. 109 Neuburg a. d. D. (Lkr. Neuburg-Schrobenhausen). Handgemachte elbgermanische Gefäße mit Schrägkanellur aus dem Gräberfeld (Prähist. Staatsslg. München, Zweigmus. Neuburg).*

schiedlichen Zeiten die Garnison des Kastells bildeten: Neben zwei alamannischen Gruppen, die von ca. 330 bis 360 bzw. ca. 360 bis 390 n. Chr. hier saßen, ließ sich von ca. 390 bis in das frühe 5. Jahrhundert eine Garnison aus Ostgermanen, möglicherweise von Ostgoten christlich-arianischen Bekenntnisses, im Kastellfriedhof annehmen. Die letzte Besatzung bis um die Mitte des 5. Jahrhunderts bildeten laut Siedlungsfunden des Typs Friedenhain-Přešt'óvice Germanen böhmischer Herkunft .
Auch in anderen Gräberfeldern, wie Günzburg, Regensburg, Straubing oder Künzing an der Grenze oder Weßling, Potzham bei München und Göggingen, Lkr. Augsburg, im Hinterland, liegen Funde germanischen Charakters vor.
Daraus ergibt sich deutlich, daß in Raetien wie in den anderen Nordprovinzen seit Beginn des 4. Jahrhunderts in zunehmendem Maße germanische Bevölkerungsgruppen ansässig geworden waren. Es scheint nicht lange gedauert zu haben, bis das germanische Element jeweils mit der einheimischen Bevölkerung verschmolz.

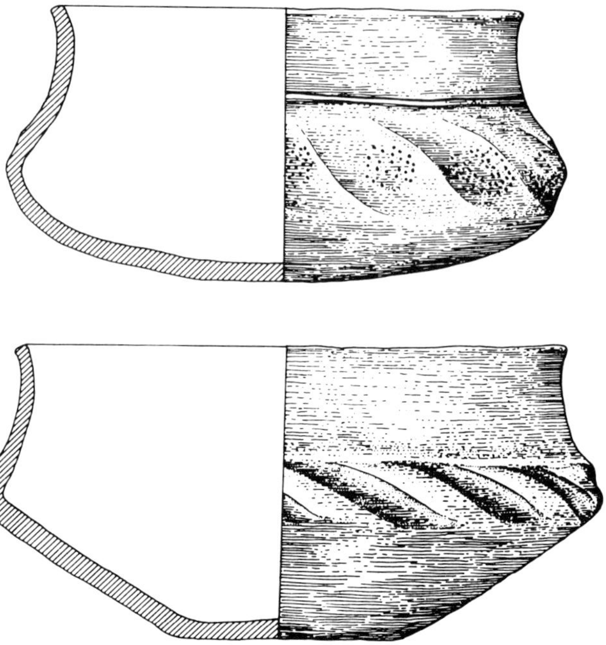

*Abb. 110 Germanische Schalen vom Typ Friedenhain aus dem bajuwarischen Friedhof von Straubing-Alburg. M. nicht ganz 1:2. Nach Festgabe für Max Spindler zum 90. Geburtstag 1984, I Abb. 17 (Mus. Straubing).*

Man kann sogar noch weiter gehen: Bei der anthropologischen Untersuchung der Gebeine aus den spätrömischen Gräberfeldern Bayerns konnten an diesen fast nur noch Merkmale germanischen Charakters festgestellt werden. So unterscheidet sich zum Beispiel die raetische Provinzbevölkerung der mittleren Kaiserzeit als in Körpergröße und Knochenbau überwiegend grazil-mediterran ausgeprägt deutlich von den Menschen in der Spätantike. Daraus kann man den Schluß ziehen, daß die Provinzbevölkerung der frühen und mittleren Kaiserzeit offensichtlich weitgehend in der Spätantike durch eine Bevölkerung germanischer Herkunft überlagert worden ist[45]. Hierin kann man ein Resultat der Alamannenstürme des 3. Jahrhunderts sehen. Spätestens im 5. Jahrhundert bildeten Germanen böhmischer Herkunft in vielen Kastellen einen großen Anteil, oft sogar die Mehrheit der Bevölkerung: Am Goldberg, in Neuburg, Eining, Weltenburg, Regensburg, Straubing und auch in Batavis/Passau finden sich die charakteristische Keramik des Typs Friedenhain-Přešt'óvice.

*Abb 110, 223*

## Das Ende der römischen Herrschaft

Der Schutz für das Alpenvorland war gegen Ende des 4. Jahrhundert insgesamt so schwach geworden, daß dem gotischen König Radagais, der gegen Ende 405 mit einer gemischten Horde aus Goten, Alamannen, Vandalen und anderen Völkern von angeblich ca. 200 000 Köpfen die Donau überschritt, Raetien durchzog und über den Brenner in Italien einfiel, kein ernsthafter Widerstand entgegengesetzt werden konnte (Zos. 5, 26, 3). Da der Haufen zu groß und unbeweglich und nicht zu ernähren war, teilte ihn Radagais in drei Gruppen, deren größte von Stilicho mit Unterstützung der Hunnen besiegt wurde. Die beiden anderen Gruppen gingen, sei es durch Vertrag oder sonstiges veranlaßt, wieder über die Alpen zurück und wandten sich dort nach Westen gegen Gallien. Es ist nicht möglich, die wechselnden Völkergruppierungen und ihre Zuzüge genau aufzuzeigen, auf jeden Fall verbreiteten sich über den ganzen Westen, vom zerstörten Mainz und Worms bis zu den Pyrenäen, Mord und Brand. Trotz der gewaltigen Völkerbewegungen bestanden in Raetien wohl noch letzte Reste von organisierter römischer Verwaltung und von planmäßiger Grenzverteidigung über die Zeit um 400 hinaus. Bei starkem Rückgang, vor allem der ländlichen Besiedlung, haben sich die meisten größeren römischen Siedlungen zunächst ins 5. Jahrhundert gehalten. Nun werden allerdings die schriftlichen Quellen auch zur Geschichte der Provinz Raetien deutlich spärlicher und unklarer. Wie zum Beispiel eine vereinzelte Nachricht zu deuten ist, nach der im Jahre 409 ein gewisser Generidus als Inhaber eines Großkommandos sämtliche Truppen Dalmatiens, Oberpannoniens, Norikums und Raetiens befehligte, ist schwer zu entscheiden.

In den Jahren 429 – 431 kämpfte der „letzte Römer“, der rührige Heermeister (*magister militum utriusque militiae*) des Westreichs Aetius, in Raetien und Norikum mehrfach gegen eingedrungene Juthungen.

Gleichzeitig waren offenbar die „einheimischen“ Vindeliker und Noriker unbotmäßig geworden, weil der römische Chronist sie vorwurfsvoll als *rebellantes* bezeichnete; Ursache und Art ihrer Unzufriedenheit erfahren wir nicht (Sidon. carm. 7, 230–235). Dabei könnte man es sich aber durchaus als wahrscheinlich vorstellen, daß die seit vielen Jahrzehnten ausgeplünderte und restlos verarmte Bevölkerung lieber eine barbarische, aber verwandte Herrschaft als die nur noch formell recht und schlecht am Leben gehaltene römische zu ertragen gewillt war. Das Vorgehen des Aetius verdeutlicht andererseits ganz bestimmt, daß selbst zu Beginn des zweiten Viertels des 5. Jahrhunderts eine regelrechte germanische Landnahme des raetischen Flachlandes noch nicht erfolgt war und ein Versuch von Rom auch noch nicht hingenommen wurde.

Die folgenden Jahrzehnte standen „weltweit“ im Zeichen der Hunnen. Vor langer Zeit wahrscheinlich im zentralen Asien aufgebrochen, hatten diese Reiternomaden im Jahr 375 den Don überschritten und waren weiter westwärts vorgedrungen; dabei schoben sie zahlreiche germanische Stämme vor sich her, viele davon brachten sie sogar unter ihre Botmäßigkeit. Unter ihrem König Attila (434 – 453) beherrschten sie weitgehend das Gebiet nördlich der Donau von der Wolga bis zum Rhein, wobei ihr Zentrum im Donau-Theiß-Tiefland (Alföldi) lag. Jahrelang hatte Rom mit Attila paktiert und z. T. erhebliche Tribute gezahlt; beispielsweise hatte Aetius sich hunnischer Kräfte zur Vernichtung des Burgunderreichs am Rhein zwischen 435 und 437 bedient (übrigens der historische Hintergrund des Nibelungenlieds). Dennoch fiel Attila 451 in Gallien ein. Dort wurde er aber mit westgotischer Unterstützung von Aetius in der Schlacht auf den katalaunischen Feldern (bei Châlons-sur-Marne) besiegt. Faktisch bedeutete dies die Brechung der hunnischen Übermacht; das Ende des Riesenreiches folgte dem Tod Attilas in seiner Hochzeitsnacht 453 unmittelbar. Daß Raetien vom Zug Attilas aus dem heutigen Ungarn nach Westeuropa berührt wurde, ist zu vermuten, da andere Routen unwahrscheinlich sind.

Gewiß ist dagegen, daß unser Gebiet bald nach der Ermordung des Aetius durch Valentinian III. (454) in den Einflußbereich der Alamannen geriet, die zunehmend weiter nach Osten vordrangen. Um diese Zeit beschleunigte sich der Auflösungsprozeß des römischen Reiches im Westen immer mehr. Ein Reichsgebiet nach dem anderen war bereits an die germanischen Eindringlinge verloren worden. So waren um 450 schon Teile Spaniens und Südgalliens an die Westgoten und ihr Reich von Tolosa (Toulouse) gegangen. Pannonien war seit 433/434 weitgehend hunnisch, Afrika seit 442 endgültig vandalisch; gleichzeitig löste sich Britannien aus dem Verband. Als 455 der nie zu wirklicher Selbständigkeit gelangte Kaiser Valentinian III. dem Mordanschlag eines Aetius-Anhängers zum Opfer fiel, war im Westen nach rund 90 Jahren auch die valentinianisch-theodosianische Dynastie an ihr Ende gekommen. Noch im gleichen Jahr hatte die Hauptstadt Rom 14 Tage lang plündernde Vandalenhorden innerhalb ihrer Mauern. In den folgenden letzten 20 Jahren seines Bestandes wurde nunmehr Westroms Schicksal weitgehend vom Heermeister und „Kaisermacher" Rikimer, einem Abkömmling suebischer und westgotischer Geschlechter, bestimmt. Mehr oder minder von seiner Gunst abhängig, „regierten" in rascher Folge fünf Monarchen. Einer von ihnen, Majorian (457–461), bemühte sich noch einmal, das Weiterleben des Imperium Romanum abzusichern; unter anderem besiegte er unmittelbar vor seinem Kaisertum 457 bis nach Oberitalien vordringende Alamannen im Tessin (Sidon. carm. 5, 373–381).

Bei der Beantwortung der Frage, inwieweit Raetien noch im frühen 5. Jahrhundert von römischem Militär besetzt war, können auch die in Flachlandraetien gefundenen Solidi vom Ende des 4. und dem Anfang des 5. Jahrhunderts durch die Auswertung ihrer Fundverbreitung weiterhelfen. Nachdem aus den Jahrzehnten bis zu den achtziger Jahren des 4. Jahrhunderts kaum Goldmünzen im Alpenvorland vorkommen, häufen sie sich gegen Ende des Jahrhunderts. Die bisher in raetischen Befestigungen und ihrer Nähe oder an Fernstraßen gefundenen fast zwei Dutzend Goldmünzen stellten zu damaliger Zeit einen beachtlichen Wert dar. Die Funde lassen sich damit erklären, daß es sich hierbei um Soldzahlungen an Truppen oder barbarische Föderaten gehandelt haben kann; die verarmte Zivilbevölkerung dürfte damals kaum noch Gold besessen haben. Nach Aussage der Goldmünzen hätten demnach in dieser Zeit Epfach und der Moosberg ebenso bewaffneten Schutz gehabt wie Orte an der Donaulinie. Funde unmittelbar südlich des Flusses, wie die von Finningen bei Neu-Ulm (Konstantin III. 407/411), von Rockolding-Vohburg (Honorius 403/408), von Eining (Theodosius 379/388) und von Matting im Landkreis Regensburg (Honorius 393/395), weisen auf spätes Militär hin[46]. Da die spätesten Fundstücke aus den raetischen Kastellen zumeist germanischer Provenienz sind, liegt der Schluß nahe, Rom habe zu Anfang des 5. Jahrhunderts den Schutz der Provinz Raetia II germanischen Stammesgruppen übertragen.

Das späteste schriftliche Zeugnis für die Anwesenheit regulären römischen Militärs stammt aus Augsburg . Obschon diese Steininschrift so fragmentarisch ist, daß ihr Inhalt und die Zusammenhänge nicht völlig geklärt werden können, enthält sie doch einige bemerkenswerte Hinweise. Von einem christlichen Grabstein (Wagner 46) liegen zwei Bruchstücke vor, auf denen drei Truppennamen teilweise zu erkennen sind. Am besten zu lesen sind die *Pannonicia(ni)*, doch bleibt offen, ob es sich um die palatine (kaiserliche) Legion der *seniores* aus Italien oder die comitatensische der *iuniores* aus Thrakien handelte. Ungeklärt ist auch, ob die Buchstabengruppe . . .RIVAR auf die Angrivarii gedeutet werden kann, die ab 391 unter den *auxilia palatina* im Osten erscheinen. Wichtig für die Datierung sind die zwei Buchstaben HO. . . . . ., mit denen nur Honoriani gemeint sein können. Die Aufstellung der verschiedenen Truppenabteilungen mit dem Beinamen nach Honorius kommt frühestens 394/395 in Frage, wodurch die Inschrift in die Zeit gegen 400 anzusetzen ist. Das Grabmal verrät weiter, daß die Familie zu einer sozial gehobenen Schicht gehörte, die auch in dieser Zeit noch die Möglichkeit hatte repräsentative Grabsteine zu setzen.

## *Der heilige Severin*

Während sonst für das römische Alpenvorland im 5. Jahrhundert die schriftlichen Quellen weitgehend schweigen, steht für den in den früheren Quellen kaum erwähnten Osten Raetiens und für das östlich anschließende Ufernorikum zur letzten Zeit der römischen Herrschaft, die hier vielleicht inselartig sogar über das Jahr 476 hinaus andauerte, eine einzigartige Quelle zur Verfügung. Es handelt sich um die von dem Abt Eugippius 511 im Kloster Lucullanum bei Neapel verfaßte Lebensbeschreibung des hl. Severin[47]. Eugippius ist als Schüler Severins z. T. Zeuge dessen gewesen, was er beschreibt. Bei der Würdigung seiner Schrift gilt es aber stets zu bedenken, daß hier kein historisches Werk, sondern eine Heiligenvita mit allen Topoi dieses Genres vorliegt. Für die Archäologie war das 5. Jahrhundert und besonders die Severinszeit bis vor kurzem eine dunkle Periode, da die Bodenfunde für diesen Zeitabschnitt fast völlig versagten. Dies hat sich grundlegend geändert.

Der hl. Severin, ein frommer, der römischen Oberschicht entstammender Mann, kam vor 467 nach Ufernorikum, als die vielen unterjochten Völker nach dem Tode Attilas 453 erneut in Bewegung geraten waren. Hier entfaltete er ein segensreiches Wirken, das sich nicht nur auf reine Seelsorge und karitative Betreuung, sondern auch auf organisatorische und politische, ja sogar militärische Bereiche erstreckte. Man glaubte sogar folgern zu können, daß er höherer Offizier gewesen sei, bevor er sich, den geistigen

Strömungen seiner Zeit folgend, einer religiösen Berufung zuwandte. Severin galt schon zu Lebzeiten als Heiliger, worauf sich nicht zuletzt seine große Autorität auch bei germanischen Fürsten und die Macht seiner Persönlichkeit gründete. Obwohl der Biograph Eugippius nur ein Bild dieser Persönlichkeit und seiner Wundertaten geben wollte, hat er in zeitlicher Abfolge trotz hagiographischer Stilisierung eine faszinierende Darstellung des Untergangs der römischen Welt im raetisch-norischen Grenzgebiet geliefert. Seine Betrachtung ist so anschaulich geschrieben, daß sie heute noch eine spannende Lektüre darstellt.

Die wirtschaftliche Situation der Bevölkerung, wie sie in den gelegentlichen Hinweisen in der Vita Severini aufscheint, ist für uns von besonderem Interesse, gibt sie doch Hinweise darauf, wie wir uns das Leben der Romanen im 5. Jahrhundert hier vorzustellen haben. Wenn vom Heiligen allerdings berichtet wird, daß er stets, auch im Winter, barfuß ging, immer dasselbe Gewand trug und es sogar bei Nacht nicht ablegte, so ist dies wohl nur als hagiographischer Topos denkbar.

Man erfährt, daß viele Arme keine oder nicht genügend Kleidung hatten und für sie alte Kleider gesammelt und bis über die Alpen gebracht wurden, d. h., die Textilproduktion muß ziemlich zum Erliegen gekommen sein.

Die Bevölkerung lebte von der Landwirtschaft. Und gerade in dieser ihrer Lebensgrundlage war sie durch die unsichere Situation stark bedroht. Wegen der plündernden Banden war das flache Land unbesiedelt, man mußte den Ackerbau von den Festungsstädten aus betreiben.

Auch konnte man die Feldbestellung nur gemeinsam durchführen und mußte in den Siedlungen Wachen zurücklassen. So wird einmal als Episode berichtet, daß die Einwohner von Batavis fast alle mit der Ernte beschäftigt waren, als die Stadt von einem Germanenführer Hunumund mit seinem Haufen überfallen wurde. Die zur Bewachung zurückgelassenen 40 Männer wurden niedergemacht und die Stadt ausgeraubt. In erster Linie waren diese Scharen auf Lebensmittel aus und nahmen Getreide und Vieh mit sich. Dadurch kamen die Romanen oft in große Bedrängnis, und Hungersnöte waren nicht selten.

Dennoch wurde Handel betrieben, wenn er auch meist nur gelegentlicher Art gewesen zu sein scheint. In Favianis/Mautern a. d. Donau zum Beispiel gab es einen regelmäßigen öffentlichen Markt. Die Leute von Batavis wandten sich sogar einmal an Severin, damit er ihnen die Erlaubnis zum Handel mit den Rugiern von deren König verschaffe.

Vom Schiffsverkehr auf Inn und Donau ist gelegentlich die Rede; die Nachricht von den Schiffstransporten mit Lebensmitteln zeigt, daß irgendwo im raetischen Donautal Getreidebau mit Überschüssen noch in der zweiten Hälfte des 5. Jahrhunderts betrieben worden sein muß. Selten, aber doch immerhin, kam damals sogar Öl aus Italien bis an die Donau, wie die Beschreibung einer Ölverteilung durch Severin in Lauriacum beweist. Hinzuweisen ist in diesem Zusammenhang noch auf die kontrovers diskutierten Theorien von Friedrich Lotter, den hl. Severin mit Flavius Severinus, dem

Konsul des Jahres 461 gleichzusetzen, der dann mit dem Sturz des Kaisers Majorian Amt und Würden verloren hätte.

## *Bodenfunde aus dem 5. Jahrhundert*

Bis in die siebziger Jahre hinein war es der bayerischen Landesarchäologie noch nicht möglich, der schriftlichen Überlieferung der Vita Severini archäologische Quellen zur Seite zu stellen. Dieses Bild hat sich in wenigen Jahren grundlegend gewandelt, und es ist heute durchaus möglich, in Regensburg, Straubing, Künzing und Passau mit einer Fülle von Bodenfunden die Angaben Eugipps zu bestätigen oder zu korrigieren. Dieser faszinierende Fortschritt in so kurzer Zeit ist in erster Linie dem 1983 viel zu früh verstorbenen R. Christlein zu verdanken, der es verstanden hat, als Denkmalpfleger erzwungene Rettungsgrabungen mit gezielter problemorientierter Forschung zu verbinden.

Es ist zur Zeit jedoch noch schwierig, sich für das ganze Alpenvorland einen Überblick über die Archäologie des 5. Jahrhunderts zu verschaffen. Sowohl die antiken Verhältnisse, als auch der Forschungsstand sind regional sehr unterschiedlich: Für die Raetia I darf man von einer Weiterexistenz der größeren römischen Siedlungen des 4. Jahrhunderts und Kontinuität in das frühe Mittelalter hinein ausgehen. In der Raetia II, besonders aber im Alpenvorland, zeichnen sich ganz unterschiedliche Entwicklungen ab. Im Donaugebiet ist das 5. Jahrhundert archäologisch durch zahlreiche Neufunde am besten zu fassen. Dagegen weist das Gebiet südlich davon bis zum Alpenrand in dieser Zeit bis etwa zur Mitte des Jahrhunderts nur sehr wenige Funde auf. Das 5. Jahrhundert ist auch deshalb so schwer archäologisch zu fassen, weil als wichtige Datierungsmöglichkeit die Münzen weitgehend ausfallen bzw. die Gesetzmäßigkeiten ihres Umlaufes am Ende der Römerherrschaft noch weitgehend unerforscht sind.

Nachdem für die ganze Zeit der römischen Herrschaft die Münzen eine wichtige Rolle bei der Datierung von Fundkomplexen gespielt hatten, ergibt sich ganz zwangsläufig die Frage, ob durch die Ermittlung des Endes des römischen Münzumlaufs nicht auch das Ende der faktischen römischen Administration schärfer präzisiert werden könnte. Zwar ist die Münzprägung ganz gut bekannt, doch steckt die Erforschung des tatsächlichen Geldumlaufs und seiner Gesetze noch sehr in den Anfängen[48]. Erschwert wird jedes Bemühen in dieser Hinsicht durch den Umstand, daß sich manche häufige Münztypen zwischen 388 und 402 nicht unterscheiden lassen. Vergleiche von anderen Provinzen mit besserem Forschungsstand können hier weiterhelfen. So läßt zum Beispiel der Münzzustrom am pannonischen Limes ab 370/75 sehr stark nach, während der Münzumlauf bis in das 5. Jahrhundert weitergeht. In Vindonissa dagegen kommen neue Münzen „in verhältnismäßig großer Zahl“ noch bis etwa 400 an. Für Raetia II sah es bis vor einiger Zeit so aus, als ob der Zustrom neuer Prägungen nach 400 völlig aufgehört hat. In jüngster Zeit haben nun verschiedene Ausgrabungen in Regensburg-Niedermünster, in Passau und in Mühlthal, umfangreiche späteste Münzreihen erbracht, die stratigraphisch genau fixiert sind. Darüber hinaus haben Sondengänger eine große Menge herausgewühlt.

Das gemeinsame Vorkommen von Münzen mit datierten Fundstücken in verschiedenen Schichten läßt nach Abschluß der im Gange befindlichen Bearbeitung vielleicht erste Hinweise auf die Umlaufdauer der spätrömischen Kupfermünzen erwarten. Gegenüber dem bisherigen Eindruck zeigte sich sogar noch eine gewisse Häufung des Münzzustroms gegen Ende des 4. Jahrhunderts, vielleicht noch bis in die ersten Jahre des 5. Jahrhunderts hinein. Andererseits wurde bestätigt, daß bestimmte Münztypen von der Schwelle des 5. Jahrhunderts den Donaulimes der Raetia II nicht mehr erreicht haben. In der spätesten Phase der römischen Herrschaft sind keine Soldzahlungen in Kupfergeld mehr dorthin gelangt.

Durch die Auswertung der zahlreichen Fundmünzen aus anderen spätrömischen Plätzen Raetiens wird sich wahrscheinlich zeigen, daß diese Feststellungen für ganz Raetien gültig sind. Auch Vergleiche mit Münzreihen und Schatzfunden aus anderen Teilen des römischen Reiches werden vermutete Besonderheiten der Provinz beim Ende des Münzzustroms gegenüber Gallien oder den Ostprovinzen näher erkennen lassen.

Das Ende des Kleingeldnachschubs in Raetien bedeutete kaum das Ende des Geldverkehrs in der Provinz. Bei durch andere Fundgattungen wie Fibeln oder Keramik datierten münzführenden Fundkomplexen des späten 5. Jahrhunderts, zum Beispiel bei Siedlungsschichten aus Passau, war zwar Kleingeld noch festzustellen, die jüngsten dieser Münzen waren aber bereits um 400 geprägt worden[49]. Daraus könnte man vielleicht auch schließen, daß in Flachlandraetien bald nach 400 die regulären, mit Kupfergeld besoldeten Grenztruppen durch mit Gold besoldete Föderaten ersetzt worden sind. Aber wie wickelte sich damit der Handel ab, da das extrem kleine Kupfergeld im Umlauf immer seltener werden mußte?

Man darf aber aus diesem für den Münzumlauf folgenschweren Wandel keinesfalls schließen, daß spätestens 406 die ordnungsgemäße Provinzverwaltung in Raetien ihr Ende gefunden hätte. Nach neuerer Sicht der Dinge sieht man dieses Ende jetzt vielleicht erst im Umfeld des Jahres 476, als durch die Absetzung des letzten weströmischen Kaisers Romulus Augustus durch den germanischen Heerführer Odoakar das weströmische Reich zu Ende ging[50].

# Von den Römern zu den Bajuwaren

## Das Alpenvorland im 5. Jahrhundert

Daß römische Bevölkerung und Kulturtradition die Turbulenzen des 5. Jahrhunderts bis in das frühe Mittelalter hinein überdauert haben, geht allein aus der Tatsache hervor, daß zahlreiche topographische Namen, vor allem Fluß- und Ortsnamen der Römerzeit bis heute in Gebrauch sind. Von Brigantium/Bregenz, Cambodunum/Kempten, Foetes/Füssen, Abodiacum/Epfach, Caelius mons/Kellmünz, Augusta Vindelicum/Augsburg, Guntia/Günzburg, Castra Regina/Regensburg, Quintana/Künzing bis Batavis/Passau, um nur die wichtigsten Beispiele zu nennen, kann man von bruchlosen Traditionen ausgehen[1]. Allerdings ist es noch nicht überall gelungen, der Kontinuität des Namens den Nachweis der archäologischen Kontinuität zur Seite zu stellen. Umgekehrt muß man, wie die Beispiele des Raumes um Neuburg a. d. Donau und Straubing zeigen, gelegentlich mit einer lokalen Siedlungs- und Bevölkerungskontinuität rechnen, ohne daß dabei die römischen Ortsnamen überliefert wurden[2].
Beginnen wir den Überblick über die wichtigsten bayerischen Römerorte des 5. Jahrhunderts mit der Hauptstadt Raetiens: Die Verhältnisse in Augsburg sind noch ziemlich unklar. Bis zum frühen 5. Jahrhundert läßt sich hier noch der Import hochwertiger Keramik aus Nordafrika und Südwestfrankreich sowie von kostbaren Gläsern belegen[3]. Dann setzt das Fundmaterial bis zum frühen Mittelalter aus. Daß es sich dabei aber nur um eine Forschungslücke handeln kann, belegt der seit der Spätantike ungebrochene Kult am Grab der hl. Afra[4]. Die heutige Kirche von St. Ulrich und Afra steht auf dem Areal eines spätantiken Gräberfeldes, das durchgehend bis zum Mittelalter belegt worden ist. Die 304 als Märtyrerin verbrannte Afra wurde sehr bald schon in römischer Zeit als Heilige verehrt und ihre Gedenkstätte auf dem spätrömischen Friedhof an der Straße nach Süden als Andachtsziel aufgesucht. Neben dem archäologischen Beleg gibt es auch ein sehr frühes literarisches Zeugnis für den Afra-Kult, das auch eines der ältesten Zeugnisse für die Baiern ist (Venantius Fortunatus, vita S. Mart. IV, 640–645). Um 565 reiste der aus Norditalien stammende Dichter Venantius Fortunatus, der spätere Bischof von Poitiers, aus seiner Heimat nach Tours zum Grab des hl. Martin. Später beschrieb er seine Reise in umgekehrter Richtung in Gedichtform, wobei er auch die zweitälteste Nennung der Bajuwaren überliefert:

*Si tibi barbaricos conceditur ire per amnes,*
*Ut placide Rhenum transcendere possis et Histrum,*
*Pergis ad Augustam, qua Virdo et Licca fluentant;*
*Illic ossa sacrae venerabere martyris Afrae.*
*si vacat ire viam neque te Baiovarius obstat.*
*Qua vicina sedent Breonum loca, perge per Alpem.*

„Wenn du die barbarischen Ströme des Rhein und der Donau ruhig überschreiten kannst, kommst du nach Augsburg, wo Wertach und Lech fließen. Dort wirst du die Gebeine der hl. Afra verehren. Wenn dann der Weg frei ist und dir nicht der Baier entgegentritt, so ziehe durch die Alpen, wo die Wohnsitze der Breonen sind."

Im Umland von Augsburg sind alamannische Reihengräberfelder erst ab dem frühen 6. Jahrhundert belegt, doch scheinen frühere Siedlungszeugnisse bislang eher nur aus forschungsgeschichtlichen Gründen zu fehlen[5]. So bleibt es bislang unklar, wann und wie die alamannische Herrschaft über die kontinuierlich besiedelte römische Stadt Augsburg im 5. Jahrhundert eingesetzt hat.
Auch die Verhältnisse im Westen und im oberbayerischen Alpenvorland in der ersten Hälfte und vielfach auch in der zweiten Hälfte des 5. Jahrhunderts sind weitgehend undurchsichtig, sieht man von den beiden ostgermanischen Einzelgräbern von Fürst
*Abb 111* und Götting sowie von dem nordgermanischen Frauengrab von München-Ramersdorf ab[6]. Ob hier Angehörige von Föderatengruppen oder von nur durchziehenden germanischen Völkerschaften bestattet waren, läßt sich nicht erkennen. Auf den Einfluß östlicher Steppenvölker weist das Fragment eines sog. Nomadenspiegels aus Stöffling am Chiemsee hin[7].
Wesentlich besser ist es um die archäologischen Zeugnisse des 5. Jahrhunderts im Donautal zwischen Neuburg und Passau bestellt. Es stellte sich nämlich heraus, daß nach Art und Zusammensetzung des Fundmaterials der Donauraum in zwei verschiedene Bereiche zu trennen ist. Aus diesen lassen sich bei genauerer Analyse, zum Beispiel der Keramik, durchaus die Verhältnisse ablesen, welche die Vita Severini für das fortgeschrittene 5. Jahrhundert beschreibt: Während im Gebiet westlich von Künzing die Romanen von einer germanischer Mehrheit überlagert wurden, dominierte im Gebiet östlich von Künzing noch bis gegen Ende des 5. Jahrhunderts das römische Element über das germanische.
Es seien nun die Verhältnisse im Land von West nach Ost betrachtet: Auf dem Lorenzberg bei Epfach kann man im 5. Jahrhundert noch Besiedlung, auch durch Ostgermanen, feststellen. Eine kontinuierliche Nutzung bis in das frühe Mittelalter hinein scheint aber nur für den Bereich der Kirche denkbar. Auf dem Goldberg bei Türkheim ist eine Nutzung des Straßenkastells bis in die Zeit der ostgotischen Besetzung Raetiens im frühen 6. Jahrhundert wahrscheinlich, es fanden sich zum Beispiel Friedenhain-Keramik, ostgotische Münzen und glättverzierte Keramik der Zeit um 500. Danach brach die Besiedlung ab. In Neuburg a. d. Donau lassen sich im Kastellfriedhof

*Abb. 111 Bruckmühl-Götting (Lkr. Rosenheim). Beigaben eines ostgermanischen Frauengrabes der 1. Hälfte des 5. Jh. (nach E. Keller).*

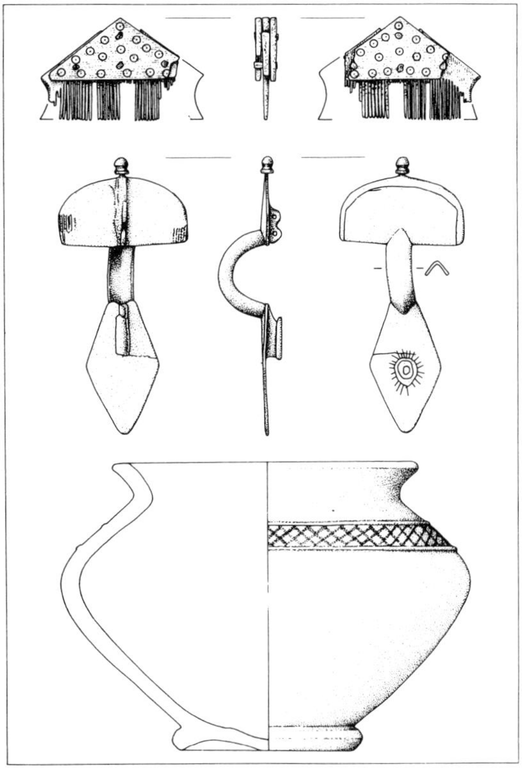

um 400 Ostgermanen (Goten?), im Kastell selber durch Friedenhain-Keramik Föderaten böhmischer Herkunft nachweisen. Das Kastell wurde wahrscheinlich erst nach der Mitte des 5. Jahrhunderts aufgelassen. Doch haben wir vielleicht einen Hinweis über das Schicksal der Besatzung nach dem Ende des römischen Herrschaft: In Bittenbrunn, einem benachbarten Platz nördlich der Donau, setzt der Ortsfriedhof mit ältesten Gräbern um die Mitte des 5. Jahrhunderts ein; unter den Bestatteten befinden sich auch Männer mit späteströmischen Militärgürteln dieser Zeit[8]. In Abusina/Eining weist ein Grab mit einer sehr späten Zwiebelknopffibel noch auf einen Offizier des frühen 5. Jahrhundert[9] hin, ansonsten gibt es Friedenhain-Keramik sowie andere germanischen Funde bis zur Mitte des 5. Jahrhunderts. Danach ist das Kastell verödet. Auch in Weltenburg begegnen germanische Funde bis zur Zeit um 500 n. Chr. Regensburg blieb, wie Funde aus Gräberfeld und Siedlung belegen, kontinuierlich bis in das frühe Mittelalter hinein bewohnt. Die restliche Garnison hat sich in der Nordostecke des Lagers ein separiertes Binnenkastell errichtet. In den übrigen Arealen siedelte die Zivilbevölkerung. Nach der Zusammensetzung der Keramik scheinen böhmische Föderaten die Mehrzahl der Bevölkerung gestellt zu haben, die Romanen bildeten wohl eine Minderheit. Sie sind aber durch entsprechende Keramik spätantik-rö- *Abb 109*

*Abb. 112 Burgheim (Lkr. Neuburg-Schrobenhausen). Aus den Bronzebeschlägen rekonstruiertes Holzkästchen; Grab 1; H. 22 cm (Prähist. Staatsslg. München).*

mischer Tradition bis in das 7. Jahrhundert hinein archäologisch nachzuweisen. In Straubing fanden sich im Kastell und in den Gräberfeldern Belege für germanische Herkunft der Bewohner. Im 5. Jahrhundert tritt auch hier Keramik der Föderaten böhmischer Herkunft zahlenmäßig stark hervor. Sie kommt auch noch in den frühesten Gräbern des bajuwarischen Reihengräberfeldes Straubing-Bajuwarenstraße vor[10]. Auch hier kann man annehmen, daß nach dem Zusammenbruch des römischen Grenzschutzes die ehemaligen Föderaten das Kastell verließen und sich in Dörfern im fruchtbaren Gäuboden niederließen. Die nördlich der Donau in Friedenhain in Sichtweite des Kastells lebenden Germanen böhmischer Herkunft, die die Kastellbesatzung des 5. Jahrhunderts gestellt haben dürften, sind nun auch auf das Südufer der Donau in die ungleich fruchtbareren Gebiete gewechselt.

In Quintanis/Künzing, dem westlichsten Ort, der in der Vita Severini beschrieben ist, haben die Ausgrabungen 1978/79 die Angaben der Vita Severini zur Topographie fast wörtlich bestätigen können: Im Winkel zwischen dem Flüßchen Ohe (der Businca der Vita Severini) und einem heute verlandetem Donauarm gelegen, war der Ort stets dem Hochwasser ausgesetzt, dem er schließlich zum Opfer fiel. Die Zusammensetzung der Keramik aus dem 5. Jahrhundert wird nun ganz anders, vergleicht man sie mit den westlich davon gelegenen Römerorten. Es kommen nur noch römische Typen norisch-pannonischer Technik und Form vor, germanische Ware dagegen tritt nur ganz selten auf. In Künzing gibt es im Fundmaterial auch klare Hinweise darauf, daß, entgegen den Angaben der Vita Severini der Ort zur Severinszeit nicht vollständig evakuiert worden ist, sondern – wenn auch vielleicht in reduziertem Umfang – kontinuierlich weiterbestanden hat.

Auch in Batavis/Passau und Boiotro/Passau dominiert das norisch-pannonische Keramikspektrum; in geringem Umfang tritt daneben in Batavis Keramik des Typus Friedenhain-Přešťóvice auf, die beweist, daß die aus Böhmen stammenden und wohl im römischen Militärdienst stehenden Germanen in Batavis nur eine Minderheit in einer ansonsten überwiegend römischen Bevölkerung waren. In Boiotro fehlt diese Föderatenkeramik völlig. In Boiotro und Batavis brechen die Funde im späten 5. Jahrhundert plötzlich ab, in Boiotro endet die Besiedlung mit einer Brandkatastrophe. Es gibt Indizien dafür, daß der Ort in seiner letzten Bauphase gar nicht mehr als Kastell oder zivile Siedlung genutzt wurde, sondern das von Severin gegründete Kloster beherbergte. Archäologische Belege für eine Kontinuität der Besiedlung sind in Boiotro gar nicht bzw. – mit Einschränkungen – nur in der nahegelegenen spätantiken Severinskirche zu finden. In Batavis fallen Zeugnisse der Kontinuität mit einigen Grabfunden des 4.–7. Jahrhunderts im Domhof noch sehr spärlich aus. Auch der Burgus von Passau-Haibach wurde laut Ausweis der Keramikfunde bis in die Severinszeit hinein bewohnt.

Ein zentrales Problem für die Forschung bildet nach wie vor die Frage, wo das frühestens bei Jordanes 551 bzw. vielleicht schon 520 bei Cassiodor und dann bei Venantius Fortunatus 565 (S. 405 f.) überlieferte Volk der Baiern eigentlich herkam. Der Name *baiuvarii*, hier herrscht noch weitgehend Einigkeit, bedeutet „Männer aus dem Lande Baia", das mit Böhmen, dem alten Boiohaemum der antiken Geographen, gleichzusetzen ist. Umstritten war allerdings, wann diese *baiuvarii* kamen und wen sie auf dem Boden der alten römischen Provinzen Raetien und Norikum antrafen. Das Problem scheint inzwischen so unlösbar nicht zu sein. Allerdings wird der spärliche Bestand an schriftlichen Quellen nicht zunehmen, hier kann allein die Archäologie Neues bieten[11]. Aufgrund der Fortschritte der Spatenforschung hat sich in dieser Frage das Bild gewandelt: Noch vor einem halben Jahrhundert glaubte die Forschung mehrheitlich einen Bruch zwischen Spätantike und frühem Mittelalter feststellen zu müssen. Sie ging davon aus, daß das Alpenvorland nach dem Abzug der Römer um 400 nur schwach besiedelt war, bis dann im frühen 6. Jahrhundert die Bajuwaren aus Böhmen eingewandert seien. Für das 5. Jahrhundert schwiegen lange Zeit auch die archäologischen Quellen fast völlig. Diese Lücke hat sich nun von zwei Seiten her geschlossen: Die in der Vita Severini überlieferte Tatsache, daß auch in Raetien die römische Herrschaft und Grenzverteidigung erst im Zusammenhang mit dem Ende des weströmischen Reiches endete, konnte durch die archäologischen Funde voll bestätigt werden. Auf der anderen Seite gibt es nun bajuwarische Reihengräberfelder, die bis in die Zeit um 700 belegt waren, aber bereits in der zweiten Hälfte des 5. Jahrhunderts einsetzten. Es handelt sich dabei um Friedhöfe, wie Barbing-Irlmauth, Klettham-Altenerding,

Straubing-Bajuwarenstraße, Altheim und Viecht, Lkr. Landshut, und München-Aubing[12]. In zwei Fällen, nämlich bei Neuburg und Bittenbrunn bzw. in Straubing-Kastellfriedhöfe und Straubing-Bajuwarenstraße kann man eine direkte Verbindung zwischen den Föderaten, die um 476 die Kastelle verließen, mit dem Kern der Neusiedler, die die ältesten Dörfer gründeten, herstellen. Eines haben diese frühen Friedhöfe aber gemeinsam – es gibt im Fundgut keine einheitliche „frühbajuwarische Kultur", die zudem noch enge Beziehungen nach Böhmen zeigte. Vielmehr herrscht bei den Beigaben eine bunte Vielfalt von Sachaltertümern römischer, böhmischer, ostgotischer, alamannischer, langobardischer Herkunft, ja sogar einzelne Personen aus dem germanisch besiedelten Ostseeraum kann man nachweisen. Erst im fortgeschrittenen 6. Jahrhundert kann man bei den Grabbeigaben langsam von der Formierung einer einheitlichen bajuwarischen Reihengräberkultur sprechen, die freilich so unter fränkisch-langobardischem Einfluß steht, daß sie sich von der der Nachbarstämme, wie der Alamannen, nicht in allen Bereichen grundsätzlich unterscheiden läßt. Dabei ist in der Aufsiedlung des Landes ein Nord-Süd-Gefälle insoweit festzustellen, als vor allem im Bereich der Donau die Besiedlung kontinuierlich seit der Römerzeit fortdauerte, während das südlich davon gelegene Alpenvorland überwiegend etwas später wieder aufgesiedelt wurde, sieht man von Augsburg und der Siedlungskammer um Salzburg ab.

Versucht man nun, aus den spärlichen historischen Quellen und dem gegenwärtigen Bild, das die archäologische Forschung bietet, eine Zwischenbilanz zu ziehen, so ergibt sich folgendes Modell für die bairische Stammeswerdung: Besondere Bedeutung gewinnt die Tatsache, daß die massive Festung Regensburg im Besitz der Föderaten böhmischer Herkunft geblieben ist[13]. Wir wissen, sobald die schriftliche Überlieferung des frühen Mittelalters einsetzt, daß Regensburg Hauptstadt des frühmittelalterlichen agilolfingischen Stammesherzogtums war. Ein Teil der gegenwärtigen Forschung neigt zu der These, in der archäologisch definierten Gruppe Friedenhain-Prest'óvice historisch die *baiovarii*, die „Männer aus Böhmen" zu sehen. Damit hätte man es aber nicht mit den Bajuwaren schlechthin zu tun, welche geschlossen aus Böhmen gekommen waren, sondern nur mit einer von vielen Gruppen, aus denen sich dann der Stamm der Baiern auf dem Gebiet der römischen Provinz Raetia formierte. Wie man aus zahlreichen Grabfunden weiß, kamen bald Splitter anderer germanischer Völkerschaften dazu: Alamannen, Ostgoten, Langobarden. Die Alamannen waren zum größten Teil auf der Flucht vor den Franken des König Chlodwig ins Land gekommen, nachdem ihnen der Ostgotenkönig Theoderich Asyl in dem von ihm beherrschten Raetien geboten hatte. Aber bald verloren sie ihre eigene Kultur und verschmolzen zum neuen Stamm der Bajuwaren. Alle diese Zuwanderer aber trafen auf Leute, die schon im Lande waren, die Romanen und die Föderaten böhmischer Herkunft, die *baiuvarii*. Aufgrund ihrer Bedeutung, nicht zuletzt durch das Halten der Festung Regensburg, scheinen aber die ehemaligen Föderaten in römischen Diensten und ihre Nachkommen so maßgebend bei der baierischen Stammesbildung gewirkt zu haben, daß ihr Name dann auf den ganzen neugebildeten Stamm überging. Freilich hat man diese bajuwarische Ethnogenese nicht etwa einem Machtvakuum oder einem freiwilligen Entschluß der Beteiligten zu verdanken. Sie dürfte unter äußerem Einfluß zustandegekommen sein, nämlich dem energischen Eingreifen der Ostgoten unter ihrem König Theoderich, welche Italien und damit auch Raetien als zur Diözese Italien zugehöriges Gebiet im Jahre 493 von Ostrom als Herrschaftsgebiet übernommen hatten[14]. Diese ostgotische Phase in der bairischen Frühzeit läßt sich inzwischen anhand zahlreicher archäologischer Funde, vor allem anhand von Frauenschmuck (Bügelfibeln) gut nachvollziehen. So verlief die bajuwarische Stammesbildung nicht selbständig in einem herrschaftsfreien Raum, sondern unter fremder Einflußnahme. Damit endete die italische Herrschaft über das Gebiet zwischen Alpen und Donau erst mit dem Jahr 536. In diesem Jahr soll der Ostgotenkönig Witigis, der Italien gegen die Truppen des oströmischen Kaisers Justinian I. verteidigen mußte, das Alpengebiet an die Franken unter ihrem König Theudebert aus dem Geschlecht der Merowinger abgetreten haben. Er tat dies in der vergeblichen Hoffnung, daß die Franken gegenüber den Ostgoten in ihrem Kampf um Rom wenigstens wohlwollende Neutralität zeigten. Doch ist diese Jahreszahl 536 keine einschneidende Zäsur, sondern nur eine eher willkürliche Epochengrenze. Denn die Entwicklung von der römischen Provinz Raetien zum frühmittelalterlichen Stammesherzogtum der Bajuwaren hat ja schon wesentlich früher eingesetzt, nämlich, als man nach den Verheerungen des 3. Jahrhunderts begann, Germanen ganz unterschiedlicher Herkunft auf dem Boden der Provinz anzusiedeln. Dieses bunte germanisch-römische Völkergemisch hat dann nach dem Ende der römischen Herrschaft ein gemeinsames Bewußtsein entwickelt und sich als geschlossene, selbständige Gruppe letztlich bis heute behaupten können.

# Topographischer Teil
# und Anhang

Von Adelschlag bis Westheim
Anmerkungen
Literatur
Sach- und Namenregister
Ortsregister

**Adelschlag** → Möckenlohe

## Aislingen
## Lkr. Dillingen a.d. Donau, Schw.

*Frühkaiserzeitliches Kastell und Vicus*
Abb. 71, 113, 114

Auf dem Plateau des „Alten Berges", der zwischen den Tälern des Aislinger Baches und der Glött weit in den Faiminger Donaubogen stößt, liegen ausgedehnte vor- und frühgeschichtliche Befestigungsanlagen, die in ihrem heutigen Erscheinungsbild von einer großen rechteckigen Mittelpunktsburg des Frühmittelalters geprägt sind: Ein bis zu 30 m breiter Sohlgraben von 8 m erhaltener Tiefe zerteilt das rechteckige Plateau in zwei Anlagen, die ehemals von einem umlaufenden Wall eingefaßt waren. Reste des Walles sind nur noch im S und O der großen „äußeren" Schanze (210 x 390 m: 8,1 ha) erhalten. Dem Wall bzw. der Plateaukante vorgelagert ist ein ebenfalls umlaufender, 25 – 28 m breiter Hanggraben mit Resten eines außen aufgeschütteten Walles, der noch in Resten an der N-Front sichtbar ist. Im Bereich des w „inneren" Plateauabschnitts (140 x 170 m: 2,3 ha), in dessen Südostecke eine kleine Turmburg des 12./13. Jh. mit der 1629/30 errichteten Sebastianskapelle (ehemals Kapelle bei den „fünf Heiligen auf dem Alten Berg") eingebaut ist, liegt das frühkaiserzeitliche Kastell der claudischen Donaulinie, das als isoliert vorgeschobener Posten schon in der Spätzeit des Tiberius oder unter Caligula besetzt war. Durch die tiefgreifenden Veränderungen des mittelalterlichen Burgenbaus ist es trotz einiger Ausgrabungen in den 20er und 30er Jahren dieses Jh. nicht gelungen, Kastellgräben und damit Lage und Größe des Kastells nachzuweisen; bis auf wenige unzusammenhängende Spuren der Innenbebauung und unsichere Pfostenreste eines Tores im S gibt es keine Befunde, die genauere Auskunft

*Abb. 113 Kastell Aislingen auf dem Westplateau des Sebastiansbergs.*

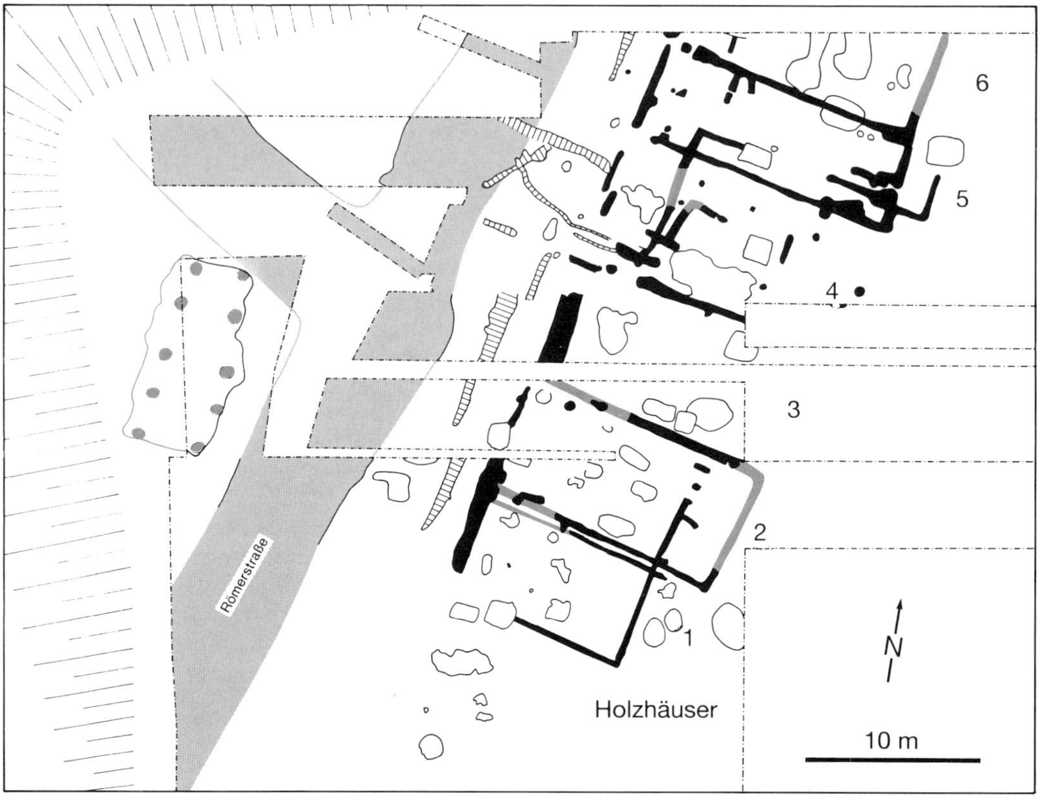


*Abb. 114 Aislingen. Römerstraße und Holzhäuser am Südrand des Lagerdorfs.*

über Größe oder Entwicklung des Truppenstandortes geben. Ausgedehnte Brandspuren weisen auf eine Zerstörung; im Zuge der vespasianischen Grenzneuorganisation ist das Kastell anscheinend nicht wiederbesetzt worden. Als möglicher Nachfolger Aislingens wurde das Kastell Günzburg erwogen.

Beiderseits der Ausfallstraße finden sich auf mehr als 200 m Länge Spuren des Lagerdorfs, das sich trotz der kurzen Belegung des Kastells im S gebildet hatte. Ausgrabungen 1989 und 1990 ergaben 5 Vicusgebäude vom Typus der langgestreckten Streifenhäuser schräg gegenüber einer Straßengabel, die talwärts zur Donau führt. Die Holzhäuser waren ohne Hypokaustheizungen, Keller oder Brunnen spartanisch eingerichtet. Der Fundstoff deutet auf verschiedene handwerkliche Tätigkeiten (u. a. Beinschnitzerei), vor allem aber auf eine örtliche Eisenverhüttung. Der zusammen mit dem Kastell gewachsene Vicus zeigt keine Zerstörungsspuren und wurde nach Ausweis der Münzserie mit dem Abzug der Truppe aufgelassen. Seine Bewohner dürften in den Vicus an der Donau-Südstraße unterhalb des Aschbergs umgesiedelt sein. Cz

*Lit.:* G. Ulbert, Die römischen Donau-Kastelle Aislingen und Burghöfe. Limesforschungen 1 (Berlin 1959); ders., Neue Bronzefunde aus Aislingen und Burghöfe. BVbl. 34, 1969, 54–63; H. Schönberger, Ber. RGK 66, 1985, 446 (B 58); W. Czysz, Rettungsgrabungen im Vicus des frührömischen Kastells Aislingen, Landkreis Dillingen a.d. Donau, Schwaben. AJB 1989 (1990) 114–118.

## Auerberg
## Gde. Bernbeuren, Lkr. Weilheim-Schongau, Obb.

*Befestigte Bergsiedlung der frühen Kaiserzeit*

Abb. 21, 50, 71, 115, 116

Der Auerberg, ein markantes, 1055 m hohes Bergmassiv, beherrscht – weithin sichtbar – das schwäbisch-bayerische Voralpenland zwischen Schongau und Füssen, unmittelbar vor dem N-Fuß der Allgäuer Alpen. Mit seiner extrem hoch gelegenen, ausgedehnten, von einem großen Erdwall umschlossenen römischen Siedlung ganz am Beginn der Kaiserzeit steht er nicht nur im süddeutschen Raum einzigartig da. Wir wissen heute, daß der Berg im 2. Jahrzehnt n. Chr. von Rom besiedelt und bereits um 40 n. Chr. wieder verlassen wurde. Mit seiner kurzen Siedlungsdauer, seinen vielschichtigen Baustrukturen und einem ungemein reichhaltigen, z. T. von weither importierten, qualitätvollen Fundmaterial ist der

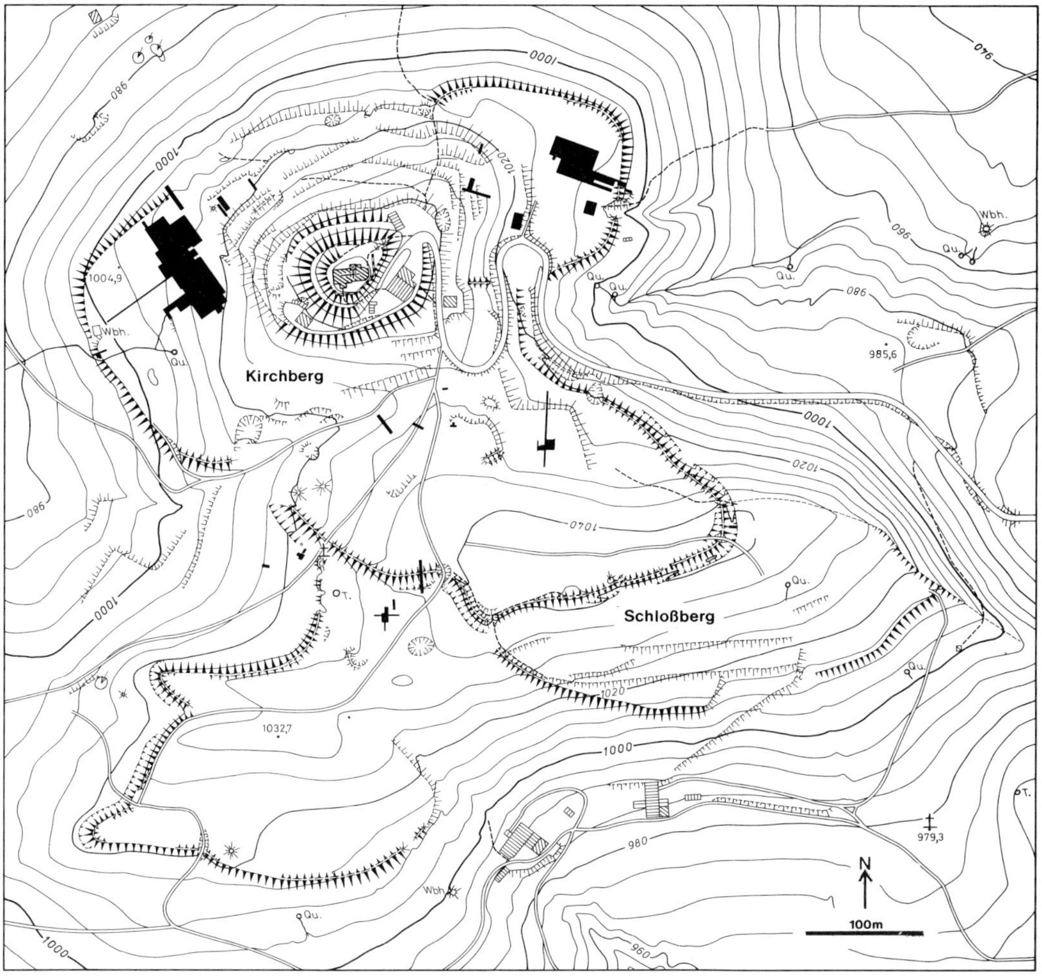


*Abb. 115 Auerberg. Topographischer Plan mit den Grabungsflächen 1968-1979.*

*Abb. 116 Auerberg. 1978 am Ostplateau freigelegtes Wasserbecken (Prähist. Staatsslg. München).*

Berg für die Archäologie und Geschichte des süddeutschen Alpenvorlandes am Beginn der römischen Epoche von größter Wichtigkeit. Die topographisch-landesgeschichtliche Beschäftigung beginnt in der 2. Hälfte des 19. Jh. (H. Arnold). Erste umfangreiche Ausgrabungen durch Chr. Frank (1901–1906) brachten neue und wesentliche Einsichten vor allem zur Zeitstellung: Ausschließlich frühkaiserzeitliches Fundmaterial kam zum Vorschein. Darunter neben charakteristischen Sigillaten aus Italien und Südgallien, Fibeln, Gläsern u. a. vor allem 3 reich verzierte frührömische Militärdolche. 1953 untersuchte G. Bersu den Wall und entdeckte einen römischen Brandopferplatz, der 1966 von W. Krämer veröffentlicht wurde. Umfangreiche und systematische Grabungen erfolgten dann mit Mitteln der DFG in den Jahren 1966–1979 durch G. Ulbert. Nach den Ergebnissen vieler Wallschnitte handelt es sich beim Befestigungswerk um eine frühkaiserzeitliche Anlage: ein reiner Erdwall, der auf Vorder- und Rückseite mit Rasenplaggenschichten verkleidet war. Ein Spitzgraben befand sich meist hangabwärts vor dem Erdwall. Technik und Ausmaße lassen vermuten, daß dabei römische Ingenieure, vielleicht sogar das römische Heer am Werk waren.

Vor allem innerhalb der Hauptbefestigung um den Kirchberg wurden zahlreiche, teilweise ausgedehnte Spuren einer frühkaiserzeitlichen Siedlung in reiner Holzbauweise festgestellt. Auf der Westseite ist der Typ des sog. römischen Streifenhauses mehrfach nachgewiesen, daneben fand man Wirtschaftsbauten und alle Elemente römischer Holzarchitektur. In Flächengrabungen auf dem Ostplateau legte man einen großen Bau mit zahlreichen Räumen frei, den man als eine *fabrica* deuten kann. Es gelang der Nachweis von metallverarbeitenden Werkstätten (Bronze, Eisen), es fanden sich 7 Töpferöfen, vermutlich wurde auch Glas verarbeitet. Das militärische Element ist im Fundbestand stark vertreten durch Teile der frühkaiserzeitlichen Ausrüstung. Neben den 3 genannten Dolchen fand man 1978 einen vierten, komplett erhaltenen, reich verzierten Dolch samt Cingulum in einem hölzernen Wasserbecken, das nach dendrochronologischen Untersuchungen um 14 n. Chr. gebaut wurde. Der archäologische Nachweis für die Produktion von *modioli*, Spannbuchsen aus Bronze von römischen Torsionsgeschützen, unterstreicht diese militärische Komponente der Auerbergsiedlung.

Die frühkaiserzeitliche Besiedlung vor allem um den Kirchberg war intensiv. Viele Terrassen und Podien wurden nachweislich in römischer Zeit aufgeschüttet und bebaut. Man hat aber den Eindruck, daß der Siedlungsplatz mitten in einer Phase der Blütezeit aufgegeben wurde. Um 40 n. Chr. müssen die Bewohner den Berg verlassen haben. Den eigentlichen Grund kennen wir noch nicht. Jedenfalls spielte der Auerberg während der ganzen römischen Epoche keine Rolle mehr. Der bei Strabon Geogr. 4, 6, 8 p. 206 überlieferte Name Damasia, der gleich einer Burg aufragenden Polis der Likatier – falls man ihn überhaupt auf die Auerberg-Siedlung beziehen darf – taucht nur hier und sonst in keiner anderen Quelle mehr auf, ganz im Gegensatz zu den etwa gleichzeitig mit dem Auerberg gegründeten Städten Brigantium/Bregenz oder Cambodunum/Kempten, die Strabon im gleichen Kontext nennt. Vielleicht war es eine staatlich verordnete Maßnahme, die, wie auch in anderen Provinzen, zur Aufgabe von hochgelegenen Bergsiedlungen führte. Ul

*Lit:* G. Ulbert, Der Auerberg. Ergebnisse und Probleme der neuen Ausgrabungen 1968–1972. Allg. Geschichtsfrd. 73, 1973, 13–33; ders., Der Auerberg I. Topographie, Forschungsgeschichte und Wallgrabungen. MBVF 45 (München 1994).

## Augsburg, Schw.

### *Frühkaiserzeitlicher Militärstützpunkt, Kastell und Provinzhauptstadt Augusta Vindelicum*

Abb. 22, 26, 53, 56–58, 64, 69, 75, 77, 79, 83, 87, 94–96, 117–119; Taf. 4, 5, 17, 22

*Augsburg-Oberhausen*

Beim Abbau einer Kiesgrube dicht unterhalb der Hettenbacheinmündung in die Wertach, nahe des Zusammenflusses von Wertach und Lech, wurden seit Beginn dieses Jahrhunderts, vor allem ab 1911, umfangreiche Funde eines zunächst unerkannten römischen Militärplatzes geborgen (heute links der Wertach, Bereich Äußere Uferstr./Weiherstr.). Eine zweiwöchige Ausgrabung im August 1913 förderte annähernd 10 000 Einzelobjekte auf einer 3 m breiten, 27 – 30 m langen Fläche am Rand der Kiesgrube zutage; die Funde befanden sich teils in einer mit organischen Resten durchsetzten Schicht, teils im Kies in 3 – 4 m Tiefe. Allem Anschein nach lagerten die Objekte auf der Sohle und in der Füllung eines ehem. Flußlaufes der Wertach. Eine aufgedeckte Doppelreihe von Eichenpfosten könnte als Uferschutz römischer(?) Zeit, möglicherweise sogar als Rest der Umwehrung der Militäranlage gedeutet werden, doch fehlen zur Funktion und Datierung dieses Befundes gesicherte Anhaltspunkte. Direkte Spuren des mutmaßlich nicht weit entfernten Stützpunktes – die Funde erscheinen im Flußbett nicht allzuweit verlagert – wurden damals nicht erkannt. Auf dem heute überbauten Gelände blieben intensive Nachforschungen nach dem seit 1913 in Vergessenheit geratenen, für die römische Okkupation Raetiens hoch bedeutenden Fundplatz bis 1990 ergebnislos.

Die Münzreihe von 378 Stück mit republikanischen Denaren, einem Aureus des Augustus und zahlreichen Kupferprägungen augusteischer Zeit endet mit einem Tiberius-As 15/16 n. Chr. Die Gefäßkeramik, erhalten heute vornehmlich Terra sigillata aus Italien und Lyon, hat ihren Schwerpunkt im sog. Haltern-Horizont. Hervorzuheben ist die vielgestaltige Masse von Metallgegenständen wie Waffen, Trachtbestandteilen, Werkzeugen und Geräten. Der wohl größte bisher bekannte Metallfundkomplex aus der frühen Kaiserzeit des Imperiums umfaßt nahezu das gesamte Spektrum an militärischer und handwerklicher Ausstattung der augusteischen Zeit. Bronze-, Eisen- und Bleiabfälle weisen auf metallbearbeitende Werkstätten innerhalb des Lagers hin. Die Funde, vermutlich durch Hochwasser vom ursprünglichen Platz verlagert, bezeugen eine Militäranlage der Zeit um 8/5 v. Chr. – um 6/9 n. Chr, mit kleinerer Besatzung vielleicht bis um 15/16 n. Chr. weiterbestehend. In ihrer Zusammensetzung geben sie die Anwesenheit von Legionaren oder Legionsteilen, vor allem aber Auxiliareinheiten wie Reiter, Bogenschützen und Schleuderer an. Die in der älteren Forschung getroffene Interpretation des Oberhausener Militärplatzes als Überrest eines (Doppel-?)Legionslagers der vermuteten 13., 16. oder 21. Legion läßt sich bei kritischer Prüfung heute nicht mehr aufrechterhalten. Die Funktion des Platzes lag sicherlich in der Kontrolle von weiten Teilen des Alpenvorlandes, aber auch, wie die massenhaften Ausrüstungsfunde zeigen, in der Versorgung für die verschiedenen hier agierenden Truppen. Direkt nahe des Zusammenflusses von Lech und Wertach angelegt, scheint der Platz mit seinen anzunehmenden Speicherbauten mit den sog. Uferkastellen der zeitlich entsprechenden Lager von Haltern an der Lippe vergleichbar zu sein.

Nach Aufgabe des Oberhausener Platzes oder seinem Ende durch eine Hochwasserkatastrophe wurde auf der Terrassenspitze zwischen Wertach- und Lechtal ein neues, nachfolgendes Kastell in frühtiberischer Zeit errichtet.

*Lit.:* G. Ulbert, Die römische Keramik aus dem Legionslager Augsburg-Oberhausen. MBV 14 (Kallmünz 1960); W. Hübener, Die römischen Metallfunde von Augsburg-Oberhausen. MBV 28 (Kallmünz 1973); K. Kraft, Zum Legionslager Augsburg-Oberhausen. In: Aus Bayerns Früh-

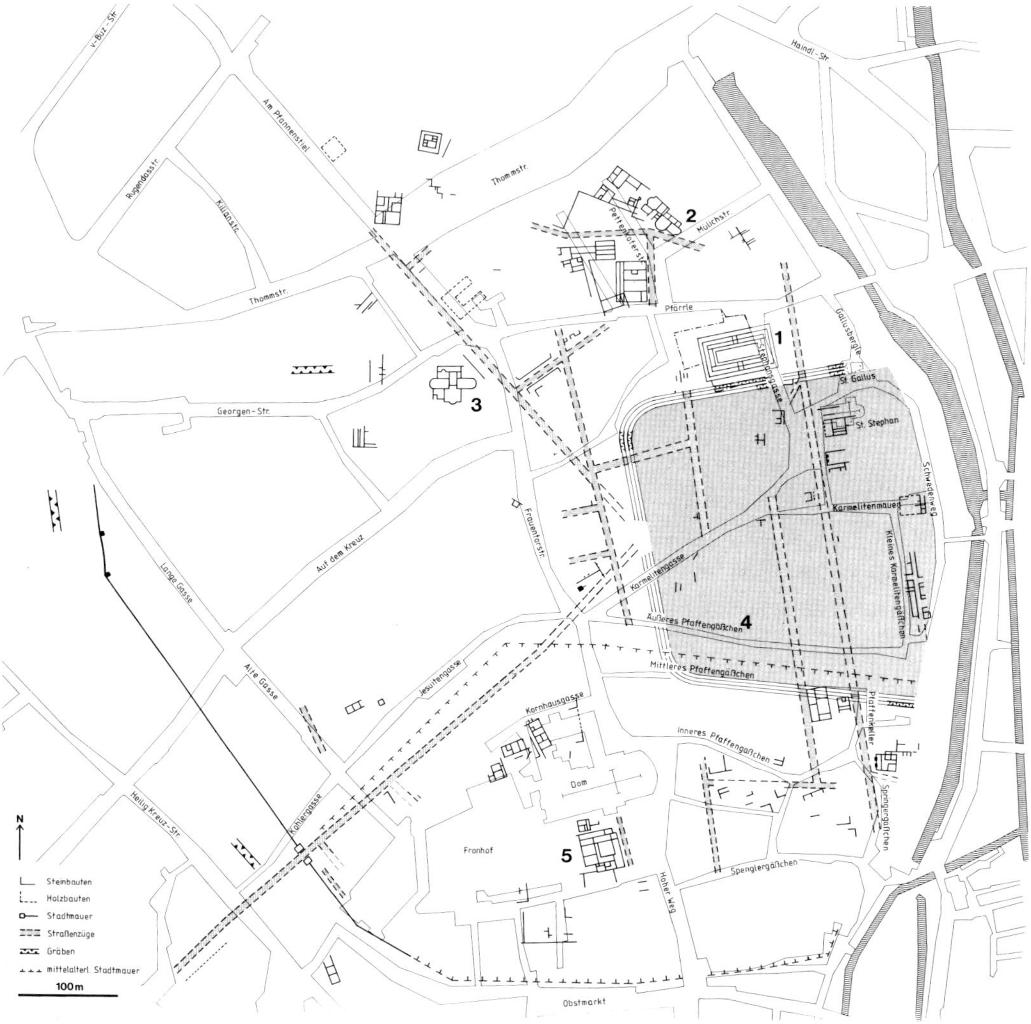


*Abb. 117 Augsburg. Übersichtsplan zum römischen Augsburg (nach L. Ohlenroth 1953, mit Nachträgen). 1 Markthalle an der Stephansgasse; 2, 3 Thermengebäude; 4 Ausgrabungsgelände eines Palastbaus; 5 Peristylhaus. Dunkel gerastert: Fläche des mutmaßlichen Kastells.*

zeit. F. Wagner zum 75. Geburtstag (München 1962), 139–156 ff.; ders., FMRD I 7, 1962, 77 ff.; L. Bakker in: G. Gottlieb u. a. (Hrsg.) Geschichte der Stadt Augsburg von der Römerzeit bis zur Gegenwart (Stuttgart 1984) 23–33; S. von Schnurbein, Die Funde von Augsburg-Oberhausen und die Besetzung des Alpenvorlandes durch die Römer. In: J. Bellot/W. Czysz/H. Krahe (Hrsg.), Forschungen zur provinzialrömischen Archäologie in Bayerisch-Schwaben. Schwäb. Geschichtsqu. u. Forsch. 14.

Nach dem Ende des augusteischen Militärstützpunktes in Oberhausen verlagerte sich die römische Siedlungstätigkeit auf die Spitze der nach N streichenden eiszeitlichen Hochterrasse zwischen Lech und Wertach, etwa 15 – 20 m über dem Talgrund (485 – 490 m ü.NN). Nur vereinzelt fanden sich unter den römischen Siedlungsschichten Zeugnisse der Bronzezeit, bisher keinerlei spätkeltische Hinweise. Gefäßkeramik (u.a. italische Terra sigillata) und ein frühtiberischer Münzfund von der Karmelitengasse belegen inzwischen eindeutig einen Siedlungsbeginn um 15/20 n. Chr im ö Teil der späteren Augusta Vindelicum. War die ältere Forschung von einer direkten Stadtgründung der Augusta Vindelicum ausgegangen, zeichnet sich durch jüngste Grabungsergebnisse zunächst ein in tiberischer Zeit errichtetes Kastell ab. Diese mit doppeltem Spitzgraben umwehrte Anlage von ca. 320 m N–S- und mindestens 160/180 m W–O-Erstreckung befindet sich im heutigen Stadtgrundriß ö der Frauentorstr., im N von St. Gallus/Neues Kautzengäßchen, im S vom Pfaffenkeller/Mittleren Pfaffengäßchen begrenzt. Die O-Seite der Umwehrung scheint am heutigen Steilabhang der Hochterrasse zu fehlen; sichere Spuren der zu den Wehrgräben gehörigen Holz-Erde-Mauer wurden noch nicht erkannt. Innerhalb dieses Areals geborgene Waffen- und Ausrüstungsteile weisen auf eine hier stationierte Reitereinheit hin; möglicherweise mit einer kleineren Infanterieabteilung (Auxiliare oder Legionare?) ergänzt. Der Platz könnte von seiner Größe her auf eine Besatzung von 1000 Mann schließen lassen. Entlang der beiden aus N–W bzw. S–W auf das mutmaßliche W-Tor gerichteten Straßen bestand bereits ab tiberisch/claudischer Zeit ein Auxiliarvicus, wie die z. B. an der Jesuitengasse 1987/90 festgestellten „Streifenhäuser" zu erkennen geben. Innerhalb des Kastellareals, aber auch in der darum angelegten Zivilsiedlung, finden sich in zahlreichen Ausgrabungen deutliche Zeugnisse von durchgehend 3 Brandschichten des 1. Jh., eine in die Zeit des Bataveraufstandes und der Auseinandersetzungen zwischen Vitellius und Vespasian um 70, die folgende in die 80er/frühen 90er Jahre des 1. Jh. datierend. Eine Gruppe von Reitergrabsteinen wohl flavischer Zeit (stuckierter Tuffstein mit Bemalung), gefunden im W nahe dem zum Wertachtal abfallenden Terrassenhang (Pferseer Unterführung/Klinkertor) dürfte jetzt mit der Kastellbesatzung und ihrem Friedhof in Verbindung zu bringen sein, vielleicht ebenso die Grabinschrift eines Angehörigen der *ala I Augusta (Thracum)* sowie ein an der Kornhausgasse gefundener thrakischer Schuppenpanzer. Wie die Verfüllschichten der Wehrgräben angeben, scheint das Kastell spätestens in den 70er/80er Jahren des 1. Jh. aufgelassen worden zu sein.

Rettungsgrabungen an der Hl.-Kreuz-Str. (1988 – 1992) und w des Fronhoftores (1994) erbrachten überraschend den von NW mit Grabenkopf am Doktorgäßchen (Toranlage?) nach SO verlaufenden Zug eines mächtigen Wehrgrabens von ca. 4 m Tiefe und 10 m Breite, auf etwa 170/180 m Länge nachweisbar. In der bis auf mehrere (rituelle?) Hundeskelette nahezu sterilen Einfüllung fand sich Terra sigillata der flavischen Zeit, ebenso in einer oberen schwach ausgeprägten Brandschutteinplanierung. Der Befestigungsgraben, zu dem Pfosten einer Holz-Erde-Mauer vorhanden zu sein scheinen, könnte zu einer zweiten, in flavischer Zeit jedoch nur kurzzeitig besetzten Militäranlage zwischen der heutigen Heilig-Kreuz-Str. und der Frauentorstr. gehören. Vereinzelte Funde von militärischer Ausrüstung des 1. Jh. liegen auch aus diesem Areal vor. Denkbar bleibt aber vorläufig auch, daß die schon zu der Zeit umfangreiche Zivilsiedlung in flavischer Zeit mit diesem mächtigen Graben und Wall geschützt werden sollte.

Auf dem aufgelassenen Kastellareal entwickelte sich ab dem späten 1. Jh. die Provinzhauptstadt Raetiens, die sich flächenmäßig schnell weiter ausdehnte. Augusta Vindelicum erhielt wohl um 121 von Kaiser Hadrian das Stadtrecht als Munizipium: der offizielle Name lautete dann *municipium Aelium Augustum*. Bis in die 70er Jahre des 2. Jh. residierte hier als Statthalter der *procurator Augusti*, ein Angehöriger des Ritterstandes, ab etwa 178/179 der *legatus Augusti pro praetore* senatorischen Standes, der gleichzeitig die in Regensburg stationierte Legion befehligte.

In der Zeit der Markomannenkriege scheint Augusta Vindelicum akut bedroht gewesen zu sein: ein Goldmünzenfund von St. Stephan datiert mit seinen 52 Aurei in die Zeit nach 163/164. Die Errichtung der Stadtmauer erfolgte wohl im Zusammenhang mit der Markomannenbedrohung um 170/180; sie umschließt ein Areal von ca. 65 ha Fläche. Das Siedlungsareal hatte sich vorher jedoch bis zu 200 m weiter nach W erstreckt; diese

*Abb. 118 Augsburg. Pfeilergrabmal einer Soldatenfamilie, um 200 (Röm. Mus. Augsburg).*

Randbereiche der Stadt wurden beim Bau der Stadtmauer weitgehend eingeebnet. Die Blütezeit der Provinzhauptstadt liegt, wie die Steindenkmäler aussagen, in der antoninischen und in der severischen Zeit. Inschriftensockel für Kaiserstatuen liegen für die Kaiser Caracalla und Geta vor. Die Germanenangriffe von 233 haben Augsburg vielleicht noch verschont. 259/260 jedoch führten Plünderungszüge von Semnonen/Juthungen zur anzunehmenden Zerstörung der Stadt. Der am 11.9.260 aufgestellte Siegesaltar an die Victoria, errichtet am römischen Lechufer in der heutigen Jakobervorstadt (Gänsbühl), bezeugt eine zweitägige Schlacht am 24./25. 4. 260, bei der aus Italien verschleppte Kriegsgefangene aus der Hand der Germanen befreit wurden. Dieser Altar stellt das bedeutendste Inschriftenzeugnis Augsburgs dar: überliefert wird darin auch der kurzzeitige Wechsel der Provinz Raetia und ihres Statthalters zum gallischen Sonderreich des Postumus. In der Spätantike war in Augusta Vindelicum erneut Militär stationiert worden: die Notitia dignitatum nennt für das späte 4./frühe 5. Jh. die *equites Stablesiani seniores*, eine Kavallerieeinheit des Grenzheeres. Augsburg war nach der Provinzteilung und Verwaltungs-/Militärreformen unter Diokletian und Konstantin d. Gr. Hauptstadt der *Raetia secunda*, des sog. Flachlandraetien. Die Anwesenheit hochrangiger Miltärangehöriger, vielleicht im Umkreis des für beide Raetien zuständigen Militärführers *dux*, gibt sich für die 1. Hälfte des 4. Jh. durch den Fund von 2 vergoldeten Offiziers- oder Gardehelmen der Infanterie zu erkennen (A.-Pfersee; 1897). Die schweren Alamannen- und Juthungenangriffe des 6. Jahrzehnts des 4. Jh. werden Augsburg sicherlich schwer getroffen haben; eindeutige Zerstörungsspuren dafür fehlen jedoch noch. Die archäologischen Funde innerhalb des Stadtmauer-umwehrten Areale zeigen die vollständige Besiedlung der Stadt ohne irgendeine spätrömische Reduktion an. Das bis jetzt vorliegende Fundgut reicht mit der Gefäßkeramik bis weit in die 1. Hälfte des 5. Jh.

Mit der faktischen Auflösung der römischen Militär- und Zivilverwaltung n der Alpen wurde Augusta Vindelicum siedlungsmäßig wohl um die Mitte des 5. Jh. aufgelassen. Erst im fortgeschrittenen 6. Jh. entwickelte sich im S der vormaligen Römerstadt um den heutigen Dom ein frühmittelalterlicher Siedlungskern, aus dem die Bischofssiedlung des 8. Jh. hervorging. Zeugnisse einer dennoch vorliegenden Kontinuität von der Spätantike in das Mittelalter können in den frühchristlichen Gräbern um St. Ulrich und Afra vorliegen. Venantius Fortunatus beschreibt um 565 die Verehrung des Märtyrergrabes der Afra in Augsburg, deren Bestattungsplatz jedoch bis heute noch nicht archäologisch gesichert werden konnte.

Die archäologische Kenntnis der raetischen Provinzhauptstadt ist trotz intensiver archäologischen Rettungsgrabungen der letzten zwei Jahrzehnte äußerst unbefriedigend. Ursache ist die dichte mittelalterliche und neuzeitliche Bebauung in der Augsburger Altstadt, besonders aber der überaus starke Steinausraub im Mittelalter: Die antike Mauersubstanz wurde fast vollständig bis in die Fundamente hinein ausgebeutet. Die Umwehrung der Stadt mit ihrer vermutlich den Markomannenkriegs-Horizont datierenden Stadtmauer ist auf der W-Seite in größeren Strekken mit dem SW-Tor bekannt. Das 1949/50 untersuchte Stadttor, hinter der heutigen Oberforstdirektion gelegen, wurde wohl in flavischer Zeit errichtet und war zu dieser Zeit zunächst als Ehren-Torbogen isoliert stehend. Die Stadtmauer scheint erst wesentlich später im 2. Jh. an die äußeren Turmwangen angesetzt worden zu sein. Von der 2,5 m im Fundament breiten Mauer hatte sich, wie Grabungen 1986 – 1988 an der Langen Gasse zeigten, nur der mittelalterliche Fundamentausbruch erhalten. Zwei rechteckige, 4 m vor die Mauerfront vorspringende, 6,5 – 6,8 m breite Türme haben sich zwischenzeitlich als Verstärkungen der Spätantike an der Langen Gasse (1986) und an der Hl.-Kreuz-Str.4/ Fronhoftor (1994) nachweisen lassen. Der letztgenannte Befund ergab ein noch mit 3 Lagen von Kalkstein-Spolien vorhandenes Turmfundament, das wohl im späten 3. Jh. erbaut worden ist. Großflächige Rettungsgrabungen an der Hl.-Kreuz-Str. 24 (1988 – 1992) erbrachten ein Profil durch die Wehrgräben: mindestens 5 Gräben bzw. Doppelgräben, sich gegenseitig überlagernd und damit zeitlich nacheinander angelegt, wurden im Laufe des 3. und 4. Jh. vor die Wehrmauer nach außen vorgeschoben.

Gute Einblicke erlaubten die älteren Siedlungsbefunde zwischen den Wehrgräben und außen vor der Stadtmauer: im späten 1. Jh und bis in das 3. Viertel des 2. Jh. lassen sich hier die gewerbliche Produktion von Glas (Werkstattfiliale des Salvius Gratus?) und „preußischen“ Augenfibeln nachweisen.

Der vorliegende Stadtplan der Römerstadt, noch weitgehend auf der Basis von L. Ohlenroth (1954 veröffentlicht), zeigt im groben Raster das innerstädtische Straßennetz: im O durch die vorausgehende Militäranlage regelmäßiger erscheinend als im W und N. Nur wenige öffentlich genutzte Gebäude sind bisher erschlossen: die im Grundriß fast vollständig dokumentierte Thermenanlage im NO der Stadt an der Pettenkofer-/Mülichstr., das im Ausschnitt bekannte weitere größere Badegebäude an der Georgen-/Frauentorstr. und die 1991 – 1993 freigelegte Markthalle an der Stephansgasse. Mit 44,5 x 72,5 m Gesamtfläche, im 2. Jh. vierschiffig symmetrisch um den rechteckigen Innenhof angelegt, zeigten sich in den beiden „Hauptschiffen“, innen und außen von Portikus-Gängen begleitet, die Überreste der Zwischenwände zu den einzelnen *tabernae*. Die Lage des Forums mit der zugehörigen Basilika und dem Kapitolstempel für Jupiter, Juno und Minerva ist noch nicht bekannt; erwarten kann man diesen zentralen Baukomplex im Bereich Karmelitengasse/Stephansplatz.

Bei den seit 1990 ausgegrabenen Überresten eines palastartigen Großbaus am Äußeren Pfaffengäßchen dürfte es sich um einen Ausschnitt des Statthalterpalastes handeln. Die bisher freigelegten Räume des vier- oder fünfperiodigen Gebäudes, im späten 1./frühen 2. Jh. entstanden und bis in das frühe 5. Jh. genutzt, sind sämtlich mit Hypokausten beheizbar. Einzelne Gewölbeziegel stammen von den Ziegelgurten der Tonnengewölbe über den saalartigen Räumen. Spuren und Hinweise auf sicherlich in Augusta Vindelicum vorhandene Theaterbauten, fehlen bisher: sie lassen sich an der ö Steilhangkante nur vermuten. Kleinere Kultbauten, die wohl auch den *collegia* (Berufs- und Kultgemeinschaften wie das inschriftlich bezeugte *contubernium Marticultorum*) als Versammlungsräume dienten, sind bisher im ö Stadtareal um St. Stephan/Pfaffenkeller bekannt. Mauerzüge an St. Gallus n von St. Ste-

*Abb. 119 Augsburg. Goldener Fingerring aus Augsburg mit der Inschrift FIDEM CONSTANTINI (Treue dem Konstantin); Dm. 2,3 cm (Staatl. Antikensammlung München).*

phan lassen sich vielleicht auf eine frühchristliche Kirchenanlage des 4./frühen 5. Jh. beziehen, doch bedarf es hier gezielter Nachgrabungen.
Private Wohnhäuser, die vielfach in den Rettungsgrabungen unter der dichten heutigen Bebauung der Augsburger Altstadt angeschnitten werden, sind als zusammenhängende Grundrisse kaum erschlossen. Lediglich ein Peristylhaus auf dem s Domvorplatz unter den späteren Fundamenten der Kirche St. Johannis (spätkarolingisch/ottonisch) wurde nahezu vollständig vor dem 2. Weltkrieg ergraben. Eine dort postulierte frühchristliche Kirchenanlage mit „halbrunder Priesterbank" hat sicher nicht bestanden. Auch unter dem Augsburger Dom scheinen die bisher aufgeschlossenen Bauspuren zu steinernen Wohnbauten des 2. – 4. Jh. zu gehören; ein aus der Augsburger Sagenwelt angenommener Tempel der Römerzeit für „Cisa" hat hier nicht gestanden. Ob sich hinter späteströmischen oder frühmittelalterlichen Spolienfundamenten bereits eine frühchristliche Kirchenanlage oder ein Profanbau verbirgt, bleibt bei den kleinen Grabungsanschnitten im Inneren des Domes vorläufig nicht zu klären. Das einzige nennenswerte Mosaik der Augusta aus einem sicherlich sehr gut ausgestatteten Haus trägt Szenen des Zirkus und der Gladiatorenkämpfe. Es wurde schon 1571 „bei St. Stephan" entdeckt und 1594 als Zeichnung von M. Welser veröffentlicht.
Spuren von Handwerkern und Gewerbebetrieben fanden sich in Ausgrabungen an der NO-Seite der Stadt am Gallusbergle (einzelne Töpfereifehlbrände), im N an der Rugendas- und Kilianstr. (u. a. Öfen und Schmelztiegel von Buntmetallhandwerkern), im SW am Fronhof (eiserne Rohlinge von Hufschuhen einer Schmiede an der „decumanus"-Straße) und außen vor der späteren Stadtmauer an der Hl.-Kreuz-Str. (oben erwähnt Glas- und Fibelproduktion, auch Münzfälscherförmchen des 3. Jh.). Archäologische Befunde für die Lokalisierung von Händlern ergaben Ausgrabungen an der Kornhausgasse 1985 (Fibelhändler um 70), Hl.-Kreuz-Str. 1994 (Terra-sigillata-Depotfund um 60/70), Jesuitengasse 1988 (Glassammelfund der 80er/90er Jahre des 1. Jh.) und am Äußeren Pfaffengäßchen 1992 (Verkaufsvorrat eines Öllampenhändlers um die Mitte des 2. Jh.). Daß auch in der von Krisen geprägten Spätantike viele „Importgüter" für den gehobenen Wohlstand in die Provinzhauptstadt gelangten, zeigen die kostbare Bellerophon-Glasschliffschale und die verhältnismäßig zahlreichen Gefäße aus nordafrikanischen Töpfereien bis in das frühe 5 Jh. deutlich auf. In der Augsburger Jakobervorstadt wurde im November 1994 eine hölzerne Uferbefestigung mit ihrem verzapften Rahmenwerk und senkrechten „Poller"pfählen entdeckt und geborgen, die als Schiffslände am römerzeitlichen Lechlauf wohl in der 2. Hälfte des 1. Jh. errichtet worden war. Hier konnten u. a. die Kähne und Flöße mit Baumaterial für den Ausbau der Stadt (Holz, Tuffstein bis aus der Gegend Ammersee/Schongau am Oberlauf des Lech, Kalkstein aus dem Jura n der Donau) entladen werden.
Ausgedehntere Gräberfelder der schätzungsweise 10 000 – 15 000 Einwohner der Römerstadt sind außen vor der Stadt nachgewiesen oder erschließbar. Die bereits erwähnten Reitergrabsteine auf der W-Seite der Stadt lassen sich als Grabmäler der mutmaßlichen Kastellbesatzung des 1. Jh. ansprechen. Brandgräber vom 1. bis in das frühe 4. Jh. fanden sich im N an der Heinrich-von-Buz-Str., der Rugendasstr. und im SW an der Frölichstr. sowie im Gelände „Rosenauberg" im Bereich des heutigen Hauptbahnhofs. Aufwendige Grabbauten aus Stein säumten die Ausfallstraßen nach NW und S, wie als Beispiel das 1709 in Oberhausen aufgefundene Pfeilergrabmal einer Soldatenfamilie um 200 vorzeigt, waren aber ebenso entlang der ö Hangterrassenkante s der Stadt errichtet gewesen (von dort im Mittelalter abgerutscht wie das Pfeilergrabmal des Wein-

händlers Pompeianius Silvinus, 1971 am Vorderen Lech aus dem Schwemmkies des Lech geborgen). Eine Aschenkiste aus Tuffstein, als Einzelgrab an der Blauen Kappe im NW der Stadt 1961 entdeckt, enthielt in der Bleiurne kostbaren Goldschmuck und Perlenketten einer jungen Frau der Zeit um 245. Zwei größere Friedhöfe mit Körpergräbern sind bisher in Ausschnitten ergraben. Im Gräberfeld Frölichstr. zeigen die nach allen Richtungen orientierten Grablegen noch volle Beigabensitte mit Keramikgefäßen, Gläsern, Trachtbestandteilen bis in die 2. Hälfte des 4. Jh. Die zahlreichen aufgedeckten Gräber im s der Stadt gelegenen Friedhof um St. Ulrich und Afra, fast ausnahmslos nach O gerichtet, sind dagegen „beigabenlos". Während es sich bei den Bestattungen in der Frölichstr. um „heidnische" Gräber des 4. Jh. handelt, scheinen ab ca. 330/340 die Christen um die spätere Kirchenanlage St.Ulrich und Afra ihren eigenen Friedhof angelegt zu haben. In diesem Gräberfeld liegt sicher auch das von Venantius um 565 bezeugte und verehrte Grab der Märtyrerin Afra, einziger historischer Hinweis auf eine Kontinuität der Augusta Vindelicum aus spätrömischer Zeit (spätantiker Bischofssitz?) in das frühe Mittelalter. Erwähnt seien noch einzelne spätrömische Körpergräber im NW vor der antiken Stadt an der Rugendasstr., der Liebigstr. (1994) und Auf dem Kreuz, die mit Trachtbestandteilen (Zwiebelknopffibeln) vielleicht Hinweise auf Soldaten des 4. Jh. geben. Ba

*Lit.:* G. Rupprecht in: G. Gottlieb, Das römische Augsburg (München $^{2}$1984) 47 ff.; L. Ohlenroth, Zum Stadtplan der Augusta Vindelicum – zusammenfassender Vorbericht, Germania 32, 1954, 76–85; W. Hübener, Zum römischen und frühmittelalterlichen Augsburg, Jahrb. RGZM 5, 1958, 154 ff.; H.-J. Kellner, Augsburg, Provinzhauptstadt Raetiens. In: ANRW Bd.II 5.2, 1976, 690 – 717; L. J. Weber, Neue Funde aus Augsburg, 1978; Beiträge von L. Bakker/V. Bierbrauer/G. Gottlieb/W. Kuhoff/W. Sage in: G. Gottlieb u.a. (Hrsg.), Geschichte der Stadt Augsburg von der Römerzeit bis zur Gegenwart (Stuttgart 1984); L. Bakker, Augusta Vindelicum. Plan der Römerstadt Augsburg, Hist. Atlas Bayer.-Schwaben$^{2}$, Bd. III,8, 1985; ders., Raetien unter Postumus – Das Siegesdenkmal einer Juthungenschlacht im Jahre 260 n. Chr. aus Augsburg, Germania 71, 1993, 369 – 386; ders., Antike Welt 24, 1993, 274 – 277; ders., Ausgrabungen in Augusta Vindelicum an der „Langen Gasse", AJB 1988 (1989) 120 ff.; ders., Rettungsgrabungen vor der Stadtmauer von Augusta Vindelicum, AJB 1992 (1993) 104 ff.; ders., Kastell und Markthalle: Ausgrabungsergebnisse in Augusta Vindelicum, AJB 1993 (1994) 87 ff.; ders., Siedlungsgeschichte und archäologische Denkmalpflege in Augsburg. In: B. von Hagen/A. Wegener-Hüssen, Denkmäler in Bayern Bd. VII,83, Stadt Augsburg, 1994, XLIV ff.; J. Werner (Hrsg.), Die Ausgrabungen in St. Ulrich und Afra in Augsburg 1961–1968, MBVF 23, 1977; E. Dassmann, Augsburg, in: Reallexikon Antike u. Christentum Suppl. Bd. I, 1992, 693 ff.

## Bad Abbach
## Lkr. Kelheim, Obb.

### *Ziegelei der 3. italischen Legion*

Abb. 37, 120

In einem ebenen Areal zwischen Donau und tertiärem Hügelland nw des Ortskerns von Bad Abbach lag ab der Zeit um 180 n. Chr. bis in die Spätantike hinein die Ziegelei der 3. italischen Legion. Sie ist durch zahlreiche Lesefunde von gestempelten Ziegeln, unter denen sich auch Fehlbrände befanden, belegt. Schon Aventinus (1477 – 1534), dem „Vater der bayerischen Geschichtsschreibung", war der Platz unter dem charakteristischen und heute noch als Flurbezeichnung existierenden Namen „Ziegelfeld" bekannt. Die Lage ist hervorragend gewählt: Es gab hier reiche und geeignete Lehmvorkommen, Wasser und im angrenzenden tertiären Hügelland in großer Menge Holz als Brennmaterial. Der Abtransport der fertigen Ziegel konnte auf der nahegelegenen Donau erfolgen, die an der Ziegelei vorbeiführende Römerstraße Regensburg–Augsburg dürfte hingegen dabei kaum eine Rolle gespielt haben. Da der Platz, wo der römische Hafen von Bad Abbach zu vermuten wäre, im Prallhang einer Donauschlinge liegt, ist er heute wohl weitgehend aberodiert. Der Inhalt ei-

*Abb. 120 Bad Abbach. Ziegelstempel der 3. italischen Legion (nach G. Spitzlberger).*

ner Abfallgrube belegt, daß im Bereich der Ziegelei im 2./3. Jh. auch eine Töpferei für einfache Küchenkeramik arbeitete, deren Produkte im Umkreis von Regensburg Verbreitung fanden. Man findet eindeutig in Abbach hergestellte Ziegel im Westen bis zum Limesanfang um Eining. Auch das Heilbad der 3. Italischen Legion von Bad Gögging wurde offensichtlich zu einem nicht geringen Teil mit Ziegeln aus Bad Abbach erbaut. Mineralogische Untersuchungen haben die Verbreitung von mittelkaiserzeitlichen Ziegeln aus Bad Abbach im Osten bis nach Passau nachgewiesen. In der Spätantike scheint sich die Belieferung dann auf den Großraum Regensburg beschränkt zu haben. Leider ist diese wichtige Fundstelle in den letzten Jahren durch Überbauung ohne jede Ausgrabung zugrundegegangen. Fi

*Lit.:* G. Spitzlberger, Die römischen Ziegelstempel aus dem nördlichen Teil der Provinz Raetien. Saalburg-Jahrb. 25, 1968, 89–97; Th. Fischer, Das Umland des römischen Regensburg. MBVF 42 (München 1990), 70–72.; W. Polz, Geologisch-mineralogische Untersuchungen an Keramikfunden aus Passau von der Latène- bis zur Neuzeit (Diss. München 1991) 81 ff.

## Bad Gögging
## Stadt Neustadt a.d. Donau, Lkr. Kelheim, Ndb.

*Heilbad der 3. italischen Legion*
Abb. 121

Die Besiedlung um die im Volksmund charakteristischerweise als „Stinkerbrunn" bekannten Schwefelquellen von Bad Gögging setzte bereits in vorgeschichtlicher Zeit ein. Eine römerzeitliche Nutzung dieser Heilquellen war lange umstritten, erst durch die Ausgrabungen von A. Radnóti und H. U. Nuber in den Jahren von 1959 bis 1975 konnte hier weitgehend Klarheit geschaffen werden. Im Umfeld der romanischen Andreaskirche wurden auf einer Fläche von 56 x 30 m Teile einer umfangreichen Badeanlage freigelegt, ohne daß sich dabei eine Grenze der großen Baueinheit gezeigt hätte. Kleinfunde ohne Bezug zu Bauspuren belegen eine römische Besiedlung unbekannter Art ab der flavischen Zeit. Die großen Thermen wurden erst um 180 n. Chr. errichtet, als mit der Stationierung der 3. italischen Legion in Regensburg die Truppe die Schwefelquellen als offizielles Heilbad nutzte, wie es offensichtlich in der Kaiserzeit üblich war. Man kennt z. B. Aachen als Heilbad der niederrheinischen Legionen, Wiesbaden für die Mainzer Garnison, Baden-Baden für die Straßburger, Baden im Aargau für die Windischer Legionen. Der offizielle Charakter der Bauten äußert sich vor allem durch die Zusammenstellung der Ziegelstempel: Die Masse der Ziegel stammt aus der Legionsziegelei von Bad Abbach, vertreten ist aber auch die *cohors III Britannorum* aus Eining. Die Stempel FISCAL und CAESAR belegen, daß auch Ziegeleien im Besitz der Provinzverwaltung und aus Domänen in kaiserlichem Privatbesitz an der Belieferung des Thermenbaus in Bad Gögging mitgearbeitet haben. Ergraben hat man von der mehrperiodigen Anlage bisher ein großes rechteckiges, durch ein Ziegelpfeilerhypokaust beheiztes Badebecken von 10,8 x 7,8 m, über dem sich heute die romanische Andreaskirche erhebt. An dessen nö Schmalseite befinden sich 4 Sitzwannen, wie sie für ein Kurbad charakteristisch sind. An die O-Ecke dieses Warmwasserbeckens

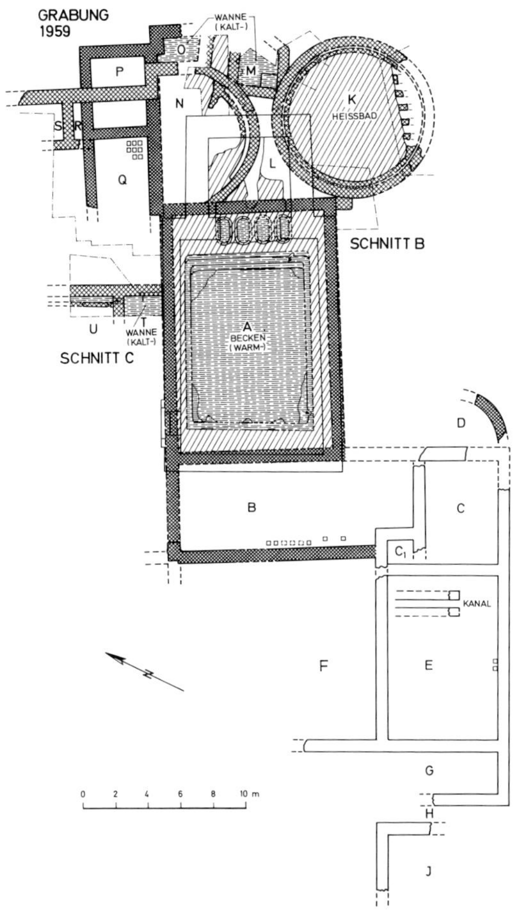


*Abb. 121 Bad Gögging. Grundriß des Heilbades der 3. italischen Legion (nach H.-U. Nuber).*

wurde später ein rundes Schwitzbad (*laconicum*) von 8 m Innendurchmesser angebaut. Die sonstigen Bauteile, Kanäle und Wasserbecken entziehen sich wegen ihres fragmentarischen Zustandes noch einer genaueren Interpretation. Diese ist auch deshalb schwierig, weil Heilbäder – im Gegensatz zu den sonst üblichen zivilen oder militärischen Thermenanlagen – keinem weitgehend genormten Bautyp angehören. Wohl im 3. Jh. wurden die Thermen zumindest schwer beschädigt. Ein spätantikes Bad, das um das weiterbenutzte große Warmwasserbecken neu errichtet wurde, ist so schlecht erhalten, daß es kaum näher beschrieben werden kann. H. U. Nuber rechnet damit, daß es nie in Benutzung genommen wurde, da die Hypokaustanlagen des jüngeren Bades völlig rußfrei waren. Im frühen Mittelalter (7. Jh.) wurde das große Badebecken zu einer christlichen Kultstätte umgestaltet, deren Ausgangspunkt anscheinend 2 (?) Gräber waren. Es fanden sich Überreste von Kult(?)mählern, zahlreiche Kreuze und andersgestaltete Steckvotive aus Eisen und Buntmetall, wie sie auch auf dem Weinberg bei Eining und in anderen römischen Trümmerstätten Bayerns zum Vorschein gekommen sind. Der romanischen Andreaskirche, die sich über dem Badebecken erhebt, ging noch eine frühmittelalterliche Steinkirche mit 2 Brand- und Erneuerungsphasen voraus. Heute ist durch die Initiative des Bezirks Niederbayern der Innenraum der Andreaskirche mit den freigelegten römischen und jüngeren Vorgängerbauten als Museum gestaltet. Fi

*Lit.:* H. U. Nuber, Ausgrabungen in Bad Gögging. Römisches Staatsheilbad und frühmittelalterliche Kirchen (Landshut 1980). Th. Fischer, Römer und Bajuwaren an der Donau (Regensburg 1988) 17 f.

**Bad Wörishofen** → Schlingen

## Baisweil
## Lkr. Ostallgäu, Schw.

*Spätrömischer Burgus*
Abb. 122

Die Burgusstelle liegt 1900 m onö der Kirche von Baisweil, rund 10 m über dem Tal, etwa 180 m neben der Römerstraße Kempten–Augsburg, die in einem weitem Bogen an der rechten Seite des Mühlbaches nach NW zieht und auf den Höhenrücken hinüber ins Wertachtal wechselt. Ein topographischer Bezug zu der 750 m sw gelegenen, reich ausgestatteten Villa ist nicht von der Hand zu weisen.
1937 (J. Striebel) wurden unmittelbar an der Hangkante nebeneinander 4 sich überschnei-

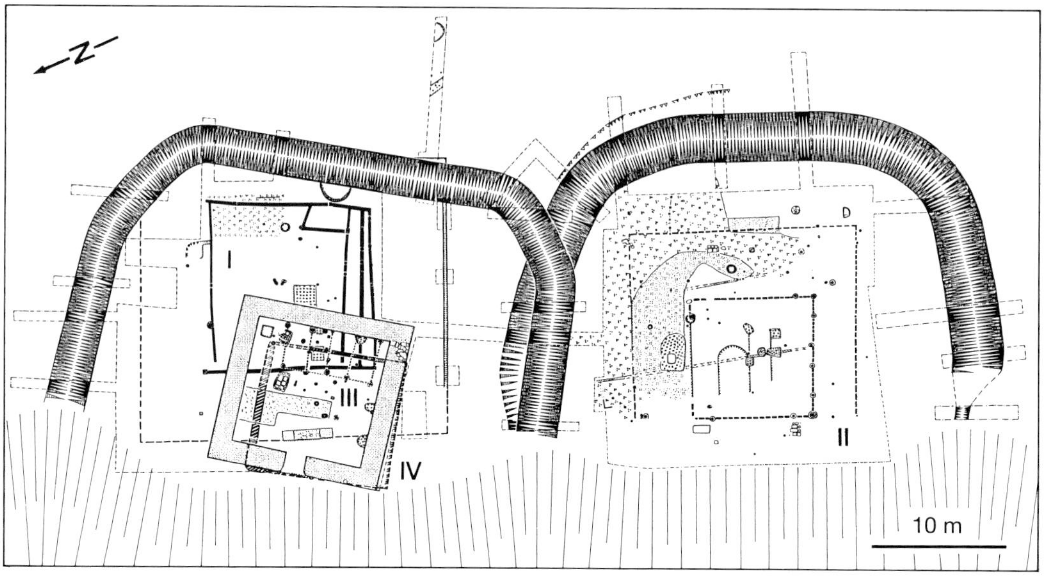


*Abb. 122 Baisweil. Grundriß der Burgusanlagen (umgearbeitet nach L. Ohlenroth).*

dende, heute im Gelände nicht mehr sichtbare Burgi festgestellt und ausgegraben. Der älteste war ein einfacher, in Schwellgräbchen eingesetzter Holz(fachwerk)bau [I] von 12 m Seitenlänge mit einer Herdstelle im Innern. Er besitzt noch keine fortifikatorischen Elemente wie eine Grabenumwehrung. Ob zwei gut erhaltene, nicht allzu lange umgelaufene Münzen von Septimius Severus und seinem Sohn Geta von 194 bzw. 211/212 eine frühe Zeitstellung im Rahmen der severischen Reorganisation des Straßennetzes begründen, scheint denkbar, zumal damals auch diese Straße erneuert wurde. Möglicherweise brannte der Straßenposten 213 ab.
Nach 233, möglicherweise um 260/275 entstand 30 m s der Pfosten(ständer)bau eines schwer rekonstruierbaren, wohl hufeisenförmigen „Holzturms“ [II] von 9 m Seitenlänge. Diese Anlage war umgeben von einem 4,5 m tiefen Wehrgraben mit gerundeten Ecken. Nach der Zerstörung unter Tetricus wurde der Wachtposten II unter Konstantin durch einen in Balkengräbchen fundamentierten Holzständerbau [III] ersetzt und mit einem Sohlgraben als Umwehrung gesichert.
Darüber entstand zuletzt der quadratische, vermutlich zweigeschossige Steinturm [IV] von 12,6/12,8 m Seitenlänge (Innenfläche 10 x 10 m), der auf einem 1,5 m breiten Fundament errichtet war. Die 1,5 m breite Fundamentunterbrechung an der W-Seite über der Hangkante deutet auf eine Türöffnung. Aus dem Schutt der Mauer stammen das knapp 50 cm große Bruchstück einer Inschriftplatte, die als Spolie verbaut war, sowie farbige Putzreste, die darauf hinweisen, daß der Burgus nicht nur verputzt, sondern teilweise auch farbig bemalt war. Im Innern lagen Spuren von Holzunterteilungen und 2 Ziegelplattenherde. Im umlaufenden Graben fanden sich verbrannte Tuffsteine und Mörtelgußreste sowie Münzen des Constantius (335–361) und Valens (364–378). Die Burgusbesatzung ist ebenso unbekannt wie ihre Größe; aufgrund des Raumangebots dürften kaum mehr als 10 Mann unterzubringen gewesen sein. Cz

*Lit.:* L. Ohlenroth, Römische Burgi an der Straße Augsburg–Kempten–Bregenz. Ber. RGK 29, 1940, 122–156; FMRD I, 7165; BVbl. 16, 1942, 65; ebd. 17, 1948, 40.

**Bergen** → Holzhausen
**Bernbeuren** → Auerberg

## Böhming
## Markt Kipfenberg, Lkr. Eichstätt, Obb.

*Kastell und Vicus der mittleren Kaiserzeit*

Das Kastell Böhming liegt 400 m westlich des Ortes in der Altmühlniederung. Es ist leicht zu erkennen, da sich in seiner Mitte die Kirche von Böhming, weitab vom Ort, befindet. Das Kastell ist nur ca. 800 m vom nördlich auf der Jurahöhe vorbeiziehenden Limes entfernt. Grabungen der Reichslimeskommission (F. Winckelmann) legten 1898 und 1905 Teile der Umwehrung (mit 2 Toren und einem Spitzgraben) sowie des Mittelgebäudes frei. Das Steinkastell der jüngsten Bauperiode maß 95 x 78 m (0,7 ha). Auch die Bauinschrift vor dem SW-Tor wurde damals gefunden. Sie besagt, daß das Kastell 181 n. Chr. von Spezialisten der 3. italischen Legion und mit Hilfe der Kohorte aus Pfünz (der das Böhminger Kastell wohl unterstellt war) fertiggestellt wurde.
Man kann annehmen, daß der Neubau durch Schäden veranlaßt worden war, die man auf die Markomannenkriege zurückgeführt hat. Leider immer noch nicht eindeutig geklärt ist die Frage, inwieweit eine bei den Grabungen der Reichslimeskommission festgestellte Brandschicht mit diesen Markomannenkriegen zusammenhängt. Als Besatzung von Böhming kommen ein noch unbekannter Numerus oder eine Abteilung der *cohors I Breucorum civium Romanorum* in Frage. Von einem relativ großen Vicus sind Lesefunde und Spuren durch Notbergungen bekannt, auch ein Gräberfeld wurde bei Bauarbeiten angeschnitten. Fi

*Lit.:* F. Winckelmann, ORL Abt. B Bd. VII, Nr. 73a (1906); FMRD I 5, 5026; G. Ulbert/Th. Fischer, Der Limes in Bayern (Stuttgart 1983) 93 f., 117; G. Daltrop, AJB 1983, 104 – 106; Schönberger, Ber. RGK 66, 1985, 487 (E 86); Th. Fischer in: J. Garbsch u. a., Der römische Limes in Bayern (München 1992) 49 f.

## Burghöfe
## Gde. Mertingen, Lkr. Donau-Ries, Schw.

*Kastell und Vicus der frühen Kaiserzeit und Spätantike*

Der Kastellplatz liegt 7 km s der Donau auf einem nach O ins Lechmündungsgebiet vorspringenden Hochterrassensporn, der nach N und O rund 30 m steil ins Lechtal abfällt. Das Erdkastell am Endpunkt der Via Claudia Augusta und der Kreuzung der Donau-Südstraße, die wenig oberhalb das Lechtal in gerader Linie zur Brückenkopfsiedlung Oberpeiching am ö Lechtalrand durchquert, war 150 x 140 m (2,1 ha) groß und mit einem 5 – 6 m breiten, 2,2 m tiefen Graben umgeben; der Graben ist im S und N für Tore auf 10 – 12 m Breite unterbrochen. Grabung und Luftbildbefunde zeigen einen schmäleren, im N versetzten Außengraben, der an SO-Seite zu fehlen scheint und einer anderen Bauperiode angehören dürfte. Spuren der Innenbebauung (mächtige Pfosten der Principia?) sind nur andeutungsweise im Luftbild zu erkennen. Truppengattung und -größe sind unbekannt; Pferdegeschirr und Reitzeug (Sporn) deuten auf die Anwesenheit von Reitern (unklar ist der Bezug der Apolloweihung eines Präfekten der ala Auriana: Schillinger-Häfele 234). Die Gründung fällt in die Frühzeit des Claudius, eine Zerstörung vermutlich ins Vierkaiserjahr 69. Der Platz blieb militärisch bis in spättrajanisch-frühhadrianische Zeit (etwa 120) besetzt. Das It. Ant. überliefert den Namen Submuntorium (*submunire*, befestigen – Submontorium, nicht abzuleiten von Schmutter). Vicusspuren sind an der Straße vor dem NW-Tor und beiderseits der 6 m breiten, kiesgeschütteten Ausfallstraße im S des Kastells beobachtet worden; 1925 wurden Reste des Lagerdorfs vor dem S-Tor ausgegraben: Holzbauten mit Balkengräbchen und Pfosten sowie ein Steingebäude und 3 Erdkeller, von denen ein holzverschalter (7,6 x 4 m, 1,7 m tief) das verbrannte Depot eines Sigillata-Geschirrhändlers enthielt. Spuren deuten auch auf die Nähe einer Irdenware-Töpferei. Der 1921 am NO-Hang des n Geländesporns gefundene Merkurtorso (CSIR I, 1, 167) weist auf ein noch nicht lokalisiertes Heiligtum.

Auf Luftaufnahmen erscheint in der Praetentura des Kastells ein Steinbau der nachkastellzeitlichen Periode, z. B. eine Straßenstation des 2./3. Jh. In der Spätantike war der Bergsporn Submuntorio befestigt und mit einer Eliteeinheit, den *equites Stablesiani iuniores* unter einem *praefectus legionis tertiae Italicae* besetzt, dem zugleich der obere Donauabschnitt *partis superioris deputatae ripae primae* (Not. Dig. Occ. XXXV 18) unterstand. Ihre Befestigung dürfte durch die mittelalterliche Pappenheimer Burg auf der Spornspitze zerstört sein. Zahlreiche Einzelfunde im Vorfeld deuten auf eine Siedlung, die vielleicht durch einen im Luftbild erkennbaren Abschnittsgraben geschützt war. Der Platz blieb bis in die 1. Hälfte des 5. Jh. besetzt; ob ein Solidus von 457/474 mit Soldzahlungen nach Burghöfe gelangt ist, steht dahin. Cz

*Lit.:* G. Ulbert, Die römischen Donau-Kastelle Aislingen und Burghöfe. Limesforschungen 1 (Berlin 1959); ders., Neue Bronzefunde aus Aislingen und Burghöfe. BVbl. 34, 1969, 54–63; FMRD I, 7069; R. Christlein/O. Braasch, Das unterirdische Bayern (Stuttgart 1982) 182 f.; H. Schönberger, Ber. RGK 66, 1985, 445 f. (B 59), 456 (C 69).

## Bürgle
## Gde. Gundremmingen, Lkr. Günzburg, Schw.

*Spätantike Befestigung*
Abb. 123

Rund 700 m sw des Vicus am Aschberg, rund 500 m zurückgezogen von der Donau-Südstraße, liegt am Fuß der Hochterrasse eine ausgeprägte Geländekuppe, auf der 1921 – 1925 und 1971 die Befestigung ausgegraben wurde.

Auf dem inselartig ovalen, ringsum 10 m steil abfallenden, schwach geneigten Rücken von 60 m Länge und rund 25 m Breite steht an der W-Spitze ein massiver Turmbau, integriert in eine 55 m lange Fortifikation (0,16 ha) mit 3 m breiten Mauern, die z. T. auf Spolien mittelkaiserzeitlicher Grabdenkmäler und Architekturteilen aus

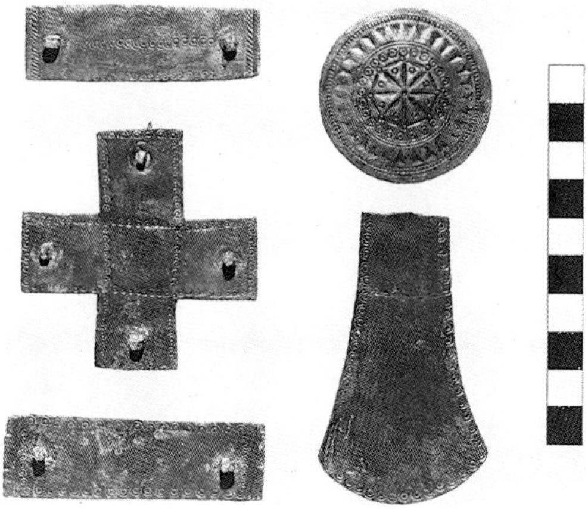

*Abb. 123 Bürgle bei Gundremmingen. Punzverzierte Pferdegeschirrbeschläge aus Bronze (Mus. Dillingen).*

Faimingen fundamentiert ist. Am Fuß des Hügels liegt ein 4 m breiter, bis zu 2,9 m tiefer Spitzgraben. Unterhalb des W-Turms wird eine Schlupfpforte vermutet; der Haupteingang mit Torhof lag jedoch im O.

Die Innenbebauung beiderseits des engen, 3 – 4 m breiten Mittelwegs bestand aus kasemattenartig angebauten Mannschaftsunterkünften (Stein- und Holz-/Fachwerkbauten) mit 18 Herdstellen und einem hypokaustierten Raumkomplex („Kommandantenwohnung") sowie Brunnen.

Die Identifikation des Bürgle mit dem Kastell der *pars media Pinianis* (Not. Dig. Occ. XXXV 29) war umstritten; aufgrund der Gundelfinger Meilensteine darf man annehmen, daß der Ortsname der Römerstadt Phoebiana/Faimingen mit der Rücknahme des nachlimeszeitlichen Brückenkopfburgus der *equites Stablesiani iuniores*, die nach der Not. Dig. Occ. XXXV 15 von Pons Aeni nach Febian[i]s (=Phoebianis) verlegt worden waren, auf das Bürgle übertragen wurde. Trifft dies zu, dürfte hier (Pinianis) zeitweilig die *cohors quinta Valeria Frygum* unter einem Tribunen stationiert gewesen sein.

Die Befestigungsanlagen des Bürgle sind sicher mehrphasig; nach den Funden dürften sie noch im 3. Jh. erbaut worden sein. Zerstört durch einen Brand, wurde der Burgus am Ende des 4. Jh. wiederbesetzt. Pferdegeschirr, Trachtbestandteile und Keramik deuten auf ostgermanische Foederaten als Besatzung; durch Spinnwirtel- und Webgewichtfunde ist die Anwesenheit von Frauen anzunehmen. Die Vorstellung, das Kastell könnte mit bis zu 150 Mann besetzt gewesen sein, scheint ebenso überhöht wie die wuchtige Rekonstruktion. Die Besiedlungsspuren verlieren sich in der ersten Hälfte des 5. Jh. Cz

*Lit.:* G. Bersu, Die spätrömische Befestigung „Bürgle" bei Gundremmingen. MBVF 10 (München 1964); E. Keller, Germanische Truppenstationen an der Nordgrenze des spätrömischen Raetien. Arch. Korrbl. 7, 1977, 63–73; ders., Germanenpolitik Roms im bayerischen Teil der Raetia secunda während des 4. und 5. Jahrhunderts. Jahrb. RGZM 33, 1986, 575–592; ders., Der nordalpine Teil der Raetia secunda im 5. Jahrhundert. Anz. d. German. Nationalmus. 1987, 77–88.

## Burgsalach
## Lkr. Weißenburg-Gunzenhausen, Mfr.

*Kleinkastell*
Abb. 124

Am Knie der Römerstraße Weißenburg–Pfünz liegt 1,3 km hinter dem Limes und wenige hundert Meter n eines nur aus der Luft bekannten größeren und vermutlich älteren Römerlagers das am obergermanisch-rätischen Limes bislang einzigartige Kleinkastell „in der Harlach". Die 1916/17 von F. Winkelmann ergrabene quadratische Anlage von 32,6 m Seitenlänge mit halbrundem, einspringenden Tor war teilweise noch bis zu einer Mauerhöhe von 2 m erhalten. Anders als in den frühkaiserzeitlichen Kleinkastellen (Burghöfe, Nersingen etc.) sind hier die sich um einen

*Abb. 124 Das Kleinkastell Burgsalach aus der Luft.*

offenen Hof gruppierenden Innenbauten bereits mit der Umwehrung verbunden. Die Mannschaft hatte in etwa die Stärke einer Centurie (ca. 80 Mann) und war in durch Fachwerkwände getrennten Räumen untergebracht. Jede dieser Unterkünfte enthielt eine eigene Herdstelle aus Lehm. 2 Zisternen versorgten die Besatzung mit Wasser. Ein zweites Geschoß ist aufgrund der starken Fundamente wahrscheinlich, seine Ausgestaltung aber ungewiß (nur als Wehrgang?). Das Fahnenheiligtum gegenüber dem Tor zeigt uns als Besatzung einen selbständigen Verband unter einem eigenen *vexillum*.

Die Anlage gehört nach den nächsten Parallelen, die sich in Nordafrika finden und üblicherweise als *centenaria* bezeichnet werden, ins fortgeschrittene 3. Jh.; sie dürfte daher für die letzte Bauphase an diesem Grenzabschnitt charakteristisch sein. Ob sie irgendwie mit dem unsicher bezeugten *dux limitis Raetiae* in Verbindung zu bringen ist, steht dahin. Di

*Lit.:* F. Winkelmann, Germania 1, 1917, 45 ff.; 2, 1918, 54 ff.; weiteres bei C.-M. Hüssen in: J. Garbsch u. a., Der römische Limes (München 1992) 44 f. Zum centenarium z. B. R. P. Duncan-Jones, Chiron 8, 1978, 548; 552–556; G. Waldherr, Kaiserliche Baupolitik in Nordafrika (Frankfurt a. M. etc. 1989) 259 f.

## Dambach
## Gde. Ehingen, Lkr. Ansbach, Mfr.

### *Kastell und Vicus*
Abb. 125, 126

Das Kastell Dambach stellt von der Lage und Baugeschichte her eine Ausnahme am raetischen Limes dar. Grabungen der Reichslimeskommission (K. G. J. Popp) 1892 – 1896 legten Teile der Umwehrung und das Wohnhaus des Kommandanten (*praetorium*) des jüngeren Kastells frei. Zunächst stand hier, direkt am Limes auf sumpfigem Baugrund beim heutigen Kreutweiher, ein in Stein ausgebautes Numeruskastell von 115 x 84 m, also 0,97 ha Fläche. Es wird mit gutem Grund vermutet, daß die Besatzung des vor der Mitte des 2. Jh. aufgelassenen Kastells Unterschwaningen hier direkt an den Limes vorgezogen wurde, so daß seine Lage etwa mit den Numeruskastellen Halheim, Gunzenhausen, Ellingen und Böhming verglichen werden kann. Im späten 2. Jh. wurde das Kastell auf 187 x 115 m erweitert. Nun konnte in den 2,2 ha Grundfläche des merkwürdig langrechteckigen Kastells eine *cohors quingenaria* untergebracht werden. Daß hier die *cohors II Aquitanorum equitata* aus Regensburg-Kumpfmühl stationiert wurde, bleibt Vermutung. Zufallsfunde und Notbergungen der Denkmalpflege legten in den letzten Jahren Teile des Lagerdorfes und Ausschnitte mehrerer Brandgräberfelder frei, die aber noch nicht wissenschaftlich bearbeitet sind. Dies gilt auch für

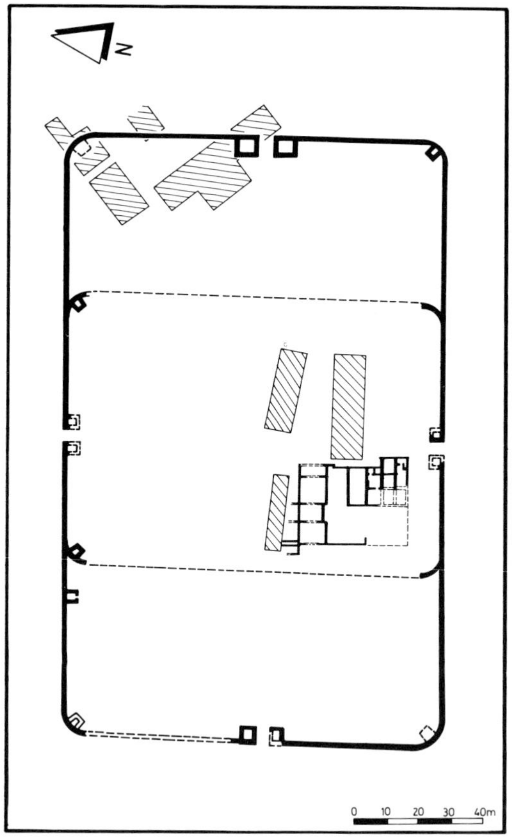

*Abb. 125 Dambach. Plan des Kastells (nach G. Ulbert/Th. Fischer).*

*Abb. 126 Dambach. Römische Orden (phalera und torques) aus vergoldeter Bronze (Prähist. Staatsslg. München).*

die zahlreichen Lesefunde aus dem Vicus, von denen bisher nur 2 militärische Auszeichnungen (*phalera* und *torques*) aus Bronze publiziert worden sind. Der Vicus weist durch den sumpfigen Baugrund teilweise einzigartig gut erhaltene Holzbaubefunde auf.
Eine ö des Kastells im Wald gelegene gut erhaltene ovale Schanze wird mit guten Argumenten als kleines Amphitheater gedeutet.
Ein kleiner Münzschatz hat zu der Vermutung geführt, daß in Dambach bereits vor dem Alamannenfeldzug Caracallas im Jahr 213 mit Zerstörungen zu rechnen sei. Es gibt zahlreiche Hinweise darauf, daß das römische Dambach durch eine Brandkatastrophe sein Ende fand (Brandschichten, verbrannte Münzen). Auch ein Hortfund von 7 Bronzegefäßen, der 1852 im Kastell gefunden wurde, hängt mit diesem gewaltsamen Ende zusammen. Neuere Münzfunde, die in großer Zahl als Lesefunde zutage kamen, datieren dieses Ende von Kastell und Vicus erst nach der Mitte des 3. Jh., also spätestens um 259/60. Fi

*Lit.:* K. G. J. Popp, ORL Abt. B Bd. VI 2, Nr. 69 (1901); Abt. A Strecke 13 (1930) 41 ff.; FMRD I 5, 5005–5007; G. Ulbert/Th. Fischer, Der Limes in Bayern (Stuttgart 1983) 63 – 65, 117; Th. Fischer, Jahrb. f. Numismatik u. Geldgesch. 35, 1985, 49 – 57; Schönberger, Ber. RGK 66, 1985, 471 f. (D 103 b); J. Garbsch, BVbl. 51, 1986, 333–336; H. Koschick, AJB 1986 (1987) 119 – 121; F. Leja/H. Thoma, AJB 1990 (1991) 113 – 115; Th. Fischer in: J. Garbsch u. a., Der römische Limes in Bayern, (München 1992) 37; 40.

**Denklingen** → Epfach

## Denning
## Stadt München, Obb.

*Villa rustica*

Am Fuß der Ismaninger Lößterrasse rund 600 m nö des Ortskerns zwischen dem Platz zur Deutschen Einheit, der Marienburger, Insterburger und Rösseler Straße liegt eine ausgedehnte römische Siedlung, die beim Kiesabbau 1928 entdeckt und bis 1930 untersucht wurde; eine Testgrabung fand 1972 statt.

Über eine Fläche von 160 x 130 m verteilten sich ein Badegebäude und mindestens 6 Stein- und Steinsockelbauten zwischen bis zu 100 m langen Zaungräbchen, Brunnen und Gruben. Trotz seiner bescheidenen Größe (9 x 9 m) war das Bad mit bemaltem Wandputz, verglasten Fenstern, die Wasserwannen mit Solnhofer Platten ausgestattet.
Die Pfostenbauten dürften hauptsächlich den beiden Reihengräberfeldern (7. Jh.) s des Bades zuzuordnen sein. Gegründet gegen Ende des 1. Jh., gehört Denning zu den wenigen ländlichen Siedlungen, die nach einer Zerstörung in der Mitte des 3. Jh. wiederbewohnt und im späten 3. und 4. Jh. in Zusammenhang mit seiner günstigen Verkehrslage (Straßenstation?) zu einer gewissen Blüte gelangten. Davon zeugen zahlreiche spätrömische Gläser, Argonnensigillata, Lavez und glasierte Reibschüsseln. Wann der Platz gegen Ende des 4. oder Beginn des 5. Jh. aufgelassen wurde (Schlußmünze Theodosius von 379/383) ist nicht genau festzulegen. Cz

*Lit.:* W. Czysz, Der römische Gutshof in München-Denning und die römerzeitliche Besiedlung der Münchner Schotterebene. Kat. Prähist. Staatsslg. 16 (Kallmünz 1974).

**Ehingen** → Dambach

## Eining
## Stadt Neustadt a. d. Donau, Lkr. Kelheim, Obb.

*Kastell Abusina mit Vicus, Vexillationslager, Tempelbezirk*
Abb. 67, 86, 127–129; Taf. 2

Abusina liegt am S-Rand von Eining, ca. 3,7 km s vom Limesende entfernt auf dem gegenüberliegenden ö Donauufer. Zum Limes besteht keine direkte Sichtverbindung, wohl aber über den Wachposten auf dem Weinberg 2 km nö des Dorfes. Das Kastell, dessen freigelegte Ruinen heute konserviert zu besichtigen sind, wurde nicht mehr durch das Forschungsprogramm der

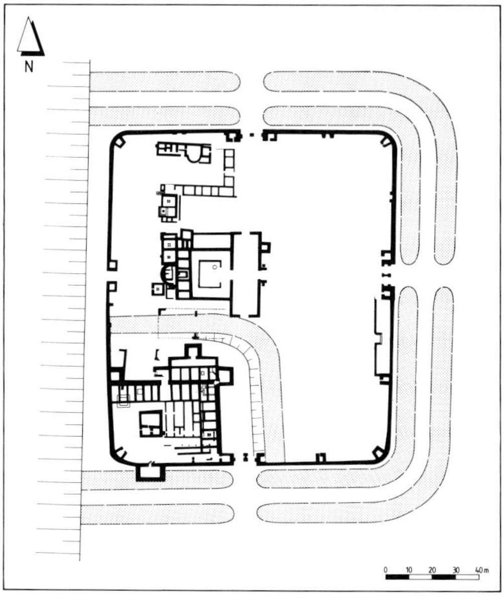


*Abb. 127 Eining. Plan des Kastells (nach G. Ulbert/Th. Fischer).*

Reichslimeskommission erfaßt. Hier grub 1878 – 1920, nach lokalen Ansätzen, das Bayerische Landesamt für Denkmalpflege (P. Reinekke), jüngere Notbergungen folgten.
Einem Holz-Erde-Kastell aus der Zeit des Titus (79 – 81) folgte eine Fülle von Aus- und Umbauten bis in das 5. Jh. hinein, so daß die heute konservierten Ruinen eine etwas verwirrende Mischung aus älteren und jüngeren Steinbauphasen bilden. Als Besatzungen sind die *cohors IIII Gallorum*, vielleicht eine Teileinheit (*vexillatio*) der *cohors II Tungrorum milliaria equitata* und, von der Mitte des 2. Jh. – 5. Jh., die *cohors III Britannorum equitata*, bezeugt.
Das 147 x 125 m große Kastell mit 1,8 ha Innenfläche, steinerner Umwehrung und 2 Spitzgräben weicht von dem üblichen Kastellschema dadurch ab, daß das Mittelgebäude, und damit die gesamte Innenbebauung, in ihrer Ausrichtung von N nach O gedreht wurden. In der Spätantike wurde in der SW-Ecke des Kastells ein kleines, aber sehr stark befestigtes Binnenkastell errichtet, die Mauern des älteren Lagers umschlossen nun den befestigten Vicus. Aus dieser Spätzeit stammen die

meisten der heute sichtbaren Neu-, An- und Umbauten, u. a. das spätantike Kastellbad n des Mittelgebäudes.
Der umfangreiche Vicus mit auffallend vielen Steinbauten ist durch Lesefunde, Notbergungen und Luftbilder erschlossen. Ergraben wurden vor der N-Front des Kastells ein Unterkunftshaus für Dienstreisende (*mansio*) und das Kastellbad.
Die Funde von Eining sind im Archäologischen Museum Kelheim, im Stadtmuseum Landshut und in der Prähistorischen Staatssammlung in München aufbewahrt.
*Unterfeld:* Im Unterfeld, ca. 1 km n des Eininger Kohortenkastells Abusina, liegt ein 11 ha großes römisches Truppenlager, dessen nö Graben samt seiner Umbiegung nach SO noch heute in großen Teilen sichtbar ist. Grabungen H. Schönbergers und Luftbilder belegen eine Rasensodenmauer und 2 Spitzgräben, die das Lager, welches mit seiner W-Seite an die Donau anbindet, befestigten. Durch Luftbilder sind ein Mittelgebäude und ein repräsentativer Wohnbau, wohl das *praetorium*, nachgewiesen.

*Abb. 128 Eining. Mittelplatte einer Roßstirn mit der Darstellung der Victoria. H. 20,4 cm.*

*Abb. 129 Eining. Statue des Mars. H. 1,4 m.*

In diesem Lager waren während der Markomannenkriege, wohl nur in der kurzen Zeit nach 172 und vor 179, Teile der 3. italischen Legion (ca. die Hälfte) und berittene Hilfstruppen stationiert. Vermutlich handelte es sich beim Lager im Unterfeld weniger um eine Nachschubbasis als um einen Stützpunkt, von dem aus nach Raetien ein-

gedrungene Markomannen und ihre Verbündeten bekämpft wurden; definitiv läßt sich dies erst nach der großflächigen Erforschung des Innenraums sagen. Ein größeres Lagerdorf hat hier anscheinend nie existiert.
*Weinberg:* Auf dem nö des Ortes gelegenen Weinberg fanden sich bei Ausgrabungen während des 1. Weltkrieges (P. Reinecke) 3 Steinfundamente, die zu einem Wachtturm, einer Mannschaftsunterkunft und zu einem kleinen Mars- und Viktoria-Tempel gehörten. Der Turm stellte die Sichtverbindung vom Limesende bei Hienheim zum Kastell Eining her. Die Anlagen wurden im 3. Jh. zerstört, im Schutt fanden sich Hinweise auf eine Nutzung als christliche Kultstätte im frühen Mittelalter. Fi

*Lit.:* FMRD I 2, 2028 – 2040; G. Ulbert/Th. Fischer, Der römische Limes in Bayern (Stuttgart 1983) 106 – 110, 117; K. Spindler/Th. Fischer, Das römische Grenzkastell Abusina-Eining (Stuttgart 1984); E. Lippert, Die Tierknochenfunde aus dem römischen Kastell Abusina-Eining, Stadt Neustadt a. d. Donau, Lkr. Kelheim. Jahresber. Bayer. Bodendenkmalpfl. 22/23, 1981/82 (1986) 81 f.; Th. Fischer in: J. Garbsch u. a., Der römische Limes in Bayern (München 1992) 52 – 54; A. Faber, BVbl. 58, 1993, 97 – 122; M. Mackensen, Germania 70, 1994, 479 – 513.

## Ellingen
## Lkr. Weißenburg-Gunzenhausen, Mfr.

### *Römisches Kastell*

Abb. 74, 130–132

Etwa 1,5 km ö von Ellingen liegt nö der Straße nach Höttingen auf einer Lias-Hochfläche (453 m ü.NN) das Limeskastell Sablonetum/Ellingen. Der Limes zieht etwa 1,8 km nö in einem leichten Bogen vorbei. Die den Limes begleitende Römerstraße von Pfünz im SO und Theilenhofen im W verläuft gut 100 m s des Kastells und fällt ungefähr mit der heutigen Straße zusammen. Eine Stichstraße zum S-Tor des Kastells sowie eine direkte Verbindung zum 4 km entfernten Alenkastell Biriciana/Weißenburg muß man voraussetzen. Flurbereinigungsmaßnahmen im 1895 entdeckten Kastell waren Anlaß für Ausgrabungen 1980 – 1982.
Das um 115/125 errichtete Kastell hängt mit dem endgültigen Limesausbau zusammen. Seine Hauptaufgabe wird bis zu seinem Ende in der 1. Hälfte des 3. Jh. der Wachtdienst am Limes gewesen sein. Die Umwehrung des ca. 90 x 80 m großen Kastells (0,72 ha) hatte 2 Bauperioden: Die ältere Holzumwehrung bildete eine Bohlenwand mit angeschüttetem, etwa 5,0 m breitem Erdwall. Das Holzkastell hatte 4 Ecktürme, Spuren des N- und S-Tors konnten festgestellt werden. Unsicher bleibt, ob es Principaltore an den Langseiten hatte. Die schwach fundamentierte Steinmauer liegt über dem älteren Pfostengräbchen, ihre Fundamentbreite beträgt etwa 1,2 m, im Aufgehenden 0,9 – 1,1 m. Das Steinkastell hatte 4 Ecktürme, an den Schmalseiten im N und S befand sich je ein Tor, an den Langseiten waren sicher keine Tore. Umgeben war das Kastell von einem Wehrgraben.Von der ältesten Innenbebauung sind in den 4 Ecken quer zur Kastellachse gelegene Gebäude nachgewiesen, möglicherweise Baracken, z. T vielleicht auch Werkstätten. Der unvollständige Grundriß der Periode 1 läßt über Art und Stärke der Truppe keine Aussagen zu. Denkbar wären ein Numerus oder Detachements von Auxiliareinheiten.
Wahrscheinlich gleichzeitig mit der Steinumwehrung 182 änderte sich die Innenbebauung (Periode 2). Das Mittelgebäude A bestand aus einem 4,3 x 5,0 m großen Raum mit Steinfundamenten, der auf 3 Seiten von Pfosten umgeben war, wohl ein auf das Fahnenheiligtum reduziertes Principiagebäude. Das riesige Gebäude B ist eine 51 x 17 m Doppelbaracke mit 24 Contubernien. Gebäude C läßt sich als Doppelbaracke mit 10 Contubernien ansprechen. Weitere Soldaten könnten in Gebäude D in der NW-Ecke untergebracht gewesen sein. Gebäude E mit seinen 2 Zwischenmauern ist als Magazinbau zu deuten. Gebäude F in der SW-Ecke kann als Unterkunft des Befehlshabers interpretiert werden.
Vor dem Haupttor im Süden fand sich am Grabenansatz die Bauinschrift, die uns wichtige Informationen liefert: Unter Commodus (180 – 192) wurde die Umwehrung des Kastells Sablonetum mitsamt den Toren in Stein ersetzt.

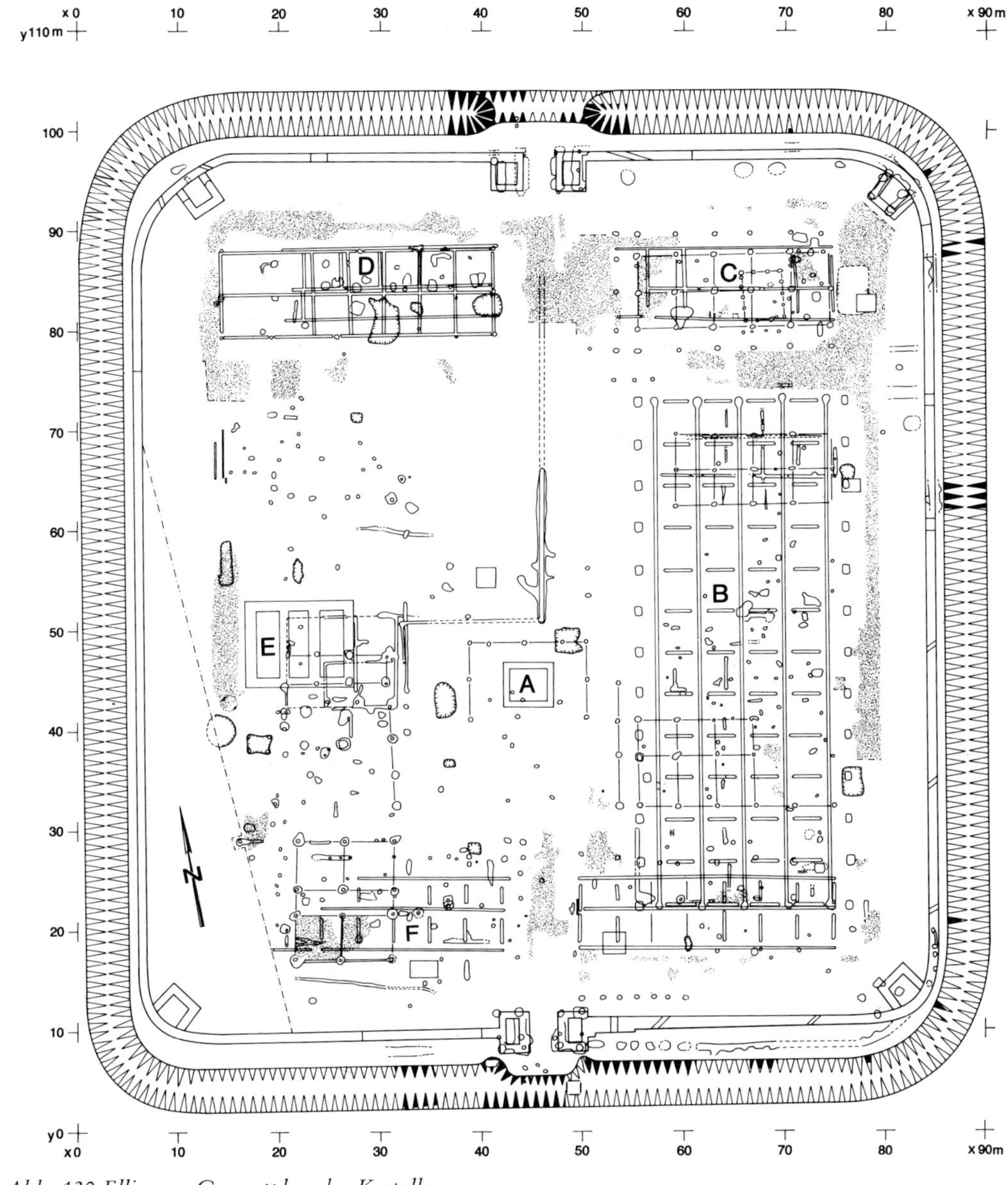


*Abb. 130 Ellingen. Gesamtplan des Kastells.*

Der Statthalter Quintus Spicius Cerialis hat diese Arbeiten angeordnet, die nach der Konsulangabe ins Jahr 182 datieren. Durchgeführt wurden sie von den *pedites singulares*. Diese Einheit wurde von einem Centurio der *Legio III Italica* (Aurelius Argivus) befehligt. Die Inschrift überliefert auch den antiken Namen: Kastellum Sablonetum. Das Fehlen eines Principiagebäudes zeigt, daß die Ellinger Einheit nicht selbständig war. Da für sämtliche *pedites singulares* Raetiens (etwa

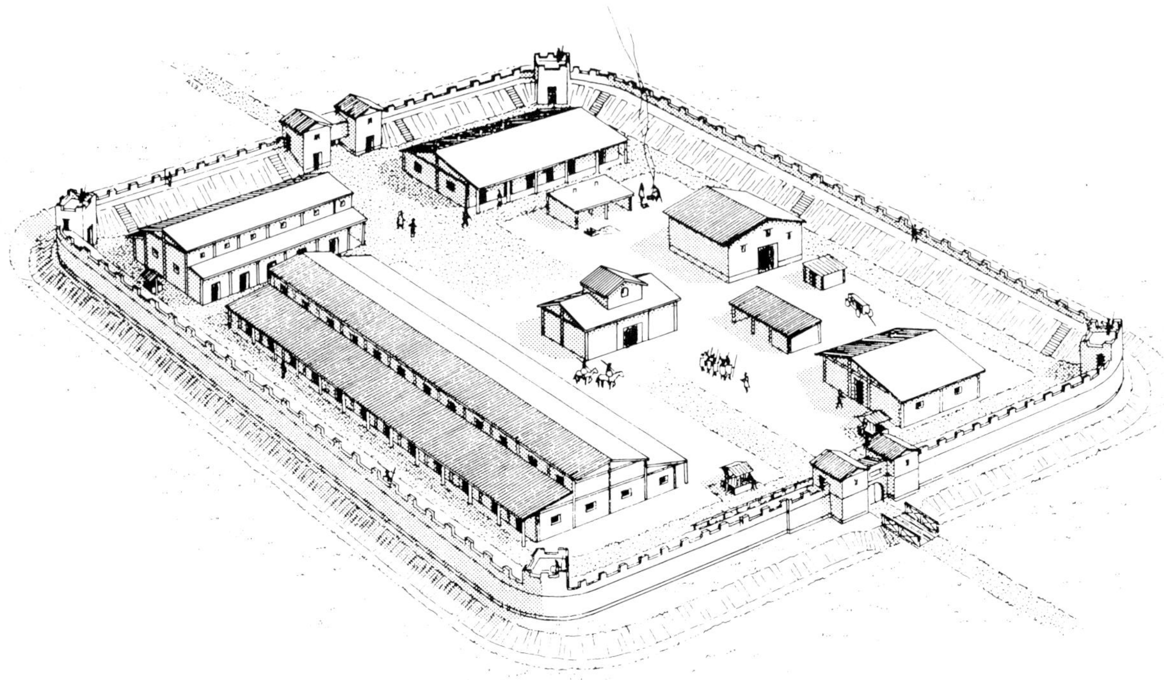

*Abb. 131 Ellingen. Rekonstruktion des Kastells, Periode 2; Blick von Südosten.*

*Abb. 132 Ellingen. Bauinschrift des Kastells; H. 0,77 m (Prähist. Staatsslg. München)*

250) genügend Platz vorhanden war, wäre es denkbar, daß diese 182 das Kastell nicht nur bauten, sondern auch im Kastell stationiert waren. Sie hätten dann die Innenbebauung (Periode 2) ihren Bedürfnissen angepaßt.
Nach Abschluß der Grabungen hat man die n Kastellmauer in ihren Fundamenten und den NW-Turm samt Erdrampe rekonstruiert. Za

*Lit.:* E. Fabricius, ORL A 14 (Wiesbaden 1927) 81 f. mit Taf. 9, 1a–f.; K. Dietz, Kastellum Sablonetum und der Ausbau des rätischen Limes unter Kaiser Commodus. Chiron 13, 1983, 497–536; K.-S. Frank/H.-P. Stika, Bearbeitung der makroskopischen Pflanzen- und einiger Tierreste des Römerkastells Sablonetum (Ellingen bei Weißenburg). MBVF 61 (Kallmünz 1988); W. Zanier, Das römische Kastell Ellingen. Limesforschungen 23 (Mainz 1992).

## Epfach
## Gde. Denklingen, Lkr. Landsberg a. Lech, Obb.

*Frühkaiserzeitliche Militärstation, Vicus und spätantike Befestigung*
Abb. 133–136

Die Besiedlung des Epfacher Lechtals reicht von der römischen Besetzung in der frühen Kaiserzeit bis in die Spätantike. Ausgangs- und Endpunkt ist der Lorenzberg, ein langgestreckter, durch Steilhänge ringsum geschützter Inselberg in der Lechschleife, dessen 170 m lange, 50 m breite Kuppe sich rund 15 m über die Talsohle erhebt. Ausgrabungen 1953–54 und 1956–57 haben von der frühkaiserzeitlichen Siedlungsphase zahlreiche Gräbchen und Pfosten von mehrphasigen Ständer- und Schwellriegelbauten, Gruben und Kulturschichtreste aufgedeckt, jedoch ohne erkennbare Bauzusammenhänge. Nach der Münzverbreitung lag die Militärstation auf dem höheren O-Teil (rund 0,25 ha). Bruchstücke der Legionarsausrüstung deuten auf ein Legionsdetachement, dessen Stärke auf höchstens 80 Mann geschätzt wurde. Nach dem Keramik-Serienvergleich ist der Lorenzberg im letzten Jahrzehnt

*Abb. 133 Lorenzberg bei Epfach. Frühkaiserzeitliche Reliefkeramik aus der Werkstatt des oberitalischen Töpfers Clemens, Dm. 13,9 cm (Prähist. Staatsslg. München).*

v. Chr. besetzt worden; die Münzreihe endet in der Regierungszeit des Claudius um 50.
Ohne erkennbaren siedlungsgenetischen Zusammenhang entstand 300 m entfernt auf der 650-m-Mittelterrasse unter Epfach-Dorf und unterhalb der Via Claudia nö der Abzweigung nach Gauting in flavischer Zeit ein Straßenvicus. Der Ortsname Abodiaco ist mehrfach belegt (Ptol., Tab. Peut., It. Ant.). Von der Ortsbebauung (rund 3 ha) ist allerdings wenig bekannt; jüngere Ausgrabungen konnten verschiedene Steingebäudeteile freilegen. Der 56 Brandgräber umfassende Ausschnitt eines Gräberfeldes am jenseitigen Lechufer in der Mühlau (Gde. Reichling) reicht von der Mitte des 1. bis ins 3. Jh. Damals ist der Vicus zerstört worden; eine münzdatierte Brandschicht im Bereich der Schule (1957) deutet auf ein gewaltsames Ende nach 221 (Elagabal).
Die spätantike Phase von Abodiacum wird durch die Aufgabe des Vicus und den Rückzug auf den Inselberg in der Lechschleife gekennzeichnet. Dort setzte die Besiedlung nach dem Limesfall mit der Münzserie unter Gallienus und Claudius II. wieder ein.
Soweit die Ausgrabungen Klarheit gewinnen konnten, wurden die Holzbauten durch einen Mauerring (0,7 ha) entlang der Plateaukante des Lorenzberges geschützt, der nur durch einen einfachen Zugang über den W-Grat zugänglich war. Die 2,65 m starke Mauer war aus regelmäßigen Kalksteinblöcken und Tuffquadern sowie Werksteinen hochwertiger mittelkaiserzeitlicher Grabarchitektur aus Epfach und seiner Umge-

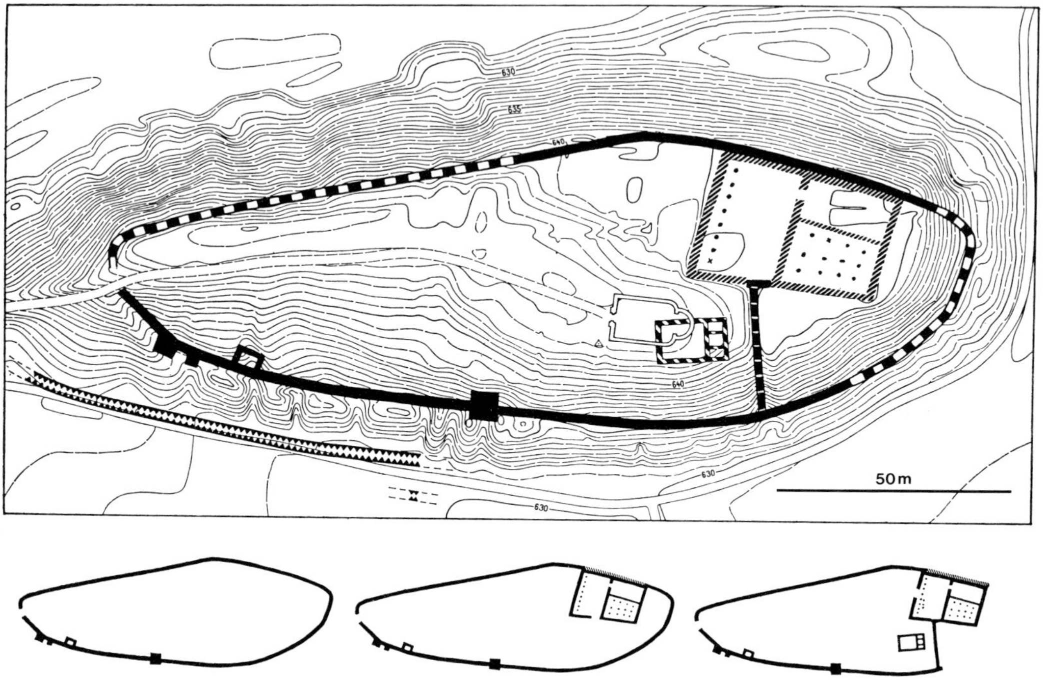


*Abb. 134 Grundriß der spätantiken Befestigung auf dem Lorenzberg bei Epfach.*

bung errichtet. Reste von 2 quadratischen Türmen von 6,3 m Seitenlänge waren noch bis zu 3,8 m hoch erhalten, bevor sie im vergangenen Jh. ausgebrochen wurden. Am Bergfuß umzog zusätzlich ein 7 m breiter, 1,5 m tiefer Spitzgraben die Befestigung; die Zugehörigkeit eines weiteren, davorliegenden Grabens ist nicht gesichert. Nach einem Münzterminus (279) ist die Mauer in der Regierungszeit der Kaiser Probus oder Diokletian gebaut worden.
Weite Teile der Siedlung wurden vermutlich bei einem Juthungeneinfall nach 351/352 in Brand gesetzt. Danach entstand auf dem NO-Plateau ein einfacher, durch Holzpfeiler auf Postamenten untergliederter und mit Bodenunterzügen versehener Magazinbau („Boxlerbau“) von 39 x 26 m, der an die Umfassungsmauer angesetzt wurde; seine meterstarken Mauern waren z. T. wiederum aus Spolien errichtet. Nach Bauform und Funden (Gußtiegel und Zange, Eisengerät, vereinzelte germanische Objekte, Diatretglas) haben die Ausgräber den Bau als *mansio* gedeutet.

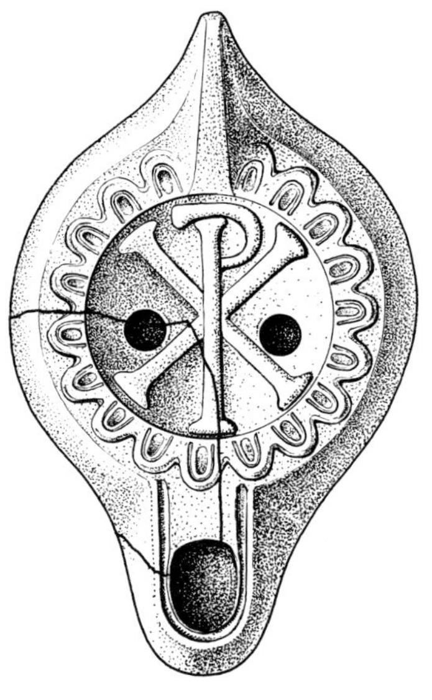

*Abb. 135 Lorenzberg bei Epfach. Nordafrikanische Lampe des 4. Jahrhunderts mit Christusmonogramm. (Prähist. Staatsslg. München).*

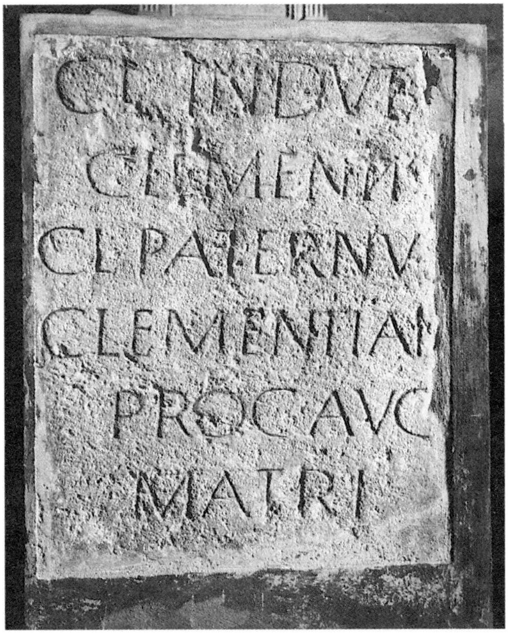


*Abb. 136 Lorenzberg bei Epfach. In der spätantiken Befestigungsmauer wurde 1830 eine als Spolie verbaute Grabinschrift geborgen, die der kaiserliche Prokurator Cl. Paternus Clementianus seiner Mutter Claudia Clementina, Tochter des Indutus, gesetzt hat; H. 0,73 m (Röm. Mus. Augsburg).*

Gegen Ende des 4. Jh. deuten Baumaßnahmen auf eine Umstrukturierung der Befestigung: Das S-Tor wurde zugesetzt, die O-Spitze des Plateaus durch einen Mauerabschnitt verkürzt. Unter der Lorenzkapelle entstand ein Steinbau mit dreigliedrigem O-Abschluß, der als spätantik-frühchristliche Kirche interpretiert wird; seine Ruinen dienten alamannischen Siedlern der Merowingerzeit als Friedhof.Die Herkunft (Prägestätten) der spätrömischen Münzen (Truppensold) und andere Indizien (Eifelkeramik) deuten darauf hin, daß der Berg unter Magnus Maximus und Theodosius I. wieder eine militärische Besatzung erhielt. Einzelfunde (donauländischer Schnallendorn) lassen an germanische Föderaten denken. Der Lorenzberg gehört zu den am längsten gehaltenen römischen Siedlungspunkten der Spätantike; die Zeugnisse verlieren sich in der 1. Hälfte des 5. Jh. Cz

*Lit.:* Studien zu Abodiacum-Epfach, hrsg. J. Werner. MBVF 7 (München 1964); G. Ulbert, Der Lorenzberg bei Epfach. Die frührömische Militärstation. MBVF 9 (München 1965); J. Werner, Der Lorenzberg bei Epfach. Die spätrömischen und frühmittelalterlichen Anlagen. MBVF 8 (München 1969); FMRD I, 1, 1252–1254; H. Dannheimer, Donatus, ein Küfer in Epfach. BVbl. 36, 1971, 322–324; CSIR I, 1, 527–535; H. Schönberger, Ber. RGK 66, 1985, 437 (A 62).

## Faimingen
## Stadt Lauingen/Donau, Lkr. Dillingen a. d. Donau, Schw.

### *Kastell und Vicus Phoebiana*

Abb. 35, 36, 54, 84, 137–139

Das antike Siedlungsgelände beiderseits der B 16 ist durch eine Einsenkung in ein O- und W-Plateau gegliedert, das im O durch das sog. Faiminger Tälchen begrenzt wird. Die mäandrierende, bis um 1840 noch nicht regulierte Donau stieß ursprünglich von S her in nahezu rechtem Winkel auf das 14 m über dem heutigen Brenzpegel liegende Faiminger Hochufer; heute fließt die über Heidenheim kommende Brenz im verengten ehemaligen Donaubett und mündet 300 m ö Faimingens in die Donau. Faimingen – nach den neugefundenen Gundelfinger Meilensteinen als das antike Phoebiana zu identifizieren – liegt im Netz verschiedener Fernstraßen; die aus dem Dekumatland von Rhein und Neckar her über Urspring kommende Straße setzt sich in einer Donau-Nordstraße, in der Donau-Südstraße oder über den Aschberg nach Augsburg hin fort. Über Heidenheim–Aalen führt eine Straße über Oberdorf am Ipf nach N zum Limes.
Nach Ausgrabungen in der Siedlung (ab 1898) und im N-Gräberfeld (1901 – 1907) fanden 1970 – 1973 planmäßige Untersuchungen im heute überbauten Steinkastell statt; 1979/80, 1983 und 1986 wurde der Tempelbezirk freigelegt.
Die frühe römische Besiedlung beginnt mit der Anlage eines Kastells, das unter dem Heiligtum und durch archäologische Bohrungen im Ortskern lokalisiert werden konnte. Das im Grundriß

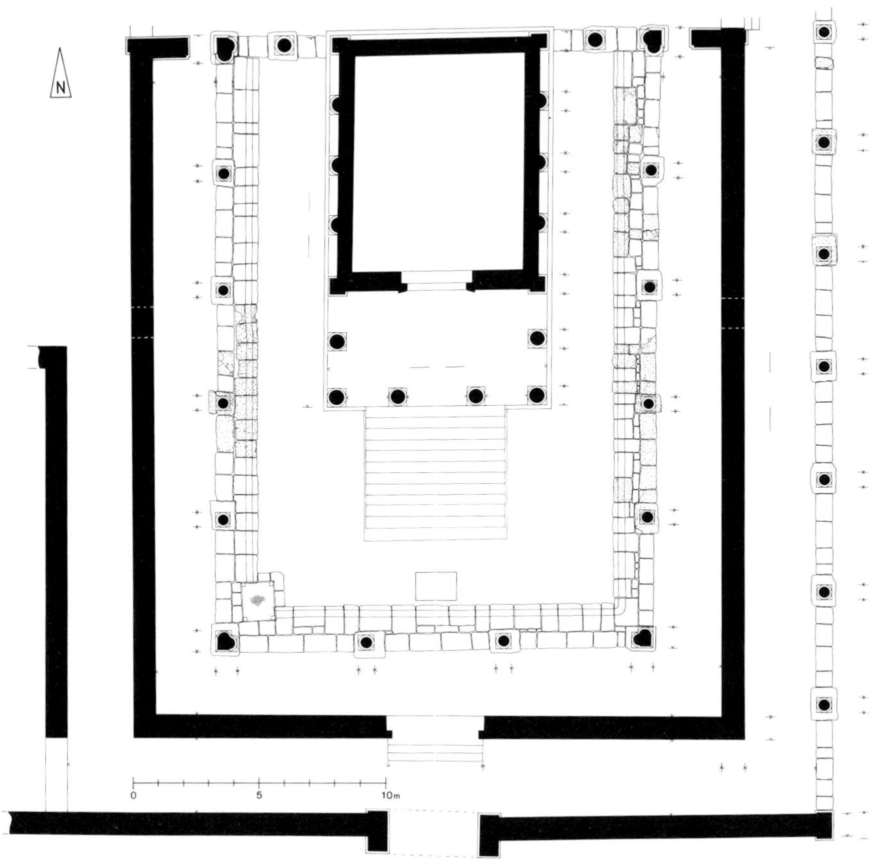


*Abb. 137 Faimingen. Grundriß des Apollo-Grannus-Tempels.*

leicht trapezförmige Lager mit gerundeten Ecken ist rund 1,7 ha groß. Auf der ca. 1,2 m breiten Fundamentierung saß eine Mauer aus Kalktuffquadern; ob diese Steine als Blendmauer eines Erdwalls dienten, konnte noch nicht geklärt werden. Der Mauer vorgelagert ist ein ca. 2,7 m tiefer, ca. 7 – 9 m breiter Spitzgraben. Innenbauten konnten bislang nicht nachgewiesen werden.

Insbesondere die Terra Sigillata legt eine Datierung bald nach 90 nahe, während das Fundmaterial aus der Verfüllung des Kastellgrabens die Auflassung des Kastells um 120 und dessen Schleifung um 140 wahrscheinlich macht. Mit der Anlage des Kastells dürfte sich in seinem Umfeld ein Vicus entwickelt haben, von dem allerdings bei den älteren Grabungen fast ausschließlich Bauteile aus Stein beobachtet wurden, die erst ab der Mitte des 2. Jh. zu datieren sind. An zwei Stellen läßt sich ein Wechsel in der Ausrichtung dieser Häuser und damit möglicherweise der zugehörigen Straßenzüge nachweisen.

Vor dem S-Rand des einplanierten Kastells entstand in den 40er und frühen 50er Jahren des 2. Jh. ein rechtwinkliger, N–S ausgerichteter, mit einer Holzpalisade umfriedeter Bezirk mit einer N–S-Ausdehnung von mehr als 21 m, aus dem sich der Tempelbezirk entwickelte, der seit 1980/1987 in seiner 3. bzw. 4. Bauphase als Teilrekonstruktion zugänglich ist.

Unter dem späteren Podiumstempel wurden Pfostenlöcher und Baureste eines Holzgebäudes festgestellt; in der SW-Ecke der Palisade lag eine holzverschalte Zisterne, unmittelbar w außerhalb eine ursprünglich wohl quadratische Ziegelest-

*Abb. 138 Faimingen. Rekonstruktion des Apollo-Grannus-Tempels.*

richplatte von knapp 6 m Seitenlänge, die von einem leichten Lehmziegel- bzw. Lehmfachwerkbau überdeckt gewesen sein dürfte. Unter, auf und im Umfeld dieser beiden Holzgebäude fanden sich einige Deponate, die als Weihegaben angesprochen werden: so z. B. Teile von Lichthäuschen und 21 durchlochte Astragalwürfel.

Der Baubeginn des aus Stein errichteten Tempels, der den hölzernen Vorgänger an gleichem Ort und in gleicher Ausrichtung ersetzte, ist nicht vor 155/60 anzusetzen. Nach S zu greift eine Doppelhalle um etwa 8 m über die S-Palisade des aufgelassenen Tempelbezirks hinaus; im O grenzt die Doppelhalle direkt an die weiterbestehende *decumanus*-Linie des aufgelassenen Kastells. Die innere Portikus bildet im O, S und W einen ca. 16 x 23 m großen Hofraum, an dessen geschlossene N-Seite der eigentliche Tempel gerückt ist. Dieser Tempel war zunächst mit einem dreiseitigen Umgang geplant (Phase 1), bevor er nach einer Umplanung (Phase 2) an der N-Seite des Tempelbezirks als klassischer Podiumstempel ausgeführt wurde (Phase 3).

Die ö äußere Halle war als offene Straßenportikus mit tuskischen Säulen gebildet, die s zeigt eine geschlossene Schaufassade mit einem Portalbau in der Achse des Tempels. Die innere Portikus wurde ebenfalls von tuskischen Säulen getragen und war an der Rückwand mit einer dreizonigen Malerei mit Kandelabern und Blattranken ausgestattet.

Über eine Rampe erreichte man das mehr als 1,3 m hohe, erdverfüllte Podium eines in der Front viersäuligen Tempels, eines sog. *tetrastylos*, der in den 80er Jahren des 2. Jh. noch nicht gänzlich vollendet war; in einer 4. Phase Anfang des 3. Jh. wurde die N-Seite des Tempelbezirks abgebrochen und durch Einsetzen einer tuskischen Herzsäule durchgängig gemacht.

Aus Faimingen und seiner Umgebung sind sechs Weiheinschriften an Apollo Grannus überliefert (IBR 201, 213, 215, 217, 219 u. 224). Der Besuch des Kaisers Caracalla im Rahmen seiner Feldzüge gegen die Alamannen 212/213 und die o. g. Indizien legen nahe, im Faiminger Tempelbezirk das überregional bedeutende, einem Kaiserbesuch angemessen ausgestattete Heiligtum des Apollo Grannus zu sehen.

Der Vicus wurde in antoninischer Zeit bzw. frühestens im 1. Jahrzehnt des 3. Jh. mit einer möglicherweise zweiphasigen Holz-Erde-Umwehrung versehen, zuletzt einer Palisade mit angeschüttetem, 8 – 9 m breiten Wall und vorgelagertem Graben von 8,4 m Breite und 2,8 – 4,7 m Tiefe. Im O und N werden die Tore von rechteckigen Steintürmen flankiert. Das Steintor an der Straße nach Heidenheim ist entsprechend der Straßenausrichtung gegenüber der Wallanlage schiefwinklig angelegt, hat einen halbrunden Vorhof und zwei Durchfahrten. Das Fundmaterial im verfüllten Wehrgraben gibt einen Anhaltspunkt dafür, daß die Holz-Erde-Umwehrung

*Abb. 139 Der 1981 gefundene Meilenstein war im Fundament der frühmittelalterlichen Martinskirche von Gundelfingen verbaut. Er wurde im Jahr 212 von Caracalla an der Römerstraße vermutlich nach Heidenheim – Aalen, 4 Meilen von Phoebianis entfernt, errichtet; H. 1,87 m (Pfarrk. Gundelfingen).*

schon im 2. Jahrzehnt des 3. Jh. durch eine 1,9 m starke, im Fundament 2,4 m breite Steinmauer ersetzt wird. Rechnet man von der Donau vor allem im O abgeschwemmte Teile des besiedelten Hochufers hinzu, so umfaßt diese mit der Steinmauer umgebene Fläche gut 40 ha. Die rechteckigen Türme der nun 4 Tore springen inner- und außerhalb der Wehrmauer vor.

Entlang der Straße nach Oberdorf am Ipf, ca. 150 m n des ersten Kastells, entsteht bereits in den 90er Jahren des 1. Jh. ein Gräberfeld, von dem bislang 518 Brandbestattungen und 12 Fundamente von Grabdenkmälern aufgedeckt wurden. Rund 130 m onö der Steinumwehrung an der römischen Donau-Nordstraße (unter der heutigen B 16) wurden Bestattungen eines weiteren seit dem Ende des 2. Jh. belegten Friedhofs beobachtet, von dem 19 Gräber und drei Grabdenkmäler untersucht werden konnten.

Die letzte größere Baumaßnahme in Phoebiana ist das Steinkastell im O des Vicus, das mit ca. 5,2 ha das zweitgrößte Auxiliarlager in Raetien darstellt. Die im Fundament 2,4 m und im Aufgehenden 1,8 m breite Mauer hat an der O-, N- und W-Seite je ein von zwei Türmen flankiertes Tor, jedoch keine Zwischen- und Ecktürme. In den *principia* lassen sich eine Exerzierhalle und die Apsis des Fahnenheiligtums erkennen. Der erhaltene Teil des Südbaus wurde als Magazin gedeutet. Aus dem Mauerausbruch der W-Kastellmauer stammen zahlreiche Spolienteile, die z. T. noch vom Werkplatz einer Bauhütte in das Fundament der Mauer gelangt waren. Die Datierungsansätze für das Steinkastell liegen zwischen 212 und den 40er Jahren des 3. Jh.

Ein Fund von weit über 100 Steinarchitekturteilen (Brenzfund) aus dem ehem. Donaubett unterhalb des Schloßbergs spricht dafür, hier die Reste eines spätantiken Brückenkopfes anzunehmen und damit einen Bezug zum Febian(i)s der Not. dig. herzustellen. We

*Lit.:* F. Drexel, Das Kastell Faimingen. ORL B Nr.66 c (1911); FMRD I 7048–7050; CSIR I, 1 151–163, wohl auch 164–166; A. Rüsch, Neue Ausgrabungen im Kastell und Vicus Faimingen. Arch. Korrbl. 2, 1972, 319-322; P. Fasold/C.-M. Hüssen, Römische Grabfunde aus dem östlichen Gräberfeld von Faimingen-Phoebiana. BVbl. 50, 1985, 287–340; K. Dietz, Zwei neue Meilensteine Caracallas aus Gundelfingen. Germania 63, 1985, 75–86; J. Eingartner/P. Eschbaumer/G. Weber, Der römische Tempelbezirk in Faimingen-Phoebiana. Limesforschungen 24 (Mainz 1993).

## Forggensee
## Gde. Schwangau, Lkr. Ostallgäu, Schw.

*Brandopferplatz*

Die Fundstelle befindet sich heute im Forggensee ö des alten Lechverlaufs und s der Illasberg-Halbinsel. Durch die jährliche Absenkung des Wasserspiegels taucht die Fundstelle zur Winterzeit aus dem Wasser auf; nach der Entdeckung 1976/77 konnte das Gelände systematisch begangen werden. Grabungen im Frühjahr 1993 konnten den Restbestand des inzwischen zerstörten Heiligtums untersuchen.
Der Opferplatz, der sich auf einer Länge von 40 – 50 m erstreckt, gliedert sich von W nach O in 3 Teile. Im Zentrum einer Stelle befand sich ein künstlicher Rollsteinhügel, der aus teils im Feuer zersprungenen Steinen bestand. Darunter und in der unmittelbaren Umgebung war das Erdreich kohlschwarz und enthielt großteilig zerschlagene Tierknochen, einige Metallobjekte sowie wenige Keramikscherben. Die unverbrannten Tierknochen (Schaf/Ziege, Rind, Schwein, Rothirsch) waren Schlacht- bzw. Speisereste. Die feuergeröteten Sandsteinplatten der zweiten Stelle sind als Teile eines Opferaltars zu interpretieren. Das schwarze Erdreich darunter und in der näheren Umgebung enthielt Massen kleinstückig kalzinierter Tierknochen. Wie bei vergleichbaren Anlagen hat man Kopf- und Fußteile von Haustieren ausgewählt (Schaf/Ziege, Rind). Sachfunde waren hier selten. Der Bereich der dritten Stelle zeichnete sich durch eine starke Konzentration von Metallfunden aus. Es handelte sich dabei um Opferdeponierungen.
Neben Speisen und Getränken opferte die einheimische Bevölkerung ihren Göttern ein reiches Sortiment an Metallfunden: Waffen, Pferdegeschirr, Schmuck, Toilettegerät, Haus- und Herdgerät, Werkzeuge und Erntegerät. Unter den 5 Münzen ist ein Regenbogenschüsselchen (Viertelstater) aus der 1. Hälfte des 1. Jh. v. Chr. und als jüngstes Stück ein 161 geprägter Sesterz zu erwähnen. Das Fundspektrum datiert vom 1. Jh. v. Chr. bis ins 2. Jh. Allerdings beginnt der Opferplatz vermutlich erst in der 1. Hälfte des 1. nachchr. Jh. Za

*Lit.:* W. Czysz, Zeitschr. Hist. Ver. Schwaben 72, 1978, 49 f.; R. A. Maier, Ein römerzeitlicher Brandopferplatz bei Schwangau und andere Zeugnisse einheimischer Religion in der Provinz Rätien. In: J. Bellot/W. Czysz/G. Krahe (Hrsg.), Forschungen zur provinzialrömischen Archäologie in Bayerisch-Schwaben. Schwäb. Geschichtsqu. u. Forsch. 14 (Augsburg 1985) 231–256; ders., RiS 219–223.

## Friedberg
## Lkr. Aichach-Friedberg, Schw.

*Villa suburbana „Am Fladerlach"*
Abb. 140–142

Die Villa suburbana von Friedberg gehört mit Stadtbergen und Unterbaar zu den 3 bekannten Anlagen dieser Art aus dem Umfeld der Provinzhauptstadt. Sie liegt exponiert auf dem First der ö Lechhochterrasse knapp 15 m über der Talniederung der Friedberger Ach, rund 7 km von Augsburg entfernt. Insgesamt erstrecken sich die römischen Siedlungsreste über 140 m entlang der Hochterrassenkante. Das Hauptgebäude wurde 1973, ein Nebengebäude 1989 – 1990 freigelegt. Das Hauptgebäude, eine Risalitvilla, weist eine rekonstruierbare Gesamtlänge von 55 m bei max.

*Abb. 140 Friedberg. Stuckfragment aus der Villa am Fladerlach; H. 5,2 cm (Mus. Friedberg).*

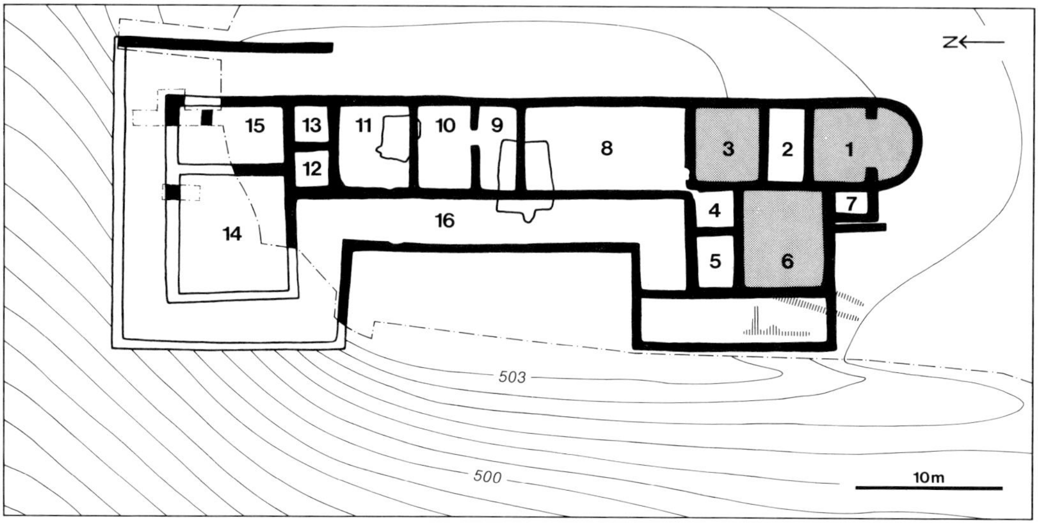


*Abb.141 Friedberg. Grundriß der Risalitvilla auf der Lechhochterrasse.*

21 m Breite auf. Seine Front mit 2 Eckrisaliten und vorgelagerter Portikus ist nach W zur Hangkante hin orientiert. Der Bau (326 m² Wohnfläche) war in 3 Teile gegliedert. Im S-Risalit befand sich ein Badetrakt, dessen Praefurnium außerhalb neben der Apsis lag. Im Mitteltrakt lag u. a. der größte Raum der Villa. Der N-Risalit war ein vermutlich zweigeschossiger Wohnkomplex mit hypokaustierten Räumen im Erdgeschoß.

Von der Ausstattung des Baus sind außer Putzresten der roten Außensockelzone, Mosaikboden, farbige Steinplatten einer Wandverkleidung, Wandmalerei sowie ein Stuckfragment bekannt. Annähernd zentral unter dem Gebäude und von ihm überlagert befand sich ein Erdkeller, der mit neronischer/frühflavischer Keramik verfüllt war, dabei je eine mediterrane sowie südgallische Amphore mit *tituli picti*, und den bronzenen Beschlag eines Hockers enthielt.

Während aus dem Bereich des Hauptgebäudes hauptsächlich Funde des 1. sowie 4. Jh. stammen (die Münzreihe endet 388/402), liegt der Sied-

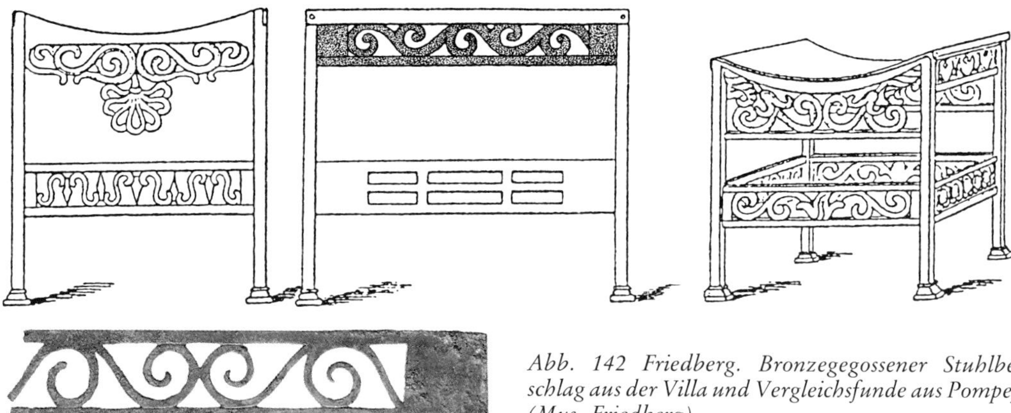

*Abb. 142 Friedberg. Bronzegegossener Stuhlbeschlag aus der Villa und Vergleichsfunde aus Pompeji (Mus. Friedberg).*

lungsschwerpunkt des 2. – 3. Jh. n des mittelalterlichen Hohlweges, der den N-Risalit der Villa z. T. abgetragen hat.
Die Untersuchung der Tierknochen ergab neben dem üblichen Haustierbestand (Pferd, Rind, Schwein, Schaf, Ziege, Hund, Huhn, Gans und Ente) Nachweise der Wildtiere Ur, Rothirsch, Wildschwein, Fuchs und Gänsegeier. Kleine Rinder und ein relativ hoher Anteil an Schweinefleisch in der Nahrung kennzeichnen die Verhältnisse des 1. Jh.
Ein Bestattungsplatz der Villa ist nicht bekannt. Es ist aber inmitten eines nahegelegenen vorgeschichtlichen Gräberfeldes ein Einzelgrab geborgen worden. Es liegt rund 400 m osö des Hauptgebäudes. Eine Fibel sowie die Keramik datieren das Grab, wohl eines adulten Mannes, in frühflavische Zeit. So

*Lit.:* W. Czysz, Zeitschr. Hist. Ver. Schwaben 72, 1978, 40–42; ders., RiS 164–166; ders. in: Stadtbuch Friedberg (Friedberg 1991) 68–89; W. Czysz/G. Sorge, Im Hinterhof der römischen Villa von Friedberg, Landkreis Aichach-Friedberg, Schwaben. AJB 1990 (1991) 94–97.

**Friedberg** → Rederzhausen

## Füssen
## Lkr. Ostallgäu, Schw.

*Spätrömisches Kastell auf dem „Schloßberg"*
Abb. 99

Dort, wo die Via Claudia Augusta sich durch die Thannheimer und Ammergauer Alpen nach N zwängt und auf dem N-Ufer des Lech entlang dem Mühlenweg/Faulenbacher Straße s am Hohen Schloß vorbei in die Augsburger Straße (B 16) mündet, wird ein Militärposten der frühen Kaiserzeit vermutet – archäologische Spuren etwa im Bereich des Klosters St. Mang fehlen. Ob es eine mittelkaiserzeitliche Ansiedlung (Straßenstation?) gab, ist ebenfalls noch unklar, aber wahrscheinlich (Inschrift im Kloster). Ein verlorener Schatzfund aus der Zeit des Limesfalls von der Faulenbacher Halde soll rund 2000 Silbermünzen enthalten haben (FMRD I, 7, 7112).
Sicher ist dagegen die Besetzung des Platzes in der Spätantike: Im Foetibus (Nom. Foetus, Foetes) der Not. Dig. Occ. XXXV 21 war der *praefectus legionis tertiae Italicae transuectioni specierum deputatae* stationiert, der zusammen mit seiner Schwestereinheit in Teriolis/Zirl am Fuß des Seefelder Sattels abkommandiert war, um den Nachschub über die Berge zu organisieren und sicherzustellen.
Das Kastell liegt auf dem dreiseitig steil abfallenden, 45 – 60 m breiten Sporn des Schloßbergs („Hohes Schloß", 831 m ü.NN); Spuren konnten durch Ausgrabungen 1955 lokalisiert werden. Zwei Suchschnitte im Innern des Schloßhofs erbrachten Keramik des 2. und 4. Jh., ein dritter am rückwärtigen Abschnittsgraben der mittelalterlichen Burgmauer eine der Technik nach römische Mauer, vielleicht die Außenmauer des spätantiken Kastells. 1957 wurden 3 spätrömische Frauengräber 400 m wsw der Kirche St. Mang geborgen. Cz

*Lit.:* J. Werner, Spätrömische Befestigung auf dem Schloßberg in Füssen (Allgäu). Germania 34, 1956, 243–248; E. Keller, Die spätrömischen Grabfunde in Südbayern. MBVF 14 (München 1971) 233–234 mit Taf. 11,2–8; W. Czysz, Ausgrabungen im ehemaligen Benediktinerkloster St. Mang zu Füssen, Landkreis Ostallgäu, Schwaben. AJB 1990 (1991) 145–150.

## Gauting
## Lkr. Starnberg, Obb.

*Ansiedlung Bratananium*
Abb. 143

Die Verbreiterung des rund 30 m tief eingeschnittenen Würmtals in der Gegend des jetzigen Ortes bis auf 800 m brachte günstige Möglichkeiten für die Überschreitung des Flusses. So querte hier auch die wichtige Römerstraße Augusta Vindelicum–Iuvavum die Würm etwa an der Stelle der heutigen Brücke. Unmittelbar vor ihr mündete am linken Flußufer die von SW kommende Straße Brigantium–Cambodunum ein, die wahrscheinlich nach N weitergeführt hat. Dieser wichtige

Platz war schon in tiberisch/claudischer Zeit belegt. Da alle frühen Funde nur aus einer Grube stammen, ist eine Militärstation ähnlich der auf dem Lorenzberg bei Epfach nur anzunehmen. In flavischer Zeit entwickelte sich ein beachtlicher Handelsort entlang der Straße nach Kempten, der eine Länge von mindestens 800 m erreicht und auch aufs rechte Flußufer übergegriffen hat. Das Zentrum hatte schon Ende des 1. Jh. n. Chr. größere Steinbauten und zeigte fast einen forumartigen Charakter. Noch gut 1,5 km sö der Würmbrücke konnten 1984 bei einer Sondage Spuren einer keltischen Siedlung, 2 Brandopferplätze, ein römischer Holzbau und beachtliche Kleinfunde festgestellt werden. Eine Benefiziarierstation und Verwaltungsfunktionen noch unbekannter regionaler Art scheinen hier durchaus denkbar.
Mehrere Brandkatastrophen haben den Ort, für den wir aus der Tabula Peutingeriana mit einiger Sicherheit den Namen Bratananium kennen, im 2. (und 3.?) Jh. betroffen. Ein 1967 in der Bahnhofsgegend entdecktes Brandgräberfeld des 1. und 2. Jh. an der Straße nach Augusta Vindelicum deutet an, daß die römische Bebauung bis zur Kreuzung der Römerstraßen gereicht hat. Spätrömische Funde sind bisher spärlich geblieben, so daß die Besiedlungsverhältnisse im 4. Jh. unklar sind. Deshalb hat P. Reinecke die Möglichkeit erwogen, daß die Bevölkerung in der Spätzeit in die Römerschanze bei Grünwald umgesiedelt ist.
Die römische Vergangenheit Gautings wurde erst in den 30er Jahren bei der S-Ausdehnung der modernen Bebauung entdeckt. Planmäßige Ausgrabungen haben nie stattgefunden, bestenfalls Notbergungen. Das, was wir wissen, verdanken wir dem Ortsheimatpfleger Wolfang Krämer, der über 3 Jahrzehnte bis in die späten 60er Jahre alle Erdaufschlüsse beobachtet hat, besonders in den Zeiten, als vielfach rascher Wohnungsbau wichtiger schien als Denkmalpflege, und so vieles eilfertig zerstört wurde. Ke

*Lit.:* F. Wagner, Denkmäler und Fundstätten Münchens und seiner Umgebung (Kallmünz 1958) 97–99; W. Krämer, Neue Beiträge zur Vor- und Frühgeschichte von Gauting (Gauting 1967); N. und I. Walke, Reliefsigillata von Gauting, mit einem Beitrag: Das römische Gauting von G. Ulbert. Ber. RGK 46–47, 1965–1966, 77–132; I. Schöchlin, Zur Topographie des römischen Gauting. BVbl. 33, 1968, 123–126; M. Egger, Ein keltisch-römischer Kultplatz in Gauting. AJB 1984 (1985) 90–92; FMRD I 1266–1269.

*Abb. 143 Gauting. Kybele (Magna Mater) auf dem Thron, in der Rechten eine Schale, in der Linken das Tympanon. Marmor, H. 18,5 cm (Prähist. Staatsslg. München).*

## Gnotzheim
## Lkr. Weißenburg-Gunzenhausen Mfr.

*Kastell und Vicus Mediana*
Abb. 144

Das Kohortenkastell Gnotzheim liegt 500 m sö des Dorfes in einer flachen Spornlage zwischen zwei Bächen. Der Platz ist strategisch hervorragend gewählt: Das Kastell kontrolliert einen wichtigen Paß über den fränkischen Jura ins Nördlinger Ries und liegt so günstig (ca. 6 km Luftlinie) vom Limes entfernt, daß von dort aus

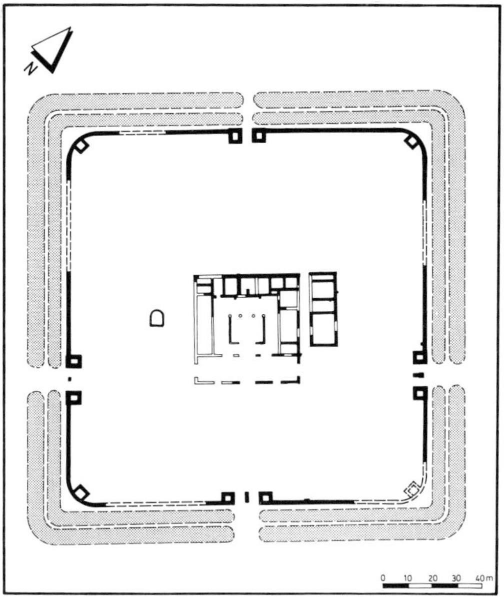


*Abb. 144 Gnotzheim. Übersichtsplan des Kastells (nach G. Ulbert/Th. Fischer).*

eine längere Strecke des Limes zu überblicken ist. Es ist seit dem 18. Jh. bekannt, Grabungen, die die Reichslimeskommission (H. Eidam) durchführte, fanden zwischen 1878 und 1905 statt. Man erforschte Teile der Umwehrung, das Mittelgebäude, eine Apsis vom Kommandantenwohnhaus und einen Speicherbau. Im Luftbild zeigen sich neuerdings mindestens 3 Spitzgräben. Die Umwehrung maß 153 x 143 m und umschloß eine Fläche von 2,2 ha. Gnotzheim ist eines der Limeskastelle, dessen antiker Name überliefert ist: Er lautet Mediana. Zwei einander ablösende Einheiten sind als Besatzungen bekannt: Bis zur Mitte des 2. Jh. lag hier wahrscheinlich die *cohors V Bracaraugustanorum*, dann folgte die *cohors III Thracum civium Romanorum equitata bis torquata*. Diese zweimal dekorierte teilberittene Thrakerkohorte, deren Angehörige das römische Bürgerrecht besaßen, errichtete nach Ausweis einer Bauinschrift unter dem Kaiser Antoninus Pius (138 – 161) das erste Steinkastell. Der Vicus des Kastells ist noch nicht erforscht.
In der Kirche von Gnotzheim sind 3 eingemauerte Steininschriften aus dem Kastell zu sehen, 2 beziehen sich auf die 3. Thrakerkohorte, eine auf einen Numerus, dessen Rolle in der Besetzungsgeschichte des Kastells Gnotzheim unklar ist.

Fi

*Lit.:* H. Eidam, ORL Abt. B Bd. VI, Nr. 70 (1907); Abt. A Bd. VI Strecke 13 (1935) 54 ff.; FMRD I 5, 5054–5055; G. Ulbert/Th. Fischer, Der Limes im Bayern (Stuttgart 1983) 70 – 72; H. Schönberger, Ber. RGK 66, 1985, 472 (D 105); Th. Fischer in: J. Garbsch u. a., Der römische Limes in Bayern (München 1992) 41.

## Goldberg
## Türkheim, Lkr. Unterallgäu, Schw.

*Spätrömische Befestigung*
Abb. 145

1,3 km n von Türkheim liegt auf der Hochterrasse des w Wertachtals rund 20 m über der Römerstraße Kempten–Augsburg eine spätantike Befestigung, die 1942 – 1944 (L. Ohlenroth) und 1958 – 1961 (N. Walke) untersucht wurde.
Die ältesten Siedlungsspuren (Periode I) werden als nachlimeszeitliche zivile(?) Rückzugsbefestigung auf der Terrassenkante gedeutet, die durch einen 3,5 m breiten, 1,4 m tiefen Graben („innerer Spitzgraben") gesichert war. Ihr sind keine Bauspuren im s und n Umfeld zuzuordnen. Zwei Brandschichten im Graben deuten auf Zerstörungen um 283 und 323/324.
Um 300 entsteht innerhalb des Abschnittsgrabens der Periode I ein militärischer Burgus (Periode II) mit quadratischem, ziegelgedeckten Steinturm von 15 m Seitenlänge auf massivem, 3,3 – 3,5 m starken Mauerfundament.
In konstantinischer Zeit (nach 335) wird der Burgus von einer im Grundriß D-fömigen Befestigung (1,5 ha) auf der Hangkante (Periode III) umschlossen. Ihre Mauer ist mit vier bis zu 3,5 m vorspringenden Türmen als Geschützplattform in 10-m-Abständen und einem rechteckigen Turm im S bestückt, der einen kleinen Durchlaß sichert. Die 2,6 – 3,2 m breite Mauer ruht auf einem 4,2 – 4,4 m starken Fundament, in das Spolien mittelkaiserzeitlicher Grabbauten (Wagenre-

lief CSIR I, 1, 205–206, Meilenstein von 201) im NW-Turm verbaut waren. Das Haupttor an der hangseitigen NO-Front vor dem Burgusturm wird durch überlappende Mauerwangen gebildet. Die Anlage umgibt in weitem Abstand von 20 m der 1,5 m tiefe, heute im Gelände noch sichtbare Spitzgraben.

In valentinianischer Zeit (Periode IV) wurde ein 33 x 18 m großes Horreum an der W-Seite angebaut und in einer zweiten Phase mit Fundamentvorlagen für Pfeiler in den Ecken und an der SO-Seite gestützt.

Jenseits des Spitzgrabens, 40 m unterhalb der Befestigung, entstand ein quadratischer, 16,3/17 m großer Steinbau (Bau C, Periode V) unbekannter Zweckbestimmung. Verglaste Fenster und zahlreiche Münzfunde aus der Zeit um 335 lassen an ein Verwaltungs- oder Stabsgebäude denken. Münzen der Kaiser Arcadius (388/402) und Honorius (394/408) belegen eine Besetzung bis an den Beginn des 5. Jh., wobei der Fundstoff der militärischen Perioden auf die Anwesenheit von Germanen deutet. Cz

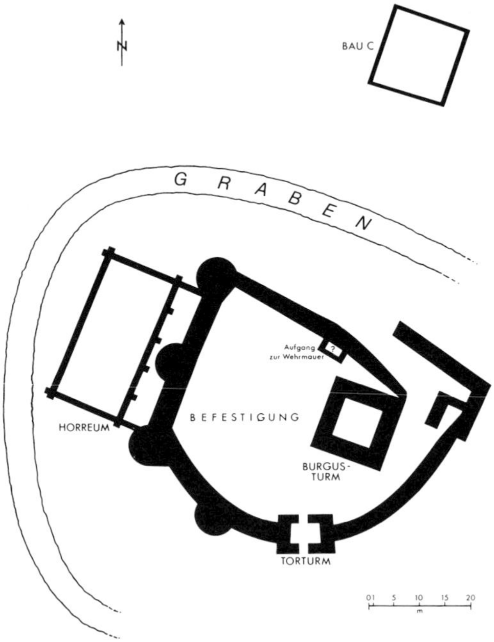


*Abb. 145 Goldberg, Türkheim. Grundriß der spätrömischen Befestigung auf dem Goldberg (nach I. Moosdorf-Ottinger).*

*Lit:* N. Walke, Grabung außerhalb der spätrömischen Befestigungen auf dem Goldberg bei Türkheim. Vorbericht 1958 bis 1961. BVbl. 26, 1961, 60–67; FMRD I, 7247/7248; I. Moosdorf-Ottinger, Der Goldberg bei Türkheim. Bericht über die Ausgrabungen in den Jahren 1942–1944 und 1958–1961. MBVF 24 (München 1981).

## Großsorheim
## Stadt Harburg (Schwaben), Lkr. Donau-Ries, Schw.

*Villa rustica*

Abb. 146, 147

1987, 1988 und 1993 wurde im Baugebiet „Zwiesel" auf einer Fläche von 100 x 70 m der zentrale Bereich eines römischen Gutshofs freigelegt: das Wohnhaus, die Badeanlage, eine Quellmulde mit Wasserleitungen sowie Spuren von Holzgebäuden. Eine Umfassungsmauer, wie sie bei anderen Gutshöfen des Limeshinterlandes häufig anzutreffen ist, fehlt. Verborgen blieb das zugehörige Gräberfeld; nur der Leichnam eines sechs Monate alten Säuglings war nach alter römischer Sitte dicht an der O-Wand des Wohnhauses begraben. Das Hauptgebäude der Villa am Oberhang des Guggenbergs war von quadratischem Grundriß; seine Architektur entspricht dem zeitgenössischen Bauernhaus mit Innenhof. Die 28,5 m breite Front blickte nach N auf den Rollenberg und die Riesebene. Architektonisch bestimmte eine Säulenhalle die Fassade, die von 25 cm starken Schaftring-Säulen der tuskischen Ordnung getragen wurde. Bruchstücke dieser Weißjurakalk-Säulen sind 1912 ausgeackert worden; 1970 kam eine Basis und 1988 ein Schaftring-Bruchstück hinzu. Hinter dem Säulengang lag eine Flucht von Wohnräumen und die Küche rechts neben einem schmalen Durchgang; er führte in den 16,5 x 23 m großen Innenhof, der nach Fußboden- und Laufhorizonten, hölzernen Einbauten und Gruben im Mittelpunkt der häuslichen Aktivitäten gestanden hat. An seiner s Außenwand, vermutlich auch an der w Innenseite, befand sich ein pultförmig abgesetztes Portikus-

*Abb. 146 Großsorheim. Grundriß der Villa am Harburger Weg.*

dach, das durch eine aufwendige Wasserführung auffällt. Das Regenwasser wurde zusammen mit dem vom Hang gegen die Außenwand des Gebäudes drückenden Sickerwasser in Steinkanälen gefangen, in 5 kurzen Rinnen durch die Mauer geführt, in einem Hauptkanal parallel unter der Traufe des Portikusdaches gesammelt und abgeleitet. Eine Hypokaustheizung fehlt. Die Verglasung der Fenster war nach Ausweis der wenigen Glasscherben sparsam. Zahlreiche Nägel deuten

auf ein mit Holzschindeln oder Riedstroh gedecktes Dach.
Das in seinen Grundmauern konservierte Badehaus liegt wenige Schritte vor der Front des Wohnhauses. Seine Baderäume sind in einer Flucht hintereinander angeordnet. Das ebenerdige *frigidarium* hat eine ziegelausgekleidete Kaltwasserwanne. Die Entsorgung wird in einer Reihe von Wassergräbchen faßbar; das Abwasser der *piscina* wurde durch ein aus einer 20 cm breiten, rund 6 mm starken Bleiplatte zusammengebogenen, 63 cm langen Abflußrohr ins Freie geführt; dort floß es in einen Sammelkanal bzw. verschwand in einer Sickergrube neben dem Kaltbad. Weißer Wandputz mit ockerfarbenen Streifen und Scherben von Glasfenstern sind die einzigen Reste der bescheidenen Innenausstattung.
Zwischen Wohnhaus und Bad treten seit alters her Quellen in einer sumpfigen Mulde aus; sie schütten auch heute noch reichlich gutes Wasser. In römischer Zeit waren diese Quellen in kleinen hölzernen Kastengruben gefaßt, aus denen eine reiche paläobotanische Flora stammt. Eine sorgfältig mit Kalksteinen abgedeckte Leitung kanalisierte das Wasser und führte durch das Hofgelände dem natürlichen Hanggefälle folgend nach N.
Soweit erkennbar, wurde die Großsorheimer Villa planmäßig geräumt und verlassen; die Bearbeitung des Fundstoffs wird klären, ob dies schon gegen Ende des 2. Jh. oder erst in den Jahrzehnten der Alamannenstürme des 3. Jh. geschah. Jedenfalls haben wir keine Hinweise auf eine überstürzte Flucht der Bewohner oder gar Zerstörungsschichten gefunden. Cz

*Lit.:* W. Czysz, Ausgrabungen in einem römischen Gutshof bei Großsorheim am Südrand des Rieses, Stadt Harburg (Schwaben), Landkreis Donau-Ries, Schwaben. AJB 1988 (1989) 105–110; H. Küster, Römerzeitliche und frühmittelalterliche Pflanzenreste aus Großsorheim, Stadt Harburg (Schwaben), Landkreis Donau-Ries, Schwaben. Ebd. 110–112; W. Czysz, Ausgrabungen in einem römischen Gutshof bei Großsorheim. Rieser Kulturtage, Dokumentation 8/1990 (1991) 155–166.

*Abb.147 Großsorheim. Das konservierte Badegebäude unterhalb der Villa.*

## Grünwald
## Lkr. München, Obb.

### *Spätrömische Abschnittsbefestigung*

Etwa 2 km s des Ortes lag in der Nachfolge einer unbekannten mittelkaiserzeitlichen Siedlung am Rand des rechten Isarsteilufers auf einem etwa dreieckigen Geländevorsprung eine spätrömische Abschnittsbefestigung, die im frühen Mittelalter, erheblich durch Wälle und Gräben verstärkt, schließlich bis zum 12. Jh. als Ministerialensitz diente. Die sog. Römerschanze diente an der Straße Augsburg – Salzburg als Stützpunkt und als Schutz für den Isarübergang. Die Überreste der Anlage sind heute noch im Gelände zu sehen. Der Platz eines vor 1912 entdeckten spätrömischen Friedhofs ist nicht mehr bekannt. Funde sind im Burgmuseum Grünwald, einem Zweigmuseum der Prähistorischen Staatssammlung, ausgestellt. Ke

*Lit.:* F. Wagner, Denkmäler und Fundstätten der Vorzeit Münchens. Katalog der Prähistorischen Staatssammlung 2 (München [2]1958) 89–92 ; J. Wild, Burg Grünwald.; J. Garbsch, Burgmuseum Grünwald. Kleine Museumsführer der Prähist. Staatsslg. 1985; H.-J. Kellner, JNG 28/29, 1978/79, 46 – 50.

**Gundremmingen** → Bürgle

## Günzburg, Schw.

### *Kastell, Vicus und spätantike Befestigung*

Abb. 49, 54, 71, 73, 148–151; Taf. 14–16

Am Zusammenfluß von Günz und Donau entstand vielleicht noch in claudischer Zeit ein Stützpunkt, der die Flußübergänge sichern sollte. Diese Militärstation lag wahrscheinlich im W der Günzburger Unterstadt und hatte noch keine siedlungsbildende Wirkung wie die späteren Kastelle, die nach dem Vierkaiserjahr bzw. der Aufgabe des Aislinger Militärplatzes und der Neuorganisation der Donaugrenze in frühflavischer Zeit angelegt wurden. Diese nach O zur Günz hin verschobenen Lager auf dem Kappenzipfel beherbergten damals vermutlich Raetiens ranghöchste Truppe und das militärische Grenzkommando. 1910 wurde die Bauinschrift (IBR 196) eines Kastells im Graben an der Ulmer Straße gefunden, wo man das S-Tor vermutet; sie bezeugt ein Baudatum im Jahr 77/78 und gibt den Hinweis auf die ausführende Truppe, eine berittene Auxiliareinheit, von der man annehmen muß, daß sie nicht nur das Kastell errichtet hat, sondern hier auch stationiert war. Ein Ziegelstempel der *ala II Flavia* könnte auf die Präsenz dieser Einheit deuten, bevor sie nach Heidenheim verlegt wurde.

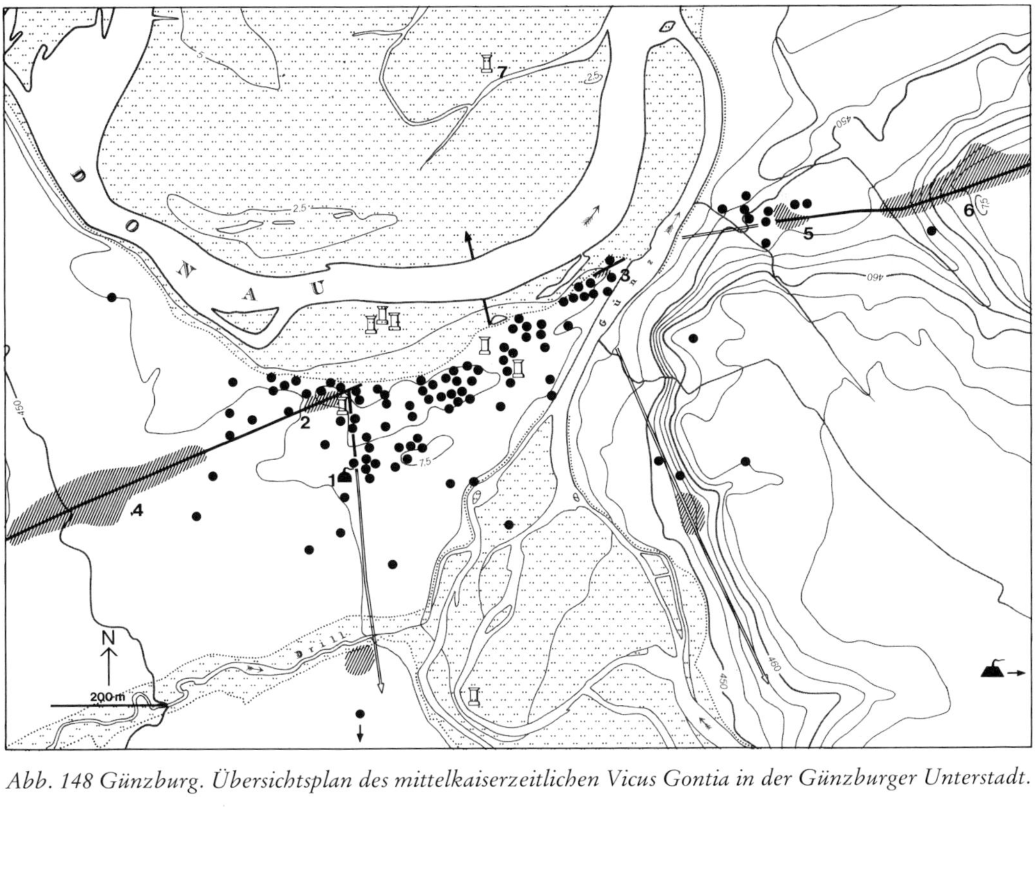


*Abb. 148 Günzburg. Übersichtsplan des mittelkaiserzeitlichen Vicus Gontia in der Günzburger Unterstadt.*

*Abb 149 Günzburg. Bruchstück einer Bauinschrift des Kaisers Vespasian, die im Graben vor dem Südtor des Kastells gefunden wurde; sie nennt den Praefectus equitum einer Ala, die unter dem Prokurator C. Saturius (...) ein Kastell in den Jahren 77/78 erbaut hat; Marmor, H. 0,34 m (Mus. Günzburg).*

Bevor die Truppe ihr Standquartier in der Günzburger Unterstadt verließ, doch schon in flavischer Zeit, entstand sw des Kastellareals bis zur Weißenhorner Straße ein ausgedehnter Vicus. Über sein Aussehen wissen wir wenig, die meisten Reste sind unter der mittelalterlichen Ortsbebauung verschwunden. Das Verbreitungsbild der Fundstellen zeigt eine linear gerichtete, zweizeilige Straßensiedlung von mindestens 800 m Länge, die von zwei weiteren Straßenzügen s der Donau-Südstraße gegliedert wird: In Höhe der Wasserburger Landstraße zweigte die w Günztalstraße ab, stadteinwärts eine zweite am ö Günztalrand entlang nach S. Dem Vicuskern gegenüber entstand eine Brückenkopfsiedlung am O-Ufer der Günz, die sich über wenigstens 200 m erstreckte und einen älteren Friedhof an der Maria-Theresia-Straße überlagerte. Im Bereich der Bahnhofstraße und am Hang des Dreirosenberges liegt ein ausgedehnter Brandgräberfriedhof an der Straße nach Augsburg. Die große

*Abb. 150 Aus der Donau vor Günzburg. Altar, den C. Iulius Faventianus, Centurio der in Novae/Swištov stationierten Legio I Italica, der Göttin Contia gestiftet hat; H. 0,6 m (Mus. Günzburg).*

Günzburger Nekropole jedoch befindet sich im Zug der Donau-Südstraße am w Vicusrand. Seit 1976 haben umfangreiche Grabungen über 1430 Brand- und Körpergräber von der Mitte des 1. bis in die Mitte des 4. Jh. freigelegt.

Der antike Name Günzburgs ist in verschiedenen Quellen (It. Ant., Not. Dig.) überliefert. 1929 wurde in der Donau nahe dem Flußkm 27,8 unmittelbar unterhalb der vermuteten Römerbrücke ein 60 cm hoher Jurakalk-Altar des Centurio Caius Iulius Faventianus (Wagner 51) der *legio I Italica* geborgen, die in Novae (Svištov, Bulgarien) am unteren Donaulauf in der Provinz Moesien stationiert war.

Guntia blieb von den Krisenjahren des 3. Jh. ebensowenig verschont wie vom Zusammenbruch des Limes. Allerdings fehlen konkrete Hinweise auf Zerstörungen. Die Zivilsiedlung wurde drastisch verkleinert, wie die Fundverbreitung und die Belegung der Friedhöfe zeigen, schrumpfte auf ein kleines Areal am Kappenzipfel zusammen und erreichte im W kaum mehr die Brunnengasse. Erstaunlicherweise zog sie sich nicht auf den topographisch besser geschützten Hochterrassenrand im Bereich der Günzburger Oberstadt zurück, sondern blieb in Reichweite des neugegründeten Kastells um St. Martin, von dem nur noch ein mächtiger Gußmauerblock in der Hofeinfahrt der Ulmer Straße 17 sichtbar erhalten ist. Vermutlich stammt das mächtige Kalktuff-Quaderwerk der Martinskirche und anderer Fundstellen vom Aufgehenden der spätrömischen Befestigung. Die Not. Dig. Occ. XXXV 20 nennt als Besatzung in Guntia die *milites Ursarienses*, die einem *praefectus militum* unterstellt waren; Herkunft, Stärke und Bewaffnung dieser Einheit sind unbekannt. Abgesehen von der allgemeinen Grenzüberwachung der Donaufront zwischen Illermündung und Mindeltal bestand ihre militärische Aufgabe darin, den Donauübergang und die vielleicht letzte Donau(holz)brücke zu sichern, die noch in römischer Hand war. Ein am 1. März 297 in Trier vorgetragenes Lobgedicht auf den Caesar Fl. Valerius Constantius I. (Chlorus), eines Mitregenten des Kaisers Diokletian, erzählt davon, wie jener Kaiser Alamannien „von der Rheinbrücke (bei Mainz) bis zum Donauübergang bei Günzburg" *ad Danuuii transitum Guntiensem* (Pan. VIII, 2) verwüstet hat; der Günzburger Donauübergang war ein allgemein bekannter geographischer Begriff. Vieles spricht dafür, daß jener Übergang nicht nur für militärische Aktionen gegen Alamannien benutzt wurde; man darf davon ausgehen, daß die zeitsparende Abkürzung über Cannstatt wohl per Vertrag oder Tributzahlung noch lange für den Handel offengehalten wurde, von dem auch die germanischen Stammesherren profitierten.

Am Beginn des 4. Jh. mehren sich die Anzeichen germanischer Söldner in römischen Diensten. In der Zeit um die Jahrhundertmitte bricht die Belegung der Nekropole an der Ulmer Straße ab; Ursachen sind unbekannt. Noch in den letzten Jahrzehnten des 4. Jh. entstand ein zweiter großer Friedhof, nunmehr jenseits der Günz hoch über dem Kastell auf einem Sporn der Hochterrasse, an einer Stelle, wo Spuren auf ein älteres, mittelkaiserzeitliches Gebäude unbekannter Zweckbestimmung hinweisen. Dieser „letzte" antike Friedhof reichte nach den Funden bis an den Be-

*Abb. 151 Günzburg. Keramiklampe aus dem Brandgräberfriedhof an der Bahnhofstraße mit einer memento mori-Darstellung: Skelett auf einem geschmückten Altar (Mus. Günzburg).*

ginn des 5. Jh. In dieser Zeit verschwinden Festung, Siedlung und Bestattungsplatz aus dem archäologischen Fundbild. Vorläufig führt keine Brücke über das Jh. der Völkerwanderung zur alamannischen Hofsiedlung des 6. Jh., die sich ö der Günz außerhalb der Römerstadt fassen läßt.
Cz

*Lit.:* R. Knorr, Vorflavische Sigillata von Günzburg. Röm.-Germ. Korrbl. 6, 1913, 72 ff.; P. Reinecke, Günzburg zur Römerzeit. Kl. Schr. vor- u. frühgesch. Topographie Bayern (1962) 86 ff. (= Zeitschr. Hist. Ver. Schwaben u. Neuburg 39, 1913, 1 ff.); N. Walke, Zum römischen Günzburg. BVbl. 24, 1959, 86–109; W. Czysz/L. Sperber, Römische Funde aus Günzburg. Kastelljubiläum Guntia 77–1977. Günzburger H. 10 (Weißenhorn 1977) 18–49; I. Walke, Kastellgrabung in Günzburg 1962. Ebd. 50–60; W. Czysz, Das große römische Gräberfeld von Günzburg, Schwaben. AJB 1980 (1981) 142 f.; ebd. 1981 (1982) 146 ff.; ebd. 1982 (1983) 119; ders., Günzburg: Vom Garnisonsort zur Handelsstadt. RiS 150–155; H. Schönberger, Ber. RGK 66, 1985, 446 (B 57), 456 (C 68).

## Gunzenhausen
## Lkr. Weißenburg-Gunzenhausen, Mfr.

*Kastell und Vicus*
Abb. 152

Am nördlichsten Punkt des Limes liegt in der Nähe der Altmühl unter dem Stadtzentrum von Gunzenhausen ein Numeruskastell, das wegen der dichten Überbauung nur in Ansätzen erforscht ist. 1897 gelang es H. Eidam, Teile der Umwehrung und des Mittelgebäudes festzustellen, wobei Details sicherlich einer Überprüfung bedürften. Ob das Kastell z. B. wirklich 4 Tore hatte, wie es für ein Kleinkastell dieser Art außergewöhnlich wäre, ist jedenfalls nicht sicher. Das ca. 86 x 80 m große Kastell mit seinen nur 0,7 ha dürfte eine von einem anderen Kastell (Gnotzheim?, Theilenhofen?) abkommandierte Teileinheit oder einen Numerus aufgenommen haben.

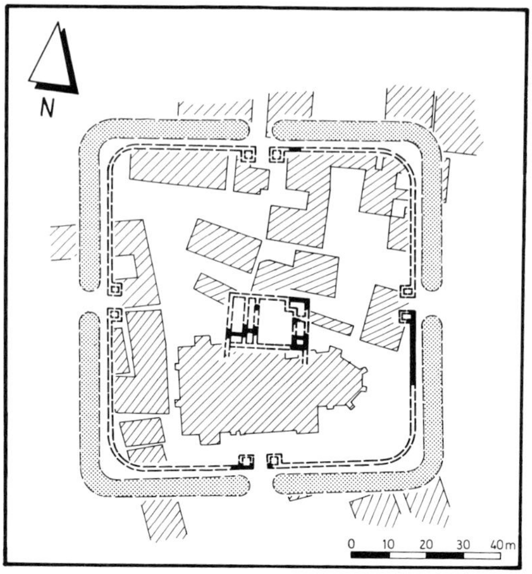


*Abb. 152 Gunzenhausen. Übersichtsplan des Kastells (nach G. Ulbert/Th. Fischer).*

Es liegt in der an diesem Grenzabschnitt für Kleinkastelle typischen Art nahe am Limes und kontrollierte gleichzeitig den wichtigen Verkehrsweg des Altmühltales, der hier den Limes passiert. Über die Ausdehnung und die Geschichte des sicherlich einst vorhandenen Vicus ist nichts bekannt. Aus dessen Bereich stammt ein Münzschatz mit Schlußmünzen der Zeit nach 241/43.
Fi

*Lit.:* H. Eidam, ORL Abt. B Bd. VII, Nr. 71 (1907); Abt. A Strecke 14 (1927), 51; FMRD I 5, 5056–5057; G. Ulbert/Th. Fischer, Der Limes in Bayern (Stuttgart 1983) 69 f.; H. Schönberger, Ber. RGK 66, 1985, 486 (E 80); Th. Fischer in: J. Garbsch u. a., Der römische Limes in Bayern (München 1992) 41 f.; H.-J. Kellner, Germania 31, 1953, 168–177.

**Harburg** → Großsorheim

*Abb. 153 Leittypen der Fundgruppe Heimstetten: Hütchenbeschläge des Leibriemens (1), Tierkopfarmring (2), Sprossengürtelhaken (3) und Halsring mit Mittelknoten (4). 1 M. 1:4, 2-4 M. 1:2.* ▷

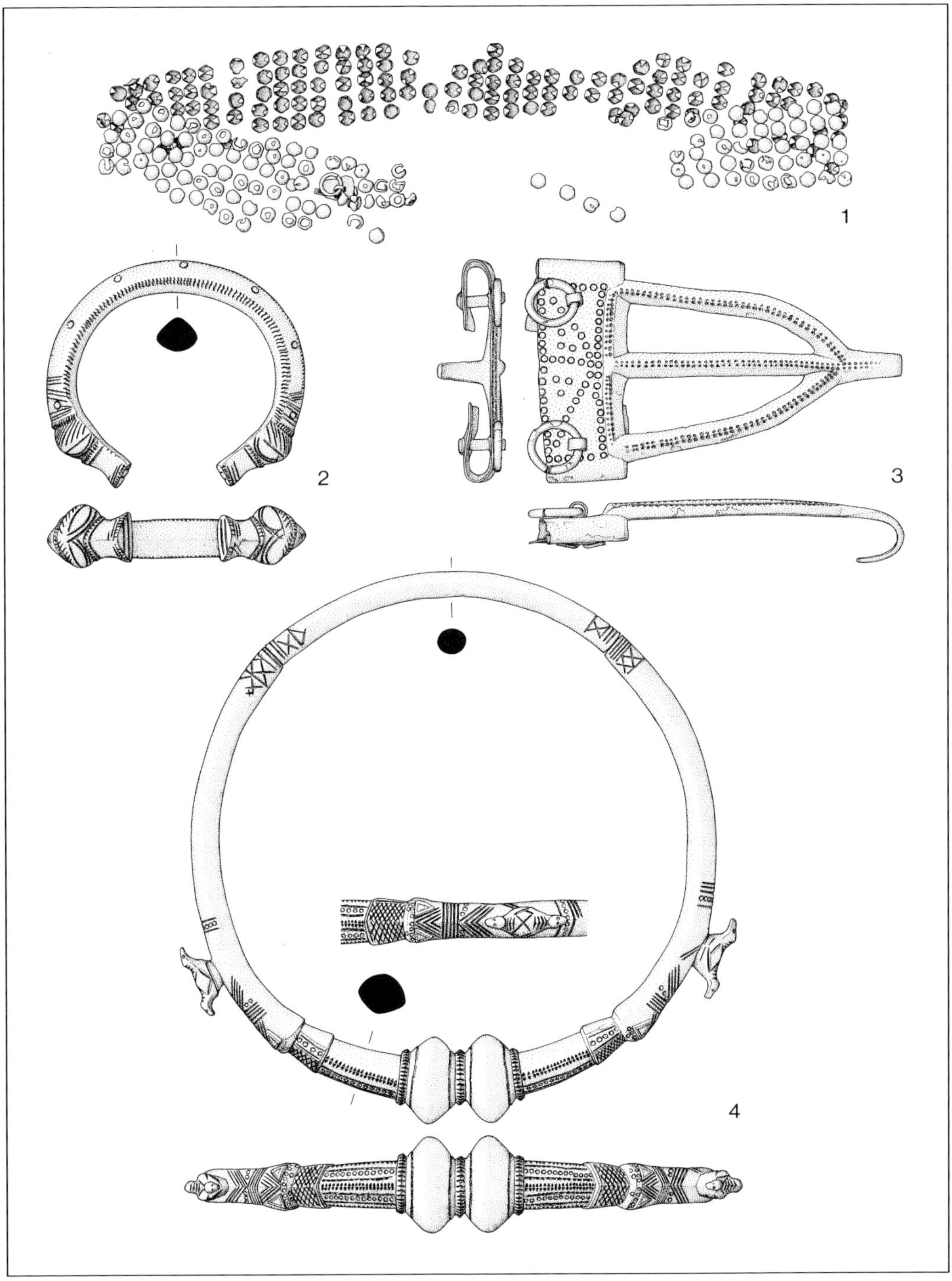
1
2
3
4

## Heimstetten
## Kirchheim b. München, Obb.

*Körpergräber der frühen Kaiserzeit*
Abb. 153

1972 untersuchte das Bayer. Landesamt für Denkmalpflege am n Ortsrand von Heimstetten die Körpergräber von 3 Frauen, deren ungewöhnlich reiche Ausstattungen in die spättiberisch/claudische Zeit gehören und charakteristisch für eine im bayerischen Alpenvorland verbreitete Fundgruppe sind. Im kulturell stark gemischten Denkmälerbestand dieser Gruppe fallen gallische, alpine, rheingermanische und norisch-pannonische Fibeln auf, unter denen die letzteren zahlenmäßig weit überwiegen. Die eigentlichen Akzente setzen jedoch Hals- und Armringe, die ebenso altertümlich und unzeitgemäß wirken wie hütchenbesetzte Gürtel mit Hakenverschlüssen. Entsprechende Funde sind zwar vereinzelt auch aus Siedlungen, Mooren und Opferplätzen bekannt, in der Masse handelt es sich jedoch um weibliches Trachtzubehör aus kleinen und kleinsten Friedhöfen, die sich durch Körperbestattungen grundlegend von den gleichzeitig benutzten Brandgräberfeldern der größeren Orte unterscheiden. Die Frauengräber von Heimstetten sind als erste ihrer Art ordnungsgemäß geborgen worden und eröffnen dadurch die Möglichkeit, trachtkundliche Fragen zu erörtern, wozu das unzureichend dokumentierte ältere Vergleichsmaterial keine Handhabe bot. Bei genauerer Betrachtung zeigen alle 3 Gräber erstaunlich einheitliche Grundausstattungen, in denen 5 getragene Fibeln, der Gürtel, Arm-, Finger- und Amulettringe sowie der durch Halsketten ersetzbare Bronzetorques regelmäßig wiederkehren. Man kann also von Trachtgepflogenheiten ausgehen, die wenig Spielraum für Variationen ließen. Im Verbreitungsgebiet der Fundgruppe Heimstetten liegen mit Augsburg, Kempten, Epfach und Gauting die ältesten römischen Orte Bayerns, weshalb sich die Vorstellung aufdrängt, von den genannten Zentren aus seien die sie umgebenden Gebiete aufgesiedelt worden. Obwohl bei der gegenwärtigen Quellenlage noch nicht definitiv zu klären ist, von wo die Kolonisten zugezogen sind, so spricht doch manches dafür, daß sie aus den Gebirgstälern der Provinz Raetien kamen. Zu den vielen Eigentümlichkeiten der Fundgruppe zählt, daß sie unvermittelt in spättiberischer Zeit faßbar wird und sich wenige Jahrzehnte später ebenso unvermittelt wieder dem archäologischen Nachweis entzieht. Kl

*Lit.:* E. Keller, Die frühkaiserzeitlichen Körpergräber von Heimstetten bei München und die verwandten Funde aus Südbayern. MBVF 37 (München 1984).

## Holheim
## Stadt Nördlingen, Lkr. Donau-Ries, Schw.

*Römischer Gutshof*
Abb. 154, 155

1974 wurde bei Wegebauarbeiten unterhalb der Ofnethöhlen das Hauptgebäude eines Gutshofes angeschnitten. In den Jahren 1975 – 1976 und

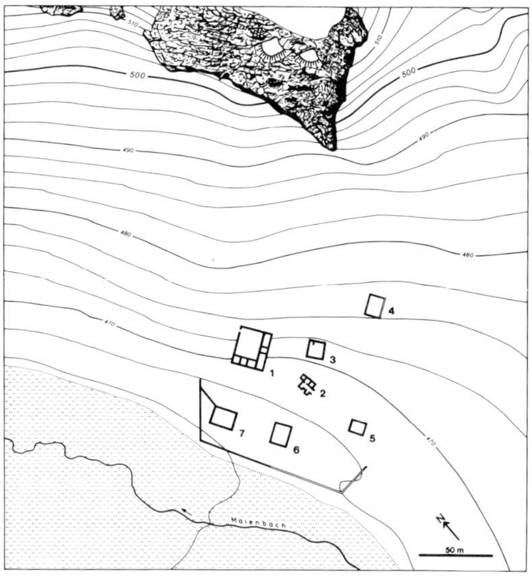


*Abb. 154 Holheim. Grundriß des Gutshofes unterhalb der Ofnethöhlen im Maienbachtal.*

1980–1981 konnte mit Ausnahme des rückwärtigen Teils und der S-Flanke das gesamte Hofareal untersucht, die angeschnittenen Steingebäude ausgegraben und anschließend konserviert werden. Heute zeigt sich dem Besucher ein anschauliches Bild vom Leben einer römischen Familie auf einem Bauernhof in der Abgeschiedenheit des Maienbachtales, die das in der Antike angestrebte Ideal eines in der Natur geborgenen, beschaulichen Landlebens verkörpert. Typisch ist das Ensemble von Wohnhaus, Bad und einer mehr oder weniger großen Zahl von Wirtschaftsgebäuden, die von einer Hofmauer eingeschlossen werden. Das Wohnhaus (Gebäude 1) liegt nach mediterraner Bautradition getrennt von den Wirtschaftsgebäuden im Mittelpunkt des Anwesens, von wo man nach W blickend nicht nur das Hofareal, sondern auch die umliegenden Felder überschauen konnte. Seine architektonische Ausstattung war bescheiden und dem Geldbeutel seines Besitzers angepaßt. Trotz der steilen Hanglage dürfte der kompakte Haustyp mit Innenhof als eingeschossiges, abgestuftes Gebäude zu deuten sein. Es war aus Bruchsteinmauerwerk errichtet und mit weißem Kalkmörtel verputzt. Rot ausgemalter Fugenstrich ahmt teueres Quadermauerwerk nach. Die Fenster waren, nach den Glasscherben zu urteilen, verglast. Zahlreiche (verbrannte) Eisennägel deuten auf eine ortstypische Dachdeckung mit Holzschindeln oder Stroh.

Unter den Nebengebäuden ist das Badehaus anhand des Grundrißtyps gut zu bestimmen (Gebäude 2). Es liegt unweit des Wohnhauses an einer Stelle, wo vom Hang her frisches Wasser zugeleitet werden konnte. Funktional hatte es alle Einrichtungen, die im antiken Badewesen üblich und erforderlich waren. In der S-Ecke befand sich der nachträglich mit einer sog. Kanalheizung ausgestattete, von O zu betretende Eingangsraum (Raum 4), der als Umkleidekabine diente. Von hier aus ging der Badende zunächst in den von einem Schürkanal (*praefurnium*) beheizten Warmbaderaum 1 (*caldarium*). In der rechteckigen Apsis stand ursprünglich eine Sitzwanne. N anschließend betrat man im Rundgang der Badefolge den lauwarmen Raum, das *tepidarium* (Raum 2) mit einem fest installierten halbrunden Wasserbassin. Von hier aus gelangte man ins Kaltbad (*frigidarium*), der letzten Stufe des Badeganges (Raum 3). In seiner nach N ausspringenden Apsis war ein mit Ziegeln ausgekleidetes

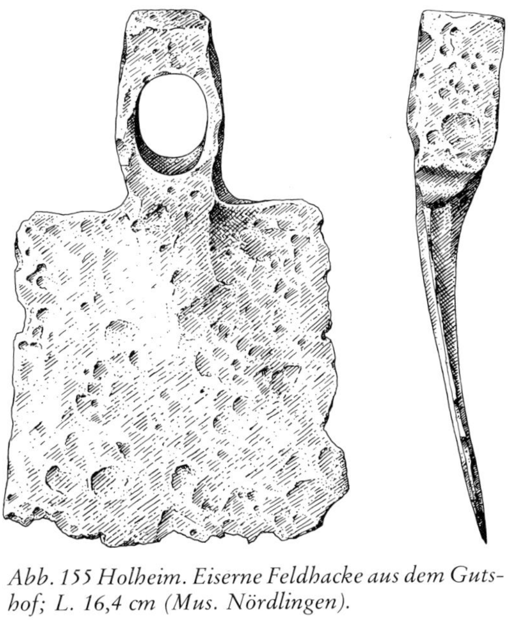

*Abb. 155 Holheim. Eiserne Feldhacke aus dem Gutshof; L. 16,4 cm (Mus. Nördlingen).*

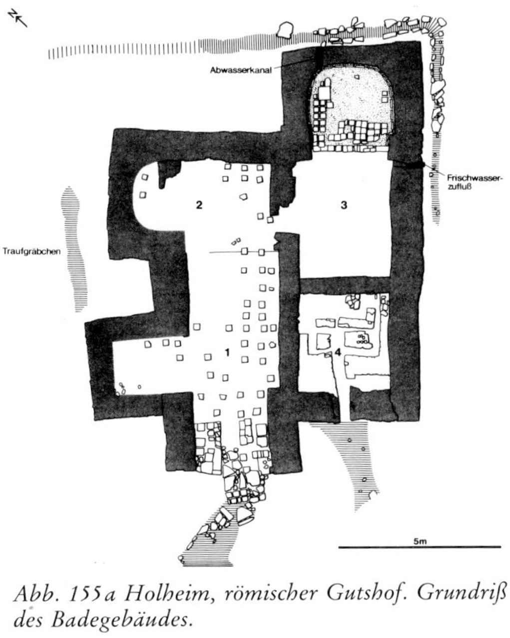


*Abb. 155a Holheim, römischer Gutshof. Grundriß des Badegebäudes.*

Wasserbecken (*piscina*, rekonstruierte Beckentiefe etwa 60 cm) eingebaut, das vom Hang durch eine hölzerne Leitung mit Frischwasser versorgt wurde.
Über das Hofgelände verstreut liegen je nach Funktion und Zweck 5 Wirtschaftsgebäude (Stein- oder Steinsockelbauten). Der Bauernhof wurde von einer mannshohen Umfassungsmauer eingeschlossen. Teile dieser Hofmauer sind in der NW-Ecke und an der S-Seite freigelegt und konserviert.
In den Germanenkriegen des 3. Jh. ging das römische Gebiet nördlich der Donau verloren. Damals ist auch die Holheimer Villa verlassen worden; Brandspuren deuten darauf hin, daß das Gehöft in der Mitte des 3. Jh. zerstört und zumindest das Wohnhaus ein Raub der Flammen wurde; dabei kamen auch seine Bewohner ums Leben, und blieben unbestattet in den Ruinen liegen. Cz

*Lit.:* W. Czysz, Römischer Gutshof im Maienbachtal bei Holheim. In: H. Frei/G. Krahe, Archäologische Wanderungen im Ries (Stuttgart $^{2}$1988) 131–134; ders., Die villa rustica von Holheim. RiS 168–174; ders., Der römische Gutshof im Maienbachtal bei Holheim. In: R. Krause, Vom Ipf zum Goldberg. Führer zu archäol. Denkmälern in Baden-Württemberg 16 (Stuttgart 1992) 129–136.

## Hüssingen
## Gde. Westheim, Lkr. Weißenburg-Gunzenhausen, Mfr.

*Römisches Gebäude*
Abb. 156

Auf der Hochfläche des Hahnenkamms, etwa 1,5 km sö von Hüssingen, liegt ein 1979 entdecktes römisches Gebäude. Der Bau ist ca. 26 x 20 m groß und besteht aus einem rechtwinklig angelegten Trakt mit 4 Räumen und einem anschließenden Innenhof mit massiver Hofmauer. Der durch ein seichtes Gräbchen geteilte Raum in der SW-Ecke hatte einen Estrichboden, die übrigen Stampflehmböden. In der Hofmitte befand sich eine Feuerstelle. Das Hoftor lag unmittelbar neben dem s Raumtrakt. Entlang der n Hofmauer und noch ein kurzes Stück parallel zur W-Mauer nachweisbar verliefen Drainagegräben, die Wasser durch eine Mauerlücke nach W ableiteten. Die Funde, darunter Arbeitsgeräte, Gewandschmuck sowie Glas- und Keramikscherben, datieren das Gebäude in die 2. Hälfte des 2. Jh. und ins frühe 3. Jh. Bei dem Gebäude dürfte es sich um das Wohngebäude einer einfachen *villa rustica* handeln. Nebengebäude sind noch nicht bekannt. Die unwirtliche Lage in 500 m Höhe ü.NN spricht für Viehhaltung als Erwerbsgrundlage der Bewohner des Gutshofes. Hü

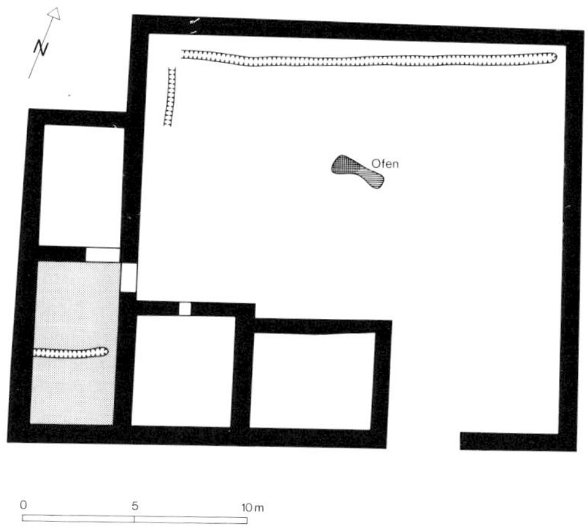


*Abb. 156 Hüssingen. Grundriß des Wohngebäudes einer villa rustica.*

*Lit.:* H. Koschik, Eine villa rustica von Hüssingen, Gemeinde Westheim, Landkreis Weißenburg-Gunzenhausen. AJB 1980 (1981) 134–135; ders. in: Landkreis Weißenburg-Gunzenhausen. Denkmäler und Fundstätten. Führer archäol. Denkmäler Deutschland 15 (Stuttgart 1987) 94 ff.

## Kay
## Gde. Tittmoning, Lkr. Traunstein, Obb.

*Römische Villa und Grabhügel*

2,5 km sw von Tittmoning liegt ö der Verbindungsstraße Kay–Lanzing die römische Villa von Kay. Im Zuge von Baumaßnahmen wurde 1993 damit begonnen, die seit langem in der Flur „Stadtfeld" bekannte Anlage systematisch auszugraben. Das gut erhaltene, mehrphasige Steingebäude weist einen für römische Landgüter ungewöhnlichen Grundriß auf. In einer ersten Bauphase standen sich 2 langgestreckte Gebäude gegenüber. Diese wurden in der 2. Bauphase umgebaut und miteinander verbunden. So entstanden ein langer Hof und in der O-Raumflucht charakteristische Doppelkammern mit einer vorgelagerten Portikus. Schließlich errichtete man am W-Flügel ein weiteres Gebäude. Die Außenanlagen, z. T. von Zaungräbchen eingefaßte Steinstickungen und Öfen, mögen auf eine Funktion als Wirtschaftsgebäude hinweisen, qualitätvolle Wandmalereien in 2 Räumen zeugen aber von zumindest zeitweisem Komfort und von Wohnlichkeit in diesem Gebäude. Wenige Fibeln, Sigillaten und Münzen datieren die Anlage von der Mitte des 1. Jh. bis zum Ende des 4. Jh.
Dieser Bau steht nicht isoliert da: Bei Befliegungen zeichneten sich 60 m nö 2 große rechteckige Gebäudegrundrisse ab, die jeder für sich eher dem Hauptgebäude eines römischen Landgutes entsprechen. Sie werden in den kommenden Jahren ausgegraben.
Ein gekiester Weg zielt exakt auf den 0,5 km entfernt liegenden Exenberg, an dessen gestuftem S-Auslauf sich eine Gruppe kleiner Grabhügel befindet. Bei Sondierungen in den Jahren 1953 und 1965 konnten in den Hügeln z. T. zentrale römische Bestattungen aufgedeckt werden, so daß es sich hier nicht nur um römische Nachbestattungen in vorgeschichtlichen Grabhügeln, sondern um eines der wenigen Beispiele norisch-pannonischer Grabhügelsitte im römischen Bayern handelt. Pi

*Lit.:* E. Keller, Tittmoning in römischer Zeit. Führer Arch. Denkmäler Bayern. Oberbayern 1 (Tittmoning 1984) 18 ff., 23 ff.; M. Pietsch/S. Mühlemeier/H.-P. Volpert, Neue Ausgrabungen in einer römischen Villenanlage bei Kay, Stadt Tittmoning, Lkr. Traunstein, Oberbayern. AJB 1993 (1994); BVbl. 21, 1956, 294 f.; ebd. 24, 1959, 170; ebd. 33, 1968, 199 ff. mit Abb. 37 auf S. 201 (Exenberg).

## Kellmünz
## Lkr. Neu-Ulm, Schw.

*Spätrömisches Kastell*
Abb. 81, 157

Am W-Rand des Marktfleckens lag etwa 35 m über der Iller auf dem w Ausläufer eines tertiären Höhenrückens, der im Altertum an 3 Seiten vom Fluß umzogen war, eine spätrömische Befestigung. Als Namen nennt uns die Notitia dignitatum Caelio Monte (Caelius Mons) und als Besatzung die *cohors III Herculea Pannoniorum*, eine unter Maximianus Herculius neu gebildete Truppe unter dem Kommando eines Tribunen. Die Anlage des Kastells ist für die Regierungszeit der beiden Augusti Maximianus Herculius und Diokletian erwiesen. Neuere Ausgrabungen von M. Mackensen 1986 – 1993 haben dies für frühestens 297 bestätigt und darüber hinaus ergeben, daß der früher angenommene polygonale Grundriß der Befestigungsmauer (0,86 ha) und die Rekonstruktion des O-Tors etwas berichtigt werden müssen. Im Inneren wurde ein monumentaler Steinbau mit Apsis festgestellt. Eine Brandschicht nach 300/303 und ein 1952 etwa 200 m n des Kastells entdeckter Münzschatz (Schlußmünzen 308) belegen einige Zerstörungen, vielleicht im Zusammenhang mit einem Versuch des Maxentius, seinen Machtbereich nach N auszudehnen. Das wieder aufgebaute Kastell wird wohl bis zum Ende des 4. Jh. bestanden haben. Funde deuten an, daß auch hier Germanen Dienst im römischen Heer getan haben, ähnlich wie wir es von vielen anderen raetischen Kastellen dieser Zeit wissen.
Eine mittelkaiserzeitliche Vorläufersiedlung samt zugehörigen Friedhöfen, die durch zahlreiche in

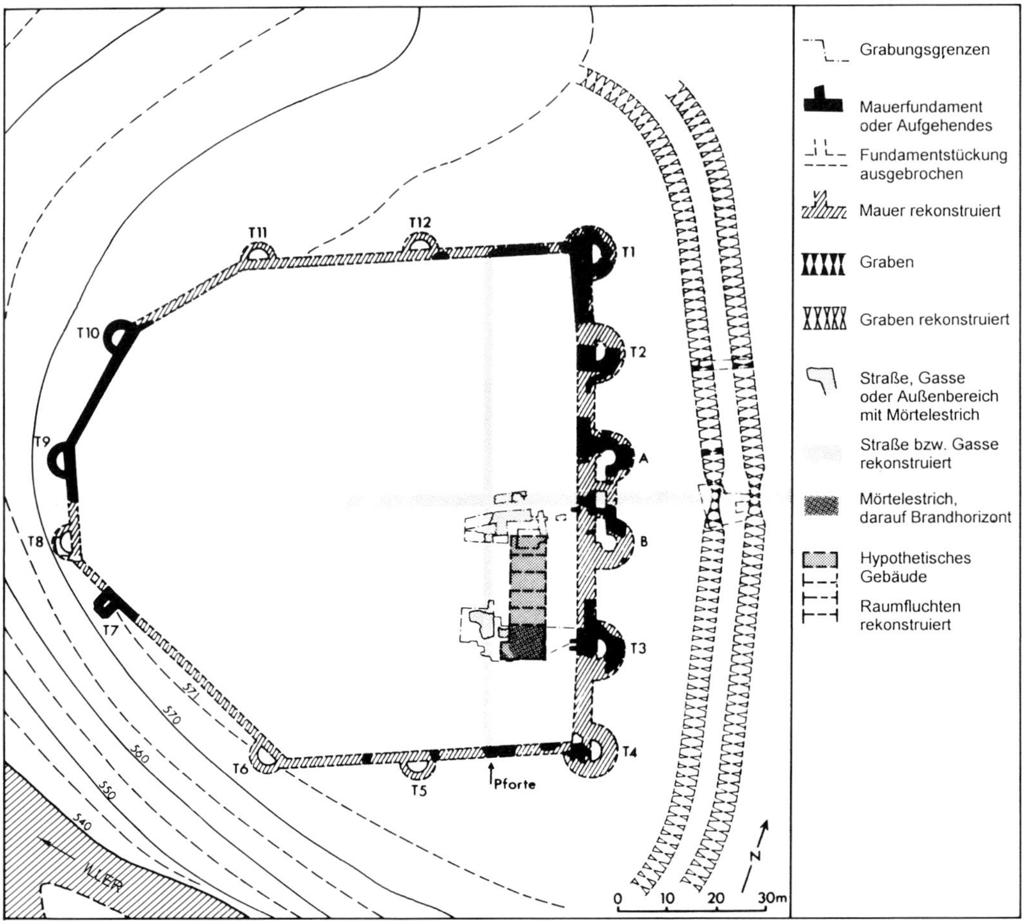


*Abb. 157 Spätrömisches Kastell Kellmünz an der Iller; M. ca. 1:1500 (nach M. Mackensen).*

der Befestigung vermauerte Skulpturen und Werkstücke aus Marmor und Kalkstein und durch die Erwähnung im Itinerarium Antonini erschlossen worden ist, konnte bis heute ebenso noch nicht gefunden werden, wie die spätrömischen Friedhöfe. Freigelegte Teile der Kastellmauer werden im Rahmen eines Archäologischen Parks der Öffentlichkeit zugänglich sein.

Ke

*Lit.:* H.-J.Kellner, Ein Fund spätrömischer Münzen von Kellmünz. BVbl.20, 1954, 119–128; ders., Das spätrömische Kellmünz. In: Das Obere Schwaben vom Illertal zum Mindeltal 4, 1957, 235–281; M. Mackensen, Das Kastell Caelius Mons (Kellmünz an der Iller) – eine tetrarchische Festungsbaumaßnahme in der Provinz Raetien. Arheološki Vestnik 45, 1994 (1995) 145 – 163.

## Kempten (Allgäu), Schw.

### *Römerstadt Cambodunum*

Abb. 8, 30–33, 62, 72, 84, 158–162; Taf. 13

Das Cambodunum der frühen und mittleren Kaiserzeit liegt auf dem rechten Hochufer der Iller. Es ist unklar, ob die heutige Hochuferkante und damit der w Stadtrand der antiken w Stadtgrenze entspricht.

Auf Initiative von A. Ullrich und des 1884 gegründeten „Alterthumsvereins Kempten" gelang 1885/86 der Nachweis des „Forums" und damit der Lage der römischen Siedlung. Nach Ausgrabungen bis 1892 und 1909 – 1911 übernahm das Bayer. Landesamt für Denkmalpflege die Ausgrabungen (1912 – 1935). Eine Insula-Grabung 1953 und die Teiluntersuchung des n Gräberfelds auf der Keckwiese 1960 – 1967 schlossen sich an. Seit 1982 führt die Stadtarchäologie Kempten Nachuntersuchungen im Vorfeld des Archäologischen Parks durch.

Cambodunum ist in den althistorischen Quellen mehrfach belegt: Strabon 4, 206 (Kandobounon),

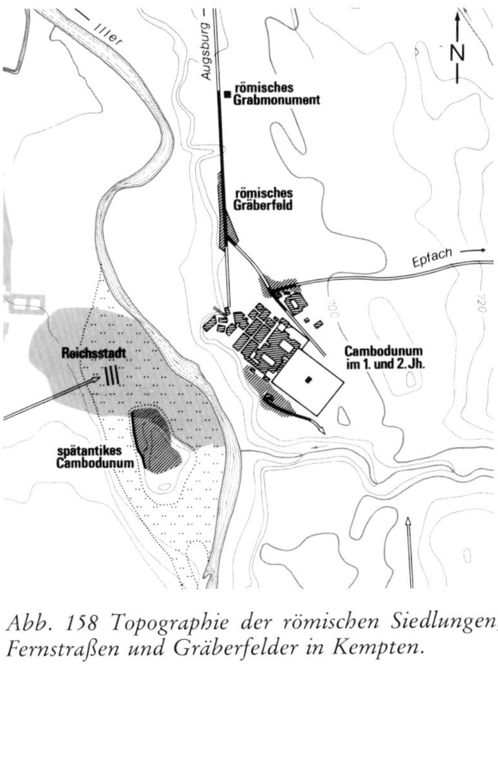


*Abb. 158 Topographie der römischen Siedlungen, Fernstraßen und Gräberfelder in Kempten.*

*Abb. 159 Kempten. Zeichnerische Rekonstruktion des gallo-römischen Tempelbezirks (Archäol. Park Kempten).*

Ptol. 2, 12, 3 (Kambodounon), Tab. Peut. (Camboduno), It. Ant. 237 (Campoduno), Not. Dig. Occ. XXXV 8, 19 (Cambidano), CIL III 5987 a Camb[oduno].

Die bekannte Ausdehnung der Siedlung rechts der Iller beträgt NW–SO knapp 700 m, von SW–NO gut 500 m. Die ersten Holzhäuser nach dem Siedlungsbeginn sind in tiberischer Zeit nachweisbar. Neben wenigen Pfostenhäusern konnten vor allem Ständerbauten rekonstruiert werden. Ein erster, möglicherweise größere Flächen betreffender Stadtbrand ist neuerdings auch im Gelände des Forums und der späteren „Kleinen Thermen" in spättiberisch/caligulaeischer Zeit faßbar. Die ältesten, auch im Aufgehenden gesicherten Steinbauten gehören erst in claudische Zeit. Im frühen 2. Jh. bestanden die zentralen Bereiche der Stadt weitgehend aus Stein. Größere Umbauten, Erweiterungen oder Neubauten lassen sich in nachantoninischer Zeit nicht mehr beobachten.

Das im Stadtzentrum rechtwinklig angelegte Straßensystem orientiert sich an einem *decumanus*, der vom ideellen Ausgangspunkt, dem großen Altar im Heiligen Bezirk, ausgeht. Die sog. Thermenstraße wird als rechtwinklig dazu verlaufender *cardo* gesehen. Ab 1985 durchgeführte Nachuntersuchungen im Bereich der Basilika erbrachten den Nachweis, daß auch der Erbauung des Forums eine oder zwei Holzbauphasen vorausgingen. Zu den Steinbauten des „älteren Forums" gehört eine Folge von Räumen, deren größter ca. 280 m² mißt. Zusammen mit der Basilika und dem Heiligen Bezirk bilden sie einen offenen Platz. Die erste Ausbauphase war mit qualitätvoll reliefierten und z. T. beschrifteten Marmorver-

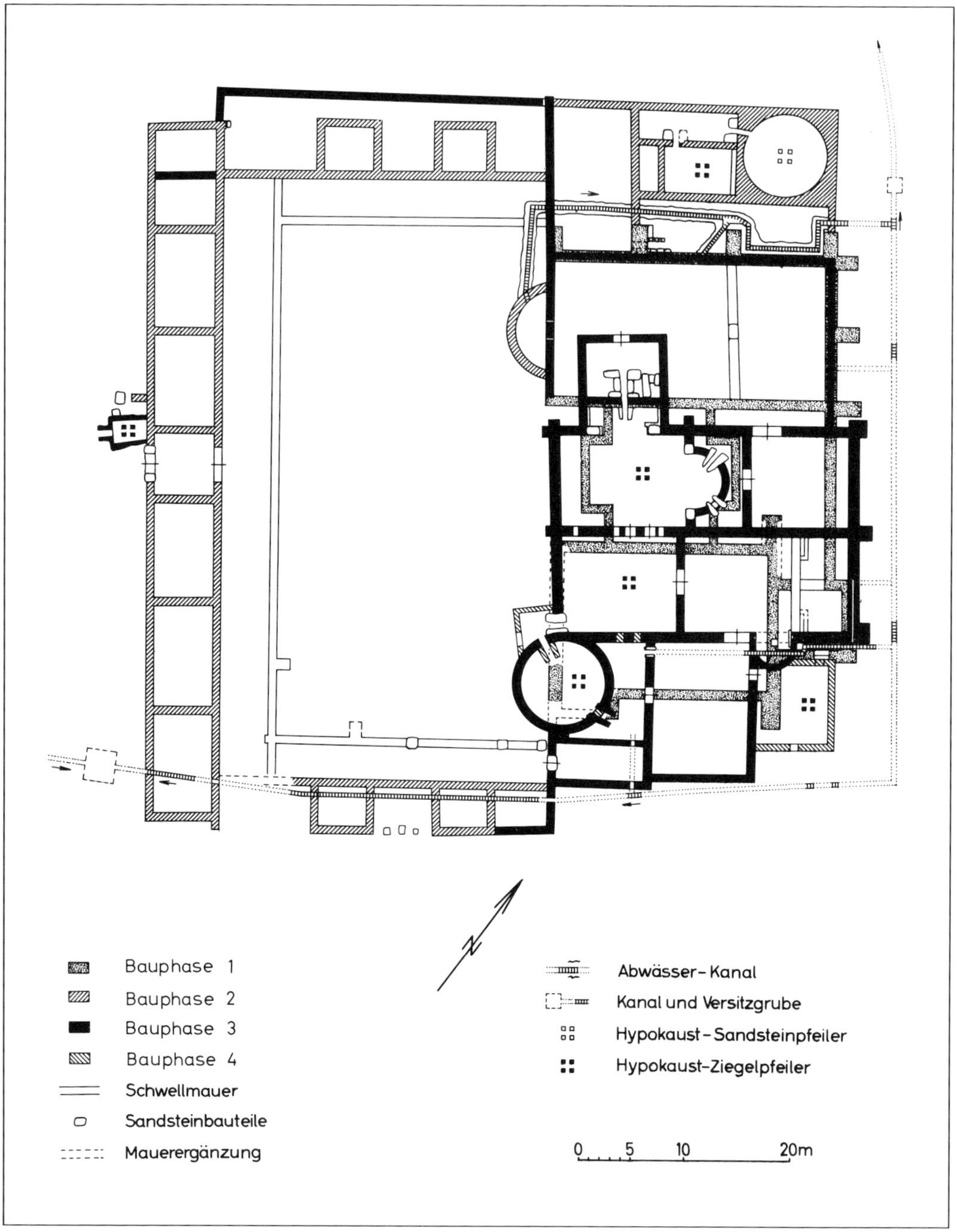


*Abb. 160 Kempten. Grundriß der Großen Thermen.*

kleidungen und mit ornamentaler Malerei ausgestattet. Im SO schließt der große Heilige Bezirk an. Das weitgehend unbebaute Areal wird von einer Steinmauer auf 800 röm. Fuß Länge und 600 Fuß Breite umgeben und ist über einen ebenfalls ummauerten Vorhof zu betreten. Im Zentrum steht ein ca. 8,4 x 12 m großer Altarbau. Die Gebäude des jüngeren, in flavische Zeit datierten „Forums" bilden eine geschlossene Anlage, die man über einen Torbau von NW her betreten konnte. Verschieden große Raumreihen und eine jeweils vorgelagerte Portikus umgaben den ca. 37 x 69 m großen Hof. Aus dem Gesamtkomplex ragen drei Gebäude besonders hervor: Die dreischiffige, heute in den Grundmauern im Gelände markierte Basilika mit einem Tribunal und einem kleinen *auditorium* in den beiden Apsiden bildet mit einem nw anschließenden *tabularium*, dem Archiv, den größten Baukörper. Die *curia* als Versammlungsraum und der Forumstempel öffnen sich zu den Schmalseiten des Hofes. Rechtwinklig zur *decumanus*-Achse auf der Linie der no Portikus zeichnet sich eine zweite Achse ab, die von einer Lücke oder einem Durchgang in der sw Raumreihe über den Hof und die seitlichen Hauptportale der Basilika in den Hof des sog. Unterkunftshauses führt. Nach zumindest zwei Holzbauphasen entsteht unmittelbar n das „Unterkunftshaus". Der über ein großes *vestibulum* von der Thermenstraße her zugängliche Komplex ist um einen *peribolos*, einen Innenhof mit gedecktem Umgang, gruppiert und öffnet sich nach SO zu einem großen mit einer Portikus umgebenen Hof, an den im NO zwei kleine Raumkomplexe anschließen. Bei einem wohl im frühen 2. Jh. erfolgten Umbau wurden die bis zu 140 $m^2$ großen Räume in 12 – 20 $m^2$ große Kammern unterteilt. Vor allem daraus resultiert die Deutung als späteres Gäste- oder Unterkunftshaus. Im NO schließt die *palaestra* der Kleinen Thermen an. Auch unter und neben diesen spätclaudisch/neronischen Thermen ließen sich mindestens 3 Holzbauphasen beobachten, die keine bleibenden Parzellengrenzen und stets wechselnde Gebäudearten zu erkennen gaben.

Der ursprünglich klare sog. Reihentypus der Therme wurde nach Umbauten mit 2 gesonderten seitlichen Schürräumen und einem Anbau mit Schwitzbad und von außen zugänglicher Latrine

*Abb. 161 Grabstein des von seiner Frau Ulpia Ursula in Aquincum begrabenen Veteranen der 10. Legion Gemina, Tiberius Claudius Satto aus Cambodunum. H. 2,05 m (Történeti Mus. Budapest).*

erweitert. Dieser Anbau verengte die Thermenstraße auf 6,5 m, wobei wohl erst der Abbruch der gegenüberliegenden Portikus einer Insula diese Durchlaßbreite ermöglichte.

Von den bislang aufgedeckten steinernen Wohnquartieren im Zentrum sind vor allem die jünge-

ren Bauzustände näher bekannt. 9 Komplexe können als *insulae* oder Insula-artige Anlagen bezeichnet werden. Sie sind knapp 20 – 45 m breit und bis zu 80 m lang. Eine gegenüber dem Forum gelegene ein- bis zweistöckige *insula* läßt sich in 6 einzelne „Häuser" untergliedern. Die Trennwände innerhalb dieser Häuser bestanden gelegentlich aus Fachwerkwänden mit Füllungen aus Bruchsteinmauerwerk. Im Keller des s Hauses konnte 1912 ein umfangreicher Geschirrfund unverzierter Terra Sigillata-Gefäße geboren werden, der einer Brandkatastrophe in der 2. Hälfte des 2. Jh. zum Opfer gefallen war. Von der *insula* nw davon stammt ein Metall-Sammelfund von Bronzegefäßen aus der Kellergrube unter einem Ladenraum, wobei die mit Holzwänden ausgefachte Grube spätestens im frühen 3. Jh. nach einem Schadensfeuer verfüllt worden war.
Die Bauten nw der 2. Querstraße waren zu dieser Straße und zur Forumstraße hin in Parzellen gegliedert, wobei nur die Häuser an der Forumstraße vollständig als Steinbauten ausgeführt waren. Nur in der Forum- und in der Thermenstraße waren den Häusern Portiken vorgelagert. Am NO-Ende der Thermenstraße entstanden noch vor dem Ende des 1. Jh. die sog. Großen Thermen mit einer Gesamtfläche von über 4000 $m^2$. Um oder nach der Mitte des 2. Jh. erfuhr der Badetrakt einen weitreichenden Umbau. In den verkleinerten Räumen konnten alle Badegänge ebenso absolviert werden, wie zuvor.
Schon in claudischer Zeit bestand die Einrichtung einer kleinen Badeanlage, des sog. Thermenhauses. Nach dessen Zerstörung wurde z. T. auf den alten Grundmauern, jedoch mit deutlich höher gelegtem Laufniveau ein privater Bau mit zwei großen Tavernenräumen errichtet. Das Thermenhaus wie die spätere Taverne wird in Zusammenhang mit dem unmittelbar w angrenzenden gallorömischen Tempelbezirk gesehen.
Bis weit in die 2. Hälfte des 1. Jh. standen auf dem Gelände kleine Holzbauten, die gegen Ende des 1. Jh. durch Steinbauten ersetzt wurden. Eine U-förmige Doppelhalle umgab nun den nach N hin offenen Bezirk mit 12 Steingebäuden, die nicht gleichzeitig bestanden haben müssen. Hervorzuheben ist ein gallorömischer Umgangstempel (Bau 4), ein Rechteckbau mit nw angesetzter Apsis und ein symmetrisch angelegtes Ensemble aus einem rundgemauerten Altar mit Opfergrube (*bothros*) in der Mitte und je 2 kapellenartigen *prostyloi* zur Linken und Rechten. Einige der Einzelbauten können nicht nur als Tempel, sondern auch – im Sinne von „Schatzhäusern" – zur Verwahrung von Weihegaben oder für andere sakrale Zwecke gedient haben.
Beidseits einer w des Heiligen Bezirks nach S ziehenden Straße entwickelte sich eine Vorstadt aus leichten Holzbauten, z. T. im Typus von Streifenhäusern. Mit den steinernen Grundmauern eines „Töpferhauses" und 6 Brennöfen ist vor allem das Töpferhandwerk belegt. Arbeits- und Wohnstätten für verschiedene Handwerker darf man z. T. auch in den Holz- und wenigen Steinbauten entlang der von den beiden Thermen nach N führenden Straße sehen. Auch das w davon gelegene bis zur Hochuferkante reichende Areal dürfte bebaut gewesen sein.
Aus den schwer deutbaren Befunden n der Großen Thermen sind zwei nahezu identische Rechteckbauten von gut 11 x 7,3 m Größe hervorzuheben, die als „Vorhallentempel" gedeutet wurden. N der Römerstadt, jenseits des neuzeitlichen Einschnitts der heutigen Knussertstraße, vereinigten sich zwei von der Forumstraße und von den Großen Thermen her kommende Straßenzüge zur illerabwärts und nach Augsburg führenden Verbindung. Im Bereich dieser Straßengabel setzt das große n Gräberfeld „Auf der Keckwiese" ein. Die bislang erfaßten knapp 400 Bestattungen lagen z. T. in Grabeinfriedungen oder waren durch Grabbauten oberirdisch hervorgehoben. Die Masse der Gräber stammt aus der Zeit zwischen dem 2. Jahrzehnt und den 80er Jahren. Nach neueren Untersuchungen und einer Nachgrabung im n, noch nicht untersuchten Teil des Friedhofs reicht die Belegung mit 13 Bestattungen bis in die 2. Hälfte des 2. Jh., wenn nicht bis zum Anfang des 3. Jh. Auf dem s Teil des Friedhofs wurde spätestens ab der Mitte des 1. Jh. Schutt und Abfall abgelagert, darunter Fehlbrände von Gefäßkeramik. Ein um weitere 200 m n gelegenes Grabdenkmal und Siedlungsbefunde am NO-Rand werden mit einer vor der Stadt gelegenen Ansiedlung in Zusammenhang gebracht. Von einem ö wohl an der Straße nach Abodiacum/Epfach gelegenen Gräberfeld wurden beim Bau des Kemptener Ostbahnhofs nach 1862 wohl

*Abb. 162 Kempten. Kopf des geflügelten Merkur als Bronzegewicht einer einarmigen Schnellwaage; H. 12,6 cm (Mus. Kempten).*

römische Bestattungen beobachtet; ihr Abstand zu den Großen Thermen beträgt ca. 400 m. Von einem anzunehmenden s Gräberfeld fehlt bislang jede Spur.
Aus dem Gebiet der Kemptener Reichstadt links der Iller sind 12 eisenbeschlagene Eichenpfähle einer Brücke oder Uferbefestigung tiberischer Zeit bekannt. In der z. T. zerstörten und aufgelassenen Siedlung auf dem rechten Iller-Hochufer belegen spätantike Glasfunde, wenige Keramik- und zahlreiche Münzfunde eine geringe Weiterbesiedlung im 4. Jh., zu der im aufgelassenen Gräberfeld „Auf der Keckwiese" ein kleiner Friedhof mit mindestens 36 weitgehend beigabenlosen Bestattungen gehört.
Links der Iller wird w und n am Fuß des 25 m aufragenden Höhenrückens der Burghalde ein kaum 1 ha großes Gelände von einer ca. 1,8 m starken Wehrmauer mit vorspringenden Türmen, von denen bislang nur einer nachgewiesen ist, umgeben. Von den Innenbauten sind nur ein Gebäudekomplex mit zwei apsidenartigen Erweiterungen und ein ca. 5 x 9,5 m großes „Wohnhaus" näher ansprechbar.
Zwei Mauerreste auf dem ca. 130 m langen und 20 – 95 m breiten Plateau der Burghalde könnten zur Befestigungsanlage der in der Not. Dig. Occ. XXXV 19 überlieferten Abteilung der *legio III Italica* unter dem Befehl eines *praefectus* gehören; ihre Stationierung kann ab etwa 300 angenommen werden.
Ein kleiner Friedhof mit Körpergräbern unter dem heutigen Rathausplatz gehört zur spätantiken Besiedlung auf der Burghalde.
Im Gelände der Römerstadt rechts der Iller sind als Archäologischer Park Cambodunum-APC zugänglich: der Gallorömische Tempelbezirk (Cambodunumweg 3), die Kleinen Thermen unter einem Schutzbau sowie Teile des Forums. Im Römischen Museum im Zumsteinhaus (Residenzplatz 31) werden die Funde, u. a. der Wiggensbacher Schatzfund, gezeigt; eine Abteilung des Alpinmuseums (Landwehrstr. 4) behandelt Aspekte der römerzeitlichen Besiedlung des Alpenraums.
We

*Lit.:* W. Krämer, Cambodunumforschungen 1953.I. MBV 9 (Kallmünz 1957); U. Fischer, Cambodunumforschungen 1953.II. MBV 10 (Kallmünz 1975); W. Kleiss, Die öffentlichen Bauten von Cambodunum. MBV 18 (Kallmünz 1962); W. Schleiermacher, Cambodunum-Kempten, eine Römerstadt im Allgäu (Kempten 1972); M. Mackensen, Das römische Gräberfeld auf der Keckwiese in Kempten, Cambodunumforschungen IV. MBV 34 (Kallmünz 1978); M. Schleiermacher, Die römischen Fibeln von Kempten-Cambodunum u. Chr. Flügel, Die römischen Bronzegefäße von Kempten-Cambodunum. Cambodunumforschungen V. MBV 63 (Kallmünz 1993); P. Fasold/G. Weber, BVbl. 52, 1987, 37–55; W. Czysz, Der Sigillata-Geschirrfund von Cambodunum-Kempten, Ber. RGK 63, 1982, 281–348; ders. u. M. Mackensen, Römischer Töpfereiabfall von der Keckwiese in Kempten. Zu den römischen Töpfereien von Kempten-Cambodunum, BVbl. 48, 1983, 129–164; P. Fasold, Die früh- und mittelrömischen Gläser von Kempten-Cambodunum. Forschungen zur Provinzialrömischen Archäologie in Bayerisch-Schwaben. Schwäb. Geschichtsqu. u. Forsch. 14 (Augsburg 1985) 197–230; ders., BVbl. 48, 1983, 207–216; A. Faber, AJB 1991 (1992) 117–119; G. Weber, RiS 60–72, 226–230; ders. in: V. Dotterweich u.a.(Hrsg.) Geschichte der Stadt Kempten (Kempten 1989) I. Die Frühgeschichte Kemptens 3–68; ders., AJB 1984 (1985) 100–103; AJB 1987 (1988) 102–106; AJB 1991 (1992) 113–117; ders., Baukeramik aus der Römerstadt Cambodunum-Kempten im Allgäu. Arbeitsh. Bayer. Landesamtes f. Denkmalpfl. 58 (München 1993) 73–90; FMRD I 7182–7191.

**Kipfenberg** → Böhming
**Kirchheim b. München** → Heimstetten

## Königsbrunn
## Lkr. Augsburg, Schw.

*Römische Ansiedlung mit Mithräum*

Am w Ortsrand von Königsbrunn, an der Wertachstraße, wurden 1976/77 bei der Anlage des Kath. Friedhofs auf ca. 75 x 120 m Fläche die Überreste von 7 kleineren Gebäuden mit Tuffsteinfundamenten durch das LfD Augsburg freigelegt. Sie alle liegen in Hanglage am O-Rand der lößbedeckten Hochterrasse zum Lechtal hin, rund 500 m w der Via Claudia. Wahrscheinlich handelt es sich um die Nebengebäude einer ausgedehnteren Gutshof-Anlage der mittleren Kaiserzeit; das Hauptgebäude der Villa rustica wird oberhalb auf der Hochterrasse vermutet. Ein zugehöriges Brandgräberfeld ab der 2. Hälfte des 1. Jh. ist ca. 60 m weiter ö an der Wertachstraße in Ausschnitten bekannt, ebenso die zur Via Claudia führende Verbindungsstraße.
Die Gebäude 2 und 3 wiesen Hypokaustheizungen auf; der Keller des Gebäudes 1 hatte bemalten Wandverputz. Besonderes Interesse verdient Gebäude 5 von 9,80 x 9,10 m Größe mit seinem 2,25 m breiten und 7,80 m langen Mittelgang und w vorgelegter Rechteck-Apsis. Der Estrich war hier erhalten, während er in den 1,70 – 1,80 m schmalen, seitlich angrenzenden „Räumen" damals höher lag und jetzt fehlte. Der Grundriß gibt das Gebäude eindeutig als kleineres Mithrasheiligtum (*spelaeum*) mit Apsis für das Kultbild im W zu erkennen: Die tiefer liegende Cella wird von den erhöhten seitlichen Podien für die Mysten begleitet. Die Apsis war tiefer als die Fundamente ausgemauert, wohl als Kultkeller dienend. Der seitliche Eingang in das Gebäude war mit seiner Schwelle auf der N-Seite erhalten und führte in die quer vor der Cella liegenden Vorräume. Von Kultbildern oder charakteristischen Ausstattungsgegenständen dieses Mithräums wurde nichts aufgefunden. Wandputzreste mit rotweiß-grüner Streifenbemalung dagegen finden Entsprechungen in anderen Mithrastempeln.
96 im Bereich der Cella geborgene Münzen verteilen sich neben einem Sesterz des Mark Aurel auf den Zeitraum von 268/270 bis 367/378. Zunächst als verschiedene kleinere Schatzfunde interpretiert, handelt es sich um die Opfergaben des Männerbundes. Daß keinerlei Hinweise auf das Mithras-Kultbild mit der Stiertötung oder andere typische Ausstattungsstücke wie Steindenkmäler mit Cautes, Cautopates und Äon oder Altäre, nicht einmal Kultgefäße, vorhanden blieben, dürfte auf eine planmäßige Räumung des Heiligtums am Ende der valentinianischen Zeit hinweisen: Die Männergemeinschaft ging wohl vor dem nun herrschenden Christentum in den „Untergrund" und nahm ihr Tempelinventar mit. Ba

*Lit.:* G. Krahe, Zeitschr. Hist. Ver. Schwaben 71, 1977, 49 f; B. Overbeck, Münzfunde aus der römischen Villa von Königsbrunn, Ldkr. Augsburg, in: J. Bellot/W. Czysz/G. Krahe (Hrsg.), Forschungen zur provinzialrömischen Archäologie in Bayerisch-Schwaben. Schwäb. Geschichtsqu. u. Forsch. 14 (Augsburg 1985) 281 – 300.

## Kösching
## Lkr. Eichstätt, Obb.

*Kastell und Vicus*
Abb. 163

Das Kastell liegt am n Hochufer der Donau im Bereich des Marktes Kösching und ist heute völlig überbaut. Die Ortskirche liegt inmitten der *principia*. Kösching ist seit den Zeiten Aventins (1477 – 1534) als Römerort bekannt, die Lokalisierung des Kastells gelang 1899 – 1903 durch die Reichslimeskommission (J. Fink). Jüngere Grabungen konnten, vor allem im Bereich der N-Front, diese älteren Beobachtungen nicht immer bestätigen; es fand sich auch der Graben einer Holzbauphase, die von der Lage der Steinbauphase abweicht. Trotz aller Unsicherheiten wird man an der Auffassung festhalten können, daß die Prätorialfront des Kastells im S (in Richtung Donau) lag, und daß das Kastell ca. 4 ha. Fläche hatte, was gut zur nachgewiesenen Belegung mit einer Reitertruppe (*ala quingenaria*) paßt. Von besonderer Bedeutung für die Geschichte des Platzes ist eine beidseitig beschriebene Marmorplatte, die als Gründungsinschrift das Kastell in das Jahr 80 datiert. Sollte diese Inschrift wirklich auf Kösching zu beziehen sein, d. h., ist sie nicht von anderswo hierher verschleppt worden, so wäre Kösching das älteste raetische Limeskastell n der Donau. Die erste Besatzung bildete die *ala I Augusta Thracum*, welche unter Trajan – spätestens in den Jahren 121 – 125 n. Chr. – aus Raetien abzog. Dann folgte die *ala I Flavia Gemelliana*, die bis zu ihrem Untergang im Zusammenhang mit dem Limesfall in Kösching blieb. Eine Bauinschrift dieser Einheit aus dem Jahr 141 datiert den Ausbau des Kastells in Stein. Vom Vicus sind nur Spuren bekannt, eine sw des Kastells nachgewiesene *mansio* mit Bad bildet den einzigen konkreteren Hinweis. Ein Gräberfeld an der Straße nach Pfünz lag nw des Kastells. Ein 240 Denare umfassender Münzschatz mit einer Schlußmünze von 241 ist im Zusammenhang mit dem Ende von Kastell und Vicus spätestens 259/260 zu sehen. Name: Germanicum. Fi

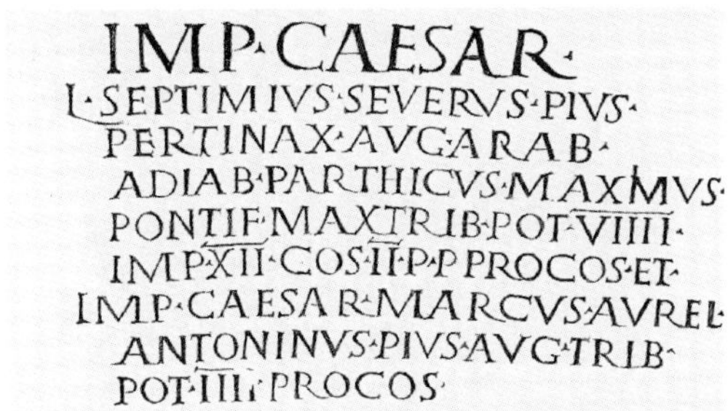


*Abb. 163 Kösching. Meilenstein aus dem Jahr 201 des Kaisers Septimius Severus und seiner Söhne Antoninus (Caracalla) und Geta, dessen Name getilgt wurde. Berichtet wird die Herstellung von Straßen und Brücken zwischen Augsburg und dem Standort der Legion (Regensburg); H. 2,2 m (Prähist. Staatsslg. München).*

*Lit.:* ORL B 74 (1913) ; FMRD I 1113–1115; G. Ulbert/Th. Fischer, Der Limes in Bayern (Stuttgart 1983) 113 f., 117; H. Schönberger, Ber. RGK 66, 1985, 457 (C 71); C.-M. Hüssen in: J. Garbsch u. a., Der römische Limes in Bayern (München 1992) 41 f.

## Künzing
## Lkr. Deggendorf, Ndb.

*Kastell und Vicus, spätantikes Kastell*
Abb. 13, 61, 89, 164–166; Taf. 20

Das mittelkaiserzeitliche Auxiliarkastell von Künzing gilt nach den Grabungen der Römisch-Germanischen Kommission unter der Leitung von H. Schönberger als eines der am besten erforschten römischen Kastelle in Deutschland. Seine Gründung erfolgte um 90, offensichtlich als Nachfolgeanlage für das nur kurzfristig belegte frühflavische Kastell von Moos-Burgstall. Schönberger konnte bei der Umwehrung 4 Phasen feststellen, 2 Holz-Erde-Phasen und 2 in Steinbautechnik. Die Größe des Kastells blieb mit 132,5 x 165,5 m (2,25 ha) in allen Bauperioden annähernd gleich. In Phase 1 (ca. 90 – 120) be-

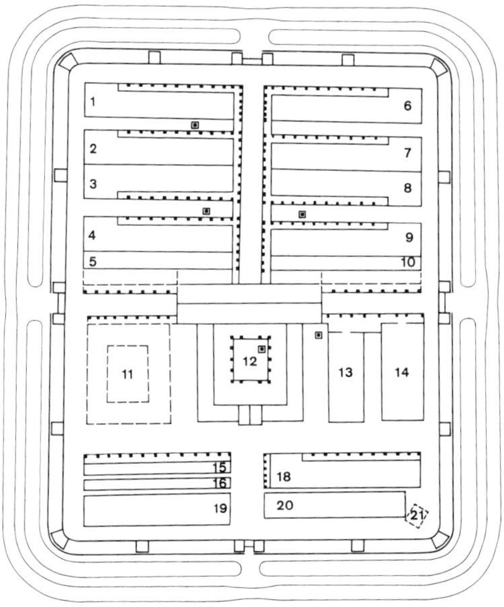


*Abb. 164 Künzing. Übersichtsplan des Kastells in der 2. Holzbauperiode (nach H. Schönberger).*

stand die Befestigung aus einer hölzernen Frontmauer mit angeschüttetem Wall und einem vorgelagerten Spitzgraben. In Phase 2 (120 – 135) änderte sich die Konstruktion: Vor einer Mauer aus einem erdverfüllten Kastenwerk mit Front- und Rückschale lagen nun 2 Gräben. In der Phase 3 entstand zwischen 140 und 150 das erste Steinkastell mit bis zu 5 Gräben, das um 200 zerstört wurde. Das darauffolgende Steinkastell der Phase 4 hatte nur noch einen Graben, es fiel spätestens 259/260 ebenso wie der Vicus den Alamannen zum Opfer. Danach wurde der Standort des mittelkaiserzeitlichen Künzing aufgegeben, das spätrömische Kastell samt Gräberfeld wurde nw des alten Kastells in Donaunähe völlig neu errichtet. Von den Innenbauten des Kastells sind besonders die der 2 Holzbauphasen gut erforscht. Als Besatzung der Holzkastelle kommt die *cohors III Thracum equitata Civium Romanorum* in Betracht, während der Steinbauphasen belegte die *cohors V (quinta) Bracaraugustanorum equitata* das Kastell. Diese Truppe gab offensichtlich dem Ort den Namen Quintana. Der umfangreiche Vicus um das Kastell ist besonders im NW, im S und im O großflächig durch Rettungsgrabungen aufgedeckt worden, seine Grenzen sind im S und O durch Gräberfelder gesichert. Vom Kastellbad, im W an einer Verlängerung der *via principalis* gelegen, sind das *caldarium* (Warmbad), Teile des *tepidariums* (lauwarmes Bad) sowie ein *laconicum* (Schwitzbad) ergraben und publiziert. Ein zweites Bad ist im Bereich des heutigen Thermalbades „Quintana" sö des Kastells zu vermuten. Bei diesem weitab von Kastell und Vicus gelegenen Bad könnte es sich um ein Heilbad handeln, das die dort austretenden warmen Schwefelquel-

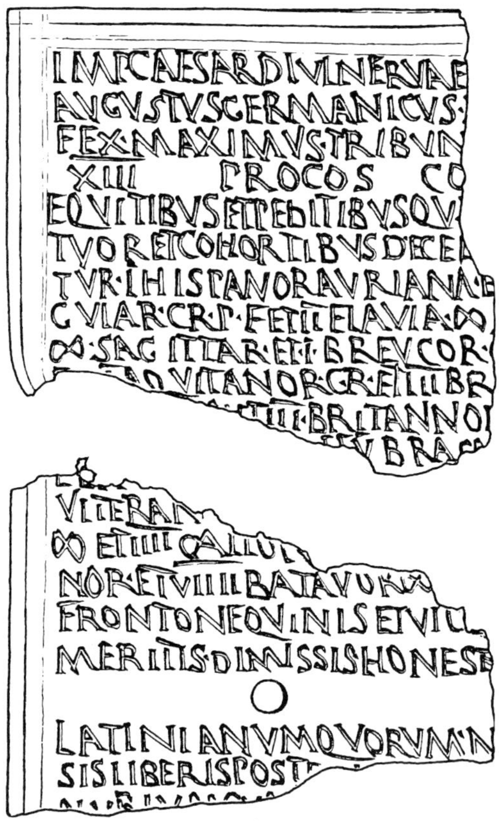

*Abb. 165 Künzing. Militärdiplom aus dem Jahr 116. Die angeführten Truppen entließen ihre Soldaten unter dem raetischen Prokurator Latinianus, den Veteranen wurden ihre Privilegien aber erst unter dessen Nachfolger Fronto bestätigt; H. erh. 9,4 cm (Privatbesitz Künzing).*

len nutzte. Die Straße, die aus der *porta praetoria* kommt, biegt laut Grabungsbefund nach dem Verlassen des Tores in Richtung NW ab. Sie führte offensichtlich zu einem Hafen, in dessen unmittelbarer Nähe das spätantike Kastell angelegt worden ist. Dieses, in den Notitia dignitatum und der Vita Severini erwähnte Kastell der Spätzeit wurde von einer nach S ausgreifenden alten Donauschlinge wohl gänzlich beseitigt. Ausgrabungen 1978/79 erbrachten aber aus seinem unmittelbaren Vorfeld so viele Kleinfunde des 4. – 5. Jh., daß dessen Lage hinreichend gesichert ist. Auch das spätantike Gräberfeld des 4. und 5. Jh. konnte in Ausschnitten erfaßt werden. Es erstreckte sich in O–W-Richtung über den hochwasserfreien Bereich s des spätantiken Kastells und geht anscheinend ohne Bruch in einen frühmittelalterlichen Friedhof des 6. und 7. Jh. über, aus dem letztlich der heutige Ortsfriedhof um die Dorfkirche St. Laurentius hervorging. Dieser Befund sowie wenige Siedlungsfunde belegen grundsätzlich die Kontinuität des Ortes vom 1. Jh. n. Chr. bis heute, welche sich ja deutlich auch in der bruchlosen Überlieferung des Namens von „Quintana" über „Quintzen" bis zum heutigen „Künzing" ausdrückt.

*Hortfunde*: Von überörtlicher Bedeutung sind zahlreiche Hortfunde, deren Verbergung direkt mit dem katastrophalen Ende von Kastell und Vicus um die Mitte des 3. Jh. zusammenhängen. Sie geben in sonst kaum vorhandener Art und Weise Einblicke in Bewaffnung und Ausrüstung römischer Auxiliareinheiten um die Mitte des 3. Jh.

*Eisenhort:* Ö der *principia* des mittelkaiserzeitlichen Kastells fand sich bei den Grabungen Schönbergers 1962 in einer flachen Grube verscharrt ein Eisendepotfund von ca. 82 kg Gewicht. Seine sämtlichen Bestandteile waren verbrannt, sie sind offensichtlich nach einer vollständigen Niederbrennung des Kastells in den Boden gelangt.

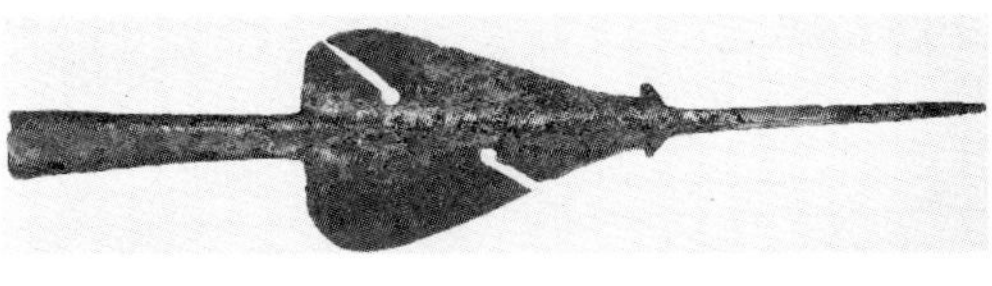

*Abb. 166 Künzing. Eiserne Spitze eines Feldzeichens aus dem großen Eisenhortfund in den Armamentaria des Stabsgebäudes; L. 37,6 cm (Prähist. Staatsslg. München).*

*Bronzehort I:* Gefunden 1962 bei den Ausgrabungen Schönbergers im Bereich der *principia* des mittelkaiserzeitlichen Kastells, ca. 4 m w der Außenmauern des N-Teils, wo in den Seitenflügeln des offenen Innenhofes die Waffenkammern (*armamentaria*) lagen. Der Fund umfaßte zumeist im Feuer verschmolzene Bronzegegenstände von ca. 5,5 kg Gesamtgewicht.

*Bronzehort II:* Teilweise angeschmolzene Reste von zerschlagenen Statuen, die im Bereich der *principia* des mittelkaiserzeitlichen Kastells zutage kamen, waren wahrscheinlich ebenfalls ursprünglich als Hortfund in den Boden gelangt, bevor sie z. T. vom Pflug verzogen worden sind.

*Hort I:* Bei Plangrabung im O-Vicus von Künzing 1987 durch die Kreisarchäologie Deggendorf in einer flachen Grube geborgen: z. T. angeschmolzene Fragmente eines Reiterhelms, von Paradehelmen, Beinschienen, Schuppenpanzern, Augenschutzkorb, Hackamore, Zierknopf, Attasche eines Bronzebeckens, Ringe, Flickbleche. Z. T. verbrannte Eisenteile: Fragment eines Hinterhaupthelms, abgeschnittene Spatha, Geschoßspitzen, Ortband, Zeltpflöcke, Schloßteile, Stili, Klinge eines Rasiermessers, Bau- und Möbelbeschläge, Nägel (Gesamtgewicht 3500 g).

*Hort II:* Bei Plangrabung im O-Vicus von Künzing 1990 durch die Kreisarchäologie Deggendorf in einer kleinen Grube geborgen: Mittelteil einer Roßstirn aus Bronze, eisernes Sägeblatt, eiserner Pfriem. Fi

*Lit.:* H. Schönberger, Kastell Künzing-Quintana. Die Grabungen von 1958 bis 1966. Limesforsch. 13 (1975); Th. Fischer, Das römische Kastellbad von Künzing, Lkr. Deggendorf, Niederbayern. BVbl. 50, 1985, 247 ff.; ders., Spätrömische Siedlungsfunde aus Künzing/Quintanis. BVbl. 54, 1989, 153 ff.; ders., Zwei neue Metallsammelfunde aus Künzing/Quintana (Lkr. Deggendorf, Niederbayern). In: Spurensuche. Festschr. H.-J. Kellner. Kat. d. Prähist. Staatsslg. Beih. 3 (1991) 125 ff.; R. Ganslmeier/K. Schmotz, Das mittelkaiserzeitliche Kastell Künzing. Arch. Denkmäler im Landkreis Deggendorf 8 (1993).

**Lauingen/Donau** → Faimingen

## Limes

Abb. 12, 16, 167–170

Der obergermanisch-raetische Limes in Deutschland stellt das größte Bodendenkmal in Bayern, wie auch in Deutschland, dar. Vor allem durch die Tätigkeit der Reichslimeskommission (1892 – 1939) gehört der Limes auch mit zu den am besten erforschten römischen Hinterlassenschaften. Die Reichslimeskommission hat den obergermanisch-raetischen Limes in 15 Strecken eingeteilt, welche die Arbeitsbereiche der Streckenkommissare abgrenzten. Auf jeder Strecke werden die Reste der Limestürme („Wachtürme", abgekürzt WP) neu durchgezählt, der WP 13/5 z. B. ist der Limesturm Nr. 5 auf der Strecke 13. Der bayerische Anteil am raetischen Limes umfaßt den größten Teil der Strecke 13 sowie die Strecken 14 und 15. Er reicht von Wilburgstetten bei Dinkelsbühl im W bis zur Donau bei Hienheim, Lkr. Kelheim, im O.

*Strecke 13:* Die Strecke 13 verläuft vor der bayerisch-württembergischen Grenze noch 3,5 km auf württembergischem Gebiet und reicht bis zur Altmühl im Stadtgebiet von Gunzenhausen. In diesem Abschnitt liegen die Kastelle Ruffenhofen, Dambach, Unterschwaningen, Gnotzheim und Gunzenhausen. Der Limes greift in den Strecken 12 und 13 zunächst weit nach N aus, um den Hesselberg, der die Landschaft weithin beherrscht, großräumig einzubeziehen. Damit wurde in diesem Bereich auch die Alb und ihr nördliches Vorland, welches gute Möglichkeiten für Ackerbau bietet, in das römische Reichsgebiet einbezogen, während das n angrenzende Keuperland mit weniger fruchtbaren Böden außerhalb des Imperiums blieb. Auch die Fränkische Alb selber war durch ihre für Bildhauer und Baumeister unverzichtbaren Kalksteinvorkommen von großer wirtschaftlicher Bedeutung. Die Einbeziehung und der Schutz der wertvollen Kornkammer des Nördlinger Rieses wurde durch das weite Ausgreifen der Grenze nach N im Bereich der Strecken 12 – 14 ebenso gewährleistet. In

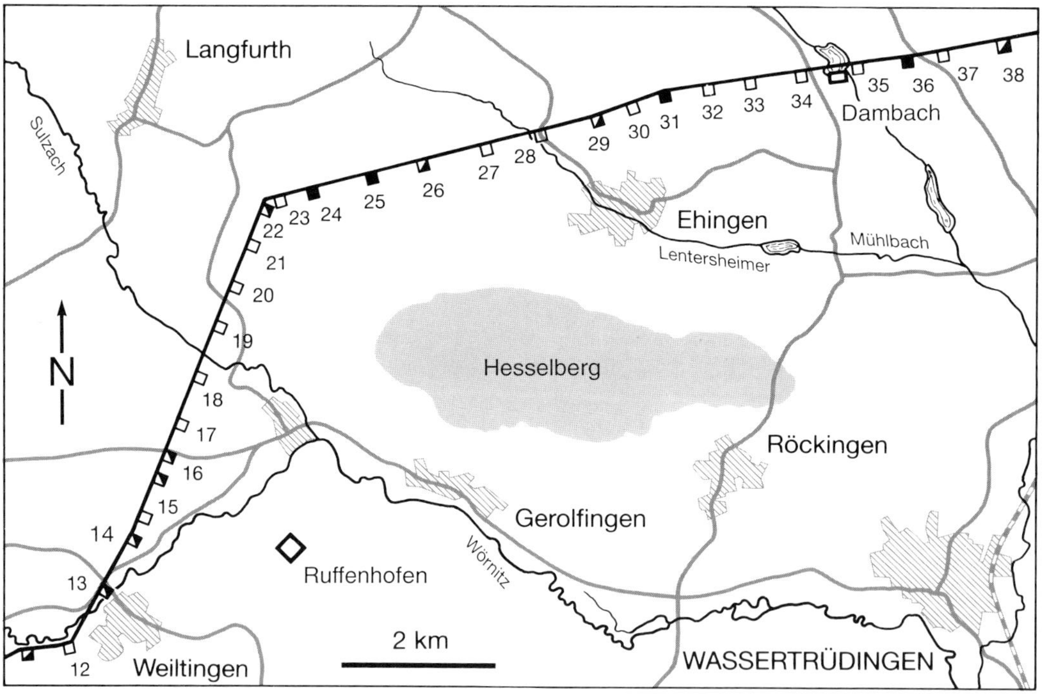


*Abb. 167 Der raetische Limes. Teil der Strecke 13.* □ *vermutete Wachtposten;* ◪ *ergrabene, aber heute nicht mehr sichtbare Wachtposten;* ■ *ausgegrabene und sichtbare Wachtposten.*

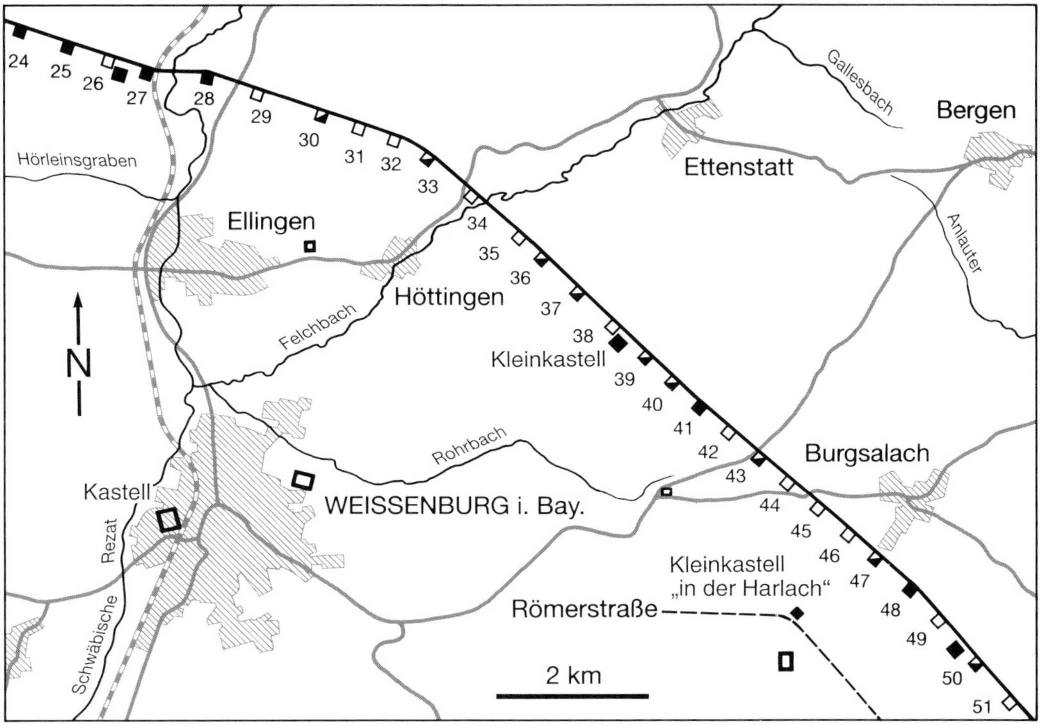


*Abb. 168 Der raetische Limes. Teil der Strecke 14 im Raum Weißenburg.*

Gunzenhausen hat der Limes in Bayern seinen nördlichsten Punkt erreicht, von hier an wird er nach SO durch das Juragebiet zur Donau geführt. *Strecke 14:* Sie reicht von Gunzenhausen bis zur Altmühl bei Kipfenberg, sie verläuft zunächst stärker in S-Richtung, beim Limesknick w von Petersbuch schlägt der Grenzverlauf wieder mehr die O-Richtung ein. So umgeht der Limes auch das tief in die Albhochfläche eingeschnittene Tal der Anlauter. In diesem Bereich liegen die Kastelle Theilenhofen, Ellingen, Weißenburg, Oberhochstatt, Böhming und Pfünz, wobei letzteres ebenso wie Weißenburg und im Verlauf der Strecke 15 Kösching und Pförring in einiger Entfernung vom Limes liegen. Die Kleinkastelle, die ö von Weißenburg an der Limeslinie einsetzen, sollten dafür wohl einen Ausgleich bieten.
*Strecke 15:* Sie beginnt mit einem Steilanstieg auf die Albhochfläche bei Kipfenberg an der Altmühl und endet bei Hienheim an der Donau. Dieser Abschnitt verläuft im wesentlichen geradlinig, nur bei Sandersdorf greift im Bereich des Schambachtales der Limes in einem Knick etwas nach N aus. Dies kann man bisher kaum plausibel erklären; mit einem vermuteten Versuch der Römer, Eisenerzlager unter ihre Kontrolle zu bringen, hat der Limesknick bei Sandersdorf sicherlich nichts zu tun. Das Limesende ö von Hienheim weist keine besonderen Anlagen auf. In diesem Bereich gibt es kein Kastell in Sichtweite hinter dem Limes, die Alenkastelle Kösching (S. ) und Pförring liegen weit ins Hinterland zurückversetzt. Über einen Turm s das Stromes auf dem Weinberg bei Eining hatte man vom Limesende aus Sichtverbindung, etwa vom Turm WP 15/46, zum auf dem anderen (ö) Donaufer gelegenen Kastell Eining. Fi

*Lit.:* E. Fabricius/F. Hettner/O. von Sarvey (Hrsg.), Der Obergermanisch-Raetische Limes des Römerreiches. Abt. A Strecken (1915 ff.), Abt. B Kastelle (1894 ff.); D. Baatz, Der römische Limes. Archäologische Ausflüge zwischen Rhein

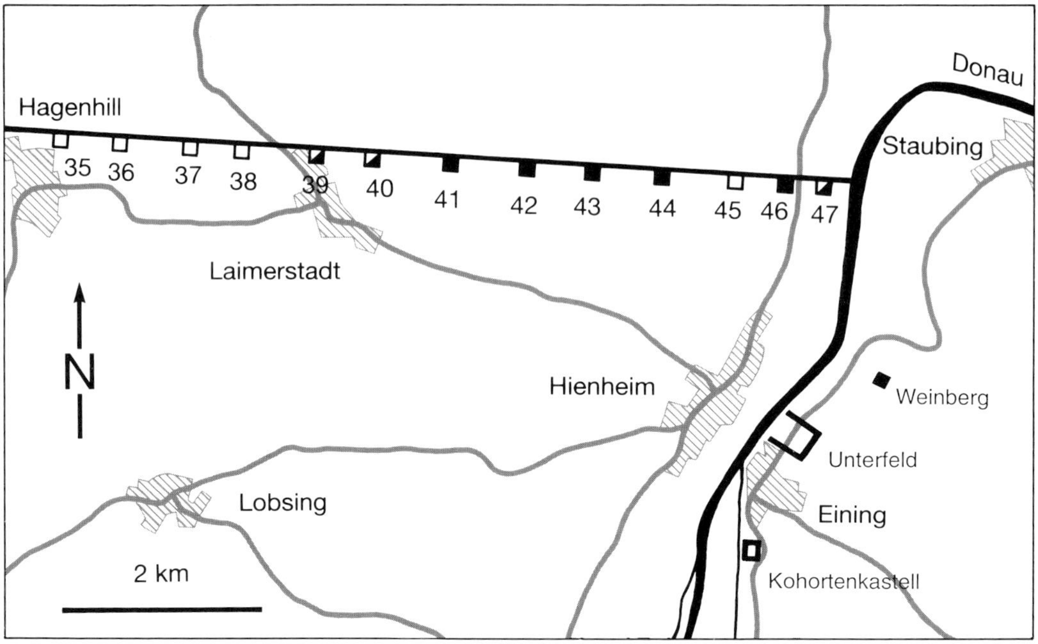


*Abb. 169 Der raetische Limes. Der letzte Teil der Strecke 15.*

*Abb. 170 Erkertshofen, Gde. Titting, Lkr. Eichstätt. 1989/1991 wiederaufgebauter, dreigeschossiger Limesturm (Höhe 11 m) am östlichen Ortsrand.*

und Donau (Berlin [3]1993); G. Ulbert/Th. Fischer, Der römische Limes in Bayern. Von Dinkelsbühl bis Eining (Stuttgart 1983); H. Schönberger, Die römischen Truppenlager der frühen und mittleren Kaiserzeit zwischen Nordsee und Inn. Ber. RGK 66, 1985, 321 – 497; Der römische Limes in Deutschland. Sonderheft Archäologie in Deutschland (Stuttgart 1992); R. Braun/Th. Fischer/J. Garbsch, Der römische Limes in Bayern. 100 Jahre Limesforschung. Ausstellungskat. d. Prähist. Staatsslg. 22 (München 1992).

## Manching
## Lkr. Pfaffenhofen a. d. Ilm, Obb.

*Vicus*

Taf. 24

Innerhalb des spätkeltischen Oppidums an der römischen Donau-Südstraße, die den Ringwall in O–W-Richtung durchquerte, entstand etwa gleichzeitig mit dem 3 km w gelegenen claudischen Kastell Oberstimm ein Straßendorf. Mit dem Ende dieses Vicus gegen die Mitte des 3. Jh.

stehen in Zusammenhang ein Schatzfund von Silbergeschirr, sowie je ein Bronze- und ein Eisendepotfund. Vereinzelte spätrömische Funde und der in der Notitia dignitatum als Garnisonsort aufgeführte Name Vallatum haben dazu geführt, im Ringwall ein spätes Kastell anzunehmen. Da jedoch trotz intensiver Suche davon keine Spur entdeckt werden konnte, wurde auch daran gedacht, Vallatum auf dem Frauenberg über Weltenburg, wo jüngst eine spätrömische Befestigung entdeckt wurde, zu lokalisieren. Ke

*Lit.:* W. Krämer/F. Schubert, Die Ausgrabungen in Manching 1955–1961. Die Ausgrabungen in Manching 1 (1970) 48–56; K. Spindler, Die Archäologie des Frauenberges (1981) 31–34 und 102–133.

**Manching** → Oberstimm

## Marktbreit
## Lkr. Kitzingen, Ufr.

*Augusteisches Legionslager*
Abb. 171–175

Das 1985 aus der Luft entdeckte Lager liegt auf einem flachen Bergrücken, dem Kapellenberg, hoch über der Stadt Marktbreit am sog. Maindreieck. Durch die intensive Befliegung und magnetometrische Messungen gelang es, den Verlauf der weitläufigen Umwehrung zu klären und große Teile der Innenbebauung zu erfassen.

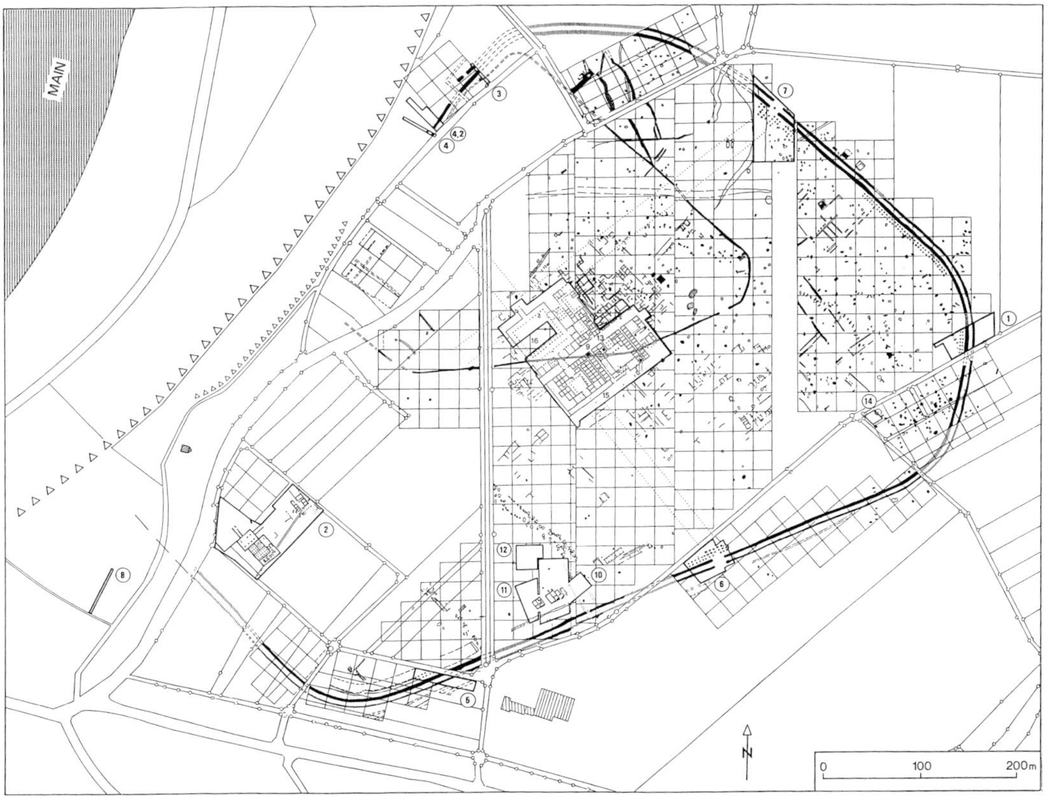


*Abb. 171 Marktbreit. Gesamtplan des Legionslagers auf der Grundlage der kombinierten Auswertung von Luftbild, magnetischer Prospektion und Ausgrabung. 2 Mannschaftsbaracke und Speicherbau, 6 Südtor, 7 Nordosttor, 9.13.15 Zentralgebäude, 10.11 Kopfbauten der Mannschaftsbaracken, 16 Principia.*

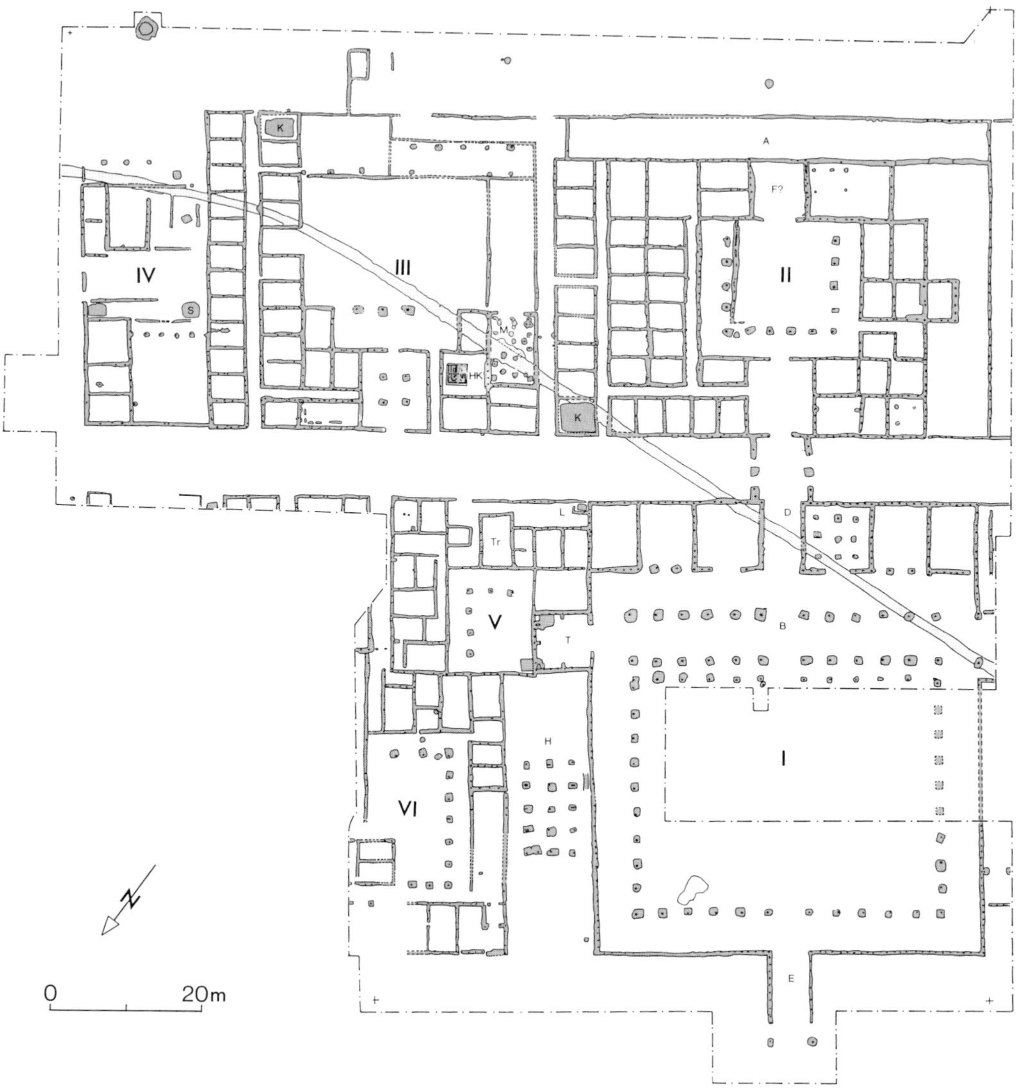


*Abb. 172 Marktbreit. Zentralgebäude des augusteischen Legionslagers. I Principia, II Praetorium, III Verwaltungsgebäude mit Anbau IV, V, VI Wohngebäude.*

Der für augusteische Lager typische polygonale Grundriß orientiert sich an der Topographie: zum einen rückte man das Lager im NW bis an den Steilhang des Mains heran, zum anderen sollte wohl die höchste Stelle im O eingeschlossen werden. Mit einer Größe von etwa 37 ha ist es eines der größten römischen Lager überhaupt und bislang das östlichste Römerlager der Frühzeit im freien Germanien.

Eine Grabenspur im Inneren nimmt die Fluchten der Umwehrung, einer Holz-Erde-Mauer auf und gehört zu einem etwa 9 ha großen Vorgängerlager, das keinerlei Bebauungsspuren hinterließ.

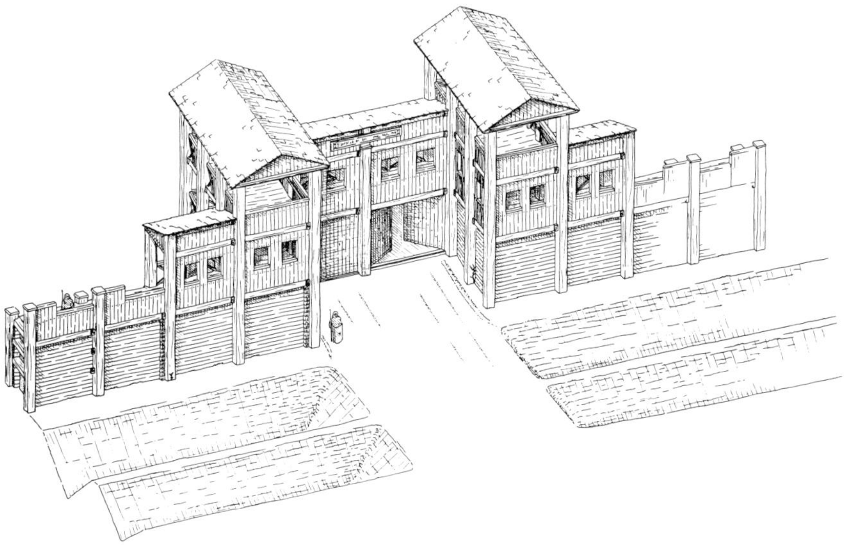

*Abb. 173 Marktbreit. Rekonstruktion des Nordosttores.*

1988 konnten aus der Luft 2 Grabenunterbrechungen als Tore erkannt werden. Der Grabungsbefund zeigte dann 2 für augusteische Toranlagen typische Grundrisse mit verbreiterter Front und einziehenden Torwangen.

Das außergewöhnlich detailreiche Magnetogramm ließ leider keine typischen Grundrisse zentraler Kastellbauten erkennen. Erst die Fluchten aus den beiden schiefwinkligen Toranlagen führten an ihrer Kreuzung zur Entdeckung der Principia. Sie haben bereits fast alle Merkmale der kaiserzeitlichen Principia: ein in die *via principalis* vorgeschobener Eingang, ein großer Hof, eine zweischiffige Basilika und die rückwärtige Raumflucht mit einem Durchgang an der Stelle des Fahnenheiligtums.

Das dahinter liegende Peristylhaus (II) erscheint für das hier zu erwartende Wohnhaus des Legionslegaten etwas klein. So möchte man in diesem Bau ein *praetorium* sehen, in dem aufgrund seines engen Bezuges zu den Principia – Durchgang und gedeckter Straßenübergang – Dienst- und Wohnfunktion noch zusammenliegen, wie es für republikanische Marschlager beschrieben wurde.

Bei dem nö anschließenden Gebäude (III) mag es sich, nicht zuletzt wegen seines Magazines (M), seinen beiden Kellern (HK, K) und dem Anbau (IV) nach der Überlieferung antiker Militärschriftsteller um einen Verwaltungsbau in der Art eines Quaestoriums oder das Amtsgebäude des Legionspräfekten handeln. In den beiden zusammengefaßten Bauten V und VI werden wir randliche Teile eines großen Wohnkomplexes erfaßt haben, wie sie nach den neuesten Grabungen in den Lippelagern für augusteische Lager typisch sind.

Im Randbereich des Lagers konnte ein Wirtschaftsgebäude freigelegt werden. Es besteht aus mehreren Räumen mit mächtigen Pfostenreihen und Unterzügen zur Unterlüftung des Fußbodens. Ein Ofen im NO – im übrigen bisher der einzige Steinbau des Lagers – läßt darüber hinaus darauf schließen, daß es sich bei diesem Gebäude um ein Magazin mit Heiz- und Trocknungsmöglichkeit handelt. Außerdem ist dieser Bereich interessant, weil hier durch Überschneidungen 2 Vorgängerphasen festgestellt werden konnten.

In derselben Fläche sowie w des S-Tores wurden schließlich Kopfbauten von Mannschaftsbaracken ausgegraben. Spuren der eigentlichen Baracken fehlen.

Im Unterschied zu den reichen Befunden ist das Legionslager Marktbreit durch eine extreme

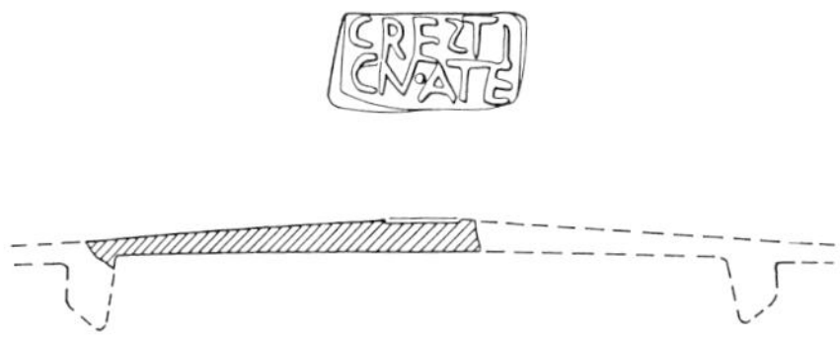


*Abb. 174 Marktbreit. Terra Sigillata-Tellerboden mit Stempel des Crestus und Cn. Ateius. M. 1:2.*

Fundarmut gekennzeichnet. Wenige Nemausus- und Lugdunum-Asse sowie ein Sigillata-Stempel des Ateius verdeutlichen aber, daß dieses Lager der fortgeschrittenen Phase der augusteischen Germanenkriege, dem sog. Haltern-Horizont (5 v. Chr. – 9 n. Chr.), angehörte.
Die Fundarmut und bestimmte Befunde lassen darauf schließen, daß dieses 37 ha große Lager nie voll oder über längere Zeit belegt war. Daß man es trotzdem als Standlager mit einem bestimmten politisch-militärischen Auftrag konzipiert hatte, zeigt sein fortgeschrittener Ausbau mit Nutzungsspuren. Wie weit dieser gediehen oder gar abgeschlossen war, können nur weitere großflächige Untersuchungen klären. Durch entsprechende Funde konnten als Besatzung Legionseinheiten und germanische Hilfstruppen nachgewiesen werden.

*Abb. 175 Marktbreit. Befundplan des Wirtschaftsgebäudes mit Anbauten (Fl. 2).*

Unter Beachtung seiner Lage und der historischen Überlieferung läßt sich die Aufgabe dieses Legionslagers mehr als nur schemenhaft erkennen: einerseits die Sicherung römischer Macht in der Einflußzone rechts des Rheins in uns bis jetzt noch nicht greifbaren Formen und andererseits die Funktion als wichtiges, wenn nicht wichtigstes Etappenlager für den gut vorbereiteten Feldzug 6 n. Chr. gegen die Markomannen in Böhmen. Die Tatsache, daß es nicht zu einer Eroberung, Besetzung und Umwandlung in eine römische Provinz Marcomannia gekommen ist, nimmt dem Marktbreiter Lager seine kurzfristig erhöhte Bedeutung wieder. Die Diskrepanz zwischen der großartigen Anlage und den mangelhaften Nachweisen für eine entsprechende Belegung wird so verständlich. Pi

*Lit.:* M. Pietsch/D. Timpe/L. Wamser, Das augusteische Truppenlager Marktbreit. Bisherige archäologische Befunde und historische Erwägungen. Ber. RGK 72, 1991, 263 – 324; M. Pietsch, Die Zentralgebäude des augusteischen Legionslagers von Marktbreit und die Principia von Haltern. Germania 71, 1993, 355 – 368.

**Mertingen** → Burghöfe

## Möckenlohe
## Gde. Adelschlag, Lkr. Eichstätt, Obb.

### *Römischer Gutshof*

Abb. 176, 177

Seit dem Beginn unseres Jahrhunderts ist der römische Gutshof in der Flur „Lange Gewanne" am nö Ortsrand von Möckenlohe am Tauberfelder Weg bekannt; die ersten Luftbilder 1983 zeigen den Grundriß des Wohnhauses und Teile von Wirtschaftsgebäuden. 1987 und 1989 wurde das Wohnhaus der Villa ausgegraben und im Anschluß an die Freilegung 1992 – 1993 auf den Grundmauern des römischen Gebäudes wiederhergestellt. Das antike Laufniveau lag ursprünglich rund 1 m über dem heutigen Niveau; die Rekonstruktion des Baukörpers stimmt in einigen Details nicht mit den archäologischen Vorgaben überein. Dennoch gibt das Gebäude ein anschauliches Beispiel römischer Wohnarchitektur auf dem Land.

Mit den beiden nach S über die Front vorspringenden Eckräumen gehört es zu dem weit verbreiteten Bautyp der Risalitvilla. Das Kalkbruchstein-Mauerwerk des eingeschossigen Baus (Breite 30,5 m) war innen und außen mit Mörtel verputzt und trug ein schweres, ziegelgedecktes Dach. Die kleinen Fenster waren mit Scheiben verglast und durch eiserne Fenstergitter gesichert. Der Haupteingang lag in der Mitte einer 14 m langen, nach S orientierten Säulenhalle, die von vermutlich 5 Säulen getragen wurde. Dahinter lag ein offener Innenhof (22,5 x 17,0 m) mit Schlafräumen an der W-Seite. Der Empfangsraum im W-Risalit war nach Art antiker Audienzhallen gestaltet. Die Küche lag vermutlich im ebenerdigen Eckraum des O-Risalits. Nachträglich wurde hier der große Steinkeller anstelle eines älteren Erdkellers als Kühl- und Lagerraum eingebaut. Der mannstiefe Kellerraum (4,5 m Seitenlänge) war von der Portikus her durch eine 4,7 m lange Rampe zu betreten, auf der ursprünglich ein hölzerner Bohlensteg lag. Von der 1,35 m breiten Kellertür hat sich der verkohlte Schwellbalken im Grabungsbefund erhalten. Das Bruchsteinmauerwerk der Kellerwände steht im Original noch 1,4 m hoch und trägt die Spuren eines einfachen Kalkmörtelputzes. Linker Hand befin-

*Abb. 176 Möckenlohe. Das 1991-1993 auf den römischen Fundamentmauern wiederaufgebaute Wohnhaus der Villa.*

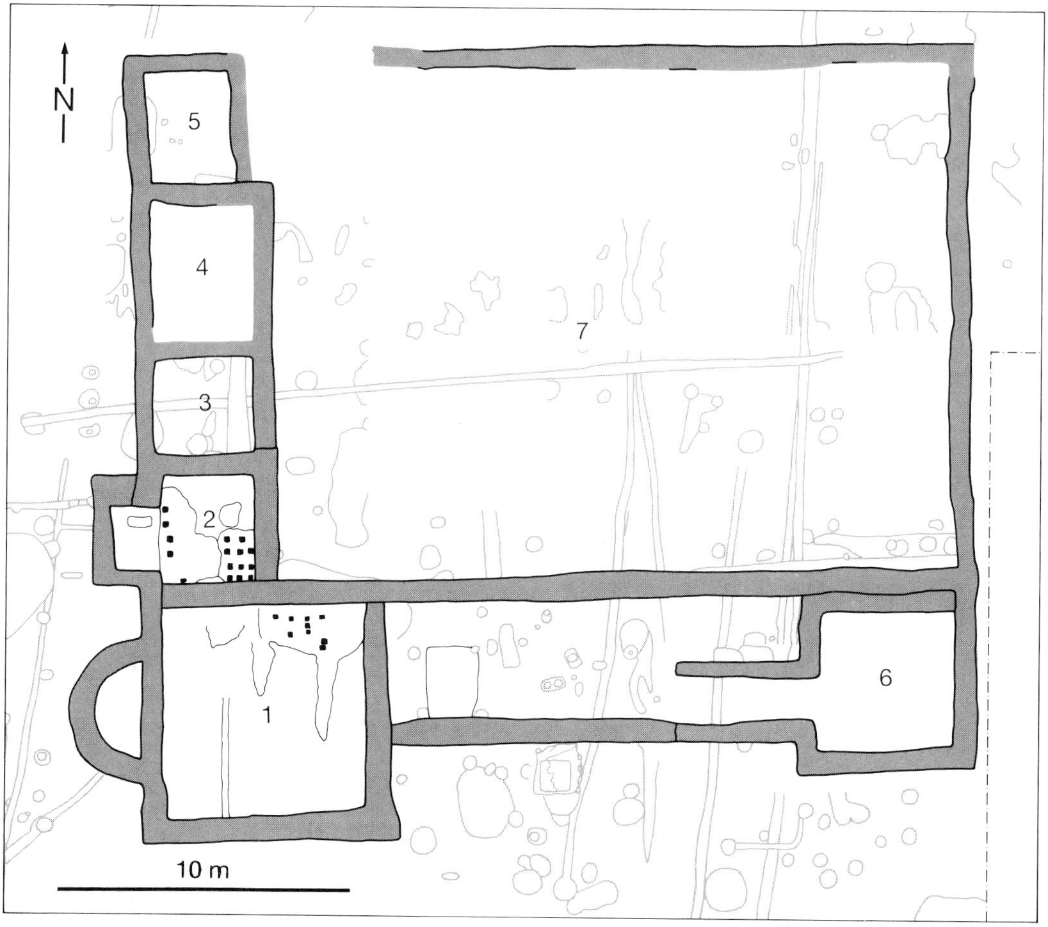


*Abb. 177 Möckenlohe. Grundriß des Wohngebäudes der Villa am Taubenfelder Weg am Nordrand des Ortes.*

det sich eine 90 cm breite Nische, in der man eine Öllampe abstellen konnte. Licht fiel auch durch ein schmales Kellerfenster in der S-Wand, durch das Erntegut vom gepflasterten Vorplatz eingefüllt werden konnte. Der Kellerboden besteht aus einem gestampften Lehmestrich; an der O- und N-Wand waren rund 15 bis zu 0,4 m große Löcher gegraben, in die Vorratsgefäße eingesetzt werden konnten. Der hier gefundene 52 cm große Mühlstein stammt von einer Getriebemühle.

Die Villa wurde vermutlich in der Regierungszeit des Kaisers Hadrian errichtet. Der Keller barg zahlreiche Funde, die bei der Zerstörung des Gebäudes in der Mitte des 3. Jh. in den Boden gekommen sind: Brandschutt, eingestürzte Holzbalken der Decke und des Dachstuhls (in der Masse Eiche, daneben Buche, Hainbuche und Hasel), vermischt mit zerbrochenem Eß- und Küchengeschirr, verglühtem Hausrat und eisernen Baubeschlägen. Nach dem Brand wurde der Hof verlassen und das Land wüst; Siedlungsspuren der nachrückenden Alamannen fanden sich nicht.

Cz

*Lit.:* Unveröff.

## Moosberg
## Markt Murnau am Staffelsee,
## Lkr. Garmisch-Partenkirchen, Obb.

*Spätantike Höhensiedlung*
Abb. 178, 179

Auf einem isolierten Hügel im Murnauer Moos befand sich etwa 1 km w der Römerstraße Augusta Vindelicum–Parthanum und mit dieser durch einen Knüppelweg verbunden eine spätrömische Befestigung. Ihr nicht geschlossener Mauerring nützte die Geländeformation aus und umschloß eine fast schmalovale Fläche von rund 180x55 m; im W bot ein Steilabfall natürlichen Schutz. Im Inneren konnten 10 Bauten in Lehmfachwerk festgestellt werden. Nach den Funden wurde der Berg erstmals aufgesucht nach der Mitte des 3. Jh. für eineinhalb bis zwei Jahrzehnte und dann nochmals um die Mitte des 4. Jh. für längere Zeit. Der Hügel existiert heute nicht mehr; er wurde ab 1926 für die Gewinnung von Straßenschotter gegen den Einspruch des Bayer. Landesamts für Denkmalpflege abgebaut, wobei vorher immer nur die jeweils betroffenen Teile begrenzt archäologisch untersucht werden konnten. Durch den intensiven Abbau befindet sich heute an der Stelle des Hügels ein See. Ke

*Lit.:* J. Garbsch, Der Moosberg bei Murnau. MBVF 12 (München 1966).

*Abb 178 Moosberg bei Murnau. Geländeaufnahme vor der Zerstörung.*

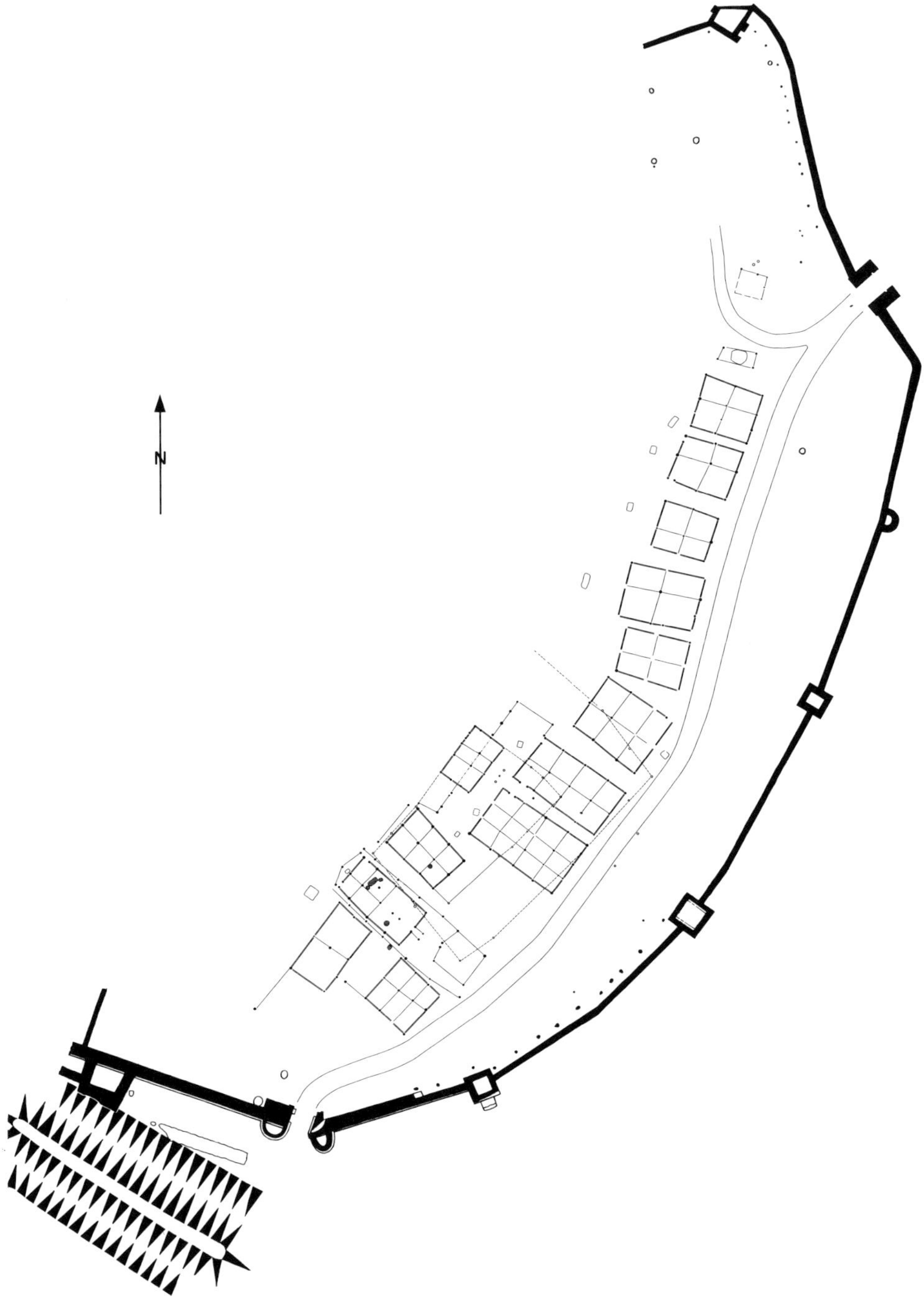


*Abb. 179 Moosberg. Übersichtsplan der spätantiken Höhensiedlung. M. ca. 1:1100.*

## Moos-Burgstall
## Lkr. Deggendorf, Ndb.

*Kastell und Vicus*

Auf einem heute künstlich versteilten Sporn über der Isaraue liegen im Bereich der mittelalterlichen Befestigung „Burgstall" die Reste eines römischen Auxiliarkastells, das bis auf die SO-Ecke der Abschwemmung durch die Isar zum Opfer gefallen ist. Luftbilder haben gezeigt, daß das Kastell ursprünglich direkt ö der Isar lag, wo die Donautalstraße den Fluß überschritt. Auf diese wichtige O-W-Verbindung traf kurz vor dem Flußübergang, also auf dem w Ufer, die Isartalstraße. Die Reste des Kastells wurden von 1978 bis 1980 von H. Schönberger von der Römisch-Germanischen Kommission in Frankfurt untersucht. Von dem Holz-Erde-Kastell ließen sich die Schmalseiten mit ca. 140 m rekonstruieren, die Längenausdehnung ist unbekannt. Es fanden sich ein Spitzgraben von fast 9 m Breite und fast 4 m Tiefe. Die Mauer war eine reine Rasensodenkonstruktion ohne Holzeinbauten, die Grabungen erbrachten die Pfostenstellungen des S-Tors, des sö Eckturms sowie 3 Zwischentürme. Von der Innenbebauung wurden die Reste von Mannschaftsbaracken samt Kopfbauten erfaßt. Während die Umwehrung 2 Phasen aufwies, scheint die Innenbebauung einphasig gewesen zu sein. Erbaut wurde das Kastell von Moos in der Spätzeit Vespasians, es war damit sicherlich der Vorgängerbau des nahegelegenen Künzing, das erst um 90 errichtet wurde. Allerdings wurde die Garnison von Moos nicht komplett nach Künzing versetzt, sondern man hat das Kastell erst um 120 völlig aufgegeben. Ziegelstempel der Künzinger *cohors III Thracum* aus Moos-Burgstall zeigen, daß das (damals schon von der Isar beschädigte?) Kastell wohl von einer abkommandierten Teileinheit der Künzinger Garnison genutzt wurde. In der Nachkastellzeit entwickelte sich aus dem Kastellvicus ein größerer Zivilvicus, der nur durch Lesefunde erschlossen ist, auch Brandgräber sind bekannt. Er wurde im 3. Jh. zerstört und nicht mehr aufgebaut. Fi

*Lit.:* H. Schönberger, Moos-Burgstall: Ein neues Römerkastell. Ber. RGK 63, 1982, 179 ff.

*Abb 180 Mühlthal. Sigillatabecher (Drag. 54) mit Inschrift Deo Invicto Mithrae und Mithrasdarstellung in Barbotine-Technik; H. 27 cm (Prähist. Staatsslg. München).*

## Mühlthal
## Gde. Prutting, Lkr. Rosenheim, Obb.

*Mithräum*
Abb. 180, 181

Etwa 300 m s der römischen Innbrücke auf dem rechten Flußufer gegenüber Pons Aeni auf halber Hanghöhe wurde 1978 – 1980 ein Mithräum von 8,8 x 12,2 m Größe von der Prähistorischen Staatssammlung ergraben. Die Funde belegen hier die Mithras-Verehrung vom 2. bis zum Ende des 4. Jh.; sie sind in der Prähistorischen Staatssammlung ausgestellt. Ke

*Lit.:* J. Garbsch, Das Mithraeum von Pons Aeni. BVbl. 50, 1985, 355–462.

*Abb. 181 Mühlthal. Grundriß des Mithräums (nach J. Garbsch).*

## Munningen
## Lkr. Donau-Ries, Schw.

### *Kastell und Straßenstation*
Taf. 6

Vor dem n Ortsausgang Munningens erhebt sich eine Lößanhöhe, die mit gut 6 m über dem Niveau der Talniederung einen ausgezeichneten Rundblick über die Riesebene gestattet. Ihre Kuppe trägt ein Kastell der Alblinie, das mit dem in der Tabula Peutingeriana zwischen Opie (Oberdorf am Ipf), Septemiacum (Nördlingen?) und Medianis (Gnotzheim) genannten Losodica identifiziert wird. Seit den ersten Ausgrabungen 1894, dem Nachweis eines Holz-Erde-Kastells durch H. Eidam (1906) und Nachuntersuchungen 1930 (E. Frickhinger) fanden 1971 moderne stratigraphische Untersuchungen durch D. Baatz statt. Rettungsgrabungen durch das Bayer. Landesamt für Denkmalpflege 1977, 1978 und 1986 sind noch nicht ausgewertet.

Das Kastell Munningen entspricht dem typischen Schema römischer Auxiliarlager. Seine Umwehrung umschließt ein Areal von 150 m Breite und 179 m Länge und besteht aus einem 3 m tiefen, später auf 6 m verbreiterten Spitzgraben und der dahinter liegenden Wehrmauer in Form einer 5,6 m breiten Holz-Erde-Konstruktion. Ihre Höhe mit Wehrgang und der Brustwehr dürfte knapp 4 m betragen haben. Zwischen- und Ecktürme sind mit Ausnahme zweier Frontpfosten des NW-Eckturms nicht ergraben. Ebenfalls noch nicht untersucht sind die jeweils von zwei Wehrtürmen flankierten Tore, deren Lage durch die rechtwinklig sich kreuzenden Lagerstraßen bestimmt wird.

Die Bebauung des 2,7 ha großen Kastellinnenraums ist im NW-Teil gut erschlossen; hier standen vier quer zur Lagerachse orientierte, 7,9 m breite und 60 m lange Mannschaftsbaracken. Nach den aufgefundenen Wandresten handelt es sich um weißgetünchte Fachwerkbauten. Die Gebäude im Lagerzentrum (*principia, praetorium, horreum, valetudinarium*) sind noch unerforscht.

Die Besatzung des Kastells ist namentlich nicht überliefert. Aufgrund des Größenvergleichs wird eine 500 Mann starke, aus Infanterie und Kavallerie zusammengesetzte *cohors equitata* vermutet. Das Lager wurde in der Zeit um 90 erbaut und spätestens um 110 mit der Vorverlegung der Alblinie aufgegeben. Ob das 1977 am S-Hang des Grimmgrabens etwa 150 m vor der s Lagerumwehrung freigelegte Badegebäude in die Kastellphase gehört, ist noch unerforscht.

Die Spuren eines Auxiliarvicus sind spärlich. Nur das Kastellareal blieb weiterhin besiedelt: Der nachkastellzeitliche Steinbau B steht an Stelle des Lagerhorreums und entspricht auch in seinem Grundriß solchen Speichergebäuden. Er deutet zusammen mit dem aus Architekturquadern errichteten Steinbau E darauf hin, daß das in Fiskalbesitz verbliebene Kastellgelände in eine Straßenstation umgewandelt wurde. Die sog. Munninger

Brandschicht aus der Zeit nach den Markomannenkriegen nach 180 enthielt das zerstörte Depot eines Geschirrhändlers. Die nachkastellzeitliche Siedlung reicht bis an den Beginn des 3. Jh.; einzelne germanische Fundobjekte deuten auf eine Besiedlung der Landnahmezeit (4. Jh.). Cz

*Lit.:* H. Eidam, Das Kastell Munningen. ORL B Nr. 68 a (Berlin, Leipzig 1929); D. Baatz, Das Kastell Munningen im Nördlinger Ries (mit Beitr von R. Schütrumpf und H.-G. Simon). Saalburg-Jahrb. 33, 1976, 11–62; W. Czysz in: H. Frei/G. Krahe, Archäologische Wanderungen im Ries (Stuttgart/Aalen, $^{2}$1988) 186–191.

**München** → Denning

## Nassenfels
## Lkr. Eichstätt, Obb.

*Kastell und Vicus*
Abb. 62, 66, 81, 182

Nassenfels liegt am S-Fuß der Fränkischen Alb in den w Ausläufern des Ingolstädter Beckens. Die nach SO entwässernde Schutter schafft eine Verbindung zur Donau. Prägend für den römischen Ort war die Lage an wichtigen Straßenzügen; an erster Stelle zu nennen ist die durch mehrere Meilensteine des späten 2. und 3. Jh. herausgehobene Route von Augsburg zum Legionslager Regensburg, die das Gebiet seit der Okkupation über den Donauübergang bei Steppberg ans Hinterland anschloß. Weitere Straßen verliefen nach W über Hütting/Feldmühle und nach N zum ca. 10 km entfernten Pfünz. Die römische Siedlung erstreckt sich w der heutigen Eichstätter und n der Neuburger Straße, d. h. größtenteils unter dem Ortskern von Nassenfels. Sie meidet die s angrenzende Niederung des Flüßchens Schutter, zu der das Gelände über gut 5 m steil abfällt. Vom antiken Namen der Schutter dürfte der des römischen Ortes abgeleitet sein, dessen Einwohner sich nach Ausweis der Inschrift IBR 243 – heute im Vorraum der Kirche eingemauert – als *vik(ani) Scutt(arenses)* bezeichneten.

Im Rahmen der Aktivitäten der Reichslimeskommission führte Ende des 19. Jh. F. Winkelmann an verschiedenen Stellen Ausgrabungen auf der Suche nach einem Kastell durch. Dabei legte er zahlreiche Baustrukturen des Vicus sowie Teile des Gräberfeldes frei. Ein Massenfund von Skulpturfragmenten 1906/07 warf ein Schlaglicht auf die Bedeutung des Ortes als kulturelles Zentrum. In der Folge wurde der Vicus ohne detaillierte Beobachtungen vollständig überbaut. In jüngster Zeit gelang schließlich noch an mehreren Stellen der Nachweis eines Kastells, das in den 90er Jahren des 1. Jh. an strategisch günstiger Stelle angelegt worden war. Bekannt sind einzelne Abschnitte seines Spitzgrabens, so daß die Fläche ungefähr auf 1,5 – 1,7 ha zu schätzen ist. Innenbebauung ist nicht nachgewiesen. Das Lager dürfte nur kurz bestanden haben und Anfang des 2. Jh. zugunsten von Pfünz aufgelassen worden sein. Es wurde danach weitgehend von dem sich ausbreitenden Vicus überlagert. Auch die Vicusbauten sind nur fragmentarisch bekannt. Die Bebauung orientiert sich an der Überlandstraße, die mit zweimaligem Richtungswechsel durch den Ort läuft und dabei Teile der *via principalis* und die *via praetoria* des Kastells nachzeichnet. Eine weitere Erschließung durch Stichstraßen ist in Ansätzen nachgewiesen. Beidseitig entlang der O-W-Achse und östlich des N–S verlaufenden Straßenstücks deutet sich eine Bebauung durch langrechteckige Streifenhäuser an. Anders erscheint die Struktur im W-Teil: hier standen wohl repräsentative Bauten von z. T. öffentlicher Funktion. Am besten erforscht ist ein zentral gelegener Gebäudekomplex, der die Stelle der *principia* des ehem. Kastells einnimmt und auch in seinem Grundriß weitgehend einem Stabsgebäude entspricht. 2 nachkastellzeitliche Phasen sind gesichert. Es könnte sich um den Verwaltungsmittelpunkt des Ortes handeln. Die übrigen Mauerreste in diesem Areal sind schwer zu deuten. Man wird hier wohl u. a. einen heiligen Bezirk lokalisieren dürfen, auf dessen Existenz zahlreiche Fragmente von Steindenkmälern sakralen Inhalts – Götterfiguren, Weihe-Inschriften – hinweisen, die im ganzen Ort gefunden wurden. Die Aufdeckung einer Steinmetzwerkstatt am w Ortsrand belegt, daß solche Denkmäler in Nassenfels hergestellt wurden. In der Schutterniederung un-

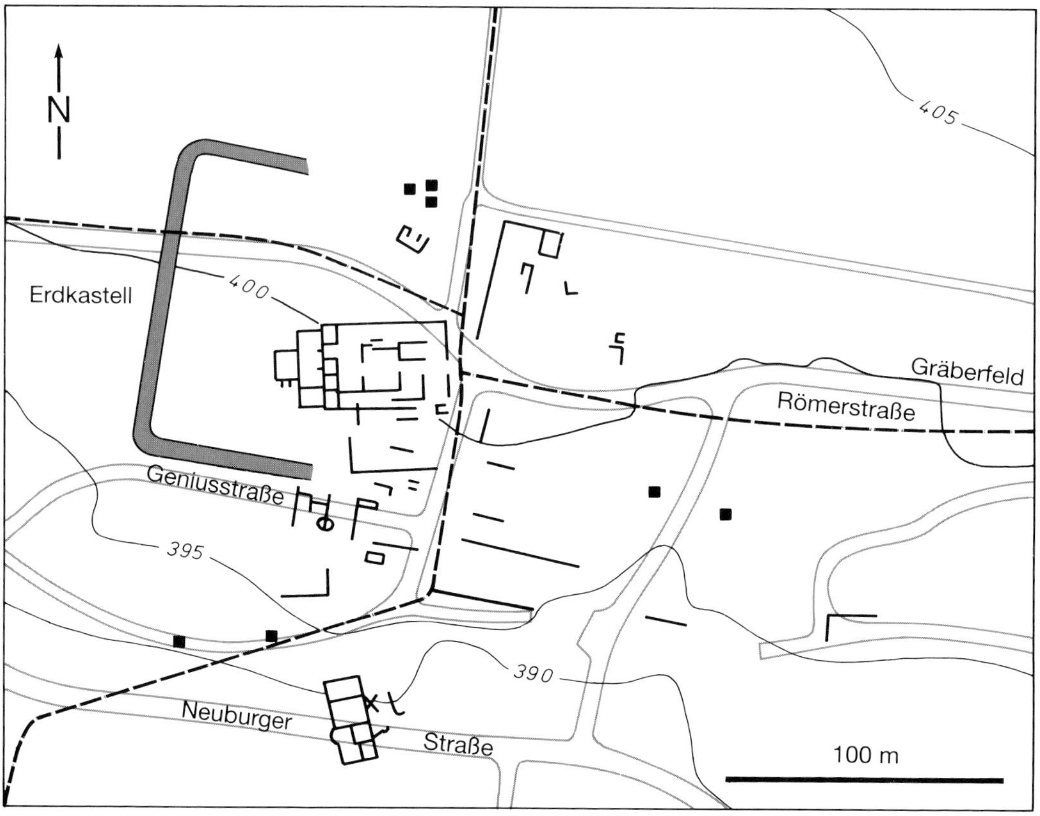


*Abb. 182 Nassenfels. Übersichtsplan des Vicus Scut(arensium) mit der Umwehrung des neuentdeckten Holz-Erde-Lagers und den Resten der nachkastellzeitlichen Zivilsiedlung.*

terhalb des Ortskerns steht das mehrphasige Bad des Vicus.
Gemessen an den bekannten Steinbauten ergibt sich für die römische Siedlung eine Fläche von 4 – 5 ha. Ein Gräberfeld erstreckt sich entlang der Ausfallstraße nach Kösching über rund 400 m bis zur Nikolauskapelle, die auf den Fundamenten eines römischen Grabdenkmals steht.
Aufgrund der Münzserie ist mit einer Besiedlung bis um die Mitte des 3. Jh. zu rechnen. Ob der Vicus langsam verlassen wurde oder einem Überfall zum Opfer fiel, ist vorläufig nicht zu entscheiden.
Es

*Lit.:* F. Winkelmann, Das römische Eichstätt. Sammelbl. Hist. Verein Eichstätt 29, 1914, 65 ff.; O. Böhme, Zur Topographie des römischen Nassenfels. BVbl. 26, 1961, 143 ff.; H.-J. Kellner, Neue römische Skulpturen aus Nassenfels. In: Aus Bayerns Frühzeit, Festschr. F. Wagner (München 1962).

## Nersingen
## Lkr. Neu-Ulm, Schw.

### *Frühkaiserzeitliches Kleinkastell*

Abb. 183, 184

Das Kleinkastell auf der NW-Kante eines Niederterrassenrückens 90 m sö der Leibi, die heute rund 2 km n in die Donau mündet, wurde ein Jahr nach Entdeckung aus der Luft 1983 ausgegraben. Die 22,2 x 25,2 m große Innenfläche (knapp 600 m²) war mit einer innen holzversteiften, 3,3 m breiten Rasensodenmauer und zwei umlaufenden Spitzgräbern von 3,3 und 3,6 m Breite befestigt. An der SO-Schmalseite befand sich das zweiflügelige Haupttor mit einer 2,1 m breiten Durchfahrt, die das Kastell über eine Stichstraße mit der Donau-Südstraße verband. In Richtung der Leibiniederung lag eine rückwärtige Schlupfpforte.

Auf der leicht erhöhten Innenfläche des Kastells standen die Mannschaftsbaracke mit Offizierskopf und 6 kleinen Contubernien, ein Wirtschaftgebäude sowie ein Backofen, eine Schmiedeesse und eine Latrine.

Das Kleinkastell ist in den späten 30er Jahren des 1. Jh. angelegt worden und war – dafür sprechen zwei Münzen von 72/73 und 80 – bis Mitte der 80er Jahre besetzt. Seine Besatzung ist unbekannt, ihre Größe wird auf 12 Soldaten und die kommandierende Charge geschätzt. Die Lage 2,2 km n abseits der Donau-Südstraße deutet weniger auf eine militärisch-taktische Funktion des Kleinkastells im Grenzgebiet, sondern auf die Kontrolle und administrative Abwicklung des Personen- und Warenverkehrs in der Nähe eines Donauübergangs. Cz

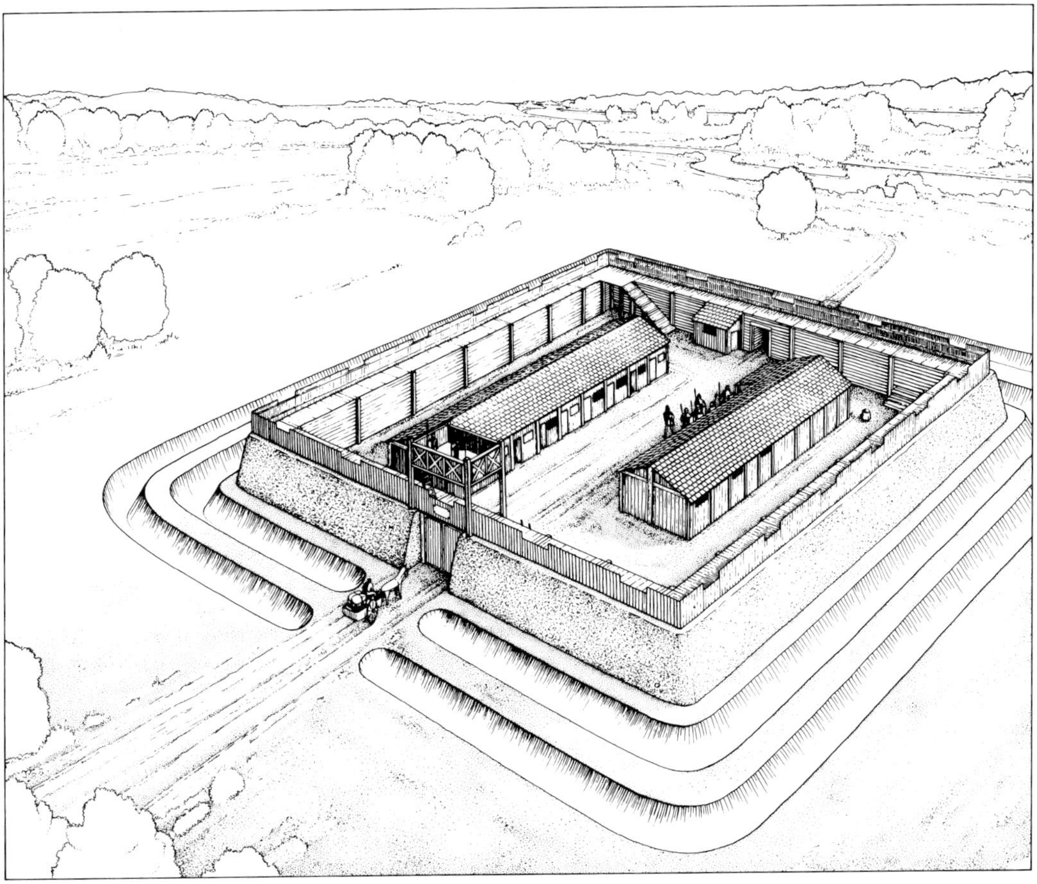

*Abb. 183 Nersingen. Rekonstruktion des Kleinkastells (nach M. Mackensen).*

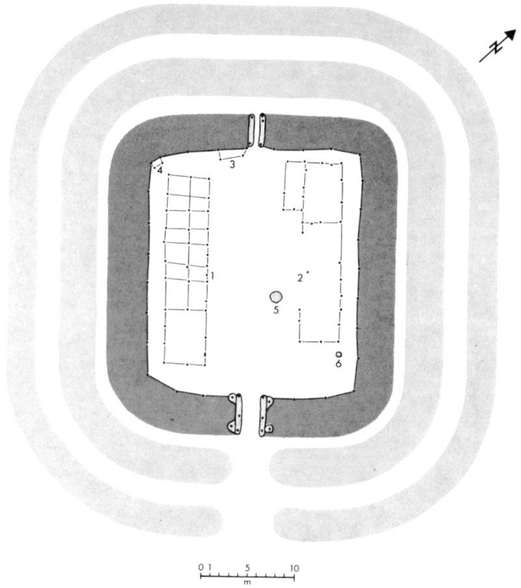

*Abb. 184 Nersingen. Grundriß des Kleinkastells (nach M. Mackensen).*

*Lit.:* M. Mackensen, Frühkaiserzeitliche Kleinkastelle bei Nersingen und Burlafingen an der oberen Donau. MBVF 41 (München 1987).

## Neuburg a. d. Donau
## Lkr. Neuburg-Schrobenhausen, Obb.

*Frühkaiserzeitliches Kleinkastell, Vicus und spätantike Befestigung*

Abb. 106, 109, 185

Auf dem Stadtberg in Neuburg lag im 1. Jh. ein kleines Holz-Erde-Kastell. Es wurde wahrscheinlich an einem Donauübergang in spättiberisch/frühclaudischer Zeit errichtet und bestand bis in frühflavische Zeit. Die Militärstation lag günstig auf dem kleinen W-Plateau des markanten Jurahügels 20 – 25 m über der Donau.

1963 wurde die Ecke eines Spitzgrabens und eines Palisadengräbchens entdeckt (M. Eckstein). Größe und Art der Umwehrung sind mit einiger Sicherheit rekonstruierbar. Das ca. 24,5 x 33 m (809 $m^2$) große Kastell hatte 2 Spitzgräben (Tiefe ca. 2,3 m). Dahinter lag wahrscheinlich eine Rasensodenmauer mit senkrechter Holzverstärkung an Vorder- und Rückfront im Abstand von rund 3 m. Die Tordurchfahrt wird im S vermutet. Über die Innenbebauung ist nichts bekannt.

Die Funde des 1. Jh. stammen in der Mehrzahl aus der Grabung 1984 in der „Münz“. Sie lagen in bis zu 2,20 m mächtigen Planierschichten, die beim Bau des spätrömischen Kastells an gleicher Stelle angelegt wurden und das Laufniveau des älteren Truppenlagers erfaßten. Neben militärischen Ausrüstungsteilen fand man Bronzefibeln, südgallische Terra sigillata-Gefäße sowie Gebrauchskeramik und Glasfragmente. In beträchtlicher Anzahl kamen auch bearbeitete Geweihstücke und Knochen zutage, die auf Beinbearbeitung im Kastell hinweisen.

Aufgrund der Kastellgröße darf man mit einer etwa 80 Mann starken Besatzung rechnen. Etwa 0,6 km s des Neuburger Stadtbergs entwickelte sich nach der Aufgabe des Kleinkastells ab flavischer Zeit eine zivile Siedlung. Über ihr Aussehen ist wenig bekannt, da nur geringe Spuren von Holzbauten beobachtet wurden. Für einen Beginn der Besiedlung noch im 1. Jh. sprechen Fibelfunde aus einem 1953 – 1961 teiluntersuchten Brandgräberfeld (heute Grund- und Teilhauptschule I, Am Schwalbanger 2, und Staatl. Berufsschule, Pestalozzistr. 2), das ö an die Siedlung anschloß. Insgesamt wurden 130 Gräber geborgen. Die Siedlung bestand bis in die Zeit der Alamanneneinfälle im 3. Jh. Aus dieser Zeit stammt ein Depot mit Bronzeeimern, das 1897 bei Baumaßnahmen im Seminargarten zutage kam.

Das in der Not. Dig. Occ. XXXV 27 genannte spätrömische Kastell Venaxamodurum mit der *cohors VI Valeria Raetorum* als Besatzung wird auf dem W-Plateau des Stadtbergs lokalisiert, am Platz des frühkaiserzeitlichen Kleinkastells. Spätrömische Funde sind seit 1820 bekannt. Bei Untersuchungen zwischen 1963 und 1985 beim Pfarrhof St. Peter und im Münzhof kamen wiederholt breite Gußmauerfundamente zutage, die sich zu einem ca. 0,16 ha großen trapezoiden Kastellgrundriß ergänzen lassen, wobei über Türme, Torsituation und Innenbebauung nichts bekannt ist.

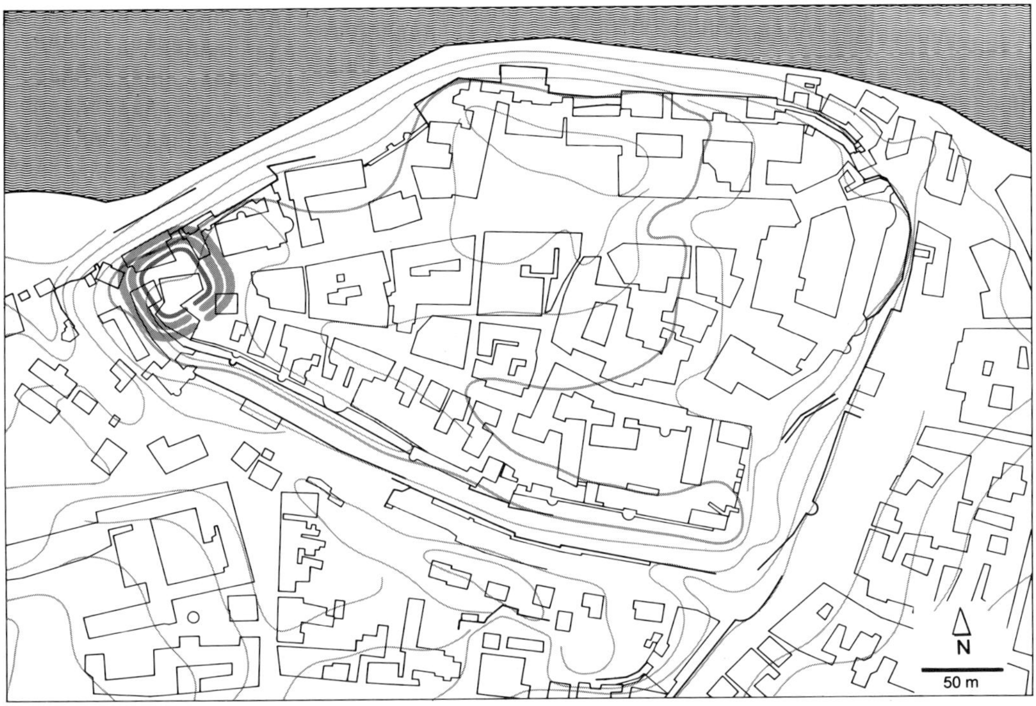


*Abb. 185 Neuburg a. d. Donau. Frührömisches Kleinkastell auf dem Stadtberg.*

In Neuburg liegen zwei spätrömische Bestattungsplätze. Der größte mit 133 Körperbestattungen wurde 1969 – 1971 im Seminargarten etwa 200 m sw des Kastells untersucht. 38 Gräber enthielten Beigaben, durch die der Bestattungsplatz von spätkonstantinischer Zeit (um 330) bis um 400 zu datieren ist. Das Überwiegen von Männergräbern und die Gürtelbestandteile der spätrömischen Militärtracht sprechen für Gräber von Angehörigen der Kastellbesatzungen. Wie weitere Funde belegen, setzten sich die Truppen aus germanischen Bevölkerungsgruppen zusammen, die im spätrömischen Heer die Aufgabe der Grenzsicherung übernommen hatten. Das Gräberfeld läßt sich in 3 zeitlich aufeinanderfolgende Zonen teilen, die mit unterschiedlichen Bevölkerungsgruppen belegt sind und für 3 verschiedene Truppen im Kastell sprechen. In der ersten Periode von ca. 330 bis zum Juthungeneinfall 357 war das Kastell mit einem alamannisch-juthungischen Truppenverband besetzt. Dieser wurde von einer anderen germanischen Söldnertruppe abgelöst. Schließlich kamen wahrscheinlich nach der Niederschlagung der Usurpation des Maximus im Jahre 388 pannonisch-gotische Soldaten in die raetische Grenzfestung.

Ein zweiter spätrömischer Bestattungsplatz mit 11 Körpergräbern und einer Brandbestattung wurde 1987 – 1988 auf dem Stadtberg 70 m ö des Kastells untersucht. Die Gräber gehören ins mittlere Drittel und in die zweite Hälfte des 4. Jh. Die Mehrzahl der Gräber ist O–W orientiert. Die Gürtelgarnitur aus Grab 8 zeigt, daß hier ebenfalls Angehörige des Grenzheeres bestattet wurden. Hü

*Lit.:* M. Eckstein, Keltische und römische Wehranlagen auf dem Stadtberg in Neuburg a. d. Donau. Mit einem Beitrag von G. Ulbert. BVbl. 30, 1965, 135 ff.; C.-M. Hüssen, Die frühkaiserzeitliche Militärstation auf dem Stadtberg in Neuburg a. d. Donau. In: K. H. Rieder/A. Tillmann (Hrsg.), Neuburg a. d. Donau. Archäologie rund um den Stadtberg (Buch am Erlbach 1993) 65 ff.; J. Werner, Zwei römische Bronzeeimer von Neuburg a. d. Donau. Germania 20, 1936, 258 ff.; W. Hübener, Ein römisches Gräberfeld in Neuburg a. d. Donau. BVbl. 22, 1957, 71 ff.; BVbl. 26, 1961, 294; M. Eckstein, Neue Befunde zum Standort des spätrömischen Kastells Venaxamodurum in Neuburg. Neuburger Kollektaneenbl. 131, 1978, 168 ff.; E. Keller, Das spätrömische Gräberfeld von Neuburg a. d. Donau. MBV 40 (Kallmünz/Opf. 1979); K. H. Rieder, Neue Aspekte zu Topographie und Grundriß des spätrömischen Kastells von Neuburg a.d. Donau. In: K. H. Rieder/A. Tillmann (Hrsg.), Neuburg a. d. Donau. Archäologie rund um den Stadtberg (Buch am Erlbach 1993) 101 ff.; E. Pohl, Der Neuburger Stadtberg und sein Umfeld am Übergang von der Antike zum Mittelalter (4. bis 7. Jhdt.) aus archäologischer Sicht. Ebd. 109 ff.

**Neusäß** → Westheim
**Neustadt a. d. Donau** → Bad Gögging
**Neustadt a. d. Donau** → Eining
**Nördlingen** → Holheim

## Oberammergau
## Lkr. Garmisch-Partenkirchen, Obb.

### *Kult- und Kampfplatz Döttenbichl*
Abb. 21, 186

*Abb. 186 Oberammergau. Eiserne Katapultspitze mit Stempel der 19. Legion; L. 5,3 cm (Prähist. Staatsslg. München).*

Als 1991 vom s von Oberammergau gelegenen Döttenbichl zahlreiche frühkaiserzeitliche Metallfunde – darunter viele römische Waffen – gemeldet wurden, war der bekannte silbertauschierte Dolch, der Anfang des Jh. in unmittelbarer Nähe zutage kam, nicht mehr isoliert.
Obwohl auf dem bewaldeten Döttenbichl sowie auf dem gegenüberliegenden, ebenfalls bewaldeten Berghang mit dem sog. Ambronenstein kein einziger antiker Befund festgestellt werden konnte, war die Ausbeute an Einzelfunden enorm. Die Funde waren nicht auf engem Raum begrenzt, sondern streuten weit im Gelände. Etwa 20 spätlatènezeitliche Fibeln, zahlreiche Werkzeuge, Lanzenspitzen und andere Eisengegenstände gehörten aufgrund ihrer Lage und ihres z. T. paarigen Vorkommens zu einem Kultplatz der einheimischen Bevölkerung. Der zeitliche Rahmen reicht von einem späten Latène D1 bis in die erste Hälfte des 1. Jh. n. Chr. Die meisten Funde stammen von römischen Soldaten: etwa 80 typisch römische Schuhnägel und über 300 römische Angriffswaffen, darunter ca. 280 dreiflügelige Pfeilspitzen sowie Lanzen- und Geschoßspitzen. Für diese Funde, die mit Ausnahme eines Dolches keine bewußte Deponierung erkennen lassen, bieten sich zwei Interpretationsmöglichkeiten an: Entweder waren es Beutewaffen, die die einheimische Bevölkerung in ihrem Heiligtum opferte. In diesem Fall kann man ein Kampfgeschehen in der Nähe voraussetzen. Die zweite Möglichkeit wäre ein Kampf, der im Heiligtum auf dem Döttenbichl selbst stattgefunden hat. Das Kampfgeschehen, an dem neben Bogenschützen auch Legionare beteiligt waren,

kann man vielleicht den Ereignissen des Alpenfeldzuges im Sommer 15 v. Chr. zurechnen. Dazu passen die für mittel- bis spätaugusteische Zeit typischen dreiflügeligen Pfeilspitzen sowie zwei Denare (78/77 und 46 v. Chr.) und zwei Nemausus-Dupondien der ersten Serie (28/10 v. Chr.). Eine Katapultpfeilpitze mit dem Stempel der 19. Legion belegt, daß diese Legion oder zumindest Teile von ihr im Heer des Drusus waren. 24 Jahre später ist die 19. Legion in der Varusschlacht (9 n. Chr.) untergegangen. Za

*Lit.:* G. Ulbert, Der Legionarsdolch von Oberammergau. In: Aus Bayerns Frühzeit. Festschr. F. Wagner (München 1962) 175 ff.; ders., BVbl. 36, 1971, 44 ff.; W. Zanier, Germania 72, 1994, 587 ff.

## Oberndorf a. Lech
## Lkr. Donau-Ries, Schw.

*Villa rustica*

Abb. 41, 187

1978 wurde bei der Befliegung des Lechmündungsgebiets am n Ortsrand von Oberndorf eine Villa in ungewöhnlicher Umgebung von Altwasserarmen, Flußmäandern und periodischen Überschwemmungen entdeckt und 1988 – 1989 mit Ausnahme des Friedhofs vollständig ausgegraben. Sie war um die Mitte des 1. Jh. auf der dem Kastell Burghöfe gegenüberliegenden Lechseite entstanden. Völlig unerwartet waren die komplexen Strukturen einer Holzvilla, deren Grundriß durch über 100 m lange Gräbchen geprägt war, die die Längsseiten in rund 6 m breite Streifen längs-, die Schmalseiten um den Hof querteilen.
Die NW-Ecke knickte nicht in einem scharfen Winkel ab, sondern bog in einer Kurve von 2 m Radius nach S um; danach handelt sich um erstmals nachgewiesene, eingegrabene Flechtwerkzäune. Eingesetzte Pfosten an der W-Seite deuten auf Hofzufahrten und Eingänge.Die Holzbauten der frühen Villenanlage des 1. Jh. waren nicht als Schwellbalkenkonstruktion errichtet, wie sie die zeitgenössische Militärarchitektur bevorzugte, sondern in Pfosten- bzw. Pfostenständertechnik prähistorischer Bauart. Die 8, vermutlich 10 Holzgebäude hatten teilweise einen auffallend kleinen Grundriß.
In der Steinbauphase ab der Mitte des 2. Jh. verdreifachte sich das Hofareal von rund 1,2 auf 4 ha, worin sich die prosperierende Entwicklung und erfolgreiche Bewirtschaftung spiegelt. Das Risalit-Wohnhaus mit einer Frontbreite von 30 m zählt zu den bescheidenen Vertretern seiner Größenklasse. Die Eckräume waren hypokaustiert, die Fenster verglast und – trotz des im Skelettmaterial belegten Hofhunds – zusätzlich mit Fenstergittern aus Eisen gesichert. Der Eingang lag in der Vorhalle, deren architektonische Wirkung durch Säulen aus weißem Jurakalk betont war. Das Haus hatte rückwärtig einen quadratischen Innenhof, der längs der Wände von einem pultförmigen Dach überdeckt war; hier lag die Küche mit einem ebenerdigen Brotofen.
Zum Standard zählt das Badehaus, das aufgrund seiner geringen Ausmaße (Länge 10,2 m) zu den kleinsten gehört; gleichwohl hatte es alle funktional notwendigen Einrichtungen vom Warm- und Laubad bis zum Kaltbad. Trotz der bescheidenen Ausstattung waren Wasserbecken und Sitzwannen mit Solnhofer Kalkplatten verkleidet.
Um das Bad konzentrierten sich die wassertechnischen Anlagen: der Brauchwasserablauf und Sickergruben, 3 Ziehbrunnen und ein flacher Teich, der nicht nur als idealtypischer Bestandteil des ländlichen Wohnmilieus zu deuten ist, sondern auch als Viehtränke und Löschwasserteich. Aus dem Schlamm der Holzbrunnen wurden reiche paläobotanische Proben geborgen, die neben dem Anbau von Gerste, Hafer, Emmer, Dinkel auch andere Nutzpflanzen, u. a. Lein, Fenchel und Schlafmohn belegen.
Im Blickfeld des Wohnhauses lagen die Stein- oder Steinsockelbauten der *pars rustica*: Wirtschaftsgebäude, Remisen, Ställe und Speicher, insgesamt 7 an der Zahl. Unmittelbar vor dem Wohnhaus fanden sich Fundamentreste eines querliegenden Steingebäudes (3) mit eingebautem Keller. Er wurde mit verbranntem Ziegelschutt eines Schadensfeuers verfüllt, dem der Hof im 3. Jh. zum Opfer gefallen war. Auf dem Kellerboden deponiert fanden sich wenigstens 531

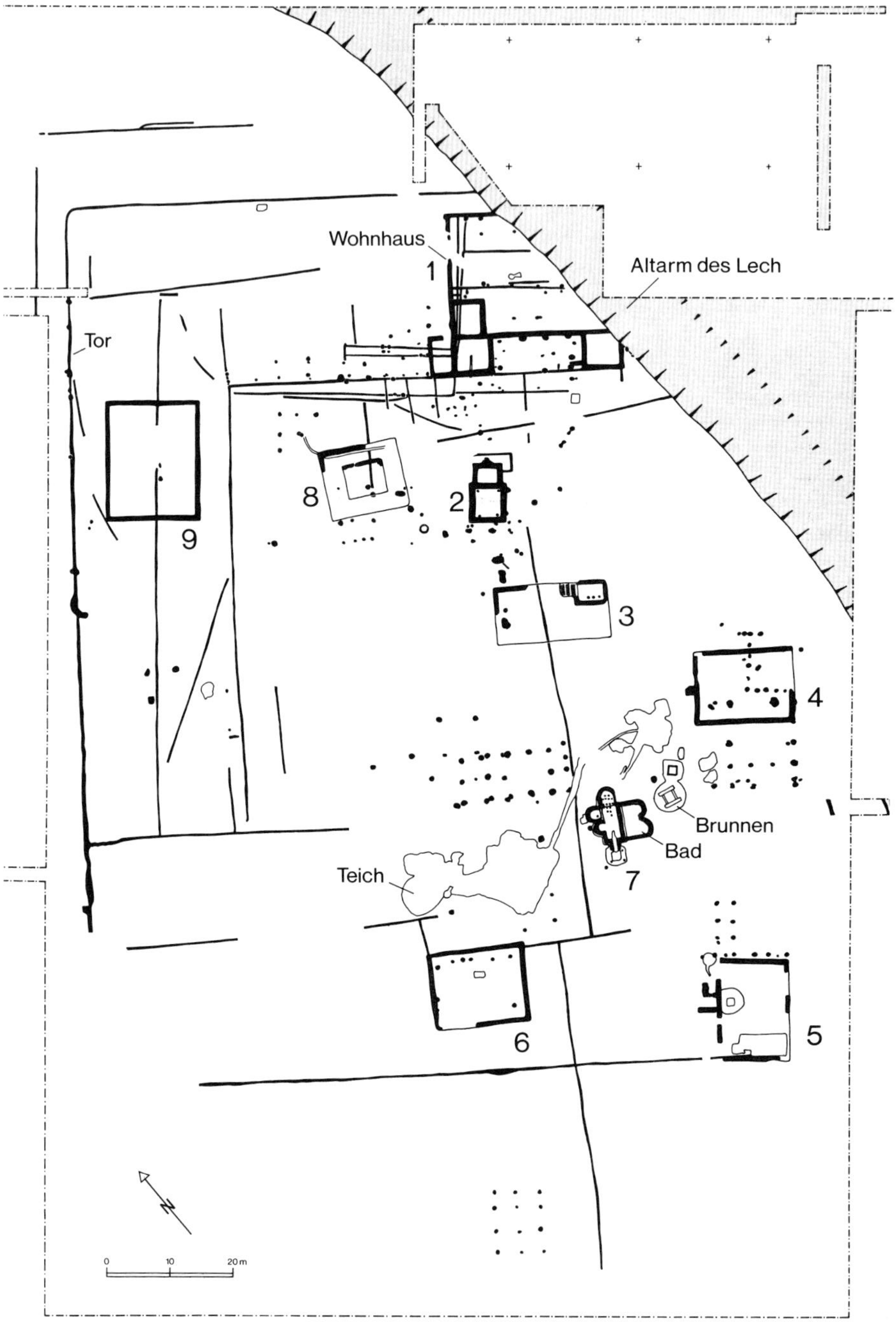


*Abb. 187 Oberndorf a. L. Grundriß des Gutshofes mit Resten von Flechtwerkzäunen, Holz- und Steingebäuden.*

Eisen- und 12 Bronzeobjekte (über 50 kg): Handwerksgerät, hauptsächlich Werkzeuge der Holzbearbeitung, Erntegerät, aber auch Hauszubehör sowie mobiler Hausrat und Teile des Inventars.
Eine Reihe von Objekten, insbesondere die an Wänden und Türen angebrachten Beschläge waren verbogen und gebrochen, die Nagellöcher ausgerissen. Sie wurden nicht zum Zweck einer Wiederverwendung sachgerecht abmontiert, sondern gewaltsam mit Hammer und Brechstange abgerissen. Man muß darin das Werk plündernder Germanen vermuten, die um die Mitte des 3. Jh. ins Lechtal eingefallen waren und wohl auf dem Rückweg das noch verwertbare Eisen der Oberndorfer Villa mitnehmen wollten.
Cz

*Lit.:* W. Czysz, Ausgrabungen in einem römischen Gutshof bei Oberndorf a. Lech, Landkreis Donau-Ries, Schwaben. AJB 1989 (1990) 133–140; ders., Der Eisendepotfund aus dem römischen Gutshof von Oberndorf a. Lech, Landkreis Donau-Ries, Schwaben. AJB 1990 (1991) 120–126.

## Oberstimm
## Gde. Manching, Lkr. Pfaffenhofen a. d. Ilm, Obb.

*Kastell der claudischen Donaulinie*
Abb. 47, 188–190; Taf. 8

Kastell der claudischen Donaulinie an der Donau-Südstraße nahe der Brautlachmündung in die Donau. Trotz dichter Ortsbebauung konnten weite Teile des Lagers durch Grabungen 1968 – 1971 erschlossen werden. In der ersten Hauptbauperiode bald nach 40 (Phase 1a) umschloß eine 3,2 m breite Holz-Erde-Mauer mit eingebauten Zwischen- und Ecktürmen und vorgelagertem Graben ein Areal 132,5 x 109 m (1,44 ha). In der vorderen Lagerhälfte sowie seitlich neben der Principia (Abb. 188, 8) und dem Praetorium (1) lagen Mannschaftsbaracken und Stallungen (4–6, 9–17). Im rückwärtigen Lagerteil wurden außer einem kleinen Valetudinarium (2) ein Fabricakomplex (1) mit Räucherkammer und

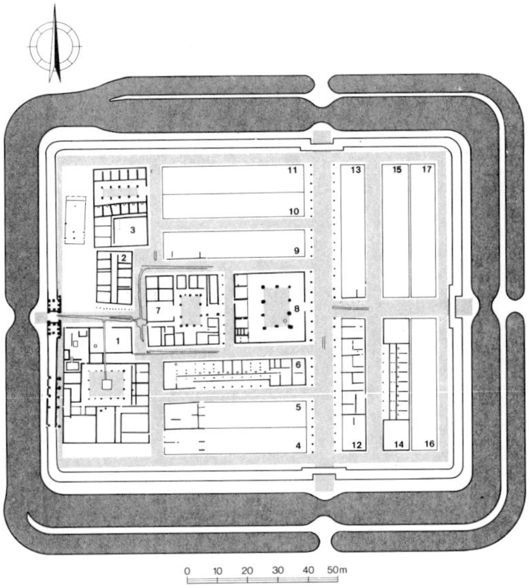


*Abb. 188 Oberstimm. Grundriß des Holz-Erde-Kastells in der Bauphase 1a/b (nach H. Schönberger).*

Werkstätten für Eisen- und Bronzeverarbeitung freigelegt. In Form und Größe ungewöhnlich, bestimmen diese Bauten die Kastellfunktion als Versorgungsbasis des ö Flußgrenzabschnitts, zumal Oberstimm die letzte Garnison auf raetischem Territorium (das nächste Kastell im 230 km entfernten Lentia/Linz) war.
In den Wirren des Dreikaiserjahrs 69/70 aufgegeben und zwischenzeitlich nur mit einem schwa-

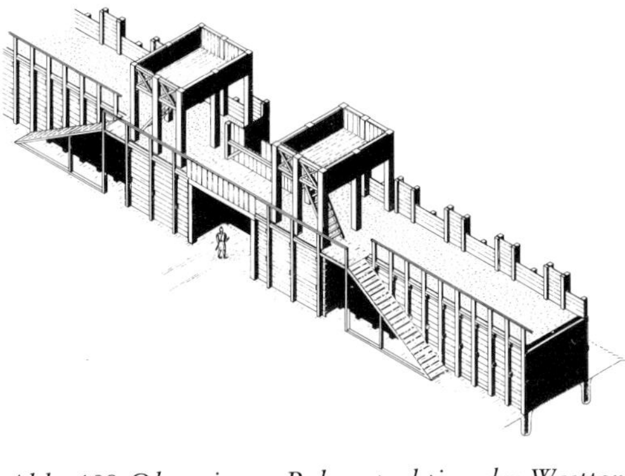

*Abb. 189 Oberstimm. Rekonstruktion des Westtors in der Bauphase 1a/b (nach H. Schönberger).*

*Abb. 190 Oberstimm. Bronzestatuette des Mars mit Lanze; H. 7,5 cm (Prähist. Staatsslg. München).*

chen Militärposten besetzt, entstand in domitianisch-frühhadrianischer Zeit ein um 20 m nach O erweiterter Lagerneubau (1,66 ha). Principia und Praetorium sind damals in Stein ausgebaut worden. Der Stützpunkt hatte vermutlich weiterhin Versorgungsfunktion in der Etappe; dafür sprechen auch die beiden 1982 ausgegrabenen Hallenbauten nö außerhalb des Kastells. Als Militärplatz wurde Oberstimm endgültig um 120 aufgelassen. Hinweise auf die Truppe(n), Gattungszugehörigkeit (vermutlich *cohors quingenaria equitata*) und Namen fehlen.
Rund 45 m vor der Kastellfront am O-Ufer der Brautlach sind 1961/62 und 1985 sowie 1986 und 1994 hölzerne Uferbefestigungen untersucht worden. Nach ersten dendrochronologischen Erkenntnissen stammen sie aus aus dem Jahr 92. Zwischen und teilweise unter dem Uferverbau stieß man in 2,45 m Tiefe auf zwei in die Jahre 90/112 dendrodatierte Schiffe, die 1994 freigelegt und gehoben werden konnten. Es handelt sich um 15 m lange Ruderschiffe mit breit-flachem Rumpf; sie dienten Truppenverschiebungen oder Patrouilleneinsätzen mit ca. 25 Mann Besatzung, bevor sie unter Trajan, spätestens Hadrian außer Dienst gestellt und am Ufer abgewrackt wurden. Entlang der Donau-Südstraße vor dem s Kastelltor lag der Vicus, zu dem ein Friedhof einige hundert Meter jenseits der Brautlach gehörte. Das Lagerdorf war bis ins 3. Jh. bewohnt. Cz

*Lit.:* H. Schönberger, Kastell Oberstimm. Limesforschungen 18 (Berlin 1978); K. H. Rieder, Römische Hallenbauten bei Oberstimm, Gde. Manching, Lkr. Pfaffenhofen a.d. Ilm, Oberbayern. AJB 1982 (Stuttgart 1983) 101–103; H. Schönberger/H.-J. Köhler/H.-G. Simon/B. Becker/O. Höckmann, Neue Ergebnisse zur Geschichte des Kastells Oberstimm. Ber. RGK 70, 1989, 243–350; C.-M. Hüssen/K. H. Rieder/H. Schaaff, Römerschiffe an der Donau. Archäologie in Deutschland 1995, H. 1, 6–10.

## Passau, Ndb.

### *Kastell und Zivilsiedlungen, spätrömische Kastelle, spätrömischer Burgus*

Abb. 68, 191–193

Im heutigen Stadtgebiet von Passau liegen mehrere römische Fundstellen, die w des Inn zur Provinz Raetien, ö des Inn zur Provinz Norikum gehörten.
*Passau-Altstadt:* Vor der römischen Besiedlung gab es am Ort eine dichte spätkeltische Besiedlung um ein zwischen Donau und Inn gelegenes Oppidum, die aber ohne Kontinuität fast ein Jahrhundert vor der römischen Besetzung abbrach. Daher ist es beim gegenwärtigen Stand der Forschung nicht möglich, den für die mittlere Kaiserzeit überlieferten Namen Boiodurum (spätantik Boiotro) für die Kastelle und den Vicus auf der ö (norischen) Seite des Inn, auch für das

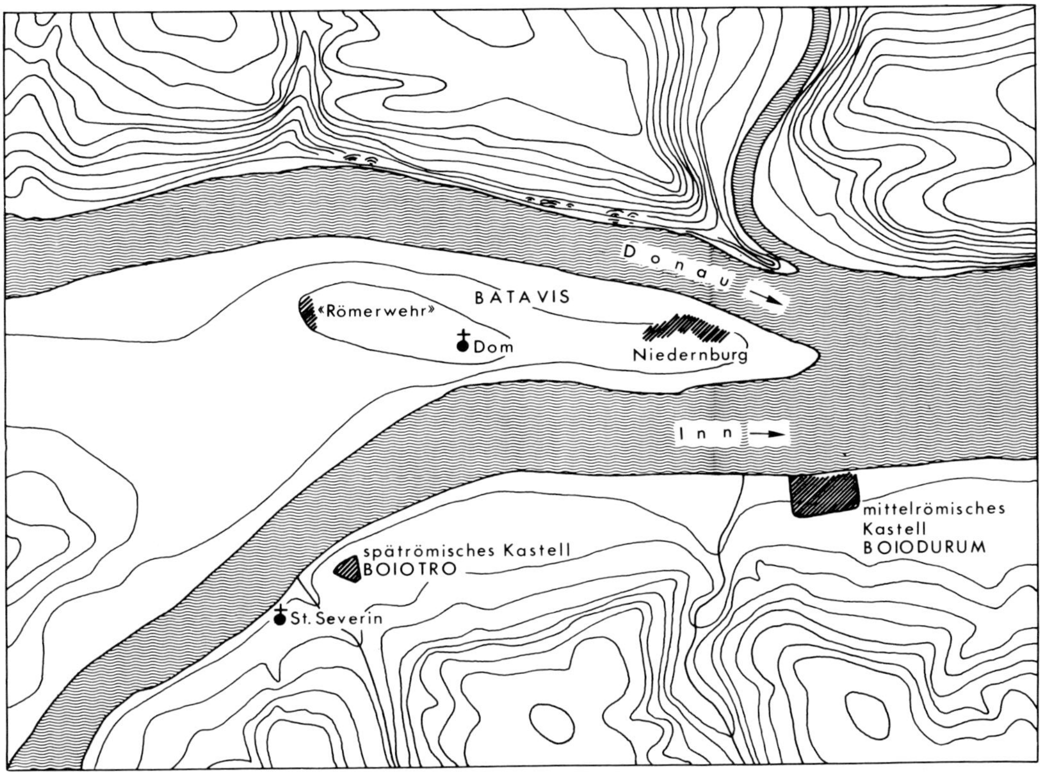


*Abb. 191 Passau. Übersichtsplan.*

keltische Oppidum in Anspruch zu nehmen. Ebensowenig hat entgegen der Ansicht P. Reineckes die frühmittelalterliche Befestigung der sog. Römerwehr etwas mit dem keltischen Oppidum oder mit der spätantiken Stadtmauer zu tun. Als ältester römischer Fund aus dem Stadtgebiet fand sich bisher unter dem Kloster Niedernburg ein Terra sigillata-Fragment, das noch in claudisch/neronische Zeit zu datieren wäre. Spätestens in der spätflavischen Zeit setzt in der Altstadt eine dichte römische Besiedlung ein, deren Struktur aber noch weitgehend unklar scheint. Grabenspuren einer Holz-Erde-Befestigung im Bereich der Hängebrücke und der staatlichen Bibliothek lassen sich in das 2. Jh. datieren, man kann sie aber nicht einem geläufigen Kastelltyp zuordnen. Vielleicht gehören sie zu einer Befestigung, die kurzfristig den ö des Rathausplatzes nachgewiesenen Donauhafen sicherte. In einzelnen Siedlungsfunden sowie in Brandgräbern unter der St.-Johannes-Kirche am Rindermarkt tauchen *militaria* des 2. und 3. Jh. auf, ansonsten lassen sich nur einige Ziegelstempel der 3. italischen Legion, die laut mineralogischen Untersuchungen aus Bad Abbach importiert worden sind, auf Militär der mittleren Kaiserzeit beziehen. Der archäologische Befund sowie topographische Überlegungen erlauben es inzwischen kaum mehr, von einer Stationierung der *cohors IX Batavorum milliaria equitata* in Passau auszugehen. Steinerne und hölzerne Streifenhäuser des späten 1. – 3. Jh. unter dem Kloster Niedernburg gehören zu Wohn- und Gewerbebauten, die um die Mitte des 3. Jh. abbrannten. Ein größerer Steinbau mit Kanalheizung, der in das 3. Jh. datiert, wurde nur in geringen Ausmaßen von der Grabung erfaßt. Insgesamt stellt sich das Passau der mittleren Kaiserzeit als ausgedehnter Vicus mit einem Donauhafen und einer Garnison unbekannter Art und Größe dar.

*Abb. 192 Passau, Klosterkirche Niedernburg. Bronzestatuette der Victoria; H. 13 cm (Prähist. Staatsslg. München, Zweigmus. Passau).*

Im Bereich der Klosterkirche Hl. Kreuz zu Passau-Niedernburg sind schon vor dem 1. Weltkrieg spätantike Einzelfunde erwähnt worden. Doch erst die Grabungen R. Christleins von 1978 bis 1980 haben in der Kirche umfassende spätrömische Bauspuren und Kulturschichten des 4. und 5. Jh. erschließen können. Über den Baustrukturen der mittleren Kaiserzeit lag hier in anderer, O–W ausgerichteter Orientierung ein spätantiker Steinbau (Mauerwinkel mit auf der Innenseite begleitenden Pfeilern), der wohl zu einem Binnenkastell innerhalb der größeren spätantiken Festungsstadt zu rechnen ist. Die Entstehung dieser spätantiken Festungsstadt ist schon im ausgehenden 3. Jh. anzunehmen, sie wurde im letzten Drittel des 5. Jh. verlassen. Zwischen dieser Zeit und der Errichtung der ersten Vorgängerkirche der heutigen Klosterkirche Hl. Kreuz, frühestens in der Zeit um 700 klafft ein deutlicher Hiatus. Kleinere Sondagen und Aufsammlungen auf Baustellen erbrachten auch w von Niedernburg spätrömisches Fundmaterial, ohne daß man die genauere Ausdehnung des spätrömischen Batavis, wie es in der Notitia dignitatum und in der Vita Severini genannt wird, festlegen könnte.
Das Fundmaterial des späten 4. und 5. Jh. steht überwiegend in römischer Tradition, dies gilt besonders für die Keramik, wo zum Beispiel Ware mit Bleiglasur und Einglättverzierung in einem ö geprägten Formenspektrum vorkommt, das w von Künzing derzeit praktisch unbekannt ist. Die Funde weisen sowohl auf militärische als auch zivile Nutzung der Anlage hin. Unter den Bewohnern von Batavis befanden sich laut Aussage entsprechender Kleinfunde auch Leute germanischer Herkunft, in Boiotro fehlen diese bisher. Anhand des geringen Anteils der Keramik vom Typus Friedenhain-Přeštovice am ansonsten rein in römischer Traditon stehenden keramischen Fundmaterial von Passau-Niedernburg läßt sich deutlich ablesen, daß die aus Böhmen stammenden und wohl im römischen Militärdienst stehenden Germanen in Batavis nur eine Minderheit waren. Aus dem ganzen Stadtgebiet von Passau gibt es mit der Ausnahme weniger Grabfunde im Domhof keinen sicheren Fund des 6. und 7. Jh.
*Passau-Innstadt:* Auf der ö, norischen Seite des Inn wurde um 90 ein nicht ganz rechtwinkliges 1,2 – 1,3 ha großes Numeruskastell errichtet. Eine Holzbauphase des Steinkastells konnte bisher nicht nachgewiesen werden. Als Besatzung ist durch Ziegelstempel ein *numerus Boiodurensis* zu vermuten. In den letzten Jahren fanden sich bei zahlreichen Notgrabungen Reste (Streifenhäuser, Öfen) des sich entlang des Inn ausdehnenden Kastellvicus sowie im W ein Brandgräberfeld. Kastell und Vicus gingen im 3. Jh. zugrunde.
*Passau/Boiotro:* Anstelle des in den Alamanneneinfällen des 3. Jh. zerstörten Kastells Boiodurum entstand etwas innaufwärts das spätantike

*Abb. 193 Passau. Hypokaustheizung eines Streifenhauses im Lagerdorf des Kastells Boiodurum (nach Niemeier).*

Kastell Boiotro in Form eines unregelmäßigen Trapezes, bei dem an der S-Seite Fächertürme norisch-pannonischer Art, in der Mitte der im N gelegenen Innseite ein Tor nachgewiesen wurden. Die auf Pfahlgründungen erbauten Bruchsteinmauern waren 2,4 – 3,6 m stark. Seine N–S-Ausdehnung betrug ca. 47 m, die größte O–W-Ausdehnung an der Innseite kann man mit ca. 65 m rekonstruieren.

Die Innenbebauung lehnte sich an die Außenmauern an, wobei Arkadenreihen mit tiefgründig fundamentierten Pfeilern miteinbezogen wurden. Entgegen früherer Äußerungen möchte ich die Erbauung der Anlage erst in die valentinianische Zeit datieren. In der SO-Ecke des Kastells fand sich eine spätere Einbauphase, bei der Holz- und Steinbauten in die Pfeilerreihe eingefügt worden waren. Die Kleinfunde datieren die Einbauten in das fortgeschrittene 5. Jh.

Damit deutet sich für Boiotro eine Räumung durch das Militär, das in der Spätantike durch die regelmäßigen Soldzahlungen bevorzugt im Besitz von Geld war, bereits zu einem frühen Zeitpunkt, wohl schon vor 400, an. Die Münzreihe und andere Beobachtungen legen den Schluß nahe, daß die Anlage im fortgeschrittenen 5. Jh. nicht mehr militärisch besetzt war. Vielmehr bietet sich in Zusammenschau mit der Überlieferung des Eugippius die Interpretationsmöglichkeit, in der letzten, aus dem fortgeschrittenen 5. Jh. stammenden römischen Bauphase in Boiotro die Überreste des von Severin gegründeten Klosters zu sehen.

*Severinskirche:* Der knapp 150 m w von Boiotro gelegene spätantike Vorgängerbau der heutigen Severinskirche wird seit den Ausgrabungen der 30er und der 70er Jahre (W. Sage) mit der in der Vita Severini erwähnten Johanniskirche identifiziert, welche von der kleinen Mönchsgemeinschaft Severins in Boiotro genutzt wurde.

*Passau-Haibach:* Ca. 5 km ö der Innmündung wurde 1978/79 durch H. Bender ein spätrömischer Bau ausgegraben. Am Donauufer stand auf Pfahlrostgründung ein Turm von 12,2 x 12,3 m mit 1,4 m breitem Fundament, der von einem ca. 4 m breiten und ca. 1 m tiefen Spitzgraben umgeben war. Das Fundmaterial datiert die Belegung des Baues in die zweite Hälfte des 4. und in das 5. Jh. Fi

*Lit.:* H. Schönberger, Das Römerkastell Boiodurum-Beiderwies zu Passau-Innstadt. Saalburg-Jahrb. 15, 1956, 42 ff.; A. Aign, „Castra Batava“ und die cohors nona Batavorum. Ostbair. Grenzmarken 17, 1975, 102 – 157; R. Christlein, Das spätrömische Kastell Boiotro zu Passau-Innstadt. In: J. Werner/E. Ewig (Hrsg.), Von der Spätantike zum frühen Mittelalter. Forsch. und Vortr. 25 (1979) 91 ff.; W. Sage, Die Ausgrabungen in der Severinskirche zu Passau-Innstadt 1976. Ostbair. Grenzmarken 21, 1979, 5 ff.; H. Bender, Ein spätrömischer Wachtturm bei Passau-Haibach. Ostbair. Grenzmarken 24, 1982, 55 ff.; Th. Fischer, Passau in römischer Zeit. Vortr. d. 5. des niederbayer. Archäologentages (1987), 96 ff.; Th. Fischer, Passau im 5. Jahrhundert. Anzeiger des Germ. Nationalmus 1987 (1988), 89 ff.; H. Bender/Th. Fischer/J. P. Niemeier, Passau, Batavis-Boiodurum/Boiotro. Arch. Plan von Passau in römischer Zeit (1991); W. Polz, Geologisch-mineralogische Untersuchungen an Keramikfunden aus Passau von der Latène- bis zur Neuzeit. Ungedr. Diss München (1991); J.-P. Niemeier/W. Wandling (Hrsg.) Geschichte aus der Baugrube. Neue Ausgrabungen und Funde in der Region Passau 1987–1991 (1992); Th. Fischer, Das bajuwarische Reihengräberfeld von Staubing. Kat. d. Prähist. Staatsslg. 26 (1993) 129 ff.; J. Michálek, Latènezeitliche Funde aus dem Stadtbereich von Passau. Passauer Universitätsschriften zur Archäologie 1 (1993); I. Mittermeier, Archäologische Ausgrabungen im Domhof zu Passau (1993).

## Pfaffenhofen am Inn
## Gde. Schechen, Lkr. Rosenheim, Obb.

*Römische Siedlung Pons Aeni*
Abb. 194

*Abb. 194 Pfaffenhofen. Sigillata-Punze aus Keramik mit Blatt; L. 4,2 cm (Prähist. Staatsslg. München).*

Am ö Ortsrand auf dem Kastenfeld lag auf einer Niederterrasse über dem Inn an der Römerstraße Augusta Vindelicum–Iuvavum die Ansiedlung Pons Aeni, die sich aus einer Straßenstation mit einem Posten des illyrischen Zolls und wohl auch einer Benefiziarierstation kräftig entwickelt hatte. Gegen Ende des 2. Jh. wurde hier eine Werkstätte für Terra sigillata und andere Töpferwaren begründet, die mit Motiven aus Westerndorf und Trier bis über die Mitte des 3. Jh. gearbeitet hat. Grabungen der Prähistorischen Staatssammlung 1967 – 1974 erbrachten nicht nur Hinterlassenschaften aus der Sigillata-Produktion, sondern auch einen spätrömischen Magazinbau mit 13 x über 20 m Größe sowie Spuren des spätrömischen Kastells. Als Besatzung sind zu verschiedenen Zeiten bezeugt: *pseudocomitatenses Pontaenenses* und *equites stablesiani iuniores* sowie vermutlich auch die auf einem Siegesdenkmal (jetzt in der Kirche von Prutting) erwähnten *equites Dalmati Aquesiani comitatenses*. Die stattliche Münzreihe reicht bis in die Wende zum 5. Jh. Ke

*Lit.:* R. Christlein/H.-J. Kellner, Die Ausgrabungen 1967 in Pons Aeni. BVbl. 34, 1969, 76–161; R. Christlein/W. Czysz/J. Garbsch/H.-J. Kellner/P. Schröter, Die Ausgrabungen 1969–1974 in Pons Aeni. BVbl. 41, 1976, 1–106.

## Pförring
## Lkr. Eichstätt, Obb.

*Kastell Celeusum*
Abb. 52, 195, 196

Etwas n des Marktes Pförring auf dem topographisch markanten Plateau „Biburg“, ringsum durch steile Böschungen geschützt, liegt das Alenkastell Celeusum. Zwischen den um Jahrzehnte älteren Nachbarlagern Kösching und Eining hatte hier seit trajanischer Zeit die *ala I singularium pia fidelis civium Romanorum* die Donausüdstraße (und wohl einen noch im Mittelalter bedeutsamen Donauübergang) zu überwachen. Die Ausgrabungen der Reichs-Limeskommission (1891/93) haben auf der heute noch immer unbebauten Flur einen Doppelspitzgraben und eine steinerne Umwehrung mit vier Toren und Ecktürmen sowie das Mittelgebäude (*principia*) nachgewiesen. Das Gelände dieses 194 x 201 m (3,9 ha) großen Kastells fällt nach NO rund 5 m ab. Luftbilder machen den w Abschluß der Principia und weitere Details der Innenbebauung sichtbar. Wie im benachbarten Kösching wurde auch hier die ursprüngliche Holzanlage im Jahr 141 n. Chr. in Stein umgebaut (gut erhaltene Lagertorinschrift IBR 263). Die genannte Reitertruppe, die bereits auf dem Militärdiplom von 107 aufgeführt ist und von deren Anwesenheit mittlerweile vier Militärdiplome und zahlreiche Militaria herrühren, stand wohl bis zur Auflassung des Kastells im 3. Jh. in Pförring. Diese ist noch nicht genauer bestimmbar, da der 1870 im Lagerdorf entdeckte Münzschatz von ursprünglich 1200 – 1300 Münzen mit einer Schlußprägung aus dem Jahre 224 n. Chr. nur zum kleinen Teil überliefert und daher nicht aussagekräftig ist.
Luftbilder haben auf drei Seiten des Lagers Gebäudegrundrisse der zum Kastell gehörenden Zivilsiedlung (*vicus*) gezeitigt. Weitgehend bebau-

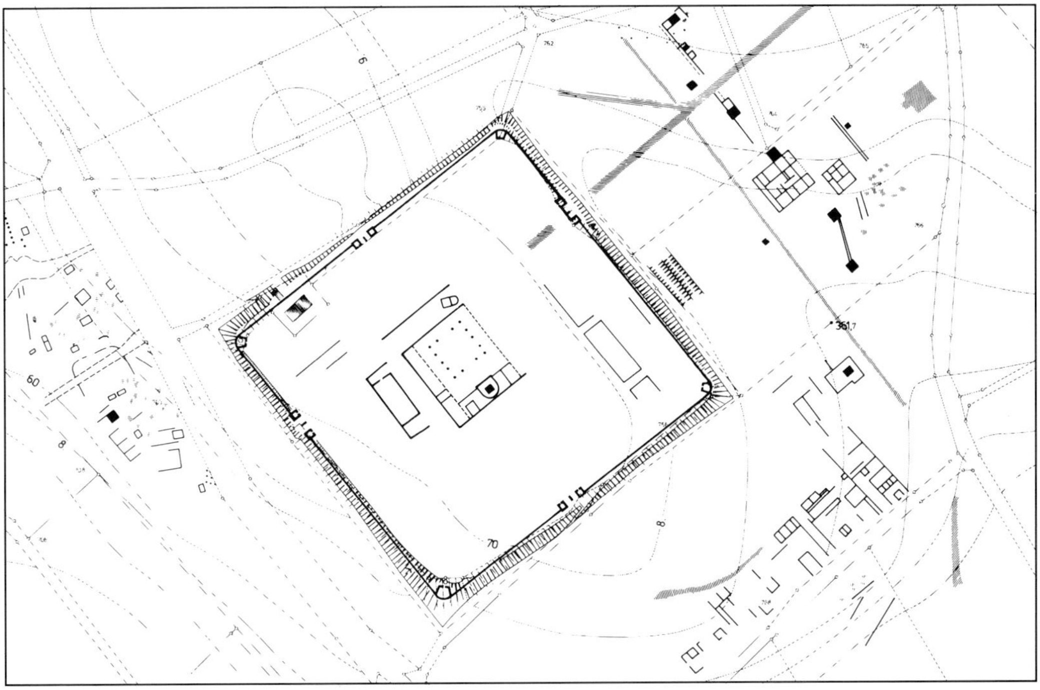

*Abb. 195 Pförring. Plan des Kastells.*

*Abb. 196 Pförring. Sigillata-Kelch mit Barbotine-Verzierung (Prähist. Staatsslg. München).*

ungsfrei blieb nur die Zone vor dem N-Tor (*porta praetoria*). Im Areal ö der Kaserne befanden sich größere Steinbauten eines besser ausgestatteten Viertels, während das w Gebiet eher gewerblich genutzt wurde. Nach NO, entlang der in Richtung Eining führenden Römerstraße, erstreckte sich ein ausgedehntes Gräberfeld Di

*Lit.:* ORL B 75 (1902); G. Ulbert/Th. Fischer, Der Limes in Bayern (Stuttgart 1983) 110 – 113; H. Schönberger, Ber. RGK 66, 1985, 473, D 109; H. Becker/O. Braasch, AJB 1987, 133 – 136; J. Garbsch AJB 1990, 88 – 90; C.-M. Hüssen in: J. Garbsch u. a., Der römische Limes in Bayern (München 1992) 52 f.; D. Baatz, Der römische Limes (Berlin [3]1993), 321 f.

## Pfünz
## Lkr. Eichstätt, Obb.

*Kastell mit Vicus*
Abb. 197

Das Kastell Pfünz liegt auf dem Kirchberg hoch über dem Dorf, auf einem Jurasporn zwischen den Tälern der Altmühl und des Pfünzer Baches. Zum Limes beträgt die Entfernung ca. 10 km in der Luftlinie. Nachdem schon früher im Vicus gegraben worden war, legten umfangreiche Grabungen der Reichslimeskommision (K. Popp, F. Ohlenschlager, H. Arnold und F. Winkelmann) 1884 – 1900 große Teile des Kastells und des Kastellvicus frei. Als Besatzung des Kastells ist seit dem Ende des 1. Jh. eine mehrfach ausgezeichnete Kohorte römischer Bürger (*cohors I Breucorum civium Romanorum Valeria victrix bis torquata ob virtutem appellata equitata*) bezeugt.

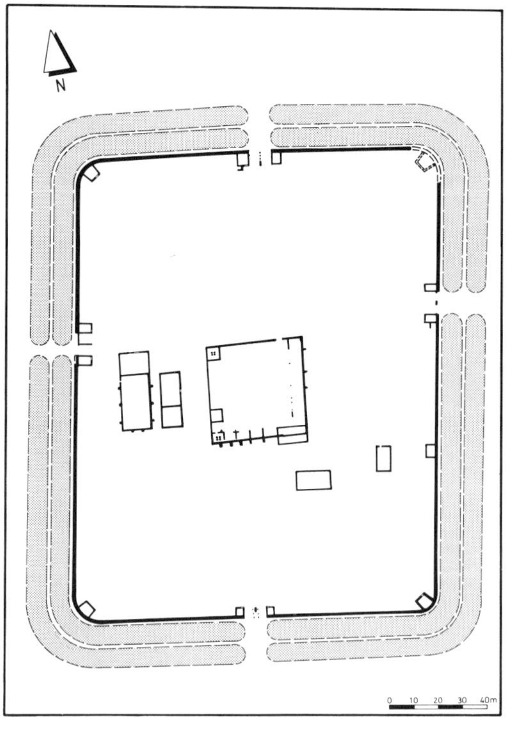


*Abb. 197 Pfünz. Übersichtsplan des Kastells (nach G. Ulbert/Th. Fischer).*

Das Kastell bildet ein leicht verschobenes Rechteck von 189 x 145 m mit 2,5 ha Größe, die Prätorialfront ist nach N zum Altmühltal ausgerichtet. Die beiden Spitzgräben sind heute noch gut sichtbar, jüngere Untersuchungen haben aber erbracht, daß an der S-Seite nur ein einziger, besonders breiter und tiefer Graben angelegt war. Vor kurzem sind Teile der Umwehrung, ohne daß man die darunterliegenden Originalbefunde sachgemäß untersucht hätte, rekonstruiert worden. Von den Innenbauten wurden das Mittelgebäude, ein Speicher und weitere Steinbauten dokumentiert. Leichtere Fachwerkbauten, etwa die Mannschaftsunterkünfte, wurden bei der damaligen Grabungstechnik nicht erkannt. Spuren des Vicus zeichneten sich deutlich sowohl s des Kastells auf der Albhochfläche als auch im wesentlich tiefer gelegenen Altmühltal ab. Neben zahlreichen Wohn- und Werkstattbauten fanden sich auch das im Tal gelegene Kastellbad und mehrere Tempel, darunter ein Dolichenus-Heiligtum. S des Kastells ist auch ein Gräberfeld entdeckt und teilweise ergraben worden. Kastell und Vicus von Pfünz sind um die Mitte des 3. Jh. in einer Brandkatastrophe untergegangen. Zeugnisse davon sind ein Münzschatz (Schlußmünze 232) im Dolichenus-Heiligtum des Vicus, Brandschutt mit Metallfunden sowie Reste menschlicher Skelette, z. B. auch ein angeketteter Gefangener am Mittelgebäude, oder die Überreste erschlagener Soldaten im S-Tor. Fi

*Lit.:* F. Winkelmann, ORL Abt. B Bd. VII, Nr. 73 (1901); FMRD I 5, 5040–5042; G. Ulbert/Th. Fischer, Der Limes in Bayern (Stuttgart 1983) 94 – 99, 117 f.; Th. Fischer, BVbl. 49, 1984, 299 f.; H. Schönberger, Ber. RGK 66, 1985, 473 (D 108); 487 (E 85); Th. Fischer in: J. Garbsch u. a., Der römische Limes in Bayern (München 1992) 50.

## Pocking
## Lkr. Passau, Ndb.

*Vicus*

Am O-Rand der Stadt entlang der heutigen Indlingerstraße war auf dem letzteiszeitlichen Schwemmkegel des Inn vor der Einmündung der Rott in flavischer Zeit ein bedeutender Handwerks- und Handelsplatz entstanden, der entlang der Straße rund 400 m Länge und fast 200 m Breite erreichte. Nachgewiesen sind Metallverarbeitung (Eisen und Bronze), Glasverarbeitung, Ziegelei und Produktion von Gebrauchskeramik, Lampen und Sigillata. Der Ort ist nach der Mitte des 3. Jh. im Brand untergegangen. Erst vor kurzem auf kleiner Fläche s der Indlingerstraße festgestellte Funde zeigen, daß die Örtlichkeit nach einer Unterbrechung von konstantinischer bis in valentinianische Zeit wieder besiedelt war. Entsprechende Funde lassen auch eine militärische Komponente möglich erscheinen. Ke

*Lit.:* H.-J.Kellner, Die römische Ansiedlung von Pocking (Niederbayern) und ihr Ende. BVbl. 25, 1960,132–164; W. Wandling/B. Ziegaus, Die römische Ansiedlung von Pocking (Ldkr.Passau) und die Fundmünzen aus den Grabungen 1990–1992. BVbl. 58, 1993, 123 ff.; Th. Fischer, Die Gußform eines Thekenbeschlags aus Pokking, Lkr. Passau. Germania 71, 1993, 539–543.

**Prutting** → Mühlthal

## Rederzhausen
## Stadt Friedberg, Lkr. Aichach-Friedberg, Schw.

*Frühkaiserzeitliche Kastelle*

Abb. 198, 199

Die 1980 bei der Befliegung des Augsburger Umlandes in unmittelbarer Nachbarschaft der Fernstraße nach Salzburg vor dem Eintritt des Paartales in das tertiäre Hügelland entdeckten und 1982 teiluntersuchten Kastelle stellen die ersten und zugleich ältesten Bauspuren des römischen Heeres auf bayerischem Boden dar.

2 im Abstand von 1,5 m parallel zueinander verlaufende Gräben, die als Annäherungshindernis der Umwehrung vorgelagert sind, schließen das 115 x 144 m Areal des Kastells I (1,6 ha) ein. Die Grabenbreite im Planum beträgt nur 1,0 – 1,2 m bei einer geringen Tiefe von 1 m. Hinter dem inneren Graben lag vermutlich eine aus Rasensoden

*Abb. 198 Rederzhausen. Doppelgräben des Lagers I im Grabungsbefund.*

aufgeschichtete Erdmauer, wie sie bei kurzfristig besetzten Truppenlagern üblich war. Axiale Grabenunterbrechungen an allen 4 Seiten markieren Tore. Eindeutige Spuren von Holzgebäuden sind nur im Bereich des O-Tores aufgedeckt worden. An der s Wange lehnt sich innen ein schmales, rechtwinklig umknickendes Pfostenhaus an, das der Ausgräber trotz seiner auffälligen Lage zu Tor und Graben nicht als Torbau, sondern als späteren Einbau deutet.
Die Grabungsfläche in der SO-Ecke, wo ein hölzernes Eckturmgerüst zu erwarten gewesen wäre, erbrachte keinen Befund; auch die Innenbebauung hat nur spärliche Reste in Form lückenhafter Pfostenreihen hinterlassen, die – wenn eine Unterbringung der Mannschaft in Zelten wirklich auszuschließen ist – nur an sehr leichte Holzbaracken denken lassen.

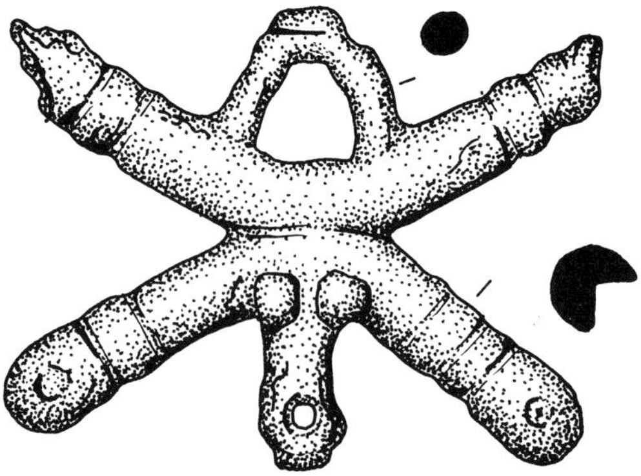

*Abb. 199 Bronzegegossenes Kompositamulett aus dem Lager I bei Rederzhausen; (Mus. Friedberg).*

Durch die Luftbilderkundung ist während des Grabungssommers 1982 in unmittelbarer Nachbarschaft auf einem Feld 200 m weiter nö ein weiteres Erdlager (Kastell II) mit ähnlichen Ausmaßen (110 x 125 m, 1,3 ha) entdeckt worden. Die Grabungsfläche durch die N-Umwehrung ins Kastellinnere blieb zwar ohne greifbaren archäologischen Befund, doch bestätigen die geborgenen Funde eine Gleichzeitigkeit mit dem Kastell I, und deuten auf eine ähnlich kurze Belegung des Lagers, das vielleicht nur einer durchmarschierenden Truppe als nächtliche Verschanzung gedient hat.
Bei den Feldbegehungen sind einzelne Fundstellen auch außerhalb und zwischen beiden Lagern, sowie s des Kastells I beobachtet worden; dabei bleibt vorläufig unklar, ob es sich um Deponien von Siedlungsabfall aus den Kastellen handelt oder um Bauspuren einer vicusartigen Ansiedlung vor den Lagertoren.
Das Fundmaterial erlaubt eine Datierung des Rederzhauser Kastells I von den späten Regierungsjahren des Kaisers Augustus bis in die mittlere Regierungszeit des Tiberius.
Die topographische Lage beider Kastelle in der Lechebene und ihre Position vor der Öffnung des Paartals, das den Weg durch das tertiäre Hügelland zur Donau in den Ingolstädter Raum öffnet, weist auf eine bisher übersehene, frühe Stoßrichtung nach NO, die bei der militärischen Besetzung der Donaugrenze wenige Jahre später eine wichtige Rolle gespielt hat. Cz

*Lit.:* W. Czysz, Ein neues römisches Kastell bei Augsburg. AJB 1980 (1981) 112–113; S. von Schnurbein, Neuentdeckte frühkaiserzeitliche Militäranlagen bei Friedberg in Bayern. Germania 61, 1983, 529–550; B. Overbeck, Fundmünzen aus Rederzhausen, Lkr. Aichach/Friedberg. Jahrb. f. Numismatik u. Geldgesch. 36, 1986, 95–100.

## Regensburg, Obpf.

*Kastelle mit Vicus, Legionslager mit canabae legionis*
Abb. 19, 24, 65, 78, 88, 107, 200–204

In einem weit ausholenden Bogen erreicht die Donau bei Regensburg ihren nördlichsten Punkt. Gleichzeitig stellen hier die Einmündungen der Flüsse Naab und Regen wichtige Fernverbindungen zum mainfränkisch-mitteldeutschen und zum böhmischen Raum dar. Eine von der älteren Forschung vielfach postulierte keltische Großsiedlung konnte an diesem Verkehrsknotenpunkt allerdings bisher noch nicht nachgewiesen werden. Funde früher Fibeln (Grasgasse, Niedermünster) könnten Hinweise auf früheste römische Präsenz, etwa ein claudisches Kleinkastell, geben. Die älteste, wirklich gesicherte römische Ansiedlung im Regensburger Raum aber ist das Kastell von Regensburg Kumpfmühl.
*Regensburg-Kumpfmühl*: Das aus einem etwa gleichgroßen Holz-Erde-Kastell entstandene Steinkastell hatte eine Ausdehnung von 155 x 143 m und eine Fläche von 1,9 ha. Als Besatzungen sind die *cohors III Britannorum quingenaria equitata* und die *cohors II Aquitanorum quingenaria equitata* durch Inschriften und Ziegelstempel gesichert. Als Gründungszeit konnte die frühflavische Epoche um 79/81 ausgemacht werden, das gewaltsame Ende kam mit den Markomannenkriegen nach 170/172, deren Auswirkungen in Regensburg-Kumpfmühl besonders deutlich beobachtet worden sind. Brandschichten aus dem Kastell, vor allem aus den Kellern zerstörter Vicusbauten mit dem Terminus post 171/72 und dem Terminus ante 179 (Bauinschrift des Legionslagers) haben reichlich datiertes Fundmaterial geliefert, welches einen ganz wichtigen Markstein in der Chronologie römischen Fundmaterials in der Zone n der Alpen darstellt. Um das Kastell entwickelte sich gleichzeitig, besonders nach O und S zu, ein Vicus mit Kastellbad, Mansio sowie hölzernen und steinernen Streifenhäusern. Eine Ziegelei, Töpfereien sowie metallverarbeitende Werkstätten sind nachgewiesen. Im S, SO und im SW des Vicus lagen, wie üblich an den Hauptausfallstraßen, die Gräberfelder. 1989 wurde im W-Vicus bei Bauarbeiten ein Schatzfund entdeckt, der ganz offensichtlich im Rahmen der Markomannenkriege in den Boden gekommen ist: Ein Bronzekessel enthielt Gold- und Silbermünzen und Frauenschmuck. Im einzelnen handelte es sich um 25 Aurei (Schlußmünze Antoninus Pius für Faustina II 152/53), ca. 600 Denare, die jünsten Prägungen aus der Regierungszeit Mark Aurels, sowie um 2 Asse.
*Regensburg-Bismarckplatz*: Gleichzeitig mit den Kumpfmühler Anlagen, vielleicht etwas später gegründet, existierte bis zu den Markomannenkriegen die sog. „Donausiedlung“, in der man mit großer Wahrscheinlichkeit den Vicus eines bisher noch unbekannten Kastells sehen kann. Er wurde dann nach 179 von den *canabae legionis* überbaut. Am S-Ende des Bismarckplatzes beginnt das zugehörige frühe Gräberfeld.
*Regensburg-Altstadt*: Legionslager Reginum/ Castra Regina und Zivilsiedlung (*canabae legionis*)
Bald nach 179 bezog die während der Markomannenkriege neu ausgehobene 3. italische Legion ihr Standlager in Regensburg (Reginum), wo sie fast bis ans Ende der Römerzeit blieb. Hier, am s Donauufer, gegenüber der Mündung des Regen, baute sie ein festes Standlager, das mit seinen Ausmaßen von 542 x 453 m die Fläche von ca. 25 ha umfaßte. Bruchstücke der monumentalen Bauinschrift, wie eine solche früher wahrscheinlich über jedem der 4 Tore angebracht war, wurden vor rund 100 Jahren bei der Aufdeckung der Fundamente der *porta principalis dextra*, des O-Tores, ausgegraben. Die daraus zusammengefügte Hälfte der ursprünglichen Inschrift ist noch 3,25 m breit und erlaubt es, den ganzen Text zu rekonstruieren und die Inschrift in das Jahr 179 datieren. Damals muß also zumindest die Umwehrung der gewaltigen Anlage fertiggestellt gewesen sein. Das Legionslager Castra Regina hatte den üblichen langrechteckigen Grundriß. Völlig unüblich für einen römischen Wehrbau war allerdings die Bauweise der Umfassungsmauer: Eine ca. 8 m hohe und 2 m breite Quadermauer aus Kreidesandstein und Kalkstein, die im S, O und N in weiten Teilen heute noch sichtbar ist, schloß die rechteckige Anlage mit den abgerundeten Ecken ein. So erfüllt das Regensburger Lager als

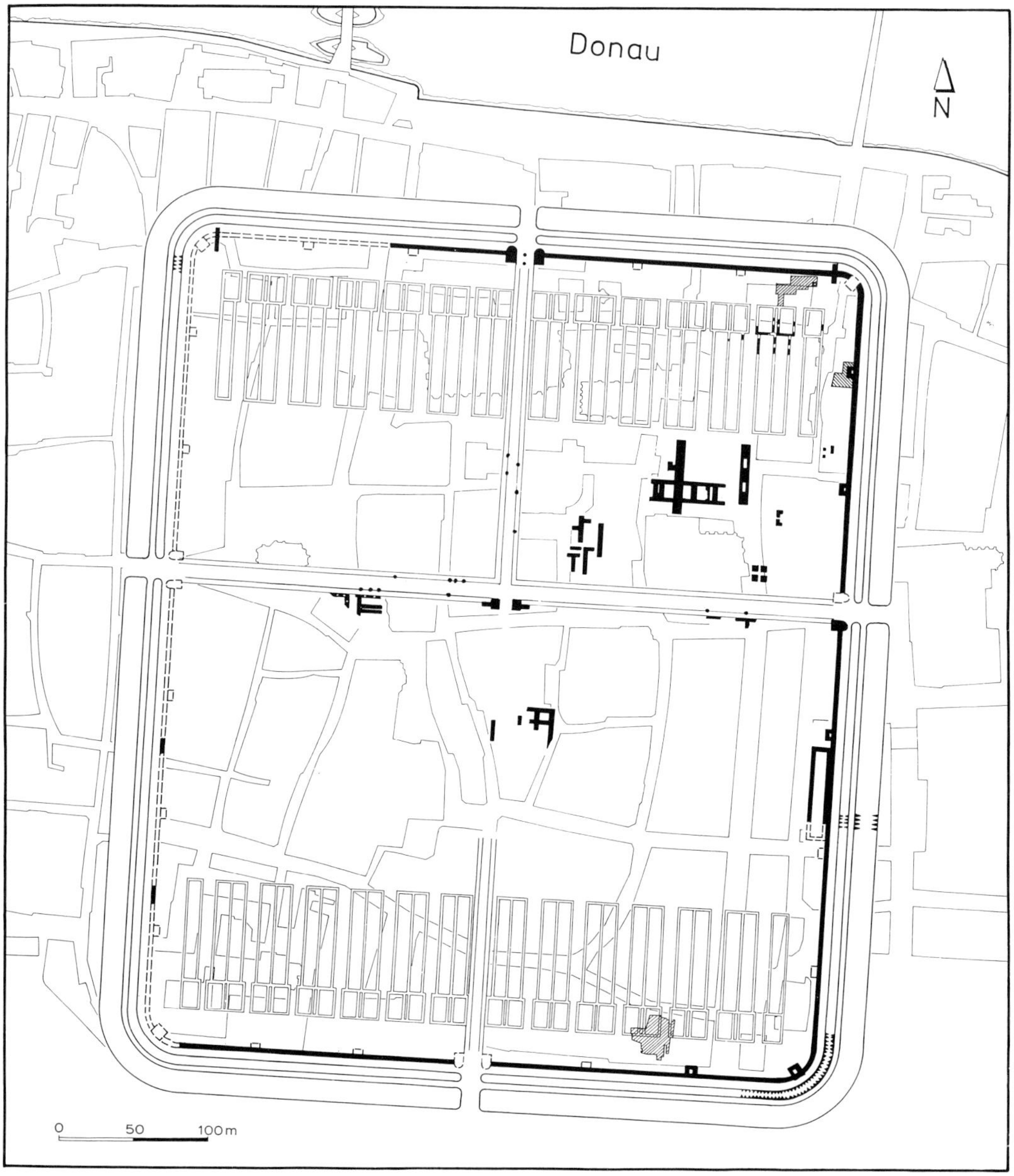


*Abb. 200 Regensburg. Übersichtsplan des Legionslagers (nach Th. Fischer).*

einzige römische Wehranlage an Rhein und Donau durch seine massive Bauweise den äußeren Eindruck, den die anderen Wehrbauten mit ihrer durch Putzfugen vorgetäuschten Quadermauern aus verputzten Bruchsteinen vorzutäuschen versuchten. Ein 7 m breiter und 3 m tiefer Spitzgraben sowie ein äußerer Sohlgraben von 16 m Breite und 3 m Tiefe umschlossen als Annähe-

*Abb. 201 Regensburg. Porta Praetoria des Legionslagers.*

rungshindernis die Mauer, wobei ihre Gleichzeitigkeit nicht gesichert ist, d. h., der Sohlgraben könnte auch spät- oder nachantiker Zeitstellung sein. An allen 4 Seiten befanden sich gegenüberliegend je ein Tor mit 2 starken Türmen, von denen das N-Tor zur Donau, die *porta praetoria*, von der eine von 2 Toröffnungen von 4 m Breite und 5,80 m Höhe und ein Turmrest von noch 11 m Höhe erhalten sind. Ursprünglich hatte das Tor 2 halbrund vorspringende Flankentürme, die nach dem Vorbild der sehr ähnlich konstruierten und zeitgleichen Porta Nigra in Trier etwa 20 m hoch rekonstruiert werden. Zu den 8 Tortürmen und 4 Ecktürmen des Lagers kamen noch 18 Zwischentürme, von denen so viele bekannt sind, daß ihre Anzahl insgesamt rekonstruierbar ist.
Von der Innenbebauung ist durch die kontinuierliche Weiterbesiedlung im Mittelalter und in der Neuzeit wenig übriggeblieben. Von den *principia* in der Mitte des Lagers und dem s davon anzunehmenden Legatenpalast kennt man nur einzelne Mauerzüge aus gewaltigen Quadern, die die Mächtigkeit und Ausstattung dieser Gebäude ahnen lassen. Aus dem Bereich des *scamnum tribunorum*, also den Quartieren n der *via sagularis*, wo die Stabsoffiziere wohnten, sind Reste einer Badeanlage nur in notdürftiger Baubeobachtung bekannt geworden, es ist nicht einmal klar, ob hier die Lagerthermen lagen, oder ob es sich nur um ein kleines Privatbad gehandelt hat. Von den offenen Säulenhallen (*porticus*), die die *via praetoria* von der *porta praetoria* zu den *principia* und die *via principalis* in O–W-Richtung beiderseits begleiteten, hat man einzelne mächtige Basen und Stümpfe gefunden. Wenig Überreste wurden bis heute von den Kasernen der Mannschaften entdeckt, die zunächst als Holzbaracken auf und erst Anfang des 3. Jh. als Fachwerkbauten mit Steinsockeln errichtet wurden. Allerdings hatte man die heizbaren Kopfbauten der Mannschaftsquartiere, wo die Centurionen wohnten, von Anfang an in massiver Steinbauweise errichtet. Von den Wohnhäusern der Militärtribunen (Stabsoffiziere), dem Lazarett (*valetudinarium*), den Vorratsspeichern (*horrea*), dem Lagergefängnis (*carcer*) und den anderen Einrichtungen fehlt noch jeder Nachweis. Dagegen kennt man die Reste eines großen Magazingebäudes, das im 3. Jh. entlang der O-Mauer nachträglich eingefügt wurde, indem man den *agger* entfernte und den Wehrgang auf eine Bruchsteinmauer verlegte, welche die Mauer insgesamt auf eine Stärke von 4,60 m verbreiterte.
Dieses Magazin war eine Halle von 60 m Länge und 4 m Breite; es diente vielleicht der Lagerung von Waffen und militärischer Ausrüstung. Innen war es verputzt und mit buntem Rechteckmuster bemalt. Da die Bruchsteinwand irgendwann im frühen Mittelalter nach innen umkippte und die Malerei auf diese Weise so weit erhalten blieb, daß sie rekonstruierbar ist, kann man mit Sicherheit sagen, daß der Bau ohne Zwischengeschoß mindestens 7 m hoch war.

*Abb. 202 Regensburg. Säulenbasen von Säulenhallen (porticus) entlang der Hauptstraßen des Legionslagers (Mus. Regensburg).*

Zur Wasserversorgung des Lagers sind Brunnen nachgewiesen, Eine Wasserleitung, welche Quellwasser aus dem Bereich des tertiären Hügellandes ins Lager geführt hätte, wäre theore-

tisch denkbar, ist aber noch nicht entdeckt worden, dagegen kennt man mächtige aus Quadern gefügte Abwasserkanäle.
Die zu jedem Lager gehörige zivile Siedlung (*canabae legionis*) wurde für Regensburg gleichzeitig mit der Erbauung des Lagers angelegt. Diese *canabae* wuchsen rasch, sind aber noch wenig erforscht, so ist neben 2 größeren steinernen Wohnbauten am Arnulfsplatz und bei St. Emmeram und Streifenhäusern am Bismarckplatz nur ein Heiligtum orientalischer Gottheiten unter dem Neubau des Justizgebäudes bekannt geworden. Von den gewiß zahlreichen Gewerbebetrieben kennt man nur eine Töpferei vor der sö Lagerecke. Im 4. Jh. hatte sich das mittelkaiserzeitliche Legionslager Reginum der *legio III Italica* zur spätantiken Festungsstadt Castra Regina entwickelt. Diese nahm eine militärische Garnison und die Zivilbevölkerung auf. Als Folge verheerender Alamanneneinfälle des 3. Jh., die das Lager mindestens zweimal schwer getroffen hatten, sowie der diokletianisch-konstantinischen Reformen war die Legion in 6 Teileinheiten aufgespalten worden, von denen nur eine am Ort verblieb, bis schließlich auch diese an einen Ort namens Vallatum abgezogen wurde. Die Annahme, die restliche militärische Garnison habe sich in die NO-Ecke des Lagers, wohl in ein separiertes Binnenkastell, zurückgezogen, hat vieles für sich. Bemerkenswert ist ferner, daß der vermutete Sitz der spätantiken Restgarnison im Bereich der späteren agilolfingischen Herzogspfalz liegt. In der Grasgasse im S des Lagers dagegen ergaben sich aus dem Baubefund und im Fundgut eher Anzeichen dafür, daß in diesem Bereich die Zivilbevölkerung siedelte.
Historisch ist die Kontinuität des Platzes durch die bruchlose Tradierung des Namens von Castra Regina über Reganespurc-Regensburg erwiesen, inzwischen kann diese Kontinuität auch durch entsprechendes Fundmaterial abgesichert werden. Eine ständige Nutzung des Platzes liegt neben der verkehrstopographischen Bedeutung schon dadurch nahe, daß hier durch die massive Quaderbauweise der einzige befestigte Römerort Raetiens vorliegt, dessen Umwehrung auch ohne Pflege durch in Steinbau geschulte Handwerker längere Zeit überdauern konnte. So nimmt es auch nicht wunder, wenn Regensburg (unter dem

*Abb. 203 Regensburg. Bronzestatuette der Juno (Mus. Regensburg).*

sonst nicht belegten Namen Radaspona) von Arbeo von Freising für das 7. Jh. als Herzogssitz der Agilolfinger erwähnt wird.
*Gräberfelder*: Von den wie üblich an den wichtigsten Ausfallstraßen gelegenen Gräberfeldern des Legionslagers und der *canabae* kennt man bisher in Regensburg 4: vielleicht eines im O (vor dem O-Tor), eines im S (Bahnhof) bzw. SW, ein spätantik-frühmittelalterliches im W (Altes Rathaus–Haidplatz) und das große Gräberfeld im Bereich der Kumpfmühler Brücke. Die Bearbeitung des großen römischen Gräberfeldes durch S. von Schnurbein und U. Koch hat mit hoher Wahrscheinlichkeit eine ununterbrochene Belegung durch eine römische bzw. romanisierte Bevölkerung Regensburgs seit dem 2. Jh. bis in das frühe Mittelalter hinein ergeben. Ein straßennaher Belegungsabschnitt mit Brandgräbern und z. T. beachtlichen steinernen Grabbauten wurde durch im späten 3. Jh. einsetzende Körperbestattungen abgelöst. Ab dem späten 4. Jh. werden die Funde spärlicher, aber nur, weil mit wachsendem

christlichem Einfluß die Beigabensitte weitgehend erlischt. Die große Zahl beigabenloser christlicher Gräber aber entzieht sich der genaueren Datierung. Im frühen Mittelalter dagegen nehmen einige Romanen offensichtlich die Beigabensitte in germanischer Tradition, also die Bestattung in Tracht und mit Waffen, wieder auf, wobei, wie auch sonst zu beobachten, die Romanen schwere Bewaffnung wie Spathen und Schilde nicht übernommen haben. Erst im 8. Jh., als mit der Erstarkung der Kirchenorganisation die Beigabensitte aufhört, die alten Friedhöfe aufgelassen und die Toten nun bei den Kirchen beigesetzt werden, ließ man auch das alte Gräberfeld der römischen Bevölkerungsgruppe Regensburgs auf.

*Tempelbezirk auf dem Ziegetsberg*: Auf der Höhe des Ziegetsberges, von wo aus der Donaubogen gut zu übersehen war, lag w der Straße nach Augsburg ein um 180 gegründeter Tempelbezirk. Zahlreiche zerschlagene Kultbilder und Weihedenkmäler belegen den Kult des Merkur und seiner Mutter Maia. Neben einem großen Umgangstempel mit Apsis von ca. 14 x 14 m Seitenlänge fanden sich 2 Kapellen und die Standspuren von mindestens 6 Kultmonumenten. Als Stifter von Weihedenkmälern und Erbauer der Kultgebäude sind Angehörige der Regensburger Legion und Kaufleute aus Trier inschriftlich belegt. Da die Funde bis in die Spätantike reichen, nimmt man die abschließende Zerstörung durch christliche Eiferer an.

*Abb. 204 Regensburg. Miniaturaltar für Jupiter, Juno, die Wegegötter und die Glücksgöttin Fortuna; H. 11,6 cm (Mus. Regensburg).*

*Kleinkastell Regensburg-Großprüfening*: Gegenüber der Naabmündung entstand gleichzeitig mit dem Legionslager ein zweiphasiges Steinkastell von 60 x 80 m mit Ecktürmen, zweiphasigem Spitzgraben und 2 Toren. Die Wehrmauer hatte 8 m Höhe (!), mit einem hölzernen Wehrgang. Dies ließ sich nachweisen, weil Teile der Mauer, die auf der Innenseite Brandspuren, aber keinen Erdwall aufwiesen, nach außen in den Graben gekippt waren und so die Mindesthöhe noch zu ermitteln war. Das Ende des Vicus, von dem auch 2 Gräberfelder bekannt sind, kam um 260, nachden schon um 250 umfangreiche Zerstörungen festgestellt worden sind. Fi

*Lit.:* S. von Schnurbein, Das römische Gräberfeld von Regensburg. MBV A 31 (Kallmünz 1977); K. Dietz/U. Osterhaus/S. Rieckhoff-Pauli/K. Spindler, Regensburg zur Römerzeit (Regensburg [2]1979); Th. Fischer/S. Rieckhoff-Pauli, Von den Römern zu den Bajuwaren. Stadtarchäologie in Regensburg. Bavaria Antiqua (München 1982); Th. Fischer, Ein Keller mit Brandschutt aus der Zeit der Markomannenkriege (170/175 n. Chr.) aus dem Lagerdorf des Kastells Regensburg-Kumpfmühl. Jahresber. Bayer. Bodendenkmalpfl. 24–25, 1983–84 (1987) 24–64;Th. Fischer, Römer und Bajuwaren an der Donau (Regensburg 1988); A. Schmid, Regensburg zur Agilolfingerzeit. In: H. Dannheimer/H. Dopsch, Die Bajuwaren. Von Severin bis Tassilo 488–788 (München/Salzburg [2]1988), 136–140; K. Dietz, Zur Verwaltungsgeschichte Obergermaniens und Rätiens unter Mark Aurel. Chiron 19, 1989, 405–446; Th. Fischer, Das Umland des römischen Regensburg, MBVF 43 (München 1990); ders., Das bajuwarische Reihengräberfeld von Staubing. Kat. d. Prähist. Staatsslg. 26 (München 1993); A. Faber, Das römische Auxiliarkastell und der Vicus von Regensburg-Kumpfmühl. MBVF 49 (München 1993).

## Ruffenhofen
## Gde. Weiltingen, Lkr. Ansbach, Mfr.

*Kastell mit Vicus*
Abb. 205

Das Kastell Ruffenhofen liegt ca. 800 m sö des Ortes auf einer leichten Anhöhe über dem Wörnitztal, 2,2 km vom Limes entfernt. Es besteht Blickkontakt zu den Türmen WP 13/8 und 25 am Limes und zum Kastell Dambach über den vermuteten Signalturm auf dem Hesselberg. Die Ausgrabungen der Reichslimeskommission (W. Kohl) im Jahre 1892 sowie neuere Luftbilder stellten ein nahezu quadratisches Steinkastell (190 x 197m) von 3,7 ha Fläche fest. Von der Umwehrung sind 4 Tore, die Mauer und Ecktürme sowie mindestens 4 Gräben gesichert. Die Hauptfront des Kastells zeigt nach NO (zum Hesselberg hin). Von der Innenbebauung ist nur ein Speicherbau (*horreum*) bekannt. Zeugnisse der Besatzungstruppen gibt es bisher nicht. Von der Größe her könnte hier eine *cohors milliaria* oder eine *ala quingenaria* gelegen haben. Aus allgemeinen Erwägungen wird jetzt durch C.-M. Hüssen die ansprechende Theorie vertreten, daß als jüngste Besatzung die *cohors IX Batavorum equitata milliaria exploratorum* hier stationiert war, nachdem sie ein nur kurzfristig benutztes Lager bei Weißenburg verlassen hatte. Streufunde und Luftbilder belegen ein umfängliches Lagerdorf. Obwohl Ruffenhofen das größte und wichtigste Kastell an diesem Limesabschnitt darstellt, ist es eines der am wenigsten erforschten Truppenlager am raetischen Limes. Fi

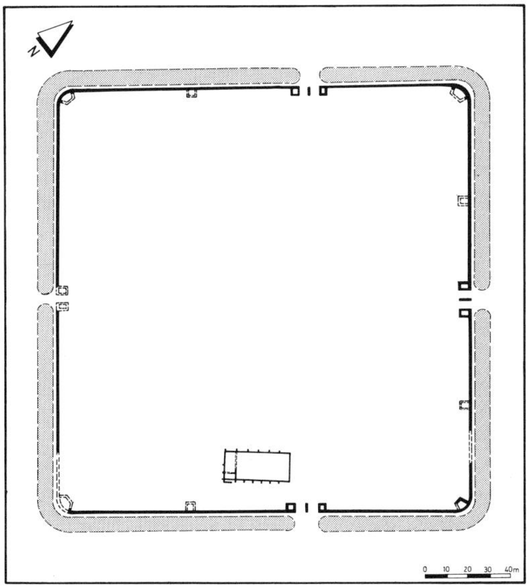


*Abb. 205 Ruffenhofen. Übersichtsplan des Kastells (nach G. Ulbert/Th. Fischer).*

*Lit.:* W. Kohl, ORL Abt. B Bd. VI 2, Nr. 68 (1896); Abt. A Strecke 13 (1935), 35 ff.; FMRD I 5, 5017–5018; G. Ulbert/Th. Fischer, Der Limes in Bayern (Stuttgart 1983) 58 – 61, 118; H. Schönberger, Ber. RGK 66, 1985, 411 (D 103a); E 77; C.-M. Hüssen, Das Holzkastell „Auf der Breitung“ in Weißenburg in Bayern. In: V. Maxfield/M. J. Dobson (Hrsg.), Roman Frontier Studies 1989 (1991) 191 ff.; Th. Fischer in: J. Garbsch u.a., Der römische Limes in Bayern (München 1992) 37.

**Saal a. d. Donau** → Untersaal
**Schechen** → Pfaffenhofen

## Schlingen
## Bad Wörishofen, Lkr. Unterallgäu, Schw.

*Spätantiker Straßenposten*
Abb. 206

Der Straßenposten in der Flur „Hofstatt“, rund 3,8 km nö des Baisweiler Burgus und 1000 m wnw der Kirche von Schlingen, liegt am Abstieg der Fernstraße Kempten–Augsburg in das Wertachtal.
Auf der schwach erhöhten Innenfläche am Rand der Hochterrasse unmittelbar neben dem hohlwegartig ausgefahrenen Einschnitt der Römerstraße wurden im Herbst 1938 Balkengräbchen eines Holzgebäudes von 8,5 m Seitenlänge ausgegraben (J. Striebel). Der quadratische Grundriß öffnet sich hufeisenförmig zur Straße hin nach S und erinnert stark an die hufeisenförmigen Ba-

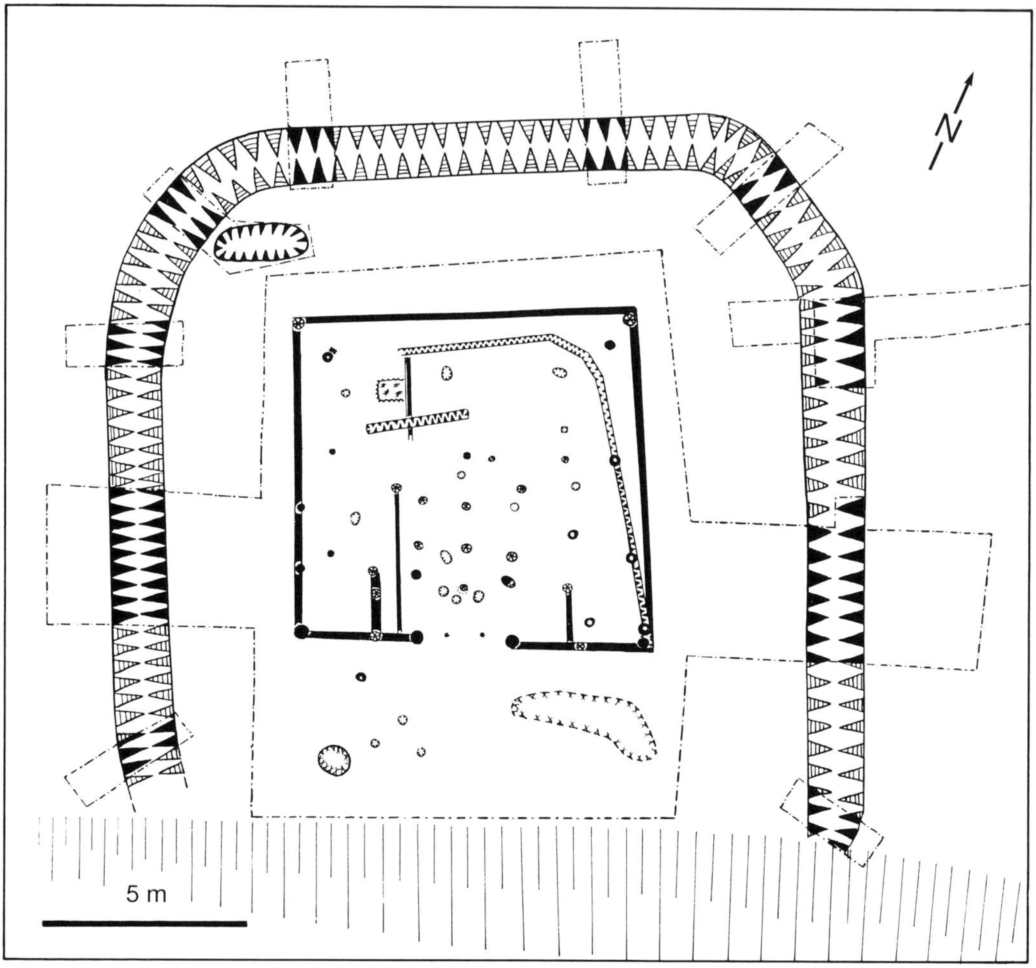


*Abb. 206 Schlingen. Grundriß des Straßenpostens an der Römerstraße Kempten–Augsburg.*

racken der Kleinkastelle am Limes. Der 2 m breite Eingang wurde von Pfosten eines 3,7 m tiefen Vorraums flankiert. Ob sich in einer lückenhaften Pfostenstellung bzw. einem im Winkel abweichenden Gräbchengeviert ein zweites Gebäude von 9 m Seitenlänge verbirgt, das den älteren Baukomplex überlagert, ist unsicher. Der Straßenposten wurde von einem 1,5 m breiten Spitzgraben umschlossen, in dessen Spitze sich Brandreste fanden. Trotz der Zerstörung waren die Funde spärlich; glasierte Reibschüsselbruchstücke sind innerhalb des 4. Jh. eher spät anzusetzen. 36 m vor SO-Ecke hart an der W-Kante des Hangabfalls deuten Spuren eines (Balken-)Gräbchens auf Nebengebäude.

Burgi dieser Art sind weniger als fortifikatorisches Element einer in die Tiefe gestaffelten Landesverteidigung anzusprechen, sondern als Stützpunkt mit der Funktion einer Straßenmeisterei, die Mannschaftsunterkünfte, Amtsstube und Depot hatte. Cz

*Lit.:* L. Ohlenroth, Römische Burgi an der Straße Augsburg–Kempten–Bregenz. Ber. RGK 29, 1940, 122–156.

## Schwabmünchen
## Lkr. Augsburg, Schw.

*Töpferdorf und Sigillata-Manufaktur Schwabegg*

Abb. 74, 207–213; Taf. 11

Die Tabula Peutingeriana verzeichnet an der Straße von Bregenz über Kempten nach Augsburg 18 Meilen (rund 26 km) s der Provinzhauptstadt den Ort Rapis, den man heute mit dem ausgedehnten Töpferdorf am O-Hang des Wertachtals identifiziert.

Die günstige Straßenverkehrslage, geeignete Tone und ausgedehnte Wälder in der Umgebung sowie die Zuwanderung von Töpfern aus Gallien haben in flavischer Zeit zum Aufblühen des Keramikhandwerks und damit zu einem Wachsen der Siedlung geführt, die sich über 200 m entlang der

*Abb. 207 Schwabmünchen. Zeichnerische Rekonstruktion des Töpfervicus Rapis an der Römerstraße Kempten–Augsburg; Blick von Südwesten.*

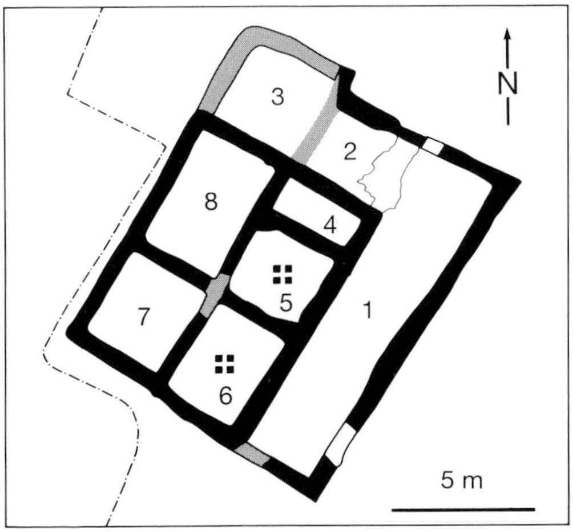


*Abb. 208 Schwabmünchen. Das 1993 untersuchte Badegebäude am Rand des Töpfervicus.*

Römerstraße auf der Hochterrassenkante und am Straßenabstieg erstreckte: In der ersten Hälfte des 2. Jh. zählte das Dorf ein Dutzend Familien, die in ebensovielen Langhäusern lebten und arbeiteten. Nach den Ausgrabungen bildeten Wohnung, Werkstatt und Laden eine bauliche Einheit: Freigelegt wurden die Spuren von 25 m langen, im Durchschnitt 8 – 9 m breiten Holzpfostenbauten, die mit ihrer Schmalseite an der Straße standen. Im rückwärtigen Gelände befanden sich die feuergefährlichen technischen Anlagen; über 70 Brennöfen konnten freigelegt und untersucht werden.

Aus der Blütezeit des 2. Jh. sind durch Stempel auf Reibschüsseln einige Namen aus Schwabmünchner Töpferfamilien bekannt: Anuedus, Darro, Vacco, Quartus, Raeticus, Sarga, Severus, Trever und Vitalis. Hergestellt wurde neben allen gängigen Formen des rauhwandigen Haushalts-

*Abb. 209 Schwabmünchen. Rot engobierte Reibschüsseln aus der Produktion des Töpfervicus; spätes 2. Jahrhundert (Prähist. Staatsslg. München).*

geschirrs für Vorratskeller und Küche vor allem feines Tischgeschirr: in der Frühphase die reduzierend gebrannte Terra Nigra, später engobierte Gefäße gallischer Machart und seit dem Beginn des 2. Jh. die sog. Raetische Ware mit den eingestempelten geometrischen oder geratterten Verzierungen. Wegen ihrer besonderen Qualität waren die rot engobierten, streifenbemalten Reibschüsseln weit über den regionalen Geschirr-

*Abb. 210 Schwabmünchen. Kastenbeschlag aus Bronzeblech mit der Darstellung des Götterpferds Pegasus; H. 9,3 cm (Prähist. Staatsslg. München).*

*Abb. 211 Schwabmünchen-Schwabegg. Töpferofen in der Sigillata-Manufaktur.*

markt hinaus bekannt und begehrt; sie finden sich überall in Raetien, aber auch in den donauabwärts gelegenen Nachbarprovinzen (Linz, Wells).
1993 konnte unterhalb der Häuserzeile das Bad untersucht werden. Beim Ausbau des Mittelstetter Wegs 1979 wurde am N-Rand des Vicus der Friedhof mit über 250 Bestattungen (Brand- und Körpergräber) angeschnitten; er zog sich auf der O-Seite entlang der Römerstraße nach N.
In der Zeit um 200 wanderten erneut Töpfer aus dem obergermanischen Manufakturzentrum Tabernae/Rheinzabern ein (Lucanus, Severus), und gründeten n von Schwabegg an der gegenüberliegenden Talseite in knapp 5 km Entfernung einen Werkplatz am Fuß der Tongruben, die auch von den Schwabmünchner Töpfern ausgebeutet wurden. Trotz seiner geringen Größe ist die Produktionskapazität dieser Manufaktur beachtlich gewesen, zumal sie auf reliefverzierte und glatte Terra Sigillata spezialisiert war. Ausgrabungen in den Jahren 1980 und 1983 erbrachten neben Pfostenspuren von Holzgebäuden, Resten einer

Wasserleitung und Gruben für Ausschuß und Keramikbruch 3 Brennöfen, von denen einer gehoben und im Museum als Anschauungsobjekt antiker Brenntechnik zu sehen ist. Der Exportradius der Schwabegger Sigillata-Töpferei reicht im O bis nach Pannonien und Moesien.

Beide Töpfereien, das Handwerkerdorf von Schwabmünchen und die Manufaktur bei Schwabegg wurden in den Alamannenstürmen des 3. Jh. aufgelassen. Anzeichen sprechen dafür, daß Feuer einen Teil des Töpferdorfes zerstört hat. Die Tradition des Keramikhandwerks, die über 2 Jahrhunderte die Lebensgrundlage dieser Dorfgemeinschaft war, reißt unvermittelt ab. Auch die Sigillata-Manufaktur von Schwabegg wurde damals aufgegeben. Rapis blieb dagegen als verkümmerter Siedlungsrest noch eine Zeitlang bestehen. Am S-Ende des Vicus wurden 1967 16 meist beigabenlose Körperbestattungen des 4. Jh. geborgen. Wann die letzte Familie in den unruhigen Zeiten am Ende des 4. oder am Beginn des 5. Jh. den Ort verließ, kann aus den archäologischen Quellen nicht mehr rekonstruiert werden. Cz

*Abb. 212 Schwabmünchen. Reibschüsselstempel einheimischer Töpfer. M. ca. 1:2.*

*Abb. 213 Schwabmünchen-Schwabegg. Sigillata-Formschüssel aus der Werkstatt III (Prähist. Staatsslg. München).*

*Lit.:* W. Czysz/C. S. Sommer, Römische Keramik aus der Töpfersiedlung von Schwabmünchen im Landkreis Augsburg. Kat. Prähist. Staatsslg. 22 (Kallmünz 1983); W. Czysz, Das römische Töpferdorf Rapis und die Terra-sigillata-Manufaktur bei Schwabegg. AJB 1987 (1988) 123–132. – Schwabegg: W. Czysz, Eine neue raetische Sigillata-Manufaktur bei Schwabmünchen, Lkr. Augsburg. Jahresber. Bayer. Bodendenkmalpfl. 21, 1980, 155–174; R. Sölch, Untersuchungen zur Terra Sigillata-Töpferei von Schwabegg bei Schwabmünchen, Lkr. Augsburg. Arbeitsh. d. Bayer. Landesamtes f. Denkmalpfl. 58 (München 1993) 91–100; M. Maggetti/G. Galetti, Naturwissenschaftliche Untersuchungen an der Terra Sigillata von Schwabegg. Ebd. 101–118.

## Schwangau
## Lkr. Ostallgäu, Schw.

*Villa rustica*
Abb. 214; Taf. 9

Knapp 2 km sö von Schwangau liegt „Im Winkel" („Rieder") am Fuß der Hornburg ö des Lußbachs im Bereich der Tegelbergbahn-Talstation eine ausgedehnte Villenanlage, von der wir 11 Gebäudereste kennen. Sie dehnen sich auf einer Fläche von 130 x 350 m (4,5 ha) aus und lassen eine axialsymmetrische Anlage erahnen.
1935 hat H. Popp das erste Steingebäude (Haus 1) ausgegraben, das durch den Einbau von 3 Darren als landwirtschaftliches Gebäude anzusprechen ist. 1966 wurden die Häuser 2 und 3 beim Bau der Tegelbergbahn-Talstation angeschnitten und bis 1968 untersucht: das Wohnhaus und ein Badegebäude, das unterhalb der Seilbahnstation konserviert werden konnte.
Das Wohngebäude 2 war mit 14,8 x 14,6 m verhältnismäßig klein; sein Eingang lag in der Mitte der NO-Seite und führt über den mit den Büsten der 12 Monatsgötter bemalten Korridor in den Kern des Gebäudes mit den beheizten Räumen 1–4. Alle Räume waren mit farbig bemaltem Wandputz ausgestattet: Figuren zwischen Säulen und Kassettenornamenten, eine Satyrmaske, ein Gorgoneion, eine Büste mit Buchrolle und Pfaue konnten rekonstruiert werden. 20 m ö wurde ein 13,6 x 12,3 m großes Badegebäude freigelegt, das erst in der 2. Hälfte des 2. Jh. errichtet worden ist. Sein Baukörper war außen rot verputzt. Sämtliche Räume hatten gewölbte Decken, deren auf Flechtwerk haftender Putz reich bemalt war. Der Korridor (6) im NO führte in den großen temperierten Eingangs- und Umkleideraum (1), von dem aus man das *caldarium* (4) an der S-Front des Gebäudes betrat. Das Warmbad hatte wie das *tepidarium* (3) eine rechteckige Sitzwanne. Sehr gut erhalten war das 2,7 x 2,4 m große Kaltwasserbassin (2), in dessen Becken (Tiefe 0,9 m) man über eine Brüstung und 2 Stufen hinabstieg. Aufgrund von Scheibenbruchstücken und Putzkanten müssen Frigidarium und Caldarium mit Rundbogen-, das Tepidarium aber mit Rechteckfenstern ausgestattet gewesen sein.
Dank der sorgfältigen Bergung und Restaurierung bietet die Malerei ein einzigartiges Zeugnis römischer Architektur und Wanddekoration. Die farbige Raumdekoration des quadratischen Vorraums zeigt an der Decke den Raub des Ganymed, die Wand des Caldariums Herkules im Kampf mit der lernäischen Hydra. Das Gewölbe des temperierten Raumes schmücken Bacchus mit Weinreben und Trauben, die Geburt der Venus und spielende Eroten als Sinnbild von Lebensfreude und Genuß. Auch die Dekoration des Kaltbads steht in sinnfälligem Bezug zur Funktion: Ein Badediener bringt Öl und Handtuch; Fischschwärme, Wassergötter, Tritonen, Nereiden und Delphine tummeln sich an den Wänden und der Decke. Die Schwangauer Malerei offenbart weniger die originelle künstlerische Leistung des Baumalers, als das handwerkliches Geschick, mit dem er die Themen der klassischen Mythologie in seine volkstümliche Bildsprache übersetzt hat. Rekonstruierte Malereien und Raumteile in der Ausstellung der Prähist. Staatssammlung.
Der ungünstige klimatische Standort im Schatten des 1880 m hohen Branderschrofenmassivs, Eisenschlackenfunde n der Siedlung und die Nähe zu den Eisenerzrevieren am Säuling könn-

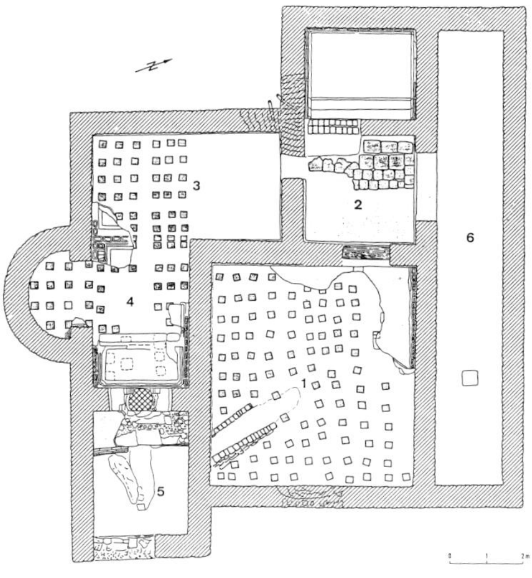


*Abb. 214 Schwangau. Grundriß des Badegebäudes hinter der Tegelbergbahn-Talstation.*

ten auf das Anwesen eines Bergbau-Unternehmers deuten. Cz

*Lit.:* H. Popp, Alt-Füssen 12, 1936/37, 1–7; FMRD I 7, 7118; G. Krahe/G. Zahlhaas, Römische Wandmalereien in Schwangau, Lkr. Ostallgäu. MBV 43 (Kallmünz 1984).

**Schwangau** → Forggensee
**Seeon-Seebruck-Truchtlaching** → Seebruck

## Seebruck
## Gde. Seeon-Seebruck-Truchtlaching, Lkr. Traunstein, Obb.

*Römische Zivilsiedlung*
Abb. 25, 50, 55, 215–218

Der römerzeitliche Vicus Bedaium/Seebruck liegt am N-Ufer des Chiemsees w des Alzausflusses. Es ist nicht auszuschließen, daß an dieser

*Abb. 215 Seebruck. Bedaius-Altar; H. 0,61 m (Prähist. Staatsslg. München).*

*Abb. 216 Seebruck. Darre/Hypokaust.*

Stelle eine keltische Ansiedlung bestanden hat, die eigentliche Vorgängersiedlung wird jedoch auf einer Anhöhe 2 km nw bei Stöffling vermutet. Der antike Name leitet sich vermutlich von der (vorrömischen?) Lokalgottheit Bedaius her, dem einige in der näheren Umgebung aufgefundene Altäre aus der 2. Hälfte des 2. Jh. geweiht sind. Ausschlaggebend für die Gründung des Vicus und dessen Lebensgrundlage war die Lage an einem Verkehrsknotenpunkt: Die Hauptstraße von Augusta Vindelicum nach Iuvavum kreuzte hier die (schiffbare) Alz, die weiter n in den Inn mündet. Zudem wird an dieser Stelle eine Abzweigung vermutet, die nach N in Richtung Töging und Landshut führte. Verwaltungstechnisch gehörte der Vicus zum Stadtgebiet von Iuvavum. Der Vicus wurde in claudischer Zeit gegründet und erlebte bereits unter den Flaviern seine Blütezeit. Erste Grabungen fanden um 1900 im Friedhofsareal statt, wo man schon früher auf die Reste der spätantiken Befestigung gestoßen war. Weitere Grabungen und Sondagen setzten erst wieder in den 50er Jahren ein. Die 4 im Westen Seebrucks ergrabenen Siedlungsbauten haben eher gewerblichen Charakter. Neben einem Streifenhaus wurden am w Ortsende ein Seezugang (Lände), eine Darre mit „norischem Hypokaust" und ein Gebäude errichtet, das am ehesten mit Handel und Gewerbe in Verbindung zu bringen ist. Alle Bauten lagen direkt an der Straße. Die Funda-

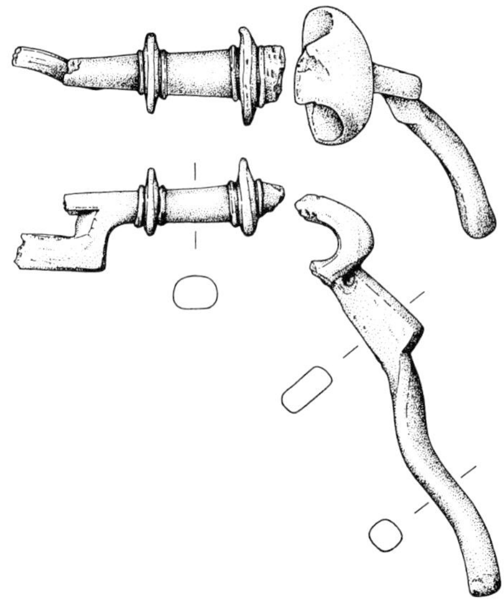

*Abb. 217 Seebruck. Bleimodel für den Bronzeguß einer frühkaiserzeitlichen Doppelknopffibel. M. 1:2 (Prähist. Staatsslg. München).*

mente der Darre wurden konserviert und sind heute zugänglich.

Das Bayer.Landesamt für Denkmalpflege konnte in den Jahren 1972–1990 das Gräberfeld im Ortsteil Graben ö der Alz untersuchen. Der Friedhof mit über 256 Bestattungen wurde von flavischer Zeit bis zur Mitte des 3. Jh. belegt. Wie für die Provinz Norikum nicht anders zu erwarten, dokumentierte die Bevölkerung ihre kulturelle Eigenständigkeit mit der Beigabe von charakteristischem Trachtzubehör und Keramik, teilweise wurden die Bestattungen überhügelt.

Die Markomannenkriege haben in Bedaium keine Spuren hinterlassen. Auf eine Nachblüte in severischer Zeit folgten die Alamanneneinfälle, die auch Bedaium in Mitleidenschaft zogen. Der Ort bestand bis zum Ende des 3. Jh. In der Spätantike wurde im Winkel zwischen Alz und Chiemsee eine befestigte Station errichtet, um die Straße und Brücke zu kontrollieren. Bu

*Lit.:* W. Czysz/E. Keller, Bedaium. Seebruck zur Römerzeit (München 1981); P. Fasold, Das römisch-norische Gräberfeld von Seebruck-Bedaium. MBV 64 (Kallmünz/Opf. 1993).

*Abb. 218 Seebruck. Grabstein der mit 50 Jahren verstorbenen Amanda, Freigelassene des Q. Tessius und ihres Ehemanns L. Firmus; H. 1,85 m (Mus. Seebruck).*

## Stadtbergen
## Lkr. Augsburg, Schw.

*Römische Villa suburbana*

Abb. 219

Die Villa suburbana von Stadtbergen ist die größte der aus dem Umfeld Augsburgs bekannten Villenanlagen. Sie liegt am Rande der w Hochebene über dem Wertachtal, 4 km sw von Augsburg am „Stadtberger Keller". Bei den Ausgrabungen wurde 1931 (L. Ohlenroth) der Bau meist ohne Durchbrechung von Estrichen flächenhaft aufgedeckt. Die Grabungsdokumentation ist zum größten Teil 1944 vernichtet; vom Fundgut blieb außer einem Dachziegelfragment und Münzen nichts erhalten. 1976 – 1981 fanden Begehungen und Notbergungen statt. Nur 5 – 9 m von der S-Front der Villa lag ein weiteres Gebäude. Direkt unterhalb befand sich eine Darre und eine weitere feuertechnische Anlage. In dem palastartigen Hauptgebäude (Länge 49,5 m, max. Länge über die Risalite 63 m, max. Breite 39 m) konnten 3 Bauphasen festgestellt werden, wobei von den ersten beiden jeweils nur wenige Räume bzw. Raumfluchten erkennbar waren. Die letzte Bauphase folgte einem neuen einheitlichen Entwurf, worauf auch die Maßverhältnisse des Bauwerkes in jeweils runden Fußmaßen hinweisen. Die Hauptseite des rechteckigen Baukörpers mit den gerundeten Eckräumen war nach OSO zur Hangkante gerichtet. Der Bau, der vollständig von einer Portikus umgeben war, bestand aus einem N–S orientierten Mittelteil, der in eine Zimmerflucht im W, einen langen, durchgehenden (und später umgebauten) Raum in der Mitte und einen ebenfalls quergerichteten Raumtrakt im O untergliedert war. Dieser mittlere Baukörper wurde flankiert von 2 Seitentrakten, die beide mit einem turmartigen runden Anbau abschlossen. Aufgrund der Mauerstärken und erschlossenen Treppenräume werden die Seitentrakte mit den runden Risaliten und der Eingangsbau zweistöckig rekonstruiert. Zu den letz-

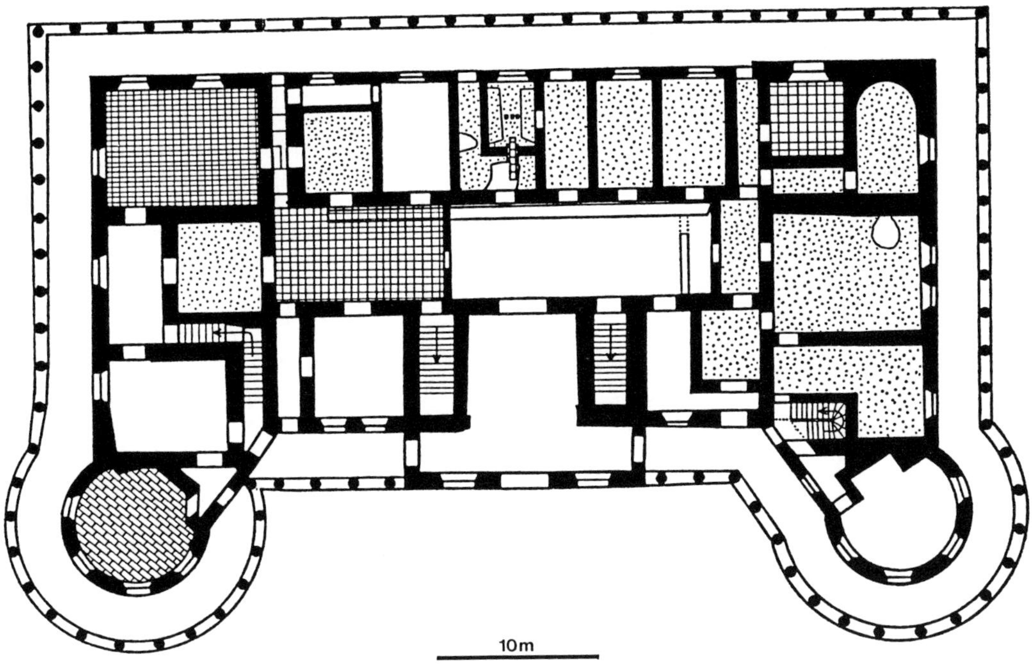


*Abb. 219 Stadtbergen. Grundriß der Villenresidenz in ihrem spätantiken Bauzustand (nach L. Ohlenroth).*

ten Umbauten in der dritten Phase gehört die monumentale Eingangsarchitektur.
Von der Bauausstattung sind der Rest einer farbigen Marmorsäule, Mosaiksteine und farbige Marmorplatten bekannt. Aus dem Spektrum der Lesefunde sind italische Sigillata, Fibeln (u.a. 2 Augenfibeln, eine Distelfibel sowie die Nadel einer spätantiken Armbrustfibel), ein frühkaiserzeitlicher bronzener Gürtelhaken und Pferdegeschirranhänger hervorzuheben. Die überwiegende Zahl der Münzen stammt aus dem 3. und 4. Jh. Die Münzreihe endet mit Centenionales der Jahre 365/378 bzw. 367/378. Die Anlage wird nach Grundrißvergleichen in das 3. Jh. datiert, wobei die Umbauten vielleicht erst im 4. Jh. stattfanden. So

*Lit.:* FMRD I 7 (Schwaben) 7034; F. Reutti, Eine römische Villa suburbana bei Stadtbergen, Ldkr. Augsburg. BVbl. 39, 1974, 104–126; W. Czysz, Zeitschr. Hist. Ver. Schwaben 72, 1978, 52; ders., Zeitschr. Hist. Ver. Schwaben 76, 1982, 42–45; ders., RiS 164–166.

## Straubing, Ndb.

### *Kastelle und Vicus*

Abb. 20, 101, 220–223; Taf. 1, 3, 13

Das römische Siedlungsgebiet von Straubing lag auf einer Niederterrasse, dem sog. Ostenfeld, 2 km ö des heutigen Stadtzentrums. Während der mittleren Kaiserzeit hatte es im W durch den Allachbach und im N durch den Abfall der Donauniederterrasse seine natürliche Begrenzung. Die 0- und S-Ausdehnung variierte. In der 2. Hälfte des 2. Jh. kann sie mit dem heutigen Verlauf von Ostpreußischer- und Ittlinger Str. umrissen werden. Die richtige Gleichsetzung Straubings mit der in der Tabula Peutingeriana erwähnten Station Sorviodurum am Anfang des 19. Jh. ermunterte zu einer eingehenden Beschäftigung mit der römischen Vergangenheit. Die Grabungen des 1898 gegründeten Historischen Vereins führten schließlich 1909 zur Entdeckung des Steinkastells der 1. Canathenerkohorte (F. Ebner). Nach dem 1. Weltkrieg kam es nur noch zu Notgrabungen und Fundbergungen. Es war die Ära von J. Keim, dem viele Aufzeichnungen, vor allem im 0-Vicus, der ab 1954 überbaut wurde, verdankt werden. 1973 setzten die Grabungen erneut ein, seit 1978 untersucht die Stadtarchäologie in jährlichen Kampagnen das von Überbauung bedrohte Siedlungsgebiet.
*Die Kastelle:* In Straubing sind 4 Kastelle bekannt, die alle auf der Niederterrasse lagen. Ihre Numerierung ist grabungsbedingt und hat keine chronologische Bedeutung. Das älteste Straubinger Lager ist das 1984 entdeckte Kastell IV (W-Kastell). Von ihm konnten Abschnitte der W- und S-Umwehrung sowie Teile der Praetentura untersucht werden. Das Kastell wies 2 Holzbauphasen auf, denen eine Steinbauphase folgte. Das Holzkastell war von einem Wehrgraben (Breite 12 m, Tiefe 4,6 m) umgeben. Ein Einzug des Grabens an der W-Seite markiert das (nicht mehr vorhandene) W-Tor. Die Holz-Erde-Mauer war mit Zwischen- und Ecktürmen verstärkt: In der Praetentura lagen zu beiden Seiten der *via praetoria* je 3 Mannschaftsbaracken. Die beiden s waren als Doppelbaracke ausgeführt. Das Steinkastell war von 2 Gräben umgeben (äußerer Breite 5 m, Tiefe 2,7 m, innerer Breite 10 m, Tiefe 2 m). Von der Kastellmauer, die keine Zwischen- oder Ecktürme aufwies, fand sich noch die 1,2 m breite Fundamentrollierung. In der *retentura* dürften sich wie beim Holzkastell zu beiden Seiten der Straße je 3 Mannschaftsbaracken befunden haben, von denen noch die s Doppelbaracken nachgewiesen werden konnten. Kastell IV wurde in frühflavischer Zeit errichtet und bestand bis zu den Markomannenkriegen. Seine Besatzung bildete die 2. Raeterkohorte.
In spätvespasianisch/frühdomitianischer Zeit wurde ö von Kastell IV ein weiteres Lager angelegt (Kastell I), von dem ein Abschnitt der S-Umwehrung mit dem S-Tor und Reste der Innenbebauung bekannt sind. Das S-Tor war ein einfacher quadratischer Torturm, die Umwehrung bestand aus Rasensoden. Im Kastellinneren fanden sich Balkengräben eines Gebäudes unbekannter Funktion. Das Kastell (Besatzung unbekannt) wurde noch in domitianischer Zeit von Kastell II abgelöst. Von ihm wurde ein Teil der N-Umwehrung mit der Durchfahrt für das N-Tor ergraben. Das Kastell bestand bis in trajanische Zeit. Seine

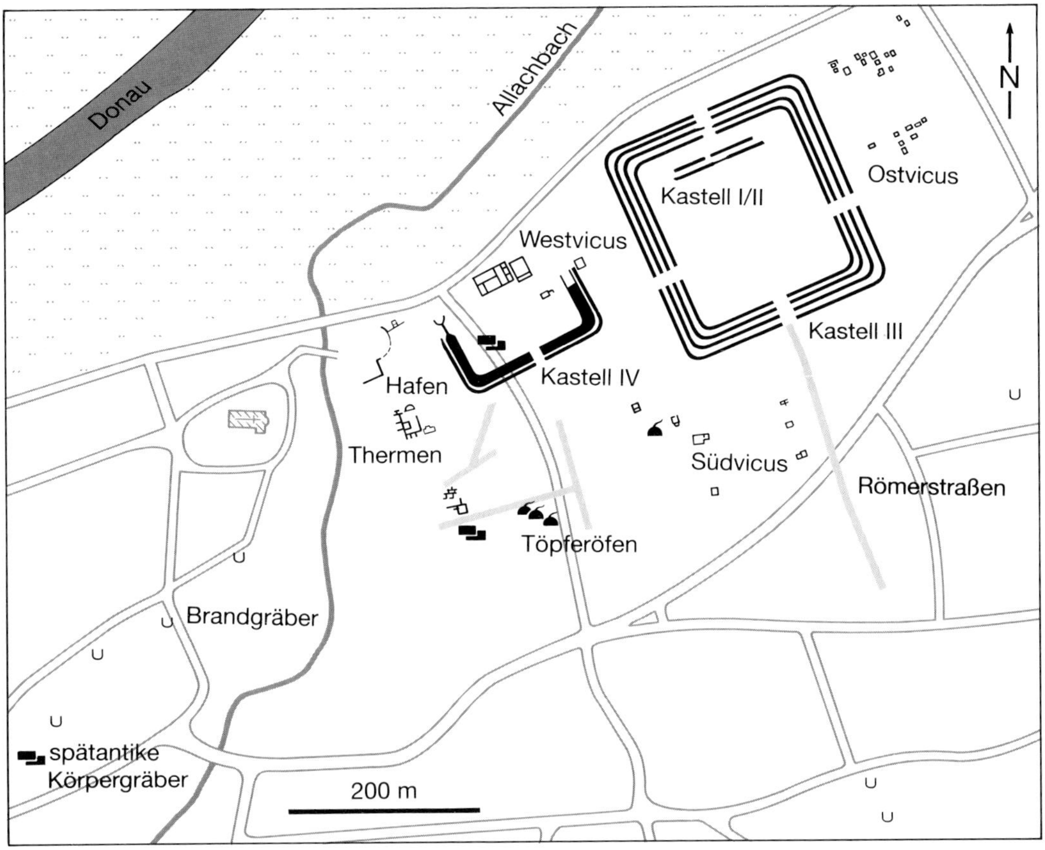


*Abb. 220 Straubing. Kastelle und Vici.*

Besatzung dürfte die 3. Bataverkohorte gewesen sein, von der ein Ziegelstempel vorliegt.
Die 3. Bataverkohorte wurde von der seit 116 in Raetien bezeugten 1. Canathenerkohorte abgelöst, die zunächst ein Holzkastell errichtete, das sie später in Stein ausbaute. Das Holzkastell wurde schon durch die Grabungen des Historischen Vereins erkannt. Suchschnitte wiesen die Umwehrung an mehreren Stellen nach. Bei Grabungen 1976 – 1978 wurde das N-Tor mit dem vorgelagerten Graben freigelegt. Der Torbau bestand aus 2 rechteckigen Türmen, welche die von einem Mittelpfeiler unterteilte Durchfahrt flankierten. Von der Wehrmauer fanden sich keine Spuren, so daß vielleicht eine Mauer aus Rasensoden anzunehmen ist.

Vom Steinkastell wurde durch die früheren Grabungen die Umwehrung mehrfach geschnitten. Die Grabungen zeigten, daß das Kastell offenbar an allen Seiten von 4 Gräben umgeben war. Weitere Untersuchungen galten den N-Ecktürmen und dem O- und W-Tor. 1976 wurde das N-Tor freigelegt. Von den beiden annähernd quadratischen Türmen und dem Mittelpfeiler konnte nur noch die Fundamentrollierung erfaßt werden. Von der Innenbebauung fanden sich Reste hypokaustierter Bauten beidseits der *via decumana*. Genauere Aufschlüsse über die Innenbebauung konnten durch Luftbilder gewonnen werden. Auf ihnen sind in der Mitte des Lagers die Mauerzüge der Principia deutlich zu erkennen. Die beiden nach O anschließenden Steinbauten sind als

*Abb. 221 Straubing. Bronzene Laterne aus dem Bereich des Kastells III (Mus. Straubing).*

Valetudinarium(?) und Praetorium zu deuten. W der Principia liegt ein Horreum. Das Steinkastell wurde, wie der umgebende Vicus, bei den Alamanneneinfällen in der 1. Hälfte des 3. Jh. zerstört.
Rund 1,5 km ö der Kastelle konnten im heutigen Stadtteil Hofstetten durch Luftbild und Grabungen 6 Übungslager nachgewiesen werden.
Die Existenz von 4 Kastellen, von denen von domitianischer Zeit an bis zu den Markomannenkriegen 2 in unmittelbarer Nachbarschaft gleichzeitig bestanden, zeigt die Bedeutung des Ortes an der ostraetischen Donaugrenze. Sie beruht auf der Überwachung der Kinsachsenke, die als alter Handelsweg den bequemsten Übergang vom Gäuboden nach Böhmen darstellt.
*Donauhafen:* Gleichzeitig mit der Anlage von Kastell IV entstand eine Hafenanlage in einem direkt an die Niederterrassenkante heranreichenden Seitenarm der Donau. Von ihr sind 1986 Kaianlagen und 2 Piers freigelegt worden. Im W-Teil des Hafens hatten die Römer anstehende Kalktuffbänke so zugerichtet, daß ein fester Kai entstand. Im O war der Kai aus Holz. Dazwischen lag eine sandige Bucht, wo die Möglichkeit gegeben war, Schiffe an Land zu ziehen. Am Ende des Holzkais konnten 2 senkrecht zum Ufer angelegte Piers festgestellt werden. Der O-Pier wies 2 Bauphasen (Holz/Stein) auf. Aufwendig gestaltete Hafenanlagen mit Kais und Piers dürfen als Kriegshäfen angesprochen werden. Nach Aussage der Dendrodaten war der Hafen von frühflavischer Zeit an bis in trajanisch/frühhadrianische Zeit in Betrieb.
*Vicus:* Die Kastelle waren von einem ausgedehnten Lagerdorf umgeben. Seine Hauptachsen waren die von den Kastellen nach S führenden Straßen. Entlang der von den Kastellen II/III ausgehenden Straße konnte eine dichte Bebauung mit Streifenhäusern festgestellt werden. Jüngste Grabungen führten zur Aufdeckung von diagonal bzw. O–W verlaufenden Straßenzügen. Im w Lagerdorf konnte nahe am Allachbach eine Thermenanlage ergraben werden. Durch Funde sind mehrere Handwerksbetriebe zu belegen. Töpferöfen und Fehlbrände weisen die Produktion von Terra Nigra, Raetischer Ware, Gebrauchsgeschirr sowie Firmalampen nach. Der Vicus wurde in den Markomannenkriegen schwer in Mitleidenschaft gezogen. Beim Wiederaufbau ersetzten mehrfach Steinbauten die ursprünglichen Holzhäuser.
Gräberfelder sind in mehr oder weniger großen Ausschnitten von allen Ausfallstraßen bekannt.

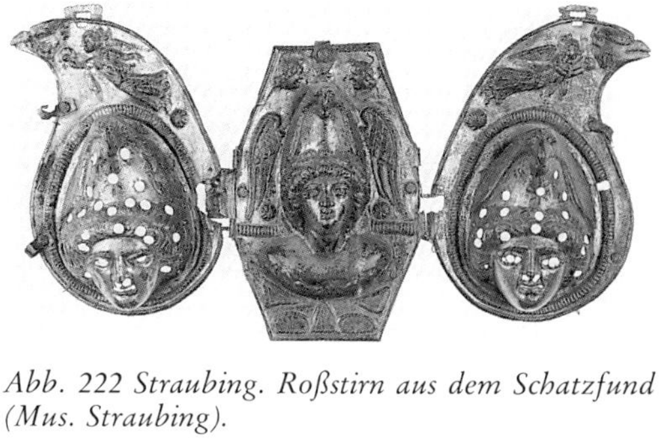

*Abb. 222 Straubing. Roßstirn aus dem Schatzfund (Mus. Straubing).*

*Abb. 223 Straubing. Keramikschale vom Typ Friedenhain-Přešť'óvice aus Grab 60, Azlburg I (Mus. Straubing).*

Der größte bekannte Friedhof lag im O und erstreckte sich über 750 m Länge. Die derzeit ergrabenen 200 Bestattungen, unter ihnen 2 Busta, datieren von der Mitte bis ans Ende des 2. Jh.
Römerschatz: Unter den zahlreichen Villae rusticae des Hinterlandes von Sorviodurum ist die am Alburger Hochweg gelegene am besten erforscht. 1925 – 1930 wurde das Hauptgebäude der Villa vor seiner Zerstörung in Skizzen festgehalten und eingemessen. Auf dem Gelände dieser Villa wurde im Oktober 1950 bei Bauarbeiten der Schatzfund von Straubing geborgen. Es ist der größte bislang bekannte Verwahrfund von Paraderüstungsteilen. Der Schatzfund wurde bei einem der Alamanneneinfälle in der 1. Hälfte des 3. Jh. auf dem Gelände der bei diesem Einfall ebenfalls zerstörten Villa vergraben.
*Spätantike:* Das spätrömische Kastell lag auf einem natürlichen Geländesporn w des Allachbachs (Kirchhügel St. Peter). Obwohl noch keine Mauerreste gefunden wurden, erlauben zahlreiche spätrömische Kleinfunde aus der Kirchengrabung 1974 eine Lokalisierung der Befestigung in diesem Bereich. Von den zugehörigen Friedhöfen sind 1877 geborgene Gräber in der heutigen Altstadt und 2 Gräberfelder beim Kloster Azlburg (Azlburg I und II) bekannt. Das Gräberfeld Azlburg I wurde 1981 fast vollständig freigelegt. Es umfaßte 109 Bestattungen in 107 Gräbern. Die Belegung setzte an der Wende 3./4. Jh. ein und reichte bis in die 1. Hälfte 5. Jh. Rund 35 % der Bestattungen waren beigabenführend. Unter den Beigaben ist eine starke germanische Komponente festzustellen. Azlburg II wurde 1984 entdeckt. Bislang konnten 46 Bestattungen in 44 Gräbern untersucht werden. Die Belegung setzt im 1. Drittel des 4. Jh. ein und reicht bis zum Ende des Jahrhunderts. Rund 60% der Gräber haben Beigaben, unter denen erneut eine deutliche germanische Komponente ins Auge fällt. Ob in den unterschiedlich angelegten und ausgestatteten Friedhöfen ethnisch gleiche oder verschiedene Besatzungen ihre Toten beisetzten, oder ob die Besatzungen einander ablösten ist beim derzeitigen Stand der Bearbeitung noch nicht zu sagen. Pr

*Lit.:* N. Walke, Das römische Donaukastell Straubing-Sorviodurum. Limesforschungen 3 (Berlin 1965); J. Prammer, Das römische Straubing. Ausgrabungen – Schatzfund – Gäubodenmuseum. Bayer. Museen 11 (München, Zürich 1989).

## Tacherting-Lohen
## Lkr. Traunstein, Obb.

### *Römische Villa*

Sw von Lohen wurden in der 1. Hälfte des 19. Jh. mehrere Gebäudeteile einer ausgedehnten römischen Villa aufgedeckt. Auf Veranlassung von König Ludwig I., der sich persönlich für die Grabungen interessierte, wurden mindestens zehn qualitätvolle Mosaiken geborgen, die der Pinakothek in München übergeben werden sollten. Die Mosaiken sind jedoch trotz intensiven Nachsuchens nicht mehr aufzufinden. Wegen fehlender Aufzeichnungen sind die genaue Lage und Ausdehnung der Villa unbekannt. Nach den vielen ausgezeichneten Mosaiken sowie Wandmalereien muß es sich aber um eine der größten und prachtvollsten römischen Villen im norischen Teil von Bayern gehandelt haben. Heute erinnert auf dem Weideland nur noch eine beschriftete Steinsäule südlich vom Niederl-Anwesen an die Ausgrabungen des letzten Jahrhunderts. Pi

*Lit.:* A. Meier, Der Chiemgau in römischer Zeit (1912) 76; K. Parlasca, Die römischen Mosaiken in Deutschland. RGF 23 (1959) 105 ff., 117, 127.

## Theilenhofen
## Lkr. Weißenburg-Gunzenhausen, Mfr.

*Mittelkaiserzeitliche Auxiliarkastelle, Vicus*
Abb. 224, 225

Das Kastell Theilenhofen liegt ca. 700 m nw des Dorfes auf einem Hochplateau. Von dort aus ist eine Strecke des Limes mit mindestens 9 – 10 Wachttürmen einsehbar, das Kastell liegt etwa 2,2 km Luftlinie vom Limes entfernt. Die Umwehrung und das Mittelgebäude sind durch die Grabungen der Reichslimeskommission (H. Eidam) 1892 – 1895 lokalisiert worden. Das Kastell mit 196 x 140 m Seitenlänge beherbergte zuletzt die *Cohors III Bracaraugustanorum*, die, nach entsprechenden Funden zu urteilen, auch Kavallerieeinheiten in ihren Reihen führte. Im Luftbild

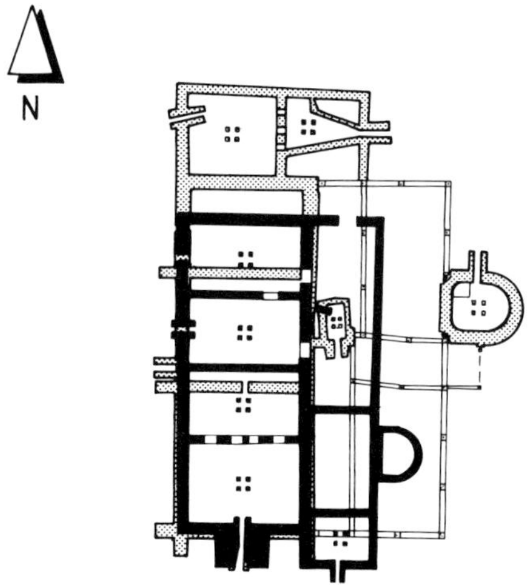


*Abb. 224 Theilenhofen. Das Kastellbad im Grundriß (nach G. Ulbert/Th. Fischer).*

*Abb. 225 Theilenhofen. Das Kastellbad während der Ausgrabung 1968 – 1970.*

zeichnet sich w des Kastells unter dem Vicus ein wohl älteres Holz-Erde-Lager ab, der Vicus selber ist bisher nur durch Lesefunde und Notbergungen erschlossen. So stammt z.B. aus einem Steinbau ein Depotfund, der u.a. einen Infanteriehelm und einen Reiterhelm enthielt. Das Kastellbad wurde 1968 – 1970 ausgegraben und ist vorbildlich restauriert. Fi

*Lit.:* H. Eidam, ORL Abt. B Bd. VII, Nr. 71a (1905); FMRD I 5, Nr. 5065; Garbsch, u. a., Der römische Limes in Bayern (München 1992) 42; Schönberger 1985, D 106, E 81.

## Tittmoning
## Lkr. Traunstein, Obb.

*Römische Villa*

Abb. 226, 227

Tittmoning birgt unter seinem Boden einen feudalen Landsitz, der durch 2 kleine Aufschlüsse im Stadtzentrum bekannt geworden ist. Über Ausdehnung, Wirtschaftsbasis und bauliche Konzeption kann wenig gesagt werden. Seine Bedeutung erhielt der Landsitz wahrscheinlich durch seine verkehrsgeographische Lage: Die durch Fundpunkte erschlossene Straße von Salzburg muß hier das sich schluchtartig verengende Tal verlassen und die Höhe erklimmen.

1911 und 1979 konnten in einem Kellerraum des Kanonikerhauses einige Räume des Wohnhauses aufgedeckt werden. Aus seiner Blütezeit, in der Steingebäude die hölzernen Vorgänger des 1. Jh. ablösten, stammt ein buntes Mosaik mit Ornamentkomposition sowie eine Wandmalerei mit reicher oberer Stuckleiste, die zu den schönsten und bedeutendsten dieser Art in Bayern gehören. 1974 wurde vor der Stadtpfarrkirche ein weiteres, vierfarbiges Mosaik ausgegraben, das vielleicht erst nach den massiven Zerstörungen des 3. Jh. über einer ausgebrochenen Hypokaustanlage ausgelegt wurde. Dieses Mosaik ist zusammen mit anderen römischen Funden aus Tittmoning

*Abb. 226 Tittmoning, Stadtpfarrkirche. Farbiges Fußbodenmosaik der Ausgrabungen von 1974.*

*Abb. 227 Tittmoning. Den Nymphen von C() L() H() geweihter Altar; H. 0,41 m.*

und seiner Umgebung in einem Raum des Burgmuseums zu besichtigen. Pi

*Lit.:* E. Keller, Die römische Vorgängersiedlung von Tittmoning, Lkr. Traunstein. Jahresber. Bayer. Bodendenkmalpfl. 21, 1980, 94 ff; ders., Tittmoning in römischer Zeit. Führer Arch. Denkmäler Bayern. Oberbayern 1 (Tittmoning 1984).

## Treuchtlingen
## Lkr. Weißenburg-Gunzenhausen, Mfr.

### *Villa rustica beim Weinbergshof*

Abb. 42, 82, 228–230

Am S-Hang des Nagelberges nö von Treuchtlingen liegt das restaurierte Hauptgebäude einer Villa rustica. Im Sommer 1982 und 1984 entdeckte man an der bekannten römischen Fundstelle beim Weinbergshof aus der Luft Grundrisse mehrerer Gebäude, darunter das Bad. Flurbereinigungsmaßnahmen waren 1984 Anlaß für die Ausgrabung und anschließende Restaurierung des Hauptgebäudes. 1993 wurde ein weiteres Nebengebäude angeschnitten.

Das ca. 34 x 24 m große Wohnhaus hatte eine Portikusfront mit Eckrisaliten, die talwärts nach S orientiert ist. In der knapp 21 m langen und 3,6 m breiten Säulenhalle, evtl. eine Kryptoportikus, fand man Fragmente von mindestens 4 Säulen aus Kalktuff sowie Reste der Wandmalerei an der Portikusrückwand. Über eine Rampe gelangte man von der Portikus in den höhergelegenen Hofbereich, der mit einem zweiphasigen Mörtelestrichboden belegt war.

Vor der nördlichen Hofmauer waren ein Abwassergräbchen und 5 Pfeilerfundamente aus Kalksteinquadern erhalten, die das Dach eines Laubengangs trugen. Die Wohn- und Wirtschaftsräume befanden sich in den möglicherweise zweigeschossigen Eckrisaliten und in den Flügeln beiderseits des Innenhofs. Ein langgestreckter Raum, wohl der Küchentrakt mit Keller, schloß mit Baufugen an die Hofmauer und den W-Risaliten an und ist vermutlich erst in einer späteren Bauphase angefügt worden. W davon, außerhalb des Gebäudes, waren noch Estrichreste erhalten. Im O-Flügel schlossen an den Risaliten 4 Räume

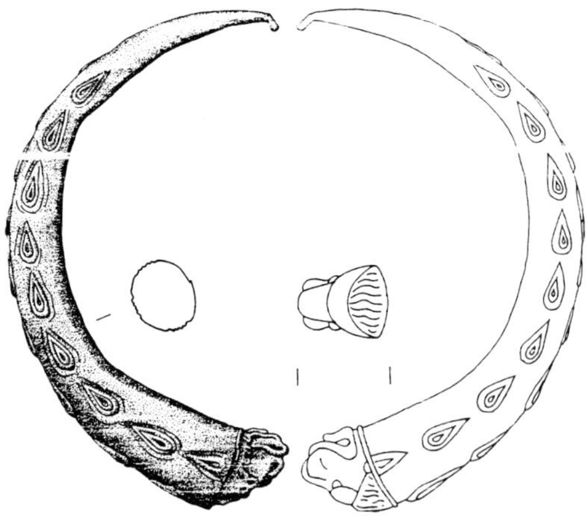

*Abb. 228 Treuchtlingen. Teilweise vergoldeter Torques aus Bronzeblech; L. noch 24,5 cm (Mus. Treuchtlingen).*

an, der kleinste durch eine Doppelmauer unterteilt. Funde von Tubuli unter dem jüngeren Estrichboden weisen auf eine Hypokaustanlage hin, die in einer Umbauphase beseitigt wurde. Etwa 5 m s des Gebäudes befestigte eine parallel verlaufende Trockenmauer die Hangterrasse.

Unter den zahlreichen Funden sind besonders das Hinterhaupt eines Paradehelms und die Hälfte eines teilweise vergoldeten *torques* aus Bronzeblech zu nennen. Diese Reifen wurden als militärische Auszeichnungen (*dona militaria*) an Soldaten verliehen. Die Funde zeigen, daß hier in der Zeit nach den Markomannenkriegen ein Veteran, wahrscheinlich der *ala I Hispanorum Auriana* in Weißenburg, ansässig war.

Einige Funde sprechen für eine Besiedlung des Platzes schon im 1. Viertel des 2. Jh., vielleicht mit einem nicht nachgewiesenen Holzgebäude. Das später erbaute repräsentative Wohngebäude wurde im 3. Jh. durch Feuer zerstört, möglicherweise bei einem germanischen Überfall im 2. Drittel des 3. Jh. Die Funde aus dem Gutshof sind im Heimatmuseum Treuchtlingen zu besichtigen. Hü

*Lit.:* W. Grabert/H. Koch, Militaria aus der villa rustica von Treuchtlingen-Weinbergshof. BVbl. 51, 1986, 325 ff.; H. Koch, Die Villa rustica von Treuchtlingen-Weinbergshof. Internat. Arch. 13 (Buch am Erlbach 1993).

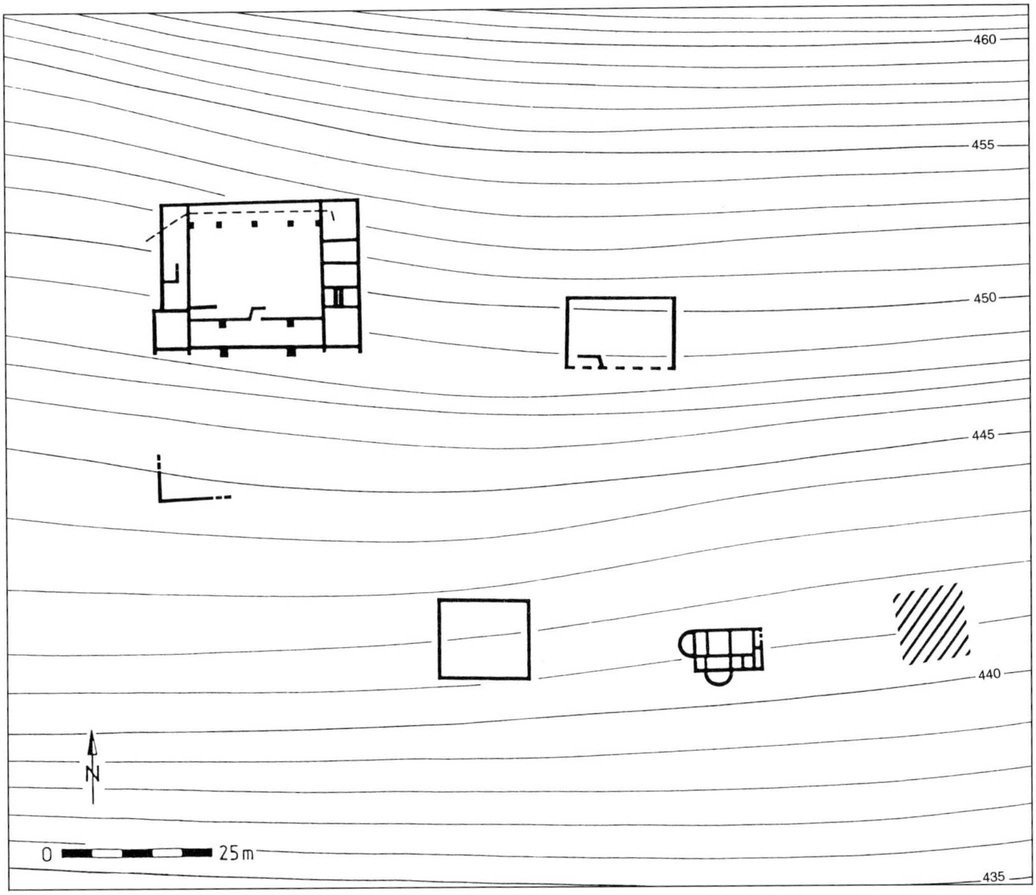


*Abb. 229 Treuchtlingen. Grundriß der Villa Weinbergshof.*

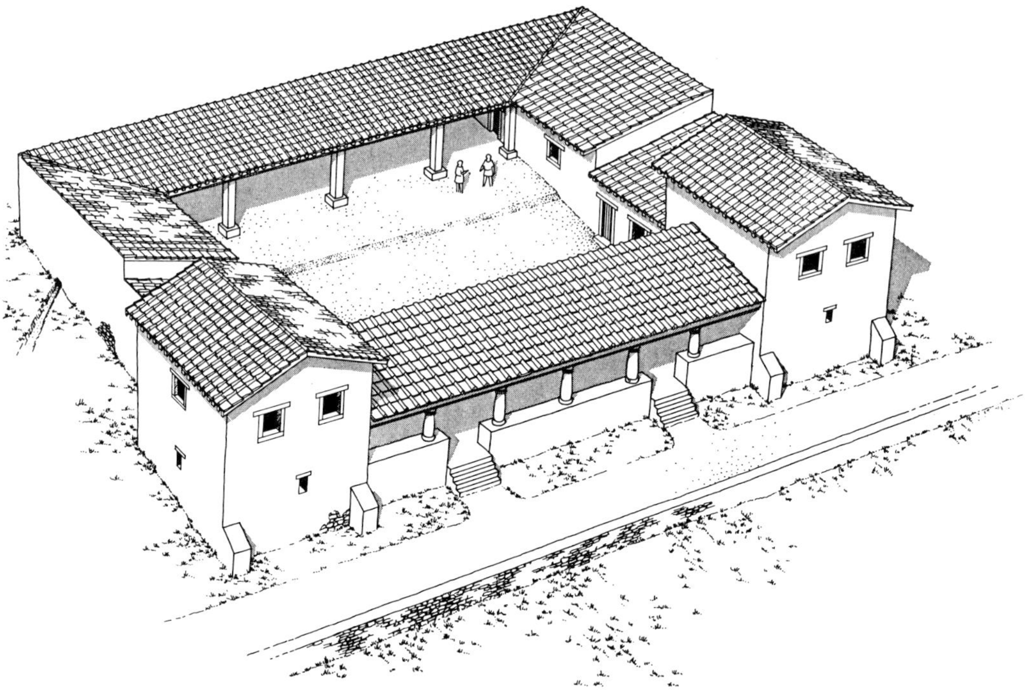

*Abb. 230 Treuchtlingen. Rekonstruktion des Wohnhauses.*

**Türkheim** → Goldberg

## Untersaal
## Gde. Saal a. d. Donau, Lkr. Kelheim, Ndb.

*Spätantiker Burgus*
Abb. 18, 231

Zwischen Eining und Regensburg an der Auffahrt der Fähre nach Herrnsaal hart am heutigen Donausüdufer liegt die spätrömische Befestigung von Untersaal. Der vermutlich quadratische Burgus im Mündungswinkel des Feckinger Bachs wurde 1961 – 1962 bei der Trassierung der B 16 untersucht, nachdem schon 1911 die S-Hälfte des Grundrisses freigelegt worden war.
Die Ecken des 17 m langen Burgus waren mit dreiviertelrund vorspringenden, 5 – 6 m großen Türmen bewehrt. Das stellenweise noch bis 2 m hoch erhaltene, z. T. aus Spolien (CIL III 5937 – 5939), hauptsächlich aber aus Jurakalk errichtete Mauerwerk trägt innen und außen Wandverputz. 22 m vor der W-Seite ist die Landzunge durch einen ursprünglich rund 3,5 m breiten Spitzgraben abgeriegelt.
Pfostenlöcher und Balkengräbchen in dem knapp 170 m$^2$ großen Innenraum stammen von einem Holzvorläufer oder eher von hölzernen Einbauten der Mannschaftsunterkünfte. Im Zentrum lag eine 1,7 m tiefe Zisterne.
In der Donau vor dem Burgus und im Bachmündungsbereich wurden Reihen von Eichenpfählen ausgebaggert; sie stammen vermutlich von einer Ufersicherung oder einer Schiffsanlegestelle, wenn nicht sogar vom Rampenkopf einer Schiffsbrücke. Cz

*Lit.:* J. Garbsch, Die Burgi von Meckatz und Untersaal und die valentinianische Grenzbefestigung zwischen Basel und Passau. BVbl. 32, 1967, 51–82.

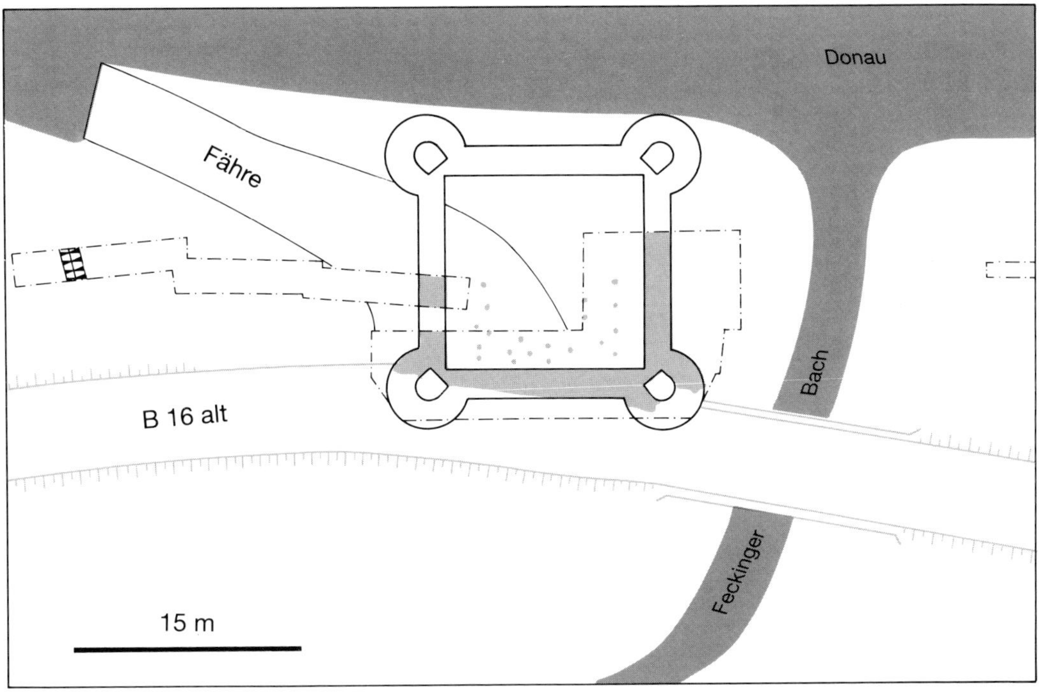


*Abb. 231 Untersaal. Grundriß des spätrömischen Uferkastells.*

## Unterschwaningen
## Lkr. Ansbach, Mfr.

*Mittelkaiserzeitliches Kastell, villa rustica*

Das Holz-Erde-Kastell von Unterschwaningen liegt auf einer Anhöhe zwischen zwei Bächen ca. 1 km s des Ortes. Der Abstand zum Limes beträgt ca. 4,2 km. Das einphasige Kastell wurde 1929 vom Streckenkommissar H. Eidam entdeckt und in Teilen ausgegraben. Seine Holz-Erde-Mauer mißt ca. 80 x 85 m, die zweitorige Umwehrung wird von einem Spitzgraben umgeben. Von den hölzernen Innenbauten kennt man die *principia*, andere Bauspuren sowie ein steinernes Bad könnten auch zu der zivilen Nutzungsphase, wahrscheinlich einer *villa rustica*, die nach dem Abzug der Truppe in der Anlage entstanden war, gehören. Das Kastell wurde um 90 erbaut und vor der Mitte des 2. Jh. wieder geräumt, als Besatzung kommt ein *numerus* oder ein abkommandiertes Detachement einer Auxiliartruppe in Frage, die Besatzung scheint von Unterschwaningen nach Dambach verlegt worden zu sein.

Fi

*Lit.:* H. Eidam, ORL Abt. A Bd. IV Strecke 13 (1930) 76–99; FMRD I 5, 5019; Ulbert/Fischer, 65–66; Schönberger 1985, D 104; Th. Fischer in: Garbsch u.a., Der römische Limes in Bayern (München 1992) 40–41.

## Valley
## Lkr. Miesbach, Obb.

*Spätrömische Höhensiedlung*

Das „Schloßberg" genannte Plateau ca. 100 m nö der Schloßkapelle hat eine Ausdehnung von rund 80 x 15/25 m und fällt nach allen Seiten steil ab. Die am leichtesten zugängliche S-Seite war durch

Wall-Grabensysteme geschützt, deren Alter nicht bestimmt ist. Der Platz war nach Ausweis von Funden und Gräbern in spätrömischer Zeit besiedelt, aber auch in anderen vor - und frühgeschichtlichen Perioden. Ke

*Lit.:* H.P.Uenze/J.Katzameyer, Vor- und Frühgeschichte in den Landkreisen Bad Tölz und Miesbach. Kat. Prähist. Staatsslg. 9, 1972, 137–149.

## Via Claudia Augusta
## Lkr. Ostallgäu, Augsburg, Donau-Ries, Schw.; Landsberg a. Lech, Obb.

*Römische Staatsstraße*

Abb. 59, 232–235

Die Via Claudia Augusta führte von der oberitalischen Handelsmetropole Altinum/Altino (gegenüber Venedig) über Verona und Tridentum/Trient durch die Berge, und stellte damit besonders im 1. und 4. Jh. die lebenswichtige Direktverbindung Raetiens mit dem Mutterland her. Sie folgte der Route, die Ti. Claudius Nero Drusus während des raetischen Eroberungsfeldzugs im Sommer 15 v. Chr. mit seinen Truppen begangen und damit die Alpen „geöffnet" hatte. Ein halbes Jahrhundert später, im Jahr 46, baute sein Sohn Claudius diese Strecke vom Po bis zur Donau *a flumine Pado at flumen Danuvium* aus und erhob sie in den Rang einer Staatsstraße – die einzige n der Alpen.

Sie führt durch die Val Sugana ins Etschtal an Meran vorbei über den Reschenpaß ins Inntal und von dort durch Umista/Imst und Tarentum/Tarrenz über den Fernpaß ins Lechtal.

Vom Kniepaß n Reutte kommend folgt die Trasse dem rechten Lechufer bis vor die Engstelle des Lechfalls, wo sie den Fluß überquert. Eine Nebenstrecke führt auf der linken Flußseite über eine vermutete Brückenstelle in Lechbrugg-Unterletzen oder Ehenbichl s Reutte um das Lech-Knie an der Vils-Mündung. Jedenfalls erscheint die Trasse im Füssener Ortsteil Bad Faulenbach auf einer schmalen Stufe hart am N-Ufer des Flusses; dort ist der Geländeeinschnitt im Fels gut erkennbar. Am Fuß des Füssener Schloßberges mit den Resten der spätantiken Station Foeti-

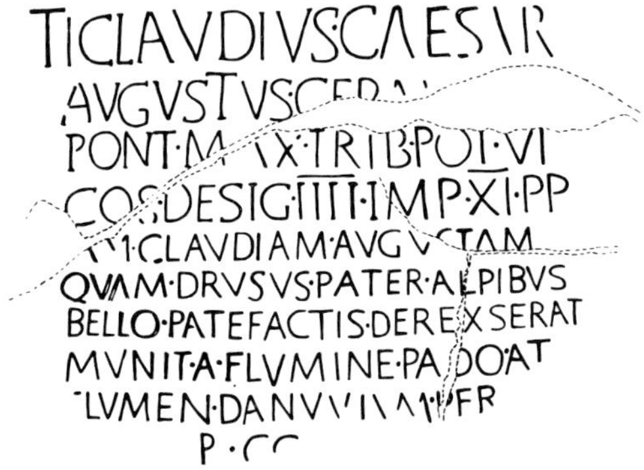

*Abb. 232 Meilenstein des Kaisers Claudius aus dem Jahr 46, gesetzt an der Via Claudia Augusta, die sein Vater Drusus bahnte, nachdem er die Alpen im Krieg geöffnet hatte; gefunden 1552 in Rabland bei Meran (Mus. Bozen).*

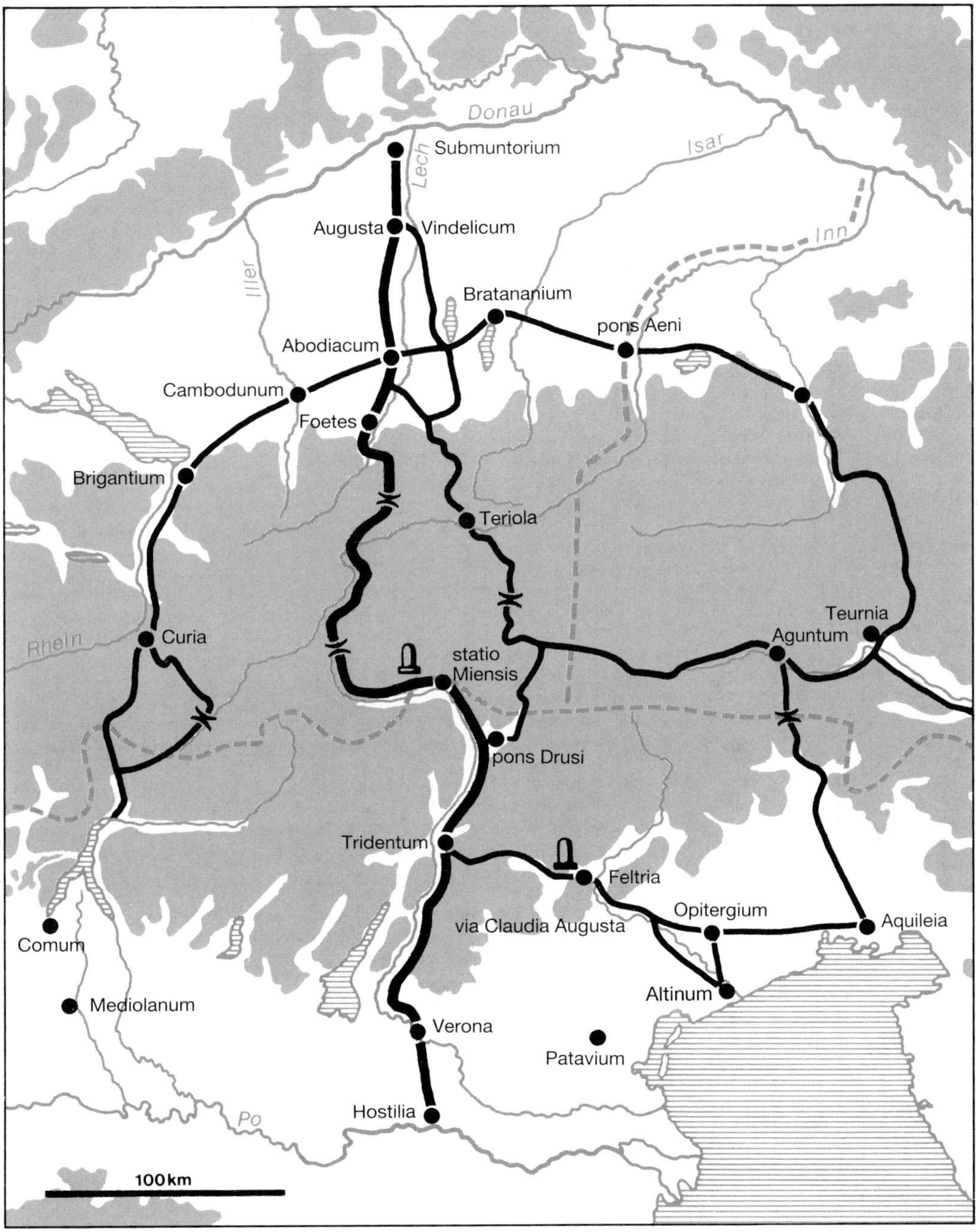


*Abb. 233 Via Claudia Augusta zwischen Altinum, Po und Donau.*

bus knickt sie nach N um und läuft unter der heutigen Augsburger Straße ins offene Land.
N von Füssen wird die Via Claudia erstmals als typische Römerstraße mit dem ausgeprägten Dammkörper, der seitlich von Materialgruben begleitet wird, faßbar. Sehr deutlich sind die Spuren im Bereich des Forggensees. Bei Ehrwang-Dietringen konnten 1953 mehrere Profilschnitte angelegt und der durchschnittlich 10 m breite Damm untersucht werden: Das gut 0,9 m starke Schotterpaket liegt auf der komprimierten, römerzeitlichen Humusdecke, und besteht aus wenigstens 4 nacheinander aufgebrachten Kiesschichten, auf deren Oberfläche (Fahrbahndecke) sogar Spurrillen von Wägen herauspräpariert werden konnten.
Der Straßenverlauf am N-Ausfluß des Sees ist in der Umgebung von Roßhaupten häufig durch jüngere Straßen und Hohlwege überprägt, z. B. nahe dem Tiefenthalgraben oder bei der Mangmühle, wo sich die Trasse in einige parallele Züge auffächert. Auf dem linken Lechufer n von Lechbruck ist sie wieder hervorragend als Damm erhalten. Sie durchzieht die Gem. Bernbeuren, vorbei am Auerberg, durch Burggen, Schongau, Altenstadt, Schwabniederhofen, Hohenfurch und Kinsau z. T. als Feldweg, z. T. vom Pflug zerstört bis nach Epfach, wo sie nahe dem Lechübergang die Fernstraße von Bregenz nach Salzburg kreuzt.
Der weitere Verlauf im Lkr. Landsberg a. Lech folgt dem W-Ufer bzw. der W-Kante der Mittelterrasse durch die Gem. Denklingen, Leeder, Asch, Ober- und Unterdießen, Seestall, Ellighofen, Erpfting und führt w an Landsberg vorbei nach N durch die Gem. Ober- und Unterigling, Hurlach und Obermeitingen. Hier wird sie streckenweise im Luftbild, ab Untermeitingen wieder als flacher Kiesdamm im Gelände faßbar, hin und wieder unter jüngeren Wirtschaftswegen, die den Verlauf der Römerstraße bewahrt haben.
In Untermeitingen macht sie einen Knick nach NNO und zieht in einem sehr gut erhaltenen, über 12 km geradlinigen Schotterdamm auf die Provinzhauptstadt zu, beiderseits gesäumt von einer Kette von Materialgruben, die im Luftbild deutlich hervortreten. Dieser Dammkörper wurde 1973 zweimal geschnitten; das Profil zeigt ein 60 cm starkes Kiespaket von 9,2 m Breite, überdeckt von einer metermächtigen Humusanwand. In der Gem. Graben brachte ein Grabungsschnitt 1962 wiederum das bekannte Bild: Auf dem alten, vorrömischen Humushorizont liegen in einer Breite von mindestens 5,4 m bis zu 50 cm starke Schotterschichten. Darüber befindet sich ein ebenso dicker Mantel aus Humus und Lesesteinen, der von einer Anwand herrührt. Ein ähnlicher, wiederum zweischichtiger Aufbau war dort schon 1928 beobachtet worden. Durch die Gem. Kleinaitingen und Oberottmarshausen hat der mittelalterliche „Viehtrieb", der einmal auf der Dammkrone, einmal seitlich neben der Trasse verläuft, die Römerstraße unterschiedlich stark überformt, aber doch in ihrem Charakter konserviert. In Königsbrunn neben der B 17 (alt), nur wenige Meter s des Neuhauses, wurde der sehr gut erhaltene Damm 1984 bei Straßenbauarbeiten

*Abb. 234 Straßendamm und Materialgruben der Via Claudia Augusta im trockengelegten Grund des Forggensees.*

*Abb. 235 Rieden. Straßenprofil durch den Damm der Via Claudia Augusta 1953, heute im Forggensee.*

geschnitten und ein 33 m langes Profil untersucht. Dort konnte die zusammengepreßte römische Oberfläche unter mehreren Kies-Straten festgestellt werden, diesmal begleitet von Straßengräbchen, von dem wenigstens das ö wohl zum römischen Straßenkörper gehört, während der homogen verfüllte, humose Graben im W stratigraphisch jünger sein dürfte und erst mit der nachrömischen Nutzungsphase zusammenhängt. Selbst im dicht bebauten Ortsbild von Königsbrunn sind an verschiedenen Stellen aus der Luft noch zerrissene Fahrdammreste und Grabenfetzen in Gärten, Hinterhöfen und auf freien Plätzen nachweisbar; dort sind 1993 und 1994 weitere Profile gewonnen worden.

Von Königsbrunn zieht die stellenweise erodierte Via Claudia n durch die lückenlos überbauten Stadtrandgebiete in die Provinzhauptstadt. In Augsburg wird sie im Verlauf der mittelalterlichen Prozessionsstraße zwischen dem Kloster St. Ulrich und Afra (mit dem spätantiken Friedhof) und dem Domhügel neben der heutigen Maximilianstraße vermutet, wobei man das S-Tor der Stadtmauer etwa im Bereich des Hohen Weges, Ecke Obstmarkt/Schmiedberg sucht. In der Römerstadt dürfte die „Hauptstraße" als mächtige, im Laufe der Zeit meterstark angewachsene Fahrstraße ausgebaut gewesen sein; ob sie stellenweise sogar einen Steinplattenbelag trug, weiß man nicht. Immerhin sind abgefahrene, z. T. mit Spurrillen versehene Platten aus einem Sammelfund von über 40 Spolien bekannt. Die Via Claudia knickt im Zentrum der Römerstadt (Frauentorstraße) nach NW ab, und verläßt den Hochterrassensporn im Zug des Pfannenstiels, wo der Flankenabstieg durch die Erosion der Wertach zerstört ist.

In der Ebene des Lechtales, in dem die Via Claudia nun wieder geradlinig auf dem linken Flußufer nach N führt, wird sie in Gersthofen im Zug der Römer- und Kapellenstraße nachweisbar, außerhalb der Stadt als Feldweg auf erhöhtem Schotterdamm. Im Ortsbereich von Stettenhofen und Langweid a. Lech hat der über die Ufer tre-

tende Lech die Trasse bis Herbertshofen erodiert und restlos abgerissen. In ihrem weiteren, schnurgeraden Verlauf durch Meitingen und Westendorf hat die B 2 heute alle Spuren überdeckt. Dafür wird sie als gut erhaltener und von Materialgruben gesäumter Damm wieder n von Nordendorf und Allmannshofen feststellbar, wo im Luftbild auch wieder Straßengräben den überackerten Damm begleiten.
Auf der Gem. Druisheim und den letzten Meilen vor der Donau erscheint ein besonders eindrucksvoller, durch dichtes Gebüsch bewachsener Damm von gut einem halben Meter Höhe mit verschliffenen Materialgruben. Dort, wo sie den natürlichen Schutz des Waldes verläßt, wird sie vom Pflug überackert und verebnet, und ist auf freiem Feld nur noch als heller Streifen im Luftbild auszumachen. Endpunkt der Via Claudia Augusta war– jedenfalls in der frühen Kaiserzeit – das Kastell Submuntorium/Burghöfe bei Mertingen im Lkr. Donau-Ries. Eine Abzweigung führte in einer kurzen Serpentine auf die Hochterrasse, auf deren weit nach O vorspringenden Sporn die claudisch/flavischen Kastellanlagen, das Lagerdorf wie auch das spätrömische Kastell liegen.
Am Rand der Gemarkung von Nordheim stößt die Via Claudia in stumpfem Winkel an die Niederungskante der Schmutter, und überquert eine heute nach S ausgreifende Donauschlinge in Höhe des Schellenberges am ö Ortsrand von Donauwörth. Die Brücke über den an dieser Stelle kaum 50 m breiten Fluß wird möglicherweise durch einen eisenbeschuhten Holzpfeiler angezeigt, der am N-Ufer gefunden wurde, aber leider dendrochronologisch nicht datierbar war. Der Übergang zielt auf eine „Brückenkopf"-Siedlung am gegenüberliegenden Ufer, die, wie ein kleiner Münzschatzfund aus der Schwemmerstraße (Schlußmünze von 259/268) lehrt, nach dem Limesfall noch begangen war, wenn sich dahinter nicht ein vorgeschobener Brückenkopfburgus verbirgt.
Die kaiserliche claudische Straße war so gut gebaut, daß auf ihr noch Jahrhunderte hindurch bis ins hohe Mittelalter und die frühe Neuzeit Kaiser und Heere, Pilger und Händler nach dem S zogen, und das Verständnis für die antike Kultur nach dem N brachten. Cz

*Lit.:* W. Czysz, Römische Staatsstraße via Claudia Augusta. Der nördliche Streckenabschnitt zwischen Alpenfuß und Donau. La Venetia nell'area Padano-Danubiana. Le vie di comunicazione (Padua 1990) 253–283.

## Wehringen
## Lkr. Augsburg, Schw.

### *Villa und Bestattungsplatz*

Abb. 76, 236–238

Bei Kiesabbau am O-Rand des Wertachtals 1 km nö Wehringen wurden 1961 Gebäudereste einer Villa und 150 m nö der Begräbnisplatz einer wohlhabenden Familie an der Römerstraße Kempten–Augsburg entdeckt (Gräber 1-29). Die Grabungen sind 1962 fortgesetzt (Gräber 30-66) und Teile der Siedlung (bis 1967) freigelegt worden.
Zwei Ausschnitte des mittelkaiserzeitlichen Begräbnisplatzes erbrachten eine Zeile von 4 Grabbauten sowie 58 Brand- und 12 Körperbestattungen (7 Erwachsene, 5 Kinder), eine davon in einem Kalkstein-Sarkophag (Grab 26), eine andere eingefaßt mit Teilen eines zerschlagenen Meilensteins. Die ältesten Gräber stammen aus der Zeit um 100; die Hauptbelegung gehört jedoch der 1. Hälfte des 3. Jh. an. Die Grabbauten waren im 4. Jh. bereits demontiert.
Sie liegen rund 40 m zurückgezogen hinter der Straße: 3 polygonale, ursprünglich mit halbrunden Walzendeckeln abgedeckte Ringmauern, die die Grabhügel über der Brandbestattung einfassen; am N-Ende lag ein quadratischer Grabgarten. Alle haben an der straßenseitigen Front jeweils Architekturfundamente für Grabpfeiler oder Altäre; der rosettenverzierte Werkstein eines zylindrischen Monuments stammt aus der Wehringer Pfarrkirche St. Georg.
6 Brandgräber aus der Zeit um 100 enthielten Teile von Waffenausrüstungen (Ringknaufschwert, Dolch, Lanze, Schildbuckel). Herausragend ist das Grab einer in der Zeit um 200 gestorbenen reichen Frau (Grab 3) unter einem runden Erdhügel von 15 m Durchmesser. Ihre in chinesische Seide eingeschlagene Asche war in einer

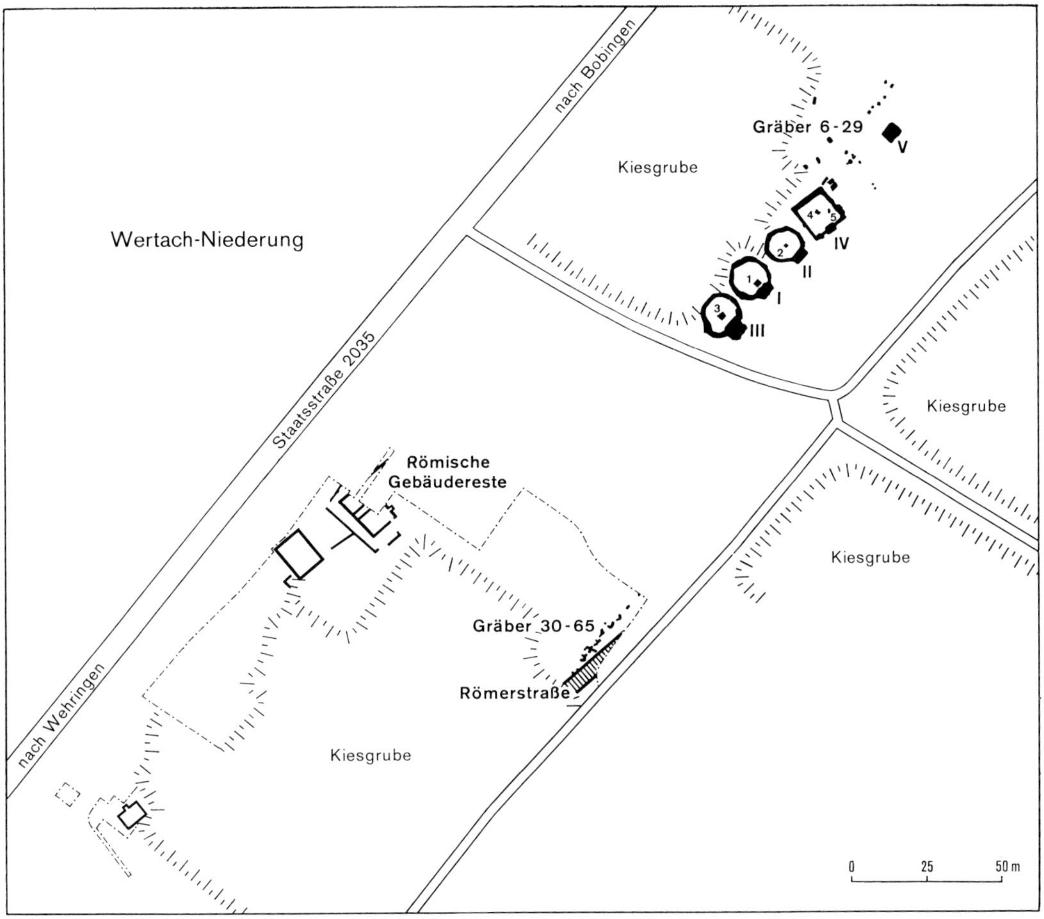


*Abb. 236 Wehringen. Friedhof einer Villa an der Römerstraße Kempten–Augsburg über dem Wertachtal.*

Glasurne mit Bleideckel in einem Ossuarium (1,22 m großer, sekundär verwendeter Architekturblock) beigesetzt. Dabei fanden sich Teile des Mobiliars (Beschläge einer Sänfte(?) und bronzene Klapptischgestelle, Tintenfaß), der Toilettenausstattung (Bronzestrigiles und -balsamarien) sowie ein umfangreiches Geschirrensemble aus 2 Dutzend Bronzegefäßen (Becken, Kannen, Griffschalen, Krügen, 2 Kelle-/Siebgarnituren und konischen Kannen) und über 50 Glas- und Keramikgefäße für Küche und Tisch.
Bemerkenswert ist ferner ein Grab mit eisernem Klappstuhl, der auf die Bestattung eines Munizipalbeamten deutet, sowie das Arztgrab 7 (Körpergrab in Holzsarg) aus der Zeit nach 238/239 mit Arzneikästchen für Medizin sowie einem einzigartigen chirurgischen Besteck in einem goldbeprägten Lederetui. Cz

*Lit.:* N. Walke, Römisches Gräberfeld in Wehringen, Ldkr. Schwabmünchen, Schwaben. Germania 41, 1963, 122-123 mit Beil. 6; ders., Eine römische Fußlampe aus Wehringen, Landkreis Schwabmünchen. Aus Bayerns Frühzeit (Festschr. F. Wagner). Schriftenr. z. Bayer. Landesgesch. 62 (München 1962) 214–218; H.-J.

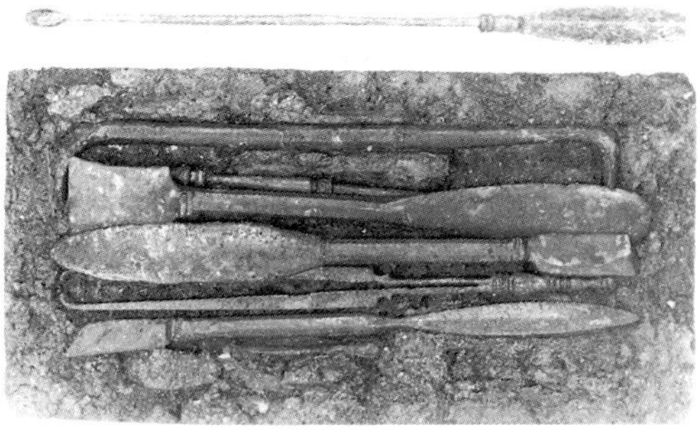

*Abb. 237 Wehringen. In einem goldgeprägten Lederfutteral deponiertes chirurgisches Besteck mit Pinzette, Wundhaken, Knochenheber und drei verschiedenen Skalpellen aus dem Arztgrab 7 (Prähist. Staatsslg. München).*

*Abb. 238 Wehringen. Kalksteinsarkophag von Grab 26, der in einer 2,9 x 4,0 m großen Grube eingelassen war.*

Kellner, Zu den römischen Ringknaufschwertern und Dosenortbändern in Bayern. Jahrb. RGZM 13, 1966, 190–201, bes. 196–200; H. U. Nuber/A. Radnóti, Römische Brand- und Körpergräber aus Wehringen, Ldkr. Schwabmünchen. Jahresber. d. Bayer. Bodendenkmalpfl. 10, 1969, 27–49; A. Radnóti, BVbl. 37, 1972, 40 (Meilenstein); H. U. Nuber, RiS 52–53, 209–210 u. 190–191, Rekonstruktion ebd. Abb. 157; R. Merkelbach, ZPE 61, 1985, 297–299.

**Weiltingen** → Ruffenhofen

## Weißenburg i. Bay.
## Lkr. Weißenburg-Gunzenhausen, Mfr.

### *Kastell und Vicus*

Abb. 11, 23, 51, 90, 91, 239–241; Taf. 10, 19–20

Weißenburg war neben Aalen der bedeutendste Garnisonsort am westraetischen Limes, was auch in den Denkmälern und Hinterlassenschaften zum Ausdruck kommt. Am W-Rand der Stadt lag auf einer leichten Bodenwelle über dem Tal der Schwäbischen Rezat ein 3,1 ha großes Kastell, das 1890 – 1905 vom Weißenburger Altertumsverein ergraben wurde. Die Anlage war unter Domitian als Holz-Erde-Kastell errichtet und dann gegen Mitte des 2. Jh. in Stein ausgebaut worden. Ein 1892 an der *via principalis dextra* ausgegrabener Münzschatz mit Schlußmünzen der Zeit 251/253 zeigt an, daß das Kastell danach zerstört wurde. Es ist ziemlich sicher, daß während der ganzen Zeit mit nur einer kurzen Unterbrechung die *ala I Hispanorum Auriana* hier garnisonierte. Als Namen nennt die Peutingersche Tafel Biricianis (Biriciana). Die bisherige Kennzeichnung von Umwehrung und Mittelbauten durch Steinplatten über den erhaltenen Fundamenten wurde 1990 durch die Rekonstruktion des N-Tors ergänzt.
Ein nur 1,6 km ö durch Luftaufnahmen in der Flur „Breitung" über dem Rohrbach entdecktes Holz-Erdekastell von 3,05 ha konnte 1979 – 1985 vollständig ausgegraben werden. Die fundarme Anlage wies nur eine Bauphase auf und hatte lediglich etliche Jahre in trajanisch/hadrianischer Zeit bestanden. Als Besatzung kommt möglicherweise die *cohors IX Batavorum equitata milliaria exploratorum* in Frage, die mit einem Weihestein für Weißenburg bezeugt ist.
Im W, S und O des Steinkastells entwickelte sich eine ausgedehnte Zivilsiedlung, die jedoch im Nachkriegswachstum der Stadt großenteils unbeobachtet überbaut wurde. Trotzdem konnte noch festgestellt werden, daß sie aus Streifenhäusern bestanden hat, einen beachtlichen Kern an Steinbauten hatte und sich auf eine Fläche von über 30 ha erstreckte. Deshalb wurde schon er-

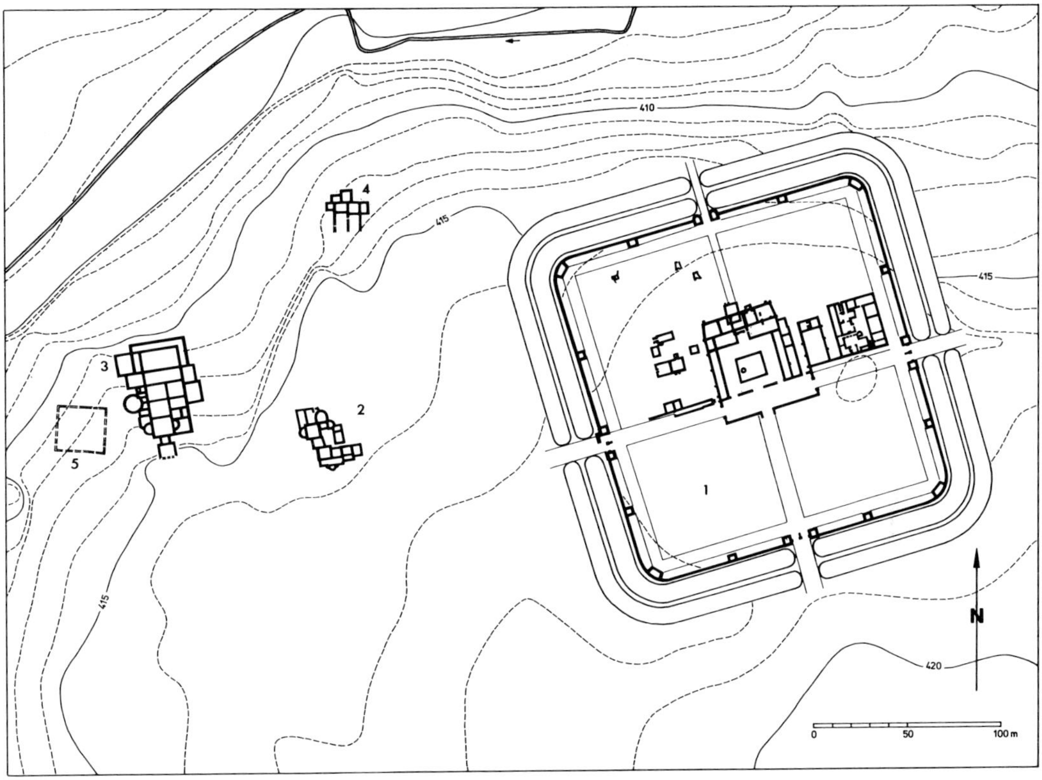


*Abb. 239 Weißenburg. Das Steinkastell (1) mit den Thermen (2-4) und der Mansio (5). Nach L. Wamser.*

wogen, ob diese Siedlung nicht ein regionales Verwaltungszentrum dargestellt haben könnte. Gestützt wurden solche Gedanken durch die Entdeckung einer großen Badeanlage 1977 bei Bauarbeiten 220 m w des Steinkastelle. Die Thermen waren wohl schon Ende des 1. Jh. begründet worden und hatten um die Mitte des 2. Jh., vermutlich zeitgleich mit dem Steinausbau des Lagers, eine wesentliche Erweiterung erfahren. Nach einer Zerstörung wurden sie um 180 in der ungewöhnlichen Größe von 65 x 42,5 m wieder errichtet. Nach einer weiteren Zerstörung in den 30er Jahren des 3. Jh. wurden nur noch einzelne Räume behelfsmäßig für andere Zwecke genutzt. Die vollständig ausgegrabenen Thermen wurden bis 1985 restauriert und sind nun unter einem Schutzbau als Thermenmuseum zugänglich.

Etwa 2,7 km s des Steinkastells w der Straße nach Treuchtlingen wurde 1985/1986 eine durch Luftaufnahmen entdeckte Villa rustica ausgegraben. Es handelt sich um ein einfaches Wohnhaus von 26 m Länge mit 6 Räumen und einen anschließenden ummauerten Innenhof von 240 m$^2$.

Der 1979 ca. 70 m s der Therme bei Gartenarbeiten entdeckte große Schatzfund wurde vom Freistaat Bayern erworben und führte zur Gründung des Römermuseums als einem Zweigmuseum der Prähistorischen Staatssammlung in dem klassizistischen Gebäude Dr. Martin-Luther-Platz 3.

Ke

*Lit.:* E. Fabricius, Kastell Weißenburg i. Bay. ORL B 72 (1906); C.-M. Hüssen, Landkreis Weißenburg-Gunzenhausen. In: Führer zu arch. Denkmälern in Deutschland 15, 1987, 207–224; E.Grönke/E.Weinlich, Die Nordfront des römischen Kastells Biriciana-Weißenburg. Kat. Prähist. Staatsslg. 25, 1991; H. Koschik/Zs. Visy,

*Abb. 240 Weißenburg. Badebecken des Kastellbades (2).*

Die Großen Thermen von Weißenburg i. Bay. Prähist Staatsslg., Große Ausstellungsführer 5 (München 1992); H.-J. Kellner/G. Zahlhaas, Der Römische Tempelschatz von Weißenburg i. Bay. (Mainz 1993), darin C.-M. Hüssen, Das römische Weißenburg und sein Umland 12–21.

## Weltenburg
## Stadt Kelheim, Ndb.

### *Frühkaiserzeitliche Kleinkastelle, spätrömische Höhensiedlung*

*Frühkaiserzeitliches Kleinkastell Frauenberg.* Auf dem Frauenberg, einem markanten Jurasporn über dem Donaudurchbruch bei Weltenburg, belegen zahlreiche Lesefunde (Münzen, Keramik, Glas, Militaria) einen claudischen Militärposten, zu dem bisher keine Befunde vorliegen. Das Fundmaterial streut innerhalb des Are-

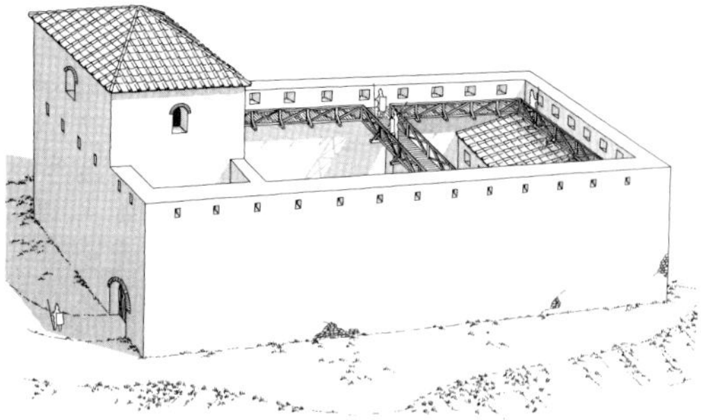

*Abb. 241 Rekonstruktion des spätrömischen Kastells Weltenburg. Westansicht.*

als der vor- und frühgeschichtlichen Höhensiedlung, die vom inneren Wall, dem sog. Wolfgangswall, begrenzt wird.
*Spätrömische Höhensiedlung.* Spätrömische Lesefunde auf dem Weltenburger Frauenberg führten 1978/80 zu Grabungen durch K. Spindler, die spätrömische Steingebäude aufdeckten. Dieses wird als Kleinkastell interpretiert, wobei allerdings der für diesen Bautyp obligatorische Wehrgraben fehlt. Datiert man mit Spindler die sö davon gelegene steinerne Toranlage am W-Ende des Wolfgangswalls und eine vormittelalterliche Phase dieses Walls selber ebenfalls in spätrömische Zeit, so muß man diesen Bau eher als Speicher im Inneren einer spätantiken Abschnittsbefestigung sehen. Das Fundmaterial im Bereich des Gebäudes hat stark germanischen Einschlag und reicht bis weit in das 5. Jh. hinein.
*Frühkaiserzeitliches Kleinkastell Weltenburg-Galget.* Auf der s Höhe über dem O–W verlaufenden Taleinschnitt, der den Frauenberg vom übrigen Juramassiv abtrennt, fand sich bei der Erschließung eines Neubaugebiets in der Flur „Am Galget“ 1989 ein frühkaiserzeitliches Kleinkastell, das von der Kreisarchäologie Kelheim ergraben wurde. Es hat eine Innenfläche von ca. 50 x 50 m (0,2 ha), die Befestigung besteht aus einer Rasensodenmauer mit hinterer Holzverschalung, einem Tor mit Torturm, Ecktürmen sowie aus drei Gräben. Nach dem spärlichen Fundmaterial datiert die Anlage in die claudisch/frühflavische Zeit. Der Zweck der Anlage wird die Kontrolle der Donautalstraße, die hier durch den obenerwähnten Taleinschnitt führte, gewesen sein. Fi

*Lit.:* K. Spindler (Hrsg.), Die Archäologie des Frauenberges von den Anfängen bis zur Gründung des Klosters Weltenburg (1981); M. Rind, AJB 1979, 118–120; ders., Ein neuentdecktes frührömisches Kleinkastell in Weltenburg, Lkr. Kelheim, Ndb., Ausgrabungen und Funde in Altbayern 1989–1991, Kat. Gäubodenmus. Straubing 18 (1991) 77–78; ders., Ein neu entdecktes Kleinkastell im Bebauungsgebiet Weltenburg „Am Galget“. In: M. Rind (Hrsg.) 80 000 Jahre Müll (1991) 54–62.; Th. Fischer, Das Reihengräberfeld von Staubing. Kat. Prähist. Staatsslg. 26 (1993).

## Westerndorf St. Peter
## Stadt Rosenheim, Obb.

*Vicus mit Sigillata-Manufaktur*
Abb. 242

In der Ortsmitte war schon zu Beginn des 19. Jh. eine Töpferei für Terra sigillata mit Brennöfen und Abfallgruben festgestellt worden. Von den damaligen Funden ist ebenso wie von denen späterer Zeiten fast nichts erhalten. Die Erforschung dieser Produktionsstätte wurde erst in den 50er Jahren wieder aufgenommen; durch die Überbauung waren großflächige Ausgrabungen nicht möglich. Notbergungen und kleinere Grabungen erbrachten jedoch wieder Brennöfen und so reiches Fundmaterial, daß sich heute die unter Einfluß von Rheinzabern arbeitenden 3 Werkgruppen von Comitialis, Helenius und Onnio(rix) für reliefierte und glatte Sigillata gut definieren lassen. Die Produktion hat in den letzten Jahrzehnten des 2. Jh. begonnen und bis in das 2. Drittel des 3. Jh. gereicht. Das Absatzgebiet war hauptsächlich der norisch-pannonische Donaulimes mit seinen Kastellen. Bis heute unbekannt sind die Wohnsiedlung und die Friedhöfe. Ke

*Lit.:* H.-J. Kellner, Zur Sigillata-Töpferei von Westerndorf I. BVbl. 26, 1961, 165-203; ders., Die Bildstempel von Westerndorf. Comitialis und Jassus. BVbl. 46, 1981, 121–189; D.Gabler/ H.-J. Kellner, Die Bildstempel von Westerndorf II. Helenius und Onniorix. BVbl. 58, 1993, 185–270.

*Abb. 242 Westerndorf. Sigillataschale Drag. 37 des Lomitialis (Prähist. Staatsslg. München).*

## Westheim
## Stadt Neusäß, Lkr. Augsburg, Schw.

*Kaiserliche Ziegelei und Töpferei*
Abb. 37, 243; Taf. 12

Am s Ortsrand des Westheimer Stadtteiles Kobel wurden 1852 unmittelbar sö der Kobelkirche beim Bau der Eisenbahnlinie Augsburg–Ulm Brennöfen einer Ziegelei zerstört. Die epigraphischen Zeugnisse (Kontrollstempel auf Ziegeln) beweisen, daß es sich um einen Gewerbebetrieb handelt, der als *patrimonium* oder *res privata* zum Krongut des römischen Kaisers gehörte. Der Stempeltyp *F(iglinae) C(aesaris) N(ostri)* zeigt den Besitzstand ebenso wie die zweite Marke *CO(n)S(ularis)*, die vermutlich das *officium*, die Kanzlei des Statthalters in Augsburg bezeichnet. Auf dem Kobel konnten insgesamt 5 Brennöfen lokalisiert werden. Hier wurde spätestens seit flavischer Zeit Baukeramik aller üblichen Formen und Formate gebrannt: Mauer-, Fußboden- und Wandziegel in allen gängigen Größen und Varianten, Dachziegel (*tegulae* und *imbrices*) sowie Spezialziegel (*tubuli*) für die Unterfußbodenheizung; dem Bedarf entsprechend sind hin und wieder auch Sonderformen (z. B. Hakenziegel) angefertigt worden.

*Abb. 243 Westheim. Keramikmodel (Matrize) einer fünfflammigen Öllampe aus der kaiserlichen Ziegelei; B. erh. 18,7 cm (Röm. Mus. Augsburg).*

Aus den alten Sondagen von 1852 stammt ein reichhaltiges Ensemble von Töpferwerkzeug, das aus einem umfangreichen Satz von Modellen (Patrizen, Vollformen) und Modeln (Hohlformen, Matrizen) aus Ton besteht: Eigentümlich für die Westheimer Produktion sind handtellergroße Tonmedaillons mit religiösen Bildmotiven aus dem ägyptischen Isis- und Serapis-Kult, Backformen in verschiedener Gestalt und Größe sowie Öllampen, von der einfachen Firmalampe bis zum mehrflammigen Leuchter.

Darüber hinaus haben die Westheimer Ziegler auch versucht, durch mechanische Reproduktion Hohlgeschirr nachzubilden, indem sie vorhandene Metallgefäße (Kasserollen, Teller und Tabletts) mit Hilfe zweischaliger Model abformten. Es handelt sich um Kopien von wertvollem Tafelgeschirr; einige Formen verraten sogar Edelmetall-, d. h. Silbervorlagen, die schon in der Antike einen außerordentlich hohen Wert hatten.

Die Verwendung der Tonmedaillons, Backformen und Öllampen dürfte unmittelbar auf Bestellungen der Statthalterei in Augsburg zurückgehen: Nach mediterranem Brauch wurden die Untertanen zum Dank für loyale Opfer und Gebete vom Kaiser oder seinem Vertreter in der Provinz zum Neujahrsfest mit Honigwein und Backwerk (*crustulum et mulsum*) beschenkt. Cz

*Lit.:* W. Czysz, Modeltöpfer in der römischen Ziegelei von Westheim bei Augsburg. J. Bellot/W. Czysz/G. Krahe (Hrsg.), Forsch. zur Provinzialrömischen Archäologie in Schwaben. Schwäb. Geschichtsqu. u. Forsch. 14 (Augsburg 1985) 147–195.

**Westheim** → Hüssingen

# Anmerkungen

## Die Kelten im Alpenvorland

1 B. Kremer, Das Bild der Kelten bis in augusteische Zeit (Stuttgart 1994).

2 Zu den Ergebnissen der Ausgrabungen im Oppidum von Manching: Die Ausgrabungen in Manching I (1970)–XV (1992).

## Okkupation und Frühzeit

1 G. Ulbert, BVbl. 36, 1971, 101–123; H. Graßl in: Historische Geographie 4 (1994) 517 – 524.

2 E. Gabba in: M. Vacchina (Hrsg.), La Valle d'Aosta e l'arco alpino nella politica del mondo antico. (Aosta 1988) bes. 54 f.

3 P. Gleirscher, Die Räter (Chur 1991); L. Pauli in: Die Räter–I Reti (Bozen 1991) 725–756. Hellebardenäxte: P. Gleirscher, BVbl. 58, 1993, bes. 83–86.

4 R. Frei-Stolba in: Das Räterproblem in geschichtlicher, sprachlicher und archäologischer Sicht (Chur 1984) 6–21 und in: Die Räter – I Reti (Bozen 1991) 657–671.

5 Verg. georg. 2, 95 f. m. Scholien; Plin. nat. 14, 16; 25–27; 40 f.; 67; Suet. Aug. 77; Colum. 3, 2, 27; Mart. 14, 100, 2).

6 R. Wolters, Römische Eroberung und Herrschaftsorganisation in Gallien und Germanien (Bochum 1990) 77 f.

7 K. Kraft, Gesammelte Aufsätze zur antiken Geschichte und Militärgeschichte (Darmstadt 1973) 181–208, bes. 190, 192.

8 R. Wiegels, Rom und Germanien in augusteischer und frühtiberischer Zeit (Bramsche 1993) 231–265, bes. 252 f.; vgl. D. Timpe, Ber. RGK 72, 1991, 312 f. Ferner G. A. Lehmann, Boreas 12, 1989, 207–230; H. Callies in: J. Bleicken (Hrsg.) Colloquium aus Anlaß des 80. Geburtstages von A. Heuß (Kallmünz 1993) 135–141; R. Wiegels/W. Woesler (Hrsg.), Arminius und die Varusschlacht (Paderborn 1995).

9 Zur Karte Agrippas Timpe, RGA² VII (1989) 356 f.

10 J. Šašel, Opera selecta (Ljubljana 1992) 288–297; aber H.-J. Kellner, BVbl. 39, 1974, 92–104.

11 R. Lunz, Venosten und Räter (Calliano 1981).

12 Gabba, (wie Anm. 2) 53.

13 R. R. R. Smith, Journal Rom. Stud. 78, 1988, 55, 58, 71 f.

14 H. Lieb, Schriften des Vereins für Geschichte des Bodensees 87, 1969, 147.

15 G. Dobesch in: Studien zu den Militärgrenzen Roms 3 (Stuttgart 1986) 308–315.

16 A. J. Woodman, Velleius Paterculus. The Tiberian Narrative (2.94–131) (Cambridge 1977) 102 mit den nötigen Parallelen.

17 K. Christ, Römische Geschichte und Wissenschaftsgeschichte. I (Darmstadt 1982) 183–239, 240–252.

18 Zwei pro legato fungierende Ritter (PME B 13 add. S. 1472; Incertus 88; vgl. noch I 148 add. S. 1621 f.) hat man schon lange mit dem Alpenfeldzug verbunden; vgl. A. Balland, Inscriptions d'époque impériale du Létôon (Paris 1981) 91 Anm. 114.

19 Literatur zur Via (Claudia) Augusta, Kapitel „Das zivile Leben" Anm. 78.

20 A. Donati in: H.E. Herzig/R. Frei-Stolba (Hrsg.), Labor omnibus unus. G. Walser zum 70. Geburtstag (Stuttgart 1989) 21–24.

21 Vgl. aber zum 'amtlichen' Geburtstag des älteren Drusus W. Suerbaum, Chiron 10, 1980, 327–355, bes. 346–350.

22 P. Gleirscher, Ber. RGK 68, 1987, 265 m. Anm. 527.

23 P. Gleirscher, Geschichte und Region Bozen 1, 1992, H. 1, 153 f.

24 Zur Brennerstraße bei L. Veneziano, Rend. Istituto Lambardo (Lett.) 124, 1990, bes. 46 f. Anm. 3; P.W. Haider, Tiroler Heimat 54, 1990, 13 f.

25 Gleirscher, Ber. RGK 68, 1987, 265 Anm. 527.

26 Lunz, Venosten 19.

27 Gleirscher (wie Anm. 23) 153.

28 Gleirscher, Ber. RGK 68, 1987, 181–351.

29 Vgl. E. Meyer, Römische Zeit. In: Handbuch der Schweizer Geschichte I (Zürich 1972) 53–92, hier 60 mit Anm. 35. Zu warnen ist vor den Phantasien bei A. Bernecker, Die Feldzüge des Tiberius und die Darstellung der unterworfenen Gebiete in der

„Geographie des Ptolemaeus" (Bonn 1989) 1–97.

30 Eine ältere These weiter ausgeführt bei F. Schön, Der Beginn der römischen Herrschaft in Rätien (Sigmaringen 1986) 56–61. Sie hat neben zustimmenden Äußerungen scharfe Ablehnung gefunden: R. Syme, The Augustan Aristocracy (Oxford 1986) 335 f. mit Anm. 15; H. Stather, Die römische Militärpolitik am Hochrhein unter besonderer Berücksichtigung von Konstanz (Diss. Konstanz 1986) 25–27; ders., Das römische Konstanz und sein Umfeld (Konstanz 1989) 29 f.; W. Eck, Zeitschr. Papyr. u. Epigr. 70, 1987, 207–209; Wolff, Journal Rom. Arch. 3, 1990, 410 f.

31 V. Rosenberger, Bella et expeditiones (Stuttgart 1992) 64 f.

32 Auch 4, 14, 29 f. muß sich nicht auf eine Feldschlacht beziehen.

33 Christ, Wissenschaftsgeschichte. I 220.

34 Stather gegen Schön, der für die Mainau plädierte. Insel Weerd: G. Wieland, Augusteisches Militär an der oberen Donau? Germania 72, 1994, 205–216, bes. 214–216.

35 Stather meint, daß nur die Aachquelle erreicht wurde; vgl. jetzt Wieland a.a.O.

36 Generell Timpe, RGA2 VII (1989) 355.

37 R. Christlein, BVbl. 47, 1982, 275–292.

38 H. Wolff, Ostbair. Grenzm. 28, 1986, 152–177, bes. 166.

39 Rosenberger, Bella et expeditiones 65.

40 So z. B. auch H. Lieb, R. Frei-Stolba, J. Šašel.

41 Z.B. Vell. 2, 39, 3; 104; Suet. Aug. 21, 1; Raeti Vindelicique aber Vell. 2, 95, 2.

42 Vgl. Frei-Stolba, Die Räter 1984 (wie Anm. 4) 13.

43 RIC I2 164 a und b (Aureus); 165 a und b (Denar); K. Kraft, Zur Münzprägung des Augustus [1968]. Gesammelte Aufsätze zur antiken Geldgeschichte und Numismatik. I (Darmstadt 1978) 291–337, bes. 321 f.

44 Vgl. zu Trier H. Heinen, Trier und das Trevererland in römischer Zeit (Trier 1985) 33, 46 f.

45 S. von Schnurbein in: J. Bellot/W. Czysz/G. Krahe (Hrsg.), Forsch. z. Provinzialröm. Archäologie in Bayerisch-Schwaben (Augsburg 1985) 15–44.

46 G. Fingerlin, Ber. RGK 51/52, 1970/71, 197–323; ders., Dangstetten I: Katalog der Funde, Stuttgart 1986. Vgl. Stather, Die römische Militärpolitik 41–44.

47 L. Berger/G. Helmig, Die Erforschung der augusteischen Militärstation auf dem Basler Münsterhügel. Kolloquium Bergkamen 1989 Vorträge. Bodenaltertümer Westfalens 26 (Münster 1991) 7–24

48 W. Drack/R. Fellmann, Die RiSchweiz (Stuttgart 1988) 320–321, 395–396, 501.

49 M. Konrad, Germania 67, 1989, 588–593 (leicht verändert: Jahrb. Vorarlb. Landesmuseumsver. 1989, 19–25).

50 Timpe, RGA$^2$ VII (1989) 355.

51 Vgl. D. Timpe, Saeculum 18, 1967, 278–293; ders., Chiron 1, 1971, 267–284; ders. in: E. Lefèvre (Hrsg.), Monumentum Chiloniense. Kieler Festschrift für E. Burck zum 70. Geburtstag (Amsterdam 1975) 125–147, bes. 146.

52 Vgl. K. Telschow in: H.-J. Drexhage/J. Sünskes (Hrsg.), Migratio et commutatio. Studien zur Alten Geschichte und deren Nachleben. Festschrift T. Pekáry (St. Katharinen 1989) 299–317.

53 C. Trzaska-Richter, Furor teutonicus. Das römische Germanenbild in Politik und Propaganda von den Anfängen bis zum 2. Jahrhundert n. Chr. (Trier 1991); A. Kneppe, Metus Temporum. Zur Bedeutung von Angst in Politik und Gesellschaft der frühen römischen Kaiserzeit (Stuttgart 1993).

54 Vor allem etwa durch R. Heuberger, Montfort 2, 1947, 140–157 und – weniger krass – von D. van Berchem, Les routes et l'histoire (Genf 1982) zu Recht aber B. Bilgeri, Geschichte Vorarlbergs I: Vom freien Rätien zum Staat der Montforter (Wien, Köln u. Graz 1971) 215 f. Anm. 34; vgl. R. Fellmann, Jahrb. Vorarlb. Landesmuseumsver. 1976, 15–19; S. Demetz, Rom und die Räter. Die Räter – I Reti (Bozen 1991) 631–653, bes. 641 f.;C. N. Sandberg, American Arch. Journ. 96, 1992, 359f.

55 Gabba, Significato storico.

56 L. Braccesi, La tradizione augustea delle Alpi „claustra Italiae" e la sua proiezione ideologica. Problemi di politica augustea (Aosta 1986) 36–49; vgl. J.-M. André, La politique alpine de Claude et de Néron. M. Vacchina (Hrsg.), La Valle d'Aosta e l'arco alpino nella politica del mondo antico (Aosta 1988) 130 f.; E. Schubert in: Die Räter – I Reti (Bozen 1991) 439–449; G. Walser, Die militärische Bedeutung der Alpen in der Antike. Studien zur Alpengeschichte in antiker Zeit (Stuttgart 1994) 9–48. Der Alpenfeldzug war schon nach Actium geplant: J. Gruber in: C. Börker/M. Donderer (Hrsg.), Das antike Rom und der Osten. Festschrift f. K. Parlasca zum 65. Geburtstag (Erlangen 1990) 45–51.

57 Vgl. S. Settis in: Kaiser Augustus und die verlorene Republik (Berlin 1988) 421. Der Gedanke der Bollwerkfunktion der Alpen und Raetiens war nicht neu und er war von Bestand: Cato frag. 85 Peter; Polybius 3, 54, 2; Livius 21, 35, 8; Herodian 2, 11, 8; Cassiod. Var. 7, 4; Isidorus, Origines 14, 8, 18; vgl. Ammian 15, 10, 3; 17, 13, 28; Zosimus 2, 14; dazu E. L. Wheeler, Journal of Military History 57, 1993, 7–41, 215–240, bes. 20 m. Anm. 47 u. N. Christie, The Alps as a frontier (A.D. 168–774).

Journ. Rom. Arch. 3, 1990, 410–430.

58 Strabo 4, 205; Liv. Per. 135; Cass. Dio 53, 25, 3–5; Plin. nat. 3, 123; vgl. dazu G. Walser, Via per Alpes Graias (Stuttgart 1986) 14–17. – Auch App. Ill. 42 f. bezieht sich hierauf: G. Dobesch, Tyche 3, 1988, 298.

59 Man sollte hier wieder an App. Ill. 46 ff. denken, wo die von Oktavian unterworfenen Völker kategorisiert werden nach solchen, die er mühelos „mit einem Streich" unterwarf, solche, die „nur mit größerer Mühe bezwungen wurden" und solche, die „ihn am meisten bedrängten", vgl. W. Schmitthenner, Historia 7, 1958, 189–236, bes. 201–217. Letztere wären wohl mit den itamótatoi des Strabo gleichzusetzen.

60 D. Kienast, Augustus (Darmstadt 1982) 295 Anm. 143.

61 Z.B. G. Walser, Gerold, Summus Poeninus (Wiesbaden 1984) 12 f.

62 R. Bichler, Röm. Österr. 15/16, 1987/88, 15–26.

63 In diesem Sinne Gabba (wie Anm. 2) 59.

64 Vgl. H. von Petrikovits, zitiert bei Schönberger, Ber. RGK 66, 1985, 337 und S. von Schnurbein in: J. Bellot/W. Czysz/G. Krahe (Hrsg.), Forsch. z. Provinzialröm. Archäologie in Bayerisch-Schwaben (Augsburg 1985) 33.

65 Im Sinne Schöns auch Timpe, RGA$^2$ VII (1989) 355; aber Wolff, Journ. Rom. Arch. 3, 1990, 14 Anm. 9.

66 G. Dobesch in: Studien zu den Militärgrenzen Roms 3 (Stuttgart 1986) 308–315, 311; J. Fitz, Röm. Österr. 17/18, 1989/90, 79–86.

67 Etwa B. Overbeck, Chiron 11, 1981, 273–276; D.B. Saddington, The Development of the Roman auxiliary forces from Caesar to Vespasian (49 B.C.–A.D. 79) (Harare 1982) 77 f.; 153; Waasdorp, Talanta 14-15, 1982-83, 57–61. Vgl. E. Birley, The Roman Army (Amsterdam 1988) 259–271, bes. 264 ff.

68 K. Kraft, Gesammelte Aufsätze zur antiken Geschichte und Militärgeschichte (Darmstadt 1973) 203.

69 So auch H.U. Nuber in: Studien zu den Militärgrenzen Roms (Köln u. Graz 1967) 90–93, bes. 91 Schön, Der Beginn 64 f.

70 PME B 10–11 add. S. 1471.

71 M. Hartmann/M. A. Speidel, Jahresber. Ges. Pro Vindonissa 1991 (1992) 3–33, bes. 28 f. Nr. 14; M. A. Speidel, Journ. Rom. Studies 82, 1992, 90–92.

72 Hartmann/Speidel, Jahresber. Ges. Pro Vindonissa 1991 (1992) 28 f. Nr. 15 f.; vgl. 16 f.

73 Vgl. Saddington, The Development 153; 176; 239 Anm. 105

74 E. Birley, The Roman Army (Amsterdam 1988) 387–394; vgl. P. Ginestet, Les organisations de la jeunesse dans l'Occident Romain (Brüssel 1991) 160–162; außerdem 95; 115 f.; 289.

75 Schön, Der Beginn 105–111, dazu Wolff, Journ. Rom. Arch. 3, 1990, 413 f. m. Anm. 27.

76 Vgl. PME P 132 bis add. S. 1702.

77 Hartmann/Speidel, Jahresber. Ges. pro Vindonissa 1991 (1992) 20.

78 Siehe D. Timpe, Arminius-Studien (Heidelberg 1970) 67.

79 Vgl. E. Birley, The Roman Army 267.

80 Zu populares der Frühzeit etwa Timpe, Arminius-Studien 1970, 36 f.

81 Ich glaube nicht, daß es sich um ständige Heimatmilizen gehandelt hat, ein unter römischer Aufsicht stehendes eigenes Militär: so Schön, Der Beginn 104.

82 Wolff, Ostbair. Grenzm. 28, 1986, 160.

83 M. Konrad, Germania 67, 1989, 588–593 (leicht verändert: Jahrb. Vorarlb. Landesmuseumsver. 1989, 19–25); zum frühen Bregenz dies., Germania 72, 1994, 217–229.

84 G. Ulbert, Der Lorenzberg bei Epfach. MBVF 9 (München 1965) 34, 41, 45 f., 83 f.

85 M. Mackensen, Frühkaiserzeitliche Kleinkastelle bei Nersingen und Burlafingen an der oberen Donau. MBVF 41 (München 1987) 125 f., 136 f.

86 Frei-Stolba in: ANRW II 5, 1 (1976) 359.

87 U. Laffi, L'organizzazione dei distretti alpini dopo la conquista. M. Vacchina (Hrsg.), La Valle d'Aosta e l'arco alpino nella politica del mondo antico (Aosta 1988) 62–78, bes. 73

88 G. A. Lehmann, Zeitschr. Papyr. u. Epigr. 86, 1991, 79–96, bes. 83 f.; 87; vgl auch dens. in: R. Wiegels/W. Woesler (Hrsg.), Arminius und die Varusschlacht (Paderborn 1995) 123–142.

89 Vgl. L. Schumacher, Römische Kaiser in Mainz (Bochum 1982) 9 m. Anm. 16.

90 Schumacher, Römische Kaiser 10 m. Anm. 18.

90a Vgl. W. Ameling, Chiron 24, 1994, 1–28.

91 U. Laffi in: Centro Stud. Docum. sull' Italia Rom. 7, 1975–1976 (Mailand 1976) 414 f.; vgl. M.Th. Raepsaet-Charlier, Latomus 32, 1973, 158–161.

92 L.J.F. Keppie, Papers Brit. School Rome 41, 1973, 8–17, bes. 9; 15 f.; dazu PME H 13 add. S. 1586; Inc. 65 add. S. 1800 f.; Schillinger-Häfele 88.

93 Zur Lokalisierung der Sueben D. Timpe in: C. Pescheck (Hrsg.), Die germanischen Bodenfunde der römischen Kaiserzeit in Mainfranken (München 1978) 119–129. Vgl. P. Glüsing, Offa 21–22, 1964–65, 7; 18 Anm. 77.

94 Daß sie zwischen den Zivilisten lebten ist wenig glaubhaft, denn der Hinweis auf Camulodunum ist insofern schief, als es sich dort um eine reguläre Ve-

teranenkolonie handelte; vgl. Mackensen (wie Anm. 85) 139 f. m. Anm. 367, 158 m. Anm. 17.

95 Vgl. den bezeichnenden Fall des seine juristischen Grenzen überschreitenden Lagerpräfekten Ennius im Chaukenland Tac. ann. 1, 38, 1; vgl. 26, 2.

96 Zu AE 1960, 127 = B. Gerov, Inscriptiones Latinae in Bulgariae repertae (Sofia 1989) 32 Nr. 50 siehe E. Birley, The Roman Army (Amsterdam 1988) 379.

97 Schön, Der Beginn 1985, 79 f.; 120; vgl. schon H. Chantraine, BVbl. 38, 1973, 111–115, bes. 111 f. und vorsichtig H.-J. Kellner, Centro Stud. Docum. sull' Italia Rom. 7, 1975–1976 (Mailand 1976) 379–389, 380 f.

98 W. Eck, Zeitschr. Papyr. u. Epigr. 70, 1987, 203–209 (vgl. AE 1987, 789).

99 H.-J. Kellner, BVbl. 39, 1974, 92–104; vgl. auch Walser, Studien zur Alpengeschichte.

100 M. Buonocore, Epigrafia anfiteatrale dell'Occidente Romano, III (Rom 1992) 108 f. Nr. 74 Taf. 32, 1; dazu G. Winkler, BVbl. 36, 1971, 50–101, hier: 53 Nr. 2; S. Demougin, Prosopographie des chevaliers romains julio-claudiens (43 av. J.-C.–70 ap. J.-C.) (Rom 1992) 198 f. Nr. 227.

101 So B. Dobson, Die Primipilares (Köln 1978) 175 f. Nr. 18.

102 A.L.F. Rivet, Gallia Narbonensis (London 1988) 333–349 zu den Alpes Maritimae; vgl. F. Mainardis, SI 12, 1994, 120 f. Nr. 10.

103 Dobson, Die Primipilares 6; 65–74.

104 Laffi, Centro Stud. Docum. sull' Italia Rom. 7, 1975–1976, 415 f. usw.

105 Grundsätzlich S. Demougin, L'ordre équestre sous les julio-claudiens (Rom 1988) 721–725.

106 K. Kraft, Gesammelte Aufsätze zur antiken Geschichte und Militärgeschichte (Darmstadt 1973) 230–233.

107 Zum Argument H. Braunert, Gesammelte Aufsätze und Reden (Stuttgart 1980) bes. 300. Vgl. E. Weber, Röm. Österr. 15/16, 1987/88, 191–199 zur starken Einflußnahme des pannonischen Statthalters auf Norikum; ebd. 196 Anm. 16 zur auch formellen Unterordnung des praefectus Iudaeae unter den syrischen Legaten. Zum praefectus civitatum J.W. Eadie in: D.H. Miller/J.O. Steffen (Hrsg.), The Frontier (Oklahoma 1979) 57–80; W.S. Hanson in: D. Braund (Hrsg.), The administration of the Roman Empire (241 BC–AD 193) (Exeter 1988) 53–68, bes. 63–65.

108 Z.B. Laffi, Centro Stud. Docum. sull' Italia Rom. 7, 1975–1976, 407; 413 m. Anm. 107.

109 Etwa Saddington, The Development 59 f. Vgl. W. Schleiermacher, Germania 31, 1953, 200.

110 CIL V 5267; X 4868; 6098; XIV 2954. Vgl. Demougin, L'ordre équestre 723 Anm. 132.

111 Vgl. P. Herz, Laverna 3, 1992, 44 f.

112 Vgl. Saddington, The Development 195.

113 Vgl. Frei-Stolba in: ANRW II 5, 1 (1976) 358–361 und die zahlreichen Arbeiten Laffis.

114 H. Halfmann, Itinera principum (Stuttgart 1986) 20 f., 159.

115 Braunert, Gesammelte Aufsätze 301 f.; U. Laffi, BVbl. 43, 1978, 19–24; ders., L'organizzazione 70 f.

116 Ihr Vindelikienaufenthalt ist eine der üblichen Hypothesenverhärtungen seit E. Ritterling. Schön, Der Beginn 94–116 beruht zum größten Teil auf Vermutungen.

117 R. Wiegels, FBW 14, 1989, 427–456 (zu Dangstetten); W. Zanier, Germania 72, 1994, 587–596 (zum Döttenbichl). Die Inschriften auf den Legionarshelmen von Schaan (IBR 75A) lassen sich nicht mit der Okkupationsarmee verbinden, dazu B. Overbeck, Geschichte des Alpenrheintals in römischer Zeit. I. MBVF 20 (München 1982) 112.

118 Vgl. Braunert, Gesammelte Aufsätze 301 f.

119 Suet. Aug. 38; vgl. H. Devijver, The equestrian officers of the Roman imperial army (Amsterdam 1989) 56.

120 Frei-Stolba in ANRW II 5, 1 (1976) 353 f.; vgl. Walser, Studien zur Alpengeschichte 53 f.

121 Vgl. H.-J. Kellner, Jahrb. Vorarlb. Landesmuseumsver. 1973, 41 f.; vgl. G. Walser, Via per Alpes Graias (Stuttgart 1986) 18 m. Anm. 20.

122 CIL XII 136 = G. Walser, Römische Inschriften in der Schweiz, III (Bern 1980) 20 f. Nr. 253. Zu dieser und den folgenden Inschriften Walser, Studien zur Alpengeschichte 59–63.

123 CIL XII 145 = Walser, Römische Inschriften III, 32 f. Nr. 259.

124 CIL XII 146 = F. Giblé, Inscriptions latins du Valais antique. Vallesia 33, 1978, 31–53, hier: 41.

125 AE 1966, 270 = Walser, Römische Inschriften III, 144 f. Nr. 313 = E. Ruoff in: A. Hochuli-Gysel u.a. (Hrsg.), Chur in römischer Zeit. II (Basel 1991) 219 f.; vgl. 463: L(ucio) Ca[esari Augusti f(ilio)] prin[cipi iuventutis].

126 CIL XII 141 = Wiblé, Vallesia 33, 1978, 42.

127 AE 1946, 254 = Walser, Römische Inschriften III, 88 f. Nr. 287 = Walser, Studien zur Alpengeschichte 88–90.

128 IBR 72 = H.-J. Kellner, Bericht über den 12. Österreichischen Historikertag 1973 (1974) 48–53 = Jahrb. Vorarlb. Landesmuseumsver. 1973, 35–42.

129 G. Weber, AJB 1991 (1992) 116 m. Abb. 86.

130 Insgesamt Schön, Der Beginn 67–84.

131 Cass. Chron. ad a. 746, aus Aufidius Bassus. Weiteres Timpe, RGA$^2$ VII (1989) 357.

132 Timpe, Ber. RGK 72, 1991, 316.

133 P. Möller, RGA² V (1984) 602–604; Wolff, Journ. Rom. Arch. 3, 1990, 412.
134 Timpe, Ber. RGK 72, 1991, 315 f.
135 In diesen Zusammenhang gehört vielleicht S. von Schnurbein/H.-J. Köhler, Dorlar. Ein augusteisches Römerlager im Lahntal. Germania 72, 1994, 193–203.
136 Timpe, Ber. RGK 72, 1991, 311–319; vgl. W. Zanier, Germania 71, 1993, 581.
137 R. Wiegels in: Kalkriese – Römer im Osnabrücker Land (Bramsche 1993) 231–265, bes. 257 ff.; vgl. R. Wiegels/W. Woesler (Hrsg.), Arminius und die Varusschlucht (Paderborn 1995).
138 Lehmann, Zeitschr. Papyr. u. Epigr. 86, 1991, 83 f.; Wiegels, Rom und Germanien 260 f.
139 W.D. Lebek, Zeitschr. Papyr. u. Epigr. 78, 1989, 67–69.
140 H. Bellen, JGZM 31, 1984, 385–396; H.G. Frenz, JRGZM 32, 1985, 394–421.
141 Hartmann/Speidel, Jahresber. Ges. pro Vindonissa 1991 (1992) 3 f. – Schöns Interpretation (Der Beginn 1985, 100 f. nach K. Kraft) zu Tac. ann. 1, 37 ist ganz unhaltbar.
142 Mackensen (wie Anm. 85) 139, 156–171.
143 Lit. bei Mackensen (wie Anm. 85) 139 Anm. 365.
144 S. von Schnurbein, Germania 61, 1983, 529–550
145 Ein Überblick bei Laffi, L'organizzazione 76 f.; vgl. Dobesch, Die Okkupation 308.
146 Frei-Stolba in ANRW II 5, 1 (1976) 361 m. Anm. 257.
147 Laffi, L'organizzazione 1988, 75 f. auch für das Folgende.
148 Zuletzt Dobesch, Die Okkupation 309.
149 = G. Alföldy, Römische Statuen in Venetia et Histria (Heidelberg 1984) 139 Nr. 246.
150 Frei-Stolba in ANRW II 5, 1 (1976) 361.
151 E. Meyer, Basler Zeitschrift f. Geschichte u. Altertumskunde 42, 1943, 59–78; E. Meyer, Chiron 5, 1975, 393–402; B.E. Thomasson, Zeitschr. Papyr. u. Epigr. 52, 1983, 125–135, 166.
152 Zu Winkler, BVbl. 36, 1971, 1971, 53 f. Nr. 3 siehe Chantraine, BVbl. 38, 1973, 114; Meyer, Chiron 5, 1975, 395 m. Anm. 11; vgl. Laffi, L'organizzazione 1988, 76; Demougin, Prosopographie 355 Nr. 431.
153 So auch A.A. Barrett, Caligula (London 1989) 224 mit Hinweis auf eine entsprechende Hypothese Pflaums für Norikum.
154 So schon A, von Domaszewski, Westd. Zeitschr. Korrbl. 17, 1898, 82 Anm. 9 und andere. Aber R. Heuberger, Klio 34, 1941, 290–292.
155 Siehe Winkler, BVbl. 36, 1971, 1971, 51 f.; U. Laffi, Athenaeum NS 55, 1977, 369–379; PME II S. 747; V 102; Laffi, L'organizzazione 70 f.; Demougin, Prosopographie 242–244 Nr. 281.
156 S. Demougin, Zeitschr. Papyr. u. Epigr. 43, 1981, 99 f.
157 Demougin, L'ordre équestre 724 Anm 141
158 Vgl. Winkler, BVbl. 36, 1971, 1971, 54.
159 A. Balland, Inscriptions d'époque impériale du Létôon (Paris 1981) 89–92 für die augusteische Zeit die traditionelle Sichtweise; R.C. Knapp, Phoenix 35, 1981, 134–141, bes. 140 zu et. M. Christol/A. Magioncalda, Studi sui procuratori delle due Mauretaniae (Sassari 1989) 14 f.; vgl. W. Eck, Die Leitung und Verwaltung einer prokuratorischen Provinz. In: M. Vacchina (Hrsg.), La Valle d'Aosta e l'arco alpino nella politica del mondo antico (Aosta 1988) 102–117, hier: 111 f. mit Hinweis auf P. Brunt, Journ. Rom. Studies 73, 1983, 56 f.
160 Frei-Stolba in ANRW II 5, 1 (1976) 361.
161 Mackensen (wie Anm. 85) 119–125; in diesem Zusammenhang verdienen auch die Helme von Schaan (oben Anm. 117) Beachtung.
162 Eck (wie Anm. 159) 110 f.
163 Ios. ant. 19, 9, 2. Vgl. E. M. Smallwood, The Jews under Roman Rule (Leiden 1976) 146; 155; 172 f.; M. P. Speidel, Roman Army Studies, II (Stuttgart 1992) 224–232.
164 D. Liebs, Zeitschr. Papyr. u. Epigr. 43, 1981, 217–223.
165 J. Šašel, Opera selecta (Ljubljana 1992) 305–315, bes. 313 f. Abgelehnt von Frei-Stolba in: ANRW II 5, 1 (1976) 361 m. Anm. 256.
166 H.-J. Kellner, BVbl. 39, 1974, 92–104; Frei-Stolba in: ANRW II 5, 1 (1976) 362–364; G. Walser, Summus Poeninus (Wiesbaden 1984) 20 f.; ders., Via per Alpes Graias 21 f.
167 Walser, Studien zur Alpengeschichte 59–67; 73–80.

168 Vgl. R. Frei-Stolba in: ANRW II 5, 1 (1976) 379–384.
169 So eine Hypothese bei G. Cavalieri Manasse, Epigraphica 54, 1992, 9–41, bes. 33 f. Zum gesicherten Itinerar Halfmann, Itinera principum 172 f.
170 Schönberger, Ber. RGK 66, 1985, 1985, 347 f.
171 Zu Recht M. Mackensen, Die erste Grenze an der Donau. RiS 31–37, bes. 32 f.
172 Schumacher, Römische Kaiser 13–30 mit den Quellen; vgl. Halfmann, Itinera principum 170 f. Zu Caligulas „Krieg" in Germanien Barrett, Caligula 129–135.
173 Schönberger, Ber. RGK 66, 1985, 336; 355.
174 Mackensen, Die erste Grenze 35 f.
175 Schön, Der Beginn 111–116, der versucht, sie von der in der Mitte des 2. Jh. in Raetien belegten cohors civium Romanorum (CIL IX 5362 add.; PME S 107) zu scheiden; vgl. Wolff, Journal Rom. Arch. 3, 1990, 413 f. und M. P. Speidel, Roman Army Stu-

dies, II (Stuttgart 1992) 226.
176 Zusammenfassend zur claudischen Kastellinie: H. Schönberger, Ber. RGK 66, 1985, 355–357; 455–448; M. Mackensen (wie Anm. 85) 136–155.
177 H. Schönberger, Limesforsch. 18 (Berlin 1978)
178 H. Schönberger u. a., Germania 66, 1988, 170–175; ders. u. a., Ber. RGK 70, 1989, 245–319.
179 G. Moosbauer/F. Schopper, Das frühkaiserzeitliche Kleinkastell vom Haardorfer Mühlberg, Stadt Osterhofen, Lkr. Deggendorf. Vorträge 12. Niederbayer. Archäologentag (Deggendorf 1994) 207–237
180 Vgl. Eck, Die staatliche Administration 206.
181 Zum Territorium Augsburgs H. Wolff, Ostbair. Grenzm. 28, 1986, 166 f. Ein Zusammenhang zwischen Meilenzählung und Territorien besteht nicht: K. Dietz in: J. Bellot u.a. (Hrsg.), Forschungen zur Provinzialröm. Archäologie in Bayerisch-Schwaben (Augsburg 1985) bes. 112 f. vgl. Th. Pekáry, Acta Arch. Hung. 41, 1989, 489 f.
182 K. Dietz/G. Weber, Chiron 12, 1982, 418 f.; aber wieder Wolff, Ostbair. Grenzm. 28, 1986, 167.
183 Wolff, Ostbair. Grenzm. 28, 1986, 168.
184 M. P. Speidel, Guards of The Roman Empire (Bonn 1978); K. Dietz, Chiron 13, 1983, 516–522; W. Zanier, Das römische Kastell Ellingen (Mainz 1992) 168–170. Zu IBR 130 etc. K. Dietz, Ber. RGK 65, 1984, 262 f.
185 Speidel, Guards 77 f.; Dietz, Chiron 13, 1983, 517 Anm. 101; 521 Anm. 128.
186 Cassiod. var. 1, 11; vgl. 7, 4: F. M. Ausbüttel, Die Verwaltung der Städte und Provinzen im spätantiken Italien (Frankfurt a. M etc. 1988) 220 f.
187 Zum folgenden Eck, Die Leitung und Verwaltung 102–117
188 F. Jacques/J. Scheid, Rome et l'intégration de l'Empire, I (Paris 1990) 100–103.
189 Eck, Geschichte in Köln 7, 1980, 10–13; 18.
190 W.S. Hanson in: D. Braund (Hrsg.), The administration of the Roman Empire (241 BC–AD 193) (Exeter 1988) 53–68, bes. 65.
191 Eck (wie Anm. 159) 112–115; Haensch, Geschichte in Köln 33, 1993, 12 f.
192 Diesbezüglich richtig D. Liebs, Zeitschr. Papyrolog. Epigr. 43, 1981, 217–223.
193 Haensch, Geschichte in Köln 33, 1993, 15.
194 Vgl. Eck, Die Leitung und Verwaltung 114 f. mit Hinweis auf die Alpes Graiae et Poeninae; vgl. dens., Die staatliche Administration 207; skeptischer Haensch, Geschichte in Köln 33, 1993, 13 f.
195 R. L. Dise Jr., Cultural change and imperial administration: the middle Danube provinces of the Roman empire (New York 1991).
196 Zu Fragen des römischen Zolls generell wichtig, H. Engelmann/D. Knibbe, Das Zollgesetz der Provinz Asia. Epigraphica Anatolica 14, 1989. Zu den Steuerpächtern in der Kaiserzeit P.A. Brunt, Roman imperial themes (Oxford 1990) 354–432; F. Vittinghoff, Portorium. RE XXII 1 (1953) 346–399 Vgl. noch J. Garbsch, Das Mithraeum von Pons Aeni. BVbl 50, 1985, 355–462, 441–457, bes. 452 f. Abb. 33. Vgl. noch E. Künzl, Zum Verbreitungsgebiet der Okulistenstempel. Zeitschr. Papyr. u. Epigr. 65, 1986, 200–202.
197 H.U. Nuber, RiS 130 f.
198 Haensch, Geschichte in Köln 33, 1993, 20 f.
199 E. Schallmayer, Zur Herkunft und Funktion der Benefiziarier; ders. (Hrsg.), Der römische Weihebezirk von Osterburken II. Forsch. u. Ber. zur Vor- und Frühgesch. in Baden-Württemberg 49 (Stuttgart 1994); V. A. Maxfield/M. J. Dobson (Hrsg.), Roman Frontier Studies 1989 (Exeter 1991) 400–406; M. Mirkovic, Beneficiarii consularis in Sirmium. Chiron 24, 1994.
200 R. Haensch, Das Statthalterarchiv. ZRG 109, 1992, 209–317.
201 Haensch, Geschichte in Köln 33, 1993, 26.
202 IBR 137 f.; J. Garbsch, BVbl 48, 1983, 189–191; J. Deininger, Die Provinziallandtage der römischen Kaiserzeit (München u. Berlin 1965) 114.
203 Dietz/Weber, Chiron 12, 1982, 434 f.; zu Varius Clemens J. Šašel, Opera selecta (Ljubljana 1992) 206–211.
204 B. Overbeck, Das Alpenrheintal in römischer Zeit, I. MBVF 20 (München 1982) 20–34; E. Vonbank (Hrsg.), Das römische Brigantium. (Bregenz 1985).
205 V. Dotterweich u.a. (Hrsg.), Geschichte der Stadt Kempten (Kempten 1989).
206 M. Mackensen, Das römische Gräberfeld auf der Keckwiese in Kempten. MBV A 34 (Kallmünz 1978)
207 A. Faber, AJB 1991 (Stuttgart 1992) 117–119.
208 M. Mackensen, (wie Anm. 206) 179–180.
209 W. Czysz, AJB 1989 (Stuttgart 1990) 114–118.
210 P. Reinecke, BVbl. 22, 1957, 96–99.
211 W. Czysz/S. Sommer, Römische Keramik aus der Töpfersiedlung von Schwabmünchen im Landkreis Augsburg. Kat. d. Prähist. Staatsslg. 22 (Kallmünz 1983) 15; M. Mackensen (wie Anm. 85) 140–143.
212 C. M. Hüssen in: K. H. Rieder/A. Tillmann, (Hrsg.), Neuburg an der Donau (Buch am Erlbach 1993) 73–78.
213 N. Heger, Salzburg in römischer Zeit. Salzburger Museum CA, Jahresschr. 19, 1973 (Salzburg 1974); ders. in: H. Dopsch, Geschichte Salzburgs. Band 1, Teil 1 ([2]Salzburg 1982) 76–77.
214 W. Irlinger, AJB 1990 (Stuttgart 1991) 76–79.
215 S. Rieckhoff, BVBl. 57, 1992, 103–121.

216 P. Reinecke, BVbl. 22, 1957, 36–59.
217 W. Krämer, Germania 40, 1962, 304–317.
218 M. Menke, "Raetische " Siedlungen und Bestattungsplätze der frührömischen Kaiserzeit im Voralpenland. Festschrift für Joachim Werner zum 65. Geburtstag. I. (München 1974) 141–159; ders., Jahresber. Bayer. Bodendenkmalpflege 21, 1980, 78–93; M. Mackensen (wie Anm. 206) 49–51; E. Keller, Die frühkaiserzeitlichen Körpergräber von Heimstetten bei München und die verwandten Funde aus Südbayern. MBVF 37 (München 1984).
219 M. Mackensen, (wie Anm. 85) 159, 160.
220 R. A. Maier in: J. Bellot, W. Czysz, G. Krahe, (Hrsg.) Forsch. z. Provinzialröm. Archäologie in Bayerisch-Schwaben (1985) 231–256; Römerzeitliche Brandopferplätze – Zeugnisse alpenraetischer Volksreligion. In: RiS, 219–223.
221 R. A. Maier in: J. Bellot, W. Czysz,/G. Krahe, (Hrsg.) Forsch. z. Provinzialröm. Archäologie in Bayerisch-Schwaben (1985) 247–249.
222 S. von Schnurbein, Ber. RGK 63, 1982, 5–16.
223 P.A. Brunt, Roman imperial themes (Oxford 1990) 9–32; 481.
224 H. Graßl, Untersuchungen zum Vierkaiserjahr 68/69 n. Chr. (Wien 1973); P.A.L. Greenhalghe, The year of the four emperors (London 1975); K. Wellesley, The long year A.D. 69 (London 1975).
225 J. Sünskes Thompson, Demonstrative Legitimation der Kaiserherrschaft im Epochenvergleich (Stuttgart 1993).
226 Zum Vormarsch des Caecina und zum Abfall Raetiens von Galba jetzt C.L. Murison, Galba, Otho and Vitellius: Careers and Controversies (Hildesheim etc. 1993) 87 f.; 90 f.; M. G. Morgan, Mus. Helveticum 51, 1994, 103–125.
227 Zum Vierkaiserjahr in Raetien zuletzt mit der früheren Literatur Waasdorp, Talanta 14-15, 1982–83, 51–56; R. Fellmann, RiSchweiz (Stuttgart 1988) 48–52.
228 Wie F. Paschoud, Mus. Helveticum 37, 1982, 247–253, bes. 250 ff. betont, konnten die Helvetier im Januar 69 gar nicht wissen, daß Galba tot war, da er zu diesem Zeitpunkt noch lebte! Hier wird bei Tacitus proflavische Tendenz zugunsten der loyalen Helvetier sichtbar.
229 C. Schucany, Jahresber. Ges. Pro Vindonissa 1983 (1984) 35–79.
230 Zur ala Gemelliana in der vorflavischen Zeit M. A. Speidel, Zeitschr. Papyr. u. Epigr. 91, 1992, 165–175, bes. 171–173; M. Hartmann u. M.P. Speidel, Jahresber. Ges. pro Vindonissa 1991 (1992) 12 f.; 26; R. Matteotti, Jahresberichte aus Augst und Kaiseraugst 13, 1992, 277–288; H. Wolff, Ostbair. Grenzm. 35, 1993, 15.
231 E. Weber, Röm. Österr. 15/16, 1987/88, bes. 195 f.
232 R. Urban, Der "Bataveraufstand" und die Erhebung des Iulius Classicus (Trier 1985); H. Heinen, Trier und das Trevererland in römischer Zeit (Trier 1985) 67–81; aber seinen alten Standpunkt verteidigend Brunt, Roman imperial themes 33–52; 481–486. Vgl. noch D. Timpe, Chiron 23, 1993, 332–344.
233 H. Schönberger, Ber. RGK 66, 1985, 355–357; 455–448; C. Schucany, (wie Anm. 229) 35–79.
234 W. Czysz, AJB 1989 (Stuttgart 1990) 114–118
235 H. Schönberger, Kastell Oberstimm (Berlin 1978); ders. u. a., Germania 66, 1988, 170–175; ders. u. a., Ber. RGK 70, 1989, 245–319.
236 M. Konrad, (wie Anm. 83) 217–229 (dort allerdings als Weihefund interpretiert); Bakker, L., AJB 1985 (Stuttgart 1986) 101–104
237 W. Krämer, Cambodunumforschungen 1953-I: Die Ausgrabung von Holzhäusern zwischen der 1. und 2. Querstraße. MBV A 9 (Kallmünz 1957) 121–123.

Die Blütezeit des römischen Bayern

1 Schönberger, Ber. RGK 66, 1985, 359–365; vgl. Waasdorp, Talanta 14–15, 1982–1983 [1984] 56–76.

2 Asskamp, Das südliche Oberrheingebiet 167 f. Abb. 25.
3 D. Timpe, RGA[2] V (1984) 273–277; vgl. die Kommentare zur Stelle in den Germania-Ausgaben von A.A. Lund 1988, 189 f. und G. Perl 1990, 210 f.; einen Forschungsüberblick bietet A.A. Lund, ANRW II 33,3 (1991) 2109–2124. Zum sinus imperii R. Wolters, Rhein. Mus. 137, 1994, 77–95, bes. 78 ff.
4 Einen Clemensfeldzug bejaht, wie A. Rüsch, z. B. Schönberger, Ber. RGK 66, 1985, 362 f., verneinen, wie etwa K. Kraft, Waasdorp, Talanta 14-15, 1982-1983 [1984] 64–71 und neuerdings B. Zimmermann, Jahresber. aus Augst und Kaiseraugst 13, 1992, 289–302.
5 H.U. Nuber, RGA[2] V (1983) 277–286.
6 Tac. ann. 11, 20, 2–4; dazu R. Wolters, Römische Eroberung und Herrschaftsorganisation in Gallien und Germanien (Bochum 1990) 268 f. m. Anm. 145.
7 Zu dubiae possessionis solum Tac. Germ. 29, 3; dazu G. Dobesch in: Studien zu den Militärgrenzen Roms 3 (Stuttgart 1986) 312 f.; anders etwa Timpe, RGA2 V (1984) 1984, 276, die Unsicherheit auf die Zeit „zw. den ersten aktiven röm. Maßnahmen unter Vespasian und der endgültigen Besitznahme unter Domitian“ beziehend. Vgl. Lund in:

ANRW II 35, 2123 f.
8 Heiligmann, Der „Alb-Limes" 39; 48 f.; 192.
9 P. Eschbaumer, Festschrift Nassenfels (Kipfenberg 1986) 107 ff., bes. 111 f.; A. Faber, BVbl 58, 1993, 97–122, bes. 116 f. Vgl. generell P. Barceló, Der Eichstätter Raum in der Römerzeit. Sammelbl. Hist. Ver. Eichstätt 80, 1987, 11–36.
10 H. Wolff, Ostbair. Grenzm. 35, 1993, 15 m. Anm. 15.
11 Heiligmann, Der „Alb-Limes" 192.
12 Heiligmann, Der „Alb-Limes" passim.
13 Heiligmann, Der „Alb-Limes" 196.
14 Zuletzt K. Strobel, Germania 65, 1987, 423–452; vgl. den Artikel „Chatten" in RGA² IV (1980) 377–391.
15 A. Martin, Historia 36, 1987, 73–82.
16 K. Strobel, Die Donaukriege Domitians (Bonn 1989).
17 Vgl. W. Eck, Die Statthalter der germanischen Provinzen vom 1.–3. Jahrhundert (Köln-Bonn 1985) 148 Anm. 1
18 Vgl. G. Perl, Klio 63, 1981, 564 f.; H. Halfmann, Itinera principum (Stuttgart 1986) 182.
19 H. Nesselhauf, Jahrb. RGZM 7, 1960, 165 Anm. 22; G. Winkler, BVbl 38, 1973, 116–118.
20 G. Walser, Chiron 19, 1989, 455.
21 K. Strobel, Tyche 1, 1986, 203–220, bes. 215
22 L. Schumacher, Römische Kaiser in Mainz (Bochum 1982) 49–51.
23 C.L. Murison, Echos du monde class. 29, 1985, 31–49.
24 Murison, Echos du monde class. 29, 1985, 37.
25 G. Perl, Frontin und „der Limes" (Zu strat. 1, 3, 10 und 2, 11, 7). Klio 63, 1981, 563–583.
26 Verg. Aen. 10, 513; vgl. Tac. Germ. 29, 4; dazu z. B. Perl, Klio 63, 1981, 577; B. Isaac, Journ. Rom. Stud. 78, 1988, 126 f.
27 H. Schönberger, Ber. RGK 66, 1985, 83.
28 A. Oxé, Bonner Jahrb. 114/115, 1906, 99–133, bes. 121; ergänzend W. Gebert, ebd. 119, 1910, 158–205. Vgl. den großen Artikel Limes von G. Forni im Dizionario Epigrafico.
29 Oxé, Bonner Jahrb. 114/115, 1906, 121 f.
30 Vgl. z. B. B. Isaac, The Meaning of the Terms Limes and Limitanei. Journ. Rom. Stud. 78, 1988, 125–147; dazu die weiter unten genannten Arbeiten von G. Forni und methodisch wichtig E. L. Wheeler, Journ. Milit. History 57, 1993, 7–41; 215–240.
31 A. Mócsy, Zur Entstehung und Eigenart der Nordgrenzen Roms (Opladen 1978); H. Bender, Bemerkungen zu Grenzen in den nordwestlichen Provinzen des römischen Reiches. Siedlungsforschung 9, 1991, 55–68.
32 Vgl. dazu z. B. die bei R. Wiegels, Chiron 19, 1989, 61–102, bes. 93–95 behandelte Inschrift.
33 Vgl. A. Pabst, (Hrsg.), Quintus Aurelius Symmachus, Reden (Darmstadt 1989) 310–323. Zur kaiserzeitlichen 'Außenpolitik" D. Timpe in: Klassisches Altertum, Spätantike und frühes Christentum. A. Lippold zum 65. Geburtstag gewidmet (Würzburg 1993) 223–245, bes. 244.
34 So A. Ferrill, The Grand Strategy of the Roman Empire. P. Kennedy (Hrsg.), Grand Strategies in War and Peace (New Haven 1991) 71–85, bes. 75.
35 G. Forni, „Limes": nozione e nomenclature. Denominazioni proprie e improprie dei „limites" delle province. Esercito e marina di Roma antica. Raccolta di contributi (Stuttgart 1992) 240–262, bes. 252.
36 Vgl. R. Wolters, Die Kunde NF 44, 1993, 178.
37 Vgl. dazu die Hypothesen von K.-H. Schwarte, Bonner Jahrb. 179, 1979, 139–175; K. Strobel in: J. Knape u. K. Strobel, Zur Deutung von Geschichte in Antike und Mittelalter (Bamberg 1985) 9–112, bes. 26 ff.
38 K. Strobel, Die Donaukriege Domitians (Bonn 1989); ders., Untersuchungen zu den Dakerkriegen Trajans. (Bonn 1984).
39 K. Dietz, Germania 60, 1982, 183–191 bedarf der Korrektur, vgl. A.R. Birley, in: V.A. Maxfield/M.J. Dobson (Hrsg.), Roman Frontier Studies 1989 (Exeter 1991) 16–20, bes. 19 f.; vgl. dens., Zeitschr. Papyr. u. Epigr. 88, 1991, 87 Anm. 2.
40 Vgl. K. Dietz, Ber. RGK 65, 1984, 213 f.; ein Fragment aus Pförring könnte ins Bild passen, doch ist hier die Unsicherheit groß: K. Dietz, BVbl. 53, 1988, 137–139.
41 C.-M. Hüssen, Ber. RGK 71, 1990, 5–22, bes. 7 f.
42 B. Pferdehirt, Die römische Okkupation Germaniens und Rätiens von der Zeit des Tiberius bis zum Tode Trajans, JRGZM 33, 1986, 221–320. Kritik: P. Eschbaumer/A. Faber, Fundber. Baden-Württemberg 13, 1988, 223–247; vgl. W. Zanier, Das römische Kastell Ellingen (Mainz 1992) 116–120 und methodisch K. Strobel, Münster. Beitr. z. antiken Handelsgesch. 6, 2, 1987, 75, 115.
43 Der Obergermanisch-Raetische Limes des Römerreiches. Abteilung A Strecken 1–15, Abteilung B Kastelle Nr. 1–75. Hrsg. E. Fabricius (abgekürzt ORL)
44 Baatz, Limes 251 f.; 268–270; 280; vgl. H. Schönberger in:. H. Weimert (Hrsg.), Zivile und militärische Strukturen im Nordwesten der römischen Provinz Raetien (Heidenheim 1988) 92–96; schon Schönberger, Ber. RGK 66, 1985, 398 f.
45 Baatz, Limes 212–214.
46 Vgl. Schönberger, Verlauf 95; Baatz, Limes 214;

252; 269.

47 Vgl. Zanier, Ellingen 158 f. m. Anm. 800.

48 D. Planck/H. von der Osten-Woldenburg, Arch. Ausgrabungen in Baden-Württemberg 1992 (1993) 120–124.

49 A. Johnson, Römische Kastelle (Mainz 1987)

50 C. S. Sommer, Fundber. aus Baden-Württemberg 13, 1988, 457–707

51 H. Halfmann, H., Itinera principum (Stuttgart 1986) 190; 195; 196 f. auch für das Folgende.

52 Vgl. L. Schumacher, Römische Kaiser in Mainz (Bochum 1982) 64–69.

53 Zu Hadrian und Raetien mit reicher Lit. Zanier, Ellingen 157–159, vgl. vor allem D. Baatz, Bauten und Katapulte des römischen Heeres (Stuttgart 1994) 10–22.

54 Vgl. P.L. Strack, Untersuchungen zur römischen Reichsprägung des zweiten Jahrhunderts. II (Stuttgart 1933) 139–150.

55 K. Dietz/G. Weber, Chiron 12, 1982, 409–443, bes. 426 Anm. 93.

56 Die Zeugnisse gesammelt bei K. Dietz, Die römischen und frühmittelalterlichen Namen Augsburgs. In: J. Bellot, W. Czysz u. G. Krahe (Hrsg.), Forsch. z. Provinzialröm. Archäologie in Bayerisch-Schwaben (Augsburg 1985) 79–115; ergänzend M. Zahrndt, Zeitschr. Papyr. u. Epigr. 72, 1988, 179 f.

57 Zanier, Ellingen 158; vgl. Faber, BVbl. 58, 1993, 116.

58 P. Southern, Britannia 20, 1989, 86 f.; 111; 123 f. Zur Begrifflichkeit R. Wiegels, Epigraphische Studien 12 (1981) 310 f.

59 D. Baatz, BVbl. 34, 1969, 63–75; ders., BVbl. 31, 1966, 85–89. Vgl. Alföldy (wie folgende Anm.) 394 f. m. Anm. 4.

60 G. Alföldy, Römische Heeresgeschichte (Amsterdam 1987) 394–409; vgl. E. Schallmayer, Fundber. Baden-Württemberg 9, 1984, 435–470; B. Beckmann in: Studien zu den Militärgrenzen Roms 3 (Stuttgart 1986) 101–104.

61 M.P. Speidel, Roman Army Studies, II (Stuttgart 1992) 145- 148.

62 Zu den Dendrodaten D. Planck/W. Beck, Der Limes in Südwestdeutschland (Stuttgart [2]1987).

63 G. Alföldy, Fundber. Baden-Württemberg 14, 1989, 293–338, bes. 295 ff. Nr. 1. Zu Aalen D. Planck, Aalener Jahrb. 1988, 66 – 83 und vom gleichen Verf. der vorzügliche Plan: Aalen, Ostalbkreis: Archäologischer Plan des römischen Kastells. Hrsg. v. Landesdenkmalamt Baden-Württemberg 1992.

64 Dazu die Korrektur bei A. Radnóti, Germania 39, 1961, 114 m. Anm. 115.

65 H.-J. Kellner, Bedeutung des Ausbaus des obergermanisch-raetischen Limes unter Antoninus Pius. Roman Frontier Studies 1967 (Tel Aviv 1971) 102–106.

66 Die Militärdiplome können nicht als Anzeichen für eine Verschärfung der außenpolitischen Situation unter Antoninus Pius gewertet werden, trotz S. Dušanić in: W. Eck/H. Wolff, (Hrsg.), Heer und Integrationspolitik (Köln u. Wien 1986) 200 f., vgl. auch schon K. Dietz, Ber. RGK 65, 1984, 199 Anm. 205

67 Vgl. Johnson, Kastelle 33.

68 Daß die Canathener beritten waren, läßt sich mit den Inschriften des Straubinger Schatzfundes (Wagner 125) und Nuber, Chiron 2, 1972, 506 Nr. 46–48 u. Nr. 50 leider nicht beweisen, wohl aber mit der Tatsache, daß der Hortfund Paradeausrüstung der Reiterei enthielt.

69 Etwas andere Zahlen A. R. Birley in: A. King/M. Henig (Hrsg.), The Roman West in the Third Century (Oxford 1981) 39–53, bes. 40; L. Okamura, Alamannia Devicta: Roman-German Conflicts from Caracalla to the First Tetrarchy (A.D. 213-305), Ph. Diss. Univ. of Michigan 1984 (Ann Arbor 1984) 55; M. P. Speidel, BVbl. 46, 1981, 109, geht von acht cohortes equitatae aus und hat vielleicht Recht.

70 M. P. Speidel, BVbl. 46, 1981, 105–120; ders., BVbl. 48, 1983, 187–188; vgl. M.P. Speidel, Riding for Caesar (London 1994) 83, 85, 92, 113, 149.

71 A. U. Stylow, Chiron 24, 1994, 83–94.

72 Vgl. B. E. Thomasson, Laterculi praesidum. I (Göteborg 1984) 80–82 mit Addenda ebd. III (Göteborg 1990) 31 und Addendorum series altera (Göteborg 1993) 3. Zu einem konkreten Fall K. Strobel, Zeitschr. Papyr. u. Epigr. 64, 1986, 265–286.

73 Zum Folgenden H. Devijver, The equestrian officers of the Roman imperial army (Amsterdam 1989) 58–60; verbessert ebd. 398; vgl. 276, 408; ferner H.-G. Pflaum, RE XXIII 1 (1957) 1272 f.

74 E. Birley, The Roman Army (Amsterdam 1988) 349–364, bes. 352.

75 H.U. Nuber, Chiron 2, 1972, 483–507 mit (inzwischen unvollständiger) Liste auch für Raetien; Ergänzungen teilweise durch die Schatzfunde vor allem J. Garbsch, Römische Paraderüstungen (München 1978) 45–56.

76 Nach G. Spitzlberger, Saalburg-Jahrb. 25, 1968, 65–184; J. Prammer, Das römische Straubing (München u. Zürich 1989) 28 f.; A. Faber, BVbl. 56, 1991, 199–206 und dies., Das römische Auxiliarkastell und der Vicus von Regensburg-Kumpfmühl (München 1993) 283–288; vgl. J. Garbsch, Der Limes im Spiegel der Funde (München 1992)

55–127, bes. 99.
77 Allgemein wichtig F. Vittinghoff, Civitas Romana (Stuttgart 1994) bes. 282 ff.; 290 f..
78 Standardisiert in CIL XVI und RMD. Jüngere Einzelvorlagen H.-J. Kellner, BVbl. 48, 1983, 165–172; BVbl. 50, 1985, 239–246; BVbl. 53, 1988, 157–166; G. Seitz, Fundber. Baden-Württemberg 7, 1982, 317–341; dies., ebd. 13, 1988, 445–455; K. Dietz, Germania 60, 1982, 183–191; ders., Ber. RGK 65, 1984, 159–268; ders., BVbl. 53, 1988, 137–155; J. Garbsch, ebd. 157–166; ders., Mitteil. Hist. Ver. Pfalz 91, 1993, 29 – 32; Wolff, Ostbair. Grenzm. 35, 1993, 11–23.
79 So wegen eines Graffitos z. B. Radnóti, Germania 39, 1961, 101 m. Anm. 48; Vexillationen in Raetien Dietz, BVbl. 53, 1988, 145 (wo Nr. 9=RMD 178/112 zu streichen ist).
80 J.A. Waasdorp, Talanta 14–15, 1982–83, 60 f.; D. J. Knight, Zeitschr. Papyr. u. Epigr. 85, 1991, 189–208, bes. 197 ist nicht mehr ganz aktuell.
81 K. Dietz, Specimina nova Universitatis Quinqueecclesiensis 1, 1986, 23–39, bes. 29 f.
82 IBR 130; vgl. Dietz, Ber. RGK 65, 1984, 262 f.
83 Wolff, Ostbair. Grenzm. 35, 1993, 15; anders D.J. Knight, Zeitschr. Papyr. u. Epigr. 85, 1991, 197.
84 J. Krier, Die Treverer außerhalb ihrer Civitas. Mobilität und Aufstieg (Trier 1982) 144–147; Boier: R. Wiegels, Epigraphische Studien 12 (1981) 327.
85 Vgl. dazu M. Junkelmann, Die Reiter Roms. II (Mainz 1991) 83–97.
86 Dazu oben Anm. 39.
87 Wolff, Ostbair. Grenzm. 35, 1993, 16 f.
88 Vgl. Dietz, Ber. RGK 65, 1984, 206.
89 M. Stahl, Chiron 19, 1989, 289–317.
90 Noch 156/157 in Raetien: RMD 170; die 9. Bataverkohorte hat keine Vexillation in den Partherkrieg entsandt, wie ein drittes Fragment aus Eining erweist (RMD 178/112).
91 Wichtig G. Alföldy/H. Halfmann in: G. Alföldy, Römische Heeresgeschichte (Amsterdam 1987) 203–221.
92 J. C. Mann, Hermes 91, 1963, 483–489.
93 G. Winkler, Jahrb. d. oberösterreich. Musealver. 116, 1971, 86; zu den dilectatores S. Segenni, Epigraphica 42, 1980, 69–74.
94 Y. Le Bohec, Zeitschr. Papyr. u. Epigr. 93, 1992, 107–116.
95 G. Alföldy, Die Legionslegaten der römischen Rheinarmeen (Köln u. Graz 1967) 35 Anm. 191.
96 G. Alföldy, Fasti Hispanienses (Wiesbaden 1969) 38, 41.
97 Zur Diskussion etwa A. Mócsy, Pannonien und das römische Heer (Stuttgart 1992) 19–22; P. Oliva, Stud. Clas. 24, 1986, 125–129; M. Šašel-Kos, A historical outline of the region between Aquileia, the Adriatic, and Sirmium in Cassius Dio and Herodian (Ljubljana 1986) 322–334. Vgl. A. Birley, Marcus Aurelius (London [2]1987) 254 f.; G. Alföldy, Die Krise des Römischen Reiches (Stuttgart 1989) 25–68.
98 J. Fitz in: Lebendige Altertumswissenschaft. Festgabe zur Vollendung des 70. Lebensjahres von H. Vetters (Wien 1985) 123–125; ders. in: V. A. Maxfield/M. J. Dobson (Hrsg.), Roman Frontier Studies 1989 (Exeter 1991) 219–224, bes. 220 f.
99 A. Lippold in: D. Albrecht (Hrsg.), Zwei Jahrtausende Regensburg (Regensburg 1979) 21–35.
100 W. Gauer, Bonner Jahrb. 181, 1981, 7 m. Anm. 22; M. Šašel-Kos, A historical outline 330.
101 Scheidel, Chiron 20, 1990, 1–18; eine andere Chronologie K. Rosen in: B. u. P. Scardigli (Hrsg.), Germani in Italia (Rom 1994) 87–104.
102 Zur „Pest" Dietz, Chiron 13, 1983, 529 Anm. 177; ebd. 19, 1989, 439 Anm. 160; Scheidel, Chiron 20, 1990, 5 Anm. 21 und unten .
103 J. Fitz, Arh. Vestnik 19, 1968, 43–51; J. Šašel, Opera selecta (Ljubljana 1992) 388–396; M. Šašel-Kos, A historical outline 240–242; vgl. Scheidel, Chiron 20, 1990, 6 m. Anm. 32.
104 Dietz, Chiron 17, 1987, 393 m. Anm. 70.
105 J. Fitz (wie Anm. 98) 221.
106 Lippold, Zeitschr. Papyr. u. Epigr. 38, 1980, bes. 214 f.
107 W. Scheidel, Historia 39, 1990, 493–498.
108 B. Rosenberger, Bella et expeditiones. Die antike Terminologie der Kriege Roms (Stuttgart 1992) 103.
109 J. Fitz, BVbl. 32, 1967, 40–51; Lippold, Zeitschr. Paypr. u. Epigr. 38, 1980, 203–215; ders., Bonner Historia Augusta Colloquium 1979/1981 (Bonn 1983) 173–191; G. Alföldy, Römische Heeresgeschichte (Amsterdam 1987) 326–348.
110 Böhme, Jahrb. RGZM 22, 1975, 167.
111 H. Halfmann, Itinera principum (Stuttgart 1986) 213.
112 Viel Phantasie W. Gauer, Bonner Jahrb. 181, 1981, 28 f.
113 So noch Dietz, Chiron 19, 1989, 441; H.-J. Kellner, BVbl. 30, 1965, 171–174.
114 Scheidel, Chiron 20, 1990, 15 m. Anm. 79; Faber, Regensburg-Kumpfmühl 110 m. Anm. 258.
115 Scheidel, Chiron 20, 1990, 16.
116 Vgl. mit etwas anderen Datierungen Alföldy, Römische Heeresgeschichte 331–334; 341; 347.
117 K. Dietz, RiS 86; G. Alföldy, Fundber. Baden-Württemberg 12, 1987, 303–324; K. Dietz, Chiron 19, 1989, 407–447; G. Alföldy, Fundber. Baden-Württemberg 14, 1989, 289– 292.

118 H. Wolff, Ostbair. Grenzm. 32, 1990, 9–29; O. Salomies, Arctos 24, 1990, 107–112. Allgemein wichtig S. Maffei, La 'Felicitas Imperatoris' e il dominio sugli elementi. Studi Class. Orientali 40, 1990, 329–367.
119 Vgl. Stahl, Chiron 19, 1989, 304 m. Anm. 68.
120 Dazu J. Rajtár/C.-M. Hüssen in: H. Friesinger (Hrsg.), Internationales Symposium. Markomannenkriege–Ursachen und Wirkungen (Wien 1995) im Druck.
121 G. Alföldy, Die Krise des Römischen Reiches (Stuttgart 1989) 25–68; vgl. K. Dietz, Zum Ende der Markomannenkriege: die expeditio Germanica tertia. H. Friesinger (Hrsg.), Internationales Symposium. Markomannenkriege–Ursachen und Wirkungen (Wien 1995) 7–15. Zu den Verträgen Stahl, Chiron 19, 1989, 306.
122 W. Szaivert, Die Münzprägung der Kaiser Marcus Aurelius, Lucius Verus und Commodus (161–192) MIR 18 (Wien 1986) 142, 214.
123 Dietz, RzR 80–82.
124 Dazu AE 1986, 533 + AE 1987, 791 + Chiron 19, 1989, 424–429.
125 K. Dietz, BVbl. 49, 1984, 79–85.
126 Dietz, Zum Ende. Zu den Buren H.-J. Kellner in: Festschrift für M. Spindler (München 1969) 25–29; F. Cassola in: L. de Rosa (Hrsg.), Ricerche storiche ed economiche in memoria di C. Barbagallo. I (Neapel 1970) 495–501; R. J. A. Talbert, Zeitschr. Papyr. u. Epigr. 71, 1988, 137–147.
127 PME A 120 add. S. 1433 f.; vgl. G. Wesch-Klein, Zeitschr. Papyr. u. Epigr. 77, 1989, 151–154.
128 Zum Folgenden vgl. Th. Fischer in: H. Friesinger (Hrsg.), Internationales Symposium. Markomannenkriege–Ursachen und Wirkungen (Wien 1995) 341–354.
129 Faber, Regensburg-Kumpfmühl 121 Nr. 105: 580 Nr. 32. Nach Szaivert, Die Münzprägung. 121 Nr. 232 gehört die Münze in die 24. Emission des Jahres 172. Faber ebd. 110 f. ist bezüglich der exakten historischen Fixierbarkeit ihrer Befunde nicht sehr zuversichtlich.
130 H. Schönberger, Germania 48, 1970, 66 ff.; R. Christlein/Th. Fischer, Arch. Korrbl. 9, 1979, 432 ff.; Th. Fischer, BVbl. 50, 1985, 477 ff.; I. Jütting, Kleinfunde aus dem Lager von Eining-Unterfeld. Magisterarbeit München (1992).
131 Dietz, Chiron 13, 1983, 527–530.
132 Dietz, Chiron 13, 1983, 534–536. Sachlich führt nicht weiter Schönberger, Ber. RGK 66, 1985, 410.
133 Dietz, Chiron 13, 1983, passim; Zanier, Ellingen passim.
134 Dietz, RzR 92.
135 G. Spitzlberger, Saalburg-Jahrb. 25, 1968, 65–184, bes. 113–124; vgl. S. Arnold, Ostbair. Grenzm. 28, 1986, 297–299; dies., ebd. 29, 1987, 20–32.
136 Dietz, Chiron 13, 1983, 535 f.; siehe Schönberger, Ber. RGK 66, 1985, 410; vgl. D. Baatz, Der römische Limes (Berlin [3]1993) 75 f.
137 Dietz, Chiron 13, 1983, 528 Anm. 172; Rosenberger, Bella et expeditiones 109 f.
138 G. E. Thüry, Zur Infektkette der Pest in hellenistisch-römischer Zeit. Festschr. 75 Jahre Anthropol. Staatsslg. München 1902–1977 (München 1977) 275–283.
139 E. Birley, Raetien, The Roman Army (Amsterdem 1988) bes. 270 f.; zur Vorsicht mahnend Dietz, RzR 424.
140 W. Specht, Saalburg-Jahrb. 21, 1963/64, 90–94.
141 G. Gottlieb, Rieser Kulturtage 1986, VI 1 (Nördlingen 1987) 221–225.
142 Eine nicht mehr vollständige und in manchen Punkten nicht ganz einwandfreie Zusammenstellung aller Angehörigen der legio III Italica findet man bei G. Winkler, BVbl. 36, 1971, 92–99. Nicht ersetzt ist E. Ritterling, Legio. RE XII (1924/25) 1186–1829, bes. 1300 f., 1336, 1339, 1532–1539; Ergänzungen bei A. Passerini, Dizionario Epigrafico IV (1949) 549–627.
143 Th. Fischer, BVbl. 50, 1985, 477–482.
144 P. Reinecke, Germania 29, 1951, 37- 44; A. Radnóti in: Aus Bayerns Frühzeit. F. Wagner zum 75. Geburtstag (München 1962) 157–173; M. Mackensen, Frühkaiserzeitliche Kleinkastelle bei Nersingen und Burlafingen an der oberen Donau. MBVF 41 (München 1987) 119–125.
145 H. Klumbach/L. Wamser, Jahresber. Bayer. Bodendenkmalpflege 17/18, 1976/77, 41–61.
146 P. Reinecke, Römische und frühmittelalterliche Denkmäler vom Weinberg bei Eining a. d. Donau. Festschr. RGZM (Mainz 1927) 157–170.
147 J. Garbsch, Neuburger Kollektaneenblatt 136, 1984, 239–253.
148 G. Ulbert, Germania 47, 1969, 97–128.
149 G. Ulbert in: Studien zur Vor- und frühgeschichtlichen Archäologie. Festschr. J. Werner. MBVF Ergänzungsband I/1 (München 1974) 197–216.
150 Th. Fischer, BVbl. 53, 1988, 167–190.
151 G. Ulbert in: Aus Bayerns Frühzeit. F. Wagner zum 75. Geburtstag (München 1962) 175–185; ders., BVbl. 36, 1971, 44–49.
152 J. Garbsch, BVbl. 35, 1970, 105–112.
153 D. Baatz, Bonner Jahrb. 166, 1966, 194–207; ders., Saalburg-Jahrb. 44, 1988, 59–64.
154 Th. Völling, Saalburg-Jahrb. 45, 1990, 24–58; D. Baatz, Saalburg-Jahrb. 45, 1990, 59–67.
155 U. Giesler, Saalburg-Jahrb. 35, 1978, 5–56.
156 H. Klumbach in: Aus Bayerns Frühzeit. F. Wagner

zum 75. Geburtstag (München 1962) 187–193.
157 H.-J. Kellner, Jahrb. RGZM 13, 1966, 190–201.
158 L. Petculescu, Journ. Rom. Military Equipment Stud. 2, 1991, 35–58; E. Deschler-Erb/P.-A. Schwarz, Jahresber. aus Augst u. Kaiseraugst 14, 1993, 173–183.
159 W. Zanier, Saalburg-Jahrb. 44, 1985, 5–27.
160 A. Büttner, Bonner Jahrb. 157, 1957, 127–180; V. Maxfield, The Military Decorations of the Roman Army (London 1981); J. Garbsch, BVbl. 51, 1986, 333–336.
161 Die konträren Ansichten von G. Alföldy und K. Dietz (Anm. 117) erwägt W. Zanier, Das römische Kastell Ellingen (Mainz 1992) 170 m. Anm. 892.
162 M. Hainzmann, Tyche 6, 1991, 61–85 bes. 74 ff.
163 I. Piso, Tyche 6, 1991, 131–169, bes. 152 f.
164 Piso, Tyche 6, 1991, 141 f. Anm 59; Hainzmann, Tyche 6, 1991, 78; U. Osterhaus/E. Wintergerst, BVbl 58, 1993, 273 f. meinen hier „Ausschnitte einer repräsentativ ausgestatteten Stadtvilla der militärischen Führung (z.B.: Legionslegaten)" zu erkennen; doch bleibt die Deutung Vermutung und ein derartiger Befund wird sich nicht auf Regensburg beschränken lassen.
165 R. Klein in: M. Liedtke (Hrsg.), Handbuch der Geschichte des Bayerischen Bildungswesens (Bad Heilbrunn 1991) 55–79, bes. 62.
166 J. Heiligmann/L. Weber, Zeitschr. Hist. Ver. Schwaben 74, 1980, 44–46 Abb. 14; vgl. Dietz, Chiron 13, 1983, 521 Anm. 130.
167 CIL VI 1337 + M.T. Cipriano in: L. Avetta (Hrsg.), Roma–Via Imperiale (Rom 1985) 98 f. Nr. 60 Taf. 35, 1.
168 F. Vittinghoff, Civitas Romana (wie Anm. 77) 140–159; H. v. Petrikovits, Beiträge zur römischen Geschichte und Archäologie. II (Köln u. Bonn 1991), 169–183; vgl. 353–355.
169 Th. Fischer, Das Umland des römischen Regensburg (München 1990) 111 f. Allgemein etwa H. v. Petrikovits, Beiträge II 61–71.
170 J.E. Bogaers in: Studien zu den Militärgrenzen Roms 3 (Stuttgart 1986) 127–134, bes. 129–131; vgl. AE 1986, 534
171 Piso, Tyche 6, 152 Anm. 103 (auch AE 1987, 792).
172 G. Spitzlberger, Saalburg-Jahrb. 25, 1968, 124 f.
173 S. Dušanić, Arh. Vestnik 41, 1990, 588.
174 Vgl. Dietz, RzR 105–109; nur eine Auswahl an Literatur Vittinghoff, Civitas Romana 130 f.; 140 Anm. 2; 143 Anm. 19; 147; A. Radnóti in: Akten des VI. Internationalen Kongresses für Griechische und Lateinische Epigraphik, München 1972 (München 1973) 385–395, bes. 392, 395f.; A. Mócsy, Pannonien und das römische Heer. Ausgewählte Aufsätze (Stuttgart 1992) 94 f., 122, 129, 167.

Das zivile Leben in der Provinz

1 Um aus des Fülle des Literaturangebots nur zu nennen: G. Alföldy, Gymnasium 83, 1976, 1–25, bes. 7–8; ders., Römische Sozialgeschichte (Wiesbaden [3]1984).
2 K. Dietz in: RiS 101–104.
3 Veldidena. Römisches Militärlager und Zivilsiedlung (Innsbruck 1985) Karte Abb. 1.
4 R. Klein, Handb. d. Gesch. d. Bayer. Bildungswesens 1 (Bad Heilbrunn 1991) 55–79.
5 J. Untermann, Beih. Bonner Jahrb. 40 (Köln 1980) 45–63; A. Decurtins, Jahrb. Hist.-antiquar. Gesellsch. Graubünden 116, 1986, 207–240.
6 Instrvmenta Inscripta Latina. Das römische Leben im Spiegel der Kleininschriften (Pécs 1991); auch H. Wolff, Die Graffiti im römischen Raetien. Specimina Nova Quinquaecclesiensis 255–269.
7 L. Wamser, Weißenburg 1984, Abb. 87; G. Wesch-Klein, BVbl. 55, 1990, 287–290; G. E. Thüry, Das Salzfaß NF 7, 1973, 115–116 (IBR 48 A).
8 A. Rieche, Bonner Jahrb. 186, 1986, 180 f.
9 J. C. Wilmanns, Epigr. Studien 12 (Köln 1981) 1–182, bes. 13 ff.; M. Hainzmann, Mitt. d. Archäol. Ges. Steiermark 5, 1991, 120–146; H. Blanck, Das Buch in der Antike (München 1992).
10 A. K. Bowmann/J. D. Thomas, The Vindolanda Writing-Tablets (London 1994).
11 J. A. Merten, Kurtrier. Jahrb. 22, 1982, 14 ff.
12 W. Krämer, Cambodunumforschungen 1953 – I. MBV 9 (1957), Taf. 12, 1.
13 W. Gaitzsch, Bonner. Jahrb. 184, 1984, 189–207, Kat. 10; Hübener, Augsburg-Oberhausen. MBV 28 (1973), Taf. 34, 13.
14 z.B. Walke, Straubing 1965, Taf. 112.– D. von Boeselager, Kölner Jahrb. f. Vor- u. Frühgesch. 22, 1989, 221–239.
15 CSIR I, 1, 379.
16 H. Grassl in: Studien zu den Militärgrenzen Roms III. Forsch. u. Ber. z. Vor- u. Frühgesch. in Baden-Württemberg 20 (Stuttgart 1986) 736–739. – S. von Schnurbein, Ber. RGK 63, 1982, 5–16; C. S. Sommer in: Akten 14. Int. Limeskongr. Carnuntum. RLiÖ 36/1 (Wien 1990) 121–131.
17 Von Schnurbein, Regensburg 1977, 106 mit Anm. 578.
18 H. U. Nuber in: 2. Intern. Kolloquium über Probleme des provinzialröm. Kunstschaffens Veszprém 1991 (Veszprém 1991) 191–108 bes. 102; s.a. K. Dietz, Chiron 19, 1989, 407 ff.
19 M. Mackensen, Kempten. MBV A 34 (1978) 179 ff. mit Anm. 14.; zuletzt J. Heiligmann in: R. Wiegels/W. Woelser (Hrsg.), Arminius und die Varusschlacht (Paderborn 1995).

20 S. von Schnurbein in: Das keltische Jahrtausend. Ausstellungskat. Prähist. Staatsslg. 23 (Mainz 1993) 244–248.
21 Dietz/Weber, Fremde bes. 429 ff. mit Karte Abb. 3.
22 RzR, 63–66.
23 J. Garbsch, BVbl. 40, 1975, 95 mit knapp 30 griechischen Namen; Dietz/Weber, Fremde, Liste B, 438–439.
24 J. Garbsch, BVbl. 40, 1975, 89–93.
25 Dietz/Weber, Fremde 432; unsicher G. Wesch-Klein, BVbl. 55, 1990, 287–290.
26 G. Ulbert, BVbl. 36, 1971, 101–123.
27 I. Schwidetzky/F. W. Rösing, Homo 26, 1975, 193–218; P. Schröter in: Th. Fischer, Regensburg. MBVF 42 (1990) 347–408.
28 P. Schröter, ebd. (Anm. 27) 347–408, bes. 386 ff.
29 J. Szilágyi in: Sozialökonom. Verhältnisse im alten Orient und im Klass. Altertum (Berlin 1961) 285–289; ders., Acta. Arch. Hung. 14, 1962, 320 f. mit Anm. S. 389; Dietz/Weber, Fremde 427; S. Sommer in: Archäologie in Württemberg (Stuttgart 1988) 281–307, bes. 302 f.
30 F. Wagner, Griechische und lateinische Schriftquellen zur antiken Geographie Bayerns, BVfrd. 1/2, 1921/22, 45–60; P. Reinecke, BVfrd. 4–6, 1924, 17–48; 5, 1925, 17–48; 6, 1926, 17–48; L. Buzás/F. Junginger, Bavaria Latina. Lexikon der lateinischen geographischen Namen in Bayern (Wiesbaden 1971).
31 Zuletzt J. Pauli, BVbl. 56, 1991, 169–180 bes. Abb. 8.
32 K. Fehn, Die zentralörtlichen Funktionen früher Zentren in Altbayern (Wiesbaden 1970) bes. 11–23 u. 219–227.
33 H. Wolff, Die verspätete Erschließung Ostraetiens und der Nordgebiete von Noricum – Ein Forschungsproblem. Ostbair. Grenzm. 30, 1988, 9–16.
34 Czysz, Denning 1974.
35 W. Czysz, Hist. Ver. Schwaben 72, 1978, 70–94; ders., Siedlungsstrukturen der römischen Kaiserzeit im Ries. Rieser Kulturtage, Dokumentation 7/1988 (1989) 97–115.
36 Fischer, Umland. MBVF 42 (1990).
37 C.-M. Hüssen, Ber. RGK 71, 1990, 5–22, bes. 16 mit Abb. 6. – S. a. J. Reichart, Sammelbl. Hist. Ver. Ingolstadt 59, 1950, 39–49; K. H. Rieder, Hist. Ver. Ingolstadt 99, 1990 (Ingolstadt 1991) 9–76 mit Karte 1.
38 M. Struck, Arch. Korrbl. 22, 1992, 243–254.
39 Th. Fischer, Römische Landwirtschaft in Bayern. Kat. Bauern in Bayern (Straubing 1992) 229–275 mit Abb. 4.
40 G. Sorge in: Kat. Bauern in Bayern (Straubing 1992) 57–78.
41 Fasold, Seebruck 1993 mit Karte Abb. 2.
42 Bender, Straßen 1975; ders., Reiseverkehr 1978; ders., Transportwesen 1989, 108–154.
43 H.-P. u. M. Uerpmann in: Forsch. u. Ber. z. Vor- u. Frühgesch. in Baden-Württemberg 53 (Stuttgart 1994) 353–357. – Kamel (Camelus bactrianus): W. Berger/E.Thenius, Veröff. d. Histor. Mus. d. Stadt Wien (Wien 1951) 20–22; E. Schmid, Jahresber. Ges. Pro Vindonissa 1952/53, 23 f.; J. Boessneck in: Epfach 1964, 213–261, bes. 219 ff. – Dromedar (Camelus dromedarius): W. Piehler, Die Knochenfunde aus dem spätrömischen Kastell Vemania (Diss. München 1976) 19 f.
44 V. Brouquier-Reddé, Saalburg-Jahrb. 46, 1991, 41–56.
45 K. Schneider, RE IX 2 (1916) 2509–2512 s. v. iugum; H. U. Nuber in: Zeitschr. Hist. Ver. Schwaben 70, 1976, 45–50 mit Abb. 11, 5; L. Bakker, AJB 1990 (1991) 107–110, Abb. 77.
46 A. K. Taylor, Jahrb. RGZM 22, 1975, 106 ff.; G. Pisani, Mezzi di trasporto e traffico. Mus. della civiltà Romana 6 (Rom 1988) Abb. 54–55.
47 W. Drack, BVbl. 55, 1990, 191–239.
48 J. Boessneck in: H. Schebitz/W. Brass, Allgemeine Chirurgie für Tierärzte und Studierende (Berlin, Hamburg 1975) 1–57, bes. 14 mit Abb. 7; A. K. Lawson, Jahrb. RGZM 25, 1978, 137 ff. mit Abb. 2; Garbsch, Transport 1986, 78–82; A. von den Driesch, Geschichte der Tiermedizin (München 1989) Abb. 125.
49 A. Radnóti, Saalburg-Jahrb. 19, 1961, 18–36; ders. in: Provincialia, Festschr. R. Laur-Belart (Basel 1968) 170–184, bes. 182.
50 H.-U. Nuber, Zeitschr. Hist. Ver. Schwaben 70, 1976, 45 ff.; W. Czysz, Zeitschr. Hist. Ver. Schwaben 71, 1977, 52 f. mit Abb. 12, 1.
51 Wamser, Weißenburg 1984, Abb. 79.
52 CSIR I, 1, 80.
53 CSIR I, 1, 63; L. Bakker, AJB 1990 (1991) 107–110 mit Abb. 77.
54 E. von Mercklin, DAI 48, 1933, 84–176; H. Hayen in: Abh. Akad. d. Wiss. Göttingen, Phil.-Hist. K1. F. 3, 122 (Göttingen 1983) 415–470; Chr. W. Röring, Untersuchungen zu römischen Reisewagen (Koblenz 1983); W. Czysz, AJB 1980 (1981) 136–137 (=Zeitschr. Hist. Ver. Schwaben 75, 1980, 53–54 mit Abb. 15). – Radspuren: W. Czysz, AJB 1980 (1981) 142–143.
55 Garbsch, Transport 1986, 47 ff. mit Abb. 28–30; ders., AJB 1986 (1987) 207–209.
56 Buck, Agriculture 1983, bes. 37.
57 H. Bulle, Sitzungsber. Bayer. Akad. d. Wiss., Phil. Hist.Kl. 1947, H. 2 (1948) bes. 105 ff.; A. Planta, Verkehrswege im alten Rätien Bd. 3 (Chur 1987);

Walser, Raetien 1983.

58 W. Czysz/E. Keller, Bedaium. Seebruck zur Römerzeit ($^{2}$1981) 36 mit Abb. 8–9.

59 K. H. Rieder, AJB 1984 (1985) 106–107.

60 G. Weber in: Geschichte der Stadt Kempten. Hrsg. V. Dotterweich u.a. (Kempten 1989) 28 mit Abb. 13; ders., AJB 1988 (1989) 101–104 mit Abb. 70.

61 H. Beer/M. Prell/A. Tillmann in: K. H. Rieder/A. Tillmann (Hrsg.), Neuburg an der Donau (Buch am Erlbach 1993) 79–87.

62 M. Eckholdt, Schr. deutsch. Schiffahrtsmus. 14 (1980); ders., Arch. Korrbl. 16, 1986, 203–206; P. W. Haider, Tiroler Heimat 54, 1990, 5–24. – Flößerei: D. Ellmers in: H.-W. Keweloh, Flößerei in Deutschland (Stuttgart 1985) 14 ff.

63 Einen Schiffsbruch auf der Brenz vermuten J. Hahn/S. Mratschek, Fundber. Baden-Württemberg 10, 1986, 147–154.

64 E. Vonbank, Vorarlberg 7, 1969, Heft 2, 19–22 u. 10, 1972, Heft 2, 4–5; ders., Montfort 24, 1972, 256 ff.;D. Ellmers in: Archäologie in Gebirgen (Festschr. E. Vonbank). Schr. Vorarlberger Landesmus. A 5 (Bregenz 1992) 143–146.

65 Die Donau. Facetten eines europäischen Stromes. Kat. Oberösterr. Landesausst. 1994 (Linz 1994).

66 RzR 230. S. a. E. Keller, AJB 1980 (1981) 120–121; vgl. W. Gauer, Bonner Jahrb. 181, 1981, 28–37.

67 R. A. Maier/S. Winghart, AJB 1985 (1986) 58–61, bes. 60–61 mit Abb. 26; S. Bauer, AJB 1991 (1992) 80–82 mit Abb. 52; G. Zahlhaas, AJB 1990 (1991) 86–88 mit Abb. 56. S. a. K. Scheurer in: K. H. Rieder/A. Tillmann (Hrsg.), Neuburg an der Donau (Buch am Erlbach 1993) 89–95.

68 H. Schönberger/H.-J. Köhler/H.-G. Simon, Ber. RGK 70, 1989, 243–350; W. Czysz, AJB 1993 (1994) 124–128;C.-M. Hüssen/K. H. Rieder/H. Schaaf, Archäologie in Deutschland, 1995, H.1, 6–10.

69 M. Eckstein, Neuburger Kollektaneenbl. 118/119, 1965/66, 40–50; J. Discherl, Deutsche Gaue 59/60, 1978, 10–14; S. Winghart, AJB 1987 (1988) 140–143. – Die sog. Mansio auf dem Aschberg bei Aislingen ist Teil eines Vicus: Jahrb. Hist. Ver. Dillingen 24, 1911, 209–219; 43/44, 1930/31, 70–81; 49/50, 1936/38, 140–144.

70 W. Eck, Die staatliche Organisation Italiens in der hohen Kaiserzeit (München 1979) 88–110.

71 G. Walser, Summus Poeninus (Wiesbaden 1984) 90 f. Nr. 9; vgl. 91.

72 Walser, Raetien 1983; Garbsch, Transport 1986, 88 f. – Einzelbearbeitungen: W. Schleiermacher, Germania 43, 1965, 320–321 (Lesung unlängst zurückgewiesen von H. Lieb, Montfort 38, 1986, 124 mit Anm. 8); M. Eckstein, BVbl. 37, 1972, 56–60; A. Radnóti, BVbl. 37, 1972, 40–56, dazu R. Merkelbach, Zeitschr. f. Papyrologie und Epigraphik 61, 1985, 297–299=AE 1987, 790; K. Dietz, RzR I 33 (vgl. Klio 31, 1938, 44); J. Garbsch, Zeitschr. Hist. Ver. Schwaben 73, 1979, 45–47.

73 J. B. Harley/D. Woodward (Hrsg.), The History of Cartography I: Cartography in Prehistoric, Ancient, and Medieval Europe and the Medeterranean (Chicago, London 1987).

74 N. Reed, Pattern and Purpose in the Antonine Itinerary. American Journ. of Philology 99, 1978, 228–253.

75 A. u. M. Levi, Itineraria Picta. Contributo allo Studio della Tabula Peutingeriana. Studi e Materiali del Museo dell' Impero Romano (1967); E. Weber, Tabula Peutingeriana. Codex Vindobonensis 324 (Graz 1976); ders., Antike Welt 15/1, 1984, 2–8; L. Bosio, La Tabula Peutingeriana. Una descrizione pittorica del mondo antico (Rimini 1983).

76 E. Schallmayer in: Roman Frontier Studies 1989 (Exeter 1989) 400–406; CBFIR Karte 3–4; K. Eibl in: Der römische Weihebezirk von Osterburken II. Forsch. u. Ber. z. Vor- u. Frühgesch. in Baden-Württemberg (Stuttgart 1994) 273–297 mit Verbreitungskarte Taf. 2. – Raetien: J. Garbsch, BVbl. 50, 1985, 355–462 mit Karte Abb. 33 – Benefiziarierausrüstung: K. Dietz, RzR 297 mit Abb. 83 u. 90.

77 IBR 20=CBFIR 214; IBR 25=CBFIR 257; IBR 440=CBFIR 272; IBR 74 B=CBFIR 210; IBR 126=CBFIR 209.

78 P. Basso, I Miliari della Venetia Romana. Archeologia Veneta 9 (Padua 1986) bes. 15 ff., 66 ff., 89 ff., 101 ff.; A. Planta, Verkehrswege im alten Rätien Bd. 3 (Chur 1987); W. Czysz, Römische Staatsstraße via Claudia Augusta. La Venezia nell'area Padano-Danubiana. Le vie di comunicazione (Padua 1990) 253–283 mit Lit.; L. Bosio, Le Strade Romane della Venetia e dell' Histria. Il mito e la storia 4 (Padua 1991) bes. 133 ff.

79 R. Nierhaus, Bad. Fundber. 23, 1967, 117 ff. – Augsburg–Mainz: B. Eberl, Das Schwäb. Mus. 1927, 137 ff. – Augsburg-Salzburg: B. Eberl, Das Schwäb. Mus. 1928, 89 ff.

80 M. Eckstein, Neuburger Kollektaneenbl. 115, 1962, 18–22. – Donaunordstraße: H. J. Seitz, BVbl. 38, 1973, 154–160.

81 H. U. Instinsky, Klio 31, 1938, 33–50; Bender, Straßen 1975, Abb. 12; Walser, Raetien 1983; ders., Noricum 1985; K. Dietz, AJB 1985 (1986) 110–111; Garbsch, Transport 1986, 88 f.; L. Veneziano, Un miliario di Settimo Severo. Storia ant. Ist. Lombardo. Rendiconti dell' Ist. Lomb., Classe d. Lettere, Scienze morali e storiche 124, 1990, 43–49.

82 J. C. Wilmans in: Epigr. Studien 12 (Köln 1981)

1–182, bes. 86 ff. mit Anm. 217. – S.a. H. Wolff, Bonner Jahrb. 176, 1976, 45 ff.

83 H. Swozilek, Jahrb. Vorarlberger Landesmuseumsverein 1986, 3–58; zuletzt: G. Grabher, Österr. Archäol. 5, 1, 1994, 59–66.

84 Die Wasserversorgung antiker Städte. Gesch. d. Wasserversorgung 3 (Mainz 1988) bes. 70–71.

85 A.L. F. Rivet, Celtic names and Roman places. Britannia 11, 1980, 1–19, bes. 13–18.

86 R. Fellmann, Ges. Pro Vindonissa (Brugg 1958) bes. 84 ff., 123 ff.u. 156 ff. (Principia vom „Forumstyp"); zuletzt: Los Foros Romanos de las Provincias Occidentales (Madrid 1987).

87 R. Fellmann, Principia–Stabsgebäude. Kl. Schr. z. Kenntnis d. Besetzungsgesch. Südwestdeutschlands 31 (Aalen 1983); H. von Petrikovits, Abh. Rhein.-Westfäl. Akad. d. Wiss. 56 (Opladen 1975); zuletzt M. Pietsch, Germania 71, 1993, 355–368.

88 J. Deininger, Die Provinziallandtage der römischen Kaiserzeit von Augustus bis zum Ende des dritten Jahrhunderts n. Chr. Vestigia 6 (München 1965).

89 G. Weber, AJB 1991 (1992) 117 mit Abb. 86.

90 Zum Grabstein aus Leutstetten Schillinger-Häfele 226; kritisch dazu Dietz, Fremde 418 ff., bes. 440 f.

91 L. Ohlenroth, BVbl. 21, 1956, 263 f., Abb. 61; R. Schultze, Bonner Jahrb. 118, 1909, 280 ff.; T. Bechert, ebd. 171, 1971, 201–287.

92 H. von Petrikovits in: Abh. Akad. d. Wiss. Göttingen, Phil.-Hist. Kl. F. 3, 101 (Göttingen 1977) 86–135.

93 Heiligmann, Alblimes 1990.

94 B. Rabold in: 3. Heidenh. Archäologie-Colloquium 1987 (Heidenheim 1988) 55–71.

95 D. Baatz, Saalburg-Jahrb. 33, 1976, 11–62, bes. 59 f. mit Abb. 32–33; G. Weber, Germania 56, 1978, 511–521; ders. in: P. Fasold/C.-M. Hüssen, BVbl. 50, 1985, 287–340, bes. 337 ff.; W. Czysz, AJB 1981 (1982) 142–143 Abb. 122; Regensburg: Kompositkapitell CSIR I, 1, 459, Gesims CSIR I, 1, 461–463 und Architekturfragmente 464–466; Gauting: Epistylfragment CSIR I, 1, 545.

96 O. Böhme, BVbl. 26, 1961, Taf. 23, 1.3; Schillinger-Häfele 238.

97 Buck, Agriculture 1983, bes. 15.

98 Spitzlberger, Ziegelstempel 1968, Kat. 355–356.

99 H. Drerup, Zum Ausstattungsluxus in der römischen Architektur (Münster 1957).

100 L. Franchi dell'Orto in: Pompeji wiederentdeckt (Rom 1993) 171 ff., Kat. 56–57.

101 A. Schulten, RE VII 1 (1910) 296–301 s.v. fundus; A. W. van Buren, RE VIII A 2 (1958) 2142–2159 s.v. villa.

102 P. Reinecke, Sammelbl. Hist. Ver. Ingolstadt 65, 1956, 3–35; H. Riedl, BVbl. 50, 1985, 483–486.

103 Jahrb. Hist. Ver. Mittelfranken 93, 1986–1987, 339 mit Taf. 34.

104 U. Osterhaus, AJB 1984 (1985) 115–118.

105 Marmorhand CSIR I, 1, 516.

106 H. Koschik, AJB 1981 (1982) 140–141 mit Abb. 120.

107 Nicht überzeugend: Koch, Treuchtlingen-Weinbergshof 1993, 17.

108 H.-J. Kellner, BVbl. 24, 1959, 146–172; ders., Das Salzfaß N. F. 5, 1971, 63–64; U. Osterhaus, AJB 1983 (1984) 148–151 mit Plan Abb. 104; Krahe/Zahlhaas, Schwangau 1984, 17 ff.

109 Braasch, Luftbildarchäologie 107 mit Taf. 46; BVbl. Beih. 1 (München 1988) 155 f.

110 Buck, Agriculture 1983, bes. 38.

111 Varro RR 1, 13, 4; Buck, Agriculture 1983, bes. 30.

112 Czysz, Denning 1974; E. Keller, AJB 1982 (1983) 122–126; ders. u. S. Winghart, AJB 1982 (1983) 109–111; T. Weski in: Archäologie im Landkreis Freising 3 (Freising 1992) 58–65 mit Abb. 1.

113 J. Trier, Über die Stellung des Zauns im Denken der Vorzeit. Nachr. Ges. Wiss. Göttingen, phil.-hist. Kl. NF 3, Nr. 4 (1940) 58.

114 Buck, Agriculture 1983, bes. 39.

115 Fischer, Regensburg Abb. 30.

116 W. Czysz in: RiS Abb. 129; U. Osterhaus in: Ausgrabungen und Funde in Altbayern 1989 bis 1991. Kat. Gäubodenmus. Straubing 18 (Straubing 1992) 93–97 mit Abb. 1, 3, s.a. Fischer, Umland Abb. 29.

117 M. Struck, Arch. Korrbl. 22, 1992, 243–254; K. W. Alt, BVbl. 57, 1992, 261–276.

118 F. T. Hinrichs, Die Geschichte der gromatischen Institutionen (Wiesbaden 1974) bes. 128 ff.; K. Brodersen (Hrsg.), Agrimensoren. Kat. (München 1991); vgl. A. Mehl, Fundber. Baden-Württemberg 10, 1985, 441–445.

119 Czysz, Denning 1974; ders., Situationstypen 1978; Fischer, Umland 1990, Abb. 126.

120 C.-M. Hüssen, Ber. RGK 71, 1990, Abb.6; K. H. Rieder, Sammelbl. Hist. Ver. Ingolstadt 99, 1990 (Ingolstadt 1991) 9–76 mit Karte 1.

121 A. Steinwenter, Fundus cum instrumento. SWAW 221, 1943, 1–103. - Instruktives Beispiel: Cato, De agri cultura 13.

122 W. Gaitzsch, Antike Korb- und Seilerwaren. Schr. d. Limesmus. Aalen 38 (Stuttgart 1986) Abb. 17; Ulbert, Auerberg 1973, Taf. 9.

123 Jahresber. Bayer. Bodendenkmalpfl. 11/12, 1970/71, 195 mit Abb. 21; R. Christlein, Kölner Römerillustrierte 2, 1975, 120; E. Keller, Jahresber. Bayer. Bodendenkmalpfl. 21, 1980, 94–137; U. Osterhaus, AJB 1984 (1985) 115–118 mit Abb. 80; P. Fasold, AJB 1987 (1988) 137–138; W. Czysz, AJB 1990 (1991) 120–126; R. Pohanka, Die eiser-

nen Agrargeräte der Römischen Kaiserzeit in Österreich. BAR Int. Ser. 298 (Oxford 1986) 49 ff. Kat. 28 (Bregenz). – Siehe auch J. Henning, Jahrb. RGZM 32, 1985, 570–594.

124 K. D. White, Agricultural Implements of the Roman World (Cambridge 1967).

125 M. Eckstein, BVbl. 26, 1961, 128–134, bes. 131 mit Taf. 21; C. Nagler, AJB 1992 (1993) 101–103 mit Abb. 58.

126 A. Hochuli-Gysel, Jahrb. Hist.-antiquar. Gesellsch. Graubünden 116, 1986, 109–146, bes. 137; Fischer, Umland 1990, 90; s. a. Czysz, Keramik Schwaben 1988, Abb. 48.

127 W. Scheidel, Gymnasium 97, 1990, 405 ff.

128 Buck, Agriculture 1983, bes. 29.

129 H. Gummerus, Der römische Gutsbetrieb als wirtschaftlicher Organismus nach den Werken des Cato, Varro und Columella (1906; Neudr. Klio Beih. 5 [1963]); K. D. White, Roman Farming (Ithaca 1979); L. Capogrossi Colognesi (Hrsg.), L'Agricoltura Romana (Rom 1982); K. Greene, The Archeology of the Roman Economy (London 1986) 67 ff.; D. Flach, Römische Agrargeschichte (München 1990), dazu A. Jordens, Arch. f. Papyrusforsch. 39, 1993, 49–81.

130 Hollstein in: B. Frenzel (Hrsg.), Dendrochronologie und postglaziale Klimaschwankungen in Europa. Erdwiss. Forsch. 13 (Wiesbaden 1977) bes. 22 mit Abb. 5, 56 u. 312; U. Willerding, Über Klima-Entwicklung und Vegetationsverhältnisse im Zeitraum Eisenzeit bis Mittelalter. Abh. Akad. d. Wiss. Göttingen, Phil.-Hist. Kl. F. 3, 101 (Göttingen 1977) 357–405; B. Frenzel u.a., Klimaänderung, Mensch und Lebensraum (Hamburg 1980); K. Greene, The Archeology of the Roman Economy (London 1986) bes. 81–97 mit Abb. 30, 98–141 mit Lit.

131 N. Müller in: Der Lech – Wandel einer Wildflußlandschaft. Augsburger Ökolog. Schr. 2 (Augsburg 1991) 9–30.

132 H. Küster, Vom Werden einer Kulturlandschaft. Vegetationsgeschichtliche Studien am Auerberg (Südbayern). Quellen u. Forschungen z. prähist. u. provinzialröm. Archäologie 3 (Weinheim 1988), bes. 118–119; ders., Mitteleuropa südlich der Donau einschließlich Alpenraum. Progress in Old World Palaeoethnobotany, hrsg. W. van Zeist/K. Wasylikowa/K.-E. Behre (Rotterdam 1991) 179–187, bes. 183 f.; ders., Postglaziale Vegetationsgeschichte Südbayerns. Geobotanische Studien zur Prähistorischen Landschaftskunde (Habilitationsschr. München 1991) bes. 146 ff.; M. Porr/F. Unruh in: H.-P. Kuhnen (Hrsg.), Gestürmt–Geräumt–Vergessen? Kat. Württemberg. Landesmus. Stuttgart 2 (Stuttgart 1992) 73–75.

133 K. D. White, Agricultural Implements of the Roman World (Cambridge 1967); K. D. White, Farm Equipment of the Roman World (Cambridge 1975); S. E. Rees, Agricultural Implements in Prehistoric and Roman Britain. BAR Brit. Ser. 69, I (Oxford 1979).

134 P. Leser, Entstehung und Verbreitung des Pfluges. Anthropos II, 3 (Münster 1931) bes. 219 ff., 234 ff.; R. Müller, Zalai Gyüjtmény 19, 1982, Bd. I–II (Zalaegerszeg 1982) 807–850.

135 R. Pohanka, Die eisernen Agrargeräte der Römischen Kaiserzeit in Österreich. BAR Int. Ser. 298 (Oxford 1986) 49 ff.

136 F. Winkelmann in: Heimatarbeit und Heimatforschung, Festschr. Chr. Frank (München 1927) 196–202; A. Roggisch, Klio 71, 1989, 158–163; L. Deroy, Studi Etruschi 31, 1963, 99–120.

137 R. Hofmann, Ber. Bayer. Bodendenkmalpflege 24/25, 1983/84, 112–156 u. M. Hopf/B. Blankenhorn, ebd., 76–111 mit Abb. 1.

138 U. Körber-Grohne, Nutzpflanzen in Deutschland (Stuttgart 1987); H. Küster, Vorträge 9. Niederbayer. Archäologentag (Deggendorf 1991) 191–198, bes. 195; ders. in: Progress in Old World Palaeobotany (Rotterdam 1991) 179–187 bes. 183 f.; ders. in: Bauern in Bayern (Straubing 1992) 137–155.

139 B. Fröschle in: Der römische Weihebezirk von Osterburken II. Forsch. u. Ber. z. Vor- u. Frühgesch. in Baden-Württemberg (Stuttgart 1994) 319–362 mit Abb. 8.

140 Polybios 6, 38, 3; Plut. Ant. 39, 9; Frontin. Strat. 4, 1, 37; Suet. Aug. 24,2.

141 A. Lüning, Jahrb. f. d. Schleswigsche Geest 9, 1961, 9–39, bes. 20 ff. – R. A. Maier, Germania 83, 1985, 155–158.

142 C. Parain, Zeitschr. f. Geschichtswiss. 8, 1960, 357–366. – R. A. Maier, AJB 1985 (1986) 101–105.

143 S. Rieckhoff-Pauli, Archäologisches Museum im BMW Werk Regensburg (Regensburg 1987) 70 mit. Abb. 53.

144 A. G. Drachmann, Archaeol.-kunsthist. Meddelelser I, 1 (Kopenhagen 1932). – Vgl. auch J. P. Oleson in: The History of Technology (Toronto/Buffalo 1984); dazu H. Kalcyk, Bonner Jahrb. 187, 1987, 702 u. M. J. T. Lewis, Journ. Rom. Studies 76, 1986, 297 f.

145 H. Hinz, Zeitschr. f. Volkskde. 51, 1954, 88–105; W. Gall, Alt-Thüringen 13, 1975, 196–204. – U. Körber-Grohne, Nutzpflanzen in Deutschland (Stuttgart 1987) 366 ff., bes. 370 f. mit Taf. 107–108.

146 Vgl. Eugippius, Vita Severini 4,6. – J. Grüß, Forsch. u. Fortschr. 10, 1934, 18–19 bezieht sich nicht auf

Bayern (irrtümlich Dapfing „unweit Donauwörth").

147 C. Parain, Jahrb. f. Wirtschaftsgesch. 1971/II, 165–173; J. Hammerstein, Die Herde im römischen Recht (Göttingen 1976); Buck, Agriculture 1983, bes. 26.

148 H. Schlich, Haltung und Gesundheitspflege der landwirtschaftlichen Nutztiere bei den Römern (Gießen 1957); J. M. C. Toynbee, Tierwelt der Antike. Kulturgeschichte der antiken Welt 17 (Mainz 1983); W. Rinkewitz, Pastio Villatica. Europ. Hochschulschr. R. III, 234 (Frankfurt a. M. 1984); F. M. Huber, Unsere Tiere im alten Bayern (Pfaffenhofen 1988); N. Benecke, Der Mensch und seine Haustiere (Stuttgart 1994).

149 G. E. Thüry in: H. M. Kaenel/M. Pfanner, Tschugg. Römischer Gutshof, Grabung 1977 (Bern 1980) 97–110; M. Teichert in: C. Grigson/J. Clutton-Brock, Husbandry in Europe. BAR Int. Ser. 227 (Oxford 1984) 93–103.

150 Kastrierzangen: Ulbert, Aislingen und Burghöfe 1959, Taf. 28, 34; A. Kolling, Arch. Korrbl. 3, 1973, 353–357.

151 U. Körber-Grohne/U. Piening in: Forschungen u. Ber. z. Vor- u. Frühgesch. in Baden-Württemberg 14 (Stuttgart 1983) 17–88; H. Küster, Die Geschichte des Grünlandes aus pollenanalytischer und archäobotanischer Sicht. Laufener Seminarbeitr. 2/92 (Laufen 1992) 9–13.

152 N. Grass in: Untersuchungen zur eisenzeitlichen und frühmittelalterlichen Flur in Mitteleuropa und ihrer Nutzung, T. II. Abh. Akad. d. Wiss. in Göttingen, Phil.-Hist. Kl. F. 3, 116 (Göttingen 1980) 228–286; P. Gleirscher, Der Schlern 59, 1985, 116–124; R. Frei-Stolba in: C. R. Whittaker (Hrsg.), Pastoral economies in Classical Antiquity, Suppl. 14 (Cambdridge 1988) 143–159. – P. Reinecke, Germania 9, 1925, 135–138; L. Ohlenroth, Das Schwäb. Museum 1925, 152–154; W. Czysz, Führer z. vor- und frühgesch. Denkm. Deutschl. 30 (Stuttgart 1995) 198–201.

153 A. Hyland, Equus: The Horse in the Roman World (London 1990).

154 K. Winkelstern, Die Schweinezucht im klassischen Altertum (Gießen 1933); M. Teichert, Archiv f. Tierzucht 13, 1970, 507–523.

155 Schafschere: S. Rieckhoff-Pauli, Archäologisches Museum im BMW Werk Regensburg (Regensburg 1987) Abb. 57.

156 W. Schweizer, Zur Frühgeschichte des Haushuhns in Mitteleuropa. Studien an vor- u. frühgesch. Tierresten Bayerns 9 (München 1961); R. Thesing, Die Größenentwicklung des Haushuhns in vor- und frühgeschichtlicher Zeit (Diss. München 1977).

157 O.-F. Gandert, Das früheste Auftreten der Haustaube nördlich der Alpen. Kongr. Budapest (Budapest 1973) 119–123.

158 A. von den Driesch in: V. Schmidt u. M. Chr. Horzinek (Hrsg.), Krankheiten der Katze I (Jena 1992) 17–40.

159 J. Boessneck, Tierärztl. Praxis 17, 1989, 89–91; zum Sigmaringer Stachelhalsband: L. Schmidt, Deutsch. Jahrb. f. Volkskunde 6, 1960, 154–182.

160 J. Boessneck, Zur Entwicklung vor- und frühgeschichtlicher Haus- und Wildtiere Bayerns im Rahmen der gleichzeitigen Tierwelt Mitteleuropas. Studien z. vor- u. frühgesch. Tierresten Bayerns 2 (München 1958) 26 ff. – Wichtige neue Veröffentlichungen: H. R. Stampfli, Jahresber. d. Naturforsch. Gesellsch. Graubündens 42, 1968, 1–8; E. Lipper, Ber. Bayer. Bodendenkmalpflege 22/23, 1981/82, 81–160; A. von den Driesch in: Zanier, Ellingen 1992, 291–304.

161 J. Aymard, Essai sur les chasses romaines des origins à la fin du siècle des Antonines (Paris 1951); V. Velkov/G. Alexandrov, Chiron 18, 1988, 271–277.

162 Buck, Agriculture 1983, bes. 26. – L. Lindner, RGA 2 ($^2$1976) 163–171 s. v. Beizjagd; ders., Beiträge zu Vogelfang und Falknerei im Altertum (Berlin 1973); M. Kokabi, Arae Flaviae II. Forsch. u. Ber. z. Vor- u. Frühgesch. in Baden-Württemberg 13 (Stuttgart 1982).

163 Buck, Agriculture 1983, bes. 26.

164 Hübener, Augsburg-Oberhausen. MBV 28 (1973) Angelhaken Abb. 3; Dreizack Taf. 33, 7–8.

165 G. E. Thüry in: Festschr. E. Schmid (Basel 1977) 237–242. – H. Schaafhausen, Bonner Jahrb. 90, 1891, 208–211.

166 S. von Schnurbein in: Der römische Limes in Deutschland: 100 Jahre Reichslimeskommission (Stuttgart 1992) bes. 79–82.

167 A. Mehl in: Akt. 14. Int. Limeskongr. 1986 Carnuntum (Hrsg. H. Vetters/M. Kandler). RLiÖ 36/1 (Wien 1990) 443–453.

168 C.-M. Hüssen, AJB 1992 (1993) 113–115.

169 K. W. Alt, BVbl. 57, 1992, 261–276; M. Struck, Arch. Korrbl. 22, 1992, 243–254 bes. 243.

170 K. Dietz, Ber. RGK 65, 1984, 214; S. v. Schnurbein, Ber. RGK 63, 1982, 5–16, bes. 9.

171 F. Vittinghoff in: Die römischen Militärdiplome als historische Quelle (hrsg. W. Eck/H. Wolff, Köln 1986) 535–555.

172 Wagner 72; IBR 234; IBR 255; nicht zwingend Wagner 19; Norikum: IBR 40 u. IBR 41.

173 Vgl. W. Eck in: Köln. Forsch. 4 (Mainz 1991) 73–84, bes. 83.

174 D. Flach in: ANRW II 10, 2 (1982) 427–473; H.-P. Johne/J. Köhn/V. Weber, Die Kolonen in Italien

und den westlichen Provinzen des Römischen Reiches (Berlin 1983); W. Scheidel, Coloni und Pächter in den römischen Quellen vom 2. Jh. v. Chr. bis zur Severerzeit (Colonus-Studien I). Athenaeum N. S. 80, 1992, 331–370; ders., Pächter und Grundpacht bei Columella (Colonus-Studien II). Ebd. 81, 1993, 391–439.

175 Buck, Agriculture 1983, bes. 34 f., 40 f.

176 RE (1958) 2136 ff. s.v. vilicus; E. Maroti, Oikumene 1, 1976, 109–124.

177 J. Garbsch, BVbl. 40, 1975, 89–93; dazu K. Dietz, Chiron 12, 1982, 420 Anm. 58 u. 438 Nr. 6.

178 W. Krinkel, Romanitas 6/7, 1965, 130–153; R. MacMullen in: ANRW II 1 (1974) 253–261. – Mensch- oder Tierfessel: E. Keller, Jahresber. Bayer. Bodendenkmalpflege 21, 1980, 94–137 mit Abb. 18, 2. – W. Scheidel, Gymnasium 97, 1990, 405 ff.

179 K. Kraft in: Gesammelte Aufsätze zur antiken Geschichte und Militärgeschichte, hrsg. H. Castritius/D. Kienast (Darmstadt 1973) 240 f. u. 246; dazu Dietz/Weber, Fremde bes. 418 f.

180 J. Garbsch, BVbl. 48, 1983, 189–193.

181 CSIR I, 1, 210. Vielleicht der Sex. Natius Secundus aus dem Trierer Land (IBR 236=Krier, Die Treverer 128–130 Nr. 48). – Klappstuhl: CSIR I, 1, 70.

182 C. R. Whittaker in: M.I. Finley (Hrsg.), Studies in Roman Property (Cambridge–London u.a. 1976) 137–165.

183 H. von Petrikovits, Römisches Militärhandwerk (1974). Beitr. z. Röm. Gesch. u. Archäol. (Bonn 1976); K. Dietz, BVbl. 51, 1986, 221–232, bes. 226 ff.; Th. Fischer, BVbl. 50, 1985, 477–482; F. Fröhlich/D. Rose/G. Endlicher in: Mackensen, Nersingen 1987, 320–339; Zanier, Ellingen 1992, 286–289.

184 Th. Fischer, BVbl. 49, 1984, 299–300.

185 S. Rieckhoff in: Bier im Altertum, hrsg. E. M. Ruprechtsberger. Linzer archäol. Forsch. Sonderh. 8 (Linz 1992) 27–33.

186 J. P. Wild in: ANRW II 12, 3 (1985) 362–422. – CSIR I, 1, 61, vgl. dazu K. Polaschek, Kur–Trierisches Jahrb. 1974, 213–223.

187 Walke, Straubing 1965, Taf. 128, 6–7.

188 Krämer, Cambodunumforschungen 1953–I. MBV 9 (1957) Taf. 23, 15

189 C.-M. Hüssen in: K. H. Rieder/A. Tillmann (Hrsg.), Neuburg an der Donau (Buch am Erlbach 1993) 73–74.

190 G. Ulbert, BVbl. 24, 1959, 6–29, 22; ders., BVbl. 26, 1961, 48–60; J. Garbsch, BVbl. 35, 1970, 105–112, bes. 110 ff.; H. Dannheimer, BVbl. 36, 1971, 322–324; s. a. J. Garbsch, BVbl. 40, 1975, 68–107; RzR, Abb. 99.

191 Siehe CSIR I, 1, Beil. 1.

192 W.-D. Grimm, Bildatlas wichtiger Denkmalsteine der Bundesrepublik Deutschland. Arbeitshefte des Bayer. Landesamtes f. Denkmalpflege 50 (München 1990) bes. 129–146.

193 H. Scholz/R. Bienerth, Ber. Naturwiss. Ver. Schwaben 96, 1992, 2–12, bes. 7 f.

194 Zuletzt Eingartner u. a., Faimingen 1993, 218 ff. mit Beil. 15.

195 H. U. Nuber in: Person und Gemeinschaft im Mittelalter. Festschr. f. K. Schmid (Sigmaringen 1988) 7.

196 Grabstein Eichhof (CSIR I, 1, 168) ohne Inschrift; stilistisch anzuschließen die Steine aus Weilheim (CSIR I, 1, 171) und Wolferstadt (CSIR I, 1, 172). – Kastell Pfünz: J. Schwertschlager, Sammelbl. Hist. Ver. Eichstätt 22, 1907, 3–58, bes. 5 ff.

197 Inschriften aus den Kastellen Dambach, Weißenburg, Gnotzheim und Buch sowie Heiligtümern in Eining, Faimingen und am Stätteberg bei Neuburg a.d. Donau; Platten aus den Bädern von Weißenburg, Großsorheim-Stettbach und Oberndorf a.L.

198 A. Stroh, Germania 36, 1958, 78–89, bes. 80 ff.; ders., Verh. Hist. Ver. Oberpf. 97, 1956, 466–470; ebd. 112, 1972, 9 u. 11 ff.; RzR, 80–82. Ein untergegangener Schiffstransport beim Ankerplatz am Eisernen Steg ebd. 233 f.

199 RzR, Abb. 61. – Zur Technologie: E. Reusche, Kalköfen für periodischen Betrieb in Südosteuropa. 12. Veröff. d. Abt. Architektur d. Kunsthist. Inst. Köln (Köln 1977).

200 G. Spitzlberger, BVbl. 27, 1962, 107–115; J. Garbsch, BVbl. 51, 1986, 341–342; W. Czysz in: Keramik Schwaben (1988) 254–259.

201 RzR I 43 u. 44.

202 W. Czysz, Zeitschr. Hist. Ver. Schwaben 72, 1978, 44 mit Abb. 12; ders., ebd. 73, 1979, 60; ders., ebd. 74, 1980, 58 mit Abb. 23, 5–7; L. Bakker, AJB 1989 (1990) 122–129, bes. 129.

203 K. Dietz, BVbl. 51, 1986, 221–232, bes. 226 ff.

204 L. Bakker, AJB 1987 (1988) 121–123.

205 K. Parlasca, Die römischen Mosaiken in Deutschland. RGF 23 (Berlin 1959); W. Jobst, Römische Mosaiken in Salzburg (Wien 1982).

206 R. Schindler, Römischer Bergbau. RGA II (1976) 261–267. – F. Winkelmann, Kat. Eichstätt (Frankfurt a. M. 1926) 40; Zanier, Ellingen 1992, 286; s. a. G. Jacobi, Werkzeug und Gerät aus dem Oppidum von Manching. Die Ausgrabungen in Manching 5 (Wiesbaden 1974) 245 ff.

207 F. Kirchheimer, Aufschluß 27, 1976, 361 ff.; M. Kempa, Antike Eisenverhüttung auf der Ostalb. Arch. Informationen aus Baden-Württemberg 20 (Stuttgart 1991) bes. 25 ff.; W. Reiff in: 5. Heidenheimer Archäologie-Colloquium (Heidenheim

1992) 16 ff.

208 R. Pleiner, BVbl. 35, 1970, 113–141; W. Ruckdeschel/F. Fischer, Technikgeschichte 41, 1974, 187–200. – L. Bakker, Zeitschr. Hist. Ver. Schwaben 81, 1988, 7–31, bes. 13.

209 J. Henning, Saalburg-Jahrb. 46, 1991, 65–82; von Schnurbein, Regensburg 1977, Taf. 52, 13 (Grab 261); Mackensen, Kempten 1978, Taf. 137, 6 (Grab 340).

210 J. Rageth, Archäol. d. Schweiz 5, 1982, 202–208. – Allgemein: H. Frei, Der frühe Eisenerzbergbau und seine Geländespuren im nördlichen Alpenvorland. Münchner Geogr. Hefte 29 (Kallmünz 1966).

211 H. U. Nuber in: Die Ausgrabungen in St. Ulrich und Afra in Augsburg 1961–1968. MBVF 23 (München 1977) 254–255; ders. in: RiS 130–131 mit Abb. 99.

212 Keller, Tittmoning 1980, 94–137, Abb. 23, 2–8; P. Fasold/G. Weber, BVbl. 52, 1987, 37–55; Th. Fischer/K. Schmotz, AJB 1990 (1991) 126–130.

213 J. Sieveking, BVbl. 11, 1933, 92–94; RzR Abb. 5; A. Radnóti, BVbl. 28, 1963, 67–96.

214 Fehlgüsse vom Bergisel: Veldidena. Römisches Militärlager und Zivilsiedlung (Innsbruck 1985) 201 mit Abb. S. 91, Kat. 211.

215 E. Walde-Psenner, Die figürlichen Bronzen in der Vor- und Frühgeschichtlichen Sammlung des Tiroler Landesmuseums Ferdinandeum. Veröff. d. Mus. Ferdinandeum 56, 1976, 169 ff.; dies. in: Archäol.-hist. Forschungen in Tirol 6 (Calliano 1979); dies., I Bronzetti figurati antichi del Trentino. Patrimonio storico e artistico del Trentino 7 (Calliano 1983); Veldidena. Römisches Militärlager und Zivilsiedlung (Innsbruck 1985) 139, Abb. 5, 7.

216 J. Werner, Opus interrasile an römischem Pferdegeschirr des 1. Jahrhunderts. Spätes Keltentum zwischen Rom und Germanien (München 1979) 42–53.

217 W. Schleiermacher in: Germania Romana II. Gymnasium Beih. 5 (Heidelberg 1965) 43–48.

218 H.-J. Kellner in: Studien zur vor- und frühgeschichtlichen Archäologie. Festschr. f. J. Werner (München 1974) 191–196.

219 L. Bakker, AJB 1992 (1993) 104–106 bes. 106; Th. Fischer, Germania 71, 1993, 539–543.

220 Keller, Tittmoning 1980, 94–137 mit Abb. 16, 4; S. Burmeister, AJB 1990 (1991) 92–93 mit Abb. 62.

221 P. Zazoff, Die antiken Gemmen. Handb. d. Archäologie (München 1983) 306–348.

222 G. Ulbert, BVbl. 35, 1970, 83–94; L. Bakker/M. Hermann, AJB 1990 (1991) 82–86 mit Abb. 54.

223 Beispiele: E. M. Schmidt, BVbl. 36, 1971, 216–244; dies., BVbl. 40, 1975, 128–129; G. Zahlhaas, BVbl. 45, 1980, 119–124; dies., Jahresber. Hist. Ver. Straubing und Umgeb. 89, 1987, 25–32; L. Bakker, AJB 1984 (1985) 98–100 mit Abb. 64.

224 Freundl. Hinweis A. Rottloff. – L. Bakker, AJB 1992 (1993) 104–106 bes. 106.

225 Czysz/Mackensen, Töpfereiabfall 1983, 129–164; G. Ulbert, Arbeitsh. d. Bayer. Landesamtes f. Denkmalpfl. 58 (München 1993) 63–68.

226 Prammer, Straubing 1989, Abb. 76.

227 W. Czysz, AJB 1987 (1988) 123–132.

228 W. Czysz in: Keramik Schwaben 1988, 98, Kat. 96–97; zur Latène–Töpfertraditionen am Ort: H. P. Uenze, Arbeitsh. d. Bayer. Landesamtes f. Denkmalpfl. 58 (München 1993) 51–62, bes. 51–55.

229 Hinweis auf eine lokale Töpferei: L. Bakker, Zeitschr. Hist. Ver. Schwaben 81, 1988, 13.

230 W. Czysz, Germania 62, 1984, 67–73.

231 Von Schnurbein, Regensburg 1977, 58–60.

232 W. Czysz in: Keramik Schwaben (1988) 106–109; R. A. Maier, Sammelbl. Hist. Ver. Ingolstadt 87, 1978, 296–303; J. Garbsch in: Schönberger, Oberstimm (1978) bes. 259–278; H. Dannheimer, BVbl. 41, 1976, 133–142; zuletzt Zanier, Ellingen (1992) 141–145.

233 W. Czysz, BVbl. 49, 1984, 215–256.

234 FMRD I 7011; H.-J. Kellner, JNG 27, 1977, 21–27.

235 H.-J. Kellner, Germania 38, 1960, 386–392; ders., ebd. 41, 1963, 119–122.

236 L. Weber, Jahrb. RGZM 28, 1981, 133–170.

237 S. Rieckhoff, BVbl. 55, 1990, 291–298.

238 H. Gebhart/K. Kraft/H. Küthmann u.a., JNG 7,1956,9–71; H.-J. Kellner, Ber. d. Bayer. Landesamts f. Denkmalpfl. 13, 1953/54, 55–64.

239 H. Schneider (Hrsg.), Sozial- und Wirtschaftsgeschichte der römischen Kaiserzeit (Darmstadt 1981); R. Noll, Germania 50, 1972, 148–152.

240 E. Grönke/E. Weinlich, BVbl. 57, 1992, 189–230; J. Garbsch, BVbl. 57, 1992, 231–259; Zs. Visy in: Kellner/Zahlhaas, Weißenburg (1993) 128–137.

241 J. Nollé, Nundinos instituere et habere. Epigraphische Zeugnisse zu Einrichtung und Gestaltung von ländlichen Märkten in Afrika und in der Provinz Asia (Hildesheim 1982).

242 O. Schlippschuh, Die Händler im römischen Kaiserreich in Gallien, Germanien und den Donauprovinzen Rätien, Noricum u. Pannonien (Amsterdam 1974); Kuhoff, Handel 1984, 77–107, bes. 89 ff.

243 P. Kneißl, Münster. Beitr. Handelsgesch. 2, 1983, 73–90; M. Wissemann, Münster. Beitr. Handelsgesch. III, 1/1984, 116–124.

244 G. Walser, Studien zur Alpengeschichte in antiker Zeit (Stuttgart 1994) 73–80.

245 Ferner: Aurelius, neg(otiator) artis (—)(IBR 170); negot. (IBR 141, Stadtbergen). – negot(iatores) mu-

n(icipi) (Wagner 25); cives Tr(everes) [ne]gotiator(es) (Wagner 106), vgl. dazu J. Krier, Die Treverer außerhalb ihrer Civitas (Trier 1981) 131 f., Nr. 49; zu IBR 360=K. Dietz, RzR Kat. I 6; negotians vinarius: H. Wolff, BVbl. 49, 1984, 87–98, bes. 87 ff.=AE 1984, 707.

246 F. M. Ausbüttel, Untersuchungen zu den Vereinen im Westen des römischen Reiches (Kallmünz 1982).

247 K. Dietz, RzR I 6.

248 Zuletzt K. Dietz, Chiron 17, 1987, 383–393.

249 G. Alföldy, Jahrb. Vorarlb. Landesmusver. 1986, 21–22; ders. in: Raumordnung im Römischen Reich. Schr. Phil. Fak. Univ. Augsburg 38 (1989) 89–90.

250 H. von Petrikovits in: Beitr. z. Röm. Gesch. u. Archäol. II (Köln/Bonn 1992) 283–310; S. Rieckhoff–Pauli in: Donau–Schiffahrt. Schr. d. Arbeitskr. Schiffahrtsmus. 3, 1985, 9–25, bes. 15 ff. mit Abb. 13; zum Handel mit Pannonien K. Dietz, Ber. RGK 65, 1984, bes. 212 mit Anm. 293. Bender, Transportwesen 1989, bes. 147 ff.

251 D. Ellmers in: H.–W. Keweloh, Flößerei in Deutschland (Stuttgart 1985) 12–33, bes. 14 ff.

252 J. Kunow in: Göttinger Schr. z. Vor– u. Frühgesch. 21 (Neumünster 1983) bes. 51 f.

253 F. Strauch/G. F. Thüry, BVbl. 50, 1985, 341–354, 341 ff., bes. 349 ff.; G. E. Thüry in: Festschr. H. R. Stampfli (Basel 1990) 285–301.

254 U. Heimberg, Gewürze, Weihrauch, Seide. Welthandel in der Antike. Kl. Schr. z. Besetzungsgesch. Südwestdeutschlands 27 (Stuttgart 1981).

255 Vgl. J. Garbsch, Das Mühlrad 24, 1982, 93–97.

256 H. U. Nuber/A. Radnóti, Wehringen 1969, 37.

257 J. Remesal Rodriguez in: Studien zu den Militärgrenzen Roms 3. Forsch. u. Ber. z. Vor– u. Frühgesch. in Baden–Württemberg 20 (Stuttgart 1986) 760–767.

258 G. Spitzlberger, Jahrb. Vorarlb. Landesmusver. 1976/77, 157–184.

259 Von Schnurbein, Regensburg 1977, 70 ff.; W. Czysz, Germania 62, 1984, 67–73.

260 Zuletzt J. Garbsch, BVbl. 40, 1975, 94–102, bes. 100 ff.

261 Siehe auch Sucellus: CSIR I, 1, 223; G. Ulbert, BVbl. 24, 1959, 6–29, 22; ders., BVbl. 26, 1961, 48–60; M. Hopf, Jahrb. RGZM 14, 1967, 212–216.

262 Neue Funde aus Augsburg. Kat. Städt. Kunstslg. Augsburg, Röm. Museum V (1978) 91 ff. mit Taf. 16–17; Weinhändler– u. Schankszene: CSIR I, 1, 210; vgl. dazu M. Baltzer, Trierer Zeitschr. 46, 1983, 7–151, bes. 76 f.

263 H. Wolff, AJB 1981 (1982) 148–149 mit Abb. 126; ders., Ostbair. Grenzmarken 23, 1981, 5–16; ders., BVbl. 49, 1984, 87–98, bes. 87 ff.

264 Aus der unübersehbaren Flut von Amphorenpublikationen nur: M. H. Callender, Roman Amphorae – With index of stamps (London 1965); E. Schallmayer, Okkupationslinien 1986.

265 Dietz/Weber, Fremde 1982, 425 nach P. Kneißl, Bonner Jahrb. 181, 1981, 187–189, bes. 187 f. mit Abb. 3; ders. in: Alte Geschichte und Wissenschaftsgeschichte, Festschr. K. Christ (Darmstadt 1988) 234–255, bes. 253.

266 Krämer, Cambodunumforschungen 1953–I, 71 mit Taf. 7, 7 u. Taf. 8, 2=Schillinger-Häfele 223; R. Egger, Jahresh. Österr. Arch. Inst. 46, 1961–63, 185–197; ders., Anz. Österr. Akad. d. Wiss. 1967, 195–210.

267 Frdl. Mitt. E. Römer–Martijnse (Wien).

268 Chr. Flügel, Die römischen Bronzegefäße von Kempten-Cambodunum. MBV 63 (1993); zuletzt: R. Petrovszky, Studien zu römischen Bronzegefäßen mit Meisterstempeln (1993).

269 L. Bakker/M.Hermann/A. Rottloff, AJB 1989 (1990) 122–129.

270 D. Paunier in: La Pietra ollare dalla Preistoria all'eta moderna (Como 1987) 47–57.

271 M. Mackensen, Germania 61, 1983, 120–122.

272 Czysz, Cambodunum-Kempten 1982, 281–348; Th. Fischer, BVbl. 46, 1981, 63–104, bes. 64 ff. mit Abb. 1.

273 K. Parlasca, Germania 32, 1954, 293–299; H. Lange, Römische Terrakotten aus Salzburg (Salzburg 1990); ders., BVbl. 57, 1993, 123–187.

274 E. T. Szönyi, Acta Arch. Acad. Scient. Hungaricae 25, 1973, 87–108; V. Gassner, Carnuntum-Jahrb. 1990 (1991) 253–292.

275 B. Rutkowski, Archeologia (Warszawa) 18, 1967, 55 ff.; D. Gabler, Jahrb. RGZM 30, 1983, 349–358; C. L. Baluta, BVbl. 49, 1984, 125–141; A. Dimitrova-Milceva, BVbl. 49, 1984, 113–124.

276 L. Bakker, AJB 1985 (1986) 101–104 mit Abb. 60.

277 R. A. Maier, AJB 1985 (1986) 101–105.

278 S. De Laet, Portorium. Etude sur l'organisation douanière chez les Romains, surtout à l'époque du Haut–Empire (Brügge 1949); F. Vittinghoff, RE XXII, 1 (1953) Sp. 347 ff. s. v. portorium.

279 R. Nierhaus in: Festschr. E. Wahle: Ur und Frühgeschichte als historische Wissenschaft (1950) 181.

280 J. Garbsch, BVbl. 50, 1985, 355–462 bes. 443 ff.; ders., Transport 1986, 98 mit Abb. 75; s.a. H. Wolff, Römermuseum Kastell Boiotro III (München 1987) 7 mit Taf. 2.

281 R. Christlein/H.-J. Kellner, BVbl. 34, 1969, 76–161, bes. 77 f. mit Taf. 11,4.

282 P. Scherrer in: Lebendige Altertumswissenschaft (Festschr. f. H. Vetters 1985) 255–257.

283 D. Rosenstock in: Aus Frankens Frühzeit (Festg. f. P. Endrich). Mainfränk. Studien 37 (Würzburg 1986) 113–132 mit Abb. 1; S. von Schnurbein in: Der römische Limes in Deutschland (Stuttgart 1992) 71 ff., bes. 72–76 mit Abb. 63; zuletzt: L. Wamser in: B. Trier (Hrsg.), Die römische Okkupation nördlich der Alpen zur Zeit des Augustus. Kolloquium Bergkamen (Münster 1991) 111–113.

284 P. Glüsing, Offa 21–22, 1964–1965, 7 ff., bes. 15 ff.; G. Ulbert, Der Auerberg. RGZM Monogr. 1,1 (Mainz 1975) 409–433 bes. 425 ff. mit Abb. 31, 3; P. Gleirscher, Arch. Korrbl. 16, 1986, 85–91.

285 K. Weidemann, Jahrb. RGZM 19, 1972, 99 ff.; E. Keller in: Studien zur vor- und frühgeschichtlichen Archäologie. Festschr. f. J. Werner (München 1974) 247–291.

286 D. Rosenstock, AJB 1981 (1982) 144–145 mit Abb. 123; B.–U. Abels, AJB 1982 (1983) 98–99.

287 W. Janssen/L. Wamser, AJB 1982 (1983) 94–96; Chr. Pescheck, AJB 1982 (1983) 92–93; D. Rosenstock, AJB 1983 (1984) 120–122.

288 Th. Lorenz u. Chr. Pescheck, BVbl. 38, 1973, 89–94; D. Rosenstock, AJB 1983 (1984) 120–122; G. Zahlhaas, AJB 1990 (1991) 86–88 mit Abb. 56. – Kästchen mit Federschloß: Pescheck, Mainfranken 1978, Taf. 128, 16–17; A. Stroh, BVbl. 41, 1976, 147–149.

289 Pescheck, Mainfranken 1978, 75 ff.; D. Rosenstock, AJB 1986 (1987) 132–134; ders., AJB 1989 (1990) 145–147; S. Dusek, Alt–Thüringen 24, 1989, 183–198.

290 J. Kunow in: ANRW II 12, 3 (1985) 229–279. Eine der Ausnahmen: H.-J. Kellner, Mitt. d. Freunde d. Bayer. Vor- u. Frühgesch. 27, 1983, Abb. 3.

291 W. Janssen, Aus Frankens Frühzeit (Festg. f. P. Endrich). Mainfränk. Studien 37 (Würzburg 1986) 139–152.

292 BVbl. Beih. 1, 1987, 164 mit Abb. 110.

293 M. Teichert in: Festschr. F. Stampfle (Basel 1990) 277–284; U. Willerding in: Deutsche Agrargeschichte 1 (Stuttgart 1969) 188–233; E. Lange in: Römer und Germanen in Mitteleuropa (Berlin 1975) 169–177.

294 C. Redlich, Prähist. Zeitschr. 52, 1977, 61–120 mit Beil. 4 u. Taf. 36; R. A. Maier in: RiS 54–55; zuletzt: Zanier, Ellingen 1992, 148–150 mit 313, Liste 10. Nachzutragen: Veldidena. Römisches Militärlager und Zivilsiedlung (Innsbruck 1985) Kat. 617.

295 Frdl. Hinweis W. Zanier.

296 K. Latte, Römische Religionsgeschichte. Handb. d, Altertumswiss. V 4 (1960, München [3]1976); R. von Schaewen, Römische Opfergeräte, ihre Verwendung in Kultus und Kunst. Arch. Studien 1 (Berlin 1940); G. Radke, Zur Entwicklung der Gottesvorstellung und Gottesverehrung in Rom (Darmstadt 1987); R. Muth, Einführung in die griechische und römische Religion (Darmstadt 1988); E. Simon, Die Götter der Römer (München 1990).

297 M. Euskirchen, Ber. RGK 74, 1993, 607–838. – P. M. M. Leunissen, Fundber. Baden–Württemberg 10, 1985, 155–195; B. H. Stolte in: ANRW II 18, 1 (1986) 591–671; E. M. Wightman, Pagan Cults in the province of Belgica ebd. 542–589.

298 G. Zahlhaas, AJB 1983 (1984) 106–107 mit Abb. 68; L. Bakker, AJB 1984 (1985) 110–112 = Hist. Ver. Schwaben 81, 1988, 7–31, bes. 20 mit Abb. 9; L. Wamser, AJB 1990 (1991) 98–104; K. Dietz, AJB 1990 (1991) 104–107.

299 S. Winghart, AJB 1986 (1987) 126–129.

300 J. Sieveking, BVbl. 11, 1933, 92–94.

301 Bauchhenss/Noelke, Iupitersäulen 1981. – Neufunde: Weber, Jupitersäulen 1985, 268–280; E. Schallmayer, AJB 1984 (1985) 107–110; M. Dinkelmeier/M. Erdrich/M. Klein, AJB 1987 (1988) 114–118.

302 G. Walser, Summus Poeninus (Wiesbaden 1984) 90 f.; RiSchweiz 230 mit Abb. 211–212.

303 G. Walser, Römisches Lesebuch in der Schweiz III (Bern 1980) Nr. 306 f.; J. Rageth, Jahrb. Hist.–antiquar. Ges. Graubünden 116, 1986, 45–108, 48 ff. bes. 79 ff. (Bondo–Promontogno, Bergell).

304 Neue Funde aus Augsburg. Kat. Städt. Kunstslg. Augsburg, Röm. Museum V (1978) 89 ff. Taf. 25; L. Bakker, AJB 1987 (1988) 112–114.

305 G. Weber in: Eingartner, Faimingen 1993, 122–136; L. Bakker, AJB 1990 (1991) 107–110.

306 Keller, Tittmoning 1980, 94–137 Abb. 2.

307 E. Schallmayer, AJB 1984, 107 ff.= Krier 126 f. Nr. 47.

308 Krier 126 f. Nr. 47.

309 M. Silber, BVbl. 18/19, 1951/52, 111–112; H. Wolff, BVbl. 49, 1984, 87–98, bes. 93 ff.; dazu K. Dietz, Chiron 17, 1987, 383–393 (=AE 1987, 794).

310 T. Hölscher, Victoria Romana (Mainz 1967). – R. Christlein, AJB 1980 (1981) 126–127; L. Bakker, Zeitschr. Hist. Ver. Schwaben 81, 1988, 7–31, bes. 14 ff. mit Abb. 6; Victoria auf Schwertern: G. Ulbert in: Studien zur vor– und frühgeschichtlichen Archäologie. Festschr. f. J. Werner (München 1974) 197–216.

311 K. Dietz in: RzR, I 4.

312 G. Ulbert in: Die Oberpfalz 51, 1963, 61–66; dazu RzR 267 f.=Wagner 101.

313 Genius mit Mauerkrone: CSIR I, 1, 257–259.

314 J. Rüphe, Domi militiae (Stuttgart 1990); H. Ankersdorfer, Studien zur Religion des römischen Heeres von Augustus bis Diokletian (Diss. Konstanz 1973) 103 f.

315 K. Dietz, BVbl. 49, 1984, 79–85; ders., AJB 1982 (1983) 108–109 mit Abb. 93. – Th. Fischer, Römermuseum Kastell Boiotro II (München 1987) Taf. 4, 2.

316 D. Fishwick, The imperial cult in the Latin West, Bd. II, 1 (Leiden u.a. 1991).

317 Th. Pekáry, Das römische Kaiserbildnis in Staat, Kult und Gesellschaft, dargestellt anhand der Schriftquellen (Berlin 1985).

318 Krämer, Cambodunumforschungen 1953–I, 61 mit Taf. 10, 1–8 u. Taf. 11, 1–7; neue Fragmente in: Mackensen, Nersingen 1987, Abb. 67, 3–4; H. Menzel, Römische Bronzen aus Bayern. Röm. Mus. Augsburg (1969) 34, Kat. 53; E. Vonbank, Vorarlberg 7/2, 1969, 19 ff.; D. Planck in: ANRW II 1 (Berlin 1976) 404–456, bes. 438 f. mit Taf. 8–10; Wamser, Weißenburg 1984, Abb. 69.

319 Die Pferde von San Marco. Kat. (Berlin 1982); J. Bergemann, Römische Reiterstatuen. Ehrendenkmäler im öffentlichen Bereich (Mainz 1990).

320 Dig. 48, 4, 6 (Venuleius Saturninus): „Wer bereits geweihte Statuen und Abbildungen des Kaisers eingeschmolzen oder etwas ähnliches getan hat, der haftet durch die Lex Iulia über Hochverrat.“ – Th. Pekáry, Boreas 13, 1990, 51 f.

321 H. U. Nuber, Antike Bronzen aus Baden-Württemberg. Schr. d. Limesmus. Aalen 40 (Winnenden 1988) 16.

322 E. Schwertheim, Die Denkmäler orientalischer Gottheiten im römischen Deutschland 40 (Leiden 1974) Raetia 210–224, 269 ff., 290 ff., 305 ff.; R. Wiegels, Die Rezeption orientalischer Kulte in Rom. Freib. Univ.-Bl. 65, 1976, 37–61; E. Schwertheim in: ANRW II, 18, 1 (1986) 794–813.

323 M. J. Vermaseren, Der Kult der Kybele und des Attis im römischen Germanien. Kl. Schr. z. Besetzungsgesch. Südwestdeutschlands 23 (Stuttgart 1979) mit Abb. 3; L. Bakker, AJB 1988 (1989) 120–125.

324 Th. Fischer, AJB 1982 (1983) 115–117.

325 Czysz, Westheim 1985, 147–181 bes. 153 ff., 177.

326 L. Bakker, AJB 1991 (1992) 124–128 mit Abb. 97; E. Walde-Psenner in: Archäologie in Gebirgen (Festschr. E. Vonbank). Schr. Vorarlberger Landesmus. A 5 (Bregenz 1992) 207–210.

327 Fischer, Umland 1990, Abb. 138; Veldidena. Römisches Militärlager und Zivilsiedlung. Ausstellungskat. (Innsbruck 1985) 257 f., Kat. 556.

328 Speidel, Jupiter 1980; M. Hörig/E. Schwertheim, Corpus Cultus Iovi Dolicheni (CID) (Leiden 1987) bes. 302 ff., Nr. 475–486. – J. Garbsch, BVbl. 48, 1983, 189–193; ders., BVbl. 49, 1984, 301–302; ders., AJB 1989 (1990) 140–141.

329 D. Planck, Fundber. Baden-Württemberg 9, 1984, 679–684.

330 Vermaseren, Mithras 1974; Merkelbach, Mithras 1984; Clauss, Cultores 1992; ders., Mithras 1990.

331 L. Schleiermacher, Germania 12, 1928, 46–56; J. Garbsch, BVbl. 50, 1985, 355–462.

332 Schlangengefäße im Sabazioskult: R. Fellmann, Zum Sabazioskult von Vindonissa. Studien zur Religion und Kultur Kleinasiens. Festschr. f. F. K. Dörner Bd. 1, EPRO 66 (Leiden 1978) 284–294.

333 W. Emrich, Griesgram oder Die Geschichte vom Topf. Querolus sive aulularia. Schr. u. Quellen der alten Welt 17 (Berlin 1965) Plautus 1, 1, 1 ff.

334 Th. Fischer, Römer und Bajuwaren an der Donau (Regensburg 1988) 82 mit Taf. 9; Prammer, Straubing 1989, 37–64 mit Abb. 99.

335 S. a. Koch, Treuchtlingen-Weinbergshof 1993, Taf. 52, 1–2.

336 Verbreitung in Raetien: K. Dietz/G. Weber in: RiS, 213–218 mit Abb. 171. – Trunk, Tempel 1991, 187 ff., 190 ff., 194 ff.

337 RiS, Abb. 177.

338 H. Koethe, Ber. RGK 23, 1933, 10–108.

339 C. B. Pascal, The Cults of Cisalpine Gaul (1964) 180–182.

340 H. U. Nuber, Ber. RGK 53, 1972, 1–232.

341 Kellner/Zahlhaas, Weißenburg (1993), Taf. 110, 91–93.

342 E. Schmid, Jahrb. Hist. Ver. Kanton Glarus 61, 1966, 35–41.

343 R. Schindler u.a., Kurtrier. Jahrb. 14, 1974, 228–237.

344 R. A. Maier, Germania 61, 1983, 593–596; M. Lurker, Zeitschr. f. Religions- u. Geistesgesch. 35, 1983, 132–144; H. Lange, Römische Terrakotten aus Salzburg (Salzburg 1990); ders., BVbl. 57, 1992, 123–187.

345 Vgl. die einschlägigen Register bei IBR, Wagner oder Schillinger-Häfele.

346 Z. B. auch: St. F. Pfahl, Fundber. Baden-Württemberg 18, 1993, 117–135, bes. 129 ff.

347 Pauli, Götter 1986, 816–871, bes. 837 ff.

348 W. Torbrügge, Germania 63, 1965, 87–105; St. Wirth, Acta Praehist. et Archaeol. 25, 1993, 211–242; L. Pauli in: Mackensen, Nersingen 1987, 281–312, bes. 290 u. 298 ff.

349 Wagner 65 mit Taf. 16, 65; Brücke bei Pons Aeni vgl. W. Czysz, BVbl. 41, 1976, 104.

350 H. J. Seitz, BVbl. 53, 1988, 269–272 (römisch?).

351 ORL 64, 7 mit Abb. S. 7; H. G. Frenz in: Aus Frankens Frühzeit (Festg. f. P. Endrich). Mainfränk. Studien 37 (Würzburg 1986) 133–138; CSIR I, 1, 70 (Augsburg). – Paarquelle: FMRD I 7, 7097= Pauli, Götter 1986, bes. 851; ebd. auch Fibel bei Hohenschwangau und Quelle bei Haus, Lkr. Mies-

bach: BVbl. 21, 1956, 294 mit Abb. 76; FMRD I 7, 7026.

352 H. Geißlinger, RGA 5 (1983) 320–338 s.v. Depotfund; W. Torbrügge, Arch. Korrbl. 15, 1985, 17–23; L. Pauli, ebd. 195–206.

353 M. Konrad, Germania 72, 1994, 217–229.

354 W. Krämer in: Festschr. E. Vogt. Helvetia Antiqua (Zürich 1966) 111 ff.; R. von Uslar, Vorgeschichtliche Fundkarten der Alpen (Mainz 1991) 79–80. – R. A. Maier, Brandopferplatz 1985; ders., Germania 67, 1989, 188–191; M. Egger, AJB 1984 (1985) 90–92; M. Tschurtschentaler, Archäol. Österr. 5, 1, 1994, 51–58.

355 A. von den Driesch in: Das keltische Jahrtausend. Kat Prähist. Staatsslg. 23 (Mainz 1993) 126–133, bes. 132 f.

356 K. Dietz in: RzR, Abb. 142, Kat. I 45. – P. Fasold in: RiS, 232–233; B. Overbeck, Jahresber. Vorarlb. Landesmuseumsver. 1980/1, 198–202.

357 Veldidena. Römisches Militärlager und Zivilsiedlung (Innsbruck 1985) Kat. 616 (Grab 81).

358 L. Schmidt, Heiliges Blei in Amuletten, Votiven und anderen Gegenständen des Volksglaubens in Europa und im Orient (Wien 1958); Veldidena. Römisches Militärlager und Zivilsiedlung. Kat. (Innsbruck 1985) 142 mit Abb. 8. Eine kurze Übersicht bietet H. Solin, Eine neue Fluchtafel aus Ostia (Helsinki, Helsingfors 1968) 25 f. (mit unpublizierten Exemplaren aus Eining).

359 R. Nierhaus, Helinium 9, 1969, 245–262; J. M. C. Toynbee, Death an Burial in the Roman World (London ²1982); H. von Hesberg/P. Zanker, Römische Gräberstraßen. Bayer. Akad. d. Wiss., Phil.-Hist. Abh. NF 96 (München 1987); I. Morris, Death-Ritual and Social Structure in Classical Antiquity (Cambridge 1992); Römerzeitliche Gräber als Quellen zu Religion, Bevölkerungsstruktur und Sozialgeschichte (hrsg. M. Struck). Archäol. Schr. Inst. Vor- u. Frühgesch. d. Joh. Gutenberg-Univ. Mainz 3 (Mainz 1993).

360 Th. Mommsen, Römisches Strafrecht (Leipzig 1899; Nachdruck Graz 1955) bes. 812–821, 987–990; H. Bürgin-Kreis in: Provincialia, Festschr. R. Laur-Belart (Basel 1968) 25–46; O. Behrends in: Grabfrevel in vor- und frühgeschichtlicher Zeit. Abhandl. Akad. d. Wiss. Göttingen, phil.-hist.Kl. 3. F., 113 (Göttingen 1978) 85–106. – S.a. die einschlägigen Artikel Grab, Grabrecht im Reallex. Antike u. Christentum.

361 J. u. S. Wahl, Arch. Korrbl. 13, 1983, 513–520.

362 A. Werner, Arch. Mitt. Nordwestdeutschland. Beih. 4, 1990, 227–230.

363 Oberpeiching Grab 156: W. Czysz, Keramik Schwaben 1988, 76, Kat. 65; vgl. dazu W. Emrich, Griesgram oder Die Geschichte vom Topf. Schr. u. Quellen der alten Welt 17 (Berlin 1965) „Dieser Euklio hat einst sein Gold in eine Urne eingepackt, wie wenn's die Asche seines Vaters wäre, Spezereien oben darauf gestreut und außen die Inschrift angebracht."

364 Von Schnurbein, Regensburg 1977, 39 ff. mit Abb. 5; Czysz, Keramik Schwaben, Kat. 78.

365 L. Bakker in: RiS, 191–192 mit Abb. 149.

366 RzR, Abb. 135, Grab 759; Th. Fischer, Umland 1990 Abb. 153.

367 M. Mackensen, BVbl. 38, 1973, 56–79; von Schnurbein, Regensburg 1977, Taf. 105, 5–7; 11–12 (Grab 793); Fasold, Seebruck 1993, 19 ff., Taf. 35, 4 (Grab 179).

368 Schmiede: von Schnurbein, Regensburg 1977, Taf. 52, 13 (Grab 261); Mackensen, Kempten 1978, Taf. 137, 6 (Grab 340). – Ärzte: E. Künzl, Bonner Jahrb. 182, 1982, 1–131.

369 R. Christlein/G. Weber, AJB 1980 (1981) 140–141 Abb. 111–112.

370 J. Gorecki, Ber. RGK 56, 1975, 179–467.

371 Apis-Stier: RzR, Abb. 145=Fischer, Umland 1990, Abb. 138.

372 H. Menzel, Lampen im römischen Totenkult. Festschr. RGZM 3 (Mainz 1953) 131 ff.; N. Walke in: Aus Bayerns Frühzeit (Festschr. F. Wagner). Schriftenr. z. Bayer. Landesgesch. 62 (München 1962) 215–218; S. von Schnurbein, BVbl. 36, 1971, 258–282. – Lichthäuschen: Fischer, Umland 1990, 76 f. bes. 77 mit Anm. 269.

373 W. Czysz, Germania 62, 1984, 67–73.

374 Veldidena. Römisches Militärlager und Zivilsiedlung (Innsbruck 1985) 296 mit Kat. 616; W. Czysz, AJB 1981 (1982) 146–147 Abb. 124, dazu: I. Fauduet, Britannia 14, 1983, 97–102, sowie J.-C. Béal u. M. Feugère, Germania 65, 1987, 89–105, bes. Abb. 8, 8.

375 D. von Boeselager, Kölner Jahrb. f. Vor- u. Frühgesch. 22, 1989, 221–239.

376 Fasold, Seebruck 1993, 28 ff.

377 Von Schnurbein, Regensburg 1977, Taf. 106, 17.3–24, 29.6–7; Fasold, Seebruck 1993, Taf. 59.2–4.

378 R. A. Maier, Germania 61, 1983, 132–144; J. Neumaier, Fundber. Baden-Württemberg 18, 1993, 113–116.

379 R. C. G. M. Lauwerier, Palaeohistoria 25, 1983, 183–193. – K. Gerhard/R. A. Maier, BVbl. 29, 1964, 173; Mackensen, Kempten 1978, 172–177; U. Willerding in: Mackensen, Kempten 1978, 183–192; Keller, Heimstetten 1984, 44 f.; Fundber. Baden-Württemberg 12, 1987, 457–461; P. Fasold, Ber. Bayer. Bodendenkmalpflege 28/29, 1987/88,

181–213, bes. 190; Fischer, Umland 1990, 95 f.
380 Fasold, Seebruck 1993, 111 ff.
381 Von Schnurbein, Regensburg 1977, 47 ff., 114.
382 RzR, Abb. 135 (Grab 1002).
383 Mackensen, Kempten 1978, Taf. 10; P. Fasold/ C.–M. Hüssen, BVbl. 50, 1985, 287–340.
384 G. Ulbert, Allg. Geschichtsfreund 73, 1973, 13–33, bes. 30.
385 M. Mackensen, Arh. Vestnik 29, 1978, 336–341; W. Binsfeld, Arch. Korrbl. 16, 1986, 455; s.a. J. Kluge, BVbl. 50, 1985, 183 ff., bes. 208 f.
386 N. Kyll, Trierer Zeitsch. 27, 1964, 168 ff.; I. Schwidetzky, Homo 16, 1965, 230–247; J. Wahl in: Forschungen u. Ber. z. Vor- u. Frühgesch. in Baden–Württemberg 53 (Stuttgart 1994) 85–106.
387 G. Koch/H. Sichtermann, Römische Sarkopage (München 1982) bes. 28 ff. u. 303–305. – H. U. Nuber in: 2. Intern. Kolloquium über Probleme des provinzialröm. Kunstschaffens Veszprém 1991 (Veszprém 1991) 191–108; CSIR I, 1, 416–422=RzR, Kat. I 21, Abb. 136; L. Bakker, AJB 1983 (1984) 130–133 mit Abb.90; ders. in: RiS, 206–208.
388 Der Bleisarkophag aus Bregenz ist eine gallische Sonderform der Spätantike: E. v. Mercklin, AA 1936, 276 mit Abb. 20.
389 Keller, Heimstetten 19; Rollsteinhügel: Kempten Grab 124 a und 241.
390 H. Kerchler in: Beitr. z. Kenntnis der norisch–pannonischen Hügelgräberkultur 2 (Wien 1967); O. H. Urban, Das Gräberfeld von Kapfenstein und die römischen Hügelgräber in Österreich. MBVF 35 (1984) bes. 135 ff., 142 f. u. 155 ff. – W. Krämer, Germania 31, 1953, 212–213; R. A. Maier/K. Gerhardt, BVbl. 29, 1964, 119–177; P. Fasold in: Noricum–Pannoniai Halomsrok (Veszprém 1990) 123–133.
391 Verbreitungskarte: Fasold, Seebruck 1993, Abb. 4.
392 Neufunde: F. Steffan, BVbl. 38, 1973, 120–123; J. Garbsch, BVbl. 40, 1975, 68–107; H. Wolff, AJB 1981 (1982) 148–149 mit Abb. 126; Th. Fischer/G. Weber, AJB 1981 (1982) 150–151; L. Bakker, AJB 1984 (1985) 110–112 =Zeitschr. Hist. Ver. Schwaben 81, 1988, 7–31, bes. 20 mit Abb. 10; K. Dietz, Neuburger Kollektaneenbl. 136, 1984, 254–259; J. Garbsch, AJB 1987 (1988) 139.
393 H. G. Kolbe, Bonner Jahrb. 161, 1961, 105 f. mit Anm. 92.
394 E. Pochmarski in: 2. Intern. Kolloquium über Probleme des provinzialrömischen Kunstschaffens Veszprém 1991 (Veszprém 1991) 123–134.
395 L. Ohlenroth, Germania 31, 1953, 32–38.
396 CSIR I, 1, 67; RzR Abb. 138=CSIR I, 1, 385.
397 F. de Visscher, Droit des Tombeaux Romains (Mailand 1963) 277 ff., bes. 291 ff. – Z. B. CSIR I, 1, 29; RzR, Abb. 136; CSIR I, 1, 24. 27.
398 E. Walde–Psenner, Veröff. des Mus. Ferdinandeum 70, 1990, 299–320. – Cista mystica: CSIR I, 1, 470, 521; Lupa mit Romulus u. Remus: CSIR I, 1, 509; Ammonsmaske: CSIR I, 1, 229; Schwan: CSIR I, 1, 517; Pastoralszene: CSIR I, 1, 528.
399 Delphine: CSIR I, 1, 229, 469, 492, 518, 519, 525, 549–550; Seefabeltiere: CSIR I, 1, 485.
400 Baum: CSIR I, 1, 25, 56–58.
401 F. Delage, Gallia 11, 1953, 25–39; E. Diez in: Pro Arte Antiqua, Festschr. H. Kenner Bd.I. Sonderschr. ÖAI 18 (Wien 1982) 71–76. – Pinienzapfen: CSIR I, 1, 42–46, 336, 549.
402 Eros mit Weintraube: CSIR I, 1, 487; Eroten bei Weinlese: 82; Weinranke: CSIR I, 1, 218; Weinranke aus Kantharos: CSIR I, 1, 486, 20.140; Weinranke mit pickendem Vogel: CSIR I, 1, 84.
403 Kantharos: CSIR I, 1, 546; CSIR I, 1, 83; antithetische Vögel aus Fußschale trinkend: CSIR I, 1, 520. – Zwei Pfaue aus Kantharos trinkend: CSIR I, 1, 29.
404 L. Ohlenroth, Germania 31, 1953, 32–38.
405 CSIR I, 1, 7 (weiß, orange, rot, grün und schwarz); CSIR I, 1, 8; stuckiert und bemalt: CSIR I, 1, 75; s. a. schriftlose Altäre z.B. CSIR I, 1, 353.
406 H.–J. Kellner, Histor. Bl. f. Stadt und Ldkr. Eichstätt 11, 1962, 2, 5–7; ders. in: Aus Bayerns Frühzeit (Festschr. F. Wagner). Schriftenr. z. Bayer. Landesgesch. 62 (München 1962) 205–210.
407 CSIR I, 1, 333, 335, 385, 471–472.
408 Gauer, Pfeilergrabmäler 1978, 57–100; H. U. Nuber in: Die Ausgrabungen in St. Ulrich und Afra in Augsburg 1961–1968, hrsg. J. Werner. MBVF 23 (München 1977) 244 mit Taf. 73, 2; L. Bakker in: RiS, 203–205; RzR, Abb. 139–140; Studien zu Abodiacum–Epfach, hrsg. J. Werner. MBVF 7 (München 1964) bes. 84 ff. mit Taf. 50–54.
409 M. Carrol–Spillecke, Die Gärten von der Antike bis zum Mittelalter. Kulturgesch. d. Alten Welt 57 (Mainz 1992) 201 f.
410 W. Czysz, AJB 1981 (1982) 152–153, Abb. 129–130.
411 H. von Hesberg, Römische Grabbauten (Darmstadt 1992). – Mackensen, Kempten 1978, 127 ff.; F. Leja/H. Thoma, AJB 1990 (1991) 113–115 mit Abb. 83; W. Czysz, AJB 1980 (1981) 142–143; J. Lindenthal/M. Reuter, AJB 1991 (1992) 119–122.
412 R. Christlein/G. Weber, AJB 1980 (1981) 140–141 mit Abb. 112; L. Bakker, Zeitschr. Hist. Ver. Schwaben 81, 1988, 7–31, bes. 18; A. Faber, AJB 1991 (1992) 117–119 mit Abb. 88.
413 R. Christlein/O. Braasch, Das unterirdische Bayern (Stuttgart 1982) 240 f.; P. Fasold/C.–M. Hüs-

sen, BVbl. 50, 1985, 287–340.
414 W. Czysz, AJB 1980 (1981) 142–143.
415 T. Schiess, Die römischen Collegia funeraticia nach den Inschriften (München 1988).
416 W. Czysz, AJB 1988 (1989) 113–116.
417 Siehe R. P. Duncan–Jones, The Economy of the Roman Empire (Cambridge 1974) 79 f., 127–131.

Die große Krise des 3. Jahrhunderts

1 H. Chantraine, Röm. Quartalschr. 70, 1975, 1–31; C.C. Vermeule in: U. Höckmann/A. Krug (Hrsg.), Festschrift f. F. Brommer (Mainz 1977) 289–294. Vgl. Speidel, Journ. Rom. Stud. 83, 1993, 111 m. Anm. 14.
2 J. Fitz, Honorofic titles of Roman military units in the 3rd century (Bonn u. Budapest 1983) 30 f. Zu einer anderen Hervorhebung des Kaisers R. Wiegels, Militärische Kleininschriften. In: H.-G. Simon/H.-J. Köhler (Hrsg.), Ein Geschirrdepot des 3. Jahrhunderts. Grabungen im Lagerdorf des Kastells Langenhain (Bonn 1992) 156–163, bes. 160 ff.
3 M.P. Speidel, Journ. Rom. Stud. 83, 1993, 109–114; zur positiven Commodus-Überlieferung B. Baldwin, Gymnasium 97, 1990, 224–231.
4 P.-H. Martin, Jahrb. Staatl. Kunstsammlungen Baden-Württemberg 1975, 51 ff.
5 P. Carini, RSA 6–7, 1976–77, 361–368.
6 K. Buraselis in: Acts of the Fifth International Symposium „Ancient Macedonia“ I (Thessalonikie 1993) 278–292.
7 CIL VI 32536 c I 18; II 2; 11; 32623 a 22; 32624 a 16; 32627, 18; 32640 I 34; 40; 37184 c I 30; 32; in diesen Zusammenhang gehören wohl auch der Reginus und Suans in CIL VI 32909. Vgl. K. Dietz in: J. Bellot/W. Czysz/G. Krahe (Hrsg.), Forsch. z. Provinzialröm. Archäologie in Bayerisch-Schwaben (Augsburg 1985) 82, 93 f.
8 Z. Rubin, Civili-War, Propaganda and Historiography (Brüssel 1980); A. Birley, Septimius Severus (London [2]1988).
9 H. Graßl, Noricum im Bürgerkrieg des Jahres 196/197 n. Chr. Röm. Österreich 2, 1974, 7–10.
10 Vgl. Herod. 2, 15, 5; 3, 11, 1; E. Ritterling, RE XII 1 (1924) 1311; 1313 f.
11 Zu den Details H. Halfmann, Itinera principum (Stuttgart 1986) 216–220; B. Rosenberger, Bella et expeditiones (Stuttgart 1992) 111–115.
12 CIL III 4037 = E. Weber, Die römerzeitlichen Inschriften der Steiermark (Graz 1969) Nr. 388; H. Aigner, Schild von Steier 14, 1981, 113 ff.
13 C. Bruun, Arctos 24, 1990, 5–14; F. Jacques, Latomus 51, 1992, 119–144.
14 P. Herz, Jahrb. RGZM 32, 1985, 422–435, bes. 426 f.; 430; vgl. M.P. Speidel, Roman Army Studies. II (Stuttgart 1992) 149–152.
15 Wichtig G. Wirth, Caracalla in Franken. Jahrb. Fränk. Landesforsch. 34/35, 1974/75, 37–74, bes. 41 ff.; A. Pabst, Diviso regni. Der Zerfall des Imperium Romanum in der Sicht der Zeitgenossen (Bonn 1986).
16 G. Alföldy, Die römische Gesellschaft. Ausgewählte Beiträge (Heidelberg 1986).
17 Zu Recht betont von L. Wierschowski, Heer und Wirtschaft (Bonn 1984); grundsätzlich dazu aber H. Bruhns, Bonner Jahrb. 190, 1990, 641–644.
18 Vgl. J. Šašel, Opera selecta (Ljubljana 1992) 363–365.
19 I. Piso, Tyche 6, 1991, 131–169, bes. 157 Anm. 133; E. Weber in: Epigrafia. Actes du Colloque international d'épigraphie latine en mémoire de A. Degrassi, Rome, 27–28 mai 1988 (Rom 1991) bes. 544.
20 M. Pavan, Il romanesimo nel Trentino fra centro e periferia: l'apporto dei militari. Atti della Accademia Roveretana degli Agiati 6, 18 (228) 1978, 25–42, bes. 40 f.
21 P. Chisté, Epigrafi Trentine dell'étà Romana (Rovereto 1971) 161–169 Nr. 122; dazu H. Bender, Archäologische Untersuchungen zur Ausgrabung Augst-Kurzenbettli (Basel 1975) 120, 160 Anm. 683; F. Jacques, Les curateurs des cités dans l'Occident romain de Trajan à Gallien (Paris 1983) 336 f. Nr. 43 datiert wegen des Verschwindens des *praefectus fabrum* in die letzten Jahrzehnte des 2. oder Anfang des 3. Jh.
22 Chisté, Epigrafi Trentine 103–106 Nr. 76. Vgl. M. Christol, Essai sur l'évolution des carrières sénatoriales dans la 2e moitié du IIIe s. ap. J.-C. (Paris 1986) 41 Anm. 18.
23 A. Cérati, Caractère annonaire et assiete de l'impot foncier au Bas-Empire (Paris 1970) bes. 150 Anm. 135; J. Remesal Rodriguez, La annona militaris y la exportacion de aceite Betico a Germania (Madrid 1986) bes. 100 Anm. 303; ders. in: Studien zu den Militärgrenzen Roms 3 (Stuttgart 1986) 760–767, bes. 765 f.; vgl. dens., Die procuratores Augusti und die Versorgung des römischen Heeres in: H. Vetters/M. Kandler (Hrsg.), Akten des 14. Internationalen Limeskongresses 1986 in Carnuntum (Wien 1990) 55–65 und, Raetien randlich betreffend, ders. u. V. Revilla-Calvo, Fundber. Baden-Württemberg 16, 1991, 389–439. Für Raetien ausführlicher K. Dietz, Chiron 17, 1987, 383–393, bes. 392 f.
24 Vgl. S.J. de Laet, Portorium (Brügge 1949) 461.
25 Cod. Theod. 11, 16, 15 (1382) = Cod. Iust. 10, 48, 12, 2; Cod. Theod. 11, 16, 18 (390); Cod. Theod. 11, 19, 4 (24. 5. 398); vgl. B. Overbeck, Das Alpen-

rheintal in römischer Zeit. I. MBVF 20 (1982) 223.

26 R. Klein, Der Streit um den Victoriaaltar (Darmstadt 1972) 146 f.; vgl. L. Ruggini, Economia e società nell „Italia Annonaria (Mailand 1961) 114 f., 159–161.

27 L. Criscuolo, Epigraphica 43, 1981, 261–264; ein weiterer Antiochener bei I. Rogger, Il Duomo di Trento (Tient 1978) 18.

28 Th. Fischer, JNG 35, 1985, 49–57.

29 Vgl. Halfmann, Itinera principum (Stuttgart 1986) 223.

30 K. Dietz in: Studien zu den Militärgrenzen Roms 3 (Stuttgart 1986) 135–138

31 W. Schleiermacher in: Aus Bayerns Frühzeit. Friedrich Wagner zum 75. Geburtstag (München 1962) 195–204.

32 F. Winkelmann, Germania 1, 1917, 45–54 sowie 2, 1918, 54–59.

33 H. Wolff, Die Constitutio Antoniniana und Papyrus Gissensis 40 I (Köln 1976).

34 A. Radnóti, Germania 39, 1961, 383–412; H.-G. Pflaum, BVbl. 27, 1962, 82–99; H. Halfmann, Chiron 12, 1982, 217–225.

35 A. Christensen, L'Iran sous les Sassanides (Kopenhagen [2]1936).

36 F. Winkelmann, Eichstätt. Kataloge west- und süddeutscher Altertumssammlungen VI (1926) 54–56

37 D. Baatz in: Studien zu den Militärgrenzen Roms 3 (Stuttgart 1986) 78–89.

38 H.-J. Kellner, Germania 31, 1953, 219.

39 H.-J. Kellner, Germania 38, 1960, 386–392.

40 F. Drexel, Der Schatzfund von Wiggensbach im Allgäu, Das Schwäbische Museum 1927, 33–42; J. Werner, Germania 19, 1935, 159–160.

41 Th. Fischer, Das Umland des römischen Regensburg. MBVF 42 (1990) 29–32.

42 A. Radnóti, Ein Römergrab gefunden im Schulhof des Realgymnasiums. Jahresbericht des Realgymnasiums Augsburg 97, 1961/62, 49–50.

43 W. Ensslin, Zu den Kriegen des Sassaniden Schapur I. (München 1949).

44 Th. Fischer, AJB 1982, 115–117; P. Schröter, AJB 1982, 117–118.

45 U. Osterhaus, AJB 1984, 115–118; P. Schröter, AJB 1984, 118–120.

46 F.-R. Herrmann, Saalburg-Jahrb. 26, 1969, 129–141.

47 H. Schönberger, Saalburg-Jahrb. 21, 1963/64, 84–89, Nr. 30.

48 Th. Fischer in: Spurensuche. Festschrift für H.-J. Kellner. Kat. d. Prähist. Staatssammlung München, Beih. 3 (1991), 125–175.

49 J. Keim/H. Klumbach, Der römische Schatzfund von Straubing. MBVF 3 (1951).

50 H.-J.Kellner, Der römische Verwahrfund von Eining, MBVF 29 (1978).

51 J. Garbsch, Römische Paraderüstungen. MBVF 30 (1978).

52 H.-J. Kellner/G. Zahlhaas, Der römische Tempelschatz von Weißenburg in Bayern (Mainz 1993).

53 W. Krämer, Manching, ein vindelikisches Oppidum an der Donau. Neue Ausgrabungen in Deutschland 1 (Berlin 1958) 196–202.

54 H.-J. Kellner, BVbl. 56, 1991, 181–186.

55 H.-J. Kellner, BVbl. 25, 1960, 132–164.;W. Wandling/B. Ziegaus, BVbl. 58, 1993, 123–142.

56 K. Stribrny, Ber. RGK 70, 1989, 351–505.

57 In der Ausgrabung Passau-Niedernburg befanden sich unter den 918 Münzen von Vespasian bis Honorius 70 Gepräge aus der Alleinherrschaft des Gallienus.

58 BVbl. 41, 1976, 39–47.

59 BVbl. 50, 1985, 366–390.

60 A. Obermayr, Römersteine zwischen Inn und Salzach (Freilassing 1974).

61 R. Turcan, Le trésor de Guelma (Paris 1963) 28–39.

62 M. R.-Alföldi, Germania 52, 1974, 426–447.

63 L. Bakker, AJB 1992, 104–106.

64 R. Christlein/W. Czysz/J. Garbsch/H.-J. Kellner/P. Schröter, BVbl. 41, 1976, 1–106; D. Gabler/H.-J. Kellner, BVbl. 58, 1993, 185–270.

65 W. Czysz, AJB 1987, 123–132.

66 H.-J. Kellner, BVbl. 27, 1962, 115–129.

67 R. Knussert, BVbl. 28, 1963, 159–164; L. Plank, BVbl. 28, 1963, 164–166.

68 M. Jehne, Die Reichskrise des 3. Jhs. und die Überlebensstrategie des Kaisers Gallienus (Manuskript. BVbl. vorgesehen).

69 H. Koethe, Ber. RGK 32, 1942, 199–224.

70 L. Bakker, Germania 71, 1993, 369–386.

71 Forschungen in Lauriacum 6/7, 1960, 16 und 10, 1975, 15–19; G. Dembski, Numismat. Zeitschr. 91, 1977, 3–64

72 H.-M. von Kaenel u. a., Der Münzhort aus dem Gutshof von Neftenbach (Zürich und Egg 1993).

73 J. Garbsch, Der Moosberg bei Murnau. MBVF 12 (1966).

74 F. Jantsch, Mitt. d. österr. Gesellsch. f. Anthropologie, Ethnologie u. Prähistorie 73–77, 1947, 2–52.

75 H.-J. Kellner, Jahrbuch des Historischen Vereins für das Fürstentum Liechtenstein 64, 1964, 57–123.

76 M. R.-Alföldi, Limes-Studien (Basel 1959) 13–18; H.-G. Simon, Die Reform der Reiterei unter Kaiser Gallienus. Studien zur antiken Sozialgeschichte. Festschr. F. Vittinghoff. Kölner Hist. Abh. 28, 1980, 435–452.

77 W. Schulz, Das Fürstengrab und das Gräberfeld von Haßleben (Berlin und Leipzig 1933); ders.,

Leuna, ein germanischer Bestattungsplatz der spätrömischen Kaiserzeit (Berlin 1953); J. Werner, Mitteldeutsche Forsch. 74/I, Festschr. W. Schlesinger Bd. 1 (Köln, Wien 1973) 1–30.

78 Chr. Pescheck, Die germanischen Bodenfunde der römischen Kaiserzeit in Mainfranken. MBVF 27 (1978); H.-J. Kellner, Mitt. d. Freunde d. Bayer. Vor - und Frühgesch. 27, 1983; D. Rosenstock, AJB 1989, 145–147; vgl. auch Th. Völling, Frühgermanische Gräber von Aubstadt im Grabfeldgau (Unterfranken). MBV 67 (1995).

79 L. Bakker, AJB 1992, 104–106.

80 FMRD I 3072, Datierung nach R. Göbl, Die Münzprägung des Kaisers Aurelianus (270/275). MIR 47 (Wien 1993).

81 IBR 191, mit größter Wahrscheinlichkeit von Augsburg nach Zwiefalten verschleppt.

82 Fundber. aus Österreich 5, 1959, 227–228.

83 BVbl. 18/19, 1951/1952, 278–279; Wagner Nr. 30.

84 J. Garbsch/P. Kos, Das spätrömische Kastell Vemania bei Isny I. MBVF 44 (1988).

85 M. Mackensen, Arheoloski Vestnik 45, 1994, 145–163.

86 J. Werner, Der Lorenzberg bei Epfach. Die spätrömischen und frühmittelalterlichen Anlagen. MBVF 8 (1969).

87 H.-J. Kellner/F. Zemmer-Plank/E. Kellner, Veröff. d. Museum Ferdinandeum 64, 1984, 57–236.

88 B. Overbeck, JNG 20, 1970, 81–150.

Spätzeit und Ende

1 R. Saxer, Untersuchungen zu den Vexillationen des römischen Kaiserheeres von Augustus bis Diokletian (Köln 1967); K. Dietz in: Klassisches Altertum, Spätantike und frühes Christentum, A. Lippold zum 65. Geburtstag gewidmet (Würzburg 1993) 279–329.

2 O. Seeck (Hrsg.), Notitia dignitatum (1962); K. Dietz in: RiS 273–275.

3 D. Hoffmann, Epigraphische Studien 7 (Köln 1970).

4 J. Garbsch, Der spätrömische Donau-Iller-Rhein-Limes. Kl. Schr. z. Kenntnis d. röm. Besetzungsgesch. Südwestdeutschl. 6 (1970); ders. in: J. Garbsch/P. Kos, Das spätrömische Kastell Vemania bei Isny I (München 1988) 105–127.

5 K. Spindler, Archäologische Aspekte zur Siedlungskontinuität und Kulturtradition von der Spätantike zum frühen Mittelalter im Umkreis des Klosters Weltenburg an der Donau. Arbeitsheft Bayer. LfD 26 (München 1985) 179–200.

6 H. Klumbach (Hrsg.), Spätrömische Gardehelme. MBVF 15 (1973).

7 E. Keller/K.-H. Rieder, AJB 1991, 132–137.

8 J. Werner, BVbl. 31, 1966, 134–141.

9 U. Giesler, Saalburg-Jahrb. 35, 1978, 5–56.

10 W. Czysz, BVbl. 51, 1986, 261–271.

11 Th. Fischer/K. Spindler, Das römische Grenzkastell Abusina-Eining. Führer zu arch. Denkmälern in Bayern. Niederbayern 1 (1984) 97.

12 Th. Völling, Arch. Anzeiger 1991 (Berlin 1991) 291.

13 H.-W. Böhme in: Zum Problem frühmittelalterlicher Bildinhalte (Sigmaringen 1986) 25–49.

14 E. Keller, Die spätrömischen Grabfunde in Südbayern. MBVF 14 (1971) 26–55. Vgl. auch die aktuellere Darstellung von Ph. Pröttel, Jahrb. RGZM 35, 1988, 347–372.

15 H.-J. Kellner, BVbl. 20, 1954, 119–128.

16 G. Gottlieb u. a., (Hrsg.), Geschichte der Stadt Augsburg (Stuttgart $^{2}$1985).

17 E. Keller, Die spätrömischen Grabfunde in Südbayern. MBVF 14 (1971); J. Werner (Hrsg.), Die Ausgrabungen in St. Ulrich und Afra in Augsburg 1961–1968. MBVF 23 (1977); L. Bakker, AJB.

18 S. Ciglenecki, Höhenbefestigungen aus der Zeit vom 3. bis 6. Jh. im Ostalpenraum. Slov. Ak. d. Wiss, Hist. u. Soziolog. Klass., Schr. 31 (1987).

19 J. Garbsch in: J. Garbsch/P. Kos, Das spätrömische Kastell Vemania bei Isny I. MBVF 44 (1988) 105–127.

20 Th. Fischer, MBVF 42 (1990) 118–119; ders. in: Bauern in Bayern (1992) 84–88.

21 Th. Fischer in: Bauern in Bayern (1992) 267.

22 H. Bernhard in: H. Cüppers (Hrsg.), Die Römer in Rheinland-Pfalz (Stuttgart 1990) 161–164.

23 L. Bakker in: J. Bellot/W. Czysz/G. Krahe (Hrsg.) Forsch. z. Provinzialröm. Archäologie in Bayerisch-Schwaben (1985) 59–77.

24 Chr. Holliger/H. R. Pfeifer, Jahresber. Ges. Pro Vindonissa 1982, 11 ff.

25 G. Spitzlberger, Saalburg-Jahrb. 25, 1968, 65–184; A. Hild, Jahresh. Öster. Arch. Institut 19/20, 1919, 49–65; H.-J. Kellner, Forsch. aus dem oberen Schwaben 2 (1957) 43–45; W. Czysz, BVbl. 49, 1984, 215–256.

26 Zusammenfassend: E. Keller, Die spätrömischen Grabfunde in Südbayern. MBVF 14 (1971).

27 E. Keller, Jahresber. Bayer. Bodendenkmalpfl. 28/29, 1987/88, 216–229.

28 E. Keller, Das spätrömische Gräberfeld von Neuburg a. d. Donau. MBV A 40 (1979); K. H. Rieder in: K. H. Rieder/A. Tillmann (Hrsg.), Neuburg a. d. Donau (Buch am Erlbach 1993), 101–108; E. Pohl, ebda. 109–132.

29 J. Werner (Hrsg.), Die Ausgrabungen in St. Ulrich und Afra in Augsburg 1961–1968. MBVF 23

(1977); W. Berschin, BVbl 46, 1981, 217–224; ders., Am Grab der hl. Afra. Jahrb. Ver. Augsburger Bistumsgesch. 16, 1982, 108–121; F. Prinz, Die hl. Afra. BVbl. 46, 1981, 211–215.

29a E. Boshof/H. Wolff (Hrsg.), Das Christentum im Bayerischen Raum. Von den Anfängen bis ins 11. Jh. Passauer Hist. Forsch. 8 (Köln/Weimar/Wien 1994).

30 E. Alföldi-Rosenbaum u. a., Der spätrömische Silberschatz von Kaiseraugst. (Augst 1984).

31 B. Overbeck, Geschichte des Alpenrheintals in römischer Zeit. II. MBVF 21 (1974) 77, V 12.

32 G. E. Thüry, BVbl. 57, 1992, 305–310.

33 H.-J. Kellner, Germania 36, 1958, 96–103; G. E. Thüry, BVbl. 57, 1992, 305–310.

34 E. Keller, Die spätrömischen Grabfunde in Südbayern. MBVF 14 (1971) 175–183; ders., Jahrb. RGZM 33, 1986, 575–592; ders., Anz. d. Germ. Nationalmuseums 1987 (Nürnberg 1988), 77–88.

35 R. Christlein, Die Alamannen (Stuttgart 1979 ); Quellen zur Geschichte der Alamannen 1–7. Heidelberger Ak. d. Wiss., Komm. f. Alamannische Altertumskunde (Sigmaringen 1976 ff.); J. Werner in: Speculum Historiale. Festschr. J. Spörl (1965) 439 ff. Wiederabgedr. in: W. Müller (Hrsg.), Zur Geschichte der Alamannen (Darmstadt 1975) 67 ff.; H. Steuer in: H.-U. Nuber/K. Schmid/H. Steuer/Th. Zotz (Hrsg.), Archäologie und Geschichte des ersten Jahrtausends in Südwestdeutschland. Bd. 1 (Sigmaringen 1990), 139–205.

36 H. Bernhard u.a., Der Runde Berg bei Urach. Führer zu arch. Denkmälern in Baden-Württemberg 14 (Stuttgart 1991).

37 P. Reinecke, Germania 18, 1934, 117–122 ; J. Werner, BVbl. 25, 1960, 164–169; R. Roeren, Jahrb. RGZM 7, 1960, 214–294; E. Keller in: Studien zur vor - und frühgesch. Archäologie (Festschr. J. Werner) (München 1974) 247–291.

38 H. Dannheimer, Die germanischen Funde der späten Kaiserzeit und des frühen Mittelalters in Mittelfranken (Berlin 1962); Chr. Pescheck, Die germanischen Bodenfunde der römischen Kaiserzeit in Mainfranken. MBVF 27 (1978); W. Sage in: W. Sage (Hrsg.), Oberfranken in vor- und frühgesch. Zeit (Bamberg 1986) 145–250; H. Steuer in: H.-U. Nuber/K. Schmid/H. Steuer/Th. Zotz (Hrsg.), Archäologie und Geschichte des ersten Jahrtausends in Südwestdeutschland. Bd. 1 (1990), 139–205.

39 Th. Fischer, AJB 1983 (Stuttgart 1984), 123–128; ders., Verh. d. Hist. Vereins für Oberpfalz und Regensburg 121, 1981, 349 ff.

40 H. Steuer, in: H.-U. Nuber, K. Schmid, H. Steuer, Th. Zotz (Hrsg.), Archäologie und Geschichte des ersten Jahrtausends in Südwestdeutschland. Bd. 1 (1990) 149–150; F. Teichner, AJB 1988 (Stuttgart 1989), 128–130; ders., AJB 1989 (Stuttgart 1990), 149–151.

41 B. Svoboda, Monumenta Archaeologica 13 (Prag 1965); W. Menghin, Frühgeschichte Bayerns (Stuttgart 1990) 61–65; Th. Fischer, Kat. der Prähist. Staatsslg. 26 (Kallmünz 1993) 104–132; E. Weinlich in: Auf Spurensuche (Regensburg 1992), 41–43.

42 E. Keller/K.-H. Rieder, AJB 1991, 132–137.

43 E. Keller, Die spätrömischen Grabfunde in Südbayern. MBVF 14 (1971) 175–183; ders., Jahrb. RGZM 33, 1986, 575–592; ders., Anz. d. Germ. Nationalmuseums 1987 (Nürnberg 1988), 77–88.

44 E. Keller, Das spätrömische Gräberfeld von Neuburg an der Donau. MBVA 40 (1975).

45 Th. Fischer in: H. Dannheimer/H. Dopsch, Die Bajuwaren (München/Salzburg [2]1988) 39–45; P. Schröter in: Th. Fischer, Das Umland des römischen Regensburg. MBVF 42 (1990) 347–408.

46 X. Loriot in : Studia Numismatica Labacensia (Festschr. A. Jelocnik; Ljubljana 1988), 53–98.

47 R. Noll, Eugippius. Das Leben des Heiligen Severin (Berlin 1963; Nachdr. Passau 1981); Th. Nüsslein, Eugippius Vita Sancti Severini (Stuttgart 1985).

48 H. Castritius in: Deutscher Numismatikertag München 1981 (Augsburg 1983), 31–39.

49 Th. Fischer, Anz. d. Germ. Nationalmuseums 1987 (Nürnberg 1988) 89–104.

50 H. Castritius in: H. Wolfram/A. Schwarcz, Die Bayern und ihre Nachbarn. Teil 1 (Wien 1985) 17–28.

Von den Römer zu den Bajuwaren

1 F. Wagner, BVfrd. 1/2, 1921/22, 45–60.

2 Th. Fischer, Kat. der Prähist. Staatsslg. 26 (Kallmünz 1993) 107–108.

3 L. Bakker in: J. Bellot/W. Czysz/G. Krahe (Hrsg.) Forsch. z. Provinzialröm. Archäologie in Bayerisch-Schwaben (1985) 59–77; ders. in: G. Gottlieb u.a. (Hrsg.), Geschichte der Stadt Augsburg (Stuttgart [2]1985) 78–87.

4 J. Werner (Hrsg.), Die Ausgrabungen in St. Ulrich und Afra in Augsburg 1961–1968. MBVF 23 (1977); W. Berschin, BVbl 46, 1981, 217–224; ders., Am Grab der hl. Afra. Jahrb. Ver. Augsburger Bistumsgesch. 16, 1982, 108–121; F. Prinz, BVbl. 46, 1981, 211–215.

5 V. Bierbrauer in: G. Gottlieb u.a. (Hrsg.), Geschichte der Stadt Augsburg (Stuttgart [2]1985) 87–100.

6 J. Werner, BVbl. 25, 1960, 169–179; E. Keller,

BVbl. 36, 1971, 168–178 ; J. Werner, Jahresschr. Mitteldt. Vorgesch. 35, 1951, 144–148; H.-W. Böhme in: H. Dannheimer/H. Dopsch, Die Bajuwaren (München/Salzburg [2]1988) 23–37.

7 D. Reimann, AJB 1990 (Stuttgart 1991) 140–142.

8 R. Christlein, Jahresber. Bayer. Bodendenkmalpfl. 8/9, 1967/68 (1971) 87–103; Th. Fischer, Kat. der Prähist. Staatsslg. 26 (Kallmünz 1993) 113–115; E. Pohl in: K. H. Rieder/A. Tillmann (Hrsg.), Neuburg a. d. Donau (Buch am Erlbach 1993) 109–132.

9 Th. Fischer, Römer und Bajuwaren an der Donau (Regensburg 1988) 72–73.

10 Th. Fischer/H. Geisler in: H. Dannheimer/H. Dopsch, Die Bajuwaren (München/Salzburg [2]1988) 61–68.

11 K. Reindel in: H. Dannheimer/H. Dopsch, Die Bajuwaren (München/Salzburg [2]1988) 56–60; Th. Fischer/H. Geisler, ebda. 61–68.

12 Barbing-Irlmauth: U. Koch, Die Grabfunde der Merowingerzeit aus dem Donautal um Regensburg (Berlin 1968) 117–124, 175–183; Klettham-Altenerding: W. Sage, Ber. RGK 54, 1973, 212–317; ders, Das Reihengräberfeld von Altenerding in Oberbayern. I. (Berlin 1984); V. Bierbrauer, Zeitschr. Arch. d. Mittelalters 13, 1985, 7–25; Bittenbrunn: R. Christlein, Jahresber. Bayer. Bodendenkmalpfl. 8/9, 1967/68 (1971) 87–103; Straubing-Bajuwarenstraße: H. Geisler in: Typen der Ethnogenese unter besonderer Berücksichtigung der Bayern Teil 2. Österr. Ak. d. Wiss. Phil. Hist. Klass. Denkschr. 204 (Wien 1990) 89–100; Altheim: B. Engelhardt in: Ausgrabungen und Funde in Altbayern 1989 bis 1991. Kat. Gäubodenmus. Straubing 18 (Straubing 1991) 102–106; Viecht: Th. Dannhorn, AJB 1991 (Stuttgart 1992) 139–141; München Aubing: H. Dannheimer in: Auf den Spuren der Bajuwaren (Pfaffenhofen 1987), 11–40.

13 K. H. Dietz/U. Osterhaus/S. Rieckhoff-Pauli/K. Spindler, Regensburg zur Römerzeit (Regensburg 1979); Th. Fischer/S. Rieckhoff-Pauli, Von den Römern zu den Bajuwaren (München 1982); A. Schmid in: H. Dannheimer/H. Dopsch, Die Bajuwaren (München/Salzburg [2]1988) 136–140.

14 K. Reindel, ebd. 56–60.

# Literaturabkürzungen

| | |
|---|---|
| ANRW | Aufstieg und Niedergang der römischen Welt, hrsg. W. Haase u. H. Temporini (Berlin) |
| AE | L'Année Épigraphique (Paris 1888 ff.) |
| AJB | Das Archäologische Jahr in Bayern (Stuttgart 1980) |
| BAR | British Archeological Reports, Int. Ser. (Oxford) |
| BVbl. | Bayer. Vorgeschichtsblätter (München) |
| BVfrd. | Bayer. Vorgeschichtsfreund (München) |
| CBFIR | E. Schallmayer/K. Eibl/J. Ott/G. Preuß/E. Wittkopf, Der römische Weihebezirk von Osterburken I: Corpus der griechischen und lateinischen Beneficiarier-Inschriften des Römischen Reiches (Stuttgart 1990) |
| CIL | Corpus Inscriptionum Latinarum (Berlin 1862 ff.) |
| CSIR | F. Wagner (bearb. G. Gamer/A. Rüsch), Corpus signorum imperii Romani. Deutschland Bd. I, 1 Raetia (Bayern südlich des Limes) und Noricum (Chiemseegebiet) (Bonn 1973) |
| FMRD | Die Fundmünzen der römischen Zeit in Deutschland, hrsg. H. Gebhart/K. Kraft. Abt. I Bayern, 1 Oberbayern (1960), 2 Niederbayern (1970), 3 Oberpfalz (1975), 5 Mittelfranken (1963), 7 Schwaben (1962) |
| IBR | F. Vollmer, Inscriptiones Baivariae Romanae sive inscriptiones provinciae Raetiae adiectis aliquot Noricis Italicisque (München 1915) |
| ILJug | A. u. J. Šašel, Inscriptiones Latinae quae in Iugoslaviae ... repertae et editae sunt (1963) |
| IIt | Inscriptiones Italiae. Academiae Italicae consociatae ediderunt (Rom 1931 ff.) |
| ILAfr | R. Cagnat/A. Merlin/L. Chatelain, Inscriptions latines d'Afrique (Paris 1923) |
| IRT | J.M. Reynolds/J.B. Ward Perkins, The Inscriptions of Roman Tripolitana (Rom u. London 1952) |
| JNG | Jahrbuch für Numismatik und Geldgeschichte (Kallmünz 1949) |
| Jahrb. RGZM | Jahrbuch des Römisch-Germanischen Zentralmuseums (Mainz 1954) |
| MBV | Materialhefte zur Bayerischen Vorgeschichte (Kallmünz/Opf.) |
| MBVF | Münchner Beiträge zur Vor- und Frühgeschichte (München) |
| ORL | Der obergermanisch-raetische Limes des Römerreiches, hrsg. F.Hettner/O. von Sarwey, Abt. A (Streckenbeschreibungen), Abt. B (Beschreibung der Kastelle), (1894-1937) |
| PME | H. Devijver, Prosopographia Militiarum Equestrium quae fuerunt ab Augusto ad Gallienum, 5 Bde. (Löwen 1977-1993) |
| RE | Pauly-Wissowa, Realencyclopädie der classischen Altertumswissenschaft (Stuttgart 1894 ff.) |
| RIB | R. G. Collingwood/R. P. Wright, The Roman Inscriptions of Britain I: Inscriptions on Stone (Oxford 1965) |
| RIC | H. Mattingly u. a., The Roman Imperial Coinage (London 1923 ff.) |
| RGA | Hoops Reallexikon der Germanischen Altertumskunde (Berlin, New York) |
| RiBaden-Württemberg | Die Römer in Baden-Württemberg, hrsg. Ph. Filtzinger/D. Planck/B. Cämmerer (Stuttgart, Aalen[3]1986) |
| RiHessen | Die Römer in Hessen, hrsg. D. Baatz/F.-R. Herrmann (Stuttgart 1982) |
| RiS | Die Römer in Schwaben. Arbeitsh. d. Bayer. Landesamtes f. Denkmalpflege 27 ([2]1985) |
| RiSchweiz | W. Drack/R. Fellmann, Die Römer in der Schweiz (Stuttgart, Jona 1988) |
| RMD | M. M. Roxan, Roman Military Diplomas 1954–1977. Inst. of Archaeology, Occ. Papers 2 (London 1978); 1978–1984, ebd. 9 (London 1985); 1985 – 1993, ebd. 14 (London 1994) |

| | |
|---|---|
| RSO | H. Castritius/M. Clauss/L. Hefner, Die Römischen Steininschriften des Odenwaldes (RSO). W. Wackerfuß (Hrsg.), Beiträge zur Erforschung des Odenwaldes und seiner Randlandschaften. II: Festschrift f. H. H. Weber (Breuberg-Neustadt 1977) 237–308 |
| RSOR | H. Castritius/M. Clauss, Die Römischen Steininschriften des Odenwaldes und seiner Randlandschaften (RSR). W. Wackerfuß (Hrsg.), Beiträge zur Erforschung des Odenwaldes und seiner Randlandschaften. III (Breuberg-Neustadt 1980) 193–222 |
| RStIKöln | B. u. H. Galsterer, Die römischen Steininschriften aus Köln (Köln 1975) |
| RzR | K. Dietz/U. Osterhaus/S. Rieckhoff-Pauli/K. Spindler, Regensburg zur Römerzeit (Regensburg ²1979) |
| Schillinger-Häfele | U. Schillinger-Häfele, Vierter Nachtrag zu CIL XIII und zweiter Nachtrag zu Fr. Vollmer, Inscriptiones Baivariae Romanae. Ber. RGK 58, 1977, 447-603 |
| SI | Supplementa Italica. Nuova serie (Rom 1983 ff.) |
| Wagner | Fr. Wagner, Neue Inschriften aus Raetien. Ber. RGK 37-38, 1956-1957, 215-264 |
| Walser | G. Walser, Die römischen Straßen und Meilensteine in Raetien. Kl. Schr. z. Besetzungsgesch. Südwestdeutschlands 29 (Stuttgart 1983) |
| ZPE | Zeitschrift für Papyrologie und Epigraphik (Bonn 1967 ff.) |

# Literatur

*Die Römer in Raetien*


Beiträge zur Raetia Romana. Voraussetzungen und Folgen der Eingliederung Rätiens ins römische Reich, hrsg. von der Historisch-antiquarischen Gesellschaft von Graubünden (Chur 1987)

B. Bilgeri, Geschichte Vorarlbergs. I: Vom freien Rätien zum Staat der Montforter (Wien, Köln, Graz [2]1976)

O. Braasch, Luftbildarchäologie in Süddeutschland. Kl. Schr. Besetzungsgesch. Südwestdeutschlands 30 (1983)

R. Christlein/O. Braasch, Das unterirdische Bayern (Stuttgart 1982)

K. Dietz/U. Osterhaus/S. Rieckhoff-Pauli/K. Spindler, Regensburg zur Römerzeit (Regensburg [2]1979)

J. Garbsch, Römischer Alltag in Bayern. Das Leben vor 2000 Jahren. 125 Jahre Bayer. Handelsbank München 1869–1994 (München 1994)

R. Heuberger, Rätien im Altertum und Frühmittelalter. Forschungen und Darstellung. I. Schlern-Schriften 20 (Innsbruck 1932, Nachdruck mit Register v. G. Winkler, Aalen 1981)

P.W. Haider, Von der Antike ins Frühe Mittelalter. In: J. Fontana (Hrsg.), Geschichte des Landes Tirol, I: Von den Anfängen bis 1490 (Bozen, Innsbruck 1985) 127–264

H.-J. Kellner, Die Römer in Bayern (München [4]1978)

H.-J. Kellner, Die Zeit der römischen Herrschaft. In: M. Spindler (Hrsg.), Handbuch der bayerischen Geschichte. I: Das alte Bayern, (München [2]1981) 65–96

E. Meyer, Römische Zeit. Handbuch der Schweizer Geschichte. I (Zürich 1972) 55–92

B. Overbeck, Raetien zur Prinzipatszeit. ANRW II 5, 2 (1976) 658–688

B. Overbeck, Geschichte des Alpenrheintals in römischer Zeit auf Grund der archäologischen Zeugnisse. 2 Bde. MBVF 20/1 (München 1972/73)


*Die Kelten im Alpenvorland*


R. Christlein, Zu den jüngsten keltischen Funden Südbayerns. BVbl. 47, 1982, 275 – 292

H. Dannheimer/R. Gebhard (Hrsg.), Das keltische Jahrtausend. Ausstellungskat. d. Prähist Staatsslg. 23 (Mainz [2]1993)

Die Räter – I Reti. Schriftenreihe der Arbeitsgemeinschaft Alpenländer (Bozen 1981)

W. Torbrügge, Latènezeit. In: M. Spindler (Hrsg.), Handbuch der bayerischen Geschichte, Bd. 1 (München 1967) 35–41


*Okkupation und Frühzeit*


R. Frei-Stolba, Die Schweiz in römischer Zeit. Ausgewählte staats- und verwaltungsrechtliche Probleme im Frühprinzipat. ANRW II 5, 1 (1976) 288–403

H.-J. Kellner, Zur Drusus-Inschrift von Bregenz. In: Bericht über den 12. Österreichischen Historikertag 1973 (1974) 48–53 = Jahrb. Vorarlb. Landesmuseumsver. 1973, 35–42

H.-J. Kellner, Zur römischen Verwaltung der Zentralalpen. BVbl. 39, 1974, 92–104

U. Laffi, Zur Geschichte Vindelikiens nach der römischen Eroberung. BVbl. 43, 1978, 19–24

U. Laffi, L'organizzazione dei distretti alpini dopo la conquista. In: M. Vacchina (Hrsg.), La Valle d'Aosta e l'arco alpino nella politica del mondo antico. Atti del convegno internazionale di Studi. St. Vincent – Centro congressi Grand Hotel Billia – 25/26 Aprile 1987 (Aosta 1988) 62–78

M. Mackensen, Frühkaiserzeitliche Kleinkastelle bei Nersingen und Burlafingen an der oberen Donau. MBVF 41 (München 1987)

B. Pferdehirt, Die römische Okkupation Germaniens und Rätiens von der Zeit des Tiberius bis zum Tode Trajans. Untersuchungen zur Chronologie südgallischer Reliefsigillata. Jahrb. RGZM 33, 1986, 221–320

E. Schallmayer, Römische Okkupationslinien in Obergermanien und Raetien. Zur chronologischen Typologie der Amphoren. In: Prod. y com. del aceite en la antigüedad. II Congreso (Madrid 1983) 281–336

S. von Schnurbein, Die Funde von Augsburg-Oberhausen und die Besetzung des Alpenvorlandes durch die Römer. In: J. Bellot/W. Czysz/G. Krahe (Hrsg.), Forsch. z. Provinzialröm. Archäologie in Bayerisch-Schwaben. Schwäbische Geschichtsquellen u. Forsch. 15 (Augsburg 1985) 15–44

F. Schön, Der Beginn der römischen Herrschaft in Rätien (Sigmaringen 1986) [dazu G. Dobesch, Tyche 3, 1988, 29 f.; R. Frei-Stolba, Gnomon 60, 1988, 137–142; J.F. Drinkwater, Journ. Rom. Stud. 78, 1988, 228 f.; H. Wolff, Journ. Rom. Arch. 3, 1990, 407–414]

H. Schönberger, Die römischen Truppenlager der frühen und mittleren Kaiserzeit zwischen Nordsee und Inn. Ber. RGK 66, 1985, 321–497

J. A. Waasdorp, Immanes Raeti: A Hundred Years of Roman Defensive Policy in the Alps and Voralpenland. Talanta 14/15, 1982/83 (1984) 33–90

G. Wieland, Augusteisches Militär an der oberen Donau? Germania 72, 1994, 205–216

H. Wolff, Zu den Anfängen des römischen Raetien. Journal Rom. Arch. 3, 1990, 407–414

*Die Provinz Raetien in der Prinzipatszeit*

W. Eck, Rom, sein Reich und seine Untertanen. Zur administrativen Umsetzung von Herrschaft in der Hohen Kaiserzeit. Geschichte in Köln 7, 1980, 5–31

W. Eck, Die Leitung und Verwaltung einer prokuratorischen Provinz. In: M. Vacchina (Hrsg.), La Valle d'Aosta e l'arco alpino nella politica del mondo antico. Atti del convegno internazionale di Studi. St. Vincent - Centro congressi Grand Hotel Billia – 25/26 Aprile 1987 (Aosta 1988) 102–117

W. Eck, Die staatliche Administration des Römischen Reiches in der Hohen Kaiserzeit – ihre strukturellen Komponenten. In: R. Klein (Hrsg.), 100 Jahre Neues Gymnasium Nürnberg 1889–1989. Festschrift (Donauwörth 1989) 204–224

G. Gottlieb, Die regionale Gliederung in der Provinz Raetien. In: G. Gottlieb (Hrsg.), Raumordnung im Römischen Reich. Zur regionalen Gliederung in den gallischen Povinzen in Rätien, Noricum und Pannonien (München 1989) 75–87 [dazu K. Dietz, BVbl. 56, 1991, 242 f.; F. Schön, Hist. Zeitschr. 254, 1992, 431 f.]

J. Šašel, Rätien. In: F. Vittinghoff (Hrsg.), Europäische Wirtschafts- und Sozialgeschichte in der römischen Kaiserzeit. Handbuch der europäischen Wirtschafts- und Sozialgeschichte, I (Stuttgart 1990) 556–562.

E. Stein, Die kaiserlichen Beamten und Truppenkörper im römischen Deutschland unter dem Prinzipat. Mit Benützung von E. Ritterlings Nachlaß (Wien 1932)

G. Winkler, Die Statthalter der römischen Provinz Raetien unter dem Prinzipat. BVbl. 36, 1971, 50–101; vgl. 38, 1973, 111 - 120

H. Wolff, Einige Probleme der Raumordnung im Imperium Romanum, dargestellt an den Provinzen Obergermanien, Raetien und Noricum. Ostbair. Grenzm. 28, 1986, 152–177

H. Wolff, Die verspätete Erschließung Ostraetiens und der Nordgrenze von Noricum – Ein Forschungsproblem. Ostbair. Grenzm. 30, 1988, 9–16

*Der raetische Limes*

R. Asskamp, Das südliche Oberrheingebiet in frührömischer Zeit. Forschungen und Berichte zur Vor- und Frühgesch. Baden-Württemberg 33 (Stuttgart 1989)

D. Baatz, Der römische Limes. Archäologische Ausflüge zwischen Rhein und Donau (Berlin [3]1993)

R. Braun, Die Anfänge der Erforschung des rätischen Limes (Stuttgart 1984)

Der römische Limes in Deutschland. Archäologie in Deutschland – Sonderheft (Stuttgart 1992)

J. Garbsch u.a., Der römische Limes in Bayern. 100 Jahre Limesforschung. Ausstellungskat. d. Prähist. Staatsslg. 22 (München 1992)

J. Heiligmann, Der „Alb-Limes". Ein Beitrag zur römischen Besetzungsgeschichte Südwestdeutschlands (Stuttgart 1990)

D. Planck/W. Beck, Der Limes in Südwestdeutschland (Stuttgart [2]1987)

D. Planck, Der obergermanisch-raetische Limes und seine Vorläufer. In: D. Planck (Hrsg.), Archäologie in Baden-Württemberg (Stuttgart 1988)
G. Ulbert/Th. Fischer, Der Limes in Bayern: von Dinkelsbühl bis Eining (Stuttgart 1983)

*Exercitus Raeticus*

Unentbehrlich für die römische Heeresgeschichte sind die von M.P. Speidel herausgegebenen Sammelbände in der Reihe MAVORS.
R. Davies, Service in the Roman army (Edinburgh 1989)
W. Eck/H. Wolff, (Hrsg.), Heer und Integrationspolitik. Die römischen Militärdiplome als historische Quelle (Köln/Wien 1986)
Th. Fischer, Zwei neue Metallsammelfunde aus Künzing/Quintana. Spurensuche, Festschrift H.-J. Kellner zum 70. Geburtstag (Kallmünz 1991) 125–175
J. Garbsch, Römische Paraderüstungen. MBVF 30 (München 1976)
F.-R. Herrmann, Der Eisenhortfund aus dem Kastell Künzing. Vorbericht. Saalburg-Jahrb. 26, 1969, 129–141
A. Johnson, Römische Kastelle des 1. und 2. Jahrhunderts n. Chr. in Britannien und in den germanischen Provinzen des Römerreiches (Mainz 1987)
H.-J. Kellner, EXERCITVS RAETICVS. Truppenteile und Standorte im 1.–3. Jahrhundert n. Chr. BVbl. 36, 1971, 207–215
V. A. Maxfield, The military decorations of the Roman army (Berkeley-Los Angeles 1981)
J. Oldenstein, Zur Ausrüstung römischer Auxiliareinheiten. Ber. RGK 57, 1976, 49–284
H. R. Robinson, The Armour of Imperial Rome (London 1975)
J. Rüpke, Domi militiae. Die religiöse Konstruktion des Krieges in Rom (Stuttgart 1990)
K. Strobel, Militär und Bevölkerungsstruktur in den nordwestlichen Provinzen. In: W. Eck/H. Galsterer (Hrsg.), Die Stadt in Oberitalien und in den nordwestlichen Provinzen des Römischen Reiches (Mainz 1991) 287–318
G. Ulbert, Römische Waffen des 1. Jahrhunderts n. Chr. Kl. Schr. z. röm. Besetzungsgeschichte Südwestdeutschlands 4 (1968)
G. Waurick, Römische Helme. In: A. Bottini u. a., Antike Helme. Monographien RGZM 14 (1988) 327–364
H. Wolff, Ein neues raetisches Auxiliardiplom des Jahres 116 n. Chr. aus Künzing. Ostbair. Grenzm. 35, 1993, 11–23

*Markomannenkriege*

A.(R.) Birley, Mark Aurel. Kaiser und Philosoph (München [2]1977) (engl.: Marcus Aurelius. A Biography, London [2]1987)
A. R. Birley, Die Außen- und Grenzpolitik unter der Regierung Marc Aurels. In: R. Klein (Hrsg.), Marc Aurel (Darmstadt 1979) 473–502
H. W. Böhme, Archäologische Zeugnisse zur Geschichte der Markomannenkriege (166–180 n. Chr). Jahrb. RGZM 22, 1975 (Festschrift Hundt Teil 2), 153–217
R. Christlein/Th. Fischer, Neues zum Lager Eining-Unterfeld. Arch. Korrbl. 9, 1979, 423–428
K. Dietz, Kastellum Sablonetum und der Ausbau des rätischen Limes unter Kaiser Commodus. Chiron 13, 1983, 497–536
K. Dietz, Zur Verwaltungsgeschichte Obergermaniens und Rätiens unter Mark Aurel. Chiron 19, 1989, 407–447
Th. Fischer, Archäologische Zeugnisse der Markomannenkriege (166–180 n. Chr.) in Raetien und Obergermanien. In: H. Friesinger u. a., Markomannenkriege – Ursachen und Wirkungen (Brno 1994) 341 – 354
H.-J. Kellner, Raetien und die Markomannenkriege. BVbl. 30, 1965, 154–175 = R. Klein (Hrsg.), Marc Aurel (Darmstadt 1979) 226–269 [Nachträge]
R. Klein, Marc Aurel. Wege der Forschung Bd. 550 (Darmstadt 1979)
W. Scheidel, Der Germaneneinfall in Oberitalien unter Marcus Aurelius und die Emissionsabfolge der kaiserlichen Reichsprägung. Chiron 20, 1990, 1–18
W. Zwikker, Studien zur Markussäule (Amsterdam 1941)

*Das Land und seine Erschließung*

H. Bender, Römische Straßen und Straßenstationen. Kl. Schr. z. Besetzungsgesch. Südwestdeutschlands 13 (Stuttgart 1975)
H. Bender, Römischer Reiseverkehr. Cursus publicus und Privatreisen. Kl. Schr. z. Kenntnis der röm. Besetzungsgesch. Südwestddeutschlands 20 (Stuttgart 1978)
H. Bender, Verkehrs- und Transportwesen in der römischen Kaiserzeit. In: Untersuchungen zu Handel und Verkehr der vor- und frühgesch. Zeit in Mittel- und Nordeuropa V (Göttingen 1989) 108–154
J. Garbsch, Mann und Ross und Wagen. Transport und Verkehr im antiken Bayern. Ausstellungskat. Prähist. Staatsslg. 13 (München 1986)
H. E. Herzig, Probleme des römischen Straßenwesens: Untersuchungen zu Geschichte und Recht. ANRW II 1 (Berlin 1974) 593 ff.
G. Radke, Viae Publicae Romanae. RE Suppl. XIII (Stuttgart 1973) 1417–1686
G. Walser, Die römischen Straßen und Meilensteine in Raetien. Kl. Schr. z. Besetzungsgesch. Südwestdeutschlands 29 (Stuttgart 1983)
G. Winkler, Die römischen Straßen und Meilensteine in Noricum – Österreich. Schr. d. Limesmus. Aalen 35 (Stuttgart 1985)

*Städte und Dörfer in der Provinz*

Das römische Brigantium. Ausstellungskat d. Vorarlberger Landesmus. 24 (Bregenz 1985)
Germania Romana I. Römerstädte in Deutschland. Gymnasium Beih. 1 (Heidelberg 1960)
G. Gottlieb (Hrsg.), Geschichte der Stadt Augsburg von der Römerzeit bis zur Gegenwart (Stuttgart 1984)
N. Heger, Salzburg zu römischer Zeit. Salzburger Museum Carolino Augusteum Jahresschrift 1973 (Salzburg 1974)
A. Hochuli-Gysel/A. Siegfried-Weiss/E. Ruoff/E. u. V. Schaltenbrand (Obrecht) (Hrsg.), Chur in römischer Zeit. 2 Bde. (Basel 1986–1991) [dazu H. Brem, Germania 71, 1993, 592–595]
K. Parlasca, Römische Wandmalereien in Augsburg. MBV 7 (Kallmünz 1956)
W. Schleiermacher, Zur Entwicklung der rätischen Städte vor 250 n. Chr. Carnuntina. In: Römische Forschungen in Niederösterreich 3 (1956) 171–174
C. S. Sommer, Kastellvicus und Kastell. Untersuchungen zum Zugmantel im Taunus und zu den Kastellvici in Obergermanien und Rätien. Fundber. Baden-Württemberg 13, 1988, 457–707
C. S. Sommer, Life beyond the ditches: Housing and planning of the military vici in Upper Germany and Raetia. Roman Frontier Studies 1989 (Exeter 1989) 472–476

*Die Gutshöfe auf dem Land*

R. J. Buck, Agriculture and agricultural practice in Roman law. Historia Einzelschr. 45 (Wiesbaden 1983)
W. Czysz, Der römische Gutshof von Denning und die römerzeitliche Besiedlung der Münchner Schotterebene. Kat. Prähist. Staatsslg. 16 (Kallmünz 1974)
W. Czysz, Situationstypen römischer Gutshöfe im Nördlinger Ries. Zeitschr. Hist. Ver. Schwaben 72, 1978, 70–94
W. Czysz, Siedlungstrukturen der römischen Kaiserzeit im Ries. Rieser Kulturtage, Dokumentation 7/1988 (1989) 97–115
Th. Fischer, Das Umland des römischen Regensburg. MBVF 42 (München 1990)
Th. Fischer, Römische Landwirtschaft in Bayern. In: Bauern in Bayern. Von den Anfängen bis zur Römerzeit. Kat. (Straubing 1992) 229–275
C.-M. Hüssen, Römische Okkupation und Besiedlung des mittelraetischen Limesgebietes. Ber. RGK 71, 1990, 5–22
U. Körber-Grohne, Nutzpflanzen und Umwelt im römischen Germanien. Kl. Schr. z. Besetzungsgesch. Südwestdeutschlands 21 (Stuttgart 1979)
R. Schmitt, Die Villa rustica und der Romanisierungsprozeß im Dekumatenland und in der Provinz Raetien. Wiss. Zeitschr. d. Humboldt-Univ. z. Berlin, Ges.-Sprachw. R. 25, 1976, 527–542 mit Nachtrag
G. Sorge, Die römische Besiedlung im Umland der Provinzhauptstadt Augusta Vindelicum – Augsburg. In: Bauern in Bayern. Von den Anfängen bis zur Römerzeit. Kat. (Straubing 1992) 57–78

M. Struck, Römische Siedlungen und Bestattungsplätze im unteren Isartal. Arch. Korrbl. 22, 1992, 243–254
K. H. Rieder, Archäologischer Beitrag zur Siedlungsgeschichte der Region Ingolstadt von der späten Römerzeit bis ins frühe Mittelalter. In: Sammelbl. Hist. Ver. Ingolstadt 99, 1990 (Ingolstadt 1991) 9–76

*Handwerk, Gewerbe und Handel*

F. Baratte, Römisches Silbergeschirr in den gallischen und germanischen Provinzen. Kl. Schr. z. Kennntnis d. röm. Besetzungsgesch. Südwestdeutschlands 32 (Aalen 1984)
A. Böhme, Schmuck der römischen Frau. Kl. Schr. z. Besetzungsgesch. Südwestdeutschlands 11 (Stuttgart 1974)
W. Czysz, Modeltöpfer in der römischen Ziegelei von Westheim bei Augsburg. In: J. Bellot/W. Czysz/G. Krahe (Hrsg.) Forschungen zur Provinzialröm. Archäologie in Schwaben. Schwäb. Geschichtsqu. u. Forsch. 14 (Augsburg 1985) 147–195
W. Czysz, Der Sigillata-Geschirrfund von Cambodunum-Kempten. Ein Beitrag zur Technologie und Handelskunde mittelkaiserzeitlicher Keramik. Ber. RGK 63, 1982, 281–348
W. Czysz/W. Endres, Archäologie und Geschichte der Keramik in Schwaben. Neusäßer Schr. 6 (Neusäß 1988)
K. Dietz/G. Weber, Fremde in Rätien. Chiron 12, 1982, 409–443
W. Gaitzsch, Römische Werkzeuge. Kl. Schr. z. röm. Besetzungsgesch. Südwestdeutschlands 19 (Stuttgart 1978)
W. Gaitzsch, Werkzeuge und Geräte in der römischen Kaiserzeit. Eine Übersicht. ANRW II 12, 3 (Berlin 1985) 170–204
J. Garbsch, Die norisch-pannonische Frauentracht im 1. und 2. Jahrhundert. MBVF 11 (München 1965)
W. Kuhoff, Der Handel im römischen Süddeutschland. Münster. Beitr. z. antiken Handelsgesch. 3/1, 1984, 77–107
Chr. Pescheck, Die germanischen Bodenfunde der römischen Kaiserzeit in Mainfranken. MBVF 27 (München 1978)
R. Pleiner, Zur Schmiedetechnik im römerzeitlichen Bayern. BVbl. 35, 1970, 113–141
G. Spitzlberger, Die römischen Ziegelstempel im nördlichen Teil der Provinz Raetien. Saalburg-Jahrb. 25, 1968, 65–184
G. Ulbert, Alpenländische Fibeln aus dem frührömischen Kastell Rheingönnheim. Mitt. Hist. Ver. d. Pfalz 58, 1960, 49–55

*Religion und Kult*

G. Bauchhenss / P. Noelke, Die Iupitersäulen in den germanischen Provinzen. Beih. Bonner Jahrb. 41 (Köln 1981)
M. Clauss, Mithras. Kult und Mysterien (München 1990)
M. Clauss, Cultores Mithrae. Die Anhängerschaft des Mithras-Kults (Stuttgart 1992)
Germania Romana II. Kunst und Kunstgewerbe im römischen Deutschland. Gymnasium Beih. 5 (Heidelberg 1965)
H.-J. Kellner/G. Zahlhaas, Der Römische Tempelschatz von Weißenburg i. Bay. (Mainz 1993)
R. A. Maier, Ein römerzeitlicher Brandopferplatz bei Schwangau und andere Zeugnisse einheimischer Religion in der Provinz Raetien. In: J. Bellot/W. Czysz/G. Krahe (Hrsg.), Forschungen z. Provinzialröm. Archäologie in Bayerisch-Schwaben. Schwäb. Geschichtsqu. u. Forsch. 14 (Augsburg 1985) 231–256
R. Merkelbach, Mithras (Königstein 1984)
J.-P. Niemeier, Römische Religion im ländlichen Bayern. In: Bauern in Bayern. Von den Anfängen bis zur Römerzeit. Kat. (Straubing 1992) 417–434
H. U. Nuber, Kanne und Griffschale. Ihr Gebrauch im täglichen Leben und in der Beigabe in Gräbern der römischen Kaiserzeit. Ber. RGK 53, 1972, 1–232
J. Oldenstein, Opferplätze auf provinzialrömischem Gebiet. Frühmittelalterliche Studien 18, 1984, 173–186
L. Pauli, Einheimische Götter und Opferbräuche im Alpenraum. ANRW II 18, 1 (Berlin 1986) 816–871
M. P. Speidel, Jupiter Dolichenus. Der Himmelsgott auf dem Stier. Kl. Schr. z. Besetzungsgesch. Südwestdeutschlands 24 (Stuttgart 1980)
M. Trunk, Römische Tempel in den Rhein- und westlichen Donauprovinzen. Forschungen in Augst 14 (Augst 1991)
M. J. Vermaseren, Die Orientalischen Religionen im Römerreich. Études prél. aux religions orientales dans l'empire romain 95 (Leiden 1981)
G. Weber, Jupitersäulen in Rätien. In: J. Bellot/W. Czysz/G. Krahe (Hrsg.), Forschungen z. Provinzialröm. Archäologie in Bayerisch-Schwaben. Schwäb. Geschichtsqu. u. Forsch. 14 (Augsburg 1985) 268–280

G. Zahlhaas, Kunst und Kunstgewerbe der Römerzeit in Bayern. In: Archäologie in Bayern (München 1982) 194–236

*Totenbrauchtum, Gräber und Friedhöfe*

P. Fasold, Römischer Grabbrauch in Süddeutschland. Schr. d. Limesmuseums Aalen 46 (Stuttgart 1992)
H. Gabelmann, Römische Grabbauten der frühen Kaiserzeit. Kl. Schr. z. Besetzungsgesch. Südwestdeutschlands 22 (Stuttgart 1979)
W. Gauer, Die raetischen Pfeilergrabmäler und ihre moselländischen Vorbilder. BVbl. 43, 1978, 57–100
H. Gabelmann, Römische Grabbauten in Italien und den Nordprovinzen. In: Festschr. F. Brommer (Mainz 1977) 101–117
E. Keller, Die frühkaiserzeitlichen Körpergräber von Heimstetten bei München und die verwandten Funde aus Südbayern. MBVF 37 (München 1984)
M. Mackensen, Das römische Gräberfeld auf der Keckwiese in Kempten I. Gräber und Grabanlagen des 1. und 4. Jahrhunderts. Cambodunumforschungen IV. MBV 34 (Kallmünz 1978)

*Die große Krise im 3. Jahrhundert*

A. Alföldi, Studien zur Geschichte der Weltkrise des 3. Jahrhunderts n. Chr. (Darmstadt 1967)
A. Birley, Septimius Severus. The African Emperor (London²1988)
B. Bleckmann, Die Reichskrise des III. Jahrhunderts in der spätantiken und byzantinischen Geschichtsschreibung (München 1992)
R. Christlein, Die Alamannen. Archäologie eines lebendigen Volkes (Stuttgart ²1979)
J. Fitz, Das Jahrhundert der Pannonier (193–284) (Budapest 1982)
Grundfragen der alamannischen Geschichte. Mainauvorträge 1952. Vortr. u. Forsch. 1 (Sigmaringen 1955)
J. Herrmann (Hrsg.), Griechische und lateinische Quellen zur Frühgeschichte Mitteleuropas bis zur Mitte des 1. Jahrtausends U. Z. Teil 3 Von Tacitus bis Ausonius (2.–4. Jh. u.Z.) (Berlin 1991); Teil 4 Von Ammianus Marcellinus bis Zosimos (4. u. 5. Jh. u.Z.) (Berlin 1992)
H.-P. Kuhnen (Hrsg.) Gestürmt – Geräumt – Vergessen? Der Limesfall und das Ende der Römerherrschaft in Südwestdeutschland (Stuttgart 1992)
A. Lippold, Der Germanenfeldzug des Kaisers C. Iulius Verus Maximinus im Jahre 235/36. Die Historia Augusta und Rätien. BVbl. 49, 1984, 197–213
L. Loreto, La prima penetrazione alamanna in Italia (260 d.C.) come ipotesi alternativa di spiegazione per la storia dei conflitti romano-germanici. In: B. u. P. Scardigli (Hrsg.), Germani in Italia (Rom 1994) 209 – 237
H. U. Nuber, Das Ende des Obergermanisch-Raetischen Limes – eine Forschungsaufgabe. In: H.-U. Nuber/K. Schmid/H. Steuer/Th. Zotz (Hrsg.), Archäologie und Geschichte des ersten Jahrtausends in Südwestdeutschland. Archäologie und Geschichte. Freiburger Forschungen zum ersten Jahrtausend in Südwestdeutschland. Bd. 1 (Sigmaringen 1990) 51 – 68
R. Roeren, Zur Archäologie und Geschichte Südwestdeutschlands im 3. bis 5. Jahrhundert n. Chr. Jahrb. RGZM 7, 1960, 214–294
F. Vittinghoff (Hrsg.), Europäische Wirtschafts- und Sozialgeschichte in der römischen Kaiserzeit. Handb. d. europäischen Wirtschafts- und Sozialgeschichte Bd. 1 (Stuttgart 1990)
J. G. Wais, Die Alamannen und ihre Auseinandersetzung mit der römischen Welt (Berlin 1940)

*Spätzeit und Ende*

C. Brühl, Palatium und Civitas. Studien zur Profantopographie spätantiker Civitates vom 3. bis zum 13. Jahrhundert. II (Köln/Wien 1990)
H. Castritius, Die Grenzverteidigung in Rätien und Norcium im 5. Jh. n. Chr. Ein Beitrag zum Ende der Antike. In: H. Wolfram/A. Schwarcz, Die Bayern und ihre Nachbarn. Teil 1. Berichte des Symposions der Kommission für Frühmittelalterforschung 25.–28. Oktober 1982, Stift Zwettl, Niederösterreich (Wien 1985) 17–280
P. Chlavadetscher, Churrätien im Übergang von der Spätantike zum Mittelalter nach den Schriftquellen. In: J. Wer-

ner/E. Ewig (Hrsg.), Von der Spätantike zum frühen Mittelalter. Vorträge und Forschungen 25 (Sigmaringen 1979) 159–178
N. Christie, The Alps as a frontier (A.D. 168–774). Journ. Rom. Arch. 3, 1990, 410–430
R. Christlein, Die raetischen Städte Severins. In: Severin zwischen Römerzeit und Völkerwanderung. Ausstellungskat. Enns (1982) 21 ff.
W. Czysz, Die spätrömische Kaiserzeit. Hist. Atlas von Bayerisch-Schwaben 3. Lief., Karte III, 6 C (Augsburg 1990)
Th. Fischer, Das bajuwarische Reihengräberfeld von Staubing. Kat. d. Prähist. Staatsslg. 26 (1993) 129 ff.
J. Garbsch, Übersicht über den spätantiken Donau-Iller-Rhein-Limes. In: J. Garbsch/P. Kos, Das spätrömische Kastell Vemania bei Isny I. MBVF 44 (München 1988), 105–127
J. Garbsch/B. Overbeck, Spätantike zwischen Heidentum und Christentum. Ausstellungskat. d. Prähist. Staatsslg.17 (München 1989)
H. Hartung, Süddeutschland in der frühen Merowingerzeit (Wiesbaden 1983)
S. Johnson, S., Late Roman fortifications (London 1981)
R. Kaiser, Das römische Erbe und das Merowingerreich (München 1993)
E. Keller, Die spätrömischen Grabfunde in Südbayern (München 1971)
E. Keller, Germanische Truppenstationen an der Nordgrenze des spätrömischen Raetiens. Arch. Korrbl. 7, 1977, 63–73
E. Keller, Germanenpolitik Roms im bayerischen Teil der Raetia secunda während des 4. und 5. Jahrhunderts, Jahrb. RGZM 33, 1986, 575–592
E. Keller, Der nordalpine Teil der Raetia secunda im 5. Jahrhundert. Anzeiger des Germ. Nationalmus. 1987 (Archäologie und Völkerwanderungszeit an der mittleren Donau im 5. und 6. Jahrhundert), 77 ff.
H. von Petrikovits, Die römischen Provinzen am Rhein und an der oberen und mittleren Donau im 5. Jahrhundert n. Chr. (1983). Beiträge zur Römischen Geschichte und Archäologie. II (Köln/Bonn 1991) 225–246
H. Wolff, Die Kontinuität städtischen Lebens in den nördlichen Grenzprovinzen des römischen Reiches und das Ende der Antike. In: W. Eck/H. Galsterer (Hrsg.), Die Stadt in Oberitalien und in den nordwestlichen Provinzen des Römischen Reiches (Mainz 1991) 287–318
D. Woods, The Early Career of the Magister Equitum Jacobus. Classical Quaterly NS 41, 1991, 571–574

*Von den Römern zu den Bajuwaren*

H. Beumann/W. Schröder (Hrsg.), Frühmittelalterliche Ethnogenese im Alpenraum. Nationes 5 (Sigmaringen 1985)
H. Dannheimer/H. Dopsch, Die Bajuwaren. Von Severin bis Tassilo 488–788 (München/Salzburg $^{2}$1988)
W. Menghin, Frühgeschichte Bayerns (Stuttgart 1990)
J. Werner, Die Herkunft der Bajuwaren und der „östlich-merowingische“ Reihengräberkreis. Aus Bayerns Frühzeit. Friedrich Wagner zum 75. Geburtstag (München 1962) 229–250

# Namen- und Sachregister

# Ortsregister

# Bildnachweis

Bayerisches Landesamt für Denkmalpflege: 33, 40, 41, 43, 44, 46, 47, 50, 54, 59, 61, 62, 71–74, 80, 82, 84, 88, 89, 104, 109, 113, 116, 123, 124, 130–132, 134, 135, 137–142, 146, 147, 149–151, 153, 154, 156, 158, 166–177, 179, 182, 185, 187, 190, 191, 195, 206–214, 216, 218–220, 225–231, 234–241, 243; Taf. 2, 6–8, 10–16

Museum Kempten: 30, 32, 159, 162; Taf. 13 (oben), 21

Museum Straubing: 20, 101, 221–223; Taf. 1, 3, 18

P. Ferstl, Pettendorf: 201

Prähistorische Staatssammlung München: 21, 23, 25, 42, 48, 49, 51, 52, 55, 66, 67, 68, 76, 77, 78, 81, 86, 90, 91, 93, 100, 102, 105, 106, 107, 112, 126, 128, 129, 133, 143, 178, 180, 192, 194, 196, 203, 204, 215, 242; Taf. 9, 19, 20, 22–24

Römermuseum Augsburg: 22, 26, 56, 57, 58, 64, 69, 75, 79, 87, 94, 95, 96, 117, 118, 136; Taf. 4, 5, 17

Römisch-Germanische Kommission des Archäologischen Instituts: 24